CB127133

Coordenação geral
FREDIE DIDIER JR.

16

COLEÇÃO
GRANDES TEMAS DO CPC

COOPERAÇÃO JUDICIÁRIA NACIONAL

abdr
ASSOCIAÇÃO BRASILEIRA DE DIREITOS REPROGRÁFICOS
Respeite o direito autoral

Coordenação geral
FREDIE DIDIER JR.

16

COLEÇÃO
GRANDES TEMAS DO CPC

Coordenadores FREDIE DIDIER JR.
e ANTONIO DO PASSO CABRAL

COOPERAÇÃO JUDICIÁRIA NACIONAL

2021

EDITORA *Jus*PODIVM
www.editorajuspodivm.com.br

EDITORA *Jus*PODIVM
www.editorajuspodivm.com.br

Rua Território Rio Branco, 87 – Pituba – CEP: 41830-530 – Salvador – Bahia
Tel: (71) 3045.9051
• Contato: https://www.editorajuspodivm.com.br/sac

Copyright: Edições *Jus*PODIVM

Conselho Editorial: Eduardo Viana Portela Neves, Dirley da Cunha Jr., Leonardo de Medeiros Garcia, Fredie Didier Jr., José Henrique Mouta, José Marcelo Vigliar, Marcos Ehrhardt Júnior, Nestor Távora, Robério Nunes Filho, Roberval Rocha Ferreira Filho, Rodolfo Pamplona Filho, Rodrigo Reis Mazzei e Rogério Sanches Cunha.

Capa: Rene Bueno e Daniela Jardim (*www.buenojardim.com.br*)

G752 Grandes Temas do Novo CPC - v.16 - Cooperação Judiciária Nacional / coordenadores Fredie Didier Jr., Antonio do Passo Cabral – Salvador: Editora JusPodivm, 2021.
912 p. (Grandes Temas do Novo CPC / coordenador Fredie Didier Jr.)

Vários autores.
Inclui bibliografia.
ISBN 978-65-5680-528-3.

1. Direito Processual Civil. 2. Cooperação judicial. I. Didier Jr., Fredie. II. Cabral, Antonio do Passo. III. Título.

CDD 341.46

Todos os direitos desta edição reservados a Edições *Jus*PODIVM.

É terminantemente proibida a reprodução total ou parcial desta obra, por qualquer meio ou processo, sem a expressa autorização do autor e das Edições *Jus*PODIVM. A violação dos direitos autorais caracteriza crime descrito na legislação em vigor, sem prejuízo das sanções civis cabíveis.

Nota dos Coordenadores

Talvez não haja tema no Direito processual contemporâneo com tanto potencial transformador da justiça brasileira como a cooperação judiciária nacional. Cooperando para a prática de atos processuais e administrativos, juízes, servidores e outros atores do sistema de justiça podem tornar o Judiciário mais eficiente, tanto no exercício da jurisdição (quando a cooperação se destina à prática de atos em um ou mais processos), quanto no desempenho das tarefas de administração judiciária.

O sistema jurídico brasileiro, e também a doutrina processual, há muito conhecem o princípio da cooperação, do qual se deriva o chamado "processo cooperativo", e dessas ideias já vinham sendo extraídas diversas consequências da cooperação das partes entre si (p. ex. por negócios processuais) e das partes para com o juiz. Mas até a edição do CPC/2015, o estudo da cooperação *entre juízos* ficava praticamente restrita aos meios de cooperação internacional. A inovação legislativa dos artigos 67 a 69 do Código de Processo Civil mudou completamente esse cenário, disciplinando a cooperação judiciária no âmbito nacional.

Uma pequena parcela da doutrina visualizou esse potencial, tendo estudado o tema e produzido obras a respeito há alguns anos. A partir daqueles primeiros estudos, com o passar do tempo, foi-se construindo um caldo de compreensão mais sofisticada sobre a cooperação judiciária. O Fórum Permanente de Processualistas Civis dedicou um grupo apenas para discutir o tema e produzir enunciados a respeito.

Ao mesmo tempo, a produção acadêmica brasileira sobre a cooperação judiciária tem se intensificado. Já há alguns poucos livros e um crescente número de artigos científicos publicados. Algumas dissertações de mestrado dedicaram-se também ao assunto, e já há alguns doutorandos cuja pesquisa tem como foco central a cooperação judiciária.

O Conselho Nacional de Justiça, que foi pioneiro na estruturação da cooperação judiciária nacional, editando a Recomendação n. 38/2011, também percebeu as vantagens de uma atuação coordenada entre juízos, e aprovou a resolução n.350/2020, que regulamenta a aplicação dos arts. 67 a 69 do CPC e que representa um grande avanço.

Por isso, após quase cinco anos de vigência do CPC/2015, animamo-nos para organizar a primeira coletânea sobre o tema, abordando variados aspectos do instituto. Este livro tem uma estrutura pensada em agrupar no início os textos que envolvam aspectos mais gerais e introdutórios do instituto (fundamentos, principiologia, sujeitos envolvidos e sua participação, limites, o papel do CNJ, tipologia das formas e atos de cooperação, atos concertados) seguindo com o impacto no sistema de competências (que passam a ser compartilhadas) até as aplicações específicas da cooperação judiciária (como ela afeta a cognição do juiz, como pode ser importante na descentralização da execução, como vem sendo praticada na Justiça do Trabalho e como pode ser aplicada na tutela coletiva em geral, nos processos estruturais e na recuperação judiciária, dentre muitos outros temas). Ao final, vem anexo com a resolução n.350/2020 do CNJ, que regulamentou a matéria.

Os autores da coletânea são magistrados (juízes e desembargadores), membros do Ministério Público, advogados, servidores do Judiciário, todos pesquisadores e estudiosos do tema da cooperação judiciária, e que vêm contribuindo para o avanço do estudo do tema. Mas vale ressaltar que esta coleção de artigos também é fruto dos trabalhos dos grupos de pesquisa "Transformações nas Estruturas Fundamentais do Processo", liderado na UERJ pelo professor Antonio do Passo Cabral, e "Transformações nas Teorias sobre o Processo e o Direito Processual", liderado na UFBA pelo professor Fredie Didier Jr., ambos integrantes da ProcNet - Rede Internacional de Pesquisa em Justiça Civil e Processo Contemporâneo, dos quais muitos dos autores são membros e nos quais desenvolvem ativamente pesquisa na área.

Não temos dúvida de que a presente coletânea pode ser um importante veículo de divulgação, mas também um meio para que se leve o debate a outro nível de aprofundamento, semeando ideias que podem frutificar no desenvolvimento de aspectos ainda não totalmente explorados. Por outro lado, estamos certos de que este volume servirá também para mostrar aos profissionais do direito, em especial juízes e servidores públicos, as soluções práticas possíveis proporcionadas pela cooperação judiciária para sua atividade cotidiana, aquelas que já foram encontradas pelos colegas, e também as que ainda poderão ser desenvolvidas no futuro.

Rio de Janeiro e Salvador, janeiro pandêmico de 2021.

Antonio do Passo Cabral e
Fredie Didier Jr.

Coordenadores

Sumário

CAPÍTULO 1

Fundamentos para uma teoria da cooperação judiciária: a revolução que se avizinha

Antonio do Passo Cabral[1]

Sumário: 1. Introdução – 2. O que é cooperação judiciária? O princípio da cooperação abrange as interações entre os juízes?: 2.1. Das interações indiretas e sem mutualidade à comitologia judicial: as diversas formas da cooperação transjudiciária; 2.2. Procedimento. Iniciativa, tratativas preliminares, ajuste. Natureza consensual mas não negocial – 3. Características da cooperação entre juízos: formação de uma comunidade judiciária, não coercitividade, informalidade e humanização: 3.1. Ênfase na autonomia e criação de uma "comunidade judiciária". Engajamento em torno de projetos comuns; 3.2. Reconhecimento da alteridade e a influência como *medium* do exercício das competências. As relações não hierárquicas e não impositivas entre instâncias do Judiciário; 3.3. Informalidade e humanização; 3.4. Fundamento normativo para a cooperação judiciária no direito brasileiro – 4. A normativa da cooperação judiciária: 4.1. Preferência em relação aos mecanismos não cooperativos; 4.2. Celeridade e unidade da jurisdição nacional; 4.3. Instrumentalidade das formas. Concisão e informalidade da cooperação. O auxílio direto – 5. Objeto da cooperação – 6. Sujeitos da colaboração judiciária. Órgãos judiciais envolvidos. A rede nacional de cooperação judiciária. O juiz de cooperação e os núcleos de cooperação – 7. Quem decide a discordância sobre a competência? Conflito de competência e o controle hierárquico e heterônomo da coordenação de competências – 8. Conclusão – 9. Referências.

1. INTRODUÇÃO

Poucos temas têm um potencial tão grande de tornar-se um divisor de águas no direito processual brasileiro. A cooperação judiciária, prevista em lei nos artigos 67 a 69 do Código de Processo Civil, é um assunto que, tanto na sua dimensão jurisdicional, quanto no campo da administração e organização judiciárias, pode emprestar feições absolutamente novas ao exercício das funções que os juízes são chamados a exercer no mundo contemporâneo.

Quando escrevi a tese que apresentei para disputar o concurso de titularidade na Universidade do Estado do Rio de Janeiro, em 2017,[2] praticamente

1. Professor Associado de Direito Processual Civil da Universidade do Estado do Rio de Janeiro (UERJ). Livre-Docente pela Universidade de São Paulo (USP). Doutor em Direito Processual pela UERJ, em cooperação com a Universidade de Munique, Alemanha (Ludwig-Maximilians-Universität). Mestre em Direito Público pela UERJ. Pós-doutorado na Universidade de Paris I (Panthéon-Sorbonne). Professor Visitante nas Universidades de Passau (2015) e Kiel (2016, 2017), Alemanha, e na Universidade Ritsumeikan, Japão (2018). Senior Lecturer na Peking University, China (2019). Procurador da República no Rio de Janeiro. Membro do Comitê Executivo da Rede Nacional de Cooperação Judiciária.

2. CABRAL, Antonio do Passo. *Juiz natural e eficiência processual: flexibilização, delegação e coordenação de competências no processo civil*. Universidade do Estado do Rio de Janeiro: Tese apresentada ao

nada havia a respeito do tema no Brasil. As poucas referências existentes limitavam-se a tangenciar aspectos do direito positivo, não raramente repetindo dispositivos de lei ou regulamento.

Hoje, quatro anos depois, já há um caldo de compreensão sobre o que significa a cooperação judiciária, os sujeitos que praticam essa atividade, sua base normativa. Foram publicados muitos artigos, produzidas algumas teses acadêmicas e até editados livros enfrentando aspectos da cooperação entre juízes. Começam a surgir debates específicos sobre o tema em congressos e seminários. O Fórum Permanente de Processualistas Civis dedicou um grupo para formular enunciados a respeito da temática da cooperação judiciária, o que mostra um amadurecimento da comunidade acadêmica, dentre os especialistas em direito processual, sobre o assunto.

Mas não é apenas aos domínios do direito processual que o tema tem se limitado. O Conselho Nacional de Justiça, na sua tarefa de delinear as diretrizes da administração judiciária no país, editou a Resolução nº 350/2020, não só regulamentando aspectos relevantes da cooperação judiciária prevista no CPC, mas sem dúvida levando a compreensão do tema a outro nível. A alteração da Lei nº 14.112/2020 à lei de falência e recuperação judicial (Lei nº 11.101/2005) expressamente introduziu a cooperação judiciária como maneira de operacionalizar de maneira mais eficiente e coordenada a recuperação judicial e a insolvência internacional.

O desafio agora é vencer o desconhecimento dos profissionais. Muitos advogados, membros do MP, defensores públicos e em especial, magistrados, de todo o país e de várias especialidades, ainda não enxergam as potencialidades do instituto, com as inúmeras aplicações práticas que podem trazer para o desempenho cotidiano de suas funções. E não o fazem simplesmente porque não tiveram contato com o assunto. Se conseguirmos superar esse obstáculo, o tema tem tudo para decolar.

E mais uma vez, deve-se destacar que o CNJ tem tido papel importante. De um lado, pelo Comitê Executivo da Rede Nacional de Cooperação Judiciária, tem buscado difundir o tema pela realização de eventos voltados à prática dos juízes e servidores. De outro ângulo, preocupou-se com a praxe ao adicionar anexos à Resolução nº 350/2020, nos quais vêm documentados modelos de atos de cooperação, a fim de que os sujeitos envolvidos, sobretudo os membros e servidores do Judiciário, possam estar mais familiarizados com as formas para sua prática.

De fato, ao perceberem como podem utilizar esse ferramental de grande relevância, com ganhos evidentes em termos de custo, celeridade e eficiência,

concurso de Professor Titular de Direito Processual Civil, 2017 (versão comercial no prelo, São Paulo: RT, 2021).

a cooperação judiciária tornar-se-á um instrumento corrente, incorporado ao repertório de técnicas processuais que a legislação coloca à disposição das partes e dos agentes públicos para a solução dos conflitos no Judiciário.

2. O QUE É COOPERAÇÃO JUDICIÁRIA? O PRINCÍPIO DA COOPERAÇÃO ABRANGE AS INTERAÇÕES ENTRE OS JUÍZES?

Cooperação judiciária ou *transjudiciária*[3] é uma atividade que consiste em interações ou práticas funcionais não hierárquicas, espontâneas ou provocadas, geralmente não formalizadas, entre juízos e tribunais.[4]

Sabemos que o CPC/2015 instituiu um modelo de processo cooperativo, conforme determina o seu art.6º, que consagra o princípio da cooperação,[5] o qual impõe uma interação colaborativa que deve envolver todos os sujeitos do processo, inclusive o juiz.

Mas, dentro do quadro geral do princípio da cooperação, o tema da colaboração *entre juízos* e *tribunais* não tem se desenvolvido no Brasil.[6] De fato, a análise da cooperação judiciária tem sido mais frequente nos estudos sobre cooperação internacional.[7]

---

3. Usaremos os qualificativos *judiciária*, *interjudiciária* ou *transjudiciária* para adjetivar a cooperação entre juízos e tribunais. Para qualificar a cooperação, preferimos o adjetivo "judiciária" à alternativa "judicial", este último é relevante porque a atividade cooperativa também compreende, além dos juízes, servidores públicos do Judiciário. Já o termo "jurisdicional" não nos parece correto porque, como veremos, a cooperação abrange também atos de administração judiciária (atividade não jurisdicional portanto). De outro lado, a palavra cooperação poderia sugerir bilateralidade e mutualidade das interações, mas nem sempre é isso que ocorre. Por isso, embora o qualificativo "judiciária" seja melhor que "judicial", o termo pode não ser totalmente abrangente para descrever muitas das espécies dessa atividade. Por isso, nas interações multilaterais, usamos os termos "interjudiciária" ou "transjudiciária", preferindo este último porque abarca também formas de interação passivas, que prescindem de mutualidade.
4. SLAUGHTER, Anne-Marie. A typology of transjudicial communication. *University of Richmond Law Review*, vol.29, 1994, p. 99 ss.
5. CABRAL, Antonio do Passo. O contraditório como dever e a boa-fé processual objetiva. Revista de Processo, n. 126, ago., 2005; DIDIER JR. Fredie. O princípio da cooperação: uma apresentação. Revista de Processo, n. 127, set., 2005; MITIDIERO, Daniel. *Processo civil e colaboração*. São Paulo: RT, 2007; GOUVEIA, Lúcio Grassi de. A função legitimadora do princípio da cooperação intersubjetiva no processo civil brasileiro. Revista de Processo, ano 34, vol.172, jun., 2009, p. 33 ss; PEIXOTO, Ravi. Rumo à construção de um processo cooperativo. Revista de Processo, ano 38, vol.219, mai., 2013, p. 93 ss, 102. NUNES, Dierle José Coelho. *Processo jurisdicional democrático: uma análise crítica das reformas processuais*. Curitiba: Juruá, 2008, p. 212 e ss, onde fala em "comparticipação".
6. A cooperação judiciária realmente não chamou a atenção da doutrina que tratou do tema. A omissão pode ser vista, por todos, em BONÍCIO, Marcelo José Magalhães. Ensaio sobre o dever de colaboração das partes previsto no projeto de novo Código de Processo Civil. Revista de Processo. ano 35, vol.190, dez., 2010, p. 211 ss; SOUZA, Artur César de. O princípio da cooperação no projeto do novo Código de Processo Civil. Revista de Processo, ano 38, vol.225, nov., 2013, p. 69 ss.
7. ZAVASCKI, Teori Albino. Cooperação jurídica internacional e a concessão de *exequatur*. Revista de Processo. ano 35, vol.183, mai., 2010, p. 15-17; ANDOLINA, Italo. La cooperazione Internazionale nel processo civile. Profile della esperienza europea: verso un modello d'integrazione trans-nazionale. Revista de Processo, vol.88, out-dez, 1997, p. 108 ss.

Vejamos, nos próximos itens, algumas das variantes dessas interações cooperativas entre órgãos jurisdicionais.

2.1. Das interações indiretas e sem mutualidade à comitologia judicial: as diversas formas da cooperação transjudiciária

As interações comunicativas entre órgãos judiciários são muito variadas e podem assumir diversas formas. Podem se dar, de um lado, por uma simples citação de outros tribunais como fundamento de decidir[8] ou pelo uso de *obiter dicta* como mecanismos para sinalizar ou alertar[9] outros tribunais sobre algum rumo da própria jurisprudência.[10] Essas formas de comunicação podem ser implementadas até mesmo quando os órgãos jurisdicionais são incompetentes para decidir, caso em que a decisão-alerta pode direcionar-se a tribunais em instâncias superiores ou que possuam competência em matéria especializada.[11]

8. Muito se discute a respeito das citações de tribunais estrangeiros por tribunais nacionais. Cf. NUSSBERGER, Angelika. Wer zitiert wen? Zur Funktion von Zitaten bei der Herausbildung gemeineuropäischen Verfassungsrechts. *Juristen Zeitung*, n. 15-16, 2006, p. 763 ss, 768-769; HARDING, Sarah K. Comparative reasoning and judicial review. *Yale Journal of International Law*, vol.28, 2003, p. 410-411, 424-425; SLAUGHTER, Anne-Marie. Judicial globalization. *Vanderbilt Journal of International Law*, vol.40, 2000, p. 1116-1119; *Idem*, A global community of courts. *Harvard International Law Journal*, vol.44, 2003, p. 194 ss; AHDIEH, Robert B. Between dialogue and decree: international review of national courts. *New York University Law Review*, vol.79, dez., 2004, p. 2032; GLENN, H. Patrick. Persuasive authority. *McGill Law Journal*, n. 32, 1987, p. 294.
9. Sobre o julgamento-alerta, CABRAL, Antonio do Passo. A técnica do julgamento-alerta na mudança de jurisprudência consolidada. Revista de Processo, ano 38, n. 221, jul., 2013, p. 13-48. Note-se que o resultado das interações judiciais podem criar parâmetros mesmo quando não são formalmente vinculantes. SCOTT, Joanne; STURM, Susan P. Courts as catalysts: rethinking the judicial role in new governance. *Columbia Journal of European Law*, vol.13, 2006, p. 573. Alguns autores falam de um "precedente informativo" (*informative precedent*), que seria admissível em um sistema de precedentes que considere uma postura dialogal do Judiciário para os casos futuros (*future law-approach*). MESQUITA, Ethan Bueno de; STEPHENSON, Matthew. Informative precedent and intrajudicial communication. *American Political Science Review*, vol.96, 2002, p. 757.
10. KANNAN, Phillip. Advisory opinions by Federal Courts. *University of Richmond Law Review*, vol.32, 1999, p. 796. Na teoria dos jogos cooperativos, aplicada às interações judiciais, analisa-se como um não participante do jogo pode influenciar dialogicamente o resultado. GINSBURG, Tom; McADAMS, Richard H. Adjudicating in anarchy: an expressive theory of international dispute resolution. *William & Mary Law Review*, vol.45, 2004, p. 1266-1268. Lembre-se que os *obiter dicta*, embora não vinculativos, não são irrelevantes. Ao contrário, permitem prognósticos sobre como a questão abordada poderá ser enfrentada e decidida no futuro. AHDIEH, Robert B. Between dialogue and decree: international review of national courts. *New York University Law Review*, vol.79, dez., 2004, p. 2035, 2073-2074. Contra o uso de *obiter dicta* para essa finalidade, argumentando que muitas vezes os *dicta* não são expostos na fundamentação com a intenção de engajar-se em um debate, MIKVA, Abner J. Why judges should not be advicegivers: a response to Professor Neal Katyal. *Stanford Law Review*, vol. 50, n. 6, jul., 1998, p. 1826-1827.
11. KROTOSZYNSKI JR., Ronald J. Constitutional flares: on judges, legislatures and dialogue. *Minnesota Law Review*, vol.83, 1998, p. 15-16. Lembremos a referência já feita de que, pelas recomendações ou conselhos, os tribunais judiciários poderiam, por meio de *obiter dicta*, apresentar sua opinião sobre o tema mesmo em casos em que fosse incompetente (e portanto não pudesse decidir autoritativamente). É o que Katyal denomina "autoalienação" (*self-alienation*). KATYAL, Neal Kumar. Judges as advicegivers. *Stanford Law Review*, vol.50, 1998, p. 1811.

As trocas cooperativas entre tribunais podem envolver também a aplicação de instrumentos de *soft law*, como memorandos de entendimentos, guias, diretrizes, *standards*, práticas e códigos de conduta.[12]

Como se vê, este primeiro grupo revela espécies de intercâmbio entre órgãos judiciais de característica mais monológica e passiva porque prescindem de mutualidade.[13] De fato, um tribunal pode citar outros nas suas decisões, mas nunca ser citado ou tampouco receber qualquer *feedback*. Além disso, é difícil enxergar nessas formas de interação algum compartilhamento de responsabilidades no resultado final da prestação jurisdicional.[14] Ainda assim, interações como essas permitem o aprendizado e a evolução do direito, pela crítica, reflexão e absorção de novas ideias e informações, que podem servir de fonte para outras decisões futuras.[15]

Em um segundo grupo de trocas transjudiciais, os juízos e tribunais se engajam em efetivo "diálogo de cortes", que pode assumir caráter argumentativo ou imperativo a depender de se estão inseridos na mesma cadeia recursal ou se os precedentes de um vinculam os demais cooperantes. Nos espaços onde convivem diversas autoridades judiciárias nacionais e internacionais, em que os tribunais dos Estados-membros e as instituições comunitárias têm competências que parcialmente se sobrepõem, nos últimos anos têm sido desenvolvidos inúmeros estudos sobre e as "relações de cooperação" e sobre o diálogo que se estabelece entre estes centros decisórios.[16]

Em um terceiro grau de intensidade, podem-se visualizar formas de interação mais diretas e ativas, como na solicitação de alguma informação ou providência, ou ainda na prática de *atos conjuntos* e a celebração de *protocolos institucionais*.[17] Nesses casos, há exercício simultâneo ou combinado de competências, uma verdadeira *comitologia judicial*.[18] São vários órgãos do Judiciário atuando concomitantemente para atingir objetivos comuns.[19]

12. LOTH, Mark A.; MAK, Elaine. The judicial domain in view: figures, trends and perspectives. *Utrecht Law Review*, nº 75, 2007, p. 88.
13. SLAUGHTER, Anne-Marie. A typology of transjudicial communication. *University of Richmond Law Review*, vol.29, 1994, p. 113, 126-127.
14. Sarah Harding aborda o tema, com referência a autores que consideram haver responsabilidade compartilhada. HARDING, Sarah K. Comparative reasoning and judicial review. *Yale Journal of International Law*, vol.28, 2003, p. 437 e nota 182.
15. AHDIEH, Robert B. Between dialogue and decree: international review of national courts. *New York University Law Review*, vol.79, dez., 2004, p. 2035, 2067; SLAUGHTER, Anne-Marie. Judicial globalization. *Vanderbilt Journal of International Law*, vol.40, 2000, p. 1116 ss.
16. BRANDÃO, Rodrigo. *Supremacia judicial* versus *diálogos constitucionais: a quem cabe a última palavra sobre o sentido da Constituição?* Rio de Janeiro: Lumen Juris, 2012, p. 273 ss.
17. CABRAL, Antonio do Passo. *Convenções processuais*. Salvador: Juspodivm, 2016, p. 84 ss.
18. SCOTT, Joanne; STURM, Susan P. Courts as catalysts: rethinking the judicial role in new governance. *Columbia Journal of European Law*, vol.13, 2006, p. 574.
19. Em muitos ordenamentos processuais estrangeiros, destacando-se Dinamarca, Holanda e França, tem sido observado um crescente espaço de flexibilidade das competências por cooperação transjudiciárias.

2.2. Procedimento. Iniciativa, tratativas preliminares, ajuste. Natureza consensual mas não negocial

Essas interações, quaisquer que sejam e mesmo que variem em complexidade, formam-se progressivamente. De início, quando a cooperação é idealizada por órgãos judiciários, verifica-se um procedimento de consulta e intercâmbio informacional, ou a solicitação de um ou outro juízo (art.3º da Resolução nº 350/2020 do CNJ), seguido de diálogo judicial a respeito dos escopos comuns a serem atingidos e do planejamento das possibilidades administrativas e jurisdicionais de cada órgão.

É possível que as partes, em um processo, provoquem o juízo a iniciar uma tratativa de cooperação judiciária. Essa possibilidade está prevista no art.8º §4º da resolução nº 350/2020 do CNJ. Mas tal requerimento ou postulação dos interessados é desnecessária, sendo até aqui mais comum que a cooperação se inicie por iniciativa oficiosa dos próprios órgãos judiciários.

As tratativas para a cooperação devem levar em conta o estágio dos processos, a alocação de custos e responsabilidades para cada juízo e a formulação de estratégias conjuntas.[20] As tratativas tendem a se desenvolver apenas entre os órgãos judiciários. Mas nos casos em que a complexidade da matéria recomendar, os juízos cooperantes poderão intimar as partes a se manifestarem acerca do ato de cooperação a ser praticado (art.9º da resolução nº 350/2020 do CNJ). Trata-se de um interessante diálogo que pode se estabelecer para que, ouvindo-se a opinião das partes, os juízos possam melhor desenhar a cooperação e os atos a serem praticados a partir dela.

Por fim, após a fase de tratativas, segue-se um ajuste ou acerto formal a respeito dos instrumentos que servirão para implementar os resultados almejados. Esse ajuste será fundamentado e documentado, como determina (art.5º, III e IV da Resolução nº 350/2020 do CNJ). O estabelecimento de regras pelos

Nesses países, a transferência de competência entre dois ou mais juízos pode acontecer, p. ex., por ajuste mútuo para a troca de processos. Sobre o tema, CABRAL, Antonio do Passo. *Juiz natural e eficiência processual: flexibilização, delegação e coordenação de competências no processo civil*. Universidade do Estado do Rio de Janeiro: Tese apresentada ao concurso de Professor Titular de Direito Processual Civil, 2017, p. 514 ss; FABRI, Marco; LANGBROEK, Philip M. Is there a right judge for each case? A comparative study of case assignment in six European countries. *European Journal of Legal Studies*, vol.1, nº 2, 2007, p. 301-310; MAK, Elaine. Balancing Territoriality and Functionality; Specialization as a Tool for Reforming Jurisdiction in the Netherlands, France and Germany. *International Journal for Court Administration*, out., 2008, p. 6. LANGBROEK, Philip M.; FABRI, Marco. Internal case assignment and judicial impartiality: comparative analysis. *in* LANGBROEK, Philip M.; FABRI, Marco (dir.). *The right judge for each case: a study of case assignment and impartiality in six European judiciaries*. Antwerp: Intersentia, 2007, p. 17, 22; SMITH, Eva. Case assignment in Danish courts. *in* LANGBROEK, Philip M.; FABRI, Marco (dir.). *The right judge for each case: a study of case assignment and impartiality in six European judiciaries*. Antwerp: Intersentia, 2007, p. 100-101.

20. Correto McGOVERN, Francis E. Rethinking cooperation among judges in mass tort litigation. *UCLA Law Review*, vol.44, 1997, p. 1868.

juízos cooperantes para normatizar os atos de cooperação também é algo natural a este ajuste, embora nem sempre seja necessário.

Note-se, portanto, que em qualquer interação (mesmo em solicitação de providências simples, ou mesmo na prática de atos conjuntos), observa-se, *grosso modo*, essa estrutura procedimental, a provocação de um dos juízos, as tratativas para encontrar os mecanismos adequados, e alguma formalização de base consensual.[21]

Dizer que a cooperação judiciária tem base consensual é importante para distingui-la de outras formas de exercício combinado de competências que não seja deflagrada pelo consenso entre os juízos, p.ex. nas delegações de competência.[22]

Porém, afirmar que a cooperação judiciária é consensual não significa dizer que se desenvolverá sempre por meio de negócios jurídicos processuais.

Como afirmei, é possível que, em especial nas interações judiciais mais complexas, que haja coordenação entre os órgãos do Judiciário para a prática conjunta ou combinada de um ou mais atos processuais. Isso se dará por meio de *protocolos institucionais*, que são *convênios para a prática de atos de natureza administrativa* mas que possuem efeitos no processo (e portanto são considerados convenções processuais).[23]

Porém, quando firmados pelos juízos na sua atividade *jurisdicional*, não estamos diante de negócios jurídicos processuais: os juízes, além de não terem

21. Didier Jr., falando especificamente dos atos concertados afirma que estes seriam, por assim dizer, atos constitutivos da atividade cooperativa entre os juízos, que definiriam o regulamento de uma interação "permanente e duradoura". Para o autor, o ato concertado seria "fonte de normas processuais gerais, consensuais e anteriores à prática de atos de cooperação". Isso se daria porque o art.69 §2º do CPC fala no "estabelecimento de procedimento". DIDIER JR., Fredie. *Cooperação judiciária nacional: esboço de uma teoria para o Direito brasileiro (arts.67-69, CPC)*. Salvador: Juspodivm, 2020, p. 85. Não se pode concordar. Como se vê no corpo do texto, a cooperação não se materializa em um instante. Sempre haverá tratativas preliminares até a consecução da prática dos atos de cooperação. Isso não é uma exclusividade do ato concertado (compreendido como Didier Jr. como uma das formas de cooperação). Sem dúvida, nada impede que, para a prática de qualquer ato de cooperação, os juízos regulem *ex ante* seu modo e formalidades para seu exercício. Aliás, a opinião de Didier Jr. parece contrária ao próprio conceito de negócio jurídico, defendido por ele como sendo a natureza do ato concertado. Como se sabe, os negócios jurídicos podem regular e disciplinar relações *episódicas* continentes de um único ou alguns poucos atos jurídicos. O próprio Didier Jr. (p. 91) exemplifica como ato concertado, com base nos incisos IV e V do art.69 §2º, a prática de um leilão unificado. Ora, parece que um tal leilão seria uma interação episódica, e não permanente e duradoura.

22. Sobre delegação de competências, confira-se o nosso CABRAL, Antonio do Passo. *Juiz natural e eficiência processual: flexibilização, delegação e coordenação de competências no processo civil*. Universidade do Estado do Rio de Janeiro: Tese apresentada ao concurso de Professor Titular de Direito Processual Civil, 2017, p. 446 ss.

23. Já se afirmou tratar-se de verdadeira atividade de negociação. SLAUGHTER, Anne-Marie. A global community of courts. *Harvard International Law Journal*, vol.44, 2003, p. 213 ss.

capacidade negocial (para dispor de interesses próprios), também não podem dispor dos interesses das partes envolvidas nos respectivos processos.[24] Então, esse ajuste é formalizado por meio de um *ato conjunto*, não uma convenção processual. Os atos conjuntos têm base consensual, mas com natureza não negocial.[25] Lembre-se ainda que, neste caso, a cooperação judiciária modifica a competência e, como veremos, o meio para controlar a assunção consensual da competência em processos jurisdicionais é o conflito de competência. Se a cooperação entre juízos tivesse natureza de negócio jurídico, não poderia ser impugnada ou questionada por conflito de competência.

3. CARACTERÍSTICAS DA COOPERAÇÃO ENTRE JUÍZOS: FORMAÇÃO DE UMA COMUNIDADE JUDICIÁRIA, NÃO COERCITIVIDADE, INFORMALIDADE E HUMANIZAÇÃO

Todas essas interações de cooperação judiciária pressupõem características que unem esses juízos e tribunais de uma maneira pouco ortodoxa na teoria do direito processual.

Vejamos no detalhe cada uma dessas características.

3.1. Ênfase na autonomia e criação de uma "comunidade judiciária". Engajamento em torno de projetos comuns

A cooperação judiciária põe ênfase na *autonomia* dos órgãos cooperantes, refletindo a ideia de uma *comunidade judiciária* independente dos respectivos governos a que vinculados.[26] Os juízos e tribunais percebem-se como membros de um mesmo grupo de instituições "coirmãs", que comungam de concepções similares sobre o que é ser juiz ou o sobre o que significa administrar um

---

24. A posição que defendemos, de que o juiz não pode ser parte de nenhum negócio processual, foi consagrada no STJ: REsp 1.738.656-RJ, rel. Min. Nancy Andrighi, j.03/12/2019.
25. Sobre o tema CABRAL, Antonio do Passo. *Convenções processuais*. Salvador: Juspodivm, 2016, p. 68 ss, 223 ss. Após a publicação da tese em que defendemos esta concepção a respeito da cooperação judiciária e dos atos concertados, Maria Gabriela Campos Ferreira, Gabriela Ferreira e Fredie Didier Jr. publicaram textos defendendo que o ato concertado entre juízes tem natureza de negócio jurídico, com o que não se pode concordar, pelos fundamentos aqui resumidos. FERREIRA, Maria Gabriela Silva Campos. *O compartilhamento de competências e os atos processuais concertados entre juízes*. Universidade Federal de Pernambuco: Dissertação de Mestrado, 2019, p. 135 ss, 145-147; FERREIRA, Gabriela Macedo. O ato concertado entre juízes cooperantes: esboço de uma teoria para o Direito brasileiro. *Civil Procedure Review*, vol.10, n. 3, set-dez., 2019, p. 27; DIDIER JR., Fredie. *Cooperação judiciária nacional: esboço de uma teoria para o Direito brasileiro (arts.67-69, CPC)*. Salvador: Juspodivm, 2020, p. 84.
26. SLAUGHTER, Anne-Marie. A global community of courts. *Harvard International Law Journal*, vol.44, 2003, p. 192-193, 213-215. No plano internacional, isso se torna ainda mais interessante porque os Estados soberanos são representados internacionalmente pelo Executivo. SLAUGHTER, Anne-Marie. Judicial globalization. *Vanderbilt Journal of International Law*, vol.40, 2000, p. 1114. Mas a questão é relevante também quando enxergamos o Judiciário nacional num ambiente federativo.

tribunal.[27] Os órgãos judiciários cooperantes enxergam-se como "servos da lei", que devem estar imunes à política para aplicar as normas de maneira neutra e justa.[28] Essa "coidentificação" fomenta o estabelecimento de relações diretas do tipo juízo-a-juízo (*court-to-court*).[29]

Por outro lado, as interações cooperativas e dialogais entre juízos estruturam arranjos para a consecução de *objetivos comuns* pela constatação de que todos enfrentam problemas parecidos.[30] A aproximação possibilitada pela colaboração insere os juízos em *projetos compartilhados* em torno da gestão do acervo e da proteção eficiente de direitos.[31] Por meio dessas interações, cria-se uma "rede judiciária" para identificar caminhos para soluções combinadas e compromissórias.[32] E, se a eficiência processual tem sido uma preocupação geral dos juízes e tribunais, a adequação da tutela jurisdicional pode representar esse projeto comum.[33]

Ademais, as várias modalidades de diálogo transjudiciário aprimoram-se quanto mais oportunidades de contato e engajamento cooperativo houver, permitindo o fortalecimento de relações de confiança pessoal.[34] Nesse contexto, quanto mais os juízos e tribunais verificam espaços para o exercício coordenado de competências, mais efetivam essas práticas e outras oportunidades se apresentarão e, num efeito "bumerangue", mais e mais órgãos se engajarão em práticas cooperativas por visualizarem os benefícios delas advindos.

Assim, a reciprocidade interjudiciária, se disseminada como prática funcional, leva a uma crescente e salutar dependência sistêmica. Os laços construídos, que eram desordenados e informais, reforçam-se mutuamente com a

---

27. A questão, embora não tratada expressamente, é esboçada em GELSI BIDART, Adolfo. Competencia y delegación. *in Scritti giuridici in memoria di Calamandrei*. Padova: Cedam, 1958, vol. II, p. 263.
28. SLAUGHTER, Anne-Marie. A typology of transjudicial communication. *University of Richmond Law Review*, vol.29, 1994, p. 125-126; HELFER, Laurence R.; SLAUGHTER, Anne-Marie. Toward a theory of effective supranational adjudication. *Yale Law Journal*, vol.107, nov., 1997, p. 369 ss.
29. SLAUGHTER, Anne-Marie. Court to court. *American Journal of International Law*, vol.92, 1998, p. 708-711.
30. WEILER, Joseph H. H. A quiet revolution: the European Court of Justice and its interlocutors. *Comparative Political Studies*, vol.510, 1994, p. 520-522.
31. SLAUGHTER, Anne-Marie. A typology of transjudicial communication. *University of Richmond Law Review*, vol.29, 1994, p. 128; SCOTT, Joanne; STURM, Susan P. Courts as catalysts: rethinking the judicial role in new governance. *Columbia Journal of European Law*, vol.13, 2006, p. 575.
32. AHDIEH, Robert B. Between dialogue and decree: international review of national courts. *New York University Law Review*, vol.79, dez., 2004, p. 2051, 2071-2072.
33. SLAUGHTER, Anne-Marie. A typology of transjudicial communication. *University of Richmond Law Review*, vol.29, 1994, p. 132-134. A doutrina germânica, trabalhando o tema da cooperação entre juízos nacionais, mencionava que considerações de eficiência, baseadas em oportunidade, guiam a utilização dos mecanismos colaborativos. SCHÖNKE, Adolf. *Lehrbuch des Zivilprozessrechts*. Karlsruhe: C.F.Müller, 7ª ed., 1951, p. 163.
34. AHDIEH, Robert B. Between dialogue and decree: international review of national courts. *New York University Law Review*, vol.79, dez., 2004, p. 2090, 2098, 2100.

reiteração, adquirem modelos formais mais conhecidos dos atores envolvidos[35] e, na perspectiva dos resultados atingidos e da padronização metodológica, fomentam um ganho de escala em termos de eficiência.

Recordemos que existe uma importante relação entre as atitudes cooperativas e a eficiência da atividade judiciária.[36] Como lembra Tanja Domej, o modo pelo qual os sujeitos que participam do processo se comunicam e interagem é essencial para a eficiência processual.[37]

E este foi o sentido em que se estabeleceu o dever de cooperação no art.2º da Resolução nº 350/2020 do CNJ. Além de afirmar que tal cooperação deve ser "recíproca", o que pressupõe que não atenda apenas a um dos juízos cooperantes, diz a resolução que a interação cooperativa deve se orientar para "incrementar mutuamente" a eficiência da atividade de todos.

3.2. Reconhecimento da alteridade e a influência como *medium* do exercício das competências. As relações não hierárquicas e não impositivas entre instâncias do Judiciário

Essa identificação mútua entre diversos juízos e tribunais se coaduna com a utilização da influência como o *medium* das interações processuais. A influência, ao contrário do poder-autoridade, reflete uma interação pautada em condicionamentos de conduta não impositivos. Um sujeito processual vê o outro não como objeto ou em relação de submissão/sujeição, mas como interlocutor, parceiro de um diálogo processual.[38]

Não é possível aqui examinar a teoria das situações jurídicas processuais. Para os fins deste estudo, interessam-nos os poderes e as sujeições. Os *poderes jurídicos* são expressão de um comando normativo. Os poderes, embora atributos da vontade, implicam domínio da vontade alheia (e de alguma forma são contrários à liberdade de outrem, que se encontra na correlata situação de sujeição). A sujeição é a "impossibilidade de querer com eficácia", que implica uma necessidade de obedecer. Curiosamente, a sujeição é uma situação

35. GINSBURG, Tom; McADAMS, Richard H. Adjudicating in anarchy: an expressive theory of international dispute resolution. *William & Mary Law Review*, vol.45, 2004, p. 1252-1253.
36. HEIRBAUT, Dirk. Efficiency: the Holy Grail of Belgian Justice? Civil Procedure in Belgium (1806-2008). *in* UZELAC, Alan; VAN RHEE, Cornelis Hendrik (org.). *Access to Justice and the Judiciary: Towards new European Standards of Affordability, Quality and Efficiency of Civil Adjudication*. Antwerp: Intersentia, 2009, p. 103.
37. DOMEJ, Tanja. Efficiency in the relationship between the judge and the parties: a perspective on the future of Swiss Code of Civil Procedure. *in* UZELAC, Alan; VAN RHEE, Cornelis Hendrik (org.). *Access to Justice and the Judiciary: Towards new European Standards of Affordability, Quality and Efficiency of Civil Adjudication*. Antwerp: Intersentia, 2009, p. 75.
38. WEILER, Joseph H. H. A quiet revolution: the European Court of Justice and its interlocutors. *Comparative Political Studies*, vol.510, 1994, p. 516.

jurídica passiva à qual não se relaciona nenhum ato que se deva praticar. É, portanto, apenas absorvida, sem que nada se possa fazer contra aquela posição. A sujeição corresponde à ineficácia do querer e por isso é geralmente relacionada ao poder jurídico.[39]

Pois bem, no estudo tradicional das situações jurídicas processuais, era comum que se relacionassem as situações jurídicas aos pares: aos direitos subjetivos, haveria correlatos deveres jurídicos; aos poderes jurídicos estariam relacionadas sujeições. A relação jurídica processual era retratada como um jogo de "soma zero", em que a quantidade de poder de um agente significaria sujeição em igual quantidade para os demais.[40]

Essa associação é equivocada. Há interações não simétricas entre os sujeitos processuais, e para bem situar essa questão, é relevante ressaltar o *medium* no qual essas interações se desenrolam: a influência do contraditório, que não é um condicionamento "de mão única" ou unidirecional, como sugere a teoria da relação jurídica, concebendo as situações jurídicas processuais em pares.[41] A influência se verifica em quaisquer posições ou situações jurídicas, ainda que não sejam observáveis em "pares" (direito-dever, poder-sujeição etc.).

Nessa ordem de ideias, defendemos que os condicionamentos que os atos dos sujeitos processuais produzem são *difusos*, vale dizer, não são unidirecionais. Ao contrário dos vínculos contratuais,[42] os atos processuais não possuem uma "direção única".[43] Assim, as situações processuais não precisam ser dependentes ou relacionadas a outras,[44] não se colocam necessariamente em trocas hierárquicas e tampouco subsiste o mito de um formato "dual" ou "bipolar" do processo. Ou seja, não há um vetor direcional para essas interações, como direito-dever ou poder-sujeição. No processo, o exercício do poder e da influência é circulatório e cambiante,[45] e então o condicionamento a condutas pode ser graduado em níveis variáveis e não autoanuláveis.[46]

39. CARNELUTTI, Francesco. *Sistema del diritto processuale civile*. Padova: Cedam, vol. I, 1936, p. 51.
40. CABRAL, Antonio do Passo. *Nulidades no processo moderno: contraditório, proteção da confiança e validade* prima facie *dos atos processuais*. Rio de Janeiro: Forense, 2ª ed., 2010, p. 168.
41. PARSONS, Talcott. On the concept of influence. *The Public Opinion Quarterly*, vol. 47, nº 1, 1963, p. 52.
42. Também no direito privado vem sendo questionada a estrutura diádica da relação jurídica. Vale a pena conferir a exposição de Oliveira Ascensão, retratada por SILVA, Paula Costa e. *Acto e processo. O dogma da irrelevância da vontade na interpretação e nos vícios do acto postulativo*. Coimbra: Coimbra ed., 2003, p. 91 ss.
43. FAZZALARI, Elio. *Istituzioni di Diritto Processuale*. Padova: Cedam, 8ª ed., 1996, p. 59.
44. Certo, no ponto, FALCÓN, Enrique M. Comunicación y proceso. Revista de Processo, ano 33, nº 157, mar. 2008, p. 105. Não podemos concordar com a conclusão de LENT, Friedrich. Zur Unterscheidung von Lasten und Pflichten der Parteien im Zivilprozeß. *Zeitschrift für Zivilprozeß*, vol. 67, n. 5, 1954, p. 355.
45. PARSONS, Talcott. On the concept of political power. *Sociological Theory and Modern Society*. New York: The Free Press, 1967, p. 306 e 319-321, 337 ss.
46. PARSONS, Talcott. On the concept of influence. *The Public Opinion Quarterly*, vol. 47, nº 1, 1963, p. 61.

Portanto, o exercício de poder e influência no processo não se configura sempre com caráter correlacional, tampouco se manifesta sempre em grau e intensidade análogos a outras situações jurídicas.[47] E suas variações dependerão de inúmeros fatores: se estamos no processo civil ou penal, se a causa versa sobre direitos disponíveis ou indisponíveis, se aquele ordenamento atribui mais poderes ao juiz que às partes. Essa irregularidade é a tônica do envolvimento interativo ao qual corresponde um intercâmbio de condicionamentos em inevitável assimetria.[48]

Nesse contexto, e a partir dessas premissas, queremos chamar atenção para dois aspectos aparentemente ignorados na teoria das competências jurisdicionais.

Tradicionalmente, as discussões sobre a relação jurídica processual se colocavam no embate entre sua natureza pública ou privada[49] e na sua formatação subjetiva, i.e., se a relação jurídica processual se estabelecia entre o juiz e as partes ou também as partes entre si.[50] Porém, sempre se negligenciou um relevante

---

47. Não se ignora que existem algumas hipóteses em que simplesmente não há no processo uma "contraparte" oponente ou subserviente à situação exercida. Por vezes, a lei exige a presença "formal" de um sujeito apenas para fomentar o contraditório, sem que existam efetivos interesses materiais contrapostos. Nesses casos, já se falou num "oponente virtual". BRÜGGEMANN, Dieter. Unausgebildete Gegnerschaftsverhältnisse. *Zeitschrift für Zivilprozeß*, vol.81, 1969, p. 459-466. Em outros casos, o Judiciário depara-se com interesses convergentes de autor e réu, como quando celebradas convenções processuais e formulados requerimentos conjuntos. CABRAL, Antonio do Passo. *Convenções processuais*. Salvador: Juspodivm, 2016, p. 56. Todavia, essas interações não permitem generalizações. Os condicionamentos dos sujeitos processuais são difusamente transmitidos uns aos outros, e não se pode imaginar que toda a qualquer situação jurídica tenha seu "par" vetorial. CABRAL, Antonio do Passo. *Nulidades no processo moderno: contraditório, proteção da confiança e validade* prima facie *dos atos processuais*. Rio de Janeiro: Forense, 2ª ed., 2010, p. 166 ss.

48. GÜNTHER, Klaus. *Schuld und kommunikative Freiheit. Studien zur personalen Zurechnung strafbaren Unrechts im demokratischen Rechtsstaat*. Frankfurt am Main: Vittorio Klostermann, 2005, p. 162-163. Contra, vemos a posição de PICARDI, Nicola. Il principio del contraddittorio. *Rivista di Diritto Processuale*, ano LII, 1998, p. 679, acompanhado de Fazzalari, que enxerga simetria, decorrente da paridade de armas, no exercício do contraditório. Evidentemente que o faz sob concepção do contraditório um pouco diversa da que sustentamos. FAZZALARI, Elio. *Istituzioni di Diritto Processuale*. Padova: Cedam, 8ª ed., 1996, p. 83-87.

49. Josef Kohler, p. ex., imaginava a relação processual apenas entre as partes, mas não entre as partes e o juiz. KOHLER, Josef. *Der Prozeß als Rechtsverhältnis: Prolegomena zu einem System des Civilprozesses*. Mannheim: Bensheimer, 1888, p. 7-13, 62; *Idem*, Ueber processrechtliche Verträge und Creationen. *Gruchots Beiträge*, XXXI, 1887, p. 127 ss. Bülow, posteriormente, caracterizou a relação jurídica processual como uma relação pública por englobar o Estado-juiz; por isso, diferenciava-se da relação jurídica de direito material subjacente a ela (a *res in iudicium deducta*). BÜLOW, Oskar. *Die Lehre von der Prozesseinreden und die Prozessvoraussetzungen*. Aalen: Scientia, reimpressão da original, 1969, p. 3 ss.

50. Para desenvolvimento do tema e compreensão da controvérsia, confira-se DEGENKOLB, Heinrich. *Beiträge zum Zivilprozess*. Leipzig: Wilhelm Engelmann, 1905, p. 54-58; LÜKE, Gerhard. Betrachtungen zum Prozeßrechtsverhältnis. *Zeitschrift für Zivilprozeß*, vol.108, n. 4, 1995, p. 428, 430-431; SAUER, Wilhelm. *Grundlagen des Prozessrechts*. Stuttgart: Ferdinand Enke, 1919, p. 177; SILVA, Paula Costa e. *Acto e processo. O dogma da irrelevância da vontade na interpretação e nos vícios do acto postulativo*. Coimbra: Coimbra ed., 2003, p. 87, 94-95, 144, 153 ss; MÜLLER, Thomas M. *Gesetzliche und prozessuale Parteipflichten*. Zürich: Schultess, 2001, p. 43-44; LENT, Friedrich. Zur Unterscheidung von Lasten und Pflichten der Parteien im Zivilprozeß. *Zeitschrift für Zivilprozeß*, vol. 67, n. 5, 1954, p. 346; TESHEINER, José Maria Rosa. Situações

braço das interações envolvendo os sujeitos do processo: as situações jurídicas processuais que se estabelecem entre diferentes órgãos jurisdicionais.

O segundo aspecto da teoria da competência que se põe em evidência é o costume de pensar sempre no poder compreendido como autoridade, exercido hierárquica e impositivamente. Daí se dizer que os poderes jurídicos independem de correlatos[51] e as competências jurisdicionais são situações jurídicas "uniposicionais", prescindindo de atos jurídicos a serem praticados por outros indivíduos.[52]

Por outro lado, é frequente também que, aqui e ali, descrevam-se as competências como relacionais, [53] colocando frente a frente dois sujeitos: aquele que detém o poder de modificar a situação jurídica e aquele que está submetido a essa alteração.[54] A atividade dos juízes, nesse cenário, sempre foi concebida como primordialmente decisória, exercida com "supremacia", subordinando as atividades de outros.[55]

Porém, como ficam, nesse quadro, as interações processuais *colaborativas* e *entre órgãos jurisdicionais*?

---

subjetivas e processo. Revista de Processo, nº 107, jul.-set. 2002, p. 23; FONTES, André. *A pretensão como situação jurídica subjetiva*. Belo Horizonte: Del Rey, 2002, p. 90 ss; BAUMGÄRTEL, Gottfried. Treu und Glauben im Zivilprozeß. *Zeitschrift für Zivilprozeß*, vol.86, n. 3, 1973, p. 358-359; MARINONI, Luiz Guilherme. Da teoria da relação jurídica processual ao processo civil do Estado Constitucional. Revista dos Tribunais, ano 95, vol. 852, out. 2006, p. 13.

51. DIDIER JR., Fredie; NOGUEIRA, Pedro Henrique Pedrosa. *Teoria dos fatos jurídicos processuais*. Salvador: Juspodivm, 2011, p. 122-125. Essa parece ser uma contradição de Didier Jr. em sua obra de cooperação judiciária. Na "teoria dos fatos processuais", defendem Didier Jr. e Nogueira que os poderes processuais não têm correlativos, embora exponham outras teses que buscam ver na sujeição a sua situação jurídica correlata. Na obra de Didier Jr. sobre a cooperação judiciária, não fica claro se existiria uma relação jurídica entre juízes (há que pressupor que sim, levando em conta que o autor defende que juízes negociam entre si, e que há entre eles compartilhamento de competências; considerando-se ainda que o autor defende que há um dever de cooperação para o juiz solicitado exigível somente em alguns casos). Não há tampouco qualquer referência a qual seria o conteúdo de uma tal relação jurídica (poderes, direitos subjetivos, deveres, sujeições). Afinal, sempre na visão de Didier Jr. (com a qual não se concorda aqui), se o juiz que recebe uma carta de ordem, e *deve* "cooperar", haveria para ele dever, sujeição, ou o quê? E essa situação jurídica (qualquer que seja) seria relacionada a um poder jurídico processual ou a um direito subjetivo? As competências seriam então exercidas a partir de um direito ou um poder, afinal? E será que, de fato, os poderes processuais não possuem correlatos (como afirmam Didier Jr. e Nogueira)? São todas questões não respondidas em DIDIER JR., Fredie. *Cooperação judiciária nacional: esboço de uma teoria para o Direito brasileiro (arts.67-69, CPC)*. Salvador: Juspodivm, 2020, *passim*.

52. CASTRO, Torquato. *Teoria da situação jurídica em direito privado nacional*. São Paulo: Saraiva, 1985, p. 70-77.

53. São "correlativos" na denominação de HOHFELD, Wesley Newcomb. Some fundamental legal conceptions as applied in judicial reasoning. *in* HOHFELD, Wesley Newcomb (Org.). *Fundamental Legal Conceptions as Applied in Judicial Reasoning and other Legal Essays*. New Haven: Yale University Press, p. 36 ss, 50 ss.

54. ROSS, Alf. *Directives and norms*. New York: Humanities Press, 1968, p. 118-119.

55. GOLDSCHMIDT, James. *Der Prozess als Rechtslage: eine Kritik des prozessualen Denkens*. Berlin: Julius Springer, 1925, p. 495-497. É o que está à base do sistema idealizado por Heiko Sauer, que expressamente rejeita relações cooperativas e em rede entre juízos. Cf. SAUER, Heiko. *Jurisdiktionskonflikte in Mehrebenensystemen: Die Entwicklung eines Modells zur Lösung von Konflikten zwischen Gerichten unterschiedlicher Ebenen in vernetzten Rechtsordnungen*. Berlin: Springer, 2008, p. 81-83.

De fato, os métodos de cooperação transjudiciária muito se revigoraram no mundo contemporâneo pelos instrumentos de cooperação jurídica internacional, e deveriam mostrar que há competências exercidas por trocas interativas com outros órgãos jurisdicionais, sem caráter impositivo e nem sempre verticais (de cima para baixo).[56] São frequentemente interações horizontais não hierárquicas, baseadas em coexistência e reconhecimento mútuo.[57]

Mas a ausência de tratamento dogmático dessas trocas cooperativas transjudiciárias deixou sem qualquer contestação as teses partidárias da ideia de que toda competência jurisdicional é exercício impositivo de poder, ou que toda competência se exerce em um panorama dual ou bipolar porque *submete* um outro sujeito (que se encontra, portanto, em sujeição).

Trazendo essas discussões para o cerne deste estudo, a partir do *medium* da influência, baseado em trocas assimétricas e difusas de condicionamentos, pode-se concluir que, ao contrário das relações de poder como "autoridade", o exercício da competência não é um jogo de "soma zero". As formas de interação transjudicial não se amoldam ao formato poder-sujeição. Não existe sujeição, não só porque esses juízos são independentes no exercício da jurisdição – e portanto podem se recusar a engajar-se nessas interações –, mas também porque constantemente podem não se encontrar dentro de uma mesma estrutura administrativa na hierarquia judiciária (não são submetidos funcionalmente aos mesmos tribunais). Observam-se, na verdade, arranjos cooperativos *não hierárquicos*, em que um juízo *efetivamente postula* (no sentido de solicitar a outro a prática de um ato processual) ou *provoca* uma atuação concertada, sem que haja sujeição ou subordinação do juízo requerido.[58]

E, no exercício das competências, as interações colaborativas respeitam a lógica da influência. Ao contrário da delegação, que pode se resolver num formato hierárquico e impositivo de transferência de competências, na cooperação

56. ARNST, Olga. Instrumente der Rechtsprechungskoordination als judicative Netzwerke? *in* BOYSEN, Sigrid *et alii* (org.). *Netzwerke*. Baden-Baden: Nomos, 2007, p. 71-72.

57. SHANY, Yuval. *Regulating Jurisdictional Relations between National and International Courts*. Oxford: University Press, 2007, p. 92 ss.

58. Note-se que o art.67 do CPC fala em um "dever de recíproca cooperação", e a resolução n. 350/2020 do CNJ (art.2º) afirma que tal interação se dá para "incrementar mutuamente" a eficiência da atividade dos cooperantes. Não há sujeição. E essa atividade deve ser uma via de duas mãos. Os juízos cooperam entre si para atingirem resultados ótimos, adequados. E, portanto, a cooperação se realiza com o objetivo *mútuo* de uma performance mais eficiente. Essa a razão pela qual o legislador dispõe que o dever existente não é de uma cooperação unilateral, mas sim de uma "recíproca" cooperação. Por isso, discordo de Didier Jr., que parece enxergar o dever previsto no art.67 como uma espécie de situação jurídica que obriga o juízo solicitado a "aceitar" a cooperação e proceder tal qual "determinado" pelo juízo solicitante. O autor chega a afirmar que certas modalidades de "cooperação" seriam hierárquicas e impositivas, como aquelas das cartas de ordem, com mandados impostos de cima para baixo, em um formato de interações que temos por incompatível com a lógica da cooperação judiciária.

judiciária há *assunção consensual da competência* pois o juízo que transfere o exercício da prerrogativa jurisdicional (juízo derrogado) depende da *aceitação* do juízo para o qual a competência será transferida (juízo prorrogado).

Nesse cenário, a cooperação exige o reconhecimento do outro (alteridade); atua-se com base numa "reciprocidade judicial", utilizada não apenas como meio persuasivo para estimular a atuação conjunta, mas também como razão de decidir.[59] Não há sujeição de um órgão a outro, mas exercício compartilhado de competências (a própria resolução n. 350/2020 do CNJ afirma expressamente, em seus *consideranda*, esse compartilhamento das competências, e em seu art.6º que os atos de cooperação são consensuais).[60]

Outro detalhe relevante é que essas formas cooperativas de contato entre órgãos jurisdicionais não são fundadas numa relação como aquelas da cadeia recursal (essas sim hierárquica, nas quais as instâncias superiores têm poder de reapreciar - e por vezes revogar ou anular - as decisões das instâncias inferiores). Ao contrário da lógica recursal, que é autoritativa, de formato piramidal, que se baseia na manutenção da unidade interpretativa do direito e na correção retrospectiva do erro do juízo *a quo*, as interações cooperativas são *dialogais* e *em rede*,[61] exigindo uma postura fora da lógica de poder exercido coativamente,[62] até porque muitas vezes a interação se estabelece em modo prospectivo, visando a uma atuação futura, para resolver novas questões e ultrapassar novos desafios administrativos.[63]

Além disso, se a influência é difusa (não vetorial), é possível conceber o condicionamento de condutas entre vários órgãos judiciais fora de uma dinâmica bilateral. Esse formato multidirecional viabiliza que as trocas transjudiciárias não se deem apenas "de cima para baixo", ou seja, dos tribunais superiores para a primeira instância; podem ser "de baixo para cima" ou observadas em cortes de mesma posição na hierarquia judiciária.[64] E essa

59. SLAUGHTER, Anne-Marie. A typology of transjudicial communication. *University of Richmond Law Review*, vol.29, 1994, p. 117.
60. AHDIEH, Robert B. Between dialogue and decree: international review of national courts. *New York University Law Review*, vol.79, dez., 2004, p. 2072.
61. Percebendo novas formas de interação judiciária no plano internacional fora de um formato piramidal, ARNST, Olga. Instrumente der Rechtsprechungskoordination als judicative Netzwerke? *in* BOYSEN, Sigrid et *alii* (org.). *Netzwerke*. Baden-Baden: Nomos, 2007, p. 59.
62. Essa a razão pela qual o tema tem sido muito estudado no direito internacional, em que as instâncias supranacionais dependem frequentemente da jurisdição doméstica para efetivar muitas decisões. Cf. GESDORF, Hubertus. Das Kooperationsverhältnis zwischen deutscher Gerichtsbarkeit und EuGH. *Deutsches Verwaltungsblatt*, jun., 1994, p. 674-685.
63. AHDIEH, Robert B. Between dialogue and decree: international review of national courts. *New York University Law Review*, vol.79, dez., 2004, p. 2051-2052.
64. SCOTT, Joanne; STURM, Susan P. Courts as catalysts: rethinking the judicial role in new governance. *Columbia Journal of European Law*, vol.13, 2006, p. 578. Trata-se de uma característica realmente

forma de atuação coordenada empodera sobretudo as cortes das instâncias inferiores, que se percebem com mais prerrogativas ao atuarem em conjunto com outros tribunais.[65]

3.3. Informalidade e humanização

Por fim, a cooperação transjudicial proporciona interações flexíveis[66] e por vezes não formalizadas.[67] São relações "face a face" que representam maneiras de "deliberação coletiva" informal.[68] Sua vantagem, além da simplicidade na forma, é permitir uma "humanização" do contato interjudiciário, fomentando laços de fraternidade.[69]

Entretanto, sua informalidade não significa que a cooperação não possa materializar-se em instrumentos formais, até porque uma total ausência de formas pode levar à dificuldade de implementação das medidas de cooperação transjudicial. Algum registro formal das trocas cooperativas, além de necessário e exigido pelo art.5º III da resolução n. 350/2020 do CNJ, pode favorecer a propensão a colaborar.[70]

Quando for o caso, as interações colaborativas transjudiciais podem ser formalizadas por instrumentos também flexíveis, como os protocolos institucionais ou atos concertados. Por isso, diz-se que a informalidade dessas interações atrai também sua adaptabilidade.[71]

---

interessante, já que o Judiciário tradicionalmente, no Brasil e no estrangeiro, tem estruturação fortemente hierarquizada.

65. No direito internacional, já se observou o fenômeno de como as cortes nacionais por vezes utilizam a potencial supervisão de instâncias supranacionais como argumento para forçar os tribunais nacionais de instâncias superiores a adotarem os mesmos fundamentos. Shany chama essas interações de "alianças epistemológicas e profissionais". SHANY, Yuval. *Regulating Jurisdictional Relations between National and International Courts.* Oxford: University Press, 2007, p. 13. Comentando como a possibilidade de reenvio de questões ao Tribunal da União Europeia empoderou os juízes de primeira instância nos ordenamentos nacionais, WEILER, Joseph H. H. The transformation of Europe. *Yale Law Journal*, n. 100, 1991, p. 2426.
66. KATYAL, Neal. Judges as advicegivers. *Stanford Law Review*, vol.50, 1998, p. 1711.
67. CAMARGO, Luiz Henrique Volpe. *A centralização de processos como etapa necessária do incidente de resolução de demandas repetitivas.* Pontifícia Universidade Católica de São Paulo: Tese de doutorado, 2017, p. 309.
68. SLAUGHTER, Anne-Marie. A typology of transjudicial communication. *University of Richmond Law Review*, vol.29, 1994, p. 103, 119-120, 135; AHDIEH, Robert B. Between dialogue and decree: international review of national courts. *New York University Law Review*, vol.79, dez., 2004, p. 2051, 2071-2072.
69. Essa humanização, numa perspectiva geral, sempre foi uma reivindicação da literatura processual. Por todos, SENTIS MELENDO, Santiago. Humanización del proceso. *in Estudios de Derecho Procesal.* Buenos Aires: Ejea, vol.I, 1967, p. 219 ss; FAIRÉN GUILLÉN, Victor. La humanización del proceso: linguaje, formas, contacto entre los jueces y las partes desde Finlandia hasta Grecia. Revista de Processo, vol.14/15, abr-set, 1979, p. 132.
70. McGOVERN, Francis E. Rethinking cooperation among judges in mass tort litigation. *UCLA Law Review*, vol.44, 1997, p. 1865-1866.
71. KATYAL, Neal. Judges as advicegivers. *Stanford Law Review*, vol.50, 1998, p. 1711: "The combination of 'narrow holding + advicegiving dicta' enjoys a natural advantage over a broad holding in terms of democratic self-rule, flexibility, popular accountability, and adaptability".

3.4. Fundamento normativo para a cooperação judiciária no direito brasileiro

Damaška afirma que cada ordenamento processual tem uma inclinação entre aqueles mais hierarquizados e baseados em interações com vínculos de subordinação, e aqueles mais voltados para relações horizontais de cunho cooperativo.[72]

No Brasil, existe larga base normativa para a cooperação judiciária. À luz do direito positivo brasileiro, é possível fundamentar essa troca de *inputs* entre órgãos judiciários em diversas normas, a começar pela compreensão contemporânea do juiz natural (art.5º, XXXVII e LIII da CR), combinada com o postulado da eficiência processual (art.37 da CR e art.8º do CPC), que admitem mais funcionalidade no sistema de competências para imprimir adequação e efetividade à tutela jurisdicional.[73]

Outra norma que justifica o exercício combinado de competências jurisdicionais é o já mencionado princípio da cooperação (art.6º do CPC),[74] que determina que todos os sujeitos do processo devem cooperar entre si, o que envolve também o juízo.[75] Se assim é, não se pode limitar a cooperação processual aos contatos entre juiz e partes e aqueles das partes entre si. As atitudes,

---

72. DAMAŠKA, Mirjan R. *The Faces of Justice and State Authority. A comparative Approach to the Legal Process*. New Haven: Yale University Press, 1986, p. 16 ss, 25-27.

73. CABRAL, Antonio do Passo. *Juiz natural e eficiência processual: flexibilização, delegação e coordenação de competências no processo civil*. Universidade do Estado do Rio de Janeiro: Tese apresentada ao concurso de Professor Titular de Direito Processual Civil, 2017, capítulos 1 a 4. Correto, MEIRELES, Edilton. Cooperação judiciária nacional. Revista de Processo, ano 40, vol.249, nov., 2015, p. 61, 66, no sentido de não haver qualquer ofensa ao juiz natural. Após a publicação de nossa tese, ganhamos a adesão de LUNARDI, Thaís Amoroso Paschoal. *Coletivização da prova: técnicas de produção coletiva da prova e seus reflexos da esfera individual*. Universidade Federal do Paraná: Tese de Doutorado, 2018, p. 185-189; e FERREIRA, Maria Gabriela Silva Campos. *O compartilhamento de competências e os atos processuais concertados entre juízes*. Universidade Federal de Pernambuco: Dissertação de Mestrado, 2019, p. 161-162, destacando a ligação da cooperação com a eficiência processual.

74. Falando especificamente do princípio da cooperação como fundamento da cooperação transjudicial, DIDIER JR., Fredie. *Cooperação judiciária nacional: esboço de uma teoria para o Direito brasileiro (arts.67-69, CPC)*. Salvador: Juspodivm, 2020, p. 62. Contra, em nosso sentir sem razão, rejeitando que a cooperação judicial seja fundada no princípio da cooperação, AVELINO, Murilo Teixeira. Breves Comentários à Cooperação Nacional no Código de Processo Civil. Revista Jurídica da Seção Judiciária de Pernambuco, n. 8, 2015, p. 188.

75. A literatura sobre o princípio da cooperação no Brasil é muito rica. Por todos, GOUVEIA, Lúcio Grassi de. A função legitimadora do princípio da cooperação intersubjetiva no processo civil brasileiro. Revista de Processo, ano 34, vol. 172, jun., 2009, p. 33; MITIDIERO, Daniel Francisco. Colaboração no processo civil como prêt-à-porter? Um convite ao diálogo para Lênio Streck. Revista de Processo, vol.194, abr., 2011, p. 57-64; *Idem*, A colaboração como norma fundamental do novo processo civil brasileiro. Revista do Advogado, n. 126, mai., 2015, p. 49; DIDIER JR, Fredie. *Fundamentos do princípio da cooperação no direito processual civil português*. Coimbra: Coimbra Ed., 2010, p. 50-56; SARLET, Ingo Wolfgang; MARINONI, Luiz Guilherme; MITIDIERO, Daniel. *Curso de direito constitucional*. São Paulo: RT, 3ª ed., 2014, p. 714; THEODORO JR, Humberto. Juiz e partes dentro de um processo fundado no princípio da cooperação. Revista Dialética de Direito Processual, n. 102, set., 2011, p. 64; REDONDO, Bruno Garcia. Princípio da cooperação e flexibilização do procedimento pelo juiz e pelas partes. Revista Dialética de Direito Processual, n. 133, abr., 2014, p. 12.

comportamentos e interações que unem e relacionam órgãos jurisdicionais podem e devem ser abrangidas pelo princípio da cooperação. De fato, se todos os órgãos jurisdicionais são plenamente detentores dos poderes jurisdicionais, devem cooperar entre si e não apenas exigir colaboração dos demais sujeitos do processo.[76]

Especificamente em relação à cooperação judiciária, há na legislação normas que autorizam atuação conjunta e o exercício concertado de competência. Sem embargo, o CPC prevê regras que disciplinam a cooperação internacional (art.26-41) e a carta arbitral,[77] consagrando a cooperação entre juiz e árbitro (art.260 §3º do CPC).[78] E o Código dispõe ainda sobre o dever de colaboração entre juízos no sistema nacional (art.67-69), dispositivos absolutamente novos, que não existiam na legislação brasileira antes do CPC/2015. Nosso sistema jurídico-processual, mais uma vez, saiu na frente, e nos oferece instrumentos poderosos para essa cooperação.[79]

Tais regras dos artigos 67-69 do CPC foram inspiradas na Recomendação nº 38/2011 do Conselho Nacional de Justiça, que foi o embrião das regras legais.[80]

Recentemente, o CNJ avançou ainda mais na regulação, e editou a Resolução nº 350/2020, que revogou a recomendação anterior e disciplinou em mais detalhes diversos aspectos da cooperação judiciária.

Não obstante, não se pode ser ingênuo em pensar que, por mais perfeito que seja, o instrumental normativo seja suficiente para operar a cooperação

76. GRECO, Leonardo. *Translatio iudicii* e reassunção do processo. Revista de Processo, vol.166, 2008, p. 12.
77. CARDOSO, Oscar Valente. A cooperação judiciária nacional no novo Código de Processo Civil. Revista Dialética de Direito Processual, *n.* 152, nov., 2015, p. 41-42.
78. Depois da edição do CPC, a carta arbitral também foi disciplinada no art.22-C da Lei nº 9.307/96, na redação dada pela Lei nº 13.129/2015.
79. Mas, no Brasil e no estrangeiro, normalmente só há disposições legais para a comunicação entre os juízos por meio de cartas ou no âmbito da cooperação internacional. A pequena latitude da abrangência dessas normas por vezes dificulta sua aplicabilidade à colaboração judiciária no processo civil *nacional*, embora essa aplicação seja possível. Na Alemanha, a bibliografia a respeito é escassa, mas essa extensão das regras de cooperação internacional ao processo civil nacional já foi sustentada há muito tempo em doutrina por BARGATZKY. Anwendbarkeit der Rechtshilfevorschriften des GVG im allgemeinen inländischen Rechtshilfeverkehr mit Gerichten. *Deutsche Justiz*, ano 100, n. 19, mai., 1938, p. 756-758. Lembre-se ainda que as cartas afeiçoam-se mais à transferência de competência *por delegação*, e não por assunção consensual.
80. O art.13 §2º da Lei 9.099/95 simplificava a tramitação dos atos de comunicação processual, dentro do espírito de simplicidade e informalidade do procedimento dos Juizados Especiais Cíveis. Mas não consigo enxergar ali a semente dos atos de cooperação porque, à época, essa preocupação não existia no ordenamento brasileiro, provavelmente porque inexistia tampouco uma compreensão consolidada sobre o conteúdo normativo do princípio da cooperação. Portanto, não se pode concordar Fredie Didier Jr., de que a referida regra da Lei 9.099/95 seria um embrião da atipicidade das formas de cooperação entre juízos. DIDIER JR., Fredie. *Cooperação judiciária nacional: esboço de uma teoria para o Direito brasileiro (arts.67-69, CPC).* Salvador: Juspodivm, 2020, p. 64-65. Em nosso entendimento, a clara inspiração dos art.67-69 do CPC/2015 foi a citada Recomendação nº 38/2011 do CNJ.

judiciária no âmbito nacional. Feliz ou infelizmente, as leis não podem tanto. Esse tipo de intercâmbio interativo depende, à evidência, de mudanças culturais na burocracia judiciária. O juiz, que sempre foi acostumado a atuar solitariamente, deve ser formado para aprender e praticar a cooperação.

De todo modo, a positivação desses instrumentos no Código pode chamar atenção às suas potencialidades aplicativas e funcionar como um motor propulsor dessa mudança.

4. A NORMATIVA DA COOPERAÇÃO JUDICIÁRIA

Queremos trazer brevemente algumas das principais normas referentes à cooperação judiciária, diante da necessidade de emprestar maior densidade à teorização acerca do tema. Não temos pretensão de exaurir todas as questões relevantes, mas é uma oportunidade de analisar em conjunto as disposições dos artigos 67-69 do CPC e aquelas da Resolução nº 350/2020 do Conselho Nacional de Justiça. Para maiores reflexões, remetemos a obra de maior fôlego onde tratamos do tema.[81]

4.1. Preferência em relação aos mecanismos não cooperativos

A primeira diretriz principiológica sobre a cooperação judiciária é a prioridade normativa que se estabelece em favor dos instrumentos colaborativos em detrimento de outros de conotação impositiva.

Parece-nos que a lógica subjacente à resolução n. 350/2020 do CNJ é de que diante de várias maneiras de atingir um determinado resultado, deve o juízo procurar manejar instrumentos de cooperação judiciária antes de suscitar conflito, ou expedir cartas. Parece, portanto, que a cooperação deve ser priorizada, ficando os instrumentos não colaborativos como subsidiários.[82]

4.2. Celeridade e unidade da jurisdição nacional

De acordo com o art.8º §1º da resolução nº 350/2020 do CNJ, deve haver pronto atendimento aos pedidos de cooperação, que serão regidos pelo "princípio" da celeridade.[83] Trata-se de uma importante dimensão da duração razo-

81. CABRAL, Antonio do Passo. *Juiz natural e eficiência processual: flexibilização, delegação e coordenação de competências no processo civil.* Universidade do Estado do Rio de Janeiro: Tese apresentada ao concurso de Professor Titular de Direito Processual Civil, 2017, p. 507 ss.

82. Isso não quer dizer, como veremos adiante, que exista uma hierarquia entre meios colaborativos típicos e atípicos.

83. A diferenciação entre regras e princípios, que produziu discussão candente no direito público, escapa aos limites deste estudo. Em doutrina, fala-se a propósito em "informalidade" como um dos princípios

ável do processo (art.5º, LXXVIII da Constituição), que pode ser reforçada pela rapidez no cumprimento das medidas de cooperação.

Além da celeridade, a cooperação rege-se pela ideia de *unidade da jurisdição nacional*. Como vimos, o engajamento dos juízes e o entrelaçamento de suas competências fomentam o desenvolvimento de um espírito comunitário, que atua numa "rede judiciária" que se compreende como um corpo único, inclusive nas relações entre diversas instâncias.

Esse princípio de unicidade de jurisdição nacional pode ser extraído do art.67 do CPC, que envolve nos deveres de cooperação recíproca todas as instâncias e graus de jurisdição (inclusive os tribunais superiores), nas esferas estadual ou federal, de jurisdição especializada ou comum. E o §3º do art.69 fortalece essa previsão, ao dispor que a cooperação relaciona indistintamente órgãos de qualquer ramo do Judiciário.[84]

Essas regras legais são reforçadas pelo disposto nos artigos 5º, I e 8º §1º, ambos da resolução nº 350/2020 do CNJ.

4.3. Instrumentalidade das formas. Concisão e informalidade da cooperação. O auxílio direto

Outra regra da atividade de cooperação é a concisão. Os atos de cooperação dispensam arrazoados extensos, prolixos e que, pela sua dispersão, antes de ajudar dificultam o atingimento dos objetivos pretendidos.

Além da concisão, como dispõe o art.8º, *caput* e §1º da resolução nº 350/2020 do CNJ, dispõe que a instrumentalidade das formas também é um princípio da tramitação das atividades de cooperação.[85] A previsão seria despicienda, porque a compreensão funcional das formalidades é hoje reconhecida para todos os atos do processo (art.188 e 277 do CPC), aplicável também ao processo administrativo (art.15 do CPC).

Mas o dispositivo serve como alerta constante. De fato, a desburocratização deve ser a tônica da atividade de cooperação, para que se possa implementar agilidade na sua tramitação e, ao fim e ao cabo, contribuir para uma

da cooperação transjudicial. CARDOSO, Oscar Valente. A cooperação judiciária nacional no novo Código de Processo Civil. Revista Dialética de Direito Processual, *n*. 152, nov., 2015, p. 39. Trata-se, em nosso sentir, de uma regra, não de um princípio.

84. MARINONI, Luiz Guilherme; ARENHART, Sérgio Cruz; MITIDIERO, Daniel. *Curso de processo civil*. São Paulo: RT, vol.2, p. 68; CÂMARA, Alexandre Freitas. *O novo processo civil brasileiro*. São Paulo: Atlas, 2015, p. 57; WAMBIER, Luiz Rodrigues; TALAMINI, Eduardo. *Curso avançado de processo civil*. São Paulo: RT, 16ª ed., 2016, p. 185.

85. CARDOSO, Oscar Valente. A cooperação judiciária nacional no novo Código de Processo Civil. Revista Dialética de Direito Processual, *n*. 152, nov., 2015, p. 39.

condução mais eficiente do processo, maximizando resultados com menos dispêndio de energia.[86]

Diante da informalidade que caracteriza este tipo de interação, a questão não é tanto de restringir ou disciplinar rigidamente a colaboração, mas sobre como otimizar os canais de comunicação e intercâmbio entre órgãos judiciários, em termos de facilitação do contato, formalização, publicidade etc.[87]

Por exemplo, pode-se solicitar por telefone a intimação de um indivíduo que esteja presente naquele momento em sessão ou audiência em outro juízo. Ainda que se trate de um local na mesma cidade, optar pela expedição e entrega de mandado por oficial de justiça poderia levar à ineficiência da medida, especialmente nas grandes conurbações, nas quais o deslocamento imediato encontraria obstáculos no tráfego congestionado.[88]

Não obstante a informalidade, a fim de permitir maior controle, há necessidade de registro de todas as atividades cooperativas (art.5º, III da resolução nº 350/2020 do CNJ).

Também se deve priorizar a tramitação por meio eletrônico (art.8º §1º da resolução nº 350/2020 do CNJ).[89] Frise-se que o "meio eletrônico" não se limita ao e-mail, abarcando também o uso de redes sociais, aplicativos de mensagem eletrônica, o uso da internet, armazenamento em nuvem etc. O malote digital, criado pelo CNJ, é um exemplo de outro meio que permite troca de informações, averbação de sentenças, cumprimento de cartas, comunicações de designações de audiência. Sempre que esses canais estiverem à disposição, devem ser considerados e utilizados porque são baratos, rápidos e efetivos para a obtenção e troca de informações.

Nesse contexto de abandono das formalidades inúteis, uma das formas mais atuais de cooperação transjudicial é o chamado *auxílio direto* (art. 69, I do CPC; art.5º, II da resolução n. 350/2020 do CNJ). Apesar de inserido no rol legal e

86. A legislação há muito tempo prevê que devem ser preferidos os meios informais e desburocratizados para a prática dos atos processuais. No âmbito da Justiça Federal, o art.42 da Lei nº 5.010/66 dispõe que "Os atos e diligências da Justiça Federal poderão ser praticados em qualquer Comarca do Estado ou Território pelos Juízes locais ou seus auxiliares, mediante a exibição de ofício ou mandado em forma regular. §1º Somente se expedirá precatória, quando, por essa forma, fôr mais econômica e expedita a realização do ato ou diligência (...)".
87. KROTOSZYNSKI JR., Ronald J. Constitutional flares: on judges, legislatures and dialogue. *Minnesota Law Review*, vol.83, 1998, p. 57-60.
88. MEIRELES, Edilton. Cooperação judiciária nacional. Revista de Processo, ano 40, vol.249, nov., 2015, p. 72-73.
89. Aliás, frise-se que o CPC, nos artigos 193 e seguintes, disciplina largamente os atos processuais em meio digital; e, em seu art.263, ao disciplinar as cartas, faz do meio eletrônico a forma preferencial de comunicação. Ou seja, mesmo sendo as cartas talvez atos processuais mais relacionados à delegação de competências do que à cooperação judiciária, também neste ponto há no nosso sistema jurídico preferência pela prática dos atos processuais por meio eletrônico.

regulamentar, o auxílio direto é menos uma espécie de ato de cooperação que uma *maneira* de implementá-la.

A prática do auxílio direto entre órgãos judiciários começou no campo das relações internacionais, e abrange tanto atos no exercício da jurisdição quanto outras formas não jurisdicionais de cooperação (de natureza administrativa).

Para os atos jurisdicionais, o auxílio direto se apresenta como uma alternativa à vias antigas, mais formalizadas e burocratizadas, e tem se revelado muito útil quando o objetivo da interação for mais simples, como a obtenção de informações.[90] A doutrina salienta que a lógica do auxílio direto é evitar um juízo de admissibilidade mais rigoroso a respeito das formalidades.[91]

Os art.28 e seguintes do CPC disciplinam o auxílio direto na cooperação internacional, caso em que a competência será da Justiça Federal (art.34).[92] Além das hipóteses do art.30 e das previsões de tratados internacionais, é possível utilizar o auxílio direto nos casos em que a lei dispensa homologação de sentença estrangeira, como em algumas hipóteses de divórcio consensual e de decisões concessivas de medida de urgência (art.961 §5º e 962 do CPC).

Pois no campo da cooperação *nacional*, o auxílio direto deve ser *a forma preferida de interação*.[93] Quando dois ou mais órgãos judiciais pretenderem realizar uma atividade colaborativa, sendo possível o auxílio direto, devem optar por esta via.

Além da informalidade, uma enorme utilidade prática do auxílio direto é que este não suspende o processo. Assim, se comparamos a regulação das

---

90. CÂMARA, Alexandre Freitas. *O novo processo civil brasileiro*. São Paulo: Atlas, 2015, p. 57.
91. MEIRELES, Edilton. Cooperação judiciária nacional. Revista de Processo, ano 40, vol.249, nov., 2015, p. 64.
92. MEIRELES, Edilton. Cooperação judiciária nacional. Revista de Processo, ano 40, vol.249, nov., 2015, p. 64.
93. MARINONI, Luiz Guilherme; ARENHART, Sérgio Cruz; MITIDIERO, Daniel. *Curso de processo civil*. São Paulo: RT, vol.2, p. 68. Não entendemos que, pela previsão de auxílio direto, outras formas mais burocráticas de interação, similares às cartas precatórias, passaram a ser forma *subsidiária*, por vários motivos. Primeiramente porque temos nos inclinado para pensar a disciplina das cartas como mais afeta à transferência de competência por delegação e não da cooperação judiciária. Repare o leitor como tanto o CPC (art.69 §1º) quanto a resolução n. 350/2020 do CNJ (art.5º, parágrafo único), remetem a regulação das cartas para outra sede que não a da cooperação judiciária. Mas ainda que se pense nas cartas como interações judiciárias, e mesmo nos casos em que as cartas são usadas para fins de obtenção de informações, essa subsidiariedade não parece ser clara no sistema. Isso porque não há uma relação necessária de prioridade entre os meios típicos de interação judiciária (p. ex., entre o auxílio direto e as cartas) ou entre estes e os meios atípicos. O exame deve ser de *eficiência* e *adequação*. Por exemplo, pode ser que, em determinada localidade, a opção mais eficiente seja usar as cartas porque os servidores estão mais habituados com elas, ou porque o sistema eletrônico do tribunal não prevê campo específico para o auxílio direto. Não obstante, reconheço que, pela informalidade que norteia a cooperação judiciária, é provável que o auxílio direto se torne em um futuro próximo o meio preferido na prática para qualquer tipo de interação judiciária (por delegação ou cooperação). Porém, não se pode, hoje, defender tratar-se *sempre* de um meio subsidiário, como faz DIDIER JR., Fredie. *Cooperação judiciária nacional: esboço de uma teoria para o Direito brasileiro (arts.67-69, CPC)*. Salvador: Juspodivm, 2020, p. 79.

cartas destinadas à produção de prova, a aplicação do art.69 §2º, II tem clara vantagem em relação aos art.313, V, "b" e §4º c/c art.377 do CPC, que determinam a suspensão do processo quando a coleta de prova é comissionada a outro juízo por meio de cartas.

5. OBJETO DA COOPERAÇÃO

Não há restrição de objeto para a cooperação transjudicial. De acordo com o art.68 do CPC e art.3º da resolução nº 350/2020 do CNJ, os juízos poderão formular entre si pedido de cooperação para prática de "qualquer ato processual", o que consagra a *atipicidade* dos atos de cooperação judiciária.

No mesmo sentido, o art.69 do CPC e o art.6º da resolução nº 350/2020 do CNJ, ao elencarem os atos que podem ser objeto de cooperação, utilizam o termo "além de outros", evidenciando tratar-se de enunciação exemplificativa.[94] A listagem ali encontrada não exaure os atos de cooperação transjudicial tipificados em outro ponto da lei processual. O art.69 abre espaço, portanto, para cooperação por meio de condutas atípicas.[95]

Ainda em relação ao objeto possível dos atos de cooperação, para alguns autores, as trocas transjudiciais cooperativas são somente relacionadas a atividades administrativas, não às jurisdicionais.[96] Assim não pensamos. A função do juiz não é apenas *ius dicere*, mas envolve todo o complexo de atos jurisdicionais não decisórios. A tutela processual dos direitos engloba atos de gestão do procedimento e administração da justiça.

Nessa toada, a cooperação entre juízos é um tema que transcende o exercício da jurisdição, e pode abranger também atos de administração e organização judiciárias.[97] Note-se como o art.1º, I da resolução nº 350/2020 do CNJ menciona não apenas as competências, mas também as "atribuições administrativas", e o art. 6º da resolução elenca diversas providências judiciárias

94. MARINONI, Luiz Guilherme; ARENHART, Sérgio Cruz; MITIDIERO, Daniel. *Novo Código de Processo Civil comentado*. São Paulo: RT, 2015, p. 148.
95. MEIRELES, Edilton. Cooperação judiciária nacional. Revista de Processo, ano 40, vol.249, nov., 2015, p. 63. Posteriormente ao depósito e publicação da nossa tese, ganhamos a adesão de DIDIER JR., Fredie. *Cooperação judiciária nacional: esboço de uma teoria para o Direito brasileiro (arts.67-69, CPC)*. Salvador: Juspodivm, 2020, p. 73-74.
96. GELSI BIDART, Adolfo. Competencia y delegación. *in Scritti giuridici in memoria di Calamandrei*. Padova: Cedam, 1958, vol. II, p. 263. No Brasil, AVELINO, Murilo Teixeira. Breves Comentários à Cooperação Nacional no Código de Processo Civil. Revista Jurídica da Seção Judiciária de Pernambuco, n. 8, 2015, p. 188.
97. Como antecipamos, essa é a razão pela qual optamos pelo termo "transjudiciária" e não apenas "transjurisdicional". Contra, abordando a cooperação apenas no viés jurisdicional, não abrangendo atividade administrativa, CAMARGO, Luiz Henrique Volpe. *A centralização de processos como etapa necessária do incidente de resolução de demandas repetitivas*. Pontifícia Universidade Católica de São Paulo: Tese de doutorado, 2017, p. 305.

de natureza administrativa, inclusive prevendo movimentação temporária de servidores públicos e auxiliares da justiça.

Assim, é possível que o juiz pratique a colaboração com outros juízos no exercício da jurisdição em um processo; é possível que se dê também no exercício de atividade jurisdicional, mas atingindo vários processos (como disciplina expressamente o art.11 da resolução nº 350/2020 do CNJ), mas é natural, e até recomendável, que a colaboração possa se desenvolver também no plano administrativo, na gestão da vara ou do gabinete, com as trocas cooperativas visando a implementar mais eficiência nas práticas organizacionais (e então o impacto também será mais alargado, atingindo vários processos).

Sem pretensão exaustiva, podemos elencar algumas das possibilidades. As interações cooperativas podem versar sobre a prática de citação, intimação ou notificação de ato processual (pense-se na comunicação conjunta por vários juízos a um litigante que é parte em diversos processos); prestação e troca de informações relevantes para a solução dos processos, reunião ou apensamento de processos (inclusive a reunião de execuções contra um mesmo devedor em um único juízo); definição do juízo competente para a decisão sobre questão comum, semelhante ou questões diversas mas que estejam de algum modo relacionadas; obtenção e apresentação de provas, produção de prova única relativa a fato comum (coleta de depoimentos de uma mesma testemunha, ou realização de perícia única); efetivação de medidas e providências para recuperação e preservação de empresas; facilitação de habilitação de créditos na falência e na recuperação judicial; disciplina da gestão dos processos repetitivos, inclusive da respectiva centralização (art. 69, § 2º, VI, do Código de Processo Civil); a realização de mutirões para a adequada tramitação de vários processos ou para a prática de um tipo de ato (conciliação, p.ex.) em diversos processos; efetivação de tutela provisória, cumprimento e execução de decisão jurisdicional; regulação de procedimento expropriatório de bem penhorado ou dado em garantia em diversos processos; traslado de pessoas e transferência de presos; transferência de bens e de valores; acautelamento e gestão de bens e valores apreendidos; compartilhamento temporário de equipe de auxiliares da justiça, inclusive de servidores públicos; dentre outras possibilidades.

Sobre este tema, é fértil a exemplificação do art. 69 § 2º do CPC, mas também aquela prevista no art.6º da resolução nº 350/2020 do CNJ, ainda mais detalhada.

Seguindo essa tendência, a alteração à lei de falência e recuperação judicial (Lei nº 11.101/2005) pela Lei nº 14.112/2020 expressamente introduziu a cooperação judiciária como maneira de operacionalizar de maneira mais eficiente e coordenada a recuperação judicial (art.6º §7º-A e §7º-B)[98] e a insolvência internacional (art.167-A e seguintes).

6. SUJEITOS DA COLABORAÇÃO JUDICIÁRIA. ÓRGÃOS JUDICIAIS ENVOLVIDOS. A REDE NACIONAL DE COOPERAÇÃO JUDICIÁRIA. O JUIZ DE COOPERAÇÃO E OS NÚCLEOS DE COOPERAÇÃO

No que se refere aos órgãos que devem ser envolvidos na cooperação judiciária, e às funções que cada um exercerá nessas interações, a literatura ainda é muito incipiente. Mas algumas linhas podem ser esboçadas.

De início, uma observação até certo ponto óbvia mas importante: quando se menciona o tema da cooperação judiciária ou transjudiciária, estamos falando sobre cooperação que envolve necessariamente órgãos *judiciários*.

De fato, a regulação dos artigos 67 a 69 do CPC sequer admitia que alguma ponta dessa cooperação incluísse entes do Executivo ou instituições particulares.[99] Note-se bem: nunca se duvidou que a Administração Pública ou sujeitos privados pudessem colaborar entre si ou com o juízo, mas a base legal para tanto é o art.6º do CPC; a cooperação disciplinada pelos art.67-69 do CPC é exclusivamente entre órgãos *judiciários*.

Não obstante, a questão hoje deve ser analisada pela extensão que a resolução n. 350/2020 do CNJ deu ao tema. É que, concretizando o princípio da

---

98. Como se sabe, o art.6º da Lei nº 11.101/05 prevê um prazo de suspensão da prescrição, das execuções ajuizadas contra o devedor, vedando qualquer forma de retenção, arresto, penhora, sequestro, busca e apreensão e constrição judicial ou extrajudicial sobre os bens do devedor, oriunda de demandas judiciais ou extrajudiciais cujos créditos ou obrigações sujeitem-se à recuperação judicial ou à falência. Pois bem, o §7º-A do art. 6º da Lei nº 11.101/05, inserido pela Lei nº 14.112/2020, determina que, durante o prazo de suspensão do art.6º §4º da lei, será competente o juízo da recuperação judicial para determinar a *suspensão* de atos de constrição que recaiam sobre bens essenciais à manutenção da atividade empresarial, e afirma que a competência do juízo da recuperação "será implementada mediante cooperação jurisdicional, na forma do art.69 do CPC". Já o §7º-B do art. 6º da Lei nº 11.101/05, também inserido pela Lei nº 14.112/2020, ao afirmar que o *caput* e incisos I, III e III do art.6º não se aplica às execuções fiscais, determina que, até o encerramento da recuperação judicial, será competente o juízo da recuperação judicial para determinar a *substituição* de atos de constrição que recaiam sobre bens essenciais à manutenção da atividade empresarial, deixando também expresso que essa competência do juízo da recuperação poderá ser compartilhada e "implementada mediante cooperação jurisdicional, na forma do art.69 do CPC". Ou seja, o juiz da recuperação pode atuar com o juízo da execução fiscal, para otimizarem suas atividades. Em ambos os casos, a lei de falência e recuperação judicial é cautelosa em ressalvar que a cooperação judiciária não pode gerar um procedimento concursal que represente um meio mais gravoso de executar coletivamente o patrimônio do devedor. Deve-se atentar para o art.805 do CPC.
99. Por este motivo, não era possível concordar com a formulação de Didier Jr., que inseria no âmbito da cooperação dos artigos 67-69 do CPC a cooperação entre órgãos judiciários e outros órgãos de natureza administrativa (DIDIER JR., Fredie. *Cooperação judiciária nacional: esboço de uma teoria para o Direito brasileiro (arts.67-69, CPC)*. Salvador: Juspodivm, 2020, p. 80). Note-se, porém, que, em outro ponto de seu livro (p. 83), o autor diferencia tipos de delegação que não considera cooperativas por não haver interação "com outro órgão jurisdicional", o que sugere restrição às trocas interjudiciárias.

cooperação do art. 6º do CPC (este sim não se limita à interação entre órgãos do Judiciário), a resolução, em seus artigos 1º, II e 15, disciplina a *cooperação interinstitucional*. Esta modalidade de cooperação terá, de um lado, um órgão judiciário, e de outro, entidades privadas ou órgãos estatais não necessariamente pertencentes ao Poder Judiciário, como o Ministério Público, a Ordem dos Advogados do Brasil, a Defensoria Pública e entes da Administração Pública (art.16). Um exemplo que pode se demonstrar fértil é a cooperação com as agências reguladoras para a elaboração e adoção de estratégias para prevenção ou tratamento adequado de processos coletivos e ou repetitivos.

Focando nossa atenção na cooperação entre dois ou mais órgãos judiciários, deve ser salientado que essa interação pode englobar órgãos judiciários pertencentes a diversas instâncias ou diferentes ramos do Judiciário (Justiça Federal, Estadual, do Trabalho etc.). Podem cooperar também juízos de diferentes instâncias,[100] independentemente da hierarquia judiciária,[101] até porque, como vimos, não são interações de natureza impositiva.[102] Nesse sentido, vemos hoje as disposições do art.67 e 69 §3º do CPC e art.2º e 5º, I da resolução n. 350/2020 do CNJ.

Por outro lado, a cooperação é *diretamente estabelecida pelos órgãos judiciários* (*court-to-court*), sem necessidade de presença do ente federativo a que ligados em termos orçamentários. Trata-se, como vimos, de uma rede de magistrados, que se forma em torno de objetivos e finalidades comuns, diversas daquelas da União e/ou dos Estados respectivos. Nessa linha, quando a cooperação for veiculada por meio de protocolos institucionais, na tarefa de administração judiciária, em razão da autoadministração dos tribunais, não se faz necessária uma aprovação, ratificação ou sequer a mera participação do Estado ou da União para a prática de atos de cooperação judiciária.[103]

Ademais, se for uma tratativa estabelecida entre juízos de primeira instância, não é necessária qualquer intervenção, aprovação ou participação da

---

100. Correto CARDOSO, Oscar Valente. A cooperação judiciária nacional no novo Código de Processo Civil. Revista Dialética de Direito Processual, *n.* 152, nov., 2015, p. 39. Didier Jr. afirma que não cabe "cooperação por delegação" para juízes vinculados a outro tribunal (DIDIER JR., Fredie. *Cooperação judiciária nacional: esboço de uma teoria para o Direito brasileiro (arts.67-69, CPC)*. Salvador: Juspodivm, 2020, p. 81), o que parece ser estranho, com a devida vênia, já que o regulamento da cooperação judiciária no CPC expressamente admite que tal modalidade de interação se dê entre órgãos ligados a tribunais diferentes. Talvez o problema esteja na conceituação e nomenclatura usada por Didier Jr., que tenta incluir modalidades de delegação de competência dentro do fenômeno da cooperação.

101. WEILER, Joseph H. H. The transformation of Europe. *Yale Law Journal*, n. 100, 1991, p. 2426; SHANY, Yuval. *Regulating Jurisdictional Relations between National and International Courts*. Oxford: University Press, 2007, p. 13.

102. SCOTT, Joanne; STURM, Susan P. Courts as catalysts: rethinking the judicial role in new governance. *Columbia Journal of European Law*, vol.13, 2006, p. 578.

103. Discordamos de Didier Jr. quando afirma que atos concertados poderiam "envolver entes federativos diversos". DIDIER JR., Fredie. *Cooperação judiciária nacional: esboço de uma teoria para o Direito brasileiro (arts.67-69, CPC)*. Salvador: Juspodivm, 2020, p. 87. Em nosso entendimento, trata-se de articulação judiciária, não envolve os respectivos entes da Federação.

administração do respectivo tribunal. De fato, uma das peculiaridades da cooperação judiciária, como se viu, é o fato de que as interações cooperativas empoderam os juízos fora de uma estrutura piramidal e hierárquica.

Ressalte-se que, nos casos de a cooperação envolver a prática de atos cooperativos entre juízos de ramos distintos do Poder Judiciário, alguma repercussão orçamentária pode haver, a exigir compensações financeiras entre tribunais (pense-se na criação de forças-tarefa envolvendo juízes e servidores, com pagamentos de diárias ou ajuda de custo). Nessas hipóteses, embora os juízes cooperantes sejam independentes, o potencial impacto orçamentário recomenda que o juízo mantenha contato com a administração do tribunal. Esse entendimento foi consolidado na resolução n. 350/2020 do CNJ, a qual, em seu art.11 §5º, exige que os juízos cooperantes comuniquem a seus respectivos tribunais a cooperação envolvendo juízo de tribunal de ramo distinto (p. ex., um juízo estadual e um juízo do trabalho). A resolução n. 350/2020 do CNJ deixa claro que tal comunicação é "para conhecimento", vale dizer, os órgãos da administração do tribunal não terão que participar da cooperação.[104]

Cabe lembrar ainda que a cooperação abrange atos jurisdicionais e também de administração/gestão. Assim, é de endossar a opinião de que a cooperação transjudiciária deve envolver não só juízes, mas também servidores,[105] embora a iniciativa da cooperação normalmente seja firmada por juiz, por ser o sujeito que conduz o processo.[106] É possível que iniciativas preliminares para obtenção de cooperação sejam travadas por servidores de centros de mediação e conciliação, dos setores de distribuição e registro, das corregedorias etc.[107]

Dentro desse quadro geral dos sujeitos da cooperação judicial, os regulamentos de organização judiciária nos diversos tribunais podem estabelecer estruturas para fomentar a colaboração.[108]

---

104. Por isso, discordamos de Didier Jr., quando afirma que, nos atos concertados que "envolvem entes federativos diversos", se forem celebrados por juízos de primeira instância, os respectivos tribunais deveriam com eles anuir. DIDIER JR., Fredie. *Cooperação judiciária nacional: esboço de uma teoria para o Direito brasileiro (arts.67-69, CPC)*. Salvador: Juspodivm, 2020, p. 87.

105. CARDOSO, Oscar Valente. A cooperação judiciária nacional no novo Código de Processo Civil. Revista Dialética de Direito Processual, *n*. 152, nov., 2015, p. 39.

106. Mas não se exclui a possibilidade de que atos de cooperação sejam praticados "de ordem" do magistrado, transferida a competência para servidores, como aliás é muito comum na prática das serventias judiciárias.

107. MEIRELES, Edilton. Cooperação judiciária nacional. Revista de Processo, ano 40, vol.249, nov., 2015, p. 62-63. Nos tribunais federais, são conhecidas as redes dos diretores de secretaria, que compartilham, em listas de e-mail ou aplicativos de mensagem instantânea, informações, solicitações e boas práticas.

108. Alguns regimentos internos dos Tribunais de Justiça preveem estruturas que possuem nome que pode gerar algum tipo de confusão. Em Minas Gerais, prevê-se a figura do juiz "cooperador", que não significa que aplicará técnicas colaborativas, mas tão somente será designado para atuar em auxílio quando houver acúmulo de serviço (confiram-se: art. 63 e parágrafo único, art.73 §§ 1º e 2 º, ambos da Lei de Organização e Divisão Judiciárias de Minas Gerais (Lei Complementar Estadual nº 59 de 18/01/2001). Na Bahia, existe

De outro lado, cabe destacar que a regulamentação da cooperação judiciaria instituiu no sistema jurídico brasileiro outras figuras, a fim de estruturar a Rede Nacional de Cooperação Judiciária.

O art.12 da resolução nº 350/2020 do CNJ determina aos tribunais de todo o país disciplinem a função do "juiz de cooperação judiciária", também chamado de "ponto de contato" (à moda do que se costuma usar na cooperação internacional). Podem ser designados um ou mais magistrados para essa função, lotados na primeira ou na segunda instância, acumulando ou não com o exercício da jurisdição (art.13 §2º), e sua atribuição geográfica pode variar. É possível que o juiz de cooperação atue em um polo judiciário, comarca, subseção, foro ou unidades especializadas, ou ainda para todo um Estado ou Região (art.13 §1º).[109]

A instituição da figura do juiz de cooperação tem a finalidade de institucionalizar meios para dar maior fluidez e agilidade na comunicação entre órgãos jurisdicionais e também destes com outros sujeitos do processo, inclusive para o incremento e harmonização de rotinas forenses.

Dentre suas funções, o juiz de cooperação deverá fornecer as informações necessárias para a formulação dos pedidos de colaboração, bem assim estabelecer os contatos diretos e intermediar os pedidos de cooperação entre os juízos cooperantes. O juiz de cooperação pode até encaminhar ele mesmo as solicitações e provocações para que se ajuste a cooperação (art.10 da resolução nº 350/2020 do CNJ). Deverá ainda coordenar o tratamento dos pedidos de cooperação no âmbito do respectivo tribunal, facilitar sua tramitação e identificar soluções para os problemas que surjam durante o processamento.[110]

Interessante que o juiz de cooperação, por ser órgão de gestão judiciária, participará das comissões de planejamento estratégico do respectivo tribunal. Trata-se da finalidade de integrar a participação dos magistrados de todas as instâncias na gestão judiciária.

Mas, como entre suas funções está a intermediação dos atos concertados entre juízos cooperantes, o juiz de cooperação poderá também ter um papel relevante na *esfera jurisdicional*, participando das reuniões e tratativas entre os juízos cooperantes a respeito de processos específicos, se os magistrados concordarem e/ou solicitarem essa participação.

previsão de que, quando houver fusão de varas, os juízes lotados nas varas anteriormente separadas passam a ter competência concorrente, funcionando em "regime de cooperação" (art.23 da lei de organização judiciária do Estado da Bahia – Lei Estadual nº 10.845/2007). Essa figura significa, ao que parece, designação simultânea para um mesmo órgão, não tendo a ver com o tema da cooperação processual.

109. O art.12 §2º da resolução nº 350/2020 do CNJ determina que cada tribunal definirá as regras para escolha dos juízes de cooperação.

110. Deverá ainda comunicar ao Núcleo de Cooperação Judiciária a prática de atos de cooperação, quando os juízes cooperantes não o tiverem feito.

A recomendação nº 38/2011 do CNJ já havia criado a "Rede Nacional de Cooperação Judiciária", hoje regulamentada no art.7º da Resolução nº 350/2020. A Rede Nacional de Cooperação Judiciária é integrada pelo seu Comitê Executivo,[111] pelos juízes de cooperação, e pelos Núcleos de Cooperação Judiciária em cada tribunal.

Os juízes de cooperação têm deveres de prestação de informação e auxílio mútuos e também de encaminhamento a outros membros da rede das solicitações que aqueles que receberam não puderem dar seguimento.[112]

Os Núcleos de Cooperação Judiciária nos tribunais são regulados nos artigos 17 a 19 da Resolução nº 350/2020 do CNJ e deverão ser criados nos tribunais, com exceção dos Tribunais Superiores e do Supremo Tribunal Federal. Os Núcleos de Cooperação serão formados por um desembargador supervisor e um juiz coordenador, escolhidos no dentre os juízes de cooperação, e facultativamente por servidores do Judiciário.

Os Núcleos de Cooperação Judiciária têm a função de estabelecer diretrizes gerais, rotinas e procedimentos de cooperação judiciária, registrar as atividades desenvolvidas e consolidar em um banco de dados as boas práticas junto ao respectivo tribunal. Aos Núcleos caberá ainda definir as atribuições dos juízes de cooperação (informando-as ao Comitê Executivo da Rede Nacional de Cooperação Judiciária), e também realizar reuniões periódicas entre os juízes de cooperação para incentivar a melhoria dos processos de cooperação judiciária.

7. QUEM DECIDE A DISCORDÂNCIA SOBRE A COMPETÊNCIA? CONFLITO DE COMPETÊNCIA E O CONTROLE HIERÁRQUICO E HETERÔNOMO DA COORDENAÇÃO DE COMPETÊNCIAS

A existência de um sistema intrincado de competências, repartidas entre diversos órgãos jurisdicionais geograficamente espalhados por um vasto território, abre espaço para a concorrência de competências e para dúvidas

111. O Comitê Executivo da Rede Nacional de Cooperação Judiciária tem suas atribuições regulamentadas nos artigos 20 a 22 da resolução n. 350/2020 do CNJ, a maior parte delas de consolidação e difusão de informações, realização de encontro nacional etc. Mas dentre suas atribuições, o art.21 da resolução define que cabe a tal Comitê Executivo dirimir conflitos de natureza administrativa entre os Núcleos de Cooperação e sanar eventuais dúvidas pertinentes à cooperação judiciária, ou seja poderá ser o Comitê Executivo solicitado a prestar esclarecimentos (função informativa) ou resolver conflitos de atribuição entre os Núcleos de Cooperação (função decisória).

112. A portaria do CNJ nº 23, de 14 de março de 2012, instituiu o Comitê Executivo da Rede Nacional de Cooperação Judiciária, nomeando seus membros. Já a portaria do CNJ nº 40, de 10 de abril de 2012, designou os primeiros membros dos Comitês Executivos Estaduais da Rede Nacional de Cooperação Judiciária para diversos Estados. A lista completa dos juízes de cooperação pode ser encontrada no site do CNJ em https://www.cnj.jus.br/programas-e-acoes/cooperacao-judiciaria/juizes-de-cooperacao/, acessada em 23.03.2020.

aplicativas sobre as normas de competência. Competências podem colidir, e as disputas sobre a competência podem ocorrer também quando houver combinação de competências.

Em caso de tentativas de cooperação para assunção consensual de competências, também é possível que surja alguma disputa. E quanto maior o número de juízos envolvidos, mais difícil é coordenar cooperativamente a atividade de todos eles, surgindo potencial de discordância.[113]

Emerge, então, em todos esses casos, um "risco de desorientação" para a prestação de tutela jurisdicional, não só por uma relativa imprevisibilidade sobre o juízo que praticará os atos jurisdicionais mas também pela possibilidade de que vários centros decisórios entrem em contradição lógica e prática uns com os outros.[114] Essas disputas aumentam ainda o custo da discussão sobre a competência pela complexidade do sistema.

Assim, devemos nos preocupar com quais mecanismos o ordenamento oferece para resolver problemas que surjam da concorrência e da coordenação de competências. Deve-se pensar num sistema eficiente de controle das disputas sobre a competência, que as resolva de maneira simples e rápida. E, com maior flexibilidade e com o surgimento de mecanismos de coordenação de competências, os instrumentos para solucionar as controvérsias que possam surgir a partir das transferências de competência devem acompanhar essa evolução.[115]

O art.9º, parágrafo único, da Resolução nº 350/2020 do Conselho Nacional de Justiça, dispõe que os *atos de cooperação* poderão ser impugnados pelos mecanismos previstos na legislação. Mas não é de se excluir a possibilidade de que os *instrumentos regulamentares* da cooperação judiciária, a partir do qual se pratiquem tais atos de cooperação, também venham a ser impugnados. Por exemplo, é possível utilizar o mandado de segurança para atacar um ato concertado entre dois juízos que discipline rotinas administrativas convergentes.

No caso dos atos de cooperação, como frequentemente implicam mudança de competências jurisdicionais, os interessados podem essa transferência de

113. Nos EUA, algumas experiências de processos repetitivos tramitando em paralelo mostraram que, frustrado o diálogo, alguns juízes tentavam invocar preempção sobre as causas repetitivas por meio de preclusões ou *antisuit injunctions*. McGOVERN, Francis E. Rethinking cooperation among judges in mass tort litigation. *UCLA Law Review*, vol.44, 1997, p. 1852, 1866.

114. KLATT, Matthias. *Die praktische Konkordanz von Kompetenzen: Entwickelt anhand der Jurisdiktionskonflikte im europäischen Grundrechtsschutz*. Tübingen: Mohr Siebeck, 2014, p. 7.

115. No mesmo sentido, Cf. FABRI, Marco; LANGBROEK, Philip M. Is there a right judge for each case? A comparative study of case assignment in six European countries. *European Journal of Legal Studies*, vol.1, nº 2, 2007, p. 309-310; RINCK, Hans-Justus. Gesetzlicher Richter, Ausnahmegericht und Willkürverbot. *Neue Juristische Wochenschrift*, n. 36, 1964, p. 1652; KISSEL, Otto Rudolf; MAYER, Herbert. *Gerichtsverfassungsgesetz*. München: C.H.Beck, 8ª Ed., 2015, p. 474.

competência por um agravo de instrumento ou uma reclamação, ou ainda por IRDR, IAC, IDC.

Mas, no Brasil, os mecanismos mais conhecidos de solução de disputas sobre a competência são os conflitos de competência, decididos por vários tribunais a depender dos juízos em disputa. E os conflitos de competência são o instrumento adequado para resolver controvérsias de transferência de competência por cooperação judiciária.[116-117]

Um aspecto que não pode ser desconsiderado é que, apesar do consenso entre os juízos, as partes podem também não ficar satisfeitas com a modificação da competência operada pela cooperação judiciária.

É até provável que as partes não se oponham às atitudes cooperativas dos juízos se o resultado final eliminar redundância de competências e favorecer uma maior racionalização da agenda de todos os envolvidos. A eficiência, vista e sentida por todos, reduz a tendência à impugnação. Porém, se a coordenação de competências gerar uma vantagem competitiva para um dos litigantes, os demais interessados podem rejeitá-la, a despeito do incremento em termos de eficiência.[118] Nesses casos, as formas de controle são muito relevantes.

E mais uma vez pensamos que o conflito de competência resolve o problema, porque pode ser suscitado pelas partes.

De todo modo, uma postura democrática dos juízos cooperantes parece ser fundamental. Embora a colaboração independa da concordância dos litigantes, deve-se garantir participação das partes, por meio do contraditório, mesmo em questões que independam de requerimento (art.7º, 9º e 10 do CPC). Assim, quanto mais aberta, transparente, participativa e previsível for a cooperação, menos resistência tende a gerar,[119] até porque as partes podem se coordenar com a atividade judicial na condução do processo.

Nesse sentido, o art.3º da Resolução n. 350/2020 do CNJ determina que, quando um juízo formular pedido de cooperação a outro, deverá em seguida intimar as partes.[120] Além disso, o art.8º §3º dispõe que as partes poderão requerer esclarecimentos sobre a cooperação e solicitar ajustes nos atos de

116. Esse é mais um argumento para rejeitar a natureza negocial dos atos de cooperação, porque o conflito de competência não pode ser usado para impugnar ou questionar efeitos de um negócio jurídico.

117. Lembre-se ainda que, se a cooperação judiciária for implementada por protocolos institucionais, de natureza administrativa, as disputas entre os cooperantes serão dirimidas por conflitos de atribuição.

118. McGOVERN, Francis E. Rethinking cooperation among judges in mass tort litigation. *UCLA Law Review*, vol.44, 1997, p. 1868.

119. McGOVERN, Francis E. Rethinking cooperation among judges in mass tort litigation. *UCLA Law Review*, vol.44, 1997, p. 1870.

120. Claro que essa intimação só faz sentido se a cooperação destinar-se à prática de ato jurisdicional. Se for uma cooperação que se destine à prática de atos administrativos que produzirem efeitos não

cooperação praticados. Embora a intimação das partes anterior à realização do ajuste entre os juízos não seja obrigatória, a Resolução n. 350/2020 do CNJ prevê a possibilidade de manifestação prévia das partes, que pode ser-lhes facultada pelos juízos cooperantes em hipóteses mais complexas de cooperação (art.9º). Sua manifestação não é autorizativa, e mesmo que as partes discordem, os juízos poderão ainda assim colaborar e praticar atos de cooperação, cabendo às partes impugná-los na forma da lei. Mas sem dúvida que uma maior participação dos diretamente interessados pode minimizar disputas em torno das formas de cooperação e dos atos praticados com base nelas, e com isso evitar e prevenir obstáculos à sua implementação.

8. CONCLUSÃO

Como antecipamos no início, e esperamos ter demonstrado até aqui, o tema da cooperação judiciária anuncia uma potencial revolução.

De um lado, traz uma mudança muito intensa na maneira de conceber as competências jurisdicionais, que passam a poder ser combinadas e compartilhadas, e na atividade do magistrado, que deixa de ser necessariamente um sujeito processual solitário. O juiz hoje pode somar esforços, dividir funções e atuar em conjunto com outros juízes e atores internos e externos ao Judiciário.

E, por outro ângulo, oferece alternativas mais contemporâneas para atividades administrativas de gestão e organização judiciárias, viabilizando o desenvolvimento e o aprimoramento de estruturas e unidades judiciárias.

O traço comum é a busca de eficiência, tanto no exercício da jurisdição quando na administração da Justiça, para resolver os intrincados problemas de gestão que a sociedade nos apresenta no mundo contemporâneo. Caberá aos juristas desta e das futuras gerações, preparar-se para essa nova era, e desenvolver os aspectos teóricos do tema a fim de potencializar os instrumentos de cooperação para que possam atingir os resultados práticos que deles se esperam.

9. REFERÊNCIAS

AHDIEH, Robert B. Between dialogue and decree: international review of national courts. *New York University Law Review*, vol.79, dez., 2004.

ANDOLINA, Italo. La cooperazione Internazionale nel processo civile. Profile della esperienza europea: verso un modello d'integrazione trans-nazionale. Revista de Processo, vol.88, out-dez, 1997.

---

direcionados a determinados processos, parece desnecessária qualquer intimação até porque inviável identificar os potenciais interessados.

ARNST, Olga. Instrumente der Rechtsprechungskoordination als judicative Netzwerke? *in* BOYSEN, Sigrid *et alii* (org.). *Netzwerke*. Baden-Baden: Nomos, 2007.

AVELINO, Murilo Teixeira. Breves Comentários à Cooperação Nacional no Código de Processo Civil. Revista Jurídica da Seção Judiciária de Pernambuco, n. 8, 2015.

BARGATZKY. Anwendbarkeit der Rechtshilfevorschriften des GVG im allgemeinen inländischen Rechtshilfeverkehr mit Gerichten. *Deutsche Justiz*, ano 100, n. 19, mai., 1938.

BAUMGÄRTEL, Gottfried. Treu und Glauben im Zivilprozeß. *Zeitschrift für Zivilprozeß*, vol.86, n. 3, 1973.

BONÍCIO, Marcelo José Magalhães. Ensaio sobre o dever de colaboração das partes previsto no projeto de novo Código de Processo Civil. Revista de Processo. ano 35, vol.190, dez., 2010.

BRANDÃO, Rodrigo. *Supremacia judicial* versus *diálogos constitucionais: a quem cabe a última palavra sobre o sentido da Constituição?* Rio de Janeiro: Lumen Juris, 2012.

BRÜGGEMANN, Dieter. Unausgebildete Gegnerschaftsverhältnisse. *Zeitschrift für Zivilprozeß*, vol.81, 1969.

BÜLOW, Oskar. *Die Lehre von der Prozesseinreden und die Prozessvoraussetzungen*. Aalen: Scientia, reimpressão da original, 1969.

CABRAL, Antonio do Passo. A técnica do julgamento-alerta na mudança de jurisprudência consolidada. Revista de Processo, ano 38, n. 221, jul., 2013.

_________. *Convenções processuais*. Salvador: Juspodivm, 2016.

_________. *Juiz natural e eficiência processual: flexibilização, delegação e coordenação de competências no processo civil*. Universidade do Estado do Rio de Janeiro: Tese apresentada ao concurso de Professor Titular de Direito Processual Civil, 2017 (versão comercial no prelo, São Paulo: RT, 2021).

_________. *Nulidades no processo moderno: contraditório, proteção da confiança e validade prima facie dos atos processuais*. Rio de Janeiro: Forense, 2ª ed., 2010.

_________. O contraditório como dever e a boa-fé processual objetiva. Revista de Processo, n. 126, ago., 2005.

CÂMARA, Alexandre Freitas. *O novo processo civil brasileiro*. São Paulo: Atlas, 2015.

CAMARGO, Luiz Henrique Volpe. *A centralização de processos como etapa necessária do incidente de resolução de demandas repetitivas*. Pontifícia Universidade Católica de São Paulo: Tese de doutorado, 2017.

CARDOSO, Oscar Valente. A cooperação judiciária nacional no novo Código de Processo Civil. Revista Dialética de Direito Processual, n. 152, nov., 2015.

CARNELUTTI, Francesco. *Sistema del diritto processuale civile*. Padova: Cedam, vol. I, 1936.

CASTRO, Torquato. *Teoria da situação jurídica em direito privado nacional*. São Paulo: Saraiva, 1985.

DAMAŠKA, Mirjan R. *The Faces of Justice and State Authority. A comparative Approach to the Legal Process*. New Haven: Yale University Press, 1986.

DEGENKOLB, Heinrich. *Beiträge zum Zivilprozess*. Leipzig: Wilhelm Engelmann, 1905.

DIDIER JR., Fredie. *Cooperação judiciária nacional: esboço de uma teoria para o Direito brasileiro (arts.67-69, CPC)*. Salvador: Juspodivm, 2020.

_________. *Fundamentos do princípio da cooperação no direito processual civil português*. Coimbra: Coimbra Ed., 2010.

_________. O princípio da cooperação: uma apresentação. Revista de Processo, n. 127, set., 2005.

DIDIER JR., Fredie; NOGUEIRA, Pedro Henrique Pedrosa. *Teoria dos fatos jurídicos processuais*. Salvador: Juspodivm, 2011.

DOMEJ, Tanja. Efficiency in the relationship between the judge and the parties: a perspective on the future of Swiss Code of Civil Procedure. *in* UZELAC, Alan; VAN RHEE, Cornelis Hendrik (org.). *Access to Justice and the Judiciary: Towards new European Standards of Affordability, Quality and Efficiency of Civil Adjudication*. Antwerp: Intersentia, 2009.

FABRI, Marco; LANGBROEK, Philip M. Is there a right judge for each case? A comparative study of case assignment in six European countries. *European Journal of Legal Studies*, vol.1, nº 2, 2007.

FAIRÉN GUILLÉN, Victor. La humanización del proceso: linguaje, formas, contacto entre los jueces y las partes desde Finlandia hasta Grecia. Revista de Processo, vol.14/15, abr-set, 1979.

FALCÓN, Enrique M. Comunicación y proceso. Revista de Processo, ano 33, nº 157, mar. 2008.

FAZZALARI, Elio. *Istituzioni di Diritto Processuale*. Padova: Cedam, 8ª ed., 1996.

FERREIRA, Gabriela Macedo. O ato concertado entre juízes cooperantes: esboço de uma teoria para o Direito brasileiro. *Civil Procedure Review*, vol.10, n. 3, set-dez., 2019.

FERREIRA, Maria Gabriela Silva Campos. *O compartilhamento* de *competências* e *os atos processuais concertados entre juízes*. Universidade Federal de Pernambuco: Dissertação de Mestrado, 2019.

FONTES, André. *A pretensão como situação jurídica subjetiva*. Belo Horizonte: Del Rey, 2002.

GELSI BIDART, Adolfo. Competencia y delegación. *in Scritti giuridici in memoria di Calamandrei*. Padova: Cedam, 1958, vol. II.

GESDORF, Hubertus. Das Kooperationsverhältnis zwischen deutscher Gerichtsbarkeit und EuGH. *Deutsches Verwaltungsblatt*, jun., 1994.

GINSBURG, Tom; McADAMS, Richard H. Adjudicating in anarchy: an expressive theory of international dispute resolution. *William & Mary Law Review*, vol.45, 2004.

GLENN, H. Patrick. Persuasive authority. *McGill Law Journal*, n. 32, 1987.

GOLDSCHMIDT, James. *Der Prozess als Rechtslage: eine Kritik des prozessualen Denkens.* Berlin: Julius Springer, 1925.

GOUVEIA, Lúcio Grassi de. A função legitimadora do princípio da cooperação intersubjetiva no processo civil brasileiro. Revista de Processo, ano 34, vol.172, jun., 2009.

GRECO, Leonardo. *Translatio iudicii* e reassunção do processo. Revista de Processo, vol.166, 2008.

GÜNTHER, Klaus. *Schuld und kommunikative Freiheit. Studien zur personalen Zurechnung strafbaren Unrechts im demokratischen Rechtsstaat.* Frankfurt am Main: Vittorio Klostermann, 2005.

HARDING, Sarah K. Comparative reasoning and judicial review. *Yale Journal of International Law*, vol.28, 2003.

HEIRBAUT, Dirk. Efficiency: the Holy Grail of Belgian Justice? Civil Procedure in Belgium (1806-2008). *in* UZELAC, Alan; VAN RHEE, Cornelis Hendrik (org.). *Access to Justice and the Judiciary: Towards new European Standards of Affordability, Quality and Efficiency of Civil Adjudication.* Antwerp: Intersentia, 2009.

HELFER, Laurence R.; SLAUGHTER, Anne-Marie. Toward a theory of effective supranational adjudication. *Yale Law Journal*, vol.107, nov., 1997.

HOHFELD, Wesley Newcomb. Some fundamental legal conceptions as applied in judicial reasoning. *in* HOHFELD, Wesley Newcomb (Org.). *Fundamental Legal Conceptions as Applied in Judicial Reasoning and other Legal Essays.* New Haven: Yale University Press.

KANNAN, Phillip. Advisory opinions by Federal Courts. *University of Richmond Law Review*, vol.32, 1999.

KATYAL, Neal Kumar. Judges as advicegivers. *Stanford Law Review*, vol.50, 1998.

KISSEL, Otto Rudolf; MAYER, Herbert. *Gerichtsverfassungsgesetz.* München: C.H.Beck, 8ª Ed., 2015.

KLATT, Matthias. *Die praktische Konkordanz von Kompetenzen: Entwickelt anhand der Jurisdiktionskonflikte im europäischen Grundrechtsschutz.* Tübingen: Mohr Siebeck, 2014.

KOHLER, Josef. *Der Prozeß als Rechtsverhältnis: Prolegomena zu einem System des Civilprozesses.* Mannheim: Bensheimer, 1888.

________. Ueber processrechtliche Verträge und Creationen. *Gruchots Beiträge*, XXXI, 1887.

KROTOSZYNSKI JR., Ronald J. Constitutional flares: on judges, legislatures and dialogue. *Minnesota Law Review*, vol.83, 1998.

LANGBROEK, Philip M.; FABRI, Marco. Internal case assignment and judicial impartiality: comparative analysis. *in* LANGBROEK, Philip M.; FABRI, Marco (dir.). *The right judge for each case: a study of case assignment and impartiality in six European judiciaries.* Antwerp: Intersentia, 2007.

LENT, Friedrich. Zur Unterscheidung von Lasten und Pflichten der Parteien im Zivilprozeß. *Zeitschrift für Zivilprozeß*, vol. 67, n. 5, 1954.

LOTH, Mark A.; MAK, Elaine. The judicial domain in view: figures, trends and perspectives. *Utrecht Law Review*, nº 75, 2007.

LÜKE, Gerhard. Betrachtungen zum Prozeßrechtsverhältnis. *Zeitschrift für Zivilprozeß*, vol.108, n. 4, 1995.

LUNARDI, Thaís Amoroso Paschoal. *Coletivização da prova: técnicas de produção coletiva da prova e seus reflexos da esfera individual*. Universidade Federal do Paraná: Tese de Doutorado, 2018.

MAK, Elaine. Balancing Territoriality and Functionality; Specialization as a Tool for Reforming Jurisdiction in the Netherlands, France and Germany. *International Journal for Court Administration*, out., 2008.

MARINONI, Luiz Guilherme; ARENHART, Sérgio Cruz; MITIDIERO, Daniel. *Curso de processo civil*. São Paulo: RT, vol.2.

________. *Novo Código de Processo Civil comentado*. São Paulo: RT, 2015.

MARINONI, Luiz Guilherme. Da teoria da relação jurídica processual ao processo civil do Estado Constitucional. Revista dos Tribunais, ano 95, vol. 852, out. 2006.

McGOVERN, Francis E. Rethinking cooperation among judges in mass tort litigation. *UCLA Law Review*, vol.44, 1997.

MEIRELES, Edilton. Cooperação judiciária nacional. Revista de Processo, ano 40, vol.249, nov., 2015.

MESQUITA, Ethan Bueno de; STEPHENSON, Matthew. Informative precedent and intrajudicial communication. *American Political Science Review*, vol.96, 2002.

MIKVA, Abner J. Why judges should not be advicegivers: a response to Professor Neal Katyal. *Stanford Law Review*, vol. 50, n. 6, jul., 1998.

MITIDIERO, Daniel. A colaboração como norma fundamental do novo processo civil brasileiro. Revista do Advogado, n. 126, mai., 2015.

________. Colaboração no processo civil como prêt-à-porter? Um convite ao diálogo para Lênio Streck. Revista de Processo, vol.194, abr., 2011.

________. *Processo civil e colaboração*. São Paulo: RT, 2007.

MÜLLER, Thomas M. *Gesetzliche und prozessuale Parteipflichten*. Zürich: Schultess, 2001.

NUNES, Dierle José Coelho. *Processo jurisdicional democrático: uma análise crítica das reformas processuais*. Curitiba: Juruá, 2008.

NUSSBERGER, Angelika. Wer zitiert wen? Zur Funktion von Zitaten bei der Herausbildung gemeineuropäischen Verfassungsrechts. *Juristen Zeitung*, n. 15-16, 2006.

PARSONS, Talcott. On the concept of influence. *The Public Opinion Quarterly*, vol. 47, nº 1, 1963.

________. On the concept of political power. *Sociological Theory and Modern Society*. New York: The Free Press, 1967.

PEIXOTO, Ravi. Rumo à construção de um processo cooperativo. Revista de Processo, ano 38, vol.219, mai., 2013.

PICARDI, Nicola. Il principio del contraddittorio. *Rivista di Diritto Processuale*, ano LII, 1998.

REDONDO, Bruno Garcia. Princípio da cooperação e flexibilização do procedimento pelo juiz e pelas partes. Revista Dialética de Direito Processual, n. 133, abr., 2014.

RINCK, Hans-Justus. Gesetzlicher Richter, Ausnahmegericht und Willkürverbot. *Neue Juristische Wochenschrift*, n. 36, 1964.

ROSS, Alf. *Directives and norms*. New York: Humanities Press, 1968.

SARLET, Ingo Wolfgang; MARINONI, Luiz Guilherme; MITIDIERO, Daniel. *Curso de direito constitucional*. São Paulo: RT, 3ª ed., 2014.

SAUER, Heiko. *Jurisdiktionskonflikte in Mehrebenensystemen: Die Entwicklung eines Modells zur Lösung von Konflikten zwischen Gerichten unterschiedlicher Ebenen in vernetzten Rechtsordnungen*. Berlin: Springer, 2008.

SAUER, Wilhelm. *Grundlagen des Prozessrechts*. Stuttgart: Ferdinand Enke, 1919.

SCHÖNKE, Adolf. *Lehrbuch des Zivilprozessrechts*. Karlsruhe: C.F.Müller, 7ª ed., 1951.

SCOTT, Joanne; STURM, Susan P. Courts as catalysts: rethinking the judicial role in new governance. *Columbia Journal of European Law*, vol.13, 2006.

SENTIS MELENDO, Santiago. Humanización del proceso. *in Estudios de Derecho Procesal*. Buenos Aires: Ejea, vol.I, 1967.

SHANY, Yuval. *Regulating Jurisdictional Relations between National and International Courts*. Oxford: University Press, 2007.

SILVA, Paula Costa e. *Acto e processo. O dogma da irrelevância da vontade na interpretação e nos vícios do acto postulativo*. Coimbra: Coimbra ed., 2003.

SLAUGHTER, Anne-Marie. A global community of courts. *Harvard International Law Journal*, vol.44, 2003.

________. A typology of transjudicial communication. *University of Richmond Law Review*, vol.29, 1994.

________. Court to court. *American Journal of International Law*, vol.92, 1998.

________. Judicial globalization. *Vanderbilt Journal of International Law*, vol.40, 2000.

SMITH, Eva. Case assignment in Danish courts. *in* LANGBROEK, Philip M.; FABRI, Marco (dir.). *The right judge for each case: a study of case assignment and impartiality in six European judiciaries*. Antwerp: Intersentia, 2007.

SOUZA, Artur César de. O princípio da cooperação no projeto do novo Código de Processo Civil. Revista de Processo, ano 38, vol.225, nov., 2013.

TESHEINER, José Maria Rosa. Situações subjetivas e processo. Revista de Processo, nº 107, jul.-set. 2002.

THEODORO JR, Humberto. Juiz e partes dentro de um processo fundado no princípio da cooperação. Revista Dialética de Direito Processual, n. 102, set., 2011.

WAMBIER, Luiz Rodrigues; TALAMINI, Eduardo. *Curso avançado de processo civil*. São Paulo: RT, 16ª ed., 2016.

WEILER, Joseph H. H. A quiet revolution: the European Court of Justice and its interlocutors. *Comparative Political Studies*, vol.510, 1994.

WEILER, Joseph H. H. The transformation of Europe. *Yale Law Journal*, n. 100, 1991.

ZAVASCKI, Teori Albino. Cooperação jurídica internacional e a concessão de *exequatur*. Revista de Processo, ano 35, vol.183, mai., 2010.

CAPÍTULO 2

Fundamentos da cooperação judiciária nacional[1]

Nilsiton Rodrigues de Andrade Aragão[2]

1. INTRODUÇÃO

A busca da efetividade da prestação jurisdicional é um dos grandes pilares do Código do Processo Civil (CPC) de 2015. Para atingir tal propósito, diversos instrumentos processuais que viabilizam uma atuação mais efetiva foram incluídos no ordenamento jurídico.

Dentre as novidades, destaca-se a cooperação judiciária nacional, como instituto capaz de contribuir para o funcionamento mais eficiente e menos burocrático do Poder Judiciário. No entanto, o desenvolvimento teórico ainda incipiente desse instituto tem-se mostrado um fator decisivo para sua utilização até agora diminuta proporcionalmente a seu potencial.

A doutrina tem começado a dar mais atenção à matéria, mas o foco dessas intervenções ainda tem sido dirigido prioritariamente aos instrumentos e aos atos de cooperação judiciária, na busca de compreender os seus limites e as suas possibilidades em manifestações práticas.

Sem ignorar a inegável relevância desse aspecto da matéria, para possibilitar o desenvolvimento integral, mostra-se necessário abordar também algumas questões relacionadas aos fundamentos da cooperação, examinando-se sua definição, seus princípios, sua natureza jurídica, suas fontes normativas,

---

1. Este artigo foi anteriormente publicado na Revista Eletrônica de Direito Processual - REDP (Ano 14. Volume 21. Número 3. Set.-Dez. de 2020, p. 450-474), tendo seu texto original revisado e atualizado com a Resolução n.º 350/20 do CNJ para o presente livro.
2. Doutor e Mestre em Direito pela Universidade de Fortaleza. Membro da Associação Norte Nordeste de Professores de Processo - ANNEP. Superintende da Área Judiciária do Tribunal de Justiça do Estado do Ceará. Mediador Judicial credenciado junto ao CNJ.

seu alcance, sua compatibilização com as regras de competência e a informalidade e documentação dos atos de cooperação.

2. PRINCÍPIOS ORIENTADORES DA COOPERAÇÃO JUDICIÁRIA NACIONAL

Em razão da sucinta regulamentação da cooperação nacional dada pelo CPC e mesmo considerando o detalhamento de algumas importantes questões pela Resolução n.º 350/20 do CNJ, sua compreensão deve estar pautada também pelos princípios do direito processual relacionados ao instituto. Dentre esses princípios, destacam-se a eficiência, a razoável duração do processo, a cooperação, a instrumentalidade das formas, a adequação processual e a unidade da jurisdição nacional, muitos deles expressamente mencionados nos "considerandos" da Resolução n.º 350/20 do CNJ.

É possível constatar que tais princípios possuem alguns direcionamentos coincidentes, refletindo uma área de intercessão nos seus fundamentos axiológicos na qual se enquadram também as diretrizes da cooperação judiciária nacional. Para melhor compreender a relação deles com a cooperação judiciária serão a seguir analisados de forma individual.

O princípio da eficiência, que orienta a Administração Pública e também o Poder Judiciário, indica a necessidade de buscar um aprimoramento da gestão processual com foco na otimização de procedimentos e recursos físicos e de pessoal (art. 37 da Constituição Federal de 1988 e art. 8.º do CPC)[3]. Dessa forma, cabe ao juiz primar pela eficiência na realização dos atos processuais, buscando a consecução dos resultados com o menor dispêndio de energia possível[4]. Não basta ser efetivo na entrega da prestação jurisdicional, é preciso que essa prestação tenha se dado de forma satisfatória[5].

---

3. Antonio do Passo Cabral define eficiência processual nos seguintes termos: "Entende-se por eficiência o exercício ótimo das prerrogativas estatais para a consecução do interesse público, na tentativa de obter o maior grau de realização das finalidades que o ordenamento jurídico estabelece para a conduta estatal com a maior qualidade e os menores gastos e custos possíveis, tanto para o Estado quanto na perspectiva das garantias dos administrados" (CABRAL, Antonio do Passo. *Juiz natural e eficiência processual:* flexibilização, delegação e coordenação de competências no processo civil. 2017. Tese (Concurso de Titularidade) - Universidade do Estado do Rio de Janeiro, Rio de Janeiro, UERJ, 2017, p. 245).
4. De acordo com Leonardo Carneiro da Cunha: "O princípio da eficiência está relacionado com a *gestão do processo* e com o princípio da adequação. O juiz, para livrar-se da rigidez procedimental e para ajustar o processo às particularidades do caso, deve adaptar o procedimento, mas deve fazê-lo de modo eficiente". (CUNHA, Leonardo Carneiro da. *A previsão do princípio da eficiência no projeto do Novo Código de Processo Civil Brasileiro.* Revista de Processo. v. 233. jul. 2014. pp. 65-84, p. 75)
5. Na distinção apresentada por Fredie Didier Jr.: "Efetivo é o processo que realiza o direito afirmado e reconhecido judicialmente. Eficiente é o processo que atingiu esse resultado de modo satisfatório, nos termo acima. (DIDIER JR. Fredie. *Cooperação judiciária nacional:* esboço de uma Teoria para o Direito Brasileiro. Salvador: Juspodivm, 2020, p. 57).

Este é um dos princípios mais impactados pela cooperação judiciária, pois ela tem a possibilidade de aumentar esse rendimento, por exemplo, por potencializar a atividade jurisdicional por meio da interação menos solene e burocrática entre os juízos e por evitar a desnecessária repetição de atos processuais.

A vinculação da cooperação judiciária ao princípio da razoável duração do processo é destacada pelo próprio CPC, ao indicar, no *caput* do artigo 69, que o "pedido de cooperação jurisdicional deve ser prontamente atendido". A presteza na efetivação das tutelas jurisdicionais é um dos principais benefícios extraídos da desburocratização da relação entre os juízos. A utilização de vias de comunicação mais eficazes e a realização unificada de atos para vários processos podem ser vistas como formas de evitar dilações indevidas no trâmite processual.

O fundamento valorativo do princípio da cooperação, previsto no artigo 6.º do CPC, é amplo, não estando limitado às relações entre o juiz e as partes e das partes entre si. Ele também trata da relação entre juízos, manifesta-se nesse ponto principalmente por meio do dever de cooperação jurídica nacional. O estímulo a práticas dialogadas é uma tônica do processo moderno e precisa ser estendido a todas as áreas nas quais se mostre conveniente essa postura. Destaque-se que a relação entre o princípio da cooperação processual e a cooperação judiciária decorre da correlação de fundamentos entre os institutos e não da parcial homonímia de suas designações.

A cooperação judiciária nacional também é orientada pela instrumentalidade das formas. A cooperação, para bem funcionar, precisa ser dotada de flexibilidade e de informalidade, pois essa atenuação formal do processo tende a contribuir para a construção de um processo mais funcional. É preciso modernizar as práticas judiciais, muitas das quais ainda são desenvolvidas por meios arcaicos, mesmo quando disponíveis inovações tecnológicas que permitem maior fluidez e agilidade com idêntica efetividade e segurança jurídica.

Essa característica permite que a colaboração entre os órgãos do Poder Judiciário ocorra de forma mais simples, evitando, por exemplo, o formalismo próprio das cartas precatórias e de ordem em prol de vias de comunicação menos solenes, como o auxílio direto. A experiência de outras áreas já tem demonstrado que não é a rigidez e o detalhamento normativo que garantem eficiência aos institutos e que a segurança e previsibilidade podem ser alcançados por outros meios. Por isso, o sucinto tratamento normativo dado à cooperação jurídica nacional não deve ser objeto de crítica.

Ressalte-se que a desburocratização proporcionada pela cooperação não implica a total ausência de forma, apenas impõe que não se utilizem procedimentos inúteis e desnecessários. Ela simplesmente possibilita a flexibilização de algumas formalidades que, na prática, estejam obstaculizando a consecução do direito em discussão sem uma razão de ser concreta que as justifique. Convém salientar que, se a formalidade estiver diretamente relacionada à efetivação de um princípio processual fundamental (contraditório, fundamentação, publicidade, segurança jurídica etc.), sua desconsideração não será viável, pois geraria mais prejuízos que vantagens.

Outro princípio que alicerça a cooperação judiciária é o da adequação processual. Para que o processo seja devido ele precisa ter uma margem de flexibilidade para adaptar-se de modo a entregar uma prestação jurisdicional diferenciada para cada caso concreto.

A maleabilidade procedimental e o compartilhamento de técnicas entre procedimentos são tônicas do sistema processual em vigência, potencializados por institutos dispostos de forma aberta, como, por exemplo, a atipicidade de meios de solução de conflitos (art. 3.º), a atipicidade dos meios executórios (art. 139, IV), a atipicidade dos negócios processuais (art. 190) e a atipicidade dos meios de prova (art. 369) etc.

A cooperação judiciária nacional integra-se a essas hipóteses, apresentando-se de forma atípica em seus diversos níveis de manifestação. Com isso, a cooperação judiciária garante uma elevada capacidade de adequação processual para melhor atender às especificidades do caso concreto. Isso não importa na utilização indiscriminada, como uma panaceia para todos os entraves processuais. A ideia que a orienta é a de adequação, de modo que somente deve ser utilizada quando o caso concreto assim o exigir.

Um último princípio que merece atenção neste estudo é o da unidade da jurisdição nacional, em virtude do estreitamento da relação entre órgãos do Poder Judiciário possibilitado pela cooperação judiciária. O estabelecimento de divisões de competência destina-se a facilitar o desempenho da jurisdição por meio da especialização. Porém, a divisão de competência não deve ser vista como fundamento para o isolamento absoluto dos órgãos jurisdicionais ou para disputas de poder.

Uma rígida fragmentação da jurisdição nacional traz consequências danosas à prestação jurisdicional. Em especial no Brasil, que possui um território de dimensões continentais e uma estrutura jurisdicional ampla e complexa, exige-se um sistema eficiente de interação para efetivar demandas que requeiram a atuação colaborativa de juízos de diferentes competências.

Dessa forma, uma vez que o exercício da jurisdição, na prática, exija o concurso de vários órgãos do Poder Público, é preciso viabilizar que isso ocorra da melhor forma, expressando a noção de unidade. As práticas de cooperação que materializem o esforço comum para o alcance de resultados convergentes devem ser fomentadas, evidenciando que os órgãos jurisdicionais compõem um sistema integrado.

Logicamente, existem outros princípios que integram a base axiológica da cooperação judiciária, mas esses seis estão entre seus pilares fundamentais. A partir deles, percebe-se que a cooperação judiciária integra-se de forma harmônica ao sistema normativo processual vigente e alinha-se aos principais direcionamentos modernos do direito processual.

Compreendida a base principiológica do instituto impõe-se avançar no seu estudo para definir melhor suas manifestações práticas com a especificações de um conteúdo dogmático mais concreto.

3. NATUREZA JURÍDICA

A natureza jurídica da cooperação judiciária é uma questão que precisa ser enfrentada, não só para que se tenha um alicerce teórico mais firme sobre o instituto, como também para um melhor direcionamento de questões práticas controvertidas que podem surgir por ocasião de sua aplicação.

O estudo desse ponto seguirá a classificação mais aceita dos atos jurídicos. Seu enquadramento jurídico inicial deve ser feito no âmbito dos atos jurídicos processuais, uma vez que decorrem de uma ação humana destinada a produzir efeitos no processo[6]. Nesse primeiro ponto, não se vislumbra divergência na doutrina, porém, quando se busca uma categorização dentro dos atos processuais, a definição não é tão simples. Parte da dificuldade resulta da variedade de manifestações da cooperação judiciária, o que impede um tratamento unificado da matéria.

Outro ponto que deve ser observado, é que a cooperação, apesar de realizada por magistrados para surtir efeitos nos processos, não se enquadram no rol de pronunciamentos do juiz enumerados nos arts. 203 e 204 do CPC. O ato pelo qual se formaliza a cooperação assume muitas vezes um caráter mais administrativo do que jurisdicional propriamente dito, como fica mais claro nas cooperações interinstitucionais. Mesmo no âmbito jurisdicional, a cooperação pode assumir essa feição administrativa, embora venha a dar base para decisões futuras. Algumas vezes, em especial na cooperação por concertação,

6. Liebman distingue os atos processuais dos atos jurídicos em geral pelo fato de "pertencerem ao processo e de exercerem um efeito jurídico direto e imediato sobre a relação processual, constituindo-a, impulsionando-a ou extinguindo-a. Em outras palavras, os atos processuais são os atos do processo" (LIEBMAN, Enrico Tullio. *Manual de direito processual civil*. 2. ed. Rio de Janeiro: Forense, 1985. v. 1, p. 221-222).

podem assumir ainda uma estrutura quase normativa, para possibilitar a regulamentação dos diversos atos que podem ser praticados.

Quando são analisadas as cooperações judiciárias realizadas por pedido e por delegação, sobressai o dever de cooperação. Como a cooperação é uma categoria processual previamente regulada pela legislação, não há uma escolha dos efeitos que serão produzidos. Nessas hipóteses, por exclusão, a melhor opção é considerá-los como atos jurídicos em sentido estrito, uma vez que não se enquadram como atos-fatos, atos ilícitos ou negócios jurídicos.

Todavia, o estudo da natureza jurídica não se encerra aí, pois nem todas essas questões podem ser integralmente aplicadas na hipótese de cooperação judiciária realizada mediante ato concertado. Nesse caso, está presente a estrutura de uma convenção processual entre juízes, exaltando-se o elemento consensual em detrimento do impositivo.

Embora seja mais comum analisar as convenções processuais celebradas entre as partes, não há impedimento a que os juízes celebrem negócios dessa natureza em relação a determinadas questões do processo. O Código de processo, por exemplo, já autoriza a celebração de negócio com o juiz no caso do calendário processual e do saneamento.

Conceber o ato concertado como negócio processual parece ser o entendimento mais aceito[7], porém não há unanimidade nesse pensamento. Outra forma de compreender a matéria é a de que se trata de um ato conjunto consensual, mas não de caráter negocial[8]. Para seus defensores, o Estado-juiz não dispõe de interesses próprios ou de domínio sobre a jurisdição para que possa dela dispor em um negócio jurídico processual. Além disso, quando o Código (art. 190) trata das convenções processuais, delimita o objeto da avença sobre "seus ônus, poderes, faculdades e deveres processuais". Para essa corrente, tais questões não integram o objeto da cooperação judiciária, portanto, ainda que possam ser indiretamente atingidas, constituiriam institutos distintos.

---

7. Fredie Didier Jr. defende a natureza negocial dos atos concertados: "A cooperação judiciária pode efetivar-se por meio de um negócio jurídico de direito público celebrado pelos juízos envolvidos - que, por isso, têm capacidade negocial -, denominado de *ato concertado entre juízos cooperantes* (art. 69, § 2.º, CPC)" (DIDIER JR. Fredie. *Cooperação judiciária nacional*: esboço de uma Teoria para o Direito Brasileiro. Salvador: Juspodivm, 2020, p 84-85). No mesmo sentido, Maria Gabriela Silva Campos Ferreira: "os atos concertados devem ser inseridos na categoria dos negócios jurídicos processuais. Mais precisamente, os atos concertados conformam uma verdadeira convenção processual entre juízes. A natureza jurídica dos atos concertados é, conforme defendemos, negocial" (FERREIRA, Maria Gabriela Silva Campos. *O compartilhamento de competências no processo civil*: um estudo do sistema de competência sob o paradigma da cooperação judiciária. Salvador: Juspodivm, 2020, p. 174).
8. Na definição de Antonio do Passo Cabral: "Atos concertados são espécies de atos conjuntos (de base consensual, portanto), nos quais se verifica a *coordenação* ou *combinação* de competências para um mesmo escopo processual" (CABRAL, 2017, p. 678).

Apesar de relevantes os argumentos, eles não se mostram suficientes para afastar a natureza negocial. O conceito de negócio jurídico pode ser concebido de forma mais ampla para abranger a participação do magistrado, razão pela qual nos associamos à primeira corrente.

Tomada essa posição, uma questão a ser considerada é a vinculação do juízo ao negócio celebrado. O negócio jurídico firma norma processual que deve ser respeitada, não podendo o magistrado voltar atrás por mera mudança unilateral de vontade. Mesmo no caso de mudança de um ou de ambos os juízes titulares das varas cooperantes, não se pode encerrar a cooperação por simples divergência de entendimento[9]. No máximo, será possível realizar um juízo de validade das convenções, recusando-lhes aplicação se constatado algum vício.

No entanto, deve-se admitir que o novo juiz proponha mudanças no ajuste inicialmente realizado, pois ele pode trazer novas visões sobre o mesmo objeto. O negócio firmado entre os juízos deve comportar algum nível de flexibilidade, uma vez que a cooperação precisa adequar-se constantemente às necessidades do caso em prol da maior eficiência. Assim, remodelagens são necessárias e são próprias dessa lógica, mas devem ocorrer também de forma concertada.

4. FONTES NORMATIVAS

Para estimular o desenvolvimento da cooperação judiciária e dar mais concretude aos seus contornos normativos, além do CPC, outros atos normativos podem disciplinar a cooperação judiciária.

Um deles já se encontra em vigor, trata-se da Resolução n.º 350/2020 do CNJ que apresenta um importante detalhamento de diversos elementos da Cooperação Judiciária, densificando seu conteúdo normativo. Apesar do avanço, a necessidade de regulamentação não se exaure aí.

A questão pode ser tratada também no âmbito da legislação estadual para os atos de cooperação realizados na respectiva atuação judiciária. Assim, por projeto de lei de iniciativa do Tribunal, é possível traçar diretrizes mais detalhadas sobre a interação entre juízos, considerando as especificidades da organização judiciária de cada Estado.

Não há qualquer óbice a esse tratamento da matéria pelas Assembleias Legislativas dos Estados, pois a Constituição Federal estabelece, em seu artigo

9. Fredie Didier Jr. defende que: "A substituição de um dos magistrados não poderia colocar fim à execução do ato, pois é o juízo quem está vinculado ao cumprimento." (DIDIER JR. Fredie. *Cooperação judiciária nacional:* esboço de uma Teoria para o Direito Brasileiro. Salvador: Juspodivm, 2020, p. 107).

22, I, que compete privativamente à União legislar sobre direito processual. No entanto, o artigo 24, XI, prevê uma competência concorrente para União, Estados e Distrito Federal legislarem sobre procedimentos em matéria processual. Ainda que essa distinção seja de difícil desenvolvimento, buscando indicações mais comuns da doutrina, a forma de realização da cooperação judiciária enquadra-se no conceito de procedimento, já que trata do modo pelo qual se desenvolve o processo, podendo, assim, ser disciplinada no âmbito estadual.

Em um nível ainda mais específico de regulamentação, os atos normativos internos dos tribunais podem disciplinar a cooperação judiciária. A própria Resolução n.º 350/2020 do CNJ estabelece em seu art. 17 que os tribunais devem constituir Núcleos de Cooperação Judiciária "*com a função de sugerir diretrizes gerais, harmonizar rotinas e procedimentos de cooperação, consolidar os dados e as boas práticas junto ao respectivo tribunal*".

Dessa maneira, uma resolução do Pleno ou do Órgão Especial do Tribunal, de acordo com a organização interna de cada tribunal, pode estabelecer o modo preferencial de realizar uma hipótese de cooperação entre suas unidades jurisdicionais. Para as interações entre órgãos do próprio tribunal, esse detalhamento pode vir no Regimento Interno da Corte[10]. Em um nível ainda mais específico, deve-se admitir, por exemplo, que a Corregedoria ou a Presidência de uma Corte possa emitir recomendações ou editar provimentos ou portarias orientando situações mais pontuais de interação entre juízos com o objetivo de otimizar os trabalhos.

Esses níveis variados de tratamento normativo garantem mais objetividade e segurança aos juízos sobre os aspectos já consolidados da cooperação, estimulando sua utilização. Com isso, supera-se o receio que alguns magistrados mais conservadores e cautelosos poderiam ter quanto à utilização do instituto que ainda está em construção, o que pode impulsionar o desenvolvimento prático da matéria.

Todavia, não devem ser fixadas regras rígidas e burocráticas, sob pena de desnaturar o instituto e comprometer sua funcionalidade. O estabelecimento de vedações prévias e genéricas pode desestimular as ações espontâneas por parte dos magistrados, indispensáveis em situações muito particularizadas que dificilmente seriam contempladas por regras gerais. Em especial nas interações mais complexas, mostra-se necessário o amadurecimento dialogado da forma de realização da cooperação para identificar as necessidades e possibilidades do caso concreto.

10. Enunciado n.º 669 do FPPC: "O regimento interno pode regulamentar a cooperação entre órgãos do tribunal".

Enfim, é preciso manter aberta uma margem de adequação para que os juízes construam a estratégia específica de atuação, com definição das atribuições, vias de comunicação, planos de trabalho, cronogramas, que atendam às particularidades do caso.

5. ALCANCE DO INSTITUTO

O Código denomina o capítulo que envolve os arts. 67 a 69 do CPC de "Cooperação Nacional". Essa denominação tem por objetivo inicial distinguir o referido instituto da "cooperação internacional", regulada nos artigos 26 e 27 do CPC.

De fato, embora existam similaridades entre os dois institutos, eles não são coincidentes. A cooperação entre juízos no âmbito internacional é uma necessidade decorrente da existência de centros decisórios que, embora não se submetam a uma mesma autoridade, eventualmente precisam interagir, o que torna a cooperação uma das únicas formas de efetivar atos processuais de forma célere. No contexto nacional, ao contrário, em razão da existência de órgãos com poder e hierarquia sobre os juízos interessados, constata-se uma maior variedade e flexibilidade de meios de interação.

Além dessa primeira distinção, existe outra questão terminológica que merece pelo menos uma referência rápida para evitar possível confusões. Ainda que seja comum encontrar na doutrina a adjetivação da cooperação de "*jurídica*" e "*jurisdicional*", o termo que tem sido utilizado com maior frequência é "*cooperação judiciária nacional*", designação que comporta uma maior amplitude. Ainda que seja possível utilizar termos diferentes para cada uma das diversas manifestações do instituto, isso pode complicar o entendimento do instituto mais do que facilitar. É importante a utilização de uma designação geral única para facilitar a comunicação técnica sobre a matéria, ainda que se admita algumas referências específicas de forma complementar.

Feito esse recorte inicial, é preciso definir qual o alcance dos atos de cooperação no âmbito nacional. Existem dois campos de atuação: I) a cooperação interinstitucional, que envolve órgãos do Poder Judiciário e outras instituições e entidades e; II) a cooperação entre órgãos do próprio Poder Judiciário. Ainda que cada um desses âmbitos de cooperação possuam especificidades, a lógica que os orienta é a mesma, o que permite tratá-los de forma conjunta dentro do mesmo instituto.

O primeiro campo para efetivação da cooperação é a firmada entre órgãos do Poder Judiciário e outras instituições e entidades, integrantes ou não do sistema de justiça, conforme previsto nos arts. 1º, II, 15 e 16 da Resolução n.º

350/20 do CNJ. Como definido na referida resolução, essa cooperação pode se destinar, por exemplo, a harmonização de procedimentos e rotinas administrativas, gestão judiciária, a elaboração e adoção de estratégias para o tratamento adequado de processos coletivos e ou repetitivos, inclusive para a sua prevenção e mutirões para análise do enquadramento de processos ou de recursos nas hipóteses em que há precedentes obrigatórios.

No âmbito do sistema de justiça, ambiente de interações mais rotineiras e, portanto, de maior interesse para cooperações, destaca-se como principais atores a Ordem dos Advogados do Brasil, o Ministério Público, a Defensoria Pública, as Procuradorias Públicas, as polícias e as Secretarias de justiça. A necessidade de diálogo e atuação conjunta desses órgão é tão importante quanto elevada e por isso precisa ser efetivada de forma eficiente.

A cooperação pode também ser útil para a execução dos trabalhos conjuntos com órgãos administrativos vinculados a outros poderes. A cooperação apresenta idêntica relevância para a atuação colaborativa entre órgãos como os Tribunais de Contas, o Conselho de Controle de Atividades Financeiras (COAF), o Conselho Administrativo de Defesa Econômica (CADE), o Conselho Administrativo de Recursos Fiscais (CARF), a Comissão de Valores Imobiliários (CVM), o Tribunal de Justiça Desportiva (TJD), o Tribunal Marítimo etc.[11] O reconhecimento da possibilidade de utilização de vias simplificadas para a atuação colaborativa entre tais órgãos representa um importante potencial de ganho para a solução de demandas que, por exemplo, dependam de informações oriundas dessas entidades.

Passa-se, na sequência, à cooperação realizada no âmbito do Poder Judiciário, mas permite que se alcancem também atividades administrativas, de cunho não jurisdicional[12]. O fato de o artigo 67 do CPC prever a cooperação por meio de servidores é um indicativo claro dessa possibilidade. A estrutura administrativa do Poder Judiciário, ainda que não esteja diretamente ligada à atividade-fim, assegura importante serviço de suporte à prestação jurisdicional[13].

11. Esse tema foi debatido no Grupo de Cooperação Judiciária do X FPPC, em 2019, com a provação preliminar da seguinte redação: "*Os instrumentos de cooperação judiciária podem ser utilizados por órgãos administrativos*". No entanto, a proposta foi vetada na Plenária do evento, por não alcançar unanimidade entre os participantes.
12. Enunciado n.º 670 do FPPC: "(arts. 67 a 69) A cooperação judiciária pode efetivar-se pela prática de atos de natureza administrativa ou jurisdicional".
13. Na visão de Valéria Ferioli Lagrasta: "[...] a cooperação administrativa diz respeito à administração judiciária, e pode ser desmembrada em cooperação administrativa em si mesma (gestão cartorária, gestão judiciária e gestão coletiva do Judiciário) e cooperação em estrutura (gestão de material e de pessoas)" (LAGRASTA, Valéria Ferioli. *Sistema de gestão judiciária e gerenciamento do processo*. Instituto Innovare, 2017. Disponível em: http://www.adambrasil.com/wp-content/uploads/2017/06/sistema_gestaojudiciaria_gerenciamento_processo.pdf. Acesso em: 13 jul. 2019).

No plano administrativo, a cooperação pode destinar-se a atos de gestão da vara, organização judiciária, administração de recursos humanos e materiais da serventia, treinamento de servidores, organização do depósito de bens apreendidos, desenvolvimento dos sistemas eletrônicos integrados, disposição de servidores etc. Assim, a cooperação pode ser entre uma unidade jurisdicional e uma administrativa, como a Presidência, a Corregedoria, a central de distribuição, a central de mandados etc.

Focando especificamente no âmbito jurisdicional, frisa-se que o próprio artigo 69 do CPC utiliza a expressão "cooperação jurisdicional"[14]. Esse é o campo de cooperação de maior intensidade e, portanto, o de maior relevância prática, em especial para demandas que ultrapassem os limites territoriais do órgão julgador[15]. Essa designação, por ser muito específica, ao mesmo tempo que transmite de forma precisa a natureza da cooperação pretendida, se for generalizada, pode transmitir a falsa noção de um alcance mais restrito do instituto.

Ainda nesse ponto, vale frisar que não há qualquer impedimento à realização de cooperação jurisdicional entre o Poder Judiciário e árbitros[16]. Apesar de ser possível, quando o árbitro é demandado para a cooperação, os exemplos são um pouco mais reduzidos. Isso porque o árbitro só pode atuar nos limites do termo de arbitragem, o que, em princípio, o impede de colher uma prova para outro caso, em relação a aspectos que ultrapassem os limites de sua jurisdição. Ademais, o sigilo é outra tônica da arbitragem, o que traz uma gama de restrições para sua atuação colaborativa. Mesmo assim, esse é um importante nicho de colaboração jurisdicional a ser explorado[17].

---

14. Nessa definição, incluem-se quaisquer órgãos com competências jurisdicionais, como, por exemplo, os Centros Judiciários de Solução de Conflitos e Cidadania (Cejusc). Assim também concluiu o Enunciado n.º 26 do Fórum Nacional de Conciliação e Mediação (Fonacom): "Considerando que as centrais de conciliação praticam atos jurisdicionais, a elas se aplicam as disposições do art. 67 a 69 do CPC, quanto à cooperação nacional".
15. Felipe Barreto Marçal assim ressalta: "Todas essas formas de interação são mecanismos muito importantes especialmente em processos nos quais os interesses transcendam os limites territoriais do órgão competente, bem como para aquelas demandas que se replicam por todo o país, situações corriqueiras nos processos estruturantes". (MARÇAL, Felipe Barreto. *Deveres cooperativos do magistrado no processo estruturante*: da cooperação com as partes à cooperação com outros órgãos (judiciários ou extrajudiciários), por meio de atribuição de competências e delegações. Civil Procedure Review. Pás. 77-100, v.10, n. 2: mai.-ago., 2019. I, p. 90)
16. Enunciado n.º 5 do FPPC: "(art. 69, § 3.º) O pedido de cooperação poderá ser realizado também entre o árbitro e o Poder Judiciário".
17. No mesmo sentido, são as lições de Humberto Dalla Bernardina de Pinho e Marcelo Mazzola: "a existência de uma rede jurisdicional de auxílio, apoio e interação entre Poder Judiciário e Juízo Arbitral é fundamental para assegurar, por exemplo, o cumprimento de cartas arbitrais, a confidencialidade do procedimento, a concessão de tutelas provisórias, a extinção da ação judicial quando o árbitro já tiver reconhecido a sua competência, entre outros" (PINHO, Humberto Dalla Bernardina de; MAZZOLA, Marcelo. A cooperação como elemento estruturante da interface entre o Poder Judiciário e o Juízo Arbitral. *Revista da EMERJ*, Rio de Janeiro, v. 20, n. 2, maio/ago. 2018, p. 198).

6. ALTERAÇÃO E COMPARTILHAMENTO DE COMPETÊNCIA NA COOPERAÇÃO JUDICIÁRIA

O Código de Processo Civil dispõe, em seu artigo 67, que, *"aos órgãos do Poder Judiciário, estadual ou federal, especializado ou comum, em todas as instâncias e graus de jurisdição, inclusive aos tribunais superiores, incumbe o dever de recíproca cooperação, por meio de seus magistrados e servidores"*. Assim, todo órgão jurisdicional deve manter aberta uma via de contato para outros juízos e uma disponibilidade para prontamente atender as demandas de cooperação a ele submetidas.

Quando se analisam os atos de cooperação mais simples, como, por exemplo, a prestação de informações, a interação entre juízos cooperantes não ultrapassa os limites das respectivas competências.

No entanto, como se depreende do rol exemplificativo de atos de cooperação listados no § 2.º do artigo 69 do CPC e ampliação feita pelo art. 6º da Resolução n.º 350/20 do CNJ, na maior parte de suas manifestações, verifica-se uma clara indicação de atuação de outros magistrados no processo objeto da cooperação. Assim, para que seja possível a prática de atos processuais por juízes cooperantes, é necessário admitir certa flexibilidade no exercício das competências jurisdicionais, pois mais de um juiz atuará no mesmo processo. Em termos mais diretos, é possível alterar a competência por meio da cooperação judiciária[18].

Isso não implica em violação ao princípio do juiz natural, que deve ser observado na cooperação judiciária (art. 1º, I da Resolução n.º 350/20 do CNJ). No entanto, o conteúdo desse princípio está passando por um processo de ressignificação, uma mutação pela qual novas formas de manifestação passam a ser concebidas sem desconsiderar a sua estrutura básica.

6.1. A necessidade de uma nova compreensão sobre a competência

A compreensão tradicional das regras de competência tem por base uma regulamentação objetiva decorrente de prescrição normativa e manifesta-se de forma excludente. Portanto, uma vez definida a competência de um juiz para uma causa, seria ele o responsável único do primeiro ao último ato do processo. Nas hipóteses de modificação de competência, o juízo originário perderia totalmente a competência passando-a para outros. Como consequência dessa

18. Esse tema foi debatido no Grupo de Cooperação Judiciária do X FPPC, em 2019, com a provação preliminar pelo Grupo específico de um enunciado com a seguinte redação: *"A alteração de competência pode ser objeto de cooperação judiciária por ato concertado"*. No entanto, a proposta foi vetada na Plenária do evento, por não alcançar unanimidade entre os participantes.

concepção fragmentada da jurisdição, a definição de uma competência para o caso acarreta a incompetência de todos os demais juízes, impedindo que atuem nos processos que não estão a eles vinculados[19].

Se essa lógica for considerada de forma rígida, a cooperação judiciária não tem como ser efetivada. Logo, uma das principais questões que cercam os fundamentos da cooperação judiciária nacional é a sua compatibilização com a compreensão tradicional de competência única e exclusiva. Tais entendimentos precisam ser reavaliados em alguns aspectos para contemplar as possibilidades da cooperação judiciária em sua plenitude[20]. Um dos objetivos dessa abertura normativa à interação entre órgãos do Poder Judiciário é o incremento da eficiência por meio da realização de um ato processual pelo juízo mais adequado ao caso. Em essência, é isso que os artigos 67 a 69 do CPC preveem.

Isso não implica afastar toda a segurança garantida pelo princípio do juiz natural, apenas se reconhece que o núcleo essencial desse princípio não é violado ao se admitir a existência de zonas de flexibilidade em prol de uma maior efetividade do processo. Aspectos que inclusive já estão presentes na realidade do processo judicial atual, mas que passam muitas vezes desapercebidas.

Ressalte-se que essa não é uma regra isolada do sistema. Quem determina o modo como as regras de competência são fixadas e alteradas é o legislador. São várias as situações em que a competência para processar e julgar uma demanda é alterada. Assim, da mesma forma que ele pode estabelecer a alteração de competência por meio da conexão, da continência, do IRDR, do IAC, do foro de eleição, etc. também pode fazê-lo por meio da cooperação judiciária.[21]

Tal flexibilização é ainda mais evidente, por exemplo, na atuação de "grupos de descongestionamento" ou similares nos quais são indicados juízes para atuar em acervos processuais específicos. Enfim, os exemplos são muitos e

19. É nesse sentido a análise de Antonio do Passo Cabral: "Essas características importam no fracionamento, divisão e isolamento mútuo entre os órgãos jurisdicionais, contribuindo para o engessamento das competências e falta de coordenação. Em nosso entendimento, esses traços são ineficientes e imobilizam as formas processuais sobre a competência, e portanto incongruentes com o que se espera da jurisdição contemporânea" (CABRAL, 2017, p. 33).

20. Nesse ponto, merece ressaltar a relevância da tese apresentada para o concurso de provas e títulos para provimentos do Cargo de professor titular de processo da UERJ pelo Professor Antonio do Passo Cabral, intitulada "*Juiz natural e eficiência processual: flexibilização, delegação e coordenação de competências no processo civil*", um dos primeiros trabalhos a enfrentar o tema de forma direta, estruturada e com a profundidade necessária.

21. Como observa Antonio do Passo Cabral: "É o que ocorre, por exemplo, no campo de liberdade atribuído às partes para determinar competência por acordo processual (foro de eleição); ou ainda as margens de discricionariedade em institutos como o incidente de deslocamento de competência, o desaforamento, o incidente de assunção da competência, a definição do juízo competente para as medidas de urgência durante a tramitação do conflito de competência, a escolha da causa-piloto nos incidentes de resolução de casos repetitivos, dentre muitos outros casos". (CABRAL, 2017. p. 390).

raramente questionados, mas inegavelmente importam em flexibilizações à visão rígida do princípio do juiz natural anteriormente mencionada.

Logo, a existência de hipóteses de alteração da competência em prol da eficiência do processo não afronta as garantias constitucionais do devido processo legal. É certo que esse é um pensamento impactante. No entanto, ele não é tão distinto da lógica que está por trás da adaptabilidade possibilitada pela gestão procedimental (*case management*), algo que chocou em um momento inicial, mas que hoje já está incorporado com certa tranquilidade à realidade processual brasileira, inclusive com algumas situações expressamente autorizadas pelo Código.

Assim como as formalidades processuais podem adaptar-se às particularidades da causa para garantir-lhe maior efetividade, a competência também pode ajustar-se às exigências específicas de cada caso concreto. O sistema processual precisa evoluir para admitir em algum nível a gestão de competência para igualmente elevar o potencial de eficiência processual[22].

Nesse ponto, mostram-se relevantes as diretrizes extraídas do princípio da competência adequada, na busca da definição do órgão jurisdicional que melhor atenda às exigências dos princípios da efetividade, da eficiência, da adequação e da boa-fé diante das especificidades de um caso concreto[23]. As regras de competência dispostas de forma abstrata na legislação algumas vezes não se mostram suficientes para definir previamente qual o órgão mais adequado a um caso concreto. Esse risco é potencializado diante da existência de situações que admitem que o autor, ao promover a ação, escolha um juízo entre outros de competência concorrente (*forum shopping*)[24]. Em tais casos, o autor pode indevidamente basear sua opção em uma estratégia pessoal que conflite com a busca de uma maior adequação do órgão jurisdicional à demanda, o que pode manifestar abuso desse direito[25].

Com isso, reconhece-se a necessidade de desenvolver formas de controle da competência no caso concreto. Ainda que no ordenamento jurídico brasileiro

---

22. CABRAL, 2017, p. 438.
23. "A competência não é delegada aleatoriamente e há previsão legal dessa possibilidade. Quando não há grau de discricionariedade na escolha do juízo e o critério é objetivamente fixado, não há violação ao juiz natural". (CAMPOS, Eduardo Luiz Cavalcanti. *O princípio da eficiência no processo civil brasileiro*. Rio de Janeiro: Forense, 2018, p. 192)
24. Essa ideia coincide com as diretrizes do princípio da competência adequada, defendidas por Fredie Didier Jr. nos seguintes termos: "O devido processo legal impõe um processo adequado, que, dentre outros atributos, é aquele que se desenvolve perante um juízo adequadamente competente. A exigência de uma competência adequada é um dos corolários dos princípios do devido processo legal, da adequação e de boa-fé, de modo que se pode inclusive falar em um *princípio da competência adequada*" (DIDIER JR., Fredie. Curso de direito processual civil: introdução ao direito processual civil, parte geral e processo do conhecimento. 22. ed. Salvador: Juspodivm, 2020, p. 247, grifo do autor).
25. PEIXOTO, Ravi. *O forum non conveniens e o processo civil brasileiro: limites e possibilidade*. *Revista de Processo*, São Paulo, v. 43, n. 279, maio 2018, p. 382.

não haja uma norma prevendo a recusa discricionária da competência, como em alguns países do *common law*, a cooperação judiciária, ao admitir a colaboração entre juízos, apresenta-se como uma forma de oxigenação das regras tradicionalmente rígidas estabelecidas pelo sistema processual[26].

Ela permite um compartilhamento das competências em prol do exercício da jurisdição pelo magistrado que detenha as melhores condições para a efetivação do ato[27]. O juiz pode e deve analisar se sua competência é adequada àquele caso; não sendo, deve o juiz procurar a colaboração de outros que se mostrem mais adequados[28]. No caso da cooperação judiciária, os objetivos são concorrentes, não haverá conflito de competência, pois o intuito é conjugar as competências e não excluir uma para a assunção de outra.

Essa simultaneidade de atuação de dois juízes não precisa manifestar-se durante todo o processo, ela pode ocorrer unicamente para um ato processual específico. Em um determinado momento do processo, pode ser mais eficiente a atuação isolada do juiz originário da causa; já em outro, a atuação cooperada pode mostrar-se mais adequada.

Na verdade, em uma perspectiva de combinação de competências em busca de eficiência, é mais provável a obtenção de resultados positivos em uma análise pontual. Assim, a competência adequada pode ser avaliada permanentemente, ato a ato, utilizando-se do auxílio de outros juízos sempre que se mostrar necessário para uma maior eficiência do processo[29]. O processo é dinâmico e mutável, assim as exigências para sua efetivação também sofrem alterações, razão pela qual a lógica da cooperação não pode ser estática.

---

26. Esse ponto lembra o *forum non conveniens*, que é definido por Ravi Peixoto nos seguintes termos: "O *forum non conveniens* é a possibilidade do controle da competência quando o foro escolhido é um juízo inconveniente ou inadequado, buscando a escolha de um foro neutro, sem que uma das partes seja excessivamente prejudicada. Trata-se, então, de um limitador do *forum shopping*. A lógica é a de que, em abstrato, existe mais de um foro competente, mas, por algum motivo, desenvolvido por cada ordenamento jurídico, aquele escolhido não é o adequado" (PEIXOTO, 2018, p. 384).
27. Sobre o tema, pontua Maria Gabriela Silva Campos Ferreira: "Pelo princípio da competência adequada, permite-se seja a adequação da competência examinada durante todo o procedimento, alinhando a própria teoria da competência ao caráter itinerante do processo. É plenamente possível que, exercendo o controle da competência adequada no processo, o juiz vislumbre que determinado ato processual será mais eficiente e trará resultados mais positivos para o processo, se praticado por outro órgão jurisdicional situado num foro diverso" (FERREIRA, Maria Gabriela Silva Campos. *O compartilhamento de competências no processo civil:* um estudo do sistema de competência sob o paradigma da cooperação judiciária. Salvador: Juspodivm, 2020, p. 120).
28. No estudo da competência adequada, Paula Sarno Braga ressalta: "A proposta é partir-se de Estados ou juízos abstrata e concorrentemente competentes (em conjunto e simultaneidade), a única exigência que se acresce é que, na eleição daquele que atuará em concreto, atente-se para o que seja mais propício e que esteja em melhores condições de dar adequado prosseguimento ao processo. Daí falar-se na busca de algo que corresponderia a um *appropriate or natural forum* (foro natural ou adequado)" (BRAGA, Paula Sarno. Competência adequada. *Revista de Processo*, São Paulo, v. 38, n. 219, maio 2013, p. 21).
29. CABRAL, 2017, p. 393.

Ressalte-se que não se trata de uma simples desconsideração das regras de competência que abra margens para um arbítrio subjetivo do juiz sobre quais processos tramitaram ou não em sua unidade. Na cooperação judiciária deve-se sempre buscar a melhor forma de realizar o ato processual por meio da identificação do juízo que reúna as melhores condições para tanto. Qualquer outra finalidade representa uma irregularidade na utilização do instituto.

É por essa razão que o art. 5º, IV, da Resolução n.º 350/20 do CNJ estabeleceu que a cooperação judiciária nacional *"deve ser realizada de forma fundamentada, objetiva e imparcial"*. O passo seguinte no desenvolvimento dessa matéria é a definição de critérios objetivos para orientar a decisão do juiz.

6.2. Prolação de decisões pelo juiz cooperante

O artigo 68 do CPC, ao disciplinar o âmbito de cabimento da cooperação judiciária, dispõe que ela pode referir-se à *"prática de qualquer ato processual"*[30]. Portanto, *prima facie*, não há restrição legal prévia ao conteúdo, de modo que ela pode ter por objeto, por exemplo, a realização de atos de comunicação, de ordenação, de instrução, de execução e também a prolação de decisões. Essa última hipótese é a que demanda mais atenção.

Apesar da amplitude de cabimento, essa atipicidade legal do objeto da cooperação judiciária não importa na ausência de restrições, pois é possível afastar sua aplicação por incompatibilidade da medida pretendida com outras normas do sistema que se mostrem mais relevantes no caso concreto. Como existem princípios constitucionais que fundamentam a própria cooperação judiciária (razoável duração do processo, eficiência, unidade da jurisdição nacional etc.), em muitos casos a delimitação de seu alcance envolve uma ponderação entre princípios constitucionais que colidem em pontos específicos, tornando a matéria ainda mais complexa[31].

Nesse contexto intrincado e ainda carente de diretrizes dogmáticas precisas, existe uma questão que se destaca, fruto da necessária harmonização da

30. Nesse sentido, dispõem Nelson Nery Junior e Rosa Maria de Andrade Nery: "Seja como for, todos os exemplos aqui mencionados não configuram rol exaustivo dos atos concertados possíveis, como o próprio parágrafo deixa claro. Toda medida que exigir colaboração de um outro juízo que não seja aquele pelo qual tramita o feito pode ser alvo de um acordo entre juízos, desde que o objetivo final seja maior celeridade do trâmite do processo, mas sem prejuízo do *due process of law*" (NERY JUNIOR, Nelson; NERY, Rosa Maria de Andrade. *Comentários ao Código de Processo Civil*. São Paulo: Revista dos Tribunais, 2015, p. 369).

31. No mesmo sentido, é o pensamento de Edilton Meireles: "Tudo, óbvio, num juízo de ponderação. Privilegia-se a eficiência em detrimento do juiz natural na busca da efetividade da decisão judicial. No confronto entre o princípio do juiz natural e da efetividade jurisdicional, privilegia-se este diante de cada caso concreto" (MEIRELES, Edilton. Cooperação judicial e poderes do juiz na execução conforme o CPC de 2015. *Revista Jurídica Luso-Brasileira*, Lisboa, ano 4, n. 1, 2018, p. 464-465).

cooperação judiciária com as normas definidoras de competências jurisdicionais e com o princípio do juiz natural. Trata-se da discussão sobre a possibilidade de prolação de decisões pelo juiz cooperante nos processos em que atua unicamente em função da cooperação.

A doutrina diverge quanto a esse aspecto. Para uma primeira corrente, apesar da opção redacional abrangente utilizada pelo artigo 68 do CPC, essa norma precisa ser compatibilizada com o princípio da indelegabilidade da jurisdição, o que impossibilita a prática de atos decisórios pelo juiz cooperante[32]. Em sentido contrário, uma segunda corrente defende que o compartilhamento de competências observado na cooperação judiciária tem como desdobramento a possibilidade de prolação de decisões pelo juízo cooperante[33].

A segunda corrente parece ajustar-se melhor aos fundamentos da cooperação judiciária e do processo civil moderno. Essa questão foi inclusive objeto da Resolução n.º 350/20 do CNJ, em seu art. 6º, V, que a *"definição do juízo competente para a decisão sobre questão comum ou questões semelhantes ou de algum modo relacionadas"*.

Como se constata, a prática de atos decisórios pelo juiz cooperante é uma decorrência natural da cooperação judiciária que demande algum nível de compartilhamento de competências. Para possibilitar uma compreensão mais precisa da questão, é conveniente analisar o contexto geral de manifestação dessas decisões.

A prolação de decisões interlocutórias ou relativas a questões incidentais diretamente relacionadas à efetivação do ato objeto da cooperação judiciária não só é possível como também é indispensável à consecução da eficiência que se busca. Caso contrário, todo passo do processo que exigisse alguma definição judicial imporia o retorno dos autos ao juiz originário, o que acarretaria uma burocratização incompatível com a duração razoável do processo.

---

32. Murilo Teixeira Avelino assevera: "De fato, deve o dispositivo ser interpretado tendo em conta a regra da indelegabilidade dos atos decisórios. Estes se relacionam intimamente com o princípio do juiz natural, decorrendo daí a reserva absoluta de lei para que se institua competência decisória" (AVELINO, Murilo Teixeira. Breves comentários à cooperação nacional no Código de Processo Civil. *Revista Jurídica da Seção Judiciária de Pernambuco*, Recife, v. 8, 2015, p. 192). No mesmo sentido, Luiz Guilherme Marinoni, Sérgio Cruz Arenhart e Daniel Mitidiero sustentam: "Não se pode, porém, delegar atividades que possuam caráter decisório, sob pena de violação do princípio do juiz natural (art. 5.º, XXXVII e LIII, CF)" (MARINONI, Luiz Guilherme; ARENHART, Sérgio Cruz; MITIDIERO, Daniel. *Código de Processo Civil comentado*. São Paulo: Thomson Reuters, 2017, p. 215).

33. Assim defende Maria Gabriela Silva Campos Ferreira: "Todos esses exemplos citados revelam a prática de atos decisórios pelo juízo cooperante, mas que não representam prejuízo ao processo, muito menos às partes, nem encontram óbice no sistema de competência contemporâneo. Muito pelo contrário, a prática desses atos é encorajada pelo sistema processual, uma vez que atendem às exigências de economia e eficiência processuais" (FERREIRA, Maria Gabriela Silva Campos. *O compartilhamento de competências no processo civil*: um estudo do sistema de competência sob o paradigma da cooperação judiciária. Salvador: Juspodivm, 2020, p. 135).

No que concerne às decisões sobre o próprio mérito dos processos envolvidos na cooperação judiciária, é preciso registrar que o campo de cabimento é menor, mas, ainda assim, possível. Na maior parte dos casos, a cooperação destina-se a atos das fases postulatória, ordinatória e instrutória, retornando os autos para julgamento pelo juiz originário do caso. Porém, quando se analisa, por exemplo, a previsão de cooperação para a centralização de processos repetitivos (art. 69, § 2.º, VI), parece claro que um dos atos que pode ser objeto da cooperação é justamente o julgamento das ações. Logicamente, essas hipóteses precisam ser disciplinadas com o estabelecimento de critérios objetivos para a escolha do juiz que centralizará os processos para não haver violação do princípio do juiz natural.

Apesar dos fundamentos apresentados em prol da possibilidade da prolação de decisões pelo juiz cooperante, não é possível negar que a divergência atualmente verificada sobre o tema pode gerar uma insegurança na utilização do instituto.

Para prosseguir nessa análise é preciso distinguir as hipóteses de competência absoluta e relativa.

Na competência relativa não se vislumbram impedimentos à atuação do juízo cooperante, seja para questões incidentais ou principais. Isso já é verificado com tranquilidade no sistema processual como ocorre na conexão e na continência. A cooperação judiciária por ato concertado se insere na lógica do processo como outra modalidade de modificação de competência.

Na cooperação entre juízos de competências absolutas diferentes é também possível a prolação de decisões pelo juízo cooperante em relação a questões incidentais, mas não em relação a questões principais. Assim, um pedido que deve ser julgado pela Justiça Federal não poderá vir a ser julgado pela Justiça do Trabalho[34]. Foi nesse sentido que, por exemplo, o art. 6º, V, da Resolução n.º 350/20 do CNJ estabeleceu que devem ser *"respeitadas as regras constantes nos artigos 62 e 63 do Código de Processo Civil"*.

Essa limitação no âmbito da competência absoluta decorre da fundamentação constitucional que ela possui. É a própria razão de ser da existência das justiças especializadas. O Constituinte entendeu que essa matéria é relevante o suficiente para a construção de um braço específico com especialização de

34. Como explica Fredie Didier: "A alteração de competência absoluta depende de previsão , como nos casos do incidente de assunção de competência (art. 947, CPC) ou federalização de casos (art. 109, V-A, CF/1988). Sem essa autorização expressa para o ato concertado, é difícil dogmaticamente sustentar, diante de uma previsão legislativa tão singela, um efeito jurídico (modificação de competência absoluta) sempre previsto de modo raro e claro pelo legislador". (DIDIER JR. Fredie. *Cooperação judiciária nacional:* esboço de uma Teoria para o Direito Brasileiro. Salvador: Juspodivm, 2020, p. 100-101).

magistrados e servidores. Os juízes não detém poder suficiente para subverter essa definição constitucional.

Como se percebe a questão complexa. A pouca maturidade do assunto impede que se firmem posições peremptórias ou que haja uma maior minudência na análise de manifestações práticas. Em razão disso, discussões sobre a validade das decisões judiciais proferidas em cooperação judiciária podem inclusive ensejar incidentes e recursos que conturbem o andamento do processo, minimizando ou anulando os benefícios que dela se esperam.

É nesse ponto que o instituto da *translatio iudicii* manifesta sua importância. Se por ocasião do exercício interativo da jurisdição o juiz cooperante proferir decisões que ultrapassem os limites estabelecidos para a interação judicial que fora ajustada, a ela deve-se aplicar a regra de aproveitamento dos atos decisórios e de preservação dos efeitos processuais e materiais daí decorrentes, com base no artigo 64, § 4.º, do CPC[35].

7. INFORMALIDADE E DOCUMENTAÇÃO DOS ATOS DE COOPERAÇÃO

De acordo com o *caput* do artigo 69 do CPC, a cooperação judiciária "prescinde de forma específica". Essa regra é um reforço ao princípio da liberdade de formas, previsto no artigo 188 do CPC, pelo qual só é possível condicionar a validade e a eficácia de um ato processual ao cumprimento de uma determinada formalidade se a lei expressamente assim exigir.

Os atos de cooperação judiciária são atos jurídicos processuais e, como tal, possuem uma forma de manifestação. O que o mencionado princípio preconiza é a dispensa de uma forma específica de realizar o ato, afastando dúvidas que possam pairar sobre a adequação dos atos de cooperação judiciária que se realizem de modo diverso do que tradicionalmente era admitido[36].

Desse modo, o pedido pode ser formulado por ofício, por sistema específico do tribunal para processos administrativos internos, por *e-mail*, por videoconferência, por telefone, por aplicativo de mensagens multiplataforma, em

35. Enunciado n.º 686 do FPPC: "(arts. 64, § 4.º, e 69) Aplica-se o art. 64, § 4.º, à hipótese de ato de cooperação que invada a competência do juízo requerente".

36. Na análise de Tereza Arruda Alvim Wambier, Maria Lúcia Lins Conceição, Leonardo Ferres da Silva Ribeiro e Rogério Licastro Torres de Mello: "Há, contudo, que se ter cuidado com a real extensão da expressão 'prescinde de forma específica' relativamente ao pedido de cooperação jurisdicional. *Ipso facto*, a dispensa de forma específica não quer dizer, em absoluto, dispensa de forma, a forma, em termos de direito processual, sempre será algo necessariamente presente e relevante" (WAMBIER, Teresa Arruda Alvim; CONCEIÇÃO, Maria Lucia Lins; RIBEIRO, Leonardo Ferres da Silva; MELLO, Rogério Licastro Torres de. *Primeiros comentários ao Novo Código de Processo Civil:* artigo por artigo. São Paulo: Revista dos Tribunais, 2015, p. 135).

contato direto etc. Dentre as diversas vias possíveis, deve-se dar preferência ao uso dos meios eletrônicos, pois eles tendem a potencializar a celeridade, a eficiência e a desburocratização que fundamentam a cooperação judiciária.

O que não se pode admitir é que a informalidade que marca a cooperação judiciária seja causa de insegurança para as partes do processo ou justificativa para a violação de direitos e garantias processuais. Dentre essas garantias, destaca-se a publicidade dos atos processuais, prevista no artigo 5.º, LX, da CF/88, que impõe o amplo acesso ao teor desses atos, ressalvados os casos de segredo de justiça.

Um dos desdobramentos mais basilares da publicidade dos atos processuais é o dever de documentação, necessário à preservação de sua memória. Em verdade, a documentação é uma premissa da publicidade, pois, sem o registro, não há como divulgar o ato processual. Embora não exista um tratamento normativo geral para essa matéria, o dever de documentação pode ser inferido das regras que disciplinam a forma dos atos processuais e das atribuições do escrivão ou do chefe de secretaria.

Portanto, a forma utilizada para realizar a cooperação judiciária, seja ela qual for, precisa ser documentada nos autos do processo com a descrição precisa, do objeto, do ato a ser praticado e dos seus objetivos [37]. Isso é crucial para resguardar a necessária publicidade que os atos processuais devem ter e para possibilitar a consulta e a fiscalização da dinâmica da cooperação pelos interessados[38]. Foi nesse sentido que o art. 5º, III, da Resolução n.º 350/20 do CNJ estabeleceu que a cooperação judiciária nacional "*deve ser documentada nos autos do processo*".

O respeito ao dever de documentação dos atos processuais permite também um melhor entendimento futuro sobre a construção e o desenvolvimento da cooperação judiciária. Caso não existam nos autos do processo elementos que demonstrem as ocorrências, com o passar do tempo, será difícil resgatar o teor das manifestações, dos fundamentos e dos objetivos da colaboração judiciária.

A informalidade impede que se defina previamente um modo específico de documentar os atos a ela relacionados. O certo é que o registro deve ser

---

37. Enunciado n.º 687 do FPPC: "(art. 69, caput) A dispensa legal de forma específica para os atos de cooperação judiciária não afasta o dever de sua documentação nos autos do processo".

38. De acordo com Alexandre Freitas Câmara: "Atos de cooperação judiciária nacional, como regra geral, não estão sujeitos a forma determinada. Isso, como já dito, nada mais é do que uma manifestação da regra da liberdade das formas. Daí não resulta, porém, uma dispensa de documentação desses atos. Sempre que um ato de cooperação for praticado sem que para isso se empregue um instrumento escrito que possa ser juntado aos autos, será necessária sua redução a termo" (CÂMARA, Alexandre Freitas. *Atos de cooperação judiciária devem ser documentados (e o Enunciado 687 do FPPC)*. 2019. Disponível em https://www.conjur.com.br/2019-abr-10/alexandre-camara-documentacao-atos-cooperacao-judiciaria. Acesso em: 10 abr. 2019).

seguro e consistente, podendo ser efetivado, por exemplo, por meio da juntada aos autos da cópia das mensagens (*e-mail*, WhatsApp, ofício etc.) ou mediante certidão que declare que os atos foram praticados.

Por fim, impõe-se ressaltar que a documentação deve retratar o teor do pedido de cooperação judiciária e da respectiva resposta dos juízos cooperantes ou da manifestação única, quando for construída conjuntamente. Pelas mesmas razões já apresentadas, também precisam ser documentados os atos subsequentes, próprios do desenvolvimento da cooperação.

Para orientar essa forma de documentação, laborou bem o CNJ ao apresentar nos anexos da Resolução n.º 350/20 modelos exemplificativos de pedido de cooperação por auxílio direto, de despachos conjuntos e de ato concertado. É também preciso assegurar a que a manifestação seja oriunda do responsável pelo Juízo cooperante. A melhor forma de garantir essa autenticidade é que o ajuste celebrado para a prática de atos de cooperação esteja assinado pelos juízos cooperantes, como prevê o art. 11 da Resolução n.º 350/20 do CNJ.

8. CONCLUSÕES

Como se pode observar, a fundamentação teórica da cooperação judiciária nacional ainda está sendo esboçada por aqueles que se aventuram a desbravar esse ambiente pouco explorado. Logo, este rápido diálogo com a doutrina que abriu as primeiras trilhas de acesso à matéria permite que se identifiquem alguns pontos dos fundamentos da cooperação judiciária, mas é óbvio que esse tema é mais vasto e complexo do que as rápidas questões aqui abordadas.

Esse tema está entre os mais desafiadores do CPC, pois sua efetivação depende de uma mudança de compreensão sobre questões muito sedimentadas e sensíveis, como as regras de competência e do juiz natural, e de uma evolução na lógica de desenvolvimento do processo. A implementação da cooperação judiciária nacional, na dimensão possibilitada pelo CPC/15, exige uma mudança cultural.

Dessa forma, é natural que em um período inicial existam incompreensões e divergências sobre a cooperação judiciária, mas uma abordagem mais cuidadosa indica tratar-se de um instituto alinhado às principais diretrizes do processo moderno e com grande potencial para ampliar a eficiência do Poder Judiciário.

Esse instituto já começou a ser aplicado e as suas manifestações práticas se multiplicam a cada dia. Tudo isso está ocorrente de forma paralela com a construção de uma teoria para o direito brasileiro, circunstância que traz dúvidas a alguns aspectos concretos. Por isso, é importante que a doutrina concentre atenção no desenvolvimento dos fundamentos da cooperação judiciária nacional.

Portanto, mesmo com todos os obstáculos, não há dúvida que uma série de questões de administração judiciária podem ser resolvidas com base na cooperação judiciária. Diante dos benefícios que ela propicia a uma prestação jurisdicional adequada, é preciso fomentar seu debate e aplicação.

REFERÊNCIAS

AVELINO, Murilo Teixeira. Breves comentários à cooperação nacional no Código de Processo Civil. *Revista Jurídica da Seção Judiciária de Pernambuco*, Recife, n. 8, p. 187-196, 2015.

BRAGA, Paula Sarno. Competência adequada. *Revista de Processo*, São Paulo, v. 38, n. 219, p. 13-41, maio 2013.

CABRAL, Antonio do Passo. *Juiz natural e eficiência processual:* flexibilização, delegação e coordenação de competências no processo civil. 2017. Tese (Concurso de Titularidade) – Universidade do Estado do Rio de Janeiro, Rio de Janeiro, UERJ, 2017.

CÂMARA, Alexandre Freitas. *Atos de cooperação judiciária devem ser documentados* (e o *Enunciado 687 do FPPC*). 2019. Disponível em: https: //www.conjur.com.br/2019-abr-10/alexandre-camara-documentacao-atos-cooperacao-judiciaria. Acesso em: 10 abr. 2019.

CAMPOS, Eduardo Luiz Cavalcanti. O *princípio da eficiência no processo civil brasileiro*. Rio de Janeiro: Forense, 2018.

CUNHA, Leonardo Carneiro da. *A previsão do princípio da eficiência no projeto do Novo Código de Processo Civil Brasileiro*. Revista de Processo. v. 233. jul. 2014. pp. 65-84.

DIDIER JR. Fredie. *Cooperação judiciária nacional:* esboço de uma Teoria para o Direito Brasileiro. Salvador: Juspodivm, 2020.

DIDIER JR., Fredie. Curso de direito processual civil: introdução ao direito processual civil, parte geral e processo do conhecimento. 22. ed. Salvador: Juspodivm, 2020.

FERREIRA, Maria Gabriela Silva Campos. *O compartilhamento de competências no processo civil:* um estudo do sistema de competência sob o paradigma da cooperação judiciária. Salvador: Juspodivm, 2020.

LAGRASTA, Valéria Ferioli. *Sistema de gestão judiciária e gerenciamento do processo*. Instituto Innovare, 2017. Disponível em: http://www.adambrasil.com/wp-content/uploads/2017/06/sistema_gestaojudiciaria_gerenciamento_processo.pdf. Acesso em: 13 jul. 2019.

LIEBMAN, Enrico Tullio. *Manual de direito processual civil*. 2. ed. Rio de Janeiro: Forense, 1985. v. 1.

MARÇAL, Felipe Barreto. Deveres cooperativos do magistrado no processo estruturante: da cooperação com as partes à cooperação com outros órgãos (judiciários ou extrajudiciários), por meio de atribuição de competências e delegações. *Civil Procedure Review*, Salvador, v. 10, n. 2, p. 77-100, maio/ago. 2019.

MARINONI, Luiz Guilherme; ARENHART, Sérgio Cruz; MITIDIERO, Daniel. *Novo Código de Processo Civil comentado*. São Paulo: Revista dos Tribunais, 2017.

MEIRELES, Edilton. Cooperação judicial e poderes do juiz na execução conforme o CPC de 2015. *Revista Jurídica Luso-Brasileira*, Lisboa, ano 4, n. 1, p. 455-507, 2018.

NERY JUNIOR, Nelson; NERY, Rosa Maria de Andrade. *Comentários ao Código de Processo Civil*. São Paulo: Revista dos Tribunais, 2015.

PEIXOTO, Ravi. O *forum non conveniens* e o processo civil brasileiro: limites e possibilidade. *Revista de Processo*, São Paulo, v. 43, n. 279, p. 381-415, maio 2018.

PINHO, Humberto Dalla Bernardina de; MAZZOLA, Marcelo. A cooperação como elemento estruturante da interface entre o Poder Judiciário e o Juízo Arbitral. *Revista da EMERJ*, Rio de Janeiro, v. 20, n. 2, p. 181-201, maio/ago. 2018.

WAMBIER, Teresa Arruda Alvim; CONCEIÇÃO, Maria Lucia Lins; RIBEIRO, Leonardo Ferres da Silva; MELLO, Rogério Licastro Torres de. *Primeiros comentários ao Novo Código de Processo Civil*: artigo por artigo. São Paulo: Revista dos Tribunais, 2015.

CAPÍTULO 3

Notas introdutórias sobre a cooperação judiciária nacional[1]

Edilton Meireles[2]

Sumário: 1. Introdução – 2. Princípios constitucionais regentes das atribuições do juiz – 3. Dos órgãos cooperantes e da sua formalização: 3.1. Espécies de cooperação; 3.2. Princípios da cooperação judiciária – 4. Do objeto e dos atos de cooperação: 4.1. Do auxílio direto; 4.2. Da reunião ou apensamento de processo e da centralização de processos repetitivos; 4.3. Prestação de informações – 5. Atos concertados entre os juízes cooperantes: 5.1. Prática de citação, intimação ou notificação de ato; 5.2. Obtenção e apresentação de provas e a coleta de depoimentos; 5.3. Efetivação de tutela provisória, de medidas e providências para recuperação e preservação de empresas e para facilitação de habilitação de créditos na falência e na recuperação judicial; 5.4. Execução de decisão jurisdicional – 6. Outros atos concertados – 7. Conclusão – Referências.

1. INTRODUÇÃO

O novo CPC inovou ao cuidar da cooperação judiciária nacional em seus arts. 67 a 69. O fez, porém, lançando suas linhas gerais, deixando para o intérprete definir a abrangência das novas regras e para os juízes e tribunais a tarefa de pôr em prática os atos de cooperação.

Neste trabalho procura-se traçar o perfil desse novo instituto judiciário-processual.

2. PRINCÍPIOS CONSTITUCIONAIS REGENTES DAS ATRIBUIÇÕES DO JUIZ

Os juízes, enquanto servidores públicos em sentido lato, também estão sujeitos aos princípios constitucionais que regem toda a Administração Pública. Enquanto executor dos atos da Administração, cumpre, assim, ao juiz respeitar os princípios de legalidade, impessoalidade, moralidade, publicidade e eficiência (art. 37, *caput*, da Constituição Federal de 1988).

Os princípios da impessoalidade e da moralidade, por exemplo, vedam que o juiz escolha, como perito judicial, pessoa que goza de sua intimidade

1. Artigo atualizado, revisto e ampliado. Publicado originariamente com o título "Cooperação judiciária nacional" na Revista de Processo, v. 249, p. 59-80, 2015.
2. Pós-doutor em Direito pela Faculdade de Direito da Universidade de Lisboa. Doutor em Direito pela Pontifícia Universidade Católica de São Paulo (PUC/SP). Professor de Direito Processual Civil na Universidade Federal da Bahia (UFBa). Professor de Direito na Universidade Católica do Salvador (UCSal). Desembargador do Trabalho na Bahia (TRT 5ª Região).

("amigo íntimo") ou seja seu parente ("nepotismo"). O princípio da publicidade impede, v g., que o juiz, no seu atuar, realize inspeções judiciais "secretas", ou seja, aquelas realizadas sem a participação das partes interessadas.

Outrossim, o princípio da eficiência impõe que o juiz, no exercício de sua nobre função, pratique os atos de forma mais produtiva de modo a atingir seu objetivo sem se afastar da perfeição técnica que se exige em cada caso. Em outras palavras, haja com a melhor qualidade, de forma produtiva, com economicidade, com presteza, perfeição e amplo rendimento funcional.

Diga-se, princípio este expressamente apontado no CPC de 2015, que, em seu art. 8º, estabelece que o juiz deve, ao aplicar o ordenamento jurídico, observar o princípio da eficiência, ao lado de outros.

É o princípio da eficiência, por exemplo, que fundamenta a regra da LOMAN que impõe ao juiz o dever de "determinar as providências necessárias para que os atos processuais se realizem nos prazos legais" (inc. III do art. 35, LC n. 35/79). Ou seja, para que os atos processuais se realizem no prazo legal, deve o juiz ser eficiente na realização das providências pertinentes e necessárias.

Esse princípio fundamenta também a regra de que compete ao juiz indeferir "as diligências inúteis ou meramente protelatórias" (parágrafo único do art. 370 do CPC/2015) que podem contribuir para maior ineficácia ou intempestividade da prestação jurisdicional levada a cabo pelo magistrado.

O princípio da eficiência, pois, mostra-se deveras importante no agir do juiz, pois ele vincula o magistrado na medida em que se exige dele que conduza o processo do melhor modo para atingir seu objetivo.

Conquanto não se confundam, a eficiência no modo pelo qual o juiz desempenha sua função acaba por refletir, de uma maneira geral, na eficácia dos atos processuais (meios ou instrumentos utilizados pelo servidor no exercício de seu mister) e na efetividade da prestação jurisdicional (resultado obtido a partir das ações realizadas pelo agente público).

Mais além da vinculação aos princípios regentes da Administração Pública, elencados no caput do art. 37 da CF, o juiz está vinculado diretamente a, pelo menos, um princípio especificamente processual: o da duração razoável do processo.

A garantia ou princípio da duração razoável do processo passou a ser expressamente mencionado na nossa Carta Magna a partir da promulgação da EC 45/2004. É certo, porém, que implicitamente essa garantia já se extraia da cláusula do devido processo legal, como já esclarecia a doutrina. A dúvida, no entanto, quanto a sua inclusão no rol dos princípios implícitos, com a edição da EC 45, ficou pacificada.

Essa garantia, por sua vez, tem razão maior em um dos mais graves problemas enfrentados pelo direito processual, seja no Brasil, seja em outros países, inclusive naqueles incluídos dentre os do Primeiro Mundo, que é justamente à da morosidade processual.

O que importa destacar, porém, é que a partir desta cláusula constitucional se pode exigir do Estado, pelo menos, duas ações para tornar efetiva essa garantia: primeira, a edição de normas processuais (procedimentais) reguladoras dos atos judiciais para fazer com que a prestação jurisdicional seja entregue no tempo razoável; e, segunda, a prática dos atos, por parte dos agentes públicos, no prazo mais rápido possível para que o processo não dure mais do que o indispensável à concretização dos demais direitos de defesa. Nesta segunda hipótese, cabe, por exemplo, ao servidor praticar o ato (de citação, de juntada da petição, de penhora, de certificação) o mais rápido possível, ao invés de deixar para o "dia seguinte". O princípio, pois, rege tanto o legislador, como o administrador público.

A garantia da duração razoável do processo, porém, não está dissociado do princípio da eficiência. Isso porque, por certo, não se entregará a prestação jurisdicional num prazo razoável sem que os atos sejam realizados de forma eficiente.

O atuar do juiz, assim, estaria pautado, constitucionalmente, em dois princípios basilares de maior densidade normativa sobre seu agir: o da eficiência e o da busca da duração razoável do processo.

As lições acima, por sua vez, aplicam-se a todos os órgãos do Poder Judiciário e aos seus servidores. Daí porque a importância do instituto da cooperação nacional dentre os órgãos do Poder Judiciário.

3. DOS ÓRGÃOS COOPERANTES E DA SUA FORMALIZAÇÃO

De início, o art. 67 do CPC/2015, estabelece, de modo imperativo, que todos os órgãos do Poder Judiciário, sem exceção, "em todas as instâncias e graus de jurisdição, inclusive aos tribunais superiores, incumbe o dever de recíproca cooperação, por meio de seus magistrados e servidores".

Vejam que essa regra é dirigida ao Judiciário nacional. Logo, cuida-se de regra de processo e de administração judiciária. Não se trata propriamente, em sentido restrito, apenas de regra de processo civil ou dirigida à jurisdição civil ordinária e extraordinária. Mira, em verdade, o Judiciário nacional. É regra, em verdade, que tem fundamento no art. 37 da CF, quando esta impõe à Administração Pública, incluindo os órgãos da Justiça estatal, à obediência ao princípio da eficiência.

Não se descarta, porém, a cooperação com o árbitro ou ainda com outros órgãos da Administração Pública[3] ou entes paraestatais, a exemplo dos Tribunais de Contas, Conselho Administrativo de Defesa Econômica (CADE), Comissão de Valores Imobiliários (CVM), Tribunal de Justiça Desportiva (TJD), Tribunal Marítimo, Conselho de Controle de Atividades Financeiras (COAF), conselhos profissionais, Banco Central, Polícias, etc., assim como o Ministério Público, a Ordem dos Advogados do Brasil, a Defensoria Pública e as Procuradorias Públicas[4].

Busca-se, com a disciplina da cooperação judiciária nacional, dotar os juízes e tribunais de poderes de melhor gestão processual, de modo que realizem a prestação jurisdicional de forma mais eficiente. Atribui-se ao magistrado maiores poderes para que possa, na busca da maior eficiência, diante do caso concreto, gerir a demanda para obter a efetividade da decisão judicial de forma mais célere. Busca-se, de modo geral e mais amplo, a eficiência do Poder Judiciário. Para tanto dota os órgãos do Poder Judiciário de poderes para "formular entre si pedido de cooperação para prática de qualquer ato processual" (art. 68 do CPC/2015).

O pedido, quando formulado por qualquer juízo, por sua vez, deve ser, na medida da possibilidade fática, "prontamente atendido" (art. 68 do CPC/2015).

A cooperação, por sua vez, pode ser formulada por qualquer órgão do Judiciário Nacional, em todos seus ramos (§ 3.º do art. 69). Seja entre juízes de 1.º grau, entre tribunais ou entre aqueles e estes. Pode ser entre juízos de "Justiças" diversas (federal, estadual, do trabalho, eleitoral e militar) ou de competências distintas (trabalhista, estadual, civil, criminal etc.). Pode, ainda, envolver órgãos centralizadores que exercem funções jurisdicionais específicas, a exemplo de centros ou núcleos de conciliação ou mediação, de execução, setor de distribuição etc., ou mesmo com ou entre órgãos meramente administrativos do Poder Judiciário, pois a lei não faz distinção, tanto que se refere à cooperação "por meio de seus magistrados e servidores".

O ato de cooperação, por sua vez, "prescinde de forma específica". Logo, ele tanto pode ser formalizado mediante ato individualizado, convênios, atos regulamentares, regimento interno, resoluções etc., como podem ser pactuados de modo informal, inclusive verbalmente. Para maior segurança, porém, recomenda-se a sua documentação, ainda que pactuada de forma oral, como recomenda o § 1º do art. 11 da . n. 350/2020 do CNJ)[5].

3. ARAGÃO. Nilsiton Rodrigues de Andrade. Fundamentos da cooperação judiciária nacional, p. 453-454.
4. Art. 16 da Res. n. 350/2020 do CNJ. BRASIL. Conselho Nacional de Justiça, Resolução n. 350, 27 de outubro de 2020. Disponível em: https://atos.cnj.jus.br/atos/detalhar/3556.
5. BRASIL. Conselho Nacional de Justiça, Resolução n. 350, 27 de outubro de 2020. Disponível em: https://atos.cnj.jus.br/atos/detalhar/3556.

Daí porque, conforme regramento do CNJ (art. 11, § 1º, Res. n. 350/2020), o ato concertado "deve ser assinado pelos juízos cooperantes, e o instrumento consensual será juntado aos autos dos processos a ele relacionados previamente à prática dos atos de cooperação", sendo que eles deverão "ser realizados de forma fundamentada, objetiva e imparcial" (§ 2º do art. 11 da Res. n. 350/2020 do CNJ)[6]. Óbvio, ainda, que os interessados podem solicitar esclarecimentos e ajustes nos atos de cooperação celebrados (§ 3º do art. 11 da Res. n. 350/2020 do CNJ)[7].

Dispõe, ainda, esse normativo que "O termo de ajuste deve ser redigido de modo claro e conciso, com identificação precisa das competências dos juízos cooperantes e indicação das fontes de custeio para a prática dos atos descritos, quando necessário" (art. 11, § 2º), dando-se a devida publicidade (art. 10, § 4º) e quando firmado entre juízos de distintos ramos do Judiciário, devem ser informados aos respectivos tribunais, meramente "para conhecimento" (art. 11, § 5º)[8].

3.1. Espécies de cooperação

Importante, ainda, nesta quadra, indicar as possíveis espécies de cooperação.

João Gustavo Henriques de Morais Fonseca somente indica quatro subespécies de atos de cooperação: em infraestrutura, cooperação em gestão judiciária, cooperação judiciária em administração e cooperação judiciária por extensão[9].

O anteprojeto do Regulamento do Sistema Nacional de Cooperação Judiciária do Poder Judiciário elaborado pelo CNJ em 2013, mas não objeto de deliberação por este órgão, contudo, mencionava cinco espécies. Este anteprojeto, apesar de não aprovado, serve, porém, de orientação para uma classificação.

Assim, ter-se-ia cinco espécies de cooperação: judiciária processual, em gestão judiciária, em administração da justiça, judiciária internacional e por extensão.

Cooperação processual

> "é ato de colaboração entre órgãos judiciais, correspondente à prática de ato processual, com a máxima eficiência, eficácia e celeridade possíveis, mediante pedido de cooperação formulado

---

6. BRASIL. Conselho Nacional de Justiça, Resolução n. 350, 27 de outubro de 2020. Disponível em: https://atos.cnj.jus.br/atos/detalhar/3556.
7. BRASIL. Conselho Nacional de Justiça, Resolução n. 350, 27 de outubro de 2020. Disponível em: https://atos.cnj.jus.br/atos/detalhar/3556.
8. BRASIL. Conselho Nacional de Justiça, Resolução n. 350, 27 de outubro de 2020. Disponível em: https://atos.cnj.jus.br/atos/detalhar/3556.
9. FONSECA, João Gustavo Henriques de Morais. Cooperação judiciária processual: flexibilidade procedimental para a efetividade da jurisdição, p. 64-71.

pelo juízo postulante, diretamente ou intermediado pelo Magistrado de Cooperação" (art. 17 do anteprojeto do Regulamento do Sistema Nacional de Cooperação Judiciária do Poder Judiciário) [10].

A cooperação em gestão judiciária que seria a

> "adoção consensual de medidas e de ações comuns, sem prejuízo dos princípios do juiz natural, da independência e da livre convicção, estabelecidas em reuniões periódicas, por meio de procedimentos discursivos, democráticos e participativos entre magistrados que atuam no mesmo órgão, foro ou comarca, região, tribunal ou ramo do Poder Judiciário, a fim de promover:
>
> I – a formulação de estratégias comuns para a solução equânime, global, simultânea, harmoniosa, racional e coerente entre órgãos em que tramitam ações conexas ou repetitivas, contra um mesmo demandado ou que tenham relevante interesse público dada sua repercussão social, a fim de garantir a justiça e a efetividade da prestação jurisdicional;
>
> II – a eficiência operacional na gestão dos órgãos judiciais, com o propósito de agilizar procedimentos judiciais e administrativos, garantindo otimização de custos operacionais, bem como qualidade de vida de magistrados e servidores; e
>
> III – a harmonização de mecanismos de gestão administrativa e processual tendentes à dinamização de rotinas e procedimentos forenses pelo estabelecimento de diretrizes de ação comuns" (art. 18 do anteprojeto do Regulamento do Sistema Nacional de Cooperação Judiciária do Poder Judiciário)[11].

Já a cooperação judiciária em administração da justiça se daria através de

> "meios institucionalizados de intercâmbio coletivo e de troca de experiências entre magistrados integrados à estrutura orgânica dos tribunais, para o estabelecimento de diretrizes de ação orientadas para:
>
> I – levantamento de dados e de subsídios contributivos para a elaboração de diagnósticos abrangentes e fidedignos da realidade, que poderão ser considerados nos processos decisórios concernentes à gestão dos tribunais e à administração da justiça;

10. BRASIL. Conselho Nacional de Justiça. Anteprojeto de Resolução que institui o Sistema Nacional de Cooperação Judiciária. Anexo único do Anteprojeto de Resolução contendo a proposta de Regulamento do Sistema Nacional de Cooperação Judiciária, de 11 de julho de 2013.
11. BRASIL. Conselho Nacional de Justiça. Anteprojeto de Resolução que institui o Sistema Nacional de Cooperação Judiciária. Anexo único do Anteprojeto de Resolução contendo a proposta de Regulamento do Sistema Nacional de Cooperação Judiciária, de 11 de julho de 2013.

> II – formulação coletiva de políticas jurisdicionais e administrativas gerais, regionais ou locais, orientadas para a melhoria dos serviços judiciários, da prestação jurisdicional e da administração da justiça, segundo diretrizes do Plano Estratégico do Poder Judiciário Nacional (Resolução n. 70/2009, do CNJ);
>
> III – participação coletiva de magistrados nos processos decisórios concernentes à elaboração e à execução do planejamento estratégico, discussão e formulação de diretrizes em gestão judiciária e administração da justiça, observados os regimentos internos dos tribunais sobre a matéria;
>
> IV- interação com as demais instituições do sistema de justiça para a adoção de medidas voltadas à prevenção e à resolução consensual, gestão e tratamento conjunto e adequado de conflitos, inclusive os de massa;
>
> V – identificação de ações repetitivas e de massa, bem como elaboração de estratégias para solução coletiva de tais demandas" (art. 19 do anteprojeto do Regulamento do Sistema Nacional de Cooperação Judiciária do Poder Judiciário)[12].

A cooperação judiciária internacional, por sai vez, visa a "promover a cooperação judiciária internacional para a prática de atos processuais, por quaisquer meios, inclusive de convênio com os Ministérios da Justiça e das Relações Exteriores e outras instituições" (art. 20 do anteprojeto do Regulamento do Sistema Nacional de Cooperação Judiciária do Poder Judiciário)[13].

Por fim, ter-se-ia a cooperação judiciária por extensão ou interinstitucional que envolveria "outras instituições e entidades, integrantes ou não do sistema de justiça, que possam, direta ou indiretamente, contribuir para administração da justiça" (inciso II do art. 1º da Res. n. 350/2020 do CNJ)[14].

Nesse último caso, a cooperação teria por objetivo, por exemplo,

> "I – a harmonização de procedimentos e rotinas administrativas; II – gestão judiciária; III – a elaboração e adoção de estratégias para o tratamento adequado de processos coletivos e ou repetitivos, inclusive para a sua prevenção; IV – mutirões para análise do enquadramento de processos ou de recursos nas hipóteses

12. BRASIL. Conselho Nacional de Justiça. Anteprojeto de Resolução que institui o Sistema Nacional de Cooperação Judiciária. Anexo único do Anteprojeto de Resolução contendo a proposta de Regulamento do Sistema Nacional de Cooperação Judiciária, de 11 de julho de 2013.
13. BRASIL. Conselho Nacional de Justiça. Anteprojeto de Resolução que institui o Sistema Nacional de Cooperação Judiciária. Anexo único do Anteprojeto de Resolução contendo a proposta de Regulamento do Sistema Nacional de Cooperação Judiciária, de 11 de julho de 2013.
14. BRASIL. Conselho Nacional de Justiça, Resolução n. 350, 27 de outubro de 2020. Disponível em: https://atos.cnj.jus.br/atos/detalhar/3556.

> em que há precedentes obrigatórios" (art. 15 da Resolução n. 350/2020 do CNJ)[15].

Antônio Gomes de Vasconcelos e Gabriela de Campos Sena ainda apontam uma sexta espécie. Ela seria a cooperação em infraestrutura que teria por objetivo concertar atos em torno de recursos humanos materiais, equipamentos e ferramentas tecnológicas[16]. Seriam os exemplos do empréstimo de equipamentos para que outro juízo realize um ato processual; colocar à disposição espaço físico para outro fazer uso; colocar à disposição de outro juízo a estrutura física para que este último possa interrogar uma testemunha por videoconferência.

O CPC, em seus arts, 67 a 69, no entanto, apenas se refere à primeira espécie acima mencionada (cooperação judiciária), da qual, em verdade, esta última citada (em infraestrutura) seria uma subespécie. Na realidade, a cooperação em infraestrutura apenas serve de instrumento para a concretização da cooperação judiciária processual.

Fredie Didier, por sua vez, subdivide a cooperação judiciária em três tipos: por solicitação, por delegação e por concertação[17].

Por solicitação a cooperação se daria de "modo simples", que pode ser chamada de "ativa, pela perspectiva de quem pede, e passiva, pela perspectiva de quem recebe a solicitação" da prática de um ou alguns atos. Indica como exemplos a carta precatória e a arbitral.

Antonio do Passo Cabral, por sua vez, entende que com a carta precatória ocorreria o fenômeno da delegação para prática de ato jurisdicional[18].

Com razão, porém, Fredie Didier, pois na delegação se exigiria um vínculo de hierarquia, na qual o delegante transfere ao delegado a atribuição para a prática de um ato, não podendo este questionar essa delegação. E é o que ocorre com a carta de ordem. E tanto é assim, que, como bem apontado por Fredie Didier[19], enquanto que na carta precatória e arbitral o juiz pode recusar seu cumprimento em decisão motivada (art. 267 do CPC), na carta de ordem essa possibilidade não foi aventada na lei.

15. BRASIL. Conselho Nacional de Justiça, Resolução n. 350, 27 de outubro de 2020. Disponível em: https://atos.cnj.jus.br/atos/detalhar/3556.
16. VASCONCELOS, Antônio Gomes de. SENA, Gabriela de Campos. A cooperação judiciária como estratégia de administração da justiça: a plurivocidade do conceito e sua dimensão processual, p. 51.
17. DIDIER JR, Fredie. Cooperação judiciária nacional. Esboço de uma teoria para o direito brasileiro (arts. 67-69, CPC), p. 75-78.
18. CABRAL, Antonio do Passo. Juiz natural e eficiência processual: flexibilização, delegação e coordenação de competências no processo civil, p. 455.
19. DIDIER JR, Fredie. Cooperação judiciária nacional. Esboço de uma teoria para o direito brasileiro (arts. 67-69, CPC), p. 77.

E é por essa caracteriza que Fredie Didier aponta como segundo tipo de cooperação o ato realizado por delegação, que se caracteriza quando um órgão transfere a outro, com ele vinculado em grau de hierarquia, a competência para a prática do ato processual[20].

Questionável, porém, esse tipo, já que, a rigor, a autoridade delegada não tem margem para recusa. Ou seja, não seria propriamente uma cooperação, mas, sim, uma "imposição".

Por fim, Fredie Didier aponta o terceiro tipo de cooperação, que seria por concertação. Neste caso, o ato processual a ser realizado dependeria de um acerto entre juízes e/ou tribunais, sendo que ele também se presta a execução de atos que podem ser objeto de solicitação ou delegação[21].

A realização do ato processual por carta precatória, por exemplo, é ato de cooperação, em sentido amplo, mas tipicamente regulado no CPC. Já o ato de centralização de processos repetitivos, v.g., , não está regulamentado. Ele, porém, pode ser objeto de cooperação por concertação. Contudo, ainda que alguns atos processuais podem ser objeto de carta precatória, nada impede que, por concertação, eles possam ser realizados por ajuste direto entre juízes ou tribunais, sem a formalização da carta.

3.2. Princípios da cooperação judiciária

Já quanto aos princípios, no antigo Anexo único do Anteprojeto de Resolução que institui o Sistema Nacional de Cooperação Judiciária, elaborado pelo CNJ, em seu art. 24, é mencionado que os princípios da cooperação judiciária são: "I - unidade da jurisdição nacional; II - agilidade; III - informalidade; IV - prioridade; V - economicidade; VI - duração razoável do processo; VII - dialogicidade; VIII - desburocratização; IX - voluntariedade; e x - conciliação"[22].

José Eduardo de Resende Chaves Júnior, todavia, aponta como princípios (postulados) a serem observados na cooperação judiciária a transversalidade, a mobilidade, desordenamento e complexidade, instantaneidade e resiliência, conectividade, a interatividade dialógica e a inovabilidade[23].

20. DIDIER JR, Fredie. Cooperação judiciária nacional. Esboço de uma teoria para o direito brasileiro (arts. 67-69, CPC), p. 76.
21. DIDIER JR, Fredie. Cooperação judiciária nacional. Esboço de uma teoria para o direito brasileiro (arts. 67-69, CPC), p. 77-78.
22. BRASIL. Conselho Nacional de Justiça. Anteprojeto de Resolução que institui o Sistema Nacional de Cooperação Judiciária. Anexo único do Anteprojeto de Resolução contendo a proposta de Regulamento do Sistema Nacional de Cooperação Judiciária, de 11 de julho de 2013.
23. CHAVES JÚNIOR, José Eduardo de Resende. Cooperação judiciária na Justiça do Trabalho, p. 114-120.

Ele explica que a transversalidade decorre do fato de a cooperação envolver todos os órgãos do Poder Judiciário, inclusive o STF[24]. Mobilidade por envolver todos os ramos do Judiciário, "seja no âmbito penal, seja no administrativo, no eleitoral, no militar, no coletivo ou privado"[25]. Desordenado e complexo por não haver fórmulas preconcebidas a serem observadas, daí porque também complexo, por envolver a interação de diversos agentes, órgãos, etc., em diferentes instâncias e que possuem "procedimentos de decisões diferenciados"[26].

Se caracteriza pela instantaneidade e resiliência, pois pautado pela celeridade e informalidade, que induz a "eficácia resiliente aos atos processuais"[27]. Também se caracteriza pela conectividade dado o influxo da "desmaterialização do processo judicial", dialogando com a informatização[28]. Tem interatividade dialógica dado a interface da sua conectividade por redes de comunicação eletrônica[29].

Por fim, é caracterizada pela inovabilidade por se revelar por atos inovadores, complexo, interativo, plural, e conectivo, realizados com as novas tecnologias da comunicação e por redes sociais[30].

Já atualmente, conforme Res. n. 350/2020 do CNJ, tem-se indicados como princípios os "da celeridade, concisão, instrumentalidade das formas e unidade da jurisdição nacional", cabendo dar "prioridade ao uso dos meios eletrônicos" (§ 1º do art. 8º)[31].

4. DO OBJETO E DOS ATOS DE COOPERAÇÃO

O art. 68 do CPC/2015, por sua vez, trata de apontar qual seria o objeto dos atos de cooperação judiciária nacional: "prática de qualquer ato processual".

Esse dispositivo não impõe qualquer restrição à espécie ou natureza do ato processual. Pode ser qualquer um.

Cabe, ainda, de logo, ressaltar que, por óbvio, nesses dispositivos em comento, o legislador não quis se referir aos atos processuais que podem ser executados por outro juízo conforme previsto expressamente em lei específica. Assim, por exemplo, o envio da carta precatória exige do juízo deprecado uma

24. CHAVES JÚNIOR, José Eduardo de Resende. Cooperação judiciária na Justiça do Trabalho, p. 114.
25. CHAVES JÚNIOR, José Eduardo de Resende. Cooperação judiciária na Justiça do Trabalho, p. 114.
26. CHAVES JÚNIOR, José Eduardo de Resende. Cooperação judiciária na Justiça do Trabalho, p. 115-117.
27. CHAVES JÚNIOR, José Eduardo de Resende. Cooperação judiciária na Justiça do Trabalho, p. 115-117.
28. CHAVES JÚNIOR, José Eduardo de Resende. Cooperação judiciária na Justiça do Trabalho, p. 117-118.
29. CHAVES JÚNIOR, José Eduardo de Resende. Cooperação judiciária na Justiça do Trabalho, p. 118-119.
30. CHAVES JÚNIOR, José Eduardo de Resende. Cooperação judiciária na Justiça do Trabalho, p. 119-120.
31. BRASIL. Conselho Nacional de Justiça, Resolução n. 350, 27 de outubro de 2020. Disponível em: https://atos.cnj.jus.br/atos/detalhar/3556.

conduta cooperante, somente podendo se recusar ao cumprimento na hipótese prevista em lei (art. 267 do CPC/2015).

Esses casos, no entanto, são atos de cooperação tipificados na legislação. O que cuida, porém, os arts. 68 e 69 do CPC/2015 são dos atos de cooperação atípicos, ou seja, aqueles não disciplinados expressamente na lei, mas, sim, estabelecidos por iniciativa dos órgãos do Poder Judiciário. Aqui prevalece a criatividade do juiz na busca da maior eficiência e efetividade da prestação jurisdicional.

O próprio Código de Processo Civil, todavia, procura apontar o modo de como os atos podem ser executados. Assim é que, no art. 69, aponta que o pedido de cooperação jurisdicional pode ser executado como "auxílio direto", "reunião ou apensamento de processos", "prestação de informações" e de "atos concertados entre os juízes cooperantes". Vamos a eles, fazendo os devidos esclarecimentos interpretativos.

4.1. Do auxílio direto

Por auxílio direto se deve entender os atos que podem ser praticados diretamente pelo juízo, juiz ou outro órgão cooperativo sem maiores formalidades legais ou juízo de deliberação.

Essa forma de execução do ato processual também é prevista para a cooperação internacional (arts. 28 a 34 do CPC/2015). Cuida-se, em verdade, de instituto já consagrado em tratado internacional de cooperação judiciária. E, como dito, esse instituto agasalha a prática de atos que independem de qualquer juízo de delibação. É o que, aliás, está disposto no parágrafo único do art. 7.º da Res. 9/2005 do STJ, ao tratar do procedimento de homologação de sentença estrangeira e das cartas rogatórias.

O próprio Código de Processo Civil de 2015, em seus arts. 961, § 5.º, e 962, aponta duas hipóteses em que o Judiciário nacional pode cooperar internacionalmente em auxílio direto, dispensando-se a homologação da decisão estrangeira. São as hipóteses da execução a sentença estrangeira de divórcio consensual (§ 5.º do art. 961 do CPC/2015) e da decisão interlocutória estrangeira concessiva de medida de urgência (art. 962). Em ambas hipóteses, a princípio, cumpre o auxílio diretamente pelo juiz federal (art. 34 do CPC/2015), sem necessidade de qualquer prévia homologação pelo STJ.

Em suma, por auxílio direto se tem a prática de ato por um órgão, em cooperação a outro, sem que haja necessidade de maiores formalidades ou exercício do juízo de admissibilidade. Mas, lógico, sem se olvidar que na prática de qualquer ato sempre há o juízo de legalidade.

O Código de Processo Civil, porém, não cuida de apontar uma hipótese de ato processual que pode ser executado em auxílio direto. E pior, ao tratar, no § 2.º do art. 69, dos atos que podem ser concertados entre os juízes cooperantes, acaba por arrolar, exemplificativamente, diversas hipóteses de atos processuais que podem ser executados em auxílio direto. Tais exemplos, porém, ao que parece, estão vinculados ao ato de execução previsto no inc. IV do caput, quando este menciona os "atos concertados entre os juízes cooperantes".

Observem que, no caput do art. 69 do CPC/2015, ao apontar quais seriam as espécies de modos de execução do ato de cooperação, o legislador os dividiu em quatro categorias: "auxílio direto", "reunião ou apensamento de processos", "prestação de informações" e de "atos concertados entre os juízes cooperantes".

Já quando tratou, no § 2.º deste mesmo dispositivo legal, dos exemplos de atos que podem ser concertados entre os juízes cooperantes (hipótese do inc. IV do caput do art. 69), o legislador processual civil arrolou diversos atos processuais que podem ser executados na forma de auxílio direto. Por exemplo, em auxílio direto pode ser solicitada a colheita de prova (inc. II do § 2.º do art. 69) conforme previsto expressamente no art. 377 do CPC/2015, que estabelece a suspensão do processo quando por este meio (auxílio direto) for solicitado a produção da prova em outro juízo (c/c art. 313, V, b, do CPC/1973), desde que requerida antes do saneamento e seja a prova imprescindível.

Ou seja, a previsão do inc. II do § 2.º do art. 69 ("a obtenção e apresentação de provas e a coleta de depoimentos") está vinculado ao inc. IV do seu caput ("atos concertados entre os juízes cooperantes"), assim como a "produção de certa prova, requisitada a outro juízo" (alínea b, in fine do inc. V do art. 313 c/c art. 377 do CPC/2015) está vinculado ao auxílio direto previsto no inc. I do caput do art. 69 do mesmo Diploma Legal.

A partir dessa atecnia, deve-se, então, procurar harmonizar esses dispositivos de modo a se entender que, em verdade, os incs. I e IV do caput do art. 69 do CPC/2015 não cuidam de modos diversos de execução dos atos de cooperação. Na realidade, deve-se entender que os atos concertados pelos juízes cooperantes, conforme previsto no inc. IV do caput, podem ser executados na forma de auxílio direto, assim como a solicitação de prestação de informação ou a reunião ou apensamento de processos previstos nos incs. II e III do mesmo dispositivo legal (art. 69 do CPC/15).

Em outras palavras, auxílio direto é, na verdade, o meio, o modo, a forma, de como o ato pode ser executado. Já a prestação de informação, a reunião de processos ou seus apensamentos ou os atos concertados são o objeto do ato processual a ser executado, que pode ser na forma de auxílio direto.

Em suma, por auxílio direto se deve entender os atos que podem ser executados pelos órgãos do Poder Judiciário mediante uma conduta de cooperação formalizada pelos mesmos.

Não à toa, a Res. n. 350/2020 do CNJ aponta que o pedido de cooperação pode ser executado por auxílio direto, por atos conjuntos, atos concertados "e outros instrumentos adequados" (art. 5º, inciso II)[32].

A partir dos exemplos mencionados nessa Resolução, no entanto, apenas se percebe a distinção do auxílio direto dos demais (art. 5º)[33]. Isto porque, no auxílio direto, pede-se que seja realizado determinado ato, dirigindo-se um juízo ao outro, sem prévia pactuação. Pede-se um auxílio, enfim. Seriam as hipóteses da prestação de uma informação, a intimação de um sujeito do processo, a produção da prova testemunhal, etc.

Já no ato conjunto ou por concertação os juízes acordam previamente na realização de um ato processual, não havendo, no entanto, uma distinção clara entre eles, ou seja, o que seria em conjunto e o que seria concertado!

Da mesma forma, não se tem uma clara distinção do que seriam os "outros instrumentos adequados" (art. 5º, inciso II)[34]. Melhor, assim, é distinguir o auxílio direto do ato de concertação de natureza jurisdicional e do ato concertado de natureza normativa.

No ato de concertação de natureza jurisdicional se pactuaria, previamente, a prática de atos processuais, inclusive aqueles relativos à reunião, apensamento e centralização de processos, em relação aos processos em curso.

Nessa categoria se enquadrariam, por exemplo, o ato que define o juízo competente para a decisão sobre questão comum ou questões semelhantes ou de algum modo relacionadas, resguarda a decisão final para cada juiz cooperante, no âmbito de suas competências; a produção de provas para o compartilhamento de seu teor; na produção de prova única relativa a fato comum, etc.

Nessa categoria, portanto, os cooperantes previamente pactuariam a prática de um ato processual, em relação soa feitos em curso.

Por fim, o ato concertado de natureza normativa seria aquele que estabelece regra a incidir sobre processos que vierem a ser ajuizados. É o caso da centralização dos processos que vierem a ser ajuizados, regulando, previamente,

32. BRASIL. Conselho Nacional de Justiça, Resolução n. 350, 27 de outubro de 2020. Disponível em: https://atos.cnj.jus.br/atos/detalhar/3556.

33. BRASIL. Conselho Nacional de Justiça, Resolução n. 350, 27 de outubro de 2020. Disponível em: https://atos.cnj.jus.br/atos/detalhar/3556.

34. BRASIL. Conselho Nacional de Justiça, Resolução n. 350, 27 de outubro de 2020. Disponível em: https://atos.cnj.jus.br/atos/detalhar/3556.

o juízo "prevento-centralizador" (verdadeira especialização). Neste caso, os juízes não concertam em processo em curso, mas, sim, dispõem sobre demanda que vier a ser ajuizada.

Nessa categoria normativa, ainda, pode-se enquadrar os atos concertados relacionados à redação de manuais de atuação, rotinas administrativas, diretrizes gerais para a conduta dos sujeitos do processo e dos servidores públicos responsáveis por atuar em mecanismos de gestão coordenada, na regulação de procedimento expropriatório de bem penhorado ou dado em garantia em diversos processos, na regulação de compartilhamento temporário de equipe de auxiliares da justiça, inclusive de servidores públicos, etc.

Frise-se, porém, que o mesmo ato pode se enquadrar nessas duas categorias. É o caso do ato concertado para centralização de processos repetitivos. Em relação aos processos em curso, cuida-se de ato concertado de natureza judicial (nos processos em que deve haver o deslocamento, o juiz deve proferir uma decisão declinando da competência). Já em relação aos processos que vierem a ser ajuizados, o ato concertado tem natureza normativa, pois já na sua propositura a demanda será distribuída ao juízo "prevento", em respeito à regra concertada de definição de sua competência.

4.2. Da reunião ou apensamento de processo e da centralização de processos repetitivos

O inc. II do *caput* do art. 69 e o inc. VI do § 2.º deste mesmo dispositivo legal do CPC/2015 cuidam de situações semelhantes.

Na primeira hipótese, prevê-se a possibilidade de os órgãos do Poder Judiciário estabelecerem ato de cooperação para a "reunião ou apensamento de processos". Já na segunda, os juízes cooperantes podem firmar ato para a "centralização de processos repetitivos".

Por certo que estes dispositivos legais não estão tratando dos casos tipificados (conexão e continência) de reunião ou apensamentos de processos. Isto porque, para tanto, não é preciso qualquer pedido de cooperação ou ato concertado entre os juízes. No caso, por exemplo, de conexão, continência e outros que implicam em deslocamento de competência, com reunião ou apensamento de processos, estes atos devem ser executados independentemente de qualquer pedido de cooperação a que se refere os arts. 67 a 69 do CPC.

É certo que nestas hipóteses expressamente mencionadas no Código de Processo Civil se pode falar em "cooperação" do juiz em remeter a demanda para outro juízo em caso de conexão etc. Mas, neste caso, a remessa se faz por imperativo da lei. Não depende da vontade do juiz. Já os arts. 67 a 69 do CPC se referem a pedidos de cooperação que dependem da vontade do juiz em sua atribuição de gestor processual. Dota-se, em verdade, aqui, o magistrado de largas atribuições para que ele possa, de modo eficiente e diante de cada caso concreto, gerir a demanda para obter a efetividade da decisão judicial de forma mais célere, evitando, em diversas hipóteses, a perda de tempo ou a prática de atos que podem se revelar inúteis ou repetitivos.

Vejam o exemplo de demandas executivas contra o mesmo devedor. Concorrendo diversas ações, seja no mesmo juízo, seja em diversos órgãos executantes, em cada um deles o oficial de justiça pode efetuar a penhora sobre o mesmo bem do devedor. Ou seja, de modo ineficiente e burocrático, os oficiais de justiça executam a mesma tarefa (realizam idêntico ato processual) em distintos processos, quando bastaria um ato de penhora, vinculando-o a diversos processos.

É, pois, pensando em hipótese como essa e tantas outras que o legislador dotou os órgãos do Judiciário com poderes de, por ato de cooperação, pactuarem a reunião ou apensamento de processos ou a centralização de demandas repetitivas. Contudo, em assim se pensando, estar-se-á admitindo a mudança de competência por ato formalizado pelos juízes ou juízos. Ou seja, a competência pode ser modificada por vontade dos juízes cooperantes.

Poder-se-ia pensar em ferimento ao princípio do juiz natural. Tal não ocorre, já que nada impede de o legislador estabelecer a possibilidade de modificação da competência até por vontade de uma das partes. Tudo, óbvio, observando a razoabilidade e desde que haja norma prevendo previamente essa alteração. No caso, o princípio do juízo natural será respeitado se a modificação estiver prevista previamente em lei, tendo como fundamento esse preceito a busca da eficiência em detrimento da perpetuação da competência a partir da simples distribuição.

E é o que ocorre, por exemplo, com a reunião das execuções fiscais, tal como prevista no art. 28 da Lei 6.830/1980. Por tal dispositivo, "o juiz, a requerimento das partes, poderá, por conveniência da unidade da garantia da execução, ordenar a reunião de processos contra o mesmo devedor". Neste caso, então, deferido o pedido, "os processos serão redistribuídos ao juízo da primeira distribuição" (parágrafo único do art. 28 da Lei 6.830/1980).

O STJ, por sua vez, traçando os parâmetros de interpretação este dispositivo, em julgamento de recurso especial pela técnica repetitiva, pacificou o entendimento de que "a reunião de processos contra o mesmo devedor, por conveniência da unidade da garantia da execução, nos termos do art. 28 da Lei 6.830/1980, é uma faculdade outorgada ao juiz, e não um dever" (REsp 1.158.766). Deliberou, ainda, o STJ, nesta mesma decisão, que "ao revés, a reunião de diversos processos executivos, pela dicção do art. 28 da LEF, ressoa como uma faculdade do órgão jurisdicional, não se tratando de regra cogente, máxime em face do necessário juízo de conveniência ou não da medida, o que é aferível casuisticamente".

Vê-se, assim, que se entendeu que se trata muito mais de um ato de gestão processual do que direito da parte.

Decidiu, ainda, o STJ, na mesma oportunidade, que "a cumulação de demandas executivas é medida de economia processual, objetivando a prática de atos únicos que aproveitem a mais de um processo executivo, desde que preenchidos os requisitos previstos no art. 573 do CPC c/c art. 28 da Lei 6.830/1980, quais sejam: (i) identidade das partes nos feitos a serem reunidos; (ii) requerimento de pelo menos uma das partes (...); (iii) estarem os feitos em fases processuais análogas; (iv) competência do juízo".

Essas lições nos servem para tratar do disposto no inc. II do art. 69 do CPC/2015.

A lei do executivo fiscal fala em reunião "a requerimento das partes". O STJ entendeu que basta o pedido de uma das partes, sendo "uma faculdade outorgada ao juiz, e não um dever" o seu deferimento. "Faculdade" do juiz deferir, - diga-se -, desde que em decisão fundamentada.

O art. 69 do CPC, porém, dispõe que se trata de uma faculdade do juiz, em ato de cooperação com outro. Neste caso, então, os juízes, tendo em vista a "economia processual, objetivando a prática de atos únicos que aproveitem a mais de um processo (...)", podem firmar cooperação para que os processos sejam reunidos ou apensados. Mas, mesmo aqui, há de se tem um mínimo de fundamentação para a reunião, de modo a justificar esse ato de deslocamento de competência.

Ou seja, além da possibilidade de alteração da competência poder decorrer da vontade de uma das partes, como no executivo fiscal, a lei abriu caminho para essa possibilidade mediante ato de cooperação dos juízes. É dispensável, assim, neste caso regulado no Código de Processo Civil de 2015, o pedido de qualquer das partes. A reunião, assim, teria razão nos princípios constitucionais da eficiência, celeridade e efetividade da decisão judicial, em ponderação com o princípio do juízo natural. Tudo a ser apreciado diante do caso concreto.

A decisão que determina a reunião dos feitos em ato de cooperação (em outras palavras, que declina da competência), por sua vez, seria meramente interlocutória, não sendo impugnável por agravo de instrumento na fase de conhecimento, salvo no processo de inventário (art. 1.015 e seu parágrafo único do CPC/2015). Também não atrairia o cabimento do mandado de segurança. Isso porque, na verdade, a decisão é recorrível, mas de modo diferido. Ou seja, ainda que não imediatamente recorrível mediante agravo de instrumento, ela pode ser impugnada em apelação ao final da fase de conhecimento (§ 1.º do art. 1.009 do CPC/2015). E em sendo recorrível a decisão, ainda que em momento diferido, descabe o mandado de segurança (art. 5.º, II, da Lei 12.016/2009).

Outrossim, na hipótese prevista na lei do executivo fiscal, o STJ restringe a reunião aos processos nos quais haja "identidade das partes nos feitos a serem reunidos". Não se admite, assim, por exemplo, a reunião de uma execução fiscal promovida pelo Estado de São Paulo contra determinada empresa com a execução fiscal promovida pelo Município de São Paulo contra a mesma empresa.

Essa restrição, porém, não se extrai do art. 69, II, do CPC/2015. Aqui, mesmo diante de partes diversas, pode haver a reunião ou apensamento de processos. Contudo, dado o critério de conveniência e eficiência, é muito mais provável que pelo menos haja identidade de uma das partes do processo. Isto é, muito provavelmente o autor seja o mesmo ou seja o mesmo demandado. Dificilmente, na hipótese do inc. II do art. 69 do CPC/2015, estar-se-á diante de um caso em que seja conveniente a reunião de processos nos quais não haja coincidência de qualquer das partes litigantes.

Assim, desde que seja conveniente, poder-se-á reunir ou apensar processos mesmo que não haja absoluta identidade de partes.

O STJ fala em reunião dos executivos fiscais que estiverem "em fases processuais análogas". Aqui se trata de uma questão de conveniência. Isso porque muito provavelmente não se estará diante de uma situação na qual seja conveniente reunir ou apensar processos que estejam em fases processuais distintas. A princípio, por exemplo, poder-se-ia pensar em ser descabido a reunião ou apensamento de processos nos quais um deles está na fase de conhecimento e outro na fase de cumprimento da sentença.

Essa, porém, não é uma regra absoluta. Isso porque, mesmo em demandas que estejam em fases distintas, pode caber a reunião de processos, inclusive por conexão. É o que ocorre por conexão expressamente referida no inc. I do § 2.º do art. 55 do CPC/2015 entre a execução de título extrajudicial e a "ação de conhecimento relativa ao mesmo ato jurídico".

Sendo assim, a reunião ou apensamento de processos por ato de cooperação poderá ocorrer mesmo entre processos que estejam em fases distintas. Tudo dependerá da conveniência e eficiência da medida, analisada no caso concreto.

Óbvio, porém, que, para a reunião ou apensamento, é preciso que os feitos estejam em tramitação na mesma instância. Descabido, assim, a reunião de feitos que tramitam ou ainda tramitam em graus diversos de jurisdição.

Essa restrição chama a atenção para outra questão, que é a relativa à competência. É óbvio que, para reunião ou apensamento dos feitos, é necessário que o órgão que irá processar as demandas seja competente para todas elas. Nem por ato de cooperação judicial, portanto, poderá se declinar de feito de competência absoluta (material, em razão da pessoa ou funcional) para órgão que não detém idêntica competência. Somente é cabível, assim, essa reunião de processos por ato de cooperação entre juízes ou órgãos que detém a mesma competência.

Afirmou-se, acima, que, a princípio, descaberia o deslocamento de demandas, em reunião de processos por ato de cooperação, para juízo que não detém a mesma competência em razão da matéria, da pessoa ou da função, partindo do pressuposto de que, em muitos casos, ela (competência) está definida em texto constitucional. Assim, a princípio, descabe, por lei infraconstitucional, estabelecer regra de mudança desta competência prevista na Constituição. Dois acréscimos, porém, podem ser postos.

O primeiro deles é que se pode ter como constitucional a reunião de processos mesmo perante o juízo não constitucionalmente competente como medida excepcional em face da busca da efetividade da prestação jurisdicional e da melhor eficiência do serviço público judiciário. Ou seja, neste caso, como não é absoluta qualquer regra constitucional, na ponderação de normas em conflito, aquela que busca a melhor eficiência do serviço público e a efetividade da decisão judicial, prevaleceria sobre a regra que estabelece a competência. Isso sem se falar que haveria um confronto entre dois princípios constitucionais (da duração razoável e efetividade - inciso LXXVIII do art. 5º - e da eficiência - art. 37) com as regras de competência dos órgãos do Poder Judiciário. Neste caso, pode-se pensar em fazer prevalecer os princípios sobre as regras.

A segunda questão a ser ressaltada é que, em diversas hipóteses, a competência em razão da matéria, da pessoa ou da função, é definida em lei infraconstitucional. Logo, neste caso, estar-se-á diante de duas regras infraconstitucionais tratando da competência: aquela que define a competência em razão da matéria (direito de família, v.g.), da pessoa (Fazenda Pública, v.g.) ou da função (dos tribunais, v.g.) e a que permite, por ato de cooperação, a reunião de processos (art. 69, inciso II, do CPC/15).

Sendo assim, neste segundo caso, pode-se ter que a reunião por ato de cooperação cuida de exceção às regras infraconstitucionais que estabelecem a competência absoluta em razão da pessoa, da matéria ou da função. Logo, pode-se pensar no deslocamento da competência mesmo nestas hipóteses de demandas de competência absoluta.

Tem-se, ainda, a reunião de processos sujeitos à competência territorial. Aqui, parece-nos que não há óbice à reunião, já que se cuida de competência relativa.

O próprio Código de Processo Civil, porém, prevê a possibilidade de o credor poder pedir o deslocamento de competência territorial (e funcional, diga-se) em caso de cumprimento da sentença (parágrafo único do art. 516). É a hipótese na qual o "exequente poderá optar pelo juízo do atual domicílio do executado, pelo juízo do local onde se encontrem os bens sujeitos à execução ou pelo juízo do local onde deva ser executada a obrigação de fazer ou de não fazer" ao invés de ser no "juízo que decidiu a causa no primeiro grau de jurisdição" (inc. II do art. 516 do CPC/2015).

Idêntico deslocamento pode ocorrer nas hipóteses legais de mudança de competência, já que os processos conexos ou em continência podem ser ajuizados em distintas comarcas ou seções judiciárias.

A partir desses exemplos, portanto, pode-se concluir que, em não havendo qualquer restrição legal, será possível o deslocamento da competência territorial na reunião ou apensamento de processos por ato de cooperação judiciária. Caberá ao juiz, porém, em caso concreto, verificar se a reunião possa causar alguma restrição ao direito de acesso à Justiça. Isso porque, a depender da condição econômica da parte, esse deslocamento pode resultar em verdadeiro obstáculo ao direito de demandar. Dificilmente uma pessoa carente de recursos financeiros poderá acompanhar seu processo em localidade distante daquela onde reside, por exemplo.

Mas o CPC/2015, no inc. VI do § 2.º do art. 69, ainda menciona a possibilidade de os juízes cooperantes concertarem para estabelecer procedimentos para "a centralização de processos repetitivos".

Aqui o legislador foi mais explícito. É certo que esta hipótese se enquadra na regra posta no inc. II do caput do art. 69, pois "a centralização de processos repetitivos" não deixa de ser uma "reunião ou apensamento de processos". Mas ele deixa claro que os juízes podem firmar cooperação para até deliberarem pela reunião ou, antes mesmo, para distribuição/centralização dos feitos repetitivos perante o mesmo juízo.

E é certo, que com essa medida, tanto o Judiciário ganhará em eficiência, como se evitará a prolação de decisões conflitantes, geradoras de insegurança jurídica e violadoras do princípio da igualdade.

Essa centralização, por sua vez, será bem mais conveniente quando se demanda uma mesma pessoa. Neste caso, basta exemplificar que, ao invés de realizar diversas audiências, serem produzidas diversas contestações, eventualmente produzir provas em dezenas de processos etc.

Em resumo, lembrando que também à neste caso especial de reunião de processos (repetitivos) se aplicam todas as lições anteriores, o que o CPC/15 criou, em seu art. 69, inciso II e § 2º, inciso VI, foi mais uma hipótese de deslocamento de competência, só que neste caso por mero ato de cooperação dos juízes ou órgãos judiciais, mas em decisão fundamentada e após ouvir as partes (art. 9º do CPC).

4.3. Prestação de informações

O inc. III do art. 69, em seu *caput*, ainda menciona que a cooperação jurisdicional pode ser executada mediante a "prestação de informações". Salutar medida.

Por este dispositivo - verdadeiramente, incentiva-se que os órgãos do Poder Judiciário procurem informações de modo a poder obter maior eficiência na prestação jurisdicional.

E aqui deve ficar claro que não se trata de obtenção de prova propriamente dita. Visa-se a obtenção de informações que podem ser úteis para a realização dos atos processuais. Por exemplo: pode ocorrer de em um determinado processo o devedor não ser encontrado, fornecendo o credor um novo endereço. O juiz, então, antes de mandar notificar o devedor neste novo endereço pode obter informações de outro juízo, que também processa demanda contra a mesma pessoa, sobre a localização do demandado. Com isso, pode-se evitar a realização e uma diligência inútil. É o que já se testemunhou em diversos feitos, nos quais o próprio oficial de justiça certificou num deles que, em outro processo, tentou intimar o mesmo devedor no endereço indicado, não obtendo êxito dado a sua mudança de domicílio. Com isso, evita-se a diligência infrutífera, a perda de tempo e de dinheiro e se combate a ineficiência.

A eficiência na troca de informações tanto mais será eficaz se elas forem perenes e constantes. Ou seja, ao invés de firmarem cooperação para determinado processo, melhor será a troca de informações contínua, especialmente quando diante de partes que procuram criar obstáculos à satisfação da decisão judicial.

Informações sobre o endereço das partes e mesmo das testemunhas, sobre a realização de determinados atos processuais (uma perícia, uma inspeção judicial, êxito na audiência de conciliação ou mediação etc.), de onde se encontram os bens do devedor, sobre a avaliação do bem penhorado etc., podem ser úteis para maior eficiência do Judiciário. Daí porque a relevância desse importante ato de cooperação.

Na fase de cumprimento da sentença ou de execução, por sua vez, a troca de informações sobre os devedores, seus bens etc., sempre são úteis para maior eficiência do Judiciário.

5. ATOS CONCERTADOS ENTRE OS JUÍZES COOPERANTES

O inciso IV do *caput* do art. 69 do CPC/15, porém, acabou por conferir, de forma ampla, aos juízes a possibilidade de firmarem atos de cooperação "para prática de qualquer ato processual" (art. 68).

Nesse dispositivo (inciso IV do *caput* do art. 69) o legislador não impôs limites ou restrição. Mas, óbvio, que ele deve ser interpretado de forma sistemática, mantendo-se a integridade do CPC.

E, nesse sentido, o § 2º do art. 69, exemplificativamente, menciona que:

> "Os atos concertados entre os juízes cooperantes poderão consistir, além de outros, no estabelecimento de procedimento para:
>
> I – a prática de citação, intimação ou notificação de ato;
>
> II – a obtenção e apresentação de provas e a coleta de depoimentos;
>
> III – a efetivação de tutela provisória;
>
> IV – a efetivação de medidas e providências para recuperação e preservação de empresas;
>
> V – a facilitação de habilitação de créditos na falência e na recuperação judicial;
>
> VI – a centralização de processos repetitivos;
>
> VII – a execução de decisão jurisdicional".

Sobre a centralização de processos repetitivos já se tratou anteriormente. Cuidar-se-á, adiante, dos outros exemplos.

5.1. Prática de citação, intimação ou notificação de ato

O inc. I do § 2.º do art. 69 do CPC menciona a possibilidade de os juízes firmarem ato de cooperação para a realização da citação, intimação ou notificação de ato processual.

A princípio, esses atos podem ser executados mediante a remessa de carta (art. 260 do CPC). O dispositivo em comento, porém, prevê a possibilidade dessas comunicações serem realizadas em auxílio direto por ato de cooperação concertado. Vejam que, no caso das cartas, não é preciso que haja prévio ato de cooperação concertado entre os juízes. No auxílio direto é preciso o prévio acerto cooperativo.

Duas hipóteses, porém, podem ser aventadas para esses atos. A primeira delas, mais restrita, seria a aquela que limita a cooperação ao acerto quanto ao

"(...) estabelecimento de procedimento para: I – a prática de citação, intimação ou notificação de ato" (parte final do § 2.º do art. 69 e seu inc. I, do CPC/2015) a ser realizado através da carta encaminhada ao juízo deprecado. A segunda é a que possibilita de os juízes cooperantes definir o procedimento para a comunicação do ato processual mesmo sem expedição da carta.

O art. 377 do CPC/2015, ao tratar da carta precatória para produção de provas, abre brecha para se pensar na adoção desta segunda hipótese. Isso porque lá está dito que "a carta precatória, a carta rogatória e o auxílio direto suspenderão o julgamento da causa no caso previsto no art. 313, V, b, quando, tendo sido requeridos antes da decisão de saneamento, a prova neles solicitada for imprescindível".

Vejam, assim, que é o próprio legislador que trata de distinguir as cartas do auxílio direto. Logo, eles não se confundem. Daí se tem, então, que a critério dos juízes cooperantes, pode ser estabelecido outro procedimento para a comunicação dos atos processuais sem que seja necessária a expedição de carta. Aqui caberá a imaginação dos juízes criar este procedimento sem que, na prática, ele não seja uma mera reprodução da carta de ordem ou precatória, ainda que eletrônica (art. 264 do CPC/2015).

Pode-se, porém, mencionar uma hipótese de ato de cooperação para a realização da comunicação judicial que, inclusive, não permite sequer a expedição de carta. É o exemplo do autor que, não sabendo do endereço do demandado, tem conhecimento de que ele está presente em uma audiência que está sendo realizada em outro juízo, na mesma comarca, mas em outro Fórum, e pede para o juiz que proceda na intimação ou citação do réu de imediato, antes de sua "fuga" ou desaparecimento. Neste caso, o juiz da causa pode, até por via telefônica, solicitar que aquele que preside a audiência faça a citação ou intimação no curso da audiência, considerando que o oficial de justiça pode demorar de chegar ao local para realizar a comunicação (especialmente nas grandes cidades).

Já entre comarcas ou instâncias distintas, pode-se mencionar a hipótese de ato cooperante para que juízes de "justiças" distintas realizem o ato de comunicação. Vejam que o parágrafo único do art. 237 do CPC/2015 estabelece que "se o ato relativo a processo em curso na Justiça federal ou em tribunal superior houver de ser praticado em local onde não haja vara federal, a carta poderá ser dirigida ao juízo estadual da respectiva comarca".

Aqui se criou uma regra especial de competência para os juízes estaduais praticarem ato processual de competência da Justiça federal. E, ainda que a lei utilize da expressão "poderá", o que pode dar margem a escolha de outro juízo (trabalhista, v.g.), ela aqui tem o sentido imperativo: deve "ser dirigida ao juízo estadual da respectiva comarca". Este dispositivo, inclusive, é coerente com o disposto no art. 42 da Lei 5.010/1966, que trata da organização da Justiça federal, tendo respaldo, ainda, na parte final do § 3.º do art. 109 da CF, que permite que a lei infraconstitucional confira ao juízo estadual competência para causas sempre que a comarca "não seja sede de vara de juízo federal". Se pode conferir competência para toda a causa, pode o menos: para prática de um ato processual específico.

Com base no que dispõe o art. 69 do CPC, por ato cooperativo, porém, os juízes federais poderão concertar com o juiz do trabalho a realização do ato de comunicação em auxílio direto. Basta imaginar a hipótese em que na comarca do interior o cargo do juiz estadual esteja vago e não haja juiz substituto (realidade vivida em diversas comarcas deste enorme Brasil), mas o juiz do trabalho esteja presente. Para eficiência do Judiciário, será preferível que o juiz do trabalho ordene a comunicação do que ficar esperando a chegada do juiz estadual.

O mesmo se diga entre o juiz do trabalho e o juízo cível ou federal nas comarcas na qual não haja Vara do Trabalho.

Outro exemplo, aplicável aos juízes federais e do trabalho é quanto a comunicação dirigida a parte que reside na área da comarca federal ou do trabalho, mas em local distante da sede do juízo, mas que, por sua vez, tem sediado o juízo estadual. Aliás, é muito comum as comarcas (ou seção judiciária) trabalhistas e federais sediadas no interior terem uma abrangência que envolvem diversos municípios, alguns com mais de 100 km de distância da sede do juízo, especialmente nos grandes Estados (é o que ocorre na Bahia). Neste caso, então, os juízes federais ou do trabalho podem concertar cooperativamente com o juiz estadual local para que este proceda na citação do réu, por exemplo. Será mais eficaz o oficial de justiça estadual lotado na localidade proceder na citação do que ter que deslocar outro servidor, por mais de 100 km, para praticar o ato, correndo o risco ainda de não encontrar o demandado. É a cooperação a serviço da eficiência do Judiciário e da economia do dinheiro público.

Nesse exemplo, então, até porque descabida a carta precatória para cumprimento de ato processual na área da própria comarca, caberia o auxílio direto para a "prática de citação, intimação ou notificação de ato" processual.

Mas dúvida se poderia ter em relação à prática do ato de comunicação quando diante de juiz cooperante incompetente em razão da matéria. Isso porque, na forma do art. 267, II, do CPC, o juiz deprecado deve recusar o cumprimento da carta precatória quando seja incompetente em razão da matéria ou da hierarquia. No caso da Justiça federal e dos tribunais superiores em relação ao juiz estadual essa incompetência não estará presente em face do disposto no parágrafo único do art. 237 do CPC/2015 c/c o art. 42 da Lei 5.010/1966 e do § 3.º, in fine do art. 109 da CF/1988.

Não parece, todavia, que esse argumento deva ser levado em consideração para os atos de cooperação quando se trata de mera comunicação de ato processual, o que, aliás, exige mais o atuar do oficial de justiça ou de outros auxiliares do juiz, do que deste propriamente. Ao juiz caberá, tão somente, ordenar a realização do ato. O importante, neste caso, é que o ato em si se revista das formalidades legais.

Assim, ainda que um oficial de justiça lotado na Justiça do Trabalho, em decorrência de ato de cooperação jurisdicional, pratique um ato de citação do réu em ação criminal, que eventualmente corre perante a Justiça estadual, federal, eleitoral, militar, no STF ou no STJ, desde que observadas as regras postas na legislação processual penal (art. 352 do CPP), ele deve ser tido como plenamente válido. Para tanto não se pode perder de vista que o Judiciário é único, a fonte de custeio é estatal e o dever de eficiência é dirigido a toda Administração Pública. E desde que o ato alcance sua finalidade, nada justifica a invalidade do mesmo.

Óbvio, porém, que, ao procurar agir em cooperação, nesta hipótese, como em regra nas demais, melhor será o juiz tentar concertar com aquele que detém idêntica competência. Diante do caso concreto, no entanto, nada impede a cooperação entre órgãos de distintos ramos do Judiciário para esse fim específico, como, aliás, expressamente previsto no § 3.º do art. 69 do CPC.

Essas e outras situações, pois, justificam a cooperação jurisdicional entre os diversos órgãos do Judiciário nacional.

Não se descarta, ainda, a possibilidade de, por ato concertado entre os juízes cooperantes, busque se estabelecer outro procedimento para a prática de citação, intimação ou notificação de ato processual a ser realizado através da carta encaminhada ao juízo deprecado-cooperativo. Em suma, neste caso, ao invés de se adotar o procedimento previsto no Código de Processo Civil, a exemplo daquele mencionado no art. 265[35], outro seja concertado entre os juízes cooperantes.

O certo, porém, é que, mesmo mediante do auxílio direto, dificilmente se teria como não observar as regras postas no art. 260 do CPC[36] quanto aos elementos que devem conter o ato de pedido de cooperação.

35. "Art. 265. O secretário do tribunal, o escrivão ou o chefe de secretaria do juízo deprecante transmitirá, por telefone, a carta de ordem ou a carta precatória ao juízo em que houver de se cumprir o ato, por intermédio do escrivão do primeiro ofício da primeira vara, se houver na comarca mais de um ofício ou de uma vara, observando-se, quanto aos requisitos, o disposto no art. 264".

36. Art. 260. São requisitos das cartas de ordem, precatória e rogatória:
I – a indicação dos juízes de origem e de cumprimento do ato;
II – o inteiro teor da petição, do despacho judicial e do instrumento do mandato conferido ao advogado;

5.2. Obtenção e apresentação de provas e a coleta de depoimentos

O inc. II do § 2.º do art. 69 do CPC também menciona a possibilidade de os juízes cooperantes acertarem o procedimento para "a obtenção e apresentação de provas e a coleta de depoimentos".

Já foi dito acima que o art. 377 do CPC/2015 prevê expressamente a possibilidade de a prova poder ser produzida por outro juízo por auxílio direto, independentemente de expedição da carta precatória e – também incluiria – da carta de ordem.

A preferência pode até ser pela expedição da carta precatória ou de ordem. Nada impede, todavia, o auxílio direto, observando-se, no que couber, as regras postas no art. 260 do CPC quanto aos elementos que devem conter o ato em si de cooperação.

De resto, o que foi dito em relação aos atos concertados em cooperação para a citação, notificação ou intimação de ato processual se aplicam a esta segunda hipótese mencionada no § 2.º do art. 69 do CPC.

Pode-se, porém, citar alguns exemplos que ajudariam na maior eficiência do Poder Judiciário. Vejam os exemplos acima mencionados, das varas do trabalho ou federais cujas comarcas envolvem área de diversos Municípios, alguns com distância considerável da sede do Fórum (do trabalho ou federal). Imagem, então, que em determinada demanda seja arrolada uma testemunha residente nesta localidade distante e que teria de se deslocar por mais de 100/150 km para chegar à sede do Fórum. Neste caso, então, seria preferível, das duas uma, ou o juiz concertar cooperação com o juiz estadual da localidade onde reside a testemunha para, havendo condições, o interrogatório poder ser realizado por videoconferência (§ 1.º do art. 453 do CPC), estando os órgãos aparelhados para tanto (cooperação para ceder o uso dos aparelhos de videoconferência), ou firmarem cooperação para que o juiz estadual possa interrogar a testemunha arrolada no feito trabalhista ou em curso na Justiça federal.

Nesse exemplo, é certo que cumpre a testemunha comparecer perante o juízo da causa, pois residente na comarca, competindo a parte arcar com as despesas pertinentes. Mas é certo que a parte pode ser beneficiária da Justiça gratuita (e o Estado deverá arcar com a indenização respectiva) ou mesmo que,

III – a menção do ato processual que lhe constitui o objeto;

IV – o encerramento com a assinatura do juiz.

§ 1º O juiz mandará trasladar para a carta quaisquer outras peças, bem como instruí-la com mapa, desenho ou gráfico, sempre que esses documentos devam ser examinados, na diligência, pelas partes, pelos peritos ou pelas testemunhas.

§ 2º Quando o objeto da carta for exame pericial sobre documento, este será remetido em original, ficando nos autos reprodução fotográfica.

diante da dificuldade de transporte, seja mais eficiente a delegação da coleta do depoimento do que exigir a presença perante o juízo da causa. Basta conhecer o interior do Nordeste brasileiro para bem se ter em mente essa realidade.

Em suma, o ato de cooperação foi previsto justamente para se atingir a maior eficiência processual diante da imensa diversidade da realidade nacional.

5.3. Efetivação de tutela provisória, de medidas e providências para recuperação e preservação de empresas e para facilitação de habilitação de créditos na falência e na recuperação judicial

Também de forma exemplificativa, os incs. III a V do § 2.º do art. 69 do CPC/2015 mencionam outras hipóteses nos quais os juízes podem firmar acordo de cooperação jurisdicional para a prática de atos tendentes à efetivação de tutela provisória, de medidas e providências para recuperação e preservação de empresas e para facilitação de habilitação de créditos na falência e na recuperação judicial.

Em todas essas hipóteses, exemplificativamente mencionadas, e em outras semelhantes, o que se procura oferecer aos juízes é a possibilidade de se atingir a efetividade da Justiça através da realização dos mencionados atos processuais da maneira mais eficiente possível, com uso e exploração (no bom sentido) de todo o aparelho jurisdicional posto à disposição do jurisdicionado.

Pensa-se (finalmente!) no Judiciário como um todo; como órgão único e não formado por órgãos isolados, independentes e autônomos. Daí porque os juízes devem buscar a cooperação jurisdicional de modo a efetivar, da maneira mais eficiente possível, as decisões judiciais.

Assim é que, sempre diante do caso concreto, poderá concertar cooperação para efetivação de tutela provisória, para recuperação e preservação de empresas e para habilitação de créditos na falência e na recuperação judicial.

Medidas para efetivação da tutela provisória passam sempre pelo caso concertado. Pode-se, porém, pensar num exemplo de cooperação. E darei um exemplo ousado. Imagem que o juiz estadual tenha concedido uma tutela antecipada, cuja obrigação a ser cumprida seja infungível (somente o obrigado pode cumprir a prestação), não conseguido êxito na sua satisfação mediante a adoção de diversas medidas coercitivas, mandamentais ou indutivas. Esse juiz estadual, porém, toma conhecimento de que o obrigado obteve uma decisão provisória judicial que lhe foi favorável em demanda que corre perante uma vara federal. Pode-se pensar, então, em um ato de cooperação, tendente à efetivação da tutela antecipada imposta pelo juiz estadual, no acerto entre os juízes para que a tutela provisória concedida pelo juiz federal somente se execute após a satisfação da obrigação imposta por aquela primeira decisão. Ou seja, neste exemplo, em ato cooperante, a satisfação da tutela provisória em favor de uma pessoa ficaria condicionada à efetivação da decisão judicial que lhe foi desfavorável em outra demanda judicial. Tudo isso, porém, numa ponderação de valores.

Nesse exemplo, pode-se até afirmar que o credor da prestação jurisdicional não pode querer exigir a satisfação de seu direito se ele, ao mesmo tempo, é "devedor" de uma obrigação perante o Judiciário. Estaria faltando com a boa-fé objetiva em face do Estado-juiz, pois, ao mesmo tempo em que exige a realização de uma prestação jurisdicional (satisfação da tutela provisória que lhe foi favorável), é descumpridor de outra decisão jurisdicional.

Assim como esse exemplo, muitos outros podem ser pensados para efetivação da tutela provisória por ato de cooperação jurisdicional, bem como para recuperação e preservação de empresas e para facilitação da habilitação de créditos na falência e na recuperação judicial.

5.4. Execução de decisão jurisdicional

Já no inc. VII do § 2.º do art. 69 do CPC/2015 o legislador menciona a cooperação jurisdicional para execução da decisão judicial.

De logo cabe esclarecer que neste exemplo não se deve incluir a reunião de processos em execução ou cumprimento da decisão, pois tal hipótese se enquadraria naquela prevista no inc. II do caput do art. 69 do CPC/2015.

Óbvio, ainda, que quando o legislador se referiu à execução da decisão jurisdicional não quis se limitar ao cumprimento da sentença. Aqui também se inclui os atos praticados na ação de execução por título extrajudicial. Até porque o rol apontado no § 2.º do art. 69 do CPC é meramente exemplificativo.

Essa hipótese, por sua vez, é semelhante àquela na qual se busca, mediante ato de cooperação, a efetivação da tutela provisória. Isso porque, nas duas hipóteses, estar-se diante de atos de cumprimento/execução da decisão jurisdicional.

Aqui também diante do caso concreto muito se pode fazer para execução da decisão jurisdicional por ato de cooperação. Neste caso, pode-se pensar, ao lado da troca de informações (acima tratado), no auxílio direto para que outro juiz conduza o leilão dos bens imóveis penhorados, quando estes se localizam em comarca diversa do juízo da execução, dispensando-se o envio de carta para esse fim.

Pode-se pensar no depósito da coisa penhorada junto à Justiça do Trabalho quando o depósito judicial da Vara federal não tenha mais espaço para guarda de bens. A cooperação para que os atos de execução sejam realizados em conjunto por oficiais de justiça dos diversos ramos do Judiciário (federal, estadual e do trabalho), especialmente quando exigida a presença de pelo dois destes servidores (§ 2.º do art. 536 e § 1.º do art. 846 do CPC/2015). Em relação a este último exemplo, cabe lembrar que em comarcas do interior nem sempre as varas possuem mais de um oficial de justiça, muitas vezes tendo de se socorrer do um oficial ad hoc. Logo, a cooperação pode ser útil neste momento entre o juiz estadual e o juiz do trabalho ou federal, por exemplo. Aqui, um órgão do Judiciário, por seu servidor, estará cooperando com outro órgão jurisdicional para execução da decisão judicial. E vejam que neste exemplo pode ser recíproca a cooperação. Basta pensar na hipótese da necessidade da prática do ato de arrombamento (§ 1º do art. 843 do CPC/15) para efetivação da penhora de bens por juízos distintos e agora cooperantes.

Ou seja, são inúmeras as possibilidades de cooperação para a execução a decisão jurisdicional.

6. OUTROS ATOS CONCERTADOS

Como já se deixou claro acima, além dos atos exemplificativos indicados no CPC, todo e qualquer outro pode ser concertado entre juízes e tribunais.

E o CNJ, na Res. 350/2020, em seu art. 6º, indica que, "além de outros definidos consensualmente", os atos de cooperação poderão consistir (repetindo em parte o que já está disposto no CPC):

> "I - na prática de quaisquer atos de comunicação processual, podendo versar sobre a comunicação conjunta a pessoa cuja participação seja necessária em diversos processos;
>
> II - na prestação e troca de informações relevantes para a solução dos processos;
>
> III - na redação de manuais de atuação, rotinas administrativas, diretrizes gerais para a conduta dos sujeitos do processo e dos servidores públicos responsáveis por atuar em mecanismos de gestão coordenada;
>
> IV - na reunião ou apensamento de processos, inclusive a reunião de execuções contra um mesmo devedor em um único juízo;
>
> V - na definição do juízo competente para a decisão sobre questão comum ou questões semelhantes ou de algum modo relacionadas, respeitadas as regras constantes nos artigos 62 e 63 do Código de Processo Civil;
>
> VI - na obtenção e apresentação de provas, na coleta de depoimentos e meios para o compartilhamento de seu teor;

VII – na produção de prova única relativa a fato comum;

VIII – na efetivação de medidas e providências para recuperação e preservação de empresas;

IX – na facilitação de habilitação de créditos na falência e na recuperação judicial;

X – na disciplina da gestão dos processos repetitivos, inclusive da respectiva centralização (art. 69, § 2º, VI, do Código de Processo Civil), e da realização de mutirões para sua adequada tramitação;

XI – na efetivação de tutela provisória ou execução de decisão jurisdicional;

XII – na investigação patrimonial, busca por bens e realização prática de penhora, arrecadação, indisponibilidade ou qualquer outro tipo de constrição judicial;

XIII – na regulação de procedimento expropriatório de bem penhorado ou dado em garantia em diversos processos;

XIV – no traslado de pessoas;

XV – na transferência de presos;

XVI – na transferência de bens e de valores;

XVII – no acautelamento e gestão de bens e valores apreendidos;

XVIII – no compartilhamento temporário de equipe de auxiliares da justiça, inclusive de servidores públicos;

XIX – Na efetivação de medidas e providências referentes a práticas consensuais de resolução de conflitos"[37].

A partir do elenco exemplificativo acima apontado se verifica que a possibilidade de concertação para prática de atos em cooperação, na prática, é infinita.

7. CONCLUSÃO

Em síntese, pode-se concluir:

a) o juiz tem o dever de dirigir o processo enquanto atribuição inerente ao cargo que ocupa;

b) na gestão do processo o juiz está diretamente vinculado aos princípios da eficiência dos atos da Administração Pública e da duração razoável do processo;

37. BRASIL. Conselho Nacional de Justiça, Resolução n. 350, 27 de outubro de 2020. Disponível em: https://atos.cnj.jus.br/atos/detalhar/3556.

c) em respeito aos referidos princípios constitucionais, o juiz está autorizado a assumir uma posição ativa adotando o rito procedimental mais adequado às peculiaridades da causa, ainda que inovando ao estabelecer rito não previsto em lei, desde que respeitado o contraditório;

d) o instituto da cooperação jurisdicional nacional dentre os órgãos do Poder Judiciário visa dotar este ramo da Administração Pública de meios de gestão mais eficiente da atividade jurisdicional;

e) o auxílio direto entre os órgãos do Poder Judiciário se revela como instrumento ágil e eficaz para a prática dos atos processuais em cooperação;

f) por ato de cooperação os órgãos do Poder Judiciário podem concertar no sentido de reunir ou apensar processos ou centralizar processos repetitivos desde que seja mais conveniente à efetivação da decisão judicial;

g) o novo Código de Processo Civil confere, ainda, aos juízes amplas possibilidades de serem concertados atos cooperantes para estabelecimento de procedimentos para a prática de qualquer ato processual.

REFERÊNCIAS

ARAGÃO. Nilsiton Rodrigues de Andrade. Fundamentos da cooperação judiciária nacional. Revista Eletrônica de Direito Processual – REDP. Rio de Janeiro. Ano 14. Volume 21. Número 3. Setembro a Dezembro de 2020, p. 450-474. e-ISSN: 1982-7636.

BRASIL. Conselho Nacional de Justiça, Resolução n. 350, 27 de outubro de 2020. Estabelece diretrizes e procedimentos sobre a cooperação judiciária nacional entre os órgãos do Poder Judiciário e outras instituições e entidades, e dá outras providências. Brasília. 2020. Disponível em: https://atos.cnj.jus.br/atos/detalhar/3556. Acesso em: 03 nov. 2020.

BRASIL. Conselho Nacional de Justiça. Anteprojeto de Resolução que institui o Sistema Nacional de Cooperação Judiciária. Anexo único do Anteprojeto de Resolução contendo a proposta de Regulamento do Sistema Nacional de Cooperação Judiciária, de 11 de julho de 2013. Disponível em: https://media.wix.com/ugd/e5d4a8_41c4e9bf6a63442653296df518410994.pdf. Acesso em: 02 jul. 2020.

CABRAL, Antonio do Passo. Juiz natural e eficiência processual: flexibilização, delegação e coordenação de competências no processo civil. Tese apresentada no concurso de provas e títulos para provimento do cargo de Professor Titular. Faculdade de Direito da Universidade do Estado do Rio de Janeiro. Rio de Janeiro: Edição do Autor, 2017.

CHAVES JÚNIOR, José Eduardo de Resende. Cooperação judiciária na Justiça do Trabalho. Revista do Tribunal Regional do Trabalho 3ª região. V. 61, n. 92, jul/dez 2015. Belo Horizonte, p. 107-130. Disponível em: https://portal.trt3.jus.br/escola/institucional/revista/revista-92/@@cached-display-file/pdf_version_file/revista-92.pdf?m=2020_02_19_13_15_06. Acesso em: 02 jul. 2020. ISSN 0076-8855.

DIDIER JR, Fredie. Cooperação judiciária nacional. Esboço de uma teoria para o direito brasileiro (arts. 67-69, CPC). Salvador: Juspodivm, 2020. ISBN 978-85-442-3285-9.

FONSECA, João Gustavo Henriques de Morais. Cooperação judiciária processual: flexibilidade procedimental para a efetividade da jurisdição. Dissertação de Mestrado apresentada ao Programa de Pós-graduação em Direito da Faculdade de Direito e Ciências do Estado, da Universidade Federal de Minas Gerais (UFMG), como requisito parcial para obtenção do título de Mestre em Direito. Belo Horizonte: Edição do Autor, 2018. Disponível em: https://repositorio.ufmg.br/bitstream/1843/BUOS-B9KH5V/1/coopera__o_judici_ria_processual___disserta__o___jo_o_gustavo_h._m._fonseca____vers_o_final.pdf. Acesso em: 29 jul. 2020.

VASCONCELOS, Antônio Gomes de. SENA, Gabriela de Campos. A cooperação judiciária como estratégia de administração da justiça: a plurivocidade do conceito e sua dimensão processual. In: GUSTIN, Miracy Barbosa de Sousa. LOPES, Mônica Sette. NICÁCIO, Camila Silva Nicácio (orgs). Eficiência, eficácia e efetividade: velhos desafios ao novo Código de Processo Civil. Belo Horizonte: Initia Via, 2016. ISBN: 978-85-64912-95-3, p. 35-79.

CAPÍTULO 4

O papel do Conselho Nacional de Justiça na implantação da Cooperação Judiciária Nacional

Mário Augusto Figueiredo de Lacerda Guerreiro[1]

Richard Pae Kim[2]

Sumário: 1. Introdução – 2. Resenha histórica da cooperação judiciária nacional – 3. A proposta de resolução e o futuro da cooperação judiciária – 4. Considerações finais – 5. Referências.

1. INTRODUÇÃO

O Conselho Nacional de Justiça foi criado pela Emenda Constitucional nº 45/2004, de forma a exercer a função de controle administrativo e financeiro do Poder Judiciário, que pode ser subdividida em dois tipos de atribuições: uma de planejamento estratégico e gestão administrativa do Judiciário; a outra, de controle disciplinar e fiscalizatório das atividades dos magistrados e dos tribunais. Este artigo tem por objetivo analisar a primeira atribuição do órgão, especificamente no que concerne à criação e estruturação de um sistema nacional de cooperação judiciária, e descrever os avanços obtidos nesses quinze anos de existência do CNJ.

A proposta da emenda constitucional de criação de um órgão central para exercer tais funções se justifica pelo fato de que o Judiciário brasileiro é composto por uma estrutura mista, que abrange diversos segmentos distintos (estadual, eleitoral, trabalhista, federal e militar), dotados de autonomia administrativa e financeira e que, até a criação do CNJ, não tinham padrões em comum, tampouco diretrizes centrais que pudessem nortear o funcionamento de cada órgão.

Assim, em uma estrutura antigamente dispersa e descentralizada, o CNJ é criado com um necessário papel de uniformização, regulamentação e controle de questões que versem sobre estrutura, funcionamento, gestão de pessoas,

1. Mário Augusto de Figueiredo de Lacerda Guerreiro – Mestre em Ciências Jurídico-políticas pela Universidade de Coimbra. Conselheiro do Conselho Nacional de Justiça e Presidente do Comitê Executivo da Rede Nacional de Cooperação Judiciária. Juiz de Direito do TJRS.
2. Richard Pae Kim – Doutor e Mestre em Direito pela USP. Pós-doutorado em políticas públicas pela UNICAMP. Ex-Secretário Especial de Pesquisas, Programas e Gestão Estratégica e Ex-Juiz Auxiliar da Presidência do Conselho Nacional de Justiça. Juiz de Direito do TJSP.

informatização, gestão da informação, entre outros elementos necessários para garantir a devida prestação jurisdicional aos cidadãos brasileiros.

Desde a promulgação da Constituição Federal, houve crescente demanda pelos serviços da Justiça. O número de casos novos quintuplicou em menos de três décadas, passando de 5,5 milhões de processos em 1990 (IBGE, 2018[3]) para 28,1 em 2018 (CNJ, 2019[4]).

Para dar conta dessa demanda, o Poder Judiciário conta com robusta estrutura. São 91 tribunais com quase 15 mil unidades judiciárias, que compreendem as varas, os juizados especiais, as zonas eleitorais e as auditorias militares. Dos 5.570 municípios brasileiros, 2.702 (48,5%) são sedes de comarca da justiça estadual - segmento de maior capilaridade. Além disso, o Brasil possui 18.141 magistrados (CNJ, 2019), que detêm autonomia jurisdicional e administrativa dentro das suas respectivas unidades judiciárias[5].

Ainda assim, o Judiciário possui, sem se computarem os feitos que se encontram no Supremo Tribunal Federal (STF), um acervo de 78,7 milhões de processos em tramitação e uma taxa de congestionamento em torno de 71,2% que pouco tem evoluído nos últimos anos, o que significa que de 100 processos iniciados por ano, apenas 29 são solucionados[6].

Este trabalho tem por objetivo descrever uma das inúmeras ações do CNJ voltadas à mudança desse cenário, consistente na construção de uma rede nacional de cooperação, que deverá auxiliar o Judiciário a desenvolver políticas que busquem harmonizar os procedimentos entre os diversos tribunais, dar maior agilidade à comunicação entre as suas unidades e desburocratizar os processos, a fim de conferir maior celeridade e eficiência à prestação jurisdicional.

Também traçaremos um histórico das ações realizadas pelo CNJ e as perspectivas próximas de definição e de concretização das ações dessa necessária rede de cooperação judiciária nacional.

---

3. BRASIL. Instituto Brasileiro de Geografia e Estatística (IBGE). Brasil em Números, 2018. Capítulo: O Poder Judiciário. Brasil, 2018. Disponível em: ‹https://biblioteca.ibge.gov.br/biblioteca-catalogo?id=72&view=detalhes›. Acesso em 19/05/2020.
4. Dados extraídos do relatório Justiça em Números 2019, disponível no portal do CNJ, em https://www.cnj.jus.br/wp-content/uploads/conteudo/arquivo/2019/08/justica_em_numeros20190919.pdf. Acesso em 01/06/2020.
5. Vide: KIM, Richard Pae Kim; SOARES, Gabriela Moreira de Azevedo. "Contribuições das estatísticas e das pesquisas como mecanismos de criação e avaliação das políticas públicas pelo Poder Judiciário." *In*: Revista Eletrônica CNJ, v. 3, n. 1 (2019), p. 84.
6. Dados extraídos do relatório Justiça em Números 2019, disponível no portal do CNJ em https://www.cnj.jus.br/wp-content/uploads/conteudo/arquivo/2019/08/justica_em_numeros20190919.pdf. Acesso em 01/06/2020.

2. RESENHA HISTÓRICA DA COOPERAÇÃO JUDICIÁRIA NACIONAL

Embora o Conselho não se substitua à administração dos tribunais, não há dúvida de que lhe incumbe implantar políticas públicas nacionais, de forma a aperfeiçoar o funcionamento dos órgãos judiciais e buscar soluções para os seus problemas. Busca-se não só fomentar mudanças positivas à administração da justiça, mas também possibilitar que se alcance, de forma mais eficiente, o cumprimento de direitos fundamentais dos cidadãos. Afinal, como bem ressaltado pelo Ministro Luiz Fux em obra em coatoria com o Juiz de Direito Bruno Bodart, a administração da Justiça gera elevados custos sociais, que só se justificam mediante a entrega à sociedade de benefícios ainda maiores[7].

Atento a tal desiderato, o CNJ passou a protagonizar o fomento à cooperação judiciária em âmbito nacional, editando, sob a presidência do Ministro Gilmar Mendes, a Recomendação nº 28, de 16 de dezembro de 2009, que conclamou os tribunais à "implantação do Projeto Justiça Integrada, fundado na necessidade dos tribunais promoverem, entre si, ações com vistas à integração e ao compartilhamento de estruturas, recursos humanos e materiais, equipamentos e ferramentas tecnológicas para, em auxílio mútuo, otimizar as despesas e melhorar a prestação dos serviços judiciais"[8].

Prosseguindo nas suas múltiplas ações, no ano de 2011, o Conselho Nacional de Justiça debateu o tema da cooperação judiciária e, então, inspirado na cooperação transnacional que vinha sendo praticada na União Europeia e nos princípios processuais da informalidade, celeridade e da unidade da jurisdição nacional, que já embasavam as regras sobre cartas precatórias e rogatórias estabelecidas pelo Código de Processo Civil então vigente (Lei nº 5.869/1973), no art. 42 da Lei de Organização Judiciária da Justiça Federal (Lei nº 5.010/1966) e no art. 13, § 2º, da Lei nº 9.009/1995 (Juizados Especiais Cíveis e Criminais), acabou por gestar a formação da rede de cooperação nacional.

É evidente que a cooperação nacional não se confunde com a internacional, mas a influência desta se mostrou fundamental na formatação de nosso modelo. Aliás, como bem lembra José Eduardo de Resende Chaves Júnior, um dos idealizadores da proposta de recomendação que viria a ser aprovada pelo CNJ,

> A cooperação judiciária, uma novidade inspirada na cooperação transnacional (*rectius*: cooperação comunitária) praticada na União Europeia, tem profundas implicações no intercâmbio de atos jurisdicionais, na harmonização de rotinas forenses, na colaboração para a produção das provas, na comunicação interna e

7. FUX, Luiz; BODART, Bruno. Processo civil e análise econômica. Rio de Janeiro: Forense, 2019, p. 34.
8. DOU, Seção 1, de 17/12/2009, p. 135, e DJE/CNJ nº 216/2009, de 17/12/2009, p. 2-3.

> externa dos tribunais, mas também no próprio modelo de gestão do Poder Judiciário, porquanto propõe a reconstrução de uma nova perspectiva do exercício da jurisdição (...)
> Os antecedentes dogmáticos da cooperação judiciária em matéria civil, na União Europeia, estão no Tratado de Maastricht, de 1992, que criou a União Europeia. O Regulamento (CE) n. 44/2001 do Conselho da União Europeia, de 22 de dezembro de 2000, conhecido como Regulamento Bruxelas I, que regula a competência judicial de cada Estado-Membro quanto ao reconhecimento e à execução de decisões em matéria civil e empresarial, é considerado o principal instrumento da cooperação judiciária. Ele foi complementado em 2003 pelo Regulamento Bruxelas II-A, relativo a matérias de execução de decisões em matéria matrimonial e em matéria de responsabilidade parental. A partir de então pululou uma série de normas que passou a regular a cooperação judiciária civil – e também a cooperação penal. É importante, também, destacar a criação das redes europeias de cooperação judiciária. A 'Rede Judiciária Europeia em Matéria Civil e Comercial' foi criada com o intuito de 'criar e manter um sistema de informação destinado ao público sobre a cooperação judiciária em matéria civil e comercial no interior da União Europeia, sobre os instrumentos comunitários e internacionais pertinentes e sobre o direito interno dos Estados-Membros.' Atualmente na União Europeia, a partir de um 'Portal Europeu da Justiça', foi desenvolvido um interessante 'Atlas Judiciário Europeu' em que o cidadão e os operadores do processo, de uma maneira geral, podem fazer solicitações a outros países por meio de formulários eletrônicos.[9]

Dentro desse escopo, o Conselho Nacional de Justiça, sob a presidência do Ministro Cezar Peluso, editou a Recomendação nº 38, de 3 de novembro de 2011, instituindo os mecanismos de cooperação judiciária entre os órgãos do Poder Judiciário e definindo parâmetros mínimos de funcionamento[10].

Sob os fundamentos do princípio da duração razoável do processo, instituído pela EC nº 45/2004[11]; da certeza de que a cooperação judiciária constitui

9. CHAVES JÚNIOR, José Eduardo de Resende. "Cooperação Judiciária na Justiça do Trabalho." *In*: Revista do TRT 3ª Região. Belo Horizonte, v. 61, n. 92, jul/dez de 2015, p. 107 e 108.
10. DJE/CNJ nº 205/2011, de 07/11/2011, p. 20-22.
11. "O que ocorre amiúde, porém, é a dilação da duração dos processos por motivo de sobrecarga dos tribunais, que não têm condições de julgar em tempo razoável as miríades de demandas judiciais que chegam continuamente ao Judiciário. Verificada tal situação, não se poderá imputar a demora na tramitação às assoberbadas autoridades intervenientes no processo, mas sim ao próprio Estado, que foi omisso em seu dever de criar mecanismos, órgãos e procedimentos que permitissem a célere prestação da atividade jurisdicional." GUERREIRO, Mário Augusto Figueiredo de Lacerda. "Critérios para a densificação do conceito de 'prazo razoável' no processo civil." *In*: Revista de Direito do Tribunal de Justiça do Estado do Rio de Janeiro. Rio de Janeiro, nº 70, jan/fev/mar de 2007, p. 61.

mecanismo contemporâneo, desburocratizado e ágil para o cumprimento de atos judiciais fora da esfera de competência do juízo requerente ou em interseção com ele; e dos dados que indicam que os mecanismos de cooperação judiciária vêm sendo utilizados com sucesso no intercâmbio jurisdicional na União Europeia, o referido instrumento recomendou a todos os tribunais do país que i) passassem a adotar os mecanismos de cooperação, tais como os Núcleos de Cooperação Judiciária e a figura do Juiz de Cooperação, com a finalidade de institucionalizar meios para dar maior fluidez e agilidade à comunicação entre os órgãos judiciários e outros operadores do processo, não só para cumprimento de atos judiciais, mas também para harmonização e agilização de rotinas e procedimentos forenses, fomentando a participação dos magistrados de todas as instâncias na gestão judiciária; ii) observassem, ao promover a cooperação judiciária, as diretrizes gerais e mecanismos previstos no regulamento constante do anexo à recomendação, para viabilizar a implantação da Rede Nacional de Cooperação Judiciária.

Nos termos da recomendação, a cooperação nacional, que poderia ser ativa, passiva e simultânea, entre os órgãos do Poder Judiciário da União e dos Estados, no âmbito das respectivas competências, haveria de observar o princípio do juiz natural, sendo admissível para a prática de todos os tipos de atos, providências, medidas, incidentes, procedimentos e ritos processuais, devendo os pedidos de cooperação ser prontamente atendidos e informados pelos princípios da agilidade, concisão, instrumentalidade das formas e unidade da jurisdição nacional, com priorização do uso de meios eletrônicos (art. 2º do anexo).

A recomendação trouxe, outrossim, a possibilidade de o magistrado recorrer ao pedido de cooperação antes de determinar a expedição de carta precatória ou de suscitar conflito de competência, prescindindo o pedido de cooperação judiciária de forma especial e compreendendo, a despeito da informalidade, o auxílio direto, a reunião ou apensamento de processos, a prestação de informações, cartas de ordem ou precatória e os atos concertados entre os juízes cooperantes.

Para além disso, a Recomendação nº 38/2011 traçou as linhas gerais sobre os atos concertados, definiu as principais linhas de atuação da Rede Nacional de Cooperação Judiciária, inclusive em sede de segundo grau de jurisdição, e até elencou deveres específicos dos juízes de cooperação (art. 7º do anexo), a saber: I – fornecer todas as informações necessárias a permitir a elaboração eficaz de pedido de cooperação judiciária, bem como estabelecer os contatos diretos mais adequados; II – identificar soluções para os problemas que possam surgir no processamento de pedido de cooperação judiciária; III – facilitar a coordenação do tratamento dos pedidos de cooperação judiciária no âmbito do respectivo tribunal; IV – participar das reuniões convocadas pela Corregedoria de Justiça, pelo Conselho Nacional de Justiça ou, de comum acordo, pelos juízes cooperantes; V - participar das comissões de planejamento estratégico dos tribunais; VI - promover a integração de outros sujeitos do processo à rede de cooperação; VII - intermediar o concerto de atos entre juízes cooperantes.

Por fim, a recomendação sugeriu a criação de núcleos de cooperação judiciária nos tribunais, com a função de propor diretrizes de ação coletiva, harmonizar rotinas e procedimentos, bem como atuar na gestão coletiva de conflitos e na elaboração de diagnósticos de política judiciária, indicando mecanismos suplementares de gestão administrativa e processual, fundados nos princípios da descentralização, colaboração e eficácia.

A expectativa era de que os núcleos de cooperação interagissem de forma coordenada.

No entanto, passados mais de oito anos do início da vigência da recomendação, os avanços foram muito tímidos. Apenas algumas ações isoladas de formação e de atuação de núcleos de cooperação ocorreram em alguns tribunais e em muitos casos ficaram apenas no papel.

No início, o esforço não foi pequeno. A partir de fevereiro de 2012, o então conselheiro Ney José de Freitas, presidente, à época, da Comissão de Justiça e Cidadania do Conselho Nacional de Justiça (CNJ), esteve reunido com dezenas de tribunais para pedir a colaboração de todos para a implantação da Rede Nacional de Cooperação Judiciária. A proposta era de que os conflitos, com a rede formada, passassem a ser solucionados com maior agilidade, na mesma proporção das experiências de sucesso vivenciadas em alguns países da União Europeia.

No ano de 2012, a Comissão Permanente de Acesso à Justiça e Cidadania reuniu mais de mil magistrados em 15 diferentes estados do Brasil[12], em encontros que objetivaram estimular a adesão dos tribunais à rede.

Os objetivos da Recomendação nº 38 até resultaram no estabelecimento da Meta nº 4 do Judiciário para o ano de 2012[13], mas os esforços se limitaram à nomeação de juízes de cooperação pela maioria dos tribunais do país.

O I Encontro Nacional de Cooperação Judiciária foi realizado no Plenário do Tribunal de Justiça do Rio de Janeiro, em 19 de outubro de 2012, com a participação de 142 magistrados. Naquela plenária, deliberou-se pela proposição, ao CSJT, de

12. Cf. notícia do CJF. Disponível em https://www.cjf.jus.br/cjf/outras-noticias/2013/abril/presidente-do-trf5-participa-de-reuniao-sobre-o-sistema-de-cooperacao-judiciaria. Acesso em 15/05/2020.
13. Meta 4 - Constituir Núcleo de Cooperação Judiciária e instituir a figura do juiz de cooperação. Informação extraída do portal do CNJ - https://www.cnj.jus.br/gestao-e-planejamento/metas-2012/. Acesso em 01/06/2020.

acordos de cooperação para reconhecimento de vínculo empregatício e efeitos previdenciários entre a Justiça do Trabalho e o INSS, e entre a Justiça do Trabalho e a Justiça Federal. Houve, ainda, a criação de um grupo permanente de trabalho de cooperação, integrado por quatro magistrados, para a realização de estudos para identificar outros conflitos existentes entre os pronunciamentos envolvendo esses dois ramos do Judiciário da União. Na oportunidade, também foram eleitos para a Comissão de Redação do Anteprojeto de Regulamento da Cooperação Judiciária os magistrados Antônio Mário de Castro Figliolia (TJ-SP), Antônio Gomes de Vasconcelos (TRT 3ª Região) e Manoel dos Reis Morais (TRE-MG), por aclamação, para que apresentassem uma primeira minuta de regulamentação.

Durante o ano de 2013 ocorreram, ainda, alguns eventos pelo país, com o objetivo de consolidar a pretendida rede, que foram preparatórios para o próximo encontro.

Realizou-se, então, em 9 de agosto de 2013, no Tribunal de Justiça de São Paulo, o esperado II Encontro Nacional dos Juízes de Cooperação, oportunidade em que se debateu a minuta de regulamento da Rede Nacional de Cooperação Judiciária, com a apresentação de emendas aditivas, supletivas ou modificativas e, ao final, a votação e aprovação de proposta de regulamento. O referido regulamento, no entanto, acabou por não ser internalizado e convertido em norma pelo CNJ.

Em 2015, o novo Código de Processo Civil (Lei nº 13.105, de 16 de março de 2015), inspirado na Recomendação nº 38/2011 do Conselho Nacional de Justiça, deu força de lei a parte do ato normativo e incluiu em seu texto a chamada "cooperação judiciária", incorporando, nos seus arts. 67 a 69, o cerne da regulamentação da Rede Nacional de Cooperação Judiciária.

O Ministro Dias Toffoli, após assumir a presidência do CNJ, entendeu ser importante o trabalho colaborativo dentro do Judiciário e do Sistema de Justiça e resolveu reativar o Comitê Executivo Nacional de Cooperação Judiciária, ao expedir a Portaria nº 32, de 21 de fevereiro de 2019, instituindo sua nova composição, nos termos da Recomendação nº 38/2011, sob a coordenação do Conselheiro Fernando Mattos[14].

O Conselho Nacional de Justiça (CNJ), observando essa diretriz estabelecida pela sua Presidência, não só instou todos os tribunais a atualizar as indicações dos seus juízes de cooperação, como também realizou, em 3 de junho de 2019, o III Encontro Nacional dos Juízes de Cooperação, nas dependências do Tribunal Superior Eleitoral, em Brasília, trazendo novamente à agenda do Judiciário brasileiro o tema da cooperação nacional, depois de quase seis anos.

14. DJe/CNJ, nº 36, de 25/02/2019, p. 2.

Nesse III Encontro da Rede Nacional de Cooperação Judiciária, colocou-se em debate a evolução para o uso de videoconferências nos procedimentos de cartas precatórias e cartas rogatórias, promoveu-se uma discussão sobre o importante papel do juiz de cooperação nas transferências de presos e, ao final, houve o consenso de que a cooperação judiciária só avançaria com a conversão da recomendação em resolução pelo CNJ.

Diante dos resultados daquele encontro, o Comitê Executivo da Rede Nacional de Cooperação Judiciária, já então sob a presidência do Conselheiro Mário Augusto Figueiredo de Lacerda Guerreiro (Portaria nº 195/2019 CNJ[15]), e integrado por membros auxiliares do CNJ e juristas especialistas no tema (Portarias da Presidência do CNJ nº 158/2019[16], 203/2019[17] e 75/2020[18])[19], trabalhou na elaboração de uma nova minuta de resolução, diante da necessidade de se avançar na formatação da Rede Nacional de Cooperação Judiciária e de se dar efetiva aplicação aos dispositivos do novo Código de Processo Civil.

Essa minuta foi disponibilizada a toda a rede de cooperação e o Conselho Nacional de Justiça, no IV Encontro da Rede Nacional de Cooperação Judiciária, realizado pela primeira vez num ambiente virtual, diante da pandemia de Covid-19, em 13 de maio de 2020, levou a debate os principais pontos do documento.

Lapidada a proposta, a resolução foi aprovada por unanimidade pelo plenário do Conselho Nacional de Justiça em 16/10/2020[20] e publicada sob o nº 350 em 29/10/2020[21], devendo trazer evidente e profundo avanço para a concretização de um sistema de cooperação judiciária no país.

---

15. DJe/CNJ nº 246/2019, de 28/11/2019, p. 2.
16. DJe/CNJ nº 223/2019, de 23/10/2019, p. 14.
17. DJe/CNJ nº 258/2019, de 12/12/2019, p. 2.
18. DJe/CNJ nº 130/2020, de 08/05/2020, p. 2.
19. A proposta de resolução foi minutada pelo Comitê Executivo Nacional de Cooperação Judiciária do CNJ, sob a Coordenação do Conselheiro Mário Augusto Figueiredo de Lacerda Guerreiro (Portaria nº 195/2019 CNJ) e formado então pelos seguintes membros (Portarias da Presidência do CNJ nºs 158/2019, 203/2019 e 75/2020): Richard Pae Kim, Secretário Especial de Programas, Pesquisas e Gestão Estratégica; Camila Plentz Konrath, Juíza Auxiliar da Presidência do Conselho Nacional de Justiça; Bráulio Gabriel Gusmão, Juiz Auxiliar da Presidência do Conselho Nacional de Justiça; Sérgio Ricardo de Souza, Juiz Auxiliar da Corregedoria Nacional de Justiça; Márcio Luiz Coelho de Freitas, Juiz Auxiliar da Corregedoria Nacional de Justiça; Alexandre Chini, Juiz Auxiliar da Corregedoria Nacional de Justiça; Antonio Carlos de Castro Neves Tavares, Juiz Auxiliar da Presidência do Conselho Nacional de Justiça; Fernando Pessôa da Silveira Mello, Juiz Auxiliar da Presidência do Conselho Nacional de Justiça; Marco Antônio Martin Vargas, Juiz de Direito do TJSP; Antônio do Passo Cabral, membro do Ministério Público Federal e professor da Universidade do Estado do Rio de Janeiro; e Fredie Souza Didier Júnior, advogado e professor da Universidade Federal da Bahia.
20. CNJ – Ato Normativo 0006094-90.2020.2.00.0000, Rel. Cons. Mário Guerreiro, 75ª Sessão Virtual, julgado em 16/10/2020.
21. DJe/CNJ nº 349/2020, de 29/10/2020, p. 8-15.

3. A PROPOSTA DE RESOLUÇÃO E O FUTURO DA COOPERAÇÃO JUDICIÁRIA

Atento à necessidade de adensamento normativo da matéria para o adequado funcionamento do instituto e sua efetiva incorporação ao cotidiano do Poder Judiciário, o Conselho Nacional de Justiça publicou a Resolução 350/2020, estabelecendo diretrizes e procedimentos para a cooperação judiciária nacional entre os órgãos do Poder Judiciário e outras instituições e entidades.

Partindo-se da premissa de que os órgãos judiciais devem colaborar entre si (art. 67 da Lei 13.105/2015) e atuar de modo coordenado para a concreção dos princípios constitucionais e processuais que devem servir de norte aos seus atos, objetivou-se, com a edição pelo CNJ da Resolução 350/2020, fomentar uma imprescindível mudança de paradigma da atuação isolada dos magistrados e servidores, ainda existente[22], para uma atuação voltada à colaboração e coordenação em um sistema de rede, observando-se a singular importância da cooperação judiciária como instrumento de desburocratização, celeridade, economia, eficiência e efetividade tanto para a prestação jurisdicional, quanto para as atividades administrativas dos tribunais[23].

Nessa senda, fez-se constar expressamente na Resolução 350/2020 a composição da Rede Nacional de Cooperação Judiciária por (i) Juízes de Cooperação Judiciária, a serem designados por cada tribunal de forma obrigatória; (ii) Núcleos de Cooperação Judiciária, a serem obrigatoriamente constituídos pelos tribunais; e (iii) Comitê Executivo da Rede Nacional de Cooperação Judiciária, instituído pelo CNJ. Há, ainda, a possibilidade de cortes diversas, com sede em um mesmo estado da federação, articularem-se em Comitês Executivos Estaduais compostos por representantes de cada um dos segmentos do Poder Judiciário. Foram estabelecidas, ademais, as atribuições de cada órgão e a coordenação das suas atuações, conferindo-se efetiva existência à rede e institucionalizando-se meios para maior fluidez e agilidade na sua comunicação.

Destacou-se, também, o dever de recíproca cooperação entre todos os órgãos do Poder Judiciário, reforçando-se a ideia de unidade da jurisdição nacional, assim como a possibilidade de utilização da cooperação judiciária para a prática de qualquer ato processual, sem prejuízo da considerável ampliação do rol meramente exemplificativo de atos de cooperação do § 2º do art. 69 da Lei 13.105/2015.

Frisaram-se, igualmente, o caráter informal dos pedidos de cooperação[24], com exigência apenas de documentação nos autos do processo dos

22. CABRAL, Antonio do Passo. Juiz natural e eficiência processual: flexibilização, delegação e coordenação de competências no processo civil. Universidade do Estado do Rio de Janeiro: Tese apresentada ao concurso de Professor Titular de Direito Processual Civil, 2017, p. 535.
23. Idem, p. 514-515.
24. "Não existe forma específica para que um juízo formule pedido de cooperação a outro, sendo certo que a lei processual prevê várias formas de se executar este trabalho conjunto entre órgãos jurisdicionais

instrumentos das interações processuais colaborativas realizadas, bem como os princípios da priorização do uso de meios eletrônicos, da concisão e do dever de seu pronto atendimento.

Visando a difundir a cultura da cooperação, compartilhar e estimular boas práticas de cooperação judiciária, discutir, conceber e formular proposições voltadas para a consolidação e o aperfeiçoamento da Rede Nacional de Cooperação Judiciária, estabeleceu-se na Resolução 350/2020, também, a obrigação do Comitê Executivo da Rede Nacional de Cooperação Judiciária de realização de reunião, pelo menos uma vez por ano, mediante convocatória, dos núcleos e dos Juízes de Cooperação de todos os tribunais, bem como de um Encontro Nacional de Juízes de Cooperação Judiciária.

Ademais, a Resolução 350/2020 traz disposições sobre os pedidos de auxílio direto, os atos conjuntos e os atos concertados, contendo, nos seus anexos, modelos de minutas desses atos, para auxiliar os juízes na sua utilização no dia-a-dia da atividade jurisdicional.

Há, ainda, a previsão de fixação de juízo único para a decisão de questões comuns de fato ou de direito, uma notável inovação que certamente será de grande utilidade no julgamento de causas repetitivas, conferindo nova perspectiva ao princípio do juiz natural[25].

Destarte, através da complementação da normatização da matéria levada a efeito pelo CNJ com a publicação da Resolução 350/2020, espera-se que ocorra a efetiva difusão do espírito da cooperação no âmbito do Poder Judiciário, com a institucionalização de meios para a otimização dos canais de comunicação e intercâmbio entre os seus órgãos, fomentando-se a desburocratização, a celeridade, a economia, a eficiência e a efetividade na prática dos atos jurisdicionais e administrativos.

A partir da assimilação da cultura da cooperação pelo Judiciário nacional, com a observância das diretrizes e procedimentos estabelecidos pela Resolução 350/2020, vislumbra-se como inexorável a evolução e expansão do instituto, ante a constatação dos benefícios de sua utilização na seara das atividades jurisdicional e administrativa. De outro lado, é preciso, para tanto, que, lançadas as bases normativas da cooperação judiciária, haja uma tomada de consciência pelos juízes brasileiros quanto à necessidade de conhecer e utilizar cada vez mais os instrumentos disponibilizados pela rede de cooperação,

---

(art. 69)." CÂMARA, Alexandre Freitas. O novo processo civil brasileiro, 2ª Edição. São Paulo: Atlas, 2016, p. 57.

25. Sobre o tema, é indispensável a leitura da recente obra do Professor Fredie Didier, Cooperação Judiciária Nacional: esboço de uma teoria para o Direito brasileiro (arts. 67-69, CPC). Salvador: Editora Juspodivm, 2020.

de modo que possamos caminhar de um modelo técnico-burocrático para uma nova formatação horizontalizada, democrática e contemporânea da administração da Justiça no Brasil[26].

4. CONSIDERAÇÕES FINAIS

Essas reflexões partem do pressuposto de que, com o advento da Constituição Federal de 1988, o Poder Judiciário passou a protagonizar o papel de efetivo garantidor dos direitos constitucionais, em especial, a tutela dos direitos fundamentais. Aliás, não há dúvida de que inexiste regime democrático sem que haja um projeto político-normativo fundado na soberania popular, na separação de poderes, na supremacia da Constituição Federal e na sustentação da Justiça, por meio do respeito pleno aos direitos fundamentais.

Como já salientado por Eugênio Raúl Zaffaroni, para que o Poder Judiciário possa realizar de forma concreta o ideal democrático, essa instituição estatal há de ter uma funcionalidade também democrática, diante de sua legitimidade constitucional. Há de desempenhar as tarefas de maneira mais idônea e eficiente possível[27]. O juiz deve, em verdade, realizar a representação argumentativa dos cidadãos, por intermédio da defesa da Constituição e também dos novos direitos[28]. O Poder Judiciário, além de garantir os referidos direitos, quer sejam fundamentais ou não, fá-lo-á não apenas pelo exercício da atividade jurisdicional, mas, como qualquer outro poder estatal, por meio de políticas públicas – no caso, judiciárias – cumprindo sempre os princípios da eficiência, publicidade e solidariedade.

Como se pôde delinear neste breve trabalho, que absolutamente não teve a pretensão de esgotar o tema, não há dúvida de que, além de realizar o controle administrativo, financeiro e correcional do Poder Judiciário, a fim de tornar a sua atuação mais eficiente, o Conselho Nacional de Justiça tem trabalhado fortemente para cumprir a ordem constitucional na busca da efetivação dos direitos dos destinatários das atividades jurisdicionais e, com isso, fortalecido o Estado Democrático de Direito, valorizando a cidadania.

---

26. FONSECA, João Gustavo Henriques de Morais. Cooperação judiciária processual: histórico, teoria e prática. Rio de Janeiro: Lumen Juris, 2019, p. 242 a 249.
27. ZAFFARONI, Eugenio Raúl. Poder Judiciário: crise, acertos e desacertos. Trad. Juarez Tavares. São Paulo: Revista dos Tribunais, 1995, p. 43 e 44.
28. "Quanto à possibilidade de que os juízes venham a assumir um novo papel social e político muito mais ativo, em face do Direito novo, não há dúvida de que essa possibilidade existe, mas, evidentemente, há necessidade de adaptação às novas circunstâncias. Essa adaptação começa pela formação dos futuros juízes, que não poderão ser 'devotos do Código', legalistas formais ou 'escravos da lei', mas deverão preparar-se adequadamente para conhecer e avaliar com sensibilidade os fenômenos sociais que informam a criação do Direito e estão presentes no momento de sua aplicação, sem esquecer que a prioridade deve ser dada à pessoa humana, sem privilégios e discriminações." (DALLARI, Dalmo de Abreu. "A hora do Judiciário." *In*: Revista da Escola Nacional da Magistratura. Brasília, Ano I, nº 01, 2006, p. 15 e 16).

5. REFERÊNCIAS

ARENHART, Sérgio Cruz; OSNA, Gustavo. "Os acordos processuais no novo CPC: aproximações preliminares." *In*: Revista do Tribunal Regional do Trabalho da 9ª Região. Curitiba, v. 4, n. 39, abril de 2015.

BRASIL. Instituto Brasileiro de Geografia e Estatística (IBGE). Brasil em Números, 2018. Capítulo: O Poder Judiciário. Brasil, 2018. Disponível em: <https://biblioteca.ibge.gov.br/biblioteca-catalogo?id=72&view=detalhes>. Acesso em 19/05/2020.

CABRAL, Antonio do Passo. Juiz natural e eficiência processual: flexibilização, delegação e coordenação de competências no processo civil. Universidade do Estado do Rio de Janeiro: Tese apresentada ao concurso de Professor Titular de Direito Processual Civil, 2017.

CÂMARA, Alexandre Freitas. O novo processo civil brasileiro, 2ª Edição. São Paulo: Atlas, 2016.

CHAVES JÚNIOR, José Eduardo de Resende. "Cooperação Judiciária na Justiça do Trabalho." *In*: Revista do TRT 3ª Região. Belo Horizonte, v. 61, n. 92, jul/dez de 2015.

CNJ. Recomendação nº 28 do Conselho Nacional de Justiça. DJe nº 216/2009, 17/12/2009.

CNJ. Recomendação nº 38 do Conselho Nacional de Justiça. DJe nº 205/2011, 7.11.2011.

CNJ. Relatório Justiça em Números 2019, disponível no portal do CNJ, em https://www.cnj.jus.br/wp-content/uploads/conteudo/arquivo/2019/08/justica_em_numeros20190919.pdf. Acesso em 01/06/2020.

DALLARI, Dalmo de Abreu. "A hora do Judiciário." *In*: Revista da Escola Nacional da Magistratura. Brasília, Ano I, nº 01, 2006.

DIDIER JR., Fredie. "O princípio da cooperação: uma apresentação." *In*: Revista de Processo. São Paulo, v. 127, 2005.

DIDIER JR., Fredie. Cooperação Judiciária Nacional: esboço de uma teoria para o Direito brasileiro (arts. 67-69, CPC). Salvador: Editora Juspodivm, 2020.

FONSECA, João Gustavo Henriques de Morais. Cooperação judiciária processual: histórico, teoria e prática. Rio de Janeiro: Lumen Juris, 2019.

FUX, Luiz; BODART, Bruno. Processo civil e análise econômica. Rio de Janeiro: Forense, 2019.

GUERREIRO, Mário Augusto Figueiredo de Lacerda. "Critérios para a densificação do conceito de 'prazo razoável' no processo civil". *In*: Revista de Direito do Tribunal de Justiça do Estado do Rio de Janeiro. Rio de Janeiro, nº 70, jan/fev/mar de 2007.

KIM, Richard Pae; SOARES, Gabriela Moreira de Azevedo. "Contribuições das estatísticas e das pesquisas como mecanismos de criação e avaliação das políticas públicas do Poder Judiciário." *In*: Revista Eletrônica CNJ. Brasília, v. 3, n. 1, janeiro/junho, 2019.

MITIDIERO, Daniel Francisco. Colaboração no processo civil. São Paulo: RT, 2009.

OLIVEIRA, Fabiana; AOYAMA, Pâmela. "O Conselho Nacional de Justiça e a Academia." *In*: Revista CNJ. Brasília, v. 2, 2017.

ZAFFARONI, Eugenio Raúl. Poder Judiciário: crise, acertos e desacertos. Trad. Juarez Tavares. São Paulo: Revista dos Tribunais, 1995.

CAPÍTULO 5

Cooperação entre juízos no Código de Processo Civil de 2015

Gláucio Maciel Gonçalves[1]

Alex Lamy de Gouvea[2]

Sumário: Introdução – 1. A cooperação jurídica internacional por auxílio direto: considerações gerais – 2. A cooperação jurídica entre órgãos do Judiciário brasileiro no CPC – 3. A cooperação jurídica internacional por auxílio direto e cooperação jurídica entre órgãos do Judiciário brasileiro são instrumentos de acesso à justiça civil no séc. XXI – Conclusões – Referências bibliográficas.

INTRODUÇÃO

As fronteiras nacionais, embora cada vez menos com as características que as conformaram até o final do séc. XX – basta lembrar que o muro de Berlim veio abaixo apenas em 1989 –, ainda são importantes quando se fala de acesso à Justiça na ordem global.

No plano interno, ao mesmo tempo, na República Federativa do Brasil, a jurisdição é exercida em um território de 8,5 milhões de quilômetros quadrados pelo conjunto de 91 Tribunais (o Supremo Tribunal Federal, o Superior Tribunal de Justiça, o Tribunal Superior do Trabalho, o Tribunal Superior Eleitoral, o Superior Tribunal Militar, 05 Tribunais Regionais Federais, 27 Tribunais de Justiça Estaduais, 24 Tribunais Regionais do Trabalho, 27 Tribunais Regionais Eleitorais e 03 Tribunais de Justiça Militar Estaduais) e, em primeiro grau, 14.877 unidades judiciárias (varas)[3], formando, o conjunto das competências de cada ramo da "justiça" da União e da "justiça" dos Estados, a unidade da jurisdição nacional.

As fronteiras – *no aspecto externo* – e a diversidade de estruturas judiciárias (comum estadual, comum federal e especializadas do trabalho, eleitoral

---

1. *Gláucio Maciel Gonçalves* é professor associado da Universidade Federal de Minas Gerais (UFMG), membro do corpo permanente da pós-graduação e juiz federal em Belo Horizonte. Mestre e Doutor em Direito pela UFMG, fez estudos de pós-doutoramento na Albert-Ludwigs-Universität, em Freiburg, Alemanha (2015/2016); *e-mail*: gfmg@ufmg.br.
2. *Alex Lamy de Gouvêa* é bacharel, mestre e doutorando em Direito pela Faculdade de Direito da Universidade Federal de Minas Gerais (UFMG) e juiz federal substituto em Sete Lagoas-MG; *e-mail*: lamy.gouvea@yahoo.com.br.
3. BRASIL. *Justiça em números 2019*. Brasília: Conselho Nacional de Justiça, 2019. Disponível em: <https://www.cnj.jus.br/wp-content/uploads/conteudo/arquivo/2019/08/justica_em_numeros20190919.pdf>. Acesso em 24.01.2020, p. 9 e 20.

e militar) em 27 unidades distintas da federação, com milhares de varas - *no aspecto interno* - implicam a necessidade de se pensar em instrumentos que assegurem a efetividade da função judicial. A título de exemplos, pensem-se nas seguintes situações:

1) Uma criança, filho de húngaro e brasileira, acompanha a mãe em uma viagem ao Brasil. Ao cabo do período previamente ajustado, a genitora decide se separar do cônjuge (pai do menor). A criança não regressa ao país de origem e este evento desencadeia um processo acelerado de corrosão de laços familiares, debates sobre o futuro escolar do menor e questionamentos sobre a legalidade da conduta materna, dificultando, sobremaneira, qualquer diálogo... Resposta rápida se exige da Justiça; e, por vezes, a primeira resposta deve ser à pergunta: "*-qual a Justiça nacional competente para decidir a guarda do menor? A húngara ou a brasileira?*"[4].

2) Um acidente ambiental atinge populações de inúmeras cidades... Várias são as ações ajuizadas. Em muitas delas a perícia indispensável é a mesma. Por que repeti-la à exaustão, com dispêndio de tempo e energia[5]?

Os dois casos hipotéticos representam situações típicas da jurisdição exercida no séc. XXI: um século de massas, de comunicação instantânea e de migrações internas e externas em números impressionantes. Todos os dias se contrata, pela rede mundial de computadores, com pessoas físicas e jurídicas residentes em diferentes partes do mundo. O afrouxamento das balizas heterônomas dos relacionamentos afetivos favorece novos e mutáveis arranjos familiares. A realidade se altera o tempo todo, fruto do constante fluxo de pessoas, mercadorias e serviços no globo e no âmbito interno do imenso território brasileiro, com casamentos, filhos, separações, óbitos, inventários, partilhas e contratos sendo celebrados e, em alguns casos, descumpridos.

É neste contexto de frequentes e conflitantes relações ao largo dos vastos territórios global e nacional que a cooperação jurídica se destaca, cabendo à dogmática processual civil se voltar para o tema - em especial para a cooperação judicial - para, com lastro nos instrumentos previstos no Código de Processo Civil (Lei nº 13.105, de 16.03.2015), problematizar as suas operações concretas no

4. "A subtração internacional de crianças (ou sequestro internacional), é o ato de transferência ou retenção ilícita da criança em país diferente daquele em que a criança detinha residência habitual, sem o consentimento de um dos genitores (pai ou mãe), responsáveis legais ou autorização judicial. Além da alteração unilateral do país de residência da criança também é considerado ilícito reter uma criança em um país sem o consentimento do outro genitor (ou autorização judicial), após um período de férias, por exemplo. Isso ocorre mesmo que o pai/mãe/juiz tenha autorizado o período de férias". Ministério da Justiça e Segurança Pública. *Subtração Internacional de Crianças e Adolescentes*. Disponível em: ‹https://www.justica.gov.br/sua-protecao/cooperacao-internacional/subtracao-internacional/subtracao-internacional›. Acesso em 14.04.2020.
5. Para a alusão ao aproveitamento de perícia, cf.: Marinoni; Arenhart; Mitidiero, 2016, p. 73.

mundo dos fatos, respeitando a soberania nacional, a independência judicial, o devido processo legal e a competência de cada órgão.

1. A COOPERAÇÃO JURÍDICA INTERNACIONAL POR AUXÍLIO DIRETO: CONSIDERAÇÕES GERAIS

Ao escrever sobre a cooperação jurídica internacional, afirma Fabrício Polido tratar-se de valioso instrumento de "gerenciamento do acesso à justiça em escala global (...) especialmente no tocante ao compartilhamento da atividade jurisdicional dotada de efetividade e assegurada transnacionalmente"[6].

Cuida-se de instituto com o objetivo de assegurar o acesso à função judicial em escala transnacional, significando, a sua previsão legal e utilização, solução mais eficiente e rápida, ao mesmo tempo em que menos custosa, de litígios envolvendo o direito internacional privado[7].

Destaca ainda Fabrício Polido a importância da modernização dos instrumentos de cooperação jurídica internacional, a inserir o Brasil em ambiente de maior integração jurisdicional no âmbito multilateral regional e bilateral, sendo os juízes, tribunais, advogados e partes atores fundamentais na abertura das instâncias e redes de justiça em escala global. A cooperação jurídica, para o professor da Faculdade de Direito da Universidade Federal de Minas Gerais (UFMG), "é uma das mais significativas manifestações do direito internacional privado e do contencioso internacional na atualidade", com a aproximação de estados, organizações internacionais, redes de tribunais, governos e autoridades administrativas "em objetivos comuns de acesso à justiça pelos cidadãos, indivíduos, famílias e empresas".

Com efeito, embora com porosidades cada vez mais frequentes (livre trânsito de pessoas, de mercadorias e de serviços, por exemplo), as fronteiras territoriais ainda marcam os limites jurisdicionais de cada soberania, dada a impossibilidade de um Estado exercer atividade de governo em outro Estado sem o consentimento deste, consoante regra de direito internacional[8].

6. Polido, 2013, p. 59.
7. Theodoro Júnior *et alli.*, 2016, p. 137-138.
8. É neste sentido a lição da doutrina clássica: "O Estado, personalidade originária de direito internacional público, ostenta três elementos conjugados: uma base territorial, uma comunidade humana estabelecida sobre essa área, e uma forma de governo não subordinada a qualquer autoridade exterior. (...) Sobre o seu território o Estado exerce *jurisdição* (termo preferido em doutrina anglo-saxônia), o que vale dizer que detém uma série de *competências* para atuar com autoridade (expressão mais ao gosto dos autores da escola francesa). (...) Sobre o território assim entendido, o Estado soberano tem *jurisdição geral* e *exclusiva*. A *generalidade* da jurisdição significa que o Estado exerce no seu domínio territorial todas as competências de ordem legislativa, administrativa e jurisdicional. A *exclusividades* significa que, no

Em verdade, se as fronteiras vêm sendo, ao longo da história, relativamente porosas, elas são, atualmente, tranquilamente transpostas[9]. Como observa SLAUGHTER, quando produtos têm os seus componentes fabricados em três diferentes países, são montados em um quarto e vendidos e distribuídos em cinco ou seis outros, o número potencial de competências territoriais nacionais para resolver as disputas decorrentes se multiplica rapidamente10. Seguindo esta mesma lógica, afirmam JULIE ALLARD e ANTOINE GARAPON que "o direito tornou-se num bem intercambiável. Transpõe as fronteiras como se fosse um produto de exportação. Passa de uma esfera nacional para outra, por vezes infiltrando-se sem visto de entrada"[11]. Ante esse cenário de franca transnacionalidade, o diálogo entre cortes se torna indispensável, provocando o surgimento de sistema global legal, formado pelas cortes nacionais trabalhando juntas ao redor do mundo[12]. Daí a necessidade de cooperação judicial internacional[13].

O CPC, tendo presente essa realidade, disciplina o instituto da cooperação jurídica internacional (gênero) com previsão, ao lado das tradicionais figuras da *homologação de sentença estrangeira* e da *carta rogatória* (art. 105, I, *i*, da Constituição e arts. 36, 40, 377, 515, IX, 960 a 965 do CPC), do *auxílio direto* (arts. 28 a 34, 69, I e 377 do CPC), sendo este último um instrumento que permite maior celeridade nos pedidos de cooperação, dada a horizontalidade das relações estabelecidas, uma vez que prescinde da via diplomática (embaixadas e consulados) e de juízo de delibação pelo Superior Tribunal de Justiça - STJ (art. 105, I, *i*, da Constituição e art. 28 do CPC).

Com efeito, de acordo com o CPC, cabe auxílio direto quando a medida não decorrer diretamente de decisão de autoridade jurisdicional estrangeira a ser submetida a juízo de delibação no Brasil (art. 28). O nome o auxílio direto não significa, todavia, a ocorrência de comunicação direta entre o juiz brasileiro e a autoridade estrangeira, sendo exigida a intermediação de autoridades centrais[14].

A figura da autoridade central é prevista no art. 29 do CPC, ao dispor que a solicitação de auxílio direto será encaminhada pelo órgão estrangeiro

---

exercício de tais competências, o Estado local não enfrenta a concorrência de qualquer outra soberania" (REZEK, 2014, p. 199-200).

9. *"Même si les frontières ont toujours été franchies, elles sont aujourd'hui allégrement dépassés. L'homme moderne n'est plus assigné à résidence: il devient um citoyen du monde"*(COUR DE CASSATION, 2017, p. 8). No âmbito da União Europeia, a livre circulação de mercadorias, pessoas e serviços são fundamentais. *"As its heart lay the free movement of goods, persons, services, and capital. These are known as the four freedoms and they remain fundamental to the EU"* (ARNULL, 2017, p. 6).
10. SLAUGHTER, 2004, p. 85.
11. ALLARD; GARAPON, 2006, p. 7.
12. Nesse sentido, cf. nosso trabalho *Uma comunidade de cortes: a globalização e a função judicial*, em coautoria com Érico Andrade, publicado na Revista Brasileira de Direito Internacional. v.6 n. 1. Disponível em ‹https://www.indexlaw.org/index.php/direitointernacional/article/view/6595›. Acesso em 09.12.2020.
13. BORN; RUTLEDGE, *apud* TESHEINER, 2014, p. 331.
14. TESHEINER, 2014, p. 331.

interessado à autoridade central, cabendo ao Estado requerente assegurar a autenticidade e a clareza do pedido. Esta "autoridade central" varia de acordo com o tratado (gênero)[15] no qual se fundamenta o pedido de auxílio direto.

> A Autoridade Central é um conceito consagrado no Direito Internacional e visa a determinar um ponto unificado de contato para a tramitação dos pedidos de cooperação jurídica internacional, com vistas à efetividade e à celeridade desses pedidos.
>
> A principal função da Autoridade Central é buscar maior celeridade e efetividade aos pedidos de cooperação jurídica internacional penal ou civis. Para isso, recebe, analisa, adequa, transmite e acompanha o cumprimento dos pedidos junto às autoridades estrangeiras. Essa análise leva em conta a legislação nacional e os tratados vigentes, bem como normativos, práticas e costumes nacionais e internacionais[16].

A teor do art. 26, § 4º, do CPC, cabe ao Ministério da Justiça, em regra, exercer a função de autoridade central na ausência de designação específica. Daí por que na estrutura do referido Ministério se encontra o Departamento de Recuperação de Ativos e Cooperação Jurídica Internacional (DRCI).

Do sítio do DRCI na rede mundial de computadores, extraem-se as seguintes relevantes informações:

> O Ministério da Justiça e Segurança Pública (MJSP), por intermédio do Departamento de Recuperação de Ativos e Cooperação Jurídica Internacional da Secretaria Nacional de Justiça (DRCI/Senajus), atua como Autoridade Central para a maioria dos Tratados de Cooperação Jurídica Internacional dos quais o Brasil faz parte.
>
> Os pedidos de Cooperação Jurídica Internacional em matéria civil se destinam à satisfação de direitos privados no âmbito transnacional e são oriundos de cidadãos, empresas ou autoridades judiciais e podem se configurar, por exemplo, na comunicação de ato processual, na obtenção de prova, documento, informação ou ainda em medidas constritivas ou em obrigações de fazer ou de deixar de fazer.

15. "A realidade do direito convencional contemporâneo rende algum tributo às velhas tentativas doutrinárias de vincular, a cada termo variante de tratado, certa modalidade bem caracterizada de compromisso internacional? A esta última questão a resposta é firmememente negativa. O que a realidade mostra é o uso livre, indiscriminado, e muitas vezes ilógico, dos termos variantes daquele que a comunidade universitária, em toda parte – não houvesse boas razões históricas para isso – vem utilizando como termo padrão. (...) a análise da experiência convencional brasileira ilustra, quase que à exaustão, as variantes terminológicas de *tratado* concebíveis em português: *acordo, ajuste, arranjo, ata, ato, carta, código, compromisso, constituição, contrato, convenção, convênio, declaração, estatuto, memorando, pacto, protocolo* e *regulamento* (Rezek, 2014, p. 31-32).

16. Ministério da Justiça e Segurança Pública. *Autoridade Central*. Disponível em: ‹https://www.justica.gov.br/sua-protecao/cooperacao-internacional/autoridade-central-1›. Acesso em 14.04.2020.

> A maior parte dos pedidos em matéria civil, tramitados pelo Brasil, trata de questões de caráter humanitário, como pensões alimentícias (40%) e demais questões de família, como determinação de paternidade, divórcio e outros (20% adicionais). Nestes casos, trata-se de pessoas que necessitam da cooperação internacional para garantir o acesso a direitos básicos e fundamentais, como a prestação de alimentos a crianças. Daí a relevância da atividade e a necessidade de estrutura capaz de atender a tempo e a contento as demandas desses cidadãos pelos seus direitos.
>
> Como a medida necessária ao exercício do direito em questão foge da jurisdição nacional, é necessário o seu encaminhamento à autoridade estrangeira para a realização da medida solicitada pela autoridade nacional. O mesmo vale para as autoridades estrangeiras que necessitem da realização de medidas equivalentes em território nacional.
>
> Salvo algumas exceções, o Ministério da Justiça e Segurança Pública atua, por intermédio do Departamento de Cooperação Jurídica Internacional da Secretaria Nacional de Justiça (DRCI/Senajus), como Autoridade Central brasileira tanto para os pedidos de cooperação jurídica internacional em matéria civil feitos pelo Brasil, quanto para aqueles recebidos do exterior. São cerca de 800 pedidos analisados e tramitados mensalmente.
>
> Ressalta-se que o Brasil é um país eminentemente demandante de cooperação jurídica internacional, sendo que, ao longo dos anos, 80% a 90% de todos os pedidos tramitados pelo DRCI referem-se a demandas de brasileiros para o exterior[17].

Como já pontuado, em certos casos, a atividade de autoridade central não é desempenhada pelo DRCI, cabendo, por exemplo, ao Ministério Público Federal no tocante à Convenção da ONU sobre prestação de alimentos no estrangeiro (celebrada em 20 de julho de 1956, em Nova Iorque, EUA – a Convenção de Nova Iorque sobre Prestação de Alimentos no Estrangeiro –, e ratificada pelo Decreto Legislativo nº 10, do Congresso Nacional, de 13 de novembro de 1958)[18].

Cumpre anotar que a observação de Teori Zavascki quanto à escassez de disposições legislativas específicas sobre o auxílio direto[19] persiste atual, mes-

---

17. Ministério da Justiça e Segurança Pública. *Cooperação Jurídica Internacional em Matéria Civil*. Disponível em: ‹https://www.justica.gov.br/sua-protecao/cooperacao-internacional/cooperacao-juridica-internacional-em-materia-civil›. Acesso em 14.04.2020.
18. Ministério Público Federal. *Alimentos Internacionais Convenção de Nova Iorque*. Disponível em: ‹http://www.mpf.mp.br/atuacao-tematica/sci/dados-da-atuacao/alimentos-internacionais-convencao-de-nova-iorque-1›. Acesso em 14.04.2020.
19. Zavascki, 2010, p. 9 e ss.

mo em face do vigente CPC. Isso por que, conquanto consagrando o instituto, não se estendeu o legislador em sua disciplina, deixando para a literatura especializada e para a pesquisa acadêmica a frutificação das potencialidades que lhe são ínsitas, especialmente para que os magistrados possam captar a importância dos novos mecanismos processuais, com destaque, no caso, para o papel dos magistrados com competência comum federal, tendo em vista competir ao juízo federal do lugar em que deva ser executada a medida apreciar pedido de auxílio direto passivo que demande prestação de atividade jurisdicional (art. 34 do CPC).

Ademais, o instituto do auxílio direto na cooperação judicial internacional deve receber atenção permanente por projetar sobre o Judiciário brasileiro parcela do exercício da soberania até então restrita à função executiva. Como já explicitaram Julie Allard e Antoine Garapon, a mundialização implica a "desarticulação dos três poderes (...) para inscrevê-los num[a] nova configuração no plano mundial", de tal modo que "cada um desses três poderes seria dissociado da soberania nacional para se associar aos seus homólogos estrangeiros. Nesta perspectiva, o comércio entre juízes procederia, por conseguinte, de uma extensão do poder judicial para além das fronteiras"[20].

De acordo com Slaughter, o resultado do intercâmbio permanente entre os magistrados é o reconhecimento, por estes, uns nos outros, de serem participantes de um empreendimento judicial em comum. Estes juízes se veem e veem aos outros juízes não somente como servidores ou representantes de um governo em particular, mas como colegas de uma profissão que transcende fronteiras nacionais, encarando os mesmos problemas substanciais e institucionais e aprendendo com o raciocínio e experiência dos colegas.[21].

Neste contexto, assume relevância a figura do *juiz de ligação*, cuja finalidade é a de auxiliar os contatos entre os países de origem e de recebimento do magistrado, cuidando-se, de acordo com Guilherme Calmon Nogueira da Gama, de "figura fundamental para o contato mais rápido com as autoridades de outros países e a obtenção de dados relacionados à legislação estrangeira (...)"[22].

20. Allard; Garapon, 2006, *passim*.

21. Slaughter, 2005, p. 68: *"What these judges share above all is the recognition of one another as participants in a common judicial enterprise. They see each other not only as servants and representatives of a particular government or polity, but also as fellow members of a profession that transcends national borders. They face common substantive and institutional problems; they learn from one another's experience and reasoning"*.

22. Gama, 2013. Entrevista concedida à *Agência CNJ de Notícias* Disponível em: <http://www.cnj.jus.br/noticias/cnj/60928-cnj-investe-na-cooperacao-internacional>. Acesso em 14.07.2016. Também nesta esteira, do sítio do STF na rede mundial de computadores, extrai-se o seguinte excerto de notícias sobre a figura do juiz de ligação: "(...) Na sequência da programação oficial, o presidente do Supremo Tribunal Federal (STF), ministro Cezar Peluso, reuniu-se na quarta-feira (13) com o secretário de Estado para a Justiça, Jean-Marie Bockel, com a ministra da Justiça, Michele Alliot-Marie, e com o diretor da Escola Nacional de

A previsão, agora também no CPC, do instituto do auxílio direto está, portanto, sincronizada com a realidade internacional, apontando para concretização do acesso globalizado à justiça, de modo mais célere, horizontalizado e menos custoso, reforçando o compromisso brasileiro com a aplicação das leis internacionais dentro de suas fronteiras e favorecendo o intercâmbio de experiências, a se intensificar na medida em que o instituto for sendo utilizado.

2. A COOPERAÇÃO JURÍDICA ENTRE ÓRGÃOS DO JUDICIÁRIO BRASILEIRO NO CPC

No âmbito interno, no mesmo sentido, e paralelamente à cooperação jurídica internacional por auxílio direto, está o instituto da cooperação entre órgãos do Judiciário.

De acordo com o CPC, aos órgãos do Judiciário, estadual ou federal, especializado ou comum, em todas as instâncias e graus de jurisdição, inclusive aos tribunais superiores, incumbe o dever de recíproca cooperação, por meio de seus magistrados e servidores (art. 67 do CPC), sendo que os juízos poderão formular entre si pedido de cooperação para prática de qualquer ato processual (art. 68 do CPC), o qual deve ser prontamente atendido, prescinde de forma específica e pode ser executado como *auxílio direto, reunião ou apensamento de processos, prestação de informações* e *atos concertados entre os juízes cooperantes* (art. 69, *caput*, I a IV, do CPC).

O legislador elencou, no art. 69, § 2º, do CPC que os atos concertados entre os juízes cooperantes poderão consistir, além de outros, no estabelecimento de procedimento para: I - a prática de citação, intimação ou notificação de ato; II - a obtenção e apresentação de provas e a coleta de depoimentos; III - a efetivação de tutela provisória; IV - a efetivação de medidas e providências para recuperação e preservação de empresas; V - a facilitação de habilitação de créditos na falência e na recuperação judicial; VI - a centralização de processos repetitivos; e, VII - a execução de decisão jurisdicional.

Administração (ENA), Bernard Boucault. No encontro com o presidente do STF, o secretário Jean-Marie Bockel anunciou a intenção do governo francês de aprofundar o intercâmbio com o Brasil no campo judiciário. Segundo ele, a França criará, a partir de dezembro, o posto de magistrado de ligação com o judiciário brasileiro. O juiz de ligação ficará permanentemente em Brasília, com escritório na Embaixada da França e no Ministério da Justiça brasileiro, para facilitar os contatos entre os sistemas judiciários dos dois países. Bockel explicou que a França já possui 15 magistrados de ligação sediados na Europa, na América do Norte, na África e na Ásia, ressaltando ser o Brasil o primeiro país latino-americano a receber um representante oficial do sistema judicial francês. O magistrado de ligação de Brasília, atualmente em processo de seleção, ficará responsável por toda a América do Sul. Na avaliação de Bockel, a criação do cargo de magistrado de ligação impulsionará a cooperação judiciária entre Brasília e Paris. SUPREMO TRIBUNAL FEDERAL. *Brasil e França intensificam cooperação judiciária*. Notícia. s/d. Brasília. Disponível em ‹http://www2.stf.jus.br/portalStfInternacional/cms/verConteudo.php?sigla=portalStfDestaque_pt_br&idConteudo=164021›. Acesso em 14.04.2020.

Especial relevo merece a previsão do art. 69, § 3º, do CPC, a dispor que o pedido de cooperação judiciária pode ser realizado entre órgãos jurisdicionais de diferentes ramos do Poder Judiciário. A aparente singeleza do dispositivo esconde a profundidade da revolução que o Código permite vir a se concretizar em termos de cooperação entre os órgãos da função judicial, mesmo de ramos distintos e, portanto, com competências absolutas diversas.

O art. 69, § 3º, do CPC capta com argúcia a compreensão de a função judicial exercida no Estado Brasileiro se constituir em um serviço público unitário, do qual os feixes de competência de cada ramo da "justiça" da União e da "justiça" dos Estados não passam de *setores de prestação de um mesmo serviço*. Como anotou André Ramos Tavares,

> A estrutura judiciária brasileira é *unitária, nacional*. A presença de um espaço próprio para a atuação (competência jurisdicional) de cada uma das chamadas vulgarmente "Justiças" não pode conduzir à conclusão, que seria de todo equivocada e indesejável, de que o Poder Judiciário no Brasil é fragmentado[23].

Assim compreendido o Judiciário brasileiro, e sendo explorado toda a amplitude do art. 69, § 3º, do CPC, pode-se alcançar a utilização ótima, racionalizada, do corpo de profissionais e estrutura disponíveis para o exercício da função judicial, a partir do momento em que, por exemplo, um juízo federal comum poderá formular pedido de cooperação a um juízo federal militar que, eventualmente, esteja com um menor acervo processual em determinada localidade cooperante, evitando a sobrecarga dos demais ramos do judiciário.

No tocante, por seu turno, à previsão do art. 69, § 2º, do CPC, Luiz Guilherme Marinoni, Sérgio Cruz Arenhart e Daniel Mitidiero esclarecem que os atos concertados entre juízes cooperantes "encontra paralelo no *multidistrict litigation* norte-americano e constitui uma técnica de racionalizar os recursos judiciários, oferecendo soluções que tendem à isonomia. Constitui uma técnica de coletivização, ainda que não se identifique as ações coletivas[24]".

A partir dos atos concertados, pode-se alcançar que um juiz fique responsável por processar e julgar causas de massas[25], a teor do art. 69, II, do CPC, a permitir "a reunião ou apensamento de processos", pois, "enfim, para a prática de qualquer ato processual que possa repercutir em vários processos, autoriza-se o emprego da técnica em exame, desde que o seu emprego favoreça a isonomia ou eficiência da prestação jurisdicional[26]".

23. Tavares, 2012, p. 122-123.
24. Marinoni; Arenhart; Mitidiero, 2016, p. 73.
25. Idem.
26. *Ibidem*, p. 74.

O Código, entrementes, não estabelece balizas mais minudentes para a cooperação entre órgãos judiciais. Na ausência de critérios, Marinoni, Arenhart e Mitidiero expressam expectativa de que os tribunais os definam. Isto por que a cooperação nacional não pode ficar submetida à *vontade* individual, particularizada, de cada julgador[27]. Como ponderam Theodoro Júnior, Nunes, Bahia e Quinaud, em trecho voltado à crítica dos julgamentos puramente principiológicos, perfeitamente aplicável à espécie, "o processo justo (ou democrático), garantido pela ordem constitucional, é aquele que se volta para as garantias processuais constitucionais, dentro dos padrões do devido processo legal[28]", daí rechaçarem os autores as decisões decorrentes da "escolha solitária do julgador", em face do "risco do decisionismo, em que as razões de decidir se localizem em critérios ideológicos do juiz, e não do Direito positivo[29]". No mesmo sentido advertem Marinoni, Arenhart e Mitidiero:

> De fato, embora o texto legal aluda a atos "concertados", é evidente que essa prática não depende da "boa vontade" dos juízes envolvidos. Não se trata de simples faculdade outorgada aos magistrados. Porque os juízos estão investidos de verdadeiros poderes-deveres, presentes situações de preservação da isonomia ou da eficiência da prestação jurisdicional, a concentração de atos deve ocorrer. Por isso, é necessário que se tenha um mínimo parâmetro para a aplicação dessa medida[30].

Neste sentido é que, atualmente, disciplinando o instituto, além das disposições do CPC, há a Resolução nº 350, de 27.10.2020, do Conselho Nacional de Justiça (CNJ), que "estabelece diretrizes e procedimentos sobre a cooperação judiciária nacional entre os órgãos do Poder Judiciário e outras instituições e entidades, e dá outras providências".

Constam das *consideranda* da Resolução, dentre outras, que o princípio constitucional da eficiência na administração pública (art. 37 da Constituição) é aplicável à administração judiciária; que a cooperação judiciária, em especial por meio de auxílio direto, constitui mecanismo contemporâneo, desburocratizado e ágil para o cumprimento de atos judiciais fora da esfera de competência do juízo requerente ou em interseção com ele e que os atos conjuntos e concertados entre os juízos cooperantes são instrumento de gestão processual, permitindo a coordenação de funções e o compartilhamento de competências.

O ato normativo (art. 1º) dispõe sobre a cooperação judiciária nacional, abrangendo a cooperação ativa, passiva e simultânea entre os órgãos do Poder

27. *Ibidem*.
28. Theodoro Júnior *et alli.*, 2016, p. 74.
29. *Idem*.
30. Marinoni; Arenhart; Mitidiero, 2016, p. 74.

Judiciário, no âmbito das respectivas competências, observados o princípio do juiz natural e as atribuições administrativas e sobre a cooperação interinstitucional entre os órgãos do Poder Judiciário e outras instituições e entidades, integrantes ou não do sistema de justiça, que possam, direta ou indiretamente, contribuir para a administração da justiça.

O art. 6º da Resolução dispõe que, além de outros definidos consensualmente, os atos de cooperação poderão consistir: I – na prática de quaisquer atos de comunicação processual, podendo versar sobre a comunicação conjunta a pessoa cuja participação seja necessária em diversos processos; II – na prestação e troca de informações relevantes para a solução dos processos; III – na redação de manuais de atuação, rotinas administrativas, diretrizes gerais para a conduta dos sujeitos do processo e dos servidores públicos responsáveis por atuar em mecanismos de gestão coordenada; IV – na reunião ou apensamento de processos, inclusive a reunião de execuções contra um mesmo devedor em um único juízo; V – na definição do juízo competente para a decisão sobre questão comum ou questões semelhantes ou de algum modo relacionadas, respeitadas as regras constantes nos artigos 62 e 63, do CPC; VI – na obtenção e apresentação de provas, na coleta de depoimentos e meios para o compartilhamento de seu teor; VII – na produção de prova única relativa a fato comum; VIII – na efetivação de medidas e providências para recuperação e preservação de empresas; IX – na facilitação de habilitação de créditos na falência e na recuperação judicial; X – na disciplina da gestão dos processos repetitivos, inclusive da respectiva centralização (art. 69, § 2º, VI, do CPC), e da realizaçãode mutirões para sua adequada tramitação; XI – na efetivação de tutela provisória ou na execução de decisão jurisdicional; XII – na investigação patrimonial, busca por bens e realização prática de penhora, arrecadação, indisponibilidade ou qualquer outro tipo de constrição judicial; XIII – na regulação de procedimento expropriatório de bem penhorado ou dado em garantia em diversos processos; XIV – no traslado de pessoas; XV – na transferência de presos; XVI – na transferência de bens e de valores; XVII – no acautelamento e gestão de bens e valores apreendidos; XVIII – no compartilhamento temporário de equipe de auxiliares da justiça, inclusive de servidores públicos; e, XIX – na efetivação de medidas e providências referentes a práticas consensuais de resolução de conflitos.

A resolução articula, ainda, uma Rede Nacional de Cooperação Judiciária, composta pelo(s): I – juízes de cooperação judiciária; II – núcleos de cooperação judiciária de cada um dos tribunais brasileiros; e, III – Comitê Executivo da Rede Nacional de Cooperação Judiciária, instituído pelo CNJ.

Nos termos dos parágrafos do art. 8º da Resolução, o processamento dos pedidos de cooperação será informado pelos princípios da celeridade, da concisão, da instrumentalidade das formas e da unidade da jurisdição nacional, dando-se prioridade ao uso dos meios eletrônicos, devendo os atos e pedidos de cooperação judiciária serem realizados de forma fundamentada, objetiva e imparcial.

Importante disciplina se encontra no art. 11 da Resolução, ao estabelecer que "os atos conjuntos e concertados são adequados para disciplinar a cooperação entre órgãos jurisdicionais em torno de um ou alguns processos, ou a prática de atos mais complexos relacionados a esses mesmos processos". Nos termos da Resolução, o ajuste celebrado para a prática de atos de cooperação deve ser assinado pelos juízos cooperantes e o instrumento consensual juntado aos autos dos processos a ele relacionados previamente à prática dos atos de cooperação. Além disso, os atos de cooperação devem ser informados ao juiz de cooperação para adequada publicidade, cabendo a este remeter a informação ao respectivo Núcleo de Cooperação Judiciária. Sendo os atos de cooperação celebrados por juízos de ramos distintos do Poder Judiciário, devem os respectivos tribunais serem informados, para conhecimento.

Em analogia aos *juízes de ligação*, a Resolução prevê que cada tribunal, por seus órgãos competentes, designará um ou mais magistrados para atuarem como *juízes de cooperação*, também denominados de *ponto de contato* (art. 12), os quais integrarão a *Rede Nacional de Cooperação Judiciária*, tendo por função facilitar a prática de atos de cooperação judiciária (art. 13).

São atribuições específicas do juiz de cooperação (art. 14): I - identificar soluções para os problemas que possam surgir no processamento de pedido de cooperação judiciária; II - facilitar a coordenação do tratamento dos pedidos de cooperação judiciária no âmbito do respectivo tribunal; III - fornecer todas as informações necessárias a permitir a elaboração eficaz de pedido de cooperação judiciária, bem como estabelecer contatos diretos entre os diversos órgãos e juízes; IV - intermediar o concerto de atos entre juízes cooperantes e ajudar na solução para problemas dele decorrentes; V - comunicar ao Núcleo de Cooperação Judiciária a prática de atos de cooperação, quando os juízes cooperantes não o tiverem feito; VI - participar das comissões de planejamento estratégico dos tribunais; VII - participar das reuniões convocadas pela Corregedoria de Justiça, pelo Conselho Nacional de Justiça ou pelos juízes cooperantes; e, VIII - promover a integração de outros sujeitos do processo à rede de cooperação.

Os Tribunais Regionais Federais, os Tribunais Regionais do Trabalho, os Tribunais Regionais Eleitorais, os órgãos da Justiça Militar da União, os Tribunais de Justiça e os Tribunais de Justiça Militar deverão constituir e instalar *Núcleos de Cooperação Judiciária*, com a função de sugerir diretrizes gerais, harmonizar rotinas e procedimentos de cooperação, consolidar os dados e as boas práticas junto ao respectivo tribunal (art. 17). Já ao Conselho Nacional de Justiça caberá a manutenção do adequado funcionamento do *Comitê Executivo da Rede Nacional de Cooperação Judiciária*, que organizará as ações nacionais dos núcleos de cooperação judiciária e providenciará a reunião, pelo menos uma vez por ano, mediante convocatória, dos núcleos e dos Juízes de Cooperação de todos os tribunais (art. 20).

No tocante à participação na cooperação judicial, a Resolução estabelece que esta deve ser documentada nos autos, observadas as garantias fundamentais do processo, bem como deve ser comunicada às partes (art. 5º, III e V).

A teor do art. 8º, § 3º, as partes poderão também requerer esclarecimentos e solicitar ajustes nos atos de cooperação praticados, na forma do artigo 357, §1º, do CPC. Já o art. 8º, § 4º confere às partes e às pessoas naturais ou jurídicas, órgãos ou entidades especializadas, com representatividade adequada, requerer ao juízo a realização de ato de cooperação para as hipóteses previstas na Resolução.

O art. 9º da Resolução dispõe que os juízos cooperantes poderão intimar as partes a se manifestarem acerca do ato de cooperação a ser praticado, quando a complexidade da matéria recomendar. Por fim, a Resolução repisa que os atos de cooperação poderão, pelos meios previstos na legislação processual, ser objeto de impugnação (art. 9º, § 1º).

3. A COOPERAÇÃO JURÍDICA INTERNACIONAL POR AUXÍLIO DIRETO E COOPERAÇÃO JURÍDICA ENTRE ÓRGÃOS DO JUDICIÁRIO BRASILEIRO SÃO INSTRUMENTOS DE ACESSO À JUSTIÇA CIVIL NO SÉC. XXI

A cooperação jurídica internacional por auxílio direto e a cooperação jurídica entre órgãos do judiciário estão compreendidas na concepção de uma moderna processualística, centrada em procedimentos utilizados para processar e mesmo prevenir disputas nas sociedades atuais[31]. São instrumentos que estão na linha da que observara **Norberto Bobbio**[32], ao asseverar que a ordem jurídica precisa de mais atuação e concretização do que novas declarações de direitos, representados por toda ordem de Estatutos e Códigos que a cada dia são promulgados.

Por seu turno, Humberto Theodoro Júnior, Dierle Nunes, Alexandre Bahia e Flávio Quinaud destacam que "o judiciário, a partir do processo constitucional, passa a ocupar papel de destaque na efetivação desses direitos. Sua função é não é apenas de aplicação da norma jurídica, mas de materialização desta"[33].

31. Cappelletti; Garth, 1999, p. 68.
32. Bobbio, 2004, p. 25.
33. Theodoro Júnior *et alli.*, 2016, p. 132.

> Por isso mesmo, falar em uma busca por mecanismos que viabilizem uma cooperação judiciária é algo de extrema importância, já que tais instrumentais serão vitais para diminuir gastos com procedimentos e atos jurisdicionais, bem como acelerar os mesmos, o que acaba por repercutir em ganhos de celeridade, economicidade e eficiência.
>
> Além do mais, a preocupação que ganha força na atualidade denota um sinal de que a autocompreensão do Judiciário também - e não apenas a sociedade - tem que assumir uma postura dialógica. A construção de canais internos de comunicação só tem a representar um ganho para toda a sociedade brasileira[34].

Além disso, a par da economicidade (pela diminuição de gastos), da horizontalidade (canais diretos) e maior informalidade da cooperação (eficiência), é necessário se destacar, na realidade da justiça brasileira, a necessidade da justa gestão do tempo, a apontar para a imprescindibilidade da busca de soluções pragmáticas[35].

Neste contexto, a cooperação jurídica internacional por auxílio direto e a cooperação jurídica entre órgãos do Judiciário brasileiro são instrumentos cujos manejos constitucionalmente adequados e com as atenções voltadas para a complexa realidade do país apontam para o acesso à justiça civil no séc. XXI de modo mais democrático, efetivo, célere, econômico, horizontalizado e informal.

CONCLUSÕES

A cooperação jurídica internacional por auxílio direto e a cooperação jurídica entre órgãos do Judiciário brasileiro constituem-se em instrumentos que inegavelmente colocam o Brasil em um novo patamar de compreensão da função judicial, ampliando a efetividade do acesso à justiça, porquanto aptos a fazer face aos desafios colocados à Justiça em escala global e em âmbito nacional, considerando-se a realidade de um país de dimensões continentais como o Brasil.

Ademais, são instrumentos modernos, de comunicação horizontalizada entre juízos, prescindindo da atividade do Superior Tribunal de Justiça, de agentes diplomáticos ou consulares ou das cartas rogatórias, de ordem e precatórias.

Favorecem, portanto, a celeridade e a democratização do acesso à Justiça (em especial por serem mais econômicos que os meios clássicos para cooperação e comunicação entre juízos) reunindo potencialidade para modificações no modelo de prestação da função judicial no Brasil.

---

34. *Idem.*
35. GONÇALVES, 2011, p. 286.

REFERÊNCIAS BIBLIOGRÁFICAS

ALLARD, Julie; GARAPON, Antoine. *Os juízes na mundialização – a nova revolução do direito.* Trad. Rogério Alves. Lisboa: Instituto Piaget, 2006.

ARNULL, Anthony. *European Union Law – A Very Short Introduction.* Oxford: Oxford University Press, 2017.

BOBBIO, Norberto. *A era dos direitos.* Trad. Carlos Nelson Coutinho. Rio de Janeiro: Elsevier, 2004.

BRASIL. *Justiça em números 2019.* Brasília: Conselho Nacional de Justiça, 2019. Disponível em: ‹https://www.cnj.jus.br/wp-content/uploads/conteudo/arquivo/2019/08/justica_em_numeros20190919.pdf›. Acesso em 24.01.2020, p. 9 e 20.

BRASIL. *Resolução nº 350, de 27.10.2020.* Brasília: Conselho Nacional de Justiça, 2020. Disponível em ‹https://atos.cnj.jus.br/files/original182611202011035fa1a0c3a36f6.pdf›. Acesso em 08.12.2020.

CAPPELLETTI, Mauro; GARTH, Bryant. *Acesso à justiça.* Trad. Ellen Gracie Northfleet. 2. ed. Porto Alegre: Fabris, 1999.

COUR DE CASSATION. Le juge et la mondialisation dans la jurisprudence de la Cour de Cassation. Étude Annuelle 2017. Paris: La documentation Française, 2017.

GAMA, Guilherme Calmon Nogueira da. *CNJ investe na cooperação internacional:* Entrevista. 21.10.2013. Brasília. Entrevista concedida à *Agência CNJ de Notícias* Disponível em: ‹http://www.cnj.jus.br/noticias/cnj/60928-cnj-investe-na-cooperacao-internacional›. Acesso em 14.07.2016.

GONÇALVES, Gláucio Maciel. Tempo e direito. In: JAYME, Fernando Gonzaga; FARIA, Juliana Cordeiro de; LAUAR, Maira Terra (Coord.). *Processo Civil Novas Tendências* – em homenagem ao Ministro Sálvio de Figueiredo Teixeira. Belo Horizonte: Del Rey, 2011. p. 281-293.

GONÇALVES, Gláucio Maciel; ANDRADE, Érico; GOUVÊA, Alex Lamy. Uma comunidade de cortes: a globalização e a função judicial. *Revista Brasileira de Direito Internacional.* v.6 n. 1. 2020. Disponível em ‹https://www.indexlaw.org/index.php/direitointernacional/article/view/6595›. Acesso em 09.12.2020.

MARINONI, Luiz Guilherme; ARENHART, Sérgio Cruz; MITIDIERO, Daniel. *Curso de Processo Civil* – Tutela dos direitos mediante procedimento comum. 2. ed. rev., atual. e ampl. São Paulo: Revista dos Tribunais, 2016.

MINISTÉRIO DA JUSTIÇA E SEGURANÇA PÚBLICA. *Autoridade Central.* Disponível em: ‹https://www.justica.gov.br/sua-protecao/cooperacao-internacional/subtracao-internacional/subtracao-internacional›. Acesso em 14.04.2020.

MINISTÉRIO DA JUSTIÇA E SEGURANÇA PÚBLICA. *Cooperação Jurídica Internacional em Matéria Civil.* Disponível em: ‹https://www.justica.gov.br/sua-protecao/cooperacao-internacional/subtracao-internacional/subtracao-internacional›. Acesso em 14.04.2020.

MINISTÉRIO DA JUSTIÇA E SEGURANÇA PÚBLICA. *Subtração Internacional de Crianças e Adolescentes.* Disponível em: ‹https://www.justica.gov.br/sua-protecao/cooperacao-internacional/subtracao-internacional/subtracao-internacional›. Acesso em 14.04.2020.

MINISTÉRIO PÚBLICO FEDERAL. *Alimentos Internacionais Convenção de Nova Iorque*. Disponível em: ‹http://www.mpf.mp.br/atuacao-tematica/sci/dados-da-atuacao/alimentos-internacionais-convencao-de-nova-iorque-1›. Acesso em 14.04.2020.

POLIDO, Fabrício Bertini Pasquot. *Direito Processual Internacional e o Contencioso Internacional Privado*. Curitiba: Juruá, 2013.

REZEK, Francisco. *Direito Internacional Público:* curso elementar. 15. ed. rev. e atual. São Paulo: Saraiva, 2014.

SLAUGHTER, Anne-Marie. *A new world order*. Princeton: Princeton University Press, 2004.

SUPREMO TRIBUNAL FEDERAL. *Brasil e França intensificam cooperação judiciária*. Notícia. s/d. Brasília. Disponível em ‹http://www2.stf.jus.br/portalStfInternacional/cms/verConteudo.php?sigla=portalStfDestaque_pt_br&idConteudo=164021›. Acesso em 14.04.2020.

TAVARES, André Ramos. *Manual do Poder Judiciário*. São Paulo: Saraiva, 2012.

TESHEINER, José Maria. Cooperação Judicial Internacional no Novo Código de Processo Civil. *Revista de Processo*, São Paulo, v. 234/2014, p. 331-344.

THEODORO JÚNIOR, Humberto; NUNES, Dierle; BAHIA, Alexandre Melo Franco; PEDRON, Flávio Quinaud. *Novo CPC – Fundamentos e sistematização*. 3. ed. rev., atual. e ampl. Rio de Janeiro: Forense, 2016.

TIBÚRCIO, Carmen; CALMON, Guilherme. *Sequestro Internacional de Crianças* – Comentários à Convenção da Haia de 1980. São Paulo: Atlas, 2014.

ZAVASCKI, Teori Albino. Cooperação Judicial Internacional e a Concessão de *Exequatur*. *Revista de Processo*, São Paulo, v. 183/2010, p. 9-24.

CAPÍTULO 6

As múltiplas dimensões da cooperação judiciária na administração da justiça brasileira

Antônio Gomes de Vasconcelos[1]

1. INTRODUÇÃO

O instituto da cooperação judiciária, embora presente no sistema judiciário brasileiro há mais de meia década antes da edição do Código de Processo Civil de 2015, somente passou a ser debatido e tornou-se objeto de estudos mais amplos após o novo Código. Mesmo assim, o debate e o processo de construção teórico-doutrinária da cooperação judiciária têm se concentrado nos limites estreitos da cooperação judiciária processual, como se o instituto se esgotasse na dimensão meramente tecno-processual.

O presente artigo tem por objetivo mostrar que a cooperação judiciária é, muito mais que isso, uma estratégia de administração de justiça que não se resume a atuação dos órgãos judiciais na prática de atos processuais ou na condução dos processos. Espera-se fornecer ao leitor elementos que lhe permitam constatar que, ao ampliar o conceito advindo do direito internacional e vislumbrar a cooperação judiciária como instrumento e estratégia de

1. Professor da Faculdade de Direito da UFMG. Mestre e Doutor em Direito Constitucional. Desembargador do Tribunal Regional do Trabalho de Minas Gerais. Coordenador do Núcleo de Cooperação Judiciária do Tribunal Regional do Trabalho de Minas Gerais. Membro do Comitê Estadual da Rede Nacional de Cooperação Judiciária em Minas Gerais. Coordenador do Programa Universitário de Apoio às Relações de Trabalho e à Administração da Justiça da UFMG (PRUNART-UFMG).

administração da justiça em sentido amplo, a concepção brasileira do instituto confira-lhe originalidade, identidade e conceito próprios.

Para tanto é necessário enfrentar dois problemas concernentes à temática: o uso indistinto dos conceitos de cooperação processual como princípio estabelecido no art. 6.º do CPC/15 e, reitere-se, a redução à sua dimensão meramente processual, em prejuízo do sentido amplo que o conceito comporta se compreendido a partir da análise do conjunto de normas que regem o instituto. Além disso, o cotejo entre regulação processual e sua regulação administrativa (CNJ). É preciso ir além do CPC e cotejar Recomendações, especialmente a Resolução 350/2020 do Conselho Nacional de Justiça.

A cooperação judiciária constitui uma das transformações mais profundas operadas na administração da justiça brasileira desde que o Conselho Nacional de Justiça (CNJ) iniciou sua trajetória como órgão formulador da Estratégia Nacional do Poder Judiciário, inaugurada com a Resolução 70, de 18 de março de 2009. A administração da justiça deixou de ser vista como uma questão meramente processual, mas também como uma questão de gestão estratégica, não sendo mais compreendida como atividade de suporte à atuação dos órgãos jurisdicionais no mundo restrito do processo. A morosidade, o déficit de gestão, o insulamento, o hermetismo, o burocratismo e o consequente alheamento e distanciamento do Poder Judiciário da realidade passaram a ser vistos como desafios a serem enfrentados.

Desde a Constituição da República de 1988 o modelo tradicional de administração de justiça, exclusivamente processual-burocrático-liberal-positivista-tecnicista, tornou-se contraditório com os objetivos da nova república constitucional que incluiu dentre os fundamentos do estado brasileiro a "dignidade humana", a aplicação imediata dos direitos e garantias fundamentais, individuais e sociais nela estabelecidos. O Estado Democrático Constitucional de Direito, então instituído, erigiu à condição de direito fundamental de todo cidadão o da "razoável duração do processo" e a garantia da efetividade dos direitos fundamentais promovendo, assim, uma profunda reformulação do conceito de acesso à justiça. Aquele paradigma de Estado confere ao Poder Judiciário a função de "distribuidor de justiça", especialmente ante a inoperância dos demais poderes.[2] A superação do fosso existente entre a realidade e a função constitucional do Poder Judiciário constitui hoje um dos maiores desafios da administração da justiça brasileira.

A criação do Conselho Nacional de Justiça pela Emenda Constitucional 45 constituiu um passo importante à medida que aquele órgão enfatiza a dimensão

2. ZAGREBELSKY, Gustavo. **El derecho dúctil.** Madrid: Trotta, 2005, *passim*.

estratégica, a racionalização e a ampliação do sentido da administração da justiça como inerente à atividade de controle da atuação administrativa do Poder Judiciário. Não se pode deixar de contrastar a sobreposição dos princípios da eficiência, da celeridade e da previsibilidade jurídica com a missão declarada do Poder Judiciário de "realizar a justiça", com a pretensão de "ser reconhecido pela sociedade como instrumento efetivo de justiça, equidade e paz social" - elementos que norteiam a Estratégia Nacional do Poder Judiciário, desde sua versão inaugural implementada pela Resolução 70/09 (CNJ). A definição das diretrizes, objetivos e ações estratégicas destinadas realização de sua missão e à consecução de sua visão de futuro, tem promovido grandes transformações na administração da justiça. Um dos desafios que vem sendo enfrentado e deve ser superado é a desproporção entre medidas adotadas no sentido de performar os aspectos quantitativos (estatísticos) e aqueles destinados a promover avanços nos aspectos qualitativos da jurisdição que estão, mais densamente, vinculados ao cumprimento da missão de "realizar a justiça" - esta compreendida como a efetiva garantia da efetividade dos direitos fundamentais, individuais e sociais.

Por essa razão, intentar-se-á, nos estreitos limites desse artigo, construir uma visão panorâmica do instituto da cooperação judiciária no sistema jurídico brasileiro, a partir de uma abordagem sistêmica do instituto, sem a pretensão, entretanto, de apresentar uma visão pormenorizada das especificidades de cada uma delas.

A abordagem do tema neste ensaio focaliza os seguintes aspectos: trajetória institucional e normativa do instituto da cooperação judiciária como estratégia de administração de justiça desde o status de Recomendação (Rec. 38/2011, CNJ) ao de norma cogente (Res. 350/2020, CNJ); as múltiplas dimensões da cooperação judiciária brasileira (panorama relativo à cooperação judiciária nacional); uma concepção sistêmica da cooperação judiciária nacional; panorama atual (Res. 350/2020, CNJ).

2. GÊNESE DO PROCESSO DE CONSTRUÇÃO CONCEITUAL E ORGÂNICA DA COOPERAÇÃO JUDICIÁRIA NOS SISTEMAS JURÍDICO E DE JUSTIÇA BRASILEIROS

Com a finalidade de demonstrar as raízes e a originalidade do instituto da cooperação judiciária brasileira e seu potencial de, para além de uma concepção teórico-normativa, promover uma transformação paradigmática na administração da justiça nacional. Considera-se oportuna uma breve e panorâmica visão da cooperação judiciária internacional no âmbito da União Europeia (UE), como fonte inspiradora do que aqui se designará por "sistema nacional de cooperação judiciária". Com efeito, a cooperação judiciária nacional - que de hora em diante será reportada tão somente pela designação "cooperação judiciária", vai muito de sua fonte inspiradora de modo que a prática europeia constitui apenas um capítulo do instituto, na versão brasileira. A cooperação judiciária não se restringe à dimensão processual e, talvez não seja essa a dimensão que encerra maior potencial de impacto na reformulação da administração da justiça, tal como concebida pelo CNJ, considerada a trajetória do instituto no interregno entre a edição da Recomendação 28/09 até a recente edição da Resolução 350/20.

A cooperação judiciária envolve uma dimensão estrito senso (cooperação judiciária processual) e uma dimensão lato senso que diz respeito à administração da justiça lato senso e abrange a formulação das políticas judiciárias nacionais e seus desdobramentos regionais e locais e a execução da Estratégia Nacional do Poder Judiciário. Por isso, ela comporta múltiplas dimensões que serão abordadas adiante. A cooperação judiciária estrito senso (processual) confere ampla criatividade aos magistrados cooperantes na resolução de questões relacionadas à competência, à gestão processual e judiciária com vistas à racionalização da prestação jurisdicional, orientada pela busca da efetividade da ordem jurídica, da duração razoável do processo e de um julgamento justo. Somadas suas dimensões processual e administrativa a cooperação judiciária, uma vez incorporada à cultura e consolidada a sua prática, ela significará uma transformação paradigmática na administração da justiça brasileira. Ela mobiliza o Poder Judiciário a se ocupar com a realização de diagnósticos multifacetários das causas dos litígios, a formular políticas judiciárias locais, regionais ou setoriais e a definir objetivos e estratégias de administração da justiça, dentre as quais aquelas voltadas para a prevenção e tratamento dos conflitos repetitivos/massivos. Estimula, por outro lado, a atuação coletiva, participativa e dialógica dos órgãos judiciais para, a partir de um "livre convencimento coletivo" construído dialógico, formular diretrizes de ação, locais ou regionais, voltadas para a otimização da gestão judiciária, das rotinas, dos procedimentos e do andamento processual. A cooperação judiciária processual, que incide em processos em andamento, institucionaliza meios consensuais de intercâmbio e interação - prestação de auxílio e concertação de atos processuais - entre quaisquer órgãos judiciais para que sejam superadas disfuncionalidades, contradições e obstáculos resultantes de "vazios institucionais" (*institucional voids*) na tramitação e na resolução dos processos, com a finalidade de tornar efetiva a missão de "realizar a justiça" e a prestação jurisdicional e oferecer à sociedade julgamentos justos em prazo razoável.

2.1. A matriz inspiradora

O instituto da cooperação judiciária tem inspiração na cooperação comunitária[3] adotada entre os países que fazem parte da União Europeia, após a

3. O termo tem sido utilizado inadequadamente, ao referir-se ao seu conceito e prática originariamente adotados na União Europeia, razão pela qual considera-se mais adequado o termo cooperação comunitária.

consolidação da união econômica e política dos 27 Estados-membros que a compõem. Cada um deles com seu sistema jurídico e judiciário próprios passou a lidar com demandas das instituições e dos cidadãos dos Estados-membros, simultaneamente cidadãos europeus.

O aumento de "intercâmbios transfronteiriços entre pessoas naturais e jurídicas" significou também o aumento de processos judiciais, em consequência, inclusive, do aumento da delinquência internacional como corolário da supressão das fronteiras internas ao território europeu. Os juízes europeus passaram a utilizar as cartas rogatórias e outros atos de cooperação judiciária internacional com frequência cada vez maior, o que foi determinante para a criação de mecanismos institucionalizados e de uma regulamentação comunitária com o objetivo de facilitar e agilizar o acesso dos cidadãos à justiça e promover o andamento dos processos de forma mais rápida e eficaz, resguardadas as devidas garantias processuais[4].

O tratado de Maastricht vislumbrou na cooperação judiciária o caminho para a harmonização da atuação dos poderes judiciários comunitários para superar perplexidades decorrentes da interseção de ordens jurídicas e sistemas judiciários dos países da UE. Foi assim que, no espaço judicial europeu, a cooperação judiciária internacional, inaugurada no campo penal, estendeu-se por intermédio de sucessivos tratados para as áreas civil e comercial, com a constituição de uma Rede Judiciária Europeia Penal e uma Rede Judiciária Europeia em matéria civil e mercantil. Tais redes foram instituídas com o objetivo de constituir e preservar um "espaço de liberdade, segurança e justiça" no âmbito da Comunidade Europeia.

Essas Redes de Cooperação contemplam, em síntese, um sistema de informação de fácil acesso, mantido e atualizado por uma rede de autoridades nacionais competentes, destinado a facilitar o acesso à justiça. Esse sistema é dotado de instrumentos de integração para o desenvolvimento da cooperação judiciária entre os quais se destaca a designação de autoridades centrais responsáveis pela cooperação judiciária internacional, um ou mais pontos de contato designado pelos Estados-membro, magistrados de ligação. Os pontos de contato "facilitarão a coordenação da cooperação judiciária nos casos em que vários pedidos de autoridades judiciais de um Estado-membro exigirem uma execução coordenada noutro Estado-membro" (Artigo 4º da Ação Comum de 1998).

Essa estrutura de suporte à cooperação judiciária é dotada também de: *a)* um sítio eletrônico para identificação dos pontos de contato designados pelos Estados-membro e para reunir informações jurídica e prática sobre os sistemas

4. Garriga, Georgina. O espaço judicial europeu: a cooperação judiciária penal e civil. In: **Revista do Tribunal Regional do Trabalho da 3ª Região**. Belo Horizonte: Tribunal Regional do Trabalho da 3. Região, v. 49, n. 79, p. 163-200. jan/jun, 2009.

jurídico, judiciário e processual de cada um dos Estados-membro; *b)* um Atlas no qual são identificadas as autoridades competentes para o recebimento e execução dos pedidos de cooperação judiciária.

A cooperação judiciária internacional europeia foi de grande importância para a consolidação da Comunidade Europeia cabendo destacar, dentre tantos, os seguintes aspectos por ela abrangidos em seu estágio mais avançado:

- Proclamação do princípio do reconhecimento mútuo das decisões judiciais estrangeiras como a pedra angular do sistema de cooperação judiciária internacional em matéria civil e penal da União Europeia;
- Ampliação do processo de "codecisão" nas matérias especificadas no Tratado da Comunidade Europeia;
- Criação de estruturas orgânicas de cooperação judiciária;
- Desenvolvimento de um sistema normativo comunitário de estruturação e operacionalização da cooperação judiciária;
- Compartilhamento de competência entre a Comunidade Europeia e os Estados-membro;
- Simplificação das formalidades de reconhecimento e de execução das decisões judiciais e dos laudos arbitrais;
- Concepção da cooperação judiciária com instrumento de solução de conflitos de jurisdição;
- Superação da regra tradicional pela qual *locus regit actum* em favor do princípio *forum regit actum*, para estabelecer que a lei do Estado rogante passe a reger a prática do auxílio judiciário no Estado rogado;
- Agilização do processo de reconhecimento e execução da decisão judicial;[5]
- A cooperação residente, anteriormente, no âmbito intergovernamental para solucionar problemas relacionados ao compartilhamento de competências entre a Comunidade Europeia e os Estados-membros, estendeu-se também para o campo da cooperação judiciária, tanto nos setores em que existem atos comunitários em vigor quanto nos que não existem norma vigente. Essa cooperação não substitui, entretanto, os mecanismos de cooperação estabelecidos nos referidos atos normativos;[6]

5. Idem.
6. Ibidem.

- Sem distinguir as especificidades das áreas civil, penal e comercial, são exemplos da cooperação judiciária erigida no âmbito da UE:
- Relações diretas entre os pontos de contato para efeito de exercer as funções que lhes compete;
- Competência judicial e reconhecimento de decisões judiciais em matéria civil e comercial;
- Convenção relativa à competência judicial, ao reconhecimento e à execução de decisões judiciais em matéria matrimonial;
- Simplificação das formalidades de reconhecimento e de execução das decisões judiciais e dos laudos arbitrais;
- Transmissão e Intimação de documentos judiciais e extrajudiciais em matéria civil e comercial;
- Facilitação da execução das cartas rogatórias e dos pedidos de extradição;
- Solução de conflitos de jurisdição.[7]

2.2. A singularidade do sistema judiciário brasileiro e a cooperação judiciária

Resende Chaves pontuou que o modelo europeu de cooperação judiciária internacional seria muito indicado para adoção no plano interno do Judiciário brasileiro, fundamentalmente por "três razões: (I) a extensão continental do território brasileiro; (II) a concepção federalista da República do Brasil e (III) a divisão do Poder Judiciário em cinco ramos autônomos, com insuficientes mecanismos de comunicação". O diagnóstico que o conduziu a essa conclusão reside no fato de que se tem no Brasil 91 tribunais-ilhas, com expressivo déficit de integração e comunicação. A cooperação judiciária, na sua dimensão processual, constituiria elemento facilitador dos atos judiciais que devam ser cumpridos fora da competência territorial, material ou funcional do julgador requerente da cooperação.[8]

Para além desse primeiro enfoque, a fundamentação teórico-político-constitucional do instituto da cooperação judiciária comporta pressupostos mais amplos que devem orientar sua compreensão, dentre os quais se destaca: *(a)* a transição paradigmática do modelo de racionalidade em que se assentam o positivismo-individual-tecnicista que inspirou a administração da justiça e a

7. GARRIGA, op. cit.
8. RESENDE CHAVES JÚNIOR, José Eduardo. Cooperação Judiciária na Justiça do Trabalho. In: **Revista do Tribunal Regional do Trabalho 3ª Região**, Belo Horizonte, v. 61, n. 92, p. 107-130, jul./dez. 2015.

jurisdição do Estado liberal, para um sistema baseado em premissas epistemológicas coerentes com os fundamentos, valores e princípios e com o paradigma do Estado Democrático de Direito instituídos na Constituição de 1988; *(b)* o conjunto de ações destinadas ao enfrentamento das carências e disfuncionalidades da administração da justiça, da morosidade da prestação jurisdicional e do comprometimento de seus aspectos qualitativos e quantitativos resultantes da enorme desproporção entre a capacidade de absorção da demanda social e capacidade de resposta satisfatória do Poder Judiciário a esta demanda; *(c)* a implementação do planejamento estratégico, da racionalização da administração da justiça, do aperfeiçoamento dos procedimentos judiciais e da gestão judiciária; *(d)* as tensões resultantes dos questionamentos acerca das bases conceituais, das estratégias, dos objetivos e da ideologia que presidem o movimento de reforma do Poder Judiciário nacional, na qual se incluem medidas concernentes à administração da justiça *stricto sensu*, relacionadas à gestão dos recursos materiais e humanos e às medidas e estratégias de administração da justiça não relacionadas ao exercício da jurisdição propriamente dito.[9]

Tais premissas são fundamentais para a percepção da cooperação judiciária tal como concebida no sistema judiciário brasileiro - como estratégia de administração da justiça em sentido amplo, a ser compreendida em dupla perspectiva: a técnico-jurisdicional, relacionada à resolução de casos concretos objeto do processual judicial; a administrativa desvinculada do caso *sub judice*. Essa perspectiva, por sua vez, evoca múltiplas dimensões: a administração da justiça em sentido amplo (formulação e desdobramentos locais das políticas públicas de administração de justiça, em âmbito local ou regional), a gestão judiciária (racionalização de procedimentos e rotinas processuais), prevenção e gestão de demandas repetitivas; intercâmbio de boas práticas entre os órgãos jurisdicionais; compartilhamento de infraestrutura; interação entre as instituições do sistema de justiça e entre o Poder Judiciário e Universidades com vistas ao aprimoramento da administração da justiça.

A cooperação judiciária abrange a interação, o intercâmbio e a colaboração, tanto na dimensão processual quanto na dimensão administrativa, nos planos horizontal e vertical, entre instituições do Poder Judiciário e entre essas e as demais instituições do sistema de justiça como um todo. No âmbito administrativo, o seu escopo é a integração e o alinhamento estratégico de todas as unidades do Judiciário, no sentido de garantir a precisão dos diagnósticos de realidade, o fomento à interação, a troca de experiências, conhecimento,

9. VASCONCELOS, Antônio G.; CHAVES, José Eduardo R. "Cooperação Judiciária na administração da justiça e no Processo do Trabalho", IN COLNAGO, Lorena M. R.; NAHAS, Thereza C. *Processo do Trabalho atual*. São Paulo: Revista dos Tribunais, 2016, pp. 263-302.

práticas jurídicas e administrativas, se inserem no âmbito da cooperação judiciária e implicam a abertura de espaços institucionais para a ação coletiva de magistrados, para a formulação de diagnósticos de realidade e de políticas jurisdicionais voltadas para a gestão judiciária e para a administração da justiça. Nessa dimensão a cooperação judiciária importa a adoção de mecanismos suplementares de gestão administrativa e processual fundados nos princípios da descentralização, da colaboração e da eficácia (Recomendação 38/11, CNJ).

3. A CONSTRUÇÃO DO SISTEMA NACIONAL DE COOPERAÇÃO JUDICIÁRIA

A evolução do conceito e das práticas de cooperação judiciária inaugurou-se e aprofundou-se, com maior relevância, na perspectiva administrativa e não jurisdicional, sendo que este aspecto tem merecido pouca atenção dos estudiosos. A análise do instituto tem sido realizada pela Ciência Processual, por conseguinte, limitada a seus aspectos processuais. Carece, portanto, de uma abordagem sistêmica no campo da ciência da Administração da Justiça, cujos estudos e desenvolvimento ainda são raros em nosso País. Assim, a espécie tem tomado o lugar do gênero. A hiperdimensão da parte segue obscurescendo o todo com grande prejuízo à necessária transformação da administração da justiça no enfrentamento da denominada "crise da justiça".

A referência à cooperação judiciária, no ordenamento jurídico brasileiro, antecede o registro que dela fez o novo CPC; comunicações recentes do CNJ já a mencionavam como estratégia de administração da justiça.

A Resolução n.º 70, de 18 de março de 2009, editada para dispor "sobre o Planejamento e a Gestão Estratégica do âmbito do Poder Judiciário" estabeleceu objetivos estratégicos que implicitamente introduzem a exigência de uma paulativa superação da cultura isolamento dos órgõs judiciais pela cultura da cooperação judiciária, à medida em que foram eleitos como objetivos:

- a eficiência operacional como forma de garantir que os trâmites judiciais e administrativos tenham agilidade e que a gestão dos custos operacionais chegue à excelência;
- a facilitação do acesso à justiça e a promoção da efetividade no cumprimento das decisões judiciais;
- o alinhamento estratégico nas unidades do Judiciário e o diálogo e o intercâmbio de experiências entre os tribunais, nacional e internacionalmente;
- a harmonização das relações entre os setores, os Poderes e instituições;

- o desenvolvimento de atitudes, habilidades e conhecimentos dos magistrados e servidores;
- a oferta de infraestrutura adequada ao desenvolvimento das atividades judiciais e administrativas.

A Recomendação 28, de 16 de novembro de 2009 do Conselho Nacional de Justiça indicou, explicitamente, medidas concretas de cooperação entre os órgãos jurisdicionais por intermédio do Projeto de Justiça Integrada: integração e compartilhamento de estruturas, recursos humanos, materiais, equipamentos e ferramentas tecnológicas com vistas à otimização de despesas e à melhoria dos serviços judiciários; uso comum dos espaços públicos; protocolos integrados; prestação de informações e emissão de certidões relativas a processos em trâmite em outros tribunais; compartilhamento de espaços em fóruns para implantação de órgãos judiciais vinculados a outros tribunais.

A Recomendação n.º 38, de 3 de novembro de 2011 do CNJ delineia a cooperação entre órgãos judiciários em uma tríplice dimensão: a) a processual; b) a formulação coletiva de política jurisdicional e de gestão judiciária, visando prever e gerir conflitos de massa ou repetitivos, harmonizar e/ou sincronizar a prática de atos processuais em processos conexos de competência de órgãos judiciais distintos, pertencentes, ou não, ao mesmo foro; e c) a participação de magistrados de primeira e de segunda instâncias na administração da justiça. Recomendou aos tribunais a criação de Núcleos de Cooperação Judiciária e Juízes de Cooperação como estruturas de suporte à cooperação judiciária, com o objetivo de institucionalizar meios para maior fluidez e agilidade à comunicação entre os órgãos judiciários e outros operadores sujeitos do processo para: a) cumprimento de atos judiciais; bl) harmonização e agilização de rotinas e procedimentos forenses fomentando a participação dos magistrados de todas as instâncias na gestão judiciária.

A Recomendação, em seu Anexo, define diretrizes gerais e mecanismos preparatórios para a implantação da Rede Nacional de Cooperação Judiciária. Além de instituir, de forma embrionária, os mecanismos estruturais da cooperação judiciária, dedica boa parte de seus dispositivos ao tratamento da cooperação judiciária processual. Antecipa disposições sobre os atos processuais suscetíveis de serem objeto de cooperação entre os órgãos jurisdicionais, explicitando de modo inequívoco[10] que a enumeração tem caráter meramente exemplificativo, cabendo aos órgãos cooperantes, atentos à singularidade de cada caso em concreto, averiguar a conveniência, a oportunidade e a utilidade

10. "A cooperação judiciária é admissível para a prática de todos os tipos de atos, providências, medidas, procedimentos e ritos processuais" (art. 3º, Anexo da Recomendação 38/22, CNJ).

da cooperação, tendo em vista os objetivos dos institutos e as diretrizes que regem sua aplicação.

Embora não seja objeto deste artigo aprofundar em cada uma das modalidades de cooperação judiciária não se pode deixar de destacar, como aspectos basilares do instituto, a preservação do princípio do juízo natural e a não restrição do seu campo de abrangência à prática de atos processuais nos termos previstos nos arts. 67 a 69, do CPC. Com relação a este último aspecto, cabe observar que a Recomendação antecipa a dimensão não processual da cooperação judiciária. Considerada a administração da justiça em sentido amplo e a transformação paradigmática que o instituto em estudo representa, a disposição constante do artigo 9º confere à cooperação judiciária um significado ainda mais abrangente, que redobra a sua relevância. Essa relevância já vem sendo demonstrada nos inúmeros casos de cooperação judiciária concernentes à sua utilização na formulação de políticas de administração de justiça em âmbito local, como é o caso da experiência do Singespa, em curso há uma década no Tribunal Regional do Trabalho de Minas Gerais[11], que serviu de fonte de inspiração daquele dispositivo, cuja relevância vale a transcrição literal:

> Os tribunais poderão constituir núcleos de cooperação judiciária com a função de sugerir diretrizes de ação coletiva, harmonizar rotinas e procedimentos, bem como atuar na gestão coletiva de conflitos e na elaboração de diangósticos de política judicária, propondo mecanismos suplementares de gestão administrativa e processual, fundados nos priníipo da descentralização, colaboração e eficácia.

Ao instituir a Rede Nacional de Cooperação Judiciária (RNPJ), o Conselho Nacional de Justiça foi, materialmente, além de uma mera recomendação. Ao abrir espaço institucional para a formulação de diretrizes de ação coletiva, harmonização de procedimentos, gestão coletiva de conflitos, realização de diagnósticos de política judiciária e de participação dos magistrados de 1º e 2º graus na administração da justiça, foi muito além da dimensão processual da cooperação judiciária.

O novo Código de Processo Civil, nos artigos 67 a 69, com adequações pontuais, repoduziu na legislação processual as disposições da Recomendação 38/11, do CNJ, concernentes à cooperação judicária processual. Não se registra nenhuma alteração significativa quanto aos contornos anteriormente estabelecidos na Recomendação 38/11, CNJ. Ainda que, neste artigo, se tenha o propósito

11. Cf. VASCONCELOS, Antônio Gomes de. "O novo sentido da jurisdição na Estratégia do Poder Judiciário Nacional e seu desdobramento na experiência do SINGESPA/TRT3-MG", IN ORSINI, Adriana G. S.; COSTA, Mila B. L. Corrêa; ANDRADE, Oyama B. *Justiça do Século XXI*. São Paulo: LTr, 2014, pp. 135-162.

de uma abordagem panorâmica das múltiplas dimensões da cooperação judiciária, remete-se ao ao tópico que trata das modalidades de cooperação judiciária exercitáveis no Sistema Nacional de Cooperação Judiciária, especialmente a abordagem de aspectos da cooperação judiciária na sua dimensão processual, sobre os quais se quer lançar luzes.

A Resolução 350, editada em 27 de outubro de 2020 pelo Conselho Nacional de Justiça à medida que intentou realizar o "adensamento normativo" da Recomendação 38/11, daquele mesmo órgão, "diante das leis federais que entraram em vigor após a publicação da referida Recomendação, constitui o avanço mais significativo na trajetória de institucionalização do Sistema Nacional de Cooperação Judiciária (SNCJ)". O referido ato normativo contempla com maior densidade as múltiplas dimensões da cooperação judiciária e a estrutura concebida para dar sustentação ao sistema, anteriormente prevista apenas como "recomendação".

A Resolução 350, oportuna e compreensivelmente, dá ênfase à cooperação judiciária na sua dimensão processual, uma vez que o instituto já começa a ganhar "foros de cidadania" na prática jurisdicional. Nesse sentido, a conformação de procedimentos e os aspectos estruturais e operacionais dessa modalidade de cooperação judiciária procedida pela citada norma atendeu a necessidade urgente e complementar em relação às disposições do novo Código de Processo Civil.

A Resolução, contudo, não se descurou de questões nucleares indispensáveis à consolidação da cooperação judiciária com estratégia de administração da justiça, nos aspectos anteriormente indicados pela Recomendação 28/11, CNJ, por serem fundamentais para a concretização de inúmeras ações previstas na Estratégia do Poder Judiciário Nacional em suas versões anteriores (Resolução 70/2009 e Resolução 198/2014, CNJ) e na versão atualizada pela Resolução 325/2020, CNJ.

Se a cada estratégia deve corresponder uma estrutura e procedimentos operacionais que tornem possível sua realização, a Resolução 350/2020, CNJ, estabeleceu as bases conceituais, normativas e operacionais estruturantes da cooperação judiciária em administração da justiça em sentido amplo, no que promove uma profunda transformação paradigmática na administração da justiça nacional. Sob o signo "cooperação interinstitucional" a Resolução reconhece e institucionaliza a cooperação judiciária em administração da justiça em sentido amplo, ao incluir no conceito de cooperação judiciária a dimensão administrativa nos seguintes termos:

> Art. 1º Esta Resolução dispõe sobre a cooperação judiciária nacional, abrangendo as seguintes dimensões:

....

II – a cooperação interinstitucional entre os órgãos do Poder Judiciário e outras instituições e entidades, **integrantes ou não do sistema de justiça** (destaquei), que possam, **direta ou indiretamente** (idem), contribuir para a administração da justiça.

A institucionalização da cooperação judiciária, para além da dimensão processual, foi aprimorada e a aprofundada na referida Resolução. No rol dos atos sujeitos à cooperação judiciária (art. 6º, Resolução 350/20, CNJ) estão contemplados atos cooperativos endoprocessuais e atos cooperativos em gestão judiciária e em administração da justiça em sentido amplo. São eles: "redação de manuais de atuação, rotinas administrativas, diretrizes gerais para a conduta dos sujeitos do processo e dos servidores públicos responsáveis por atuar em mecanismos de gestão coordenadas", "efetivação de medidas e providências para a recuperação e preservação de empresas", "disciplina da gestão dos processos repetitivos, inclusive da respectiva centralização", "efetivação de medidas e providências referentes a práticas consensuais de resolução de conflitos" e outros atos cooperativos. Ora, tais possibilidades, de caráter meramente exemplificativo[12], dizem respeito à viabilidade de formulação coletiva e concertada de políticas de administração de justiça que se traduzam em desdobramento da Estratégia do Poder Judiciário Nacional vigente. Portanto, como resultado do seu desdobramento em âmbito local ou regional, sem prejuízo de quaisquer outras iniciativas que contribuam para a "realização da justiça" (missão estratégica do Poder Judiciário Nacional) mediante a promoção da efetividade da ordem jurídica, de julgamentos justos, da eficiência na administração da justiça e da duração razoável do processo.

O avanço mais significativo promovido pela Resolução 350/2020, CNJ foi o fortalecimento da cooperação judiciária como estratégia de administração da justiça, ao explicitar com clareza a dimensão administrativa da cooperação judiciária. E, ainda, fornecer à ciência jurídica elementos basilares para o avanço da construção de uma teoria sistêmica do instituto da cooperação judiciária, não deixando espaço para uma espécie de mutilação conservadora do instituto a partir de uma construção teórica sustentada no paradigma leitura liberal-formal-tecnicista-positivista já superado pelas fundamentos e princípios do Estado Democrático de Direito inscritos na Constituição de 1988. Tais premissas implicaram em profunda reformulação da função do Poder Judiciário, e do sentido função jurisdicional e dos fundamentos e objetivos da administração da justiça,

12. Desenvolvimentos mais amplos acerca do caráter exemplificativo e não casuístico da relação dos casos em que pode ocorrer a cooperação judiciária, nas suas múltiplas dimensões, são expostos no tópico que trata da cooperação judiciária processual.

na medida em que o primeiro tornou-se copartícipe e corresponsável pela realização do projeto de sociedade inscrito na Constituição.

Sob o signo "cooperação interinstitucional" a Resolução 350/2020, CNJ, sem tolher quaisquer outras possibilidades de utilização da cooperação judiciária como estratégia de administração da justiça e instrumento contributivo para a execução da Estratégia Nacional do Poder Judiciário, orientada para a realização de sua *missão* de *realizar a justiça*, tipificou, implicitamente, alguns campos de atuação em que ela pode ocorrer. Corolário deste quadro, ressalva-se que, quaisquer outras formas de cooperação judiciária, além das previstas expressamente, passíveis de serem engendradas entre órgãos judicias e entre estes e as demais instituições do sistema de justiça ou outros atores devem, necessariamente, vincular-se ao objetivo estratégico de promover o aprimoramento da administração da justiça. Nesse sentido, o fará por meio da gestão de demandas repetitivas e dos grandes litigantes, da prevenção de litígios, da efetividade da ordem jurídica, da prestação jurisdicional e do princípio da duração razoável do processo, e as condições para o alcance de um julgamento justo.

Com efeito, a cooperação judiciária, na sua dimensão interinstitucional-administrativa confere aos órgãos judiciários e instituições envolvidas inciativa para a formulação de verdadeiras políticas de administração da justiça locais e/ou regionais, ao prever a sua utilização para "a elaboração e adoção de estratégias para o tratamento adequado de processos coletivos e ou repetitivos, inclusive para a sua prevenção"[13]. Tais políticas são, portanto, desdobramento da estratégia nacional e devem estar alinhadas às políticas judiciárias nacionais quinquenais definidas nos atos normativos que, a cada período, estabelecem a Estratégia Nacional do Poder Judiciário, os (macro)desafios a serem enfrentadas e as ações estratégicas a serem executadas.

Os Tribunais e mesmo os órgãos judiciários locais podem, na presente quadra, firmar políticas judiciárias locais destinadas ao enfrentamento dos macrodesafios sobre os quais se definiu a Estratégia Nacional do Poder Judiciário 2021-2026, bem como nos Objetivos de Desenvolvimento Sustentável da Agenda 2030 da ONU (Resolução 325/2020, CNJ). Evoco, neste aspecto, os macrodesafios "fortalecimento da relação institucional do judiciário com a sociedade" e "prevenção de litígios e adoção de soluções consensuais par aos conflitos", os quais revelam profundo alinhamento estratégico entre a cooperação judiciária administrativo-interinstitucional e a Estratégia Nacional do Poder Judiciário, hoje vigente. A Estratégia convoca todo o Poder Judiciário a fomentar "meios extrajudiciais para

13. BRASIL. Conselho Nacional de Justiça. Resolução Nº 350, de 27 de outubro de 2020. Estabelece diretrizes e procedimentos sobre a cooperação judiciária nacional entre os órgãos do Poder Judiciário e outras instituições e entidades, e dá outras providências.

a prevenção e para resolução negociada dos conflitos, com participação ativa do cidadão", com vistas a estimular a comunidade a resolver seus conflitos sem necessidade de processo judicial, mediante conciliação, mediação e arbitragem e firmar parcerias entre os Poderes e entre o Poder Judiciário e a sociedade "a fim de evitar potenciais causas judiciais e destravar controvérsias existentes"[14].

As bases normativas, conceituais, institucionais e operacionais estão, portanto, erigidas para que o Poder Judiciário proceda a uma profunda transformação no tocante à autocompreensão de sua função política (como poder da República) e social e de seu papel ativo na superação do que se tem designado por "crise do poder judiciário". Em lugar de centrar sua "potência" institucional no tratamento individual dos conflitos, atuando no "varejo", pode o Poder Judiciário assumir também a condição de mediador social, atuando como catalisador das demais instituições do sistema de justiça, além de outros atores públicos, sociais e coletivos, convertendo-os sob sua coordenação e liderança em copartícipes da administração da justiça. Nesta dimensão, o Poder Judiciário torna-se portador, por iniciativa própria, de exponencial capacidade de atuação transformadora da administração da justiça, podendo realizar muito mais do que faz com os recursos disponíveis e até mesmo reduzir os custos sociais e econômicos da administração da justiça. Esta perspectiva não pode ser caricaturizada como privatização da justiça; mas, antes ser compreendida como uma oportunidade inédita de se caminhar em direção à superação do déficit de legitimidade e credibilidade sociais advindo da demora, do burocratismo, do desgaste da sua função simbólica de garantir a efetividade dos direitos, das disfuncionalidades do sistema judiciário geradoras de resíduos de injustiça e, ainda, de promover maior participação da sociedade na administração da justiça e, com isso, a efetiva democratização do Poder Judiciário.

Ao finalizar este tópico descortina-se um diagnóstico importante a ser considerado pelos estudiosos do assunto. A investigação e a construção teórico-doutrinária acerca da dimensão processual da cooperação judiciária vem se encaminhando de forma consistente e tem sido objeto de produção científica e acadêmica inaugurais de grande relevância. O mesmo não tem acontecido com as demais dimensões do instituto a despeito de sua expressão. No entanto, a potência transformadora das demais dimensões da cooperação judiciária (interinstitucional) lhes confere importância estratégica ainda mais relevante do que sua dimensão exclusivamente processual.

Questões marcadamente expressivas situam-se no "pano de fundo" em que a fundamentação teórico-político-constitucional do instituto da cooperação

14. BRASIL. Conselho Nacional de Justiça. Resolução n.º 325, de 29 de junho de 2020. Dispõe sobre a Estratégia Nacional do Poder Judiciário 2021-2026 e dá outras providências.

judiciária haure sua legitimidade constitucional. Aqui se destacam, especificamente, *(a)* a transição paradigmática da racionalidade liberal-positivista-individual-formal-tecnicista coerente com os modelos liberal-social de Estado que inspiraram a administração da justiça e a jurisdição baseadas no individualismo, no tratamento atomicista e desconectado da realidade das demandas e no solipsismo jurisdicional para um sistema baseado em premissas epistemológicas coerentes com os fundamentos, valores e princípios coerentes com o paradigma do Estado Democrático de Direito instituído na Constituição de 1988; *(b)* reconhecimento do fato de que a administração da justiça pode ser tratada estrategicamente e planejada em bases racionais a partir da definição de uma estratégia e de um conjunto de ações destinadas ao enfrentamento das carências e disfuncionalidades da administração da justiça, da demora da prestação jurisdicional e da ineficiência e inefetividade da prestação jurisdicional nos seus aspectos qualitativo e quantitativo resultantes da enorme desproporção entre as da demanda sociedade e a capacidade de uma resposta satisfatória por parte do Poder Judiciário; *(c)* conexão conceitual e operacional entre administração (disponibilização e gestão dos recursos materiais e operacionais) e jurisdição, sendo ambas suscetíveis de serem tratadas estrategicamente com vistas a tratamento racional e sistêmico da administração da justiça, ao aperfeiçoamento dos procedimentos judiciais e da gestão judiciária; *(d)* aprofundamento em eventuais contradições entre determinados aspectos da ideologia que preside o movimento de reforma do Poder Judiciário nacional, suas as bases conceituais e objetivos e função política e social reservada ao Poder Judiciário na Constituição da República (1988).

Frente a todo esse aparato posto à sua disposição, a magistratura está desafiada a "crise de identidade epistemológica[15] em que se encontra: entre superar o enrijecimento organizacional das instituições judiciais, a permanência em matrizes teóricas arcaicas, o formalismo e o ritualismo e rejeitar as transformações culturais necessárias para atender às exigências da sociedade em tempos de racionalidade e capacidade dos sistema judiciário de "realizar a justiça" e resgatar perante a sociedade esse imaginário simbólico, mediante a aplicçaão das normas jurídicas de "modo legítimo e eficaz (...) conectadas hermeneutiamente com a realidade social e econômica", esta compreendida com o parte necessariamente integrante do sistema legal. A cooperação judiciária é, estrategicamente, instrumento indispensável à execução da estratégia do Poder Judiciário e, portanto, das políticas de administração da justiças centradas na missão de "realizar a justiça", compreendida como garantia da efetividade dos direitos, em tempo razoável.

15. FARIA, José Eduardo. **Direitos humanos, direitos sociais e justiça**. São Paulo: Malheiros, 1998, p 21.

A aceitação, a adesão e a boa vontade jurisdicional da magistratura brasileira, em peso, para com o instituto da cooperação judiciária em seu sentido amplo, como estratégia de administração da justiça – dimensão processual e administrativa (gestão de processos, procedimentos e de conflitos judicializados a partir de uma visão sistêmica e coletiva), pode significar uma transformação qualitativa da administração da justiça e da prestação jurisdicional. Sobretudo, a partir da substituição da concepção e tratamento atomicista dos conflitos, por uma concepção sistêmica e global dos conflitos de massa e da revisão do sentido da prestação jurisdicional, para incluir nela uma dimensão preventiva que remete o Poder Judiciário a uma atuação para além do processo, promovendo a abertura dos órgãos judiciais para o diálogo e a concertação com as demais instituições do sistema de justiça e outras instituições ou atores sociais.

Assim, com todo esse instrumental disponível, no atual estágio em que se encontra a administração da justiça em nosso país, a questão de maior relevância que se apresenta é a da cultura judiciária. As resistências culturais poderão ser, agora, o maior obstáculo à reforma judiciária endógena do sistema judiciário frente aos inquestionáveis ganhos para a sociedade e para o Estado brasileiro.

4. O SISTEMA NACIONAL DE COOPERAÇÃO JUDICIÁRIA

A reunião plenária dos magistrados de cooperação representantes dos 92 tribunais que compõem os diversos ramos do Poder Judiciário Nacional, realizada no II Encontro Nacional de Juízes de Cooperação em 09/08/13, em São Paulo, em sequência às discussões e encaminhamentos[16] deliberados no I Encontro Nacional de Juízes de Cooperação, ocorrido em 19/10/12, no Rio de Janeiro, aprovou o Anteprojeto de Resolução que institui e regulamenta o Sistema Nacional de Cooperação Judiciária (SNCJ).

O Anteprojeto tem como escopo tão somente sistematizar os elementos normativos, estruturais, organizacionais, operacionais que compõem o arranjo institucional que institui e viabiliza a implementação da cooperação judiciária nacional na sua dinâmica e permanente evolução, a partir das Recomendações e Resoluções editadas pelo Conselho Nacional de Justiça, direta ou indiretamente relacionadas ao referido instituto. O Regulamento, decerto, não inova, tão

16. No referido encontro foi instituída a Comissão para Elaboração do Anteprojeto de Regulamento da Rede Nacional de Cooperação Judiciária integrada por este autor, na condição de relator e autor do documento inicial que serviu de base para os trabalhos da Comissão, e pelos magistrados Antônio Mário de Castro Figliolia, Desembargador do Tribunal de Justiça de São Paulo, e Manoel dos Reis Morais, Desembargador do Tribunal de Justiça de Minas Gerais. Todos, então, magistrados de 1ª. Instância em seus respectivos Tribunais de origem. Aprimorado pela Comissão e pela Plenária o Anteprojeto foi encaminhado e submetido a tramitação e deliberação do Conselho Nacional de Justiça.

somente sistematiza e cria "pontes" que visam promover a interação entre os elementos que compõem o sistema e viabilizam a máxima eficácia, eficiência e efetividade do instituto. O SNCJ, que reúne e sistematiza a integração entre os seguintes componentes institucionais, que viabilizam a prática da cooperação judiciária no sistema judiciário, articula e racionaliza os seguintes elementos:

- Recomendações e Resoluções do Conselho Nacional de Justiça;[17]
- Disposições normativas inovadoras oriundas do novo Código de Processo Civil;*
- Rede Nacional de Cooperação Judiciária (RNCJ): Comitê Executivo Nacional, Comitês Executivos Estaduais, Núcleos de Cooperação Judiciária dos Tribunais e os Magistrados de Cooperação dos Tribunais de todos os ramos do Poder Judiciário;
- Atlas da Rede de Cooperação Judiciáira nacional;[18]
- Portal da RNCJ[19];
- Encontro Nacional de Magistrados de Cooperação (ENMC);
- Todos os demais elementos que configuram a estrutura, a organização e as estratégias de gestão, que dão suporte às atividades da Rede Nacional de Cooperação Judiciária e à prática da cooperação judiciária.

O Regulamento do SNCJ, ao reger e estabelecer procedimentos sobre a prática da cooperação judiciária em todas as suas dimensões, vislumbra compor uma "espécie de manual institucional", uma vez que sistematiza e articula todos os elementos normativos, organizacionais e institucionais afetos à cooperação judiciária. Além disso, sua importância reside no fato de absorver com maior facilidade, mediante revisões periódicas, as inovações e aperfeiçoamentos do instituto, reunindo-os num só documento.

O Regulamento, ao sistematizar as diversas dimensões e possibilidades de acionamento do instituto da cooperação judiciária pelos órgãos judiciais, atuará como "norma pedagógica e de fomento" à sua prática e disseminação.

O Encontro Nacional de Magistrados de Cooperação (ENMC) constitui elemento de destaque no SNCJ, além de se firmar como uma estratégia importante

17. O Anteprojeto de Regulamento do SNCJ carece de atualização para absorver as inovações oriundas do novo Código de Processo Civil e da Resolução 350/2020, do CNJ.
18. Visa facilitar a formulação de pedidos de cooperação judiciária na medida que contempla a relação e contatos de todos os magistrados de cooperação de todos os Tribunais do pais.
19. Ambiente de comunicação eletrônica destinado a servir de meio de comunicação entre os magistrados de comunicação na preparação dos atos de cooperação judiciária.

para o desenvolvimento e a consolidação da cooperação judiciária em todos os níveis. Por conta desse espaço dinâmico e interativo foi que a cooperação judiciária chegou estágio em que se encontra. Tais encontros de forma mais amplas já foram e continuam previstos na Estratégia Nacional do Poder Judiário. Em menor escala e limitados ao SNCJ, os ENMC reproduzem os objetivos e se constituem como desdobramento da Rede de Governança Colaborativa do Poder Judiciário instituída pela Resolução 198/14 e replicada pela Resolução 325/20, ambas do CNJ e regulamentada, atualmente pela Portaria 50, de 23 de abril de 2019, Presidência do CNJ.

A Rede de Governança Colaborativa do Poder Judiciário, que reúne representantes de todos os segmentos de justiça, contempla o exercício da cooperação judiciária em administração da justiça em nível máximo, uma vez que lhe compete apresentar propostas de aperfeiçoamento da Estratégia Nacional do Poder Judiciário para análise da Comissão Permanente de Gestão Estratégica, Estatística e Orçamento do CNJ e à aprovação dos presidentes dos Tribunais nos Encontros Nacionais do Poder Judiciário. A cooperação judiciária é exercida ainda com maior peso, nesse campo. Dessarte, os ENMC destinados ao aperfeiçoamento da cooperação judiciária, enquanto estratégia de administração da justiça, têm, uma vez mais, grande importância na execução da Estratégia Nacional do Poder Judiciário.

5. O CONCEITO MULTIDIMENSIONAL DA COOPERAÇÃO JUDICIÁRIA[20]

A Resolução 350/2020, CNJ, consolidou a ampliou concepção multidimensional do instituto da cooperação judiciária subjacente às Recomendações anteriores e à Estratégia Nacional do Poder Judiciário em suas sucessivas versões anteriores correlacionadas à matéria. No sistema brasileiro, a cooperação judiciária, enquanto estratégia de administração da justiça, envolve a elaboração de diagnósticos interinstitucionais, multifacetários e complexos da realidade destinados a subsidiar a concepção e a execução interinstitucionais de políticas judiciárias. E, consequentemente, relaciona-se à escolha de prioridades, a formulação de diretrizes gerais para o desdobramento da estratégia nacional do Poder Judiciário em

20. A abordagem aqui erigida toma como referência, por seu peso e legitimidade, o Anteprojeto de Regulamento do Sistema Nacional de Cooperação Judiciária, a pesquisa desenvolvida junto Programa de Pós-Graduação da Faculdade de Direito da Universidade Federal de Minas Gerais (UFMG), na Área de Estudos **"Administração da Justiça, Governança e Políticas Públicas"** vinculada à Linha de Pesquisa *Direitos Humanos e Estado Democrático de Direito: Fundamentação, participação e Efetividade*, por pesquisador orientado por este autor, cujo relatório (FONSECA, João Gustavo F. M. Cooperação Judiciária Processual – flexibilidade procedimental para a efetividade da jurisdição. Dissertação de Mestrado defendida na Faculdade de Direito da UFMG, 2018. Orientador: Prof. Antônio G. de Vasconcelos) resultou na obra: FONSECA, João Gustavo H. M. *Cooperação judiciária processual – histórico teoria e prática*. Rio de Janeiro: Lumen Juris, 2019.

estratégias regionais, locais e até mesmo por unidades jurisdicionais, a concepção execução de programas e projetos interinstitucionais de administração de justiça, orientados para a prevenção e resolução das demandas judiciais, especialmente para o tratamento de demandas repetitivas e/ou massivas oriundas de grandes litigantes, observadas as características singulares de cada realidade. Ainda no âmbito administrativo, mas no campo restrito da organização e tramitação dos processos, descortina-se a cooperação em gestão judiciária que abrange a busca de maior racionalidade e eficácia dos atos, procedimentos e rotinas judiciárias. E, ainda, a gestão dos recursos administrativos de suporte à atividade jurisdicional relativamente a cada unidade ou conjunto de unidades jurisdicionais. Em âmbito mais restrito e diretamente ligada à atividade jurisdicional estrito senso, situa-se a cooperação judiciária processual absorvida pelo novo Código de Processo Civil. Esta, ainda que se possa vislumbrar a possibilidade de ela ensejar uma transformação paradigmática na atividade jurisdicional, exatamente por se restringir a processos em andamento (arts. 67 e 69, do CPC), não tem condições de, por si só, promover uma transformação sistêmica e paradigmática da administração compreendida sistemicamente, como se poderá fazer com a exploração de todas as demais potencialidades ou dimensões do instituto em estudo.

A cooperação judiciária em administração da justiça, tal como conceituada acima, envolve a participação de todos os magistrados e das instituições integrantes, ou não, do sistema de justiça na formulação de políticas jurisdicionais mediante. A institucionalização de espaços internos de atuação coletiva e de concertação interinstitucional de projetos e ações comuns voltados para prevenção e gestão de demandas repetitivas parece relevante para assegurar a continuidade e a efetividade de tais projetos.

O enfoque processual e administrativo do instituto da cooperação judiciária torna relevante a distinção teórico-pedagógica dos diversos campos de incidência da cooperação judiciária – modalidades subconceituais – sem que se retire dela a sua unidade e coerência conceitual, que reside na articulação de esforços de todos os atores envolvidos, em diversas frentes de atuação para a melhoria do sistema judiciário e da administração da justiça.

A cooperação judiciária, no sistema jurídico brasileiro, tem como objetivo a busca da agilidade e da efetividade da prestação jurisdicional, assim como a melhoria dos serviços judiciários e da administração da justiça, e compreende, além da cooperação entre magistrados, partes e auxiliares da justiça, na realização de atos processuais, envolvendo as seguintes dimensões: *(a)* o exercício consensual e compartilhado de atos jurisdicionais e de administração de justiça, mediante entendimento e mútua colaboração entre órgãos judiciais vinculados a quaisquer tribunais dos diversos ramos da justiça brasileira, em processos em que haja interseção das respectivas competências, observadas a independência e a liberdade de convicção do magistrado; *(b)* a formulação de políticas jurisdicionais e a adoção de diretrizes de ação coletiva entre órgãos judiciários de um mesmo foro, região ou tribunal, e *(c)* a contribuição de magistrados de primeira e de segunda instâncias na administração da justiça, no âmbito dos respectivos tribunais.

O comprometimento do Poder Judiciário com esse projeto da sociedade revela-se nas transformações, porque passa a administração da justiça em nosso país sob os auspícios do Plano Estratégico do Poder Judiciário Nacional, o qual lhe incumbiu de "realizar a justiça". E, consoante ao paradigma do Estado Democrático de Direito, adotado pela Constituição Federal, tal missão só pode ser compreendida no sentido material, concreto, de garantir a efetivação dos direitos e deveres estabelecidos na ordem jurídica, constitucional e infraconstitucional.

Dessarte, a estratégia do Poder Judiciário nacional explicita sua missão institucional no sentido de fortalecer o Estado Democrático e fomentar a construção de uma sociedade livre, justa e solidária, por meio de uma efetiva prestação jurisdicional. A cooperação judiciária, enquanto estratégia de administração da justiça, viabiliza o desdobramento da estratégia nacional do Poder Judiciário no âmbito dos tribunais e dos órgãos judiciais locais, nas seguintes vertentes:

No plano estratégico:

a) O intercâmbio, a troca de conhecimento e experiência, e a comunhão de esforços para a solução de problemas comuns entre os órgãos judiciais;
b) A comunicação, o diálogo e o intercâmbio entre os órgãos judiciais e a sociedade;
c) A formulação coletiva de políticas jurisdicionais e de gestão judiciária, regionais e/ou locais, com o objetivo de prevenir e gerir conflitos de massa ou repetitivos, harmonizar e/ou sincronizar a prática de atos processuais em processos conexos de competência de órgãos judiciais distintos, pertencentes, ou não, ao mesmo foro;
d) A participação efetiva dos magistrados de primeira e segunda instância na administração da justiça;
e) A articulação de programas e/ou projetos interinstitucionais de administração de justiça destinados à execução da estratégia nacional do Poder Judiciário, em âmbito regional ou local.

No plano jurisdicional (*stricto sensu*):

f) Compartilhamento consensual de competências em processos em que haja correlação ou interseção de competências jurisdicionais de mais de um órgão judicial;

g) Delegação consensual de competências para a prática, em regime de cooperação, de ato processuais a órgão distinto A ampliação da jurisdição para além do processo, nela incluindo quaisquer ações institucionais direcionadas para a busca da efetividade da ordem jurídica, para a prevenção dos conflitos, para a gestão e a racionalização da resolução dos conflitos de massa e para a racionalização das rotinas e procedimentos processuais;

h) Concertação de atos processuais em regime de co-decisão para se conferir tratamento adequado, racionalidade, coerência e efetividade à prestação jurisdicional.

Diante do exposto, depreende-se que a cooperação judiciária é, portanto, um conceito multidimensional. A esta altura é possível esboçar construtos teórico-conceituais com a pretensão de contribuir para o debate e aperfeiçoamento do instituto e, mais importante ainda, para o seu manejo técnico-operacional em sua máxima potencialidade, a partir da conjugação das diversas fontes normativas que o delineiam e dos elementos extraídos da estratégia nacional do Poder Judiciário. Nestes termos, é possível conformar as seguintes dimensões, modalidades ou subespécies de cooperação judiciária: cooperação judiciária processual; cooperação em gestão judiciária; cooperação em administração da justiça; cooperação em infraestrutura; cooperação judiciária por extensão e cooperação judiciária internacional.

A seguir, uma abordagem não pormenorizada, limitada a uma compreensão conceitual e sistêmica de cada uma dessas dimensões[21], porque importa mais aqui a compreensão do sentido profundo e abrangente do instituto e menos suas nuanças técnico operacionais. A abordagem se ancorará nas disposições do Anteprojeto de Resolução que institui o Sistema Nacional de Cooperação Judiciária do Poder Judiciário Nacional.

5.1. Cooperação judiciária em administração da justiça

O instituto da cooperação judiciária constitui estratégia de administração de justiça de enorme relevância se compreendida e praticada de modo a se

21. Aqui me valerei ainda mais de minhas contribuições à edificação teórica do instituto por ocasião da enriquecedora orientação de dissertação de mestrado do pesquisador (FONSECA, João Gustavo F. M. Cooperação Judiciária Processual – flexibilidade procedimental para a efetividade da jurisdição. Dissertação de Mestrado defendida na Faculdade de Direito da UFMG, 2018. Orientador: Prof. Antônio G. de Vasconcelos), bem artigo publicado em coautoria com o Desembargador Professor José Eduardo Resende Chaves em VASCONCELOS, Antônio G.; CHAVES, José Eduardo R. "Cooperação Judiciária na administração da justiça e no Processo do Trabalho", IN COLNAGO, Lorena M. R.; NAHAS, Thereza C. *Processo do Trabalho atual.* São Paulo: Revista dos Tribunais, 2016, pp. 263-302. Auxilia ainda a minha condição de membro da Comissão responsável e relator do Anteprojeto de Regulamento do Sistema Nacional de Cooperação Judiciária enviado pela Plenária do II Encontro Nacional de Magistrado de Cooperação ao Conselho Nacional de Justiça para deliberação.

explorar todas as suas potencialidades e suas múltiplas dimensões. Nesse sentido, a expressão "administração da justiça" abarcaria a técnica da cooperação judiciária como uma de suas estratégias. Porém, o emprego da expressão para designar uma das dimensões (ou especificidades) da cooperação judiciária tem um sentido estrito e comporta o determinado campo de atuação do instituto que, para fins didáticos, pode ser delimitado com o intuito de buscar a consolidação conceitual do tema e sua exploração em toda a sua plenitude e potencialidade.

Para os propósitos deste trabalho, designa-se por cooperação *judiciária em administração da justiça* aquela destinada à formulação e execução de políticas regionais e locais de administração da justiça, como desdobramento da Estratégia Nacional do Poder Judiciário. Ela comporta estratégias de administração de justiça e políticas judiciárias que vão muito além da dimensão endoprocessual (cooperação judiciária processual).

Compreendida no seu sentido estrito, a cooperação judiciária em administração da justiça diz respeito à formulação participativa de políticas judiciárias, mediante desdobramento da Estratégia Nacional do Poder Judiciário e das políticas judiciárias nacionais a serem implementadas em âmbito regional ou local conforme as peculiaridades das realidades locais e de cada ramo. Ela pode envolver a participação de órgãos judiciais locais ou regionais, bem como de magistrados de primeira e segunda instância e ocorrer por intermédio de "meios institucionalizados de intercâmbio coletivo e de troca de experiências entre magistrados integrados à estrutura orgânica dos tribunais", como protagoniza o Singespa-TRT3.

Em sentido estrito, a cooperação judiciária em administração da justiça compreende, além da participação dos juízes na gestão judiciária e na administração da justiça, a formulação de políticas jurisdicionais e de administração da justiça internas (envolvendo unidades judiciárias do mesmo foro, determinada região ou o respectivo tribunal) e interinstitucionais. Tais políticas judiciárias locais são orientadas para a busca da efetividade da prestação jurisdicional, da eficácia e eficiência dos serviços judiciários, da prevenção, gestão e tratamento de conflitos de massa, ou de elevado interesse social, coletivo, da solução consensual dos conflitos, da duração razoável do processo e da justiça das decisões. Para tanto, é necessária destinação e, preferivelmente, a institucionalização de espaços de intercâmbio pessoal e profissional, de diálogo, de compartilhamento de conhecimentos em práticas e soluções jurídicas e administrativas e de troca de experiências entre magistrados e, entre estes e os demais atores do sistema de justiça.

O Regulamento, antecipando tendências mais recentes presentes na Estratégia Nacional do Poder Judiciário prevê, no âmbito do SNCJ, a criação de meios institucionalizados de intercâmbio coletivo e de troca de experiências entre magistrados integrados à estrutura orgânica dos tribunais e, a partir deles, viabilizar a construção de consensos cooperativos e diretrizes de ação com objetivos tais como:

- Levantamento de dados e de subsídios contributivos para a elaboração de diagnósticos abrangentes e fidedignos da realidade, a serem considerados nos processos decisórios concernentes à gestão dos tribunais e à administração da justiça;
- Formulação coletiva de políticas jurisdicionais e administrativas gerais, regionais ou locais, orientadas para a melhoria dos serviços judiciários, da prestação jurisdicional e da administração da justiça, segundo diretrizes estabelecidas na Estratégia Nacional do Poder Judiciário;
- Participação coletiva de magistrados nos processos decisórios concernentes à elaboração e à execução do planejamento estratégico, observados os regimentos internos dos tribunais sobre a matéria;
- Promoção da interação com demais instituições do sistema de justiça tendentes à adoção de medidas voltadas à prevenção e à resolução consensual de conflitos, bem como gestão e tratamento conjunto e adequado de conflitos de massa, mediante instrumentos, procedimentos e ações, conjunta e cooperativamente, estabelecidos; e
- Identificação de ações repetitivas e de massa, bem como elaboração de estratégias para a prevenção e solução coletiva de tais demandas.

5.2. Cooperação judiciária processual

A cooperação judiciária processual (arts. 57 a 60, CPC) não se confunde com o dever de cooperação entre os atores do processo (art. 6º, do CPC).

Constitui ato de cooperação judiciária processual o *auxílio* prestado por um órgão judicial (cooperante) a outro (cooperado) consistente na prática ou facilitação do cumprimento de atos processuais a serem realizados no âmbito da competência territorial ou funcional do órgão cooperante ou a *concertação* de atos processuais ou procedimentos, em regime de *codecisão*. Trata-se, portanto, da possibilidade de atuação conjunta, facultativa e consensual, de dois ou mais órgãos judiciais para a prática de atos processuais ou para a concertação e adequação de trâmites ou procedimentos processuais, a fim de preservar a coerência, a integridade e a celeridade da prestação jurisdicional, bem como assegurar a efetividade dos direitos e um julgamento justo, em regime de codecisão, em casos em que há interseção de competências dos órgãos judicias envolvidos. Nestes termos, a cooperação judiciária autoriza o compartilhamento integrativo da prestação jurisdicional, mediante decisão consensual dos órgãos cooperante e cooperado.

A possibilidade de concertação de atos processuais e procedimentos, em regime de codecisão, instituída pela técnica da cooperação judiciária processual tem por fundamento o princípio da *unidade da jurisdição*.

O conteúdo e os aspectos técnicos da cooperação judiciária estão regulados no CPC (arts. 67 a 69).

Dado o objetivo deste artigo, destacam-se aqui apenas alguns dos aspectos da cooperação judiciária em sua dimensão processual, para destacar que esta técnica põe à disposição dos órgãos judiciais um instrumental potente para assegurar maior agilidade, racionalidade e justiça nas decisões. Ela supera o modelo de jurisdição competitiva, configurado especialmente nos conflitos de competência, em favor de um modelo cooperativo de jurisdição. Enfatiza-se a ideia de uma "epistemologia jurisdicional" baseada na intersubjetividade cognitiva dos juízos, cujos atos processuais repercutem numa mesma situação submetida a múltiplos juízos. O tripé coerência, racionalidade/razoabilidade, justiça e efetividade das decisões está na base da cooperação processual.

Resende Chaves enfatiza a transição paradigmática promovida pelo instituto da cooperação judiciária nos seguintes termos:

> O modelo tradicional de jurisdição, para lidar com a pulverização de demandas repetitivas, conexas ou que pressuponham a intersecção de competência de mais de um juiz, tende, muitas vezes, a potencializar o conflito. É comum constatar-se entre os juízes um fogo cruzado de liminares ou até conflitos de competência; o litígio acaba migrando, de forma paradoxal, das partes em demanda para aqueles que têm por missão constitucional apaziguá-lo. O paradigma da cooperação pretende substituir o conflito pela colaboração interna entre os órgãos do Poder Judiciário.[22]

A disseminação da técnica de cooperação judiciária por todo o Poder Judiciário, se compreendida em toda a sua plenitude, tem o potencial de promover uma melhora qualitativa da prestação jurisdicional processual e se firmará como poderoso instrumento para o enfrentamento do crônico problema da morosidade do processo e da incongruência entre provimentos jurisdicionais, especialmente em casos, além de outras situações eivadas de disfuncionalidades, em que ela: (a) previne conflitos de competência que podem ser resolvidos ágil

22. CHAVES JÚNIOR, José Eduardo de Resende. O novo paradigma da cooperação judiciária. Revista eletrônica *Jus Navigandi*: Teresina, ano 17, nº. 3.116, 12.01.2012. Disponível em: [http://jus.com.br/artigos/20841]. Acesso em: 25.07.16.

e consensualmente pelos juízos envolvidos; (b) previne acautela procedimentos conflitantes entre órgãos de igual instância em demandas de igual teor; (c) enseja a possibilidade de tratamento processual uniforme de conflitos repetitivos ou não em trâmite em mais de um órgão judicial; (d) estabelece a reunião de processos ou a concertação de atos processuais em processos de execução contra o mesmo demandado com tramitação em varas distintas.

Nesse sentido, os órgãos judiciais poderão promover a gestão concertada (conjunta) de processos repetitivos em tramitação em mais de um órgão jurisdicional, bem como a reunião ou apensamento de processos entre os quais haja relação de continência ou conexão, ou relação de mera interdependência (art. 69, IV, CPC/15).

Os atos processuais cooperativos abrangem, ainda, o dever dos órgãos jurisdicionais de prestar quaisquer informações necessárias ao andamento e à decisão de processos em andamento solicitadas por outro juízo (art. 69, III, CPC/15).

A abrangência do instituto não pode ser casuisticamente limitada. As hipóteses previstas no § 2.º do art. 69 do CPC/15 são meramente exemplificativas, uma vez que o universo das possibilidades de cooperação é insuscetível de ser prévia e taxativamente delimitado. Tudo dependerá de cada caso em sua irrepetível singularidade.

Na mesma direção do CPC, a Resolução 350/2020, do CNJ, elucida o caráter exemplificativo dos atos de cooperação judiciária processuais ou extraprocessuais nela elencados (art. 6º). O dispositivo é de extrema relevância ao reforçar para o âmbito da cooperação judiciária lato senso o caráter exemplificativo dos atos passíveis de concertação entre os órgãos judiciais cooperantes, estabelecidos no Código de Processo Civil (art. 69, § 1º). Para todos os efeitos, as hipóteses positivadas em ambas as fontes normativas são acompanhadas da ressalva não restritiva "além de outros" atos suscetíveis à concertação (CPC) ou "além de outros (atos de cooperação) definidos consensualmente" (Resolução 350/2020, CNJ).

A administração da justiça em sentido amplo pode agora contar a possibilidade da definição concertada, em cada caso concreto, da tramitação e do procedimento mais adequado a cada situação, especialmente nos casos em que envolvem processos de alta complexidade, repetitivos e a interseção de competências jurisdicionais de mais de um órgão judicial.

O elenco legal, casuístico e exemplificativo, dos atos suscetíveis à cooperação judiciária inclui a comunicação de atos processuais (citação, intimação ou notificação), a produção de provas, os atos de tutela provisória, as medidas relacionadas à preservação ou recuperação de empresas, a facilitação da habilitação de créditos na falência e na recuperação judicial, a concentração num só juízo de atos concernentes a processos repetitivos e a execução de decisões judiciais.

A Resolução 350/20, CNJ, ao incorporar *participação das partes* como princípio informativo da cooperação judiciária, trouxe expressiva contribuição ao aperfeiçoamento do instituto e para a democratização do processo, além de permitir às partes. De certo modo, o exercício do "controle" dos atos de cooperação judiciária processual, ainda que se trate de instituto residente no campo da discricionariedade dos juízos cooperantes, uma vez que o ato de cooperação, nesse caso, é ato voluntário e espontâneo dos órgãos cooperantes, não havendo lugar para uma contraditória cooperação coercitiva, o que tornaria o instituto natimorto.

Nesse contexto, a Resolução assegurou o direito de participação das partes, de pessoa natural ou jurídica, de órgãos ou entidades especializadas, com representatividade adequada, na conformação dos atos processuais cooperativos engendrados entre juízos cooperantes. Os referidos atores processuais poderão requerer aos órgãos judiciais a prática de cooperação judiciária, além de solicitar esclarecimentos e solicitar pleitear ajustes nos atos de cooperação engendrados entre os juízos cooperantes. Por outro lado, os órgãos cooperantes poderão instar as partes a "se manifestarem acerca do ato de cooperação a ser praticado".

Embora a legislação processual tenha abarcado tão somente a cooperação entre órgãos judiciais, o pedido de *auxílio*, em regime de cooperação judiciária, pode ser dirigido a outras instituições integrantes do sistema de justiça ou a "outros operadores sujeitos do processo", nos termos da Recomendação 38/11, CNJ. Isto porque, a referida Recomendação segue em vigor como medida supletiva das políticas judiciárias atinentes à cooperação judiciária, relativamente às recomendações que não contrastam com as disposições da Resolução 350/20, CNJ. Nesse caso, a iniciativa do pedido decorre de decisão unilateral do órgão judicial e da adesão da instituição ou ente cooperante, porque aqui se excluem as hipóteses em que terceiros têm o dever legal de praticar atos processual por decisão imperativa dos órgãos judiciais.

A esta altura já se reuniram elementos suficientes para se distinguir o dever de cooperação entre sujeitos do processo (art. 6º, CPC) que reside no campo da ética processual e diz respeito à exigência de uma conduta ético-cooperativa, que deve pautar a conduta dos sujeitos do processo do dever de cooperação judiciária (arts. 67 a 69) de natureza objetiva e técnico-cooperativa.

5.3. Cooperação em gestão judiciária

A cooperação em gestão judiciária corresponde à adoção consensual de medidas e de ações comuns, sem prejuízo dos princípios do juiz natural, da independência e da livre convicção, estabelecidas em reuniões periódicas, por meio de procedimentos discursivos, democráticos e participativos entre magistrados que atuam no mesmo órgão, foro ou comarca, região, tribunal ou ramo do Poder Judiciário, a fim de promover a eficiência na gestão judiciária mediante: a) a formulação de estratégias comuns para a solução equânime, racional e coerente ações conexas ou repetitivas; b) o aprimoramento da gestão dos órgãos judiciais, com o propósito de agilizar e harmonizar procedimentos judiciais e administrativos, bem como otimizar custos operacionais; c) otimização, racionalização e simplificação das rotinas e procedimentos processuais e administrativos; d) adoção de métodos de gestão processual; e e) a organização e padronizar processos de trabalho nas serventias judiciais, secretarias e gabinetes, mediante o estabelecimento de diretrizes de ação comuns.

A troca de experiências, conhecimento, práticas, soluções jurídicas e administrativas caracterizam a cooperação em gestão judiciária entre órgãos e magistrados, em âmbito local, regional ou nacional.

5.4. Cooperação judiciária em infraestrutura

A cooperação judiciária em infraestrutura – tema inaugural do instituto da cooperação judiciária no direito brasileiro por intermédio da Recomendação 28/09, CNJ – corresponde à cooperação entre tribunais no sentido de promoverem, entre si, ações com vistas à integração e ao compartilhamento de estruturas, recursos humanos e materiais, equipamentos e ferramentas tecnológicas para, em auxílio mútuo, otimizar as despesas e melhorar a prestação dos serviços judiciais.

5.5. Cooperação judiciária internacional

A cooperação judiciária internacional é a única modalidade não passível de exercício no estágio em que o instituto se configura hoje.

A cooperação internacional, tal como regida no CPC/15, tem como autoridade central o Ministério da Justiça, na ausência de designação específica oriunda de tratado em que o Brasil for parte. Cabe ao Ministério mediar a cooperação internacional relativamente à tramitação e execução de pedidos de cooperação enviados ou recebidos pelo Estado brasileiro, observando as disposições dos tratados eventualmente existentes entre o Brasil e outros países. O Código, contudo, institui a figura do auxílio direto quando o ato processual internacional independa de juízo de delibação. O pedido estrangeiro de cooperação será encaminhado à autoridade central brasileira que, por sua vez, o encaminhará à Advocacia-Geral da União, cabendo a esta apresentar o requerimento, em juízo, da medida solicitada.

A fim de assegurar a rápida tramitação de tais pedidos de cooperação internacional, o Anteprojeto de Regulamento da Rede Nacional de Cooperação Judiciária estabelece que o Sistema Nacional de Cooperação Judiciária abranja também atividades de cooperação judiciária internacional. Nesse caso, RNCJ poderá promover a cooperação judiciária internacional para a prática de atos processuais, por quaisquer meios, inclusive de convênio com os Ministérios da Justiça e das Relações Exteriores e outras instituições, estabelecendo-se a figura do magistrado de cooperação judiciária internacional, encarregado de intermediar a comunicação entre órgãos judiciários nacionais e internacionais. O que poderá ocorrer diretamente ou por intermédio de magistrados de cooperação interna, relativamente, a assuntos e pedidos de cooperação judiciária internacional.

As autoridades centrais ou órgãos estrangeiros correspondentes poderão integrar a RNCJ para fins de atos de cooperação internacional que envolvam atos oriundos do país correspondente.

Uma vez instituída a cooperação internacional no âmbito da RNCJ, a autoridade central brasileira poderá, assim, manter contato direto (auxílio direto interno) com o magistrado de cooperação internacional para o cumprimento dos pedidos de auxílio estrangeiros, reduzindo a burocracia e agilizando a providência requerida.

Ao se conferir à RNCJ a competência para atuar em procedimentos de cooperação judiciária internacional, o sistema brasileiro adere ao movimento de "internacionalização do espírito de cooperação" entre sistemas de justiça de Estados nacionais, seguindo o princípio de reciprocidade internacional e de auxílio judiciário mútuo, visando à superação de obstáculos, à celeridade e à efetividade da prestação jurisdicional dependente da cooperação internacional.

Verifica-se que a incorporação da cooperação judiciária internacional, sempre de natureza processual, implica a reformulação da estrutura e dos procedimentos nacionais relativos a essa modalidade de cooperação, hoje intermediada pelo Ministério da Justiça. Contudo, a evolução do SNCJ no sentido de abarcá-la, uma vez alcançado o apoio e o consenso das instituições competentes para tanto e as alterações normativas pertinentes, implicará na desburocratização e agilização exponenciais dos procedimentos atinentes à cooperação judiciária internacional. Nesse caso, a prática de atos processuais realizadas e/ou solicitadas pela RNCP seriam lastreadas em convênio com os Ministérios da Justiça e das Relações Exteriores e intermediada por magistrado de cooperação judiciária internacional. O Anteprojeto prevê a integração da RNCP também por de órgãos judiciais estrangeiros, observadas as normas e princípios de direito internacional pertinentes, especialmente os tratados e convênios internacionais dos quais o Brasil é signatário.

5.6. Cooperação judiciária por extensão (interinstitucional)

A cooperação por extensão se dá por intermédio do intercâmbio entre o Poder Judiciário, mais especificamente os Tribunais ou outras instâncias internas de representação administrativa de órgãos jurisdicionais de instâncias inferiores e outras instituições, integrantes do sistema de justiça ou não, em torno de programas, projetos ou iniciativas de interesse comum relacionados à administração da justiça.

Trata-se de modalidade de cooperação criada a partir do reconhecimento de que, para bem tratar os conflitos sociais subjacentes às demandas que chegam ao Poder Judiciário, a atuação isolada dos órgãos de justiça não é suficiente para uma resposta e tratamento adequado do litígio, sendo necessário o envolvimento dos demais atores do sistema de justiça e até mesmo quaisquer outras instituições que possam colaborar com a administração da justiça e para a efetividade e a celeridade prestação jurisdicional. A esse tipo de cooperação designo como "cooperação por extensão". Nela, o princípio e a disposição cooperativa estendem-se para além das fronteiras do Poder Judiciário. Pela mesma razão, a essa forma de cooperação pode-se referir como cooperação interinstitucional, termo que muito bem denota seu significado.

Uma vez que prevê que o Poder Judiciário atue com outros atores sociais, a Ordem dos Advogados do Brasil, Ministério Público, universidades, entre outros –, a cooperação interinstituiconal, embora possa ser utilizada na sua dimensão processual (portanto híbrido por conjugar dupla dimensão), reveste-se de grande importância na formulação de políticas interinstitucionais de administração da justiça em sentido amplo, visando à prevenção de litígios, ao tratamento e gestão de demandas repetitivas e litigantes habituais e ao fomento dos consensuais e extrajudiciais dos conflitos.

Nesse sentido, a cooperação interinstitucional estaria em consonância com políticas de Estado de estímulo a esses meios de prevenção e resolução dos conflitos, estabelecendo-se sob a coordenação do Poder Judiciário uma relação cooperativa e de intercomplementaridade entre os diversos sistemas de resolução de conflitos sociais. As políticas públicas estatais e judiciárias, a densa e recente legislação de fomento aos meios consensuais e extrajudiciais de resoluções dos conflitos, bem como a consolidação do instituto da cooperação judiciária abrem espaço para um intenso intercâmbio cooperativo entre os tribunais e os atores sociais inseridos no cumprimento destas políticas. Na medida em que tais políticas incumbiram os tribunais da tarefa de implementar e fomentar os meios consensuais e extrajudiciais de resolução dos conflitos, por meio da conciliação e da mediação, judiciais ou extrajudiciais, o Poder Judiciário precisa assumir também o papel de mediador social, isto é, dos atores sociais aptos a participar, subsidiária e supletivamente, da administração da justiça. Esta intermediação é de extrema relevância, não só por potencializar a atuação do Poder Judiciário, mas, sobretudo para assegurar a observância dos princípios da legalidade e da ética na atuação dos atores sociais, não pertencentes ao sistema de justiça. Nesse sentido, cabe ao Poder Judiciário, mesmo em regime de cooperação judiciária por extensão, propugnar pela integridade dos direitos e pela justa resolução das controvérsias, bem como por medidas de prevenção dos litígios.

6. INDICAÇÕES EMPÍRICAS EMBLEMÁTICAS

Evoca-se como base empírica dos constructos e proposições formulados neste trabalho experiências emblemáticas que serão objeto de referência apenas, dada a inconveniência de se estender ainda mais o texto. Serão indicadas, entretanto as fontes bibliográficas em que foram descritas.

6.1. O sistema Integrado de Gestão Judiciária e Participação da Primeira Instância na Administração da Justiça Tribunal Regional do Trabalho de Minas Gerais – SINGESPA/TRT-MG[23]

O sistema Integrado de Gestão Judiciária e Participação da Primeira Instância na Administração da Justiça Tribunal Regional do Trabalho de Minas Gerais – SINGESPA/TRT-MG, em prática há mais de uma década, é experiência exemplar de institucionalização da cooperação judiciária em suas múltiplas dimensões em um único sistema. A partir de organização espontânea dos magistrados de primeiro grau daquele Tribunal, o Singespa tornou-se um espaço institucional destinado a promover o diálogo institucional e a participação na gestão judiciária e na administração da justiça no âmbito do TRT-MG, nas suas relações internas e externas, visando ao aprimoramento dos serviços judiciais e da prestação jurisdicional e à concretização dos princípios da efetividade e da razoável duração do processo e da justa resolução dos conflitos.

Esse sistema de gestão e administração da Justiça adotado pelo TRT3, foi selecionado e premiado pelo *The Justice Studies Center of the Americas* (JSCA--CEJA), órgão da Organização dos Estados Americanos (OEA) e pelo Conselho Nacional de Justiça, no VIII Seminário Internacional de Gestão Judicial – Painel de Experiências Inovadoras em Gestão Judicial, que teve como tema *Planejamento Estratégico e Tecnológico Frente ao Novo Perfil das Demandas Contemporâneas* (Brasília, 30.11.2010).

23. Cf. Para uma visão abrangente desta experiência: a) https://portal.trt3.jus.br/intranet/menu-vertical-1/copy_of_singespa; b) VASCONCELOS, Antônio G. "O novo sentido da jurisdição na Estratégia do Poder Judiciário Nacional e seu desdobramento na experiência do SINGESPA/TRT3-MG", IN ORSINI, Adriana G. S.; COSTA, Mila B. L. Corrêa; ANDRADE, Oyama B. *Justiça do Século XXI*. São Paulo: LTr, 2014, pp. 135-162.

O Sistema Integrado de Gestão Judiciária e de Participação da Primeira Instância na Administração da Justiça do Tribunal Regional do Trabalho da Terceira Região-SINGESPA é, atualmente, unidade administrativa que integra a estrutura da administração do TRT3, vinculada à Presidência. Institucionaliza um amplo espaço de participação, de aproximadamente 300 magistrados do trabalho que atuam em primeira instância, na gestão judiciária e na administração da justiça no âmbito do TRT3, cuja jurisdição se estende por todo o território do estado de Minas Gerais, abrangendo 853 municípios, 135 Varas do Trabalho, quatro postos avançados e dois polos descentralizados de atendimento ao jurisdicionado[24].

A base ideológica do SINGESPA assenta-se na missão e visão de futuro definidas no Planejamento Estratégico do Poder Judiciário Nacional determinantes das seguintes premissas: a) reorganização sistêmica da gestão judiciária e da administração da justiça; b) reorientação das práticas jurisdicionais; c) reconstrução do sentido da jurisdição; d) assimilação, reelaboração teórico-conceitual e a aplicação do instituto da *cooperação judiciária45* nas práticas jurisdicionais; d) formulação coletiva de políticas jurisdicionais com plena participação dos órgãos de primeira instância; e) interação com as demais instituições do Sistema de Justiça; f) participação da sociedade na administração da justiça; f) prevenção e gestão dos conflitos de massa. Além disto, a institucionalização do SINGESPA integra o conjunto de medidas destinadas à correção de disfuncionalidades nos processos de trabalho, ao rompimento do distanciamento entre os órgãos de primeira instância e entre estes e a Administração do TRT3, a conferir coerência sistêmica às práticas administrativas e jurisdicionais das unidades judiciárias no que diz respeito aos atos e procedimentos interdependentes. Visa, sobretudo, à viabilização da estratégia do Poder Judiciário no âmbito do Tribunal, para o que a efetiva participação dos órgãos de primeira instância foi considerada prioritária.

Para o alcance de seus objetivos o Sistema com bases institucionalizadas de suporte à sua ação:

- As Reuniões Plenárias Presenciais de Trabalho – instâncias deliberativas colegiais composta do conjunto de todos os magistrados que atuam em cada uma das unidades regionais de gestão judiciária e de participação da primeira instância na administração da justiça (URGEs) em que se divide, administrativamente, o Sistema;
- As Reuniões Plenárias Virtuais de Trabalho dos juízes das URGEs;
- As Coordenadorias das URGEs exercidas por um juiz coordenador eleito por seus pares;

24. Os números carecem de atualização para cômputo dos órgãos judiciários criados, no Tribunal, desde então.

- O Conselho de Representantes das URGEs dos juízes da primeira instância do TRT3;
- O Conselho Executivo do SINGESPA (CES);
- A Coordenadoria Geral do SINGESPA exercida pelo juiz coordenador do SINGESPA indicado pelo Presidente do TRT3.

O Sistema conta com mecanismos regulamentares e institucionais de participação individual e coletiva dos magistrados na administração da justiça mediante a apresentação de proposições que podem ser transformadas em diretrizes de ação coletiva.

Destaca-se aqui O Programa de Relações Interinstitucionais do SINGESPA institucionaliza a possibilidade de intercâmbio e interação coletiva entre os órgãos de primeira instância e as demais instituições do Sistema de Justiça visando *a)* à integração de ações voltadas para o cumprimento dos objetivos do SINGESPA e, *ipso facto*, para a execução da estratégia do Poder Judiciário Nacional no âmbito do TRT3, em conformidade com seus desdobramentos no Planejamento Estratégico deste Regional e, ainda, visando *b)* à troca de experiências e ao desenvolvimento de parcerias voltadas para a união de esforços em busca da efetividade na garantia dos direitos sociais, da agilidade da justiça e da efetividade da prestação jurisdicional, nos termos do Regulamento Geral do Sistema. Dentre as instituições mencionadas situam-se a OAB, o Ministério Público do Trabalho, o Ministério do Trabalho e Emprego, o INSS, a Advocacia-Geral da União e a Procuradoria da Fazenda Nacional.

O opúsculo SINGESPA. *Diretrizes de ação – Consolidação das diretrizes de ação dos magistrados de 1ª. Instância do Tribunal Regional do Trabalho da 3ª. Região.* Belo Horizonte: TRT3/Escolha Judicial-TRT3, 2010, 264 p., que reúne mais de uma centena de diretrizes de ação que retratam o exercício da cooperação judiciaria em suas múltiplas dimensões, aprovadas pelas reuniões plenárias regionais e geral dos juízes do TRT3, revela a potencialidade do Sistema.

6.2. Experiências emblemáticas de cooperação judiciária processual[25]

Caso 1: Cooperação para garantia da de execução. Trata-se de concertação realizada entre os magistrados das 1ª e 2ª Varas do Trabalho e 5ª Vara Cível da

25. Os casos referidos são extratos de relatório de pesquisa acadêmica empírica onde estão detidamente descritos e analisados: Cf. FONSECA, João Gustavo F. M. Cooperação Judiciária Processual – flexibilidade procedimental para a efetividade da jurisdição. Dissertação de Mestrado defendida na Faculdade de Direito da UFMG, 2018. Orientador: Prof. Antônio G. de Vasconcelos. Podem ser consultados também em: FONSECA, João Gustavo H. M. *Cooperação judiciária processual – histórico teoria e prática.* Rio de Janeiro: Lumen Juris, 2019, pp. 190-218.

Comarca de Divinópolis - art. 69, inciso IV e § 2º, do CPC -, por meio do auxílio do Núcleo de Cooperação Judiciária do TRT-MG, com o intuito de garantir as execuções relativas a vários processos movidos contra a mesma empresa ré. Em síntese: a juíza de uma das varas trabalhistas percebeu que havia muitas ações em andamento e sentenças a serem executadas contra a mesma siderúrgica. Às execuções não se podia proceder porque as três glebas contíguas, pertencentes à siderúrgica, além de não estarem bem delimitadas, possuíam vários trechos - sobre cujos limites também pairavam dúvidas - já penhorados em razão de ações trabalhistas de ambas as varas trabalhistas da comarca. Além disso, houve notícia de que na 5ª Vara Cível da comarca também corria ação de demarcação respeitante a esses terrenos da siderúrgica. Dessa forma, para sair do impasse, a juíza propôs o estabelecimento de procedimento de cooperação, o qual foi aceito pelos juízos e partes envolvidas. Em audiência pública, chegou-se à solução por meio de proposta de nova demarcação das glebas para garantir a posse a quem tinha direito e o pagamento dos créditos trabalhistas.

Caso 2: trata de conflito negativo de competências, que teve como juízos conflitantes a 9º Vara Cível e a 8º Vara de Família de Belo Horizonte. O conflito surgiu em razão de *habeas data* impetrado por Isaac Batista da Silva contra ato do provedor de hospital que não lhe fornecera dados relativos ao seu nascimento: o impetrante, após descobrir que tinha sido criado por pais adotivos, desejou obter dados a respeito de sua mãe biológica, mas tais informações foram denegadas pelo hospital onde nascera. O juízo cível considerou que, pelo fato de o impetrante desejar saber quem é sua mãe biológica, a causa deveria ser processada por Vara de Família. O juiz da Vara de Família, no entanto, considerou que a ação tinha como objetivo a obtenção de informações tão somente, de forma que deveria ser processada no juízo cível. Assim, o juiz da Vara de Família suscitou o conflito e, no tribunal, o relator, em vez de prosseguir com o julgamento do conflito, remeteu-o ao Núcleo de Cooperação Judiciária do tribunal. Após contato com os juízos conflitantes, os juízes de cooperação informaram que a juíza da Vara Cível aceitara a competência para o julgamento do *habeas data*.

Caso 3: Concertação de atos entre dois juízos de ramos distintos: um cível e um trabalhista. A razão para a concertação pode ser resumida assim: diretora de certa fundação, ao ser afastada do cargo devido a investigações a respeito da conduta dos diretores dessa fundação, protocolou ação trabalhista requerendo a retomada do cargo e o recebimento da remuneração, que tinha parado de receber desde o afastamento. O magistrado trabalhista, percebendo que, se decidisse apenas com base nas normas do direito trabalhista, poderia entrar em conflito com o que decidira o juízo cível no curso de ação civil pública, fez contato com esse juízo, a fim de que concertassem atos com vistas a evitar decisões conflitantes. O pedido de cooperação foi aceito e, ao final, decidiu-se que a diretora afastada fazia jus a alguma remuneração devido à manutenção do vínculo empregatício, mas não no valor que antes recebia, uma vez que não há o direito ao exercício de cargo de confiança. Dessa forma, garantiram-se os direitos trabalhistas mínimos da autora da ação trabalhista, mas sem autorizar sua volta ao cargo que antes exercia, a fim de que não se atrapalhassem as investigações em curso.

A complexidade e as nuanças de cada caso podem ser consultadas nas fontes indicadas.

7. CONCLUSÃO

A Resolução 350, de 27 de outubro de 2020, do Conselho Nacional de Justiça constitui marco decisivo em direção à consolidação do instituto da cooperação judiciária no sistema de justiça brasileiro, em toda a sua amplitude conceitual e operacional. Converteu-se em norma de administração de justiça a ser observada pelos órgãos judiciários de todos os ramos do Poder Judiciário, os demais campos de incidência do instituto que vão além da sua dimensão processual. Desse modo, a partir desse marco normativo, pode-se compreender o instituto da cooperação judiciária como verdadeira estratégia de administração da justiça com inquestionável potencial contributivo para a Execução da Estratégica Nacional do Poder Judiciário.

Um alerta se faz necessário. A construção conceitual e doutrinária desse instituto, bem como a sua operacionalização somente se legitima a partir da compreensão da função do Poder Judiciário segundo as premissas do Estado Democrático de Direito e o projeto de sociedade inscritos na Constituição da República.

É certo que a Estratégia Nacional do Poder Judiciário estabelece como *missão* do Poder Judiciário *realizar a justiça*. A indagação profunda que se apresenta é: qual é o sentido da expressão "justiça"? Muitas abordagem afligidas com as disfuncionalidades, a morosidade, as elevadas taxas de congestionamento que, entre outros fatores, são associados ao que se tem designado como "crise da justiça" focalizam em seu campo de análise nos aspectos exclusivamente estatístico-numéricos da realidade judiciária. Essa abordagem limita a compreensão do acesso à justiça, da prestação jurisdicional e da administração da justiça segundo critérios de eficiência mensurados por indicadores meramente quantitativos.

A cooperação judiciária, vista a partir de um enfoque constitucional, deve ser entendida e praticada também a partir da compreensão de que a dimensão qualitativa da prestação jurisdicional e da administração da justiça insere-se da *missão* constitucional do Poder Judiciário de *realizar a justiça*. Nesse sentido, ao lado da inquestionável urgência do enfrentamento eficaz do problema da morosidade e das elevadas taxas de congestionamento, a realização da justiça comporta uma dimensão substantiva, conteudística, que compreende a exigência constitucional da efetividade dos direitos e da prestação jurisdicional, de julgamentos justos e em tempo razoável. Ao lado desta exigência, o implemento das políticas de tratamento adequado dos conflitos e de administração de justiça consensual com ampla participação da sociedade na administração da justiça, especialmente por intermédio da prevenção e do fomento às soluções consensuais e não judiciais dos conflitos, permitirá que o Poder Judiciário seja desonerado de significativo contingente de demandas que prescindem do seu aparato para ser resolvido. Isso implica um visão plural e não monopolísticame do sistema de resolução dos conflitos sociais e a assunção do papel indeclinável de interlocutor, catalisador e mediador social atribuído ao Poder Judiciário nas mais recentes políticas de administração de justiça presentes nas normas legais e administrativas pertinentes à matéria e na Estratégia Nacional do Poder Judiciário e as de mediador social.

Apresenta-se aqui, uma variável interveniente, não menos significativa: a cultural. O maior ou menor êxito da cooperação judiciária com estratégia de administração da justiça lato senso, dependerá também das premissas com as quais os órgãos judiciais compreenderem o seu sentido teórico e pragmático, o que será determinante para a maior ou menor "boa vontade" da magistratura em acolher decididamente o instituto e extrair dele toda a sua potencialidade. Num certo sentido, está nas mãos do próprio Poder Judiciário uma transformação endógena na administração da justiça, sem mais medidas legislativas e sem mais gasto público. A Resolução 350 institucionalizou os elementos necessários para tanto, embora o Sistema Nacional de Cooperação Judiciária siga em permanente evolução.

CAPÍTULO 7

A atuação dos sujeitos processuais na cooperação judiciária nacional: entre o dever do juiz de realizar e o direito da parte de participar[1]

Nilsiton Rodrigues de Andrade Aragão[2]

Sumário: 1. Introdução – 2. Dever de cooperação: 2.1. Fundamentos para a recusa; 2.2. A variação de intensidade do dever de cooperação; 2.3. Consequências para a violação ao dever de cooperação – 3. A participação das partes na construção da cooperação judiciária – 4. Controle e impugnação da cooperação judiciária – 5. Conclusões – Referências.

1. INTRODUÇÃO

A busca por uma eficiência processual está entre as diretrizes do Código de Processo Civil, para atingir tal propósito foram incluídos no ordenamento jurídico diversos instrumentos processuais com o intuito de diminuir o formalismo exacerbado e a burocracia desnecessária. Inclui-se entre esses institutos a cooperação judiciária nacional, voltada a otimizar a interação entre juízos.

Nesta revista, na qual se presta homenagem à memória jurídica do Prof. José Joaquim Calmon de Passos, um dos maiores ícones do direito processual brasileiro, impõe-se analisar a cooperação judiciária sob a ótica do seu pensamento. Entre os pilares da sua doutrina é possível destacar a crítica à instrumentalidade das formas e da ampliação dos poderes do juiz[3].

De fato, a cooperação judiciária é um instituto marcado pela atipicidade em diversos níveis. A maleabilidade procedimental é uma característica que lhe permite uma aplicação mais larga, mas é também um de seus aspectos de fragilidade, pois traz em si um risco de que seja um ambiente fértil para o abuso e para a insegurança. Dessa forma, é preciso dimensionar os limites e estabelecer balizas para a flexibilidade formal e a ampliação dos poderes do juiz trazidas pelo instituto sem que acarretem insegurança jurídica.

---

1. Artigo aceito para publicação na Revista ANNEP de Direito Processual (Ano 1. Número 2. Ago.-Dez. de 2020).
2. Doutor e Mestre em Direito pela Universidade de Fortaleza. Membro da Associação Norte Nordeste de Professores de Processo - ANNEP. Superintende da Área Judiciária do Tribunal de Justiça do Estado do Ceará. Mediador Judicial credenciado junto ao CNJ.
3. PASSOS, José Joaquim Calmon de. *Ensaios e artigos* - V.1. Salvador: Juspodivm, 2014, pág. 34.

Existe aqui uma questão quase paradoxal. Se, por um lado, é importante manter o procedimento de cooperação mais aberto, para garantir a flexibilidade necessária à adaptação do instituto a cada necessidade de interação dos casos concretos, por outro, é importante apresentar regras procedimentais básicas para estimular as primeiras utilizações do instituto e dar mais segurança aos atos processuais.

Na busca desse equilíbrio entre a eficiência processual e a segurança jurídica, o presente trabalho se propõe a analisar a forma de atuação dos sujeitos processuais, que é sensivelmente alterada pela cooperação judiciária nacional, na medida em que permite um diálogo mais direto e informal entre os juízos, inclusive com alteração e modificação da competência dos mesmos.

Essa mudança implica também na forma de diálogo entre os magistrados e as partes dos processos envolvidos na cooperação. É preciso avaliar a manifestação do contraditório e da cooperação na possibilidade de influência das partes na construção e no controle da cooperação.

2. DEVER DE COOPERAÇÃO

Em linhas gerais, a cooperação judiciária nacional consiste em um poder/dever de ampla interação entre juízos pelos meios mais eficazes para possibilitar a gestão adequada e eficiente de atos processuais[4].

A cooperação entre juízos não é propriamente uma novidade, mas não era disciplinada de forma estruturada no Código anterior. Na medida em que o Código atual dedica um capítulo específico e passa a tratá-la como um "dever", a perspectiva de interação entre os juízos é sensivelmente alterada[5].

Sobre essa questão, duas posições começam a se formar. A primeira, trata a cooperação como um faculdade, atribuindo ao juiz liberdade na escolha de quando e como cooperar[6]. A segunda, ressalta o caráter cogente da coopera-

4. Na definição de Luiz Henrique Volpe Camargo, trata-se do "conjunto de atos de gestão adequada de processos e intercâmbio processual entre juízos diversos para prestação jurisdicional de forma plena, econômica, racional e eficiente" (CAMARGO, Luiz Henrique Volpe. *A centralização de processos como etapa necessária do incidente de resolução de demandas repetitivas*. 2017. Tese (Doutorado em Direito) - Pontifícia Universidade Católica de São Paulo, São Paulo, 2017, p. 303).
5. Maria Gabriela Silva Campos Ferreira explica que: "O dever de recíproca cooperação encartado no art. 67 do CPC do CPC decorre do princípio da unidade da jurisdição e funciona como estímulo para que os órgãos jurisdicionais cooperem entre si na condução do processo. É um reforço para que juízes de quaisquer instâncias e Justiças atuem conjuntamente na condução de litígios que surjam a partir de um mesmo conjunto de fatos ou que envolvam idêntica questão de direito" (FERREIRA, Maria Gabriela Silva Campos. *O compartilhamento de competências no processo civil:* um estudo do sistema de competência sob o paradigma da cooperação judiciária. Salvador: Juspodivm, 2020, p. 129).
6. É o que defende José Eduardo de Resende Chaves Júnior: "É certo, contudo, que a cooperação não funciona sob o prisma da coação, pois ela demanda dos atores cooperantes um *plus* de energia colaborativa, que

ção judiciária por envolver valores relevantes ao Poder Judiciário que devem se sobrepor à vontade do isolada dos magistrados[7]. Logicamente, a questão não é tão simples que possa ser completamente abordada nessas duas posições antagônicas, mas elas ajudam a compreender a divergência sobre a matéria.

Como não poderia ser diferente, a discussão se inicia na interpretação das normas que regulam a matéria. O Código de Processo Civil, em seu art. 67, estabelece o *"dever de recíproca cooperação"* aos órgãos do Poder Judiciário. A Resolução n.º 350/20 do CNJ não inovou muito nesse ponto, restringindo-se, em seu art. 2º, a praticamente reproduzir o texto art. 67 do CPC, acrescendo apenas que o objetivo do dever de cooperação é *"incrementar mutuamente a eficiência de suas atividades"*.

Ainda que a interpretação literal não seja a única a ser considerada, os limites semânticos do termo *"dever"* não podem ser ignorados ou demasiadamente flexibilizados. Portanto, o caráter cogente próprio de uma obrigação está presente.

Em contraponto, alguns autores ressaltam indicativos de facultatividade na lei ao passo que o art. 68 do CPC dispõe que "os juízos *poderão* formular entre si pedido de cooperação" e que a própria noção de "atos concertados", previsto no art. 69, IV e § 2º, traduz uma ideia de harmonização e deliberação conjunta incompatível com a definição de dever.[8]

Todavia, esses pontos não desnaturam a estrutura do dever de cooperar. É preciso entender que as duas normas referidas estão tratando de tipos de cooperação, não podendo ser interpretadas em desacordo com o art. 67 que trata a matéria de maneira geral.

Por essas razões iniciais, a cooperação judiciária será tratada como um dever. Isso não significa a inexistência de margem de atuações na qual uma cooperação pretendida não seja realizada. O dever de cooperação é colocado de forma geral, sem especificar seu alcance e limites nas diversas formas de manifestação. Esse dever geral precisa, portanto, ser paulatinamente densificado,

---

se incompatibiliza com a obrigatoriedade; basta que o juiz adote um enfoque mecanicista e formal para a cooperação não funcionar." (CHAVES JÚNIOR, José Eduardo de Resende. *Cooperação judiciária na justiça do trabalho*. Revista do Tribunal Regional do Trabalho da 3ª Região, Belo Horizonte, v. 61, n. 92, p. 107-130, jul./dez. 2015, p. 110).

7. Nesse sentido se posicionam Marinoni, Arenhart e Mitidiero: "De fato, embora o texto legal aluda a atos 'concertados', é evidente que essa prática não depende da 'boa vontade' dos juízes envolvidos. Não se trata de simples faculdade outorgada aos magistrados. Porque os juízes estão investidos de verdadeiros poderes-deveres, presentes situações de preservação da isonomia ou da eficiência da prestação jurisdicional, a concentração de atos deve ocorrer". (MARINONI, Luiz Guilherme; ARENHART, Sérgio Cruz; MITIDIERO, Daniel. *Novo curso de processo civil*: tutela dos direitos mediante procedimentos comum. 3ª Ed. São Paulo, Editora dos Tribunais, 2017, p. 74).

8. FONSECA, João Gustado Henrique de Morais. *Cooperação Judiciária processual*: histórico, teoria e prática. Rio de Janeiro: Lúmen Júris, 2019, p. 11.

caso a caso, pela argumentação jurídica e pelas decisões dos tribunais, para que se possa efetivamente compreender suas repercussões práticas.

2.1. Fundamentos para a recusa

Uma das primeiras diretrizes extraídas do dever de cooperação é a de que deve ser admita a recusa fundamentada, de modo que ele implica na obrigação de responder às provocação e de justificar as eventuais negativas. Por um lado, não é um dever acrítico de cooperar, como se um juiz devesse necessariamente fazer tudo o que o outro pretende. Por outro lado, a pretensão de cooperação não pode ser simplesmente ignorada, é preciso que o magistrado receba e analise a demanda, apresentando uma resposta fundamentada, ainda que negativa.

Ressalte-se que não se trata de um mero juízo subjetivo ou discricionário do magistrado, é preciso uma fundamentação juridicamente válida para a recusa. O interesse envolvido na realização da cooperação não é do juiz, por mera comodidade ou conveniência sua. O interesse é do Poder Judiciário enquanto responsável pela prestação jurisdicional de forma eficiente. Por conseguinte, ainda que uma cooperação se apresente dispendiosa para um magistrado específico, ela pode representar um ganho significativo de rendimento para o Judiciário, o que imporá sua efetivação.

Sendo assim, impõe-se identificar quais fundamentos podem ser apresentados para a negativa da pretensão de cooperação. Logicamente, não há como construir um rol exaustivo de situações, pois sempre existirão questões administrativas, materiais e processuais que poderão ensejar circunstâncias não previstas. Isso não impede que se elenquem as principais situações admitidas.

O art. 267 do CPC, que trata das cartas, pode ser utilizado como parâmetro para esse estudo. Ele apresenta uma diretriz inicial para as hipóteses de recusa, sendo possível extrapolar as situações nele previstas para as demais formas de cooperação[9]. Daí se extraem as três primeiras justificativas para a recusa: I) a incompetência do juízo; II) a inobservância de requisitos legais; III) a dúvida acerca de sua autenticidade. Logicamente, esse dispositivo não exaure a matéria, existindo outras justificativas que também podem servir de fundamento para a rejeição à cooperação, dentre as quais pode-se indicar: IV) o objeto do ato afronta o Direito; V) a impossibilidade prática de realização do ato; e VI) a inconveniência da cooperação. Passa-se a analisar cada uma delas.

9. Fredie Didier Jr. defende que a disciplina normativa das cartas serve de parâmetro para a solução de problemas dogmáticos da cooperação judiciária nacional (DIDIER JR., Fredie. *Cooperação judiciária nacional:* esboço de uma Teoria para o Direito Brasileiro. Salvador: Juspodivm, 2020, p. 79).

A primeira justificativa é a da incompetência para a prática do ato objeto da cooperação pelo juízo cooperante. Esse é um dos pontos centrais da discussão dos limites do instituto, pois a cooperação judiciária pode ensejar a alteração da competência. O art. 1º, I da Resolução n.º 350/20 do CNJ foi expresso ao estabelecer que a cooperação judiciária deve observar "*o princípio do juiz natural e as atribuições administrativas*".

Isso não significa que qualquer pretensão de mudança de competência seja motivo para a recusa. A cooperação judiciária traz em sua essência uma ressignificação do princípio do juiz natural, algo que é facilmente constatado pelos próprios atos de cooperação previstos no CPC e na Resolução n.º 350/20 do CNJ.

Com isso, altera-se a compreensão tradicional de competência única e exclusiva, pela qual uma vez definida a competência de um juiz para uma causa, seria ele o responsável único do primeiro ao último ato do processo[10]. Por força da cooperação passa-se a admitir a atuação conjunta de mais de uma juiz no mesmo processo, a modificação de competência para um ato específico, a alteração de uma regra de competência, a centralização de processos etc.

No caso da cooperação judiciária, os objetivos são concorrentes, pois o intuito é conjugar as competências e não excluir uma para a assunção de outra. Portanto, em regra não haverá conflito de competência. Todavia, podem existir situações de dúvida como, por exemplo, uma pretensão de definir por ato concertado um regra de competência que usurpa a competência de um terceiro juízo que não participa da concertação. Esse pode ser um fundamento para a recusa.

A incompetência absoluta é outro motivo possível para que a cooperação não seja realizada por aquele juízo. Tomando como exemplo a possibilidade de cooperação para a "*definição do juízo competente para a decisão sobre questão comum ou questões semelhantes ou de algum modo relacionadas*", prevista no art. 6º, V, da Resolução n.º 350/20, a própria norma prescreve que devem ser observadas as regras de competência absoluta previstas nos arts. 62 e 63 do CPC.

Para encerrar a análise dessa primeira razão para a recusa, vale salientar que o reconhecimento da incompetência de um juízo não significa necessariamente que a cooperação não ocorra, podendo ela ser encaminhada para outro juízo que detenha essa competência. Caberá ao magistrado demandado remeter a delegação, a solicitação ou a proposta de concertação ao juiz ou ao tribunal competente. Logo, a cooperação poderá ocorrer.

10. É nesse sentido a análise de Antonio do Passo Cabral: "Essas características importam no fracionamento, divisão e isolamento mútuo entre os órgãos jurisdicionais, contribuindo para o engessamento das competências e falta de coordenação. Em nosso entendimento, esses traços são ineficientes e imobilizam as formas processuais sobre a competência, e portanto incongruentes com o que se espera da jurisdição contemporânea" (CABRAL, 2017, p. 33).

Como se percebe dessas rápidas questões apresentadas em relação à competência, é possível perceber que ela representa uma das principais e mais profundas questões da cooperação judiciária e, logicamente, não poderá ser exaurida nesse ponto específico. Ainda assim, o aprofundamento do tema violaria o recorte epistemológico proposto para esse artigo, motivo pela qual encerra-se a abordagem por aqui[11].

A inobservância aos requisitos formais da cooperação é outro fundamento para a recusa à cooperação. Essa situação é mais comum no procedimento das cartas, uma vez que elas possuem um detalhamento formal específico. No entanto, esse fundamento perde importância nos demais instrumentos de cooperação em face da liberdade de formas que predomina neles.

É preciso destacar que essa justificativa não implica na recusa à cooperação, mas apenas em um adiamento do seu início para após a superação dos vícios formais identificados, caso sejam sanáveis.

A autenticidade do pedido de cooperação é um aspecto que deve ser analisado sempre que houver dúvida. É um aspecto que pode ganhar importância com os instrumentos atípicos de cooperação, que possibilitam meios mais informais de comunicação entre os juízos. A utilização de canais não institucionais pode acarretar dúvidas quanto à autenticidade, principalmente com o risco de clonagem ou hackeamento de meios de comunicação eletrônicos.

Ressalte-se que esse caso, igualmente ao anterior, não é hipótese de negativa da cooperação, mas somente de adiamento do seu início para após a conferência da autenticidade. Somente quando a falsidade for confirmada é que a negativa ocorrerá.

Outra questão que pode justificar a recusa à cooperação é o controle da legalidade por parte de um dos juízes cooperantes. Se o objeto da cooperação afrontar o Direito é dever do magistrado envolvido garantir a regularidade da ordem jurídica, recusando sua prática[12]. Em função da natural margem de interpretação dos limites da lei, esse ponto deixa sua análise mais aberta e eventualmente pode gerar dissenso entre os juízos envolvidos.

A impossibilidade prática de realização do ato é mais um dos motivos para a negativa de cooperação. Aqui a questão é de ordem prática. Ainda que o juízo

---

11. Nesse ponto, merece ressaltar a relevância da tese apresentada para o concurso de provas e títulos para provimentos do Cargo de professor titular de processo da UERJ pelo Professor Antonio do Passo Cabral, intitulada "*Juiz natural e eficiência processual: flexibilização, delegação e coordenação de competências no processo civil*", um dos primeiros trabalhos a enfrentar o tema de forma direta, estruturada e com a profundidade necessária.
12. Como adverte Edilton Meireles: "Mas, lógico, sem se olvidar que na prática de qualquer ato sempre há o juízo de legalidade". (MEIRELES, Edilton. *Cooperação judicial e poderes do juiz na execução conforme o CPC de 2015*. Revista Jurídica Luso-Brasileira, Lisboa, ano 4, n. 1, 2018, p. 193).

queira cooperar não há como o ato ser por ele praticado por limitações físicas ou fáticas que inviabilizam sua consecução. É o que ocorre, por exemplo, na cooperação para a oitiva de uma testemunha que faleceu ou para a avaliação de um bem que pereceu. Não se trata de mera dificuldade, mas de inviabilidade concreta da execução do ato.

Um última situação que precisa ser analisada e que pode ser apresentada como justificativa para a recusa da cooperação é a sua inconveniência. Esse motivo vai estar pautado em uma avaliação de custo-benefício da interação entre os juízos, diante do elevado dispêndio de tempo ou força de trabalho exigido para a sua consecução em relação ao baixo ganho que ela traga para a prestação jurisdicional[13].

É importante reforçar que a conveniência do ato deve ser analisada na perspectiva do Judiciário e não unicamente de uma unidade jurisdicional específica. A cooperação poderá se justificar se trouxer eficiência ao conjunto de demandas judiciais, ainda que imponha um incremento de atividade a um ou alguns juízos.

A ineficiência da cooperação pode estar relacionada a aspectos específicos do instrumento de cooperação que se pretende utilizar. Assim, por exemplo, na centralização de processos repetitivos pode não ser aconselhável a reunião de processos que estão em etapas de desenvolvimento muito distintas pode retardar indevidamente a conclusão daqueles que já estavam em estágio mais avançado, o que contraria a essência do instituto.

Como se percebe, esse é o fundamento mais aberto e, por esse motivo, o que demanda maior atenção para construção de um conteúdo dogmático concreto e objetivo. Nesse ponto podem ser incluídos aspectos como a demanda excessiva de processos, a carência de força de trabalho, a pouca abrangência ou repercussão do objeto proposto, as dificuldades operacionais de sua efetivação etc.

2.2. A variação de intensidade do dever de cooperação

Em princípio, como se trata de um dever, uma vez demandada a cooperação ela deveria ser atendida, caso contrário deveria incidir uma sanção. A estrutura base desse tipo de norma não admite uma escala de intensidade.

Todavia, como o dever é colocado de forma geral pelo legislador, é preciso definir suas manifestações específicas. Ao analisar o dever de cooperação em toda

13. Fredie Didier Jr. Exemplifica dizendo que: "O juízo solicitado poderia, demonstrando o alto custo da diligência, recusar a prática do ato caso demonstrasse também que o objetivo pudesse ser alcançado por outro meio". (DIDIER JR. Fredie. *Cooperação judiciária nacional:* esboço de uma Teoria para o Direito Brasileiro. Salvador: Juspodivm, 2020, p. 106).

a amplitude e complexidade do instituto, percebe-se que não é possível aplicar uma lógica binária simples. Entender a dimensão do dever geral de cooperação exige uma verificação mais acurada de suas diversas formas de manifestação.

Fredie Didier Jr., por exemplo, trata a compulsoriedade da cooperação judiciária em níveis de intensidade distintos em cada um dos seus tipos, manifestando-se mais forte na cooperação por concertação, seguida pela cooperação por delegação e sendo menos intensa na cooperação por solicitação[14]. Essa construção está em consonância com o que vem sendo defendido neste artigo, mas é preciso desenvolver o tema para dar contornos mais concertos à verificação dos diferentes níveis da obrigação de cooperar.

Para compreender a escala de intensidade do dever é necessário estabelecer uma maneira objetiva de medir essa variação. A melhor forma de fazer isso é a partir dos fundamentos aceitos como legítimos para a recusa à cooperação em cada um desses tipos. Isso porque alguns fundamentos para justificar a não realização da cooperação podem ser aceitos em uns casos, mas não em outros. Compreendidas, ainda que rapidamente, algumas das principais justificativas para a recusa à cooperação no tópico anterior é preciso agora analisar quais delas podem ser utilizadas em cada um dos tipos de cooperação para, a partir daí, entender a diferença de intensidade entre os tipos de cooperação.

Inicialmente, analisando as cooperações por solicitação e por delegação é possível resgatar debates doutrinários sobre o cabimento da recusa nas cartas precatórias e de ordem, instrumentos tradicionais dos referidos tipos de cooperação.

Um definição comum é a que uma das características fundamentais da cooperação por delegação é a sua compulsoriedade, decorrente da subordinação hierárquica entre os juízos. Seguindo a lógica da métrica definida para medir o nível de compulsoridade da cooperação, conclui-se que a cooperação por delegação deve aceitar menos hipóteses de recusa do que a cooperação por solicitação.

Nesse ponto, é importante registrar que o art. 267 do CPC só prevê a recusa ao cumprimento nos casos da carta precatória e arbitral, omitindo-se em relação à carta de ordem. Esse seria um sinal da compulsoriedade da cooperação por delegação. Uma primeira corrente doutrinária entende que essas hipóteses de recusa não são aplicáveis às cartas de ordem, portanto, não abrangem a cooperação por delegação[15]. No entanto, a corrente contrária

---

14. DIDIER JR., Fredie. *Cooperação judiciária nacional*: esboço de uma Teoria para o Direito Brasileiro. Salvador: Juspodivm, 2020, p. 105/106.
15. "Em que pesem respeitáveis posições em direção contrária, pensamos que nessas hipóteses inviável a recusa, seja pela subordinação hierárquica do juiz ordenado, seja pelo juízo de delibação prévio ao *exequatur* exercido pelo órgão competente (artigo 105, inciso I, *i*, da Constituição)". (GAJARDONI, Fernando da Fonseca; DELLORE, Luiz; ROQUE, Andre Vasconcelos; OLIVEIRA JR., Zulmar Duarte de. Teoria

parece ser a mais adequada[16]. Tomando por base as hipóteses previstas no art. 267 (incompetência absoluta, irregularidade formal ou falsidade), percebe-se que todas elas devem ser aplicadas à delegação tanto quanto à solicitação. Da mesma forma, a afronta ao Direito e a impossibilidade prática de realização do ato também devem ser aplicadas a todas as hipóteses de cooperação, inclusive para a cooperação por delegação.

O fato de a demanda por cooperação ter origem em um órgão jurisdicional de hierarquia superior não tem o condão de tornar qualquer dessas questões irrelevantes no caso concreto. A ordem de um ministro ou de um desembargador a um juiz não pode alterar uma regra de competência absoluta, não pode afastar uma exigência formal da lei, não faz presumir de forma absoluta sua autenticidade, não torna lícito o ilícito e não faz do impossível possível. Portanto, nesses pontos o dever de cooperar na delegação e na solicitação não difere.

Resgatando o rol de justificativas de recusa anteriormente apontado resta analisar o fundamento da inconveniência da cooperação. Em princípio, somente essa justificativa não poderia ser utilizada no caso de cooperação por delegação, circunstância que marca o nível mais elevado da compulsoriedade. Não importa, se o juiz ao qual foi delegado o cumprimento de um ato está sobrecarregado, com desfalque na sua equipe ou que a relação de custo-benefício aponte a ineficiência da cooperação, ele deverá atender ao que fora determinado.

Avançando no estudo, falta tratar do dever de cooperação na concertação, o tipo de cooperação que ostenta o maior nível da compulsoriedade. O motivo dessa diferença de intensidade não é mesmo que difere os tipos de cooperação anteriormente tratados, não se refere à hierarquia, mas sim a autovinculação dos juízos.

Como essa cooperação não decorre de um pedido ou de uma ordem, mas de um acordo entre os juízos, as questões que poderiam ser levantadas como razão para a recusa são previamente analisadas. Se porventura alguma das hipóteses for verificada no caso concreto, a concertação não será efetivada, mas após ela ser firmada, como regra, tais questões não poderão ser reavaliadas para apresentação de recusa. É por isso que na concertação há um alto grau de vinculação.

Isso, no entanto, não implica que não possa haver recusa na cooperação por concertação. Aspectos não cogitados pelos magistrados no momento inicial ou fatos supervenientes que acarretem qualquer dos motivos já citados

Geral do Processo: parte geral: comentários ao CPC de 2015. 3. ed. - Rio de Janeiro: Forense; São Paulo: MÉTODO, 2019, p 219).

16. Em que pese o grau maior de impositividade da carta de ordem, que pressupõe superioridade hierárquica, penso que também ela pode eventualmente ser recusada. Exemplo disso: uma ordem manifestamente ilegal. (CRAMER, Ronaldo. Comentários ao art. 267. Comentários ao novo Código de Processo Civil. coordenação Antonio do Passo Cabral, Ronaldo Cramer. - 2a ed. Rio de Janeiro: Forense, 2016, p. 417).

poderão ser suscitados. Mesmo assim, a probabilidade de recusa é significativamente menor e, por consequência, a sua compulsoriedade maior.

2.3. Consequências para a violação ao dever de cooperação

O art. 35, I, da Lei Orgânica da Magistratura (Loman), estabelece que é dever do magistrado "*Cumprir e fazer cumprir, com independência, serenidade e exatidão, as disposições legais e os atos de ofício*". Tratando-se o dever de cooperação de uma disposição legal expressa, a sua violação constitui inegável infração funcional do magistrado.

Resta avaliar a partir de que momento se verifica essa violação e qual a sua consequência.

Como visto anteriormente, diante da manifestação de interesse na cooperação judiciária o magistrado poderá apresentar uma justificativa para a recusa. Essa justificativa será avaliada pelo juízo que provocou a cooperação e, caso não se apresente adequada, se estará diante de um conflito que precisa ser superado. Destaque-se que a discordância em si não implica em violação ao dever de cooperação, somente se os motivos não forem considerados legítimos é que o dever de cooperação terá sido violado.

Todavia, o sistema não indica a quem compete essa análise de regularidade da recusa e esse é um ponto fundamental.

A Rede Nacional de Cooperação Judiciária tem um importante papel nessa atividade de superação de controvérsias entre juízos sobre a cooperação judiciária. O juiz de Cooperação, por exemplo, pode intermediar o diálogo entre juízes e ajudar na solução do dissenso, seja na aceitação da cooperação ou na conclusão de sua inviabilidade. Ainda que essa intervenção se mostre suficiente para grande parte dos casos, não será capaz de superar todas as situações.

Como se trata de um ato administrativo envolvendo dois juízos, é importante estabelecer um órgão como competente para analisar questionamentos quanto à validade da justificativa para a recusa em cooperar. Esse órgão poderá valorar a justificativa e declará-la legítima ou não.

Após essa definição, a manutenção da resistência apresentada à efetivação da cooperação configurará infração funcional que deverá ser apurada em procedimento específico perante a respectiva corregedoria. Após a instauração de sindicância e processo administrativo disciplinar correspondente, poderá acarretar a aplicação de uma das sanções administrativas previstas no art. 42 da Loman[17].

17. Lei complementar n. 35/79, Art. 42 - São penas disciplinares: I - advertência; II - censura; III - remoção compulsória; IV - disponibilidade com vencimentos proporcionais ao tempo de serviço; V - aposentadoria compulsória com vencimentos proporcionais ao tempo de serviço; VI - demissão.

Destaque, por fim, que a violação ao dever cooperação não apresenta consequências diretas para o processo, com exceção da perda de eficiência adicional que a cooperação traria. Portanto, a sua falta não acarreta perda ou prejuízo a ônus, poderes, faculdades e deveres processuais de qualquer dos sujeitos processuais.

3. A PARTICIPAÇÃO DAS PARTES NA CONSTRUÇÃO DA COOPERAÇÃO JUDICIÁRIA

Passando a abordar a cooperação judiciária para além da perspectiva dos magistrados, merece atenção neste estudo a forma de participação das partes. O processo civil, pautado que é em uma base democrática e participativa, não pode excluir as partes dos debates que venham a interferir na solução dos seus conflitos, atribuindo ao juiz um protagonismo que reduza o necessário diálogo no desenvolvimento do processo[18].

Importa destacar que a participação das partes em cooperações interinstitucionais ou que versem sobre questões administrativas com reflexo só indireto em processos judiciais pode dispensar a participação das partes. O foco do presente debate manifesta-se de forma mais intensa nas cooperações com impacto direito nos processos.

Nesse ponto, a participação das partes deve ser analisada em duas momentos: I) no ato processual objeto da cooperação e II) na estruturação da própria cooperação.

Quanto ao primeiro aspecto, a participação das parte no ato processual objeto da cooperação é um aspecto imprescindível à sua regularidade pela própria imposição do contraditório. Cada ato deve respeitar sua forma de realização como se estivesse sendo realizado de forma isolada no próprio processo. Portanto, se a legislação prevê a possibilidade de manifestação ou participação da parte essa deverá ser necessariamente garantida[19].

Assim, por exemplo, se a cooperação tiver por objeto a oitiva unificada de uma mesma testemunha em relação a fato que é comum a vários processos deve-se viabilizar que as partes de todos esses processos possam contraditar a testemunha, formular perguntas etc.

---

18. PASSOS, Jose Joaquim Calmon de. *Revisitando o Direito, o Poder, a Justiça e o Processo*. Salvador: Juspodivm, 2012, p. 214.

19. Como adverte Fredie Didier Jr.: "a concertação deve permitir que os sujeitos processuais dos casos envolvidos possam participar da formação do convencimento do juízo centralizados – o poder de influência, conteúdo do contraditório, não pode ser eliminado". (DIDIER JR. Fredie. *Cooperação judiciária nacional*: esboço de uma Teoria para o Direito Brasileiro. Salvador: Juspodivm, 2020, p. 104).

Já em relação ao segundo ponto, a questão é um pouco mais complexa. A construção e estruturação da própria cooperação judiciária cabe aos juízos cooperantes. Tem-se como premissa que a iniciativa da cooperação judiciária cabe aos magistrados, podendo realizar-se de ofício e, portanto, independentemente de qualquer provocação ou consentimento das partes[20].

No entanto, isso não significa que se deva pura e simplesmente desconsiderar a posição das partes a esse respeito. Muito pelo contrário, as partes podem ter mais informações do que o próprio juiz sobre as possibilidades de cooperação, já que conhecem melhor o conflito e eventuais outras ações a ele relacionados. Nessa linha, a Resolução n.º 350/20 do CNJ, em seu art. 8º, § 4º, previu a possibilidade de provocação da cooperação pelas partes e pessoas naturais ou jurídicas, órgãos ou entidades especializadas, com representatividade adequada.

Definido o interesse em realizar a cooperação, seja por iniciativa do juízo, seja por provocação de algum interessado, o dever de cooperação entre os sujeitos do processo (art. 6.º do CPC) impõe que o juiz dialogue com as partes sobre todas as questões relevantes, dentre as quais se destaca a cooperação judiciária. Não é possível tratar todas as formas de interação entre os juízos como mero desenvolvimento burocrático do processo, a ser tocado por impulso oficial e sem impacto na solução do mérito da demanda. A cooperação pode ser um fator que altere o curso do julgamento do mérito da demanda, o que revela indiscutível interesse das partes.

Nesse sentido, o *caput* do art. 9º da Resolução n.º 350/20 do CNJ prescreve que *"Os juízos cooperantes, quando a complexidade da matéria recomendar, poderão intimar as partes a se manifestarem acerca do ato de cooperação a ser praticado"*. Como apontado no dispositivo, essa intervenção será tão mais necessária quanto mais complexo for seu objeto.

Dessa forma, quando a cooperação tratar, por exemplo, de um ato único e simples como a prestação de informações, a intervenção das partes pode se apresentar desnecessária, restringindo-se à manifestação sobre as informações trazidas aos autos. Porém, quando envolver um ato concertado que pode ser firmado por um período mais longo e para uma série indeterminada de atos, o envolvimento das partes na sua construção é imprescindível.

A provocação do juiz pelas partes para a realização de uma cooperação judiciária ou sua manifestação sobre os contornos que ela deva tomar quando a iniciativa for dos próprios magistrados, ainda que em alguns casos prescindível, deve ser incentivada.

20. FERREIRA, Maria Gabriela Silva Campos. *O compartilhamento de competências no processo civil:* um estudo do sistema de competência sob o paradigma da cooperação judiciária. Salvador: Juspodivm, 2020, p. 195.

A participação da parte é relevante, pois as questões por ela trazidas aos debates preliminares à construção da cooperação podem antecipar problemas não cogitados pelos juízes cooperantes e, com isso, evitar problemas decorrentes de sua frustração em função da constatação superveniente de obstáculos. O desfazimento de uma cooperação judiciária já iniciada prejudicará a celeridade e a eficiência, uma vez que os atos poderão ter que ser refeitos e, com isso, a finalidade do artigo 69, § 2.º, do CPC irá se perder.

A despeito da forma ou da intensidade da participação das partes, o certo é que elas não devem ser ignoradas ou excluídas da construção e da efetivação da cooperação judiciária. Quanto mais participativo for o desenvolvimento da cooperação, maior será sua capacidade de êxito[21]. Destaque-se que essa participação não deve restringir-se ao início da cooperação, as partes devem ser incluídas também nas discussões supervenientes que surjam no decorrer da cooperação.

Esse diálogo pode efetivar-se, por exemplo, pela intimação das partes para que se manifestem sobre o pedido de cooperação jurisdicional apresentado pelo juiz ou sobre o concerto entre os magistrados. Pode também envolver a realização de uma audiência conjunta entre os juízos cooperantes e as partes dos processos envolvidos para a definição da forma e dos limites da cooperação. A Resolução n.º 350/20 do CNJ, em seu art. 8º, § 3º, prevê a possibilidade de as partes requererem esclarecimentos e solicitarem ajustes, na forma do artigo 357, § 1º, do CPC.

Ressalte-se que isso não significa que a definição dos rumos da cooperação seja delegada às partes[22]. A cooperação realiza-se em benefício da eficiência do processo ou dos processos, logo o interesse individual de uma das partes em um desfecho processual específico ou mesmo na demora na sua conclusão não pode prevalecer sobre o interesse na efetivação da prestação jurisdicional. As manifestações das partes devem ser analisadas pelo magistrado e ponderadas com base em uma lógica de eficiência processual e de efetividade da prestação jurisdicional, rejeitando-se aquelas que contrariarem os fundamentos e objetivos da cooperação.

Essa observação pode trazer a impressão de burocratização de um procedimento que é por natureza informal. Todavia, esse diálogo não é motivo de

21. Antonio do Passo Cabral destaca que: "[...] quanto mais aberta, transparente, participativa e previsível é a cooperação, menos resistência tende a gerar, até porque as partes podem se coordenar com a atividade judicial na condução do processo, e especificamente em relação à gestão da competência." (CABRAL, 2017, p. 547).

22. Segundo Maria Gabriela Silva Campos Ferreira: "Os argumentos das partes deverão ser sopesados antes da decisão. Mas sem justificativa plausível, não haverá razão para se impedir a prática de ato de cooperação. A anuência das partes é dispensável para a concertação entre juízes". (FERREIRA, Maria Gabriela Silva Campos. *O ato concertado entre juízes cooperantes*: esboço de uma teoria para o Direito brasileiro Civil Procedure Review. v.10, n. 3: set.-dez. 2019, p. 32).

atraso ou de tumulto no seu desenvolvimento. Ao contrário, a ausência do debate pode ser causadora de problemas, em casos que levantem dúvida sobre a competência, em especial em situação de elevada resistência das partes. Se o objetivo maior é garantir eficiência à prestação da tutela jurisdicional, de nada adiantará uma cooperação se seu produto acarretar ampla discussão posterior, gerando incidentes que comprometam o andamento célere do processo.

4. CONTROLE E IMPUGNAÇÃO DA COOPERAÇÃO JUDICIÁRIA

Alinhado aos fundamentos do tópico anterior, é preciso avaliar a possibilidade e a forma do controle e da impugnação da cooperação judiciária. A utilização tímida do instituto nos primeiros anos de vigência do CPC e os debates que ainda cercam os elementos essenciais do instituo colaboram para as dúvidas em torno desse tópico específico. Não se tem a pretensão de indicar aqui uma solução definitiva para o problema, mas existem orientações que já podem ser firmadas e aspectos que precisam começar a ser debatidos de forma mais direta.

Uma primeira diretriz que pode ser defendida é a de que esses atos são impugnáveis, pois podem conter irregularidades que precisam ser sanadas. A segunda diretriz é a de que existe interesse das partes e que a elas deve ser reconhecida legitimidade para a impugnação.

Esses dois primeiros aspectos foram contemplados de forma expressa na Resolução n.º 350/20 do CNJ, primeiramente no art. 5º, V que estabeleceu que a cooperação judiciária nacional *"deve ser comunicada às partes do processo"*. Este dispositivo trata da publicidade do ato de cooperação judiciária já realizado, medida importante para viabilizar eventuais questionamentos que os interessados pretendam realizar.

De forma complementar e mais específica, o parágrafo único do art. 9º da Resolução n.º 350/20 do CNJ estabelece que *"os atos de cooperação poderão ser objeto de impugnação pelos meios previstos na legislação processual"*. Apesar do avanço em reconhecer a possibilidade de impugnação, a norma não detalha a forma pela qual ela ocorrerá. Esse é um sinal claro do estágio ainda embrionário do desenvolvimento desse aspectos específico da matéria.

Outro dispositivo da referida resolução que merece referência é o art. 5º, IV, que determina que a cooperação *"deve ser realizada de forma fundamentada, objetiva e imparcial"*. A indicação da necessidade de apresentação de fundamentos de cunho objetivos abre caminho para uma dialeticidade, permitindo que à parte questionar os motivos apresentados como justificadores do ato.

Assim sendo, o direito à impugnação está resguardado, resta saber o que pode ser questionado e qual será a forma de efetivar tal impugnação. Para evoluir no entendimento desses pontos é preciso, mais uma vez distinguir, a cooperação judiciária dos atos processuais praticados a partir dela. Isso porque a cooperação judiciária em si não decide qualquer questão relacionada ao mérito do conflito objeto do processo, somente estabelece a forma como os atos jurisdicionais serão praticados e, em alguns casos, a competência de quem os irá praticar. Dessa forma, ela se aproximará no máximo a decisões judiciais sobre o procedimento adotado, mas ainda assim com elas não se confundirá totalmente, pois a forma e o objetivo serão distintos. Portanto, o objeto da impugnação também não será o mesmo.

É certo que essa diferenciação nem sempre será clara, em determinadas situações manifestando-se a cooperação judiciária e os atos jurisdicionais praticados a partir dela de forma quase simultânea e, algumas vezes, materializada no mesmo documento. É exatamente nessas situações que as dúvidas serão mais intensas. Em tais casos, em princípio, a saída mais segura é impugnar o próprio ato jurisdicionais pela via recursal, ou combater simultaneamente os dois aspectos do ato.

Feito este esclarecimento, passa-se a analisar as situações em que a distinção é mais evidente, para que se possa focar na impugnação dirigida especificamente à cooperação judiciária. Os instrumentos de cooperação não se enquadram nos pronunciamentos do juiz (art. 203 do CPC), pois possuem formas e finalidades diferentes.

Por exemplo, é possível celebrar um ato concertado para a centralização de processos repetitivos. Essa cooperação será previamente formalizada com a definição de seu objeto e a delimitação de sua abrangência, mas não implicará, por si só, em nenhum ato jurisdicional. Logo, o ato concertado pode existir prévia e independentemente das possíveis decisões que serão proferidas após sua formalização.

Assim sendo, a parte interessada poderá: I) impugnar a cooperação antes que dela decorram desdobramentos no processo; II) concordar com a cooperação, mas discordar do ato processual que dela decorreu e impugná-lo ou; III) impugnar tanto a cooperação judiciária como o ato dela decorrente. É importante ressaltar que essa divisão é feita com um objetivo didático, mas na prática serão várias as situações em que não será possível distingui-las.

Analisando as duas situações de forma isolada, passa-se inicialmente a abordar a impugnação dirigida a própria cooperação. O pedido de cooperação, a delegação, o ato concertado e outras possíveis formas de cooperação se manifestam como atos processuais, mas de cunho administrativo. Em certas situações, em especial nos atos concertados, a cooperação poderá inclusive assumir uma feição normativa, como por exemplo em um ato concertado destinado a distribuição de uma determinada matéria para um juízo específico. São ferramentas ligadas a questões de administração judiciária e não à solução direta de questões incidentais e finais do conflito objeto do processo.

Esse controle será da validade do ato de cooperação. No atual nível de maturidade da matéria é difícil estabelecer de forma precisa o objeto desse controle. Só a evolução da matéria com base em casos concretos poderá indicar quais são os limites da cooperação.

Nesses termos, os órgãos responsáveis pela análise das impugnações devem estar pautados primeiramente em formas de controle administrativo da atuação dos magistrados, o que pode se efetivar por meio de processos administrativos movidos perante a Presidência, a Corregedoria ou a órgão colegiado especificado no regimento do tribunal do tribunal. É bem verdade que, atualmente, os regramentos internos dos tribunais, na maior parte dos casos, não estão preparados para essas novas questões e talvez precisem evoluir para contemplar questões decorrentes da cooperação judiciária.

Ainda que não seja o caso de recurso, esse ato poderia ser, em tese, objeto de uma ação de conhecimento ou de um mandado de segurança quando aquela cooperação configurar de alguma forma ilegalidade ou abuso de poder.

Avançando na análise, passa-se a abordar as decisões judiciais decorrentes da cooperação. Destaque-se que as impugnações nesse ponto, ainda que interfiram indiretamente na cooperação, por abordar sua manifestação prática, não tem por objeto a própria cooperação.

As decisões judiciais devem ser combatidas pelas vias previstas no sistema processual, como por meio de recursos, da reclamação para preservação de competência, do conflito de competência, etc. A adequação e o cabimentos desses institutos não será, em princípio, tão clara e direta, pois eles não foram concebidos para tais situações. Somente com o amadurecimento do tema e com a ressignificação de alguns de seus elementos a nova realidade trazida pela cooperação judiciária será integrada harmônica ao sistema.

Quanto à utilização da via recursal, já se observa uma divergência doutrinária. Como os atos que formalizam a cooperação judiciária, em especial aquela que altere competência, podem se enquadrar no conceito de decisão interlocutória, cabe inicialmente analisar o cabimento do agravo de instrumento. Ocorre que o rol de decisões agraváveis do art. 1.015 do CPC não contempla de forma expressa as decisões acerca da competência.

Na concepção adotada pelo STJ para a interpretação do art. 1.015 do CPC, no contexto de uma "taxatividade mitigada", seria, em tese, possível enquadrar os casos de cooperação que envolvam alteração da competência no âmbito de recorribilidade do inciso III, que versa sobre a "rejeição da alegação de convenção de arbitragem"[23].

23. Na posição de Maria Gabriela Silva Campos Ferreira: "[...] defendemos ser possível a interposição de agravo de instrumento contra a decisão que alterar a competência para a prática de atos decisórios e instrutórios com base na cooperação entre juízes. Basta uma interpretação extensiva do art. 1.015, III

No entanto, a complexa e confusa estrutura de recorribilidade das decisões interlocutórias não pode admitir uma ampliação ilimitada do cabimento do agravo de instrumento. Essa parece ser uma das situações que foge ao limite interpretativo da norma, de modo que, enquanto não sobrevier alteração legislativa, tais decisões devem ser impugnadas por meio de apelação, conforme o § 1.º do art. 1.009 do CPC/15[24].

5. CONCLUSÕES

O Código de Processo Civil estabelece o dever de cooperação para os magistrados o que importa que eles devem manter aberta uma via de contato para outros juízos e uma disponibilidade para prontamente atender as demandas de cooperação a eles submetidas.

Esse dever, todavia, não é absoluto, ele admite a recusa fundamentada quando estiver presente uma causa justificadora idônea. No entanto, não se trata de questão que esteja no âmbito da subjetividade ou da discricionariedade do juiz, pois o que está em jogo é a efetividade da prestação jurisdicional como um todo e não a comodidade de um magistrado específico.

Há uma diferença de intensidade nesse dever de acordo com a maior ou menor possibilidade de recusa, manifestando-se mais forte na cooperação por concertação, seguida pela cooperação por delegação, e sendo menos intensa na cooperação por solicitação.

A resistência injustificada ou pautada em fundamento não aceito como legítimo por órgão com competência para essa análise configurará infração funcional nos termos do art. 35, I, da Lei Orgânica da Magistratura (Loman).

É preciso assegurar às partes canais de participação e de impugnação para viabilizar níveis de controle das cooperações, pois são elas que melhor conhecem conflito judicializado. O fato de a cooperação judiciária caber aos magistrados, não significa que se deva desconsiderar a posição das partes a seu respeito. Esse diálogo tornará a cooperação mais adequada e robusta.

Como se percebe, a cooperação judiciária nacional ressalta a complexidade das relações processuais entre os diversos sujeitos que participam do

do CPC que permite a impugnação das decisões que rejeitam convenção de arbitragem, já que ambas as decisões tratam sobre competência". (FERREIRA, Maria Gabriela Silva Campos. *O ato concertado entre juízes cooperantes*: esboço de uma teoria para o Direito brasileiro Civil *Procedure Review*. v.10, n. 3: set.-dez. 2019, p. 33).

24. Edilton Meireles adota esse entendimento: "Ou seja, ainda que não imediatamente recorrível mediante agravo de instrumento, ela pode ser impugnada em apelação ao final da fase de conhecimento (§ 1.º do art. 1.009 do CPC/2015). (MEIRELES, Edilton. Cooperação judiciária nacional. Revista de Processo. v. 249. nov. 2015. pp. 59-80, p. 70).

processo ao evidenciar o âmbito de interação entre juízos e a participação das partes nessas questões.

REFERÊNCIAS

CABRAL, Antonio do Passo. *Juiz natural e eficiência processual*: flexibilização, delegação e coordenação de competências no processo civil. 2017. Tese (Concurso de Titularidade) - Universidade do Estado do Rio de Janeiro, Rio de Janeiro, UERJ, 2017.

CAMARGO, Luiz Henrique Volpe. *A centralização de processos como etapa necessária do incidente de resolução de demandas repetitivas*. 2017. Tese (Doutorado em Direito) - Pontifícia Universidade Católica de São Paulo, São Paulo, 2017.

CHAVES JÚNIOR, José Eduardo de Resende. *Cooperação judiciária na justiça do trabalho*. Revista do Tribunal Regional do Trabalho da 3ª Região, Belo Horizonte, v. 61, n. 92, p. 107-130, jul./dez. 2015.

CRAMER, Ronaldo. Comentários ao art. 267. Comentários ao novo Código de Processo Civil. coordenação Antonio do Passo Cabral, Ronaldo Cramer. - 2ª ed. Rio de Janeiro: Forense, 2016.

DIDIER JR. Fredie. *Cooperação judiciária nacional*: esboço de uma Teoria para o Direito Brasileiro. Salvador: Juspodivm, 2020.

FERREIRA, Maria Gabriela Silva Campos. *O compartilhamento de competências no processo civil*: um estudo do sistema de competência sob o paradigma da cooperação judiciária. Salvador: Juspodivm, 2020.

__________. *O ato concertado entre juízes cooperantes*: esboço de uma teoria para o Direito brasileiro Civil Procedure Review. v.10, n. 3: set.-dez. 2019.

FONSECA, João Gustado Henrique de Marais. *Cooperação Judiciária processual*: histórico, teoria e prática. Rio de Janeiro: Lumen Juris, 2019.

GAJARDONI, Fernando da Fonseca; DELLORE, Luiz; ROQUE, Andre Vasconcelos; OLIVEIRA JR., Zulmar Duarte de. *Teoria Geral do Processo*: parte geral: comentários ao CPC de 2015. 3. ed. - Rio de Janeiro: Forense; São Paulo: MÉTODO, 2019.

MARINONI, Luiz Guilherme; ARENHART, Sérgio Cruz; MITIDIERO, Daniel. *Novo curso de processo civil*: tutela dos direitos mediante procedimentos comum. 3ª Ed. São Paulo, Editora dos Tribunais, 2017.

MEIRELES, Edilton. Cooperação judiciária nacional. Revista de Processo. v. 249. nov. 2015. pp. 59-80.

__________. Cooperação judicial e poderes do juiz na execução conforme o CPC de 2015. *Revista Jurídica Luso-Brasileira*, Lisboa, ano 4, n. 1, p. 455-507, 2018.

PASSOS, Jose Joaquim Calmon de. *Ensaios e artigos* - V.1. Salvador: Juspodivm, 2014.

__________. *Revisitando o Direito, o Poder, a Justiça e o Processo*. Salvador: Juspodivm, 2012.

CAPÍTULO 8

Potencialidades e limites da cooperação judiciária nacional[1]

Nilsiton Rodrigues de Andrade Aragão[2]

1. INTRODUÇÃO

A busca da efetividade da prestação jurisdicional é um dos grandes pilares do Código do Processo Civil (CPC) de 2015, para atingir tal propósito, diversos instrumentos processuais que viabilizam uma atuação mais eficiente e menos burocrática foram incluídos no ordenamento jurídico. Dentre as novidades, destaca-se a cooperação judiciária nacional.

É certo que a cooperação judiciária não nasce com o CPC/2015. Um dos antecedentes mais relevantes é a Recomendação n.º 38/2011 do Conselho Nacional de Justiça (CNJ), que instituiu a Rede Nacional de Cooperação Judiciária, com a finalidade de estimular o intercâmbio e a cooperação entre as unidades do Poder Judiciário. Também merece referência o § 2.º do artigo 13 da Lei n.º 9.099/1995, que já admitia que a prática de atos processuais em outras comarcas pudesse ser solicitada "por qualquer meio idôneo de comunicação".

Apesar do amparo normativo e do transcurso de um tempo razoável para a maturação do instituto, as experiências concretas na matéria ainda são muito

1. Este artigo foi anteriormente publicado na Revista *Civil Procedure Review* (v. 11, n. 1: jan.-abr. de 2020, p. 33-58), tendo seu texto original revisado e atualizado com a Resolução n.º 350/20 do CNJ para o presente livro.
2. Doutor e Mestre em Direito pela Universidade de Fortaleza. Membro da Associação Norte Nordeste de Professores de Processo – ANNEP. Superintende da Área Judiciária do Tribunal de Justiça do Estado do Ceará. Mediador Judicial credenciado junto ao CNJ.

sutis, o que mostra ser essa uma área carente de compreensão e de aplicação prática. É difícil diagnosticar com precisão os motivos dos tímidos resultados até então verificados, mas certamente a novidade do tema e a cultura de isolamento das unidades judiciais estão entre as causas principais.

O advento do CPC/2015 apresenta a oportunidade para repensar a sistemática de funcionamento da cooperação judiciária nacional, tanto pelo impacto e pelo alcance que o disciplinamento legal propicia como pelo funcionamento mais difuso que ele permite. Todavia, esse instituto ainda é incompreendido por boa parte dos magistrados e dos advogados, contando com posições esparsas e divergentes na doutrina. Em verdade, ainda há muita incerteza sobre o real alcance dos artigos 67 a 69 do CPC, em especial sobre o modo de operacionalizar a cooperação judiciária em prol da fluidez e da agilidade na prestação jurisdicional.

Nesse contexto intrincado e ainda carente de diretrizes dogmáticas precisas, procura-se avaliar no presente artigo, ainda que de forma sucinta, os rumos que a cooperação judiciária nacional tem tomado no Brasil e identificar as suas potencialidades e os seus limites, por meio da análise dos principais elementos que compõem o modelo de cooperação judiciária nacional adotado pelo CPC. É nesse ponto que se manifestam a atualidade e a importância prática que justificam o presente estudo.

2. ELEMENTOS DO MODELO DE COOPERAÇÃO JUDICIÁRIA DO CPC/2015

Dentre as características mais marcantes da cooperação judiciária nacional do CPC/2015, destacam-se a flexibilidade formal e a capacidade de adaptação às necessidades de cada caso; para isso ela se manifesta de forma atípica em diversos níveis, podendo assumir formas e tratar de matérias não especificadas na legislação.

Por essa razão, não é possível traçar de forma definitiva uma estrutura organizacional de suas manifestações. Ainda assim, é viável tomar as diretrizes apresentadas na legislação para delinear padrões lógicos de sistematização da matéria.

Inspirada nas lições de Fredie Didier Júnior, apresentadas no livro "Cooperação Judiciária Nacional", a abordagem do modelo de cooperação judiciária do CPC/2015 será estruturada com base em três elementos: os tipos de cooperação, os instrumentos de cooperação e os atos de cooperação[3].

3. DIDIER JR. Fredie. *Cooperação judiciária nacional:* esboço de uma Teoria para o Direito Brasileiro. Salvador: Juspodivm, 2020, p. 72.

Essa organização ajuda a tornar mais simples a compreensão e a aplicação da cooperação. A ideia é definir, respectivamente, qual sua origem, por qual meio se desenvolve e do que ela trata. Assim, por exemplo, a cooperação pode ser deflagrada por um pedido (tipo), por meio de auxílio direto (instrumento) para tratar de intimação de partes (ato), ou então pode originar-se de um concerto entre os juízes (tipo), por meio de reunião de processos (instrumento) para centralizar processos repetitivos (ato). Em princípio, é possível qualquer combinação entre esses elementos, embora alguns arranjos mostrem-se mais harmônicos.

A disposição da matéria no CPC não permite que se chegue a essa informação de maneira direta. Da literalidade dos artigos 67 a 69 do CPC, não é possível extrair com clareza o que é tipo, instrumento ou ato da cooperação. O artigo 69, por exemplo, transmite a ideia de que seus incisos tratam de instrumentos de cooperação judiciária, mas a prestação de informações é um objeto da cooperação. Já o § 2.º do mesmo artigo 69 dá a entender que as situações ali descritas são objetos exclusivos de atos concertados, quando, na verdade, podem decorrer de um pedido de cooperação e ser objeto de outro instrumento de cooperação.

É preciso ressaltar que não se pretende, com a presente proposta de estruturação da matéria, tratar as manifestações da cooperação judiciária nacional de forma estanque e incomunicável. Qualquer pretensão de abordagem rígida que engesse a matéria é incompatível com a própria lógica que a caracteriza, que é aberta e flexível por essência. O objetivo é permitir uma visualização mais didática do instituto, desmistificando um pouco toda sua complexidade, sem com isso ignorar a possibilidade de existência de peculiaridades que fujam ao esquema proposto.

3. TIPOS DE COOPERAÇÃO

No exercício de organização didática da matéria, uma primeira classificação que pode ser apresentada é a que tem por critério a iniciativa. Por ela, é possível distinguir pelo menos três tipos de cooperação, ou seja, três caminhos que podem ser trilhados para desencadear a cooperação judiciária: I) mediante pedido, II) por concerto entre os magistrados e III) por delegação. Para melhor compreendê-los, impõe-se uma análise específica de cada um deles.

Vale salientar que, ainda que a margem de inovação seja menor, não é possível afastar inteiramente a atipicidade dos tipos de cooperação, em especial pela proximidade que possui com os instrumentos e atos. Assim, podem existir outros tipos de cooperação judiciária.

Também merece destaque o fato de a cooperação judiciária poder ser estimulada ou provocada por um órgão administrativo do tribunal, como a presidência, a corregedoria, a diretoria do fórum etc. Para além da função regulamentadora que esses órgãos assumem (fonte da cooperação), eles podem atuar de forma mais específica para superar a inércia dos juízos em provocar ou concertar a atuação conjunta que se mostre necessária para um caso concreto.

A visão panorâmica que esses órgãos possuem da realidade das causas que tramitam nas diversas unidades judiciais permite que eles possam identificar situações que necessitem de uma cooperação judiciária e auxiliar o contato entre os juízos. Algumas vezes a relação entre processos que tramitam em unidades judiciais distintas são ignorados pelos magistrados, pois eles costumam concentrar sua atenção nos processos que lhes foram distribuídos. Essa realidade retrata um obstáculo à cooperação judiciária que necessita de um apoio para que ela possa se desenvolver.

Não se trata de uma determinação, mesmo porque a cooperação judiciária se desdobrará em atos jurisdicionais e esses órgãos administrativos não possuem hierarquia sobre os juízes nesse âmbito. Eles apenas provocam a cooperação por meio da identificação dos possíveis processos para os quais a cooperação pode ser útil e aproximação dos magistrados envolvidos[4]. Contatos pessoais e reuniões administrativas são exemplos de medidas que podem ser adotadas para incentivar a atuação colaborativa.

Os núcleos de cooperação judiciária, os juízes de cooperação e a Rede Nacional de Cooperação Judiciária, disciplinados na Resolução n.º 350/20 do CNJ, podem ser relacionados a esse tipo de cooperação pois eles têm entre suas atribuições a de promover e de intermediar a integração entre juízes cooperantes.

3.1. Cooperação judiciária realizada mediante pedido

Os artigos 68 e 69 do CPC mencionam expressamente o "pedido de cooperação jurisdicional", esse é, portanto, um dos meios de corporificar a pretensão de interação entre juízos e de deflagrar sua realização. Esse pedido é formulado por um juiz e dirigido a outro. Como se vê, nesse caso, o magistrado assume a posição de peticionante, condição pouco comum no exercício da jurisdição.

Não se trata de ato unilateral ou impositivo, ao qual o juiz a quem se pede não se pode recusar. Todavia, como o artigo 67 do CPC estabelece um

4. Na visão de Valéria Ferioli Lagrasta: "O que é importante ter em mente, porém, é que a cooperação entre juízes deve ser sempre voluntária, diante dos princípios do juiz natural e da independência do juiz, cabendo aos órgãos de cúpula do Poder Judiciário apenas promover a aproximação pessoal dos juízes, através de encontros de trabalho e do incentivo à utilização da comunicação informal e eletrônica, concorrendo, com isso, para a mudança de mentalidade dos juízes, que passarão a cooperar voluntariamente entre si". (LAGRASTA, Valéria Ferioli. *Sistema de gestão judiciária e gerenciamento do processo*. Disponível em: http://www.adambrasil.com/wp-content/uploads/2017/06/sistema_gestaojudiciaria_gerenciamento_processo.pdf. Acesso em: 13 de julho de 2019).

"dever de recíproca cooperação" e não uma simples faculdade, a deliberação negativa do destinatário do pedido não se encontra no campo da mera discricionariedade. É preciso que se exponha um motivo razoável para a recusa à colaboração requerida[5].

Outro desdobramento desse dever é a necessidade de existir uma consequência para o seu eventual descumprimento injustificado, caso contrário, a imposição normativa estará esvaziada. Na busca de uma sanção adequada para a violação desse dever, mostra-se inoportuno questionar a regularidade da negativa para o âmbito do processo do qual se originou o pedido, pois isso poderá acarretar um atraso na sua tramitação, efeito oposto ao pretendido com a cooperação. Nessa linha, entende-se que a negativa injustificada deve importar em uma infração administrativa a ser apurada, extra-autos, pelos órgãos correcionais.

3.2. Cooperação judiciária por concerto entre os magistrados

A prática de cooperação entre dois juízos que demande algum grau de permanência e trate de uma variedade de atos ainda indeterminados tem como melhor caminho para o desenvolvimento a construção conjunta entre os magistrados envolvidos[6]. Em tais situações, não é nem sequer possível predefinir de forma completa e definitiva todos os atos que serão objeto da cooperação, pois ela tende a evoluir e a passar por transformações durante sua realização.

Nesse caso, não há a necessidade de um requerimento propriamente dito, é preciso uma convenção entre os juízos, ou seja, um "ato concertado" entre eles. Mesmo que um dos envolvidos tenha tomado a iniciativa do diálogo para a construção conjunta de uma cooperação judiciária, esse movimento não pode ser visto como pedido de cooperação. Em verdade, como o amadurecimento da ideia e a formação do consenso entre os magistrados ocorrem de forma conjunta, não há como distinguir com precisão a iniciativa e a aceitação.

---

5. Cândido Rangel Dinamarco ressalta: "Como a cooperação jurisdicional é um dever imposto aos juízes (CPC, art. 67), é natural que não tenham estes a ilimitada e incondicionada faculdade de recusar solicitações formuladas por outro órgão jurisdicional – especialmente quando essa solicitação vier sob a forma de uma *carta de ordem* expedida por um tribunal ao qual esteja vinculado" (DINAMARCO, Cândido Rangel. *Comentários ao Código de Processo Civil*: das normas processuais civil e da função jurisdicional. Coordenação de José Roberto Ferreira Gouvêa, Luis Guilherme Aidar Bondioli, João Francisco Naves da Fonseca. São Paulo: Saraiva, 2018. v. 1 (arts. 1.º a 69), p. 348).
6. Nesse sentido, pontua Fredie Didier Júnior: "O ato concertado é indicado para disciplinar uma cooperação permanente ou duradoura entre os juízos cooperantes. Por isso, o ato cooperativo regerá a prática de uma série de atos indeterminados, assumindo a natureza de fonte de normas processuais gerais, consensuais e anteriores à prática dos atos de cooperação". (DIDIER JR., Fredie. Curso de direito processual civil: introdução ao direito processual civil, parte geral e processo do conhecimento. 22. ed. Salvador: Juspodivm, 2020, p. 344).

3.3. Cooperação por delegação

A cooperação por delegação se dá quando existe uma relação de vinculação e hierarquia entre os juízos cooperantes[7]. Pode ser entre um desembargador e um juiz ou entre um ministro de tribunal superior e um desembargador ou juiz a ele subordinado.

A indelegabilidade é uma das características da jurisdição, mas tal atributo precisa ser analisada no contexto atual do sistema processual. De modo sintético, a delegação consiste na transferência do exercício de um aspecto da competência para um órgão que originalmente não teria autorização para a sua prática. Como regra, a jurisdição só pode ser exercida pelo órgão que o ordenamento estabeleceu como competente. No entanto, essa vedação não é absoluta, existindo diversos institutos processuais que propiciam a "delegação" de ao menos uma parte da competência jurisdicional[8].

É o caso do artigo 102, I, m, da CF/88, pelo qual o Supremo Tribunal Federal (STF) pode delegar a execução de suas decisões. No âmbito infraconstitucional, vale referência ao artigo 972 do CPC, que autoriza a delegação de atos instrutórios das ações rescisórias para o juízo que proferiu a decisão rescindenda. As próprias cartas de ordem comportam, ainda que em menor escala, diversas outras hipóteses de transmissão da competência.

No código anterior essa cooperação era realizada quase que exclusivamente por cartas de ordem, mas agora abre-se o leque de oportunidades tanto em relação aos instrumentos como em relação ao objeto. A cooperação judiciária é inserida nesse contexto, sendo concebida como mais uma autorização legal para a transmissão de competências judiciais.

Uma questão que precisa ser analisa é a hierarquia entre os órgãos cooperantes. É em razão dela que se fala em maior intensidade nesse tipo de cooperação, manifestada em uma restrição às hipóteses de recusa admitidas. Existe uma divergência doutrinária nessa matéria, uma primeira corrente entende que as hipóteses de recusa previstas no art. 267 do CPC não abrangem a cooperação por delegação, uma vez que o dispositivo não menciona as cartas de ordem[9].

---

7. DIDIER JR. Fredie. *Cooperação judiciária nacional*: esboço de uma Teoria para o Direito Brasileiro. Salvador: Juspodivm, 2020, p. 76.
8. Nas palavras de Antonio do Passo Cabral: "Não obstante esse lugar comum da indelegabilidade da competência, é relevante salientar que, em muitos institutos processuais existentes há décadas na legislação, vemos delegação de atos processuais e às vezes verdadeira delegação total de prestação da jurisdição para outros juízos e até para particulares" (CABRAL, 2017, p. 454).
9. "Em que pesem respeitáveis posições em direção contrária, pensamos que nessas hipóteses inviável a recusa, seja pela subordinação hierárquica do juiz ordenado, seja pelo juízo de delibação prévio ao *exequatur* exercido pelo órgão competente (artigo 105, inciso I, *i*, da Constituição)". (GAJARDONI, Fernando da Fonseca; DELLORE, Luiz; ROQUE, Andre Vasconcelos; OLIVEIRA JR., Zulmar Duarte de. Teoria

No entanto, a corrente contrária parece ser a mais adequada[10]. O fato de a demanda por cooperação ter origem em um órgão jurisdicional de hierarquia superior não tem o condão de afastar a análise de questões como a incompetência absoluta, a irregularidade formal, a falsidade, a afronta ao Direito e a impossibilidade prática de realização do ato.

4. INSTRUMENTOS DE COOPERAÇÃO JUDICIÁRIA

O segundo aspecto a ser abordado na definição dos contornos do modelo de cooperação judiciária do CPC/2015 são os seus instrumentos de manifestação ou de materialização.

Com base na dispensa de forma específica prevista no *caput* do artigo 69 do CPC, conclui-se que o rol legal dos meios de realização da cooperação judiciária é meramente exemplificativo. Para além de poder efetivar-se por outros instrumentos não previstos na lei, é importante destacar que não haverá sempre um instituto bem definido formalmente para tanto. Aplica-se nesse ponto o princípio da liberdade das formas, de modo que sua forma de documentação pode ser a mais simples e variada, sem que isso acarrete vícios ao ato realizado.

O artigo 69 do CPC propõe-se a enumerar algumas formas como a cooperação judiciária pode ser executada, mencionando quatro situações em seus incisos. Ainda que a maior parte dos incisos do artigo 69 esteja relacionada à forma de realização da cooperação, a "prestação de informações" foge à regra por consistir em um ato, ou seja, em um objeto que se busca com a colaboração. É preciso distinguir o que se faz da forma como se faz[11].

A dicção normativa mais fechada pode induzir o entendimento de que esse rol seria taxativo; portanto, não seria possível a efetivação de cooperação por outra forma. Essa interpretação está equivocada por partir de uma análise parcial e isolada do texto da lei[12]. Como dito, os instrumentos de cooperação

Geral do Processo: parte geral: comentários ao CPC de 2015. 3. ed. – Rio de Janeiro: Forense; São Paulo: MÉTODO, 2019, p 219).

10. Em que pese o grau maior de impositividade da carta de ordem, que pressupõe superioridade hierárquica, penso que também ela pode eventualmente ser recusada. Exemplo disso: uma ordem manifestamente ilegal. (CRAMER, Ronaldo. Comentários ao art. 267. Comentários ao novo Código de Processo Civil. coordenação Antonio do Passo Cabral, Ronaldo Cramer. – 2ª ed. Rio de Janeiro: Forense, 2016, p. 417).
11. Luiz Henrique Volpe Camargo também não inclui a prestação de informações entre os instrumentos de cooperação. Para o autor existiriam somente três espécies típicas: o auxílio direto; a reunião ou apensamento de processos e as cartas de ordem, precatória e arbitral. (CAMARGO, Luiz Henrique Volpe. A centralização de processos como etapa necessária do Incidente de Resolução de Demandas Repetitivas. Tese de doutorado apresentada à Pontifícia Universidade Católica de São Paulo. São Paulo: 2017, p. 305-309).
12. FERREIRA, Maria Gabriela Silva Campos. *O compartilhamento de competências no processo civil*: um estudo do sistema de competência sob o paradigma da cooperação judiciária. Salvador: Juspodivm, 2020, p. 129.

judiciária são atípicos, de modo que os incisos do artigo 69 exemplificam algumas dessas formas mediante as quais é possível realizar a cooperação, mas não exaurem as possibilidades, nem restringem suas hipóteses de cabimento[13].

Isso fica mais claro ao se analisar a Resolução n.º 350/20 do CNJ, art. 5º, II, dispõe que a cooperação judiciária *"pode ser instrumentalizada por auxílio direto, atos concertados, atos conjuntos e outros instrumentos adequados"*. Nesta norma, tanto se vê a referência a mais um instrumento de cooperação, que são os "atos conjuntos", como há uma reintegração da atipicidade.

A escolha do instrumento de cooperação a ser utilizado precisa ser baseada nas necessidades e nas peculiaridades do caso concreto, em um juízo de adequação. Não é possível hierarquizar os meios de forma prévia e abstrata, somente o caso concreto pode definir a via ideal.

4.1. As cartas e sua "preterição" no sistema aberto de instrumentos de cooperação judiciária

Entre os instrumentos tipicamente regulados na legislação para realizar a cooperação judiciária, há as cartas (art. 267 e seguintes do CPC), veículo quase exclusivo de interação entre os juízos na vigência do CPC/1973. No entanto, atualmente, os artigos 67 a 69 do CPC autorizam a realização da cooperação judiciária por meios atípicos.

Com isso, a situação das cartas na sistemática processual vigente mudou substancialmente, elas passaram a ser unicamente um exemplo de instrumento de cooperação entre juízos. Há uma área de intercessão no cabimento dessas medidas. Logo, mesmo quando cabível a utilização de carta precatória e de ordem, será possível realizar a cooperação entre os juízos por qualquer outra forma[14].

Ocorre que, por conterem uma estruturação mais formal, com um regime próprio que precisa ser respeitado quando utilizadas (art. 69, § 1.º), as cartas tendem a perder espaço para os meios menos solenes e burocráticos de

13. Felipe Screpes Wladeck ressalta: "Trata-se de expressões amplas, abrangentes das mais diversas formas de apoio. Caberá ao juízo solicitante definir (eventualmente, de forma dialogada com o juízo destinatário do pedido) a mais adequada no caso concreto" (WLADECK, Felipe Scripes. Arts. 54 a 69. *In*: TUCCI, José Rogério Cruz e *et al.* (coord.). *Código de Processo Civil anotado*. Curitiba: OAB, 2017, p. 110).

14. Em sentido contrário, defende Leonardo Faria Schenk: "Ao indicar o objeto das cartas precatórias, o legislador processual deixou expresso se tratar ela, com primazia, do instrumento adequado para que o órgão jurisdicional brasileiro pratique ou determine o cumprimento, na área de sua competência territorial, de ato relativo a pedido de cooperação judiciária formulado por órgão jurisdicional de competência territorial diversa (art. 237, III, do CPC/2105)" (SCHENK, Leonardo Faria. Arts. 67 a 69. *In*: WAMBIER, Tereza Arruda Alvim *et al. Breves comentários ao Novo Código de Processo Civil*. 3. ed. São Paulo: Revista dos Tribunais, 2016, p. 275).

cooperação, quando essas características não se mostrarem importantes no casos concreto. Assim, as cartas, que eram as únicas formas de cooperação entre juízos disciplinadas no CPC/1973, passam a ser o meio, em tese, menos atrativo de atuação colaborativa.

A partir desse prognóstico, começou-se a desenvolver o pensamento de preterição das cartas, a ponto de se entender que, nos casos de cooperação judiciária por pedido, elas seriam instrumentos de cooperação judiciária de aplicação apenas subsidiária[15].

Embora esse entendimento seja bastante convidativo e seja muito provável que se concretize em grande parte em um futuro de médio prazo, principalmente com a consolidação do processo judicial eletrônico, não parece ser possível uma generalização desse porte no atual momento de desenvolvimento da matéria. Dois fatores principais concorrem para isso: I) existe uma corrente doutrinária de defensores da prioridade das cartas no sistema de comunicação entre juízos[16] e; II) as cartas estão profundamente incorporadas à cultura e à rotina das unidades judiciais.

Especificamente quanto à esse segundo ponto, o volume de processos muitas vezes é um impedimento para a adoção de ações criativas e cooperativas que garantam maior celeridade e efetividade à prestação jurisdicional. Como parte dessas cooperações é muito individualizada e artesanal, a pressão por produtividade acaba desencorajando os magistrados e servidores a utilizá-las, fazendo com que o processo siga o rito tradicional. Assim, por mais paradoxal que possa parecer, na rotina de uma unidade jurisdicional, é mais fácil seguir as vias solenes e burocráticas já incorporadas ao cotidiano do que inovar em caminhos simples e informais. Mudar demanda muita energia, tempo e disposição, o que nem sempre é encontrado por partes de magistrados e servidores.

É preciso ter cautela com a construção desse entendimento de tudo ou nada na utilização das cartas no contexto da cooperação judiciária. Ainda que a razoável duração do processo e a instrumentalidade das formas, princípios informativos da cooperação judiciária, apontem para a predileção por outros meios de interação entre os juízos, é possível que em casos concretos as cartas se apresentem mais adequadas ou, até mesmo, mais eficientes.

15. Como defende Fredie Didier Jr.: Agora, as cartas devem ser vista apenas como mais um dos instrumentos de cooperação, e não os únicos, como ao tempo do CPC-1973. E mais: devem ser vistas como instrumentos de uso subsidiário [...]" (DIDIER JR. Fredie. *Cooperação judiciária nacional:* esboço de uma Teoria para o Direito Brasileiro. Salvador: Juspodivm, 2020, p. 79). No mesmo sentido: CARDOSO, Oscar Valente. A cooperação judiciária nacional no Novo Código de Processo Civil. *Revista Dialética de Direito Processual*, São Paulo, n. 152, nov. 2015, p. 46.

16. SCHENK, Leonardo Faria. Comentarias ao art. 69 do CPC. *Breves comentários ao Código de processo Civil*, 2ª Ed. Teresa Arruda Alvim, Fredie Didier jr., Eduardo Talamini e Bruno Dantas (Coord.). São Paulo: RT, 2016, p; 263.

O fato de as cartas possuírem um disciplinamento legal mais detalhado pode ser um elemento positivo, quando se busca maior segurança e previsibilidade na condução da cooperação. Ademais, na realidade atual dos tribunais, a atividade cotidiana das unidades jurisdicionais já incorporou sua utilização, com a definição de rotinas de trabalho, a disposição de modelos e a adequação de sistemas eletrônicos. Dessa forma, em alguns casos, a opção por outros meios pode exigir mais energia, sem um ganho de eficiência que a justifique.

Não se quer com isso defender a manutenção da realidade atual. Os meios menos burocráticos devem ser priorizados. Porém, essa priorização não deve ser impositiva, acrítica e descontextualizada, é preciso avaliar a questão com base em critérios de conveniência e de adequação para o caso concreto. Existem situações em que hoje se utiliza as cartas, mas que outros instrumentos são claramente mais eficientes, são essas as situações que precisam ser alteradas.

4.2. Auxílio direto

O artigo 69, I, do CPC traz o auxílio direto, instituto já consagrado no âmbito da cooperação internacional, possuindo disciplinamento mais detalhado nos artigos 28 a 34 do CPC, ainda que tais normas não possam ser inteiramente aproveitadas na cooperação nacional.

Embora não haja unanimidade no seu conceito, predomina a noção de instrumento que se manifesta sem grandes formalidades e independentemente de juízo de deliberação, por meio de simples solicitação para que o juízo cooperante adote as providências e as medidas requeridas por meios idôneos.

Exatamente por ser uma via informal, quando cabível, deve-se dar preferência ao auxílio direto. Em exercício de prospecção, similar ao feito com as cartas, esse instrumento de cooperação é o que apresenta maior potencial de crescimento na utilização, mesmo que considerando a necessária adequação às necessidades do caso.

4.3. Reunião ou apensamento de processos

O artigo 69, II, do CPC trata da cooperação judiciária realizada por meio da reunião ou do apensamento de processos. Ainda que não haja uma uniformidade na utilização desses termos, a reunião de processos efetiva-se por meio da remessa de causas para um mesmo juízo com o objetivo de que sejam processadas conjuntamente. O apensamento, por sua vez, é o ato processual que consiste em vincular dois ou mais processos para tramitação simultânea. Em ambos os casos, os processos passam a tramitar, ainda que temporariamente, perante um mesmo juízo, mas nenhum dos processos reunidos ou apensados perde inteiramente sua autonomia.

As referidas técnicas visam somente a aproximação das causas, para que a existência de uma não seja ignorada pela outra. Com isso, por exemplo, evita-se a prolação de decisões conflitantes ou contraditórias, a repetição desnecessária de atos, ou possibilita-se a prática conjunta de atos comuns.

Quando se fala em reunião das ações propostas em separado, é natural lembrar a modificação de competência fundada em conexão ou continência. Há quem entenda que o âmbito de incidência dessa norma fica restrita à do artigo 55, § 3.º, do CPC[17]. Todavia, ainda que exista uma semelhança entre as técnicas processuais, a hipótese do artigo 69, II, não se confunde inteiramente com a do artigo 55, § 3.º. A modificação de competência por conexão e continência destina-se especificamente a evitar a prolação de decisões conflitantes ou contraditórias e pauta-se pela existência de identidade de pedido ou de causa de pedir.

A modalidade de cooperação judiciária ora estudada tem objeto e cabimento mais amplos. Assim, ela não está limitada às causas que possuem pedido ou às causas de pedir comuns. Pode ser utilizada para casos em que exista unicamente um vínculo de afinidade fática, jurídica ou operacional. Ela visa a realização de uma variedade de atos processuais com o objetivo de elevar a eficiência da prestação jurisdicional; por consequência, não objetiva unicamente evitar a prolação de decisões conflitantes ou contraditórias.

A reunião e o apensamento de processos são meios eficazes de realizar a cooperação judiciária, mas também são as formas que mais geram discussões. Por esse meio, o compartilhamento de competência alcança sua maior dimensão, uma vez que um juiz ficará competente para conduzir os atos de processos que originalmente não estavam submetidos à sua competência[18].

Ainda quanto à reunião ou ao apensamento de processos, é preciso registrar que essa mudança na competência deve ser precedida de um estudo para delimitar com precisão o âmbito dessa cooperação judiciária, ou seja, definir

17. Alexandre Freitas Câmara, ao comentar a centralização de processos repetitivos, afirma: "Tem-se, aí, uma regra especial de modificação da competência, destinada a permitir a reunião de processos repetitivos, centralizando-os em um só juízo, o que se justifica pelo risco de decisões diferentes em casos iguais. Essa possibilidade encontra amparo no disposto no art. 55, § 3.º, já que o risco de decisões divergentes em casos idênticos é verdadeiro risco de decisões contraditórias" (CÂMARA, Alexandre Freitas. *O novo processo civil brasileiro*. 5. ed. São Paulo: Atlas, 2019, p. 61).

18. O artigo 28 da Lei de Execuções Fiscais já trazia uma disposição de natureza similar, autorizando a reunião de processos contra o mesmo devedor por conveniência da unidade da garantia da execução, hipótese em que os autos são redistribuídos ao Juízo da primeira distribuição. Essa possibilidade, assim como na cooperação do artigo 69, não é impositiva (STJ. S1 – Primeira Seção. REsp 1158766 RJ. Relator: Ministro Luiz Fux. Julgado em: 8 set. 2010. *DJe*, 22 set. 2010).

o cabimento, as ações, o juízo, o escopo, o prazo etc. Nessa análise, é possível que a adequação e a eficiência adicional só se justifiquem por um prazo ou para um ou alguns atos.

Assim, os juízos cooperantes podem predefinir um momento em que serão remetidos os processos de volta ao juízo originário. Embora, em princípio, conceba-se a cooperação para a realização de atos, realidade na qual o tempo não seria considerado, em casos concretos, esse elemento pode ser utilizado de forma isolada ou combinada.

Por consequência, é possível que uma cooperação destinada à produção de uma prova comum defina a devolução do processo quando a referida prova tiver sido realizada, ou, por um período certo, ainda que o ato não tenha sido concluído. Com isso, evita-se que a cooperação gere o efeito contrário ao esperado, acarretando uma demora excessiva na prática de um ato.

4.3.1. Reunião e apensamento de processos entre juízos com competências absolutas diferentes

Um aspecto importante do compartilhamento de competências na reunião e no apensamento de processos cinge-se à possibilidade de deslocamento de causas para juízos que sejam absolutamente incompetentes para elas.

A questão surge porque tanto o artigo 67 quanto o artigo 69, § 3.º, ambos do CPC, apontam a possibilidade de cooperação judiciária entre órgãos jurisdicionais de diferentes ramos, especialidades e instâncias do Poder Judiciário. O âmbito de incidência dessas normas não exclui expressamente a cooperação por reunião e apensamento de processos, o que, *a contrario sensu*, permite concluir pela sua possibilidade.

No entanto, o tema divide opiniões. Uma primeira forma de compreender a matéria sugere que regras de competência absoluta, por terem base na Constituição Federal, não podem ser alteradas com fundamento em norma infraconstitucional, não se admitindo a mudança de competência em tais casos[19]. Outra forma de entender a questão aponta a sua possibilidade a partir de uma interpretação das normas constitucionais de competência e das que tratam da eficiência do serviço público e da efetividade da prestação jurisdicional[20].

19. Na visão de Elpídio Donizetti: "Em ambos os casos (reunião e apensamento), a medida deverá ser tomada por juízes da mesma competência material e funcional, já que não é possível, por exemplo, o apensamento entre um processo que tramita na Justiça Comum Estadual e outro com tramitação na Justiça do Trabalho" (DONIZETTI, Elpídio. *Curso didático de direito processual civil*. 21. ed. São Paulo: Atlas, 2018, p. 212).

20. Edilton Meireles defende esse posicionamento nos seguintes termos: "[...] neste caso, como não é absoluta qualquer regra constitucional, na ponderação de normas em conflito, aquela que busca a

No art. 6º, V, da Resolução n.º 350/20 do CNJ, ao tratar da definição do juízo competente para a decisão sobre questão comum ou questões semelhantes ou de algum modo relacionadas, a norma especifica que devem ser respeitadas as regras constantes nos artigos 62 e 63 do CPC, que tratam da competência absoluta. Esse dispositivo da Resolução é um forte indicativo de limites para reunião e apensamento de processos entre juízos com competência absoluta distintas.

É possível vislumbrar, de forma excepcional, situações em que a eficiência e a efetividade justificam o compartilhamento de competências absolutas, sem que isso importe em violação de garantias processuais das partes ou o princípio do juiz natural[21]. Assim, ainda que as situações cabíveis sejam específicas e excepcionais e precisem ser definidas caso a caso, não há como negar de forma irrestrita seu cabimento.

4.3.2. *Necessidade de critérios objetivos para definir quais processos serão reunidos ou apensados e perante qual juízo*

Do ponto de vista operacional, existem duas questões principais que precisam ser definidas: I) quais processos serão remetidos e II) qual juízo reunirá as demandas. Essas definições devem ser pautadas por critérios objetivos de modo a evitar qualquer questionamento sobre a imparcialidade do juiz.

Quanto ao primeiro aspecto, devem-se estabelecer quais processos terão ou não sua competência alterada para a reunião. Essa definição deve focar a utilidade prática e o ganho de eficiência da reunião. Estabelecido o objeto da cooperação, é preciso estabelecer quais processos realmente podem ser beneficiados com a reunião.

Embora a concordância das partes não seja um critério indispensável para a reunião do processo, sua manifestação prévia mostra-se muitas vezes relevante para garantir a mais ampla compreensão das questões e dos interesses envolvidos nos conflitos. Assim, é importante que as partes sejam intimadas para que se possam manifestar sobre a reunião ou o apensamento dos feitos (art. 6.º do CPC e art. 9º da Resolução n.º 350/20 do CNJ).

---

melhor eficiência do serviço público e a efetividade da decisão judicial, prevaleceria sobre a regra que estabelece a competência" (MEIRELES, Edilton. Cooperação judicial e poderes do juiz na execução conforme o CPC de 2015. *Revista Jurídica Luso-Brasileira*, Lisboa, ano 4, n. 1, 2018, p. 469).

21. José Eduardo de Resende Chaves Júnior afirma: "É evidente que, em determinadas situações, há limitações em matéria de competência absoluta que podem limitar o alcance da cooperação, mas tais limitações não podem ser escusas para interditar o diálogo entre os juízos, porquanto, mesmo nessas hipóteses de cooperação restringida pela competência funcional absoluta, há espaço para a criatividade dos juízes, para harmonização e agilização de atos a respeito de questões que afetem a mais de um órgão jurisdicional" (CHAVES JÚNIOR, José Eduardo de Resende. Cooperação judiciária na justiça do trabalho. *Revista do Tribunal Regional do Trabalho da 3.ª Região*, Belo Horizonte, v. 61, n. 92, jul./dez. 2015, p. 115).

Outra questão que precisa ser considerada na decisão de reunião dos processos cinge-se à fase de processamento em que se encontram as demandas. Isso porque a reunião de processos que estão em etapas de desenvolvimento muito distintas pode retardar indevidamente a conclusão daqueles que já estavam em estágio mais avançado, o que contraria a essência do instituto.

Assim, por exemplo, a reunião pode mostrar-se útil na fase instrutória, em função da identidade de elementos fáticos a serem provados, mas, por outro lado, pode não se apresentar conveniente na fase decisória, por tratar-se de relações jurídicas de bases distintas.

O segundo ponto é mais delicado. A escolha do juízo da reunião precisa ser pautada por critérios claros e objetivos. A cooperação judiciária não pode ser utilizada para que o juiz escolha o processo que queira julgar ou para que as partes escolham o julgador, o que implicaria violação dos preceitos mais elementares do juiz natural.

Embora a complexidade da questão dificulte a definição de uma regra rígida e conclusiva, existem alguns vetores que podem ser considerados na definição do juízo em consonância com as balizas do juiz natural[22]. Estes critérios devem estar sempre baseados na maior eficiência da prestação jurisdicional, buscando o juízo que agregue as melhores condições para a efetivação do ato objeto da cooperação[23].

Como um dos fundamentos preponderantes da cooperação judiciária é a eficiência processual, um dos critérios deve estar relacionado à definição do juízo no qual melhor se desenvolverá a realização dos atos ou a solução dos litígios.

Precisam ser consideradas as estruturas física e de pessoal e o volume de processos em tramitação na unidade jurisdicional para a qual serão

22. Bruno Marzullo Zaroni, no âmbito da Experiência Norte-Americana no Multidistrict Litigation, destaca que: A experiência jurisprudencial demonstra que os processos geralmente são consolidados e coordenados pelo juízo do foro: a) do lugar onde as partes exercem suas atividades principais; b) do lugar onde se encontram os documentos necessários para a instrução; c) do lugar mais próximo para as partes e testemunhas; d) onde as primeiras ações foram ajuizadas; e) onde a maioria dos casos estão pendentes; e f) em que há uma ação de falência pendente contra o réu". (ZARONI, Bruno Marzullo. Multidistrict Litigation: a Experiência Norte-Americana na Tutela dos Interesses de Massa. Disponível em: ‹http://www.lex.com.br/doutrina_25632222_MULTIDISTRICT_LITIGATION_A_EXPERIENCIA_NORTE_AMERICANA_NA_TUTELA_DOS_INTERESSES_DE_MASSA.aspx›. Acesso em: 30 de maio de 2019).

23. Nesse sentido, estão as lições de Antonio do Passo Cabral: "Esse controle deverá levar em conta diversos fatores que, combinados, apontarão qual juízo é o mais apropriado para conduzir e julgar o processo. De acordo com o que aqui se sustenta, esses parâmetros devem incorporar o exame das capacidades institucionais, ou seja, devem possibilitar uma comparação empírica, considerando variáveis estruturais e funcionais à luz de indicadores comprováveis e casuisticamente verificados" (CABRAL, Antonio do Passo. *Juiz natural e eficiência processual:* flexibilização, delegação e coordenação de competências no processo civil. 2017. Tese (Concurso de Titularidade) – Universidade do Estado do Rio de Janeiro, Rio de Janeiro, 2017, p. 561).

encaminhados os processos. De nada adiantará reunir os processos em um juízo altamente congestionado, com grande acervo processual pendente de julgamento, com elevada taxa de casos novos, com histórico de produtividade abaixo da média, com estrutura física precária, com força de trabalho insuficiente etc. Dados estatísticos como os do *Relatório Justiça em Números* do CNJ ou do próprio tribunal podem ser utilizados para determinar a capacidade que um juízo tem de receber ou não as demandas relacionadas.

Aspectos ligados ao próprio magistrado ou aos magistrados que ficarão responsáveis pela condução dos processos também devem ser ponderados. Devem-se privilegiar, por exemplo, profissionais que tenham maior experiência em casos similares, que possuam uma formação acadêmica mais específica para a matéria central do debate ou que se mostrem eficientes na condução do ato a ser realizado. Tais elementos também devem ser aferidos de forma objetiva, por meio, por exemplo, de assentos funcionais e de estatísticas.

A definição clara de quais atos serão realizados é indispensável para avaliar qual dos possíveis juízos terá as melhores condições. Por exemplo, se a reunião se destina à produção de provas, deve-se privilegiar o juízo no qual o fato ocorreu, ou onde resida o maior número de testemunhas, ou onde será realizada a prova técnica etc.

O impacto do exercício do direito de ação e do contraditório também deve ser levado em consideração, pois o deslocamento de um processo para comarcas ou subseções judiciárias muito distantes das originárias pode comprometer o exercício desses direitos pelas partes dos processos envolvidos na cooperação. Assim, sempre que possível, deve-se prestigiar o foro no qual reside a maioria das partes ou aquele para o qual o deslocamento seja mais fácil.

Os obstáculos eventualmente criados com o deslocamento do processo podem ser minimizados, por exemplo, com a dilação de prazos processuais (art. 139, VI, do CPC) ou com a maior antecedência no agendamento de atos que exijam a presença das partes. De qualquer forma, não é qualquer dificuldade adicional que acarretará a inviabilidade da cooperação, isso só ocorrerá quando ela comprometer significativamente o exercício do acesso à justiça.

Como se observa, essa delicada questão envolve uma equação composta de muitas variáveis e de difícil solução. Para afastar essa decisão de um contexto de discricionariedade ou subjetivismo, uma solução possível é a escolha daquele juízo que atenda ao maior número de critérios definidos, o que garante um caráter mais objetivo à decisão. Por óbvio, podem existir outros critérios ou pode ser necessário atribuir pesos diferenciados para alguns deles no estabelecimento da regra de definição. Isso só não pode ser feito de forma direcionada, com o intuito de escolha do juízo por algum interessa na demanda.

Dada a complexidade da decisão, é possível que não haja um consenso entre os juízos cooperantes sobre qual deles deve centralizar as demandas. Nesse ponto, é possível buscar inspiração no modelo procedimental de consolidação e coordenação gerencial do *multidistrict litigation*, mostrando-se conveniente que os tribunais constituam um órgão com competência para deliberar sobre a matéria[24]. Embora isso aumente a complexidade da matéria, esta pode ser a única forma de evitar um impasse ou insegurança sobre a competência.

Ressalte-se que sempre estará à disposição das partes a possibilidade de alegação de impedimento ou de suspeição do magistrado, resguardando a sua imparcialidade.

4.4. Atos concertados entre os juízes cooperantes

Os atos concertados já foram abordados quando da análise dos tipos de cooperação judiciária. O ajuste consensual entre juízos representa muito mais uma forma de iniciar a prática conjunta de atos processuais do que o modo de efetivar tais atos.

No entanto, diante da atipicidade de instrumentos de cooperação judiciária e da flexibilidade formal que os rege, não há como negar inteiramente sua utilização também como instrumento. Ocorre que a forma de manifestação da cooperação judiciária pode não se encaixar em nenhum dos instrumentos típicos, ficando sem uma designação específica. Nesse caso, o meio de realização pode ser designado de "ato concertado", situação que justifica sua dupla acepção, referindo-se ora ao tipo, ora ao instrumento de cooperação.

5. ATOS DE COOPERAÇÃO JUDICIÁRIA

Assim como os instrumentos de cooperação judiciária são exemplificativos, também o são os dos atos de cooperação. O artigo 68 do CPC, ao disciplinar o âmbito de cabimento da cooperação judiciária, dispõe que ela pode referir-se à "prática de qualquer ato processual", de modo que, *prima facie*, não há restrição legal prévia ao seu conteúdo[25].

---

24. No estudo da Função do Judicial Panel of Multidistrict Litigation, Bruno Marzullo Zaroni ressalta que "É de competência do JPML deferir a formação do MDL e escolher o juiz que coordenará as demandas. Estas podem ser consolidadas em qualquer juízo, o que pode abranger, inclusive, um órgão jurisdicional em que não tramite qualquer das ações relacionadas com o MDL". (ZARONI, Bruno Marzullo. Multidistrict Litigation: a Experiência Norte-Americana na Tutela dos Interesses de Massa. Disponível em: ‹http://www.lex.com.br/doutrina_25632222_MULTIDISTRICT_LITIGATION_A_EXPERIENCIA_NORTE_AMERICANA_NA_TUTELA_DOS_INTERESSES_DE_MASSA.aspx›. Acesso em: 30 de maio de 2019).

25. Nesse sentido, dispõem Nelson Nery Júnior e Rosa Maria de Andrade Nery: "Seja como for, todos os exemplos aqui mencionados não configuram rol exaustivo dos atos concertados possíveis, como o próprio

O artigo 69, § 2.º, apresenta algumas hipóteses, mas não exaure as possibilidades. O art. 6º da Resolução XX/20 do CNJ ampliou rol, mas igualmente destacou tratar-se de rol exemplificativo. Sem o propósito de exaurir as situações previstas nos dispositivos referidos, passa-se a analisar os principais atos de cooperação.

5.1. Prestação de informações

Como já destacado, embora prevista no rol do artigo 69 do CPC, a prestação de informações é um ato e não um instrumento. Ela consta inclusive no rol do objetos da cooperação previsto no art. 6º, II, da Resolução n.º 350/20 do CNJ. Essa é uma das hipóteses mais simples da cooperação judiciária, pois o juízo cooperante não atua diretamente no processo, apenas apresenta informações relevantes ao objeto da causa ou ao processamento do feito.

É preciso observar que o objeto da prestação de informações não se restringe à obtenção de prova para influir no convencimento do magistrado no julgamento da demanda, ela pode destinar-se ao andamento de outro processo com causa de pedir correlata, ao endereço de partes e testemunhas, ao teor de norma local, à localização de bens do devedor, à análise de existência de conexão, de continência ou de questões prejudiciais etc.

Essa troca de informações entre os juízos é fundamental para evitar a realização de atos e diligências inúteis, devendo ser efetivada, e pelos meios mais simples, preferencialmente os eletrônicos.

5.2. Prática de citação, intimação ou notificação de ato

As citações e intimações são os atos com maior potencial de serem impactados pelas vias alternativas abertas com a cooperação judiciária do CPC. Essa possibilidade está prevista no art. 69, § 2º, I, do CPC e no art. 6º, I, da Resolução n.º XX/20 do CPC.

A primeira possibilidade de utilização da cooperação judiciária para comunicação processual das partes pode ocorrer dentro de uma mesma comarca sessão judiciária. Juízos de unidade judiciais diferentes podem se organizar para efetivar a comunicação conjunta de uma pessoa cuja participação seja necessária em diversos processos, de modo a evitar a repetição de atos.

---

parágrafo deixa claro. Toda medida que exigir colaboração de um outro juízo que não seja aquele pelo qual tramita o feito pode ser alvo de um acordo entre juízos, desde que o objetivo final seja maior celeridade do trâmite do processo, mas sem prejuízo do *due process of law*" (NERY JUNIOR, Nelson; NERY, Rosa Maria de Andrade. *Comentários ao Código de Processo Civil*. São Paulo: Revista dos Tribunais, 2015, p. 369).

A forma tradicional de realizar atos de comunicação processual das partes domiciliadas fora da jurisdição do juízo é por cartas de ordem ou precatórias, mas o Código possibilita sua realização por outras vias. Entender de forma diversa é afastar qualquer sentido próprio ao dispositivo, pois não haveria necessidade de um novo regramento só para reiterar a sistemática tradicional de comunicação entre juízos[26]. Mesmo na estrutura de cartas, a possibilidade de comunicação direta entre os juízos já é considerada, por exemplo, no artigo 915, § 4.º, do CPC.

5.3. Obtenção e apresentação de provas e a coleta de depoimentos

A cooperação judiciária pode destinar-se a facilitar a obtenção da prova, por meio da produção unificada de uma prova comum a vários processos[27]. Essa possibilidade justifica-se na conexão probatória, ou seja, em causas que possuem fatos comuns a serem provados, o que demonstra a clara utilidade da cooperação judiciária no âmbito probatório[28].

É importante destacar que o juízo que ficar responsável pela instrução não será necessariamente responsável pelo julgamento. A cooperação pode restringir-se à instrução, utilizando-se a cooperação somente nessa fase ou para uma prova específica.

Outra situação que pode ser beneficiada pela cooperação para fins probatórios é a realização de perícias complexas e caras de interesse comum a diversos processos. Realizar a perícia de forma unificada pode contribuir para que ela contemple todos os aspectos necessários, além de permitir a repartição dos honorários do perito entre todos os litigantes.

Há, no entanto, uma condição inarredável para a validade da produção unificada da prova em cooperação judiciária. É preciso assegurar a participação

26. Luiz Dellore exemplifica uma situação de aplicação dessa regra: "Assim, em Comarcas próximas em que exista um grande fluxo de citações de uma para outra, ao invés de sempre ocorrer a expedição de carta precatória, que tem toda sua burocracia e demora, será possível, com base na cooperação nacional, que as varas estipulem um procedimento mais simplificado para cumprir os mandados de citação. Tal como enviar por e-mail o mandado com as informações do citando, o que seria cumprido pelo juiz de destino sem maiores formalidades" (GAJARDONI, Fernando da Fonseca; DELLORE, Luiz; ROQUE, Andre Vasconcelos; OLIVEIRA JR., Zulmar Duarte de. *Teoria geral do processo:* parte geral: comentários ao CPC de 2015. 2. ed. São Paulo: Método, 2018, p. 259).
27. Enunciado n.º 671 do FPPC: "(art. 69, § 2.º, II) O inciso II do § 2.º do art. 69 autoriza a produção única de prova comum a diversos processos, assegurada a participação dos interessados".
28. Fredie Didier Jr. salienta: "Parece clara a possibilidade de uma 'conexão probatória' entre causas, individuais ou coletivas, por concertação, de modo a que os órgãos jurisdicionais unifiquem a produção da prova, racionalizando os custos do processo e observando a necessidade da duração razoável" (DIDIER JR., Fredie. . Curso de direito processual civil: introdução ao direito processual civil, parte geral e processo do conhecimento. 22. ed. Salvador: Juspodivm, 2020, p. 347/348).

na produção da prova às partes de todos os processos que utilizarão a prova produzida de forma cooperada[29].

5.3.1. *Suspensão do processo*

Entre as hipóteses de suspensão do processo disciplinadas pelo CPC, há aquela destinada a aguardar a verificação de determinado fato ou a produção de certa prova imprescindível ao julgamento do mérito que tenha sido requisitada a outro juízo antes da decisão de saneamento (art. 313, V, b, e art. 377 do CPC).

Como se sabe, a forma tradicional de requisitar a realização de tais atos a outro juízo é por meio de carta precatória ou de ordem. Porém, os artigos 67 a 69 do CPC ampliam os meios de cooperação judicial, tornando as cartas só uma das formas de realizar a colaboração entre juízos. Em função disso, é preciso definir se a referida hipótese de suspensão processual aplica-se a todas as formas de cooperação judiciária admitidas pela nova sistemática.

A despeito das limitações existentes à interpretação extensiva das hipóteses de suspensão do processo, essa suspensão deve ocorrer também em relação aos requerimentos de produção de prova ou de verificação de fato determinado, veiculados por vias distintas das cartas precatórias[30].

A redação do artigo 313 do CPC deixa essa conclusão ainda mais clara, pois ele prevê a suspensão com fundamento no objeto da cooperação e não na forma pela qual se efetiva. Sua justificativa é a necessidade da prova a ser produzida em outro juízo para a solução do litígio, sendo o instrumento utilizado para tanto uma questão de importância secundária.

O artigo 377 do CPC reforça o cabimento dessa interpretação mais ampla, pois o dispositivo faz referência expressa também ao auxílio direto. Assim, uma vez que o artigo 377 admite a suspensão do processo para o instrumento de cooperação mais solene (carta precatória) e para um dos mais simples (auxílio direto), não há motivo para deixar de admiti-la para os demais.

Em verdade, não há razão para tratamento diferenciado entre os instrumentos de cooperação judiciária, sendo meramente exemplificativa a referência à carta precatória e ao auxílio direto. A utilização de outras formas

29. Alexandre Freitas Câmara ressalta: "evidentemente, tendo sido permitido a todas as partes, de todos os processos, participar da colheita dessa prova, sob pena de ofender-se o princípio do contraditório" (CÂMARA, Alexandre Freitas. *O novo processo civil brasileiro*. 5 ed. São Paulo: Atlas, 2019, p. 61).

30. Enunciado n.º 695 do FPPC: "(arts. 377, 313, V, b, e 69) A suspensão do julgamento da causa de que trata o art. 377 do CPC é aplicável ao requerimento de produção de prova ou de verificação de determinado fato veiculado por qualquer meio de cooperação judiciária".

de cooperação entre os juízos, que se mostrem mais adequadas para o caso concreto, pode inclusive atender melhor ao objetivo da norma, pois tende a concretizar o ato em um tempo mais curto, evitando uma dilação desnecessária da suspensão do processo.

Não se deve olvidar o fato de que a obtenção e a apresentação de provas e a coleta de depoimentos são descritas pelo CPC como objeto dos atos concertados, sendo essa a via principal de sua realização por cooperação judiciária (art. 69, § 2.º, II, do CPC), ainda que não a única.

Portanto, os artigos 377 e 313, V, b, precisam ser interpretados sistematicamente com o artigo 69. Caso contrário, os demais instrumentos de cooperação, ainda que mais adequados para a prova que se pretende produzir, tenderão a ser preteridos ante a ausência de suspensividade, acarretando uma incongruência no sistema de cooperação judiciária.

5.4. Efetivação de medidas e providências para a recuperação e a preservação de empresas e a facilitação de habilitação de créditos na falência e na recuperação judicial

As hipóteses tratadas nos incisos IV e V do § 2.º do artigo 69 são muito próximas em seus objetivos, o que permite o tratamento conjunto. Os processos falimentares e de recuperação judicial comportam amplas possibilidades de cooperação judiciária. A interação e a interferência em outros processos são uma realidade que compõe a própria lógica desses processos.

O princípio da universalidade do juízo falimentar (art. 76 da Lei n.º 11.101/2005) é um grande exemplo dessa posição, pois atrai para ele as questões relacionadas aos bens, interesses e negócios do falido. No entanto, causas trabalhistas e fiscais, por exemplo, não são atraídas pelo juízo universal, exigindo a cooperação entre esses juízos diante de questões correlatas, para, por exemplo, evitar a dispersão do patrimônio.

Na recuperação judicial, as interações entre os juízos são igualmente importantes, mas aqui com a finalidade precípua de assegurar a preservação das empresas, com a superação da situação de crise econômico-financeira e a manutenção de sua função social[31].

31. Patrícia Fernandes Bega e Alexandre Magno Augusto Moreira explicam: "O diálogo proposto pelos órgãos jurisdicionais irá trazer, em um momento de crise, a satisfação mediata, que a determinado prazo evitará o término das atividades empresariais. Com a ausência do diálogo positivo entre estes órgãos, por certo uma parte dos colaboradores se beneficiará com os créditos trabalhistas, no entanto, o esgotamento dos créditos da empresa culminará no fechamento da empresa e, o que é pior, no inadimplemento dos demais credores, além dos trabalhistas efetivamente" (BEGA, Patrícia Fernandes; MOREIRA, Alexandre

5.5. Centralização de processos repetitivos

A centralização dos processos repetitivos é o objeto da cooperação que conta com a maior complexidade. A dificuldade começa a ser percebida na definição do alcance da expressão "centralização de processos repetitivos", prevista no artigo 69, § 2.º, VI, do CPC. Isso porque "centralização" e "processos repetitivos" são termos utilizados pelo Código somente nesse dispositivo. Assim, impõe-se iniciar o estudo com uma tentativa de delimitação conceitual dos elementos indicados no texto normativo.

A centralização de processos repetitivos prevista no artigo 69, § 2.º, VI, do CPC importa uma forma de reunião de processos.

Embora não fique restrita a essa hipótese, as considerações anteriormente apresentadas sobre a reunião ou o apensamento de processos (art. 69, II, do CPC) mostram-se imprescindíveis à sua compreensão. Há entre eles uma relação muito próxima de forma e de conteúdo, ou seja, reúnem-se processos para melhor solucionar processos repetitivos.

Como se observa, o Código utiliza uma variedade de conceitos para situações semelhantes (reunião, apensamento e centralização de processos). Ainda que se possa defender uma definição específica que distinga a centralização da reunião de processos, em verdade ambos os termos podem significar que as demandas tramitam no mesmo juízo, sem perder sua autonomia. Todavia, essa reunião não será idêntica àquela prevista no artigo 58 do CPC, pois ela pode ser episódica, destinada à prática de um ato específico, retornando ao juízo de origem para seguir sua própria conclusão com julgamento separado[32].

A reunião de demandas repetitivas em um mesmo juízo ajuda a evitar a repetição desnecessária de atos processuais e, por consequência, racionaliza a força de trabalho do Poder Judiciário.

O segundo elemento que compõe a designação desse instrumento de cooperação judiciária é "processos repetitivos". O Código de Processo Civil dedica grande atenção às demandas repetitivas, em função do indiscutível impacto que elas têm na litigiosidade moderna. É cada vez mais comum haver

---

Magno Augusto. O princípio da cooperação judiciária do Novo Código de Processo Civil: uma análise a partir da proteção ao trabalhador frente ao instituto da recuperação judicial. *Revista de Processo, Jurisdição e Efetividade da Justiça*, Brasília, v. 2, n. 1, jan./jun. 2016, p. 319).

32. Pontua Humberto Theodoro Júnior: "Observe-se que a concentração é algo diferente da reunião definitiva de processos (conexão e continência), porque, em regra, não acarreta a unificação das causas, mas apenas a comunhão episódica de diligências, como as probatórias, principalmente. As diversas ações não perdem a sua identidade e serão ao final decididas no juízo próprio, individualmente" (THEODORO JÚNIOR, Humberto. *Curso de direito processual civil*: teoria geral do processo civil, processo de conhecimento, procedimento comum. 60. ed. Rio de Janeiro: Forense, 2019. v. 1, p. 280).

demandas que possuem objetos semelhantes, mas com partes distintas. As diversas normas dispersas no CPC que versam sobre essa matéria compõem um microssistema destinado ao tratamento adequado de conflitos que possuem grandes similaridades.

Sem desviar o foco do presente estudo para esse tema tão palpitante, é preciso destacar que o artigo 69, § 2.º, VI, do CPC, ao tratar de "processos repetitivos", integra o microssistema de demandas repetitivas, devendo ser analisado dentro do seu contexto. Além disso, pela dicção do dispositivo, é possível atribuir-lhe um sentido mais amplo, que comtemple "casos repetitivos", "demandas repetitivas" e outras situações não abrangidas nesses conceitos[33].

O cabimento mais amplo e flexível dessa modalidade de cooperação judiciária permite que ela preencha lacunas do microssistema, podendo ser utilizada quando outros institutos não forem cabíveis. É o caso, por exemplo, de demandas repetitivas, quando a questão comum que as liga for uma identidade fática entre os casos, hipótese que não se enquadra no cabimento do incidente de resolução de demandas repetitivas (art. 976 do CPC) ou dos recursos extraordinários e especiais repetitivos (art. 1.036 do CPC)[34].

Além disso, esse ato de cooperação também pode auxiliar no equilíbrio de poder entre litigantes. Isso porque, em demandas dessa natureza, é normal que uma das partes seja comum a vários processos, o que lhe permite um conhecimento mais amplo das questões discutidas e a utilização de técnicas de litigância em escala. As outras partes, ao contrário, normalmente estão dispersas e isoladas e, por isso, costumam encontrar dificuldades para compreender o contexto integral do litígio, o que prejudica a defesa de seus direitos. A reunião dos processos em um mesmo juízo favorece o desenvolvimento de uma coordenação entre tais litigantes para o intercâmbio de informações.

---

33. Na visão de Fredie Didier Júnior: "Parece que a melhor opção hermenêutica, exatamente para dar mais rendimento ao comando normativo, é considerar que o sintagma 'processos repetitivos' tem acepção mais ampla do que 'casos repetitivos' ou 'demandas repetitivas'; na verdade, é termo que abrange esses dois últimos. 'Casos repetitivos' ou 'demandas repetitivas' são termos abrangidos por 'processos repetitivos', que, porém, podem dizer respeito a situação que não se encaixe nos dois primeiros termos". (DIDIER JR., Fredie. *Curso de direito processual civil*: introdução ao direito processual civil, parte geral e processo do conhecimento. 22. ed. Salvador: Juspodivm, 2020, p. 349).

34. É o que defende Antonio do Passo Cabral: "O não cabimento se verifica quando a questão comum for de natureza fática, hipótese em que a lei não autoriza a utilização dos incidentes de solução de casos repetitivos (art. 976, I, e 1.036 do CPC); ou quando o risco à isonomia e à segurança jurídica for apenas potencial (nos casos em que os incidentes de resolução de casos repetitivos tivessem caráter 'preventivo', inadmissível pelo desenho legal do CPC). Nesses casos, por serem incabíveis os mecanismos do microssistema de resolução de casos repetitivos, resta lançar mão da técnica de centralização do art. 69 § 2.º, VI, do CPC" (CABRAL, Antonio do Passo. *Juiz natural e eficiência processual:* flexibilização, delegação e coordenação de competências no processo civil. 2017. Tese (Concurso de Titularidade) – Universidade do Estado do Rio de Janeiro, Rio de Janeiro, 2017, p. 682).

Quando esse dispositivo é analisado no contexto das demais hipóteses previstas no artigo 69, § 2.º, do CPC, surge a dúvida sobre quais os objetivos da centralização. Isso porque, como a comunicação processual ou a instrução probatória estão expressamente previstas em outros incisos da referida norma, é possível concluir que a sua finalidade pode ir além.

Para alguns, a principal finalidade da centralização de processos repetitivos seria o julgamento conjunto das ações[35]. A doutrina diverge quanto a esse aspecto. Para uma primeira corrente, apesar da opção redacional abrangente utilizada pelo artigo 68 do CPC, essa norma precisa ser compatibilizada com o princípio da indelegabilidade da jurisdição, o que impossibilita a prática de atos decisórios pelo juiz cooperante[36]. Em sentido contrário, uma segunda corrente defende que o compartilhamento de competências observado na cooperação judiciária tem como desdobramento a possibilidade de prolação de decisão pelo juízo cooperante[37]. A segunda corrente parece ajustar-se melhor aos fundamentos da cooperação judiciária e do processo civil moderno.

5.6. Efetivação de tutela provisória e execução de decisão jurisdicional

A execução é certamente um dos ambientes mais favoráveis ao desenvolvimento da cooperação judiciária[38]. Superar a resistência do executado com

35. Essa é a conclusão de Ricardo Menezes da Silva: "Note-se que o art. 69, § 2.º, VI, do CPC, ao mencionar 'centralização de processos repetitivos', quer, na verdade, tratar de reunião para julgamento. Isso porque, caso seja útil apenas a reunião para fins probatórios, será aplicável o inciso II do mesmo dispositivo legal, realizando-se novamente a separação dos feitos após a instrução" (SILVA, Ricardo Menezes da. *Tratamento adequado de demandas repetitivas no primeiro grau*: uma análise a partir do novo Código de Processo Civil. 2019. Dissertação (Mestrado em Direito) – Universidade Federal do Paraná, Curitiba, 2019, p. 156).

36. Murilo Teixeira Avelino assevera: "De fato, deve o dispositivo ser interpretado tendo em conta a regra da indelegabilidade dos atos decisórios. Estes se relacionam intimamente com o princípio do juiz natural, decorrendo daí a reserva absoluta de lei para que se institua competência decisória" (**AVELINO, Murilo Teixeira. Breves comentários à cooperação nacional no Código de Processo Civil. *Revista Jurídica da Seção Judiciária de Pernambuco*, Recife, v. 8, 2015**, p. 192). No mesmo sentido, Luiz Guilherme Marinoni, Sérgio Cruz Arenhart e Daniel Mitidiero sustentam: "Não se pode, porém, delegar atividades que possuam caráter decisório, sob pena de violação do princípio do juiz natural (art. 5.º, XXXVII e LIII, CF)" (MARINONI, Luiz Guilherme; ARENHART, Sérgio Cruz; MITIDIERO, Daniel. *Código de Processo Civil comentado*. São Paulo: Thomson Reuters, 2017, p. 215).

37. Assim defende Maria Gabriela Silva Campos Ferreira: "Todos esses exemplos citados revelam a prática de atos decisórios pelo juízo cooperante, mas que não representam prejuízo ao processo, muito menos às partes, nem encontram óbice no sistema de competência contemporâneo. Muito pelo contrário, a prática desses atos é encorajada pelo sistema processual, uma vez que atendem às exigências de economia e eficiência processuais" (FERREIRA, Maria Gabriela Silva Campos. *O compartilhamento de competências no processo civil*: um estudo do sistema de competência sob o paradigma da cooperação judiciária. Salvador: Juspodivm, 2020, p. 135).

38. Como exemplo, extrai-se o seguinte trecho do voto do Min. Ricardo Villas Bôas Cueva no julgamento do Resp 1803250/SP: "Assim, eventual interferência da penhora de quota social na recuperação judicial da empresa deve ser analisada com o decorrer da execução, não podendo ser vedada desde logo,

a localização de seu patrimônio penhorável exige uma atuação dinâmica e a realização de diligências complexas que muitas vezes ultrapassam os limites da competência do juízo da execução.

No estudo dessa hipótese de cooperação judiciária, é preciso inicialmente definir seu alcance. Isso porque o artigo 69, § 2.º, VII, do CPC e o art. 6º, XI, da Resolução n.º 350/20 do CNJ, ao exemplificar o objeto da cooperação judiciária, refere-se unicamente à *"execução de decisão jurisdicional"*, o que pode equivocadamente induzir a uma interpretação restritiva que limite o seu cabimento ao cumprimento de sentença.

Embora a descrição textual da norma indique uma aparente remissão aos títulos executivos judiciais, é plenamente possível que se realizem tais atos também no âmbito das execuções fundadas em títulos extrajudiciais. Não existem distinções essenciais entre os procedimentos de cumprimento de sentença e o processo de execução que imponham tratamento diferenciado à cooperação judiciária. Essa conclusão é reforçada pelo caráter meramente exemplificativo do rol do artigo 69, § 2.º, do CPC[39].

Evoluindo agora para uma análise da manifestação prática da cooperação judiciária no âmbito das execuções jurisdicionais, é possível que a colaboração entre juízos se destine, assim como nas ações cognitivas, à comunicação das partes ou à efetivação de tutela provisória (art. 69, § 2.º, I e III). Nas defesas do executado, ou em incidentes que exijam algum nível de instrução processual, ela pode destinar-se à obtenção e à apresentação de provas e à coleta de depoimentos (art. 69, § 2.º, II).

Em síntese, no que for compatível, as experiências de cooperação judiciária podem ser aplicadas às execuções. Resta definir o alcance concreto do artigo 69, § 2.º, VII, hipótese especificamente destinada à execução.

A Resolução n.º 350/20 do CNJ traz três dispositivos especificando os atos de cooperação no âmbito da execução. O art. 6º, XII, da menciona a possibilidade de *"investigação patrimonial, busca por bens e realização prática de penhora, arrecadação, indisponibilidade ou qualquer outro tipo de constrição judicial"*. Além da penhora, já mencionada no dispositivo anterior, a cooperação

---

podendo os juízes (da execução e da recuperação judicial) se valerem do instituto da cooperação de que trata do artigo 69 do Código de Processo Civil de 2015. (STJ; REsp 1803250/SP, Rel. Ministro MARCO AURÉLIO BELLIZZE, Rel. p/ Acórdão Ministro RICARDO VILLAS BÔAS CUEVA, TERCEIRA TURMA, julgado em 23/06/2020, DJe 01/07/2020).

39. No mesmo sentido, é o pensamento de Edilton Meireles: "Óbvio, ainda, que quando o legislador se referiu à execução da decisão jurisdicional não quis se limitar ao cumprimento da sentença. Aqui também se inclui os atos praticados na ação de execução por título extrajudicial. Até porque o rol apontado no § 2.º do art. 69 do CPC é meramente exemplificativo" (MEIRELES, Edilton. Cooperação judicial e poderes do juiz na execução conforme o CPC de 2015. *Revista Jurídica Luso-Brasileira*, Lisboa, ano 4, n. 1, 2018, p. 483).

judiciária pode viabilizar ainda a avaliação ou expropriação de bens de um mesmo devedor que figura como executado em diversos processos[40]. Por isso, de forma complementar, o art. 6º, XII prevê a possibilidade de "*regulação de procedimento expropriatório de bem penhorado ou dado em garantia em diversos processos*". Existe também a previsão expressa no art. 6º, IV da "*reunião de execuções contra um mesmo devedor em um único juízo*".

Um dos principais âmbitos de utilização da cooperação judiciária nas execuções envolve casos de um mesmo devedor executado por vários credores. Quando processados em separado, a repetição desnecessária de atos executórios é patente. A atuação isolada de vários juízos em demandas executivas distintas movidas contra um mesmo devedor, que terá o mesmo bem, muitas vezes o único passível de expropriação, penhorado e avaliado em vários processos, é, para dizer o mínimo, contraproducente.

Existem alguns desdobramentos práticos desse entendimento que precisam ser ponderados. Quando o objeto da cooperação judiciária for unicamente a avaliação e a expropriação dos bens, não haverá maiores problemas, pois os interesses dos exequentes são convergentes em praticamente todos os aspectos desses atos. A divergência só se manifesta quando da divisão do produto da expropriação, mas a lei já estabelece critérios prévios e objetivos de preferência para conduzir a divisão dos valores apurados.

O tema ganha maior complexidade quando a cooperação judiciária envolve também a realização da penhora. O problema é que, quando a penhora é realizada de forma unificada para diversos credores de processos diversos, em função da simultaneidade desse ato, não será possível estabelecer o direito de preferência entre os credores quirografários (art. 797 do CPC). Diante disso, faz-se necessário definir como se dará a distribuição do valor apurado caso ele não seja suficiente para quitar todos os créditos.

Uma possível solução para essa ausência de critério legal de priorização dos créditos concorrentes é o rateio proporcional ao valor dos respectivos créditos dos exequentes envolvidos, de forma similar ao que ocorre nos casos de insolvência. Ainda que essa técnica seja análoga à utilizada nos casos de insolvente, não se está tratando de concurso universal de credores. Na hipótese em análise, pressupõe-se a solvibilidade do devedor, de modo que o pagamento integral de todos ocorrerá em momento posterior, com a penhora futura de outros bens que venham a ser localizados. Portanto, justifica-se a cooperação judiciária inclusive para a realização conjunta de penhoras.

40. Enunciado n.º 688 do FPPC: "(art. 69) Por ato de cooperação judiciária, admite-se a determinação de um juízo para a penhora, avaliação ou expropriação de bens de um mesmo devedor que figure como executado em diversos processos".

Outra questão que merece reflexão é o efeito suspensivo atribuído à defesa do devedor em algum dos processos envolvidos na cooperação judiciária. Como em regra as relações jurídicas serão distintas, há uma grande probabilidade de que o tema discutido diga respeito exclusivamente ao embargante, logo a suspensividade não se estenderá aos demais. A saída que se propõe para tais situações é a manutenção em depósito judicial dos valores que caberiam ao embargante resultantes do produto de uma eventual expropriação até o julgamento da questão. Se, ao final, a defesa for julgada improcedente, o valor ser-lhe-á entregue. Se a decisão for pela procedência com exclusão do crédito correspondente, rateia-se o valor entre os demais.

Ainda que o foco das análises tenha sido a cooperação judiciária voltada para a expropriação de bens, destaca-se que é possível que ela seja utilizada para a prática de outros atos executórios, inclusive atípicos, e destinada também à satisfação de obrigações não pecuniárias.

Por fim, é válido ressaltar que a realização cooperada desses atos não pode violar as garantias do credor e do devedor[41]. Assim, todos os envolvidos devem ter assegurada a possibilidade de apresentação das alegações, defesas, incidentes e recursos que seriam admitidos se seus processos tramitassem isoladamente.

6. CONCLUSÕES

A adoção de um modelo de cooperação judicial amplo e complexo como o previsto no CPC e na Resolução n.º 350/20 do CNJ exige uma postura aberta, criativa e interativa por parte de todos os sujeitos processuais, especialmente dos magistrados. A legislação atual abre amplas possibilidades para o aprimoramento da eficiência processual por meio de ações colaborativas entre juízos, mas isso depende de uma profunda mudança cultural.

Superar a resistência inicial não é fácil. Esse tema está entre os mais desafiadores do Direito Processual moderno, pois sua efetivação depende de uma mudança de compreensão sobre questões muito sedimentadas, como as regras de competência e do juiz natural, e de uma evolução na lógica de desenvolvimento do processo.

41. Leonardo Carneiro da Cunha observa: "A realização de penhoras ou leilões unificados tem por finalidade conferir maior eficiência à execução, com redução de custos e maior precisão na investigação patrimonial e excussão dos bens, mas é preciso que se respeitem as garantias fundamentais do processo, com observância do contraditório e dos demais elementos integrantes do devido processo legal". (CUNHA, Leonardo Carneiro da. *Opinião 68:* Atos concertados e compartilhamento de competências entre os juízos da execução. 2017. Disponível em: https://www.leonardocarneirodacunha.com.br/opiniao/opiniao-68-atos-concertados-e-compartilhamento-de-competencias-entre-os-juizos-da-execucao/. Acesso em: 12 jan. 2019).

Todavia, o aprimoramento da prestação jurisdicional implica o enfrentamento de antigos problemas por abordagens criativas que otimizem os recursos e o tempo do Judiciário e das partes envolvidas nos litígios. A cooperação judiciária nacional tem o potencial de colaborar nessa mudança de paradigma.

REFERÊNCIAS

AVELINO, Murilo Teixeira. Breves comentários à cooperação nacional no Código de Processo Civil. *Revista Jurídica da Seção Judiciária de Pernambuco*, Recife, v. 8, p. 187-196, 2015.

BEGA, Patrícia Fernandes; MOREIRA, Alexandre Magno Augusto. O princípio da cooperação judiciária do Novo Código de Processo Civil: uma análise a partir da proteção ao trabalhador frente ao instituto da recuperação judicial. *Revista de Processo, Jurisdição e Efetividade da Justiça*, Brasília, v. 2, n. 1, p. 301-322, jan./jun. 2016.

CABRAL, Antonio do Passo. *Juiz natural e eficiência processual:* flexibilização, delegação e coordenação de competências no processo civil. 2017. Tese (Concurso de Titularidade) – Universidade do Estado do Rio de Janeiro, Rio de Janeiro, 2017.

CÂMARA, Alexandre Freitas. *O novo processo civil brasileiro*. 5. ed. São Paulo: Atlas, 2019.

CAMARGO, Luiz Henrique Volpe. *A centralização de processos como etapa necessária do Incidente de Resolução de Demandas Repetitivas*. Tese de doutorado apresentada à Pontifícia Universidade Católica de São Paulo. São Paulo: 2017.

CARDOSO, Oscar Valente. A cooperação judiciária nacional no Novo Código de Processo Civil. *Revista Dialética de Direito Processual*, São Paulo, n. 152, p. 37-47, nov. 2015.

CHAVES JÚNIOR, José Eduardo de Resende. Cooperação judiciária na justiça do trabalho. *Revista do Tribunal Regional do Trabalho da 3.ª Região*, Belo Horizonte, v. 61, n. 92, p. 107-130, jul./dez. 2015.

CRAMER, Ronaldo. Comentários ao art. 267. Comentários ao novo Código de Processo Civil. coordenação Antonio do Passo Cabral, Ronaldo Cramer. – 2a ed. Rio de Janeiro: Forense, 2016.

CUNHA, Leonardo Carneiro da. *Opinião 68:* Atos concertados e compartilhamento de competências entre os juízos da execução. 2017. Disponível em: https://www.leonardocarneirodacunha.com.br/opiniao/opiniao-68-atos-concertados-e-compartilhamento-de-competencias-entre-os-juizos-da-execucao/. Acesso em: 12 jan. 2019.

DIDIER JR. Fredie. *Cooperação judiciária nacional:* esboço de uma Teoria para o Direito Brasileiro. Salvador: Juspodivm, 2020.

DIDIER JR., Fredie. *Curso de direito processual civil*: introdução ao direito processual civil, parte geral e processo do conhecimento. 22. ed. Salvador: Juspodivm, 2020.

DINAMARCO, Cândido Rangel. *Comentários ao Código de Processo Civil*: das normas processuais civil e da função jurisdicional. Coordenação de José Roberto Ferreira Gouvêa,

Luis Guilherme Aidar Bondioli, João Francisco Naves da Fonseca. São Paulo: Saraiva, 2018. v. 1 (arts. 1.º a 69).

DONIZETTI, Elpídio. *Curso didático de direito processual civil*. 21. ed. São Paulo: Atlas, 2018.

FERREIRA, Maria Gabriela Silva Campos. *O compartilhamento de competências no processo civil*: um estudo do sistema de competência sob o paradigma da cooperação judiciária. Salvador: Juspodivm, 2020.

GAJARDONI, Fernando da Fonseca; DELLORE, Luiz; ROQUE, Andre Vasconcelos; OLIVEIRA JR., Zulmar Duarte de. Teoria Geral do Processo: parte geral: comentários ao CPC de 2015. 3. ed. – Rio de Janeiro: Forense; São Paulo: MÉTODO, 2019, p 219.

LAGRASTA, Valéria Ferioli. *Sistema de gestão judiciária e gerenciamento do processo*. Disponível em: http://www.adambrasil.com/wp-content/uploads/2017/06/sistema_gestaojudiciaria_gerenciamento_processo.pdf. Acesso em: 13 de julho de 2019.

MARINONI, Luiz Guilherme; ARENHART, Sérgio Cruz; MITIDIERO, Daniel. *Código de Processo Civil comentado*. São Paulo: Thomson Reuters, 2017.

MEIRELES, Edilton. Cooperação judicial e poderes do juiz na execução conforme o CPC de 2015. *Revista Jurídica Luso-Brasileira*, Lisboa, ano 4, n. 1, p. 455-507, 2018.

NERY JUNIOR, Nelson; NERY, Rosa Maria de Andrade. *Comentários ao Código de Processo Civil*. São Paulo: Revista dos Tribunais, 2015.

SCHENK, Leonardo Faria. Arts. 67 a 69. *In*: WAMBIER, Teresa Arruda Alvim *et al*. (coord.). *Breves comentários ao Novo Código de Processo Civil*. 3. ed. São Paulo: Revista dos Tribunais, 2016.

SILVA, Ricardo Menezes da. *Tratamento adequado de demandas repetitivas no primeiro grau*: uma análise a partir do novo Código de Processo Civil. 2019. Dissertação (Mestrado em Direito) – Universidade Federal do Paraná, Curitiba, 2019.

THEODORO JÚNIOR, Humberto. *Curso de direito processual civil*: teoria geral do processo civil, processo de conhecimento, procedimento comum. 60. ed. Rio de Janeiro: Forense, 2019. v. 1.

WLADECK, Felipe Scripes. Arts. 54 a 69. *In*: TUCCI, José Rogério Cruz e *et al*. (coord.). *Código de Processo Civil anotado*. Curitiba: OAB, 2017. p. 84-130.

ZARONI, Bruno Marzullo. Multidistrict Litigation: a Experiência Norte-Americana na Tutela dos Interesses de Massa. Disponível em: ‹http://www.lex.com.br/doutrina_25632222_MULTIDISTRICT_LITIGATION_A_EXPERIENCIA_NORTE_AMERICANA_NA_TUTELA_DOS_INTERESSES_DE_MASSA.aspx›. Acesso em: 30 de maio de 2019.

CAPÍTULO 9

Ato concertado e centralização de processos repetitivos[1-2-3]

Fredie Didier Jr.[4]

Sumário: 1. Conceito de cooperação judiciária nacional – 2. Elementos da cooperação judiciária nacional brasileira: os sujeitos da cooperação, os tipos de cooperação, os instrumentos de cooperação e os atos de cooperação – 3. Atos concertados: a cooperação negociada – 4. Generalidades e legitimidade para celebração do ato concertado. A cooperação interinstitucional – 5. Objeto da concertação – 6. A centralização de processos repetitivos como objeto de concertação (art. 69, §2º, VI, CPC) – 7. Ato concertado, centralização de processos repetitivos e modificação de competência.

1. CONCEITO DE COOPERAÇÃO JUDICIÁRIA NACIONAL

A cooperação judiciária nacional é o complexo de instrumentos e atos jurídicos pelos quais os órgãos judiciários brasileiros podem interagir entre si, com tribunais arbitrais ou órgãos administrativos, com o propósito de colaboração para o processamento e/ou julgamento de casos e, de modo mais genérico, para a própria administração da Justiça, por meio de compartilhamento ou delegação de competências, prática de atos processuais, centralização de processos, produção de prova comum, gestão de processos e de outras técnicas destinadas ao aprimoramento da prestação jurisdicional no Brasil.

2. ELEMENTOS DA COOPERAÇÃO JUDICIÁRIA NACIONAL BRASILEIRA: OS SUJEITOS DA COOPERAÇÃO, OS TIPOS DE COOPERAÇÃO, OS INSTRUMENTOS DE COOPERAÇÃO E OS ATOS DE COOPERAÇÃO

São quatro os elementos da cooperação judiciária: sujeitos, tipos ou modelos, instrumentos e atos de cooperação.

1. Este artigo é também resultado do grupo de pesquisa "Transformações nas teorias sobre o processo e o Direito processual", vinculado à Universidade Federal da Bahia, cadastrado no Diretório Nacional de Grupos de Pesquisa do CNPq respectivamente nos endereços dgp.cnpq.br/dgp/espelhogrupo/7958378616800053. O grupo é membro fundador da "ProcNet - Rede Internacional de Pesquisa sobre Justiça Civil e Processo contemporâneo" (http://laprocon.ufes.br/rede-de-pesquisa).
2. Escrito em homenagem a Sérgio Cruz Arenhart.
3. Desenvolvi o tema, com mais extensão, em DIDIER Jr., Fredie. *Cooperação judiciária nacional.* 2ª ed. Salvador: Editora Juspodivm, 2021.
4. Mestre em Direito pela UFBA. Doutor em Direito pela PUC/SP. Livre-docente pela USP. Pós-doutorado pela Universidade de Lisboa. Professor associado da Universidade Federal da Bahia, nos cursos de graduação, mestrado e doutorado. Advogado e consultor jurídico.

A cooperação judiciária necessariamente envolve um órgão judiciário. A interação pode dar-se entre mais de um órgão judiciário ou entre um órgão judiciário e um outro sujeito. No primeiro caso, temos uma cooperação *intra-judiciária*; no segundo caso, temos uma cooperação *interinstitucional* (o tema será desenvolvido mais à frente). A cooperação entre órgãos judiciários pode realizar-se entre juízos vinculados a ramos distintos do Poder Judiciário – nesse caso, teremos uma cooperação *interjudiciária* ou *transjudiciária* (art. 69, §3º, CPC; art. 5º, I, Resolução n. 350/2020 do CNJ).

É preciso distinguir, ainda, os *tipos*, *instrumentos* e *atos* de cooperação.

Os *tipos* correspondem aos modos pelos quais os órgãos judiciários interagem para a cooperação. O critério distintivo utilizado nesta classificação é o modo como a interação se estabelece. Vislumbramos três tipos de interação: a cooperação por *solicitação*, a cooperação por *delegação* e a *cooperação* por *concertação*. Evidentemente, outros modelos de interação podem ser identificados ou criados. Este artigo examinará a cooperação por *concertação*, grande novidade do CPC-2015.

Embora a cooperação judiciária, por supor a interação entre dois ou mais órgãos judiciários, possa ser acionada ex *officio* pelos próprios órgãos envolvidos, nada impede que partes ou terceiros requeiram ou sugiram a adoção de um dos tipos de cooperação.

Os *instrumentos* de cooperação são os modos pelos quais ela se concretiza. As cartas (precatória, rogatória etc.), o auxílio direto e o ato concertado são exemplos de instrumentos de cooperação. No Brasil, a cooperação judiciária pode realizar-se por qualquer instrumento (art. 69, CPC).

Os *atos* de cooperação são o objeto da cooperação judiciária. A prestação de informações[5], a prática de atos comuns, a produção de prova etc. são exemplos desses atos. A princípio, a cooperação judiciária pode ter qualquer objeto – também vigora a atipicidade aqui.

---

5. "Os órgãos judiciais podem firmar, por meio de concertação, acordos de compartilhamento de informações sobre matéria específica. A litigância em torno do direito à saúde será aqui tomada como exemplo. A judicialização do direito à saúde não é tema novo, nem exclusivo do Brasil. As demandas são crescentes, com alto impacto orçamentário, sem que se identifique uma melhoria na prestação do serviço de saúde pública do país em razão desse fenômeno. Um compartilhamento de informações entre os diferentes órgãos do poder judiciário, entretanto, pode minimizar os impactos do fenômeno. Pode-se pensar, por exemplo, na elaboração periódica de relatórios sobre a litigância em torno do direito à saúde no Brasil. Os documentos poderiam conter informações como: quanto se gasta com os processos e os impactos que as decisões têm no orçamento público de cada localidade – a fim de auxiliar os gestores públicos na elaboração dos planos orçamentários seguintes; ou a natureza dos pedidos contidos em tais demandas, a fim de se auxiliar a identificação das necessidades que a saúde pública possui em cada região, permitindo que a Administração Pública direcione investimentos com melhor estratégia (por exemplo, região em que há um grande número de demandas com pedidos que revelem a incidência de doenças decorrentes da ausência de saneamento básico)". (LAMÊGO, Gustavo Cavalcanti. *Técnicas de cooperação judiciária aplicadas a processos estruturais*. 2019. Monografia (Graduação). Universidade Federal da Bahia, Salvador, 2019, p. 72).

3. ATOS CONCERTADOS: A COOPERAÇÃO NEGOCIADA

A cooperação por *concertação* tem por objetivo a disciplina de uma série de atos indeterminados, regulando uma relação permanente entre os juízos cooperantes; nesse sentido, funciona como um regramento geral, consensual e anterior à prática dos atos de cooperação. É adequada também para a prática de atos de cooperação de teor mais complexo como é o caso da centralização de processos repetitivos.

Um mesmo ato pode ser objeto da cooperação solicitada, delegada ou negociada; a diferença está na forma como se relacionam os juízos ou órgãos que cooperam entre si.

Não há restrições quanto ao objeto de cada um dos tipos de cooperação[6]. Os exemplos confirmam a afirmação. São exemplos de cooperação por concertação trazidos pelo art. 69, §2º, CPC, a prática de citação, intimação ou notificação de ato, a obtenção de prova e a coleta de depoimento; todos eles podem também ser objeto da cooperação solicitada ou delegada.

4. GENERALIDADES E LEGITIMIDADE PARA CELEBRAÇÃO DO ATO CONCERTADO. A COOPERAÇÃO INTERINSTITUCIONAL

A cooperação judiciária pode efetivar-se por meio de um negócio jurídico de direito público celebrado pelos juízos envolvidos[7] - que, por isso, têm capacidade negocial -, denominado de *ato concertado entre juízos cooperantes* (art. 69, § 2º, CPC). Se consistir na prática de um ou de alguns poucos atos, a cooperação judiciária pode decorrer de um simples atendimento ao pedido de cooperação judiciária ou à delegação de um tribunal[8].

6. "Assim, por exemplo, a cooperação pode ser deflagrada por um pedido (tipo), por meio de auxílio direto (instrumento) para tratar de intimação de partes (ato), ou então pode originar-se de um concerto entre os juízes (tipo), por meio de reunião de processos (instrumento) para centralizar processos repetitivos (ato). Em princípio, é possível qualquer combinação entre esses elementos, embora alguns arranjos mostrem-se mais harmônicos". (ARAGÃO, Nilsiton Rodrigues de Andrade. "Potencialidades e limites da cooperação judiciária nacional". *Civil Procedure Review*, v. 11, n. 1, 2020).

7. Maria Gabriela Silva Campos Ferreira afirma que os atos concertados têm natureza de negócio jurídico processual "*de disposição da competência do órgão jurisdicional*", por meio dos quais "*a competência é concertada no caso concreto para o atingimento de uma finalidade comum aos juízos cooperantes*" (FERREIRA, Maria Gabriela Silva Campos. *O compartilhamento de competências e os atos processuais concertados entre juízes*. Dissertação apresentada como requisito para conclusão de Mestrado do Programa de Pós-Graduação em Direito do Centro de Ciências Jurídicas/Faculdade de Direito do Recife da Universidade Federal de Pernambuco, Recife: edição da autora, 2019, p. 146.)

8. Antonio do Passo Cabral sustenta que o ato concertado não é acordo processual porque, a seu ver, não é negócio jurídico bilateral: "os juízes além de não terem capacidade negocial (para dispor de interesses próprios), também não podem dispor dos interesses das partes envolvidas". O uso do termo ato concertado quer apenas dizer, na opinião de Antonio do Passo Cabral, que o procedimento é consensual, dependerá das tratativas e de ajuste entre os juízos a ser formalizado por um ato conjunto, não uma convenção processual. Trata-se, para o autor, de um dos instrumentos pelos quais as interações

O *ato concertado* é indicado para disciplinar uma cooperação permanente ou duradoura entre os juízos cooperantes. O art. 11 da Resolução n. 350/2020 do CNJ segue essa linha: "Os atos conjuntos e concertados são adequados para disciplinar a cooperação entre órgãos jurisdicionais em torno de um ou alguns processos, ou a prática de atos mais complexos relacionados a esses mesmos processos"[9].

Como negócio, o ato concertado somente vincula o órgão que o subscreveu (art. 4º, par. ún., da Resolução n. 350/2020 do CNJ). É importante registrar: *a)* o ato deve ser escrito de modo claro e conciso, com identificação precisa das competências dos juízos cooperantes, e as respectivas fontes de custeio, quando necessário; *b)* assinado pelos órgãos cooperantes; *c)* o instrumento deve ser juntado aos autos, para ciência das partes, previamente à prática dos atos de cooperação (art. 11, §§ 1º e 2º, Resolução n. 350/2020 do CNJ).

Também pelo fato de ser um negócio que diz respeito a uma relação permanente entre os juízos cooperantes, o ato concertado pode ser revisto a qualquer tempo, preservados os atos praticados com base na concertação anterior (art. 11, § 3º, Resolução n. 350/2020 do CNJ).

O ato pode ser celebrado, aliás, por mais de dois juízes: pode haver concertação com qualquer número inteiro a partir de dois. Por isso, o instrumento dessa cooperação regerá a prática de uma série de atos indeterminados, assumindo a natureza de fonte de normas processuais gerais, consensuais e anteriores à prática dos atos de cooperação (por isso deve ser juntado aos autos *antes* da prática do ato de cooperação).

Nesse sentido, o ato concertado segue o conteúdo tradicional do princípio do juiz natural, que exige anterioridade e generalidade da regra de competência. Se não houver uma relação permanente, basta uma solicitação, ou delegação, para que a cooperação se materialize (por telefone, e-mail, carta precatória) e seja extinta.

Essa compreensão pode ser reforçada pelo texto do § 2º do art. 69 do CPC, que dispõe sobre o "estabelecimento de procedimento para" a prática dos atos ali exemplificados[10]. Isto é: o ato concertado estabelecerá um procedimento a ser seguido em mais de um caso ou em um caso mais complexo. Não se

colaborativas transprocessuais podem ser formalizadas (CABRAL, Antonio do Passo. *Juiz natural e eficiência processual: flexibilização, delegação e coordenação de competências no processo civil.* Tese apresentada no concurso de provas e títulos para provimento do cargo de Professor Titular. Faculdade de Direito da Universidade do Estado do Rio de Janeiro. Rio de Janeiro: edição do autor, 2017, p. 531).

9. Defendendo que o ato concertado normalmente servirá à cooperação transprocessual, FONSECA, João Gustavo Henriques de Morais. *Cooperação judiciária processual.* Rio de Janeiro: Lumen Juris, 2019, p. 89.

10. ROHENKOHL, Pedro Fernandes. *Cooperação judiciária nacional e preservação de empresas: uma análise do art. 69, §2º, IV, DO CPC.* 130 f. Monografia. Faculdade de Direito, Universidade Federal da Bahia, Salvador, 2019, p. 29.

esgotará com a prática de um único ato como na cooperação solicitada para oitiva de uma ou algumas testemunhas, ou para penhora, avaliação e venda de um bem. Será necessário estabelecer um procedimento, um regulamento prévio e geral dessa relação não-episódica de cooperação entre os juízos[11].

Alguns outros exemplos: *a)* ato concertado entre juízos para processamento de casos repetitivos; *b)* ato concertado para suspensão da distribuição de processos para um determinado juízo; *c)* ato concertado para reunião de execução contra grandes devedores em uma única vara de execução fiscal; *d)* ato concertado para tornar uma das vara cíveis competente privativamente para processar e julgar ações de improbidade administrativa: ela continuaria com a sua competência original, mas passaria a ser a única a ter competência para improbidade administrativa, garantida a compensação da distribuição de outros casos; *e)* ato concertado para produção de prova única e por amostragem em ações indenizatórias com base em acidentes ambientais[12].

O ato concertado pode servir, como bem observou Fernanda Vogt, para a definição do juízo que tenha as melhores condições de exercer a atividade cognitiva, seguindo uma das diretrizes de definição da competência adequada[13] – e, por isso, pode servir para definir qual dos juízos irá valorar a prova ou em qual deles ela será produzida, por exemplo.

Podem celebrar atos concertados todos os órgãos judiciários brasileiros, mesmo que pertençam a Justiças e instâncias diversas. Pertencentes a Justiças diversas, parece mais adequado que o respectivo tribunal participe ou anua com o ato concertado – exatamente porque se trata de uma cooperação permanente que envolve entes federativos diversos; na cooperação por solicitação, por ser episódica, não há necessidade dessa participação. O §5º do art.11 da Resolução n. 350/2020 do Conselho Nacional de Justiça determina a cooperação celebrada entre juízos pertencentes a ramos distintos do Judiciário seja *comunicada* aos respectivos tribunais, sem, contudo, mencionar exigência de anuência ou participação.

Também pode haver concertação entre juízos arbitral e estatal[14], assim como não há óbice para a concertação entre o juízo estatal e uma câmara de arbitragem.

11. Fernanda Vogt vai em outro sentido, pois entende que o ato concertado não depende de um ato regulativo prévio, pode ter por objeto atos mais simples e ser um instrumento de cooperação judiciária episódica (VOGT, Fernanda. *Cognição do juiz no processo civil – flexibilidade e dinamismo dos fenômenos cognitivos*. Salvador: Editora Juspodivm, 2020, p. 209).
12. Os três últimos exemplos de Gabriela Macedo Ferreira, orientanda do autor, em conversa travada por ocasião da sua atividade de pesquisa de mestrado na Universidade Federal da Bahia.
13. VOGT, Fernanda. *Cognição do juiz no processo civil – flexibilidade e dinamismo dos fenômenos cognitivos*, cit., p. 210.
14. Assim, também, MAZZOLA, Marcelo. "É possível a realização de 'atos concertados' entre o judiciário e o juízo arbitral". Disponível em https://m.migalhas.com.br/depeso/293183/e-possivel-a-realizacao-de-atos-concertados-entre-o-judiciario-e-o.

É possível estabelecer cooperação judiciária entre órgão julgador e ente administrativo. Assim, é permitida a celebração de atos concertados entre órgão do Poder Judiciário e ente administrativo, até mesmo litigantes habituais (INSS, Caixa Econômica Federal etc.), para, por exemplo, disciplinar o modo de comunicação dos atos processuais, fluxo de envio de processos e modelos de peticionamento. É o que foi denominado de *cooperação interinstitucional* (arts. 1º, II, e 15 da Resolução n. 350/2020 do CNJ)[15]. Mantida a *atipicidade* dos atos, o mesmo art. 15 traz alguns exemplos do que pode ser objeto dessa cooperação: harmonização de procedimentos e rotinas administrativas, gestão judiciária, a elaboração e adoção de estratégias para o tratamento adequado de processos coletivos e ou repetitivos, inclusive para a sua prevenção, e mutirões para análise do enquadramento de processos ou de recursos nas hipóteses em que há precedentes obrigatórios (esse último exemplo claramente inspirado no §12 do art. 19 da Lei n. 10.522/2002).

O art. 16 da Resolução n. 350/2020 do CNJ prescreve que a cooperação interinstitucional poderá ser realizada entre quaisquer instituições, do sistema de justiça ou fora dele, que possam contribuir para a execução da estratégia nacional do Poder Judiciário, promover o aprimoramento da administração da justiça, a celeridade e a efetividade da prestação jurisdicional". O mesmo art.16 cita, como exemplos de instituições com as quais se pode celebrar a cooperação, o Ministério Público, a Ordem dos Advogados do Brasil, a Defensoria Pública, a Advocacia Pública e a própria Administração Pública. Não se pode, no entanto, excluir a possibilidade de cooperação com as serventias cartoriais extrajudiciais e os litigantes habituais privados, muito úteis para a elaboração de uma estrutura para um sistema de justiça multiportas, por exemplo (art. 6º, XIX, Resolução n. 350/2020 do CNJ).

Aliás, o desenvolvimento, e o estímulo da *cooperação interinstitucional* é uma das marcas que distinguem o *atual* sistema de cooperação judiciária nacional daquele montado pelo CPC-1973. Não é por acaso que: *i)* o CPC preocupou-se em regular a *carta arbitral* (arts. 189, IV, e 260, §3º; art. 22-C, Lei n. 9.307/1996); *ii)* o §12 do art. 19 da Lei n. 10.522/2002 expressamente prevê a celebração de negócios processuais entre o Poder Judiciário e a Advocacia Pública federal; *iii)* o CPC cuida, com extensão e minúcia inéditas, das relações entre Judiciário e as funções cartoriais (como, p. ex., arts. 53, III, "f", 98, §1º, IX, §§7º e 8º, 384 784, XI), incluindo mudanças na Lei de Registros Públicos (art. 1.071, CPC).

5. OBJETO DA CONCERTAÇÃO

Qualquer das funções que o órgão julgador pode exercer no processo pode ser objeto de concertação. É permitida concertação para a condução do processo, instrução, execução e, até mesmo, decisão.

---

15. Também denominada como *cooperação por extensão*, na terminologia de FONSECA, João Gustavo Henriques de Morais. *Cooperação judiciária processual*. Rio de Janeiro: Lumen Juris, 2019, p. 63.

O art. 68 do CPC determina que "os juízos poderão formular entre si pedido de cooperação para prática de qualquer ato processual" (na mesma linha, o art. 3º da Resolução n. 350/2020 do CNJ).

A concertação que tenha por objeto o poder decisório é, de longe, a mais polêmica e sensível – trataremos do tema mais à frente. Não é por acaso que a parte final do art. 1º, I, da Resolução n. 350/2020 do Conselho Nacional de Justiça expressamente determina a observância do princípio do juiz natural na cooperação judiciária.

De todo modo, vale a lembrança de dois pontos: *a)* a cooperação judiciária negociada também é atípica – os *mutirões*, por exemplo, que são tradicional forma de cooperação judiciária, podem ser previstos e disciplinados por ato concertado; *b)* a cooperação negociada somente se justifica se houver necessidade de disciplinar uma cooperação permanente ou duradoura entre os juízos, o que significa que alguns (os mais singelos, como a produção de prova comum) exemplos de objeto de concertação servem à cooperação solicitada, também.

O § 2º do art. 69 do CPC traz alguns exemplos, muito úteis para cumprir a difícil tarefa de traçar as diretrizes dogmáticas da atipicidade da cooperação judiciária. Embora o dispositivo trate de exemplos de objeto de concertação, ele serve como parâmetro para possíveis objetos de cooperação por solicitação também – ajuda a concretizar, portanto, a atipicidade do objeto da cooperação judiciária nacional.

O art. 6º da Resolução n. 350/2020 do CNJ ratifica a *atipicidade* do objeto da cooperação negociada ("além de outros definidos consensualmente"), reproduz os incisos previstos no § 2º do art. 69 do CPC e traz um vasto rol de exemplos, que concretizam o comando do CPC e ajudam a compreender a extensão do objeto da concertação: prática de quaisquer atos de comunicação processual, podendo versar sobre a comunicação conjunta a pessoa cuja participação seja necessária em diversos processos; prestação e troca de informações relevantes para a solução dos processos; redação de manuais de atuação, rotinas administrativas, diretrizes gerais para a conduta dos sujeitos do processo e dos servidores públicos responsáveis por atuar em mecanismos de gestão coordenada; reunião ou apensamento de processos, inclusive a reunião de execuções contra um mesmo devedor em um único juízo; definição do juízo competente para a decisão sobre questão comum ou questões semelhantes ou de algum modo relacionadas, respeitadas as regras constantes nos artigos 62 e 63 do Código de Processo Civil; na obtenção e apresentação de provas, na coleta de depoimentos e meios para o compartilhamento de seu teor; produção de prova única relativa a fato comum; efetivação de medidas e providências para recuperação e preservação de empresas; facilitação de habilitação de créditos na falência e na recuperação judicial; disciplina da gestão dos processos repetitivos, inclusive da respectiva centralização (art. 69, § 2º, VI, do Código de Processo Civil), e da realização de mutirões para sua adequada tramitação; efetivação de tutela provisória ou na execução de decisão jurisdicional; investigação patrimonial, busca por bens e realização prática de penhora, arrecadação, indisponibilidade ou qualquer outro tipo de constrição judicial; regulação de procedimento expropriatório de bem penhorado ou dado em garantia em diversos processos; traslado de pessoas; transferência de presos; transferência de bens e de valores; no acautelamento e gestão de bens e valores apreendidos; no compartilhamento temporário de equipe de auxiliares da justiça, inclusive de servidores públicos; efetivação de medidas e providências referentes a práticas consensuais de resolução de conflitos.

Importante perceber que, além de cooperação para prática de atos processuais, é possível cogitar cooperação em infraestrutura (compartilhamento de espaços, imóveis, tecnologia, servidores etc., nos termos da Recomendação n. 28/2009 do Conselho Nacional de Justiça) e em gestão judiciária (como estruturação de políticas judiciárias comuns)[16].

6. A CENTRALIZAÇÃO DE PROCESSOS REPETITIVOS COMO OBJETO DE CONCERTAÇÃO (ART. 69, §2º, VI, CPC)

O art. 69, §2º, VI, autoriza a cooperação judiciária consensual para a "centralização de processos repetitivos".

O termo "centralização de processos repetitivos" é indeterminado e não é de fácil compreensão dogmática. Isso porque o CPC, como regra, adota "casos repetitivos" (expressão mais genérica, art. 928) ou "demandas repetitivas" (arts. 976 e segs.); "processos repetitivos" é expressão que apenas aparece no art. 69, no contexto da cooperação judiciária.

Há, portanto, duas opções interpretativas evidentes: ou bem se considera "processo repetitivo" sinônimo de "caso repetitivo" ou "demanda repetitiva", creditando o fato a um lapso de técnica legislativa, ou bem se considera "processo repetitivo" um termo com conteúdo dogmático próprio. De todo modo, é preciso considerar que a centralização de processos do art. 69, § 2º, VI, CPC, integra o microssistema de resolução de casos repetitivos[17]. A redação do inciso

16. FONSECA, João Gustavo Henriques de Morais. *Cooperação judiciária processual*. Rio de Janeiro: Lumen Juris, 2019, p. 57-60.
17. SILVA, Ricardo Menezes da. *Tratamento adequado de demandas repetitivas no primeiro grau: uma análise a partir do novo Código de Processo Civil*. Dissertação apresentada como requisito parcial para conclusão do Curso de Mestrado do Programa de Pós-Graduação em Direito da Universidade Federal do Paraná, na Linha de Pesquisa em Direito das Relações Sociais, sob a Área de Concentração em Direito Processual Civil. Curitiba: edição do autor, 2019, p. 86 e 155-156; FERREIRA, Maria Gabriela Silva Campos.

X do art. 6º da Resolução n. 350/2020 do CNJ é clara ao relacionar a centralização de processos repetitivos com a "gestão" dos processos repetitivos, função daquele microssistema.

Parece que a melhor opção hermenêutica, exatamente para dar mais rendimento ao comando normativo, é considerar que o sintagma "processos repetitivos" tem acepção mais ampla do que "casos repetitivos" ou "demandas repetitivas"; na verdade, é termo que abrange esses dois últimos. "Casos repetitivos" ou "demandas repetitivas" são termos abrangidos por "processos repetitivos", que, porém, pode dizer respeito a situação que *não* se encaixe nos dois primeiros termos[18].

Um exemplo. Processos que digam respeito a um mesmo fato, embora as questões de direito neles discutidas não sejam comuns, podem enquadrar-se no conceito de "processos repetitivos" do art. 69 do CPC, mas não se encaixam nos conceitos de "casos repetitivos" ou "demandas repetitivas", que supõem que uma mesma questão de direito esteja sendo discutida em mais de um processo.

Exatamente por isso, Antonio do Passo Cabral entende que o inciso VI do §2º do art. 69 do CPC pode ser usado como opção aos incidentes de julgamento de casos repetitivos (art. 928, CPC), quando eles forem *incabíveis* ou *inconvenientes*[19].

Cabral sugere a "centralização de processos repetitivos" para os casos de processos com questões de fato comuns, sem identidade de questões de direito, pressuposto para o julgamento de casos repetitivos. Nesses casos, a centralização dos processos traz ganho de eficiência, na medida em que garante uniformidade de interpretação e redução de custos de produção da prova[20]. Esse resultado pode ser alcançado também a partir do inciso II do §2º do art. 69 do CPC.

A inconveniência para a instauração do incidente de julgamento de casos repetitivos, que pode justificar o uso da técnica da centralização, pode surgir quando os casos repetitivos estão pendentes nos Juizados Especiais, em que há restrições cognitivas e de participação processual que podem comprometer a formação do precedente obrigatório. Cabral também vislumbra inconveniência, quando a suspensão dos processos, efeito da instauração do julgamento

O compartilhamento de competências e os atos processuais concertados entre juízes, p. 161; VIANA, Isadora. Centralização de processos e cooperação judiciária: terceiro mecanismo de resolução de casos repetitivos. Disponível em: <https://www.academia.edu/39790846/CENTRALIZA%C3%87%C3%83O_DE_PROCESSOS_E_COOPERA%C3%87%C3%83O_JUDICI%C3%81RIA_TERCEIRO_MECANISMO_DE_RESOLU%C3%87%C3%83O_DE_CASOS_REPETITIVOS> Acesso em: 26 de julho de 2019.

18. Encampando essa ideia, VOGT, Fernanda. *Cognição do juiz no processo civil – flexibilidade e dinamismo dos fenômenos cognitivos*. Salvador: Editora Juspodivm, 2020, p. 221.
19. CABRAL, Antonio do Passo. *Juiz natural e eficiência processual: flexibilização, delegação e coordenação de competências no processo civil*, cit., p. 682-684.
20. CABRAL, Antonio do Passo. *Juiz natural e eficiência processual: flexibilização, delegação e coordenação de competências no processo civil*, cit., p. 682.

de casos repetitivos (arts. 982, I, e1.037, II, CPC), for inadequada em razão de situações de urgência ou de risco de prescrição[21]. Também há inconveniência quando a questão repetitiva aparecer em juízos com competências absolutas distintas, e, portanto, submetidos a tribunais distintos: neste caso, em qual tribunal seria suscitado o IRDR? Seriam suscitados dois IRDR's? Problemas assim podem apontar para o uso dessa técnica de cooperação judiciária.

A técnica de centralização de processos repetitivos é, também, bem-vinda nos processos estruturais. Sabe-se que, num processo estrutural, fixam-se metas a serem atingidas a médio e longo prazos. Ocorre que, em determinados contextos, um litígio estrutural pode ensejar o ajuizamento de inúmeras demandas individuais que, inclusive, venham a interferir na execução dos planos estabelecidos no processo estrutural; por outro lado, essas demandas individuais não-estruturais não têm a aptidão de pôr fim ao litígio estrutural. Por isso, a centralização desses processos pode ser meio apto a viabilizar a implementação das metas estabelecidas nos processos estruturais, pois o julgamento dos processos não-estruturais relacionados à questão não seria feito em descompasso com o plano estabelecido no processo estrutural[22]. E mais: é meio de garantir isonomia[23], pois se evita o tratamento distinto a quem busque o Judiciário em relação a quem tente a satisfação de seu direito por outras vias.

É possível combinar essa técnica com o julgamento de casos repetitivos. Uma vez instaurado o incidente de resolução de demandas repetitivas, é permitido que, por cooperação judiciária, se determine o juízo de primeiro grau que passará a receber as futuras ações repetitivas ou mesmo o juízo que venha a ser o competente para aplicar a tese jurídica que vier a ser firmada neste incidente[24].

Perceba, finalmente, que é possível *centralizar* para dar andamento ao processo, instruir, decidir e executar. A observação é importante: a centralização é técnica que pode servir às mais variadas funções inerentes ao exercício da jurisdição e, consequentemente, à boa gestão da competência jurisdicional.

---

21. CABRAL, Antonio do Passo. *Juiz natural e eficiência processual: flexibilização, delegação e coordenação de competências no processo civil*, cit., p. 685.
22. LAMÊGO, Gustavo Cavalcanti. *Técnicas de cooperação judiciária aplicadas a processos estruturais*, cit., p. 76-79; MARÇAL, Felipe Barreto. "Deveres Cooperativos do Magistrado no Processo Estruturante: da cooperação com as partes à cooperação com outros órgãos (judiciários ou extrajudiciários), por meio de atribuição de competências e delegações". *Civil Procedure Review*, v. 10, p. 77-99, 2019.
23. GALDINO, Matheus, Souza. *Elementos para uma compreensão tipológica dos processos estruturais*. Dissertação (Mestrado – Direito). Orientador: Prof. Dr. Fredie Didier Jr. Salvador: Universidade Federal da Bahia, 2019, p. 122; LAMÊGO, Gustavo Cavalcanti. *Técnicas de cooperação judiciária aplicadas a processos estruturais*, cit., p. 78; TOSTA, André Ribeiro; MARÇAL, Felipe Barreto. "Gerenciamento processual adequado de demandas formalmente individuais a partir de uma visão estruturante: o reforço proporcionado pelo art. 21 da LINDB", cit., p. 197-200.
24. CAMARGO, Luiz Henrique Volpe. *A centralização de processos como etapa necessária do Incidente de Resolução de Demandas Repetitivas*. Tese (Doutorado em direito). Orientadora: prof. dra. Teresa Arruda Alvim – Pontifícia Universidade Católica de São Paulo. São Paulo: 2017.

7. ATO CONCERTADO, CENTRALIZAÇÃO DE PROCESSOS REPETITIVOS E MODIFICAÇÃO DE COMPETÊNCIA

O ato concertado pode ser instrumento de modificação de competência. Ele passa, por isso, a compor o rol dos fatos jurídicos que, previstos em lei, autorizam a *modificação de competência*, como o foro de eleição, a conexão e a continência, a federalização de casos (art. 109, V-A, § 5º, CF/1988), o incidente de assunção de competência (art. 947, CPC), o julgamento de casos repetitivos (art. 928, CPC), entre outros[25].

Para ilustrar o que se diz, veja-se o disposto no VI do § 2º do art. 69 do CPC, que prevê a "centralização de processos repetitivos" como objeto do ato concertado[26].

Em relação a esse tema, há duas interpretações possíveis para esse dispositivo: *a)* ou o inciso se refere à centralização de processos, como forma de cumprimento aos comandos legais que determinam a reunião dos processos, como nos casos de conexão e continência[27]; *b)* ou o inciso se refere a uma nova possibilidade de determinação de reunião de processos, agora por ato negocial celebrado pelos juízos envolvidos.

A primeira interpretação parece esvaziar o texto normativo. É que, sendo caso de conexão ou continência, não há necessidade de celebração de um ato concertado para determinar a remessa de autos ao juízo prevento: a simples remessa dos autos é o que basta para tanto; havendo dúvida sobre quem seja o prevento, suscita-se o conflito de competência. Essa solução é tradicional no Direito brasileiro, inclusive o anterior, que não previa o ato concertado.

A segunda interpretação é mais acertada, quer pela inclusão da "centralização" como exemplo de objeto de ato concertado, instituto sem correspondente no CPC-1973, quer para dar mais rendimento ao dispositivo normativo – dar-lhe mais eficácia, diretriz interpretativa importante em casos assim. Não há razão para o legislador prever a centralização de processos, dentre as hipóteses de ato concertado, se não for para possibilitar também a alteração de competência para julgamento desses mesmos processos, ainda que sem o deslocamento físico deles.

---

25. A tese de Antonio do Passo Cabral inventaria essas diversas hipóteses de modificação de competência, previstas em lei, que vão muito além dos tradicionais exemplos da conexão e do foro de eleição (CABRAL, Antonio do Passo. *Juiz natural e eficiência processual: flexibilização, delegação e coordenação de competências no processo civil*, cit., passim).
26. Assim, por exemplo, MEIRELES, Edilton. "Cooperação judiciária nacional". *Revista de processo*. São Paulo: RT, 2015, v. 249, versão eletrônica, p. 5; FERREIRA, Gabriela Macedo. "O ato concertado entre juízes cooperantes: esboço de uma teoria para o direito brasileiro". *Civil Procedure Review*. v.10, nº 3: set.-dez. 2019, p. 38-39.
27. NERY JUNIOR, Nelson. NERY, Rosa Maria de Andrade. *Código de Processo Civil Comentado*. 16ª ed. São Paulo: RT, 2016. p. 408.

A "centralização" pode servir para a solução de questões comuns, semelhantes ou de algum modo relacionadas entre si, que de outro modo não seriam resolvidas por um único juízo. O inciso V do art. 6º da Resolução n. 350/2020 do CNJ é bem claro ao estabelecer, como possível objeto de concertação, a "definição do juízo competente para decisão sobre questão comum ou questões semelhantes ou de algum modo relacionadas".

Alguns exemplos: *a)* reunião de casos semelhantes, mesmo que sem conexão entre eles, mas por uma identidade substancial nas teses jurídicas discutidas e nos fatos suscitados[28]; *b)* centralização para a definição de apenas uma das questões incidentais comuns discutidas em diversos processos: um dos juízos concertantes definirá a questão de fato ou de direito comum, cabendo ao demais juízes, e a ele mesmo, completar o julgamento do caso a partir da decisão que for tomada pelo juízo centralizador; *c)* centralização de execuções repetitivas contra o mesmo devedor em uma única vara, de modo que se tenha mais controle sobre os atos de expropriação de bens e de satisfação do credor.

Em todos esses casos, a centralização decorre de um acordo autorizado por lei: o ato concertado.

Como a disciplina do CPC é lacunosa, é necessário traçar algumas diretrizes para a modificação de competência por ato concertado.

i) O ato concertado não poderá implicar alteração de competência absoluta para julgar determinados pedidos. Um pedido que deve ser julgado pela Justiça Federal não poderá, por concertação, vir a ser julgado pela Justiça do Trabalho. A alteração de competência absoluta depende de previsão legal, como nos casos do incidente de assunção de competência (art. 947, CPC) ou federalização de casos (art. 109, V-A, CF/1988). Sem essa autorização expressa para o ato concertado, é difícil dogmaticamente sustentar, diante de uma previsão legislativa tão singela, um efeito jurídico (modificação de competência absoluta) sempre previsto de modo raro e claro pelo legislador. *O ato concertado não pode alterar a competência absoluta para a decisão das questões principais, enfim.*

ii) O ato concertado *poderá* implicar alteração de competência relativa[29] para a decisão das questões principais, assim como ocorre com a conexão e a continência; difere dessas duas tradicionais modalidades pelo fato de

28. A ideia é a seguinte: ainda que o pedido, a causa de pedir ou a relação jurídica base sejam diversos e não haja risco de decisões contraditórias – mas apenas divergentes –, é possível a reunião de demandas para julgamento simultâneo ou para a prática conjunta de atos processuais com fundamento no art. 69, § 2º do CPC, que autoriza a criação de novas técnicas para concretização do princípio da eficiência. (FERREIRA, Gabriela Macedo. "O ato concertado entre juízes cooperantes: esboço de uma teoria para o direito brasileiro", cit., p. 38; MEIRELES, Edilton. "Cooperação judiciária nacional", cit., p. 5)

29. FERREIRA, Gabriela Macedo. "O ato concertado entre juízes cooperantes: esboço de uma teoria para o direito brasileiro", cit., p. 44.

ser uma modificação acordada, por pressupor um instrumento prévio que a regulamente e, no caso da centralização, por somente se aplicar se houver repetição dos processos.

iii) O ato concertado poderá implicar mudança de competência para a definição de questões incidentais (questão de fato comum[30] ou questão de direito). Nesse caso, o ato pode ser celebrado mesmo por juízos com competências absolutas distintas, sem problema.

Questões incidentais podem ser examinadas por qualquer juízo, independentemente de sua competência absoluta[31]: um juiz federal examina incidentemente uma questão de família numa ação previdenciária; um juiz penal examina incidentemente a validade de um contrato numa ação penal; um juiz estadual examina incidentemente a legalidade de uma resolução de uma agência reguladora federal, num caso de consumo; juízes estaduais e federais podem deparar-se com uma mesma questão incidental de direito do consumidor; um mesmo acidente (questão de fato comum) pode gerar repercussões ambientais, na Justiça Federal, consumeristas, na Justiça Estadual e nos Juizados Especiais, e trabalhistas, na Justiça do Trabalho etc. Os exemplos são inúmeros.

Exatamente porque se trata de questões incidentais, não parece haver qualquer problema que os juízos concertem no sentido de que um deles, pelas mais variadas razões, seja o competente para resolver a questão comum de modo uniforme, comprometendo-se os demais juízos a aplicar a solução em seus casos.

E isso pode realizar-se *transjudiciariamente*: um juiz federal pode concertar com um juiz estadual para a solução de uma questão repetitiva de direito do consumidor (pela maior expertise do juízo estadual, por exemplo); juiz federal, juiz estadual e juiz do trabalho podem concertar no sentido de que cabe ao juízo federal, tendo em vista a presença da União em um dos casos, definir a questão de fato relativo a um mesmo acidente ambiental, que está repercutindo nas diversas Justiças etc. Como já se disse, e que se reafirma: a cooperação judiciária pode realizar-se entre órgãos judiciários pertencentes a ramos distintos do Poder Judiciário (art. 69, §3º, CPC; art. 5º, I, Resolução n. 350/2020 do CNJ).

Os ganhos em eficiência, igualdade e segurança jurídica são evidentes. Não há mácula ao juízo natural: todos os juízos envolvidos teriam de enfrentar a

30. Em sentido contrário, não admitindo reunião de processos fora das hipóteses de conexão e continência, incluindo a previsão do art. 55, §3º, CPC, LUNARDI, Thais Amoroso Paschoal. *Coletivização da prova: técnicas de produção coletiva da prova e seus reflexos na esfera individual.* Tese apresentada como requisito para a conclusão de Doutorado em Direito das Relações Sociais no Programa de Pós-Graduação da Faculdade de Direito da Universidade Federal do Paraná, Curitiba: edição da autora, p. 159.
31. Exceção à questão de inconstitucionalidade da lei, em tribunal, que, embora incidental, somente pode ser apreciada pelo Pleno ou órgão especial deste tribunal (art. 97, CF/1988).

questão incidentalmente; nada justifica que a mesma questão seja enfrentada inúmeras vezes, muito provavelmente com resultados distintos.

Note que previsão do ato concertado está inserida no título da competência interna[32]. Os parâmetros de eficiência alocativa autorizam os magistrados a empreenderem, em cooperação, juízos de eficiência acerca da competência que vão além de uma visão puramente binária - competente e não competente - numa perspectiva multi-institucional de análise comparativa das competências[33]. A eficiência processual é um objetivo a ser buscado na definição, planejamento e estruturação da organização judiciária a justificar também a alocação de competência - inclusive da competência para processar e julgar - por meio de atos de cooperação judicial[34]. Esse poder de alteração de competência, a partir de manifestação de vontade dos juízos envolvidos, decorre ainda de sua atribuição de gestor processual, dimensão processual do princípio da eficiência[35] (art. 8º, CPC). Há, em verdade, uma substancial concretização do princípio do juiz natural quando o juiz é o mais competente diante das circunstâncias do caso concreto, para assegurar o julgamento mais adequado da causa e a melhor administração da justiça. A gestão da competência pode trazer muitos benefícios para o sistema processual como a criação de uma comunidade engajada em torno de projetos comuns, interações flexíveis, relações face a face, "fomentando laços de fraternidade"[36].

Observe, finalmente:

a) os casos continuarão sendo julgados pelos juízos originários - diferentemente da hipótese *ii*, não há modificação de competência para decisão de casos, mas apenas de questões; modificação de competência para julgamento de casos por concertação será possível apenas quando envolver juízos de mesma competência absoluta;

b) a concertação deve permitir que os sujeitos processuais dos casos envolvidos possam participar da formação do convencimento do juízo centralizador - o poder de influência, conteúdo do contraditório, não pode ser eliminado;

c) a vinculação dos juízos ao quanto for decidido é uma *autovinculação*, porque resultante do negócio jurídico ato concertado;

32. FERREIRA, Gabriela Macedo. "O ato concertado entre juízes cooperantes: esboço de uma teoria para o direito brasileiro", cit., p. 38.
33. CABRAL, Antonio do Passo. *Juiz natural e eficiência processual*: flexibilização, delegação e coordenação de competências no processo civil, cit., p. 262 e 264.
34. FERREIRA, Gabriela Macedo. "O ato concertado entre juízes cooperantes: esboço de uma teoria para o direito brasileiro", cit., p. 38.
35. MEIRELES, Edilton. "Cooperação judiciária nacional", cit., p. 63.
36. CABRAL, Antonio do Passo. *Juiz natural e eficiência processual: flexibilização, delegação e coordenação de competências no processo civil*, cit., p. 514-529.

d) a centralização para questão de fato comum se distingue da produção de prova comum (art. 69, § 2º, II, CPC): nesta, a prova é produzida perante um dos juízos e exportada para os demais, que resolverão a questão de fato à sua maneira, após a valoração da prova; na centralização, a questão de fato é resolvida uma única vez, pelo juízo centralizador.

CAPÍTULO 10

O ato concertado entre juízes cooperantes: esboço de uma teoria para o direito brasileiro[1]

Gabriela Macedo Ferreira[2]

Sumário: 1. Introdução – 2. O princípio do juiz natural: uma nova compreensão focada na adaptabilidade das competências e na preservação de seu núcleo essencial – 3. A cooperação judiciária nacional: instrumento desburocratizado da prática célere de atos judiciais fora da esfera de competência do juízo: 3.1 "Multidistrict Litigation": a criação americana de um painel para decidir se e como os casos serão transferidos para produção de atos em conjunto; 3.2 A tipologia da cooperação judiciária nacional – 4. A cooperação judiciária por solicitação – 5. A cooperação judiciária por ato concertado entre juízes cooperantes (art. 69, § 2º, do CPC): 5.1 Natureza jurídica dos atos concertados entre juízes cooperantes: o ato concertado como negócio jurídico processual; 5.2 O objeto do ato concertado entre juízes cooperantes: 5.2.1 Os atos concertados para produção de prova: demonstrando a utilidade prática do tema; 5.2.2 Os atos concertados e a alteração de competência para julgamento: uma nova hipótese legal de alteração de competência; 5.3 Os atos concertados e sua impugnação – 6. Conclusão – 7. Referências.

1. INTRODUÇÃO

O Código de Processo Civil de 2015 lançou um novo olhar sobre o Direito Processual Civil compatível com as transformações pelas quais vem passando, sobretudo em suas fontes normativas e diretrizes principiológicas, nos últimos anos. Dedicou-se à construção teórica de um processo judicial mais eficiente, conferindo aos juízes a flexibilidade necessária para adaptar o procedimento judicial a inúmeras situações concretas dignas de tratamento diferenciado. Atribuiu um dever geral de cooperação aos órgãos do Poder Judiciário em capítulo inédito intitulado "da cooperação judiciária nacional" (arts. 67 a 69), prevendo que o pedido de cooperação pode ser executado como ato concertado entre juízes cooperantes, instituto sem precedente no direito brasileiro.

---

1. Este artigo é resultado do grupo de pesquisa "Transformações nas teorias sobre o processo e o Direito processual", vinculado à Universidade Federal da Bahia e cadastrado no Diretório Nacional de Grupos de Pesquisa do CNPQ (dgp.cnpq.br/dgp/espelhogrupo/7958378616800053). Esse grupo é membro fundador da "ProcNet – Rede Internacional de Pesquisa sobre Justiça Civil e Processo contemporâneo" (http://laprocon.ufes.br/rede-de-pesquisa)".
2. Juíza Federal. Mestranda pela Universidade Federal da Bahia. Especialista em Direito Processual Civil. Graduada pela Universidade Federal da Bahia com período sanduiche na Universidade de Santiago de Compostela na Espanha. Membro do Grupo de Pesquisa da UFBA "Transformações nas teorias sobre o processo e o Direito processual".

O presente artigo arrisca-se a desvendar o misterioso "ato concertado entre juízes cooperantes": esboçar seu conceito, natureza jurídica, conteúdo e implicações. Com esse propósito, pretendemos responder, dentre outras, às seguintes indagações: i) o ato concertado entre juízes cooperantes é um negócio jurídico processual?; ii) é possível a alteração de competência jurisdicional fora das hipóteses legais típicas por meio do ato concertado? iii) qual o papel das partes na "concertação"? iv) é compatível com o princípio do juiz natural? v) como o ato concertado pode gerar mais eficiência na prestação jurisdicional? O CPC de 2015 não definiu o ato concertado entre juízes cooperantes, tampouco estabeleceu seu regime jurídico, dedicando-lhe tão somente o §2º do art. 69. Caberá a doutrina estabelecer o espaço dogmático de aplicação do instituto.

A análise foi dividida em três pontos.

Primeiramente, revisitaremos o princípio do juiz natural para reconstruir seu significado a partir da tese de Antônio do Passo Cabral sobre o "Juiz natural e eficiência processual: flexibilização, delegação e coordenação de competências no processo civil". Trata-se de importante premissa metodológica das idéias aqui desenvolvidas.

Em um segundo ponto, analisamos a cooperação nacional de que trata o CPC de 2015, sua origem, conceito, abrangência e tipos, apresentando o contexto no qual o tema central do artigo se insere.

Por fim, trataremos do ato concertado entre juízes cooperantes para responder às questões apresentadas, estabelecendo as primeiras pinceladas do esboço de sua teoria.

O tema apresenta destacada importância no contexto de um Poder Judiciário assoberbado de processos que precisa com urgência traçar estratégias para prestar uma tutela jurisdicional mais eficiente.

2. O PRINCÍPIO DO JUIZ NATURAL: UMA NOVA COMPREENSÃO FOCADA NA ADAPTABILIDADE DAS COMPETÊNCIAS E NA PRESERVAÇÃO DE SEU NÚCLEO ESSENCIAL

O direito fundamental ao juiz natural é uma das principais garantias decorrentes da cláusula do devido processo legal[3]. Resulta da proibição constitu-

3. Paula Sarno Braga explica: "Toda essa exigência de competências pré-definidas por normas de acordo com a Constituição – não passíveis de disposição, transferência ou moldagem de forma diversa –, nada mais é do que uma manifestação do devido processo legal, que impõe que o poder seja exercido por procedimento regulado por lei, e conduzido por uma autoridade natural" (Competência adequada. *Revista de Processo*, n. 219, 2013. Disponível em: https://www.academia.edu/9248971/Compet%C3%AAncia_adequada._Revista_de_Processo_n._219_2013. Acesso em: 03.mar.2019. p. 02).

cional ao juízo ou tribunal de exceção e da determinação de que ninguém será processado senão pela autoridade competente.

Conceitua-se tradicionalmente o juiz natural como aquele regular e legitimamente investido de poderes da Jurisdição, dotado de todas as garantias inerentes ao exercício de seu cargo – independência e imparcialidade (aspecto substancial) –, que decide de acordo com as regras de competência fixadas previamente ao tempo do fato (aspecto formal)[4], com base em critérios impessoais, objetivos e pré-estabelecidos[5]. Seu discurso teórico foi desenvolvido no período em que a legalidade e a separação de poderes eram consideradas garantia contra o arbítrio estatal.

O sistema de competências brasileiro foi desenhado de forma rígida e prévia, não deixando espaço para um controle concreto de sua adequação[6-7]. Difere da cultura dos países associados ao sistema da common Law, habituados a definição do juízo competente no caso concreto[8], que não centram a competência em um único e prévio fator como o local de residência do autor ou do réu[9].

---

4. BRANCO, Paulo Gustavo Gonet. COELHO, Inocêncio Martins. MENDES, Gilmar Ferreira. *Curso de Direito Constitucional*. São Paulo: Saraiva, 2010. p. 672.
5. DIDIER JR., Fredie. *Curso de Direito Processual civil*. Juspodivm: Salvador, 2015. v.1. p. 183.
6. PEIXOTO, Ravi. O *forum non conveniens* e o processo brasileiro: limites e possibilidade. *Revista de Processo*. v. 279. p. 381-415. mai. 2018. Disponível em: https://www.academia.edu/34789893/O_forum_non_conveniens_e_o_processo_brasileiro_limites_e_possibilidade. Acesso em: 01.mar.2019. p. 393.
7. O projeto de Lei n. 4441, de 2020, de autoria do Deputado Paulo Teixera, que disciplina o procedimento da Nova Lei de ação civil pública, já começa a apontar para uma mudança do paradigma da competência no direito brasileiro. Prevê, para o processo coletivo, dispositivos que adotam o princípio da competência adequada e apontam como competente o juízo que pode julgar melhor a causa e não apenas o juízo pré-definido pela lei, possibilitando a adaptabilidade ao caso concreto. Dispõe, no art. 7º, §2º, que, ao analisar os requisitos da petição inicial, o juízo controlará de ofício a sua competência, e declinará dela se considerar haver outro foro, que, em razão das peculiaridades do caso, possa conduzir o processo com mais efetividade para a tutela coletiva. Estabelece no §3º que, para os fins do §2º, o juízo deverá considerar, dentre outros parâmetros, o local da ocorrência dos fatos, a abrangência nacional, regional ou local do ilícito ou dano coletivo, a facilidade na obtenção e produção das provas, a proximidade da residência dos membros do grupo, as exigências de publicidade e divulgação dos atos processuais, a facilitação da adequada notificação aos membros do grupo, a estrutura e acervo da serventia judiciária, a especialização dos juízes na matéria objeto do litígio, bem como a facilitação do exercício das garantias fundamentais processuais do réu. Traz ainda, no §5º, a possibilidade de as partes convencionarem sobre a competência para processo e julgamento da ação civil pública e de os juízes cooperarem entre si para condução mais eficiente do processo, nos termos dos arts. 67 a 69 do CPC.
8. "Forum non conveniens is a doctrine applied mostly in common law judicial systems. It allows courts that have jurisdiction over a case to stay or dismiss the case upon a determination that the case may more appropriately be heard in another court. The trial court is given substantial discretion in determining whether a more appropriate forum exists, and, if so, whether to stay or dismiss in favor of that other court. Most often, the exercise of forum non conveniens is considered to allow a court to decline to exercise jurisdiction because the interests of justice are best served if the trial takes place in another court." (BRAND, Ronald A. Challenges to forum non conveniens. Legal studies research paper series (July, 2013). University of Pittsburg. Disponivel em: http://ssrn.com/abstract=2288697).
9. "In Piper, the U.S. Supreme Court made several important findings expressing the Court's attitude towards the doctrine of forum non conveniens: (...) 2. The Court stressed that central emphasis cannot be placed on any one factor, including domicile or residence; (...)" (REUS, Alexander. Judicial discretion:

Nos sistemas de civil Law, a autoridade natural deve ser previamente individualizada, constituída, com poderes de ação e atuação delimitados objetiva e abstratamente em lei[10]. São vedadas as interferências discricionárias do legislativo nas regras constitucionais de competência e do executivo na lotação de magistrados e em sua atividade jurisdicional[11].

Todavia, as alterações pelas quais vem passando o Direito Processual Civil, sobretudo em suas fontes[12] e quanto ao papel da jurisdição[13], têm exigido uma nova compreensão do juiz natural[14] - mais flexível, que permite maior adaptabilidade das competências sem violar seu núcleo essencial: a objetividade, impessoalidade, invariabilidade e possibilidade de controle. Essa percepção foi trazida a lume, pela primeira vez, por Antônio do Passo Cabral na tese apresentada no concurso de provas e títulos para provimento do cargo de Professor Titular de Direito Processual Civil da Faculdade de Direito da Universidade do Estado do Rio de Janeiro sobre Juiz natural e eficiência processual: flexibilização, delegação e coordenação de competências no processo civil[15].

A objetividade pode ser aferida com transparência, por meio de fundamentação adequada dos critérios de distribuição ou modificação de competência; a impessoalidade possibilita que a competência seja fixada com distanciamento dos sujeitos e sem considerações pessoais; a invariância garante

a comparative view of the doctrine of forum non conveniens in the United States, the United Kingdom and Germany, 16 Loy. L. A. Int'l & Comp. L. Rev. 455 (1994). Disponível em: http://digitalcommons.lmu.edu/ilr/vol16/iss2/10p. 467)

10. BRAGA. Paula Sarno. Competência adequada. *Revista de Processo*, n. 219, 2013. Disponível em: https://www.academia.edu/9248971/Compet%C3%AAncia_adequada._Revista_de_Processo_n._219_2013. Acesso em: 03.mar.2019. p. 02.
11. FERREIRA, Cristiane Catarina de Oliveira. Visão atual do princípio do juiz natural. In: OLIVEIRA. Carlos Alberto Álvaro de (org.) *Processo e constituição*. Rio de Janeiro: Forense, 2004. p. 104.
12. A doutrina passa a reconhecer que a lei, apesar de ser a principal, não é a única fonte infraconstitucional de normas processuais, atribuindo caráter de fonte normativa também aos precedentes, negócios processuais, regimentos internos etc. a ampliação das fontes normativas viabiliza uma maior dinamicidade dos processos de criação e modificação do procedimento seguido pelas cortes e maior adaptabilidade as peculiaridades locais (DIDIER JR, Fredie. Cooperação judiciária nacional. Esboço de uma teoria para o Direito brasileiro.Salvador: Juspodivm, 2020. p. 23; OLIVEIRA, Paulo Mendes de. O poder normativo dos tribunais. Regimentos internos como fontes de norma processual. Relatório final de pesquisa apresentado ao programa de pós doutorado da Faculdade de Direito da UFBA, sob a supervisão de Fredie Didier Jr., depositado em 23.07.2019; Regimentos internos como fonte de normas processuais. Salvador: Editora Juspodivm, 2020).
13. Sobre a reconfiguração das funções jurisdicionais: GONÇALVES, Marcelo Barbi. *Novos paradigmas da jurisdição*. Salvador: Juspodivm, 2020.
14. Exemplo disso, é a publicação, em 06 de outubro, da Resolução n. 345 pelo CNJ que autoriza os tribunais brasileiros a implementarem o juízo 100% digital, vulnerando características clássicas a que o sistema de competência está associado como a territorialidade.
15. CABRAL, Antônio do Passo. *Juiz natural e eficiência processual: flexibilização, delegação e coordenação de competências no processo civil*. Tese apresentada no concurso de provas e títulos para provimento do cargo de Professor Titular de Direito Processual Civil da Faculdade de Direito da Universidade do Estado do Rio de Janeiro, Rio de Janeiro, 2017. p. 310-319.

generalização, ou seja, que as regras de competência valham para qualquer hipótese similar[16].

Diversos institutos já colocaram em cheque o conceito tradicional do juiz natural por estabelecer de forma discricionária e pontual a atribuição de competências: o desaforamento, o incidente de deslocamento de competência, o incidente de assunção de competência, a escolha da causa-piloto para afetação ao microssistema de julgamento de casos repetitivos, a decisão sobre o juízo que decidirá as medidas de urgência na pendência de um conflito de competência[17].

As características tradicionais do princípio do juiz natural com a previsão de competência em lei formal, de modo apriorístico, inflexível e sem discricionariedade já começaram a ceder. Elas já não garantem a tão almejada segurança. As normas e decisões sobre competência devem garantir a escolha objetiva e impessoal do julgador com equidistância das partes e sem variância de modo que uma mesma situação possa conduzir sempre a uma mesma conclusão[18].

Não cabe mais admitir um apego excessivo a legalidade estrita e a crença de que o legislador pode exaurir todos os critérios de atribuição de competência[19]. O sistema de competências deve permitir maior vagueza normativa e discricionariedade aplicativa. A definição ou modificação de competências não será necessariamente previstas "ex ante", tampouco será automática, dependendo algumas vezes de provimento casuístico e discricionário[20], sem que isso

16. PEIXOTO, Ravi. O *forum non conveniens* e o processo brasileiro: limites e possibilidade. *Revista de Processo*. v. 279. p. 381-415. mai. 2018. Disponível em: https://www.academia.edu/34789893/O_forum_non_conveniens_e_o_processo_brasileiro_limites_e_possibilidade. Acesso em: 01.mar.2019. p. 395.

17. CABRAL, Antônio do Passo. *Juiz natural e eficiência processual: flexibilização, delegação e coordenação de competências no processo civil*. Tese apresentada no concurso de provas e títulos para provimento do cargo de Professor Titular de Direito Processual Civil da Faculdade de Direito da Universidade do Estado do Rio de Janeiro, Rio de Janeiro, 2017. p. 272.

18. CABRAL, Antônio do Passo. *Juiz natural e eficiência processual: flexibilização, delegação e coordenação de competências no processo civil*. Tese apresentada no concurso de provas e títulos para provimento do cargo de Professor Titular de Direito Processual Civil da Faculdade de Direito da Universidade do Estado do Rio de Janeiro, Rio de Janeiro, 2017. p. 310.

19. PEIXOTO, Ravi. O forum non conveniens e o processo brasileiro: limites e possibilidade. *Revista de Processo*. v. 279. p. 381-415. mai. 2018. Disponível em: https://www.academia.edu/34789893/O_forum_non_conveniens_e_o_processo_brasileiro_limites_e_possibilidade. Acesso em: 01.mar.2019. p. 397.

20. O juiz pode utilizar argumentos não estritamente jurisdicionais para decidir sobre a competência. Sopesará também questões relativas à organização e administração judiciárias. O exame da eficiência pressupõe avaliar a prestabilidade das normas jurídicas para alcançar os fins a que se destinam. A eficiência não autoriza subjetivismo, arbítrio. É preciso controlar a flexibilização da técnica processual. A eficiência processual é um fim a ser buscado também na definição, planejamento, estruturação, incremento da administração e organização judiciárias. O ordenamento jurídico também deve criar condições organizativas adequadas (CABRAL, Antônio do Passo. *Juiz natural e eficiência processual: flexibilização, delegação e coordenação de competências no processo civil*. Tese apresentada no concurso de provas e títulos para provimento do cargo de Professor Titular de Direito Processual Civil da Faculdade de Direito da Universidade do Estado do Rio de Janeiro, Rio de Janeiro, 2017. p. 307).

implique na vulneração aos princípios do juiz natural, da separação dos poderes e da legalidade[21].

A preocupação deve ser o resultado do procedimento, que ele continue a garantir a proteção dos direitos materiais das partes envolvidas. O foco deve estar na produção de decisões justas de forma imparcial e eficiente. O princípio do juiz natural, portanto, não pode mais ser visto como um fim em si mesmo, mas como instrumento para a tutela de direitos e com vistas a eficiência.

A possibilidade de flexibilização do sistema de competências por meio de atos de cooperação entre juízes, independentemente de lei ou ato normativo específico em cada caso, também vulnera as bases tradicionais do que se dizia abrangido pelo juiz natural. Mas, observados os critérios da objetividade, impessoalidade, invariância e controle, não viola seu núcleo essencial[22] e compatibiliza os ditames da boa gestão do judiciário e da eficiências com o sistema de competências.

3. A COOPERAÇÃO JUDICIÁRIA NACIONAL: INSTRUMENTO DESBUROCRATIZADO DA PRÁTICA CÉLERE DE ATOS JUDICIAIS FORA DA ESFERA DE COMPETÊNCIA DO JUÍZO

O Conselho Nacional de Justiça, por meio da recomendação 38, de 03 de novembro de 2011, orientou os tribunais a instituírem mecanismos de cooperação entre os órgãos do Poder Judiciário. Partiu da premissa de que a cooperação judiciária constitui mecanismo contemporâneo, desburocratizado e ágil para o cumprimento de atos judiciais fora da esfera de competência do juízo requerente ou em intersecção com ele. Sugeriu alguns importantes instrumentos como os núcleos de cooperação judiciária e a figura do Juiz de Cooperação[23]

21. Em sentido contrário, Luiz Antonio Borri e Rafael Junior Soares: " (...) a regra da atuação exclusiva, pessoal e criada após o fato retira qualquer possibilidade de imparcialidade do julgador, fim máximo da principiologia do juiz natural, e permite interferências de todas as ordens ante a ligação privativa com determinadas ações penais, mormente porque o princípio em estudo dever ser interpretado em sua plenitude (...)." (A designação específica de Magistrado para a condução de ação penal e o princípio do juiz natural. *Publicação do Instituto Brasileiro de Ciências Criminais*, ano 24, nº 282, mai. 2016. Disponível em: https://www.academia.edu/37955704/A_designa%C3%A7%C3%A3o_espec%C3%ADfica_de_Magistrado_para_a_condu%C3%A7%C3%A3o_de_a%C3%A7%C3%A3o_penal_e_o_princ%C3%ADpio_do_juiz_natural. Acesso em: 10.mar.2019).

22. Tanto é assim que consta como um dos considerandos da Resolução n. 350 do CNJ, de 27 de outubro de 2020.

23. O juiz de cooperação é espécie de gestor da cooperação entre órgãos jurisdicionais, o que o aproxima da figura da autoridade central prevista para a cooperação internacional. O art. 7º da Recomendação nº 38 de 2011 do CNJ traz os deveres específicos dos juízes de cooperação. A Resolução n. 350 do CNJ, de 27 de outubro de 2020, dedica um capítulo III ao juiz de cooperação, aonde estabelece que cada tribunal designará pelo menos um juiz de cooperação, que poderá ser magistrado de primeiro ou segundo grau. O art. 14 prevê, a semelhança do art. 7 da Recomendação n. 38 de 2011, suas

com a finalidade de dar maior fluidez à comunicação entre os órgãos judiciários para cumprimento dos atos judiciais e agilidade nos procedimentos forenses.

Afinado com essa diretriz, o Código de Processo Civil de 2015[24] estabeleceu o dever de recíproca cooperação em todas as instâncias e graus de jurisdição, por meio de seus magistrados e servidores, reproduzindo parte da referida Recomendação nº 38 do CNJ. Inovou ao prever que a cooperação judiciária nacional pode ocorrer de duas formas: i) por solicitação, como já era previsto no CPC de 1973; ou ii) por concertação. A cooperação, portanto, é gênero que se implementa por uma dessas duas formas.

Antes do CPC de 2015, a cooperação entre juízes ocorria apenas por solicitação através das burocráticas cartas precatórias, rogatórias e de ordem. As cartas eram consideradas gênero e não espécie, elas eram a única forma de cooperação nacional. Tratava-se de instrumento típico de cooperação cujo conteúdo era atípico.

Com o CPC de 2015, a cooperação judiciária passou a ser gênero da qual a carta é apenas um das várias espécies[25].

O conceito mais completo do instituto da cooperação judiciária foi formulado por Fredie Didier Jr.[26] com interpretação que mais dá rendimento ao texto dos arts. 67 a 69 do CPC:

---

atribuições: "I - identificar soluções para os problemas que possam surgir no processamento de pedido de cooperação judiciária; II - facilitar a coordenação do tratamento dos pedidos de cooperação judiciária no âmbito do respectivo tribunal; III - fornecer todas as informações necessárias a permitir a elaboração eficaz de pedido de cooperação judiciária, bem como estabelecer contatos diretos entre os diversos órgãos e juízes; IV - intermediar o concerto de atos entre juízes cooperantes e ajudar na solução para problemas dele decorrentes; V - comunicar ao Núcleo de Cooperação Judiciária a prática de atos de cooperação, quando os juízes cooperantes não o tiverem feito; VI - participar das comissões de planejamento estratégico dos tribunais; VII - participar das reuniões convocadas pela Corregedoria de Justiça, pelo Conselho Nacional de Justiça ou pelos juízes cooperantes; VIII - promover a integração de outros sujeitos do processo à rede de cooperação.". Cabe registrar ainda que o juiz de cooperação tem o dever de registrar em arquivo eletrônico próprio todos os atos que praticar no exercício dessa atividade, o que permitirá o acesso de outos magistrados a tais atos, além de criar uma história da cooperação judiciária e sua evolução.

24. Não há correspondência legislativa ao art. 67 no Código de Processo Civil de 1973.
25. Em debate no grupo "Cooperação Judicial" do X Fórum Permanente de Processualistas Civis, surgiu a questão relativa à subsidiariedade do uso das cartas precatórias no novo quadro das cartas precatórias. Para Fredie Didier Júnior, participante do debate, as cartas passaram a ser um instrumento de cooperação judiciária de utilização subsidiária por ser o novo sistema revolucionário ao instituir regras casuísticas de concretização do princípio da eficiência devendo ser utilizados meios mais céleres e efetivos em detrimento das cartas. Já Antônio do Passo Cabral se manifestou no sentido de que a utilização das cartas precatórias não precisa ser subsidiária; pode ser utilizada por adequação, sendo interessante e mais efetivo o seu uso, pois os servidores já estão adaptados, já conhecem a sua aplicação no sistema eletrônico (com o manuseio de códigos internos do sistema) e o CPC já regulamenta detalhadamente o seu conteúdo.
26. DIDIER JR., Fredie. *Cooperação Judiciária Nacional: esboço de uma teoria para o Direito brasileiro*. Salvador: Juspodivm, 2020. p. 61-62.

> A cooperação judiciária nacional é o complexo de instrumentos e atos jurídicos pelos quais os órgãos judiciários brasileiros podem interagir entre si, com tribunais arbitrais ou órgãos administrativos, com o propósito de colaboração para o processamento e/ou julgamento de casos e, de modo mais genérico, para a própria administração da Justiça, por meio de compartilhamento ou delegação de competências, prática de atos processuais, centralização de processos, produção de prova comum, gestão de processos e de outras técnicas destinadas ao aprimoramento da prestação jurisdicional no Brasil.

Não obstante a colaboração já existisse de certo modo nos procedimentos das cartas e atos que se cumprem fora da comarca de origem do litígio, com a nova previsão seu âmbito de aplicação foi significativamente ampliado[27]. Há agora a previsão de outras formas de cooperação além da carta precatória, como o pedido de auxílio direto e a prestação de informações.

E mais: há um verdadeiro microssistema de cooperação judiciária com normas espalhadas em outras partes do Código.

Tudo o que o CPC dispõe como efeito do uso da carta precatória pode ser aplicado às outras formas de cooperação. Um exemplo pode esclarecer a afirmação.

O art. 377 do CPC dispõe que a carta precatória, a carta rogatória e o auxílio direto suspenderão o julgamento da causa quando a sentença de mérito tiver de ser proferida após a verificação de determinado fato ou a produção de certa prova requisitada a outro juízo, na hipótese de a prova neles solicitadas ser imprescindível. Não há razão de ser na restrição da regra à espécie carta precatória quando pode e deve ser aplicada ao gênero cooperação judiciária[28]. Qualquer meio de cooperação judiciária cujo objeto seja a verificação de determinado fato ou a produção de determinada prova deve produzir o efeito

---

27. NERY JUNIOR, Nelson. NERY, Rosa Maria de Andrade. *Código de Processo Civil Comentado*. 16ª Ed. São Paulo: Revista dos Tribunais, 2016. p. 406.
28. Em sentido contrário, Antônio do Passo Cabral defende que o auxílio direto não suspende o processo, sendo esta uma enorme vantagem do seu uso em relação às cartas precatórias. Não concordamos. Primeiro, o próprio art. 377 dispõe expressamente que A carta precatória, a carta rogatória e o auxílio direto suspenderão o julgamento da causa no caso previsto no art. 313, inciso V, alínea "b", quando, tendo sido requeridos antes da decisão de saneamento, a prova neles solicitada for imprescindível. Segundo, a possibilidade de suspender o processo não é propriamente uma desvantagem: o parágrafo único do art. 377 do CPC dispõe que a carta (e, embora não diga expressamente, entendemos que inclui o auxílio direto) pode ser concedida sem efeito suspensivo e, mesmo que tenha esse efeito, será juntada a qualquer tempo no processo. Isso quer dizer que na hipótese de a carta não ser devolvida no prazo, o processo vai prosseguir, cessando a suspensão, o que afasta eventual prejuízo decorrente da demora no cumprimento da medida de cooperação. Logo, não há razão para se ignorar a existência de um microsistema de cooperação processual e afastar a aplicação subsidiária da regras da carta precatória ao auxílio direto.

da suspensão do processo quando a prova nele solicitada for imprescindível à resolução da lide[29].

O tema da cooperação judiciária nacional se coaduna com a idéia de que o Poder Judiciário, apesar das distinções decorrentes de competências, de graus de jurisdição e afins, é uno, tornando necessária a cooperação entre os órgãos jurisdicionais, por iniciativa oficial independentemente de requerimento das partes e de forma pré-fixada[30]. Não obstante independa de requerimento das partes, elas deverão ser ouvidas e exercerão importante papel de dar mais legitimidade e efetividade ao instituto da cooperação judiciária[31].

Reflete-se também o forte contexto colaborativo do Código de Processo Civil de 2015.

O art. 67 do CPC traz um desdobramento do princípio da cooperação adotado expressamente pelo art. 6º do código e fundamenta a construção de técnicas processuais para a concretização do princípio da eficiência e aperfeiçoamento da prestação jurisdicional. Em diversas passagens, o Código faz referência à cooperação de modo que não poderia excluir a colaboração entre os próprios órgãos do Judiciário. O modelo cooperativo é o mais adequado ao regime democrático e à realização do devido processo legal. Redesenha o princípio do contraditório para incluir o juiz no diálogo processual, não apenas como expectador e autoridade, mas como parte, possibilitando o aprimoramento da decisão judicial[32].

Os princípios que embasam o Processo Civil brasileiro, portanto, autorizam que o procedimento formal ceda em prol de outros meios de cooperação mais simples para que a finalidade do ato seja atingida de modo mais eficiente[33].

---

29. Enunciado nº 695 aprovado no X Fórum Permanente de Processualistas Civis: "A suspensão do julgamento da causa de que trata o art. 377 do CPC é aplicável ao requerimento de produção de prova ou de verificação de determinado fato veiculado por qualquer meio de cooperação judiciária."
30. WAMBIER, Teresa Arruda Avim. CONCEIÇÃO, Maria Lúcia Lins. RIBEIRO, Leonardo Ferres da Silva. MELLO, Rogério Licastro Torres. *Primeiros comentários ao novo código de processo Civil: artigo por artigo*. São Paulo: Revista dos Tribunais, 2016. p. 149.
31. O art. 3º da Resolução n. 350 do CNJ, de 27 de outubro de 2020, dispõe que as partes do processo deverão ser intimadas do pedido de cooperação para a prática de qualquer ato processual e o art. 5º, inciso V reforça que "a cooperação judiciária nacional (...) V – deve ser comunicada às partes do processo". O art. 8º, §3º ainda dispõe que as partes poderão também requerer esclarecimentos e solicitar ajustes nos atos de cooperação praticados. O §4º do mesmo artigo dispõe que fica deferida às partes e às pessoas naturais ou jurídicas, órgãos ou entidades especializadas, com representatividade adequada requerer ao juízo a realização de ato de cooperação para as hipóteses previstas na resolução. E se pode requerer, pode também, por consectário lógico, participar do ato. O art. 9º ainda prevê que os juízos cooperantes, quando a complexidade da matéria recomendar, poderão intimar as partes a se manifestarem acerca do ato de cooperação a ser praticado. Todo esse quadro normativo demonstra a importância do papel da parte tanto no processo de formação do ato concertado quanto na sua eficácia.
32. DIDIER JR., Fredie. *Curso de Direito Processual civil*. Juspodivm: Salvador, 2015. p. 124. v. 1.
33. LUNARDI, Thais Amoroso Paschoal. *Coletivização da prova. Técnicas de produção coletiva da prova e seus reflexos na esfera individual*. Tese de doutorado. Curitiba: Universidade Federal do Paraná, 2018. p. 162.

A dispensa de forma específica não significa a completa dispensa de forma[34] – uma forma há de ser eleita dentre aquelas previstas no CPC, não importando se física, se telefônica ou por videoconferência –, devendo o ato ser minimamente registrado nos autos em respeito ao princípio da publicidade dos atos processuais[35].

A cooperação pode ocorrer no âmbito dos processos penais, administrativos, eleitorais e trabalhistas[36] e ter natureza jurisdicional ou administrativa[37]. Qualquer providência poderá ser objeto de pedido de cooperação direta entre órgãos jurisdicionais[38]. Essa é a beleza da norma: a flexibilidade, a atipicidade, que permite seu manuseio livre pelo órgão jurisdicional para se adequar as necessidades de cada caso concreto[39].

Buscando dar adensamento normativo a cooperação judiciária, o Conselho Nacional de Justiça, em 27 de outubro de 2020, aprovou a Resolução n. 350, que estabelece diretrizes mais concretas, procedimentos sobre a cooperação judiciária nacional, dentre outras providencias[40]. Essa resolução é paradigmática, pois permite a escolha do juízo competente para decisão sobre questões comuns ou semelhantes, a reunião de execuções contra um mesmo devedor em um único juízo, traz o conceito de atos concertados e modelos de minutas pra dar mais funcionalidade ao instituto. Revela, assim, o potencial da cooperação e estabelece um novo marco teórico para a disciplina da competência jurisdicional.

É preciso, contudo, pensar em meios para implementar a cooperação nacional, criar de fato estruturas e via de contato aberta entre os diversos órgãos

34. Assim, enunciado nº 687 do XFPPC - (art. 69) A dispensa legal de forma específica para os atos de cooperação judiciária não afasta o dever de sua documentação nos autos do processo.
35. O art. 5º da Resolução n. 350 do CNJ, de 27 de outubro de 2020, dispõe que a cooperação judiciária nacional "deve ser documentada nos autos, observada as garantias fundamentais do processo".
36. Sobre o tema, confira o teor dos enunciados 35 e 38 do 1º Fórum Nacional do Processo do Trabalho, respectivamente: "CLT, ART. 769 E NCPC: ART. 67. COOPERAÇÃO JUDICIAL. Os preceitos da cooperação nacional são compatíveis com os princípios do processo do trabalho"; "CLT, ART. 769 E NCPC, ARTS. 67, 68, 69 E § 20. COOPERAÇÃO ENTRE ÓRGÃOS. A cooperação judiciária entre órgãos judiciários, no âmbito dos respectivos Tribunais, regiões ou comarcas, prevista no art. 67 do NCPC compreende: a) a cooperação para a prática de atos processuais (arts. 68 e 69); b) a cooperação destinada à concentração de atos de gestão judiciária e de administração de justiça entre órgãos judiciais concernentes à harmonização, racionalização e agilização de rotinas, procedimentos e práticas comuns (art. 10, I, Recomendação 38, CNJ); c) a cooperação para a gestão coletiva de conflitos e a formulação de políticas jurisdicionais, de gestão judiciária e de administração da justiça (art. 90, anexo da Recomendação n. 38, CNJ)".
37. FPPC Recife (2018), Grupo "Competência e cooperação judiciária nacional", Enunciado 670: "A cooperação judiciária pode efetivar-se pela prática de atos de natureza administrativa ou jurisdicional".
38. Os atos cuja prática deve se dar, como regra, por carta precatória também podem ser objeto da técnica da concertação.
39. WAMBIER, Teresa Arruda Avim. CONCEIÇÃO, Maria Lúcia Lins. RIBEIRO, Leonardo Ferres da Silva. MELLO, Rogério Licastro Torres. *Primeiros comentários ao novo código de processo Civil: artigo por artigo*. São Paulo: Revista dos Tribunais, 2016. p. 152.
40. Resolução n. 350 do CNJ, de 27 de outubro de 2020.

do Poder Judiciário para que o diálogo entre eles seja amplo e efetivo[41]. De nada adianta estabelecer que os órgãos judiciais devam cooperar entre si e não criar instrumentos para que os juízos tomem conhecimento das ações coletivas, das execuções contra grandes devedores[42] para que o juízo e suas secretarias deixem o automatismo e adotem, em cada processo, medidas de cooperação de forma simples, fácil e rápida[43].

3.1. "Multidistrict Litigation": a criação americana de um painel para decidir se e como os casos serão transferidos para produção de atos em conjunto

A cooperação judiciária nacional encontra forte inspiração no Direito norte-americano. Na gestão de casos judiciais com questões comuns de fato, o direito americano apresenta diversas ferramentas como forma de otimizar a prestação jurisdicional e com isso alcançar eficiência na gestão processual. Dentre elas, destaca-se o "multidistrict litigation", que reúne processos em trâmite perante juízos federais distintos para a produção de provas em um único juízo, quando for comum a todos os casos[44].

Em 1968, os Estados Unidos adotaram o "MDL Act" com a finalidade de atribuir ao Judiciário o Poder de gerir de forma centralizada alguns procedimentos garantindo uma conduta justa e eficiente, minimizando a possibilidade de decisões conflituosas ou duplicadas em casos com questões de fato em comum. O "MDL Act" incorpora três mecanismos para alcançar a consolidação nacional e coordenar os casos de processo civil federal: i) criação de um painel para decidir se e como os casos serão transferidos para produção de atos em conjunto; ii) fixação de critérios amplos para definição das hipóteses de transferência

41. AVELINO, Murilo Teixeira. Breves Comentários à Cooperação Nacional no Código de Processo Civil. *Revista Jurídica da Seção Judiciária de Pernambuco*. Recife. n. 8. 2015. p. 187-196. p. 02.
42. O art. 6º da Resolução n. 350 do CNJ, de 27 de outubro de 2020, prevê expressamente como objeto da cooperação: "a reunião de execuções contra um mesmo devedor em um único juízo".
43. Todos os pedidos de cooperação judiciária serão encaminhados, diretamente, ou por meio do Juiz de Cooperação. Ainda assim é preciso estimular os atos de cooperação com um setor de inteligência que dispare mensagem para todos os juízes acerca das medidas que podem ser implementadas, das ações executivas contra grandes devedores, das demandas repetitivas que tramitam em determinado juízo, ou da demanda de interesse coletivo aonde será melhor produzida a prova em determinado processo.
44. O *multristrict Litigation* surgiu como solução ao caso *Electrical Equipament Antitrust Litigation*, de 1961, em que uma média de 2000 processos foram ajuizados contra fabricantes de equipamentos eletrônicos em razão de danos causados aos usuários, tornando necessária a busca de alternativas que viabilizassem a prestação jurisdicional adequada e evitassem os enormes transtornos que seriam causados à administração da justiça com o julgamento individualizado de todos os casos. Alguns procedimentos foram realizados com sucesso a partir da colaboração dos juízos dos diversos distritos em que tramitavam as demandas, revelando a necessidade de criação de um procedimento formal para disciplinar situações futuras. (CECIL, Joe S.; LEE, Emery G.; NAGAREDA, Richard A.; SCOTT, Kevin M.; WILLGING, Thomas E.; WILLIAMS, Margaret S. *The Expanding Role of Multidistrict Consolidation in Federal Civil Litigation: An Empirical Investigation.* Disponível em: http://papers.ssrn.com/sol3/papers.cfm?abstract_id=1443375 Acesso em: 27.out.2018. p. 02).

de casos; iii) e, autorização aos integrantes do painel para selecionar qual dos distritos com seu respectivo juiz será designado para a prática do ato[45]. Há, portanto, o estabelecimento de critérios objetivos para a alteração de competência para a prática de atos processuais, o que, no fundo, demonstra uma preocupação em preservar direitos fundamentais das partes com a aplicação de regras objetivas, pré-definidas e imparciais.

De acordo com o procedimento estabelecido pelo "MDL Act", após a prática do ato processual de forma centralizada, o processo deve retornar ao juízo de origem para julgamento. Ao julgar o caso Lexecon Inc. v. Milberg, em 1998, a Suprema Corte americana concluiu pela obrigação do Painel reenviar as ações ao distrito original na conclusão – ou até antes dela – dos procedimentos de pré-julgamento. Entendeu-se que a Lei do *Multidistrict Litigation* não autoriza a designação de uma transferência de casos para si mesmo para julgamento, retirando a autoridade do juízo derivado para tanto[46].

Em alguns casos, contudo, a devolução não se efetiva, pois é celebrado acordo entre as partes antes, o que demonstra que o procedimento foi bem sucedido. O *multidistrict litigation* é de aplicação plenamente viável no Judiciário brasileiro. Contribuirá para a eficiência do sistema de justiça[47] e pode aperfeiçoar a produção de provas e a prática de outros atos como saneamento da causa, oitiva de especialistas na matéria, realização de audiências públicas[48].

No direito brasileiro, é possível adotar um sistema semelhante ao *multidistrict litigation*, com base nas ferramentas trazidas pelos arts. 67 a 69 do CPC de 2015. Os dispositivos viabilizam atos cooperativos voltados à gestão de um conjunto de processos judiciais com a produção coletiva de provas, reunião

45. CECIL, Joe S.; LEE, Emery G.; NAGAREDA, Richard A.; SCOTT, Kevin M.; WILLGING, Thomas E.; WILLIAMS, Margaret S. *The Expanding Role of Multidistrict Consolidation in Federal Civil Litigation: An Empirical Investigation.* Disponível em: http://papers.ssrn.com/sol3/papers.cfm?abstract_id=1443375. Acesso em: 27.out.2018. p. 02.
46. "Justice Souter delivered the opinion of the Court.† Title 28 U. S. C. § 1407(a) authorizes the Judicial Panel on Multidistrict Litigation to transfer civil actions with common issues of fact "to any district for coordinated or consolidated pretrial proceedings," but imposes a duty on the Panel to remand any such action to the original district "at or before the conclusion of such pretrial proceedings." (CECIL, Joe S.; LEE, Emery G.; NAGAREDA, Richard A.; SCOTT, Kevin M.; WILLGING, Thomas E.; WILLIAMS, Margaret S. *The Expanding Role of Multidistrict Consolidation in Federal Civil Litigation: An Empirical Investigation.* Disponível em: http://papers.ssrn.com/sol3/papers.cfm?abstract_id=1443375. Acesso 27.out.2018. p. 02.). The issue here is whether a district court conducting such "pretrial proceedings" may invoke § 1404(a) to assign a transferred case to itself for trial. We hold it has no such authority. (*Lexecon Inc. v. Milberg Weiss Bershad Hynes & Lerach. Opinion of the Court.* Disponível em: https://supreme.justia.com/cases/federal/us/523/26/case.pdf. Acesso em: 27.out.2018. p. 28).
47. LUNARDI, Thais Amoroso Paschoal. *Coletivização da prova. Técnicas de produção coletiva da prova e seus reflexos na esfera individual.* Tese de doutorado. Curitiba: Universidade Federal do Paraná, 2018. p. 79.
48. Daremos um passo além da jurisprudência americana se admitirmos em alguns casos a redefinição do juízo competente para julgamento, com base no art. 69, §2º do CPC de 2015, quando a medida se revelar mais eficiente, sem violação da parcialidade do julgador e dos direitos fundamentais das partes.

de processos repetitivos, prática conjunta de atos de citação e intimação. São medidas que materializam o princípio da eficiência na gestão processual e resguardam, ao mesmo tempo, garantias constitucionais como o direito fundamental à prova e ao contraditório, ou mesmo ao juiz natural"[49].

3.2. A tipologia da cooperação judiciária nacional

O art. 69 do CPC-15 estabelece que o pedido de cooperação jurisdicional pode ser executado como auxílio direto, reunião ou apensamento de processos, prestação de informações ou atos concertados entre os juízes cooperantes. A redação do artigo não é técnica.

É preciso diferenciar os tipos de cooperação, os instrumentos de execução da cooperação e os atos (objetos) da cooperação.

Tipos são espécies, categorias, seus elementos valem para a configuração da visão de conjunto[50].

Instrumentos são os meios pelos quais determinado ato é praticado. Pode ser uma carta, um auxílio direto, uma mensagem de e-mail ou telefone, uma portaria, um ato concertado etc.

Objeto é o conteúdo do ato, seu substrato material. Pode ser um ato, um procedimento ou uma situação jurídica material ou processual.

A tipologia da cooperação judiciária nacional deve considerar três parâmetros: 1) os tipos de cooperação, que podem ser: 1.1) a cooperação por solicitação; ou 1.2) a cooperação por concertação entre juízes; 2) os instrumentos da cooperação, que podem ser: 2.1) típicos: 2.1.1) a carta precatória, de ordem e arbitral; 2.1.2) o auxílio direto; 2.1.3) o ato concertado entre juízes cooperantes; 2.1.4) atos conjuntos ou 2.2) atípicos[51]; 3) os objetos da cooperação, que podem ser: 3.1) típicos: 3.1.1) prestação de informações; 3.1.2) reunião ou apensamento de processos; 3.1.3) a prática de citação, intimação ou notificação de ato; 3.1.4) a obtenção e apresentação de provas e a coleta de depoimentos; 3.1.5) a efetivação de tutela provisória; 3.1.6) a efetivação de medidas e providências

49. LUNARDI, Thaís Amoroso Paschoal. Atos concertados entre juízes cooperantes como ferramenta adequada de gestão processual: uma possibilidade para a aplicação do multidistrict litigation no sistema brasileiro. In ARENHART, Sérgio Cruz; MITIDIERO, Daniel (coord.); DOTTI, Rogéria (org.). *O Processo Civil entre a técnica processual e a tutela dos direitos – estudos em homenagem a Luiz Guilherme Marinoni*. São Paulo: Revista dos Tribunais, 2017. p. 38.

50. LARENZ, Karl. *Metodologia da ciência do Direito*. 3ed. Tradução: José Lamego. Fundação Calouste Gulbenkian: Lisboa, 1997, p. 655 e segs.

51. O art. 5º da Resolução n. 350 do CNJ, de 27 de outubro de 2020, dispõe que "a cooperação judiciária nacional: (...) II – pode ser instrumentalizada por auxílio direto, atos concertados, atos conjuntos e outros instrumentos adequados".

para recuperação e preservação de empresas; 3.1.7) a facilitação de habilitação de créditos na falência e na recuperação judicial; 3.1.8) a centralização de processos repetitivos; 3.1.9) a execução de decisão jurisdicional[52]; ou 3.2) atípicos[53].

Prestação de informações não é meio de execução da cooperação, tampouco tipo de cooperação, mas um de seus possíveis objetos. Não poderia vir no rol do art. 69 do CPC ao lado do auxílio direto que é um instrumento de cooperação e pode até ser instrumento para a prestação de informações. Do mesmo modo, o apensamento de processo é objeto e não forma de execução da cooperação, assim como a centralização de processo, um dos objetos sugeridos pela lei para a cooperação negociada, o ato concertado entre juízes cooperantes.

Como se vê, o Código fez verdadeira miscelânea com o regramento da cooperação judiciária, misturando tipo, forma e objeto da cooperação.

Incumbe a dogmática processual a correção das atecnias da lei e a sistematização da matéria. Sem ela, não será possível aplicar de forma adequada seus institutos, dentre eles o ato concertado entre juízes cooperantes objeto desse trabalho. É preciso "capinar o terreno para que ele possa produzir bons resultados práticos e teóricos"[54].

---

52. Com a Resolução n. 350 do CNJ, de 27 de outubro de 2020, foram previstas outras hipóteses típicas de objeto da cooperação, em seu art. 6º, como "a redação de manuais de atuação, rotinas administrativas, diretrizes gerais para a conduta dos sujeitos do processo e dos servidores públicos responsáveis por atuar em mecanismos de gestão coordenada" (inciso II); "a reunião de execuções contra um mesmo devedor em um único juízo" (inciso IV); "na definição do juízo competente para a decisão sobre questão comum ou questões semelhantes ou de algum modo relacionadas, respeitadas as regras constantes nos artigos 62 e 63 do Código de Processo Civil" (inciso V); "na disciplina da gestão dos processos repetitivos" (inciso X) etc.
53. A tipologia sugerida parte das idéias de Fredie Didier Jr. que a concebeu inicialmente na forma bipartite "cooperação por solicitação-cooperação por concertação" por Fredie Didier Jr. em material gentilmente cedido pelo autor. Posteriormente, ao aprofundar o estudo do tema, o autor publicou o livro "Cooperação Judiciária Nacional: esboço de uma teoria para o direito brasileiro", no qual apresentou nova tipologia dos modos de cooperação, passando a classificar os modos de cooperação em três espécies: i) cooperação por solicitação; ii) cooperação por delegação, aonde inclui a carta de ordem; iii) cooperação por concertação. Segundo o autor, a cooperação por delegação ocorre quando um órgão jurisdicional transfere a outro, a ele vinculado, competência para a prática de um ou alguns atos, distinguindo-se da cooperação solicitada porque o tribunal não pede cooperação, mas determina a prática do ato em razão da vinculação hierárquica, o que torna compulsória a prática do ato delegado (DIDIER JR., Fredie. *Cooperação Judiciária Nacional: esboço de uma teoria para o Direito brasileiro*. Salvador: Juspodivm, 2020, p. 72-77). Não será adotada a classificação tripartite nesse artigo, mas a bipartite "cooperação solicitada-cooperação concertada", pois não parecem compatíveis as idéias de reciprocidade e solidariedade que permeiam a cooperação com a determinação coercitiva da prática de um ato pelo tribunal. Ou a carta de ordem não é espécie de cooperação ou se trata de uma cooperação solicitada como a carta precatória na qual também há certa coercitividade tanto que não cumprida, as corregedorias dos tribunais devem ser acionadas.
54. DIDIER JR., Fredie. Cooperação Judiciária no Processo do Trabalho. Palestra ministrada em evento realizado pela Escola do Tribunal Regional do Trabalho da 5ª Região. Disponível em: https://www.youtube.com/watch?v=bLCYznoJ3F8&list=FLd1zE4WsDB6zxil_lCIV33w. Acesso em: 23.ago.20.

4. A COOPERAÇÃO JUDICIÁRIA POR SOLICITAÇÃO

A cooperação por solicitação surge a partir de um pedido, da solicitação de um juízo a outro. Nesse tipo de cooperação, o ato cooperativo seria pontual e mais simples, se esgotando com a realização do ato, com o atendimento do pedido. Na vigência do CPC de 1973 a ideia de cooperação era de que um juízo se dirigia a outro para pedir ajuda, por meio das cartas precatórias e de ordem; a colaboração era sempre solicitada.

O art. 68 do CPC de 2015 prevê que os juízos podem formular pedido de cooperação para a prática de qualquer ato processual. A redação genérica do dispositivo indica que a cooperação pode ocorrer por qualquer forma necessária à melhor prestação jurisdicional[55], cabendo aos juízos cooperantes definir os meios tais como envio de pedido por mensagem eletrônica (e-mail), ofício, etc. e não apenas por carta precatória e carta de ordem fisicamente considerada como ocorria de forma generalizada na vigência do CPC de 1973[56].

São exemplos de cooperação por solicitação o pedido de oitiva de uma testemunha por outro juízo por meio de auxílio direto, o pedido de remessa de cópias de determinado processo por contato telefônico, a penhora, avaliação e alienação de um imóvel específico, por meio da carta precatória.

O art. 69 do CPC de 2015 prevê as formas pelas quais o pedido de cooperação jurisdicional pode ser executado, deixando também espaço para que a execução se dê por outros meios não previamente previstos pelo legislador. Estabelece duas importantes características acerca do dever de colaboração: celeridade e ausência de forma pré-fixada, o que se conecta com o desejo de celeridade no atendimento ao pleito de cooperação[57]. Traz como exemplo de forma possível o auxílio direto.

O auxílio direto pode ser entendido como o ato executado pelos órgãos do Poder Judiciário sem maior formalidade legal ou juízo de delibação, a exemplo do que ocorre na esfera da cooperação internacional[58].

5. A COOPERAÇÃO JUDICIÁRIA POR ATO CONCERTADO ENTRE JUÍZES COOPERANTES (ART. 69, §2º DO CPC)

A cooperação por concertação é uma cooperação negociada, decorre de um concerto entre juízes. Trata-se de ato de direito público, celebrado por um

55. NERY JUNIOR, Nelson. NERY, Rosa Maria de Andrade. *Código de Processo Civil Comentado*. 16ª Ed. São Paulo: Revista dos Tribunais, 2016. p. 406.
56. WAMBIER, Teresa Arruda Avim. CONCEIÇÃO, Maria Lúcia Lins. RIBEIRO, Leonardo Ferres da Silva. MELLO, Rogério Licastro Torres. Primeiros comentários ao novo código de processo Civil: artigo por artigo. São Paulo: Revista dos Tribunais, 2016. p. 149.
57. WAMBIER, Teresa Arruda Avim. CONCEIÇÃO, Maria Lúcia Lins. RIBEIRO, Leonardo Ferres da Silva. MELLO, Rogério Licastro Torres. *Primeiros comentários ao novo código de processo Civil: artigo por artigo*. São Paulo: Revista dos Tribunais, 2016. p. 150.
58. MEIRELES, Edilton. Cooperação judiciária nacional. *Revista de Processo*. v. 249. Novembro 2015. p. 59 – 80. p. 04.

órgão jurisdicional com outro órgão, com natureza de negócio jurídico processual cujo objeto é o regramento de uma relação jurídica permanente[59], possibilitando a gestão da competência jurisdicional[60]. É técnica voltada à concretização do direito fundamental a um processo efetivo[61].

É, portanto, regramento geral, anterior[62] e consensual[63]. Diz-se anterior porque deve anteceder a prática dos atos por ele regulamentados em prol da segurança jurídica.

Como regra, envolve objeto mais complexo, é indicado para disciplinar relações permanentes ou, ao menos, duradouras.

A compreensão da cooperação concertada pode ser reforçada pelo texto do § 2º do art. 69 que dispõe sobre o "estabelecimento de procedimento para" a prática dos atos ali exemplificados[64]. Isto é, o ato concertado estabelecerá procedimento a ser seguido em mais de um caso ou em um caso complexo. Não se esgotará com a prática de um único ato como na cooperação solicitada para oitiva de uma ou algumas testemunhas, para penhora, avaliação e venda de um

59. Nesse sentido, dispõe a Resolução n. 350 do CNJ, de 27 de outubro de 2020: "Art. 11. Os atos conjuntos e concertados são adequados para disciplinar a cooperação entre órgãos jurisdicionais em torno de um ou alguns processos, ou a prática de atos mais complexos relacionados a esses mesmos processos".
60. NERY JUNIOR, Nelson. NERY, Rosa Maria de Andrade. *Código de Processo Civil Comentado.* 16ª Ed. São Paulo: Revista dos Tribunais, 2016. p. 408. p. 408-409.
61. "Embora se tratem de técnicas louváveis sob vários aspectos, uma crítica inicial deve ser formulada. A cooperação de atos pressupõe maior liberdade na prática dos atos processuais, de forma a contribuir com a efetividade e a eficiência, como já se disse. Essa liberdade se reflete nos próprios dispositivos do Código, que não preveem regras procedimentais pré-determinadas para sua realização. O próprio art. 69 afirma que a prática dos atos de cooperação "prescinde de forma específica". Em geral, assim como ocorre com os demais atos cooperativos, a melhor forma de concertação dos atos será indubitavelmente a eletrônica. Ao mesmo tempo, o art. 69, §3º prevê que o "pedido de cooperação judiciária pode ser realizado entre órgãos jurisdicionais de diferentes ramos do Poder Judiciário". Não há dúvidas de que a prática de atos cooperativos de qualquer natureza afeta questões de competência, principalmente quando se trata de concertação de atos para a centralização de processos repetitivos (art. 69, VI). Também pode haver impactos na competência quando se trata de produção de prova que enseje reunião de demandas, com fundamento no inciso II do art. 69. A solução para os conflitos de competência que poderão surgir da aplicação dessas hipóteses não está posta no Código. Talvez porque, de fato, não se pensou em práticas predeterminadas, oferecendo o legislador um espaço de liberdade para uma atuação adequada dos sujeitos processuais sob o ponto de vista da efetividade do processo e da eficiência da Jurisdição. À efetividade dessas medidas, porém, seria fundamental a previsão de uma maior flexibilidade nas regras de competência. Afinal, havendo a necessidade de reunião de demandas, será mesmo que a prevenção é o melhor critério para a definição do juízo" (LUNARDI, Thais Amoroso Paschoal. *Coletivização da prova. Técnicas de produção coletiva da prova e seus reflexos na esfera individual.* Tese de doutorado. Curitiba: Universidade Federal do Paraná, 2018. p. 162).
62. Art. 11, §1º da Resolução n. 350 do CNJ, de 27 de outubro de 2020: "Observadas as normas fundamentais do processo, o ajuste celebrado para a prática de atos de cooperação deve ser assinado pelos juízos cooperantes, e o instrumento consensual será juntado aos autos dos processos a ele relacionados previamente à prática dos atos de cooperação."
63. Conclusão de Fredie Didier Jr extraída de material ainda não publicado gentilmente cedido pelo autor.
64. ROHENKOHL, Pedro Fernandes. *Cooperação judiciária nacional e preservação de empresas: uma análise do art. 69, §2º, IV, DO CPC.* 2019. 130 f. Monografia. Faculdade de Direito, Universidade Federal da Bahia, Salvador, 2019. p. 29.

bem. Será necessário estabelecer um procedimento, ato complexo de formação sucessiva que segue rumo a um ato final[65].

São exemplos de cooperação por concertação o acordo para a prática de citação, intimação ou notificação de ato em diversas ações de improbidade administrativa cujos réus não residem na cidade sede do foro da justiça federal, a produção de perícia única e coleta de depoimento comum em processos repetitivos com questão comum de fato.

Veja que um mesmo ato pode ser objeto da cooperação solicitada ou da cooperação negociada, a diferença está na forma/intensidade como se relacionam os juízos ou órgãos que cooperam entre si e a temporalidade do objeto. Não há restrições quanto ao objeto de cada um dos tipos de cooperação.

O ato concertado serve, em verdade, à racionalização da atividade jurisdicional, especialmente no contexto da litigância complexa, por possibilitar a coordenação de procedimentos tendentes a impedir a repetição de atos desnecessários e a prolação de decisões divergentes[66].

As regras acerca dos atos de concertação podem ser criadas caso a caso para gerar adaptabilidade e eficiência para o processo e para a gestão judiciária. Podem ser atípicos e decorrer de acordo entre órgãos do próprio judiciário, entre órgãos do poder judiciário e o juízo arbitral ou ainda entre órgãos do Poder Judiciário e órgãos administrativos[67]. A eficiência une uma perspectiva microprocessual, voltada à solução ótima de cada processo, a uma maior efetividade do funcionamento do judiciário de modo que a economia interna de cada processo se projeta em todo o sistema[68].

5.1. Natureza jurídica dos atos concertados entre juízes cooperantes: o ato concertado como negócio jurídico processual

Ainda não há muitos estudos acerca da natureza jurídica dos atos concertados entre juízes cooperantes. A doutrina não se debruçou sobre o tema[69].

---

65. BRAGA, Paula Sarno. *Normas de processo e normas de procedimento. O problema da repartição de competência legislativa no Direito constitucional brasileiro.* Salvador: Juspodivm, 2015. p. 115-116.
66. FERREIRA, Maria Gabriela Silva Campos. *O compartilhamento de competências e os atos processuais concertados entre juízes.* Tese apresentada para obtenção do título de mestre no Programa de Pós Graduação *Stricto* sensu da Faculdade de Direito da Universidade do Estado do Pernambuco, Recife, 2019. p. 147.
67. Sobre o tema foi proposto pelo Grupo "Cooperação Judiciária" o seguinte enunciado vetado na plenária do evento: (arts. 67 a 69 e 15) Os instrumentos de cooperação judiciária podem ser utilizados por órgãos administrativos. Justificativa: a sistemática da cooperação judiciária não se restringe os órgãos jurisdicionais, apresentando idêntica relevância para a atuação colaborativa de órgãos administrativos, tais como Tribunais de Contas, COAF, CADE, CARF, CVM, TJD, Tribunal Marítimo, etc.
68. CABRAL, Antônio do Passo. *Juiz natural e eficiência processual: flexibilização, delegação e coordenação de competências no processo civil.* Tese apresentada no concurso de provas e títulos para provimento do cargo de Professor Titular de Direito Processual Civil da Faculdade de Direito da Universidade do Estado do Rio de Janeiro, Rio de Janeiro, 2017. p. 261.
69. Em pesquisa, encontramos apenas a tese de dissertação defendida nesse ano de Maria Gabriela Silva Campos Ferreira (*O compartilhamento de competências e os atos processuais concertados entre juízes.*

A nosso ver, o ato concertado parece se enquadrar perfeitamente na categoria dos negócios jurídicos, podendo ou não ter natureza de negócio jurídico processual[70]: são convenções entre juízes que podem versar sobre situações jurídicas processuais ou procedimento judicial, celebradas de forma atípica, sem depender de uma específica previsão legal. Atribui-se liberdade aos magistrados para, de forma fundamentada, objetiva e imparcial, gerir o processo com vistas a concretizar o princípio da eficiência.

Para fundamentar a opção adotada, é necessária uma breve incursão pela tipologia dos fatos jurídicos e pelos negócios jurídicos processuais.

O fato jurídico é o fato sobre o qual incidiu a regra jurídica podendo produzir efeitos[71]. Os fatos jurídicos em sentido amplo podem ser fatos da natureza ou atos humanos, que exteriorizam uma vontade. Quando a incidência da norma ocorre sobre a manifestação da vontade humana, ela passa a ostentar a categoria de ato jurídico, que poderá ser classificado como ato-fato, ato jurídico em sentido estrito e negócio jurídico.

Os atos-fatos são aqueles nos quais não há vontade ou não se leva em consideração seu conteúdo; nos atos jurídicos em sentido estrito, a manifestação da vontade integra o suporte fático da norma de incidência, mas só se destina à prática do ato, não se voltando a escolha dos seus efeitos[72]. Já os negócios jurídicos são atos jurídicos cuja vontade dos sujeitos integra o suporte fático se dirigindo tanto a prática do ato quanto aos seus efeitos, com poder de autoregramento[73]; há poder de escolha da categoria jurídica e da estruturação do conteúdo eficacial[74].

O negócio processual é o fato jurídico voluntário, em cujo suporte fático se confere ao sujeito o poder de regular, dentro dos limites fixados no próprio ordenamento jurídico, certas situações jurídicas processuais ou o procedimento[75].

Tese apresentada para obtenção do título de mestre no Programa de Pós Graduação *Stricto Sensu* da Faculdade de Direito da Universidade do Estado do Pernambuco, Recife, 2019).

70. Em sentido contrário, Antônio do Passo Cabral entende que o ato concertado tem natureza de ato conjunto porque o Estado-juiz não dispõe de interesses próprios e não tem capacidade negocial; nada que os juízes negociariam lhes pertence (posicionamento manifestado pelo autor em discussão no Grupo "Cooperação Judicial" do X Fórum Permanente de Processualistas Civis em Brasília).
71. MIRANDA, Francisco Cavalcanti Pontes de. *Tratado de Direito Privado*. São Paulo: Revista dos Tribunais, 1983. Tomo 2. p. 77.
72. GOMES, Orlando. *Introdução ao Direito Civil*. 18. Ed. Rio de Janeiro: Forense, 2002, p. 239-240.
73. NOGUEIRA, Pedro Henrique Pedrosa. Sobre os acordos de procedimento no Processo Civil brasileiro. In: CABRAL, Antônio do Passo; NOGUEIRA, Pedro Henrique Pedrosa (coord). *Negócios processuais*. Salvador: Juspodivm, 2015. p. 98.
74. MELLO, Marcos Bernardes de. *Teoria do fato jurídico: plano da eficácia-1ª parte*. São Paulo: Saraiva, 2003. p. 245.
75. Eduardo Talamini registra a discussão havida por muito tempo acerca da própria existência de negócios jurídicos processuais: sustentava-se que a vontade do sujeito seria relevante para a definição de

Sob esse ponto de vista, é fonte de norma jurídica processual e, assim, vincula o órgão julgador, que, em um Estado de Direito, deve observar e fazer cumprir as normas jurídicas válidas, inclusive as convencionais[76].

O caput do art. 190 do CPC de 2015 trouxe uma cláusula geral de negociação processual, que materializa o princípio de respeito ao autoregramento da vontade das partes no processo[77]. No quadro atual do processo civil, o consenso se consagrou em detrimento da autoridade, a lei perdeu força em prol do acordo como instrumento de produção normativa[78]. A regra processual deixou de ser vista sob uma perspectiva meramente legal porque pode também ser negocial, resultado da cooperação.

O negócio processual pode ter por objeto as situações jurídicas processuais - ônus, faculdades, deveres e poderes e até o próprio ato processual

---

conteúdo e efeitos materiais, mas o efeito processual seria pré-fixado em lei; existiriam, portanto, apenas atos jurídicos processuais em sentido estrito, condutas voluntárias e preordenadas a um fim sem que fosse possível qualquer intervenção sobre o seu conteúdo no exercício da autonomia da vontade. O autor esclarece que essa concepção já foi superada pelo entendimento que admite negócios processuais como manifestações de vontade que têm por escopo a produção de específicos efeitos processuais como fruto da vontade dos sujeitos que o celebram, tanto em seu conteúdo quanto em seus efeitos. (TALAMINI, Eduardo. *Um processo para chamar de seu: nota sobre os negócios jurídicos processuais.* Disponível em: https://www.academia.edu/17136701/Um_processo_pra_chamar_de_seu_nota_sobre_os_neg%C3%B3cios_jur%C3%ADdicos_processuais_2015_. Acesso em: 26.out.2018. p. 01-02).

76. DIDIER JR., Fredie. *Curso de Direito Processual civil.* Volume 1. Juspodivm: Salvador, 2015. p. 25.

77. DIDIER JR., Fredie. Negócios jurídicos processuais atípicos no Código de Processo Civil de 2015. *Revista Brasileira da Advocacia.* Ano 1. Vol. 1. Abr.-jun. 2016. p. 64-65.

78. Leonardo Carneiro da Cunha explica que o negócio jurídico consistiria numa declaração de vontade voltada a produzir efeitos jurídicos, enquanto o ato jurídico em sentido estrito decorreria de uma mera manifestação de vontade, com vistas a obter efeitos jurídicos já estabelecidos em lei. Os efeitos jurídicos, no negócio jurídico, resultariam da vontade, ao passo que, no ato jurídico, os efeitos estariam estabelecidos em lei, não decorrendo da vontade. Por outro lado, há quem considere o negócio jurídico como uma norma negocial, elaborada pelos sujeitos de direito. E há, ainda, quem diga que os efeitos jurídicos não decorrem da vontade, nem mesmo nos negócios jurídicos. Os efeitos decorrem da lei, que prevê, em sua hipótese de incidência ou em seu suporte fático, a prática de um ato negocial para que aqueles efeitos sejam produzidos: trata-se de um ato de autorregulação, que o ordenamento associa à constituição, modificação e extinção de situações jurídicas. O negócio jurídico destaca-se por implicar a liberdade de celebração e a liberdade de estipulação. Os efeitos estão previstos em lei, somente sendo desencadeados se celebrado o negócio jurídico. Há negócios que produzem efeitos impostos pela lei que não podem ser afastados pela vontade, mas isso não desqualifica o ato como negocial (CUNHA, Leonardo Carneiro da. *Negócios Jurídicos Processuais No Processo Civil Brasileiro.* Texto preparado para o I Congresso Peru-Brasil de Direito Processual e apresentado em Lima, no Peru, novembro de 2014, com acréscimos e adaptações feitas após a sanção e promulgação do novo Código de Processo Civil brasileiro. Disponível em: https://www.academia.edu/10270224/Neg%C3%B3cios_Jur%C3%ADdicos_processuais_no_processo_civil_brasileiro. Acesso em: 26.out. 2018. p. 04). Esclarece também Marcos Bernardes de Mello, o sistema jurídico, ao estabelecer o conteúdo das relações jurídicas, pode: (a) regulá-lo exaustivamente, em caráter cogente, não deixando à vontade qualquer margem, ou (b) permitir que a vontade negocial escolha, dentre as espécies, variações quanto à sua irradiação e a intensidade de cada uma. Na hipóteses a, deixa-se livre à vontade somente a escolha da categoria negocial, sem autorização quanto à estruturação do conteúdo eficacial da relação jurídica respectiva. Em b, admite-se a escolha da categoria negocial e concede-se o poder de estruturação do conteúdo eficacial da relação jurídica, cuja amplitude é variável. Não se permite, em nenhuma hipótese, a criação voluntária de efeitos que não estejam previstos ou, ao menos, admitidos pelo sistema (*Teoria do fato jurídico: plano da existência.* 19ª ed. São Paulo: Saraiva, 2013. p. 225.).

redefinindo a forma ou ordem de encadeamento dos atos processuais. Não recai sobre o objeto litigioso, mas sobre o processo, alterando suas regras pré-definidas[79], possibilitando a adaptabilidade e flexibilização procedimental pelo magistrado na condução de cada demanda.

A doutrina prevê para o exercício da liberdade negocial no processo a necessidade de preenchimento de determinados requisitos, subjetivos e objetivos[80]. Resta analisar a adequação de cada um desses requisitos aos atos concertados entre juízes cooperantes.

Dentre os pressupostos subjetivos, exige-se que o sujeito tenha personalidade jurídica e capacidade para o exercício de direitos. Essa questão poderia ser vista como um problema para o enquadramento dos atos de concertação como negócios jurídicos processuais, pois os juízes não tem personalidade jurídica enquanto órgão do Poder Judiciário. Todavia, não vemos restrição para que lhe seja atribuída capacidade jurídica – como também se atribui aos órgãos legislativos para defesa de suas prerrogativas; afinal, há hipóteses legais de negócios processuais plurilaterais típicos envolvendo o juiz, de modo que essa possibilidade não seria estranha[81]. Como exemplo, cita-se o calendário processual e a possibilidade de o Ministério Público celebrar negócios processuais, na condição de parte, no termo de ajustamento de conduta[82].

---

79. DIDIER JR., Fredie. Negócios jurídicos processuais atípicos no Código de Processo Civil de 2015. *Revista Brasileira da Advocacia*. ano 1. v. 1. abr.-jun. 2016. p. 65.

80. TALAMINI, Eduardo. *Um processo para chamar de seu: nota sobre os negócios jurídicos processuais*. Disponível em: https://www.academia.edu/17136701/Um_processo_pra_chamar_de_seu_nota_sobre_os_neg%C3%B3cios_jur%C3%ADdicos_processuais_2015_. Acesso em: 26.out.2018. p. 03-04.

81. Nesse sentido, posiciona-se: AVELINO, Murilo Teixeira. A posição do magistrado em face dos negócios jurídicos processuais. In: CABRAL, Antônio do Passo; e NOGUEIRA, Pedro Henrique (Coord.). *Negócios processuais*. 2. ed. Salvador: Juspodivm, 2016; BARREIROS, Lorena Miranda Santos. *Convenções processuais e poder público*. Salvador: Juspodivm, 2017; CÂMARA, Alexandre Freitas. *O novo processo civil brasileiro*. São Paulo: Atlas, 2018; COSTA, Marília Siqueira da. *Convenções processuais sobre intervenção de terceiros*. Salvador: Juspodivm, 2018; CUNHA, Leonardo Carneiro da. Negócios processuais no processo civil brasileiro. In: CABRAL, Antônio do Passo; e NOGUEIRA, Pedro Henrique (Coord.). *Negócios processuais*. Salvador: Juspodivm, 2016; DIDIER JR., Fredie. Negócios processuais atípicos no código de processo civil de 2015. *Revista Brasileira da Advocacia*, abr.-jun., 2016. Vol. 1; NOGUEIRA, Pedro Henrique. *Negócios jurídicos processuais*. Salvador: Juspodivm, 2018; TALAMINI, Eduardo. *Um processo para chamar de seu: nota sobre os negócios jurídicos processuais*. Disponível em: https://www.migalhas.com.br/dePeso/16,MI228734,61044-Um+processo+pra+chamar+de+seu+nota+sobre+os+negocios+juridicos. Acesso em: 01.abr.2019. p. 11. Em sentido contrário: CABRAL, Antônio do Passo. *Convenções Processuais*.Salvador: Juspodivm. p. 223.

82. Fredie Didier Jr. defende que embora o caput do art. 190 do CPC de 2015 mencione apenas os negócios jurídicos processuais atípicos celebrados pelas partes, não há razão alguma para não se permitir negociação processual atípica que inclua o órgão jurisdicional. Como reforço a tese da possibilidade de juízes celebrarem acordos processos. (Fredie. Negócios processuais atípicos no código de processo civil de 2015. *Revista Brasileira da Advocacia*, abr.-jun., 2016, v.1. p. 68). De igual modo, mas sem tratar especificamente dos negócios processuais celebrados entre magistrados, Eduardo Talamini também sustenta que existem hipóteses específicas em que entes orgânicos (internos a outras estruturas coletivas), aos quais não se confere autonomia no plano jurídico material são admitidos como parte no processo judicial (TALAMINI, Eduardo. *Um processo para chamar de seu: nota sobre os negócios jurídicos processuais*.

O termo "partes" de que trata o artigo 190 deve contemplar todos os sujeitos processuais - não apenas as partes em sentido estrito como também o juiz, os membros do Ministério Público, as testemunhas e o perito[83]. Embora se diga que o juiz não é titular do interesse jurídico em jogo[84], ele tem o dever de bem conduzir o processo, adequando seu procedimento, para que atinja seu fim da forma mais eficiente possível. O juiz é o titular da competência e tem interesse na solução mais eficiente do processo, titulariza esse interesse jurídico. As próprias partes (em sentido estrito) não tratam de situações jurídicas próprias quando negociam sobre o procedimento[85].

Afasta-se, assim, um primeiro obstáculo à classificação dos atos concertados na categoria do acordo processual.

Como pressupostos objetivos, a doutrina sustenta que a negociação atípica somente pode realizar-se: i) em causas que admitam solução por autocomposição, pois a negociação sobre a estrutura do procedimento pode acabar afetando a solução do mérito da causa; ii) se o objeto for lícito e dentro dos contornos legais - Fredie Didier Jr. esclarece que somente a competência relativa pode ser negociada pelas partes[86]; iii) quando a matéria não for de reserva legal; iv) e desde que não afaste regra que sirva à proteção de direitos indisponíveis[87]. Esses requisitos também são preenchidos no caso.

Os atos concertados não são fatos jurídicos em sentido estrito já que não decorrem de fato da natureza, mas de ato humano. Tampouco podem ser

---

Disponível em: https://www.academia.edu/17136701/Um_processo_pra_chamar_de_seu_nota_sobre_os_neg%C3%B3cios_jur%C3%ADdicos_processuais_2015_. Acesso em: 26.out.2018. p. 04). Em sentido contrário a possibilidade de o juiz ser considerado sujeito de uma convenção processual, posiciona-se Antônio do Passo Cabral (*Convenções processuais entre publicismo e privatismo*. Tese de livre-docência. São Paulo: Universidade de São Paulo. Faculdade de Direito, 2015. p. 236-239); Flávio Luiz Yarshell (Convenção das partes em matéria processual: rumo a uma nova era. In: CABRAL, Antônio do Passo; NOGUEIRA, Pedro Henrique Pedrosa (coord). *Negócios processuais*. Salvador: Juspodivm, 2015. p. 79).

83. BARREIROS, Lorena Miranda Santos. *Convenções Processuais e Poder Público*. Salvador: Juspodivm, 2017. p. 201-202.

84. Antônio do Passo Cabral não admite a possibilidade de o juiz ser parte de negócios processuais por entender que o Estado-juiz não tem capacidade negocial, pois não pode tomar parte de algum interesse e qualquer manifestação de vontade seria não livre, comprometida ainda pela sua função de controle sobre a validade das convenções entre as partes (*Convenções processuais entre publicismo e privatismo*. Tese de livre-docência. São Paulo: Universidade de São Paulo. Faculdade de Direito, 2015. p. 222-225).

85. Maria Gabriela Ferreira esclarece que há situações titularizadas pelos juízes que admitem disponibilidade como o próprio exercício da competência, compreendida como legitimidade (*O compartilhamento de competências e os atos processuais concertados entre juízes*. Tese apresentada para obtenção do título de mestre no Programa de Pós Graduação Stricto sensu da Faculdade de Direito da Universidade do Estado do Pernambuco, Recife, 2019. p. 141).

86. Há expressa permissão de acordo sobre competência relativa e acordo sobre foro de eleição no NCPC (DIDIER JR., Fredie. Negócios jurídicos processuais atípicos no Código de Processo Civil de 2015. *Revista Brasileira da Advocacia*. ano 1. abr.-jun. 2016. v. 1. p. 67).

87. DIDIER JR., Fredie. Negócios jurídicos processuais atípicos no Código de Processo Civil de 2015. *Revista Brasileira da Advocacia*. ano 1. Abr.-jun. 2016. v. 1. p. 76. O autor esclarece que o direito pode ser indisponível, mas admitir autocomposição como ocorre com os direitos coletivos e o direito aos alimentos.

enquadrados como ato-fato, ato ilícito ou ato jurídico em sentido estrito, pois a vontade de praticar o ato integra seu suporte de incidência, há margem de escolha da categoria jurídica e há previsão no ordenamento jurídico. Como há vontade na prática do ato e na escolha de seus efeitos (citação de partes, produção de provas), os juízes possuem capacidade negocial e o objeto é lícito - observados certos limites -, o ato concertado entre juízes cooperantes se classifica perfeitamente como negócio jurídico processual[88].

5.2. O objeto do ato concertado entre juízes cooperantes

Todas as funções do órgão julgador no processo podem ser objeto do ato concertado entre juízes cooperantes, sem que haja necessariamente violação ao princípio do juiz natural[89]: a condução e instrução do processo, a produção de provas, o julgamento da ação e os atos executórios estão contempladas pelo parágrafo 2º do art. 69 do CPC[90].

O Código de Processo Civil apresenta um rol exemplificativo de atos concertados cuja análise possibilita compreender a extensão do tema e as possibilidades atípicas do instituto.

O inciso I do art. 69, §2º do CPC traz a previsão de a citação, intimação ou notificação ser executada por cooperação concertada. Trata-se de uma forma de substituição da carta precatória por outro meio mais efetivo[91], racionalizan-

88. No mesmo sentido: FERREIRA, Maria Gabriela Silva Campos. *O compartilhamento de competências e os atos processuais concertados entre juízes.* Tese apresentada para obtenção do título de mestre no Programa de Pós Graduação Stricto sensu da Faculdade de Direito da Universidade do Estado do Pernambuco, Recife, 2019.p. 145.

89. Tanto é assim que a Resolução n. 350 do CNJ, de 27 de outubro de 2020, dispõe sobre a cooperação judiciária nacional, traz a possibilidade de escolha do juízo pelos juízes cooperantes, mas logo em seu art. 1º estabelece que serão "observados o princípio do juiz natural". Prevê ainda no art. 5º que a cooperação judiciária nacional deve ser realizada de forma fundamentada, objetiva e imparcial, o que atende ao núcleo essencial do juiz natural. Logo, não há nenhuma incompatibilidade entre o juiz natural e o compartilhamento de competências por ato concertado.

90. CABRAL, Antônio do Passo. Juiz natural e eficiência processual: flexibilização, delegação e coordenação de competências no processo civil. (*Juiz natural e eficiência processual: flexibilização, delegação e coordenação de competências no processo civil.* Tese apresentada no concurso de provas e títulos para provimento do cargo de Professor Titular de Direito Processual Civil da Faculdade de Direito da Universidade do Estado do Rio de Janeiro, Rio de Janeiro, 2017. p. 394). Antônio do Passo Cabral defende que a competência ad *actum* admite que se teste a competência adequada para cada ato a ser praticado.

91. Edilton Meireles cita como exemplo o autor que, não sabendo do endereço do demandado, tem conhecimento de que ele está presente em uma audiência que está sendo realizada em outro juízo, na mesma comarca, mas em outro Fórum, e pede para o juiz que proceda na intimação ou citação do réu de imediato, antes de sua "fuga" ou desaparecimento e o juiz da causa, até por via telefônica, solicita que aquele que preside a audiência faça a citação ou intimação no curso da audiência, considerando que o oficial de justiça pode demorar de chegar ao local para realizar a comunicação (especialmente nas grandes cidades). (MEIRELES, Edilton. Cooperação judiciária nacional. *Revista de Processo.* v. 249. Novembro 2015. p. 59 - 80. p. 68).

do os recursos da administração judiciária quando for mais fácil para determinado juízo realizar os atos de comunicação. Os juízos cooperantes podem acordar que, em todos os processos de improbidade administrativa de competência da justiça federal, o juízo estadual do local de domicílio dos políticos réus realizará a notificação e intimação deles, após o envio da cópia da petição inicial por mensagem eletrônica, comunicando-se diretamente com o MPF por mensagem de "whatsapp" para obtenção de novas informações de endereço e recolhimento de custas.

O art. 267, II, do CPC estabelece que o juízo deprecado deve recusar o cumprimento da carta precatória quando seja incompetente em razão da matéria ou da hierarquia. A regra não se aplica a cooperação judicial por atos concertados. A busca por eficiência autoriza a flexibilização das regras de competência sem que isto implique na violação do princípio do juiz natural e de seu núcleo duro.

Os incisos II a VII do art. 69, §2º preveem como objeto do ato concertado entre juízes a obtenção e apresentação de provas e a coleta de depoimentos, a efetivação de tutela provisória, de medidas e providências para recuperação e preservação de empresas e para facilitação de habilitação de créditos na falência e na recuperação judicial, a centralização de processos repetitivos e a execução de decisão jurisdicional, esta última de especial importância para a efetividade das decisões judiciais.

A cooperação na fase executiva vem sendo adotado pela Justiça do Trabalho da Bahia, em Salvador, aonde são reunidas todas as demandas executivas contra grande devedores que tramitam no Estado[92]. No ponto dois deste artigo, concernente a eficiência processual, relatamos que o tempo médio de tramitação de um processo em fase de execução é de sete anos e nove meses, o que torna urgente o desenvolvimento casuístico dessas técnicas processuais voltadas à concretização do princípio da eficiência na execução.

A experiência é bem sucedida: possibilita-se a adoção de um plano Especial de Pagamento Trabalhista – PEPT ao devedor, cujo objetivo é o pagamento parcelado do débito; realiza-se, se for o caso, um único ato de penhora e expropriação de bens para execuções vinculando-o a diversos processos que tramitavam em juízos da capital e do interior e agora passam a ser reunidos. Evita-se, assim, a realização de vários leilões, o "vai e vem" de cartas precatórias com a finalidade de esclarecer uma dúvida acerca do bem ou de sua

92. A medida foi regulamentada pelo Provimento CGJT nº 01, de 09 de fevereiro de 2018: " (...) Considerando que a centralização das execuções contra os grandes devedores encontra respaldo no art. 28, caput e parágrafo único, da Lei nº 6.830/80, aplicado à espécie por força do art. 889 da Consolidação das Leis do Trabalho, bem como no princípio da cooperação jurisdicional previsto no artigo 69, inciso II, da Lei n. 13.105, de 16 de março de 2015 (Novo Código de Processo Civil), emprestando celeridade e aperfeiçoamento à prestação jurisdicional;"

localização e o prejuízo ao funcionamento da empresa devedora diante da prática descoordenada de diversos atos executórios.

Nenhum desses atos viola o juiz natural. Preserva-se seu núcleo essencial para atender as exigências de um processo mais eficiente, por meio da objetividade, impessoalidade e invariância na fixação da competência adequada a partir das peculiaridades do caso concreto[93]. Tudo sempre devidamente fundamentado para que seja possível o controle pelas partes e pelas instâncias superiores, resguardando-se o pleno exercício do contraditório pelas partes, o menor custo financeiro e tempo necessário para a decisão.

O princípio do juiz natural é respeitado quando o ato administrativo de cooperação entre diversos juízos é expedido pelo tribunal e convoca juízes de forma imparcial para atuar em determinados processos, com critérios objetivos de seleção. O princípio é também respeitado quando o ato é publicado e fundamentado para garantia da transparência[94].

5.2.1. Os atos concertados para produção de prova: demonstrando a utilidade prática do tema

Os atos concertados entre juízes cooperantes podem se destinar a produção de provas, importante exemplo de como o instituto contribui para gerar mais eficiência na prestação jurisdicional. A coleta de informações; a produção de perícia técnica em local mais próximo aquele aonde ocorreram os fatos e até a colheita da prova testemunhal em um juízo único aonde seja mais fácil intimar as testemunhas torna mais célere o procedimento.

O princípio da identidade física do juiz deve ser sopesado com o princípio da eficiência. A prova já não é produzida perante o juiz que sentencia o processo quando há férias, remoção, convocações ou mesmo quando a prova era produzida por carta precatória; por outro lado, o julgador poderá assistir a colheita do depoimento realizada por sistema de gravação audiovisual. É preciso ter em vista que o Poder Judiciário brasileiro apresenta uma das maiores taxas de congestionamento do mundo razão porque a técnica do art. 69, IV do CPC deve ser interpretada de forma mais ampla possível.

---

93. PEIXOTO, Ravi. O forum non conveniens e o processo brasileiro: limites e possibilidade. *Revista de Processo*. v. 279. p. 381-415. mai. 2018. Disponível em: https://www.academia.edu/34789893/O_forum_non_conveniens_e_o_processo_brasileiro_limites_e_possibilidade. Acesso em: 01.mar.2019. p. 397.

94. Critérios extraídos a partir do estudo feito por Antônio do Passo Cabral de parâmetros para designações extraordinárias. (*Juiz natural e eficiência processual: flexibilização, delegação e coordenação de competências no processo civil*. Tese apresentada no concurso de provas e títulos para provimento do cargo de Professor Titular de Direito Processual Civil da Faculdade de Direito da Universidade do Estado do Rio de Janeiro, Rio de Janeiro, 2017. p. 338-339).

O processo civil deve ser encarado como uma comunidade de trabalho, regido pela idéia de cooperação, sendo dever do juiz cooperar com as partes para que o processo civil resulte em uma decisão justa, fruto de diálogo efetivo; o juiz tem o "dever de engajamento" no processo[95]. A colaboração viabiliza que o juiz atue de modo mais eficiente na gestão do processo e unifique a atividade instrutória como forma de reduzir custos, produzir decisão mais célere e qualificada. Não há sentido em produzir prova em cada processo com o mesmo objetivo se essa prova pode ser unificada e realizada em local que garanta maior contato do magistrado e do perito com os fatos. Não há, a princípio, qualquer prejuízo em delegar a produção da prova a apenas um magistrado no juízo mais adequado a sua produção para depois transportá-la para outros processos, sempre respeitado o contraditório no momento da sua realização[96].

A definição do juízo competente para a produção da prova dependerá da identificação do juízo com mais facilidade para produzir a prova, que esteja mais próximo do local dos fatos, ou com acesso aos especialistas mais preparados, independentemente das regras de prevenção. A regra formal de prevenção não pode afastar a produção da prova com mais qualidade e celeridade, se não ficar comprovado qualquer prejuízo para as partes na adoção dos referidos critérios.

Sobre o procedimento de coletivização da prova, Thais Lunardi Amoroso elucida que a reunião física dos processos é desnecessária, bastando que se determine a produção da prova em um dos processos, com intimação das partes do outro para que participem normalmente de sua produção. Entende que o caso é de prejudicialidade, invocando por analogia a regra prevista no art. 313, V, b do CPC, que determina a suspensão do processo quando a sentença tiver de ser proferida somente após a verificação de determinado fato ou a produção de certa prova, requisitada a outro juízo, de modo que após essa produção, a prova será utilizada em todos os casos. Explica ainda ser desnecessária a total identidade das questões fáticas discutidas na demanda, cabendo a posterior produção de prova relativa às questões individuais não comuns[97].

Há diversos casos que podem ser objeto da técnica de coletivização da prova. Citamos, como exemplos, o caso da venda de contraceptivo falho, de

95. MARINONI, Luiz Guilherme; ARENHART, Sérgio Cruz; MITIDIERO, Daniel. *Curso de Processo Civil - Tutela dos Direitos mediante procedimento comum*, 2ª ed. São Paulo: Revista dos Tribunais, 2017. p. 73. v. 2.

96. Nesse sentido, o enunciado 671, do Fórum Permanente de Processualistas Civis de Recife (2018), Grupo "Competência e Cooperação Judiciária Nacional": "O inciso II do §2º do art. 69 autoriza a produção única de prova comum a diversos processos, assegurada a participação dos interessados".

97. LUNARDI, Thais Amoroso Paschoal. Coletivização da prova. *Técnicas de produção coletiva da prova e seus reflexos na esfera individual. Tese de doutorado. Curitiba: Universidade Federal do Paraná, 2018. Curitiba: Universidade Federal do Paraná, 2018.* p. 167-168.

danos ambientais que afetaram diversos moradores de determinada região como no desastre de Mariana, dos imóveis populares do projeto "Minha casa, minha vida", financiados pela Caixa Econômica Federal, que apresentaram problemas estruturais ou atraso na entrega; das desapropriações coletivas para fins de construção de uma estrada federal; dentre tantas outras demandas individuais que possuem questões de fato comum[98]. Em todos esses casos, não há sentido, do ponto de vista lógico e da economia - de tempo e recursos -, na repetição da prova cuja produção pode ser mais qualificada, com a participação de todos os litigantes, uma única vez. Os princípios da cooperação, celeridade e eficiência impõe a adoção de técnicas que tornem o judiciário mais produtivo.

Nos Estados Unidos, o *Multidistrict Litigation* prevê que as demandas individuais decorrentes das mesmas questões de fato observam procedimento semelhante ao da coletivização da prova. As ações são reunidas na fase pré-processual para discussão de provas em conjunto e depois separadas e distribuídas para as Cortes de origem para julgamento[99]. O sistema já funciona há muitos anos sem que haja questionamento a princípios também consagrados no direito norte-americano como o do contraditório e do juiz natural.

A coletivização da prova, portanto, não vulnera os princípios do contraditório, do juiz natural e do direito fundamental à prova. É mais uma técnica que pode ser extraída do art. 69, §2º do CPC para a concretização de um processo efetivo, com duração razoável e que produza resultados justos.

5.2.2. Os atos concertados e a alteração de competência para julgamento: uma nova hipótese legal de alteração de competência

Uma das questões mais palpitantes no tema do ato concertado entre juízes cooperantes é a discussão sobre a alteração da competência para julgamento e suas implicações.

Assim como no incidente de resolução de demandas repetitivas - IRDR e no incidente de assunção de competência - IAC, entendemos que o legislador criou no art. 69, IV do CPC nova hipótese legal de alteração de competência para julgamento[100].

98. Muitos dos exemplos citados foram extraídos de demandas que tramitam na vara única federal da Subseção de Barreiras, na Bahia.

99. NOGUEIRA, Gustavo. A coletivização das demandas individuais no NCPC e sua convivência com as demandas coletivas. *Revista de Processo*. v. 255. Maio. 2016. Disponível em: http://www.mpsp.mp.br/portal/page/portal/documentacao_e_divulgacao/doc_biblioteca/bibli_servicos_produtos/bibli_boletim/bibli_bol_2006/RPro_n.255.12.PDF. Acesso em: 03dez.2018. p. 06.

100. Em sentido contrário, Nelson Nery Júnior e Rosa Maria de Andrade Nery entendem que a reunião ou apensamento de processos pressupõe sempre a conexão ou continência entre eles (NERY JUNIOR, Nelson. NERY, Rosa Maria de Andrade. *Código de Processo Civil Comentado*. 16ª Ed. São Paulo: Revista dos Tribunais, 2016. p. 408).

Basta analisar o inciso acerca da centralização de processos para se chegar a essa conclusão.

Não há sentido em centralizar processos se não for para alterar sua competência para julgamento e propiciar um exame mais eficiente deles. E, se na centralização de processos é possível a alteração de competência para julgamento, é porque o instituto do ato concertado autoriza a alteração de julgamento como um de seus objetos[101].

Os parâmetros de eficiência alocativa autorizam os magistrados a empreenderem juízos de eficiência acerca da competência que vão além de uma visão puramente binária – competente e não competente – numa perspectiva principiológica gradual cooperativa e em sentido multi-institucional que envolve uma análise comparativa das competências. A eficiência processual é um objetivo a ser buscado na definição, planejamento e estruturação da organização judiciária[102].

A possibilidade de alteração da competência para julgamento é reforçada ainda pela norma que se extrai do art. 6º, inciso V, da Resolução n. 350 do CNJ, de 27 de outubro de 2020, segundo a qual os atos de cooperação poderão consistir "na definição do juízo competente para decisão sobre questão comum ou questões semelhantes ou de algum modo relacionadas". Desse texto se extrai indubitavelmente a possibilidade de alteração da competência para decisão, inclusive julgamentos.

A alteração de competência para julgamento por meio do ato concertado entre juízes cooperantes não se confunde com o instituto da conexão e continência.

De acordo com o art. 55 do Código de Processo Civil, reputam-se conexas duas ou mais ações quando lhes forem comuns o pedido ou a causa de pedir, hipótese em que os processos serão reunidos para decisão conjunta. De acordo com § 3º do mesmo dispositivo, também serão reunidos para julgamento conjunto os processos que possam gerar risco de prolação de decisões conflitantes ou contraditórias caso decididos separadamente, mesmo sem conexão entre

101. Assim, CABRAL, Antônio do Passo. Limites e possibilidades da Cooperação jurídica nacional. Palestra ministrada no Congresso "Os reflexos da cooperação jurídica (nacional e internacional) na Justiça do Trabalho" realizado em 03 e 04 de julho de 2018. Disponível em: https://www.youtube.com/watch?v=ionPkUqdL-Q&feature=youtu.be. Acesso em: 10.out.2019; DIDIER JR., Fredie. *Cooperação Judiciária Nacional: esboço de uma teoria para o Direito brasileiro*. Salvador: Juspodivm, 2020. p. 87, 98-100; MEIRELES, Edilton. Reunião de processos, cooperação e conflito de competência. *Revista de Processo*. v. 294. Agosto 2019. p. 3; FERREIRA, Maria Gabriela Silva Campos. *O compartilhamento de competências e os atos processuais concertados entre juízes*. Tese apresentada para obtenção do título de mestre no Programa de Pós Graduação Stricto sensu da Faculdade de Direito da Universidade do Estado do Pernambuco, Recife, 2019. p. 108.

102. CABRAL, Antônio do Passo. *Juiz natural e eficiência processual: flexibilização, delegação e coordenação de competências no processo civil*. Tese apresentada no concurso de provas e títulos para provimento do cargo de Professor Titular de Direito Processual Civil da Faculdade de Direito da Universidade do Estado do Rio de Janeiro, Rio de Janeiro, 2017. Rio de Janeiro, 2017. p. 262 e 264.

eles[103]. Nesse último caso, a reunião de processos é cabível quando as ações discutam a existência ou inexistência de uma mesma relação jurídica base[104]. O art. 55 do CPC não fundamenta a reunião de processos repetitivos.

O objeto dos atos concertados pode ir além dessas hipóteses de conexão e contemplar a reunião de demandas fundadas em fatos ou fundamentos jurídicos semelhantes como nas ações de consumo por vícios do produto ou trabalhadores expostos aos mesmos agentes nocivos[105]. Ainda que o pedido, a causa de pedir ou a relação jurídica base seja diversa e não haja risco de decisões contraditórias - mas apenas divergentes[106] -, é possível a reunião de demandas para julgamento simultâneo ou para a prática conjunta de atos processuais com fundamento no art. 69, §2º do CPC, que autoriza a criação de novas técnicas para concretização do princípio da eficiência[107].

Edilton Meireles também se posiciona no sentido da possibilidade de a competência para julgamento poder ser modificada por vontade dos juízes

103. No CPC de 1973, as hipóteses de conexão também eram fundadas na afinidade de pedido e causa de pedir. Já o CPC de 1939 trazia hipótese mais ampla: "havendo mais de um réu e sendo diferentes seus domicílios, poderão ser demandados no foro de qualquer deles, se houver conexão quanto ao objeto da demanda ou quanto ao título ou fato que lhe sirva de fundamento" (art. 134, §2º).

104. MEIRELES, Edilton. Reunião de processos, cooperação e conflito de competência. *Revista de Processo*. v. 294. Agosto 2019. p. 03.

105. "É certo que nestas hipóteses expressamente mencionadas no Código de Processo Civil se pode falar em "cooperação" do juiz em remeter a demanda para outro juízo em caso de conexão etc. Mas, neste caso, a remessa se faz por imperativo da lei. Não depende da vontade do juiz. Já os arts. 67 a 69 do CPC se referem a pedidos de cooperação que dependem da vontade do juiz em sua atribuição de gestor processual." (MEIRELES, Edilton. Cooperação judiciária nacional. *Revista de Processo*. v. 249. Novembro 2015. p. 59 - 80. p. 63).

106. Edilton Meireles explica que contradição existirá quando uma decisão negar o que outra afirmar, uma declarar a existência da relação jurídica e a outra negar; o conflito existirá quando uma decisão não for compatível com a outra ainda que não lhe contradiga. Alerta o autor que não se deve confundir decisões contraditórias e conflitantes com decisões divergentes quando se decide de forma diversa em processos nos quais se discute temas idênticos ou semelhantes (MEIRELES, Edilton. Reunião de processos, cooperação e conflito de competência. *Revista de Processo*. v. 294. Agosto 2019. p. 04).

107. Thais Lunardi sustenta que não há no sistema brasileiro norma que imponha a reunião de demandas para julgamento de questões comuns de fato ou de direito para além dos citados mecanismos. Para a autora, a conexão, uma das hipóteses dessa agregação, possibilita o julgamento conjunto apenas nos casos em que houver fato único comum à sustentação de várias pretensões e a reunião por conexão, portanto, não será admitida quando o fato for diverso para cada um dos envolvidos, ou mesmo quando, em se tratando de fato comum, o número de atingidos for tão elevado que inviabilize essa reunião. Remanesce, como se vê, o problema do tratamento e solução conjuntos de fatos que, embora não únicos, sejam comuns. A autora cita como exemplo o caso de vários consumidores que celebraram contratos idênticos com uma mesma instituição financeira, aqueles que sofreram danos decorrentes de um mesmo produto, trabalhadores expostos a agentes nocivos, mulheres que consumiram contraceptivo falso. Para esses casos - em que se está diante de questão comum de fato, mas decorrente de vários fatos semelhantes, resta apenas, ao menos numa análise *de lege lata*, a reunião de demandas para produção de prova comum, já que o sistema brasileiro não autoriza a agregação para julgamento conjunto de questões comuns de fato. (LUNARDI, Thais Amoroso Paschoal. *Coletivização da prova. Técnicas de produção coletiva da prova e seus reflexos na esfera individual*. Tese de doutorado. Curitiba: Universidade Federal do Paraná, 2018. p. 159).

cooperantes: "Poder-se-ia pensar em ferimento ao princípio do juiz natural. Tal não ocorre, porém, já que nada impede de o legislador, em regras excepcionais, estabelecer a possibilidade de modificação da competência até por vontade de uma das partes". Para o autor, cabe um juízo de ponderação a privilegiar a eficiência em detrimento do juiz natural na busca da efetividade da decisão judicial[108].

Com base na tese de Antônio do Passo Cabral "Juiz Natural e Eficiência processual: flexibilização, delegação e coordenação de competência no processo civil", pensamos que não há uma exceção ao princípio do juiz natural, mas uma releitura desse princípio que autoriza a alteração de seu conteúdo, substituindo suas características tradicionais (previsão em lei em sentido formal, pré-constituição, inflexibilidade e vedação à discricionariedade) por objetividade, impessoalidade e invariância[109]. Há, em verdade, uma substancial concretização do juiz natural quando ele é o mais competente no caso concreto, para assegurar o julgamento mais adequado da causa e a melhor administração da justiça.[110]

As normas acerca da competência formam um sistema cuja matriz está na Constituição, sendo integrado também pelas leis em sentido formal, pelas normas administrativas e pelos acordos entre juízes cooperantes com caráter geral e abstrato. A ideia de previsão de competências exclusivamente em lei está superada por endurecer o exercício da jurisdição tornando-o burocratizado e ineficiente, condicionado ao ritmo lento do processo legislativo.

Se a norma administrativa ou negocial é proveniente do próprio judiciário, não há vulneração a independência dos juízes e a separação de poderes, valores que o princípio do juiz natural originariamente busca tutelar. Com isso, a preocupação deve ser deslocada da fonte normativa da regra de competência para o controle estático e dinâmico da atribuição de competência com o máximo respeito às garantias fundamentais do processo[111].

108. MEIRELES, Edilton. Cooperação judiciária nacional. *Revista de Processo*. v. 249. Novembro 2015. p. 59 - 80. p. 65.

109. Tanto é assim que o art. 1º da Resolução n. 350 do CNJ, de 27 de outubro de 2020, estabelece que a cooperação judiciária deverá observar o princípio do juiz natural.

110. Paula Sarno Braga apresenta raciocínio análogo quando trata da tese do fórum non conveniens e da possibilidade de recusa do juízo formalmente competente quando não for o mais adequado, dentre os juízes competentes, no caso concreto: "O que ora se propõe não é violação, mas, sim, uma mais profunda concretização do juiz natural. Advoga-se a tese de que é necessário compreender-se que não basta que o órgão (ou Estado) seja previamente constituído e individualizado como aquele objetiva e abstratamente competente para a causa. Deve ser, também, concretamente competente, i.e., o mais conveniente e apropriado para assegurar a boa realização e administração da justiça" (Competência adequada. *Revista de Processo*. 2013, n. 219. Disponível em: https://www.academia.edu/9248971/Compet%C3%AAncia_adequada._Revista_de_Processo_n._219_2013. Acesso em: 03.mar.2019. p. 16).

111. BRAGA. Paula Sarno. *Competência adequada*. *Revista de Processo*. 2013. n. 219. Disponível em: https://www.academia.edu/9248971/Compet%C3%AAncia_adequada._Revista_de_Processo_n._219_2013. Acesso em: 03.mar.2019. p. 281.

Os exemplos demonstram como os atos de concertação entre juízes cooperantes autorizam a alteração da competência para julgamento.

O art. 2.º da Lei de Ação Civil Pública (Lei nº 7347/85), e o art. 93 do Código de Defesa do Consumidor (Lei nº. 8078/90), estabelecem que o foro competente para tais ações é o do local do dano. Se o dano é local, é competente o foro do exato lugar em que ocorreu ou deva ocorrer (art. 93, I. CDC). Se o dano é regional ou nacional, é competente o foro da Capital do Estado ou do Distrito Federal. Se no caso concreto de uma demanda contra a Petrobrás em decorrência de um vazamento de óleo no mar, o juízo do foro escolhido distar, sobremaneira, do local dos efeitos do fato danoso ou não estiver habituado ao julgamento de determinada espécie de demanda (o outro juízo já julgou ações individuais equivalentes), poderá, por ato concertado, remeter os autos ao juízo mais adequado (para a produção da prova relativa aos animais mortos, a defesa do réu, a publicidade da demanda para a coletividade atingida, a citação das partes)[112].

No caso da Operação Lava Jato, ao juiz titular da vara especializada em Lavagem de Dinheiro da Seção Judiciária do Paraná foram atribuídos todos os processos da operação e ao juiz substituto os demais processos. Não obstante essa distribuição de competência não tenha ocorrido por ato concertado, mas por ato formal do TRF da 4ª Região[113], nada impedia que se alcançasse esse mesmo resultado na distribuição de processos por ato concertado entre o juiz titular e o juiz substituto da vara com a finalidade de atingir mais eficiência no julgamento das demandas.

Pode-se pensar ainda em uma espécie de incidente de resolução de demandas repetitivas, por convenção entre juízes, em primeiro grau de jurisdição sem previsão legal expressa com fundamento na cláusula geral de atipicidade dos atos de cooperação. O incidente de resolução de demandas repetitivas em primeiro grau de jurisdição possibilitaria a reunião de todos os processos em um dos juízos, aonde se fixará a tese a ser seguida e todos os demais processos serão julgados. Será escolhido aquele juízo situado aonde seja mais fácil o amplo debate sobre o tema e que esteja mais capacitado para tratar daquela espécie de demanda. Afinal, o juiz natural deve ser visto como aquele que

---

112. DIDIER Jr., Fredie; ZANETI, Hermes. *Curso de Direito Processual Civil*. 7 ed. Salvador: Juspodivm, 2012, p. 143. v. 4.

113. Resolução nº 08 do TRF4, de 11 de fevereiro de 2015: "O PRESIDENTE DO TRIBUNAL REGIONAL FEDERAL DA 4.ª REGIÃO, no uso de suas atribuições legais e regimentais, tendo em vista o que consta no processo 0011752 85.2014.4.04.8000, ad referendum do Conselho de Administração, resolve:" "Art. 1.º Suspender a distribuição processual à 13.ª Vara Federal de Curitiba pelo prazo de 90 (noventa) dias, a contar da data de publicação desta resolução." "Parágrafo único. A suspensão estabelecida no caput não abrange os processos com relação de prevenção, conexão ou continência com outros processos da vara, assim como aqueles da competência exclusiva da 13.ª Vara Federal de Curitiba."

possui maior capacitação para decidir a matéria. O juízo eleito seria compensado com a redução do número de novas demandas a ele distribuídas.

Thais Amoroso Lunardi traz uma crítica à interpretação do CPC como uma possibilidade de alteração da competência para julgamento de casos repetitivos com base no art. 69, §2º. Segundo a autora, o código não trouxe solução para a definição do juízo competente, ressaltando ser necessária maior flexibilidade nas regras de competência, o que ainda não existe[114].

O problema aparente – nunca nos pareceu uma questão a partir das premissas fixadas no ponto dois desse artigo – foi solucionado pelo art. 6º, inciso V da Resolução n. 350 do CNJ, de 27 de outubro de 2020, segundo o qual os atos de cooperação poderão consistir "na definição do juízo competente para a decisão sobre questão comum ou questões semelhantes ou de algum modo relacionadas, respeitadas as regras constantes nos arts. 62 e 63 do CPC".

A previsão é inédita e marcante. Há agora ato normativo expedido por autoridade com poder de regulamentar a administração judiciária, nos termos do art. 103-B, §4º, I, da Constituição Federal que autoriza a flexibilização das regras de competência para que se defina quem pode decidir melhor.

Antes mesmo da Resolução já defendíamos que a alteração de competência realizada por ato de concertação entre juízes cooperantes não deve observar a regra de prevenção, mas o princípio da competência adequada[115], segundo o qual cabe investigar quem decidiria melhor a luz de todos os princípios envolvidos[116].

Com base no art. 69, §2º que traz cláusula geral de atipicidade dos atos de concertação entre juízos cooperantes, a alteração de competência independe de previsão legal específica e da prévia fixação legal do juízo competente. O próprio art. 69 possibilita essa maior liberdade na prática de atos processuais e para ser mais efetivo não traz regras pré-determinadas para sua realização.

114. LUNARDI, Thais Amoroso Paschoal. *Coletivização da prova. Técnicas de produção coletiva da prova e seus reflexos na esfera individual.* Tese de doutorado. Curitiba: Universidade Federal do Paraná, 2018. Curitiba: Universidade Federal do Paraná, 2018. p. 162: "A solução para os conflitos de competência que poderão surgir da aplicação dessas hipóteses não está posta no Código. Talvez porque, de fato, não se pensou em práticas predeterminadas, oferecendo o legislador um espaço de liberdade para uma atuação adequada dos sujeitos processuais sob o ponto de vista da efetividade do processo e da eficiência da Jurisdição. À efetividade dessas medidas, porém, seria fundamental a previsão de uma maior flexibilidade nas regras de competência. Afinal, havendo a necessidade de reunião de demandas, será mesmo que a prevenção é o melhor critério para a definição do juízo competente?"

115. A reunião ou apensamento de processos por ato de cooperação poderá ocorrer mesmo entre processos que estejam em fases distintas, a depender da conveniência e eficiência da medida, analisadas no caso concreto (MEIRELES, Edilton. Cooperação judiciária nacional. *Revista de Processo*. v. 249. Novembro 2015. p. 59 – 80. p. 66).

116. FERREIRA, Gabriela Macedo. "Atos concertados entre juízes cooperantes: esboço de uma teoria para o direito brasileiro". *Civil Procedure Review*. v.10, n. 03: set-dez. 2019.

A regra da prevenção não impede à alteração negociada da competência. A prevenção é regra de racionalização da atividade imposta aos diferentes juízes, estabelecendo critério de divisão do trabalho; não é regra de fixação da competência. Negociada a competência sem perda da imparcialidade do juízo e com vista à maior eficiência no julgamento da causa, não há óbice à escolha do juízo mais adequado[117-118].

O desafio que se põe nesse tema é a fixação de limites à alteração de competência para julgamento - se a competência relativa e absoluta poderia ser alterada[119], se a alteração poderia ocorrer no curso do processo ou apenas antes dele, dentre tantas outras questões que ainda precisam ser pensadas.

A princípio nos parece que apenas a competência para julgamento em razão do valor e da territorialidade, independentemente de serem definidas pelo direito positivo como relativas ou absolutas, poderiam ser alteradas sob pena de uma vulneração das garantias da objetividade e previsibilidade do juiz natural. A título ilustrativo, cita-se a competência dos juizados especiais federais que são absolutas mas poderiam ser geridas de modo a trazer mais eficiência com a reunião de processos com o mesmo objeto e valores diferentes na vara cível comum ou na vara de juizado, independentemente do valor, tais como demandas de indenização por danos morais contra a CEF, demandas envolvendo a suspensão do pagamento de tributos em razão da pandemia etc.

Já regras de competência material e regras constitucionais em razão da pessoa não poderiam ser alteradas por ato concertado entre juízes dada a relevância de sua previsão em norma constitucional para organização do sistema judiciário e com vista a especialização dos juízos.

117. FERREIRA, Maria Gabriela Silva Campos. *O compartilhamento de competências e os atos processuais concertados entre juízes.* Tese apresentada para obtenção do título de mestre no Programa de Pós Graduação Stricto sensu da Faculdade de Direito da Universidade do Estado do Pernambuco, Recife, 2019. p. 137.

118. Nesse sentido, cita-se julgado paradigmático do STJ: o CC 144.922 no qual o STJ definiu o juízo da capital de Minas Gerais como competente para julgar ações civis públicas cuja causa de pedir são os danos decorrentes do rompimento da barragem do fundão adotando para tanto critérios relacionados a efetividade, melhor jurisdição e não apenas critérios legais como a prevenção.

119. Maria Gabriela Silva Campos Ferreira sustenta em sua tese de dissertação de mestrado que apenas a competência relativa pode ser objeto de ato concertado entre juízes cooperantes, pelas razões transcritas a seguir: "O objeto dos negócios processuais deve ser disponível. O autorregramento da vontade não se sobrepõe às normas cogentes, que fogem do espaço de disponibilidade outorgado pelo legislador. Assim, os negócios processuais sobre competência restringem-se às hipóteses de competência relativa, como nos casos da eleição de foro e da opção pelos juizados especiais cíveis estaduais, cujas competências são definidas, respectivamente, pelos elementos territorial e do valor da causa. Não se admite negócio processual que modifique a competência absoluta." (FERREIRA, Maria Gabriela Silva Campos. *O compartilhamento de competências e os atos processuais concertados entre juízes.* Tese apresentada para obtenção do título de mestre no Programa de Pós Graduação Stricto sensu da Faculdade de Direito da Universidade do Estado do Pernambuco, Recife, 2019. p. 136.)

É o caso da competência para julgar crimes de corrupção e lavagem de dinheiro conexos a crimes de caixa dois, hipótese em que o STF definiu a competência da justiça eleitoral e que não poderiam por ato concertado ter a competência alterada para a Justiça Federal[120]. É a hipótese ainda de uma demanda trabalhista não poder ser julgada pela justiça federal ou uma demanda criminal conexa a uma infração trabalhista não ser julgada pela justiça do trabalho.

A reflexão ainda está pouco madura e demanda maior aprofundamento.

De qualquer forma, o sistema processual de repartição de competência não pode mais se basear na lógica da legalidade estrita, devendo focar também no direito das partes de que sua tutela jurisdicional seja prestada de maneira ótima, por meio de técnicas processuais apropriadas para cada caso: o princípio do juiz natural, com isso, incorpora a ideia do juiz que pode decidir melhor, conciliando eficiência e adequação[121].

5.3. Os atos concertados e sua impugnação

O ato concertado entre juízes cooperantes regulamenta, como regra, uma relação permanente entre dois juízos, razão por que deverá ser formalizado por meio escrito. Nesse caso, o recurso adequado para impugnar o ato poderá ser a reclamação correicional, cabível para corrigir erros, abusos e atos contrários à boa ordem processual e que importem em atentado a fórmulas legais de processo, quando para o caso não haja recurso ou outro meio processual específico.

Existem também outros mecanismos de revisão abstrata do ato concertado: o mandado de segurança coletivo, a ação civil pública, dada a amplitude

120. O Supremo Tribunal Federal fixou no dia 14 de março de 2019 que é competência da Justiça Eleitoral julgar crimes comuns (corrupção e lavagem de dinheiro) conexos com delitos eleitorais (caixa 2): "O Tribunal, por maioria e nos termos do voto do Ministro Marco Aurélio (Relator), no que foi acompanhado pelos Ministros Alexandre de Moraes, Ricardo Lewandowski, Gilmar Mendes, Celso de Mello e Dias Toffoli (Presidente), manteve sua jurisprudência e deu parcial provimento ao agravo interposto pelos investigados para: i) no tocante ao fato ocorrido em 2014, reconsiderar a decisão recorrida e assentar a competência do Supremo Tribunal Federal; e ii) quanto aos delitos supostamente cometidos em 2010 e 2012, declinar da competência para a Justiça Eleitoral do Estado do Rio de Janeiro; e julgou prejudicado o agravo regimental interposto pela Procuradoria-Geral da República, no que voltado à fixação da competência da Justiça Federal, relativamente ao delito de evasão de divisas, vencidos os Ministros Edson Fachin, Roberto Barroso, Rosa Weber, Luiz Fux e Cármen Lúcia, que davam parcial provimento aos agravos regimentais interpostos pela Procuradoria-Geral da República e pelos invés (...)" (STF, Inq. 4435, Rel. Min. Marco Aurélio, Data de julgamento: 14.03.2019, Data de Publicação: 22.03.2019. Disponível em: http://portal.stf.jus.br/processos/detalhe.asp?incidente=5149810. Acesso em: 19jul.2019).

121. CABRAL, Antônio do Passo. *Juiz natural e eficiência processual: flexibilização, delegação e coordenação de competências no processo civil.* Tese apresentada no concurso de provas e títulos para provimento do cargo de Professor Titular de Direito Processual Civil da Faculdade de Direito da Universidade do Estado do Rio de Janeiro, Rio de Janeiro, 2017. Rio de Janeiro, 2017. p. 372.

com que o STJ tem interpretado o requisito da lesão ao patrimônio público que pode ser o princípio da eficiência e do juiz natural.

Há ainda a possibilidade de impugnação em concreto e difusa do ato concertado.

Quando o ato concertado produzir efeitos dentro de um processo específico, serão cabíveis os meios típicos de impugnação das decisões judiciais.

O CPC restringiu a possibilidade de controle da competência. Estabeleceu rol taxativo de decisões interlocutórias agraváveis no art. 1.015, não incluindo nele as decisões acerca da competência judicial. A despeito disso, defendemos ser possível a interposição de agravo de instrumento contra a decisão que alterar a competência para a prática de atos decisórios e instrutórios com base na cooperação entre juízes. Basta uma interpretação extensiva do art. 1.015, III do CPC que permite a impugnação das decisões que rejeitam convenção de arbitragem[122], já que ambas as decisões tratam sobre competência.

Há ainda outro fundamento a autorizar a interposição de agravo de instrumento contra a decisão que altera competência por ato de cooperação entre juízes. A Corte Especial do Superior Tribunal de Justiça decidiu, no dia 5 de dezembro de 2018, em sede de julgamento de recursos repetitivos, que o rol do artigo 1.015 do Código de Processo Civil de 2015 tem taxatividade mitigada e admite a interposição de agravo de instrumento quando verificada urgência decorrente da inutilidade do julgamento da questão no recurso de apelação. Se a decisão decorrente de ato de cooperação alterar a competência, com risco de prejuízos a parte, inclusive em relação ao exercício da ampla defesa, haverá urgência. Não seria razoável aguardar toda a tramitação do processo para se definir sobre a competência com a possibilidade de anulação de todos os atos praticados[123].

Assim, seja por interpretação extensiva do art. 1.015, III, CPC, seja em razão da urgência, entendemos cabível o agravo de instrumento contra decisão que, por ato de cooperação, versa sobre competência. A regra apenas não se aplicaria quando o ato tivesse por objeto atividade administrativa de gestão judiciária.

Em sentido contrário, Edilton Meireles entende que a decisão que determina a reunião de processos por ato de cooperação não é impugnável por

122. Esse entendimento adota como base a tese de Fredie Didier Jr. de que cabe interpretação extensiva do art. 1015, III do CPC de 2015 para impugnar as decisões interlocutórias sobre a competência (*Curso de Direito Processual Civil*. Salvador: Juspodivm, 18ª ed., 2016, p. 237. v. 1).

123. STJ, REsp 1.704.520, REsp 1.696.396, Relatora Ministra Nancy Andrighi. Cadastrado no sistema de repetitivos como Tema 988. Data de Julgamento: 05.12.2018.

agravo de instrumento, mas pode ser impugnada por apelação ao final da fase de conhecimento[124].

Há ainda a possibilidade de dois juízes se entenderem competentes ou incompetentes para julgar determinada demanda ou ainda surgir controvérsia sobre a reunião ou separação de processos[125] com base em dúvidas que decorram da aplicação do ato concertado entre juízes cooperantes. Nesse caso, será cabível o conflito de competência, que poderá ser interposto inclusive pelas partes, para definição do juízo competente[126].

Com base no art. 357, §1º, CPC, as partes também poderão pedir esclarecimentos ou solicitar ajustes com a finalidade de estabelecer um tratamento adequado aos casos processados sob o regime de cooperação.

6. CONCLUSÃO

No presente artigo, esboçamos enunciados sobre o conceito, a natureza jurídica e o objeto do ato concertado entre juízes cooperantes e respondemos algumas indagações sobre o tema, desenhando os primeiros contornos de sua teoria.

Propomos o ato concertado como negócio jurídico processual entre juízes a respeito do procedimento judicial, de situações jurídicas processuais ou da gestão de processos. Entendemos ser possível a alteração de competência jurisdicional fora das hipóteses legais típicas por meio de negócio jurídico entre juízes.

O objetivo é dar concretude ao princípio da eficiência, tanto em sua dimensão quantitativa de atribuição de maior agilidade ao trâmite processual, quanto qualitativa com foco na qualidade das decisões e no devido processo legal. Essa compreensão baseia-se na ideia de que o Poder Judiciário, apesar das distinções decorrentes de competências, de graus de jurisdição e afins, é uno, sendo necessária a cooperação entre os órgãos jurisdicionais, por iniciativa oficial, independentemente de requerimento das partes e de forma pré-fixada.

Refletimos que gerir casos judiciais significa conduzir o processo para soluções que possibilitem a prestação da tutela jurisdicional de forma racional e

124. MEIRELES, Edilton. Cooperação judiciária nacional. *Revista de Processo*. v. 249. Novembro 2015. p. 59 – 80. No mesmo sentido, posicionou-se Alexandre Câmara Freitas no grupo "Cooperação Judicial" do X Fórum Permanente de Processualistas Civis em Brasília.

125. *Art. 66. Há conflito de competência quando: I – 2 (dois) ou mais juízes se declaram competentes; II – 2 (dois) ou mais juízes se consideram incompetentes, atribuindo um ao outro a competência; III – entre 2 (dois) ou mais juízes surge controvérsia acerca da reunião ou separação de processos."*

126. A discussão pode surgir, por exemplo, acerca da não adequação de determinado processo a centralização de processos repetitivos disciplinado por ato concertado. É posível que um determinado juízo se entenda competente para julgar a causa e o juízo da centralização também se pronuncie competente, sendo cabível o conflito de competência para solução do problema.

adequada sem comprometer os direitos fundamentais das partes. Constatamos que o conceito tradicional do juiz natural não se adéqua mais a realidade dos nossos tempos e os atos concertados entre juízes cooperantes pressupõe a resignificação desse princípio em busca da competência adequada. O princípio do juiz natural e a eficiência processual podem conviver desde que observados o seu núcleo rígido: a objetividade do juiz, impessoalidade, invariância e possibilidade de controle.

Essas perspectivas demonstram que a previsão dos atos concertados fundamenta o desenvolvimento casuístico de técnicas processuais voltadas à concretização do princípio da eficiência e autoriza a alteração de competência para prática de atos judiciais como a produção de provas e até o julgamento de processos. O art. 69, §2º autoriza a alteração de competência para julgamento assim como o faz o CPC com o incidente de resolução de demandas repetitivas e o incidente de assunção de competência. Os exemplos demonstram como os atos concertados contribuem para uma prestação jurisdicional mais eficiente.

O instituto do ato concertado entre juízes, no âmbito da cooperação judiciária nacional, é uma novidade total no Direito brasileiro. Requer estudos mais profundos acerca dos limites à sua utilização e das técnicas de aprimoramento. As diretrizes suscitadas nesse artigo não têm pretensão de esgotar o tema, mas apenas lançar as bases para o seu estudo, estimulando a aplicação prática das ideias expostas.

7. REFERÊNCIAS

AVELINO, Murilo Teixeira. A posição do magistrado em face dos negócios jurídicos processuais. In: CABRAL, Antônio do Passo; e NOGUEIRA, Pedro Henrique (Coord.). *Negócios processuais*. 2. ed. Salvador: Juspodivm, 2016.

ÀVILA, Humberto. Moralidade, razoabilidade e eficiência na atividade administrativa. *Revista Eletrônica de Direito do Estado*. Salvador, Instituto de Direito Público da Bahia, n. 04. out. nov. dez. 2005. Disponível em: http://www.direitodoestado.com.br/artigo/humberto-avila/moralidade-razoabilidade-e-eficiencia-na-atividade-administrativa. Acesso em: 10.out.2019.

BARREIROS, Lorena Miranda Santos. *Convenções processuais e poder público*. Salvador: Juspodivm, 2017.

BORRI, Luis Antônio. SOARES, Rafael Junior. A designação específica de Magistrado para a condução de ação penal e o princípio do juiz natural. *Publicação do Instituto Brasileiro de Ciências Criminais*, ano 24, n. 282, mai. 2016. Disponível em: https://www.academia.edu/37955704/A_designa%C3%A7%C3%A3o_espec%C3%ADfica_de_Magistrado_para_a_condu%C3%A7%C3%A3o_de_a%C3%A7%C3%A3o_penal_e_o_princ%C3%ADpio_do_juiz_natural. Acesso em: 10.mar.2019.

BRAGA. Paula Sarno. *Competência adequada. Revista de Processo*. 2013. n. 219. Disponível em: https://www.academia.edu/9248971/Compet%C3%AAncia_adequada._Revista_de_Processo_n._219_2013. Acesso em: 03.mar.2019. p. 281.

BRANCO, Paulo Gustavo Gonet. COELHO, Inocêncio Martires. MENDES, Gilmar Ferreira. *Curso de Direito Constitucional*. São Paulo: Saraiva, 2010.

BRAND, Ronald A. *Challenges to forum non conveniens. Legal studies research paper series (July, 2013). University of Pittsburg*. Disponivel em: http://ssrn.com/abstract=2288697

BRASIL. Conselho Nacional de Justiça. *Estudo comparado sobre recursos, litigiosidade e produtividade: a prestação jurisdicional no contexto internacional*. Disponível em: http://www.cnj.jus.br/images/pesquisas-judiciarias/relat_estudo_comp_inter.pdf. Acesso em: 24.ago.2016.

BRASIL. Conselho Nacional de Justiça. *Justiça em números 2013: ano-base 2012*. Brasília: CNJ, 2013.

CABRAL, Antônio do Passo. *Convenções Processuais*. Salvador: Juspodivm, 2018. p. 223.

_________. *Juiz natural e eficiência processual: flexibilização, delegação e coordenação de competências no processo civil*. Tese apresentada no concurso de provas e títulos para provimento do cargo de Professor Titular de Direito Processual Civil da Faculdade de Direito da Universidade do Estado do Rio de Janeiro, Rio de Janeiro, 2017.

_________. Limites e possibilidades da Cooperação jurídica nacional. Palestra ministrada no Congresso "Os reflexos da cooperação jurídica (nacional e internacional) na Justiça do Trabalho" realizado em 03 e 04 de julho de 2018. Disponível em: https://www.youtube.com/watch?v=ionPkUqdL-Q&feature=youtu.be. Acesso em: 10.out.2019.

_________. *Convenções processuais entre publicismo e privatismo*. Tese de livre-docencia. São Paulo: Universidade de São Paulo. Faculdade de Direito, 2015.

CÂMARA, Alexandre Freitas. *O novo processo civil brasileiro*. São Paulo: Atlas, 2018.

CECIL, Joe S.; LEE, Emery G.; NAGAREDA, Richard A.; SCOTT, Kevin M.; WILLGING, Thomas E.; WILLIAMS, Margaret S. *The Expanding Role of Multidistrict Consolidation in Federal Civil Litigation: An Empirical Investigation*. Disponível em: http://papers.ssrn.com/sol3/papers.cfm?abstract_id=1443375. Acesso em: 27.out.2018.

COSTA, Marília Siqueira da. *Convenções processuais sobre intervenção de terceiros*. Salvador: Juspodivm, 2018.

CUNHA, Leonardo Carneiro da. *Negócios Jurídicos Processuais no Processo Civil Brasileiro*. Texto preparado para o I Congresso Peru-Brasil de Direito Processual e apresentado em Lima, no Peru, novembro de 2014, com acréscimos e adaptações feitas após a sanção e promulgação do novo Código de Processo Civil brasileiro. Disponível em: https://www.academia.edu/10270224/Neg%C3%B3cios_jur%C3%ADdicos_processuais_no_processo_civil_brasileiro. Acesso em: 26.out.2018.

DIDIER JR., Fredie. *Cooperação Judiciária Nacional: esboço de uma teoria para o Direito brasileiro*. Salvador: Juspodivm, 2020.

_________. *Curso de Direito Processual Civil*. Salvador: Juspodivm, 2016.

_________. *Fundamentos do princípio da cooperação no direito processual civil português*. Coimbra: Coimbra Editora, 2010.

_________. *Negócios jurídicos processuais atípicos no Código de Processo Civil de 2015*. *Revista Brasileira da Advocacia*. Ano 1. v. 1. Abr.-jun. 2016.

DINAMARCO, Cândido Rangel. *Instituições de Direito Processual Civil*. São Paulo: Malheiros, 2016. v.1.

FERREIRA, Gabriela Macedo. "Atos concertados entre juízes cooperantes: esboço de uma teoria para o direito brasileiro". *Civil Procedure Review*. v.10, n. 03: set-dez. 2019.

FERREIRA, Cristiane Catarina de Oliveira. Visão atual do princípio do juiz natural. In: OLIVEIRA. Carlos Alberto Álvaro de (org.) *Processo e constituição*. Rio de Janeiro: Forense, 2004. p. 104.

FERREIRA, Maria Gabriela Silva Campos. *O compartilhamento de competências e os atos processuais concertados entre juízes*. Tese apresentada para obtenção do título de mestre no Programa de Pós Graduação Stricto sensu da Faculdade de Direito da Universidade do Estado do Pernambuco, Recife, 2019.

FISS, Owen M. The Allure of Individualism. *Lowa Law Review*, v. 78, 1992/1993, p. 965-979. Disponível em: http://digitalcommons.law.yale.edu/fss_papers/1332. Acesso em: 26.out.2018.

GOMES, Orlando. *Introdução ao Direito Civil*. 18. Ed. Rio de Janeiro: Forense, 2002.

GONÇALVES, Marcelo Barbi. *Novos paradigmas da jurisdição*. Salvador: Juspodivm, 2020.

LARENZ, Karl. *Metodologia da ciência do Direito*. 3ed. Tradução: José Lamego. Fundação Calouste Gulbenkian: Lisboa, 1997, p. 655 e segs.

LUNARDI, Thaís Amoroso Paschoal. *Atos concertados entre juízes cooperantes como ferramenta adequada de gestão processual: uma possibilidade para a aplicação do multidistrict litigation no sistema brasileiro*. In ARENHART, Sérgio Cruz; MITIDIERO, Daniel (coord.); DOTTI, Rogéria (org.). O Processo Civil entre a técnica processual e a tutela dos direitos – estudos em homenagem a Luiz Guilherme Marinoni. São Paulo: Revista dos Tribunais, 2017.

_________. *Coletivização da prova. Técnicas de produção coletiva da prova e seus reflexos na esfera individual*. Tese de doutorado. Curitiba: Universidad gerause Federal do Paraná, 2018.

MARINONI, Luiz Guilherme; ARENHART, Sérgio Cruz; MITIDIERO, Daniel. *Curso de Processo Civil – teoria do processo civil*. São Paulo: Revista dos Tribunais, 2017. v.1.

_________. *Curso de Processo Civil – Tutela dos Direitos mediante procedimento comum*. São Paulo: Revista dos Tribunais, 2017. v. 2.

MEIRELES, Edilton. Cooperação judiciária nacional. *Revista de Processo*, v. 249, novembro, 2015. p. 59-80.

_________. Reunião de processos, cooperação e conflito de competência. *Revista de Processo*, v. 294, agosto, 2019.

MELLO, Marcos Bernardes de. *Teoria do fato jurídico: plano da existência*. São Paulo: Saraiva, 2013.

MIRANDA, Francisco Cavalcanti Pontes de. *Tratado de Direito Privado*. São Paulo: Revista dos Tribunais, 1983. Tomo 2.

NERY JUNIOR, Nelson. NERY, Rosa Maria de Andrade. *Código de Processo Civil Comentado*. São Paulo: Revista dos Tribunais, 2016.

NOGUEIRA, Gustavo. A coletivização das demandas individuais no NCPC e sua convivência com as demandas coletivas. *Revista de Processo*. v. 255. mai. 2016. Disponível em: http://www.mpsp.mp.br/portal/page/portal/documentacao_e_divulgacao/doc_biblioteca/bibli_servicos_produtos/bibli_boletim/bibli_bol_2006/RPro_n.255.12.PDF. Acesso em: 03.dez.2018.

NOGUEIRA, Pedro Henrique Pedrosa. Sobre os acordos de procedimento no Processo Civil brasileiro. In: CABRAL, Antônio do Passo; NOGUEIRA, Pedro Henrique Pedrosa (coord). *Negócios processuais*. Salvador: Juspodivm, 2015.

OLIVEIRA, Paulo Mendes de. *O poder normativo dos tribunais. Regimentos internos como fontes de norma processual*. Relatório final de pesquisa apresentado ao programa de pós doutorado da Faculdade de Direito da UFBA, sob a supervisão de Fredie Didier Jr., depositado em 23.07.2019.

_________. *Regimentos internos como fonte de normas processuais*. Salvador: Editora Juspodivm, 2020.

PECK, Jeffrey J. *"Users United": The Civil Justice Reform Act of 1990, in Law and Contemporary Problems*, v. 54, n. 3, p. 105. Disponível em http://scholarship.law.duke.edu/cgi/viewcontent.cgi?article=4102&context=lcp Acesso em: 26out.2018.

PEIXOTO, Ravi. O *forum non conveniens* e o processo brasileiro: limites e possibilidade. *Revista de Processo*. v. 279. p. 381-415. mai. 2018. Disponível em: https://www.academia.edu/34789893/O_forum_non_conveniens_e_o_processo_brasileiro_limites_e_possibilidade. Acesso em: 01.mar.2019.

REUS, ALEXANDER. *Judicial discretion: a comparative view of the doctrine of forum non conveniens in the United States, the United Kingdom and Germany, 16 Loy. L. A. Int'l & Comp. L. Rev. 455 (1994)*. Disponivel em: http://digitalcommons.lmu.edu/ilr/vol16/iss2/10

SARLET, Ingo Wolfgang. *A eficácia dos direitos fundamentais. Uma teoria geral dos direitos fundamentais na perspectiva constitucional*. Porto Alegre: Livraria do advogado, 2011.

TALAMINI, Eduardo. *Um processo para chamar de seu: nota sobre os negócios jurídicos processuais*. Disponível em: https://www.academia.edu/17136701/Um_processo_pra_chamar_de_seu_nota_sobre_os_neg%C3%B3cios_jur%C3%ADdicos_processuais_2015_. Acesso em: 26out.2018.

WAMBIER, Teresa Arruda Avim. CONCEIÇÃO, Maria Lúcia Lins. RIBEIRO, Leonardo Ferres da Silva. MELLO, Rogério Licastro Torres. *Primeiros comentários ao novo código de processo Civil: artigo por artigo*. São Paulo: Revista dos Tribunais, 2016.

YARSHELl, Flávio Luiz. Convenção das partes em matéria processual: rumo a uma nova era. In: CABRAL, Antônio do Passo; NOGUEIRA, Pedro Henrique Pedrosa (coord). *Negócios processuais*. Salvador: Juspodivm, 2015.

CAPÍTULO 11

Os atos concertados entre juízos cooperantes e o compartilhamento de competências jurisdicionais: a cooperação judiciária nacional e seus reflexos para o sistema de competências

Maria Gabriela Campos[1]

1. INTRODUÇÃO

O objetivo do presente artigo é investigar a repercussão da cooperação judiciária nacional para o sistema de competências em sua feição contemporânea. Mais precisamente, pretendemos demonstrar, ainda que brevemente, que a concertação de atos prevista no art. 69, § 2º, do CPC enseja o compartilhamento de competências.

Os atos concertados constituem excelente ferramenta de gestão do procedimento, permitindo que os órgãos jurisdicionais façam adaptações procedimentais, a fim de tutelar adequadamente os interesses em conflito. Por meio do concerto de atos, esses órgãos compartilham competências para o atingimento de uma finalidade comum.

O compartilhamento de competências insere-se, portanto, no estudo da competência. Decorre do ajustamento das regras apriorísticas de alocação de

1. Mestra em Direito pela Universidade Federal de Pernambuco (UFPE - FDR). Membro da Associação Norte e Nordeste de Professores de Processo (ANNEP) e do Instituto dos Advogados de Pernambuco (IAP). Membro do Grupo de Pesquisa Transformações nas Estruturas Fundamentais do Processo (UERJ), cadastrado no CNPq. É ainda membro da Comissão de Conciliação, mediação e arbitragem - CCMA, da OAB/PE. Advogada.

competências diante de um caso concreto, fornecendo ao próprio sistema de competências uma coloração nova.

Para os fins do presente artigo, analisaremos os contornos da cooperação judiciária nacional prevista no CPC-2015, seus antecedentes e objetivos, a fim de extrair algumas características gerais. Em seguida, trataremos, especificamente, dos atos concertados, sua natureza jurídica e potencialidades, para, então, traçar as repercussões para o sistema de competências, em especial o compartilhamento de competências.

2. A COOPERAÇÃO JUDICIÁRIA NACIONAL INSTITUÍDA PELO CPC-2015

A cooperação judiciária nacional possui, ao menos, dois marcos antecedentes que merecem registro, quais sejam, o CPC-1973 e a Recomendação nº 38 do Conselho Nacional de Justiça-CNJ, atualmente revogada pela Resolução nº 350, de 27 de outubro de 2020.

O CPC-1973 já previa, em seus arts. 200 a 212, que as formas de comunicação entre os juízos seriam efetivadas por meio do sistema de cartas (rogatória, precatória e de ordem). Ali, já se preparava terreno fértil para o desenvolvimento e a instituição da cooperação nacional, porém não da forma como hoje é estruturada.

Atualmente, o CPC-2015 mantém a disciplina das cartas em seus arts. 236, §§ 1º e 2º, 237 e 260 a 268, regulando detalhada e minunciosamente esses meios de comunicação, ainda marcados pela proeminência da forma, pela hierarquia e pela territorialidade, considerando que não houve alteração substancial nesse particular. A diferença é que o atual Código prevê novos instrumentos de cooperação entre juízos, esses caracterizados pela informalidade, horizontalidade e flexibilidade, que dão uma nova tônica à cooperação judiciária nacional.

Ao disciplinar a cooperação nacional, o CPC-2015 claramente baseou-se nas disposições contidas na Recomendação nº 38 do CNJ, incorporando seu conteúdo com algumas alterações.

A Recomendação, dirigida aos tribunais brasileiros, foi uma tentativa de instituição de mecanismos de cooperação judiciária entre os diversos órgãos do Poder Judiciário, com o objetivo precípuo de implementar mecanismos de eficiência no cumprimento dos atos judiciais[2].

Atualmente, a Recomendação nº 38 foi revogada pela Resolução nº 350, do Conselho Nacional de Justiça. Esse ato normativo estabelece diretrizes e

2. A Recomendação n. 38-CNJ, em suas *considerações*, expressamente mencionava a cooperação judiciária como mecanismo contemporâneo, desburocratizado e ágil para o cumprimento de atos judiciais.

procedimentos tendentes a concretizar a cooperação judiciária nacional disciplinada pelo CPC-2015, regulando sua abrangência, o processamento dos instrumentos de cooperação, além dos órgãos responsáveis por facilitar a efetivação dos pedidos de cooperação.

A finalidade é a formação de uma Rede Nacional de Cooperação Judiciária composta por Juízes, Núcleos e Comitês Executivos de cooperação, que se destina, em última análise, a promover a atuação colaborativa e harmoniosa dos órgãos jurisdicionais para a prática dos atos processuais.

O CPC-2015, em seu art. 67, enuncia um dever de recíproca cooperação aos órgãos judiciário.[3] E, para a consecução desse dever, prevê um conjunto de atos e instrumentos jurídicos à sua disposição, que compõem a "cooperação judiciária nacional"[4].

O dever de recíproca cooperação encartado no art. 67 do CPC decorre do princípio da unidade da jurisdição[5] e funciona como estímulo para que os órgãos judiciários cooperem entre si na condução do processo. Especificamente, no que diz respeito aos órgãos jurisdicionais, é um reforço para que juízes de quaisquer instâncias e Justiças atuem conjuntamente na condução de litígios que surjam a partir de um mesmo conjunto de fatos ou que envolvam idêntica questão de direito.

A ideia é que os diferentes órgãos jurisdicionais brasileiros devem cooperar entre si para a prestação de uma tutela jurisdicional mais adequada e efetiva, viabilizando a obtenção de resultados máximos, com menor dispêndio de tempo e custos[6].

---

3. Entendemos que o art. 67 do CPC constitui uma cláusula geral, conferindo maior flexibilidade e adaptabilidade na implementação de instrumentos de cooperação.
4. Eis o conceito apresentado por Fredie Didier Jr.: "A cooperação judiciária nacional é o complexo de instrumentos e atos jurídicos pelos quais os órgãos judiciários brasileiros podem interagir entre si, com tribunais arbitrais ou órgãos administrativos, com o propósito de colaboração para o processamento e/ou julgamento de casos e, de modo mais genérico, para a própria administração da Justiça, por meio de compartilhamento ou delegação de competências, prática de atos processuais, centralização de processos, produção de prova comum, gestão de processos e de outras técnicas destinadas ao aprimoramento da prestação jurisdicional no Brasil." (DIDIER JR., Fredie. *Cooperação judiciária nacional* – esboço de uma teoria para o direito brasileiro. Salvador: Juspodivm, 2020, p. 61-62).
5. Entendendo que o dever de recíproca cooperação decorre do *princípio da unidade da jurisdição*: SCHENK, Leonardo Faria. Comentários aos arts. 64-69 do CPC. *In* WAMBIER, Teresa Arruda Alvim; DIDIER JR., Fredie; TALAMINI, Eduardo.; e DANTAS, Bruno. *Breves comentários ao novo código de processo civil*. São Paulo: Revista dos Tribunais, 2016, p. 270. CABRAL, Antonio do Passo. *Juiz natural e eficiência processual*: flexibilização, delegação e coordenação de competências no processo civil. Tese apresentada no concurso de provas e títulos para o provimento do cargo de Professor Titular na Universidade Estadual do Rio de Janeiro. Rio de Janeiro: edição do autor, 2017, p. 536.
6. Aqui, a eficiência ganha maior relevo, na medida em que se relaciona com "o alcance de finalidades pré-estabelecidas, dizendo respeito aos *meios* empregados para tanto. Haverá *eficiência* se os meios adotados forem ótimos, gerando pouco esforço ou dispêndio, com o melhor resultado possível". (CUNHA,

Reforça-se, portanto, a noção de *gerenciamento processual*[7] (*case management*), que prevê a aplicação racional das regras e técnicas processuais no exercício da jurisdição.

3. ALGUNS ATRIBUTOS QUE INFORMAM A COOPERAÇÃO JUDICIÁRIA NACIONAL

Das trocas e interações entre os órgãos jurisdicionais é possível extrair características comuns que regem o tema da cooperação judiciária nacional, que estão a seguir sistematizadas:

3.1. Eficiência como baliza das interações judiciárias

No direito brasileiro, as interações colaborativas entre os órgãos jurisdicionais são informadas diretamente pelos princípios da *eficiência* (CF, art. 37, *caput;* CPC, art. 8º) e da *razoável duração do processo* (CF, art. 5.º, LXXVIII; CPC, art. 4º) e não apenas pelo princípio da cooperação[8]. Esse conjunto de normas já é capaz de fundamentar as trocas e os contatos estabelecidos entre os juízos na condução e gestão eficiente dos processos.

Como se viu, o art. 67 do CPC estabelece que aos órgãos do Poder Judiciário[9], em todas as instâncias e graus de jurisdição, incumbe o dever de recíproca cooperação, por meio de seus magistrados e servidores.

Do próprio texto normativo extrai-se que o foco está na eficiência do procedimento particularmente considerado - em cada uma de suas etapas -, bem como na gestão do acervo processual por todos os servidores do Judiciário, a quem, em última análise, também incumbe a prestação da justiça.

A previsão de instrumentos de cooperação judiciária concretiza o princípio da eficiência, não apenas em sua dimensão administrativa (CF, art. 37), mas, sobretudo, em sua dimensão processual, esta prevista no art. 8º do CPC e enunciada sob a forma de cláusula geral.

Leonardo Carneiro da. A previsão do princípio da eficiência no projeto do novo código de processo civil brasileiro. *Revista de Processo*. v. 233, jul./2014. p. 67).

7. Segundo Paulo Eduardo Alves da Silva, o gerenciamento processual "pode ser compreendido como o planejamento da condução de demandas judiciais em direção à resolução mais adequada do conflito, com o menor dispêndio de tempo e custos" (ALVES DA SILVA, Paulo Eduardo. *Gerenciamento de processos judiciais*. São Paulo: Saraiva, 2010. p. 35).
8. Nesse sentido: AVELINO, Murilo Teixeira. Arts. 67 a 69. In: STRECK, Lenio Luiz; NUNES, Dierle; CUNHA, Leonardo (orgs.). *Comentários ao Código de Processo Civil*. São Paulo: Saraiva, 2016, p. 124.
9. Criticamos a redação do artigo quando se refere a "órgãos do Poder Judiciário", uma vez que o dever de recíproca cooperação também abrange a relação entre juiz e árbitro (CPC, art. 260, §3º), muito embora este não integre os órgãos do Poder Judiciário.

Os instrumentos de cooperação judiciária são canais de comunicação entre os diversos órgãos jurisdicionais, facilitando a gestão para o processamento e julgamento de casos. Isso permite seja o processo estudado sob a perspectiva da administração judiciária e de desburocratização do cumprimento dos atos processuais.

A eficiência, portanto, fundamenta a cooperação, servindo também de baliza para o incremento de atitudes colaborativas entre juízos cooperantes.[10]

3.2. Foco no estímulo à formação de uma rede judiciária de cooperação, permeada pela consensualidade

O reforço aos mecanismos informais de cooperação judiciária afasta-se da concepção clássica de organização do Poder Judiciário com base na territorialidade, calcada na ideia de uma demarcação precisa dos domínios da competência de cada órgão[11].

A cooperação nacional, conforme prevista pelo CPC, demonstra que as interações entre os órgãos judiciários são multidirecionais, seguindo uma perspectiva dialógica e horizontalizada e que ultrapassa os limites territoriais de cada centro decisório.

A cooperação judiciária nacional é, assim, caracterizada pela multidirecionalidade[12] e reciprocidade das interações entre os órgãos judiciários, e não tanto pela dependência e hierarquia. No paradigma da cooperação, as interações são orquestradas sob o viés da voluntariedade e da consensualidade[13], numa espécie de "cortesia judicial".[14]

Num ambiente de cooperação judiciária, as interações são dinâmicas, podendo caracterizar um verdadeiro diálogo judicial, em que os participantes adquirem postura proativa, seja para solicitar informações a outro órgão

10. A Resolução nº 350, do CNJ elenca os princípios da eficiência, da duração razoável do processo e da cooperação em suas *consideranda*.
11. "In former times, the territoriality standard focused first and foremost on the geographical location of the court. The standard of territoriality further encompassed issues of timeliness, hearing and understanding, comprehensibility, accessibility and visibility of the judiciary towards society." (MAK, Elaine. Balancing territoriality and functionality: specialisation as a tool for Reforming Jurisdiction in the Netherlands, France and Germany. *International Journal for Court Administration*, v. 1, nº 2, oct./2008, p. 1).
12. Nesse sentido, o art. 1º, I, da Resolução 350, do CNJ, prevê as dimensões da cooperação entre os órgãos do Poder Judiciário como ativa, passiva e simultânea.
13. AHDIEH, Robert B. Between dialogue and decree. *New York University Law Review*, v. 79, dec./2004, p. 2050.
14. Existem diferentes vertentes da "cortesia judicial". Aqui se utiliza o termo "cortesia judicial", para se referir às interações recíprocas entre os órgãos jurisdicionais, tratando-se como iguais na tarefa comum de resolver controvérsias. (SLAUGHTER, Anne-Marie. Court to court. *The American Journal of International Law*, v. 92, nº 4, oct./1998, p. 709).

cooperante, seja para solicitar a cooperação para a prática de algum ato processual, ou simplesmente, para compartilhar algumas boas práticas, contribuindo para a participação dos demais órgãos na gestão judiciária.

A cooperação judiciária nacional enuncia um compromisso de solidariedade e corresponsabilidade dos órgãos judiciários no exercício de suas funções (sejam elas de natureza jurisdicional ou administrativa). O destaque está no estímulo à consolidação de uma rede judiciária de cooperação, em que todos os órgãos cooperem entre si, alinhando-se com as diretrizes já previstas na Resolução nº 350/2020 para implementação de uma Rede Nacional de Cooperação Judiciária.

Os órgãos jurisdicionais compõem uma verdadeira "rede judiciária", em que todos devem reconhecer-se mutuamente como instituições semelhantes, que desempenham as mesmas funções e que estão sob o amparo de um mesmo ordenamento jurídico[15].

O dever de recíproca cooperação deve ser observado por todos os órgãos jurisdicionais e servidores de todos os ramos do Poder Judiciário (CPC, arts. 67 e 69, § 3º). Significa dizer que, havendo espaço para cooperar, a cooperação deve ocorrer, em benefício da harmonia e da eficiência, tanto numa perspectiva institucional, quanto na perspectiva do próprio processo.

O respeito e o reconhecimento mútuos dos órgãos judiciários são a chave para que a cooperação se intensifique voluntariamente, reafirmando os laços de solidariedade e confiança recíprocos.[16]

3.3. Informalidade, flexibilidade e atipicidade da cooperação judiciária nacional

Ao tratar dos pedidos de cooperação, a Resolução nº 350/2020, do CNJ prevê, no seu art. 8º, § 1º, que "o processamento dos pedidos de cooperação será informado pelos princípios da *celeridade, concisão, instrumentalidade das formas* e *unidade da jurisdição nacional*, dando-se prioridade ao uso dos meios eletrônicos".

Em seguida, ao disciplinar a cooperação por concertação, o art. 11, § 3º, da referida Resolução enuncia que "*os atos de cooperação podem ser revistos e adaptados a qualquer tempo pelos juízos cooperantes*, preservados os atos praticados com base na concertação anterior."

Tais disposições concretizam a previsão dos arts. 67 a 69 do CPC.

---

15. SLAUGHTER, Anne-Marie. A Typology of Transjudicial Communication. *University of Richmond Law Review*. v. 29, 1994, p. 122.
16. TYLER, Tom R. *Why people cooperate: the role of social motivations*. New Jersey: Princeton University Press, 2011. p. 108-109.

Não é sem razão que o art. 69 do CPC estabelece que o pedido de cooperação formulado por um juízo cooperante prescinde de forma específica, elencando, em seguida, um rol exemplificativo de instrumentos e atos de cooperação entre juízos, permitindo, assim, a adoção de instrumentos atípicos de cooperação, em prol da eficiência processual[17].

Os atos de cooperação podem ser efetivados por qualquer instrumento adequado. Podem, a qualquer tempo, ser revistos e adaptados à situação concreta, o que só revela a flexibilidade que permeia a cooperação nacional.

A tônica da cooperação judiciária é a informalidade[18], a atipicidade[19] e a flexibilidade. A cooperação judiciária poderá se perfectibilizar por instrumentos mais informais, flexíveis e atípicos, o que contribui para o fomento e a intensificação das trocas interjudiciais.

4. TIPOLOGIA DA COOPERAÇÃO JUDICIÁRIA NACIONAL: A PROPOSTA DE FREDIE DIDIER JR.

Convém registrar a proposta de Fredie Didier Jr., que, ao investigar a cooperação judiciária nacional, sistematiza o instituto, distinguindo *tipos*, *instrumentos* e *atos* de cooperação.

De acordo com o autor, os tipos de cooperação correspondem ao *modo* como a cooperação poderá ser realizada. A cooperação seria, assim, gênero que poderá se perfectibilizar por meio de (i) solicitação, (ii) delegação, ou (iii) concertação, o que não exclui outros modos que, porventura, venham a surgir.[20]

Por sua vez, os instrumentos de cooperação, como o próprio nome já sugere, correspondem aos *meios* por meio dos quais a cooperação se concretiza. São exemplos de instrumentos de cooperação, as cartas, o auxílio direto, o ato concertado etc.[21-22]

Já os *atos* de cooperação correspondem, efetivamente, ao objeto da cooperação; a que a cooperação se destina. Pode-se citar, como exemplo, a prestação de informações, a reunião ou apensamento de processos, a centralização

17. Nesse sentido, o art. 5º, II, da Resolução nº 350, CNJ: "Art. 5º A cooperação judiciária nacional: (...) II - pode ser instrumentalizada por auxílio direto, atos concertados, atos conjuntos e outros instrumentos adequados;"
18. CABRAL, Antonio do Passo. *Juiz natural e eficiência processual*, cit. p. 530-531.
19. Nesse sentido, Fredie Didier Jr. foi quem primeiro observou que o rol previsto no art. 69, *caput*, do CPC é heterogêneo, pois "mistura instrumentos (auxílio direto e ato concertado, incisos I e IV) com os atos de cooperação (reunião ou apensamento de processos e prestação de informações, incisos II e III)." (DIDIER JR., Fredie. *Cooperação judiciária nacional*, cit, p. 73).
20. DIDIER JR., Fredie. *Cooperação judiciária nacional*, cit,p. 72.
21. Ibidem, p. 72.
22. É possível, ainda, imaginar a cooperação por meio de *e-mail*, telefone, aplicativos de mensagem etc.

de processos repetitivos, a execução de decisão judicial, dentre tantos outros exemplos não necessariamente discriminados no rol do art. 69 do CPC.

Interessa-nos, todavia, tratar nessa breve exposição acerca dos atos concertados, esse instrumento de cooperação que tem reflexos importantes para o sistema de competências, ao permitir o compartilhamento de competências jurisdicionais.

5. A NATUREZA NEGOCIAL DO ATO CONCERTADO: NOSSA POSIÇÃO

O CPC-2015 não define os atos concertados. Mais precisamente, o seu art. 69, IV, apenas prevê que os pedidos de cooperação entre os juízos poderão ser executados mediante *atos concertados*.

Igualmente, a Resolução nº 350/2020, do CNJ, não define a natureza dos atos concertados. Ao discipliná-los, contudo, evidencia que se trata de instrumento consensual entre os juízos adequados para disciplinar a cooperação "em torno de um ou alguns processos, ou a prática de atos mais complexos relacionados a esses mesmos processos" (art. 11).

Partindo da tipologia dos fatos jurídicos processuais, é possível enquadrar os atos concertados como ato jurídico processual. E não poderia ser diferente, primeiramente porque os atos concertados não correspondem a fatos da natureza juridicizados, não podendo ser enquadrados na categoria dos fatos jurídicos *stricto sensu*.

Os atos concertados correspondem a uma ação humana. São atos humanos que têm como agentes os órgãos jurisdicionais. Daí por que devem ser enquadrados na categoria dos atos jurídicos processuais, que se destinam a produzir efeitos no processo em relação ao qual são praticados[23].

Mais precisamente, os atos concertados se perfazem no âmbito da discricionariedade judicial conferida pelo ordenamento jurídico[24]. São ajustes[25] celebrados, consensualmente, entre os juízos cooperantes, que a eles se vinculam.[26]

23. CÂMARA, Alexandre Freitas. *O novo processo civil brasileiro*. São Paulo: Atlas, 2018, p. 125.
24. "Com efeito, a margem de discricionariedade concedida aos juízes é relativa, na medida em que opera em um determinado âmbito espacial e temporal e, portanto, pode variar segundo os diversos ordenamentos e épocas. Uma alteração normativa, ou de fato, ou até uma alteração socioeconômica, pode ampliar ou restringir a margem de discricionariedade deixada ao juiz." (PICARDI, Nicola. *Jurisdição e processo*. Rio de Janeiro: Forense, 2008, p. 17).
25. Resolução nº 350/2020, CNJ: "Art. 11, § 2º O termo de ajuste deve ser redigido de modo claro e conciso, com identificação precisa das competências dos juízos cooperantes e indicação das fontes de custeio para a prática dos atos descritos, quando necessário."
26. Nesse sentido, o parágrafo único do art. 4º da Resolução nº 350/2020: "Art. 4º A cooperação judiciária pode realizar-se por concertação entre os juízos. Parágrafo único. A concertação vincula apenas os órgãos judiciários que dela participaram."

O elemento volitivo, no ato concertado, não é direcionado apenas para a prática do ato em si, mas, sobretudo, para os efeitos dele decorrentes, que podem consistir, dentre outros, na *efetivação de medidas e providências para recuperação e preservação de empresas; na centralização de processos repetitivos; na execução de decisão jurisdicional* etc. (CPC, art. 69, § 2º, IV, VI e VII).

O ato concertado é um ato de disposição processual. Mais precisamente, um ato de disposição da competência (essa entendida como espécie de legitimidade)[27] do órgão jurisdicional. De fato, por meio do ato concertado, a competência é *concertada* no caso concreto para o atingimento de uma finalidade comum aos juízos cooperantes. Haverá, no caso, um exercício *concertado*, *combinado* das competências como resultado do concerto de atos entre os órgãos jurisdicionais.

Daí por que enquadramos os atos concertados na categoria dos negócios jurídicos processuais[28]. Mais precisamente, os atos concertados conformam uma verdadeira convenção processual entre juízes, por meio dos quais se altera o procedimento, para o atingimento de finalidades comuns a um ou mais processos, atuais ou futuros.

A natureza jurídica dos atos concertados é, conforme defendemos, negocial.[29]

6. ESPECIFICAMENTE SOBRE OS ATOS CONCERTADOS E SUAS POTENCIALIDADES

Os atos concertados são instrumentos de cooperação judiciária, por meio dos quais os órgãos jurisdicionais concertam procedimentos ou praticam atos processuais. É a leitura que se extrai do § 2º do art. 69 do CPC.[30] Esse poder de disposição do procedimento na forma autorizada pelo art. 69, § 2º, do CPC revela a legitimidade do órgão jurisdicional para flexibilizar o procedimento em cooperação com outros órgãos jurisdicionais, permitindo-o, assim, dispor da competência.

---

27. CAMPOS, Maria Gabriela. *O compartilhamento de competências no processo civil: um estudo do sistema de competências sob o paradigma da cooperação nacional*. Salvador: Juspodivm, 2020. p. 52-54.
28. MELLO, Marcos Bernardes de. *Teoria do fato jurídico: plano da existência*. São Paulo: Saraiva, 2003. p. 245.
29. Também adotando esse posicionamento: DIDIER JR., Fredie. *Cooperação judiciária nacional* – esboço de uma teoria para o direito brasileiro. Salvador: Juspodivm, 2020; FERREIRA, Gabriela Macedo. Ato concertado entre juízes cooperantes: esboço de uma teoria para o direito brasileiro. In. *Civil procedure review*. v. 10, nº 3, set.-dez., 2019. Em sentido contrário à natureza negocial do ato concertado: CABRAL, Antonio do Passo. *Juiz natural e eficiência processual*: flexibilização, delegação e coordenação de competências no processo civil. Tese apresentada no concurso de provas e títulos para o provimento do cargo de Professor Titular na Universidade Estadual do Rio de Janeiro. Rio de Janeiro: edição do autor, 2017.
30. Também nesse sentido, Fredie Didier Jr.: "a cooperação por ato de concertação tem por objetivo a disciplina de uma série de atos indeterminados, regulando uma relação permanente entre os juízos cooperantes; nesse sentido funciona como um regramento geral, consensual e anterior à prática dos atos de cooperação." (DIDIER JR., Fredie. *Cooperação judiciária nacional*, cit, p. 77).

Por meio dos atos concertados, os juízos podem convencionar a organização procedimental.[31] Podem, de comum acordo, fracionar o procedimento[32], determinando a realização de prova única relativa a fato comum, cujo produto será posteriormente aplicado pelos juízos cooperantes.[33] Podem estabelecer o juízo competente para decidir uma questão comum ou semelhante a mais de um processo.

Podem estabelecer, inclusive, procedimentos internos para gerenciamento de um ou mais casos, a exemplo da criação de portal eletrônico destinado a concentrar cópias digitais de todos os documentos, facilitando o acesso das partes e de seus advogados.

Pode-se, igualmente, estabelecer que as audiências públicas relacionadas a determinado litígio acontecerão no juízo que se mostre mais acessível ou conveniente ao acesso das partes e de seus advogados.

Pode-se pensar na hipótese de os juízos convencionarem, por meio de um concerto de atos, a reunião de demandas que digam respeito a relações jurídicas complexas; imagine-se a hipótese de contratos coligados[34] celebrados entre as partes, que deram origem a diversas demandas distribuídas em juízos distintos. Tendo em vista a própria natureza dos contratos coligados, não

---

31. Resolução 350/2020 do CNJ, Art. 6º. Além de outros definidos consensualmente, os atos de cooperação poderão consistir: I – na prática de quaisquer atos de comunicação processual, podendo versar sobre a comunicação conjunta a pessoa cuja participação seja necessária em diversos processos; II – na prestação e troca de informações relevantes para a solução dos processos; III – na redação de manuais de atuação, rotinas administrativas, diretrizes gerais para a conduta dos sujeitos do processo e dos servidores públicos responsáveis por atuar em mecanismos de gestão coordenada; IV – na reunião ou apensamento de processos, inclusive a reunião de execuções contra um mesmo devedor em um único juízo; V – na definição do juízo competente para a decisão sobre questão comum ou questões semelhantes ou de algum modo relacionadas, respeitadas as regras constantes nos artigos 62 e 63 do Código de Processo Civil; VI – na obtenção e apresentação de provas, na coleta de depoimentos e meios para o compartilhamento de seu teor; VII – na produção de prova única relativa a fato comum; VIII – na efetivação de medidas e providências para recuperação e preservação de empresas; IX – na facilitação de habilitação de créditos na falência e na recuperação judicial; X – na disciplina da gestão dos processos repetitivos, inclusive da respectiva centralização (art. 69, § 2º, VI, do Código de Processo Civil), e da realização de mutirões para sua adequada tramitação; XI – na efetivação de tutela provisória ou na execução de decisão jurisdicional; XII – na investigação patrimonial, busca por bens e realização prática de penhora, arrecadação, indisponibilidade ou qualquer outro tipo de constrição judicial; XIII – na regulação de procedimento expropriatório de bem penhorado ou dado em garantia em diversos processos; XIV – no traslado de pessoas; XV – na transferência de presos; XVI – na transferência de bens e de valores; XVII – no acautelamento e gestão de bens e valores apreendidos; XVIII – no compartilhamento temporário de equipe de auxiliares da justiça, inclusive de servidores públicos; e XIX – na efetivação de medidas e providências referentes a práticas consensuais de resolução de conflitos. Parágrafo único. Caberá ao Conselho Nacional de Justiça, com o apoio técnico do Departamento de Monitoramento e Fiscalização do Sistema Carcerário e Socioeducativo, propor ato normativo regulamentando a transferência de presos, no prazo de 180 dias."
32. Tratando da possibilidade de fracionamento da cognição: VOGT, Fernanda Costa. *Cognição do Juiz no Processo Civil: Flexibilidade e Dinamismo dos Fenômenos Cognitivos.* Salvador: Juspodivm, 2021.
33. Art. 6º, VII, Resolução nº 350/2020, CNJ.
34. Os contratos coligados caracterizam-se pelo fato de que "um depende do outro de tal modo que cada qual, isoladamente seria desinteressante. Mas não se fundem. Conservam a individualidade própria. Cada qual é a causa do outro, formando uma unidade econômica. Enfim, a intenção das partes é que um não exista sem o outro." (GOMES, Orlando. *Contratos.* Rio de Janeiro: Forense, 2008. p. 121-122).

seria difícil imaginar a possibilidade de os juízos convencionarem a reunião das demandas, como forma de melhor interpretar a controvérsia e preservarem a vontade inicial das partes ao coligarem seus contratos[35].

Os juízos podem, de comum acordo, designar determinado juízo para processar demandas que envolvam matérias específicas, servindo de interlocutor entre os demais órgãos e as partes.

A Justiça Federal do Rio Grande do Norte[36], por exemplo, criou, por meio de uma portaria do Diretor do Foro, a figura do "juiz de ligação", responsável por atuar nas demandas envolvendo questões de saúde. O juiz de ligação serve de "ponto de contato" entre os juízos e os demais sujeitos processuais (autores, réus, Ministério Público, gestores de saúde, agências reguladoras etc.).

Na Justiça Federal Potiguar, a magistrada de ligação designada atua em conjunto com a coordenação do Centro de Conciliação e com o Juiz de Cooperação, o que demonstra que a medida visa a incentivar soluções consensuais dos conflitos.

O objetivo desse procedimento, igualmente, visa a garantir a celeridade necessária que as demandas de saúde requerem. Além disso, a previsão de um juiz de ligação possibilita um incremento da *expertise* do juízo para tratar desses tipos específicos de demanda.

A Resolução nº 350/2020, do CNJ, prevê a figura do Juiz de Cooperação, a quem compete facilitar a prática dos atos de cooperação judiciária, servindo de ponte entre os diversos órgãos e juízes, além de outros sujeitos do processo.

Por meio da concertação de atos, os juízos atuam como efetivos gestores do procedimento. Podem, consensualmente, repartir funções, numa ação coordenada, compartilhando suas competências.

7. REPENSANDO O SISTEMA DE COMPETÊNCIAS A PARTIR DO PARADIGMA DA COOPERAÇÃO NACIONAL

7.1. Flexibilização e gestão da competência: o princípio da competência adequada como premissa

A cooperação judiciária nacional tem reflexos diretos sobre o sistema de competências.

35. Realmente, no caso dos contratos coligados, "muito embora cada um deles mantenha a individualidade e o próprio conteúdo, muitas cláusulas contratuais somente poderão ser compostas a partir de elementos presentes nos textos de todos os contratos envolvidos." (MARINO, Francisco Paulo de Crescenzo. *Contratos coligados no direito brasileiro*. São Paulo: saraiva, 2009, p. 148).

36. Notícia: http://jurinews.com.br/jfrn-define-magistrado-de-ligacao-para-agilizar-demandas-de-saude Data de acesso: 20/1/2019.

A competência, em Direito Público, foi teorizada a partir de sua vinculação à figura do Estado, sendo identificada como um poder conferido pelo Estado aos seus órgãos para atuarem seguindo o interesse público dentro dos limites pré-fixados pelo ordenamento[37]. Qualquer atuação fora desses limites representaria uma limitação indevida da esfera de liberdade dos cidadãos[38].

As competências públicas seriam, assim, *inderrogáveis*, não podendo ser modificadas pela vontade das partes, e *improrrogáveis*, de modo que um órgão incompetente não poderia vir a sê-lo posteriormente[39].

O sistema de competências foi sendo estudado e moldado a partir de classificações e conceitos rigorosos, baseados na exclusividade e na territorialidade, para a definição do órgão competente.[40] Assim, uma vez fixada a competência, seriam as raras as hipóteses de posterior modificação. Definida a competência num juízo para processar e julgar determinada demanda, excluída seria a competência de qualquer outro.

A cooperação nacional muda a dinâmica do sistema de competências, permitindo haja a atuação conjunta, coordenada e compartilhada de mais de um juízo num mesmo processo ou conjunto de processos.

Ao proporcionar a intensificação das interações colaborativas entre diferentes juízos, com vistas a uma atuação eficiente, a cooperação nacional torna o sistema de competências mais flexível e adaptável.

No que diz respeito à alocação da competência para um caso concreto, as regras abstratas e apriorísticas de definição da competência cedem por razões de eficiência. Um exemplo do que ora se afirma é a própria possibilidade de

---

37. MELLO, Celso Antônio Bandeira de. *Curso de direito administrativo*. São Paulo: Malheiros, 2009. p. 144.
38. MELLO, Celso Antônio Bandeira de. *Curso de direito administrativo*. cit., p. 144.
39. MEIRELLES, Hely Lopes. et. al. *Direito administrativo brasileiro*. São Paulo: Malheiros, 2011. p. 156. No mesmo sentido afirma José dos Santos Carvalho Filho: "Por ser instituto de direito público, que mantém estreita relação com o princípio da garantia dos indivíduos no Estado de Direito, a competência não recebe a incidência de figuras normalmente aceitas no campo do direito privado. Por isso, duas são as características de que se reveste. A primeira é a *inderrogabilidade: a competência de um órgão não se transfere a outro por acordo entre as partes, ou por assentimento do agente da Administração.* Fixada em norma expressa, deve a competência ser rigidamente observada por todos. A segunda é a *improrrogabilidade: a incompetência não se transmuda em competência, ou seja, se um órgão não tem competência para certa função, não poderá vir a tê-la supervenientemente, a menos que a antiga norma definidora seja alterada.*" (CARVALHO FILHO, José dos Santos. *Manual de direito administrativo*. São Paulo: Atlas, 2017, p. 102).
40. É possível vislumbrar o padrão da territorialidade em diversas regras de competência. É o caso, por exemplo, da regra que fixa a competência para a ação fundada em direito pessoal ou direito real sobre bem móvel, caso em que será competente o *foro de domicílio do réu* (CPC, art. 46), bem como para as ações fundadas em direito real sobre imóveis, em que será competente o foro da situação da coisa (CPC, art. 47). Em todos esses casos, a aderência ao território sugere sua relevância para atribuição da competência, trazendo a falsa impressão de que a correlação entre competência e delimitação espacial do território seria algo indissociável.

reunião de processos para julgamento conjunto. Por razões de eficiência, um juízo torna-se competente para julgar determinado conjunto de casos similares, modificando, assim, a competência inicialmente atribuída.

Trabalha-se aqui com o princípio da competência adequada. Por meio desse princípio, permite-se haja a adequação da competência durante o procedimento, alinhando a própria teoria da competência ao caráter dinâmico do processo.

O princípio da competência adequada não revela apenas a busca pelo órgão competente diante de um caso concreto, mas, igualmente, descortina a necessidade de o próprio juiz do processo examinar se o exercício de sua competência, para cada ato processual, se faz de maneira adequada[41].

É plenamente possível que, exercendo o controle da competência adequada no processo, o juiz vislumbre que determinado ato processual será mais eficiente e trará resultados mais positivos para o processo, se praticado por outro órgão jurisdicional situado num foro diverso.

Foi exatamente essa a conclusão a que chegou o Superior Tribunal de Justiça ao julgar o Conflito de Competência nº 144.922/MG. Definiu a competência do Juízo da 12ª Vara da Seção Judiciária de Minas Gerais/BH, ao argumento de possuiria as *melhores condições* de dirimir as controvérsias decorrentes do acidente ambiental de Mariana.[42]

Em outros termos, o que fez o STJ foi aplicar o princípio da competência adequada.

Utilizar o princípio da competência adequada como premissa permite uma nova abordagem sobre o sistema de competências, que passa a investigar mais *como* as competências combinam e interagem entre si do que, apenas, identificar *qual* o juízo competente para determinado caso. Disso resulta que o estudo da competência não deve ser realizado na maneira *tudo-ou-nada*, mas sim *caso a caso*.

Não se pode desconsiderar que a definição do juízo competente também diz respeito à organização do exercício da atividade jurisdicional *in concreto*,

---

41. O princípio da competência adequada "implica interpretação, integração e aplicação das normas legais e constitucionais pertinentes, extraindo-se delas competências explícitas e implícitas, e adequando-as, quando for o caso, às necessidades da situação concreta" (BRAGA, Paula Sarno. Competência adequada. *Revista de Processo*. São Paulo: Revista dos Tribunais, n. 219, 2013, p. 13-41).

42. Para determinar o Juízo competente, o STJ ponderou as particularidades do caso concreto; considerou que aquele Juízo, além de ser a Capital de um dos Estados mais atingidos pelo desastre, possuía sob sua análise outras demandas relacionadas ao dano, permitindo-lhe uma análise abrangente da controvérsia e de suas implicações, o que lhe possibilitaria tomar "*medidas dotadas de melhor efetividade que não corram o risco de serem neutralizadas por outras decisões judiciais provenientes de juízos distintos*" (STJ, CC nº 144.922/MG, rel. Min. Diva Malerbi – desembargadora convocada TRF 3ª região, 1ª Seção, j. 22.6.2016, DJe 9.8.2016).

para um caso em específico, não estando limitada aos critérios de determinação da competência abstratamente considerados.[43]

Em sua dinâmica contemporânea, o sistema de competências considera a possibilidade de conformação da competência no curso do procedimento pelos órgãos jurisdicionais.

Haverá casos em que as trocas cooperativas interjudiciais poderão ensejar a modificação da competência.

De acordo com o art. 69, II, do CPC é possível que o pedido de cooperação seja executado para que haja a reunião ou o apensamento de processos. Tais circunstâncias podem ocorrer nos casos de continência (CPC, art. 56), conexão (CPC, art. 55) e, ainda, nos casos em que, a despeito de não haver conexão, existir o risco de serem prolatadas decisões conflitantes ou contraditórias (CPC, art. 55, § 3º).

Nessas hipóteses, as demandas serão processadas simultaneamente e julgadas na mesma sentença, em *simultaneus processos*, modificando a competência inicialmente fixada para julgar o mérito das demandas.

Ao apresentar um rol exemplificativo dos atos concertados, o art. 69, § 2º do CPC permite a adoção de técnicas atípicas de gestão do procedimento pelos órgãos jurisdicionais segundo os parâmetros de eficiência e economia processual, podendo ensejar, igualmente, a modificação da competência atribuída.

Pode-se citar, nesse particular, o concerto de atos entre os juízos para centralização de processos repetitivos (CPC, art. 69, § 2º), num único juízo, mais precisamente perante aquele juízo mais adequado, que reúna as condições de julgar a demanda de maneira mais eficiente, podendo ser o juízo prevento (CPC, art. 58) ou não.

Aliás, no nosso sentir, esse é o ponto distintivo entre a reunião de demandas prevista no art. 55, §3º e aquela disciplinada no art. 69, § 2º.

É que a reunião para julgamento conjunto prevista no art. 55, § 3º do CPC deverá, necessariamente, ocorrer perante o juízo prevento, nos termos do art. 58, enquanto a reunião dos processos prevista no art. 69, § 2º, não. Esta se dará perante aquele órgão mais adequado, conveniente, mais eficiente, que não

43. Na França, por exemplo, Xavier Lagarde constata que, atualmente, a competência não reflete apenas uma questão de administração da justiça, mas *condiciona* a própria administração da justiça, por meio da adoção de um sistema de alocação de casos que considera o nível de especialização do juiz, a fim de garantir que cada litígio será melhor tratado pelo magistrado mais qualificado. (LAGARDE, Xavier. La fin des questions de compétence? Conclusions. In: FLISE, Laurence. LAGARDE, Xavier (dir.). *La fin des questions de competence?*, actes des 9èmes rencontres de procédure civile. Tome 102. Institut de recherche juridique de la Sorbonne -IRJS, 2019. p. 146).

necessariamente será o juízo prevento. Em qualquer dessas hipóteses, todavia, haverá a modificação da competência legalmente atribuída, que cede diante do risco de serem proferidas decisões contraditórias (CPC, art. 55, § 3º) e diante de um juízo de conveniência, adequação e eficiência (CPC, art. 69, § 2º).

Contudo, é preciso advertir que o ato concertado para reunião dos processos repetitivos não poderá alterar a competência absoluta para julgar o mérito da questão principal a ser decidida[44], sob pena de violação a regras constitucionais expressas.[45] Tal óbice não há com relação à competência relativa.

As possibilidades de modificação da competência, como resultado das trocas cooperativas, reforçam o atributo da adaptabilidade e da flexibilidade da competência legalmente atribuída. Esta, conforme sustentamos, não é estática, nem infensa às circunstâncias fáticas.

Diante de uma rede nacional de cooperação, as interações entre os juízos cooperantes são inúmeras, ensejando a formação de um ambiente em que o exercício das competências jurisdicionais pode ser compartilhado.

7.2. O compartilhamento de competências jurisdicionais decorrente do concerto de atos entre os juízos cooperantes

Como se viu, o sistema de competências no processo civil contemporâneo é ordenado por parâmetros de eficiência, o que permite haver a conformação do exercício da competência no curso do procedimento, flexibilizando e adaptando a competência inicialmente atribuída.

Muitas vezes, no curso do procedimento, a prática eficiente dos atos processuais poderá ensejar a atuação colaborativa de outro órgão jurisdicional. Por razões de eficiência, determinado juízo poderá ser instado a cooperar com outros órgãos jurisdicionais para a prática de atos processuais. Nesses casos, poderá haver um exercício compartilhado de competências.

O compartilhamento de competências tem como característica a coparticipação de mais de um órgão jurisdicional, cada qual dotado de competências próprias, com vistas à obtenção de resultados comuns, convergentes, num determinado processo.

---

44. Tratando-se de *questões incidentais*, sejam elas de fato ou de direito, Fredie Didier Jr. entende que o ato concertado poderá implicar a alteração da competência absoluta, já que as "questões incidentais podem ser examinadas por qualquer juízo, independentemente de sua competência absoluta." (DIDIER JR., Fredie. *Cooperação judiciária nacional*, cit., p. 101-102).
45. CUNHA, Leonardo Carneiro da. Negócios jurídicos processuais no processo civil brasileiro. In: CABRAL, Antonio do Passo; NOGUEIRA, Pedro Henrique (Coord.). *Negócios Processuais*. 2. ed. Salvador: Juspodivm, 2016, p. 71.

Conforme esclarece Antonio do Passo Cabral, *"há competências exercidas por trocas interativas em relação a outros órgãos jurisdicionais, sem caráter impositivo (...). São frequentemente interações horizontais não hierárquicas e baseadas em coexistência e reconhecimento mútuo"*.[46] O compartilhamento de competências consiste, exatamente, no resultado desse exercício cooperativo, combinado e simultâneo[47] – porém não impositivo –, de competências pelos órgãos jurisdicionais.

Não há relação de subordinação de um juízo ao outro, mas relação de coordenação, em que as competências dos juízos são conformadas para o atendimento de um fim comum, no caso, a prática de um ato processual. O compartilhamento de competências é, em suma, caracterizado pelo consenso dos órgãos jurisdicionais no exercício da competência.[48]

Para além da tradicional concepção da atribuição estática e casuística da competência, o compartilhamento sugere o exercício concertado e harmonioso da competência pelos órgãos jurisdicionais, quando chamados a atuar no processo.

Por meio do concerto de atos, os juízos podem compartilhar competências. A concertação de atos enseja um compartilhamento de competências pelos juízos cooperantes com vistas a um mesmo objetivo.

É possível a concertação de atos para o estabelecimento de procedimento tendente à produção de prova única. Define-se que a prova pericial será produzida num juízo, que será posteriormente aproveitada pelos demais juízos cooperantes, a quem caberá valorá-la.

É inegável que, nessa hipótese, os juízos cooperantes estarão dispondo da própria competência. Como resultado, um ou mais juízos compartilharão o exercício de sua competência para a instrução da demanda, que passará a ser do juízo designado. O resultado da prova será aproveitado, igualmente, por todos os demais, que julgarão seus processos.

Podem, ainda, os juízos concertarem para definir o órgão competente para a penhora e o leilão dos bens, bem como a quem competirá decidir as questões relativas ao concurso de credores.[49]

Nesse particular, a 3ª Turma do Superior Tribunal de Justiça, ao julgar o Recurso Especial 1.803.250-SP, entendeu ser possível a penhora das quotas de sócio da empresa em recuperação judicial, sem que isso implique abalo na *affectio*

46. CABRAL, Antonio do Passo. *Juiz natural e eficiência processual*, *cit.* p. 527.
47. CABRAL, Antonio do Passo. *Juiz natural e eficiência processual*, *cit.* p. 513-514.
48. Antonio do Passo Cabral fala em *assunção consensual de competência*, para tratar dessa possibilidade de transferência da competência. Diferencia a *assunção consensual* do incidente de assunção da competência, que revela uma assunção hierárquica e avocatória de competência. (CABRAL, Antonio do Passo. *Juiz natural e eficiência processual*, cit, p. 509 e ss).
49. art. 6º, XII, XIII, da Resolução nº 350/2020, CNJ.

societatis ou inviabilidade da recuperação. E o fundamento utilizado foi, justamente, a possibilidade de os juízos atuarem *consensualmente*, com fundamento do art. 69, § 2º, V, do CPC, de modo a definir o procedimento para a realização dos atos de constrição e expropriação sempre preservando e equilibrando os interesses em disputa.

Haverá, nesse caso, um compartilhamento de competências como resultado de uma interação direta e colaborativa dos juízos cooperantes para a realização de uma finalidade comum.[50]

Os atos concertados encerram, assim, um ato de gestão da competência pelos juízos, diante de um caso concreto.

Por meio do concerto de atos, os juízos compartilham competências, de maneira cooperativamente orientada, podendo, em alguns casos, ensejar modificações legítimas de competência.

8. CONCLUSÕES

A partir do paradigma da cooperação judiciária nacional, é possível verificar que o próprio sistema de competências passa a ser estruturado em bases dialógicas, finalísticas e de cooperação recíproca entre os juízos, tendo como características a flexibilidade e adaptabilidade.

Esses atributos permitem o exercício compartilhado de competências pelos juízos. O compartilhamento de competências pressupõe a distribuição e a atribuição de competências seguindo padrões de eficiência (gestão da competência).

O exercício compartilhado de competências ganha ainda mais relevância quando vislumbrado sob a perspectiva dos atos concertados. A previsão dos atos concertados permite uma acomodação sistêmica, por meio da gestão da

50. Um exemplo concreto da concertação de atos entre os juízos, para centralização de demandas aconteceu na Comarca de Araxá, Minas Gerais, em que os juízos de três varas cíveis concertaram atos entre si, para instrução de 517 casos que envolviam questões comuns de fato. Mais precisamente, as ações foram ajuizadas em face de duas empresas, para pleitear indenização, em virtude da contaminação de um poço que fornecia água aos moradores da região. Em virtude da grande quantidade de processos tratando de uma mesma questão, os juízos resolveram elencar um processo condutor, no qual seriam concentrados todos os atos processuais, de modo que os demais processos ficariam suspensos até a decisão final. Uma vez escolhido o processo condutor, os advogados foram cadastrados nos autos, podendo neles se manifestar, a fim de exercerem o contraditório e a ampla defesa.
Ao final, a sentença proferida foi aplicada aos demais processos. Esse é um exemplo prático que bem demonstra as potencialidades do concerto de atos entre juízos e os benefícios que esses acordos representam para o processo em termos de eficiência e economia processual, sem contar a economia para o Judiciário advinda pela redução dos custos com a litigância. (TJMG, processo nº 0843570-31.2009.8.13.0040, 3ª Vara Cível. Notícia: http://www.tjmg.jus.br/portal-tjmg/noticias/decisao-tomada-em-araxa-sera-replicada-em-517-processos.htm#.XDeLPM9Ki1s Data de acesso: 20/1/2019).

competência pelos órgãos jurisdicionais, o que só reforça a natureza negocial dos atos concertados, conforme defendemos no presente trabalho.

De fato, por meio do ato concertado, a competência é *concertada* no caso concreto para o atingimento de uma finalidade comum aos juízos cooperantes. Haverá, no caso, um exercício *concertado, compartilhado, combinado* das competências como resultado do concerto de atos entre os órgãos jurisdicionais.

Os atos concertados mudam o paradigma do sistema de competências tal qual foi sendo estruturado ao longo dos anos. A partir da previsão de que os juízos podem concertar atos processuais, a questão da competência deixa de se restringir ao exame do órgão competente e passa a se preocupar mais em investigar como as competências combinam e interagem entre si diante de um caso concreto.

9. REFERÊNCIAS

AHDIEH, Robert B. Between dialogue and decree. *New York University Law Review*, v. 79, dec./2004.

ALVES DA SILVA, Paulo Eduardo. *Gerenciamento de processos judiciais*. São Paulo: Saraiva, 2010.

AVELINO, Murilo Teixeira. Arts. 67 a 69. In: STRECK, Lenio Luiz; NUNES, Dierle; CUNHA, Leonardo (orgs.). *Comentários ao Código de Processo Civil*. São Paulo: Saraiva, 2016.

BRAGA, Paula Sarno. Competência adequada. *Revista de Processo*. São Paulo: Revista dos Tribunais, n. 219, 2013.

CABRAL, Antonio do Passo. *Juiz natural e eficiência processual:* flexibilização, delegação e coordenação de competências no processo civil. Tese apresentada no concurso de provas e títulos para o provimento do cargo de Professor Titular na Universidade Estadual do Rio de Janeiro. Rio de Janeiro: edição do autor, 2017.

CÂMARA, Alexandre Freitas. *O novo processo civil brasileiro*. São Paulo: Atlas, 2018.

CAMPOS, Maria Gabriela. *O compartilhamento de competências no processo civil: um estudo do sistema de competências sob o paradigma da cooperação nacional*. Salvador: Juspodivm, 2020.

CUNHA, Leonardo Carneiro da. A previsão do princípio da eficiência no projeto do novo código de processo civil brasileiro. *Revista de Processo*. v. 233, jul./2014.

CUNHA, Leonardo Carneiro da. Negócios jurídicos processuais no processo civil brasileiro. In: CABRAL, Antonio do Passo; NOGUEIRA, Pedro Henrique (Coord.). *Negócios Processuais*. 2. ed. Salvador: Juspodivm, 2016.

DIDIER JR., Fredie. *Cooperação judiciária nacional* – esboço de uma teoria para o direito brasileiro. Salvador: Juspodivm, 2020.

FERREIRA, Gabriela Macedo. Ato concertado entre juízes cooperantes: esboço de uma teoria para o direito brasileiro. In. *Civil procedure review*. v. 10, nº 3, set.-dez., 2019.

GOMES, Orlando. *Contratos*. Rio de Janeiro: Forense, 2008.

LAGARDE, Xavier. La fin des questions de compétence? Conclusions. In: FLISE, Laurence. LAGARDE, Xavier (dir.). *La fin des questions de competence?*, actes des 9èmes rencontres de procédure civile. Tome 102. Institut de recherche juridique de la Sorbonne -IRJS, 2019.

MAK, Elaine. Balancing territoriality and functionality: specialisation as a tool for Reforming Jurisdiction in the Netherlands, France and Germany. *International Journal for Court Administration*, v. 1, nº 2, oct./2008.

MARINO, Francisco Paulo de Crescenzo. *Contratos coligados no direito brasileiro*. São Paulo: saraiva, 2009.

MELLO, Celso Antônio Bandeira de. *Curso de direito administrativo*. São Paulo: Malheiros, 2009.

MELLO, Marcos Bernardes de. *Teoria do fato jurídico: plano da existência*. São Paulo: Saraiva, 2003.

SCHENK, Leonardo Faria. Comentários aos arts. 64-69 do CPC. *In* WAMBIER, Teresa Arruda Alvim; DIDIER JR., Fredie; TALAMINI, Eduardo.; e DANTAS, Bruno. *Breves comentários ao novo código de processo civil*. São Paulo: Revista dos Tribunais, 2016, p. 270.

SLAUGHTER, Anne-Marie. A Typology of Transjudicial Communication. *University of Richmond Law Review*. v. 29, 1994.

SLAUGHTER, Anne-Marie. Court to court. *The American Journal of International Law*, v. 92, nº 4, oct./1998.

TYLER, Tom R. *Why people cooperate: the role of social motivations*. New Jersey: Princeton University Press, 2011.

VOGT, Fernanda Costa. *Cognição do Juiz no Processo Civil: Flexibilidade e Dinamismo dos Fenômenos Cognitivos*. Salvador: Juspodivm, 2021.

CAPÍTULO 12

A participação das partes no ato concertado entre juízos cooperantes à luz da Resolução nº 350/2020 do CNJ[1]

América Cardoso Barreto Lima Nejaim[2]

Sumário: 1. Introdução – 2. Princípios basilares da cooperação judiciária: 2.1 O Princípio da Eficiência Processual para uma prestação jurisdicional econômica, célere e qualificada; 2.2 Princípio da Adequação do Processo ou Adaptabilidade do Procedimento no CPC/2015 – Diretrizes para a concretização da cooperação judiciária – 3. A cláusula geral da cooperação judiciária nacional no CPC – 4. A Resolução nº 350/2020 do CNJ – 5. O ato concertado entre juízos cooperantes: cooperação judiciária negociada – 6. O Diálogo entre Juízos cooperantes e as Partes do processo no ato de concertação: colaboração processual para a supercooperação Judiciária – 7. Conclusão – Referências bibliográficas.

1. INTRODUÇÃO

O amplo acesso à ordem jurídica, dentro da perspectiva da processualística moderna, exige do operador do direito uma releitura do princípio da inafastabilidade da jurisdição com uma repercussão mais ampla, tanto quanto a quem exerce, quanto para a finalidade a ser atingida. Verifica-se que a prestação jurisdicional somente atinge a sua plenitude quando estiver coberta de isonomia, efetividade e eficiência.

Para tanto, o legislador trouxe a constitucionalização do processo civil através do artigo 1º, do CPC e com perfil principiológico estampado na parte inaugural desse diploma, ratificou alguns princípios constitucionais e fez emergir princípios pamprocessuais que não estavam expressamente previstos, dentre eles, a cooperação processual, a boa-fé processual e a primazia do mérito.

Com vistas à proteção e à efetivação dos direitos fundamentais, grandes mudanças foram trazidas para o processo para que essa função do Poder Judiciário seja cumprida de forma satisfatória, econômica, célere e efetiva.

1. Esse artigo é resultado do grupo de pesquisa "Transformações nas teorias sobre o processo e o Direito Processual" vinculado à Universidade Federal da Bahia e cadastrado no Diretório Nacional de Grupos de Pesquisa do CNPQ. Esse grupo é membro fundador da ProcNet - Rede Internacional de Pesquisa sobre Justiça Civil e Processo Contemporâneo".
2. Doutoranda pela Universidade Federal da Bahia (UFBA). Mestra pela Universidade Estácio de Sá (UNESA). Pós-graduada em Direito Civil e Processo Civil pela Universidade Tiradentes (UNIT). Graduada pela Universidade Tiradentes (UNIT). Professora de graduação e pós-graduação. Advogada militante.

Pautou-se no modelo colaborativo, retirando de cena o protagonismo judicial e trazendo para o centro do processo todos os atores processuais, atuando de forma conjunta para a condução e finalização do processo.

Além disso, trouxe uma permissibilidade notória de flexibilização procedimental para que o processo seja adaptado tanto pelo juiz quanto pelas partes, para atender às especificidades da demanda judicial.

Esse novo perfil do ordenamento jurídico processual dá suporte legal para o modelo de cooperação judiciária presente nos artigos 67 a 69, do CPC, na busca de mais eficiência processual, com um olhar voltado para uma gestão do processo regulada na colaboração entre diversos juízos, judiciais e administrativos, para se alcançar uma atividade-fim satisfatória do Poder do Judiciário.

E, nessa interação entre juízos, não se pode olvidar da aplicação subsidiária e supletiva do Código de Processo Civil prevista no artigo 15, onde o legislador autoriza esse intercambiamento de normas para os processos administrativos, penais e trabalhistas.[3] Referido dispositivo legal é de suma importância para basilar a cooperação entre juízos distintos e de searas externas do Poder Judiciário.

É com esse olhar contemporâneo que serão feitas exposições e análises sobre o ato concertado previsto no artigo 69, IV, §2º, fazendo-se uma passagem obrigatória, sobre a cláusula geral de cooperação judiciária nacional.

Antes, serão abordados os seus princípios fundantes para uma melhor compreensão do tema, ou seja, o princípio da eficiência processual e o princípio da adequação do processo ou da adaptabilidade do procedimento.

Ao final, serão estudadas as novas disposições trazidas pela Resolução nº 350/2020 do CNJ, importante fonte normativa da cooperação judiciária; com enfoque na relevância e imprescindibilidade da participação colaborativa das partes para o êxito do ato concertado entre juízos sob à ótica do artigo 6º, do CPC.

2. PRINCÍPIOS BASILARES DA COOPERAÇÃO JUDICIÁRIA

2.1. O Princípio da Eficiência Processual para uma prestação jurisdicional econômica, célere e qualificada

Ao Poder Judiciário foi dada à missão de ofertar aos cidadãos a tutela jurisdicional protetiva do direito material violado ou ameaçado de sofrer lesão, não se admitindo qualquer tipo de exclusão de apreciação. Ou seja, o acesso à

3. Art. 15. Na ausência de normas que regulem processos eleitorais, trabalhistas ou administrativos, as disposições deste Código lhes serão aplicadas supletiva e subsidiariamente.

justiça deve ser garantido a todos os jurisdicionados diante do princípio constitucional da inafastabilidade da jurisdição previsto no artigo 5º, XXXV e reforçado no artigo 3º, do CPC.

Todavia, a garantia do acesso à justiça precisa ser ampla sob a perspectiva de que a prestação jurisdicional deve ser ofertada de forma eficiente, efetiva e justa. Essa releitura do acesso à justiça foi fruto do Projeto de Florença, iniciado em 1973 e publicado em 1978, comandado por Mauro Cappelletti que, analisando profundamente os problemas que existiam sobre essa acessibilidade e os sistemas jurídicos, fomentou o movimento para o alcance do efetivo acesso à justiça e criou as três famosas ondas renovatórias do processo civil, estas voltadas para a assistência jurídica integral e gratuita (1ª onda); para a tutela dos interesses difusos ou coletivos (2ª onda); para a simplificação dos procedimentos e para utilização de formas privadas ou informais de solução de conflitos (3ª onda).[4]

Com a evolução da sociedade, veio a multiplicidade das relações jurídicas e com elas houve uma inflação no número de demandas judiciais, superlotando o Poder Judiciário, provocando a notória crise da prestação jurisdicional com a perniciosa morosidade. Essa longevidade do processo, é, sem dúvida, "erva daninha" para a tutela do direito. A própria burocratização do processo, o formalismo exacerbado e o protagonismo judicial contribuíam para tornar o acesso à ordem jurídica um verdadeiro caos, desprestigiando o Poder Judiciário.

É dentro desse cenário caótico que o princípio da eficiência processual entra em cena, como uma luz no fim do túnel para aliar as características imprescindíveis da prestação jurisdicional voltada para a garantia do Estado Democrático de Direito, ou seja, qualidade, economia e tempestividade do pronunciamento judicial para se obter uma tutela protetiva de direito, adequada e justa. Eficiência processual deve ser vista, portanto, como norma jurídica[5] de natureza principiológica que ressignifica outros princípios.[6]

O princípio[7] da eficiência vem com um dever de atuação satisfatória do Estado-juiz para prestar um serviço público eficiente, como determinam os artigos

---

4. CAPPELLETTI, Mauro e GARTH, Bryant. *Acesso à Justiça*. Porto Alegre. Editora Sergio Antonio Fabris Editor, tradução de Ellen Gracie Northfleet, 1988, cit., 78, 1, 4, 139, 144.
5. O conceito de norma jurídica é conceito lógico-jurídico que não pode ser confundido com o conceito de texto legal. Didier Jr coloca a norma jurídica como exemplo de conceito jurídico fundamental, a ser construído pela filosofia do direito, essencial para a ciência jurídica. (DIDIER JR, Fredie. *Sobre a Teoria Geral do Processo, essa desconhecida*. 5ª edição. Salvador. Editora Juspodivm, 2018, cit., p. 56-58).
6. CAMPOS, Eduardo Luiz Cavalcanti. *O princípio da eficiência no processo civil brasileiro*. Rio de Janeiro. Editora Forense. 2018, cit., p. 60 e 64.
7. "Os princípios são normas imediatamente finalísticas, primariamente prospectivas e com pretensão de complementariedade e parcialidade, para cuja aplicação se demanda uma avaliação da correlação entre o estado ideal de coisas a ser promovido e os efeitos decorrentes da conduta havida como necessária

37 e 175, parágrafo único, IV, da Constituição Federal.[8] Sendo a atividade jurídica-estatal considerada um serviço público, o Poder Judiciário tem o dever constitucional de realizar a sua função de prestação jurisdicional com eficiência, buscando os melhores resultados com a menor utilização de recursos.[9]

Nessa perspectiva de serviço público, Caponi afirma que a sua eficiência está ligada à edição de leis capazes de suprir as necessidades cotidianas, tanto da sociedade quanto do operador do direito; bem como à suficiência de recursos financeiros e humanos à disposição do Judiciário. Além disso, ele analisa o aspecto cultural da eficiência voltado para a presença de operadores do direito com atuação leal e proba, conectada com a boa-fé para, juntos, fazerem com que a máquina judiciária seja movimentada com técnica adequada e qualificada.[10]

O artigo 37 da CF refere-se à eficiência na Administração Pública, sendo incluída nesta, o Poder Judiciário, que é fiscalizado pelo CNJ quanto a esse dever constitucional, conforme dita o artigo 103- B, §4º II, CF. Vislumbra-se no dispositivo constitucional, a eficiência do Judiciário em sua atividade-meio.

Essa eficiência do Poder Judiciário na atuação processual também ganhou destaque no Código de Processo Civil que contém um evidente perfil principiológico, inspirado no neoprocessualismo, onde os princípios deixaram de ser uma técnica de integração do Direito para receberem o *status* de norma jurídica.[11] Por conseguinte, o legislador traz a marca da força normativa da Constituição através do importantíssimo artigo 1º do CPC, juntamente com as normas fundamentais expostas no Livro I, da Parte geral. O Processo Civil possui estrutura sedimentada no modelo constitucional do processo e é ele que dá efetividade às normas constitucionais através da tutela dos direitos fundamentais.

Dentre essas normas fundamentais do processo civil está o princípio da eficiência processual previsto no artigo 8º, com a carga constitucional que lhe é própria, sendo um corolário do devido processo legal.[12] Nesse dispositivo, agrega-se a eficiência do Poder Judiciário em sua atividade-fim.

à sua promoção." (AVILA, Humberto. *Teoria dos Princípios: da definição à aplicação dos princípios jurídicos*. 15ª edição. São Paulo. Editora Malheiros. 2014, cit., 102).

8. SANTOS, Eduardo Rodrigues. *Princípios Processuais Constitucionais*. 2ª edição. Salvador. Editora Juspodivm. 2019, cit., p. 190.
9. RIBEIRO, Marcia Carla Pereira e RUDINIKI NETO, Rogério Rudiniki Neto. *Uma análise da eficiência do poder judiciário com base no pensamento de Douglas North*. Artigo publicado na Revista Quaestio Iuiris, vol 09, nº 04, Rio de Janeiro, 2016, p 2025-2040.
10. CAPONI, Remo. *O princípio da proporcionalidade na justiça civil: primeiras notas sistemáticas*. Revista de Processo. v. 192, 2011, cit., p. 399-400.
11. DIDIER JR., Fredie. *Curso de Direito Processual Civil*. 17ª edição. Salvador. Editora Juspodivm. 2015, cit., p. 41-43.
12. DIDIER JR., Fredie. *Curso de Direito Processual Civil*, cit., p. 98 e CUNHA, Leonardo Carneiro. *A previsão do princípio da eficiência no projeto do novo Código de Processo Civil brasileiro*. Revista de Processo. Ano 39 vol. 233/2014 | p. 65 - 84 | Jul / 2014, cit., p. 78.

Sob o prisma de norma processual, a eficiência está voltada para o gerenciamento do processo pelo órgão jurisdicional, sendo responsável pela gestão da atividade jurisdicional para se obter um resultado qualificado do processo, com o mínimo de utilização da máquina judiciária, norteando uma verdadeira racionalização para a obtenção da economia processual.

Para esse alcance de resultado satisfatório, autoriza-se ao julgador, a adaptação das regras processuais, sempre com foco na escolha do melhor caminho na administração do processo, através de meios mais apropriados para a solução do conflito e a entrega da prestação jurisdicional. A eficiência quando alcança seu objetivo, traz com ela a celeridade, a efetividade e qualidade da tutela jurisdicional.

Nesse contexto, Cunha esclarece que não se pode confundir eficiência com efetividade e nem como eficácia.[13] Tais expressões não são sinônimas, como uma parte da doutrina tenta demonstrar. Cada uma tem sua definição e sentido próprios que se entrelaçam.

A expressão eficácia decorre da influência do Estado Liberal, sob a ideia do racionalismo do iluminismo do séc. XVIII, equivalendo a uma situação jurídica, com potencialidade da norma jurídica vir a produzir efeitos, sem precisar que efetivamente esses efeitos sejam produzidos.[14] Ou seja, é vista sob a noção lógica-normativa, com a intenção de produzir eventuais efeitos, constituindo-se em um dos planos do fenômeno jurídico.[15]

Já a efetividade nasce sob os eflúvios do Estado Social de Direito, em que se buscava a justiça material por meio das medidas executivas, mandamentais e tutelas diferenciadas. Processo efetivo é aquele em que há o cumprimento das normas jurídicas, onde se concretizam os seus efeitos. Efetividade está embutida na noção empírica da norma jurídica.[16]

Por sua vez, a eficiência é produto do Estado Democrático de Direito onde há a preocupação do Poder Judiciário de realizar concretamente as finalidades consagradas nas normas, apresentando o seu rendimento de produção e, para tanto, atribui-se ao julgador uma maior discricionariedade para que suas decisões sejam adequadas ao caso concreto. O processo é regido sob o prisma da finalidade a que norma se propõe. O julgador decide por sobresunção, realizando

13. CUNHA, Leonardo Carneiro. *A previsão do princípio da eficiência no projeto do novo Código de Processo Civil brasileiro*. Revista de Processo. Ano 39 vol. 233/2014 | p. 65 - 84 | Jul / 2014, cit., p. 66.
14. COSTA, Eduardo José da Fonseca. *As noções jurídico-processuais de eficácia, efetividade e eficiência*. Artigo publicado na Revista de Processo. vol. 121/2005, p. 275 - 301, Mar/ 2005.
15. CUNHA, Leonardo Carneiro. *A previsão do princípio da eficiência no projeto do novo Código de Processo Civil brasileiro*, cit., p. 66-67.
16. CUNHA, Leonardo Carneiro. *A previsão do princípio da eficiência no projeto do novo Código de Processo Civil brasileiro*, cit., p. 66-67.

avaliações próprias para se chegar numa solução ótima..[17] Eficiência, assim, é produto da relação entre os meios empregados e os resultados alcançados. Esses meios serão considerados ótimos se obtiver o melhor resultado possível, com menos custo. Sua noção está no plano *finalístico-normativo*. Portanto, para que seja garantido o Estado Democrático de Direito, a norma jurídica deve ser eficaz, efetiva, cujo resultado deve ser alcançado de forma eficiente.[18]

Dentro da eficiência há três fins da prestação jurisdicional, quais sejam: celeridade (art. 5º, LXXVIII, CF), economia[19] e adequação. Olha-se, então, para uma eficiência sob o prisma quantitativo-qualitativo[20], sendo desafio do julgador a busca do equilíbrio entre prestação jurisdicional célere, econômica e qualificada. Tudo isso, aliás, deve ser alinhado aos princípios do juiz natural, do contraditório efetivo e da isonomia para, dessa forma, ofertar uma tutela adequada às peculiaridade da causa e atender aos interesses legítimos das partes do processo.

Entende-se, portanto, que o princípio da eficiência é formado pela trilogia: celeridade, economia e adequação da prestação jurisdicional. Referida tripartição da eficiência forma esse conjunto de princípios que estão, na realidade, umbilicalmente ligados entre si. Prestação jurisdicional custosa, morosa e inadequada não é prestação eficiente. Faltando um desses elementos, o Poder Judiciário não cumpre o seu dever de atuar com eficiência.

Essa é a visão que ora se propõe, colocando o princípio da eficiência numa órbita macro, contendo em seu universo, a razoável duração do processo, a economia processual e a qualificação da tutela jurisdicional. Tal afirmativa está fundamentada na indeterminação da expressão "eficiência" presente no bojo do artigo 8º, do CPC, permitindo que a dogmática lhe dê uma interpretação ampla, abarcando um conjunto de princípios dentro dessa expressão vaga e polissêmica.[21]

A indeterminação visualizada no texto legal se refere tanto ao antecedente normativo (hipótese fática), quanto no consequente normativo (eficácia), que

17. COSTA, Eduardo José da Fonseca. *As noções jurídico-processuais de eficácia, efetividade e eficiência*. Artigo publicado na Revista de Processo. vol. 121/2005, p. 275 - 301, Mar/ 2005.
18. CUNHA, Leonardo Carneiro. *A previsão do princípio da eficiência no projeto do novo Código de Processo Civil brasileiro*, p. 66-67.
19. Cretella Neto afirma que "o princípio da economia processual orienta os aplicadores do Direito a realizar atos processuais de forma a abreviar a duração dos processos sem abandonar os ideais de Justiça". (CRETELLA NETO, José. *Fundamentos Principiológicos do Processo Civil*. 3ª edição, São Paulo, Revista dos Tribunais, 2018, cit., p. 445.
20. Taruffo expõe que há dois tipos de eficiência no sistema processual, um sob a perspectiva *quantitativa* com fins de celeridade e redução de custos: e outra sob a visão *qualitativa* voltada para a qualidade das decisões para serem justas, equânimes e democráticas na aplicação do direito. (TARUFFO, Michele. Orality and writing as factors of efficiency in civil litigation. *Oralidad y escritura en un processo civil eficiente*. CARPI, Federico; ORTELLS, Manuel (coords.). Valencia: Universidad di Valencia, 2008, p. 185 e ss.)
21. CAMPOS, Eduardo Luiz Cavalcanti. *O princípio da eficiência no processo civil brasileiro*. Rio de Janeiro. Editora Forense. 2018, cit., p. 106.

gera uma cláusula geral de eficiência[22], passando ser função do intérprete e operador do direito, a identificação do sentido, do alcance e dos efeitos da norma no caso concreto[23]. Na interpretação de uma cláusula geral e do conceito indeterminado haverá um maior espaço para a atividade jurisdicional atuar no campo da criatividade da norma jurídica, com uma atuação coadjuvante na formação do ordenamento jurídico, vinda da solução casuística do litígio que lhe é apresentado.

Ressalte-se que para haver uma interpretação correta desses textos abertos e indeterminados é preciso que o intérprete se utilize da técnica, denominada concreção, que tem a finalidade de buscar preencher o vácuo normativo, dando significado de acordo com o caso posto em análise na ação judicial. Por esse método, o magistrado deverá fazer uma análise do caso concreto em toda a sua plenitude, havendo uma heterogeneidade interpretativa, utilizando-se do método indutivo e dedutivo, para que se analise todas as circunstâncias que cercam o fato, como por exemplo, o conteúdo do texto legal e os precedentes judiciais aplicáveis.[24]

Assim, para a aplicação do direito por meio da técnica da concreção, deve o intérprete ter uma prévia compreensão do texto e ao decidir, realizar a valoração judicial dos resultados da sua decisão para fora do processo, já que poderá ocorrer uma variação do sentido que foi dado à norma legal.

Verifica-se, dessa maneira, que a atuação jurisdicional eficiente determina o equilíbrio do tempo do processo, administrando a prática dos atos processuais para evitar o desperdício da atividade processual, racionalizando os instrumentos judiciais e buscando uma alternativa menos onerosa para chegar no resultado satisfatório, por meio de uma decisão judicial de excelência.

---

22. Cláusulas gerais e conceitos indeterminados constituem-se conceitos lógico-jurídicos criados pelos estudiosos da Teoria Geral do Direito e da Teoria Geral do Processo, que servem como base para a aplicação das normas processuais contidas no enunciado legal. Na cláusula geral, é conferido ao julgador a liberdade de determinação dos efeitos jurídicos decorrentes do enquadramento fático à hipótese contida na norma. Por outro lado, no conceito jurídico indeterminado os efeitos já estão previstos pelo legislador restando ao juiz apenas julgar e aplicá-los no caso concreto. Porém, por conter uma vagueza no seu enunciado normativo ou uma abertura, é preciso que o seu conteúdo seja definido pelo juiz à luz do caso concreto. Importante ressaltar que é possível, inclusive, encontrar conceito indeterminado dentro de uma cláusula geral. (BRAGA, Paula Sarno. *Norma de Processo e Norma de Procedimento*. Tese de Doutorado defendida na UFBA sob a orientação do Prof. Fredie Didier Jr. 2015, cit., p. 35.). Didier Jr define a cláusula geral como uma "espécie de texto normativo, cujo antecedente (hipótese fática) é composto por termos vagos e o consequente (efeito jurídico) é indeterminado" (DIDIER JR. Fredie. *Cláusulas Gerais*. Revista de Processo | vol. 187/2010 | p. 69 - 83 | Set / 2010 DTR\2010\376).
23. CAMPOS, Eduardo Luiz Cavalcanti. *O princípio da eficiência no processo civil brasileiro*. Rio de Janeiro. Editora Forense. 2018, cit., p. 107-108.
24. ÁVILA, Humberto Bergmann. *Subsunção e concreção na aplicação do direito*, citado por MENKE, Fabiano. *A Intepretação das Cláusulas Gerais: A subsunção e a concreção dos conceitos*. Revista de Direito do Consumidor | vol. 50/2004 | p. 9 - 35 | Abr - Jun / 2004.

Referido princípio está direcionado para o Poder Judiciário na realização da sua função jurisdicional no que pertine à atividade de gestão processual, passando o juiz a ser visto como o administrador do processo, sendo-lhe concedidos, por lei, alguns poderes para se alcançar o seu patamar.[25]

Todavia, não só na seara judiciária se faz imprescindível a eficiência. Também nos procedimentos administrativos e na arbitragem, a eficiência exerce um papel fundamental para essa forma jurisdicional atípica, proporcionando um resultado legítimo na resolução do caso concreto.

Como dito alhures, para atingir sua meta, a eficiência processual deve caminhar ao lado da economia e da celeridade processual para que possa ser realizado o menor número de atos processuais e procedimentais, em menos tempo e com menor custo, concedendo uma prestação jurisdicional qualificada.

É importante, todavia, que a interpretação sistemática das normas processuais civis esteja voltada para a garantia do princípio da eficiência, bem como a busca do equilíbrio na administração do processo. Nesse norte, ao operador do direito ofertam-se caminhos processuais e procedimentais para uma condução eficiente do processo, através da atividade interpretativa pautada numa gestão racional e adequada, utilizando-se de mecanismos legalmente autorizados para se chegar num resultado satisfatório para a tutela e proteção do direito material.[26]

Como ensina Didier Jr, o princípio da eficiência é norte para a prática de técnicas de gestão processual e organização dos autos do processo.[27] Processo eficiente é aquele onde há otimização da prestação jurisdicional nos campos, econômico, administrativo e burocrático, com o máximo resultado possível.[28]

Eficiência processual estreita-se, como mencionado, com o gerenciamento do processo, com a racionalização (temporal e econômica) e qualificação da prestação jurisdicional, cujo dever não deve ser apenas assumido pelo Poder Judiciário, mas por todos os partícipes do processo, advogados, defensores, promotores, serventuários,[29] incluindo as próprias partes que, no atual cenário jurídico-processual, assumem uma participação mais ativa e colaborativa no resultado final da ação judicial (art. 6º, do CPC), como forma de democratização da

25. DIDIER JR, Fredie. *Cooperação Judiciária*. Salvador. Editora Juspodivm. 2020, cit., p. 53.
26. CAMPOS, Eduardo Luiz Cavalcanti. *O princípio da eficiência no processo civil brasileiro*. Rio de Janeiro. Editora Forense. 2018, cit., p. 62.
27. DIDIER JR., Fredie *Cooperação Judiciária Nacional*, cit., p. 58-59.
28. BUENO, Cassio Scarpinella. *Curso Sistematizado de Direito Processual Civil*. Vol 1. 9ª edição. São Paulo. Editora Saraiva. 2018, cit., p; 155.
29. ALVES DA SILVA, Paulo Eduardo. *Gerenciamento de processos judiciais*. São Paulo: Saraiva, 2010. p. 86.

justiça. Fala-se em processo com protagonismo plural e gestão compartilhada, que serão analisados com mais atenção e de forma percuciente, oportunamente.

Feitas as considerações preliminares sobre o princípio da eficiência, conclui-se que ele é base fundamental para concretização da cooperação judiciária, tanto a nacional quanto a internacional[30] e, via de consequência, possibilitar o acesso à uma ordem jurídica plena.

2.2. Princípio da Adequação do Processo ou Adaptabilidade do Procedimento no CPC/2015 – Diretrizes para a concretização da cooperação judiciária

Como foi mencionado algures, a eficiência possui um duplo viés: eficiência quantitativa e eficiência qualitativa. E é justamente nesse último viés que a atividade jurisdicional assume o dever de fornecer uma prestação adequada à tutela do direito material, utilizando-se o Poder Judiciário da abertura dada pelo legislador, de dinamizar as regras procedimentais para atender a situação específica do caso concreto.

Antes mesmo da vigência do atual CPC já havia estudos voltados para a flexibilização procedimental fulcrada na garantia de proteção de direitos fundamentais, invocando-se o direito do jurisdicionado a um procedimento adequado na obtenção de uma tutela diferenciada para o alcance da prestação jurisdicional justa, eficiente e efetiva.

Dentro dessa energia de amplo acesso à ordem jurídica, a lei nº 13.105/2015 traz uma nova roupagem para o processo civil, dando-lhe uma característica de um formalismo volátil, moldável, para atingir a eficiência da atividade-fim do Poder Judiciário. É o que a doutrina denomina de formalismo-valorativo[31], característica do processo civil contemporâneo, representando o quarto estágio da evolução do processo no tempo[32]. Esse formalismo-valorativo foca a atividade do Poder Judiciário para a prestação da tutela jurisdicional eficiente, efetiva e justa, desnudando o processo dos formalismos excessivos e dilações

30. DIDIER JR., Fredie. *Cooperação Nacional Judiciária*. Salvador. Editora Juspodivm. 2020, cit., p. 58.

31. "[...] diz respeito à totalidade formal do processo, compreendendo não só a forma, ou as formalidades, mas especialmente a delimitação dos poderes, faculdades e deveres dos sujeitos processuais, coordenação de sua atividade, ordenação do procedimento e organização do processo, com vistas a que sejam atingidas suas finalidades primordiais" (OLIVEIRA, Carlos Alberto Alvaro de. *O formalismo-valorativo no confronto com o formalismo excessivo*. Revista de Processo, v. 137, jul. 2006).

32. O formalismo-valorativo representa o reequilíbrio dos poderes e das posições jurídicas do juiz e das partes, assegurando a igualdade e a segurança jurídica no processo, fornecendo ao processo efetivas condições para se evitar o exercício de autoritarismos e abusos na condução da marcha processual de todos os participantes do processo. (SANTOS, Clarice; MARANHÃO, Ney; COSTA, Rosalina Moitta Pinto da Costa, *Instrumentalismo e formalismo-valorativo em ciência processual: há algo de novo sob o sol?* Artigo publicado na Revista dos Tribunais I vol. 1003/2019 I p. 359 – 391 I Maio / 2019).

desnecessárias,[33] além de proporcionar um verdadeiro diálogo judicial com as partes (o incentivo à cooperação processual)[34].

Desse modo, o formalismo-valorativo relativiza o formalismo jurídico-processual para buscar tutela jurisdicional adequada e otimizada, concretizando os valores constitucionais[35]. Didier Jr aponta que esse movimento do formalismo-valorativo, nasce do movimento do neoconstitucionalismo que fundamenta o neoprocessualismo.[36]

Galena Lacerda leciona que processo, no sentido amplo, é considerado como instrumento de efetivação do direito material assumido pelo Estado-Juiz, tendo, portanto, natureza dinâmica. Para atingir essa meta, é necessário que ele seja adequado no aspecto subjetivo (sujeitos do processo); objetivo (bem jurídico material a ser tutelado) e teleológico (fins da função jurisdicional). É visto como princípio unitário para justificar sua cientificidade dentro da Teoria Geral do Processo.[37]

Esse princípio da adequação é ratificado por Didier Jr., ao afirmar que tornar o processo como instrumento adequado é possibilitar uma melhor forma dele atingir sua finalidade. Ele o denomina de princípio da adequação do processo à situação substancial específica (ou princípio da adaptabilidade do procedimento).[38] Para o citado autor, o processo se apresenta como uma série coordenada de atos organizados, estruturada a partir de uma relação jurídica que une os sujeitos processuais, observando sempre o contraditório. Por isso, não pode isolar o processo do procedimento. Para haver a adequação do processo e adaptabilidade do procedimento, deve-se afastar o formalismo excessivo das normas.

Com base nos princípios da adequação e no princípio do princípio da adaptabilidade procedimental é que se justifica a inserção de uma flexibilização do procedimento através da atividade do juiz, sendo uma condição importante para os princípios acima descritos sob o ponto de vista subjetivo ou objetivo.

Nessa conjectura, afirma-se que o devido processo legal está representado também pelo processo adequado/justo e na efetiva proteção dos direitos

33. OLIVEIRA, Carlos Alberto Alvaro de. *O processo civil na perspectiva dos direitos fundamentais*. Revista de Processo, v. 113, jan.-fev., 2004. p. 6.
34. OLIVEIRA, Carlos Alberto Alvaro de. O formalismo-valorativo no confronto com o formalismo excessivo. *Revista de Processo*, v. 137, jul. 2006. p. 6.
35. MAZZOLA, Marcelo. Formalismo valorativo e primazia de mérito: combate à jurisprudência defensiva dos tribunais. *Revista do Processo*, São Paulo, Ed. RT, v. 281, ano 43, julho 2018, cit., p. 6.
36. DIDIER JR, Fredie. *Curso de Direito Processual Civil*. Vol I, cit., p. 45.
37. LACERDA, Galeno. *Luci rd ombre in leggi e proposte de tutele differenziate nei processi civili*. Texto publicado na Rivista de Dirito Processuale. Volume XXXIV, ano 1079.
38. DIDIER JR, Fredie. *Sobre dois importantes, e esquecidos, princípios do processo: adequação e adaptabilidade do procedimento*. Artigo publicado na Revista dos Mestrandos em Direito da UFBA. 2001.

fundamentais. O princípio-mor ganhou um novo olhar, sendo redimensionado como direito ao "justo processo regulado na lei, mas em formas relativizáveis e variáveis à luz das situações observadas em cada caso".[39] Com isso, o juiz, para livrar-se da rigidez procedimental e para ajustar o processo às particularidades do caso, deve adaptar o procedimento, mas deve fazê-lo de modo eficiente.

Através de uma interpretação sistemática das normas legais, principalmente aquelas que contêm textura aberta (cláusulas gerais e conceitos indeterminados), autoriza-se uma atuação eficiente do Poder Judiciário, utilizando-se de atos, meios ou técnicas atípicas, como acontece com a realização da cooperação judiciária, onde o legislador deixou espaço para o julgador agir com criatividade na operalização e no diálogo com outros órgãos jurisdicionais, formando-se uma verdadeira rede jurisdicional de auxílio.

Busca-se, de tal modo, subsídio na adaptabilidade das regras contidas nas leis, adequando-as ao caso concreto. Essa adaptação judicial é uma nova característica do procedimento comum trazida pelo CPC de 2015, retirando a sua característica rígida para torná-lo flexível, dando ao juiz poderes de densificar essa elasticidade procedimental conforme o caso. Essa regra de adaptação pode ser vislumbrada em vários dispositivos do CPC que formam um sistema normativo de versatilidade procedimental. Dentre eles estão os artigos 7º, 69, 139, IV e VI, 297, 300, 536, §1º.[40]

O julgador passa a ter uma atuação mais ativa nessa adaptação procedimental à situação jurídica específica, tendo um espaço maior para alterar regras procedimentais, cuja maleabilidade está sempre ligada ao caráter de atipicidade de certos fenômenos processuais, dentre eles está a cooperação judiciária que pode ocorrer por espécies atípicas, bem como o ato concertado entre juízos cooperantes que pode ser concretizado por vários meios atípicos.[41]

Essa liberdade de versatilidade procedimental também é atribuída às partes para que o processo se adeque às especificidades do caso concreto e à conveniência da tutela jurisdicional por meio de negociação processual prevista no artigo 190 do CPC, onde o legislador lhes dá poderes para elaboração do seu autorregramento procedimental, independentemente da homologação judicial, mas sob o controle de validade do julgador (parágrafo único, do citado artigo).

O autorregramento de vontade no âmbito processual é garantia de um processo democrático, com fundamento no artigo 1º, do CPC que dialoga

39. CABRAL, Antonio do Passo. *Nulidades no processo moderno*: contraditório, proteção da confiança e validade *prima facie* dos atos processuais. Rio de Janeiro: Forense, 2009, cit., p. 191.

40. DIDIER JR. Fredie; CABRAL, Antonio do Passo e CUNHA, Leonardo Carneiro da. *Por uma nova teoria dos procedimentos especiais. Dos procedimentos ás técnicas.* 2ª edição. Salvador. Editora Juspodivm. 2020, cit., p. 64.

41. ABREU, Rafael Sirangelo de. *Customização processual compartilhada": o sistema de adaptabilidade do novo CPC. Artigo publicado.* Revista de Processo | vol. 257/2016 | p. 51 - 76 | Jul / 2016.

diretamente com o artigo 6º, que prevê a cooperação processual; com o artigo 5º, que determina o dever dos sujeitos processuais de atuação processual com boa-fé objetiva; e com o artigo 7º, que expõe o direito de participação isonômica na relação processual.

Esse direito de autorregramento atípico recai não no objeto litigioso do processo, mas sobre o ônus, as faculdades, os deveres e os poderes processuais (normatização de situações jurídicas processuais), sobre o ato processual ou sobre regras procedimentais. Uma vez formulada a negociação processual, ela obrigará os pactuantes e os seus sucessores (enunciado 115, do FPPC).

Finalizada essa primeira parte principiólogica, restou demonstrado que o princípio da eficiência e o princípio da adaptabilidade procedimental/adequação do processo, são fios condutores para a concretização da cooperação judiciária nacional, abrindo-se espaço para um verdadeira conexão de atividade jurisdicional entre órgãos do Poder Judiciário, e deste com juízo arbitral e órgãos administrativos, como será visto a seguir.

3. A CLÁUSULA GERAL DA COOPERAÇÃO JUDICIÁRIA NACIONAL NO CPC

A cooperação judiciária consiste numa técnica processual que já era utilizada antes da vigência do CPC/2015, porém de forma limitada, através dos atos de auxílio denominados de cartas rogatórias, precatórias e de ordem, previstas no CPC/73, entre os artigos 200 a 212. Com a Lei nº 13.105/2015, a cooperação judiciária recebeu uma remodelagem através dos artigos 67, 68 e 69, consistindo numa cláusula geral para tornar a administração da justiça mais eficiente e eficaz.

Mas é importante frisar que a estruturação da cooperação judiciária foi inspirada nos atos normativos do CNJ[42], por meio de recomendações e resoluções.

A primeira resolução a dar indícios de cooperação sem prevê-la expressamente, foi a Resolução nº 70/2009, que dava sinais de sua possibilidade através da instituição do Planejamento Estratégico Nacional do Poder Judiciário para a realização da justiça por meio do cumprimento de objetivos como: a eficiência operacional; a facilitação do acesso à justiça e a promoção da efetividade no cumprimento das decisões judiciais; o alinhamento estratégico nas unidades do Judiciário; o diálogo e o intercâmbio de experiências entre os tribunais,

42. FONSECA, João Gustavo Henriques de Morais. *Cooperação Judiciária Processual: Flexibilidade procedimental para a efetividade da jurisdição.* Dissertação de Mestrado apresentada ao Programa de Pós-graduação em Direito da Faculdade de Direito e Ciências do Estado, da Universidade Federal de Minas Gerais (UFMG), Belo Horizonte. 2018, cit., p. 34-45.

nacional e internacionalmente; a harmonização das relações entre os setores dos Poderes e instituições; dentre outros.

Em seguida, veio a Recomendação n.º 28/2009, que traz expressamente a expressão "cooperação" no final do seu texto. Através desse recomendação há o incentivo à implementação do Projeto Justiça Integrada nos Órgãos do Poder Judiciário por meio do uso comum das estruturas, de recursos humanos e materiais, assim como de equipamentos e ferramentas tecnológicas, como também nela há previsão de formas de integração entre os órgãos do Poder Judiciário.

Em 2011, foi publicada a Recomendação nº 38 que representa um marco forte da inserção da cooperação judiciária, trazendo regulamentação específica, prevendo mecanismos para a sua efetivação entre os órgãos do Poder Judiciário. Dessa forma, verifica-se que a recomendação deu um grande passo para legitimar e incentivar a prática da gestão judiciária por partes dos magistrados, em qualquer grau de jurisdição e em qualquer área de atuação.[43]

Em 2014, foi publicada a Resolução nº198 que revogou a Resolução nº 70/2009, trazendo, na realidade, a sua atualização. Nessa resolução, há a previsão do Plano de Estratégia Nacional do Poder Judiciário para o sexênio 2015/2020, colocando a realização da Justiça como a missão para fortalecer o Estado Democrático e fomentar a construção de uma sociedade livre, justa e solidária, por meio de uma efetiva prestação.

Por fim, foi publicada a Resolução nº 350/2020 que revogou a Recomendação nº 38/2011, sendo uma verdadeira complementação às regras de cooperação contidas no Código de Processo Civil. Em momento oportuno, as suas disposições serão analisadas com maior atenção.

A cooperação judiciária é composta por um conjunto de instrumentos e de atos jurídicos de interação entre os órgãos jurisdicionais de um mesmo país ou de países diferentes, bem como entre o Poder Judiciário e os juízos arbitrais ou órgãos administrativos, para que atuem em auxílio recíproco com vistas ao processamento e julgamento mais eficiente de litígios[44]. Portanto, consiste num "intercâmbio processual entre juízos diversos para prestação jurisdicional de forma plena, econômica, racional e eficiente."[45]

43. LUNARDI, Thaís Amoroso Paschoal. *Atos concertados entre juízes cooperantes como ferramenta adequada de gestão processual: uma possibilidade do Multidistrict Litigation no sistema brasileiro.* Artigo publicado no livro *O processo civil entre a técnica porcessula e a tutela de direitos. Estudos em homenagem a Luiz Guilherme Marinoni, Sérgio Cru Arenhart e Daniel Mitidiero.* Coorederadores. Obra organizada por Rogéria Dotti. São Paulo. Editora Revista dos Tribunais, 2017, p. 367-389, cit., p. 372.

44. DIDIER JR., Fredie *Cooperação Judiciária Nacional*, Salvador, Editora Juspodivm, 2020, cit., p. 61-62.

45. CAMARGO, Luiz Henrique Volpe. A centralização de processos como etapa necessária do incidente de resolução de demandas repetitivas. Tese (Doutorado em Direito) – Pontifícia Universidade Católica de São Paulo, São Paulo, 2017, cit., p. 303.

Como aludido acima, um marco importante para a cooperação judiciária foi a Recomendação nº 38/2011 do CNJ que a enalteceu como um mecanismo hábil e eficaz para desburocratização e agilidade no cumprimento dos atos judiciais além dos limites da competência do juízo, através dos juízos de cooperação (art. 7º)[46]. Também sugeriu a criação de Núcleos de cooperação judiciária (art. 9º).[47]

Conforme descreve Campos, essa proposta de formação de uma Rede Nacional de Cooperação Judiciária possibilita que dentro de uma sociedade supercomplexa, pulverizada de demandas repetitivas ou conexas, possa se obter uma atuação jurisdicional coordenada, colaborativa e cooperativa, por meio de harmonização de procedimentos e entendimentos.[48] Essa rede foi mantida na Resolução nº 350/2020, em seu artigo 7º.[49]

A referida Recomendação nº 38 inspirou os Tribunais de Justiça a criarem provimentos e resoluções para dar vida a esse sistema de gestão processual, como ocorreu, por exemplo, com a Resolução nº 172/2012 do TJAC e a Resolução nº 13/2012, do TJAL, bem como foi base para a redação do artigo 67, do CPC/2015, que prevê o dever de cooperação recíproca em todas as instâncias e em graus de jurisdição, a ser realizado entre os magistrados e os servidores públicos.

Dessa forma, o CPC atual ampliou a forma de se concretizar a cooperação judiciária, trazendo também mais flexibilidade, informalidade e horizontalidade, com a finalidade de desburocratizar e agilizar a realização dos atos judiciais[50] em perfeita harmonia com os princípios constantes no artigo 2º, da Recomendação nº 38/2011 do CNJ que foram as bases para a cooperação judiciária.

Extrai-se da atual Resolução nº 350/2020 que os pedidos de cooperação devem conter agilidade, instrumentalidade das formas, concisão, além se observar

46. Os Juízes de cooperação têm a função de intermediar o contato entre magistrados, a agilização do intercâmbio de atos forenses e a concertação de procedimentos entre os juízes cooperantes, dentre outras prerrogativas. (CAMPOS, Marília Gabriela, *O compartilhamento de competências no processo civil.* Salvador. Editora Juspodivm, 2020, cit., p. 123).
47. Os Núcleos de cooperação judiciária têm a função de sugerir diretrizes de ação coletiva, harmonizar rotinas e procedimentos, bem com atuar na gestão coletiva de mecanismos suplementares de gestão administrativa e na elaboração de diagnósticos de política judiciária, fundadas no princípio da centralização, colaboração e eficácia.
48. CAMPOS, Marília Gabriela, *O compartilhamento de competências no processo civil,* Salvador. Editora Juspodivm. 2020 cit., p. 123.
49. Art. 7º A Rede Nacional de Cooperação Judiciária é composta pelo(s)
I – Juízes de Cooperação Judiciária;
II – Núcleos de Cooperação Judiciária de cada um dos tribunais brasileiros; e
III – Comitê Executivo da Rede Nacional de Cooperação Judiciária, instituído pelo CNJ.
§ 1º O Supremo Tribunal Federal e os Tribunais Superiores poderão aderir à Rede Nacional de Cooperação Judiciária.
§ 2º Os órgãos judiciários de todos os ramos com sede em um mesmo estado da Federação poderão articular-se em Comitês Executivos Estaduais compostos por representantes de cada um dos ramos do Poder Judiciário.
50. CAMPOS, Maria Gabriela. *O Compartilhamento de Competência no Processo Civil*, cit., p. 112.

a unidade da jurisdição nacional, havendo fomentação para a facilitação da comunicação entre os órgãos jurisdicionais, com prioridade para o uso dos meios eletrônicos (art. 8º, §1º). Essa preferibilidade pela utilização da via eletrônica está, inclusive, estampada nos artigos 232 e 263, do CPC[51], reforçada pelo artigo 236, §3º. A facilitação do uso de meios de cooperação contribui para incentivar os juízes a adotarem o sistema de cooperação judiciária e intensificar as trocas interjudiciais e extrajudiciais.[52]

A cooperação retrata um poder/dever entre juízos com amplitude de interação, visando uma gestão adequada e eficiente de atos processuais por meios mais eficazes.[53]

Para Volpe, a cooperação representa um complexo de atos de gestão adequada de processos, havendo um intercâmbio processual entre juízos diferentes para se obter uma prestação jurisdicional plena, racional e eficiente".[54]

Dentro da redação do artigo 67 há a orientação do dever de recíproca cooperação entre os órgãos do Poder Judiciário, estadual ou federal, especializado ou comum, em todas as instâncias e graus de jurisdição, incumbindo-lhes o dever de recíproca cooperação, por meio de seus magistrados e servidores. Tal cooperação também é compatível com a Justiça do Trabalho.[55] Já o artigo 68

51. Art. 232. Nos atos de comunicação por carta precatória, rogatória ou de ordem, a realização da citação ou da intimação será imediatamente informada, por meio eletrônico, pelo juiz deprecado ao juiz deprecante. Art. 263, CPC. As cartas deverão, preferencialmente, ser expedidas por meio eletrônico, caso em que a assinatura do juiz deverá ser eletrônica, na forma da lei.

52. Uma das fontes de inspiração na inserção da cooperação judiciária no sistema processual civil brasileiro está no Direito norte-americano que possui a ferramenta do multidisdrict litigation na gestão de casos judiciais com questões comuns de fato, o para otimizar a prestação jurisdicional e alcançar eficiência na gestão processual. Por esse sistema americano, haverá a reunião de processos em trâmite perante juízos federais distintos para a produção de provas em um único juízo, quando for comum a todos os casos. (FERREIRA, Gabriela Macedo, *O ato concertado entre juízes operantes: esboço de uma teoria para o direito brasileiro*. Artigo publicado na Revista Civil Procedure Review. v.10, n. 3: set.-dez. 2019).

53. ARAGÃO, Nilsiton Rodrigues de Andrade. *Fundamentos da cooperação judiciária nacional.* Artigo publicado na Revista Eletrônica de Direito Processual – REDP, Rio de Janeiro. Ano 14. Volume 21. Número 3. Setembro a Dezembro de 2020 Periódico Quadrimestral da Pós-Graduação Stricto Sensu em Direito Processual da UERJ, pp. 450-474, www.redp.uerj.br, cit., p. 452.

54. CAMARGO, Luiz Henrique Volpe. A centralização de processos como etapa necessária do incidente de resolução de demandas repetitivas. 2017. Tese (Doutorado em Direito) – Pontifícia Universidade Católica de São Paulo, São Paulo, 2017, p. 303.

55. Enunciado 35 do 1º Fórum Nacional do Processo do Trabalho: "CLT, ART. 769 E NCPC: ART. 67. COOPERAÇÃO JUDICIAL. Os preceitos da cooperação nacional são compatíveis com os princípios do processo do trabalho". Enunciado 38 do 1º Fórum Nacional do Processo do Trabalho: "CLT, ART. 769 E NCPC, ARTS. 67, 68, 69 E § 2º. COOPERAÇÃO ENTRE ÓRGÃOS. A cooperação judiciária entre órgãos judiciários, no âmbito dos respectivos Tribunais, regiões ou comarcas, prevista no art. 67 do NCPC compreende: a) a cooperação para a prática de atos processuais (arts. 68 e 69); b) a cooperação destinada à concentração de atos de gestão judiciária e de administração de justiça entre órgãos judiciais concernentes à harmonização, racionalização e agilização de rotinas, procedimentos e práticas comuns (art. 1º, I, Recomendação 38, CNJ); c) a cooperação para a gestão coletiva de conflitos e a formulação de políticas jurisdicionais, de gestão judiciária e de administração da justiça (art. 9º, anexo da Recomendação nº 38, CNJ)".

prevê que os juízos poderão formular entre si, pedido de cooperação para a prática de qualquer ato processual.

A interpretação literal dos citados artigos pode levar a um grave equívoco de conclusão no sentido da cooperação judiciária existir somente no âmbito do Poder Judiciário. Contudo, deve-se ser feita uma interpretação sistematizada, buscando âncoras no artigo 15 do CPC, onde o legislador deixou claro que as regras de cooperação judiciária têm abrangência no âmbito administrativo, diante da aplicação subsidiária e supletiva das normas processuais civis aos processos eleitorais, trabalhistas, penais e administrativos.

Como afirma Campos, a cooperação judiciária materializa um compromisso de solidariedade, de co-responsabilidade e de confiança recíproca entre os órgãos jurisdicionais no exercício de suas funções, sejam de caráter jurisdicional ou administrativo, onde a "interpretação deve ser sempre favorável à cooperação", com uma verdadeira interação colaborativa para compartilhar competência.[56]

Assim, no âmbito administrativo existem vários tribunais que podem dialogar entre si, como ocorre com os Tribunais de Conta, os Tribunais de Contribuintes, o Conselho de Controle de Atividades Financeiras (COAF), o Conselho Administrativo de Defesa Econômica (CADE), o Conselho Administrativo de Recursos Fiscais (CARF), a Comissão de Valores Imobiliários (CVM), o Tribunal de Justiça Desportiva (TJD), o Tribunal Marítimo etc. Essa é a orientação contida no Enunciado 670 do FPPC.[57] O instrumento para a realização dessa cooperação pode ser inspirado no auxílio direto que é aplicado na cooperação internacional, com previsão nos artigos 28 ao 34, do CPC.

No bojo da redação do artigo 67 há a previsão de que a cooperação judiciária poderá ocorrer por meio de servidores, o que serve de suporte para a possibilidade de existir na seara administrativa, destinando-se à realização de atos de gestão da vara, de organização judiciária, administração de recursos humanos e materiais da serventia, treinamento de servidores, organização do depósito de bens apreendidos, desenvolvimento dos sistemas eletrônicos integrados, disposição de servidores etc. Nesse caso, vislumbra-se uma verdadeira possibilidade da cooperação ser entre uma unidade jurisdicional e uma administrativa (Presidência, Corregedoria, central de distribuição, a central de mandados etc.)[58].

56. CAMPOS, Maria Gabriela. *O Compartilhamento de Competências no Processo Civil Brasileiro*, cit., p. 139.
57. Enunciado. 670. A cooperação judiciária pode efetivar-se pela prática de atos de natureza administrativa ou jurisdicional.
58. ARAGÃO, Nilsiton Rodrigues de Andrade. *Fundamentos da cooperação judiciária nacional.* Artigo publicado na Revista Eletrônica de Direito Processual – REDP, Rio de Janeiro. Ano 14. Volume 21. Número 3. Setembro a Dezembro de 2020 Periódico Quadrimestral da Pós-Graduação Stricto Sensu em Direito Processual da UERJ, pp. 450-474, www.redp.uerj.br.

É possível ainda incluir na cooperação judiciária órgãos com competências jurisdicionais, dentre eles, os Centros Judiciários de Solução de Conflitos e Cidadania (Cejusc). Nesse sentido, proclama o Enunciado n.º 26 do Fórum Nacional de Conciliação e Mediação (Fonacom): "Considerando que as centrais de conciliação praticam atos jurisdicionais, a elas se aplicam as disposições do art. 67 a 69 do CPC, quanto à cooperação nacional".

Essa amplitude interpretativa para alcançar órgãos fora da estrutura do Poder Judiciário é importante para as demandas que rompem as barreiras territoriais do órgão julgador, como também essenciais para as demandas repetitivas espalhadas em todo território brasileiro, com características de processos estruturais.[59]

Outrossim, é possível haver cooperação judiciária entre árbitros e Poder Judiciário, cuja comunicação é concretizada pelo instrumento denominado, carta arbitral, prevista no artigo 237, IV, do CPC, inobstante o campo de atuação ser mais restrito, diante dos limites da sua jurisdição privada, da sua característica de sigilo, quando pactuado pelas partes. Todavia, apesar de uma atuação cooperativa mais restrita, é de suma importância o apoio recíproco entre Juízo Arbitral e o Poder Judiciário, como ocorre, por exemplo, com a concessão de tutelas provisórias de urgência antecedente, execução de tutelas provisórias incidentais[60].

A cooperação pode ocorrer entre os Ministérios Públicos em suas atividades investigativas que ocorrem no âmbito do inquérito civil, bem como nas tentativas de autocomposição. O CPC, em seu artigo 75, §4º também traz norma expressa de cooperação entre as Fazendas Públicas.[61]

É possível haver cooperação entre Poder Judiciário e órgãos que não pertencem, mas que compõem o sistema jurídico como, por exemplo, a OAB, o Ministério Público, a Defensoria Pública, as polícias, as secretarias de justiça. As convenções cooperativas podem ser realizadas ainda com a Procuradoria-Geral da Fazenda Nacional, a Procuradoria-Geral da União, com litigantes habituais como a Caixa Econômica Federal, as operadores de telefonia, as operadoras de saúde. São os chamados protocolos institucionais.[62]

Inobstante o legislador tenha se utilizado da expressão "judiciária", entende-se que a denominação mais adequada seja "cooperação jurisdicional", para demonstrar o alcance que a cooperação pode atingir não só entre órgãos do Poder Judiciário, mas também entre eles e árbitros; e entre árbitros diversos.

59. MARÇAL, Felipe Barreto. *Deveres cooperativos do magistrado no processo estruturante*: da cooperação com as partes à cooperação com outros órgãos (judiciários ou extrajudiciários), por meio de atribuição de competências e delegações. Civil Procedure Review. Pás. 77-100, v.10, n. 2: mai.-ago., 2019, cit., p. 90.
60. PINHO, Humberto Dalla Bernardina de; MAZZOLA, Marcelo. *A cooperação como elemento estruturante da interface entre o Poder Judiciário e o Juízo Arbitral*. Artigo publicado na *Revista da EMERJ*, Rio de Janeiro, v. 20, n. 2, maio/ago. 2018, p. 198.
61. DIDIER JR., Fredie *Cooperação Judiciária Nacional*, cit., p. 40.
62. DIDIER JR, Fredie. *Cooperação Judiciária Nacional*, cit., p. 39-40.

E, nos casos em que a cooperação ocorrer para a realização de atividades meramente administrativas entre Poder Judiciário e órgãos administrativos, entre Ministérios Públicos, Fazendas Públicas, Defensorias Públicas, dentre outros, a expressão mais adequada para tratar da cooperação é a jurídica.

Portanto, a cláusula geral de cooperação, para ser entendida em sua completude quanto à sua abrangência, impõe que o operador do direito e intérprete, faça uma leitura conjugada do artigo 67, com o artigo 68 e o artigo 69, §§ 1º e 3º, CPC, que poderá ocorrer interna e externamente ao processo judicial, estendendo a relações transprocessuais, numa espécie de cooperação administrativa.

No que pertine às características da cooperação judiciária, estão: a reciprocidade; a publicidade; a transversalidade; a bilateralidade ou plurilateralidade[63]; a atipicidade[64]; a flexibilidade. Por esse perfil da cooperação, permite-se uma ressignificação do juiz natural, rompendo-se com a noção de competência atribuída somente pela lei estrita; tendo referido princípio mais objetividade, impessoalidade, generalização e invariância quanto às suas normas, à previsibilidade, à participação e à controlabilidade.[65]

Com referência aos tipos, instrumentos e atos de cooperação, o artigo 69 contém uma redação obscura e, por isso, Didier Jr propõe uma leitura cautelosa, extraindo dele as espécies de cooperação que podem ocorrer por meio de solicitação, por delegação ou por concertação, cujos tipos possuem instrumentos de atuação, representados por atos de cooperação[66].

Didier Jr. chama a atenção de que há verdadeira distinção entre tipos, instrumentos e atos de cooperação. Expõe o processualista que os tipos representam os modos de interação entre os órgãos, modos estes estipulados na lei (solicitação, delegação, ou concertação) ou que podem ser criados. Essa integração poderá ocorrer de ofício ou por requerimento feito pelas partes ou por terceiros interessados. Por sua vez, os instrumentas são a concretização dos tipos de cooperação, tipificados na lei, mas que podem ser atípicos. Por fim, os atos representam o objeto da cooperação judiciária, que também poderão ser típicos ou atípicos.

A cooperação por solicitação está voltada para a prática de um ou de alguns atos determinados, na forma simples ou eletrônica, cuja invocação deve

63. VOLPE, *A centralização de processos como etapa necessária do Incidente de Resolução de Demandas Repetitivas*, cit., p. 304-305.
64. VIANA, Isadora Passos Amaral. *Centralização de processos e cooperação judiciária: terceiro mecanismo de resolução de casos repetitivos*. Dissertação de Mestrado da UFBA sob a orientação do Prof. Fredie Didier. Salvador. 2019, cit., p. 56.
65. CABRAL, Antonio do Passo. *Juiz natural e eficiência processual: flexibilização, delegação e coordenação de competências no processo civil*. Tese apresentada no concurso de provas e títulos para provimento do cargo de Professor Titular. Faculdade de Direito da Universidade do Estado do Rio de Janeiro. Rio de Janeiro: edição do autor, 2017, p. 367.
66. DIDIER JR., Fredie *Cooperação Judiciária Nacional*, cit., p. 72.

ser atendida de pronto por aquele a quem foi solicitado.[67] A solicitação pode ser feita e direcionada por e a qualquer órgão jurisdicional, entre jurisdições hierárquicas distintas, entre órgãos do Poder Judiciário que pertençam a ramos diferentes (art. 69, §3º, CPC). Também poderá ocorrer uma interação por esse tipo de cooperação entre o Poder Judiciário e o juízo arbitral[68], ou até mesmo como o Poder Executivo, numa verdadeira transversalidade cooperativa.[69]

Para que ocorra a solicitação é preciso que haja a provocação de um juízo a outro, cuja atividade cooperativa se encerra com o atendimento previsto em seu instrumento documentado.[70] Nesse tipo de cooperação haverá os instrumentos da carta precatória (art. 237, III, do CPC) e da carta arbitral (art. 237, IV, CPC)[71], os quais serão analisados com mais detalhes no item específico sobre instrumentos de cooperação.

Feitas tais considerações, é possível concluir que a cooperação por solicitação tem natureza de ato jurídico *stricto sensu*[72] diante da manifestação ou declaração unilateral de vontade de um ou mais juízos para obter assistência de outro ou outro juízos, para que seja realizada a prática de algum ou alguns atos do procedimento. Ademais, os efeitos dessa manifestação estão previamente previstos em lei, não sendo permitido ao órgão jurisdicional solicitado fazer juízo de adequação do ato, mas apenas controlar a sua legalidade ou defeito que cause prejuízo à parte.[73]

Por outro lado, a *cooperação por delegação* volta-se para a possibilidade de transferência da competência de determinada atividade de um órgão para outro, os quais possuem entre si uma vinculação por hierarquia. Essa atividade pode ser instrutória, de comunicação ou de execução ou para o exercício de qualquer tipo de cooperação, como bem prevê o artigo 68 do CPC.

Para a sua efetivação é utilizado, geralmente, o instrumento denominado de carta de ordem, o que não impede que seja realizado por outro meio, diante da atipicidade dos instrumentos. Como há uma relação de subordinação

---

67. DIDIER JR., Fredie *Cooperação Judiciária Nacional*, cit., p. 76.
68. Enunciado 05 do FPPC. O pedido de cooperação poderá ser realizado também entre o árbitro e o Poder Judiciário.
69. CAMARGO, Luiz Henrique Volpe. *A centralização de processos como etapa necessária do Incidente de Resolução de Demandas Repetitivas*, cit., p. 304-305.
70. DIDIER JR., Fredie *Cooperação Judiciária Nacional*, cit., p. 80.
71. DIDIER JR., Fredie *Cooperação Judiciária Nacional*, cit., p. 76.
72. Ato jurídico *stricto sensu* consiste no "fato jurídico que tem por elemento nuclear do suporte fático manifestação ou declaração unilateral de vontade cujos efeitos são prefixados pelas normas jurídicas invariáveis, não cabendo às pessoas qualquer poder de escolha da categoria jurídica ou de estruturação do conteúdo das relações jurídicas respectivas." (MELLO, Marcos Bernardes de. *Teoria do Fato Jurídico: plano da existência*. 21º ed. São Paulo: Saraiva, 2018, cit., p. 228)
73. VIANA, Isadora Passos Amaral. *Centralização de processos e cooperação judiciária: terceiro mecanismo de resolução de casos repetitivos*, cit., p. 64.

entre os órgãos, a cooperação não é solicitada, mas determinada, imposta, em que o órgão hierárquico inferior se vê obrigado a realizar a cooperação (compulsoriedade da delegação), exceto se dentro da determinação houver comportamento contrário ao Direito, hipótese em que a cooperação judiciária pode ser negada diante do contexto que tenha no instrumento.[74] Antonio do Passo Cabral afirma, porém, que a carta precatória é instrumento de delegação e não de solicitação.[75]

Exemplo claro de cooperação por delegação está no artigo 972, do CPC, onde havendo a necessidade de produção de provas além das documentais em sede de ação rescisória, o Tribunal determinará que a sua realização seja feita pelo juízo inferior que proferiu a decisão rescindenda, fixando um prazo para que o mesmo cumpra com a cooperação delegada, entre 1 a 3 meses, onde ao ser cumprida a determinação, os autos deverão ser devolvidos para o órgão que delegou.

A prática da delegação também pode ser vista quando o STF delega atribuições executivas, conforme autoriza o artigo 102, I, "m", da CF, transferindo a prática de atos executivos para os juízos singulares.[76]

Por fim, está a *cooperação por concertação* que se materializa pela prática de um complexo de atos indeterminados com o fito de regular uma relação permanente ou duradoura entre os juízos cooperantes, representando um regramento geral, da natureza consensual, portanto, preestabelecidos anteriormente à prática dos atos concertados.[77]

Registra-se, ainda, que é possível que dentro da cooperação judiciária existam simultaneamente os três tipos ou até mesmo é possível que haja integração entre os seus objetivos, intercambiando seus instrumentos. Aragão, portanto, defende a possibilidade de combinação entre eles.[78]

---

74. DIDIER JR., Fredie. *Cooperação Judiciária Nacional*, cit., p. 77.
75. CABRAL, Antonio do Passo. *Juiz natural e eficiência processual: flexibilização, delegação e coordenação de competências no processo civil*. Tese apresentada no concurso de provas e títulos para provimento do cargo de Professor Titular. Faculdade de Direito da Universidade do Estado do Rio de Janeiro. Rio de Janeiro: edição do autor, 2017, cit., p. 453.
76. Didier Jr esclarece que essa cooperação por delegação não pode ser confundida com a delegação dada a serventuários da justiça por autorização do artigo 93, XIV, da CF. Tal hipótese se refere a um ato de gestão interna do Poder Judiciário, onde o servidor público, para uma melhor operalização e rapidez da prestação jurisdicional, poderá realizar os atos de administração e de mero expediente conforme autorizado pelo artigo 203,§4º, CPC, como, por exemplo, juntada de peças, elaboração do mandado de citação e intimação, certificação de decurso de prazo, dentre outros, previstos no artigo 152, do CPC (DIDIER JR., Fredie. *Cooperação Judiciária Nacional*, cit., p. 83.).
77. DIDIER JR., Fredie. *Cooperação Judiciária Nacional*, cit., p. 85.
78. ARAGÃO, Nilsiton Rodrigues de Andrade. *Fundamentos da cooperação judiciária nacional*. Artigo publicado na Revista Eletrônica de Direito Processual - REDP, Rio de Janeiro. Ano 14. Volume 21. Número 3. Setembro a Dezembro de 2020 Periódico Quadrimestral da Pós-Graduação Stricto Sensu em Direito Processual da UERJ, pp. 450-474, www.redp.uerj.br.

O artigo 69 dispõe que o pedido de cooperação jurisdicional deve ser prontamente atendido, que prescinde de forma específica e que pode ser executado como: auxílio direto; reunião ou apensamento de processos; prestação de informações; atos concertados entre os juízos cooperantes. Nessa redação há uma mistura de instrumentos e atos de cooperação.

Exemplos de instrumentos são as cartas precatórias, rogatórias e arbitrais previstas no artigo 69, §1º, alinhado com o artigo 237, que prevê em seus incisos, a finalidade de cada tipo de carta. Elas se prestam para a concretização da comunicação entre os juízos.

Por ser uma cooperação vinda de uma solicitação de um órgão para outro, sem haver uma hierarquia, o órgão receptor da solicitação poderá recusar a cooperação se os instrumentos não contiverem seus requisitos legais; se houver dúvida quanto à sua autenticidade (art. 267, CPC); ou quando o órgão não possuir competência para a realização do ato diante da matéria e da hierarquia, caso em que ao reconhecer a sua incompetência, poderá remeter os autos para o juízo competente realizar o ato (art. 267, CPC). É como se houvesse uma solicitação da solicitação, diante do caráter itinerante das cartas previsto no artigo 262, do CPC (*translatio iudici*).

Todavia, para a efetivação da cooperação busca-se a forma mais simplificada. Diante disso, Didier Jr. entende que as cartas acima referenciadas, por conterem formalidades previstas em lei (art. 260, CPC), o que as torna mais complexas, devem ser utilizadas de forma subsidiária, como orienta o artigo 3º, do anexo da recomendação da resolução nº 38/2011 do CNJ, reservando-se as cartas para a realização de atos que necessitem de mais formalidade.[79]

Como exemplo de atos que devem ser praticados prioritariamente por cartas, estão: a citação, a intimação, a penhora, o cumprimento de tutelas provisórias, dentre outros. As formalidades previstas em lei serão uma garantia para que o ato de cooperação seja realizado dentro das diretrizes legítimas.

O instrumento apontado na relação do artigo 69, I é o auxílio direto, comumente utilizado nas relações internacionais. Ele consiste num *instrumento* de cooperação desprovido de rigidez, de formalidade legal, esta conhecida como juízo de delibação. No âmbito interno, esse auxílio se concretiza entre órgãos jurisdicionais e administrativos do Poder Judiciário Brasileiro, sendo um meio informal e rápido de cooperação, que dispensa a realização de um juízo prévio de admissibilidade.[80] É importante ressaltar que o auxílio deve ocorrer dentro

79. DIDIER JR, Fredie. *Cooperação Nacional Judiciária*, cit., p. 78-79.
80. MEIRELES, Edilton. *Cooperação judicial e poderes do juiz na execução conforme o CPC de 2015*. Artigo publicado na Revista Jurídica Luso-brasileira, Ano 04 (2018), nº1º, cit., p. 169.

das respectivas competências, observando o juiz natural (artigo 1º, I, da Resolução nº 350/2020 do CNJ).

Para saber a abrangência do auxílio direto, busca-se fundamento no artigo 30 do CPC, podendo servir para a obtenção e prestação de informações sobre processos administrativos ou jurisdicionais findos ou em curso; colheita de provas; ou qualquer outra medida judicial ou extrajudicial não proibida pela lei brasileira e sem invadir a competência de outro órgão, como dito em linhas anteriores. Portanto, o auxílio direto caracteriza-se por sua singeleza na forma de ser praticado, podendo ser feito no modelo sugerido pelo CNJ, através do Anexo I da Resolução nº 350/2020.

Os atos de cooperação judiciária se referem ao seu objeto, os quais podem ser classificados como típicos ou atípicos. Os atos típicos estão previstos no artigo 69, II e III, bem como no §2º, que contém um rol exemplificativo, diante da possibilidade de haver uma variação de objetos a serem alcançados pela cooperação entre juízos para a concretização da eficiência.

A *reunião de processos* se constitui em *objeto* da cooperação e ocorrerá quando entre eles houver nexo com a causa de pedir e/ou objeto (mesma questão de fato ou de direito), para que um único juízo os analise, dando uma solução mais célere, isonômica e qualificada. Em tese, essa reunião ocorre quando for hipótese de conexão (artigo 55), continência (art. 56); ou até mesmo quando, sem haver conexão, existir a possibilidade de decisões conflitantes ou contraditórias (art. 55, §3º), desde que um dos processos não tenha sido sentenciado.

A *prestação de informações* também é um objeto da cooperação que ocorre por solicitação, utilizando-se de instrumentos informais como telefone, email, mensagens de textos, onde haverá uma ampla comunicação entre os juízos para troca de informações importantes para o processo.[81] Essas informações podem consistir em saber da existência ou inexistência de conexão entre os processos; sobre a questão prejudicial que está sendo objeto de análise principal em outro processo, como forma de auxiliar na decisão final (art. 313, V, CPC); sobre endereço das partes e de testemunhas; sobre a existência de bens para futura penhora.[82] Outro tipo de informação bastante relevante reside sobre a existência de processos sobre a Lei Maria da Penha contra determinada pessoa, onde um juízo busca informações sobre a vida pregressa do suposto agressor, tendo em vista que tais processos podem correr em segredo de justiça.[83]

---

81. CAMPOS, Maria Gabriela. *O Compartilhamento de Competências no Processo Civil Brasileiro*, cit., p. 131.
82. SCHENK, Leonardo Faria. *Breves comentários ao Novo Código de Processo Civil*. Coordenado por WAMBIER, Teresa Alvim; DIDIER JR, Fredie; TALAMINI, Eduardo; DANTAS, Bruno. São Paulo. Editora Revista dos Tribunais, 2015, cit., p. 246-247.
83. ENUNCIADO 34 do FONAVID: As medidas protetivas de urgência deverão ser autuadas em segredo de justiça, com base no art. 189, II e III, do Código de Processo Civil.

A regulamentação do ato concertado está no artigo 69, §2º, do CPC onde haverá o estabelecimento de um procedimento para a prática dos atos relacionados no supracitado dispositivo legal na forma de compartilhamento de competência entre os juízos cooperantes. Assim, essa técnica busca a concretização de um processo efetivo.

O pedido de cooperação poderá ter como objeto qualquer providência diante da atipicidade, onde se permite manuseio livre pelo órgão jurisdicional para se adequar às necessidades de cada caso concreto fazendo, como dito, um intercambiamento entre técnicas. Dessa forma, por exemplo, os atos que ocorrem, em regra, por carta precatória (cooperação), também podem ser objeto da técnica da concertação.[84]

Ponto interessante a ser brevemente debatido está no questionamento se há ou não compulsoriedade na realização da cooperação judiciária previsto no artigo 67, tendo em vista que em sua redação, o legislador apresenta a expressão "dever" de recíproca cooperação.

Há quem o visualize como padrão de conduta a ser seguido pelos órgãos jurisdicionados, observando o processo como comunidade de trabalho, extrapolando as barreiras do processo.[85]

Didier Jr afirma que há compulsoriedade na regra do artigo citado, contudo, com graus diferentes. Ou seja, na cooperação por delegação e por concertação esse dever se torna intenso. No primeiro caso, em virtude da vinculação hierárquica entre os órgãos jurisdicionais; e, no segundo caso, diante da negociação processual realizada entre os órgãos que deverão cumprir e agir com boa-fé objetiva processual, evitando tumulto processual em caso de seu descumprimento.

Já com referência à cooperação por solicitação há uma compulsoriedade que poderá ser mitigada nas hipóteses previstas no artigo 267, já expositadas anteriormente, devendo-se fazer uma leitura sobre a legalidade da solicitação, bem como sobre o aproveitamento máximo do instrumento de cooperação para viabilizar o sistema da cooperação e efetivar a eficiência processual (art. 8º, CPC).

Por outro lado, Campos afirma que o dever de cooperação não deve ser visto pelo prisma da compulsoriedade, mas pela forma de regulação desse dever previsto no artigo 67. Para a autora, não pode haver imposição de comando de um órgão jurisdicional superior a outro a ele subordinado, porque estaria apenas havendo uma execução de uma ordem e não uma cooperação

84. FERREIRA, Gabriela Macedo. *O ato concertado entre juízes operantes: esboço de uma teoria para o direito brasileiro*. Artigo publicado na Revista Civil Procedure Review. v.10, n. 3: set.-dez. 2019.
85. LUNARDI, Thaís Amoroso Paschoal. *Coletivização da prova – técnicas de produção coletiva da prova e seus reflexos na esfera individual*, Tese apresenta no Doutorado em Direito das Relações Sociais da Faculdade de Direito da Universidade Federal do Paraná. Curitiba. 2018, cit., p. 166.

judiciária. Ela, portanto, propõe que os tipos de cooperação devam ser analisados pela regulação, que poderá ser mínima e máxima.[86]

Na cooperação por solicitação (pedido), a regulação é mínima porque não há um controle do ato a ser praticado pelo juízo solicitado por consistir numa providência ou diligência a realizar. Por sua vez, a delegação e a concertação possuem a regulação máxima, mas sem o fator da compulsoriedade.[87]

Na delegação ocorre a transferência de competência de um órgão a outro que passará a ter a competência para a prática de um determinado ato, ou seja, a competência é circunstancial, podendo ser revogada pelo órgão delegante. O caráter de compulsoriedade recai somente na delegação hierárquica, pela estrutura de superposição de competências. Tal atributo não ocorre na delegação horizontal onde a cooperação se realiza entre órgãos componentes da mesma estrutura.[88]

Já na concertação, a regulação se torna maior diante da autovinculação que existe entre os órgãos pelo acordo por eles celebrados, norma fundamental para o ato concertado entre os juízos cooperantes. Referido tema será tratado minuciosamente em item específico.

Francis E. McGovem, professor de Direito da Duke University, afirma que diante dos constantes litígios em massa, o sistema de cooperação entre juízos tem ocorrido de forma mais frequente para a resolução das disputas judiciais, onde juízes federais e estaduais se reúnem para analisar casos que possuem fatos comuns, podendo os processos ser suspensos até que essa questão comum seja analisada. Essa técnica de cooperação tem trazido benefícios econômicos para atuação jurisdicional, qualidade nos resultados e, consequentemente, mais satisfação e confiança por parte do jurisdicionado.[89]

Todavia, o professor chama a atenção no sentido de que a cooperação judiciária deve ser utilizada de forma cautelosa e ponderada, porque ao lados dos benefícios, há também os riscos, vindos da pouca informação sobre a natureza precisa da interação entre os juízes, bem como das questões relevantes do processo; a possibilidade de violar o federalismo durante a cooperação judiciária; a ausência de critérios bem definidos para medir o valor geral dos esforços cooperativos entre os juízes.

Diante disso, mostra-se a importância de se fazer um estudo aprofundado sobre a cooperação judiciária para trazer mais segurança para os juízes e

86. CAMPOS, Maria Gabriela. *O Compartilhamento de Competências no Processo Civil Brasileiro*, cit., p. 127.
87. CAMPOS, Maria Gabriela. *O Compartilhamento de Competências no Processo Civil Brasileiro*, cit., p. 127.
88. CAMPOS, Maria Gabriela. *O Compartilhamento de Competências no Processo Civil Brasileiro*, cit., p. 127.
89. McGOVEM, Francis E. *Rethinking Cooperation among Judges in Mass Tort Litigation*. Artigo publicado no Sholarship Law. https://scholarship.law.duke.edu/cgi/viewcontent.cgi?article=1604&context=faculty_scholarship. Acesso em 12 de dezembro de 2020.

jurisdicionados quando da sua aplicação. Esse estudo percuciente fomentará a utilização da cooperação judiciária e, via de consequência, fará com que a prestação jurisdicional seja eficiente e adequada.

4. A RESOLUÇÃO Nº 350/2020 DO CNJ

A resolução nº 350 do CNJ, de 27 de outubro de 2020 revogou a recomendação nº 38/2011, trazendo a modernização da cooperação judiciária, dialogando e complementando o disposto nos artigos 67 ao 69 do CPC. Esse ato normativo é fruto de uma decisão plenária tomada no julgamento do Ato Normativo nº 0006094-90.2020.2.00.0000, realizada em 16 de outubro de 2020, onde através dessa resolução se busca traçar diretrizes e procedimentos sobre a cooperação judiciária nacional entre os órgãos do Poder Judiciário e outras instituições e entidades.[90]

Para a elaboração dessa Resolução foram considerados os princípios constitucionais da eficiência na administração pública (art. 37, CF), com olhar na necessária desburocratização do processo; da duração razoável do processo (art. 7º, CPC), da cooperação processual (art. 6º, CPC) e da eficiência processual (8º do CPC), do contraditório (artigos 9º e 10, CPC); da fundamentação e da publicidade (art. 11, CPC), da imparcialidade (art. 144 e 145, CPC), da instrumentalidade das formas (art. 277, CPC). Observa-se a presença de tais princípios no texto contido nos artigos 5º, IV, V, 8º, §§ 1º e 2º, da Resolução nº 350/2020.

Além disso, a Resolução está apoiada nos artigos 67 a 69 do CPC, sendo um complemento normativo de suma importância diante do novo cenário processual que exige uma desburocratização e uma agilidade no cumprimento de atos judiciais fora da esfera de competência do juízo requerente ou em interseção com ele.

Dentro dessa Resolução do CNJ (fonte normativa para o direito processual) há disposições gerais e específicas, além de conter anexos de modelo de atos de solicitação, de atos de concertação, de despachos conjuntos, de auxílio direto.

Nela consta, em seu artigo 1º, I, que na cooperação ativa, na passiva e simultânea, ocorrida entre os órgãos do Poder Judiciário, no âmbito das respectivas competências, deve ser observado o princípio do juiz natural. No artigo 2º há a determinação do dever de recíproca cooperação entre os órgãos do Poder Judiciário, estadual ou federal, especializado ou comum, em todas as instâncias e graus de jurisdição, inclusive aos tribunais superiores.

90. A competência do CNJ para estabelecer tais normas procedimentais está prevista no artigo 103-B, §4º, I, da CF, onde o legislador lhe atribui a função de planejamento estratégico do Poder Judiciário, podendo regulamentar a administração judiciária.

Já no artigo 1º, II, há a permissão expressa da cooperação interinstitucional entre os órgãos do Poder Judiciário e outras instituições e entidades, integrantes ou não do sistema de justiça, com o fito de contribuir para a administração da justiça.

A cooperação entre órgãos jurisdicionais de diferentes ramos do Poder Judiciário pode ser realizada para a prática de qualquer ato processual, intimando-se as partes do processo (art. 3º), prevendo a cooperação por concertação entre os juízos, os quais ficam vinculados (art. 4º). Tal espécie de cooperação poder ser instrumentalizada por auxílio direto, atos concertados, atos conjuntos e outros instrumentos adequados (art. 8º), devendo ser documentada nos autos, observando-se as garantias fundamentais do processo (art. 5º, I, II e III).

É importante registar que além de ser documentada, também deve ser fundamentada de forma objetiva e imparcial, comunicando-se sempre às partes do processo (art. 5º, IV e V). Inobstante haver uma dispensa de uma forma específica para a prática dos atos de cooperação, não retira o dever do órgão cooperante de concretizar a documentação nos autos do processo (Enunciado do FPPC nº 687).[91]

A cooperação judiciária poderá ser realizada a pedido dos órgãos jurisdicionais, mas também a pedido das partes e das pessoas naturais ou jurídicas, órgãos ou entidades especializadas, com representatividade adequada (art. 8º,§4º).

Os atos conjuntos e concertados são adequados para disciplinar a cooperação entre órgãos jurisdicionais em torno de um ou alguns processos, ou a prática de atos mais complexos relacionados a esses mesmos processos, cujo instrumento deverá ser assinado pelos juízos cooperantes, juntando-se nos autos dos processos a ele relacionados (art. 11,§1º), cujos atos de cooperação poderão ser revistos e adaptados a qualquer tempo pelos juízos cooperantes, preservados os atos praticados com base na concertação anterior (art. 11,§3º).

Os atos de cooperação devem ser informados ao Juiz de Cooperação para a adequada publicidade, o qual remeterá a informação ao respectivo Núcleo de Cooperação Judiciária. Se, por acaso, os atos de cooperação forem celebrados por juízos de ramos distintos do Poder Judiciário, os respectivos tribunais devem ser informados (art. 11, §§ 4º e 5º).

Dentro do Tribunal de cada Estado ou Região deve ser designado um ou mais magistrados para atuarem como Juízes de Cooperação, que serão considerados como ponto de contato, cujas regras de escolha e o prazo da designação do magistrado para essa função advirão das normas regimentais (art. 12). Tais Juízes de Cooperação, que poderão ser juízes de segundo grau, terão a função

91. Enunciado 687 do FPPC. A dispensa legal de forma específica para os atos de cooperação judiciária não afasta o dever de sua documentação nos autos do processo.

de facilitar a prática de atos de cooperação judiciária e integrarão a Rede Nacional de Cooperação Judiciária, com atuação nas seções, subseções, comarcas, foros, polos regionais ou em unidades jurisdicionais especializadas, sendo sua esfera de atuação definida por cada Tribunal.

O Juiz de Cooperação, a depender do volume dos trabalhos, poderá cumular a função de intermediação da cooperação com a jurisdicional ordinária, ou ser designado em caráter exclusivo para o desempenho de tal função (art. 13).

A resolução também trouxe, dentro do artigo 14, importantes previsões das atribuições específicas do juiz de cooperação. Outro ponto importante da resolução está na normatização da cooperação interinstitucional que abrange a harmonização de procedimentos e rotinas administrativas, como: a gestão judiciária; a elaboração e adoção de estratégias para o tratamento adequado de processos coletivos e ou repetitivos, inclusive para a sua prevenção; e mutirões para análise do enquadramento de processos ou de recursos nas hipóteses em que há precedentes obrigatórios (artigos 15 e 16).

Por fim, no capítulo V, há a exposição das regras sobre os núcleos de cooperação judiciária (artigos 17 ao 19) e no capítulo VI, trata do Comitê executivo da rede nacional de cooperação judiciária e das disposições gerais.

5. O ATO CONCERTADO ENTRE JUÍZOS COOPERANTES: COOPERAÇÃO JUDICIÁRIA NEGOCIADA

A cooperação por concertação teve sua origem no artigo 7º, VI, da Resolução nº 38/2011 do CNJ, onde os atos concertados devem ser inseridos no contexto de uma gestão processual adequada de casos judiciais para otimizar os resultados como menos custos, gerando eficiência processual e administrativa e, via de consequência, concretizando a prestação jurisdicional adequada sob o prisma de política pública.[92] No atual CPC, o ato concertado tem previsão no artigo 69, IV, onde o legislador não exige forma específica, mas determina que deverá ser prontamente atendido.

A concertação entre juízos exerce um fundamental papel nas ações judiciais complexas e com perfil de repetitividade, onde haverá, através de um acordo entre juízos, prévio ou no curso do processo, uma organização na realização de atos concertados que servirão para todos os processos, evitando-se, assim, a prática desnecessária de atos repetitivos, racionalizando a atividade jurisdicional; bem como, servirá para afastar a prolatação de decisões contraditórias[93] em casos que

---

92. LUNARDI, Thaís Amoroso Paschoal. *Atos concertados entre juízes cooperantes como ferramenta adequada de gestão processual: uma possibilidade do Multidistrict Litigation no sistema brasileiro*. Artigo publicado na obra *O processo civil entre a técnica processual e a tutela dos direitos: estudos em homenagem* cit., p. 368.

93. FERREIRA, Gabriela Macedo. *O ato concertado entre juízes operantes: esboço de uma teoria para o direito brasileiro*. Artigo publicado na Revista Civil Procedure Review. v.10, n. 3: set.-dez. 2019, cit., p. 26.

se ligam por uma questão fática e/ou jurídica. Dessa forma, estar-se-á garantindo o tratamento paritário, uma prestação coerente, econômica e menos burocratizada. Isso faz com que o processo atinja verdadeiramente a sua função social.

Buscando suporte nos dicionários brasileiros, a palavra "concertação" retrata o ato ou o efeito de concertar[94], representando um acordo entre duas ou mais pessoas[95] ou entidades para conseguir determinado objetivo. Em síntese, concertação representa uma pacto ou convenção.

A forma de efetivação desse tipo de cooperação se dá através de um negócio jurídico de natureza pública, firmado entre órgãos jurisdicionais através dos juízes, recebendo a denominação de atos concertados entre juízos cooperantes, com previsão no artigo 69, §2º, do CPC. Tal pré-estabelecimento de normas procedimentais pode ser feito no âmbito de todos os órgãos jurisdicionais, ainda que sejam de Justiça e instâncias distintas; e, nesse caso, é relevante que o Tribunal também participe da formalização do ato concertado.[96]

Os magistrados, que representam o órgão jurisdicional a ele vinculado, possuem liberdade de realizar esses acordos de cooperação, desde que se mantenham a imparcialidade, a fundamentação e a publicidade. O interesse negocial dos órgãos jurisdicionais reside na obtenção da solução da lide de forma menos custosa para o Poder Judiciário, para alcançar o melhor resultado possível sob a ótica da eficiência.[97]

Na realidade, o ato de concertação é feito pelo órgão jurisdicional, representado pela pessoa física do julgador, como dispõe a redação do artigo 67 do CPC e o artigo 2º, da Resolução nº 350, do CNJ. Nesses dispositivos, resta bem claro que o dever de cooperar é do órgão jurisdicional, por meio de seus magistrados. Assim, a redação gramatical mais adequada seria "atos concertado entre juízos" e não entre juízes, como está na redação do artigo 69, IV e §2º, do CPC. Aliás, esse equívoco redacional não ocorre na redação do artigo 4º, da Resolução nº 350/2020, do CNJ.[98]

Outrossim é possível que ocorra a cooperação por concertação entre o Poder Judiciário e o juízo arbitral, bem como com entes administrativos e litigantes habituais para normatizar a forma de citação e de intimação, por exemplo.[99]

Para corroborar com a natureza jurídica do ato concertado como negocial, Didier Jr afirma que a cláusula geral e atípica de negociação processual[100]

---

94. Léxico Dicionário de Português On-line. https://www.lexico.pt/concertacao/
95. Dicionário Estraviz. https://estraviz.org/Concerta%C3%A7%C3%A3o.
96. DIDIER JR., Fredie *Cooperação Judiciária Nacional*, cit., p. 86-87.
97. CAMPOS, Maria Gabriela. *O Compartilhamento de Competência no Processo Civil*, cit., p. 170.
98. Art. 4o A cooperação judiciária pode realizar-se por concertação entre os juízos.
99. DIDIER JR., Fredie *Cooperação Judiciária Nacional*, cit., p. 87.
100. O negócio jurídico processual é espécie de fato jurídico processual que advém da vontade humana, onde o sujeito tem a liberdade de escolher a categoria jurídica e os efeitos jurídicos dele decorrentes,

prevista no artigo 190 do CPC, não deve ser restrita apenas para as partes do processo, alcançando também todos os sujeitos do processo, incluindo, nesse rol, o próprio órgão jurisdicional.[101]

Em posição contrária está Cabral que nega a natureza negocial do ato concertado pelo fato da inexistência de capacidade dos juízes de realizarem negócios processuais, não podendo dispor de interesses próprios e nem das partes envolvidas no litígio.[102] Para o jurista, o que ocorre é um verdadeiro consenso, onde a sua formalização ficará a mercê dos ajustes que serão realizados entre os julgadores e que ocorrerá em ato conjunto e não por convenção processual. Como todas as vênias, adota-se, nesse trabalho, o posicionamento doutrinário que atribui ao ato concertado a natureza negocial.

É crucial para dar validade aos atos concertados que haja o dever de esclarecimento e de consulta que decorrem do princípio da cooperação processual, sendo intimadas as partes para terem ciência e oportunidade de se manifestarem, evitando-se a decisão surpresa, vedada pelos artigos 9º e 10 do CPC. Essa cautela de consulta e de cientificação também tem previsão no artigo 3º[103] e no artigo 5º, V[104], da Resolução nº 350/2020 do CNJ, onde se determina a intimação das partes, cujos argumentos trazidos por estas deverão ser levados em consideração antes da formalização da decisão sobre a cooperação por concertação.[105] Excluem-se desse dever, todavia, o ato que tenha por objeto, atividade administrativa de gestão judiciária (citação ou intimação de partes) e a prestação de informações.

Por ter natureza de negócio processual é preciso que seja atendida a forma escrita, sendo redigido de forma clara e precisa, identificando a competência dos juízos cooperantes e a indicação das fontes de custeio para a prática dos atos descritos, quando necessário (art. 11, §2º, da resolução). Além disso, o ato concertado deve ser formalizado através de portaria ou outra forma geral e abstrata, cujo instrumento consensual deverá ser juntado aos autos dos processos a ele relacionados e previamente à prática dos atos de cooperação (art. 11, §1º).

estabelecendo a criação de determinadas situações jurídicas processuais ou alteração do procedimento, desde que dentro dos limites pré-fixados pelo ordenamento jurídico. (DIDIER JR, Fredie. *Ensaios sobre os negócios jurídicos processuais*. Salvador. Editora Juspodivm. 2018, cit., p. 25). Portanto, o negócio jurídico deve ser considerado como fonte da norma jurídica processual capaz de vincular o Poder Judiciário, que possui o dever de atuar em harmonia com o ordenamento jurídico, seja ele decorrente da lei, dos precedentes judiciais ou das negociações processuais, para fincar o Estado Democrático de Direito.

101. DIDIER JR., Fredie. *Negócios processuais atípicos no código de processo civil de 2015*. Revista Brasileira da Advocacia. v. 1. abr.-jun. 2016. p. 68.
102. CABRAL, Antonio Passo do. *Convenções Processuais. Teoria geral dos negócios jurídicos processuais*. Salvador. Editora Juspodivm. 2020, cit., 273-277.
103. Art. 3o Os juízos poderão formular entre si pedido de cooperação para a prática de qualquer ato processual, intimando-se as partes do processo.
104. Art. 5º. A cooperação judiciária nacional: V – deve ser comunicada às partes do processo.
105. FERREIRA, Gabriela Macedo. *O ato concertado entre juízes operantes: esboço de uma teoria para o direito brasileiro*. Artigo publicado na Revista Civil Procedure Review. v.10, n. 3: set.-dez. 2019, cit., p. 32.

O ato concertado pode consistir em regramentos estipulados pelos juízos no processamento de casos repetitivos; para a suspensão de distribuição de processo para um determinado juízo; para reunião de execuções fiscais em face de grandes devedores concentrando em uma única vara; concentração de julgamento de ações de improbidade administrativa para uma determinada vara cível da Fazenda Pública; para a produção de prova única e por amostragem em ações indenizatórias em acidentes ambientais.[106]

Dentro do artigo 69, §2º há um rol exemplificativo desses atos concertados no sentido de prever a prática de citação, intimação ou notificação de ato; a obtenção e apresentação de provas e a coleta de depoimentos; a efetivação de tutela provisória; a efetivação de medidas e providências para recuperação e preservação de empresas; a facilitação de habilitação de créditos na falência e na recuperação judicial; a centralização de processos repetitivos; a execução de decisão jurisdicional.

Na realidade, a cooperação por concertação pode ser utilizada de forma ampla, para realização de qualquer das funções exercidas por um julgador (art. 68)[107], a exemplo da condução de um processo, de atos instrutórios, da decisão, da execução, de comunicação com a dispensa de expedição de carta precatória.

No que pertine à concertação para produção de provas, esta ocorre quando houver conexão probatória entre as ações, sejam elas individuais ou coletivas, objetivando uma racionalização dos custos do processo em harmonia com o princípio da celeridade processual[108], com vistas à eficiência processual e até mesmo serve como meio de afastar decisões conflitantes, sendo o processo uma base de boa-fé objetiva processual.

Uma outra seara em que a concertação se torna útil está na recuperação judicial e na falência de sociedades empresárias em que há dentro dela a busca para a proteção de direitos de crédito de consumidores, de fornecedores, empregados, Fazenda Pública, etc. Como exemplo de ato concertado podem ser trazidos à baila a realização de penhoras com leilões concentrados, centralizações de algumas decisões, a produção de prova comum, a unificação dos pedidos de habilitação para pagamento dos créditos.[109]

De relevante importância está a prática de atos concertados na resolução das demandas repetitivas, que ocorre por meio de IRDR ou de julgamento de recursos repetitivos (artigo 928, CPC), sendo um mecanismo hábil para a

106. DIDIER JR., Fredie *Cooperação Judiciária Nacional*, cit., p. 86.
107. Artigo do CPC que é um retrato do artigo 3º, da Recomendação 68/2011 do CNJ.
108. DIDIER JR., Fredie *Cooperação Judiciária Nacional*, cit., p. 90.
109. DIDIER JR., Fredie *Cooperação Judiciária Nacional*, cit., p. 92.

centralização de julgamento, bem como para os processos estruturais, onde se fixam metas a serem atingidas a médio e longo prazo.[110] Nos casos repetitivos, sugere-se, inclusive, a escolha de um juízo para proferir a decisão, por reunir melhores condições de julgar; e esse juízo poderá ou não ser o prevento, diversamente, do que ocorre com a reunião de processos conexos.[111]

Um outro viés interpretativo que é dado para a centralização está no fato da concertação poder promover a modificação da competência, além dos casos previstos em lei. Nas hipóteses em que não se encaixar na conexão, poderá haver reunião de processos mesmo que os casos semelhantes não tenham conexão entre eles e nem que haja risco de decisões contraditórias, mas apenas divergentes, como meio de criação de novas técnicas para concretização da eficiência processual.[112]

Tratando-se de normas referentes à competência relativa, o ato concertado poderá recair tanto para alterar a competência para questões principais quanto para questões incidentais, desde que haja um instrumento prévio regulamentando-a, o que irá diferenciá-la da conexão e da continência.[113] Contudo, há vozes contrárias que não admitem que essa modificação da competência ocorra por ato concertado.[114]

Didier Jr entende que juízo incompetente absolutamente pode analisar questões incidentais, como ocorre com a possibilidade de um juízo previdenciário analisar uma questão incidental de família, por exemplo, existência ou não de união estável, para fins de aquisição de benefício previdenciário.[115] Aliás, o próprio CPC, no artigo 315, §1º. autoriza que o juiz cível analise incidentalmente questão penal que tenha caráter prejudicial e a suspensão do processo tenha alcançado o seu prazo máximo de 1 ano.

Diante dessa possibilidade de analisar questões incidentais ainda que seja incompetente absolutamente o juízo, é que se torna aceitável a realização de atos concertados para estabelecer um único juízo para resolver a questão incidental comum de forma uniforme, onde os demais juízos se comprometem a aplicar a solução dada por esse juízo em seus casos particulares, refletindo uma autovinculação, diante da formalização do negócio jurídico concertado[116],

110. DIDIER JR., Fredie *Cooperação Judiciária Nacional*, cit., p. 95-96.
111. CAMPOS, Maria Gabriela. *O Compartilhamento de Competências no Processo Civil Brasileiro*, cit., p. 135.
112. FERREIRA, Gabriela Macedo. *O ato concertado entre juízes operantes: esboço de uma teoria para o direito brasileiro*. cit., p. 38.
113. DIDIER JR., Fredie *Cooperação Judiciária Nacional*, cit., p. 101.
114. AVELINO, Murilo. *Breves Comentários à Cooperação Judiciária Nacional no Código de Processo Civil*, cit., p. 187-196.
115. DIDIER JR., Fredie *Cooperação Judiciária Nacional*, cit., p. 102.
116. DIDIER JR., Fredie *Cooperação Judiciária Nacional*, cit., p. 104.

para trazer eficiência, isonomia e segurança jurídica, não havendo qualquer violação ao juiz natural.[117]

O ato de concertação para unificar o juízo decisório de questões principais entre processos com competências distintas é questão polêmica, diante do princípio do juiz natural, análise esta que não será objeto de exposição nessa oportunidade, por exigir uma estudo mais aprofundado e cauteloso, não sendo este, o propósito do presente artigo.

A concertação pode ocorrer na execução das decisões judiciais, bem como nas execuções extrajudiciais, por ser a tutela executiva ambiente propício para o desenvolvimento da cooperação por concertação. O enunciado 688 do FPPC orienta que é admissível a determinação de um juízo para a penhora, a avaliação ou expropriação de bens de um mesmo devedor que figure como executado em diversos processos.

Ainda sobre o objeto do ato concertado é possível haver o compartilhamento de competência nas demandas que possuam questões comuns de fato quando houver a centralização dos processos repetitivos[118], sendo uma ótima solução para racionalização da atividade jurisdicional, como ocorre com a afetação de processos no sistema de IRDR e de Recursos Repetitivos, com a formação de precedentes obrigatórios.

Aragão afirma que o artigo 69, §2.º, VI, do CPC deve ser incluído no microssistema de demandas repetitivas, sendo viável atribuir um sentido mais amplo e, com isso, haver a centralização dos processos repetitivos para que haja julgamento em bloco, com preferência de julgamento, nos termos do artigo 12, §2º, do CPC, sendo um perfeito instrumento de racionalização da máquina judiciária, inobstante exista uma corrente doutrinária que não enxerga a possibilidade de realização de atos decisórios pelo juiz cooperante diante do princípio da indelegabilidade da jurisdição. Há quem defenda, contudo, essa cooperação para a realização de atos decisórios. Nesse caso, denomina-se de compartilhamento de competências.[119]

Também é possível que a concertação realizada entre os juízos cooperantes venha trazer desagregação de demandas ao invés de reunião, como ocorre com o desmembramento do litisconsórcio facultativo multitudinário (art. 113, §1º, CPC), onde se levará em conta o prejuízo que várias demandas reunidas poderá causar para a eficiência do processo e à ampla defesa.

A regra do artigo 69, §2º demonstra uma verdadeira flexibilização permitindo que os juízes criem um procedimento adequado para cada caso concreto

117. DIDIER JR., Fredie *Cooperação Judiciária Nacional*, cit., p. 102-103.

118. CAMPOS, Maria Gabriela. *O Compartilhamento de Competências no Processo Civil Brasileiro*, cit., p. 190.

119. ARAGÃO, Nilsiton Rodrigues de Andrade. *Potencialidades e limites da cooperação judiciária nacional.* Artigo publicado na Revista Civil Procedure Review, v. 11, n. 1: jan.-abr. 2020, p. 33-47, cit., p. 21.

para ofertar eficiência processual. A atuação dos juízes cooperantes é discricionária, porém deverá ocorrer revestida de legalidade, com vistas a alcançar a eficiência por meio de racionalização da atividade jurisdicional, equalizando os direitos e garantias fundamentais do caso concreto. Também é necessário que a realização do ato concertado respeite a finalidade para qual foi acordado.[120]

Mister registrar que nos atos de cooperação judiciária se houver invasão de competência, os atos praticados pelo juízo sem competência podem ser considerados válidos, exceto se não foram ratificados pelo juízo competente, aplicando-se de forma subsidiária o artigo 64, §4º, do CPC (Enunciado 686, do FPPC)[121].

A não taxatividade dos atos de concertação retratada pelo artigo 69, §2º, foi alvo de acréscimo de atos pelo artigo 6º, da Resolução nº 350/2020 do CNJ.

Tais atos de cooperação por concertação consistem na prática de atos de comunicação processual, inclusive a comunicação conjunta a pessoa cuja participação seja necessária em diversos processos; na prestação e troca de informações relevantes para a solução dos processos; na redação de manuais de atuação, rotinas administrativas, diretrizes gerais para a conduta dos sujeitos do processo e dos servidores públicos responsáveis por atuar em mecanismos de gestão coordenada; na reunião ou apensamento de processos, inclusive a reunião de execuções contra um mesmo devedor em um único juízo; na definição do juízo competente para a decisão sobre questão comum ou questões semelhantes ou de algum modo relacionadas; na obtenção e apresentação de provas, na coleta de depoimentos e meios para o compartilhamento de seu teor; na produção de prova única relativa a fato comum.

Também se incluem nesse rol exemplificativo: a efetivação de medidas e providências para recuperação e preservação de empresas; a facilitação de habilitação de créditos na falência e na recuperação judicial; na disciplina da gestão dos processos repetitivos, inclusive da respectiva centralização e da realização de mutirões para sua adequada tramitação; a efetivação de tutela provisória ou na execução de decisão jurisdicional; na investigação patrimonial, busca por bens e realização prática de penhora, arrecadação, indisponibilidade ou qualquer outro tipo de constrição judicial; a regulação de procedimento expropriatório de bem penhorado ou dado em garantia em diversos processos; o traslado de pessoas; a transferência de bens e de valores; o acautelamento e gestão de bens e valores apreendidos; o compartilhamento temporário de equipe de auxiliares da justiça, inclusive de servidores públicos; a efetivação de medidas e providências referentes a práticas consensuais de resolução de conflitos.

---

120. CAMPOS, Maria Gabriela. *O Compartilhamento de Competências no Processo Civil Brasileiro*, cit., p. 195-197.

121. Enunciado do FPPC nº 686. (arts. 64, § 4º, e 69) Aplica-se o art. 64, § 4ºº à hipótese de ato de cooperação que invada a competência do juízo requerente.

Inúmeras são as possibilidades de concertação entre os juízos. O que precisa ser observado, porém, é a competência para a sua realização, analisando-se cada caso concreto, para ponderar sua potencialidade legal de ser praticado ou não, ou seja, de poder ser compartilhada entre órgãos jurisdicionais.

6. O DIÁLOGO ENTRE JUÍZOS COOPERANTES E AS PARTES DO PROCESSO NO ATO DE CONCERTAÇÃO: COLABORAÇÃO PROCESSUAL PARA A SUPERCOOPERAÇÃO JUDICIÁRIA

A partir do CPC de 2015, o processo civil passou por um transformação relevante no que se refere à atuação dos sujeitos do processo. Essa transformação está representada através do princípio da cooperação processual previsto na redação do artigo 6º, estipulando que todos os sujeitos do processo dialoguem reciprocamente, tendo referido diálogo a finalidade alcançar uma prestação jurisdicional isonômica e eficiente.

A polissemia da expressão cooperação traz dentro dela variáveis comportamentais tanto para o julgador quanto para os demais sujeitos do processo. Para o juiz, estão inseridos nesse dever de cooperação: o dever de consulta, o dever de prevenção, o dever de esclarecimento e o dever de auxílio. Para as partes, a cooperação envolve os deveres de esclarecimentos e de boa-fé objetiva processual.[122]

A cláusula geral de cooperação representa um modelo cooperativo de processo que afasta os modelos, adversarial e inquisitorial, onde a comparticipação dos sujeitos é a forma mais adequada para o devido processo legal e garantia de democratização.[123] Essa participação adequada de todos os sujeitos sugere uma mobilização no gerenciamento processual para atingir a plena eficiência na prestação jurisdicional. Ou seja, a cooperação contribui para a formação de uma decisão judicial estruturada[124], porque não dizer, qualificada.

O que se observa dessa nova visão de atuação processual é um policentrismo na construção de um processo justo e adequado, onde a cooperação destina-se ao processo e não aos sujeitos e, por isso, espera-se desses personagens uma conduta dialógica multifacetada, com transparência e esclarecimentos recíprocos para uma condução compartilhada do processo[125] e, de forma cúmplice, fazer com que a prestação jurisdicional seja satisfatória, onde

122. DIDIER JR., Fredie. *Curso de Direito Processual Civil*. Vol. I, cit., p. 127-130.

123. DIDIER JR., Fredie. *Curso de Direito Processual Civil*. Vol. I, cit., p. 125.

124. CASTRO, Lauro Alves. *Princípio da cooperação e a fundamentação analítica no CPC/2015. Das decisões às postulações*. Salvador. Editora Juspodivm. 2021, cit., p. 26.

125. SILVA, Augusto Vinícius Fonseca. *Princípios Pamprocessuais ou metaprocessuais. Normas fundamentais do CPC – princípios de todo processo*. Salvador. Editora Juspodivm. 2019, cit., p. 291 -306.

a decisão final venha ser fruto do caminho processual mais eficiente, tanto pelo custo temporal, quanto pelo custo econômico e, ainda, pela qualificação.

É através dessa saudável troca de ideias que se obtém uma decisão justa e harmônica com o Estado Democrático de Direito. Na fase processual moderna que o ordenamento jurídico se encontra, não há espaço para uma eficiência somente quantitativa. É imprescindível que a eficiência também seja qualitativa. Diante disso, o jurisdicionado não tem mais o *status* de espectador da atividade jurisdicional, mais de protagonista, ao lado do julgador, para, juntos, conduzirem o processo para o destino final adequado. Porém, é importante frisar que essa condução compartilhada não se significa dizer que a decisão judicial será resultado de um consenso, até porque as partes estarão defendendo interesses materiais próprios. O que se deflagra é o interesse processual comum de participação paritária e dialogada.

A condução salutar do processo perfaz um caminho comparticipativo, com um constante e prévio diálogo hermenêutico entre os sujeitos processuais para atuarem juntos, em simetria paritária, sem haver relação de subordinação na construção do resultado do processo, fazendo valer a regra do artigo 6º, que enaltece o princípio da cooperação.[126] O CPC de 2015 estabelece, portanto, um sistema procedimental-discursivo na construção da decisão e na cognição dos direitos das partes, cuja conclusão é resultado desse diálogo entre os protagonistas do processo, um protagonismo conjunto, por meio de um policentrismo processual.

A colaboração processual torna-se base fundamental para a organização do processo justo, célere e efetivo, sendo o diálogo a ferramenta para a economia processual e, via de consequência, para a meta da eficiência e a proteção adequada de direitos.[127]

Verifica-se, então, que a gestão do processo não é ato solitário do magistrado, mas um ato partilhado com as partes e demais sujeitos processuais, porque o princípio da eficiência, em sua inteireza, não é direcionado somente para o ator-juiz. A marcha processual deve ser feita conjugada com todos, diante do modelo cooperativo adotado pelo CPC de 2015, onde se vislumbra uma contribuição paritária no gerenciamento processual, tendo em vista que a prestação jurisdicional adequada é interesse global e não exclusivamente das partes.

Nesse labor comunitário para a eficiência do processo, inserem-se também os serventuários da justiça (chefe de secretaria/escrivão, assessor) prestando ativamente auxílio ao julgador na condução do processo; assim como os demais

126. CÂMARA, Alexandre Freitas. *Levando os padrões decisórios a sério. Formação e aplicação de precedentes e enunciados de súmula*. Editora Atlas. São Paulo. 2018, cit., p. 288-289 e 294.

127. MITIDIERO, Daniel. *Colaboração no Processo Civil. Do Modelo ao Princípio*. 4ª edição. São Paulo, Editora Revista dos Tribunais. 2019, cit., p. 108-110.

auxiliares (administradores, depositários, oficial de justiça, perito), através de condutas que tragam menos custo, mais celeridade e melhor qualidade.[128]

A cooperação entre os Órgãos Jurisdicionais é ramificação do princípio da cooperação processual presente no artigo 6º, do CPC[129], apesar de existir posicionamento doutrinário que interpreta de forma restritiva a redação do aludido dispositivo legal, entendendo que somente se refere ao diálogo entre os sujeitos de determinado processo, sendo regra diversa da contida nos artigos 67 ao 69, CPC, que se interliga com o princípio da eficiência e da razoável duração do processo.[130]

A visão ampla dada ao artigo 6º para abarcar a cooperação judiciária é dada pelo jurista Antônio do Passo Cabral e reforçada por outros doutrinadores.[131] Ampliação essa, que deve ser acolhida diante da necessária interpretação sistematizada das normas processuais para dar vida ao disposto no artigo 1º, do CPC/2015.

A interligação entre a cooperação processual do artigo 6º com a cooperação judiciária do artigo 67 tem como eixo a característica de unidade do Poder Judiciário[132] contida no artigo 16, do CPC, inobstante haver uma redistribuição do exercício da jurisdição entre órgãos jurisdicionais que se diferenciam diante da competência, seja em razão da hierarquia, da matéria, da pessoa, do território ou do valor da causa.

---

128. CAMPOS, Eduardo Luiz Cavalcanti. *O princípio da eficiência no processo civil brasileiro*. Cit., p, 110-111.

129. Nesse sentido estão: DIDIER Jr, Fredie. *Cooperação Judiciária Nacional*, cit., p. 62 ("Esse dever geral de cooperação entre os órgãos do Poder Judiciário é um desdobramento do princípio da cooperação - art. 6º, e serve como fundamento normativo para a construção de técnicas adequadas à concretização de um processo efetivo, com duração razoável e que produza resultados justos"); BUENO, Cassio Scarpinella. *Manual de Direito Processual Civil*. 2.ed. São Paulo: Saraiva, 2016, p. 134-135 ("Não há porque negar que a iniciativa é meio de concretizar também o modelo de 'processo cooperativo', derivado do art. 6º, analisado na perspectiva de relação entre os próprios órgãos do Judiciário e seus personagens".); SCHENK, Leonardo Faria. Da Cooperação *Nacional*. *in* WAMBIER, Teresa Arruda Alvim; DIDIER JR, Fredie; TALAMINI, Eduardo; DANTAS, Bruno. *Breves comentários ao novo Código de Processo Civil*. 2.ed. São Paulo: RT, 2016, p. 270-271 ("A opção do legislador por um processo de matriz colaborativa (art. 6º do CPC/2015) evidencia a existência de deveres não apenas das partes para com o órgão jurisdicional, mas também entre as próprias partes e do órgão jurisdicional para com elas, além do dever de mútua cooperação entre os diversos órgãos do Poder Judiciário (art. 67 do CPC/2015), com manifestações ao longo de todo o processo, a exemplo do dever de agir com lealdade e boa-fé, do dever de urbanidade e respeito, do dever de pontualidade, do dever de remoção dos obstáculos ao cumprimento de decisões ...").

130. AVELINO, Murilo. *Breves Comentários à cooperação nacional no código de processo civil*. Artigo publicado na Revista Jurídica da Seção Judiciária de Pernambuco, nº 8, Recife, 2015, p. 188; CAMARGO, Luiz Henrique Volpe. A centralização de processos como etapa necessária do incidente de resolução de demandas repetitivas. 2017, cit., p. 303; CRAMER, Ronaldo. *Da Cooperação Nacional*. *in* CABRAL, Antonio do Passo; CRAMER, Ronaldo. *Comentários ao novo Código de Processo Civil*. 2. ed. Forense: Rio de Janeiro, 2016, p. 117; CARDOSO, Oscar Valente. *A Cooperação Judiciária Nacional no Novo Código de Processo Civil*. Revista Dialética de Direito Processual, v. 152, nov. 2015, p. 37.

131. CABRAL, Antonio do Passo. *Juiz natural e eficiência processual: flexibilização, delegação e coordenação de competências no processo civil*. Tese apresentada no concurso de provas e títulos para provimento do cargo de Professor Titular. Faculdade de Direito da Universidade do Estado do Rio de Janeiro. Rio de Janeiro: edição do autor, 2017, cit., p. 533.

132. FERRERIA, Gabriela Macedo, *O ato concertado entre juízes operantes: esboço de uma teoria para o direito brasileiro*.

Portanto, o art. 67 do CPC traz um desdobramento do princípio da cooperação adotado expressamente pelo art. 6º do mesmo diploma legal e fundamenta a construção de técnicas processuais para a concretização do princípio da efetividade e aperfeiçoamento da prestação jurisdicional.

Esse diálogo entre os órgãos que realizam atividade jurisdicional e até mesmo com a administração pública, serve de fundamento e concretização dos princípios da eficiência e do juiz natural por meio da competência adequada, para a análise do melhor juízo para a solução do caso concreto, ressaltando que a cooperação judiciária não é incompatível com os princípios da tipicidade e da indisponibilidade da competência, por se tratar de técnica de gestão de competência.[133]

Inclusive, Campos afirma que a cooperação processual deve ultrapassar os limites internos de um processo porque não existe um isolamento jurisdicional, onde deverá haver uma colaboração institucional para que seja realizado um gerenciamento processual no sentido de racionalizar as regras e técnicas processuais na atividade jurisdicional para que o processo atinja sua função social.[134]

O artigo 6º do CPC traz o princípio da cooperação processual que pode abranger tanto atos internos do processo, interligando todos os sujeitos de determinado(s) processo (s) – cooperação endoprocessual – ; como pode abranger o diálogo entres órgãos jurisdicionais, entre estes e o juízo arbitral; e com os órgãos administrativos (cooperação extraprocessual ou administrativa); para subsidiar a concretização da eficiência e da prestação jurisdicional adequada para a tutela dos direitos.

Essa colaboração processual prevista no artigo 8º do CPC está conectada diretamente com a cooperação judiciária dos artigos 67 a 69, principalmente no ato concertado e no compartilhamento dos atos do §2º, do artigo 69, pois o protagonismo judicial não mais faz parte do atual cenário processual. A atuação solitária do julgador cedeu lugar à gestão compartilhada do processo, equilibrando a atuação dos diversos atores processuais, através de uma verdadeira comunidade de trabalho comparticipativo[135], inclusive, voltada para a customização processual e procedimental repartida.

Um dos exemplos expressos no CPC de negociação processual entre partes e juiz está no artigo 357, §3º, que trata do saneamento compartilhado para a definição de questões fáticas e jurídicas controvertidas, o que torna o processo mais dialogado e adequado para as especificidades da causa.

---

133. DIDIER JR., Fredie *Cooperação Judiciária Nacional*, cit., p. 63-64.

134. CAMPOS, Maria Gabriela. *O Compartilhamento de Competência no Processo Civil Brasileiro*, Salvador. Editora Juspodivm, 2020, cit., p. 124-125.

135. CAMPOS, Eduardo Luiz Cavalcanti. *O princípio da eficiência no processo civil brasileiro*. Cit., p, 111-112.

Interessante anotar que o artigo 9º, da Resolução nº 350/2020 do CNJ traz uma redação similar a esse dispositivo processual ao expor que os juízos cooperantes poderão intimar as partes a se manifestarem acerca do ato de cooperação a ser praticado, quando a complexidade da matéria recomendar e, por analogia ao CPC, designar uma audiência para tal finalidade.

Também é de extrema relevância a redação do artigo 8º, §3º da referida Resolução, o qual remete expressamente ao artigo 357, §1º, dando oportunidade às partes de requer esclarecimentos e solicitar ajustes nos atos de cooperação praticados. Esse dispositivo da resolução flagra o poder de gestão das partes na concertação, tendo uma participação ativa para que a cooperação ocorra de forma plena e legítima. Esse compartilhamento de gerenciamento no ato concertado traz a concretização de uma supercooperação judiciária onde haverá uma conjugação de esforços das partes e dos juízos para o alcance da eficiência processual.

Deve-se anotar que a lei processual não impõe a anuência das partes nesse ato concertado que pode decorrer de ofício ou até mesmo por solicitação dos interessados. Contudo, como visto acima, os juízos cooperantes não podem ignorar as partes no momento da realização do ato concertado. A Resolução nº 350/2020 do CNJ traz orientações normativas no sentido de ser realizada a intimação das partes para que as mesmas se manifestem sobre a concertação, como prescrevem os artigos 3º e 5º, V.[136]

Essa intimação é de extrema importância, até porque a cooperação pode ser um fator preponderante para alterar o curso do julgamento do mérito da demanda e; esse fato, por si só, já demonstra eventual interesse das partes.[137] Aliás, não se pode olvidar que as partes podem contribuir de forma eficaz para a cooperação por ter um conhecimento aprofundado sobre a lide e, com isso, traçar roteiros e objetos importantes para que a cooperação alcance o resultado satisfatório.

Outro ponto crucial sobre a participação das partes é que ao serem instadas a se manifestar, sua intimação dará legitimidade a esse ato concertado, bloqueando, inclusive, futuras impugnações sobre a concertação com a finalidade de anulação, aplicando-se o §1º, do artigo 357, do CPC, ou seja, o objeto

136. Art. 3º Os juízos poderão formular entre si pedido de cooperação para a prática de qualquer ato processual, intimando-se as partes do processo.
Art. 5º A cooperação judiciária nacional:
V – deve ser comunicada às partes do processo.

137. ARAGÃO, Nilsiton Rodrigues de Andrade. *Fundamentos da cooperação judiciária nacional*. Artigo publicado na Revista Eletrônica de Direito Processual – REDP, Rio de Janeiro. Ano 14. Volume 21. Número 3. Setembro a Dezembro de 2020 Periódico Quadrimestral da Pós-Graduação Stricto Sensu em Direito Processual da UERJ, pp. 450-474, cit., p. 470.

do ato concertado se torna estável, vinculando as partes, o que se evitará rediscutir o ato gerencial proposto pelos juízos cooperantes.[138]

A participação efetiva das partes no ato concertado evita a sua invalidação, pois fornecerá legitimidade ao mesmo, fazendo com que a prática dos atos efetive a finalidade para o objeto ou objetos da concertação. Importante ainda é que essa participação ocorra desde o início e no decorrer da cooperação judiciária, em prévio contraditório, para se evitar decisões surpresas, essas vedadas pelos artigos 9º e 10 do CPC.[139]

Seguindo o modelo de efetivo contraditório trazido pelo CPC/2015, é preciso que o juiz avalie cautelosamente as manifestações das partes, analisando-as sob o prisma da eficiência processual e adequação da prestação da jurisdicional, indeferindo qualquer pleito que seja desnecessário e que onere o processo ou traga morosidade.

A decisão sobre o acolhimento e rejeição dessas manifestações deverá ser devidamente fundamentada e, apesar de não estar no rol do artigo 1015, CPC, entende-se que poderá ser aplicada a tese da taxatividade mitigada do STJ (tema 988 – Recursos Repetitivos)[140], se ficar demonstrada que a impugnação em sede de preliminar de apelação se torna inviável, o que deverá ser analisado caso a caso. Aliás, o parágrafo único, do artigo 9º, da Resolução nº 350/2020 do CNJ, abre ensejo para eventual impugnação.[141]

Conclui-se que essa oportunidade de participação das partes ratifica a viabilidade de um gerenciamento processual compartilhado, onde poderá haver contribuições, sugestões essenciais para que a cooperação judiciária de concretize de forma mais eficiente, dispensando-se provas inúteis ou repetidas; promovendo execuções mais eficazes; reunindo processos repetitivos para uma decisão judicial-base, possibilitando futuro julgamento em bloco (art. 12, § 2º, II, CPC).

A intensidade da participação das partes no ato concertado contribui para o sucesso da concertação, tornando o processo menos oneroso economicamente, prezando, ao mesmo tempo, pela razoável duração do processo e pela qualidade da tutela jurisdicional.

---

138. CAMPOS, Eduardo Luiz Cavalcanti. *O Princípio da Eficiência no Processo Civil brasileiro*, cit., p. 158.

139. ARAGÃO, Nilsiton Rodrigues de Andrade. *Fundamentos da cooperação judiciária nacional*. Artigo publicado na Revista Eletrônica de Direito Processual – REDP, Rio de Janeiro. Ano 14. Volume 21. Número 3. Setembro a Dezembro de 2020 Periódico Quadrimestral da Pós-Graduação Stricto Sensu em Direito Processual da UERJ, pp. 450-474, cit., p. 471.

140. "O rol do artigo 1.015 do CPC é de taxatividade mitigada, por isso admite a interposição de agravo de instrumento quando verificada a urgência decorrente da inutilidade do julgamento da questão no recurso de apelação" (Rel. Ministra Nancy Andrighi).

141. Art. 9o Os juízos cooperantes, quando a complexidade da matéria recomendar, poderão intimar as partes a se manifestarem acerca do ato de cooperação a ser praticado. Parágrafo único. Os atos de cooperação poderão ser objeto de impugnação pelos meios previstos na legislação processual.

Assim, a colaboração efetiva das partes é pedra angular para a supercooperação judiciária e plena eficiência, alinhavando os artigos 6º, 67, 68 e 69 para dar vida ao artigo 8º, todos do CPC, e garantindo um acesso à ordem jurídica ampla, eficiente, justa, isonômica para uma prestação jurisdicional adequada, tutelando devidamente os direitos individuais e coletivos.

7. CONCLUSÃO

O Código de Processo Civil, no capítulo II, do Título III, do Livro I, da Parte Geral, traz em seus artigos 67, 68 e 69, normas expressas sobre a cooperação judiciária com inspiração nas disposições contidas na Recomendação nº 38/2011, que foi revogada pela atual Resolução nº 350/2020.

Essas normas codificadas são, na realidade, cláusulas gerais que determinam a necessidade de haver um verdadeiro diálogo com outros artigos do próprio CPC, e também com outras normas previstas na Constituição Federal, em Leis Federais, em Leis Estaduais, em Regimento Interno de Tribunais, nas Resoluções do CNJ, formando um complexo de fontes normativas, as quais devem interagir para suprir a textura normativa aberta presente nos supracitados artigos e, dessa forma, ofertar efetivação à cooperação judiciária.

Os fundamentos principiológicos da cooperação judiciária estão na eficiência processual, que recebeu um novo enfoque através da redação do artigo 8º do CPC e no princípio da adaptabilidade procedimental. Tais princípio são fios condutores para a concretização da cooperação judiciária nacional, abrindo-se espaço para um verdadeira conexão de atividade jurisdicional entre órgãos do Poder Judiciário, e deste com juízo arbitral e órgãos administrativos, como será visto a seguir.

A cooperação judiciária é composta por um conjunto de instrumentos e de atos jurídicos de interação entre os órgãos jurisdicionais de um mesmo país ou de países diferentes, bem como entre o Poder Judiciário e os juízos arbitrais ou órgãos administrativos. Forma-se uma verdadeira rede jurisdicional colaboração recíproca e solidária com vistas a uma gestão adequada e eficiente de atos processuais por meios mais eficazes.

Através da Resolução nº 350/2020 do CNJ, observa-se que a cooperação rege-se pelos princípios da duração razoável do processo (art. 7º, CPC), da cooperação processual (art. 6º, CPC) e da eficiência processual (8º do CPC), do contraditório (artigos 9º e 10, CPC); da fundamentação e da publicidade (art. 11, CPC), da imparcialidade (art. 144 e 145, CPC), da instrumentalidade das formas (art. 277, CPC). Observa-se a presença de tais princípios no texto legal contido nos artigos 5º, IV, V, 8º, §§ 1º e 2º, da Resolução nº 350/2020.

Importante anotar que a cooperação judiciária assume características de reciprocidade; transversalidade; bilateralidade ou plurilateralidade; atipicidade e flexibilidade, onde se permite uma ressignificação do juiz natural.

A cooperação judiciária poderá ocorrer por meio de solicitação, por delegação ou por concertação, cujos tipos possuem instrumentos de atuação, representados por atos de cooperação. Esses instrumentos se materializam nas cartas precatórias, rogatórias, arbitrais, de ordem; assim como por auxílio direto, podendo, ainda, ser formalizadas por outros meios, diante da cláusula geral de atipicidade de cooperação. Já os atos de cooperação estão voltados para a reunião de processos; prestação de informações; atos concertados entre os juízos cooperantes.

A forma de efetivação dos atos concertados se dá através de um negócio jurídico de natureza pública, firmado entre os órgãos jurisdicionais através dos juízes. A sua regulamentação está prevista num rol exemplificativo presente no artigo 69, §2º, do CPC, onde haverá o estabelecimento de um procedimento para a prática dos atos relacionados no supracitado dispositivo legal na forma de compartilhamento de competência entre os juízos cooperantes. Assim, essa técnica busca a concretização de um processo efetivo.

Todavia, apesar de ser um ato realizado entre juízos, a Resolução nº 350/2020 traz a importância da participação das partes para a concertação ser realizada da forma mais completa e eficiente. Há orientação incisiva no sentido de determinar a intimação das partes, cuja cautela de consulta e de cientificação tem previsão no artigo 3º[142] e no artigo 5º, V[143].

Interesse anotar que o artigo 9º, da Resolução nº 350/2020 do CNJ traz uma redação similar ao artigo 357,§3º ao expor que os juízos cooperantes poderão intimar as partes a se manifestarem acerca do ato de cooperação a ser praticado, quando a complexidade da matéria recomendar e, por analogia ao CPC, designar uma audiência para tal finalidade.

Também é de extrema relevância a redação do artigo 8º, §3 da referida Resolução, o qual remete expressamente ao artigo 357, §1º, dando oportunidade às partes de requerer esclarecimentos e solicitar ajustes nos atos de cooperação praticados. Esse dispositivo da resolução flagra o poder de gestão das partes na concertação, tendo uma participação ativa para que a cooperação ocorra de forma plena e legítima.

Essas disposições contidas na Resolução nº 350/2020 do CNJ reconhecem a necessidade de haver uma efetiva colaboração processual entre todos os

142. Art. 3º Os juízos poderão formular entre si pedido de cooperação para a prática de qualquer ato processual, intimando-se as partes do processo.

143. Art. 5º. A cooperação judiciária nacional: V – deve ser comunicada às partes do processo.

sujeitos do processo, alinhando o artigo 6º com os artigos 67 ao 69, todos do CPC, tendo em vista que o ordenamento jurídico processual adotou o sistema cooperativo (modelo cooperativo de processo), onde a comparticipação dos sujeitos é a forma mais adequada para o devido processo legal e garantia de democratização. Essa participação adequada de todos os sujeitos sugere uma mobilização no gerenciamento processual para atingir a plena eficiência na prestação jurisdicional, contribuindo para a formação de uma decisão judicial estruturada e qualificada.

O que se observa dessa nova visão de atuação processual é um policentrismo na construção de um processo justo e adequado, onde a cooperação destina-se ao processo e não aos sujeitos e, por isso, espera-se desses personagens uma conduta dialógica multifacetada, com transparência e esclarecimentos recíprocos para uma condução do processo compartilhada e, de forma cúmplice, fazer com que a prestação jurisdicional seja satisfatória, onde a decisão final venha ser fruto do caminho processual mais eficiente, tanto pelo custo temporal, quanto pelo custo econômico e, ainda, pela qualificação.

A supercooperação judiciária vinda da cooperação processual entre todos os sujeitos do processo é verdadeiro instrumento para o Estado Democrático de Direito. Por isso, aguarda-se com grande expectativa que os juízes se atentem para a importância do ato concertado, tornando-se uma realidade constante na prática forense, fazendo valer o diálogo essencial com as partes do processo para que o gerenciamento compartilhado traga a eficiência em plenitude, concretizando seus duas dimensões: quantitativa e qualitativa.

REFERÊNCIAS BIBLIOGRÁFICAS

ABREU, Rafael Sirangelo de. *Customização processual compartilhada": o sistema de adaptabilidade do novo CPC. Artigo publicado.* Revista de Processo | vol. 257/2016 | p. 51 – 76 | Jul / 2016.

ALVES DA SILVA, Paulo Eduardo. *Gerenciamento de processos judiciais.* São Paulo: Saraiva, 2010.

AVELINO, Murilo. *Breves Comentários à cooperação nacional no código de processo civil.* Artigo publicado na Revista Jurídica da Seção Judiciária de Pernambuco, nº 8, Recife, 2015.

AVILA, Humberto. *Teoria dos Princípios: da definição à aplicação dos princípios jurídicos.* 15ª edição. São Paulo. Editora Malheiros. 2014.

ARAGÃO, Nilsiton Rodrigues de Andrade. *Fundamentos da cooperação judiciária nacional.* Artigo publicado na Revista Eletrônica de Direito Processual – REDP, Rio de Janeiro. Ano 14. Volume 21. Número 3. Setembro a Dezembro de 2020 Periódico Quadrimestral da Pós-Graduação Stricto Sensu em Direito Processual da UERJ, pp. 450-474.

_________. *Potencialidades e limites da cooperação judiciária nacional.* Artigo publicado na Revista Civil Procedure Review, v. 11, n. 1: jan.-abr. 2020, p. 33-47.

BRAGA, Paula Sarno. *Norma de Processo e Norma de Procedimento.* Tese de Doutorado defendida na UFBA sob a orientação do Prof. Fredie Didier Jr. 2015.

BUENO, Cassio Scarpinella. *Curso Sistematizado de Direito Processual Civil.* Vol 1. 9ª edição. São Paulo. Editora Saraiva. 2018.

CABRAL, Antonio do Passo. *Nulidades no processo moderno*: contraditório, proteção da confiança e validade *prima facie* dos atos processuais. Rio de Janeiro: Forense, 2009.

_________. *Juiz natural e eficiência processual: flexibilização, delegação e coordenação de competências no processo civil.* Tese apresentada no concurso de provas e títulos para provimento do cargo de Professor Titular. Faculdade de Direito da Universidade do Estado do Rio de Janeiro. Rio de Janeiro: edição do autor, 2017.

CÂMARA, Alexandre Freitas. *Levando os padrões decisórios a sério. Formação e aplicação de precedentes e enunciados de súmula.* Editora Atlas. São Paulo. 2018.

CAMARGO, Luiz Henrique Volpe. *A centralização de processos como etapa necessária do incidente de resolução de demandas repetitivas.* Tese (Doutorado em Direito) – Pontifícia Universidade Católica de São Paulo, São Paulo, 2017.

CAMPOS, Eduardo Luiz Cavalcanti. *O princípio da eficiência no processo civil brasileiro.* Rio de Janeiro. Editora Forense. 2018.

CAMPOS, Marília Gabriela, *O compartilhamento de competências no processo civil.* Salvador. Editora Juspodivm, 2020.

CAPPELLETTI, Mauro e GARTH, Bryant. *Acesso à Justiça.* Porto Alegre. Editora Sergio Antonio Fabris Editor, tradução de Ellen Gracie Northfleet, 1988.

CAPONI, Remo. *O princípio da proporcionalidade na justiça civil: primeiras notas sistemáticas.* Revista de Processo. v. 192, 2011.

CARDOSO, Oscar Valente. *A Cooperação Judiciária Nacional no Novo Código de Processo Civil.* Revista Dialética de Direito Processual, v. 152, nov. 2015.

CASTRO, Lauro Alves. *Princípio da cooperação e a fundamentação analítica no CPC/2015. Das decisões às postulações.* Salvador. Editora Juspodivm. 2021.

COSTA, Eduardo José da Fonseca. *As noções jurídico-processuais de eficácia, efetividade e eficiência.* Artigo publicado na Revista de Processo. vol. 121/2005, p. 275 – 301, Mar/ 2005.

CRAMER, Ronaldo. *Da Cooperação Nacional.* in CABRAL, Antonio do Passo; *Comentários ao novo Código de Processo Civil.* 2. ed. Forense: Rio de Janeiro, 2016.

CRETELLA NETO, José. *Fundamentos Principiológicos do Processo Civil.* 3ª edição, São Paulo: Revista dos Tribunais, 2018.

CUNHA, Leonardo Carneiro. *A previsão do princípio da eficiência no projeto do novo Código de Processo Civil brasileiro.* Revista de Processo. Ano 39 vol. 233/2014 | p. 65 – 84 | Jul / 2014.

DIDIER JR, Fredie. *Sobre a Teoria Geral do Processo, essa desconhecida.* 5ª edição. Salvador. Editora Juspodivm, 2018.

________. *Curso de Direito Processual Civil.* 17ª edição. Salvador. Editora Juspodivm. 2015.

________. *Cláusulas Gerais.* Revista de Processo | vol. 187/2010 | p. 69 – 83 | Set / 2010.

________. *Sobre dois importantes, e esquecidos, princípios do processo: adequação e adaptabilidade do procedimento.* Artigo publicado na Revista dos Mestrandos em Direito da UFBA. 2001.

________; CABRAL, Antonio do Passo e CUNHA, Leonardo Carneiro da. *Por uma nova teoria dos procedimentos especiais. Dos procedimentos ás técnicas.* 2ª edição. Salvador. Editora Juspodivm. 2020.

________. *Cooperação Judiciária Nacional,* Salvador, Editora Juspodivm, 2020.

FERREIRA, Gabriela Macedo, *O ato concertado entre juízes operantes: esboço de uma teoria para o direito brasileiro.* Artigo publicado na Revista Civil Procedure Review. v.10, n. 3: set.-dez. 2019.

FONSECA, João Gustavo Henriques de Morais. *Cooperação Judiciária Processual: Flexibilidade procedimental para a efetividade da jurisdição.* Dissertação de Mestrado apresentada ao Programa de Pós-graduação em Direito da Faculdade de Direito e Ciências do Estado, da Universidade Federal de Minas Gerais (UFMG), Belo Horizonte. 2018.

LACERDA, Galeno. *Luci rd ombre in leggi e proposte de tutele differenziate nei processi civili.* Texto publicado na Rivista de Dirito Processuale. Volume XXXIV, ano 1079.

LUNARDI, Thaís Amoroso Paschoal. *Coletivização da prova – técnicas de produção coletiva da prova e seus reflexos na esfera individual.* Tese apresenta no Doutorado em Direito das Relações Sociais da Faculdade de Direito da Universidade Federal do Paraná. Curitiba. 2018.

________. *Atos concertados entre juízes cooperantes como ferramenta adequada de gestão processual: uma possibilidade do Multidistrict Litigation no sistema brasileiro.* Artigo publicado no livro *O processo civil entre a técnica porcessula e a tutela de direitos. Estudos em homenagem a Luiz Guilherme Marinoni, Sérgio Cru Arenhart e Daniel Mitidiero.* Coordenadores. Obra organizada por Rogéria Dotti. São Paulo. Editora Revista dos Tribunais, 2017, p 367-389.

MARÇAL, Felipe Barreto. *Deveres cooperativos do magistrado no processo estruturante*: da cooperação com as partes à cooperação com outros órgãos (judiciários ou extrajudiciários), por meio de atribuição de competências e delegações. Civil Procedure Review. Pás. 77-100, v.10, n. 2: mai.-ago., 2019.

MAZZOLA, Marcelo. *Formalismo valorativo e primazia de mérito: combate à jurisprudência defensiva dos tribunais.* Revista do Processo, São Paulo, Ed. RT, v. 281, ano 43, julho 2018.

McGOVEM, Francis E. *Rethinking Cooperation among Judges in Mass Tort Litigation.* Artigo publicado no Sholarship Law. https://scholarship.law.duke.edu/cgi/viewcontent.cgi?article=1604&context=faculty_scholarship. Acesso em 12 de dezembro de 2020.

MEIRELES, Edilton. *Cooperação judicial e poderes do juiz na execução conforme o CPC de 2015*. Artigo publicado na Revista Jurídica Luso-brasileira, Ano 04 (2018), nº1.

MELLO, Marcos Bernardes de. *Teoria do Fato Jurídico: plano da existência*. 21º ed. São Paulo: Saraiva, 2018.

MENKE, Fabiano. *A Intepretação das Cláusulas Gerais: A subsunção e a concreção dos conceitos*. Revista de Direito do Consumidor | vol. 50/2004 | p. 9 – 35 | Abr – Jun / 2004.

MITIDIERO, Daniel. *Colaboração no Processo Civil. Do Modelo ao Princípio*. 4ª edição. São Paulo, Editora Revista dos Tribunais. 2019OLIVEIRA, Carlos Alberto Alvaro de. *O formalismo-valorativo no confronto com o formalismo excessivo*. Revista de Processo, v. 137, jul. 2006.

_________. *O processo civil na perspectiva dos direitos fundamentais*. Revista de Processo, v. 113, jan.-fev., 2004.

PINHO, Humberto Dalla Bernardina de; MAZZOLA, Marcelo. *A cooperação como elemento estruturante da interface entre o Poder Judiciário e o Juízo Arbitral*. Artigo publicado na *Revista da EMERJ*, Rio de Janeiro, v. 20, n. 2, maio/ago. 2018.

RIBEIRO, Marcia Carla Pereira e RUDINIKI NETO, Rogério Rudiniki Neto. *Uma análise da eficiência do poder judiciário com base no pensamento de Douglas North*. Artigo publicado na Revista Quaestio Iuiris, vol 09, nº 04, Rio de Janeiro, 2016, p 2025-2040.

SANTOS, Clarice; MARANHÃO, Ney; COSTA, Rosalina Moitta Pinto da Costa, *Instrumentalismo e formalismo-valorativo em ciência processual: há algo de novo sob o sol?* Artigo publicado na Revista dos Tribunais | vol. 1003/2019 | p. 359 – 391 | Maio / 2019.

SANTOS, Eduardo Rodrigues. *Princípios Processuais Constitucionais*. 2ª edição. Salvador. Editora Juspodivm. 2019.

SCHENK, Leonardo Faria. *Da Cooperação Nacional*. *in* WAMBIER, Teresa Arruda Alvim; DIDIER JR, Fredie; TALAMINI, Eduardo; DANTAS, Bruno. *Breves comentários ao novo Código de Processo Civil*. 2.ed. São Paulo: RT, 2016, p. 270-271.

SILVA, Augusto Vinícius Fonseca. *Princípios Pamprocessuais ou metaprocessuais. Normas fundamentais do CPC – princípios de todo processo*. Salvador. Editora Juspodivm. 2019.

TARUFFO, Michele. *Orality and writing as factors of efficiency in civil litigation. Oralidad y escritura en un processo civil eficiente*. CARPI, Federico; ORTELLS, Manuel (coords.). Valencia: Universidad di Valencia, 2008.

VIANA, Isadora Passos Amaral. *Centralização de processos e cooperação judiciária: terceiro mecanismo de resolução de casos repetitivos*. Dissertação de Mestrado da UFBA sob a orientação do Prof. Fredie Didier. Salvador. 2019.

CAPÍTULO 13

Disposição de competência decisória por ato concertado entre juízes cooperantes[1]

Murilo Teixeira Avelino[2]

PRÓLOGO

No início de 2015, fui convidado pelo meu então orientador no programa de Pós-Graduação em Direito da Universidade Federal de Pernambuco, o Professor Leonardo Carneiro da Cunha, para participar dos *Comentários ao Código de Processo Civil*, projeto patrocinado pela editora Saraiva e que contava com a organização do próprio professor Leonardo, de Lênio Luiz Streck e de Dierle Nunes, além da coordenação executiva de Alexandre Freire. Entregaram-me (e a alguns notáveis colegas, como Gustavo Azevedo e João Luis Lessa Neto) a tarefa de comentar os artigos relativos ao processo de Execução.

Todavia, a mim foram apresentados, dentre aqueles todos artigos, três da parte geral do código, que por razões somente claras depois, estavam sem comentador designado. Eram os artigos 67 a 69 do CPC, que compunham o capítulo da *cooperação judiciária nacional*. Compreendi, após as pesquisas iniciais sobre o tema, a razão de não haver ainda autor para empreitada: não havia nada escrito sobre ele – nada, ao menos, que houvesse sido publicado ou estivesse acessível àquela altura. Esta constatação me cresceu os olhos para o tema; seria a oportunidade de explorar um campo novo, traçar as primeiras linhas sobre assunto que, desde logo, apresentava enorme potencial acadêmico e profissional.

---

1. Este artigo é também resultado do grupo de pesquisa "Tranformações nas teorias sobre o processo e o Direito processual", vinculado à Universidade Federal da Bahia, cadastrado no Diretório Nacional de Grupos de Peaquisa do CNPq ‹http://dgp.cnpq.br/dgp/espelhogrupo/7958378616800053›. O grupo é membro fundador da "ProcNet – Rede Internacional de Pesquisa sobre Justiça Civil e Processo contemporâneo" ‹https://laprocon.ufes.br/rede-de-pesquisa›.
2. Bacharel e Mestre em Direito pela Universidade Federal de Pernambuco. Doutorando em Direito pela Universidade Federal da Bahia. Membro da ANNEP e do IBDP. Professor. Procurador da Fazenda Nacional. E-mail: mtavelino@gmail.com. Instagram: @murilotavelino. Academia.edu: ‹https://ufba.academia.edu/MuriloAvelino›.

Os esboços e estudos iniciais trouxeram dois resultados que me deixam orgulhoso: a participação no Código comentado supracitado e um – como costumo dizer – "despretensioso e expositivo" artigo publicado na Revista da Seção Judiciária de Pernambuco (nº 8, 2015), intitulado "Breves comentários à cooperação nacional no novo Código de Processo Civil"[3].

Tais comentários foram de fato breves – o artigo original não passava de nove páginas – e se ocupavam apenas de apresentar os contornos daquela novidade legislativa, inspirada, na verdade, na Recomendação nº 38 do Conselho Nacional de Justiça. A título de curiosidade, as referências bibliográficas daquele artigo são poucas e apenas uma é específica, os comentários ao art. 67 do CPC, de Leonardo Faria Schenk[4].

Qual foi minha surpresa e orgulho ao perceber que aquele pequeno artigo, de fato, estava sendo usado como fonte de pesquisa. Fui contatado por diversos amigos estudantes de preparatórios para concursos públicos que utilizavam meu texto como fonte de preparação para provas dissertativas e orais; fui contatado por diversos amigos e professores estudiosos do processo que dialogaram – para concordar, discordar e problematizar – com os pontos levantados naquele pequeno trabalho.

Foi uma boa surpresa. Uma surpresa que deixou este autor envaidecido e, principalmente, agradecido. Não há maior alegria para um pesquisador do que ver suas ideias serem objeto de confronto. Aquele *despretensioso* e *expositivo* artigo reverberou para muito além do que imaginava.

Lá se vão cinco anos desde aquelas linhas. De lá para cá muito mudou, especialmente em relação aos estudos desenvolvidos sobre o tema cooperação judiciária nacional. Nosso arcabouço doutrinário está mais robusto, a profusão de trabalhos sobre o tema já enche páginas de referências bibliográficas. Já há *tese* e *antítese*; já há a exposição e a réplica. Parece ter chegado o momento de revisitar o tema.

É pela provocação de meu atual orientador, Fredie Didier Jr., que parto para *rever*, *aprofundar* e *desenvolver* ponto específico daquelas linhas iniciais. Aqui, apresentarei um giro de 180 graus em um específico ponto: a (im)possibilidade de disposição de competência decisória por ato concertado.

Sigamos[5].

---

3. AVELINO, Murilo Teixeira. Breves Comentários à Cooperação Nacional no Novo Código de Processo Civil. *Revista Jurídica da Seção Judiciária de Pernambuco*. n. 8. Recife, 2015.
4. SCHENK, Leonardo Faria. Comentários ao art. 67 do NCPC. In: WAMBIER, Teresa Arruda Alvim e outros (coord.). *Breves Comentários ao Novo Código de Processo Civil*. São Paulo: RT, 2015.
5. Adotarei, no desenvolvimento deste trabalho, a primeira pessoa do plural, por ser de praxe. Retomarei a primeira pessoa do singular apenas na conclusão.

1. A ESTRUTURAÇÃO DA COOPERAÇÃO JUDICIÁRIA NACIONAL

Antes de nos debruçarmos sobre o ponto central deste trabalho, cabe apresentar um pequeno resumo daquilo que entendemos como elementos de estruturação da cooperação judiciária nacional, prevista nos artigos 67 a 69 do Código de Processo Civil.

O legislador institui um *dever de recíproca cooperação* entre os órgãos do Poder Judiciário (art. 67 do CPC), repousando suas bases no *modelo cooperativo de processo*.

Os benefícios que exsurgem da cooperação são diversos. Como aponta McGovern, "savings in cost and time, quality of outcomes, and increased satisfaction and fairness"[6]. Trata-se de reforço à ideia de *administração gerencial* do Poder Judiciário, impondo a cooperação para a prestação da atividade jurisdicional de forma mais adequada e eficiente, buscando atingir os resultados máximos no menor tempo, com dispêndio mínimo de valores[7] e reduzindo os perigos de tratamento contraditório de matérias de fato e de direito. Como aponta Gabriela Macedo Ferreira: "Para alcançar a eficiência, os tribunais e juízos de primeiro grau precisam de mecanismos de gestão de processos e de competência que sejam flexíveis, dinâmicos, adaptáveis e que possam fazer funcionar adequadamente o sistema e melhorar os resultados do processo"[8].

A *cooperação* que aqui se trata é uma cooperação entre os órgãos que se prestam a solucionar conflitos de interesses (não só do Judiciário, mas também os árbitros e órgãos administrativos). Torna mais eficiente a administração da justiça e, como consequência, a prestação da tutela jurisdicional também mais eficiente. O ponto central é viabilizar maior agilidade e eficiência na solução de controvérsias que envolvam a atuação do Judiciário, das formas adequadas de solução de conflito e demais entes com competência decisória (como os tribunais administrativos), por meio de uma mútua cooperação para solução de questões de fato ou de direito, evitando a tomada de decisões contraditórias e a repetição de atos desnecessários[9]. A cooperação judiciária reduz as tensões decorrentes da distribuição de competências sobrepostas em um sistema

6. MCGOVERN, Francis E. Rethinking Cooperation among judges in mass tort litigation. 44 *UCLA Law Review* 1851-1870 (1997). p. 1852.
7. "A ideia é que os diferentes órgãos jurisdicionais brasileiros devem cooperar entre si para a prestação de uma tutela jurisdicional mais célere e efetiva, viabilizando a obtenção de resultados máximos, com menor dispêndio de tempo e custos". CAMPOS, Maria Gabriela. *O compartilhamento de competências no processo civil: um estudo do sistema de competências sob o paradigma da cooperação nacional.* Salvador: Juspodivm, 2020. p. 125.
8. FERREIRA, Gabriela Macedo. O ato concertado entre juízes cooperantes esboço de uma teoria para o Direito brasileiro. *In.: Civil Procedure Review*, v. 10, nº 3: set-dez 2019. p. 15.
9. Nesse sentido: "O ponto central aqui é viabilizar maior agilidade e eficiência no trâmite processual por meio de uma mútua assistência entre magistrados e servidores brasileiros". FLEXA, Alexandre; MACEDO,

federativo, promove a comunicação entre os diversos entes com capacidade decisória e reforça a confiança pública no Poder Judiciário[10].

A cooperação judiciária nacional pode servir à prática de atos de gestão *de processos* e *dos processos*. A diferença aqui é relevante. Ao tratarmos de gestão *de processos* nos referimos à gestão administrativa do Judiciário, ou seja, de atos de cooperação que busquem gerir demandas de forma quantitativa e qualitativamente melhor para a organização do foro e da prestação da jurisdição como serviço público. Por outro lado, ao tratar de gestão *dos processos* estamos tratando de atos praticados em processos específicos, visando a prática de atos processuais como consequência da cooperação.

Em conclusão, ao nos referirmos à cooperação judiciária nacional estamos tratando de um conjunto de técnicas colocadas à disposição de entes como capacidade decisória para colaboração recíproca e racionalização de processos, envolvendo a sua gestão administrativa o seu processamento, instrução e decisão[11].

Vejamos então sujeitos, tipos, instrumentos e atos em cooperação judiciária.

1.1. Sujeitos da cooperação

Os *sujeitos da cooperação* - conforme o art. 67 do CPC - são os juízes e servidores cooperantes. A cooperação se dá entre juízos, mas os sujeitos que cooperação entre si são os magistrados e seus colaboradores[12].

Daniel; BASTOS, Fabrício. *Novo Código de Processo Civil - Temas inéditos, mudanças e supressões.* Salvador: Juspodivm, 2015. p. 94.

10. A cooperação é uma via aberta para a superação de conflitos federativos na administração da justiça. Nesse sentido: "State-federal cooperation can give new meaning to judicial federalism, turning it from a wall into a thoroughfare to better justice". SCHWARZER, William W., WEISS, Nancy E., HIRSCH, Alan. Judicial Federalism in Action: Coordination of Litigation in State and Federal Courts. *Virginia Law Review*, vol. 78, 1992. p. 1751. Em sentido semelhante: CANTONE, Jason A. *Enhancing Cooperation Through State-Federal Judicial Councils.* Federal Judicial Center, 2017. pp. 31e ss.
11. Em sentido semelhante: "A cooperação judiciária nacional é o complexo de instrumentos e atos jurídicos pelos quais os órgãos judiciários brasileiros podem interagir entre si, com tribunais arbitrais ou órgãos administrativos, com o propósito de colaboração para o processamento e/ou julgamento de casos e, de modo mais genérico, para a própria administração da Justiça, por meio de compartilhamento ou delegação de competência, prática de atos processuais, centralização de processos, produção de prova comum, gestão de processos e de outras técnicas destinadas ao aprimoramento da prestação jurisdicional no Brasil". DIDER JR., Fredie. *Cooperação Judiciária Nacional - esboço de uma Teoria para o Direito Brasileiro.* Salvador: Juspodivm, 2020. pp. 61-62. Para Volpe: "É possível definir Cooperação Jurisdicional Nacional (CJN) como conjunto de atos de gestão adequada de processos e intercâmbio processual entre juízos diversos para prestação jurisdicional de forma plena, econômica, racional e eficiente". CAMARGO, Luiz Henrique Volpe. A centralização de processos como etapa necessária do Incidente de Resolução de Demandas Repetitivas. Tese de doutorado apresentada à Pontifícia Universidade Católica de São Paulo, 2017. p. 303.
12. Como anota Cabral: (...) a cooperação transjudicial deve envolver não só juízes, mas também servidores, embora os pedidos de cooperação normalmente sejam firmados por juiz, por ser o sujeito que conduz o processo. É possível que iniciativas preliminares para obtenção de cooperação sejam travadas por servidores de centros de mediação e conciliação, dos setores de distribuição e registro, das corregedorias etc". CABRAL, Antônio do Passo. *Juiz natural e eficiência processual: flexibilização, delegação e coordenação de competências no processo civil.* Tese apresentada no concurso de provas e títulos para provimento do

A Recomendação nº 350 do CNJ estrutura institucionalmente a chamada Rede Nacional de Cooperação Judiciária. É nela que atuam os sujeitos de cooperação ligados ao Poder Judiciário, que figuram como i) Juízes de Cooperação Judiciária; ii) membros dos Núcleos de Cooperação Judiciária dos tribunais; iii) membros do Comitê Executivo da Rede Nacional de Cooperação Judiciária, instituído pelo CNJ.

Mas a Resolução se limita a regular a atuação dos órgãos do Judiciário. É possível que outros sujeitos desvinculados institucionalmente do Judiciário sejam sujeitos de cooperação. Árbitros e autoridades administrativas podem ser também sujeitos da cooperação e a regulação específica sobre como se posicionam deve ser feita por cada uma das instituições a que se vinculam.

A partir daí podemos tratar da cooperação intrajudiciário, interjudiciário e interinstitucional.

A cooperação intrajudiciária se dá quando os atos em cooperação são praticados dentro de um determinado ramo do Poder Judiciário ou entre entes hierarquicamente relacionados. Trata-se da cooperação entre juízes estaduais entre si ou juízes do trabalho entre si, por exemplo. Pode ocorrer perante juízo com mesma hierarquia – o que favorece a *solicitação* e a *concertação* – ou com hierarquia distinta – o que favorece a delegação.

A cooperação intrajudiciária pode ser *horizontal* ou *vertical*. Será vertical se houver hierarquia entre os cooperantes; será horizontal se os cooperantes estiverem em um mesmo nível hierárquico na estrutura do Judiciário.

A cooperação interjudiciária se dá quando os atos em cooperação são praticados entre *órgãos jurisdicionais de diferentes ramos do Poder Judiciário* (art. 69, §3º) hierarquicamente não relacionados. Trata-se da cooperação entre juízes estaduais e federais entre si ou juízes do trabalho e eleitorais, por exemplo. A cooperação interjudiciária se dá quando não há relação de hierarquia entre os entes cooperantes, o que favorece a *solicitação* e a *concertação*.

Na doutrina estrangeira a possibilidade é vista com tranquilidade. Como Anota McGovern, "It is now commonplace for one judge to ask another judge to assist in settling a case. Federal and state judges sit together in handling cases arise out of the same set of facts. One court may defer resolving a case until similar issues are decided by another court"[13].

---

cargo de Professor Titular de Direito Processual Civil da Faculdade de Direito da Universidade do Estado do Rio de Janeiro. Rio de Janeiro, 2017. pp. 542-543.

13. MCGOVERN, Francis E. Rethinking Cooperation among judges in mass tort litigation. 44 *UCLA Law Review* 1851-1870 (1997). pp. 1851-1852.

Por último, a cooperação interinstitucional – que não está expressamente consagrada no *caput* do art. 67 – se dá quando os atos em cooperação são praticados entre entes com capacidade decisória distinta, ou seja, vinculados a instituições distintas. A cooperação interinstitucional é um importante elemento de administração da *justiça*, podendo ser promovido entre diversos entes que de alguma maneira contribuíam para a prestação da atividade jurisdicional, ainda que não façam parte do *sistema de justiça*[14]. Aqui, como dissemos, incluem-se os sujeitos que atuam no processo (sejam litigantes habituais ou não) e outras instâncias decisórias como os tribunais administrativos e os juízos arbitrais[15].

1.2. Tipos de cooperação

Os *tipos de cooperação* refletem a forma a partir da qual se dá a cooperação, como os sujeitos em cooperação interagem. Podemos elencar três diferentes *tipos de cooperação*, sem pretensão de exaustividade: cooperação por solicitação; cooperação por delegação; cooperação por concertação[16].

Na *cooperação por solicitação* há um pedido de um órgão judiciário a outro órgão, para que este outro coopere com ele para a prática de atos determinados. Há um lado ativo e um lado passivo. Aqui a vinculação é menos intensa.

Na *cooperação por delegação*, um órgão transfere uma competência sua a outro órgão a ele vinculado. Há uma relação hierárquica entre os órgãos. Aqui o dever é intenso exatamente em razão da posição de superioridade hierárquica que o delegante possui em face do delegado. Aqui não há *solicitação*, mas *determinação* para a prática do(s) ato(s), a qual só se pode negar o delegado

14. São os termos do art. 1º, II, da Resolução nº 350/2020 do CNJ: "II – a cooperação interinstitucional entre os órgãos do Poder Judiciário e outras instituições e entidades, integrantes ou não do sistema de justiça, que possam, direta ou indiretamente, contribuir para a administração da justiça".

15. Nesse sentido, o Enunciado nº 5 do FPPC: "O pedido de cooperação poderá ser realizado também entre o árbitro e o Poder Judiciário". Sobre o tema: "Considerando que o processo arbitral representa o exercício de uma jurisdição provada, naturalmente, é possível a cooperação com a jurisdição estatal. Não é por outra razão que o árbitro ou o tribunal arbitral pode expedir carta arbitral para que o juiz estatal pratique o ato solicitado ou, ainda, determine seu cumprimento". LESSA NETO, João Luiz. Enunciado 5. *In.*: PEIXOTO, Ravi (coord.). *Enunciados do FPPC organizados por assunto, anotados e comentados*. Salvador: Juspodivm, 2019. p. 79.

16. Classificação apontada em DIDER JR., Fredie. *Cooperação Judiciária Nacional – esboço de uma Teoria para o Direito Brasileiro*. Salvador: Juspodivm, 2020. p. 72. É preciso apontar que o autor coloca os três tipos, mas não restringe sua aplicação ou construção de outros modelos. Nilsiton Aragão sugere classificação semelhante, porém distinta. O autor fala também em três tipos de cooperação a partir de um critério de iniciativa para a prática do ato: "No exercício de organização didática da matéria, uma primeira classificação que pode ser apresentada é a que tem por critério a iniciativa. Por ela, é possível distinguir pelo menos três tipos de cooperação, ou seja, três caminhos que podem ser trilhados para desencadear a cooperação judiciária: I) mediante pedido, II) por concerto entre os magistrados e III) por provocação de órgão da administração judiciária". ARAGÃO, Nilsiton Rodrigues de Andrade. Potencialidades e Limites da Cooperação Judiciária Nacional. *In.*: *Civil Procedure Review*, v. 11, nº 1: jan-abr 2020. p. 36.

em face de manifesta ilicitude do objeto[17] ou de desconfiança quanto à própria autenticidade do ato de delegação, pois a "principal característica desse tipo de cooperação é a *compulsoriedade*"[18].

Já na *cooperação por concertação* há um acordo entre os sujeitos cooperantes. Forma-se um instrumento ou pacto de cooperação com regras de cooperação criadas pelos próprios sujeitos cooperantes. Aqui o dever de cooperação é ainda mais intenso, pois há autovinculação, para além do dever de cooperação instituído no código. É que "a vinculação dos juízos ao quanto for decidido é uma *autovinculação*, porque resultante do negócio jurídico ato concertado"[19].

A cooperação por concertação parece mais adequada à disciplina de uma cooperação permanente ou ao menos duradoura[20]. As convenções que instituem a concertação podem ser moduladas para casos específicos entre sujeitos específicos, ou disponibilizadas genericamente, em edital contínuo (com prazo de validade ou não) para adesão, por exemplo.

Aqui se insere a possibilidade de a cooperação se dar por *adesão*[21], ou seja, que determinado sujeito de cooperação se proponha a cooperar, nos termos previamente divulgados em edital, por exemplo, com todos aqueles que se disponham às condições previamente indicadas. Trata-se (da mesma maneira como ocorre com os contratos de adesão) de um ato concertado entre juízes cooperantes por adesão. As possibilidades são amplas.

1.3. Instrumentos ou meios de cooperação

Os *instrumentos* ou *meios de cooperação* refletem os modos pelos quais a cooperação se realiza; os modos de documentação ou viabilização da cooperação.

---

17. DIDER JR., Fredie. *Cooperação Judiciária Nacional – esboço de uma Teoria para o Direito Brasileiro*. Salvador: Juspodivm, 2020. p. 77.
18. DIDER JR., Fredie. *Cooperação Judiciária Nacional – esboço de uma Teoria para o Direito Brasileiro*. Salvador: Juspodivm, 2020. p. 82.
19. DIDER JR., Fredie. *Cooperação Judiciária Nacional – esboço de uma Teoria para o Direito Brasileiro*. Salvador: Juspodivm, 2020. p. 104.
20. DIDER JR., Fredie. *Cooperação Judiciária Nacional – esboço de uma Teoria para o Direito Brasileiro*. Salvador: Juspodivm, 2020. p. 85.
21. Este comentário é fruto de debate travado com Dr. Leandro Fernandez, em grupo de pesquisa capitaneado pelo Professor Dr. Fredie Didier Jr. Para Leandro o ato concertado *por adesão* seria um quarto tipo de cooperação. À oportunidade, discordamos, apontando que o ato concertado se desenvolver por adesão ou não em nada altera sua natureza de convenção processual institucional pública. Na redação final deste trabalho, portanto, fizemos questão de firmar nossa posição nesse sentido: é possível que o ato concertado se dê por adesão, o que não altera sua tipologia ou cria um *quarto tipo* de concertação. Agradecemos ao Dr. Leandro pelos debates bastante enriquecedores, que em muito contribuíram para a redação deste trabalho. A sua opinião está em: FERNANDEZ, Leandro. Do conflito entre atos concertados de cooperação judiciária e negócios processuais celebrados pelas partes. Artigo no prelo.

O nosso sistema consagra a atipicidade dos instrumentos. A cooperação não se dá apenas pelas cartas (que ainda se mantêm), mas de forma atípica. A fonte da atipicidade dos instrumentos de cooperação está nos art. 69 do CPC.

Como dissemos, os *instrumentos* ou *meios de cooperação* refletem os modos ou as técnicas que materializam os atos de cooperação. São os instrumentos de documentação ou viabilização da cooperação. A nossa ordem jurídica consagra a atipicidade dos meios de cooperação, que *prescindem de forma específica*, nada obstante devam ser documentados[22].

Prescindir de forma específica significa que os instrumentos podem ser apresentados e tratados por quaisquer meios, em quaisquer plataformas. "A tônica da cooperação judiciária é, justamente, a informalidade e a atipicidade das interações entre os juízos"[23], o que reflete o ideal de *desburocratização* na atuação dos Poderes (lei nº 13.726/2018).

É necessário que sejam *documentáveis*. É possível que a solicitação, a delegação ou a inciativa da concertação seja feita por ofício, e-mail, sistemas de comunicação interna do tribunal, edital, aplicativo de mensagem eletrônica, em reunião presencial ou por vídeo conferência etc.[24]. Importa que seja possível documentar.

A *informalidade* na iniciativa não dispensa, contudo, a necessidade de que as tratativas e demais atos subsequentes sejam documentados e disponibilizados nos processos ou em outras plataformas de publicização. Nesse sentido, o enunciado nº 687 do FPPC: "A dispensa legal de forma específica para os atos de cooperação judiciária não afasta o dever de sua documentação nos autos do processo". Não só nos autos do processo. Sendo firmado ato em cooperação, antes mesmo de produzir efeitos nos processos especificamente considerado, cabe aos tribunais darem ampla publicidade aos seus termos, seja por publicação oficial, seja através da divulgação em seus sítios eletrônicos.

Tal exigência é de suma importância para que haja transparência e publicidade na realização dos atos em cooperação. A documentação dos atos precisa estar disponível a todos os interessados, especialmente aos demais sujeitos do processo que não os cooperantes. Respeita ao dever de publicidade (art. 93, IX, CR) que todos os atos de cooperação sejam devidamente publicizados e, quando o ato for praticado no processo, sejam anotados aos autos, dando-se

22. DIDER JR., Fredie. *Cooperação Judiciária Nacional – esboço de uma Teoria para o Direito Brasileiro*. Salvador: Juspodivm, 2020. p. 75.
23. CAMPOS, Maria Gabriela. *O compartilhamento de competências no processo civil: um estudo do sistema de competências sob o paradigma da cooperação nacional*. Salvador: Juspodivm, 2020. p. 138.
24. ARAGÃO, Nilsiton Rodrigues de Andrade. Enunciado 687. *In.*: PEIXOTO, Ravi (coord.). *Enunciados do FPPC organizados por assunto, anotados e comentados*. Salvador: Juspodivm, 2019. p. 85.

amplo conhecimento de todo o histórico de tratativas, o desenvolvimento e a execução aos interessados[25]. A Resolução nº 350 do CNJ exige expressamente a documentação dos atos em cooperação em seus arts. 10 e 11.

Dentre os meios típicos de cooperação, talvez os mais tradicionais sejam as cartas. Em verdade, a espécie é anterior ao gênero[26]. Antes da previsão da cooperação judiciária no CPC, a cooperação entre juízos se deu através das cartas precatória, de ordem e rogatória. É de praxe que a expedição das cartas seja noticiada nos autos e, após seu retorno, o instrumento seja juntado ao processo, dando-se ampla publicidade ao desenvolvimento das diligências.

Com o advento do CPC atual, a fonte da atipicidade dos instrumentos de cooperação está no *caput* do art. 69, ao dispor que *o pedido de cooperação prescinde de forma específica*. Mantém-se a previsão das cartas como instrumentos de cooperação no §1º do art. 69.

Meios ou instrumentos de cooperação listados no *caput* são apenas o auxílio direto e os atos concertados entre juízes cooperantes (inciso I e IV). A reunião ou apensamento de processos e a prestação de informação são objetos da cooperação[27], ou seja, *atos em cooperação*. É possível, por exemplo, que haja pedido de auxílio direto para a prestação de informações ou a ato concertado entre juízes cooperantes para a reunião ou apensamento de processos. A Resolução nº 350/2020 do CNJ menciona um *tipo* para além do CPC: os *atos conjuntos*.

Em razão dos limites deste trabalho, focaremos no *ato concertado* entre juízes cooperantes.

1.4. Atos em cooperação

Os *atos de cooperação* são o objeto da cooperação[28], os atos que serão praticados entre os cooperantes. Trata-se mesmo do conteúdo, daquilo que será materializado em razão da cooperação. Talvez por isso, seja mais adequado chamá-los de *atos em cooperação*.

25. "Um dos desdobramentos mais basilares da publicidade dos atos processuais é o dever de documentação, necessário à preservação de sua memória. (...) Portanto, a forma utilizada para realizar a cooperação judiciária, seja ela qual for, precisa ser documentada nos autos do processo". ARAGÃO, Nilsiton Rodrigues de Andrade. Enunciado 687. *In.*: PEIXOTO, Ravi (coord.). *Enunciados do FPPC organizados por assunto, anotados e comentados*. Salvador: Juspodivm, 2019. p. 86. No mesmo sentido: CAMPOS, Maria Gabriela. *O compartilhamento de competências no processo civil: um estudo do sistema de competências sob o paradigma da cooperação nacional*. Salvador: Juspodivm, 2020. p. 175.
26. No mesmo sentido: FERREIRA, Gabriela Macedo. O ato concertado entre juízes cooperantes esboço de uma teoria para o Direito brasileiro. *In.*: *Civil Procedure Review*, v. 10, nº 3: set-dez 2019. p. 20.
27. Anotando também a confusão: MEIRELES, Edilton. Cooperação judicial e poderes do juiz na execução conforme o CPC de 2015. *In.*: Revista Jurídica Luso-Brasileira, ano 4 (2018), nº 1. p. 463.
28. DIDER JR., Fredie. *Cooperação Judiciária Nacional – esboço de uma Teoria para o Direito Brasileiro*. Salvador: Juspodivm, 2020. pp. 72-73.

Vejamos.

O nosso sistema prevê também a atipicidade dos atos em cooperação, cuja fonte normativa é o art. 68. Podem ter qualquer objeto, servindo o rol do §2º do art. 69 como rol inclusivo. O art. 6º da Resolução nº 350/2020 do CNJ, nesse sentido, traz um rol de situações que podem dar azo à atuação em cooperação, indo além do CPC.

A cooperação não se dá apenas por objetos típicos, mas admite que os sujeitos em cooperação formulem entre si *pedido de cooperação para a prática de qualquer ato processual*. Podem ter qualquer objeto, servindo o rol do §2º do art. 69 como exemplo de atos em cooperação, além dos incisos II e III do *caput* do mesmo dispositivo.

A *atipicidade* é uma marca do CPC, refletida nas normas que regulam a cooperação judiciária nacional. Consagra-se, portanto, na linha do que defendemos, a atipicidade dos atos em cooperação, em uma relação que "transcende o exercício da jurisdição, e pode abranger também ato de administração e organização judiciárias"[29]. Trata-se, portanto, de atos de *gestão de processos* e *gestão dos processos*.

Dessa forma, é possível que as distintas técnicas (atipicidade dos instrumentos) regulem a cooperação (por solicitação, delegação ou concertação) com objetos diversos (atipicidade dos atos). "Não há restrição de objeto para a cooperação transjudicial"[30].

Afirmada a atipicidade como regra, vejamos aqueles atos previstos expressamente pelo CPC.

Em razão dos limites deste trabalho, focaremos na reunião ou apensamento de processos e na centralização de processos repetitivos.

2. ATO CONCERTADO (INSTRUMENTO) E ALTERAÇÃO DE COMPETÊNCIA (OBJETO)

Deve-se admitir que o instrumento de cooperação tenha por objeto alteração de competência decisória. Assim, ato concertado entre juízes cooperantes

---

29. CABRAL, Antônio do Passo. *Juiz natural e eficiência processual: flexibilização, delegação e coordenação de competências no processo civil*. Tese apresentada no concurso de provas e títulos para provimento do cargo de Professor Titular de Direito Processual Civil da Faculdade de Direito da Universidade do Estado do Rio de Janeiro. Rio de Janeiro, 2017. p. 541. Prossegue: "Assim, é possível que o juiz pratique a colaboração com outros juízos no exercício da jurisdição em um processo; mas é natural, e até recomendável, que a colaboração se dê também no plano administrativo, na gestão da vara ou do gabinete, com as trocas cooperativas visando a implementar mais eficiência nas práticas administrativas (e então o impacto será mais alargado, atingindo vários processos)".
30. CABRAL, Antônio do Passo. *Juiz natural e eficiência processual: flexibilização, delegação e coordenação de competências no processo civil*. Tese apresentada no concurso de provas e títulos para provimento do cargo de Professor Titular de Direito Processual Civil da Faculdade de Direito da Universidade do Estado do Rio de Janeiro. Rio de Janeiro, 2017. p. 540.

(instrumento) pode servir à prática de ato em cooperação (objeto) para a reunião ou apensamento de processos, repetitivos ou não. Tais processos podem ser reunidos temporária ou permanentemente. No segundo caso, quebra-se com a regra da prevenção, reunindo-se perante um único juízo diversas demandas cuja *questão comum*, de fato ou de direito, pode justificar o julgamento conjunto.

Vejamos.

2.1. O ato concertado entre juízes cooperantes

O *ato concertado entre juízes cooperantes* é um instrumento ou meio de cooperação que consolida a chamada *cooperação por concertação*. É uma das grandes novidades do CPC, prevista no art. 69, II e um dos meios com maior potencial de inovação.

Trata-se de negócio jurídico processual de direito público firmado entre sujeitos da cooperação, cujo objeto é a prática em concertação de atos em cooperação entre os órgãos que presentam. Podem participar da convenção dois ou diversos cooperantes[31].

Serve para disciplinar uma relação duradoura ou permanente entre dois ou mais sujeitos em cooperação, através de instrumento escrito, que disciplinará quais atos serão realizados e como se realizarão. Trata-se, portanto, de fonte de norma processual a reger a relação entre os sujeitos. Como aponta Fredie Didier Jr.:

> Por isso, o instrumento dessa cooperação regerá a prática de uma série de atos indeterminados, assumindo a natureza de fonte de normas processuais gerais, consensuais e anteriores à prática dos atos de cooperação.[32]

Anote-se um detalhe: o autor se refere a *atos indeterminados*. Aqui, a indeterminação é quanto ao ato propriamente dito, à espécie, ao ato que será

31. "O ato concertado entre juízes cooperantes é técnica voltada à concretização do direito fundamental a um processo efetivo. Trata-se de acordo atípico entre dois ou mais juízes para regulamentar uma relação permanente entre os juízos cooperantes, autorizando a alteração da competência para a prática de determinados atos, em prol da eficiência na administração judiciária". FERREIRA, Gabriela Macedo. O ato concertado entre juízes cooperantes esboço de uma teoria para o Direito brasileiro. *In.: Civil Procedure Review*, v. 10, nº 3: set-dez 2019. p. 26. Ainda: "O ato pode ser celebrado, aliás, por mais de dois juízes: pode haver concertação com qualquer número inteiro a partir de dois". DIDER JR., Fredie. *Cooperação Judiciária Nacional – esboço de uma Teoria para o Direito Brasileiro*. Salvador: Juspodivm, 2020. p. 85. No mesmo sentido: CAMPOS, Maria Gabriela. *O compartilhamento de competências no processo civil: um estudo do sistema de competências sob o paradigma da cooperação nacional*. Salvador: Juspodivm, 2020. pp. 173-176.

32. DIDER JR., Fredie. *Cooperação Judiciária Nacional – esboço de uma Teoria para o Direito Brasileiro*. Salvador: Juspodivm, 2020. p. 85.

praticado em processo específico. É que o gênero precisa ser bem delimitados pela convenção, para que se saiba no futuro o que poderá, de fato, ser praticado em cooperação. O ato em cooperação precisa ser determinado, ainda que a sua prática seja futura, em processo abarcado pela concertação.

O §2º do art. 69 traz um rol exemplificativo dos objetos do ato concertado, ou seja, dos atos que podem se realizar em cooperação através da utilização do instrumento da concertação.

O *ato concertado entre juízes cooperantes* é um negócio jurídico processual firmado entre os sujeitos da cooperação, regulando todos os termos a partir dos quais se realizarão os atos em cooperação. Nesse sentido, a cooperação por concertação "funciona como um regramento geral, consensual, anterior à prática dos atos de cooperação. É adequada também para a prática de atos de cooperação de teor mais complexo como é o caso da centralização de processos repetitivos"[33].

É preciso perceber aqui uma nuance a respeito deste instrumento. O ato concertado não é um ato do procedimento ou ato processual em sentido estrito. Quando os sujeitos de cooperação firmam o termo, não há a prática de qualquer ato em qualquer processo. Há a definição a respeito de um objeto (dentre os listados nos incisos do §2º do art. 69) que será, a partir da convenção, realizado em processos específico. Esta noção é de suma importância, inclusive, para que se possa desenvolver o tema da *participação das partes* no ato concertado.

O ato concertado será norma (processual, convencional e geral) regulando a prática de ato processual em sentido estrito e, a partir de então, atos processuais em processos específicos (já em curso ou futuros) poderão ser praticados com base na convenção.

Em suma: primeiro os sujeitos em cooperação firmam a concertação (ato processual em sentido amplo) e depois, com base nela, praticam ato processual em sentido estrito, em processo específico. Dentre os diversos objetos da concertação, estão a reunião ou apensamento de processos repetitivos ou não.

2.2. Reunião ou apensamento de processos

A possibilidade de reunião ou apensamento de processos permite a concentração, em um único juízo, de uma enorme quantidade de processos. Aqui, estamos diante de um objeto da concertação.

33. DIDER JR., Fredie. *Cooperação Judiciária Nacional - esboço de uma Teoria para o Direito Brasileiro*. Salvador: Juspodivm, 2020. p. 77.

Pode ser objeto da cooperação a reunião de todas as causas que versem sobre uma determinada questão de direito em um único órgão julgador, como forma de evitar decisões conflitantes entre si. Em face à valorização dos precedentes judiciais no CPC, a cooperação jurisdicional serve como mais um instrumento para a uniformização da jurisprudência (art. 926).

Da mesma maneira, demandas que versem sobre questões jurídicas distintas, mas que decorram do mesmo fato podem ser reunidas para processamento comum. Esta perspectiva é útil na gestão de questões estruturais diante das demais demandas originárias decorrentes do mesmo estado de coisas, evitando decisões conflitantes e intercorrências na execução da *decisão-quadro*[34-35].

Da mesma maneira, a reunião de processos pode ser útil para a gestão de demandas de massa relativas ao mesmo fato, especialmente quando a questão envolver responsabilidade civil. A cooperação é útil para definição da responsabilidade, gestão de ativos para indenização (com a distribuição eficiente de acordo com os valore efetivamente disponíveis para as compensações devidas), redução de custos de transação (custos do processo, como na realização de prova comum) e racionalização das compensações[36]. Bons exemplos podem ser retirados do direito norte-americano, que se utiliza dos instrumentos de cooperação interjudiciária na solução de questões complexas que atraem a competência de cortes federais e estaduais[37].

34. Pode-se pensar na instituição de juízo comum para apreciar questões relativas às filas nos hospitais públicos para transplantes ou oferecimento de tratamentos específicos e economicamente dispendiosos. A centralização de processos em um juízo único facilita a gestão dos recursos e impede a "burla" à fila para tratamento em razão de diversas liminares da lavra de distintos magistrados. Exemplo retirado do processo nº 0002012-48.2006.4.05.8100, que corre perante a Seção Judiciária do Ceará, onde foi instituído um juízo universal para decidir a respeito de cirurgias ortopédicas, definindo-se "fila" para realização dos procedimentos.

35. "Sob outra perspectiva, mesmo quando presente um processo estrutural, a cooperação judiciária pode ser uma técnica a ser utilizada. Nele, por exemplo, poderiam ser apensados os processos relacionados (art. 69, II do CPC) e que possam interferir ou receber interferência do alcance do estado de coisas buscado no processo". GALDINO, Matheus Souza. *Processos Estruturais: identificação, funcionamento e finalidade*. Salvador: Juspodivm, 2020. p. 207. No mesmo sentido: "Os processos individuais passam a ser parte do plano de resstruturação, em vez de militar contra ele". VITORELLI, Edilson. *Processo Civil Estrutural: Teoria e Prática*. Salvador: Juspodivm, 2020. p. 339.

36. Tratando da gestão cooperada de demandas visando a responsabilidade civil pelo uso de amianto nos Estados Unidos ver MCGOVERN, Francis E. Rethinking Cooperation among judges in mass tort litigation. 44 *UCLA Law Review* 1851-1870 (1997). O trecho referenciado decorre das vantagens listadas pelo autor para o desenvolvimento de um procedimento consolidado para resolução da questão (p. 1859): "The theory behind these models is to centralize decision making so that liability can be defined, assets can bem maximized, transactions costs lowered, and compensation rationalized".

37. "Increasingly, complex litigation involves related cases brought in both federal and state courts. Such litigation often involves mass torts (...) Some sets of cases may involve numerous claims arising from a single event, confined to a single locale (such as a plane crash or a hotel fire). Other more-complicated litigations may arise from widespread exposure to harmful products or substances dispersed over time and place". *Manual for Complex Litigation, Fourth. Washington, D.C.: Federal Judicial Center: For sale by the U.S. G.P.O., Supt. of Docs, 2004.* p. 229-230.

A reunião pode ser permanente, inclusive como forma de fazer valer o art. 55, §3º, que prevê a reunião para julgamento conjunto dos processos que possam gerar risco de prolação de decisões conflitantes ou contraditórias caso decididos separadamente, mesmo sem conexão entre eles[38], o que denota uma importante função da norma inscrita no inciso II do art. 69. Aqui, possível definir o juízo mais adequado para a decisão de questões incidentais ou principais, dando-se "a modificação da competência legalmente atribuída, que cede diante do risco de serem proferidas decisões contraditórias (CPC, art. 55, §3º) e diante de um juízo de conveniência, adequação e eficiência (CPC, art. 69, §2º)"[39].

Ainda, esta forma de cooperação pode servir ao "julgamento de processos em bloco para aplicação de tese jurídica firmada em julgamento de casos repetitivos" (art. 12, §2º, II, CPC), exceção expressa à ordem cronológica de julgamento, prestigiando-se a economia processual.

Há aqui, todavia, uma limitação de ordem procedimental. Causas julgadas não podem ser reunidas com causas ainda não julgadas. Causas em sede de recursos ordinários não podem ser reunidas com causas em sede de recursos excepcionais. Causa ainda não decididas não pode ser reunida com causas em sede de recurso porque estas já receberam o resultado da cognição, o processo de convencimento já foi resolvido. Não se pode expandir o efeito do julgamento sobre questão principal a causa ainda sob instrução.

2.3. Centralização de processos repetitivos

O CPC se refere excepcionalmente aqui a *processos repetitivos*. É comum, ao longo do código, a referência a *casos repetitivos* ou *demandas repetitivas*. O CPC prevê, no art. 69, II, a realização de ato concertado para *reunião ou apensamento de processos*. A centralização de processos repetitivos é um exemplo de reunião de processos[40].

38. Atentando que o art. 55, §3º traz autorização para reunião de demandas sem conexão, Meireles entende que não se trata de reunião em razão de ato de cooperação. Conforme anota: "Por certo que estes dispositivos legais não estão tratando dos casos tipificados (conexão e continência) de reunião ou apensamentos de processos. Isso porque, para tanto, não é preciso qualquer pedido de cooperação ou ato concertado entre os juízes. No caso, por exemplo, de conexão, continência e outros que implicam em deslocamento de competência, com reunião ou apensamento de processos, estes atos devem ser executados independentemente de qualquer pedido de cooperação a que se refere os arts. 67 a 69 do CPC". MEIRELES, Edilton. Cooperação judicial e poderes do juiz na execução conforme o CPC de 2015. *In.*: Revista Jurídica Luso-Brasileira, ano 4 (2018), nº 1. p. 463.
39. CAMPOS, Maria Gabriela. *O compartilhamento de competências no processo civil: um estudo do sistema de competências sob o paradigma da cooperação nacional*. Salvador: Juspodivm, 2020. p. 135.
40. No mesmo sentido: "A segunda hipótese, em verdade, está contida na primeira. Isso porque pela regra do inciso II do caput do art. 69 os processos, repetitivos ou não, podem ser reunidos. Logo, a hipótese de centralização de processos repetitivos está contida naquela outra (reunião de processos)". MEIRELES,

Centralizam-se – e, portanto, reúnem-se – diversos processos repetitivos perante um único juízo, para processamento e julgamento comum[41]. Em verdade, admite-se a reunião de diversos processos, ainda que distintos, sobre *questão repetitiva*[42]. Centralizam-se demandas perante um (ou diversos, a depender dos termos da concertação) juízo convencionalmente competente para decidir a questão repetitiva.

Pode ser vista a partir de duas funções: i) reunir para julgamento comum as demandas repetitivas quando não for conveniente ou incabível a instauração das outras técnicas[43]; ii) uma vez instaurado o debate nos tribunais, centralizar os novos processos sobre a mesma questão em juízos específicos, com amplo diálogo institucional com o tribunal.

Instaurado IRDR ou afetado recurso à sistemática dos repetitivos, será possível centralizar todas as demandas em primeiro grau perante um único juízo, que será responsável pela gestão das demandas e, posteriormente, pela aplicação da tese definida[44].

Edilton. Reunião de processos, cooperação e conflito de competência. *Revista de Processo* | vol. 294/2019 | p. 77 – 94 | Ago / 2019. Versão eletrônica, p. 5.

41. Na mesma linha: "(...) a que se chega é que a centralização de processos deve ter como finalidade algo além da mera reunião para eventual instrução conjunta. A existência de previsão legal de instrução probatória concertada mostra, em verdade, que o concerto com o fim de centralizar processos deve ter como finalidade a sua resolução em alguma medida.
Ou seja, a finalidade da centralização de processos, ao possibilitar a resolução centralizada de questão de fato comum repetitiva (evitar que sejam dados desfechos distintos a situações fáticas semelhantes e fornecer meios ao Poder Público para mais bem gerir os processos repetitivos), é exatamente a mesma do microssistema de resolução de casos repetitivos.
Não há dúvidas, portanto, que se trata de um terceiro mecanismo, que, juntamente com os recursos repetitivos e o IRDR, compõe o microssistema de resolução de casos repetitivos no âmbito do processo civil". VIANA, Isadora Passos Amaral. *Centralização de processos e cooperação judiciária: terceiro mecanismo de resolução de casos repetitivos.* Monografia (Graduação em Direito) – Faculdade de Direito, Universidade Federal da Bahia, Salvador, 2019. p. 94.
42. Atenta ao ponto, Sofia Temer: "(...) o que classifica as *demandas* como *repetitivas* no contexto do CPC/2015, é a existência de *questões comuns*, de direito material ou processual, ainda que estas questões não representem nenhuma parcela significativa do conflito subjetivo a ser resolvido em juízo, e ainda não que haja, propriamente, *demandas* homogêneas". TEMER, Sofia. *Incidente de resolução de demandas repetitivas.* Salvador: Juspodivm, 2016. p. 60. No mesmo sentido: CAMARGO, Luiz Henrique Volpe. A centralização de processos como etapa necessária do Incidente de Resolução de Demandas Repetitivas. Tese de doutorado apresentada à Pontifícia Universidade Católica de São Paulo, 2017. p. 317.
43. CABRAL, Antônio do Passo. *Juiz natural e eficiência processual: flexibilização, delegação e coordenação de competências no processo civil.* Tese apresentada no concurso de provas e títulos para provimento do cargo de Professor Titular de Direito Processual Civil da Faculdade de Direito da Universidade do Estado do Rio de Janeiro. Rio de Janeiro, 2017. p. 682.
44. Nesse sentido: "É possível combinar essa técnica com o julgamento de casos repetitivos. Uma vez instaurado o incidente de resolução de demandas repetitivas, é permitido que, por cooperação judiciária, se determine o juízo de primeiro grau que passará a receber as futuras ações repetitivas ou mesmo o juízo que venha a ser o competente para aplicar a tese jurídica que vier a ser firmada neste incidente". DIDER JR., Fredie. *Cooperação Judiciária Nacional – esboço de uma Teoria para o Direito Brasileiro.* Salvador: Juspodivm, 2020. p. 96.

Outra possibilidade, que complementa o conteúdo do art. 69, §2º, VI e que pode ser tomada com fundamento no art. 69, II, é a centralização de demandas cuja questão de fato é semelhante ou idêntica. Perceba-se que por estarmos diante de *questão de fato repetida*, sua solução não pode ser dada pelo IRDR (que admite por objeto apenas questão de direito), justificando que os processos sejam reunidos para solução comum da questão fática a eles subjacente[45].

3. DISPOSIÇÃO DE COMPETÊNCIA POR ATO CONCERTADO

A alteração de competência por ato concertado pode ser inferida de distintas previsões: i) o art. 68 do CPC fala da cooperação para a prática de *qualquer ato processual*; ii) o art. 69, II, menciona expressamente a reunião de processos; iii) o inciso VI do §2º do art. 69 permite a centralização de processos repetitivos.

Modifica-se, assim, a competência por ato de cooperação concertado entre juízos[46]. Trata-se de negócio jurídico processual de direito público firmado entre

45. "Matheus Galdino adota tal perspectiva, considerando que na ausência de um processo estrutural, as técnicas de cooperação judiciário permitem "(...) tratar uniformemente e de modo prospectivo todos os processos acerca do mesmo estado de coisas que tramitem em diversos juízos [o que] permite um olhar estrutural, nesse sentido, para as ações individuais que tenham por causa de pedir uma ameaça ou violação decorrente de um mesmo estado de coisas". GALDINO, Matheus Souza. *Processos Estruturais: identificação, funcionamento e finalidade*. Salvador: Juspodivm, 2020. p. 205. O autor reforça o seu posicionamento adiante (pp. 206 e 207): "Uma competência jurisdicional adequada parece exigir, aqui, a prática de atos de cooperação judiciária para o tratamento da questão de forma estrutural. Conforme entende a doutrina, considerando a repetição de processos e a natureza fática da questão comum (estado de coisas), teria lugar a cooperação judiciária na modalidade de atos concertados pela centralização de processos repetitivos (art. 69, §2º VI do CPC)". No mesmo sentido: "(...) medidas de cooperação jurisdicional podem ser utilizadas para produzir informação, agregação, decisão e implementação de providências estruturais, ainda que o autor da ação não tenha produzido pedidos compatíveis com o caráter do litígio e mesmo na hipótese de inexistência de uma demanda coletiva. O CPC permite que a iniciativa da cooperação parta dos juízes. Além disso, a agregação dos processos individuais, com a intimação do Ministério Público para atuar em sua tramitação, pode ser suficiente para criar o ambiente propício para uma reforma estrutural". VITORELLI, Edilson. *Processo Civil Estrutural: Teoria e Prática*. Salvador: Juspodivm, 2020. pp. 340-341. O autor, em seguida promove uma interessante comparação entre a agregação de demandas por ato em cooperação com a técnica do *multidistrict litigatio*, nos Estados Unidos.

46. Ao tratar dos processos estruturais e apresentando perspectiva distinta, Matheus Galdino parece acreditar que a hipótese não é de alteração de competência por ato concertado, mas sim de identificação do juízo competente em razão da incidência do princípio da competência adequada. Afirma o autor em interessante passagem: "Em verdade, estas ações, que foram tratadas, por exemplo, nos casos das filas para vagas em creches no Município de São Paulo ou nos casos de filas para realização de cirurgias no Estado do Ceará, podem aqui buscar uma técnica para fazer valer, quiçá, uma competência jurisdicional adequada implícita com fundamento constitucional no direito à isonomia, à tutela jurisdicional efetiva e à eficiência.

Parece haver uma competência implícita complementar, extraída de uma leitura sistemática de preceitos constitucionais: a) que pela isonomia busque evitar, p. ex., que seja garantido o direito imediato à realização de uma cirurgia a quem não tenha urgência desta em detrimento de quem a tenha; b) que, pela tutela jurisdicional efetiva, possibilite viabilizar a construção de decisões que solucionem a causa

sujeitos da cooperação cujo objeto é a gestão da competência. Na hipótese não há falar em *incompetência* de quaisquer dos juízos[47]. Todos os sujeitos da concertação são competentes para o processamento e julgamento das respectivas demandas. Pelo ato concertado há gestão de tais competências, deslocando-as nos termos da convenção, para a instituição de um (ou diversos) juízos competentes distintos dos originários. A regra de competência terá fonte negocial.

Deve-se afirmar, nesse ínterim, a possibilidade de delegação de atos decisórios. Há uma relevante alteração na referência do CPC à possibilidade de cooperação para *qualquer ato processual* na redação do art. 68. Tratando especificamente sobre o objeto do instrumento *ato concertado*, Didier Jr. aponta que "Qualquer das funções que o órgão julgador pode exercer no processo pode ser objeto de concertação. Pode haver concertação para a condução, instrução, execução e, até mesmo, decisão"[48].

Impõe-se, portanto, superar a lição tradicional pela indelegabilidade dos atos decisórios. Intimamente relacionada ao juiz natural, repetiu-se corriqueiramente a necessidade de reserva absoluta de lei para que se institua competência decisória. A partir desta regra, somente seria possível a cooperação jurisdicional para a prática de atos instrutórios, diretivos e executórios.

Em reforço, o art. 43 do CPC, inclusive, é bastante estrito na admissão de hipóteses de quebra da perpetuação da jurisdição. Assim, salvo alteração de competência absoluta ou extinção de órgão jurisdicional, não seria possível o deslocamento de processo para *decisão* por juízo distinto daquela cuja competência já havia sido fixada, dentre todos os demais, abstratamente competentes para julgar a demanda.

Mas esta não é mais a acepção do juiz natural, o que justifica a relativização dos rigores para o compartilhamento de competências[49] antes ou após a

das violações e não apenas remedeiem (às vezes sem efetividade) os seus efeitos; c) e, por fim, pela eficiência ou proporcionalidade no agir público, extraia do processo jurisdicional toda a capacidade que possui na tutela dos direitos.
Não parece ser esse o caso de uma competência modificada por vontade dos juízes cooperantes, ainda que em análise com base em juízo de ponderação. A Constituição, nesses casos, não parece admitir tal compreensão". GALDINO, Matheus Souza. *Processos Estruturais: identificação, funcionamento e finalidade*. Salvador: Juspodivm, 2020. pp. 205-206.

47. Como apontado, tratando da reunião de demandas, MEIRELES, Edilton. Reunião de processos, cooperação e conflito de competência. *Revista de Processo* | vol. 294/2019 | p. 77 - 94 | Ago / 2019. Versão eletrônica, p. 10. Anota: "E, na linha do anteriormente sustentado, pode ocorrer de o juízo que passa a processar a demanda não ter a competência em tese, mas, por ato de cooperação, passa a ser o competente para a demanda no caso concreto".

48. DIDER JR., Fredie. *Cooperação Judiciária Nacional - esboço de uma Teoria para o Direito Brasileiro*. Salvador: Juspodivm, 2020. p. 87.

49. "Ela [a cooperação judiciária] também serve à concretização do princípio do juiz natural, visto numa dimensão para além da formal: juiz competente, imparcial e *eficiente*. *O princípio da competência*

propositura da demanda. Como aponta Cabral, "não é mais possível prender o dinamismo da relação processual, em constante alteração, ao 'marco zero' do momento em que a demanda foi ajuizada"[50].

A previsão dos atos em cooperação, para reunião de demandas repetitivas (questões de direito) ou repetidas (questões de fato) ou para a prática de *qualquer ato processual* são uma exceção à regra geral do art. 43, não se submetendo, portanto, à limitação ali inscrita em razão de se tratarem de atos de *gestão de competência* com previsão expressa no CPC, o que demanda uma leitura sistemática dos institutos[51]. Como anota Gabriela Campos:

> O sistema de competências, em sua dinâmica contemporânea, considera a possibilidade de conformação da competência no curso do procedimento pelos órgãos jurisdicionais (ex. atos concertados para reunião de processos repetitivos). Daí o reforço ao atributo da flexibilidade da competência normativamente atribuída.[52]

Dessa forma, nada obstante a regra de fixação da competência, ela é excepcionada pela prática de atos concertados entre juízes cooperantes, pois "Como se trata de técnicas de gestão da competência prevista em lei, a cooperação judiciária não ofende aos princípios da tipicidade e da indisponibilidade da competência"[53].

---

adequada também é servido pelas técnicas da cooperação judiciária, que funcionam para a identificação do 'melhor juízo' para o caso". DIDER JR., Fredie. *Cooperação Judiciária Nacional - esboço de uma Teoria para o Direito Brasileiro*. Salvador: Juspodivm, 2020. pp. 63-64. No mesmo sentido: "A ideia do juiz natural, na democracia contemporânea, discursiva e plural, está muito mais afeta aos aspectos dialógicos do que a critérios de ordem dogmática". CHAVES JUNIOR, José Eduardo Resende. Cooperação judiciária na Justiça do Trabalho. *Revista do Tribunal Regional do Trabalho 3ª Região*. Belo Horizonte, v. 61, n. 92, jul/dez. 2015. p. 125.

50. CABRAL, Antônio do Passo. *Juiz natural e eficiência processual: flexibilização, delegação e coordenação de competências no processo civil*. Tese apresentada no concurso de provas e títulos para provimento do cargo de Professor Titular de Direito Processual Civil da Faculdade de Direito da Universidade do Estado do Rio de Janeiro. Rio de Janeiro, 2017. p. 439.
51. "Poder-se-ia pensar em ferimento ao princípio do juiz natural. Tal não ocorre, porém, já que nada impede de o legislador, em regras excepcionais, estabelecer a possibilidade de modificação da competência até por vontade de uma das partes. Tudo, óbvio, num juízo de ponderação. Privilegia-se a eficiência em detrimento do juiz natural na busca da efetividade da decisão judicial. No confronto entre o princípio do juiz natural e da efetividade jurisdicional, privilegia-se este diante de cada caso concreto ". MEIRELES, Edilton. Cooperação judicial e poderes do juiz na execução conforme o CPC de 2015. *In*.: Revista Jurídica Luso-Brasileira, ano 4 (2018), nº 1. pp. 464-465.
52. CAMPOS, Maria Gabriela. *O compartilhamento de competências no processo civil: um estudo do sistema de competências sob o paradigma da cooperação nacional*. Salvador: Juspodivm, 2020. p. 133. Em outro ponto da obra, a autora reforça seu posicionamento (p. 191): "Os atos concertados encerram um ato de gestão da competência pelos juízos, diante de um caso concreto. Ao concertarem atos para esse fim, os juízes conformam a competência para melhor atender às finalidades do caso concreto".
53. DIDER JR., Fredie. *Cooperação Judiciária Nacional - esboço de uma Teoria para o Direito Brasileiro*. Salvador: Juspodivm, 2020. p. 64.

Em suma: ato concertado entre juízes cooperantes pode servir à gestão e compartilhamento de competência seja para processos já em curso, seja para processos futuros.

Não se pode esquecer, ainda, de tantos outros exemplos corriqueiros de técnicas de gestão eficiente de processos que implicam alteração ou compartilhamento de competências[54]: i) os mutirões; ii) as centrais de agilização processual; iii) a figura dos juízes auxiliares nos tribunais; iv) as forças-tarefa, etc. Há, em todos esses exemplos, compartilhamento de competência decisória.

De perceber, então, caso ocorra a prática de qualquer ato de cooperação que preveja a disposição de competência decisória e, em razão dele, atue no processo juiz distinto daquele responsável pelo seu processamento de início, não haverá falar em vício de competência. Estamos aqui diante de ato praticado por juiz competente por concertação e, portanto, legítimo. Em outras palavras: é possível haver cooperação jurisdicional para que juiz originalmente não competente decida. Trata-se de um ato praticado sobre a forma de ato em cooperação com conteúdo decisório.

O ato concertado entre juízes cooperantes pode prever a alteração de competência, a centralização de processos de maneira prévia e/ou posterior à propositura da demanda. A formalização do ato concertado pode, por exemplo, definir um determinado juízo cooperante como competente para processar e julgar as demandas repetitivas. A partir da formalização do ato concertado, os processos já distribuídos são *deslocados* para o juízo competente por concertação e as causas que versem sobre a mesma questão serão distribuídas necessariamente ao mesmo juízo. A centralização de demandas, assim, representa uma técnica de gestão processual cooperativa da competência[55].

A *gestão de competências*, lembre-se, não é um fenômeno estranho à nossa ordem jurídica. Admitimos o foro de eleição e a federalização de demandas (art.

54. "Quando houver quantidade muito expressiva de processos, é possível a constituição de uma força-tarefa – ou "núcleo de cooperação" – composta por servidores e por juízes auxiliares para, num único juízo, sob a coordenação do juiz titular da vara, trabalhar com grande estoque de processos que contenham idêntica questão de direito e/ou idêntica questão de fato. Essa reunião e constituição da força-tarefa proporcionam a criação de um plano de gestão, organização e especialização de trabalho, assegurando a condução coerente, eficiente e econômica do conjunto de processos". CAMARGO, Luiz Henrique Volpe. A centralização de processos como etapa necessária do Incidente de Resolução de Demandas Repetitivas. Tese de doutorado apresentada à Pontifícia Universidade Católica de São Paulo, 2017. p. 314.

55. Tratando da centralização de processos repetitivos, anota Cabral: "Dentre as várias possibilidades de atos conjuntos e concertados, aquela que mais salta aos olhos quando pensamos em modificação da competência é a centralização de processos, técnica para o gerenciamento de casos repetitivos que representa uma forma de gestão cooperativa da competência adequada". CABRAL, Antônio do Passo. *Juiz natural e eficiência processual: flexibilização, delegação e coordenação de competências no processo civil.* Tese apresentada no concurso de provas e títulos para provimento do cargo de Professor Titular de Direito Processual Civil da Faculdade de Direito da Universidade do Estado do Rio de Janeiro. Rio de Janeiro, 2017. p. 680.

109-A, §5º da CR); não estranhamos a reunião de processos em razão da conexão e da continência; o incidente de resolução de demandas repetitivas e o incidente de assunção de competência já são amplamente difundidos após o advento do CPC, alterando a competência para julgamento de demanda no âmbito de um tribunal específico. O ato concertado como técnica de modificação de competência é apenas mais uma hipótese. Não há *a priori* muito o que se estranhar[56].

A concertação para disposição de competência pode servir para solução de conflitos de competências materiais distintas. Em vista que as tradicionais formas de *modificação de competência* (v.g. conexão) não permitem o deslocamento de demandas quando houver *competência absoluta distinta*, a utilização da cooperação judiciária é instrumento para gerir este tipo de situação. Interessante exemplo foi trazido por Didier Jr. e Zaneti Jr., apontando conflito de competências materiais. O caso é o seguinte: há áreas de atuação da EBCT que são consideradas perigosas e põem em risco a segurança dos carteiros. Esta situação pode dar cabo a duas demandas coletivas distintas: i) ação civil pública ajuizada pela Defensoria Pública para que os correios retomem o serviço postal à população daquela área, em tutela do grupo de moradores atingidos pela suspensão do serviço; ii) ação coletiva proposta pelo sindicato dos carteiros visando reconhecer o seu direito de não atuar em áreas perigosas, garantindo-se direito fundamental à segurança do trabalho[57].

A primeira das ações, proposta pela Defensoria Pública seria de competência da Justiça Federal. A segunda, de competência da Justiça do Trabalho. No artigo supra referenciado, Didier Jr. e Zaneti Jr. constroem, com base no princípio da competência adequada, algumas diretrizes para a solução de tais conflitos, concluindo pela competência da Justiça Laboral para processar e julgar

56. Defendendo a realização de negócios processuais para o afastamento da competência já fixada, posição com a qual concordamos, ver: MIRANDA, Daniel Gomes de. Sobre afastamento negocial da *perpetuatio jurisdictionis*, ou sobre a convenção de eleição de foro incidental. *In*.: CABRAL, Antonio do Passo; NOGUEIRA, Pedro Henrique (coords.). *Coleção Grandes Temas do Novo CPC - vol. 1, tomo 1*. Salvador Juspodivm, 2019.

57. "Defensoria Pública ajuíza ação civil pública contra a Empresa Brasileira de Correios e Telégrafos, pleiteando a retomada da entrega do serviço postal em certas áreas urbanas consideradas perigosas - a entrega postal havia sido suspensa como forma de proteção da segurança dos carteiros (trabalhadores). A ação foi proposta na Justiça Federal (art. 109, I, CF/1988).
A ação coletiva, nesse caso, pretendia ver tutelado direito de um grupo de moradores, considerados consumidores lesados pelo deficiente serviço prestado pela ECT. Embora isso não tenha sido posto nem discutido e o pedido se direcionasse à ECT, a demanda atinge, também, situação jurídica da coletividade dos carteiros. Os carteiros são celetistas; a segurança do trabalho é um dos mais evidentes direitos coletivos trabalhistas deste grupo. Imagine, então, que o sindicato dos carteiros tivesse ajuizado uma ação coletiva, na Justiça do Trabalho, exatamente para ver reconhecido e efetivado o direito à segurança, concretizado na suspensão de entrega de correspondência nas mesmas áreas tidas como perigosas". DIDER JR., Fredie; ZANETI JR., Hermes. Princípio da competência adequada, conflitos coletivos multipolares e competências materiais distintas. Revista de Direito do Consumidor | vol. 128/2020 | p. 403 - 414 | Mar - Abr / 2020. Versão eletrônica, p. 6.

ambas as demandas[58]. Não sendo este momento adequado à discussão da opinião dos autores, trata-se de situação em que a *competência absoluta* poderia ser objeto de gestão concertada entre juízes cooperantes. Seja para produção de prova comum, seja para reunião de processos ou quaisquer objetos de atos em cooperação, a concertação é um instrumento hábil a fazer valer a *adequação* na definição do juízo competente. O ato concertado aqui, inclusive, poderia tratar não apenas da reunião das demandas já propostas, mas também sobre a competência para eventuais e futuras ações individuais ou coletivas propostas em razão do mesmo fato. A gestão da situação de fato *suspensão de serviço postal em determinada área visando a proteção da segurança laboral dos carteiros* e das demandas dela decorrentes poderia ser objeto de cooperação judiciária.

3.1. Diretrizes para a modificação de competência por ato concertado

Fredie Didier Jr., defende a possibilidade de alteração de competência por ato concertado entre juízes cooperantes. O autor afirma, no entanto, que a disciplina do tema trazida pelo CPC é lacunosa. Propõe-se, por isso, a traçar diretrizes. Vejamos.

Em primeiro lugar:

> i) O ato concertado não poderá implicar alteração de competência absoluta para julgar determinados pedidos. Um pedido que deve ser julgado pela Justiça Federal não poderá, por concertação, vir a ser julgado pela Justiça do Trabalho. A alteração de competência absoluta depende de previsão legal, como nos casos do incidente de assunção de competência (art. 947, CPC) ou federalização de casos (art. 109, V-A, CR/1988). Sem essa autorização expressa para o ato concertado, é difícil dogmaticamente

58. "A solução desse problema passa, então, pela adoção de algumas diretrizes: a) não se deve e nem se pode admitir a existência de decisões contraditórias; b) é preciso garantir a participação processual paritária dos interesses dos grupos em conflito, pouco importa onde as causas tramitem; c) o STJ já decidiu que, havendo continência entre ações coletivas que tramitam na Justiça Estadual e na Justiça Federal, é possível haver reunião dos processos na Justiça Federal (n. 489 da súmula do STJ; reunião de processos com mudança de competência material, como se vê); d) competência mais especializada pode prevalecer em relação a competência comum; e) grupo mais homogêneo (a perspectiva dos membros do grupo diante do conflito tende a ser a mesma ou ao menos muito parecida) e delimitado deve ser levado em consideração para a fixação da competência, relativizando a orientação anterior; f) seria necessária a observância da conveniência da adoção de práticas de cooperação judiciária para mais bem decidir essa espécie de conflito.
Aplicadas essas diretrizes, o caso deveria ser resolvido pela Justiça do Trabalho, que deveria julgar "ambas" (na verdade, como se disse, é a mesma ação coletiva, ajuizada por entes diversos) as demandas coletivas: o grupo dos carteiros é mais bem delimitado e homogêneo e a Justiça do Trabalho é mais especializada". DIDER JR., Fredie; ZANETI JR., Hermes. Princípio da competência adequada, conflitos coletivos multipolares e competências materiais distintas. Revista de Direito do Consumidor | vol. 128/2020 | p. 403 - 414 | Mar - Abr / 2020. Versão eletrônica, pp. 6-7.

> sustentar, diante de uma previsão legislativa tão singela, um efeito jurídico (modificação de competência absoluta) sempre previsto de modo raro e claro pelo legislador. *O ato concertado não pode alterar a competência absoluta para a decisão das questões principais, enfim.*[59]

De fato, admitir alteração de competência absoluta por vontade manifestada pelos sujeitos do processo é algo que não se vê falar em nossa doutrina. Nos parece, todavia, que é preciso problematizar esta lição à luz da consagração, pelo CPC, do autorregramento da vontade no processo. Ora, se o código avança para reconhecer a relevância da vontade dos sujeitos para a flexibilização e adaptação do procedimento, ao mesmo tempo em que a cooperação judiciária nacional é marcada pela atipicidade, talvez seja o caso de repensarmos a lição de que *competência absoluta* não pode ser objeto de disposição.

E não se diga que a *vedação à alteração de competência absoluta está consagrada no CPC*, pois não está. O que existe é o art. 62, a dispor que a *competência determinada em razão da matéria, da pessoa ou da função é inderrogável por convenção das partes*. Em primeiro lugar, o dispositivo não trata de competência absoluta em gênero. Se assim o desejasse, teria adotado a classificação, como ocorreu por exemplo no art. 47, §2º. Aqui o legislador apenas aponta critérios de fixação de competência: matéria, pessoa ou função. Se a competência é prévia e abstratamente fixada a partir de tais critérios, a vontade das partes não pode alterá-la.

E está aí outro ponto: o art. 62 limita o autorregramento da vontade das *partes* para a alteração da competência. O ato concertado firmado entre sujeitos cooperantes que não são partes no processo não está abarcado pela norma que se pode extrair do preceito em comento. Existe previsão, inclusive, de diversas causas de alteração de competência absoluta, por exemplo: i) supressão de órgão judiciário (art. 43); ii) disposição de competência para cumprimento de sentença (art. 516, p.ú.); iii) deslocamento de competência para julgamento de IAC e IRDR; iv) federalização de casos (art. 109, V-A, CR).

É de se questionar assim, se realmente a competência absoluta não pode ser alterada por ato concertado entre sujeitos cooperantes[60]. Nos parece possível esta alteração.[61]

---

59. DIDER JR., Fredie. *Cooperação Judiciária Nacional - esboço de uma Teoria para o Direito Brasileiro*. Salvador: Juspodivm, 2020. pp. 100-101.

60. Com este posicionamento, do qual discordamos: MEIRELES, Edilton. Cooperação judicial e poderes do juiz na execução conforme o CPC de 2015. *In*.: Revista Jurídica Luso-Brasileira, ano 4 (2018), nº 1. pp. 468-469. O autor, em seguida, relativiza sua compreensão admitindo a alteração da competência absoluta apenas quando houver conflito entre os critérios de fixação de competência mencionados no art. 62. Em outro texto (MEIRELES, Edilton. Reunião de processos, cooperação e conflito de competência. *Revista de Processo* | vol. 294/2019 | p. 77 - 94 | Ago / 2019. Versão eletrônica, p. 7): "Essa restrição chama a atenção para outra

O segundo argumento:

> ii) O ato concertado *poderá* implicar alteração de competência relativa para decisão das questões principais, assim como ocorre com a conexão e a continência; difere dessas duas tradicionais modalidades pelo fato de ser uma modificação acordada, por pressupor um instrumento prévio que a regulamente e, no caso da centralização, por somente se aplicar se houver repetição dos processos.[62]

Já tecemos algumas notas a respeito da limitação para alteração de competência absoluta. Outro ponto que chama atenção aqui é a necessidade apontada pelo autor de que a *modificação acordada* pressuponha um *instrumento prévio que a regulamente* e de que somente se aplique se houver *repetição de processos.*

Sobre a modificação previamente acordada, há duas formas de compreender a diretriz: i) o acerto ser prévio à prática do ato de deslocamento da competência; ii) o acerto ser prévio à propositura da demanda cuja competência será deslocada.

Sendo a primeira hipótese, se o acerto precisar ser necessariamente prévio ao deslocamento do processo, trata-se de uma questão de lógica: não é possível alterar a competência para julgamento e somente depois emitir vontade nesse sentido. Obviamente, primeiro deve-se manifestar vontade na prática do ato em cooperação para, depois, efetivá-lo. Por isso, pela obviedade, não nos parece ser esta a ideia.

Quanto à segunda hipótese, todo o argumento desenvolvido pelo autor ao longo da obra citada não reflete a necessidade de o ato concertado (convenção processual de direito público) ser firmado antes da propositura das demandas que teriam a competência alterada. Sendo este o entendimento, não haveria possibilidade, por exemplo, de centralizar demandas repetitivas já propostas,

questão, que é a relativa à competência. A princípio, parece óbvio que, para reunião ou apensamento dos feitos, é necessário que o órgão que irá processar as demandas seja competente para todas elas. Nem por ato de cooperação judicial, portanto, poderia se declinar de feito de competência absoluta (material, em razão da pessoa ou funcional) para órgão que não detém idêntica competência. Somente seria cabível, então, essa reunião de processos por ato de cooperação entre juízes ou órgãos que detêm a mesma competência. Vale lembrar, inclusive, que, por convenção das partes, não se admite a mudança de competência em razão da matéria, da pessoa ou da função (art. 62 do CPC/15 (LGL\2015\1656))". Mais uma vez, aqui, o autor relativiza a regra, justificando a alteração de competência absoluta (p. 8) "como medida excepcional em face da busca da efetividade da prestação jurisdicional e da melhor eficiência do serviço público judiciário, ou seja, neste caso, como não é absoluta qualquer regra constitucional".

61. No mesmo sentido: ARAGÃO, Nilsiton Rodrigues de Andrade. Potencialidades e Limites da Cooperação Judiciária Nacional. *In.: Civil Procedure Review*, v. 11, nº 1: jan-abr 2020. pp. 43-44.

62. DIDER JR., Fredie. *Cooperação Judiciária Nacional – esboço de uma Teoria para o Direito Brasileiro.* Salvador: Juspodivm, 2020. p. 101.

o que não é o caso, especialmente porque é necessário que haja repetição para que se enquadre mesmo uma demanda como *repetitiva*.

Por isso, é preciso compreender que o ato concertado deve ser firmado, definindo o juízo perante o qual serão reunidas, processadas e julgadas as demandas. Daí então os processos já em curso serão deslocados e os demais serão necessariamente distribuídos ao *juízo prevento por concertação* (= definido no ato concertado para reunir todas as demandas[63-64]).

Ainda, o ato concertado somente se aplicará se houver repetição de processos. Sem dúvida, a definição de um juízo prevento por concertação serve à repetição de processos. Após o primeiro, já há repetição. Não se vislumbra, todavia, limitação prévia e genérica para que se altere por ato em cooperação a competência para processar e julgar apenas uma demanda.

Por último:

> iii) O ato concertado poderá implicar mudança de competência para a definição de questões incidentais (questão de fato comum ou questão de direito). Nesse caso, o ato pode ser celebrado mesmo por juízo com competências absolutas distintas, sem problema.[65]

O autor segue para afirmar que as questões incidentais podem ser examinadas independentemente da competência absoluta do magistrado. Traz exemplos esclarecedores, dentre outros, como o do juiz federal que examina questões de família em demanda previdenciária e do juiz estadual que examina ato normativo de uma resolução de agência federal em caso consumerista[66].

---

63. A prevenção não é um critério de fixação de competência, mas uma técnica de reunião de demandas perante um (dentre aqueles que são) dos juízos competentes. "Servirá a prevenção, apenas, como i) critério de reunião de processos que foram distribuídos a juízo igualmente competentes; e ii) devolução, a um determinado juízo, de ação que lhe fora anteriormente distribuída e objeto de desistência, por ser, à época da primeira distribuição, competente". MIRANDA, Daniel Gomes de. Sobre afastamento negocial da *perpetuatio jurisdictionis*, ou sobre a convenção de eleição de foro incidental. *In.:* CABRAL, Antonio do Passo; NOGUEIRA, Pedro Henrique (coords.). *Coleção Grandes Temas do Novo CPC - vol. 1, tomo 1.* Salvador Juspodivm, 2019. p. 515.
64. "A alteração de competência realizada por ato de concertação entre juízes cooperantes não deve observar a regra de prevenção, mas a regra de eficiência, tanto no aspecto quantitativo quanto qualitativo, do juiz que pode realizar o melhor julgamento e o mais célere. A regra da prevenção não impede à alteração negociada da competência. A prevenção é regra de racionalização da atividade imposta aos diferentes juízes, estabelecendo critério de divisão do trabalho; não é regra de fixação da competência. Negociada a competência sem perda da imparcialidade do juízo e com vista a maior eficiência no julgamento da causa, não há óbice à negociação. Trata-se de medida que, ao concretizar o princípio da eficiência, realiza o chamado princípio da competência adequada, segundo o qual cabe investigar quem decidiria melhor a luz de todos os princípios envolvidos". FERREIRA, Gabriela Macedo. O ato concertado entre juízes cooperantes esboço de uma teoria para o Direito brasileiro. *In.: Civil Procedure Review*, v. 10, nº 3: set-dez 2019. p. 44.
65. DIDER JR., Fredie. *Cooperação Judiciária Nacional - esboço de uma Teoria para o Direito Brasileiro*. Salvador: Juspodivm, 2020. p. 101.
66. DIDER JR., Fredie. *Cooperação Judiciária Nacional - esboço de uma Teoria para o Direito Brasileiro*. Salvador: Juspodivm, 2020. p. 102.

Apesar dos exemplos práticos é preciso fazer um acréscimo: não há coisa julgada na análise de questões incidentais como regra (art. 503)[67]. E a definição de competência, inclusive, é determinada com base na questão principal a ser decidida, na análise do que se pede e não dos seus fundamentos. Assim, questões incidentais, como regra, não servem à definição de competência e, portanto, não há impedimento relativo à classificação das competências (absoluta/relativa) para a concertação de atos cujo objeto seja a alteração da competência para a solução de questões incidentais.

Por tais razões e até mesmo por problematizar a alteração de competência absoluta, concordamos como esta última diretriz.

CONCLUSÃO

Anotei, no início deste trabalho, que seu conteúdo traria conclusão oposta àquela de cinco anos atrás, quanto à possibilidade de alteração de competência decisória por ato em cooperação. Não se trata – como sói acontecer, de posição definitiva. Impõe-se a provocação e o convite ao debate.

É preciso que se desenvolva o tema relativo à gestão e compartilhamento de competências jurisdicionais[68]. Os atos de cooperação, seja por solicitação, delegação ou concertação, iluminam a temática[69]. É possível dispor sobre competência, inclusive decisória, por ato de cooperação. O tratamento da competência no CPC parece ter sido um tema cuja atenção foi relegada a segundo plano[70]. Perdemos a oportunidade de rediscutir alguns de seus dogmas. Feliz-

67. O magistrado, ao julgar a causa, se depara com duas categorias de questões: as questões principais e as questões incidentais. As *questões incidentais*, como regra, não são atingidas pela coisa julgada. A colocação de uma questão como *principal* ou *incidental* depende do modo como se apresentam no processo. É impossível intitular uma questão como *principal* ou *incidental* de maneira abstrata, sem observar o objeto do processo. Uma mesma questão pode ser incidental para um processo e principal para outro. O exemplo mais comum é a questão relativa à *paternidade*. Em uma ação de investigação de paternidade, situa-se como *questão principal*; em uma ação de alimentos, situa-se como *questão incidental*.

68. "É recomendável o desenvolvimento de uma teoria da delegação de competências jurisdicional (sic), que abranja essa e [cooperação por delegação] e outras formas de delegação, eventualmente criadas ou descobertas". DIDER JR., Fredie. *Cooperação Judiciária Nacional – esboço de uma Teoria para o Direito Brasileiro*. Salvador: Juspodivm, 2020. p. 84.

69. "A cooperação interjudicial tem reflexos diretos sobre o sistema de competências. Isso por que o princípio da cooperação proporciona a intensificação das interações colaborativas entre diferentes juízos, com vistas a uma atuação eficiente, tornando, assim, o sistema de competências mais flexível e adaptável". CAMPOS, Maria Gabriela. *O compartilhamento de competências no processo civil: um estudo do sistema de competências sob o paradigma da cooperação nacional*. Salvador: Juspodivm, 2020. p. 132.

70. Como anota Vitorelli: "Essas quatro providências [obtenção e apresentação de provas e a coleta de depoimentos, a efetivação de tutela provisória, a centralização de processos repetitivos e a execução de decisão jurisdicional] podem ser importantes para superar os arcaicos critérios de competência jurisdicional que foram quase integralmente transcritos do CPC/73 para os arts. 46 e seguintes do CPC/2015". VITORELLI, Edilson. *Processo Civil Estrutural: Teoria e Prática*. Salvador: Juspodivm, 2020. pp. 338-339.

mente, o desenvolvimento do estudo da cooperação tem fomentando repensar temática tão importante.

Fique claro o posicionamento: o ato concertado pode alterar competência das demandas já propostas e também para demandas futuras. Assim, esta convenção possui efeitos retrospectivos e prospectivos. A delegação de competência decisória se dá pelo ato concertado, negócio processual de direito público, fonte de norma geral de competência.

Esta conclusão, todavia, apenas reforça a complexidade do tema e abre espaço para diversas dúvidas e questões que ainda precisam ser trabalhadas. A cooperação judiciária nacional é ainda um campo a ser explorado.

Ao lado da proposta central de defender a gestão de competência por concertação, são plantadas diversas dúvidas. Por isso, esta *conclusão* não tem por objetivo encerrar o debate, mas, pelo contrário (o que é pouco usual, reconheço), garantir que novas questões sobre a cooperação judiciária possam ser trabalhadas sobre bases sólidas.

Apenas a título de exemplo: qual o impacto da cooperação judiciária na releitura de diversos institutos clássicos do nosso sistema de competências? Como consolidar as técnicas de participação e garantia do contraditório das partes atingidas por ato em cooperação? Qual a solução de eventual conflito entre convenção das partes em matéria de competência e ato concertado? A constituição de fato limita alteração negocial de competências atribuídas genericamente em seu texto? Se sim, por quê?

Eis aí apenas algumas das grandes questões que demandam debate e aprofundamento sobre a cooperação judiciária nacional.

BIBLIOGRAFIA

ARAGÃO, Nilsiton Rodrigues de Andrade. Enunciado 687. *In.:* PEIXOTO, Ravi (coord.). *Enunciados do FPPC organizados por assunto, anotados e comentados*. Salvador: Juspodivm, 2019.

_____. Potencialidades e Limites da Cooperação Judiciária Nacional. *In.: Civil Procedure Review*, v. 11, nº 1: jan-abr 2020.

AVELINO, Murilo Teixeira. Breves Comentários à Cooperação Nacional no Novo Código de Processo Civil. *Revista Jurídica da Seção Judiciária de Pernambuco*. n. 8. Recife, 2015.

CABRAL, Antônio do Passo. *Juiz natural e eficiência processual: flexibilização, delegação e coordenação de competências no processo civil*. Tese apresentada no concurso de provas e títulos para provimento do cargo de Professor Titular de Direito Processual Civil da Faculdade de Direito da Universidade do Estado do Rio de Janeiro. Rio de Janeiro, 2017.

CAMARGO, Luiz Henrique Volpe. A centralização de processos como etapa necessária do Incidente de Resolução de Demandas Repetitivas. Tese de doutorado apresentada à Pontifícia Universidade Católica de São Paulo, 2017.

CAMPOS, Maria Gabriela. *O compartilhamento de competências no processo civil: um estudo do sistema de competências sob o paradigma da cooperação nacional*. Salvador: Juspodivm, 2020.

CANTONE, Jason A. *Enhancing Cooperation Through State-Federal Judicial Councils*. Federal Judicial Center, 2017.

CHAVES JUNIOR, José Eduardo Resende. Cooperação judiciária na Justiça do Trabalho. *Revista do Tribunal Regional do Trabalho 3ª Região*. Belo Horizonte, v. 61, n. 92, jul/dez. 2015.

DIDIER Jr., Fredie. *Cooperação Judiciária Nacional - esboço de uma Teoria para o Direito Brasileiro*. Salvador: Juspodivm, 2020.

_____; ZANETI JR., Hermes. Princípio da competência adequada, conflitos coletivos multipolares e competências materiais distintas. Revista de Direito do Consumidor | vol. 128/2020 | p. 403 - 414 | Mar - Abr / 2020.

FERNANDEZ, Leandro. Do conflito entre atos concertados de cooperação judiciária e negócios processuais celebrados pelas partes. Artigo no prelo.

FERREIRA, Gabriela Macedo. O ato concertado entre juízes cooperantes esboço de uma teoria para o Direito brasileiro. *In.: Civil Procedure Review*, v. 10, nº 3: set-dez 2019.

FLEXA, Alexandre; MACEDO, Daniel; BASTOS, Fabrício. *Novo Código de Processo Civil - Temas inéditos, mudanças e supressões*. Salvador: Juspodivm, 2015.

GALDINO, Matheus Souza. *Processos Estruturais: identificação, funcionamento e finalidade*. Salvador: Juspodivm, 2020.

LESSA NETO, João Luiz. Enunciado 5. *In.*: PEIXOTO, Ravi (coord.). *Enunciados do FPPC organizados por assunto, anotados e comentados*. Salvador: Juspodivm, 2019.

Manual for Complex Litigation, Fourth. Washington, D.C.: Federal Judicial Center: For sale by the U.S. G.P.O., Supt. of Docs, 2004.

MCGOVERN, Francis E. Rethinking Cooperation among judges in mass tort litigation. 44 *UCLA Law Review* 1851-1870 (1997).

MEIRELES, Edilton. Cooperação judicial e poderes do juiz na execução conforme o CPC de 2015. *In.*: Revista Jurídica Luso-Brasileira, ano 4 (2018), nº 1.

_____. Reunião de processos, cooperação e conflito de competência. *Revista de Processo* | vol. 294/2019 | p. 77 - 94 | Ago / 2019.

MIRANDA, Daniel Gomes de. Sobre afastamento negocial da *perpetuatio jurisdictionis*, ou sobre a convenção de eleição de foro incidental. *In.*: CABRAL, Antonio do Passo; NOGUEIRA, Pedro Henrique (coords.). *Coleção Grandes Temas do Novo CPC - vol. 1, tomo 1*. Salvador Juspodivm, 2019.

SCHENK, Leonardo Faria. Comentários ao art. 67 do NCPC. In: WAMBIER, Teresa Arruda Alvim e outros (coord.). *Breves Comentários ao Novo Código de Processo Civil*. São Paulo: RT, 2015.

SCHWARZER, William W., WEISS, Nancy E., HIRSCH, Alan. Judicial Federalism in Action: Coordination of Litigation in State and Federal Courts. *Virginia Law Review*, vol. 78, 1992.

TEMER, Sofia. *Incidente de resolução de demandas repetitivas*. Salvador: Juspodivm, 2016.

VIANA, Isadora Passos Amaral. *Centralização de processos e cooperação judiciária: terceiro mecanismo de resolução de casos repetitivos*. Monografia (Graduação em Direito) – Faculdade de Direito, Universidade Federal da Bahia, Salvador, 2019.

VITORELLI, Edilson. *Processo Civil Estrutural: Teoria e Prática*. Salvador: Juspodivm, 2020.

CAPÍTULO 14

Deslocamento de competência absoluta por cooperação judiciária

Edilton Meireles[1]

Sumário: 1. Introdução – 2. Da reunião, apensamento ou centralização de processos por cooperação judiciária – 3. Juiz natural e deslocamento de competência por cooperação – 4. Deslocamento da competência absoluta: 4.1 Precedentes legislativos de modificação da competência absoluta definida constitucionalmente; 4.2 Precedentes jurisprudenciais de flexibilização da competência absoluta constitucional – 5. Deslocamento de competência absoluta por ato de cooperação judiciária – 6. Conclusão – Referências.

1. INTRODUÇÃO

Um tema ainda pouco estudado e que surgiu no nosso ordenamento jurídico legal com o CPC de 2015 é o da cooperação judiciária.

Uma das hipóteses exemplificada no CPC como ato de cooperação é o da possibilidade de alteração de competência, para reunião, apensamento ou centralização de processos.

Por outro lado, é quase que um dogma nas doutrina e jurisprudência brasileiras que a competência absoluta não pode ser modificada após definido o juízo para o processamento da causa.

Neste trabalho, porém, será tratado esse tema, enfrentando as questões pertinentes, utilizando-se o método dedutivo, com interpretação de textos normativos, análise da jurisprudência e revisão da literatura jurídica.

2. DA REUNIÃO, APENSAMENTO OU CENTRALIZAÇÃO DE PROCESSOS POR COOPERAÇÃO JUDICIÁRIA

O inciso II do *caput* do art. 69 e o inciso VI do § 2.º deste mesmo dispositivo legal do CPC/2015 apontam a possibilidade de reunião, apensamento ou centralização de processos por ato de cooperação concertados entre os órgãos judiciais. Vejam que não se trata de hipóteses nas quais a reunião, apensamento

1. Pós-doutor pela Faculdade de Direito da Universidade de Lisboa. Doutor em Direito pela PUC/SP. Desembargador do Trabalho no Tribunal Regional do Trabalho da 5ª Região, professor adjunto da Universidade Católica do Salvador (UCSal) e professor associado da Faculdade de Direito da Universidade Federal da Bahia (UFBa).

ou centralização decorram de imposição da lei, mas, sim, por mera faculdade dos órgãos judiciais, no exercício de poderes delegados pelo legislador. Trata-se de um instrumento de gestão processual[2].

As três medidas se assemelham, mas não se confundem. Todas estas hipóteses têm como fundamentos os princípios da economia processual, eficiência jurisdicional (art. 37, *caput*, da CF) e da igualdade. Como finalidades, essas três medidas buscam evitar, em sentido amplo, decisões conflitantes, contraditórias ou que incorram em tratamento desigual por parte do Estado-juiz.

Pode-se, outrossim, distinguir essas três hipóteses a partir das regras impositivas de reunião, apensamento ou de centralização de processos. Dois critérios, então, destacam-se para distinguir essas situações. A primeira é a imposição do julgamento conjunto ou não e a segunda é a existência de processos em curso contemporaneamente na mesma instância jurisdicional.

Hipóteses de reunião de processos são aquelas nas quais estes devem ser julgados conjuntamente (art. 58 do CPC). São os casos de processos conexos (art. 55, 1º, CPC), vinculados por continência (art. 57, CPC) ou para evitar decisões conflitantes ou contraditórias (§ 3º, do art. 55 do CPC). Nesta categoria se inclui, ainda, a ação de denunciação da lide, na qual os processos são reunidos desde sua origem (quando proposta pelo autor) ou por iniciativa do réu (arts. 127 e 18 do CPC).

No caso, o pressuposto da reunião é o curso dos processos contemporaneamente e sem que um tenha sido julgado. Por lógica: se não estão em curso não podem ser reunidos; da mesma forma, se um já foi julgado descabe a reunião, já que o objetivo desta medida é o julgamento em conjunto.

A hipótese de apensamento ocorre quando há processos em curso e que devem ser agrupados, sem a necessidade de serem julgados conjuntamente. Aqui se tem as hipóteses das ações acessórias (art. 61, CPC), inclusive as regressivas, os embargos à execução, os embargos de terceiros, etc.

Nessa hipótese, dada a proximidade do objeto litigioso, um dos processos deve ser apenas apensado ao outro (não reunidos), no juízo prevento, para que possam ser apreciados pelo mesmo órgão julgador, sem a necessidade de serem julgados conjuntamente. Com isso se busca evitar decisões, em sentido

2. MEIRELES, Edilton. Dever de gestão processual adequada, p. 21-36; LUNARDI, Thaís Amoroso Paschoal. Atos concertados entre juízes cooperantes como ferramenta adequada de gestão processual: uma possibilidade para a aplicação do multidistrict litigation no sistema brasileiro, p. 374-378; LUNARDI, Thaís Amoroso Paschoal. Coletivização da Prova. Técnicas de produção coletiva da prova e seus reflexos na esfera individua, p. 25-41; VOGT, Fernanda Costa. Cognição do juiz no processo civil: flexibilidade e dinamismo dos fenômenos cognitivos, p. 222.

amplo, conflitantes ou contraditórias[3], além de atingir a econômica processual e a eficiência jurisdicional.

Óbvio, ainda, que, para apensamento, é necessário que as ações estejam em curso.

Distingue-se, assim, essa segunda hipótese (de apensamento) da primeira (de reunião) pelo fato de que nesta o julgamento, conforme lei, há de ser em conjunto (sem prejuízo das sentenças parciais). Naquela outra (apensamento), o juiz não precisa necessariamente julgar em conjunto as diversas demandas.

Por fim, tem-se a hipótese de centralização de processos repetitivos. Aqui se cuida de impor a prevenção do juízo para demandas repetitivas, ainda que a precedente não esteja mais em curso. Logo, não precisam ser reunidas ou julgadas conjuntamente. Um exemplo é aquele tratado no art. 28 da Lei n. 6.830/1980, que prevê a centralização das execuções fiscais no mesmo Juízo. No caso, ainda que a lei use da expressão reunir os processos contra o mesmo devedor, o que se quer é a centralização ou mesmo apensamento, já que as questões a serem decididas, eventualmente, em embargos à execução, não necessariamente guarda conexão. O vínculo a conectar os processos decorreriam, neste caso, dos atos de constrição e expropriação.

Assim, a medida de centralização de processos repetitivos se distingue da reunião ou apensamento de processos, já que naquela hipótese não há necessidade de os vários processos estarem em curso ao mesmo tempo (contemporaneamente).

Daí se tem que a reunião ou apensamento pressupõe um processo em curso a atrair outros para serem julgados conjuntamente (os reunidos) ou não (os apensados). Já na centralização basta que um processo tenha sido julgado ou esteja em curso e não seja conveniente ou possível a reunião ou apensamento. Neste caso, os processos serão centralizados no mesmo juízo, mas não necessariamente julgados conjuntamente. Pode ocorre, inclusive, que o processo anterior já tenha sido julgado. Seria como estabelecer um juízo privativo para as demandas repetitivas que tenham o mesmo objeto.

Antonio do Passo Cabral, por exemplo, defende que a centralização de processos seria útil nas hipóteses em que outros instrumentos do microssistema de resolução de casos repetitivos não forem passíveis de utilização ou

3. Objetivo este que poderá não ser alcançado se, pelo menos, um dos juízes não concordar com a centralização, como lembra LINO, Daniela Bermudes. Conexão e afinidade: Critérios para compreensão dos artigos 55, §3º e 69, §2º, II e VI do Código de Processo Civil, p. 258. Dessa recusa, porém, pode-se instalar o conflito de competência, cf. MEIRELES, Edilton. Reunião de processos, cooperação e conflito de competência. Revista de Processo, v. 294, p. 77-94, agosto, 2019.

quando eles forem inconvenientes[4]. Seria o caso, por exemplo, de demandas repetitivas tratando do mesmo fato gerador do conflito[5].

Essas são situações, pois, nas quais o legislador impôs a reunião, apensamento ou centralização de processos e que servem de parâmetros para distinção das três medidas. O CPC de 2015, porém, foi adiante, e estabeleceu a possibilidade dessas três medidas decorrer de ato concertados pelos juízes e tribunais.

Por certo que os dispositivos legais que cuidam da cooperação não estão tratando dos casos tipificados em lei de reunião, apensamento ou centralização de processos. Isto porque, para tanto, nestas hipóteses de deslocamento de competência, não é preciso qualquer pedido de cooperação (art. 69, CPC/15) ou ato concertado entre os juízes (art. 68 c/c § 2º do art. 69 do CPC/15). No caso, por exemplo, de conexão, continência e outros que resultam em deslocamento de competência, com reunião, apensamento ou centralização de processos, este ato deve ser executado independentemente de qualquer pedido de cooperação a que se refere os arts. 67 a 69 do CPC.

É certo que nessas hipóteses expressamente mencionadas no Código de Processo Civil se pode falar em "cooperação" do juiz em remeter a demanda para outro juízo em caso de conexão, etc. Mas, neste caso, a remessa se faz por imperativo da lei. Não depende da vontade do juiz. Já os arts. 67 a 69 do CPC se referem a pedidos de cooperação que dependem da vontade do juiz em sua atribuição de gestor processual. Dota-se, em verdade, aqui, o magistrado de largas atribuições para que ele possa, de modo eficiente e diante de cada caso concreto, gerir a demanda para obter a efetividade da decisão judicial de forma mais célere, evitando, em diversas hipóteses, a perda de tempo ou a prática de atos que podem se revelar inúteis ou repetitivos. Seria uma faculdade, em juízo de conveniência.

Vejam o exemplo de demandas executivas contra o mesmo devedor. Concorrendo diversas ações, seja no mesmo juízo, seja em diversos órgãos executantes, em cada um deles o oficial de justiça pode efetuar a penhora sobre o mesmo bem do devedor. Ou seja, de modo ineficiente e burocrático, os oficiais de justiça executam a mesma tarefa (realizam idêntico ato processual) em distintos processos, quando bastaria um ato de penhora, vinculando-o a diversos processos.

É, pois, pensando em hipótese como essa e tantas outras que o legislador dotou os órgãos do Judiciário com poderes de, por ato de cooperação, deliberarem sobre a reunião ou apensamento de processos ou a centralização de demandas repetitivas.

---

4. CABRAL, Antonio do Passo. Juiz natural e eficiência processual: flexibilização, delegação e coordenação de competências no processo civil, p. 682-684.
5. VIANA, Isadora Passos Amaral. Centralização de processos e cooperação judiciária: terceiro mecanismo de resolução de casos repetitivos, p. 97-106.

Nesse caso, a lei prevê a possibilidade de mudança de competência por ato formalizado pelos juízes ou juízos. Ou seja, a competência pode ser modificada por deliberação volitiva dos juízes cooperantes.

Mas aqui vale um destaque. É que o CPC/2015, no inc. VI do § 2.º do art. 69, menciona a possibilidade de os juízes cooperantes concertarem para estabelecer procedimentos para "a centralização de processos repetitivos".

Como já dito, na centralização se dispensa que os processos estejam, ao mesmo tempo, em curso. Basta, na realidade, a repetição em relação à causa de pedir e pedido. Seria o caso de os juízes cooperantes pactuarem que os processos repetitivos serão direcionados para uma determinada vara, centralizando nela os feitos que tratam da mesma questão. O pressuposto será a existência de um processo em curso ou mesmo já julgado, mas que trate da mesma matéria. A repetição justificaria a centralização perante o mesmo juízo. Cabe, ainda, destacar que, até porque não vedado, que os processos podem ser centralizados em juízo que sequer tenha um processo em curso sobre a matéria ou que sequer tenha julgado caso idêntico.

A centralização se justifica, ainda, quando, mesmo tendo um processo repetitivo em curso na mesma instância, não seja conveniente a sua reunião ou apensamento a outra demanda, seja por estarem em estágios distintos (um concluso, outro para citar o réu), por opção de gestão processual, por nenhuma das partes seja comuns aos processos ou mesmo para garantia do direito de defesa, etc.

Aqui o legislador foi mais explícito, pois deixa claro que os juízes podem firmar cooperação para até deliberarem pela reunião ou, antes mesmo, para distribuição/centralização dos feitos repetitivos perante o mesmo juízo. E é certo que com essa medida, tanto o Judiciário ganhará em eficiência, como se evitará a prolação de decisões conflitantes (sem sentido amplo), geradoras de insegurança jurídica e violadoras do princípio da igualdade.

Essa centralização, por sua vez, será bem mais conveniente quando se demanda uma mesma pessoa, em hipótese na qual pode haver a reunião das demandas. Neste caso, basta exemplificar que, ao invés de realizar diversas audiências, serem produzidas diversas contestações, eventualmente produzir provas em dezenas de processos etc., tudo poderá ser realizado em única oportunidade, com a reunião dos feitos repetitivos.

Em suma, lembrando que este caso especial de reunião de processos repetitivos se aplicam todas as lições anteriores, o que o Código de Processo Civil de 2015 criou, em seu art. 69, II e § 2.º, VI, foi mais uma hipótese de deslocamento de competência, só que neste caso por mero ato de cooperação dos juízes ou órgãos judiciais, mas em decisão fundamentada e após ouvir as partes (art. 9.º do CPC).

Acrescente-se, ainda, que essa reunião dos processos, já em andamento, não se confunde com a cumulação de demandas contra o mesmo devedor (art. 780 do CPC). Nesta hipótese, a reunião de demanda decorre de iniciativa do credor. Já na reunião dos processos referido no art. 69 do CPC, a "cumulação" decorre de ato de cooperação entre os juízes, o que, a princípio, pode dispensar a identidade de competência (relativa) e do procedimento.

Cabe ressaltar, ainda, que a reunião, apensamento ou centralização de processos por ato de cooperação não exige que se debata sobre a mesma relação jurídica, fato ou ocorra a possibilidade de decisões contraditórias ou conflitantes entre si (em sentido restrito). Basta que haja a conveniência judiciária do ponto de vista da sua gestão. É o exemplo da reunião das execuções contra o mesmo devedor, ainda que os títulos executivos tenham natureza (judicial ou extrajudicial) ou fundamentos diversos.

É certo, porém, que, na maioria das hipóteses, estar-se diante de demandas as quais estejam fundadas sobre o mesmo fato ou relação jurídica base, ainda que diversos sejam os réus. Certo, ainda, que a reunião pode ocorrer quando diante da possibilidade de litisconsórcio facultativo, quando ocorre "afinidade de questões por um ponto comum de fato ou de direito" (inciso III do art. 113 do CPC/15).

Acrescente-se, ainda, que a reunião, apensamento ou centralização de processos pode decorrer de ato unilateral de pedido de cooperação, não necessitando de comunhão de vontade dos órgãos judiciários. O que se deve ter de relevo é a conveniência da reunião, apensamento ou centralização. Tanto assim que o art. 69, caput, do CPC de 2015 afirma que "o pedido de cooperação jurisdicional deve ser prontamente atendido" e "prescinde de forma específica". Logo, o juiz solicitado não pode se recusar à cooperação por decisão injustificada.

Por fim, é de se ressaltar que, na hipótese especifica de reunião de processos, apensamento ou centralização de processos por cooperação não se está diante de uma situação na qual, diante da demanda *in concreto*, um dos juízos seja incompetente. E este é outro ponto importante para diferenciar essa situação de cooperação das demais que, por norma imperativa, deve ocorrer o deslocamento de competência.

Vejam que nas hipóteses de incompetência originária e de deslocamento de competência em face da prevenção, conexão (art. 55, CPC/15), continência (art. 57, in fine, CPC/15), para evitar decisões contraditórias ou conflitantes (§ 3º do art. 55, CPC/15), intervenção de determinadas pessoas (art. 45, CPC/15), lei nova que suprima órgão judiciário ou altere a competência absoluta (art. 43, in fine, CPC/15), etc., estar-se diante de uma situação na qual o juízo não tem competência in concreto para a demanda em apreciação. Falta-lhe competência desde a distribuição ou por fato superveniente para apreciar o processo que lhe foi afetado (distribuído). Em tese pode até ter a competência (relativa e absoluta), mas no caso concreto não a detém.

Já na hipótese de reunião de processos, apensamento ou centralização de processos por cooperação, o juízo que declina da competência a tem em tese e diante da demanda in concreto. Ou seja, o específico processo é de sua competência desde a distribuição ou por fato superveniente. Mas, ainda assim, mesmo sendo o competente diante do caso concreto, por ato de cooperação ele pode declinar da competência em favor de outro juízo que não a detém no caso concreto, passando a tê-la.

E, na linha do acima sustentado, pode ocorrer de o juízo que passa a processar a demanda não ter a competência em tese, mas, por ato de cooperação, passa a ser o competente para a demanda no caso concreto.

Essa questão, por sua vez, remete a outro ponto do qual o CPC é lacunoso. Cuida-se de definir quais os critérios que devam ser observados para definição do juízo competente quando os juízes e tribunais firmam ato de cooperação judiciária para a reunião, apensamento ou centralização dos processos[6].

3. JUIZ NATURAL E DESLOCAMENTO DE COMPETÊNCIA POR COOPERAÇÃO

Quando se fala em definição ou alteração da competência por ato de cooperação, em regra, há uma reação contrária à essa afirmação, apontando-se, como principal impedimento, a violação ao princípio do juiz natural. Argumenta-se que, no caso, o deslocamento por ato de cooperação judiciária, na realidade, gera uma rejeição inicial dada a "incerteza acerca da competência, que é definida a posteriori"[7]. O eventual espanto, no entanto, é muito mais fruto de um eventual entendimento errôneo do que se tem por juiz natural e da aplicação das regras que permitem a modificação da competência posteriormente ao ajuizamento da demanda.

É certo que com o princípio do juiz natural se quer que a parte não "seja surpreendida com órgão julgador diverso daquele já preestabelecido"[8]. Contudo é preciso ter em mente que regras preestabelecidas também podem

6. Sobre diversas exemplos de cooperação processual, cf. VASCONCELOS, Antônio Gomes de. SENA, Gabriela de Campos. A cooperação judiciária como estratégia de administração da justiça: a plurivocidade do conceito e sua dimensão processual, p. 59-70.
7. CABRAL, Antonio do Passo. Juiz natural e eficiência processual: flexibilização, delegação e coordenação de competências no processo civil, p. 712.
8. LUNARDI, Thaís Amoroso Paschoal. Atos concertados entre juízes cooperantes como ferramenta adequada de gestão processual: uma possibilidade para a aplicação do multidistrict litigation no sistema brasileiro, p. 384.

estabelecer que a competência, inicialmente definida conforme as regras gerais, pode ser alterada *a posteriori*, desde que não se esteja de uma decisão ou regra arbitrária.

Pode-se, então, apontar, em rápidas linhas, que o princípio do juiz natural é respeitado quando de forma prévia, abstrata e genericamente são estabelecidas as regras não arbitrárias de definição da competência ou das medidas a serem adotadas para sua definição *in concreto*, sem prejuízo da individualização da competência em casos especiais. Ou seja, respeita-se o princípio do juiz natural quando se observa a regra não arbitrária previamente estabelecida (devido processo legal) para definição do juízo competente. Como leciona Leonardo Carneiro da Cunha, "o qualificativo natural substancialmente se equivale a pré-constituição, na medida em que se exige que a competência do juízo seja fixada a priori, com base em critérios gerais e abstratos, relativamente a uma série indeterminada de controvérsias"[9]. Isso sem prejuízo de eventual modificação a posteriori se previamente prevista essa possibilidade.

Assim, "o juiz natural é aquele definido em conformidade com as normas"[10]. E, neste sentido, pode-se, inclusive, falar em juiz constitucional e juiz legal, sendo aquele com competência prevista na constituição e este outros em normas infraconstitucionais[11].

Logo, em seu contrário, desrespeita-se este princípio quando a competência é definida por regra criada após o ajuizamento da demanda ou ocorrência do fato (*ex post facto*) ou quando diante de tribunais de exceção ou de juízos *ad hoc*, ou seja, de órgãos com competência para julgar casos específicos por escolha arbitrária (instituídos para julgamento de determinadas pessoas ou certas ocorrências, em geral, de natureza penal).

Essa regra está resumida no art. 8º da Convenção Interamericana de Direitos Humanos, a qual, em seu art. 8º, dispõe que:

> "Toda pessoa tem direito a ser ouvida, com as devidas garantias e dentro de um prazo razoável, por um juiz ou tribunal competente, independente e imparcial, estabelecido anteriormente por lei, na apuração de qualquer acusação penal formulada contra ela, ou para que se determinem seus direitos ou obrigações de natureza civil, trabalhista, fiscal ou de qualquer outra natureza"[12].

---

9. CUNHA, Leonardo Carneiro da. Jurisdição e competência, p. 60.
10. CABRAL, Antonio do Passo. Juiz natural e eficiência processual: flexibilização, delegação e coordenação de competências no processo civil, p. 282.
11. BORGES SEGUNDO, Edval. O conteúdo e aplicabilidade do princípio do juiz natural. Belo Horizonte: Dialética, 2020. ISBN 978-658740276-5, p. 59.
12. ORGANIZAÇÃO DOS ESTADOS AMERICANOS (OEA). Convenção Americana sobre Direitos Humanos. Assinada na Conferência Especializada Interamericana sobre Direitos Humanos.

Observa-se, assim, a garantia do juízo natural quando se tem essas regras não arbitrárias previamente estabelecidas para a definição *in concreto* do juízo competente e elas são aplicadas. E regras prévias de definição da competência são, por exemplo, as que apontam a "justiça" competente (estadual, federal, do trabalho, etc.), o local (comarca) competente (ex.: do domicílio do réu) ou as que já individualizam o juízo competente, a exemplo das hipóteses de foro privilegiado e os de foro exclusivo ou privativo único. Já as regras contendo medidas a serem adotadas para a individualização do juízo competente é a que determina a distribuição por sorteio quando diversos órgãos são, abstratamente, competentes para a causa conforme a regra de sua definição (ex.: diversas varas na mesma comarca).

Contudo, também se observa o princípio do juiz natural quando há prévia lei estabelecendo hipóteses de modificação da competência após a concretização do ato de distribuição ou escolha inicial do juízo. Assim, por exemplo, quando se modifica a competência em face da existência do juízo prevento, o que se quer, conforme lei previamente estabelecida, é corrigir a escolha in concreto do juízo competente. No caso, a regra é que o juiz natural seja o prevento. Logo, quando não observada essa regra, cumpre, *a posteriori*, corrigir o "equívoco" da distribuição ou da opção do autor da demanda.

O mesmo se diga em relação as hipóteses nas quais o juiz declina da competência que lhe foi atribuída pela distribuição ou opção do autor quando, porém, ele não é o competente por prévia definição legal. São os casos de incompetência absoluta ou mesmo a relativa, neste último caso, quando o réu se opõe à opção do autor.

Também se observa a garantia do juiz natural quando o autor, diante de regras de competência relativa, faz a opção pelo juízo que não seria aquele, em regra, o competente, mas encontra a adesão do réu em sua escolha. Neste caso, como há lei previamente permitindo a prorrogação da competência relativa, logo quando esta regra é observada se está respeitando o princípio do juiz natural.

O art. 43 do CPC, outrossim, aponta, ainda, duas outras hipóteses de modificação da competência in concreto, definida conforme as leis vigentes à época do ajuizamento da demanda, mas que autorizam a alteração por lei superveniente.

Por esse dispositivo se tem que, in concreto, define-se a competência com a distribuição (hipótese de vários juízos abstratamente competentes) ou registro da peça inicial (hipótese de juízo único/privativo). Contudo, a lei estabelece previamente que este juízo inicialmente natural pode ser modificado quando norma superveniente i) suprime o órgão judiciário ou ii) altera a sua competência, ainda que absoluta. Hipótese semelhante é o da norma que impõe a redistribuição de processos em função da instalação de novas varas de igual competência, com o objetivo de nivelar o acervo processual e, com essa medida, dar maior celeridade ao processo[13]. No caso, portanto, não ocorre a estabilização da competência, com a sua perpetuação[14].

Além disso, o STJ, à luz do CPC de 1973, já decidira que a regra do seu art. 87, reproduzido no atual art. 43 do CPC de 2015, pode ser relativizada quando diante de interesse maior da parte a proteger, como nos casos em que envolve menores. Nestes casos, "A regra da perpetuatio jurisdictionis, estabelecida no art. 87 do CPC, cede lugar à solução que oferece tutela jurisdicional mais ágil, eficaz e segura ao infante, permitindo, desse modo, a modificação da competência no curso do processo, sempre consideradas as peculiaridades da lide"[15].

O disposto no art. 43 do CPC, por sua vez, também respeita o princípio do juiz natural por haver uma regra previamente estabelecendo essa hipótese de alteração da competência, in concreto, por força de norma superveniente ao ajuizamento da ação nessas hipóteses mencionadas. Ou seja, neste caso, há uma lei prévia ao ajuizamento da ação prevendo que lei posterior pode alterar a competência diante do caso concreto, quando a lei nova i) suprime o órgão judiciário ou ii) altera a sua competência. E como alteração, in concreto, está prevista em lei anterior, tem-se observado o princípio do juiz natural.

E a regra de mudança da competência por cooperação atua da mesma forma. No caso, previamente já se definiu que a competência pode ser alterada por cooperação judiciária. Logo, respeita-se o princípio do juiz natural as normas que possibilitam a modificação da competência por ato de cooperação judiciária, seja para reunir, apensar ou centralizar processos repetitivos.

Como leciona, Gabriela Macedo Ferreira,

> "com base no art. 69, § 2º que traz cláusula geral de atipicidade dos atos de concertação entre juízos cooperantes, entende-se pela possibilidade de alteração de competência independentemente de previsão legal específica e da prévia fixação legal do juízo competente. O dispositivo inédito prevê essa maior liberdade na prática de atos processuais e para ser mais efetivo não traz regras pré-determinadas para sua realização"[16].

Observe-se que, aqui, há uma lei previamente estabelecendo que, por ato de cooperação, a competência poderá ser modificada após o ajuizamento

---

13. BRASIL. Superior Tribunal de Justiça. Quinta Turma. Habeas corpus n. 102.193.
14. CAMPOS, Maria Gabriela. O compartilhamento de competências no processo civil, p. 63.
15. BRASIL. Superior Tribunal de Justiça. Segunda Seção. Conflito de competência n. 111.130.
16. FERREIRA, Gabriela Macedo. O ato concertado entre juízes cooperantes: esboço de uma teoria para o Direito brasileiro, p. 43.

da demanda. Logo, em se concretizando essa hipótese, diante do caso concreto, estar-se-á observando o princípio do juiz natural, pois previamente estabelecida a regra de alteração por ato concertado. O que, na realidade, poder-se-á questionar é a validade ou abusividade da alteração no caso concreto, mas não a inconstitucionalidade ou ilegalidade da possibilidade abstrata de alteração em si da competência por ato de cooperação judiciária, já que esta modificação está autorizada em lei. Lei esta (art. 69, II e § 2º, VI, do CPC) previamente estabelecida ao ajuizamento da demanda. Logo, ela respeita o princípio do juiz natural, por ser regra posta previamente ao ajuizamento da ação judicial.

Pode-se, assim, a partir do explanado acima, afirmar que se respeita o princípio do juiz natural quando se tem uma regra pré-definindo como se deva estabelecer qual o juízo competente diante do caso concreto.

Essas regras, por suas vezes, podem ser divididas em três classes: i) as que pré-definem o juízo competente; ii) as que pré-definem o procedimento de escolha do juízo competente; e, iii) as que pré-definem a possibilidade de modificação do juízo competente quando já diante do caso concreto.

Na ii) primeira classe (pré-definem o juízo competente) se tem as normas que a) já individualizam o juízo competente de forma abstrata, b) as que estabelecem uma regra genérica de definição e c) as que a individualizam em face da definição concreta da competência de outra causa.

Regra que (a) individualiza o juízo competente de forma abstrata (com efeito concreto) é aquela que define a competência privativa e única de determinado juízo, tribunal, órgão, relator. Por exemplo, tem-se desta categoria a regra que define como sendo do STF (Pleno) a competência para apreciar mandado de segurança contra ato do Presidente da República (alínea d, inciso I, do art. 102, CF). Ou ainda aquela que estabelece a competência do órgão cuja decisão não está sendo observada para conhecer da reclamação (§ 1º do art. 988 do CPC), inclusive com predefinição do relator (§ 3º do art. 988 do CPC), que, "sempre que possível", deve ser mantido o do processo principal.

Nesse mesmo subgrupo se enquadra, ainda, a regra abstrata (com efeito concreto) que estabelece a competência privativa e única de determinado juízo (ex.: vara única para falência e recuperação judicial).

Já a (b) regra genérica que pré-define a competência é aquela que estabelece a competência de forma abstrata tendo em conta razões de política legislativa. São as que definem a "justiça" competente (Estadual, Federal, do Trabalho, Eleitora, Militar) e as que a definem tendo em conta diversos outros critérios, a exemplo do domicílio do autor ou do réu, do local do acidente, do local da prestação de serviços, nas Capitais, etc.

Por fim, (c) ainda se tem, nessa primeira classe, as regras que individualizam a competência para determinada causa tendo em vista a definição concreta (diante do caso concreto) da competência de outra demanda, à qual aquela se vincula. Aqui se enquadram as regras de prevenção. Nesse caso, a competência relativa a determinada causa é individualizada a partir da predefinição concreta de outra demanda. São os casos das ações conexas (a segunda deve ser ajuizada no juízo da antecedente), acessórias (no juízo da causa principal) e as que devem ser reunidas (perante o juízo da primeira) para julgamento conjunto quando elas "possam gerar risco de prolação de decisões conflitantes ou contraditórias caso decididos separadamente, mesmo sem conexão entre eles" (3º do art. 55 do CPC).

A ii) segunda classe de regras que procuram dar eficácia ao princípio do juiz natural é aquela composta por normas que pré-definem o procedimento de escolha do juízo competente. Essas regras atuam quando diante de juízos, órgãos colegiados e relatores concorrentes.

Aqui se encaixa a regra do sorteio do juízo, do órgão fracionário dos tribunais e dos relatores.

Também se enquadra nessa classe a regra que i) dar a opção ao autor da escolha do juízo para propor a demanda (ex.: do "domicílio do autor ou do local do fato, para a ação de reparação de dano sofrido em razão de delito ou acidente de veículos, inclusive aeronaves - inciso V, art. 53 do CPC) ou ii) confere a liberdade de escolha às partes interessadas (cláusula de eleição do foro - negócio jurídico processual).

Destaque-se que as regras acima podem ser aplicadas na mesma demanda em sucessão. É o que ocorre quando o autor escolhe a comarca (v.g., de seu domicílio ou do acidente), definindo o local do juízo competente, mas dentre os vários (juízos/varas) concorrentes, procede-se ao sorteio.

Por fim, na iii) terceira classe de regras que buscam dar eficácia ao princípio do juiz natural se tem aquelas que pré-definem a possibilidade de modificação do juízo originário e concretamente definido (para específica causa) quando diante de algumas situações preestabelecidas surgidas a posteriori. Aqui se encaixam as regras que permitem a alteração da competência por ato ou fato superveniente à definição concreta (diante do caso concreto) do juízo competente.

Nessa classe se encaixa, por exemplo, a parte final do art. 43 do CPC, que dispõe que "determina-se a competência no momento do registro ou da distribuição da petição inicial, sendo irrelevantes as modificações do estado de fato ou de direito ocorridas posteriormente, salvo quando suprimirem órgão judiciário ou alterarem a competência absoluta".

Observe-se que, por essa regra do art. 43 do CPC, em sua parte final, é pre-estabelecido que a competência concretamente definida, conforme as regras abstratas pertinentes, pode ser modificada posteriormente por ato legislativo que suprime o órgão ou altera a competência. Ou seja, ainda que já determinada concretamente a competência no momento do registro ou da distribuição da petição inicial, ela se modifica por ato legislativo posterior, já que lei anterior prevê essa possibilidade.

E nessa mesma classe se inclui as regras do inciso II e do § 2º, inciso VI, do art. 69 do CPC, ao estabelecerem que, por cooperação judiciária, pode-se reunião e apensar processos e centralizar processos repetitivos, com modificação, a posteriori, da competência concretamente definida conforme as regras gerais aplicadas. Ou seja – repetindo o raciocínio –, ainda que já determinada concretamente a competência no momento do registro ou da distribuição da petição inicial, ela se modifica por ato de cooperação judiciária posteriormente concertado, já que lei anterior prevê essa possibilidade.

Ou seja, são regras que pré-definem que, em algumas situações reguladas, a competência concretamente definida, conforme as normas respectivas, pode ser alterada por ato ou fato posterior. E como a regra de modificação posterior da competência é antecedente à definição concreta (diante do caso concreto) da competência, tem-se respeitado o princípio do juiz natural.

Essa questão, por sua vez, faz chamar a atenção para dois dispositivos contidos no CPC que devem ser interpretados de forma sistemática. E com eles se atrai o debate quanto ao deslocamento da competência absoluta.

4. DESLOCAMENTO DA COMPETÊNCIA ABSOLUTA

Antes de avançar é preciso relembrar que que a competência absoluta decorre em razão da matéria, da pessoa ou da função.

Outrossim, como já dito anteriormente, dois dispositivos contidos no CPC devem ser interpretados de forma sistemática, pois relevantes para análise do deslocamento de competência, absoluta ou não, por ato de cooperação.

O primeiro deles é o art. 44 do CPC, que define que, desde que observada a Constituição Federal, a competência é determinada por leis, por normas de organização judiciária e, "no que couber, pelas constituições dos Estados".

Em outras palavras, esse dispositivo estabelece que, respeitada a Constituição Federal, o juiz natural (competente) deve ser definido em lei, seja pelo no próprio CPC ou por lei especial (estadual ou federal), pelas constituições estaduais, no que couber, e "pelas normas de organização judiciária".

Observe-se que o CPC fala em "normas" de organização judiciária. Norma é gênero, do qual lei em sentido formal é espécie, assim como são as portarias, resoluções, etc. Logo, o CPC admite que as regras de competência possam ser estabelecidas por normas de organização judiciária de hierarquia inferior ao da lei. Lógico, entretanto, que este ato normativo de hierarquia inferior deve manter sintonia com a Constituição, como deve observar harmonia com as leis.

Como exemplo pode-se lembrar da Lei n. 10.772/03, que, ao criar diversas varas federais, delegou aos Tribunais Regionais Federais a competência para decidir, mediante ato normativo próprio, sobre a localização, competência e jurisdição das Varas, podendo as especializar em qualquer matéria e lhes transferir "a sede de um Município para outro, se isto se mostrar conveniente aos interesses da Justiça Federal ou necessário à agilização da prestação jurisdicional" (art. 6º)[17].

Aqui, então, chamasse a atenção para outra questão relevante quando se está diante do ato de cooperação. É que o ato de cooperação tanto pode assumir natureza jurisdicional, como pode ter natureza normativa. E essa definição, inclusive, é relevante para a escolha do instrumento judicial para seu controle.

O ato de cooperação tem natureza jurisdicional quando ele é concretizado mediante um decisão proferida no curso de uma demanda judicial. É a hipótese, por exemplo, da decisão do juiz que, por ato concertado com outro órgão, decide pelo deslocamento de competência de determinado feito para que este seja reunido ou apensado a outro processo ou seja centralizado em outro juízo. Nesse caso, a modificação da competência decorre de uma decisão judicial proferida num processo já em curso.

Contudo, os juízes podem concertar de modo a estabelecer, por exemplo, de forma prévia ao ajuizamento da ação, em qual juízo devem ser centralizados os processos repetitivos que vierem a ser propostos posteriormente[18]. Vejam que aqui o juiz não decide em um processo que sequer foi proposto. Na realidade, os cooperantes estabelecem previamente uma regra de definição de competência[19]. Ato este de natureza normativa, a ser aplicada aos feitos ajuizados posteriormente. Ter-se-ia, assim, uma distribuição pelo objeto do processo, para o juízo prevento[20].

Esse ato normativo, fruto de concertação em cooperação judiciária, por sua vez, insere-se na categoria de "normas de organização judiciária" mencionada

17. BRASIL. Lei n. 10.772, de 21 de novembro de 2003. Disponível em: http://www.planalto.gov.br/ccivil_03/LEIS/2003/L10.772.htm.
18. Dando a entender que não seria cabível sem resolução do Tribunal, cf. LINO, Daniela Bermudes. Conexão e afinidade: Critérios para compreensão dos artigos 55, §3º e 69, §2º, II e VI do Código de Processo Civil, p. 253.
19. CAMPOS, Maria Gabriela. O compartilhamento de competências no processo civil, p. 163.
20. AZAMBUJA, Carmen Luiza Dias de. Distribuição pelo objeto do processo, p. 61.

no art. 44 do CPC. Isto porque ele visa, justamente, organizar a atividade judiciária estabelecendo regra de divisão de competência. Ato este que encontra respaldo na delegação legislativa inserida no art. 69, inciso II, e § 2º, inciso VI, do CPC. Logo, este ato normativo também respeita o princípio do juiz natural.

Por fim, cabe chamar a atenção para um segundo dispositivo posto no CPC. Cuida-se do art. 62. Por este dispositivo se estabeleceu a regra de que a "competência determinada em razão da matéria, da pessoa ou da função é inderrogável por convenção das partes".

Observe-se que esse dispositivo apenas veda a modificação da competência absoluta "por convenção das partes". Logo, não está vedada a sua alteração por ato de cooperação judiciária.

A bem pensar, esta regra do art. 62, combinada com o art. 69, inciso II, e § 2º, inciso VI, do CPC, abre a possibilidade de, por ato de cooperação, em ponderação de valores ou interpretação de regras a partir dos princípios aplicáveis (como se verá adiante), mesmo quando diante de um juízo que detém competência absoluta (determinada em razão da matéria, da pessoa ou da função), esta possa ser modificada, seja *a priori*, como *a posteriori* ao momento do ajuizamento da ação.

O que se estabeleceu, nesse caso, foi uma regra de flexibilidade da regra de competência absoluta, que pode ser alterada, por ato de cooperação, na ponderação de princípios constitucionais. Por exemplo, o princípio da eficiência (art. 37, *caput*, da CF) pode ser "ponderado" (na verdade, servir de cânone interpretativo) com uma regra de competência absoluta posta na própria Constituição (por exemplo, a do art. 114 da CF, em relação à competência da Justiça do Trabalho), de modo a se alterar o juízo competente absolutamente para a causa, por ato concertado, desde que, no caso concreto, esta medida concretize com maior eficácia os valores constitucionais, especialmente quando se agregam outros postulados, a exemplo dos princípios da duração razoável do processo, da efetividade, da igualdade de tratamento, etc.

Pode-se, inclusive, com regras postas no próprio CPC apontar que, ao mesmo em relação a processos de competência absoluta por função, por ato de concertação entre diversos juízos se pode modificar a competência, ainda que em parte.

Dois são os exemplos. Cuidam-se dos incidentes de resolução de demandas repetitivas (IRDR) e de assunção de competência (arts. 978 e 947, respectivamente, do CPC).

Vejam que, nessas duas hipóteses, há o deslocamento, ainda que em parte, do juízo competente por função para apreciar a causa para outro. No caso do IRDR, por exemplo, a causa de competência por função da primeira instância pode ser deslocada para o tribunal quando nela se provoca este incidente. Aqui, em parte, ou seja, em relação à questão jurídica objeto do incidente, há um deslocamento de competência por função.

Situação semelhante ocorre no incidente de assunção de competência (IAC), quando a demanda de competência funcional de um órgão fracionário do tribunal é deslocada, integralmente, para outro órgão do próprio tribunal.

Esses deslocamentos (tanto no IRDR, como no IAC), por suas vezes, ou decorre de uma decisão judicial, ou de um ato concertado entre os órgãos judiciais.

Decorre de uma decisão judicial quando o incidente é provocado pela parte ou pelo Ministério Público. Neste caso, o interessado (parte ou MP) requer o deslocamento de competência, que, submetido ao órgão competente, é admitido ou não. Assim, por decisão judicial (que admite o incidente provocado pela parte ou pelo MP) se altera a competência absoluta por função. E como essa possibilidade de alteração por decisão judicial está previamente estabelecida em lei, logo, respeita-se o princípio do juiz natural.

Esse deslocamento nesses casos (IRDR e IAC), porém, também pode decorrer de um ato concertado. E isto ocorre quando o incidente é provocado por iniciativa do juiz, do relator ou do órgão fracionário originariamente competente por função para a causa. Neste caso, o magistrado/órgão não requer o deslocamento, assim como fazem as partes e o Ministério Público. Na realidade, o juiz/órgão propõe a outro juízo que este assuma a competência para apreciar a causa, ainda que em parte. E quando o órgão competente para decidir sobre a proposta encaminhada pelo juiz/órgão suscitante admite o incidente ele, na realidade, está concretizando um ato de cooperação. Firma-se um ato concertado, no qual um juízo propõe a mudança da competência e o outro aceita a proposta.

No caso, juiz suscitante e órgão que admite o incidente firmam um ato de cooperação para o deslocamento de competência. Esta hipótese, todavia, não se confunde com a ordem judicial de suspensão dos demais processos que tratam da mesma matéria. Ali há concertação; aqui há ordem judicial.

Nesse caso, o ato concertado se assemelha ao negócio jurídico processual firmado, ainda que tacitamente, pelas partes quando ocorre a prorrogação da competência relativa. Nesta hipótese, quando do ajuizamento da ação em outro juízo que não aquele que, a princípio, seria o competente relativamente, o que se tem é o autor, ainda que implicitamente, propondo ao réu a mudança do foro. Caso o réu não se insurja contra a opção do autor, deste seu comportamento se extrai a concordância com a proposta, firmando as partes um verdadeiro negócio jurídico de eleição do foro, ainda que tacitamente.

É o que ocorre no IRDR e no IAC provocado pelo juiz ou relator/órgão fracionário. Nestes casos, o magistrado encaminha uma proposta para deslocamento de competência do feito. Se o órgão proposto concordar, tem-se firmado um ato de cooperação. E cabe lembrar que as medidas de cooperação elencadas no art. 69 do CPC são meramente exemplificativas. Logo, a alteração da competência absoluta de função nos casos de IRDR e IAC provocado pelo juiz ou relator/órgão fracionário é uma outra medida de cooperação, neste caso tipicamente regulada.

Outra hipótese de mudança da competência funcional, enquanto exceção, está prevista também no próprio Código de Processo Civil, ao prever a possibilidade de o credor poder pedir o deslocamento da competência territorial e funcional, diga-se, em caso de cumprimento da sentença (parágrafo único do art. 516). É a hipótese na qual o "exequente poderá optar pelo juízo do atual domicílio do executado, pelo juízo do local onde se encontrem os bens sujeitos à execução ou pelo juízo do local onde deva ser executada a obrigação de fazer ou de não fazer" ao invés de ser no "juízo que decidiu a causa no primeiro grau de jurisdição" (inc. II do art. 516 do CPC/2015).

Daí se extrai que, mesmo quando diante de hipótese de competência absoluta funcional (do juízo que constituiu o título executivo judicial), é possível a sua alteração, seja por decisão judicial, seja por ato de cooperação. Isto porque o CPC não veda essa possibilidade.

Ademais, em diversas hipóteses, a competência em razão da matéria, da pessoa ou da função é definida em lei infraconstitucional. Logo, neste caso, estar-se-á diante de duas regras infraconstitucionais tratando da competência: aquela que define a competência em razão da matéria (direito de família, v.g.), da pessoa (Fazenda Pública, v.g.) ou da função (dos tribunais, v.g.) e a que permite, por ato de cooperação, a reunião, apensamento ou centralização de processos (art. 69, inciso II, do CPC/15).

Observe-se que esse caso, então, o CPC delega aos juízes e tribunais autorização para que eles, em ato de cooperação, possam, diante de casos concretos, afastar a incidência das regras infraconstitucionais que estabelecem a competência absoluta em razão da pessoa, da matéria ou da função. Logo, pode-se pensar no deslocamento da competência mesmo nestas hipóteses de demandas de competência absoluta definida por lei infraconstitucional (v.g., em face da Fazenda Pública, causas de família, etc.).

Poder-se-ia, no entanto, argumentar que, ao menos nos casos de competência absoluta definida na Constituição, descaberia a alteração. A regra de mudança por ato de cooperação, assim, tal como prevista no CPC, somente autorizaria a modificação nas hipóteses em que a competência é definida em normas infraconstitucionais, como, por exemplo, aquela que estabelece a competência da vara da fazenda pública, da vara do consumidor, etc.

Por tudo já exposto acima, não se tem dúvida quanto a alteração da competência absoluta por ato de cooperação quando ela (competência) é definida em lei infraconstitucional. Isto porque, neste caso, diante do disposto no art. 69 do CPC, cabe se ter este dispositivo como regra de exceção à norma que define competência absoluta. Ou seja, cumpre observar a regra de competência absoluta prevista na lei infraconstitucional, sem prejuízo de sua alteração por ato concertado.

No caso, tem-se um regra geral de competência absoluta e uma outra, por exceção, que autoriza (delega) aos órgãos judiciários a possibilidade de concertarem de modo diverso diante do caso concreto.

Mas a dúvida resta em face da norma constitucional que define a competência absoluta. Neste ponto, porém, é preciso destacar que as regras constitucionais, por óbvio, não são absolutas e fechadas em si e que não admitem exceções mesmo quando diante de situação a demandar outra interpretação que não seja a decorrente de sua literalidade[21].

A ponderação de valores e princípios podem, assim, justificar a alteração da competência absoluta prevista na Constituição Federal. E os precedentes legislativos e jurisprudenciais apontam neste sentido.

4.1. Precedentes legislativos de modificação da competência absoluta definida constitucionalmente

No caminhar do quanto sustentado até aqui podem ser citados alguns exemplos de normas infraconstitucionais que estabelecem a competência absoluta para juízos não estabelecidos por norma constitucional.

Assim é que, por exemplo, tem-se a regra dos arts. 6º, §§ 1º e 2º, e 76 e seu parágrafo único, da Lei n. 11.101/2005, que estabeleceu, assim como a legislação anterior (arts. 7º, §§ 2º e 3º, e 23 do Decreto-Lei n. 7.661/45), a competência do juízo da recuperação judicial e falimentar para o processamento das execuções decorrentes de título executivo judicial firmado pela Justiça do Trabalho.

Veja-se que a competência da vara do trabalho aqui seria absoluta, dada que a execução de título executivo trabalhista é de atribuição por matéria definida na Constituição.

21. Entendendo contrário a cooperação para modificação em caso de competência absoluta, cf. DONIZETTI, Elpídio. Curso didático de direito processual civil. 21. ed., p. 212.

O STF, no entanto, interpretando o disposto no art. 114 da CF, conclui que essas normas são constitucionais[22]. Ou seja, em outras palavras, fugindo à literalidade do disposto no art. 114, inciso I, da CF, o STF entendeu que, em situações especiais, considerando, no caso concreto, a finalidade que se busca com a instalação do juízo universal ("a bem do tratamento uniforme de todos os credores")[23], seria razoável ter como constitucional a regra que, em última instância, criou uma norma de exceção à competência absoluta definida na Constituição Federal.

No caso, em outras palavras, deu-se predominância ao princípio do tratamento isonômico aos credores, em detrimento da regra de competência absoluta interpretada em sua literalidade.

Nesse mesmo sentido, mais recentemente o STF, decidiu que o constituinte, ao tratar de falência no art. 109, I, da CF, trata de processos envolvendo concurso de credores. Daí porque conclui que o processo de insolvência civil está entre as exceções estabelecidas na parte final do art. 109, inciso I, da CF, para fins de definição da competência da Justiça Federal, daí porque compete à Justiça Estadual julgar a referida demanda ainda que haja interesse da União, suas autarquias ou empresa pública federal[24].

Já o STJ tem entendimento pacificado de que o mandado de segurança tem sua competência definida em face da autoridade apontada como coatora "e não em razão da pessoa do impetrante ou da matéria apreciada no mandamus"[25], inclusive quando se trata de questão de natureza trabalhista[26].

Assim, por exemplo, mesmo em se tratando de matéria relacionada à competência constitucional da Justiça do Trabalho, o mandado de segurança em face de ato do governador do Estado deve ser impetrado junto ao Tribunal de Justiça[27]. Logo, neste caso citado, por lei infraconstitucional (geralmente as constituições estaduais ou as leis de organização judiciária estadual) retira-se da Justiça do Trabalho a competência para apreciar demanda na qual se debate "matéria sujeita à sua jurisdição" (inciso IV do art. 114 da CF/88). Hipóteses semelhantes ocorre quando se trata de matéria afeta à Justiça Federal, mas o ato é praticado por autoridade estadual[28].

E nesse ponto se deve lembrar da regra estabelecida na Lei Complementar n. 35/79 (LOMAN), que estabelece a competência dos próprios Tribunais para a

22. BRASIL. Supremo Tribunal Federal. Recurso extraordinário n. 583.955.
23. BRASIL. Supremo Tribunal Federal. Recurso extraordinário n. 583.955.
24. BRASIL. Supremo Tribunal Federal. Recurso extraordinário n. 678.162.
25. BRASIL. Superior Tribunal de Justiça. Primeira Seção. Conflito de Competência. n. 47.219.
26. BRASIL. Superior Tribunal de Justiça. Primeira Seção. Conflito de Competência. n. 20.883.
27. BRASIL. Superior Tribunal de Justiça. Quinta Turma. Recurso em mandado de segurança n. 1.902.
28. BRASIL. Superior Tribunal de Justiça. Segunda Seção. Conflito de Competência. n. 20.140.

apreciar mandado de segurança "contra seus atos, os dos respectivos Presidentes e os de suas Câmaras, Turmas ou Seções" (inciso VI do art. 21). Regra esta pacificamente reconhecida como constitucional pelo STF, em reiteradas decisões proferidas ao longo de décadas[29], e assim se entendendo mesmo antes da vigência da LC n. 35/79, seja à luz da CF de 1946[30] ou da de 1967/69[31].

Assim, por essa via do mandado de segurança, por exemplo, o Tribunal do Trabalho está autorizado, por norma infraconstitucional, a apreciar mandado de segurança impetrado contra ato de seu presidente que trata, por exemplo, de questões relacionadas aos direitos funcionais dos servidores ou dos juízes, relativas às licitações (realizada pelo tribunal), em matérias tributárias (ex.: não concessão da isenção do imposto de renda a pessoa que alega ser portadora de doença grava), etc. O mesmo se diga em relação ao Superior Tribunal Militar, que tem competência estreita para questões penais militar, mas pela via do mandado de segurança pode decidir questão tributária, de direito administrativo, etc[32].

Logo, ainda que, constitucionalmente, dada a matéria (e a pessoa - interesse da União), essas causas sejam, na via ordinária, de competência da Justiça Federal, excepcionalmente se atribui à Justiça do Trabalho a competência em mandado de segurança. O mesmo se diga em relação à Justiça Eleitoral e ao Superior Tribunal Militar.

Esses precedentes legislativos e jurisprudenciais, portanto, revelam que, por regra infraconstitucional, é possível, em casos especiais, deslocar a competência em razão da matéria (absoluta) prevista na Constituição, ainda que seja para prevalecer a competência em razão da pessoa por força de regra infraconstitucional.

Mas, além desses precedentes legislativos, a jurisprudência ainda aponta hipóteses de flexibilização da competência absoluta quanto diante de situações especiais, ponderando-se os princípios e valores em jogo.

4.2. Precedentes jurisprudenciais de flexibilização da competência absoluta constitucional

Em diversas oportunidades o STF, ainda que não se referindo ao postulado da duração razoável do processo, mas atento ao princípio da segurança jurídica, modulando os efeitos de suas decisões, estabeleceu regras transitórias de competência absoluta.

29. Por todas, cf. BRASIL. Supremo Tribunal Federal. Agravo regimental em mandado de segurança n. 22.313.
30. BRASIL. Supremo Tribunal Federal. Conflito de jurisdição n. 1.879.
31. BRASIL. Supremo Tribunal Federal. Recurso extraordinário n. 74.957.
32. BRASIL. Supremo Tribunal Federal. Conflito de jurisdição n. 6.055.

Na primeira oportunidade, o STF reconheceu a competência da Justiça do Trabalho para conhecer as ações indenizatórias por acidente de trabalho, mas, na oportunidade, manteve na Justiça Estadual as causas já decididas em primeiro grau "como imperativo de política judiciária", "haja vista o significativo número de ações que já tramitaram e ainda tramitam nas instâncias ordinárias, bem como o relevante interesse social em causa"[33]. Neste sentido, firmou-se a Súmula Vinculante n. 22[34].

No caso, o STF "ponderou" a regra de competência absoluta, com normas de política judiciária e o princípio da duração razoável do processo, para manter na Justiça Estadual os feitos que já haviam sido julgados em primeiro grau. Do contrário, caberia anular todos os atos decisórios proferidas nestas ações em curso na Justiça Comum, com prejuízo a sua duração. Isto sem falar no princípio da economia processual.

Já em outra oportunidade, o STF, repetindo essa mesma medida, afastou da Justiça do Trabalho a competência para apreciar as ações propostas por beneficiários de previdência privada em regime fechado, mas mantendo no órgão judicial trabalhista as demandas com sentença proferida até a data da decisão proferida pela Corte Suprema, considerando a segurança jurídica e o princípio da proteção da confiança[35].

Da mesma forma, em relação à competência para as ações nas quais se discutia a contribuição sindical, o STF, após promulgação da EC n. 45/04, definiu que a competência passou a ser da Justiça do Trabalho, decidindo, também, "que a nova orientação não alcança os processos em trâmite na Justiça comum estadual com sentença de mérito proferida anteriormente à promulgação da EC nº 45/04"[36]. Tudo em nome da duração razoável do processo.

Mas não só.

O STF, no julgamento da ADI n. 3.395, ao interpretar o disposto no inciso I do art. 114 da CF[37], decidiu que "a interpretação adequadamente constitucional da expressão "relação do trabalho" deve excluir os vínculos de natureza jurídico-estatutária, em razão do que a competência da Justiça do Trabalho não alcança as ações judiciais entre o Poder Público e seus servidores"[38].

---

33. BRASIL. Supremo Tribunal Federal. Conflito de competência n. 7.204.
34. BRASIL. Supremo Tribunal Federal. Súmula Vinculante n. 22. "A Justiça do Trabalho é competente para processar e julgar as ações de indenização por danos morais e patrimoniais decorrentes de acidente de trabalho propostas por empregado contra empregador, inclusive aquelas que ainda não possuíam sentença de mérito em primeiro grau quando da promulgação da Emenda Constitucional 45/2004".
35. BRASIL. Supremo Tribunal Fe.deral. Recurso extraordinário n. 586.453.
36. BRASIL. Supremo Tribunal Federal. Primeira Turma. Agravo regimental no agravo de instrumento n. 631.365.
37. "Art. 114. Compete à Justiça do Trabalho processar e julgar: I – as ações oriundas da relação de trabalho, abrangidos os entes de direito público externo e da administração pública direta e indireta da União, dos Estados, do Distrito Federal e dos Municípios".
38. BRASIL. Supremo Tribunal Federal. Ação direta de constitucionalidade n. 3.395.

Contudo, o STF, interpretando o mesmo dispositivo, conclui que "[c]ompete à justiça do trabalho julgar as ações que tenham como causa de pedir o descumprimento de normas trabalhistas relativas à segurança, higiene e saúde dos trabalhadores" (Súmula n. 736 do STF), ainda que envolva litígio entre servidores estatutários e o Poder Público[39].

No caso, o STF, em aparente contradição, entende que a competência da Justiça do Trabalho, para apreciar as referidas questões, ainda que envolvendo servidores estatutários, não

> "afronta a decisão proferida por esta Suprema Corte na ADI-MC 3.395 (Rel. Ministro Cezar Peluso, DJ 10.11.2006), porquanto visa tão somente a exigir o cumprimento, pelo Poder Público, de normas relativas à saúde, à higiene e à segurança do trabalho, no âmbito da administração pública, inexistindo, no caso, pretensão de se discutir a natureza do vínculo entre os trabalhadores e o ente público"[40].

Nessa hipótese o STF entendeu que a Justiça do Trabalho estaria mais vocacionada a deliberar sobre a questão, pois, em regra geral, neste caso, a demanda envolve o cumprimento de normas relativas ao meio ambiente do trabalho que envolve interesses não apenas dos servidores estatutários, mas também os empregados terceirizados submetidos à CLT[41]. Logo, não seria viável se pretender "definir a competência para apreciar ações como esta (voltada a assegurar o cumprimento de normas que assegurem a higidez do ambiente de trabalho), tendo como dado a condição jurídica individual de cada trabalhador"[42].

Vejam, então, que nessa questão, o STF, ainda que a questão de fundo envolva regras de proteção ao trabalho do servidor estatutário (municipal, estadual, distrital e federal), em conflito com o Poder Público, afastou a competência da Justiça Estadual e Federal para dirimir a questão, conferindo essa atribuição à Justiça do Trabalho (competência mais adequada), já que, em regra, em relação ao meio ambiente do trabalho, também há envolvimento dos interesses dos empregados privados.

O STF, ainda que não se referindo expressamente a ele, decidiu com base no que o Min. Cezar Peluso denominou como princípio da unidade de convicção,

> "segundo o qual, por conta dos graves riscos de decisões contraditórias, sempre ininteligíveis para os jurisdicionados e

39. BRASIL. Supremo Tribunal Federal. Súmula n. 736.
40. BRASIL. Supremo Tribunal Federal. Segunda Turma. Agravo regimental no recurso extraordinário com agravo n. 1.062.324. Rel. Min. Gilmar Mendes.
41. BRASIL. Supremo Tribunal Federal. Primeira Turma. Agravo regimental na reclamação n. 20.744.
42. BRASIL. Supremo Tribunal Federal. Segunda Turma. Agravo regimental no recurso extraordinário com agravo n. 1.090.128.

> depreciativas para a Justiça, não convém que causas, com pedidos e qualificações jurídicos diversos, mas fundadas no mesmo fato histórico, sejam decididas por juízos diferentes"[43].

No caso, como, em relação ao meio ambiente do trabalho em espaço público há interesses dos empregados privados, dos servidores estatutários e, ainda, dos usuários dos serviços públicos (que tem acesso aos prédios públicos) e outro qualquer do povo (que pode adentrar livremente em bem de uso especial, mas que seja acessível ao público) seria contra prudente assegurar competência às diversas "justiças" tendo como dado a condição jurídica individual de cada interessado (empregado, servidor, usuário, terceiros).

A partir desse entendimento, relativizou a competência da Justiça Estadual e Federal para apreciar eventual conflito entre o Poder Público e seus servidores, ou mesmo entre aqueles e terceiros que podem adentrar no espaço do meio ambiente do trabalho público, para se assegurar à Justiça do Trabalho a competência respectiva. Até porque, qualquer decisão que venha a ser proferida nestes casos, teria efeito *erga omnes*, a beneficiar todos os interessados (estatutários, empregados e usuários)[44].

Esses, pois, são exemplos nos quais, o STF, diante de situações ou circunstâncias especiais, ponderou a regra de competência absoluta, flexibilizando-a em prol da satisfação de outros postulados.

5. DESLOCAMENTO DE COMPETÊNCIA ABSOLUTA POR ATO DE COOPERAÇÃO JUDICIÁRIA

Todos esses precedentes jurisprudenciais e legislativos acima mencionados, ao lado das regras processuais citadas (IRDR, IAC, etc.), revelam que não

43. BRASIL. Supremo Tribunal Federal. Conflito de competência n. 7.204, p. 17.
44. Neste mesmo sentido, em situação semelhante, pode-se mencionar o entendimento do STF e do STJ que sustentam a competência da Justiça do Trabalho quando se trata de conflito envolvendo matéria relativa à cobrança da contribuição sindical devida por servidor público, ainda que envolvendo o Poder Público (BRASIL. Superior Tribunal de Justiça. Primeira Seção. Agravo interno em conflito de competência n. 165.357). Nesse mesmo sentido, em decisão monocrática, o Min. Gilmar Mendes definiu que "é pacífico na jurisprudência do Supremo Tribunal Federal que é cabível a contribuição sindical de servidor público, por ser norma de caráter autoaplicável, bem como a competência em relação a essa matéria ser da Justiça especializada trabalhista" (BRASIL. Supremo Tribunal Federal. Recurso extraordinário com agravo n. 721.446). Em relação a esta matéria, entende-se que a questão "não diz respeito à relação entre servidores e o Poder Público, mas sim quanto ao reconhecimento do direito de associação de classe exigir de que filiados a contribuição decorrente do exercício profissional" (BRASIL. Supremo Tribunal Federal. Agravo regimental em reclamação constitucional n. 9.836). Ocorre, porém, que em diversos casos a questão envolve conflito entre o servidor que autoriza o abatimento de seu salário da contribuição sindical, o Poder Público que não o efetua e o sindicato que pretende impor à Administração que esta efetue o desconto e o recolhimento em favor da entidade sindical. Daí emerge subjacente um verdadeiro conflito entre servidor e Poder Público.

se pode ser inflexível de modo a se concluir que não se admite a modificação, em nenhuma hipótese, da competência absoluta do juízo mesmo quando diante de normas constitucionais.

Fredie Didier Jr., no entanto, opina no sentido de que o ato concertado não pode alterar a competência absoluta para a decisão das questões principais, admitindo para as causas de competência relativa. Apoia essa posição ao fundamento de que a modificação da competência depende de previsão legal e que "sem essa autorização expressa para o ato concertado, é difícil dogmaticamente sustentar, diante de uma previsão legislativa tão singela, um efeito jurídico (modificação de competência absoluta) sempre previsto de modo raro e claro pelo legislador"[45].

Admite, porém, o deslocamento em se tratando de questões incidentais, já que elas "podem ser examinadas por qualquer juízo, independentemente de sua competência absoluta"[46]. Da mesma forma, admite o deslocamento para os atos instrutórios, mesmo quando diante de juízo de competência absoluta[47]. E neste último ponto é acompanhado por Thaís Amoroso Paschoal Lunardi, que também admite o deslocamento da competência material para realização dos atos instrutórios, "e não o julgamento das demandas, que permanecerá a cargo do juízo materialmente competente"[48].

Já Nilsiton Rodrigues de Andrade admite a ponderação dos postulados constitucionais para alteração da competência absoluta[49].

Fredie Didier coloca dois argumentos fortes e quase que intransponíveis e que tendem a prevalecer dado o enraizamento do entendimento de que a competência absoluta não se altera. Os argumentos postos por Fredie Didier são: i) a ausência de previsão legal; ii) a ausência de previsão expressa, não admitindo que o deslocamento da competência absoluta decorre de ato de cooperação judiciária diante de "uma previsão legislativa tão singela" como a posta no art. 69, incisos I e § 2º, inciso VI.

Em relação ao primeiro argumento (ausência de previsão legal) se pode contra-argumentar que a lei processual é expressa em dispor que juízes e

45. DIDIER JR, Fredie. Cooperação judiciária nacional. Esboço de uma teoria para o direito brasileiro (arts. 67-69, CPC), p. 100-101.
46. DIDIER JR, Fredie. Cooperação judiciária nacional. Esboço de uma teoria para o direito brasileiro (arts. 67-69, CPC), p. 101-102.
47. DIDIER JR, Fredie. Cooperação judiciária nacional. Esboço de uma teoria para o direito brasileiro (arts. 67-69, CPC), p. 90.
48. LUNARDI, Thaís Amoroso Paschoal. Atos concertados entre juízes cooperantes como ferramenta adequada de gestão processual: uma possibilidade para a aplicação do multidistrict litigation no sistema brasileiro, p. 385. Cf., ainda, CABRAL, Antonio do Passo. Juiz natural e eficiência processual: flexibilização, delegação e coordenação de competências no processo civil, p. 710; LUNARDI, Thaís Amoroso Paschoal. Coletivização da Prova. Técnicas de produção coletiva da prova e seus reflexos na esfera individual, p. 73-87.
49. ARAGÃO, Nilsiton Rodrigues de Andrade. Potencialidade e limites da cooperação nacional, p. 43-44.

tribunais podem concertar ato para "reunião ou apensamento de processos" ou "a centralização de processos repetitivos", sem exceção.

Ou seja, a lei é clara em apontar que tais medidas podem ser efetivadas, seja qual for a natureza da competência, já que não excepciona, podendo-se, quando muito, questionar-se a aplicação da regra do CPC quando diante de competência absoluta definida em norma de hierarquia superior (constituição).

O segundo argumento, que completa o primeiro, refere-se ao fato de a lei não ser expressa quanto à possibilidade de alteração da competência absoluta, não se podendo extrair essa conclusão diante de "uma previsão legislativa tão singela". Diria: diante de uma cláusula normativa tão genérica, ampla, irrestrita e delegatória de atribuição a duas pessoas (dois juízes cooperantes), no mínimo.

Cabe, porém, lembrar que é da cultura jurídica brasileira se delegar competência para que se disponha sobre a competência absoluta mediante ato normativo legal. Daí porque, como já dito acima, o art. 69 do CPC deve ser interpretado diante deste quadro da tradição brasileira, em conjunto com o disposto no art. 62 do mesmo diploma legal, que dispõe que "a competência determinada em razão da matéria, da pessoa ou da função é inderrogável por convenção das partes".

Ou seja, como já dito anteriormente, a lei é expressa em afirmar que a competência absoluta somente é "inderrogável por convenção das partes". Logo, ela é derrogável por outras razões, desde que autorizada por lei. E aqui se enquadra a hipótese autorizada pelo art. 69 do CPC.

O espanto que se extrai do argumento de Fredie Didier tem procedência quando se considerar a ideia difundida, mas não confirmada pelos textos normativos, de que a competência absoluta não se altera ou que somente por lei ela pode ser definida. E esse espanto mais se revela quando se está diante de uma cláusula legislativa tão "singela", ao delegar essa atribuição aos juízes.

A norma do CPC, no entanto, veio para avançar nos mecanismos de gestão processual, democratizando, inclusive, o poder decisório derredor dessa questão, ao atribuir aos juízes a competência para deliberarem a respeito.

Da mesma forma que o CPC rompeu o caráter predominante público do processo civil, abrindo amplo caminho para sua privatização (negócio jurídico processual, arbitragem, etc.), ele também instrumentalizou o Poder Judiciário com maiores poderes de gestão processual e mesmo para maior flexibilização processual.

O processo civil perdeu seu caráter rígido e de ordem pública, para se tornar flexível, inclusive quanto as suas regras de competência, de modo a se tentar alcançar a efetividade de justiça com eficiência e conforme os demais princípios constitucionais aplicáveis ao processo judicial, a exemplo da duração razoável, etc.

O ponto mais controvertido, porém, não está na ausência de lei regulamentando a competência absoluta, mas, sim, na sua constitucionalidade no ponto em que, verdadeiramente, delega aos juízes e tribunais a possibilidade de se alterar a competência absoluta que, originariamente, está prevista em lei formal ou na Constituição. E esta questão não passou despercebida por Antonio do Passo Cabral[50].

Esse autor lembra que forte corrente doutrinária sustenta que a competência deve ser firmada em lei em sentido formal[51], o que afastaria regra de natureza inferior, "a não ser com caráter meramente complementar"[52]. Antonio do Passo Cabral, no entanto, bem defende que não é adequado "sustentar a ideia de que haveria uma reserva de lei absoluta, que exclua qualquer outra norma, de outra fonte que não a legislativa, como reguladora do sistema de competências"[53].

Nesse caminhar, não à toa, como já destacado anteriormente, o art. 44 do CPC dispõe que "obedecidos os limites estabelecidos pela Constituição Federal", a competência é determinada pelas normas previstas no próprio Código de Processo Civil, assim como pode ser estabelecida, por óbvio, "em legislação especial", assim como "pelas normas de organização judiciária e, ainda, no que couber, pelas constituições dos Estados".

Observe-se, reiterando o que foi dito anteriormente, que é o próprio CPC que estabelece que as "normas de organização judiciária" podem estabelecer regras de competência. Já a Lei n. 5.621/70, em seu art. 1º, delega aos Tribunais de Justiça a competência para, mediante simples resolução, dispor sobre "a divisão e organização judiciárias".

Essa referida lei, ainda, é clara em definir que a organização judiciária compreende, dentre outras, a "constituição, estrutura, atribuições e competência dos Tribunais, bem como de seus órgãos de direção e fiscalização" e a "constituição, classificação, atribuições e competência dos Juízes e Varas" (art. 6º, incisos I e II).

---

50. CABRAL, Antonio do Passo. Juiz natural e eficiência processual: flexibilização, delegação e coordenação de competências no processo civil, p. 281-342.
51. CABRAL, Antonio do Passo. Juiz natural e eficiência processual: flexibilização, delegação e coordenação de competências no processo civil, p. 113. Nesta obra o autor cita diversos autores que assim pensam, a quem se remete como referência, sendo desnecessária suas citações neste trabalho.
52. CABRAL, Antonio do Passo. Juiz natural e eficiência processual: flexibilização, delegação e coordenação de competências no processo civil, p. 114.
53. CABRAL, Antonio do Passo. Juiz natural e eficiência processual: flexibilização, delegação e coordenação de competências no processo civil, p. 281.

Essa norma, por sua vez, não difere da Lei n. 10.772/2003, que dispõe sobre a organização da Justiça Federal e que delega aos Tribunais Regionais Federais a competência para, "mediante ato próprio", estabelecer regra sobre "a localização, competência e jurisdição das Varas", podendo as especializar "em qualquer matéria e lhes transferirá a sede de um Município para outro, se isto se mostrar conveniente aos interesses da Justiça Federal ou necessário à agilização da prestação jurisdicional" (art. 6º)[54].

Regra, por sua vez, semelhante a disposta no art. 12 da Lei n. 5.010/66, que delega ao Conselho da Justiça Federal a competência para fixar a sede da vara federal, podendo especializar sua competência ou "atribuir competência por natureza de feitos a determinados Juízes"[55].

Já no âmbito da Justiça do Trabalho se tem a Lei n. 10.770/20003, que, em seu art. 6º, delega aos Tribunais Regionais do Trabalho a competência para, "mediante ato próprio, alterar e estabelecer a jurisdição das Varas do Trabalho, bem como transferir-lhes a sede de um Município para outro, de acordo com a necessidade de agilização da prestação jurisdicional trabalhista"[56].

Frise-se, por outro lado, que o Supremo Tribunal Federal, por mais de uma vez, já decidiu pela constitucionalidade de atos normativos emanados dos tribunais definindo regras de competência, inclusive absoluta, por especialização[57].

A partir, então, de todo esse arcabouço jurídico acima mencionado se pode afirmar que, em realidade, a tradição jurídica brasileira admite que a competência, inclusive a absoluta, possa ser definida por ato normativo infralegal.

A questão, então, resume-se em definir se o CPC, em seu art. 69, conferiu competência, por delegação, aos juízes e tribunais para que estes, mediante ato concertado, i) possam alterar, a posteriori, a competência in concreto definida de acordo com as normas vigentes à época do ajuizamento da demanda, e ii) se podem estabelecer regras de competência de forma abstrata para incidir para situações futuras.

Relembre-se que, por ato concertado, tanto se pode definir pela reunião, apensamento e centralização de processos em curso, como se pode concertar que futuras ações sejam reunidas ou apensadas a demandas já em curso, vem como estabelecer a centralização de processos repetitivos que vierem a ser ajuizados posteriormente à celebração do ato de cooperação judiciária.

---

54. BRASIL. Lei n. 10.772, de 21 de novembro de 2003.
55. BRASIL. Lei n. 5.010, de 30 de maio de 1966.
56. BRASIL. Lei n. 10.770, de 21 de novembro de 2003.
57. Por exemplo: BRASIL. Supremo Tribunal Federal. Habeas corpus n. 88.660; BRASIL. Supremo Tribunal Federal. Segunda Turma. Habeas corpus n. 94.188.

Parece que, diante do que foi posto anteriormente, não haveria razão para, ainda que diante de norma tão "singela" como a posta no art. 69 do CPC, possa-se afastar a conclusão de que, de fato, por ato concertado, os juízes e tribunais possam deliberar sobre o deslocamento de competência, mesmo absoluta, quando se esteja diante de uma situação concreta que o justifique. Isto é, a medida se "mostrar conveniente aos interesses da Justiça Federal [Estadual e Trabalhista] ou necessário à agilização da prestação jurisdicional" (art. 6º da Lei n. 10.772/03)[58], inclusive a "trabalhista" (art. 6º da Lei n. 10.770/03)[59].

E vários exemplos postos em execução pelo Judiciário brasileiro, mesmo antes do início da vigência do CPC de 2015, revelam que é de nossa tradição alterar a competência absoluta, em especial por função, ou, ainda, por matéria e por pessoa, atingindo-se os processos em curso e os ajuizados posteriormente à edição do ato.

Pode-se citar, por exemplo, o ato do Tribunal de Justiça da Bahia que especializou diversas varas da Fazenda Pública para os feitos fiscais nos quais o Município de Salvador seja parte[60]. No caso, especializou as varas por matéria e em face da pessoa.

Já na vigência do CPC de 1973, o Tribunal Superior do Trabalho (TST), inspirando-se na lei de falência, em 2000, editou norma especializando uma vara do trabalho (a primeira que realizou a penhora) para processar todas as execuções contra a mesma empresa em processo de liquidação extrajudicial[61]. No caso, alterou-se a competência absoluta por função (executiva) de todas as varas do trabalho do Brasil, que, originariamente são competentes para executar suas próprias sentenças.

Dois anos depois, porém, essa regra foi revogada,

> "tendo em vista os inúmeros questionamentos jurídicos e de ordem prática que vêm sendo apresentados a esta Corregedoria-Geral da Justiça do Trabalho e, também, considerando a manifestação unânime do Colégio de Presidentes e Corregedores dos Tribunais Regionais do Trabalho - COLEPRECOR expondo as dificuldades na aplicação deste provimento e solicitando a sua revogação"[62].

---

58. BRASIL. Lei n. 10.772, de 21 de novembro de 2003.
59. BRASIL. Lei n. 10.770, de 21 de novembro de 2003.
60. BRASIL. Estado da Bahia. Tribunal de Justiça do Estado da Bahia. Resolução nº 24, de 19 de dezembro de 2018.
61. BRASIL. Tribunal Superior do Trabalho. Corregedoria-Geral da Justiça do Trabalho. Provimento nº 5, de 4 de outubro de 2000.
62. BRASIL. Tribunal Superior do Trabalho. Corregedoria-Geral da Justiça do Trabalho. Provimento nº 3, de 8 de abril de 2002.

Esse exemplo, aliás, é bastante significativo do quanto é conveniente dotar o Poder Judiciário com poder regulamentador da competência. Nesse exemplo, à época da edição da norma pelo TST no ano de 2000, corriam na Justiça do Trabalho milhares de execuções contra entidades bancárias que passaram a ser liquidadas extrajudicialmente. O TST, então, procurando gerir melhor a execução, com economia de atos, procurou centralizar os respectivos feitos. Dois anos depois, no entanto, seja por "inúmeros questionamentos jurídicos", mas por questões de "ordem prática", dada as "dificuldades" na sua aplicação, o TST voltou atrás, revogando seu ato.

Nesse caso, o TST tanto foi ágil na edição da norma, como na sua revogação. Se fosse o caso de se exigir a edição de uma lei em sentido formal, muito provavelmente a edição da norma e, pior, sua revogação, demorariam muito mais. Isso sem se falar que, para a revogação se levou em consideração a "manifestação unânime do Colégio de Presidentes e Corregedores dos Tribunais Regionais do Trabalho". Ou seja, a revogação do ato do TST acabou sendo muito mais por um, que pode ser considerado, ato de concertação entre Tribunais do que fruto de uma vontade isolada.

Por outro lado, pode-se afirmar que a regra do art. 69 do CPC de 2015, claramente inspirado na Recomendação n. 38 do Conselho Nacional de Justiça[63], acabou por "legalizar" diversas iniciativas dos mais diversos tribunais brasileiros, que, em atos de cooperação, já dispunham quanto a modificação da competência, seja a relativa, como a absoluta por função ou por pessoa.

Pode-se citar, nesse caminhar, o ato normativo, datado de 2010, do Tribunal Regional do Trabalho da 5ª Região (Bahia) que, ao lado de criar um órgão vinculado à primeira instância, delegou ao mesmo competência para "as demandas que lhes forem apresentadas relativas aos processos em fase de expropriação"[64]. No caso, criou-se a "Central de Execução e Expropriação", composta por três juízes, sendo um titular e dois substitutos.

Observe-se que, nesse caso, o TRT da 5ª Região não só criou um órgão, que não era uma vara do trabalho criada por lei, como lhe atribuiu a competência jurisdicional para processar "as demandas que lhes forem apresentadas relativas aos processos em fase de expropriação". Essa transferência de competência, no entanto, dependia da cooperação dos juízes originariamente competentes, a quem caberia encaminhar as demandas em fase de expropriação.

Esse regramento já se constituía, na vigência do CPC de 1973, verdadeiro ato de cooperação para modificação da competência, no caso, por função (parte dos atos de execução).

63. BRASIL. Conselho Nacional de Justiça. Recomendação n. 38, de 3 de novembro de 2011.
64. BRASIL. Tribunal Regional do Trabalho da 5ª Região. Provimento n. GP/CR TRT5 0001/2010.

Posteriormente, já na vigência do CPC de 2015, essa norma foi modificada, vigendo atualmente o Provimento Conjunto TRT5 GP/CR nº 001/2020 de 13 de janeiro de 2020, ampliando-se a competência desse órgão (agora sob a denominação de Coordenadoria de Execução e Expropriação), que passou a ter "jurisdição nos processos de execução do TRT5", inclusive para a "A reunião de execuções em relação ao(s) mesmo(s) devedor(es)", mas tudo somente em relação às "demandas executórias que lhes forem apresentada" (art. 3º). Ou seja, agora já com fundamento no art. 69 do CPC (ainda que não mencionado no considerando), o TRT da 5ª Região criou mecanismos de cooperação para "centralização de processos [de execução] repetitivos" e para "a execução de decisão jurisdicional", com "o objetivo de "garantir efetividade aos julgados", "a realização integral da tutela jurisdicional como meio de alcançar os anseios da sociedade" e dada "a importância de dinamizar e intensificar ações voltadas aos procedimentos executórios, sempre objetivando a celeridade do processo trabalhista"[65].

Podem ser citados, ainda, os exemplos dos "Centros Judiciários de Solução de Conflitos e Cidadania (Centros ou Cejuscs)", previsto na Resolução n. 125, de 29/11/2010, do CNJ, que estabelece que os tribunais devem criar esses órgãos com competência para realizar audiência de conciliação ou mediação[66]. O que incentivou, por exemplo, ao TRT da 5ª Região (Bahia) criar este órgão (que não é uma vara do trabalho) com competência, inclusive, para proferir sentença homologatória e, eventualmente, apreciar medida liminar ou "antecipação de tutela meritória" (art. 10 do Ato TRT5 nº 0174/2018), bem como, caso frustrada a conciliação, a prática de outros atos processuais, inclusive o deferimento da produção de prova (art. 14).

No caso, no entanto, o deslocamento do processo para este Centro depende da adesão do juiz originariamente competente (logo, em ato de cooperação), podendo, no entanto, aquele órgão "solicitar às Varas do Trabalho processos nos quais credite a possibilidade de conciliação ou aqueles que a(s) parte(s) solicitar(em) inclusão em pauta" (art. 12).

Mas interessante é citar que, conforme essa norma do TRT da 5ª Região, ainda se criou o mesmo órgão no âmbito do Segundo Grau, com competência para "processos que se encontrem na fase recursal" e "em precatórios", bem como os "relativos aos acordos globais e dos mutirões conciliatórios" (art. 3º).

Observe-se, então, que, em relação a esses "acordos globais" (contra o mesmo devedor) ou "mutirões conciliatórios", estabeleceu-se verdadeira regra de modificação de competência absoluta por função, ainda que para realização

65. BRASIL. Tribunal Regional do Trabalho da 5ª Região. Provimento Conjunto TRT5 GP/CR Nº 001/2020 de 13 de janeiro de 2020.

66. BRASIL. Conselho Nacional de Justiça. Resolução nº 125, de 29 de novembro de 2010.

de um determinado ato, com deslocamento do feito da primeira instância para órgão vinculado ao segundo grau, mas desde que conte com a adesão (ato de cooperação) do juiz da vara do trabalho, a quem cabe "avaliar a conveniência e oportunidade da medida" (parágrafo único do art. 4º).

Esses são exemplos, portanto, de que, há muito é da tradição judiciária brasileira regulamentar a competência por ato infralegal, inclusive no que se refere à competência absoluta. E tudo isso sob o manto de diversas leis que delegam esse poder aos tribunais.

Mas, independentemente de lei delegatória de competência, como já dito anteriormente, o STF, por mais de uma vez, já decidiu que "especializar varas e atribuir competência por natureza de feitos não é matéria alcançada pela reserva da lei em sentido estrito", daí porque os tribunais estão autorizados a dispor sobre regras de competência. E, por suas lições, cabe a citação desta decisão, em sua ementa:

> "HABEAS CORPUS. PENAL, PROCESSUAL PENAL E CONSTITUCIONAL. CRIME SEXUAL. COMPETÊNCIA. ESPECIALIZAÇÃO DE VARA POR RESOLUÇÃO DO PODER JUDICIÁRIO. OFENSA AO PRINCÍPIO DO JUIZ NATURAL E À RESERVA DE LEI [CONSTITUIÇÃO DO BRASIL, ARTIGOS 5º, INCISOS XXXVII E LIII; 22, I; 24, XI, 68, § 1º, I e 96, II, ALÍNEAS a e d]. INOCORRÊNCIA. PRINCÍPIO DA LEGALIDADE E PRINCÍPIOS DA RESERVA DA LEI E DA RESERVA DA NORMA. FUNÇÃO LEGISLATIVA E FUNÇÃO NORMATIVA. LEI, REGULAMENTO E REGIMENTO. AUSÊNCIA DE DELEGAÇÃO DE FUNÇÃO LEGISLATIVA. SEPARAÇÃO DOS PODERES [CONSTITUIÇÃO DO BRASIL, ARTIGO 2º].
>
> 1. Denúncia por crime sexual contra menor.
>
> 2. Especialização da 11ª Vara de Natal/RN por Resolução do Tribunal de Justiça local.
>
> 3. Remessa dos autos ao Juízo competente.
>
> 4. Ofensa ao princípio do juiz natural [artigo 5º, incisos XXXVII e LIII da Constituição do Brasil] e à reserva de lei. Inocorrência.
>
> 5. Especializar varas e atribuir competência por natureza de feitos não é matéria alcançada pela reserva da lei em sentido estrito, apenas pelo princípio da legalidade afirmado no artigo 5º, II da Constituição do Brasil, vale dizer pela reserva da norma. No enunciado do preceito --- ninguém será obrigado a fazer ou deixar de fazer alguma coisa senão em virtude de lei --- há visível distinção entre as seguintes situações: [i] vinculação às definições da lei e [ii] vinculação às definições decorrentes --- isto é, fixadas em virtude dela --- de lei.
>
> No primeiro caso estamos diante da reserva da lei; no segundo, em face da reserva da norma [norma que pode ser tanto legal

quanto regulamentar ou regimental]. Na segunda situação, ainda quando as definições em pauta se operem em atos normativos não da espécie legislativa --- mas decorrentes de previsão implícita ou explícita em lei --- o princípio estará sendo acatado.

6. No caso concreto, o princípio da legalidade expressa reserva de lei em termos relativos [= reserva da norma]; não impede a atribuição, explícita ou implícita, ao Executivo e ao Judiciário, para, no exercício da função normativa, definir obrigação de fazer ou não fazer que se imponha aos particulares e os vincule.

7. Se há matérias que não podem ser reguladas senão pela lei --- v.g.: não haverá crime ou pena, nem tributo, nem exigência de órgão público para o exercício de atividade econômica sem lei, aqui entendida como tipo específico de ato legislativo, que os estabeleça --- das excluídas a essa exigência podem tratar, sobre elas dispondo, o Poder Executivo e o Judiciário, em regulamentos e regimentos.

Quanto à definição do que está incluído nas matérias de reserva de lei, há de ser colhida no texto constitucional; quanto a essas matérias não cabem regulamentos e regimentos. Inconcebível a admissão de que o texto constitucional contivesse disposição despicienda --- verba cum effectu sunt accipienda. Legalidade da Resolução do TJ/RN.

8. Não há delegação de competência legislativa na hipótese e, pois, inconstitucionalidade. Quando o Executivo e o Judiciário expedem atos normativos de caráter não legislativo --- regulamentos e regimentos, respectivamente --- não o fazem no exercício da função legislativa, mas no desenvolvimento de função normativa. O exercício da função regulamentar e da função regimental não decorrem de delegação de função legislativa; não envolvem, portanto, derrogação do princípio da divisão dos poderes"[67].

Daí porque, "o deslocamento da competência em decorrência de criação de vara especializada não ofende os princípios do juiz natural, da vedação ao juízo de exceção, ou da perpetuatio jurisdictioni"[68]. Já que "o art. 96, inc. I, al. a, da Constituição Federal estabelece a competência privativa dos tribunais para, observadas as normas de processo e as garantias processuais das partes, dispor sobre a competência e o funcionamento dos respectivos órgãos jurisdicionais e administrativos", inclusive em relação ao primeiro grau de jurisdição[69].

67. BRASIL. Supremo Tribunal Federal. Segunda Turma. Habeas corpus n. 91.509.
68. BRASIL. Supremo Tribunal Federal. Primeira Turma. Agravo em recurso extraordinário n. 802.238.
69. BRASIL. Supremo Tribunal Federal. Segunda Turma. Agravo regimental no recurso ordinário em habeas corpus n. 117.487.

Mas a questão mais controvertida, em realidade, trata da regulamentação infraconstitucional da competência absoluta definida na Constituição, inclusive por ato de cooperação judiciária.

Nesse ponto, no entanto, é preciso relembrar que diversos precedentes legislativos já estabelecem regras de competência diversas daquelas estabelecidas na Constituição, a exemplo do juízo universal para falência e recuperação judicial, atraindo, inclusive, os feitos de natureza trabalhistas. Daí porque cabe esposar o entendimento sustentado por Nilsiton Rodrigues de Andrade, que admite a ponderação dos postulados constitucionais para alteração da competência absoluta[70].

Em verdade, a legislação infraconstitucional pode estabelecer regras de exceção às normas constitucionais, cabendo, no entanto, seu controle de constitucionalidade, com juízo de ponderação e razoabilidade. E, no caso de modificação por ato concertado de cooperação judiciária, o que se estabeleceu foi uma cláusula geral permitindo aos órgãos judiciais, diante do caso concreto, ponderarem a possibilidade de alteração do juízo de competência absoluta, de modo a concretizar os valores constitucionais, como os da efetividade, da duração razoável do processo, da igualdade, da eficiência, do acesso à justiça, etc.

Basta exemplificar o seguinte. Imagine que, devida a carência de juízes, uma comarca estadual instalada em uma cidade da imensa Amazônia não possua um juiz titular e que o substituto esteja cerca de dois dias de acesso por transporte fluvial. Mas na mesma localidade tenha uma vara do trabalho ou federal com seu juiz titular residente no local. O que seria preferível em nome do acesso à justiça, conferir, por ato de cooperação, competência ao juiz federal ou do trabalho para apreciar, em caráter de urgência, por exemplo, o habeas corpus impetrado em matéria criminal (em autos não eletrônico), ou sujeitar o paciente à decisão judicial distante dois dias de viagem?

No caso, há de se flexibilizar a regra de competência absoluta de modo a permitir, de forma concreta, o acesso à justiça quando diante de situações excepcionais a demandar soluções especiais. Não se quer com isso se estabelecer uma regra geral de alteração de competência, até porque, a princípio, a adequada é aquela posta pelo legislador. O que se pretende é estabelecer mecanismos de gestão processual e eficiência administrativa-jurisdicional, de modo a tornar concreta a promessa constitucional de acesso à justiça de forma efetiva e em duração razoável.

Daí porque o CPC, em excepcional avanço, conferiu aos magistrados e órgãos judiciais a faculdade de firmarem ato de concertação, inclusive para

70. ARAGÃO, Nilsiton Rodrigues de Andrade. Potencialidade e limites da cooperação nacional, p. 43-44.

modificar a competência absoluta. E como o ato de concertação está prevista em lei, não se estará ferindo o princípio do juiz natural.

Verifica-se, outrossim, que a regra do art. 69 do CPC surge num movimento crescente de democratização da atribuição decisória para administração dos serviços judiciários ao assegurar aos seus principais protagonistas, os juízes de primeiro grau, maior poder de interferir na gestão de seus acervos processuais. Ao mesmo tempo que lhes impõem maiores responsabilidades, pois mais restrita ficou a possibilidade da alegação de que nada podem(iam) fazer em relação à possibilidade de reunião, apensamento ou centralização de processos repetitivos.

O que, porém, cabe à doutrina e à jurisprudência, diante da lacuna legal, é estabelecer quais critérios devem ser observados para a definição de qual deva ser o juízo competente quando se concerta por cooperação a reunião, apensamento ou centralização dos processos por ato de concertação. Tarefa esta que escapa a finalidade deste trabalho.

6. CONCLUSÃO

Em conclusão, pode-se afirmar que o CPC de 2015 conferiu aos juízes e tribunais a possibilidade de firmarem ato de cooperação para reunião, apensamento ou centralização dos processos.

A possibilidade de modificação da competência por ato concertado pelos juízes não viola a cláusula do juízo natural, já que esta possibilidade está previamente prevista em lei anterior ao ajuizamento da demanda.

A modificação da competência por ato de cooperação é possível mesmo quando diante de competência de natureza absoluta em face da matéria ou da pessoa ou a funcional.

No caso da modificação da competência absoluta definida constitucionalmente a alteração pode ocorrer quando por ato de cooperação, diante de situações especiais e atento as circunstâncias, proceda-se na ponderação de princípios, valores e postulados de modo a justificar a não incidência da norma constitucional diante do caso concreto.

REFERÊNCIAS

ARAGÃO, Nilsiton Rodrigues de Andrade. Potencialidade e limites da cooperação nacional. Civil Procedure Review, v. 11, n. 1: jan.-abr. 2020. Disponível em: http://www.civilprocedurereview.com/?option=com_content&view=article&id=866. Acesso em: 17 jul. 2020. ISSN 2191-1339.

AZAMBUJA, Carmen Luiza Dias de. Distribuição pelo objeto do processo. Imperativo constitucional para a garantia dos direitos fundamentais e cidadania. Porto Alegre: Sergio Fabris, 2019. ISBN 978-85-857525-868-2.

BORGES SEGUNDO, Edval. O conteúdo e aplicabilidade do princípio do juiz natural. Belo Horizonte: Dialética, 2020. ISBN 978-658740276-5.

BRASIL. Conselho Nacional de Justiça. Recomendação n. 38, de 3 de novembro de 2011. Recomenda aos tribunais a instituição de mecanismos de cooperação judiciária entre os órgãos do Poder Judiciário, e dá outras providências. Diário Oficial. 2011. Brasília. Disponível em: https://atos.cnj.jus.br/files//recomendacao/recomendacao_38_03112011_16102012130140.pdf. Acesso em: 03 ago. 2020.

BRASIL. Conselho Nacional de Justiça. Resolução nº 125, de 29 de novembro de 2010. Dispõe sobre a Política Judiciária Nacional de tratamento adequado dos conflitos de interesses no âmbito do Poder Judiciário e dá outras providências. Diário Oficial. 2010. Brasília. Disponível em: https://atos.cnj.jus.br/files/compilado160204202007225f1862fcc81a3.pdf. Acesso em: 03 ago. 2020.

BRASIL. Estado da Bahia. Tribunal de Justiça do Estado da Bahia. Resolução nº 24, de 19 de dezembro de 2018. Altera redação do caput dos artigos 1º e 2º, revoga os artigos 3º e 4º , altera redação do caput, do artigo 5º e revoga os § § 1º, 2º, 3ºe 4º, da Resolução n. 18, de 21 de outubro de 2016, que redefine a competência das Varas de Fazenda Pública de matéria fiscal da Comarca de Salvador e dá outras providências. Diário Oficial Eletrônico. Salvador. Disponível em: http://www7.tj.ba.gov.br/secao/lerPublicacao.wsp?tmp.mostrarDiv=sim&tmp.id=21384&tmp.secao=4. Acesso em: 03 ago. 2020.

BRASIL. Lei n. 10.770, de 21 de novembro de 2003. Dispõe sobre a criação de Varas do Trabalho nas Regiões da Justiça do Trabalho, define jurisdições e dá outras providências. Diário Oficial. 2003. Brasília. Disponível em: http://www.planalto.gov.br/ccivil_03/leis/2003/l10.770.htm. Acesso em: 01 ago. 2020.

BRASIL. Lei n. 10.772, de 21 de novembro de 2003. Dispõe sobre a criação de 183 (cento e oitenta e três) Varas Federais destinadas precipuamente à interiorização da Justiça Federal de Primeiro Grau e à implantação dos Juizados Especiais no País e dá outras providências. Diário Oficial 24/11/0003. Brasília. Disponível em: http://www.planalto.gov.br/ccivil_03/LEIS/2003/L10.772.htm. Acesso em: 30 jul. 2020.

BRASIL. Lei n. 5.010, de 30 de maio de 1966. Organiza a Justiça Federal de primeira instância, e dá outras providências. Diário Oficial. 1966. Brasília. Disponível em: http://www.planalto.gov.br/ccivil_03/leis/l5010.htm. Acesso em: 01 ago. 2020.

BRASIL. Superior Tribunal de Justiça. Primeira Seção. Agravo interno em conflito de competência n. 165.357. Rela. Mina. Assusete Magalhães. Julgamento 28/08/2019. Diário de Justiça Eletrônico 10/09/2019. Disponível em: https://ww2.stj.jus.br/processo/revista/documento/mediado/?componente=ITA&sequencial=1858140&num_registro=201901167390&data=20190910&formato=PDF. Acesso em: 10 ago. 2020.

BRASIL. Superior Tribunal de Justiça. Primeira Seção. Conflito de competência n. 47.950, Rela. Mina. Denise Arruda. Julgamento 11/04/2007. Diário Oficial Eletrônico 07/05/2007.

Brasília. 2007. Disponível em: https://ww2.stj.jus.br/processo/revista/documento/mediado/?componente=ITA&sequencial=684053&num_registro=200500125682&data=20070507&formato=PDF. Acesso em: 22 jun. 2020.

BRASIL. Superior Tribunal de Justiça. Primeira Seção. Conflito de Competência. n. 20.883. Rel. Min. Milton Luiz Pereira. Julgamento 10/02/1997. Diário de Justiça 25/02/1998. Brasília. 1998. Disponível em: https://ww2.stj.jus.br/processo/revista/documento/mediado/?componente=ITA&sequencial=601265&num_registro=200401602727&data=20060403&formato=PDF. Acesso em 18 jun. 2020.

BRASIL. Superior Tribunal de Justiça. Quinta Turma. Habeas corpus n. 102.193. Rela. Mina. Laurita Vaz. Julgamento 02/02/2010. Diário Oficial Eletrônico 22/03/2010. Brasília. Disponível em: https://ww2.stj.jus.br/processo/revista/documento/mediado/?componente=ITA&sequencial=940074&num_registro=200800578792&data=20100322&formato=PDF. Acesso em: 21 jul. 2020.

BRASIL. Superior Tribunal de Justiça. Quinta Turma. Recurso em mandado de segurança n. 1.902. Rel. Min. Edson Vidigal. Julgamento 24/04/1999. Diário de Justiça 24/05/1999. Brasília. 1999. Disponível em: https://ww2.stj.jus.br/processo/ita/documento/mediado/?num_registro=199200195865&dt_publicacao=24-05-1999&cod_tipo_documento=&formato=PDF. Acesso em 18 jun. 2020.

BRASIL. Superior Tribunal de Justiça. Segunda Seção. Conflito de Competência. n. 20.140. Rel. Min. Sálvio de Figueiredo Teixeira. Julgamento 10/09/1997. Diário de Justiça 20/03/2000. Brasília. 2000. Disponível em: https://ww2.stj.jus.br/processo/ita/documento/mediado/?num_registro=199700543080&dt_publicacao=20-03-2000&cod_tipo_documento=&formato=undefined. Acesso em 18 jun. 2020.

BRASIL. Superior Tribunal de Justiça. Segunda Seção. Conflito de competência n. 111.130. Rel. Nancy Andrighi. Julgamento 08/09/2010. Diário de Justiça Eletrônico 01/02/2011. Disponível em: https://scon.stj.jus.br/SCON/GetInteiroTeorDoAcordao?num_registro=201000501648&dt_publicacao=01/02/2011. Acesso em: 10 set. 2020.

BRASIL. Supremo Tribunal Federal. Ação direta de constitucionalidade n. 3.395. Rel. Min. Alexandre de Moraes. Julgamento 16/04/2020. Diário de Justiça Eletrônico 01/07/2020. Disponível em: http://redir.stf.jus.br/paginadorpub/paginador.jsp?docTP=TP&docID=753145850. Acesso em: 10 ago. 2020.

BRASIL. Supremo Tribunal Federal. Agravo regimental em mandado de segurança n. 22.313. Rel. Min. Sydnei Sanches. Julgamento 01/08/1995. Diário Oficial 25/08/1995. Brasília. Disponível em: http://redir.stf.jus.br/paginadorpub/paginador.jsp?docTP=AC&docID=24898. Acesso em: 10 ago. 2020.

BRASIL. Supremo Tribunal Federal. Agravo regimental em reclamação constitucional n. 9.836. Rel. Min. Elen Gracie. Julgamento 02/03/2011. Diário de Justiça Eletrônico 28/03/2011. Disponível em: http://redir.stf.jus.br/paginadorpub/paginador.jsp?docTP=AC&docID=621088. Acesso em: 10 ago. 2020.

BRASIL. Supremo Tribunal Federal. Conflito de competência n. 7.204. Rel. Min. Carlos Britto. Julgamento 29/06/2005. Diário de Justiça Eletrônico 21/06/2005. Brasília. 2005.

Disponível em: http://redir.stf.jus.br/paginadorpub/paginador.jsp?docTP=AC&docID=25686. Acesso em: 10 jul. 2020.

BRASIL. Supremo Tribunal Federal. Conflito de jurisdição n. 1.879. Rel. Min. Ribeiro da Costa. Julgamento 12/07/1950. Diário Oficial 08/09/1950. Brasília. Disponível em: http://redir.stf.jus.br/paginadorpub/paginador.jsp?docTP=AC&docID=25705. Acesso em: 10 ago. 2020.

BRASIL. Supremo Tribunal Federal. Conflito de jurisdição n. 6.055. Rel. Min. Xavier de Albuquerque. Julgamento 16/02/1977. Diário Oficial 18/03/1977. Brasília. Disponível em: http://redir.stf.jus.br/paginadorpub/paginador.jsp?docTP=AC&docID=29582. Acesso em: 10 ago. 2020.

BRASIL. Supremo Tribunal Federal. Habeas corpus n. 88.660. Rela. Mina. Cármen Lúcia. Julgamento 15/08/2008. Diário Oficial Eletrônico 06/08/2014. Disponível em: http://portal.stf.jus.br/processos/downloadPeca.asp?id=247516889&ext=.pdf. Acesso em: 01 ago. 2020.

BRASIL. Supremo Tribunal Federal. Primeira Turma. Agravo em recurso extraordinário n. 802.238. Rel. Min. Luiz Fix. Julgamento 05/08/2014. Diário Oficial Eletrônico 27/08/2014. Brasília. Disponível em: http://redir.stf.jus.br/paginadorpub/paginador.jsp?docTP=TP&docID=6588675. Acesso em: 03 ago. 2020.

BRASIL. Supremo Tribunal Federal. Primeira Turma. Agravo regimental no agravo de instrumento n. 631.365. Rel. Min. Dias Toffoli. Julgamento 19/06/2012. Diário de Justiça Eletrônico 01/08/2012. Disponível em: http://redir.stf.jus.br/paginadorpub/paginador.jsp?docTP=TP&docID=2315068. Acesso em: 10 ago. 2020.

BRASIL. Supremo Tribunal Federal. Primeira Turma. Agravo regimental na reclamação n. 20.744. Rel. Min. Roberto Barroso. Julgamento 02/02/2016. Diário de Justiça Eletrônico 24/02/2016. Disponível em: http://redir.stf.jus.br/paginadorpub/paginador.jsp?docTP=TP&docID=10328303. Acesso em: 10 ago. 2020.

BRASIL. Supremo Tribunal Federal. Recurso extraordinário com agravo n. 721.446. Decisão monocrática. Rel. Min. Gilmar Mendes. Julgamento 30/05/2014. Diário de Justiça Eletrônico 05/06/2014. Disponível em: http://redir.stf.jus.br/paginadorpub/paginador.jsp?docTP=TP&docID=2315068. Acesso em: 10 ago. 2020.

BRASIL. Supremo Tribunal Federal. Recurso extraordinário n. 583.955. Rel. Min. Ricardo Lewandowski. Julgamento 28/05/2009. Diário de Justiça Eletrônico 28/08/2009. Brasília. 2009. Disponível em: http://redir.stf.jus.br/paginadorpub/paginador.jsp?docTP=AC&docID=601787. Acesso em: 10 jul. 2020.

BRASIL. Supremo Tribunal Federal. Recurso extraordinário n. 586.453. Rel. Min. Ellen Gracie. Julgamento 20/03/2013. Diário de Justiça Eletrônico 06/06/2013. Brasília. 2005. Disponível em: http://redir.stf.jus.br/paginadorpub/paginador.jsp?docTP=AC&docID=630014. Acesso em: 10 jul. 2020.

BRASIL. Supremo Tribunal Federal. Recurso extraordinário n. 600.091. Rel. Min. Dias Toffoli. Julgamento 25/05/2011. Diário Oficial Eletrônico 12/08/2011. Disponível em:

http://redir.stf.jus.br/paginadorpub/paginador.jsp?docTP=AC&docID=625734. Acesso em 10 ago. 2020.

BRASIL. Supremo Tribunal Federal. Recurso extraordinário n. 678.162. Red. Min. Edson Fachin. Julgamento 21/09/2020. Disponível em: http://portal.stf.jus.br/processos/detalhe.asp?incidente=4218845. Acesso em: 30 set. 2020.

BRASIL. Supremo Tribunal Federal. Recurso extraordinário n. 74.957. Rel. Min. Xavier de Albuquerque. Julgamento 28/11/1974. Diário Oficial 08/01/1975Brasília. Disponível em: http://redir.stf.jus.br/paginadorpub/paginador.jsp?docTP=AC&docID=170614. Acesso em: 10 ago. 2020.

BRASIL. Supremo Tribunal Federal. Segunda Turma. Agravo regimental no recurso ordinário em habeas corpus n. 117.487. Rela. Mina. Cármen Lúcia. Julgamento 25/05/2014. Diário Oficial Eletrônico 07/03/2014. Brasília. Disponível em: http://redir.stf.jus.br/paginadorpub/paginador.jsp?docTP=TP&docID=5369628. Acesso em: 03 ago. 2020.

BRASIL. Supremo Tribunal Federal. Segunda Turma. Agravo regimental no recurso extraordinário com agravo n. 1.090.128. Rel. Min. Dias Toffoli. Julgamento 23/03/2018. Diário de Justiça Eletrônico 18/04/2018. Disponível em: http://redir.stf.jus.br/paginadorpub/paginador.jsp?docTP=TP&docID=14667485. Acesso em: 10 ago. 2020.

BRASIL. Supremo Tribunal Federal. Segunda Turma. Agravo regimental no recurso extraordinário com agravo n. 1.062.324. Rel. Min. Gilmar Mendes. Julgamento 23/08/2019. Diário de Justiça Eletrônico 03/09/2019. Disponível em: http://redir.stf.jus.br/paginadorpub/paginador.jsp?docTP=TP&docID=750698486. Acesso em: 10 ago. 2020.

BRASIL. Supremo Tribunal Federal. Segunda Turma. Habeas corpus n. 94.188. Rel. Min. Eros Grau. Julgamento 26/08/2008. Diário Oficial Eletrônico 05/09/2008. Disponível em: http://redir.stf.jus.br/paginadorpub/paginador.jsp?docTP=AC&docID=555561. Acesso em: 01 ago. 2020.

BRASIL. Supremo Tribunal Federal. Segunda Turma. Habeas corpus n. 91.509. Rel. Eros Grau. Julgamento 27/10/2009. Diário Oficial Eletrônico 12/02/2010. Brasília. Disponível em: http://redir.stf.jus.br/paginadorpub/paginador.jsp?docTP=AC&docID=607662. Acesso em: 03 ago. 2020.

BRASIL. Supremo Tribunal Federal. Súmula n. 736. "Compete à justiça do trabalho julgar as ações que tenham como causa de pedir o descumprimento de normas trabalhistas relativas à segurança, higiene e saúde dos trabalhadores". Diário de Justiça. 11/12/2003. Disponível em: http://www.stf.jus.br/portal/jurisprudencia/menuSumarioSumulas.asp?sumula=2243. Acesso em: 10 ago. 2020.

BRASIL. Supremo Tribunal Federal. Súmula Vinculante n. 22. "A Justiça do Trabalho é competente para processar e julgar as ações de indenização por danos morais e patrimoniais decorrentes de acidente de trabalho propostas por empregado contra empregador, inclusive aquelas que ainda não possuíam sentença de mérito em primeiro grau quando da promulgação da Emenda Constitucional 45/2004". Tese de Repercussão Geral definida no Tema 242, aprovada nos termos do item 2 da Ata da 12ª Sessão Administrativa do STF, realizada em 9-12-2015. Diário de Justiça Eletrônico

11/12/2009 Brasília. 2009. Disponível em: http://www.stf.jus.br/portal/jurisprudencia/menuSumario.asp?sumula=1259. Acesso em: 10 jul. 2020.

BRASIL. Tribunal Regional do Trabalho da 5ª Região. Ato TRT5 Nº 0174/2018, de 30 de abril de 2018. Cria os Centros Judiciários de Métodos Consensuais de Solução de Disputas no Tribunal Regional do Trabalho da 5ªRegião - CEJUSC/TRT5. Diário Oficial Eletrônico 30/04/2018. Salvador. Disponível em: https://www.trt5.jus.br/sites/default/files/www/normas/04_2020/0174-2018_criacao_cejusc-alt_pelo_ato_0350-2018_e_105-20_0.pdf. Acesso em: 03 ago. 2020.

BRASIL. Tribunal Regional do Trabalho da 5ª Região. Provimento Conjunto TRT5 GP/CR Nº 001/2020 de 13 de janeiro de 2020. Consolida as normas relativas à Coordenadoria de Execução e Expropriação, atualiza procedimentos de acordo com a Lei nº.13.105, de 16 de março de 2015(Código de Processo Civil); com a Lei nº. 13.467, de13 de julho de 2017 (Reforma Trabalhista), com o Provimento CGJT nº. 1, de 9 de fevereiro de 2018,bem como revoga o Provimento Conjunto GP-CR nº.10, de 13 de julho de 2015. Diário Oficial Eletrônico 24/01/2020. Salvador. Disponível em: https://www.trt5.jus.br/sites/default/files/www/normas/07_2020/0001-2020_republicado_0.pdf. Acesso em: 03 ago. 2020.

BRASIL. Tribunal Regional do Trabalho da 5ª Região. Provimento n. GP/CR TRT5 0001/2010. Cria a Central de Execução e Expropriação no âmbito do Tribunal Regional do Trabalho da 5ª Região. Diário Oficial Eletrônico 22/03/2010. Salvador. Disponível em: https://www.trt5.jus.br/sites/default/files/www/normas/2010/14878_00012010_cria_central_de_execucoes_e_expropriacao.pdf. Acesso em: 03 ago. 2020.

BRASIL. Tribunal Superior do Trabalho. Corregedoria-Geral da Justiça do Trabalho. Provimento nº 5, de 4 de outubro de 2000. Dispõe sobre a prevenção da competência para execuções conexas de débitos trabalhistas de empresas em liquidação extrajudicial e fixa procedimentos a serem adotados no processo executório. Diário Oficial. 2002. Brasília. Disponível em: https://juslaboris.tst.jus.br/bitstream/handle/20.500.12178/5997/2000_prov0005.pdf?sequence=1&isAllowed=y. Acesso em: 03 ago. 2020.

BRASIL. Tribunal Superior do Trabalho. Corregedoria-Geral da Justiça do Trabalho. Provimento nº 3, de 8 de abril de 2002. Revoga os Provimentos nos. 5/2000, 1/2000, 2/1998, 3/1997, 1/1991, 1/1990, 2/1989, 1/1988, 3/1984, 1/1983, 10/1980, 4/1980, 7/1980, 1/1978, 1/1977, 9/1975, 7/1975, 2/1973, 1/1973, 1/1972, 1/1968, 3/1965 e 1/1964, pelas razões que enumera. Diário Oficial. 2002. Brasília. Disponível em: https://juslaboris.tst.jus.br/bitstream/handle/20.500.12178/5814/2002_prov0003.pdf?sequence=1&isAllowed=y. Acesso em: 03 ago. 2020.

BRASIL. Tribunal Superior do Trabalho. Subseção I Especializada em Dissídios Individuais Embargos em recurso de revista n. 86700-15.2009.5.11.0007. Rel. Min. João Oreste Dalazen. Julgamento 12/11/2015. Diário Oficial Eletrônico 18/12/2015. Disponível em: https://jurisprudencia-backend.tst.jus.br/rest/documentos/d3cc8162b3edc373d0f85654c82d9db9. Acesso em 10 ago. 2020.

CABRAL, Antonio do Passo. Juiz natural e eficiência processual: flexibilização, delegação e coordenação de competências no processo civil. Tese apresentada no concurso de provas e títulos para provimento do cargo de Professor Titular. Faculdade de Direito da Universidade do Estado do Rio de Janeiro. Rio de Janeiro: Edição do Autor, 2017.

CAMPOS, Maria Gabriela. O compartilhamento de competências no processo civil: um estudo do sistema de competências sob o paradigma da cooperação nacional. Salvador: Juspodivm, 2020. ISBN 978-65-5680-096-7.

CAMPOS, Maria Gabriela. O compartilhamento de competências no processo civil: um estudo do sistema de competências sob o paradigma da cooperação nacional. Salvador: Juspodivm, 2020. ISBN 978-65-5680-096-7.

CUNHA, Leonardo Carneiro da. Jurisdição e competência. 2 ed. São Paulo: Revista dos Tribunais, 2013. ISBN 978-85-203-4958-8.

DIDIER JR, Fredie. Cooperação judiciária nacional. Esboço de uma teoria para o direito brasileiro (arts. 67-69, CPC). Salvador: Juspodivm, 2020. ISBN 978-85-442-3285-9.

DONIZETTI, Elpídio. Curso didático de direito processual civil. 21. ed. São Paulo: Atlas, 2018. ISBN 978-85-970-2355-8.

FERREIRA, Gabriela Macedo. O ato concertado entre juízes cooperantes: esboço de uma teoria para o Direito brasileiro. Civil Procedure Review, vol. 10, n. 3, set-dez, 2019, p. 11-48. Issn 21-91-1339. Disponível em: http://www.civilprocedurereview.com/images/stories/2019-3/01.pdf?&embedded=true. Acesso em: 10 set. 2020.

LINO, Daniela Bermudes. Conexão e afinidade: Critérios para compreensão dos artigos 55, §3º e 69, §2º, II e VI do Código de Processo Civil. Dissertação apresentada ao Programa de Pós-Graduação Stricto Sensu em Direito Processual do Centro de Ciências Jurídicas e Econômicas da Universidade Federal do Espírito Santo, como requisito parcial para obtenção do Grau de Mestre em Direito Processual, na área de concentração Justiça, Processo e Constituição. Vitória: Edição da Autora, 2020.

LUNARDI, Thaís Amoroso Paschoal. Atos concertados entre juízes cooperantes como ferramenta adequada de gestão processual: uma possibilidade para a aplicação do multidistrict litigation no sistema brasileiro. In: ARENHART, Sérgio Cruz. MITIDIERO, Daniel (Coords.). O processo civil entre a técnica processual e a tutela de direitos. Estudos em homenagem a Luiz Guilherme Marinoni. São Paulo: Revista dos Tribunais, 2017, p. 367-389. ISBN 978-85-203-7175-6.

LUNARDI, Thaís Amoroso Paschoal. Coletivização da Prova. Técnicas de produção coletiva da prova e seus reflexos na esfera individual. Tese apresentada como requisito parcial à conclusão do curso de Doutorado em Direito das Relações Sociais no Programa de Pós-Graduação da Faculdade de Direito da Universidade Federal do Paraná. Curitiba: Edição da Autora, 2018. Disponível em: https://acervodigital.ufpr.br/bitstream/handle/1884/58147/R%20-%20T%20-%20THAIS%20AMOROSO%20PASCHOAL%20LUNARDI.pdf?sequence=1&isAllowed=y. Acesso em: 01 ago. 2020.

MEIRELES, Edilton. Dever de gestão processual adequada. Revista Brasileira de Direito Processual. v. 76, p. 21-36, São Paulo, 2011. ISSN 0100-2589.

MEIRELES, Edilton. Reunião de processos, cooperação e conflito de competência. Revista de Processo, v. 294, p. 77-94, São Paulo, agosto, 2019. ISSN 0100-1981.

ORGANIZAÇÃO DOS ESTADOS AMERICANOS (OEA). Convenção Americana sobre Direitos Humanos. Assinada na Conferência Especializada Interamericana sobre Direitos Humanos. San José, Costa Rica, em 22 de novembro de 1969. Disponível em: https://www.cidh.oas.org/basicos/portugues/c.convencao_americana.htm. Acesso em: 21 jul. 2020.

VASCONCELOS, Antônio Gomes de. SENA, Gabriela de Campos. A cooperação judiciária como estratégia de administração da justiça: a plurivocidade do conceito e sua dimensão processual. In: GUSTIN, Miracy Barbosa de Sousa. LOPES, Mônica Sette. NICÁCIO, Camila Silva Nicácio (orgs). Eficiência, eficácia e efetividade: velhos desafios ao novo Código de Processo Civil. Belo Horizonte: Initia Via, 2016, p. 35-79. ISBN: 978-85-64912-95-3.

VIANA, Isadora Passos Amaral. Centralização de processos e cooperação judiciária: terceiro mecanismo de resolução de casos repetitivos. Trabalho de conclusão de curso apresentado como requisito parcial para obtenção do grau de bacharel em Direito pela Faculdade de Direito da Universidade Federal da Bahia, Salvador: Edição da Autora, 2019.

VOGT, Fernanda Costa. Cognição do juiz no processo civil: flexibilidade e dinamismo dos fenômenos cognitivos. Salvador: Juspodivm, 2020. ISBN 978-65-5680-072-1.

CAPÍTULO 15

Gestão cooperativa da competência adequada e a versatilidade no tratamento de demandas interligadas

Guilherme Kronemberg Hartmann[1]

Sumário: 1. Cooperação judiciária nacional e o CPC/2015 – 2. Competência adequada – 3. Convergência da cooperação judiciária nacional ao tema da competência adequada na versatilidade de tratamento de demandas interligadas: 3.1. Enredo sobre a adequação da modificação legal da competência; 3.2. Versatilidade dos métodos de cooperação judiciária no tratamento de demandas interligadas – Considerações finais – Bibliografia.

1. COOPERAÇÃO JUDICIÁRIA NACIONAL E O CPC/2015

O CPC/2015 reverencia o *dever de recíproca cooperação* entre os órgãos do Poder Judiciário, ainda que de diversos ramos ou instâncias, por meio de seus magistrados e servidores (art. 67, CPC), para a prática de qualquer ato processual (art. 68, CPC) - de forma alinhada à unidade da jurisdição.[2]

O fomento à comunicação compulsória e recíproca entre os juízos denota um ideal colaborativo, plausivelmente associado à norma fundamental de cooperação (art. 6º, CPC); com repercussão na concretização de outra norma com mesmo status, qual seja a eficiência jurisdicional (art. 8º, CPC), tanto na perspectiva da própria administração judiciária, quanto no viés instrumental para solução de casos.[3] É em razão da eficiência jurisdicional que se pensa em cooperação judiciária, sendo esta um dos mecanismos de concretização daquela.

---

1. Doutor e Mestre em Direito Processual (UERJ); Professor Adjunto de Direito Processual Civil (UFRJ, UNESA); Professor em sede de Pós-graduação (AMPERJ, EMERJ, UERJ); Ex-Coordenador do Escritório Modelo Cível da UERJ; Advogado. www.hartmannadv.com.br / @guilhermekhartmann.
2. "A unidade da jurisdição exige que todos os órgãos jurisdicionais operem no sentido de assegurar a máxima eficácia à tutela jurisdicional dos direitos, colaborando uns com os outros para que a jurisdição se exerça de forma legítima ou com o maior proveito possível para os jurisdicionados. Cooperação deve existir não apenas entre os sujeitos do processo, mas também entre todos os órgãos jurisdicionais que forem chamados a desempenhar qualquer atividade no processo, pois todos são detentores do poder jurisdicional do Estado e, por isso, plenamente aptos a praticar com eficácia todos aqueles atos processuais que não dizem respeito à esfera específica de competência de cada um, mas que são comuns a todos os órgãos jurisdicionais" (GRECO, Leonardo. *Os Juizados Especiais como tutela diferenciada*. In: Revista Eletrônica de Direito Processual, v. 3, jan-jun/2009, p. 35. Disponível em: ‹https://www.e-publicacoes.uerj.br/index.php/redp/article/view/21672/16011›. Acesso em: 15 março 2020).
3. "Esse *dever geral de cooperação entre os órgãos do Poder Judiciário* é um desdobramento do *princípio da cooperação* (art. 6º, CPC) e serve como fundamento normativo para a construção de técnicas adequadas à

Em visão evolutiva, o revogado CPC/1973 tinha como instrumento típico de cooperação judiciária nacional a expedição de cartas - precatórias e de ordem -, circunscrito à limites rígidos e solenes. Ao revés, a reboque da informalidade já preconizada no âmbito dos Juizados Especiais (art. 13, § 2º, Lei nº 9.099/1995), o sistema processual vigente implanta uma política de informalidade e agilidade, precisamente no sentido assinalado de se buscar uma prestação jurisdicional mais eficiente.[4]

Para além do que já se tinha e olhando para o que se tem,[5] passamos a contar com *múltiplos instrumentos e atos de cooperação judiciária,*[6] *em listagem exemplificativa*, tais quais: auxílio direto; reunião ou apensamento de processos; prestação de informações; e atos concertados entre os juízes cooperantes (art. 69, incisos I a IV, CPC).[7] Vigorante a atipicidade, está a se permitir, portanto, o manuseio livre pelo órgão jurisdicional conforme as necessidades de cada caso concreto.

Por seu turno, em afastamento da solenidade e da inflexibilidade realçadas na técnica anterior comum, *os instrumentos e atos de cooperação judiciária prescindem de formato específico* (art. 69, *caput*, CPC), o que condiz com a norma da liberdade das formas (art. 188, CPC).

Apenas se ressalve a necessidade de preenchimento, mesmo atualmente, dos requisitos formais para expedição das cartas precatórias e de ordem (arts.

---

concretização de um processo efetivo, com duração razoável e que produza resultados justos. *É também, e sobretudo, concretização do princípio da eficiência* (art. 8º, CPC). Por isso, a cooperação judiciária possui uma dimensão *administrativa* (no sentido de servir à própria administração judiciária) e processual (no sentido de servir à solução de casos)" (DIDIER Jr., Fredie. *Cooperação judiciária nacional* - esboço de uma teoria para o direito brasileiro (arts. 67-69, CPC). Salvador: Juspodivm, 2020, p. 62-63). Por sua vez, no sentido de que a iniciativa legislativa é "meio de concretizar também o modelo de 'processo cooperativo', derivado do art. 6º, analisado na perspectiva de relação entre os órgãos do Judiciário e seus personagens" (BUENO, Cassio Scarpinella. *Manual de direito processual civil*, vol. único. 3 ed. São Paulo: Saraiva, 2017, p. 141).

4. THEODORO Jr., Humberto. *Curso de direito processual civil* - teoria geral do direito processual civil, processo de conhecimento e procedimento comum, vol. I. 56 ed. Rio de Janeiro: Forense, 2015, p. 263.
5. No plano histórico das fontes normativas, faça-se registro da Recomendação nº 38/2011, do Conselho Nacional de Justiça - CNJ, preceituando a adoção de mecanismos de cooperação judiciária, tais como os *Núcleos de Cooperação Judiciária* e a figura do *Juiz de Cooperação*, com a finalidade de institucionalizar meios para dar maior fluidez e agilidade à comunicação entre os órgãos judiciários e outros operadores, não só para cumprimento de atos judiciais, mas também para harmonização e agilização de rotinas e procedimentos forenses. O referido ato normativo sofreu adensamento e revogação pela recente Resolução nº 350/2020, do próprio CNJ, a evidenciar a importância prática da cooperação judiciária, sobretudo em tempos modernos, tornando-se política estratégica permanente com o objeto de elevar o patamar de eficiência do Poder Judiciário.
6. Identificando que a lista tem caráter heterogêneo, porque mistura *instrumentos de cooperação*, que são os modos pela qual a cooperação se concretiza (auxílio direto e ato concertado), com *atos de cooperação*, relativos ao objeto da cooperação (reunião ou apensamento de processos e prestação de informações): DIDIER Jr., Fredie. *Cooperação judiciária nacional* - esboço de uma teoria para o direito brasileiro (arts. 67-69, CPC). Salvador: Juspodivm, 2020, p. 72-73.
7. Nesta disciplina, vale dizer, basta a alteração dos regimentos internos dos tribunais, o que contribui para a operatividade dos mecanismos. Nesse sentido, vide Fórum Permanente de Processualistas Civis - FPPC, nº 669: "*(arts. 67, 68 e 69; art. 96 da CF) O regimento interno pode regulamentar a cooperação entre órgãos do tribunal*".

69, § 1º; e 260, CPC),[8] muito embora a predição seja de que tal emprego tenda a decrescer com o tempo, justamente em razão da abrangência e desformalização da estrutura presente.[9] Aliás, chega-se a defender, com inteira correção, que as cartas devem ser vistas como "instrumentos de uso subsidiário", tornando preferencial o sistema simplificado do art. 69, CPC, inclusive sob as diretrizes do art. 267, CPC, naquilo que lhe for compatível.[10]

Não obstante todo o afirmado, resta mantida a necessidade de documentação e publicidade dos atos processuais mesmo para os atos "informais" de cooperação judiciaria,[11] reduzindo-os a termo, de modo a conservar o conteúdo daquilo que foi praticado e, assim, permitir o controle da observância das garantias processuais, como o contraditório, por exemplo.

Convém elucidar, em finalização desta síntese, que o pedido de cooperação judiciária pode ser dar (i) *mediante solicitação*, por intermédio de mera provocação *ex officio* de um órgão a outro, exaurindo-se com o respectivo atendimento; (ii) *por delegação*, quando envolvida hierarquia entre os órgão jurisdicionais, tendo daí a característica da compulsoriedade; e (iii) *através de atos conjuntos* e *concertados* entre os órgãos envolvidos, em verdadeira cooperação negociada ou consensual (art. 69, § 2º, CPC).

2. COMPETÊNCIA ADEQUADA[12]

A competência adequada pode ser pensada como um princípio resultante de outros de maior amplitude, como do devido processo legal, da adequação e da boa-fé,[13] bem como do próprio juiz natural, em conjugação com a eficiência processual. Aos fins do presente texto, tal é referendada na qualidade de uma diretriz principiológica, como um "estado de coisas" perseguido, decorrente da (re)visão contemporânea da garantia constitucional do juiz natural, tratando-se esta, propriamente, de sua base normativa.[14]

8. CRAMER, Ronaldo. In: *Comentários ao novo código de processo civil* / coordenação Antonio do Passo Cabral, Ronaldo Cramer. 2 ed, rev., atual., e ampl. Rio de Janeiro: Forense, 2016, p. 117.
9. BUENO, Cassio Scarpinella. *Manual de direito processual civil*, vol. único. 3 ed. São Paulo: Saraiva, 2017, p. 141.
10. DIDIER Jr., Fredie. *Cooperação judiciária nacional* – esboço de uma teoria para o direito brasileiro (arts. 67-69, CPC). Salvador: Juspodivm, 2020, p. 79.
11. FPPC, nº 687: *"(art. 69, caput) A dispensa legal de forma específica para os atos de cooperação judiciária não afasta o dever de sua documentação nos autos do processo"*.
12. Para maiores informações sobre o assunto: HARTMANN, Guilherme Kronemberg. *Controle da competência adequada no processo civil*. Tese de Doutorado apresentada à Faculdade de Direito da Universidade do Estado do Rio de Janeiro, 2018.
13. DIDIER JR., Fredie. *Curso de direito processual civil*: introdução ao direito processual civil, parte geral e processo de conhecimento. 18 ed. Salvador: Juspodivm, 2016, p. 208. Referindo-se a um direito fundamental à competência adequada, manifestação do devido processo legal e seus corolários, afinal "um processo devido é aquele conduzido pela autoridade adequadamente competente para tanto": BRAGA, Paula Sarno. *Competência adequada*. In: Revista do Processo, ano 38, vol. 219. São Paulo: RT, 2013, p. 38.
14. Conforme explica CANOTILHO, José Joaquim Gomes. *Direito constitucional e teoria da constituição*. 5 ed. Coimbra: Almedina, 2002, p. 911, "há que densificar, em profundidade, as normas e princípios da

Realmente, muitas das normas fundamentais do processo civil brasileiro, consagradas expressamente no texto constitucional e reafirmadas em enunciados previstos no primeiro capítulo do CPC, possuem roupagem material, na significação de seu conteúdo (*v.g.*, princípio do devido processo legal, no sentido de o processo gerar decisões jurídicas substancialmente devidas; princípio da igualdade, na elaboração de regras permissivas de tratamento diferenciado aos desiguais na medida de sua desigualdade) e/ou foram refinadas pela contemporânea visão cooperativa (*v.g.*, princípio do contraditório e a proibição da decisão surpresa, conforme art. 10, CPC; princípio da motivação, concretizando-se exigências de fundamentação em nível infraconstitucional, conforme art. 489, § 1º, CPC). Tal leitura e transformação, sentidas na metodologia jurídica, não isentam a norma do juiz natural.

A competência adequada manobra no sentido de estabelecer uma relação de adequação legítima entre o órgão jurisdicional (competência) e a atividade por ela desenvolvida (processo), em expediente voltado a definição do órgão que melhor atuará na causa. Em situações específicas, não se vê bastante a previsão abstrata da competência, sendo imperioso interpretá-la, inserindo-a na realidade, até porque a intransigência de esquemas rígidos pode contribuir, por si só, para a violação dos próprios valores que se pretende ou pretendia proteger. A visão finalística é ampliar a interação do direito material e processual, até porque o emprego da competência adequada exige, no mais, a depuração do caso concreto.

Em exposição, tem-se como defasado aplicar cegamente a legislação sobre competência quando nela se tenha uma abertura de sentidos que faculte a definição ampla ou irrestrita conforme a autonomia das partes (acepção de *forum shopping*),[15] como na incidência de competências concorrentes, quando externado transbordo da norma fundamental de boa-fé (art. 5º, CPC). Igualmente, o reconhecimento da incompletude do ordenamento jurídico para solucionar integralmente os problemas vivenciados na temática da competência - inclusive no que se refere ao enredo das demandas interligadas, como será visto -, converge para a pesquisa de elementos que possam municiar o intérprete no seu deslinde.

---

constituição, alargando o 'bloco da constitucionalidade' a princípios não escritos desde que reconduzíveis ao programa normativo-constitucional como formas de densificação ou revelação específicas de princípios ou regras constitucionais positivamente plasmadas".

15. A terminologia é utilizada na doutrina e jurisprudência estrangeiras em delineação do fenômeno de designação alternativa da jurisdição de um Estado em detrimento de outro, quando existentes coexistentes regramentos atrelados à hipótese vivenciada. Sem embargo, o *forum shopping* também pode ser pensado no plano interno, relacionado às normas concorrentes sobre competência. WHYTOCK, Christopher A. *The evolving forum shopping system*. Cornell Law Review, vol. 96, Article 8, 2011, p. 485, trata da ocorrência do *forum shopping* nos planos doméstico e transnacional: "Forum shopping is a plaintiffs decision to file a lawsuit in one court rather than another potentially available court. Domestic forum shopping occurs when a plaintiff chooses between two or more courts within a single country's legal system, whereas transnational forum shopping occurs when the choice is between the courts of two or more countries' legal systems".

Nesses termos, a conjectura de competência adequada visa a corroborar, e não a afrontar, a força normativa da Constituição, a partir da *releitura do juiz natural e de sua inflexibilidade*,[16] sendo esta uma de suas premissas. Investiga-se que os princípios estruturantes do nosso sistema de distribuição de competências – na visão tradicional: previsão em lei, pré-constituição, inflexibilidade e vedação à discricionariedade – não estejam acondicionados em redoma absoluta, sendo admissível e condizente com a realidade contemporânea alcançar uma exegese mais fluída, sem suplantá-los integralmente.[17] Inclusive, a própria conjuntura quanto à delegação de competência merece ser gerida a partir deste panorama.[18]

O ordenamento jurídico não é, nem pode ser, alheio ao exercício do poder jurisdicional *in concreto*. De tal maneira, o rastreio da autoridade adequadamente competente para a condução do processo – em ponderação inclusive integrativa ou interpretativa do ordenamento jurídico – alimenta a densificação em profundidade da garantia constitucional do juiz natural, reconduzindo-a, na conformidade de seus valores estruturantes, em face de outras diretrizes que orbitam o devido processo legal.

Dentre as proposições que assessoram o manuseio do princípio da competência adequada, cabe mencionar a *instrumentalidade* e *adaptação processual*, enveredando-se por um ângulo externo ao processo, relacionado aos seus resultados práticos (finalidade e eficiência do instrumento),[19] também a tangenciar o fenômeno processual da competência; além do exame das *capacidades institucionais*, em que se está a cuidar da estrutura estatal para resolução de litígios, na conformidade da divisão de competências entre os tribunais e suas instâncias, performando as respectivas capacidades de trabalho (suas possibilidades e limitações).[20]

---

16. Como leitura imprescindível e inovadora no assunto, justamente por harmonizar a garantia constitucional do juiz natural com a adoção de medidas eficientes no âmbito judicial, confira-se: CABRAL, Antonio do Passo. *Juiz natural e eficiência processual*: flexibilização, delegação e coordenação de competências no processo civil. Tese apresentada no concurso de Professor Titular de Direito Processual Civil da Faculdade de Direito da Universidade do Estado do Rio de Janeiro, 2017.
17. DIDIER JR., Fredie; ZANETI JR., Hermes. *Curso de direito processual civil: processo coletivo*. 11 ed. Salvador: Juspodivm, 2017, p. 132, defendem que os princípios da tipicidade e da indisponibilidade da competência, tidos como importantíssimos, não devem ser superados, devendo, na verdade, ser dada uma correta interpretação às regras de competência.
18. Nesse sentido, aduzindo que não se pode confundir indeclinabilidade da jurisdição com indelegabilidade da competência, sob pena de mistura dos conceitos de jurisdição e competência: CABRAL, Antonio do Passo. *Juiz natural e eficiência processual*: flexibilização, delegação e coordenação de competências no processo civil. Tese apresentada no concurso de Professor Titular de Direito Processual Civil da Faculdade de Direito da Universidade do Estado do Rio de Janeiro, 2017, p. 461- 469. O autor, aliás, reorganiza a ideia restritiva da delegação no exercício da competência, desenvolvendo arranjos combinatórios nesta seara (delegação e coordenação) para finalidades convergentes.
19. Já se afirmou que "é a instrumentalidade o núcleo e síntese dos movimentos pelo aprimoramento do sistema processual" (DINAMARCO, Cândido Rangel. *A instrumentalidade do processo*. 13 ed. São Paulo: Malheiros, 2008, p. 24).
20. "No hay que perder de vista algo que con frecuencia se olvida: asignar asuntos a un tribunal determina su carga de trabajo y ésta condiciona su capacidad para darles respuesta en un plazo razonable"

É perceptível a relação entre o princípio da competência adequada e o tema da cooperação judiciária nacional, sendo este oportuno para identificação do "melhor juízo" para o caso, em concretização do juiz natural.[21] É o que se concebe, mormente, no que se refere à prática de "atos concertados entre os juízes cooperantes" (art. 69, IV, CPC), cujo rol é evidentemente exemplificativo (art. 69, § 2º, CPC). Projeta-se que processos com complexidades e aqueles que envolvam questões repetitivas sejam melhores conduzidos e obtenham melhores resultados com a racionalização e distribuição de trabalho entre os órgãos jurisdicionais, sob os ensinamentos da adequação das regras de competência.

Para tanto, socorre-se das bases desenvolvidas em precedente trabalho acadêmico deste autor, já referenciado, em que foram eleitos *critérios generalizáveis de redução da discricionariedade judicial, servientes à principiologia da competência adequada*, de modo que não se incorra no problema da imprevisibilidade: a facilitação do acesso à justiça e do exercício do direito de defesa; ou a consecução da eficiência jurisdicional (vertentes qualitativa ou quantitativa).[22]

Logo, nesta operação, tanto são veiculados fatores privados, como o favorecimento da conveniência dos litigantes; quanto fatores públicos, como a análise sobre entraves judiciais administrativos e estruturais, exequibilidade de decisões, dentre outros. Em fator de legitimação, fundam-se os mencionados critérios na *ratio* de criação das normas de delimitação da jurisdição, sumarizadas no aperfeiçoamento da acessibilidade ao Judiciário ou na melhoria de administração da justiça, em cognoscível visão sistêmica e retrospectiva.[23]

(MÉNDEZ, Francisco Ramos. *Enjuiciamento civil*: cómo gestionar lós litigios civiles, Tomo II. Barcelona: Atelier Libros Jurídicos, 2008, p. 1.052). Além disso, "na fixação das capacidades de cada instituição está, então, a força da presunção de que suas decisões são adequadas para os problemas que ela é chamada a solucionar" (ARGUELHES, Diego Werneck; LEAL, Fernando. O argumento das "capacidades institucionais" entre a banalidade, a redundância e o absurdo. In: Direito, Estado e Sociedade, n. 38, jan/jun 2011, p. 17).

21. DIDIER Jr., Fredie. *Cooperação judiciária nacional* – esboço de uma teoria para o direito brasileiro (arts. 67-69, CPC). Salvador: Juspodivm, 2020, p. 63, relaciona a cooperação judiciária como uma técnica de gestão da competência prevista em lei, pelo que não há afronta aos princípios da tipicidade e da indisponibilidade da competência.

22. A conceituação de eficiência jurisdicional pode ser decomposta tanto num ponto de vista *quantitativo*, relacionada à celeridade e à economia processual, o que concatena a ideia de produtividade; quanto *qualitativo*, relacionado à qualidade do produto jurisdicional e sua própria efetividade. Nesse sentido: NUNES, Dierle José Coelho; BAHIA, Alexandre Gustavo Melo Franco. *Processo constitucional*: uma abordagem a partir dos desafios do estado democrático de direito. In: Revista Eletrônica de Direito Processual, v. 4, n. 4, 2009, p. 240-266. Disponível em: ‹http://www.e-publicacoes.uerj.br/index.php/redp/article/viewFile/21616/15642›. Acesso em: 20 janeiro 2020.

23. Sobre a significação da discricionariedade como um sinônimo de arbitrariedade, expõe DWORKIN, Ronald. *O império do direito*. São Paulo: Martins Fontes, 2003: "É o mesmo que dizer que, quando um juiz esgota as regras à sua disposição, ele possui poder discricionário, no sentido de que ele não está obrigado por quaisquer padrões derivados da autoridade da lei. Ou para dizer de outro modo: os padrões jurídicos que não são regras e são citados pelos juízes não impõem obrigações a estes" (p. 55). A referência é importante para destacar o embasamento da competência adequada dentro de uma estrutura democrática, que respeite a história institucional jurídica.

Desse modo, presta-se auxílio à tarefa judicial de compatibilização do juiz natural com outras matizes principiológicas que ambientam o devido processo legal,[24] cabendo ao sujeito imparcial analisar a dimensão de peso, no sentido da qualidade das razões e dos fins a que se referem as atinentes diretrizes, para lhes atribuir importância concreta, por intermédio, inclusive, dos atos e instrumentos de cooperação judiciária.

3. CONVERGÊNCIA DA COOPERAÇÃO JUDICIÁRIA NACIONAL AO TEMA DA COMPETÊNCIA ADEQUADA NA VERSATILIDADE DE TRATAMENTO DE DEMANDAS INTERLIGADAS

O propósito deste tópico é examinar alguns instrumentos e atos de cooperação judiciária que se conectam ao objeto do trabalho, qual seja a *competência adequada no tratamento de demandas interligadas*, no sentido de potencialização da informação e da interação entre os órgãos envolvidos, para, num contexto global, garantir a eficiência jurisdicional.[25]

"Demandas interligadas" é termo aqui utilizado para tratar diretamente de ações judiciais que guardem certo elo parcial entre os elementos identificadores da demanda (partes, causa de pedir e pedido), tratadas, no sistema tradicional, pelos institutos da conexão (art. 55, CPC)[26] e da continência (art. 56, CPC), e, acidentalmente, pela mera afinidade (art. 55, § 3º, CPC).

Obliquamente, a interligação entre demandas também toca às ações judiciais repetitivas, sendo este um fenômeno distinto, oriundo da massificação de litígios sobre um idêntico assunto.[27]

24. Trabalhando um sistema de competência mais fluído, não somente nas regras legisladas, mas a partir da concordância prática entre princípios processuais: CABRAL, Antonio do Passo. *Juiz natural e eficiência processual*: flexibilização, delegação e coordenação de competências no processo civil. Tese apresentada no concurso de Professor Titular de Direito Processual Civil da Faculdade de Direito da Universidade do Estado do Rio de Janeiro, 2017, p. 257-259. Expressa, assim, que "não há hierarquia entre os princípios que orbitam o devido processo legal. Legalidade, eficiência, acesso à justiça, juiz natural não competem entre si, tampouco se excluem mutuamente. Ao revés, convivem, por vezes se reforçam, e sempre devem ser conciliados com outros bens e interesses constitucionais".

25. Na perspectiva de gestão racional de processos, "possibilita-se um olhar sobre o processo à luz dos demais processos" (LUNARDI, Thais Amoroso Paschoal. *Coletivização da prova: técnicas de produção coletiva da prova e seus reflexos na esfera individual*. Tese de doutorado. Curitiba: Universidade Federal do Paraná, 2018, p. 25).

26. Na conexão, uma ação se liga a outra, de tal modo que a decisão de uma ação possa influir na da outra, produzindo julgamentos que se conciliem (PIZZOL, Patricia Miranda. *A competência no processo civil*. São Paulo: RT, 2003, p. 289).

27. Interessa notar que são inconfundíveis os fenômenos da conexão e da repetição de demandas, pois o primeiro exige mesma causa de pedir ou pedido entre as demandas conexas, e o segundo reclama igual, porém não a mesma, causa de pedir ou pedido entre as ações seriais (CÂMARA, Alexandre Freitas. *O novo processo civil brasileiro*. 1 ed. São Paulo: Atlas, 2015, p. 478).

3.1. Enredo sobre a adequação da modificação legal da competência

Primeiramente, há de se dizer que os vícios de incompetência podem produzir "nefastas complicações judiciais",[28] algo verificável, por exemplo, na instauração de (desnecessários) incidentes de conflito de competência em razão de eventual desacordo entre juízes sobre a determinação aplicável (arts. 66; e 951-959, CPC), em prejuízo ao regular andamento do feito. Em tal situação, as regras de delimitação da jurisdição estariam, pela dificuldade de aplicação, a atuar em despropósito dos fins de solução tempestiva dos litígios.

Outro risco corrente é o de retrocesso processual caso se reconheça a incompetência, tendo em vista a decretação de invalidade[29] dos atos praticados, efeito expressamente reconhecido pela lei instrumental (v.g., art. 957, CPC) - apesar da possibilidade de aproveitamento de certos atos, na racionalidade da *translatio iudicii* (art. 64, § 4º, CPC).[30]

Não há dúvida, pois, sobre a propriedade em se estabelecer soluções que minorem a ocorrência destas intermitências processuais tocantes às deliberações sobre a competência. Nesse norte, miram-se os olhos nas demandas interligadas, em especial sobre o desfecho previsto de reunião de processos para processamento e julgamento conjunto (arts. 55, *caput*; e § 3º; e 57, CPC), verdadeira causa típica de modificação da competência relativa (art. 54, CPC).[31]

Muito embora não seja preciso qualquer pedido de cooperação ou ato concertado entre os juízes para os casos tipificados de reunião de processos,

---

28. Dissertando sobre as adversidades derivadas da incompetência: "[...] dúvidas do gênero costumam produzir complicações judiciais, e as que se relacionam com a competência são particularmente nefastas: poucas coisas causam tanta perturbação na marcha de um pleito como, digamos, um conflito negativo, que pode acarretar-lhe retardamento de vários anos no desfecho. O aparelho da Justiça vê-se onerado com uma carga podre, espoliado de tempo e de energia que melhor aplicaria alhures. Não sofre com isso, exclusivamente, o próprio processo em que se suscitam os incidentes: sofre todo o conjunto dos feitos instaurados e por instaurar" (BARBOSA MOREIRA, José Carlos. Que significa "não conhecer" de um recurso? In: *Temas de direito processual*, 6a série. São Paulo: Saraiva, 1997, p. 125-143).
29. Em exposição da natureza jurídica da competência como requisito de validade, por todos: BARBOSA MOREIRA, José Carlos. Sobre pressupostos processuais. In: *Temas de direito processual*, 4ª série. São Paulo: Saraiva, 1989, p. 90.
30. Realmente, a invalidação não deve ser vista como uma consequência necessária do vício de incompetência, mas apenas uma oportunidade aberta pelo ordenamento, afigurando-se, inclusive, como *ultima ratio*, até porque se trata de solução custosa e contrária aos ideais de razoável duração do feito (art. 5º, LXXVIIII, CRFB c/c arts. 4º e 6º, CPC). Nesse sentido, expressando uma diretiva normativa pela validez dos atos processuais: CABRAL, Antonio do Passo. *Nulidades no processo moderno*: contraditório, proteção da confiança e validade *prima facie* dos atos processuais. 2 ed. Rio de Janeiro: Forense, 2010, p. 185-188.
31. O fenômeno da modificação de competência somente pode se dar nas hipóteses de competência relativa, em razão do interesse privado que conduziu à adoção do critério determinativo em questão, porquanto a competência absoluta, fundada no interesse público, possui natureza indisponível, sendo descabida sua modificação (lógica dos arts. 62-63, CPC). Nesse sentido: WAMBIER, Teresa Arruda Alvim; CONCEIÇÃO, Maria Lúcia Lins; RIBEIRO, Leonardo Ferres da Silva; MELLO, Rogerio Licastro Torres de. *Primeiros comentários ao novo código de processo civil*: artigo por artigo. São Paulo: RT, 2015, p. 120-121.

temos que a prática cooperativa poderá ser muito útil para o exame do vínculo de conexão, continência, ou mesmo de afinidade, a determinar o ajuntamento de processos,[32] como também, mormente, para averiguação dos prós e contras da referida medida. Deveras, o assunto "reunião ou apensamento de processos", por si só, já constitui uma forma de cooperação judiciária (art. 69, II, CPC).

Quer se dizer que a reunião de demandas conexas, continentes ou afins se trata muito mais de um ato de gestão processual - até porque a medida pode ser determinada ex *officio* (art. 337, VIII, e § 5º, CPC) -, do que um direito propriamente dito da parte. A conjuntura sobre tal resolução, como aqui se agasalha, pressupõe a análise da aptidão do juízo prevento para processar e julgar simultaneamente as demandas em voga (art. 59, CPC). Uma vez que a modificação de competência não constitui critério de determinação da competência, e sim de sua alteração *in concreto*,[33] está a se expor um terreno produtivo para a análise da competência adequada.

Na investigação sobre a obrigatoriedade ou conveniência da reunião das demandas envolvidas, é medular mensurar o (i) risco de *decisões conflitantes* (sentido de "oposição" ou "incompatibilidade") quanto à questão comum a decidir, hipótese em que deve se ter, decididamente, a imposição da medida como lema, em primazia da segurança jurídica, sob pena de tornar o sistema processual permeável à ineficiência (*v.g.*, evitar que um mesmo contrato seja anulado num feito e declarado válido noutro).[34]

Importa mais o ponto de vista finalístico, relacionado à ocorrência de resultados processuais inconciliáveis na prática, do que o grau de conexão

32. A legislação processual traz termos imperativos ("serão reunidos" e "serão necessariamente reunidas", conforme arts. 55, § 1º; e 57, *in fine*, CPC, respectivamente), preconizando a ideia de elevação dos valores protegidos pela reunião de demandas, nomeadamente a harmonia decisória e a economia processual, o que faz reconhecível um caráter cogente, *se houver conexão e for possível o respectivo agrupamento* (DIDIER JR., Fredie. *Curso de direito processual civil*: introdução ao direito processual civil, parte geral e processo de conhecimento. 18 ed. Salvador: Juspodivm, 2016, p. 230). Entretanto,"se é essencial a análise da relação jurídica de direito material e de seus vínculos com o direito processual, impossível haver um critério único apto a determinar a intensidade e a extensão dos efeitos da conexão" (LUCON, Paulo Henrique dos Santos. *Relação entre demandas*. Brasília: Gazeta jurídica, 2016, p. 95). Inclusive, discorrendo que diante da ocorrência de "diferentes níveis de conexão, deve-se entender que nem sempre será obrigatória a reunião de processos" (OLIVEIRA, Fernanda Alvim Ribeiro de. Competência. In: *Primeiras lições sobre o novo direito processual civil brasileiro* (de acordo com o Novo Código de Processo Civil, Lei 13.105, de 16 de março de 2015) / coord. Humberto Theodoro Júnior, Fernanda Alvirm Ribeiro de Oliveira, Ester Camila Gomes Norato Rezende. Rio de Janeiro: Forense, 2015, p. 77). Já, PIZZOL, Patricia Miranda. *A competência no processo civil*. São Paulo: RT, 2003, defende a cogência, e não a discricionariedade, quanto à reunião dos feitos conexos (p. 299), não obstante examine que o juiz deve analisar com cautela o preenchimento dos pressupostos da conexão e continência (p. 303), examinando sua presença caso a caso (p. 305).

33. PIZZOL, Patricia Miranda. *A competência no processo civil*. São Paulo: RT, 2003, p. 284.

34. "O que realmente torna imperiosa a reunião de processos, para julgamento em sentença única, e com derrogação de competência anteriormente firmada, é a efetiva possibilidade prática de ocorrerem julgamentos contraditórios nas causas" (THEODORO JR., Humberto. *Curso de direito processual civil* - teoria geral do direito processual civil, processo de conhecimento, procedimento comum. vol. I. 56 ed. rev. atul. e ampl. Rio de Janeiro: Forense, 2015, p. 238).

envolvido, até porque a inexistência desta não obsta a reunião das demandas (art. 55, § 3º, CPC).[35] Destarte, ainda que não haja identidade parcial entre demandas judiciais veiculadas em processos distintos, caso verificado o risco de prolação de decisões conflitantes ou contraditórias se decididas separadamente, autorizada estará a reunião de processos para processamento e julgamento conjunto (*v.g.*, "ainda que baseadas no mesmo contrato de locação, a ação revisional e a de despejo fundado na falta de pagamento expressam causa de pedir e pedido distintos",[36] mas, apesar disso, podem ficar sujeitas à reunião; se a ação regressiva for exercida de forma autônoma à ação originária, e não via denunciação da lide, as respectivas demandas poderão ser reunidas mesmo detendo causa de pedir e pedido distintos).

De todo modo, na *continência*, pela exigência de identidade maior entre as demandas (art. 56, CPC), beirando a situação de litispendência, só que apenas parcial quanto ao pedido, deve se ter um raciocínio mais partidário da reunião das demandas, em razão da robustez consequencial de julgamentos conflitantes. É inegável que quanto maior a intensidade de relação entre as demandas, maior a evidência de que o julgamento simultâneo pode gerar consequências positivas para a eficiência do sistema jurídico.[37] Na situação de continência, o próprio legislador procurou expressar que as ações serão "necessariamente reunidas" (art. 57, *in fine*, CPC).

Já na situação de (ii) mero risco de *decisões desiguais* (sentido de "assimetria" ou "desarmonia"), *a priori*, não haverá imperativo da reunião dos feitos interligados, cuja medida merece ser recusada em razão de sua inadequação, dentro de variáveis devidamente justificadas, como a preservação do acesso à justiça (*v.g.*, evitar o arbitramento de patamares distintos de indenização em cada feito quando idêntica a causa de pedir constitui um fator motivador da reunião das demandas, porém isto não soa adequado quando implicar em alteração traumática da competência territorial, afastando um dos litigantes do foro inicial,[38] quiçá se este tiver sido adotado em razão da natureza da

---

35. No sentido de que a mencionada disposição legal reduziu a relevância da precisão na delimitação do conceito de conexão, primando justamente por sua elasticidade, em prestígio da essência de evitar a contradição entre pronunciamentos judiciais e fomentar a economia processual: WAMBIER, Teresa Arruda Alvim; CONCEIÇÃO, Maria Lúcia Lins; RIBEIRO, Leonardo Ferres da Silva; MELLO, Rogerio Licastro Torres de. *Primeiros comentários ao novo código de processo civil*: artigo por artigo. São Paulo: RT, 2015, p. 123.
36. STJ – REsp 31.516/SP, 5ª Turma, Rel. Min. Jesus Costa Lima, j. 07/08/1995, não reconhecendo a conexão nesta hipótese.
37. A intensidade maior com que os elementos da demanda repercutem nos casos de continência, litispendência e coisa julgada, do que em se tratando de conexão, foi observada por CUNHA, Leonardo Carneiro da. *Jurisdição e competência*. 2 ed, revista, atualizada e ampliada. São Paulo: RT, 2013, p. 171.
38. Foi o que se entendeu no julgado que segue: "1. Não se afigura razoável a reunião de duas ações indenizatórias decorrentes de uma mesma relação jurídica de direito material (acidente de trânsito) se os autores estão em comarcas que distam quase 03 mil quilômetros entre si e se as pretensões de cada um são diferentes. 2. O art. 103 do CPC/1973 se limita a instituir requisitos mínimos de conexão, cabendo ao Juiz,

causa envolvida, como de consumo).[39] No caso, pode-se contar com técnicas de suspensão processual na expectativa da deliberação judicial em diverso feito ligado ao primeiro (v.g., art. 313, V, CPC), evitando a indesejável situação de que dois processos, decididos separadamente, tenham resultado variável.

Perfilha-se, ainda, a exegese de que a reunião de processos não deve ter curso forçado na situação isolada de conexão probatória, até porque os feitos conexos podem estar em fases procedimentais bem distintas. Ademais, diante da viabilidade de empréstimo probatório (art. 372, CPC), aliada a possibilidade de comunicação e cooperação entre os juízos envolvidos (vide art. 69, § 2º, II, CPC), alcança-se uma perspectiva palatável de contornar o resultado consequencial da conexão, que não se revela, sempre, o norte de competência adequada.

O cenário evidenciado serve justamente para apresentar a cooperação judiciária como um mecanismo de grande utilidade para auxiliar e fundamentar tal tomada de decisão sobre a modificação de competência – quiçá mediante ato concertado entre juízes cooperantes, como será visto adiante – sobretudo em causas em se elevam as discussões sobre a adequação do juízo prevento, que já se sabe qual é, mas não se sabe se é o mais apropriado, concretamente, para tanto.

Por fim, meramente em diferenciação, a solução na sistemática das *demandas repetitivas* não é a reunião ou apensamento de processos, mas a utilização de mecanismos aptos a tratar a questão repetitiva de forma única e eficiente (art. 928, CPC), inclusive com a alteração da competência (v.g., art. 978, § único, CPC), como um vetor da formação de precedente que vincule o resultado de todas as causas atingidas, então sobrestadas.

3.2. Versatilidade dos métodos de cooperação judiciária no tratamento de demandas interligadas

Em arrimo ao decisório sobre a eventual reunião ou apensamento de processos, um formato descomplicado é o de cooperação por solicitação de um

---

conforme os elementos presentes em cada caso, aquilatar se a adoção da medida se mostra aconselhável e consentânea com a finalidade do instituto, que, em última análise, se presta a colaborar com a efetividade da justiça e a pacificação social. [...] 5. [...] Dessa forma, o juízo quanto à conveniência da conexão deve ser feito de forma casuística, a partir das circunstâncias presentes em cada caso, contemplando inclusive a identidade de partes. [...]" (STJ – CC 113.130/SP, 2ª Seção, Rel. Min. Nancy Andrighi, j. 24/11/2010).

39. "A nosso sentir, a reunião de processos em que haja conexão de demandas não é sempre obrigatória. Como regra geral, parece-nos que o juiz pode reunir tais processos, mas a reunião se torna obrigatória quando houver risco de decisões contraditórias. [...]. Nos demais casos, cabe ao juiz, analisando a conveniência da reunião, determiná-la ou não (podendo fazê-lo, por exemplo, por uma questão de economia processual, para que as provas sejam colhidas apenas uma vez, quando o conjunto probatório for comum às demandas conexas" (CÂMARA, Alexandre Freitas. *Lições de direito processual civil*, vol. I. 25 ed. São Paulo: Atlas, 2014, p. 115).

juízo ao outro, preferencialmente por meio eletrônico (analogia do art. 263, CPC),[40] mediante *auxílio direto* e *pedido de prestação de informações* sobre determinada situação vivenciada (arts. 69, I e III, CPC), a ser respondido célere ou mesmo instantaneamente.[41] Trata-se de um verdadeiro procedimento de consulta, permuta de informações e diálogo judicial a respeito dos objetivos comuns a serem atingidos, em alusão à unidade de jurisdição.[42] Tanto será melhor a eficiência na troca de informações se estas forem perenes e constantes.[43]

É crível supor que a fluidez de informações possa evitar a prolação de decisões açodadas quanto ao ajuntamento de processos, e, assim, contribuir para a eficiência jurisdicional. Uma vez que a decisão envolve a modificação de competência de processo a tramitar *noutro* órgão jurisdicional, a comunicação prévia mediante cooperação judiciária tende a reprimir conflitos de competência prescindíveis (art. 66, III, CPC). Também tem a finalidade de desestimular impugnações da parte via recurso sobre o referido pronunciamento - particularmente o agravo de instrumento, caso se adote uma exegese ampla de suas hipóteses de cabimento, como já reconheceu a Corte Superior[44] -, tendo em

---

40. Entendendo que o dispositivo deve ser interpretado para abranger qualquer hipótese de cooperação, o que é consentâneo com a principiologia da instrumentalidade: CABRAL, Antonio do Passo. *Juiz natural e eficiência processual*: flexibilização, delegação e coordenação de competências no processo civil. Tese apresentada no concurso de Professor Titular de Direito Processual Civil da Faculdade de Direito da Universidade do Estado do Rio de Janeiro, 2017, p. 538. Sobre o assunto, acrescente-se que os tribunais devem adotar sistemas compatíveis para a comunicação oficial de atos processuais por meio eletrônico (vide art. 196, CPC). Finalmente, expressou-se como regra geral a prioridade ao uso de meios eletrônicos nos pedidos de cooperação judiciária (art. 8º, § 1º, *in fine*, Resolução nº 350/2020, CNJ).
41. Até porque descabe ao juízo recebedor da solicitação realizar juízo acerca da adequação do objeto da cooperação, devendo prontamente atendê-la; entretanto, poderá realizar um limitado controle de juridicidade do ato de cooperação. Nesse sentido: SCHENK, Leonardo Faria. In: WAMBIER, Tereza Arruda Alvim; DIDIER JR, Fredie; TALAMINI, Eduardo; DANTAS, Bruno (org.). *Breves comentários ao novo código de processo civil.* 3 ed. São Paulo: Editora Revista dos Tribunais, 2016, p. 259-264. Diga-se que a Resolução nº 350/2020, CNJ, preconiza que o processamento do pedido de cooperação judiciária deve se pautar pelo princípio da celeridade (art. 8º, § 1º).
42. Explique-se que "a colaboração entre os vários juízos pode esclarecer os fatos em causa, as circunstâncias que podem facilitar ou dificultar a tramitação em um ou outro, e permitir não só o declínio, mas também a delegação ou assunção de competência" (CABRAL, Antonio do Passo. *Juiz natural e eficiência processual*: flexibilização, delegação e coordenação de competências no processo civil. Tese apresentada no concurso de Professor Titular de Direito Processual Civil da Faculdade de Direito da Universidade do Estado do Rio de Janeiro, 2017, p. 677).
43. Nesse sentido: MEIRELES, Edilton. *Cooperação judiciária nacional.* In: Revista de Processo, vol. 249. São Paulo: RT, 2015 (versão eletrônica).
44. Inicialmente, fez-se interpretação extensiva ou analógica do art. 1.015, III, CPC, para se admitir a interposição de agravo de instrumento contra decisão interlocutória relacionada à definição de competência, já que ambas possuem a mesma *ratio*, qual seja, afastar o juízo incompetente para a causa, permitindo que o juízo natural e adequado julgue a demanda (STJ - REsp 1.679.909/RS, 4ª Turma, Rel. Min. Luis Felipe Salomão, j. 14/11/2017). Posteriormente, em sede de recurso especial repetitivo, a Corte Especial do STJ decidiu no sentido da *taxatividade mitigada* do rol do art. 1.015, CPC, sendo cabível agravo de instrumento quando verificada urgência decorrente da inutilidade do julgamento somente no momento da apelação (STJ - REsp 1.696.396/MT, Corte Especial, Rel. Min.(a) Nancy Andrighi, j. 05/12/2018), o que abarca a hipótese presente da competência.

vista ser esperado que o tribunal, órgão *ad quem*, prestigie as manifestações imediatas, experimentadas e possivelmente acordadas pelos julgadores de primeira instância quanto às circunstâncias fáticas.[45]

De toda sorte, a concretização do juízo com competência adequada para processamento e julgamento da causa encontra na cooperação judiciária um *fator de legitimação*, tendo em vista que a interação entre os órgãos destacados no *municiamento de informações* assessora a reflexão sobre os critérios expostos de aplicação daquela principiologia - facilitação do acesso à justiça e do exercício do direito de defesa; ou a consecução da eficiência jurisdicional (vertentes qualitativa ou quantitativa).

Um notável exemplo que guarda ramificações com o assunto exposto é visto na fixação da competência territorial das ações coletivas, tendo em vista os conceitos jurídicos indeterminados de "foro do local do dano" e de "dano de âmbito nacional ou regional" (art. 2º, Lei nº 7.347/1985 e art. 93, CDC, respectivamente), cujas normas trazem abertura e fluidez para a solução do caso concreto de forma diversa da regra de prevenção,[46] fazendo preciso que se examine de forma acurada as circunstâncias envolvidas,[47] mediante troca de informações entre os juízos nos quais tramitem as ações relacionadas.

45. Tanto é assim que se valoriza a discricionariedade judicial nessa deliberação (v.g., verbete sumular nº 515, STJ: "*A reunião de execuções fiscais contra o mesmo devedor constitui faculdade do Juiz*").

46. É a ilação de RAGAZZI, José Luiz; HONESKO, Raquel Schlommer; HONESKO, Vitor Hugo Nicastro. *Código de defesa do consumidor comentado*. 2 ed. rev. e atual. de acordo com o novo código de processo civil. São Paulo: Verbatim, 2017, p. 373, no sentido de que "a competência para o processamento das ações coletivas deve ser vista como concorrente, de modo que caberá ao juiz, no caso concreto, analisar as vantagens e desvantagens da ação que tenha por objeto dano regional ou nacional ser processada e julgada no foro da capital dos Estados respectivos ou no Distrito Federal".

47. No julgamento do conflito positivo de competência entre inúmeras ações de caráter coletivo ajuizadas para tratar do desastre do rompimento da barragem do fundão em Mariana/MG, muito se discutiu sobre a competência adequada para processamento e julgamento da causa: "[...] 17. Dessas circunstâncias, observa-se que a 12ª Vara Federal da Secção Judiciária de Minas Gerais possui melhores condições de dirimir as controvérsias aqui postas, decorrentes do acidente ambiental de Mariana, pois além de ser a Capital de um dos Estados mais atingidos pela tragédia, já tem sob sua análise processos outros, visando não só a reparação ambiental stricto sensu, mas também a distribuição de água à população dos Municípios atingidos, entre outras providências, o que lhe propiciará, diante de uma visão macroscópica dos danos ocasionados pelo desastre ambiental do rompimento da barragem de Fundão e do conjunto de imposições judiciais já direcionadas à empresa Samarco, tomar medidas dotadas de mais efetividade, que não corram o risco de ser neutralizadas por outras decisões judiciais provenientes de juízos distintos, além de contemplar o maior número de atingidos. Exceções à regra geral. 18. Há que se ressalvar, no entanto, as situações que envolvam aspectos estritamente humanos e econômicos da tragédia (tais como o ressarcimento patrimonial e moral de vítimas e familiares, combate a abuso de preços etc.) ou mesmo abastecimento de água potável que exija soluções peculiares ou locais, as quais poderão ser objeto de ações individuais ou coletivas, intentadas cada qual no foro de residência dos autores ou do dano. Nesses casos, devem ser levadas em conta as circunstâncias particulares e individualizadas, decorrentes do acidente ambiental, sempre com base na garantia de acesso facilitado ao Poder Judiciário e da tutela mais ampla e irrestrita possível. Em tais situações, o foro de Belo Horizonte não deverá prevalecer, pois significaria óbice à facilitação do acesso à justiça, marco fundante do microssistema da ação civil pública.

Dentre os demais mecanismos de cooperação judiciária - nem todos enfrentados neste trabalho, até porque na temática vige a atipicidade -, presta analisar a prática de *atos conjuntos e concertados entre os juízos cooperantes* (art. 69, IV, CPC),[48] que refletem uma conjugação de esforços de órgãos jurisdicionais para a prática de atos processuais únicos ou vários.[49] Configuram um modelo de cooperação judiciária mais complexo, afinal dependentes de um ajuste conjunto quanto ao procedimento a ser adotado, em compartilhamento de competências.

Em observância ao anseio de eficiência jurisdicional, decerto, a concentração prática de atos processuais num determinado órgão jurisdicional - relacionados à condução do processo,[50] sua instrução,[51] execução de suas decisões,[52] dentre outros (arts. 68; 69, IV, e § 2º, CPC) -, vem a se revelar um tema íntimo à competência adequada, por também reclamar análise sobre a capacidade daquele juízo de melhor praticar um ou vários atos processuais, que tenham relação com várias demandas judiciais.

[...]". (STJ - CC 144.922/MG, 1ª Seção, Rel. Min. Diva Malerbi (desembargadora convocada TRF 3ª Região), j. 22/06/2016).

48. Minudenciando o assunto: "*Art. 11. Os atos conjuntos e concertados são adequados para disciplinar a cooperação entre órgãos jurisdicionais em torno de um ou alguns processos, ou a prática de atos mais complexos relacionados a esses mesmos processos. § 1º Observadas as normas fundamentais do processo, o ajuste celebrado para a prática de atos de cooperação deve ser assinado pelos juízos cooperantes, e o instrumento consensual será juntado aos autos dos processos a ele relacionados previamente à prática dos atos de cooperação. § 2º O termo de ajuste deve ser redigido de modo claro e conciso, com identificação precisa das competências dos juízos cooperantes e indicação das fontes de custeio para a prática dos atos descritos, quando necessário. § 3º Os atos de cooperação podem ser revistos e adaptados a qualquer tempo pelos juízos cooperantes, preservados os atos praticados com base na concertação anterior. § 4º Os atos de cooperação devem ser informados ao Juiz de Cooperação, para adequada publicidade, e este remeterá a informação ao respectivo Núcleo de Cooperação Judiciária. § 5º Os atos de cooperação celebrados por juízos de ramos distintos do Poder Judiciário devem ser informados aos respectivos tribunais, para conhecimento*" (Resolução nº 35/2020, CNJ).

49. A cooperação judiciária nacional encontra forte inspiração no Direito norte-americano, cabendo destacar o *multidistrict litigation*, em permissão da prática de ato processual de forma centralizada. Sobre o assunto: CECIL, Joe S.; LEE, Emery G.; NAGAREDA, Richard A.; SCOTT, Kevin M.; WILLGING, Thomas E.; WILLIAMS, Margaret S.: *The expanding role of multidistrict consolidation in federal civil litigation*: an empirical investigation. Disponível em: ‹http://papers.ssrn.com/sol3/papers.cfm?abstract_id=1443375›. Acesso em: 17. dez. 2018. p. 2.

50. Bom exemplo é a prática de atos concertados para realização de comunicação processual de determinada pessoa jurídica demanda em diversas demandas judiciais, via diligência única do oficial de justiça, atuando por todos os órgãos jurisdicionais (CÂMARA, Alexandre Freitas. *O novo processo civil brasileiro*. São Paulo: Atlas, 2015, p. 58).

51. FPPC, nº 671: "*(art. 69, § 2º, II) O inciso II do §2º do art. 69 autoriza a produção única de prova comum a diversos processos, assegurada a participação dos interessados*". Um ponto merecedor de esclarecimento é que a produção única de prova comum constitui um instrumento mais amplo do que o mero empréstimo da prova de um processo a outro (art. 372, CPC), já que estamos a tratar, no primeiro mecanismo, de um ato processual único para todos os processos, em que todos os advogados envolvidos poderão dele participar, com abundante espaço para o exercício do contraditório. Espera-se que a competência para o ato seja seja fixado naquele juízo com maior facilidade para produzir a prova, seja pela proximidade ao local dos fatos, seja pelo acesso aos especialistas que conduzirão à produção probatória, independentemente das regras de prevenção.

52. Em exemplificação, a realização de uma única avaliação do bem penhorado de altíssimo valor de um executado contumaz pode evitar a repetição desnecessária deste ato processual em diversos feitos.

Adota-se a concepção de que o legislador está a admitir a mudança de competência por ato formalizado pelos juízes cooperantes, mesmo fora das hipóteses de feitos conexos ou continentes,[53] sem que se tenha afronta ao núcleo do juiz natural, justamente por se privilegiar um ideal de eficiência jurisdicional.

Muitas das vezes, ter-se-á uma espécie de *cisão funcional da competência, exclusivamente para a prática de determinado ato processual*, porém sem deslocamento de processos físicos ou eletrônicos. O ato concertado pode modificar regramento de competência absoluta quando envolvida a prática e resolução de questões incidentais, encontrando limite, porém, na vedação de transferência da função de decidir a questão principal da causa de outra competência absoluta (vide arts. 62 e 63, CPC).[54] Difere e transforma, assim, a sistemática tradicional que buscava resposta pronta na reunião integral de processos, quando interligados e envolvida competência relativa.

Noutras situações, teremos a *prática de atos concertados com o declínio de competência de todo o processo*, o que é bem exemplificado no âmbito da atividade satisfativa, quando reunidas várias execuções contra o mesmo devedor,[55] seja fundada em título judicial ou extrajudicial (exegese do art. 69, § 2º, III e VII, CPC).[56] A propósito, nosso sistema já previa a possibilidade de reunião de execuções fiscais contra o mesmo devedor, provocando a redistribuição dos processos ao "juízo da primeira distribuição", "por conveniência da unidade da garantia da execução" (art. 28, *caput* e § único, Lei nº 6.830/1980).

Certo é que o processamento e julgamento de demandas interligadas passa a contar com uma gama maior de expedientes para o seu apropriado enfrentamento, como também para melhor administração da justiça, subsidiando-se pelas noções e objetivos perquiridos pela competência adequada.

---

53. Sobre o assunto, no empenho de se permitir a reunião de processos, em alteração da competência, *por ato concertado*, confira-se: Fórum Nacional de Processo do Trabalho – FNPT, nº 36: "*CLT, art. 769 e NCPC, art. 69, inciso II c/c art. 55, § 3º. Cooperação nacional. Reunião de processos. Aplicabilidade ao processo do trabalho. O art. 69, II, do NCPC é compatível com o processo do trabalho e, em consonância com a novel racionalidade que decorre dos preceitos de cooperação judiciária, cria uma nova modalidade concertada de modificação de competência, como forma de gestão coletiva dos dissídios, sem os pressupostos clássicos da conexão ou da continência. Aplicação do art. 69, II c/c art. 55, § 3º*".

54. "*Art. 6º Além de outros definidos consensualmente, os atos de cooperação poderão consistir: [...] V – na definição do juízo competente para a decisão sobre questão comum ou questões semelhantes ou de algum modo relacionadas, respeitadas as regras constantes nos artigos 62 e 63 do Código de Processo Civil;*" (Resolução nº 350/2020, CNJ).

55. Diga-se que o legislador elegeu um norte de efetividade processual apto a mitigar qualquer traço de absolutismo na competência funcional executiva, com o objetivo de aproximar o órgão jurisdicional no qual se processa a execução e o local onde se encontram os bens do executado, por exemplo (arts. 516, § único; e 528, § 9º, CPC). A aplicação de tais dispositivos, ressalve-se, não exige nenhum ato concertado entre juízes.

56. Entendendo que a atipicidade que rege a cooperação judiciária vale tanto para execução de títulos judiciais quanto extrajudiciais: DIDIER Jr., Fredie. *Cooperação judiciária nacional* – esboço de uma teoria para o direito brasileiro (arts. 67-69, CPC). Salvador: Juspodivm, 2020, p. 97.

Prosseguindo no ensaio sobre a concertação de atos, porém de forma alusiva às ações massificadas, interligadas por uma igual questão litigiosa, passamos a contar com a técnica chamada de *centralização de processos repetitivos* (art. 69, § 2º, VI, CPC), que constitui um dos exemplos mais explícitos de gestão cooperativa da competência adequada, o que pode contribuir para o descongestionamento do Poder Judiciário.[57]

Embora os contornos de aplicabilidade dessa ferramenta não tenham sido claramente dispostos na legislação, não é inseguro considerar que a centralização atua em paralelo ao sistema existente de solução de casos repetitivos (art. 928, CPC), tendo espaço quando este último não seja oportuno, especialmente na *resolução centralizada de questão fática comum a demandas repetitivas*[58] – o que vai além da mera produção de prova única para todas as demandas judiciais (algo previsto especificamente no art. 69, § 2º, II, CPC).

Sem a necessidade de reunião de processos, até porque a centralização física ou virtual de um número elevado de feitos se apresentaria uma barreira de ordem prática, a medida atua no sentido de se ter um centro decisório, adequadamente competente, para resolver questões de fato veiculadas nas demandas repetitivas (v.g., interrupção do fornecimento de serviços de luz em determinada localidade em razão de problema estrutural da fornecedora; existência de vício em produtos seriais, como veículos; ocorrência de dano ambiental, como num derramamento de óleo por um navio petroleiro perto da costa).[59]

Neste propósito, constitui uma excelente alternativa ao ajuizamento de ações coletivas para tratamento de direitos individuais homogêneos (art. 81, § único, I, CDC), as quais se trabalha com restrição de legitimados ativos, bem como com um regime insatisfatório para contenção do ajuizamento concomitante de ações individuais (em referência ao sistema do art. 104, CDC).

A utilidade da centralização de processos repetitivos é diminuir os custos globais de litigância e aumentar a eficiência jurisdicional, como também concretizar um tratamento isonômico aos jurisdicionados, o que vem a equilibrar a relação praticada entre os litigantes eventuais e contumazes. Tal identidade de

57. *"Art. 6º Além de outros definidos consensualmente, os atos de cooperação poderão consistir: [...] X – na disciplina da gestão dos processos repetitivos, inclusive da respectiva centralização (art. 69, § 2º, VI, do Código de Processo Civil), e da realização de mutirões para sua adequada tramitação;"* (Resolução nº 350/2020, CNJ).

58. Nessa proposta: CABRAL, Antonio do Passo. *Juiz natural e eficiência processual*: flexibilização, delegação e coordenação de competências no processo civil. Tese apresentada no concurso de Professor Titular de Direito Processual Civil da Faculdade de Direito da Universidade do Estado do Rio de Janeiro, 2017, p. 682-684.

59. Na exposição de que é mais acertada a concepção de que o art. 69, § 2º, VI, CPC, se refere a uma possibilidade de reunião de processos, isto é, a alteração de competência, agora por ato negocial celebrado pelos juízos envolvidos, ainda que sem o deslocamento físico deles: DIDIER Jr., Fredie. *Cooperação judiciária nacional* – esboço de uma teoria para o direito brasileiro (arts. 67-69, CPC). Salvador: Juspodivm, 2020, p. 98-99.

propósitos com o sistema de resolução de casos repetitivos sobre *questões de direito* faz cognoscível a aplicação analógica de seus institutos, no que for compatível, como a suspensão processual dos processos até a definição da questão fática pelo órgão centralizador.[60]

Para a definição do juízo da centralização, para o que não se adota a prevenção como solução automática, retomem-se os critérios da competência adequada, sendo pertinente a verificação de facilitação do acesso à justiça e do exercício do direito de defesa (v.g., acessibilidade geográfica do juízo); ou a consecução da eficiência jurisdicional, tanto na vertente qualitativa (v.g., expertise e experiência dos magistrados em casos dessa natureza e também em procedimentos de centralização) quanto quantitativa (v.g., grandeza do acervo processual de cada juízo e sua produtividade), os quais sintetizam a aptidão e desimpedimento do órgão jurisdicional para a prática do ato processual.[61]

CONSIDERAÇÕES FINAIS

A implantação de uma mentalidade de cooperação judiciária denota a ruptura com um sistema burocrático e pouco cooperativo. Externa que o Poder Judiciário deve ter sua gestão adaptada às transformações sofridas pela sociedade, em alusão às novas tecnologias de informação e comunicação, como caminho para atender as expectativas dos jurisdicionados nos dias que correm. Padronização, simplificação, centralização, interação,.. enfim, cooperação e eficiência judiciária, são palavras de ordem neste horizonte.

Ao racionalizar a distribuição de trabalho entre os órgãos jurisdicionais e, assim, viabilizar a obtenção de resultados mais eficientes, bem como a melhoria da própria administração da justiça, o novo modelo de cooperação judiciária se correlaciona à gestão judicial de adequação da competência, no sentido de definição do juízo mais apropriado tanto para a causa em si, quanto, naquilo que é mais significativo doravante, para determinado ato processual isolado, tornando explícita a existência de variadas soluções de enfrentamento para os múltiplos cenários de demandas interligadas, inclusive àquelas de caráter repetitivo.

---

60. Certo é que a utilização do instituto em voga demanda ainda progressivos estudos, sendo preciso clarificar pontos como a publicidade da centralização e a vinculação decisória da premissa fática estabelecida e os órgãos a ela submetidos, dentre outros.

61. "Em linhas gerais, pode-se dizer que o juízo adequadamente competente para a centralização é aquele do local onde todos ou muito dos fatos comuns ocorreram, onde um número considerável de casos já esteja pendente, onde um ou alguns magistrados tenha expertise necessária e já sejam familiarizados com o conflito, em que não haja uma grande congestionamento ou assoberbamento do acervo, e onde as serventias possuam condições estruturais para gerir todos os processos centralizados"(CABRAL, Antonio do Passo. *Juiz natural e eficiência processual*: flexibilização, delegação e coordenação de competências no processo civil. Tese apresentada no concurso de Professor Titular de Direito Processual Civil da Faculdade de Direito da Universidade do Estado do Rio de Janeiro, 2017, p. 714-715).

BIBLIOGRAFIA

ARGUELHES, Diego Werneck; LEAL, Fernando. O argumento das "capacidades institucionais" entre a banalidade, a redundância e o absurdo. In: Direito, Estado e Sociedade, n. 38, jan/jun 2011.

BARBOSA MOREIRA, José Carlos. Que significa "não conhecer" de um recurso? In: *Temas de direito processual*, 6a série. São Paulo: Saraiva, 1997, p. 125-143.

_________. Sobre pressupostos processuais. In: *Temas de direito processual*, 4ª série. São Paulo: Saraiva, 1989, p. 90.

BENEDUZI, Renato Resende. *Forum non conveniens*. In: Coleção novo CPC – doutrina selecionada, v. 1, parte geral. 2 ed. Salvador: Juspodivm, 2016.

BRAGA, Paula Sarno. *Competência adequada*. In: Revista do Processo, ano 38, vol. 219. São Paulo: RT, 2013.

BUENO, Cassio Scarpinella. *Manual de direito processual civil*, vol. único. 3 ed. São Paulo: Saraiva, 2017.

CABRAL, Antonio do Passo. *Juiz natural e eficiência processual*: flexibilização, delegação e coordenação de competências no processo civil. Tese apresentada no concurso de Professor Titular de Direito Processual Civil da Faculdade de Direito da Universidade do Estado do Rio de Janeiro, 2017.

_________. *Nulidades no processo moderno*: contraditório, proteção da confiança e validade *prima facie* dos atos processuais. 2 ed. Rio de Janeiro: Forense, 2010, p. 185-188.

CÂMARA, Alexandre Freitas. *O novo processo civil brasileiro*. São Paulo: Atlas, 2015.

_________. *Lições de direito processual civil*, vol. I. 25 ed. São Paulo: Atlas, 2014.

CAMPOS, Eduardo Luiz Cavalcanti. *O princípio da eficiência no processo civil brasileiro*. 1 ed. Rio de Janeiro: Forense, 2018.

CANOTILHO, José Joaquim Gomes. *Direito constitucional e teoria da constituição*. 5 ed. Coimbra: Almedina, 2002.

CECIL, Joe S.; LEE, Emery G.; NAGAREDA, Richard A.; SCOTT, Kevin M.; WILLGING, Thomas E.; WILLIAMS, Margaret S.: *The expanding role of multidistrict consolidation in federal civil litigation*: an empirical investigation. Disponível em: ‹http://papers.ssrn.com/sol3/papers.cfm?abstract_id=1443375›. Acesso em: 17. dez. 2018.

CRAMER, Ronaldo. In: *Comentários ao novo código de processo civil* / coordenação Antonio do Passo Cabral, Ronaldo Cramer. 2 ed, rev., atual., e ampl. Rio de Janeiro: Forense, 2016, p. 117-118.

CUNHA, Leonardo Carneiro da. *Jurisdição e competência*. 2 ed, revista, atualizada e ampliada. São Paulo: RT, 2013.

DIDIER Jr., Fredie. *Cooperação judiciária nacional* – esboço de uma teoria para o direito brasileiro (arts. 67-69, CPC). Salvador: Juspodivm, 2020.

_________; ZANETI JR., Hermes. *Curso de direito processual civil: processo coletivo*. 11 ed. Salvador: Juspodivm, 2017.

______. *Curso de direito processual civil*: introdução ao direito processual civil, parte geral e processo de conhecimento. 18 ed. Salvador: Juspodivm, 2016.

DWORKIN, Ronald. *O império do direito*. São Paulo: Martins Fontes, 2003.

GRECO, Leonardo. *Os Juizados Especiais como tutela diferenciada*. In: Revista Eletrônica de Direito Processual, v. 3, jan-jun/2009, p. 29-47. Disponível em: ‹https://www.e-publicacoes.uerj.br/index.php/redp/article/view/21672/16011›. Acesso em: 15 março 2020).

HARTMANN, Rodolfo Kronemberg. *Curso completo do novo processo civil*. 6 ed. Niterói: Impetus, 2020.

______; HARTMANN, Guilherme Kronemberg. *Petições & prática cível*. 3 ed. Niterói: Impetus, 2020.

HARTMANN, Guilherme Kronemberg. *Controle da competência adequada no processo civil*. Tese de Doutorado apresentada à Faculdade de Direito da Universidade do Estado do Rio de Janeiro, 2018.

LUCON, Paulo Henrique dos Santos. *Relação entre demandas*. Brasília: Gazeta jurídica, 2016.

LUNARDI, Thais Amoroso Paschoal. *Coletivização da prova: técnicas de produção coletiva da prova e seus reflexos na esfera individual*. Tese de doutorado. Curitiba: Universidade Federal do Paraná, 2018.

MEIRELES, Edilton. *Cooperação judiciária nacional*. In: Revista de Processo, vol. 249. São Paulo: RT, 2015 (versão eletrônica).

MÉNDEZ, Francisco Ramos. *Enjuiciamento civil*: cómo gestionar lós litigios civiles, Tomo II. Barcelona: Atelier Libros Jurídicos, 2008.

NERY JUNIOR, Nelson; NERY, Rosa Maria de Andrade. *Código de processo civil comentado*. 16. ed. São Paulo: Revista dos Tribunais, 2016.

NUNES, Dierle José Coelho; BAHIA, Alexandre Gustavo Melo Franco. *Processo constitucional*: uma abordagem a partir dos desafios do estado democrático de direito. In: Revista Eletrônica de Direito Processual, v. 4, n. 4, 2009, p. 240-266. Disponível em: ‹http://www.e-publicacoes.uerj.br/index.php/redp/article/viewFile/21616/15642›. Acesso em: 20 janeiro 2020.

OLIVEIRA, Fernanda Alvim Ribeiro de. Competência. In: *Primeiras lições sobre o novo direito processual civil brasileiro* (de acordo com o Novo Código de Processo Civil, Lei 13.105, de 16 de março de 2015) / coord. Humberto Theodoro Júnior, Fernanda Alvirm Ribeiro de Oliveira, Ester Camila Gomes Norato Rezende. Rio de Janeiro: Forense, 2015.

PIZZOL, Patricia Miranda. *A competência no processo civil*. São Paulo: RT, 2003.

RAGAZZI, José Luiz; HONESKO, Raquel Schlommer; HONESKO, Vitor Hugo Nicastro. *Código de defesa do consumidor comentado*. 2 ed. rev. e atual. de acordo com o novo código de processo civil. São Paulo: Verbatim, 2017.

SCHENK, Leonardo Faria. In: WAMBIER, Tereza Arruda Alvim; DIDIER JR, Fredie; TALAMINI, Eduardo; DANTAS, Bruno (org.). *Breves comentários ao novo código de processo civil*. 2 ed. São Paulo: Editora Revista dos Tribunais, 2016, p. 254-264.

THEODORO Jr., Humberto. *Curso de direito processual civil* – teoria geral do direito processual civil, processo de conhecimento e procedimento comum, vol. I. 56 ed. Rio de Janeiro: Forense, 2015.

WAMBIER, Teresa Arruda Alvim; CONCEIÇÃO, Maria Lúcia Lins; RIBEIRO, Leonardo Ferres da Silva; MELLO, Rogerio Licastro Torres de. *Primeiros comentários ao novo código de processo civil*: artigo por artigo. São Paulo: RT, 2015.

WHYTOCK, Christopher A. *The evolving forum shopping system*. Cornell Law Review, vol. 96, Article 8, 2011.

CAPÍTULO 16

Critérios para alteração de competência por cooperação judiciária

Edilton Meireles[1]

Sumário: 1. Introdução – 2. Da reunião, apensamento ou centralização de processos por cooperação judiciária – 3. Juiz natural e deslocamento de competência por cooperação – 4. Reunião das execuções fiscais – 5. Critérios para definição da competência. Competência adequada (*forum non conveniens*): 5.1. Conveniência do Poder Judiciário: 5.1.1. Eficiência; 5.1.2. Economia processual; 5.1.3. Igualdade de tratamento; 5.2. Posição jurídica das partes envolvidas: 5.2.1. Lugar de residência ou domicílio; 5.2.2. Local onde ocorreu o fato; 5.2.3. Local da produção da prova; 5.2.4. Vantagens processuais; 5.2.5. Lei aplicável; 5.3. Estrutura orgânica e funcional do juízo para processamentos dos feitos: 5.3.1. Natureza da causa; 5.3.2. Estrutura orgânica do órgão judicante; 5.3.3. Perfil do magistrado – 6. Considerações parciais – 7. Conclusão – Referências.

1. INTRODUÇÃO

Um tema ainda pouco estudado e que surgiu no nosso ordenamento jurídico legal com o CPC de 2015 é o da cooperação judiciária.

Uma das hipóteses exemplificada no CPC como ato de cooperação é o da possibilidade de alteração de competência, para reunião, apensamento ou centralização de processos. E em relação a estes temas diversas questões podem ser debatidas.

Neste trabalho, porém, será tratado esse tema apenas no que se refere aos critérios (fatores) que devam ser adotados quando do ato de concertação que redunda na alteração da competência por cooperação judiciária.

Na pesquisa foi utilizado o método dedutivo, com interpretação de textos normativos, análise da jurisprudência e revisão da literatura.

2. DA REUNIÃO, APENSAMENTO OU CENTRALIZAÇÃO DE PROCESSOS POR COOPERAÇÃO JUDICIÁRIA

O inciso II do *caput* do art. 69 e o inciso VI do § 2.º deste mesmo dispositivo legal do CPC/2015 apontam a possibilidade de reunião, apensamento ou centralização

1. Pós-doutor pela Faculdade de Direito da Universidade de Lisboa. Doutor em Direito pela PUC/SP. Desembargador do Trabalho no Tribunal Regional do Trabalho da 5ª Região, professor adjunto da Universidade Católica do Salvador (UCSal) e professor associado da Faculdade de Direito da Universidade Federal da Bahia (UFBA).

de processos por ato de cooperação concertados entre os órgãos judiciais. Vejam que não se trata de hipóteses nas quais a reunião, apensamento ou centralização decorram de imposição da lei de forma direta, mas, sim, de modo indireto a partir de faculdade assegurada aos órgãos judiciais, no exercício de poderes delegados pelo legislador. Trata-se de um instrumento de gestão processual[2].

As três medidas se assemelham, mas não se confundem. Todas essas hipóteses têm como fundamentos os princípios da economia processual, eficiência jurisdicional (art. 37, caput, da CF c/c art. 8 167 do CPC) e da igualdade. Como finalidades, essas três medidas buscam evitar, em sentido amplo, decisões conflitantes, contraditórias ou que incorram em tratamento desigual por parte do Estado-juiz.

Pode-se, outrossim, distinguir essas três hipóteses a partir das regras impositivas de reunião, apensamento ou de centralização de processos. Dois critérios, então, destacam-se para distinguir essas situações. A primeira é a imposição do julgamento conjunto ou não e a segunda é a existência de processos em curso contemporaneamente na mesma instância jurisdicional.

Hipóteses de reunião de processos são aquelas nas quais estes devem ser julgados conjuntamente (art. 58 do CPC). São os casos de processos conexos (art. 55, 1º, CPC), vinculados por continência (art. 57, CPC) ou para evitar decisões conflitantes ou contraditórias (§ 3º, do art. 55 do CPC). Nesta categoria se inclui, ainda, a ação de denunciação da lide, na qual os processos são reunidos desde sua origem (quando proposta pelo autor) ou por iniciativa do réu (arts. 127 e 18 do CPC).

No caso, o pressuposto da reunião é o curso dos processos contemporaneamente e sem que um tenha sido julgado. Por lógica: se não estão em curso não podem ser reunidos; da mesma forma, se um já foi julgado descabe a reunião, já que o objetivo desta medida é o julgamento em conjunto.

A hipótese de apensamento ocorre quando há processos em curso e que devem ser agrupados, sem a necessidade de serem julgados conjuntamente. Aqui se tem as hipóteses das ações acessórias (art. 61, CPC), inclusive as regressivas, os embargos à execução, os embargos de terceiros, etc.

Nessa hipótese, dada a proximidade do objeto litigioso, um dos processos deve ser apenas apensado ao outro (não reunidos), no juízo prevento, para que possam ser apreciados pelo mesmo órgão julgador, sem a necessidade de serem julgados conjuntamente. Com isso se busca evitar decisões, em sentido

2. MEIRELES, Edilton. Dever de gestão processual adequada, p. 21-36; LUNARDI, Thaís Amoroso Paschoal. Atos concertados entre juízes cooperantes como ferramenta adequada de gestão processual: uma possibilidade para a aplicação do multidistrict litigation no sistema brasileiro, p. 374-378; LUNARDI, Thaís Amoroso Paschoal. Coletivização da Prova. Técnicas de produção coletiva da prova e seus reflexos na esfera individua, p. 25-41.

amplo, conflitantes ou contraditórias, além de atingir a econômica processual e a eficiência jurisdicional.

Óbvio, ainda, que, para apensamento, é necessário que as ações estejam em curso.

Distingue-se, assim, essa segunda hipótese (de apensamento) da primeira (de reunião) pelo fato de que nesta o julgamento, conforme lei, há de ser em conjunto (sem prejuízo das sentenças parciais). Naquela outra (apensamento), o juiz não precisa necessariamente julgar em conjunto as diversas demandas.

Por fim, tem-se a hipótese de centralização de processos repetitivos. Aqui se cuida de impor a prevenção do juízo para demandas repetitivas, ainda que a precedente não esteja mais em curso. Logo, não precisam ser reunidas ou julgadas conjuntamente. Um exemplo é aquele tratado no art. 28 da Lei n. 6.830/1980, que prevê a centralização das execuções fiscais no mesmo Juízo. No caso, ainda que a lei use da expressão reunir os processos contra o mesmo devedor, o que se quer é a centralização ou mesmo apensamento, já que as questões a serem decididas, eventualmente, em embargos à execução, não necessariamente guarda conexão. O vínculo a conectar os processos decorreriam, neste caso, dos atos de constrição e expropriação.

Assim, a medida de centralização de processos repetitivos se distingue da reunião ou apensamento de processos, já que naquela hipótese não há necessidade de os vários processos estarem em curso ao mesmo tempo (contemporaneamente).

Daí se tem que a reunião ou apensamento pressupõe um processo em curso a atrair outros para serem julgados conjuntamente (os reunidos) ou não (os apensados). Já na centralização basta que um processo tenha sido julgado ou esteja em curso e não seja conveniente ou possível a reunião ou apensamento. Neste caso, os processos serão centralizados no mesmo juízo, mas não necessariamente julgados conjuntamente. Pode ocorre, inclusive, que o processo anterior já tenha sido julgado. Seria como estabelecer um juízo privativo para as demandas repetitivas que tenham o mesmo objeto.

Antonio do Passo Cabral, por exemplo, defende que a centralização de processos seria útil nas hipóteses em que outros instrumentos do microssistema de resolução de casos repetitivos não forem passíveis de utilização ou quando eles forem inconvenientes[3]. Seria o caso, por exemplo, de demandas repetitivas tratando do mesmo fato gerador do conflito[4].

3. CABRAL, Antonio do Passo. Juiz natural e eficiência processual: flexibilização, delegação e coordenação de competências no processo civil, p. 682-684.

4. VIANA, Isadora Passos Amaral. Centralização de processos e cooperação judiciária: terceiro mecanismo de resolução de casos repetitivos, p. 97-106.

Essas são situações, pois, nas quais o legislador impôs a reunião, apensamento ou centralização de processos e que servem de parâmetros para distinção das três medidas. O CPC de 2015, porém, foi adiante, e estabeleceu a possibilidade dessas três medidas decorrer de ato concertados pelos juízes e tribunais.

Por certo que os dispositivos legais que cuidam da cooperação não estão tratando dos casos tipificados em lei de reunião, apensamento ou centralização de processos. Isto porque, para tanto, nestas hipóteses de deslocamento de competência, não é preciso qualquer pedido de cooperação (art. 69, CPC/15) ou ato concertado entre os juízes (art. 68 c/c § 2º do art. 69 do CPC/15). No caso, por exemplo, de conexão, continência e outros que resultam em deslocamento de competência, com reunião, apensamento ou centralização de processos, este ato deve ser executado independentemente de qualquer pedido de cooperação a que se refere os arts. 67 a 69 do CPC.

É certo que nessas hipóteses expressamente mencionadas no Código de Processo Civil se pode falar em "cooperação" do juiz em remeter a demanda para outro juízo em caso de conexão, etc. Mas, neste caso, a remessa se faz por imperativo da lei. Não depende da vontade do juiz. Já os arts. 67 a 69 do CPC se referem a pedidos de cooperação que dependem da vontade do juiz em sua atribuição de gestor processual. Dota-se, em verdade, aqui, o magistrado de largas atribuições para que ele possa, de modo eficiente e diante de cada caso concreto, gerir a demanda para obter a efetividade da decisão judicial de forma mais célere, evitando, em diversas hipóteses, a perda de tempo ou a prática de atos que podem se revelar inúteis ou repetitivos. Seria uma faculdade, em juízo de conveniência.

Vejam o exemplo de demandas executivas contra o mesmo devedor. Concorrendo diversas ações, seja no mesmo juízo, seja em diversos órgãos executantes, em cada um deles o oficial de justiça pode efetuar a penhora sobre o mesmo bem do devedor. Ou seja, de modo ineficiente e burocrático, os oficiais de justiça executam a mesma tarefa (realizam idêntico ato processual) em distintos processos, quando bastaria um ato de penhora, vinculando-o a diversos processos.

É, pois, pensando em hipótese como essa e tantas outras que o legislador dotou os órgãos do Judiciário com poderes de, por ato de cooperação, deliberarem sobre a reunião ou apensamento de processos ou a centralização de demandas repetitivas.

Nesse caso, a lei prevê a possibilidade de mudança de competência por ato formalizado pelos juízes ou juízos. Ou seja, a competência pode ser modificada por deliberação volitiva dos juízes cooperantes. Mas aqui vale um destaque. É que o CPC/2015, no inc. VI do § 2.º do art. 69, menciona a possibilidade de os juízes cooperantes concertarem para estabelecer procedimentos para "a centralização de processos repetitivos".

Como já dito, na centralização se dispensa que os processos estejam, ao mesmo tempo, em curso. Basta, na realidade, a repetição em relação à causa de pedir e pedido. Seria o caso de os juízes cooperantes pactuarem que os processos repetitivos serão direcionados para uma determinada vara, centralizando nela os feitos que tratam da mesma questão. O pressuposto será a existência de um processo em curso ou mesmo já julgado, mas que trate da mesma matéria. A repetição justificaria a centralização perante o mesmo juízo. Cabe, ainda, destacar que, até porque não vedado, que os processos podem ser centralizados em juízo que sequer tenha um processo em curso sobre a matéria ou que sequer tenha julgado caso idêntico.

A centralização se justifica, ainda, quando, mesmo tendo um processo repetitivo em curso na mesma instância, não seja conveniente a sua reunião ou apensamento a outra demanda, seja por estarem em estágios distintos (um concluso para julgamento, outro para citar o réu), por opção de gestão processual, porque as partes não seja comuns aos processos ou mesmo para garantia do direito de defesa, etc.

Aqui o legislador foi mais explícito, pois deixa claro que os juízes podem firmar cooperação para até deliberarem pela reunião ou, antes mesmo, para distribuição/centralização dos feitos repetitivos perante o mesmo juízo. E é certo que com essa medida, tanto o Judiciário ganhará em eficiência, como se evitará a prolação de decisões conflitantes (sem sentido amplo), geradoras de insegurança jurídica e violadoras do princípio da igualdade.

Essa centralização, por sua vez, será bem mais conveniente quando se demanda uma mesma pessoa, em hipótese na qual pode haver a reunião das demandas. Neste caso, basta exemplificar que, ao invés de realizar diversas audiências, serem produzidas diversas contestações, eventualmente produzir provas em dezenas de processos etc., tudo poderá ser realizado em única oportunidade, com a reunião dos feitos repetitivos.

Em suma, lembrando que este caso especial de reunião de processos repetitivos se aplicam todas as lições anteriores, o que o Código de Processo Civil de 2015 criou, em seu art. 69, II e § 2.º, VI, foi mais uma hipótese de deslocamento de competência, só que neste caso por mero ato de cooperação dos juízes ou órgãos judiciais, mas em decisão fundamentada e após ouvir as partes (art. 9.º do CPC).

Acrescente-se, ainda, que essa reunião dos processos, já em andamento, não se confunde com a cumulação de demandas contra o mesmo devedor (art. 780 do CPC). Nesta hipótese, a reunião de demanda decorre de iniciativa do credor. Já na reunião dos processos referido no art. 69 do CPC, a "cumulação" decorre de ato de cooperação entre os juízes, o que, a princípio, pode dispensar a identidade de competência (relativa) e do procedimento.

Cabe ressaltar, ainda, que a reunião, apensamento ou centralização de processos por ato de cooperação não exige que se debata sobre a mesma relação jurídica, fato ou ocorra a possibilidade de decisões contraditórias ou conflitantes entre si (em sentido restrito). Basta que haja a conveniência judiciária do ponto de vista da sua gestão. É o exemplo da reunião das execuções contra o mesmo devedor, ainda que os títulos executivos tenham natureza (judicial ou extrajudicial) ou fundamentos diversos.

É certo, porém, que, na maioria das hipóteses, estar-se diante de demandas as quais estejam fundadas sobre o mesmo fato ou relação jurídica base, ainda que diversos sejam os réus. Certo, ainda, que a reunião pode ocorrer quando diante da possibilidade de litisconsórcio facultativo, quando ocorre "afinidade de questões por um ponto comum de fato ou de direito" (inciso III do art. 113 do CPC/15).

Diga-se, ainda, que a reunião, apensamento ou centralização de processos pode decorrer de ato unilateral de pedido de cooperação, não necessitando de comunhão de vontade dos órgãos judiciários. O que se deve ter de relevo é a conveniência da reunião, apensamento ou centralização. Tanto assim que o art. 69, caput, do CPC de 2015 afirma que "o pedido de cooperação jurisdicional deve ser prontamente atendido" e "prescinde de forma específica". Logo, o juiz solicitado não pode se recusar à cooperação por decisão injustificada.

Por fim, é de se ressaltar que, na hipótese especifica de reunião de processos, apensamento ou centralização de processos por cooperação não se está diante de uma situação na qual, diante da demanda *in concreto*, um dos juízos seja incompetente. E este é outro ponto importante para diferenciar essa situação de cooperação das demais que, por norma imperativa, deve ocorrer o deslocamento de competência.

Vejam que nas hipóteses de incompetência originária e de deslocamento de competência em face da prevenção, conexão (art. 55, CPC/15), continência (art. 57, in fine, CPC/15), para evitar decisões contraditórias ou conflitantes (§ 3º do art. 55, CPC/15), intervenção de determinadas pessoas (art. 45, CPC/15), lei nova que suprime órgão judiciário ou altere a competência absoluta (art. 43, in fine, CPC/15), etc., estar-se diante de uma situação na qual o juízo não tem ou deixou de ter competência *in concreto* para a demanda em apreciação. Falta-lhe competência desde a distribuição ou por fato superveniente para apreciar o processo que lhe foi afetado (distribuído). Em tese pode até ter a competência (relativa e absoluta), mas no caso concreto não a detém.

Já na hipótese de reunião de processos, apensamento ou centralização de processos por cooperação, o juízo que declina da competência a tem em tese e in concreto diante da demanda ajuizada. Ou seja, o específico processo é de sua competência desde a distribuição ou por fato superveniente. Mas, ainda assim, mesmo sendo o competente diante do caso concreto, por ato de cooperação ele pode declinar da competência em favor de outro juízo que não a detém no caso concreto, passando a tê-la.

E, na linha do acima sustentado, pode ocorrer de o juízo que passa a processar a demanda não ter a competência em tese, mas, por ato de cooperação, passa a ser o competente para a demanda no caso concreto.

Essa questão, por sua vez, remete a outro ponto do qual o CPC é lacunoso. Cuida-se de definir quais os critérios que devam ser observados para definição do juízo competente quando os juízes e tribunais firmam ato de cooperação judiciária para a reunião, apensamento ou centralização dos processos[5].

3. JUIZ NATURAL E DESLOCAMENTO DE COMPETÊNCIA POR COOPERAÇÃO

Quando se fala em definição ou alteração da competência por ato de cooperação, em regra, há uma reação contrária à essa afirmação, apontando-se, inclusive, a violação ao princípio do juiz natural. O deslocamento por ato de cooperação judiciária, na realizada, gera uma rejeição inicial dada a "incerteza acerca da competência, que é definida a posteriori"[6]. O eventual espanto, no entanto, é muito mais fruto de um eventual entendimento errôneo do que se tem por juiz natural e da aplicação das regras que permitem a modificação da competência posteriormente ao ajuizamento da demanda.

É certo que com o princípio do juiz natural se quer que a parte não "seja surpreendida com órgão julgador diverso daquele já preestabelecido"[7]. Contudo é preciso ter em mente que regras preestabelecidas também podem estabelecer que a competência, inicialmente definida conforme as regras gerais, pode ser alterada a posteriori, desde que não se esteja de uma decisão ou regra arbitrária.

Pode-se, então, apontar, em rápidas linhas, que o princípio do juiz natural é respeitado quando de forma prévia, abstrata e genericamente são estabelecidas as regras não arbitrárias de definição da competência ou das medidas a serem adotadas para sua definição in concreto. Ou seja, respeita-se o princípio

5. Sobre diversas exemplos de cooperação processual, cf. VASCONCELOS, Antônio Gomes de. SENA, Gabriela de Campos. A cooperação judiciária como estratégia de administração da justiça: a plurivocidade do conceito e sua dimensão processual, p. 59-70.
6. CABRAL, Antonio do Passo. Juiz natural e eficiência processual: flexibilização, delegação e coordenação de competências no processo civil, p. 712.
7. LUNARDI, Thaís Amoroso Paschoal. Atos concertados entre juízes cooperantes como ferramenta adequada de gestão processual: uma possibilidade para a aplicação do multidistrict litigation no sistema brasileiro, p. 384.

do juiz natural quando se observa a regra não arbitrária previamente estabelecida (devido processo legal) para definição do juízo competente. Como leciona Leonardo Carneiro da Cunha, "o qualificativo natural substancialmente se equivale a pré-constituição, na medida em que se exige que a competência do juízo seja fixada a priori, com base em critérios gerais e abstratos, relativamente a uma série indeterminada de controvérsias"[8]. Isso sem prejuízo de eventual modificação a posteriori se previamente prevista essa possibilidade.

Assim, "o juiz natural é aquele definido em conformidade com as normas"[9]. E, neste sentido, pode-se, inclusive, falar em juiz constitucional e juiz legal, sendo aquele com competência prevista na constituição e este outros em normas infraconstitucionais[10].

Logo, em seu contrário, desrespeita-se este princípio quando a competência é definida por regra criada após o ajuizamento da demanda ou ocorrência do fato (ex post facto) ou quando diante de tribunais de exceção ou de juízos ad hoc, ou seja, de órgãos com competência para julgar casos específicos por escolha arbitrária (instituídos para julgamento de determinadas pessoas ou certas ocorrências, em geral, de natureza penal).

Essa regra está resumida no art. 8º da Convenção Interamericana de Direitos Humanos, a qual, em seu art. 8º, dispõe que:

> "Toda pessoa tem direito a ser ouvida, com as devidas garantias e dentro de um prazo razoável, por um juiz ou tribunal competente, independente e imparcial, estabelecido anteriormente por lei, na apuração de qualquer acusação penal formulada contra ela, ou para que se determinem seus direitos ou obrigações de natureza civil, trabalhista, fiscal ou de qualquer outra natureza"[11].

Observa-se, assim, a garantia do juízo natural quando se tem essas regras não arbitrárias previamente estabelecidas para a definição in concreto do juízo competente e elas são aplicadas. E regras prévias de definição da competência são, por exemplo, as que apontam a "justiça" competente (estadual, federal, do trabalho, etc.), o local (comarca) competente (ex.: do domicílio do réu) ou as que já individualizam o juízo competente, a exemplo das hipóteses de foro privilegiado e os de foro exclusivo ou privativo único. Já as regras contendo medidas a serem adotadas para a individualização do juízo competente é a que

---

8. CUNHA, Leonardo Carneiro da. Jurisdição e competência, p. 60.
9. CABRAL, Antonio do Passo. Juiz natural e eficiência processual: flexibilização, delegação e coordenação de competências no processo civil, p. 282.
10. BORGES SEGUNDO, Edval. O conteúdo e aplicabilidade do princípio do juiz natural. Belo Horizonte: Dialética, 2020. ISBN 978-658740276-5, p. 59.
11. ORGANIZAÇÃO DOS ESTADOS AMERICANOS (OEA). Convenção Americana sobre Direitos Humanos. Assinada na Conferência Especializada Interamericana sobre Direitos Humanos.

determina a distribuição por sorteio quando diversos órgãos são, abstratamente, competentes para a causa conforme a regra de sua definição (ex.: diversas varas na mesma comarca).

Contudo, também se observa o princípio do juiz natural quando há prévia lei estabelecendo hipóteses de modificação da competência após a concretização do ato de distribuição ou escolha do juízo. Assim, por exemplo, quando se modifica a competência em face da existência do juízo prevento, o que se quer, conforme lei previamente estabelecida, é corrigir a escolha in concreto do juízo competente. No caso, a regra é que o juiz natural seja o prevento. Logo, quando não observada essa regra, cumpre, *a posteriori*, corrigir o equívoco da distribuição ou da opção do autor da demanda.

O mesmo se diga em relação as hipóteses nas quais o juiz declina da competência que lhe foi atribuída pela distribuição ou opção do autor quando, porém, ele não é o competente por prévia definição legal. São os casos de incompetência absoluta ou mesmo a relativa, neste último caso, quando o réu se opõe à opção do autor.

Também se observa a garantia do juiz natural quando o autor, diante de regras de competência relativa, faz a opção pelo juízo que não seria aquele, em regra, o competente, mas encontra a adesão do réu em sua escolha. Neste caso, como há lei previamente permitindo a prorrogação da competência relativa, logo quando esta regra é observada se está respeitando o princípio do juiz natural.

O art. 43 do CPC, outrossim, aponta, ainda, duas outras hipóteses de modificação da competência in concreto, definida conforme as leis vigentes à época do ajuizamento da demanda, mas que podem ser alteradas por lei posterior.

Por esse dispositivo se tem que, *in concreto*, define-se a competência com a distribuição (hipótese de vários juízos abstratamente competentes) ou registro da peça inicial (hipótese de juízo único/privativo). Contudo, a lei estabelece previamente que este juízo natural pode ser modificado quando norma superveniente suprime o órgão judiciário ou altera a sua competência, ainda que absoluta. Hipótese semelhante é o da norma que impõe a redistribuição de processos em função da instalação de novas varas de igual competência, com o objetivo de nivelar o acervo processual e, com essa medida, dar maior celeridade ao processo[12]. No caso, portanto, não ocorre a estabilização da competência, com a sua perpetuação[13].

Além disso, o STJ, à luz do CPC de 1973, já decidira que a regra do seu art. 87, reproduzido no atual art. 43 do CPC de 2015, pode ser relativizada quando

12. BRASIL. Superior Tribunal de Justiça. Quinta Turma. Habeas corpus n. 102.193.
13. CAMPOS, Maria Gabriela. O compartilhamento de competências no processo civil, p. 63.

diante de interesse maior da parte a proteger, como nos casos em que envolve menores. Nestes casos, "A regra da perpetuatio jurisdictionis, estabelecida no art. 87 do CPC, cede lugar à solução que oferece tutela jurisdicional mais ágil, eficaz e segura ao infante, permitindo, desse modo, a modificação da competência no curso do processo, sempre consideradas as peculiaridades da lide"[14].

O disposto no art. 43 do CPC, por sua vez, também respeita o princípio do juiz natural por haver uma regra previamente estabelecendo essa hipótese de alteração da competência, in concreto, por força de norma superveniente ao ajuizamento da ação nessas hipóteses mencionadas. Ou seja, neste caso, há uma lei prévia ao ajuizamento da ação prevendo que lei posterior pode alterar a competência diante do caso concreto, quando a lei nova i) suprime o órgão judiciário ou ii) altera a sua competência. E como alteração, in concreto, está prevista em lei anterior, tem-se observado o princípio do juiz natural.

E a regra de mudança da competência por cooperação atua da mesma forma. No caso, previamente já se definiu que a competência pode ser alterada por cooperação judiciária. Logo, respeita-se o princípio do juiz natural as normas que possibilitam a modificação da competência por ato de cooperação judiciária, seja para reunir, apensar ou centralizar processos repetitivos.

Como leciona, Gabriela Macedo Ferreira,

> "com base no art. 69, § 2º que traz cláusula geral de atipicidade dos atos de concertação entre juízos cooperantes, entende-se pela possibilidade de alteração de competência independentemente de previsão legal específica e da prévia fixação legal do juízo competente. O dispositivo inédito prevê essa maior liberdade na prática de atos processuais e para ser mais efetivo não traz regras pré-determinadas para sua realização"[15].

Observe-se que, aqui, há uma lei previamente estabelecendo que, por ato de cooperação, a competência poderá ser modificada após o ajuizamento da demanda. Logo, em se concretizando essa hipótese, diante do caso concreto, estar-se-á observando o princípio do juiz natural, pois previamente estabelecida a regra de alteração por ato concertado. O que, na realidade, poder-se-á questionar é a validade ou abusividade da alteração no caso concreto, mas não a inconstitucionalidade ou ilegalidade da possibilidade abstrata de alteração em si da competência por ato de cooperação judiciária, já que esta modificação está autorizada em lei. Lei esta (art. 69, II e § 2º, VI, do CPC) previamente

14. BRASIL. Superior Tribunal de Justiça. Segunda Seção. Conflito de competência n. 111.130.
15. FERREIRA, Gabriela Macedo. O ato concertado entre juízes cooperantes: esboço de uma teoria para o Direito brasileiro, p. 43.

estabelecida ao ajuizamento da demanda. Logo, ela respeita o princípio do juiz natural, por ser regra posta previamente ao ajuizamento da ação judicial.

Pode-se, assim, a partir do explanado acima, afirmar que se respeita o princípio do juiz natural quando se tem uma regra pré-definindo como se deva estabelecer qual o juízo competente diante do caso concreto.

Essas regras, por suas vezes, podem ser divididas em três classes: i) as que pré-definem o juízo competente; ii) as que pré-definem o procedimento de escolha do juízo competente; e, iii) as que pré-definem a possibilidade de modificação do juízo competente quando já diante do caso concreto.

Na ii) primeira classe (pré-definem o juízo competente) se tem as normas que a) já individualizam o juízo competente de forma abstrata, b) as que estabelecem uma regra genérica de definição e c) as que a individualizam em face da definição concreta da competência de outra causa.

Regra que (a) individualiza o juízo competente de forma abstrata (com efeito concreto) é aquela que define a competência privativa e única de determinado juízo, tribunal, órgão, relator. Por exemplo, tem-se desta categoria a regra que define como sendo do STF (Pleno) a competência para apreciar mandado de segurança contra ato do Presidente da República (alínea d, inciso I, do art. 102, CF). Ou ainda aquela que estabelece a competência do órgão cuja decisão não está sendo observada para conhecer da reclamação (§ 1º do art. 988 do CPC), inclusive com predefinição do relator (§ 3º do art. 988 do CPC), que, "sempre que possível", deve ser mantido o do processo principal.

Nesse mesmo subgrupo se enquadra, ainda, a regra abstrata (com efeito concreto) que estabelece a competência privativa e única de determinado juízo (ex.: vara única para falência e recuperação judicial).

Já a (b) regra genérica que pré-define a competência é aquela que estabelece a competência de forma abstrata tendo em conta razões de política legislativa. São as que definem a "justiça" competente (Estadual, Federal, do Trabalho, Eleitora, Militar) e as que a definem tendo em conta diversos outros critérios, a exemplo do domicílio do autor ou do réu, do local do acidente, do local da prestação de serviços, nas Capitais, etc.

Por fim, (c) ainda se tem, nessa primeira classe, as regras que individualizam a competência para determinada causa tendo em vista a definição concreta (diante do caso concreto) da competência de outra demanda, à qual aquela se vincula. Aqui se enquadram as regras de prevenção. Nesse caso, a competência relativa a determinada causa é individualizada a partir da predefinição concreta de outra demanda. São os casos das ações conexas (a segunda deve ser ajuizada no juízo da antecedente), acessórias (no juízo da causa principal) e as que devem ser reunidas (perante o juízo da primeira) para julgamento conjunto quando elas "possam gerar risco de prolação de decisões conflitantes ou contraditórias caso decididos separadamente, mesmo sem conexão entre eles" (3º do art. 55 do CPC).

A ii) segunda classe de regras que procuram dar eficácia ao princípio do juiz natural é aquela composta por normas que pré-definem o procedimento de escolha do juízo competente. Essas regras atuam quando diante de juízos, órgãos colegiados e relatores concorrentes.

Aqui se encaixa a regra do sorteio do juízo, do órgão fracionário dos tribunais e dos relatores.

Também se enquadra nessa classe a regra que i) dar a opção ao autor da escolha do juízo para propor a demanda (ex.: do "domicílio do autor ou do local do fato, para a ação de reparação de dano sofrido em razão de delito ou acidente de veículos, inclusive aeronaves - inciso V, art. 53 do CPC) ou ii) confere a liberdade de escolha às partes interessadas (cláusula de eleição do foro - negócio jurídico processual).

Destaque-se que as regras acima podem ser aplicadas na mesma demanda em sucessão. É o que ocorre quando o autor escolhe a comarca (v.g., de seu domicílio ou do acidente), definindo o local do juízo competente, mas dentre os vários (juízos/varas) concorrentes, procede-se ao sorteio.

Por fim, na iii) terceira classe de regras que buscam dar eficácia ao princípio do juiz natural se tem aquelas que pré-definem a possibilidade de modificação do juízo originário e concretamente definido (para específica causa) quando diante de algumas situações preestabelecidas surgidas a posteriori. Aqui se encaixam as regras que permitem a alteração da competência por ato ou fato superveniente à definição concreta (diante do caso concreto) do juízo competente.

Nessa classe se encaixa, por exemplo, a parte final do art. 43 do CPC, que dispõe que "determina-se a competência no momento do registro ou da distribuição da petição inicial, sendo irrelevantes as modificações do estado de fato ou de direito ocorridas posteriormente, salvo quando suprimirem órgão judiciário ou alterarem a competência absoluta".

Observe-se que, por essa regra do art. 43 do CPC, em sua parte final, é preestabelecido que a competência concretamente definida, conforme as regras abstratas pertinentes, pode ser modificada posteriormente por ato legislativo que suprime o órgão ou altera a competência. Ou seja, ainda que já determinada concretamente a competência no momento do registro ou da distribuição da petição inicial, ela se modifica por ato legislativo posterior, já que lei anterior prevê essa possibilidade.

E nessa mesma classe se inclui as regras do inciso II e do § 2º, inciso VI, do art. 69 do CPC, ao estabelecerem que, por cooperação judiciária, pode-se reunião e apensar processos e centralizar processos repetitivos, com modificação, a posteriori, da competência concretamente definida conforme as regras gerais aplicadas. Ou seja – repetindo o raciocínio –, ainda que já determinada concretamente a competência no momento do registro ou da distribuição da petição inicial, ela se modifica por ato de cooperação judiciária posteriormente concertado, já que lei anterior prevê essa possibilidade.

Ou seja, são regras que pré-definem que, em algumas situações reguladas, a competência concretamente definida, conforme as normas respectivas, pode ser alterada por ato ou fato posterior. E como a regra de modificação posterior da competência é antecedente à definição concreta (diante do caso concreto) da competência, tem-se respeitado o princípio do juiz natural.

O que, porém, cabe à doutrina e à jurisprudência, diante da lacuna legal, é estabelecer quais critérios devem ser observados para a definição de qual deva ser o juízo competente quando se acerta a reunião, apensamento ou centralização dos processos por ato de concertação.

4. REUNIÃO DAS EXECUÇÕES FISCAIS

Antes de tratar, no entanto, especificamente desses critérios, cumpre passear pelo precedente legislativo que assegura a reunião de processos, independentemente de sua conexão.

Aqui cabe, então, lembrar da hipótese prevista no art. 28 da Lei n. 6.830/1980. Por este dispositivo, "o juiz, a requerimento das partes, poderá, por conveniência da unidade da garantia da execução, ordenar a reunião de processos contra o mesmo devedor". Neste caso, então, deferido o pedido, "os processos serão redistribuídos ao juízo da primeira distribuição" (parágrafo único do art. 28 da Lei 6.830/1980).

O STJ, traçando os parâmetros de interpretação este dispositivo, em julgamento de recurso especial pela técnica repetitiva, pacificou o entendimento de que "a reunião de processos contra o mesmo devedor, por conveniência da unidade da garantia da execução, nos termos do art. 28 da Lei 6.830/1980, é uma faculdade outorgada ao juiz, e não um dever"[16]. Deliberou, ainda, o STJ, nesta mesma decisão, que "ao revés, a reunião de diversos processos executivos, pela dicção do art. 28 da LEF, ressoa como uma faculdade do órgão jurisdicional, não se tratando de regra cogente, máxime em face do necessário juízo de conveniência ou não da medida, o que é aferível casuisticamente".

16. BRASIL. Superior Tribunal de Justiça. Primeira Turma. Recurso especial n. 1.158.766.

Vê-se, assim, que se entendeu que se trata muito mais de um ato de gestão processual do que direito da parte. E, ao certo, para decidir sobre a reunião, o juiz há de levar em conta os princípios da competência adequada e da eficiência[17].

Decidiu, ainda, o STJ, na mesma oportunidade, que "a cumulação de demandas executivas é medida de economia processual, objetivando a prática de atos únicos que aproveitem a mais de um processo executivo, desde que preenchidos os requisitos previstos no art. 573 do CPC [1973] [art. 780, CPC/15] c/c art. 28 da Lei 6.830/1980, quais sejam: (i) identidade das partes nos feitos a serem reunidos; (ii) requerimento de pelo menos uma das partes (...); (iii) estarem os feitos em fases processuais análogas; (iv) competência do juízo".

E essas lições nos servem para tratar do disposto no inc. II do art. 69 do CPC/2015.

A lei do executivo fiscal fala em reunião "a requerimento das partes". O STJ entendeu que basta o pedido de uma das partes, sendo "uma faculdade outorgada ao juiz, e não um dever" o seu deferimento. "Faculdade" do juiz deferir, - diga-se -, desde que em decisão fundamentada.

O art. 69 do CPC, porém, dispõe que se trata de uma faculdade do juiz, em ato de cooperação com outro. Neste caso, então, os juízes, tendo em vista a "economia processual, objetivando a prática de atos únicos que aproveitem a mais de um processo (...)", podem firmar cooperação para que os processos sejam reunidos, apensados ou centralizados. Mas, mesmo aqui, há de se tem um mínimo de fundamentação para a reunião, de modo a justificar esse ato de deslocamento de competência.

Ou seja, além da possibilidade de alteração da competência poder decorrer da vontade de uma das partes, como no executivo fiscal, a lei abriu caminho para essa possibilidade de deslocamento de competência ocorrer mediante ato de cooperação dos juízes. É dispensável, assim, neste caso de cooperação regulado no Código de Processo Civil de 2015, o pedido de qualquer das partes. A reunião, apensamento ou centralização, assim, teria razão nos princípios constitucionais da eficiência, celeridade e efetividade da decisão judicial. Tudo a ser apreciado diante do caso concreto.

Outrossim, na hipótese prevista na lei do executivo fiscal, o STJ restringe a reunião aos processos nos quais haja "identidade das partes nos feitos a serem reunidos". Não se admite, assim, por exemplo, a reunião de uma execução fiscal promovida pelo Estado de São Paulo contra determinada empresa com a execução fiscal promovida pelo Município de São Paulo contra a mesma empresa.

17. DIDIER JR, Fredie. Cooperação judiciária nacional, p. 42-59.

Essa restrição, porém, não se extrai do art. 69, II, do CPC/2015. Aqui, mesmo diante de partes diversas, pode haver a reunião, apensamento ou centralização de processos. Contudo, dado o critério de conveniência e eficiência, é muito mais provável que pelo menos haja identidade de uma das partes do processo. Isto é, muito provavelmente, por conveniência e eficiência, exige-se que o autor (ou credor) seja o mesmo ou seja o mesmo demandado (ou executado). Dificilmente, na hipótese do inc. II do art. 69 do CPC/2015, estar-se-á diante de um caso em que seja conveniente a reunião de processos nos quais não haja coincidência de qualquer das partes litigantes.

Poder-se-ia exemplificar com as demandas repetitivas contra diversas entidades bancárias com pedido de aplicação do mesmo índice de correção monetária incidente sobre os créditos depositados em cadernetas de poupança. Neste caso, em tese, pode-se reunir os processos repetitivos, já que se debate, em todos eles, a mesma questão jurídica, ainda que diversos os demandantes e demandados (fenômeno que pode ocorrer no incidente de resolução de demandas repetitivas). Contudo, nesta hipótese, seria mais razoável ocorrer a centralização dos processos repetitivos, já que aqui não se exige a reunião ou apensamento.

Assim, como não há essa restrição, desde que seja conveniente, diante do caso concreto, poder-se-á reunir ou apensar processos mesmo que não haja absoluta identidade de qualquer das partes litigantes. Preferível, porém, apenas centralizar.

O STJ fala em reunião dos executivos fiscais que estiverem "em fases processuais análogas"[18]. Aqui, porém, trata-se de uma questão de conveniência. Isto porque muito provavelmente não se estará diante de uma situação na qual seja conveniente reunir ou apensar processos que estejam em fases processuais distintas. A princípio, por exemplo, poder-se-ia pensar em ser descabido a reunião ou apensamento de processos nos quais um deles está na fase de conhecimento e outro na fase de cumprimento da sentença; um esteja em fase recursal e outro em andamento no primeiro grau. Eles, porém, podem ser centralizados.

Essa, porém, não é uma regra absoluta. Isto porque, mesmo em demandas que estejam em fases distintas, pode caber a reunião de processos, inclusive por conexão. É o que ocorre por conexão expressamente referida no inc. I do § 2.º do art. 55 do CPC/2015 entre a execução de título extrajudicial e a "ação de conhecimento relativa ao mesmo ato jurídico".

Sendo assim, a reunião ou apensamento de processos por ato de cooperação poderá ocorrer mesmo entre processos que estejam em fases distintas. Tudo dependerá da conveniência e eficiência da medida, analisada no caso concreto.

---

18. BRASIL. Superior Tribunal de Justiça. Primeira Turma. Recurso especial n. 1.158.766.

Postas as lições acima ainda persiste, no entanto, a lacuna quanto aos critérios que devam ser observados para definição do juízo competente quando da reunião, apensamento ou centralização dos processos por ato de cooperação judiciária.

5. CRITÉRIOS PARA DEFINIÇÃO DA COMPETÊNCIA. COMPETÊNCIA ADEQUADA (*FORUM NON CONVENIENS*)

Quando da celebração do ato concertado para reunião, apensamento ou centralização de processos cabe, por óbvio, avaliar a legalidade dessas medidas. Aqui não se trata de um critério, mas, sim, da apuração da legalidade do ato de concertação.

Os critérios, no entanto, estabelecidos para escolha do juízo que irá conduzir os processos servem para que se busque, por cooperação judiciária, deslocar o feito para o juízo mais adequado ou foro mais conveniente, evitando-se, em sua negativa, aquele não conveniente (*forum non conveniens*)[19] ou menos adequado para apreciar as causas[20].

No caso, parte-se da ideia de que, em abstrato, os juízos cooperante podem definir por qualquer dos foros competentes, mas, por algum motivo, o escolhido pode não ser o mais adequado ou mais conveniente do ponto de vista do exercício da jurisdição na busca da justiça substancial. Cabe, assim, aos juízos cooperantes, quando do ato consertado, definir como competente aquele que seja o mais adequado (*forum non conveniens*)[21].

Nesse sentido, Antonio do Passo Cabral defende que "se o sistema de competências pode ser orientado por princípios, afigura-se correto concluir que o juízo sobre a competência não deve ser puramente definido num exame de legalidade estrita"[22]. Daí porque,

> "se a tutela jurisdicional deve ser prestada de maneira ótima, por meio de técnicas processuais apropriadas para cada caso, as

19. Sobre a possibilidade de a parte impugnar o juízo da causa por ele não ser o mais conveniente, ainda que, a princípio, tenha competência, cf., Renato Rezende Beneduzi. Forum non conveniens, p. 799-818.
20. Cf. BRAGA, Paula Sarno. Competência adequada. Revista de Processo, vol. 219/2013, p. 13-41.
21. Interessante destacar que, conforme art. 8º, § 4º, da Resolução n. 350/2020 do Conselho Nacional de Justiça, assegura-se as entidades especializadas, "com representatividade adequada" requerer a realização de atos de cooperação. BRASIL. Conselho Nacional de Justiça, Resolução n. 350, 27 de outubro de 2020. Estabelece diretrizes e procedimentos sobre a cooperação judiciária nacional entre os órgãos do Poder Judiciário e outras instituições e entidades, e dá outras providências. Brasília. 2020. Disponível em: https://atos.cnj.jus.br/atos/detalhar/3556. Acesso em: 03 nov. 2020. Mas não se deve exigir apenas a representatividade adequada da entidade legitimada. No caso, há de se exigir também a competência adequada.
22. CABRAL, Antonio do Passo. Juiz natural e eficiência processual: flexibilização, delegação e coordenação de competências no processo civil, p. 370.

> partes têm direito a que seu litígio, uma vez judicializado, seja decidido pelo juízo mais adequado dentre aqueles com competência para tanto. E essa análise deve ser extraída de circunstâncias concretas que devem ser sopesadas pelo juiz"[23].

Fredie Didier Jr. e Hermes Zaneti Jr, porém, advertem que "a definição da ´melhor jurisdição', por sua vez, apesar de elástica, deve ser controlada caso a caso, a partir da concretização dos direitos fundamentais em disputa"[24].

Para estes autores,

> "O órgão jurisdicional competente deve ser aquele que, no exame das capacidades institucionais (que envolvem variáveis estruturais e funcionais dos diferentes órgãos, aferíveis por indicadores objetivos), seja o mais adequado para julgar o caso, a fim de que seja alcançado o melhor resultado jurisdicional – o que resume a perspectiva qualitativa da eficiência"[25].

Fredie Didier Jr. e Júlia Lipiani, outrossim, lembram que:

> "A competência é um dos elementos básicos que compõe a noção de devido processo. O devido processo legal impõe um processo adequado, que, dentre outros atributos, é aquele que se desenvolve perante um juízo adequadamente competente. A exigência de uma competência adequada é um dos corolários dos princípios do devido processo legal, da adequação e da boa-fé, de modo que se pode inclusive falar em um princípio da competência adequada"[26].

Vale frisar, porém, que, na jurisprudência do STJ há decisão contrária à aplicação da teoria do juízo não conveniente por inexistir regra expressa em nosso ordenamento jurídico, em questões internacionais[27]. Já por outro lado, ainda que não se confundam as teorias, lembrando, porém, que elas partem das mesmas premissas (foros alternativos, mais adequado ou conveniente, para conhecer da causa), o próprio STJ, mais recentemente, adotou a teoria da competência adequada para deslocar o foro para processamento de ação popular, ainda que a ela não tenha se referido.

---

23. CABRAL, Antonio do Passo. Juiz natural e eficiência processual: flexibilização, delegação e coordenação de competências no processo civil, p. 371.
24. DIDIER JR, Fredie. ZANETI JR., Hermes. Princípio da competência adequada, Conflitos coletivos multipolares e competências materiais distintas, p. 406.
25. DIDIER JR, Fredie. ZANETI JR., Hermes. Princípio da competência adequada, Conflitos coletivos multipolares e competências materiais distintas, p. 406-407.
26. DIDIER JR., Fredie. LIPIANI, Júlia. Incidente de resolução de demandas repetitivas. Eficácia interpretativa do princípio federativo sobre o direito processual. Federalismo processual. Contraditório no processamento do incidente de resolução de demandas repetitivas, p. 158.
27. BRASIL. Superior Tribunal de Justiça. Terceira Turma, Recurso especial n. 1.633.275.

Na oportunidade, o Relator, no caso, entendeu que seria "mais razoável que o foro competente para julgamento desta Ação Popular seja o do local do fato", apoiando-se, ainda, em interpretação de regra supletiva[28]. Isto a despeito do entendimento dominante de que deva ser competente o juízo no qual haja menor dificuldade para o exercício do direito à propositura desta espécie de demanda judicial[29].

É certo, porém, que não se pode deixar à mais livre e absoluta vontade dos cooperantes a definição do foro competente quando da reunião, apensamento ou centralização de processos. No caso, há de se estabelecer critérios, daí porque o recurso à teoria do *forum non conveniens*[30], que, no Brasil tem sido referida como da "competência adequada".

Aqui, então, neste caminhar, pode-se adotar, em parte e com adaptações, os critérios apontados pelas Cortes inglesas para a definição da jurisdição competente para apreciar a demanda quando haja concorrência entre diversos Estados Nacionais[31]. Pode-se socorrer, assim, ao "teste Spiliada", elaborado pela Casa dos Lordes (House of Lords) quando do julgamento do caso Spiliada Maritime Corpn v Consulex Ltd[32], aperfeiçoado a partir de outras decisões posteriores[33].

Por esse teste se busca aferir o foro mais conveniente para apreciar a causa quando haja concorrência de jurisdição entre os Estados Nacionais[34]. Os critérios ali mencionados[35], no entanto, servem como parâmetros a serem observado quando da concertação do ato que redunda no deslocamento de competência por cooperação judiciária, com suas devidas adaptações.

Nesse sentido, pode-se mencionar, ainda, os critérios adotados pelo Judiciário canadense para definição do foro mais conveniente (quanto a jurisdição

28. BRASIL. Superior Tribunal de Justiça. Primeira Seção, Conflito de competência n. 164.362.
29. BRASIL. Superior Tribunal de Justiça. Primeira Seção, Conflito de competência n. 47.950.
30. CABRAL, Antonio do Passo. Juiz natural e eficiência processual: flexibilização, delegação e coordenação de competências no processo civil, p. 586-616.
31. Sobre um panorama sobre o forum non conveniens conforme decisões das cortes inglesa, americana, canadense, australiana, nova zelandeza, na União Europeia e na Itália, cf. LUPOI, Michele Angelo. Conflitti transnazionali di giurisdiziono, Tomo I.
32. REINO UNIDO. United Kingdom House of Lords Decisions. Spiliada Maritime Corp v Cansulex Ltd [1986] UKHL 10 (19 November 1986). A este respeito, cf. BARRETT JR., Edward L. The Doctrine of "Forum Non Conveniens", p. 380-422; WEILER, Joseph H. H. Forum Non Conveniens. An English Doctrine, p. 739-744; KENNETT , Wendy. Forum Non Conveniens in Europe. The Cambridge Law Journal, p. 552-577.
33. Sobre um panorama dessa teoria no direito norte-americano, cf. ZANETI, Graziela Argenta. Jurisdição adequada para os processos coletivos transnacionais, p. 51-63.
34. Sobre o fórum non conveniens, cf., ainda, PEIXOTO, Ravi. O forum non conveniens e o processo civil brasileiro: limites e possibilidade. Revista de Processo, vol. 279, p. 381-415.
35. Os critérios, numa primeira fase, são: lugar em que as partes residem ou têm domicílio, a natureza da disputa, o local dos eventos, a lei aplicável, a disponibilidade das testemunhas, a litispendência, a expectativa das partes em relação ao foro competente.

nacional competente), tendo por base os fatores indicados em Spiliada e aqueles mencionados no julgamento realizado pela Suprema Corte do Canadá no caso Amchem Products, Inc. v. British Columbia[36] e em seus precedentes.

Eles seriam, no que é aplicável ao tema aqui analisado: o local no qual surgiram as questões de fato que deram origem à disputa; a localização de cada uma das partes ou de sua maioria; local em que cada parte realiza negócios; localização das principais provas, inclusive onde as mesmas estão localizadas ou mais prontamente disponíveis e seu efeito relativo às despesas; o custo do litígio; a lei substantiva aplicável; a presença de disposições contratuais que convencionam o foro competente; a busca de decisões não conflitantes; verificação se a parte interessada no deslocamento de competência apenas está buscando vantagens processuais em detrimento da parte contrária; a duração provável do processo; a parte pode ter dificuldade na execução; razões políticas, raciais, religiosas ou outras que induzem à obtenão de um julgamento justo; a locação dos bens do réu; e os interesses justos das partes e da justiça[37].

Interessante citar, ainda, que, no Canadá, na província da Columbia Britânica, o Court Jurisdiction and Proceedings Transfer Act, em seu capítulo 28, seção 11[38], dispõe que, para definição da competência territorial, dentre outros critérios, cabe aos tribunais considerar os "interesses das partes no processo e os fins da justiça", tendo em vistas as seguintes circunstâncias: (a) a conveniência e as despesas comparativas das partes no processo e de suas testemunhas, em litígios no tribunal ou em qualquer fórum alternativo, (b) a lei a ser aplicada às questões do processo, (c) a conveniência de evitar a multiplicidade de processos judiciais, (d) a conveniência de evitar decisões conflitantes em diferentes tribunais, (e) a execução de uma eventual sentença, e (f) o funcionamento justo e eficiente do sistema jurídico canadense como um todo"[39].

Da mesma forma, pode-se utilizar dos critérios adotados pelo Judiciário Federal norte-americano para centralização dos processos pelo procedimento conhecido como de multidistrict litigation (MDL), que permite que demandas de natureza cíveis tratando de questões de fato comuns e que estejam pendentes de apreciação em diferentes juízos possam ser reunidas perante um único

36. CANADÁ. Supreme Court Judgments. Amchem Products Incorporated v. British Columbia (Workers' Compensation Board). Disponível em: https://scc-csc.lexum.com/scc-csc/scc-csc/en/item/981/index.do.
37. MANOLIS, F. Mikis. VERMETTE, Nathaly J. HUNGERFORD, Robert F. The Doctrine of Forum Non Conveniens: Canada and the United States Compared, p. 8-10.
38. Regra esta replicada em diversas outras províncias canadenses, cf. MANOLIS, F. Mikis. VERMETTE, Nathaly J. HUNGERFORD, Robert F. The Doctrine of Forum Non Conveniens: Canada and the United States Compared, p. 11.
39. CANADÁ. British Columbia. Court Jurisdiction and Proceedings Transfer Act. Disponível em: https://www.bclaws.ca/civix/document/id/complete/statreg/03028_01#section11.

órgão, que terá competência para condução da fase postulatória e instrutória do processo, conforme regulado no Título 28, § 1.407 do U.S. Code[40].

O objetivo da centralização é eliminar a duplicação de atos de produção de provas, evitar decisões conflitantes, reduzir custo, economizar tempo e esforço das partes, dos advogados, das testemunhas e dos tribunais e promover a justa e eficiente condução dos processos[41], admitindo-se, inclusive, a centralização de até dois casos[42].

Bruno Marzullo Zaroni aponta que o Judicial Panel on Multidistrict Litigation (JPML), órgão competente para definir a centralização das demandas, utiliza de alguns critérios para definição do juízo centralizador. Em geral, esses critérios seriam o:

> "a) do lugar onde as partes exercem suas atividades principais; b) do lugar onde se encontram os documentos necessários para a instrução; c) do lugar mais próximo para as partes e testemunhas; d) onde as primeiras ações foram ajuizadas; e) onde a maioria dos casos estão pendentes; e f) em que há uma ação de falência pendente contra o réu" [43].

Esse mesmo autor lembra, ainda, que são considerados a natureza da ação e a disponibilidade de um juiz que tenha familiaridade com o litígio[44].

Mas não só estes. Pode-se ser citados, ainda, as condições ou recursos do juízo centralizador, o local da primeira ação, a centralidade geográfica ou proximidade do distrito cessionário às ações constituintes pendentes, a localização dos documentos, pendência de processos judiciais relacionados no distrito centralizador, experiência geral do juiz, a preferências das partes, proximidade com a sede do, proximidade de um órgão governamental relevante, acessibilidade ao juízo centralizador, proximidade com o local dos fatos, familiaridade do juiz com questões de fato ou legais relacionadas ao litígio[45] ou a localização da maioria das ações já propostas[46].

---

40. ESTADOS UNIDOS DA AMÉRICA. United States Code (USCODE). Disponível em: https://uscode.house.gov/browse/prelim@title28/part4&edition=prelim. Questionando a constitucionalidade dessa regra, cf. REDISH, Martin H. KARABA, Julie. One Size Doesn't Fit All: Multidistrict Litigation, Due Process, and the Dangers of Procedural Collectivism.
41. CAMPOS, Maria Gabriela. O compartilhamento de competências no processo civil, p. 184-185.
42. ESTADOS UNIDOS DA AMÉRICA. Federal Judicial Center. The Manual for Complex Litigation, Fourth, p. 220.
43. ZARONI, Bruno Marzullo. Multidistrict Litigation: a experiência norte-americana na tutela dos interesses de massa.
44. ZARONI, Bruno Marzullo. Multidistrict Litigation: a experiência norte-americana na tutela dos interesses de massa.
45. RICHARDS, Daniel A. An Analysis of the Judicial Panel on Multidistrict Litigation's Selection of Transferee District and Judge, p. 331; WILLIAMS, Margaret S. GEORGE, Tracey E. Between Cases and Classes: The Decision to Consolidate Multidistrict Litigation, p. 19-21.

Antonio do Passo Cabral, com base nas lições do direito americano, aponta que os critérios ou parâmetros "que devem ser levados em conta são não apenas a vontade e conveniência das partes, mas o equilíbrio com os interesses públicos na eficiência de condução e resolução de todos os casos"[47]. A partir daí, propõe que sejam observados os seguintes critérios: localização das provas, domicílio das partes e seu local habitual do exercício profissional ou da atividade da empresa, o maior número de casos pendentes, o estágio ou fase processual em cada juízo, o procedimento adotado, a acessibilidade geográfica, a quantidade de magistrados e as instalações e recursos tecnológicos disponíveis, a experiência do juiz, o acervo processual de cada juízo e a produtividade de cada magistrado[48].

É possível, ainda, recorrer, como lições a serem observadas, o precedente norte-americano, no caso In re: "East of the Rockies" Concrete Pipe Antitrust Litigation (JPML 1969), no qual foram indicados alguns critérios a serem aferidos para determinar se os processos devam ser reunidos quando diante de casos repetitivos (multidistrict litigation). Eles seriam:

> "Quantas questões comuns de fato existem? Qual é a natureza delas? Quantos casos estão envolvidos atualmente e prospectivamente? Qual é a localização geográfica dos distritos em que os casos estão pendentes? Espera-se que novas ações sejam ajuizadas, em quais locais (distritos)? Quem são as principais testemunhas dos casos e onde elas residem? Que prejuízo financeiro ou de outra ordem será imposto a qualquer uma das partes mediante a transferência? A transferência resultará em uma economia substancial de trabalho? A transferência evitará decisões conflitantes nos procedimentos prévios aos casos envolvidos? É possível obter as mesmas vantagens da modificação através da cooperação entre os advogados? Os procedimentos instrutórios já estão em andamento em um ou mais dos casos? A transferência apressará ou atrasará o progresso dos processos? Qual é a disponibilidade do juiz ou juízes do órgão o qual se intenciona fazer a transferência? As vantagens da transferência superarão a conveniência de manter o mesmo juiz que conduz o julgamento? A transferência impedirá ou promoverá a perspectiva de acordos? A transferência servirá de motivo oculto

46. HEYBURN II, John G. A View from the Panel: Part of the Solution, p. 2.240. A este respeito, conferir, ainda, STEINMAN, Joan. Law of the Case: A Judicial Puzzle in Consolidated and Transferred Cases and in Multidistrict Litigation. University of Pennsylvania Law Review, p. 595-706, e COONEY, John F. The Experience of Transferee Courts under the Multidistrict Litigation Act, p. 588-611.

47. CABRAL, Antonio do Passo. Juiz natural e eficiência processual: flexibilização, delegação e coordenação de competências no processo civil, p. 712-713.

48. CABRAL, Antonio do Passo. Juiz natural e eficiência processual: flexibilização, delegação e coordenação de competências no processo civil, p. 713-714.

> de qualquer parte ou partes, como forum shopping? Se ações coletivas estiverem envolvidas, a transferência trará complexidade ou simplificação? A transferência atrasará injustamente ou negará o direito de qualquer das partes a remédios provisórios, como medidas cautelares? Qual é o status e o possível efeito de qualquer recurso pendente em qualquer um dos casos? A transferência funcionará para eliminar ou evitar uma multiplicidade indesejável de recursos em questões semelhantes?"[49].

Diga-se, ainda, que, conforme doutrina americana de John G. Heyburn II, a escolha do juízo competente "é geralmente a decisão mais difícil que o Painel enfrenta"[50]. Mas, de logo, cabe destacar que "o que é importante lembrar é que qualquer fator isolado só pode ser avaliado adequadamente no contexto de cada elemento específico e de outros fatores relevantes"[51].

É certo, ainda, que, ao decidir sobre o juízo a ser definido como o competente por ato de cooperação judiciária, é preciso estar atento às regras de imparcialidade do juiz, que vão além do que está positivado no direito brasileiro. Assim, para definição do juízo competente por ato de cooperação, ao estabelecer seus critérios, deve-se estar atento as regras de imparcialidade contidas em nosso ordenamento jurídico, além do recurso ao Código de Ética da Magistratura Nacional, aos Princípios de Bangalore de Conduta Judicial[52], ao Código Ibero-Americano de Ética Judicial[53] e, ainda, às Diretrizes da IBA sobre Conflitos de Interesses em Arbitragem Internacional[54], que servem de normas subsidiárias. Ou seja, é

> "inevitável que esse mosaico de valores, princípios, responsabilidades e expectativas partilhado pela comunidade das nações democráticas e, em decorrência, matéria-prima do arcabouço deontológico da magistratura ideal - informe a interpretação que se venha a conferir aos arts. 144 e 145 do novo CPC"[55].

Cabe destacar, ainda, que a cooperação judiciária processual tem como princípios a unidade da jurisdição nacional, a agilidade, a informalidade, a

---

49. ESTADOS UNIDOS DA AMÉRICA. Judicial Panel on Multidistrict Litigation. In re "East of the Rockies" CONCRETE PIPE Antitrust Cases. Tradução livre do Autor.
50. HEYBURN II, John G. A View from the Panel: Part of the Solution, p. 2.239. Tradução livre do Autor.
51. HEYBURN II, John G. A View from the Panel: Part of the Solution, p. 2.240. Tradução livre do Autor.
52. ORGANIZAÇÃO DAS NAÇÕES UNIDAS (ONU). The Bangalore Principles of Judicial Conduct.
53. CIMEIRA JUDICIAL IBERO-AMERICANA. Código Ibero-Americano de Ética Judicial.
54. INTERNACIONAL BAR ASSOCIATION (IBA). Diretrizes da IBA sobre Conflitos de Interesses em Arbitragem Internacional. Também podem ser consideradas, por exemplo o Model Code of Judicial Conduct, adotado pela American Bar Association (ABA), e o Code of Conduct for United States Judges. Cf. AMERICAN BAR ASSOCIATION (ABA). Model Code of Judicial Conduct. he Model Code of Judicial Conduct, e ESTADOS UNIDOS DA AMÉRICA. Courts. Code of Conduct for United States Judges.
55. BRASIL. Superior Tribunal de Justiça. Segunda Turma. Recurso especial n. 1.720.390.

prioridade, a economicidade, a duração razoável do processo, a dialogicidade, a desburocratização, a voluntariedade e a conciliação, conforme mencionados no art. 24 do anteprojeto do Regulamento do Sistema Nacional de Cooperação Judiciária do Poder Judiciário[56].

José Eduardo de Resende Chaves Júnior, todavia, aponta como princípios (postulados) a serem observados na cooperação judiciária a transversalidade, a mobilidade, desordenamento e complexidade, instantaneidade e resiliência, conectividade, a interatividade dialógica e a inovabilidade[57].

Já atualmente, conforme Res. n. 350/2020 do CNJ, tem-se indicados como princípios os "da celeridade, concisão, instrumentalidade das formas e unidade da jurisdição nacional", cabendo dar "prioridade ao uso dos meios eletrônicos" (§ 1º do art. 8º)[58].

Pode-se, porém, sem perder de vistas esses princípios e considerando o que foi elencado acima, estabelecer os critérios a serem observados para a reunião, apensamento ou centralização dos processos tendo em vista três fatores: i) a conveniência do ponto de vista do Poder Judiciário (Administração Pública), ii) a posição jurídica das partes envolvidas e iii) a estrutura orgânica e funcional do juízo para processamentos dos feitos.

5.1. Conveniência do Poder Judiciário

A conveniência da medida deve ser aferida a partir de três princípios constitucionais que vinculam o Poder Judiciário no seu agir, decorrendo para as partes os direitos correlatos: eficiência, economia e igualdade de tratamento.

5.1.1. Eficiência

Neste ponto é preciso destacar que o deslocamento de competência por cooperação judiciária é instrumento da Administração Pública para cumprir o mandamento constitucional da eficiência[59] da prestação do serviço público (*caput* do art. 37 da CF), agasalhado expressamente no art. 8º do CPC[60]. No caso, pondera-se

56. BRASIL. Conselho Nacional de Justiça. Anteprojeto de Resolução que institui o Sistema Nacional de Cooperação Judiciária. Anexo único do Anteprojeto de Resolução contendo a proposta de Regulamento do Sistema Nacional de Cooperação Judiciária, de 11 de julho de 2013, p. 164-190.

57. CHAVES JÚNIOR, José Eduardo de Resende. Cooperação judiciária na Justiça do Trabalho, p. 114-120.

58. BRASIL. Conselho Nacional de Justiça, Resolução n. 350, 27 de outubro de 2020. Disponível em: https://atos.cnj.jus.br/atos/detalhar/3556.

59. LUNARDI, Thaís Amoroso Paschoal. Atos concertados entre juízes cooperantes como ferramenta adequada de gestão processual: uma possibilidade para a aplicação do multidistrict litigation no sistema brasileiro, p. 373-378.

60. Sobre o tema, cf. JOBIM, Marco Félix. As funções da eficiência no processo civil brasileiro. São Paualo: Thomson Reuters Brasil, 2018, passim.

o princípio da eficiência com o do juiz natural aprioristicamente definido fazendo prevalecer, diante do caso concreto, um em detrimento do outro.

Eficiência pensada pela soma dos vetores produtividade (recursos utilizados e resultados obtidos), economicidade (redução de custos), qualidade, celeridade, presteza (custo-benefício), desburocratização e flexibilidade. Pensada numa concepção quantitativa (redução de gastos, maior produção, etc.) e qualitativa (serviço prestado da melhor forma efetivamente)[61].

Esse princípio, por sua vez, não se confunde com o da duração razoável do processo ou da economia processual. Como leciona, Eduardo Luiz Cavalcanti Campos, o da duração razoável do processo "exige que o processo finalize (com a criação da norma do caso e sua efetivação) em tempo razoável. O segundo [da economia] exige que os sujeitos processuais encontrem meios para diminuir os custos (não apenas financeiros) da prática dos atos processuais" [62]. Já o da eficiência "exige produtividade e qualidade do processo jurisdicional", inserindo-se, em sua normatividade, a gestão e gerenciamento do processo[63].

Logo, a mudança de competência, nesse caso, assim como previsto na legislação processual dos Estados Unidos nos casos de multidistrict litigacion (litígios em diversos juízos), deve ocorrer "quando a manutenção da causa no foro originariamente competente não for conveniente para a boa administração da justiça"[64], ou, mais ainda, quando exista um foro melhor (mais conveniente)[65].

Nessa ponderação deve ser levado em conta que, ainda que do dever de eficiência surja, em favor do administrado, o direito correlato de exigir a prestação do serviço público de forma eficiente, no caso do deslocamento de competência por ato de cooperação judiciária há certa predominância do interesse público em detrimento dos particulares. E isto justifica que a reunião, apensamento ou centralização dos processos possa ocorrer mesmo que todas

61. RODRIGUES, Marco Antonio dos Santos. PORTO, José Roberto Sotero de Mello. Princípio da eficiência processual e o direito à boa jurisdição, p. 452.
62. Entendendo que do ponto de vista quantitativo, no processo judicial, a eficiência se confunde com a economia processual e com a duração razoável do processo, cf. CUNHA, Leonardo Carneiro da. A previsão do princípio da eficiência no projeto do novo código de processo civil brasileiro, p. 71. Confundindo-se com a econômica processual, cf. DIDIER JR., Fredie. Curso de direito processual civil, vol. 1, p. 135.
63. CAMPOS, Eduardo Luiz Cavalcanti. O princípio da eficiência no processo civil brasileiro, p. 85.
64. NERY JÚNIOR, Nelson. Competência no processo civil norte-americano: o instituto do fórum (non) conveniens, p. 28-32.
65. A legislação processual norte-americana, expressamente, permite que haja o deslocamento da competência para os atos iniciais e de instrução do feito, quando haja conveniência paras as partes ou testemunhas, consoante disposto no § 1.404 do United States Code (USCODE), com a redação que lhe foi dada pela Public Law 112-63, §204, dispondo que "Para a conveniência das partes e testemunhas, no interesse da justiça, um tribunal de distrito pode transferir qualquer ação civil para qualquer outro foro ou divisão onde poderia ter sido ajuizada ou para qualquer distrito ou divisão em que todas as partes tenham consentido". Tradução livre do Autor. ESTADOS UNIDOS DA AMÉRICA. United States Code (USCODE).

as partes interessadas não concordem com essa medida. Nesta hipótese, portanto, a conveniência do interesse público predomina sobre todos os particulares envolvidos. O que também pode ocorrer em sentido inverso, ou seja, as partes desejarem o deslocamento, mas, por conveniência, os órgãos judiciais não concordarem concertar neste sentido.

Óbvio, ainda, que o deslocamento, nesse caso, pode ocorrer com a concordância de todos envolvidos (partes e órgãos judiciais) ou, ainda, com a resistência de apenas uma das partes interessadas.

Por esse critério, então, cabe aos juízes verificar se, com a reunião, apensamento ou centralização, haverá elevação da probabilidade de prestação jurisdicional com maior eficiência administrativa, em respeito ao disposto no caput do art. 37 da CF (melhor eficiência na gestão jurisdicional)[66].

5.1.2. Economia processual

Também, nesse ponto, deve-se avaliar se com a medida se estará contribuindo para economia processual, evitando, por exemplo, a prática de atos repetitivos ou que redundem em maior custos para as partes e para a própria Administração Pública, em especial quanto aos atos de instrução, evitando-se a produção de prova repetidamente[67].

5.1.3. Igualdade de tratamento

Por fim, cabe avaliar se com a medida se estará contribuindo para que seja respeitado o princípio da igualdade, que impõe ao Estado o dever de tratar isonomicamente aqueles que se encontram na mesma situação jurídica. Neste ponto, procura-se evitar decisões que podem, do ponto de vista extrajudicial, serem consideradas conflitantes ou contraditórias entre si.

Esse terceiro subcritério é, ao certo, o que mais se revela presente com a reunião, apensamento ou centralização dos processos. Isto porque, concentrando-se em um único juízo as diversas demandas, provavelmente as decisões tendem a não tratar desigualmente as pessoas que estão na mesma situação jurídica.

O princípio da igualdade, porém, deve ser levado em consideração, em ponderação com os demais, para definição da conveniência da medida, pois se ocorrer dos juízes ou tribunais, por exemplo, concertarem a centralização dos

66. CAMPOS, Maria Gabriela. O compartilhamento de competências no processo civil, p. 190-192.
67. ESTADOS UNIDOS DA AMÉRICA. Judicial Panel on Multidistrict Litigation. In re: Evenflo Company, Inc., Marketing, Sales Practices And Products Liability Litigation. MDL n. 2. 938.

processos em dois ou mais juízos, excluindo outros, a isonomia de tratamento buscada pode ficar comprometida.

Destaque-se, ainda, que nada impede que sejam, por atos de cooperação, designados dois ou mais juízes para atuar nos processos centralizados, especialmente na fase postulatória e de instrução, desde que o julgamento seja afetado apenas a um deles, de modo a evitar decisões conflitantes. Havendo, no entanto, entendimento uniforme entre os juízes, pode-se assegurar o julgamento a qualquer deles.

Contudo, é de se ressaltar que, ao verificar a conveniência da medida, os juízes e tribunais devem ponderar esses três subcritérios (eficiência, economia e igualdade), não necessariamente exigindo o respeito a todos eles. A eficiência, por exemplo, pode justificar a centralização dos processos em dois juízos, ainda que, com isso, corra-se risco de não ser observada a igualdade de tratamento.

5.2. Posição jurídica das partes envolvidas

O segundo critério a ser observado se tem em conta a posição jurídica das partes, tendo em vista o direito de defesa e suas expectativas com o direito objeto do litígio. Cabe esclarecer, no entanto, que por partes se deve entender, para este fim, são só aquelas que litigam no processo cuja competência pode ser deslocada, como, eventualmente, uma terceira pessoa que apenas litiga na demanda à qual aquele outro feito irá ser reunido ou apensado.

Há, pois, de se levar em conta a posição jurídica de todos envolvidos, já que com a reunião ou apensamento, eventualmente, poder-se-á atingir, de forma desproporcional, a posição jurídica da parte que apenas participa do processo--mãe) que serve de referência para atrair outros a serem reunidos e apensados.

5.2.1. Lugar de residência ou domicílio

Por este segundo critério (posição jurídica das partes envolvidas), o primeiro fator a ser considerado é o do lugar no qual as partes residem ou mantêm domicílio[68]. Com isso se busca assegurar o mais amplo acesso à justiça. E é lógico que, neste ponto, há de ser considerado se o processo se desenvolve ou não por meio eletrônico. Isto porque, ainda que a parte resida em local diverso do juízo, se o processo se desenvolve por meio eletrônico, o acesso estará facilitado independente da residência ou domicílio da parte[69].

---

68. CABRAL, Antonio do Passo. Juiz natural e eficiência processual: flexibilização, delegação e coordenação de competências no processo civil, p. 576.
69. CABRAL, Antonio do Passo. Juiz natural e eficiência processual: flexibilização, delegação e coordenação de competências no processo civil, p. 583.

Nesse ponto, tomando como referência as decisões do JPML, nos Estados Unidos, verifica-se que há uma preocupação de escolha do juízo que assegure o acesso mais fácil das partes. Daí porque, em casos de processos repetitivos, localizados em múltiplas localidades, ao longo de todo território americano, utiliza-se como um dos fatores determinantes o local que ofereça melhores condições de acesso, "inclusive analisando os meios de transporte"[70].

Assim, por exemplo, já se definiu para centralização das ações no Distrito Oeste do Missouri por ser um "local geograficamente central acessível às partes que vão da Califórnia à Flórida"[71] (de costa a costa), sem prejuízo de já ter sido considerado acessível um estado costeiro (Califórnia), um juízo localizado em uma área metropolitana (Distrito Sul da Califórnia), a capital federal (Distrito de Columbia), e outras localidades, a exemplo do Distrito da Flórida, o Distrito Norte da Georgia, o Distrito de Massachusetts (Boston), o Distrito de New Jersey e o Distrito de Nova York[72].

5.2.2. Local onde ocorreu o fato

O segundo fator é o do local onde ocorreram os eventuais fatos a serem apurados. Por óbvio, o juízo mais próximo do local tende a ser o mais eficiente para apreciar a causa, facilitando, com isso, o direito de defesa das partes, inclusive evitando despesas processuais com a produção de provas, além de contribuir para maior celeridade processual (evitando carta precatória pericial, etc.).

Aqui se procura aplicar a doutrina do *minimum contacts*, ou seja, procura-se evitar foros que não possua nenhuma proximidade com os fatos da causa[73]. Há de existir um mínimo contato.

5.2.3. Local da produção da prova

Próximo a esse segundo fator se tem como terceiro a ser considerado a maior possibilidade do exercício do direito de produção da prova, inclusive quanto a disponibilidade das testemunhas e o local da produção da prova pericial ou da inspeção judicial (acessibilidade às fontes das provas)[74]. Ou seja, a depender das causas, é importante avaliar a maior possibilidade da produção

70. CABRAL, Antonio do Passo. Juiz natural e eficiência processual: flexibilização, delegação e coordenação de competências no processo civil, p. 714.
71. ESTADOS UNIDOS DA AMÉRICA. Judicial Panel on Multidistrict Litigation. In re: Simply Orange Orange Juice Mktg. & Sales Practices Litig.
72. BRADT, Andrew D. The long arm of multidistrict litigation, p. 1.218-1.219. Na nota de rodapé n. 295 são indicados todos os respectivos precedentes.
73. CABRAL, Antonio do Passo. Juiz natural e eficiência processual: flexibilização, delegação e coordenação de competências no processo civil, p. 604.
74. BLAIR, Paxton. The Doctrine of Forum non Conveniens in Anglo-American Law, p. 24.

da prova, evitando-se despesas e prática de atos que tendem a retardar o processo (carta precatória, etc.), inclusive em relação ao comparecimento das testemunhas perante o juízo competente[75].

E aqui cabe distinguir esses dois últimos critérios. Isso porque, eventualmente o local onde ocorreram os fatos não seja aquele na qual a prova seja mais fácil de produzir. Por exemplo pode ocorrer das testemunhas que presenciaram o fato residirem em local diverso da ocorrência do evento objeto de investigação; pode ocorrer dos documentos estarem depositados em outro local, etc.

5.2.4. Vantagens processuais

Já um quarto subcritério (fator) seria a expectativa das partes geradas a partir de sua relação com o juízo originariamente competente. Neste caso, avalia-se as vantagens processuais que podem ser obtidas pelas partes, a exemplo da maior celeridade (duração razoável do processo), relevante diferenças de indenizações ou outros ganhos que podem ser obtidos, ou, ainda, em relação aos custos do processo[76].

É certo que, em regra, a possibilidade de a parte obter indenizações ou outros ganhos de maior monta não é um critério a ser observado[77]. Contudo, se ficar comprovado que há possibilidade de que a diferença seja de tal monta que ela revele uma injustiça, esse fator deve ser considerado[78].

Basta imaginar que haja ato concertado para deslocar as demandas para uma comarca localizada em Sergipe, deslocando-se os processos aforados na Bahia e em Alagoas, com a centralização em órgão judicial daquele primeiro Estado. Comprovando-se que as indenizações, em casos semelhantes, asseguradas pelo Tribunal de Justiça de Sergipe são significativas inferiores àquelas impostas pelos Tribunais de Justiça da Bahia ou de Alagoas, pode-se estar diante de uma situação na qual a expectativa das partes em relação ao que poderia ser obtido se respeitado o juízo naturalmente originário deva prevalecer sobre o ato de centralização, em juízo de ponderação.

Os custos do processo, ainda, devem ser levados em consideração[79], até porque, a depender da lei de organização estadual aplicável, a taxa judiciária pode prejudicar a situação jurídica da parte, lembrando, porém, que este fator

75. CABRAL, Antonio do Passo. Juiz natural e eficiência processual: flexibilização, delegação e coordenação de competências no processo civil, p. 578.
76. CABRAL, Antonio do Passo. Juiz natural e eficiência processual: flexibilização, delegação e coordenação de competências no processo civil, p. 613.
77. REINO UNIDO. England and Wales Court of Appeal (Civil Division) Decisions. Herceg Novi, Owners Of The Ship v Ming Galaxy, Owners Of The Ship [1998] EWCA Civ 1223 (16 July 1998).
78. REINO UNIDO. Queen's Bench Division (Admiralty Court). The "Vishva Abha" [1990] 2 Lloyd's Rep. 312.
79. CABRAL, Antonio do Passo. Juiz natural e eficiência processual: flexibilização, delegação e coordenação de competências no processo civil, p. 580 e 611.

pode ser afastado com a concessão dos benefícios da justiça gratuita, ainda que parcialmente (art. 98, § 6º, do CPC).

5.2.5. Lei aplicável

E por fim, como quinto fator, este vinculado ao devido processo legal e ao direito de defesa, tem-se como subcritério a ser considerado a lei processual aplicável à causa[80], assim como as eventuais normas de natureza material subjacente ao objeto do litígio. Isto porque, em relação à lei processual, a depender do juízo competente, a parte pode ser prejudicada na produção da prova, nos meios de impugnações e nos prazos para se manifestar.

Basta lembrar que, se a causa for deslocada da vara comum para o juizado especial, a parte tem limitada a produção da prova testemunhal, encurtado os prazos processuais e restringida a possibilidade de interpor recursos (por exemplo: agravo de instrumento e recurso especial). As questões relacionadas ao procedimento a ser adotado, assim, tem relevância para definição do juízo ao qual devem ser reunidos, apensados os centralizados os processos[81]. E, no caso, deve-se dar prioridade ao juízo "onde forem asseguradas mais garantias"[82]. Isto, porém, não impede a eventual centralização das demandas apenas para a realização dos atos instrutórios (com economia de atos e custos), assegurado ao juízo de origem o julgamento da causa[83].

5.3. Estrutura orgânica e funcional do juízo para processamentos dos feitos

Além dos critérios anteriores mencionados é preciso, ainda, levar em conta questões relacionadas ao órgão judicante em si a ser definido como o que deva processar os feitos a serem reunidos, apensados ou centralizados por ato de cooperação, bem como em relação ao perfil do magistrado cooperante tendo em vista as perspectivas geradas nas partes levando em consideração as regras pertinente gerais de definição do juízo natural (ainda que definido por distribuição em sorteio).

---

80. CABRAL, Antonio do Passo. Juiz natural e eficiência processual: flexibilização, delegação e coordenação de competências no processo civil, p. 609.
81. A este respeito, cf. HARTMANN, Guilherme Kronemberg. Controle da competência adequada no processo civil, p. 105-106.
82. CABRAL, Antonio do Passo. Juiz natural e eficiência processual: flexibilização, delegação e coordenação de competências no processo civil, p. 713.
83. CABRAL, Antonio do Passo. Juiz natural e eficiência processual: flexibilização, delegação e coordenação de competências no processo civil, p. 710; LUNARDI, Thaís Amoroso Paschoal. Coletivização da Prova. Técnicas de produção coletiva da prova e seus reflexos na esfera individual, p. 73-87. LUNARDI, Thaís Amoroso Paschoal. Atos concertados entre juízes cooperantes como ferramenta adequada de gestão processual: uma possibilidade para a aplicação do multidistrict litigation no sistema brasileiro, passim.

Assim, pode-se apontar três subfatores a serem considerados nesse ponto. Quanto ao juízo em si a ser definido, cabe observar a natureza da causa (disputa) e a possibilidade da realização da justiça substancial considerando a estrutura orgânica do órgão judicante. Já quanto à pessoa do juiz cabe ter em conta a possibilidade de realização da justiça substancial considerando o perfil do magistrado cooperante que irá presidir o julgamento dos feitos a serem reunidos, apensados ou centralizados.

5.3.1. Natureza da causa

A natureza da causa, isto é, o objeto litigioso posto a julgamento, é fator relevante na definição do juízo mais conveniente, já que se deve, a princípio, definir a competência em favor do juízo que detém maior aptidão e experiência, especialmente em caso de sua especialização, para conhecimento das demandas[84].

Por exemplo, entre definir a competência pelo juízo de comarca de vara única (sem especialização) e aquela, em outra comarca, que é especializada quanto a matéria objeto da causa, a princípio, este último se revela mais apto para julgamento dos feitos dada justamente sua especialização. Ou seja, entre centralizar, por exemplo, todas as causas consumeristas que tratam de determinada matéria em uma vara única de uma comarca do interior e a uma vara especializada do consumidor na Capital, a princípio esta última se revela mais adequada para realização a justiça substancial.

Conforme lições americanas, nos casos de *multidistricts litigation* (MDL), o juízo ideal seria:

> "aquele com algum conhecimento existente de um dos casos a ser centralizado e que já pode ter algum experiência com casos complexos, se o novo processo parecer exigir Por exemplo, um juiz já designado para muitos dos casos seria uma escolha provável, a menos que ele não consiga dedicar tempo aos processos a serem centralizados. Por outro lado, o Painel [JPML] pode optar por um juiz experiente disponível, mesmo que ele ou ela não participe de um distrito onde uma ou mais das ações constituintes foram originalmente propostas"[85].

A maior ou menos especialização do juízo, portanto, é fator a ser considerado no momento da definição da competência por cooperação judiciária, em ponderação com outros critérios.

---

84. REINO UNIDO. United Kingdom House of Lords Decisions. Spiliada Maritime Corp v Cansulex Ltd [1986] UKHL 10 (19 November 1986).
85. HEYBURN II, John G. A View from the Panel: Part of the Solution, p. 2.240. Tradução livre do Autor.

5.3.2. Estrutura orgânica do órgão judicante

Outro fator a ser considerado é a realização da justiça substancial considerando a estrutura orgânica do órgão judicante. Para tanto há de ser levado em conta a maior ou menor insuficiência de recursos materiais e humanos para a prestação do serviço jurisdicional, tendo em conta, ainda, o "volume de processos em tramitação na unidade jurisdicional para a qual serão encaminhados os processos"[86].

Aqui se aplica a teoria das capacidades institucionais, a qual busca apontar qual o órgão que possui mais capacidade e estrutura para apreciar a demanda. Esta teoria, aliás, foi aplicada pelo STF no julgamento do Agravo Regimental na Petição n. 3.240, quando teve a oportunidade de decidir quanto a competência para apreciação da ação de responsabilidade por improbidade administrativa, tendo em vista a alegação de que caberia respeitar o foro privilegiado em relação algumas autoridades.

Na oportunidade, o STF definiu ser competente o juízo de primeiro grau, afirmando, como segunda razão para concluir neste sentido, que isto se deve:

> "às capacidades institucionais dos juízos nos diferentes graus de jurisdição. Como regra, o juízo de primeiro grau tem melhores condições para conduzir a instrução processual, tanto por estar mais próximo dos fatos e das provas, quanto por ser mais bem aparelhado para processar tais demandas de modo célere. Essa constatação é especialmente aplicável ao STF. Além de não estar devidamente aparelhado para esse tipo de função, a atuação na instrução e julgamento das ações penais consome o escasso tempo deste Tribunal, impedindo-o de desempenhar a contento a sua função precípua de guardião da Constituição. Em terceiro lugar, o modelo é extremamente disfuncional e se presta a todo o tipo de manipulação de competência, mediante renúncia a mandato ou desistência de candidatura, entre outros expedientes"[87].

Por esse fator se deve ter em mente, ainda, a maior ou menor facilidade para execução. Isto porque, a depender da escolha, a privação do foro natural pode significar um obstáculo à satisfação do direito do autor. No caso, há de se verificar também se o juízo a ser escolhido oferece melhores condições materiais e humanas para execução da sentença condenatória.

Esse fator, relacionado à execução, porém, pode ser relevado, já que, a princípio, também por ato de cooperação, na fase de cumprimento da decisão se pode deslocar o feito para aquele no qual sua efetivação seja mais

86. ARAGÃO, Nilsiton Rodrigues de Andrade. Potencialidade e limites da cooperação nacional, p. 45.
87. BRASIL. Supremo Tribunal Federal. Agravo Regimental na Petição n 3.240.

adequada ou, pelo menos, neste outro se proceda nos atos de executivos, conforme, aliás, expressamente previsto no inciso VII do § 2º do art. 69 do CPC. Pode-se, ainda, neste caso, adotar-se, em relação às execuções individuais, as mesmas regras relativas às ações coletivas.

Significativo, ainda, mencionar, que, ao lado de outros fatores, o JPML, nos EUA, também considera como fator para escolha do juízo que irá concentrar as ações repetitivas o fato do juízo conter menos volume de processos ou o juiz não possuir processos complexos para apreciar[88].

Mas não só. É preciso ter maiores cuidados com os autores da demanda, procurando facilitar o acesso à justiça. Isso porque, em processos repetitivos, especialmente quando o réu tem atuação em diversos locais (cidades e Estados), é razoavelmente fácil para ele participar do processo em qualquer foro. Já para os autores, espalhados por diversas localidades, o acesso pode ser dificultado, ainda que o foro escolhido seja acessível fisicamente por diversos meios (por rodovia, avião, etc., como numa grande cidade, por exemplo). Daí porque, neste caso, a escolha deve recair em juízo que possua capacidade de aproveitar os benefícios da tecnologia de comunicação[89].

Assim, cabe verificar se o juízo escolhido tem capacidade para, não só tramitar o processo por meio eletrônico, mas também poder realizar as audiências com transmissão pela rede mundial de computadores (via web), com as gravações disponibilizadas no site do Tribunal[90].

5.3.3. Perfil do magistrado

Por fim, tem-se como fator relevante a realização da justiça substancial o perfil do magistrado cooperante que irá dirigir os processos a serem reunidos, apensados ou centralizados. Neste ponto, considerando as perspectivas geradas às partes a partir a regra geral de definição da competência, com a indicação, em consequência, do magistrado julgador (ou seu relator), é importante a análise do seu perfil, considerando sua capacidade funcional, experiência, opções ideológicas, inclusive religiosas, etc.

Pode-se citar, aqui, o precedente americano nas ações propostas contra a empresa Silicone Gel Breast Implants Prod, nas quais se discutia a delicada questão

---

88. ESTADOS UNIDOS DA AMÉRICA. Judicial Panel on Multidistrict Litigation. In re: Simply Orange Orange Juice Mktg. & Sales Practices Litig.
89. BRADT, Andrew D. The long arm of multidistrict litigation, p. 1.235; REDISH, Martin H. KARABA, Julie. One Size Doesn't Fit All: Multidistrict Litigation, Due Process, and the Dangers of Procedural Collectivism, p. 152-153; CABRASER , Elizabeth J. ISSACHAROFF, Samuel. The Participatory Class Action, p. 849-850.
90. BRADT, Andrew D. The long arm of multidistrict litigation, p. 1.235.

quanto a responsabilidade por implantes de mama com gel de silicone supostamente defeituosos. No caso, a JPML (1992), centralizando as demandas, decidiu por indicar um juiz que possuia "habilidade e temperamento para dirigir esse litígio complexo de forma estável e sensível às preocupações de todas as partes"[91].

No caso, considerou-se que,

> "como nenhuma localização única se destaca como o ponto focal geográfico para a centralização nacional, o escopo de nossa pesquisa abrangeu o universo dos juízes do distrito federal. Ao selecionar o Juiz-Chefe Pointer, ex-membro do nosso Painel, Presidente do Conselho de Editores do Manual para Litígios Complexos, Presidente do Comitê Consultivo de Regras Civis da Conferência Judicial e um experiente juiz multidistrital, estamos a confiar esta atribuição importante e desafiadora a um jurista distinto"[92].

Observa-se, por essa decisão, que se preferiu, diante do caso concreto, indicar um juiz com "habilidade e temperamento" para conduzir o caso delicado, considerando, ainda, sua experiência e conhecimento técnico ("jurista distinto").

Também em outro precedente, em múltiplas demandas, nas quais não se extraiu um local como fator relevante para atrair as diversas ações propostas contra um fabricante de drywall de atuação nacional, em litisconsórcio com empresas locais, como construtores e fornecedores, o JPML (2009) preferiu centralizar os procedimentos no Distrito Leste da Louisiana por ser presidido por um juiz "com ampla experiência em litígios multidistritais, bem como a capacidade e temperamento de dirigir esse complexo litígio"[93].

Como exemplo, ainda, pode-se mencionar decisão mais recente da JPML (2020), na qual, além de considerar a sede do foro (Distrito Oeste de Missouri, localizado no centro-oeste dos EUA continental), "centralmente localizado e facilmente acessível", levou-se em conta que o juiz responsável "está familiarizado com as questões do litígio", além de ser "jurista experiente com capacidade e vontade de dirigir o processo com eficiência"[94].

Aliás, a JPML também tem levado em consideração, como fator para a escolha do juízo competente para as ações a serem centralizadas, a motivação e

91. ESTADOS UNIDOS DA AMÉRICA. Judicial Panel on Multidistrict Litigation. In re Silicone Gel Breast Implants Products Liability Litigation.
92. ESTADOS UNIDOS DA AMÉRICA. Judicial Panel on Multidistrict Litigation. In re: Silicone Gel Breast Implants Products Liability Litigation. Tradução livre do Autor.
93. ESTADOS UNIDOS DA AMÉRICA. Judicial Panel on Multidistrict Litigation. In Re: Chinese-Manufactured Drywall Products Liab. Tradução livre do Autor.
94. ESTADOS UNIDOS DA AMÉRICA. Judicial Panel on Multidistrict Litigation. In re: Smitty's/Cam2 303 Tractor Hydraulic Fluid Marketing, Sales Practices and Products Liability Litigation, MDL n. 2.936. Tradução livre do Autor.

a disposição do juiz titular do foro[95]. Verifica-se se o juiz "está disposto e apto a aceitar a tarefa"[96]. E, neste ponto, o JPML não se furta de ter contato direto (verdadeiro ato de cooperação à luz do direito brasileiro) com o juiz para conhecer de sua disposição, com o objetivo de conciliar a escolha de um juiz experiente, motivado e disponível em um local conveniente para os litigantes[97].

Nesse mesmo sentido, a depender da causa a ser decidida, pode-se não alcançar a justiça substancial quando o julgador, por exemplo, revela-se preconceituoso (por motivo de raça, cor, etnia, orientação sexual, religião, estado civil, situação familiar, deficiência, idade, descendência ou origem nacional entre outros)[98] e, por conta dessa sua característica, não ser capaz de não fornecer uma decisão justa.

Da mesma forma, a opção política-ideológica ou religiosa do magistrado, manifestada em outras oportunidades, seja em decisões judicial, seja extrajudicialmente, pode também conduzir a uma decisão injusta a depender da natureza da causa. São situações, aliás, que podem conduzir, inclusive, à suspeição do magistrado. E, lembre-se: a imparcialidade é o núcleo duro do devido processo legal[99]. E com ela não se pondera. Pode-se até flexibilizar em relação a outras questões relacionadas ao devido processo legal (limitar a produção da prova; suprimir recurso, etc.), mas a imparcialidade não admite ponderação, sob pena de se negar a própria justiça[100].

Aqui, no caso, há de se aplicar o princípio de que o juiz deve ser abster "de intervir naquelas causas nas quais se veja comprometida a sua imparcialidade ou, nas quais um observador razoável possa entender que há motivo para pensar assim"[101]. E a percepção de um terceiro de que "o juiz não é imparcial pode surgir de diversos modos, por exemplo, da percepção de um conflito de interesses, do comportamento do juiz na corte, ou das associações e atividades do juiz fora dela"[102].

Observe-se que aqui há a preocupação com o que "um observador razoável possa entender que há motivo para pensar assim". E o:

---

95. HEYBURN II, John G. A View from the Panel: Part of the Solution, p. 2.240.
96. BRADT, Andrew D. The long arm of multidistrict litigation, p. 1.217. Tradução livre do Autor.
97. HEYBURN II, John G. A View from the Panel: Part of the Solution, p. 2.241.
98. Art. 10 do Código Ibero-Americano de Ética Judicial; ORGANIZAÇÃO DAS NAÇÕES UNIDAS (ONU). Comentários aos Princípios de Bangalore de Conduta Judicial, p. 67.
99. COSTA, Eduardo José da Fonseca. Levando a imparcialidade a sério. Proposta de um modelo interseccional entre direito processual, economia e psicologia, p. 115.
100. Sobre a parcialidade positiva, cf. SOUZA, Artur César de. A parcialidade positiva do juiz. São Paulo: Almedina, 2018. ISBN 978-85-849-3181-8.
101. Art. 11 do Código Ibero-Americano de Ética Judicial; ORGANIZAÇÃO DAS NAÇÕES UNIDAS (ONU). Comentários aos Princípios de Bangalore de Conduta Judicial, p. 65-66.
102. ORGANIZAÇÃO DAS NAÇÕES UNIDAS (ONU). Comentários aos Princípios de Bangalore de Conduta Judicial, p. 66.

> "O teste usualmente adotado é o de saber se um observador sensato poderia, vendo o problema realística e praticamente, apreender uma falta de imparcialidade no juiz. Se houver apreensão de parcialidade, ela deve ser analisada do ponto de vista de um observador sensato"[103].

Isso porque:

> "o que está em questão é a confiança com que as cortes, em uma sociedade democrática, devem inspirar no público, incluindo uma pessoa acusada. Consequentemente, qualquer juiz a cujo respeito houver razão legítima para temer uma falta de imparcialidade deve retirar-se"[104], de modo a manter a integridade do próprio Poder Judiciário[105].

Destaque-se, ainda, que nesse caso, até mais do que em outros procedimentos, para que não pairem dúvidas quanto a conduta do juiz cooperante, já que por ato volitivo dele a competência pode ser modificada, atraindo para si os processos a reunir, apensar ou centralizar, cabe seguir as orientações da International Bar Association em relação à seleção dos árbitros. Neste caso, então, cabe ao magistrado revelar se existem "fatos ou circunstâncias que possam, aos olhos das partes, suscitar dúvidas quanto à imparcialidade ou independência"[106]. Isto porque, esse dever de revelação se "assenta no princípio de que as partes têm um interesse em ser totalmente informadas sobre quaisquer circunstâncias que, a seu ver, possam ser relevantes"[107].

E aqui o juiz há de pensar não sob sua ótica pessoal (sobre o que pensa sobre sua imparcialidade), mas, sim, sobre o que a parte pode concluir (o que o outro pode pensar) quanto a circunstância que pode ser relevante. E, quando diante de "qualquer eventual dúvida quanto à necessidade de revelação de determinados factos ou circunstâncias", ela deve ser "resolvida em favor da revelação"[108]. Ou seja, na dúvida, cabe ao juiz revelar a circunstância de modo

---

103. ORGANIZAÇÃO DAS NAÇÕES UNIDAS (ONU). Comentários aos Princípios de Bangalore de Conduta Judicial, p. 67.
104. ORGANIZAÇÃO DAS NAÇÕES UNIDAS (ONU). Comentários aos Princípios de Bangalore de Conduta Judicial, p. 66. Sobre o tema, cumpre o estudo destes comentários desenvolvidos pela ONU sobre os princípios da Bangalore.
105. ORGANIZAÇÃO DAS NAÇÕES UNIDAS (ONU). Oficina de las Naciones Unidas contra ça Droga y el Delito. Convención de las Naciones Unidas contra la Corrupción. Guía de aplicación y marco de evaluación para el artículo 11, p. 11-15.
106. INTERNACIONAL BAR ASSOCIATION (IBA). Diretrizes da IBA sobre Conflitos de Interesses em Arbitragem Internacional, p. 6.
107. INTERNACIONAL BAR ASSOCIATION (IBA). Diretrizes da IBA sobre Conflitos de Interesses em Arbitragem Internacional, p. 7.
108. INTERNACIONAL BAR ASSOCIATION (IBA). Diretrizes da IBA sobre Conflitos de Interesses em Arbitragem Internacional, p. 7.

a deixar a cargo da parte ("no juízo de um terceiro razoável"[109]) definir se considera a circunstância relevante para definir a parcialidade ou não.

> "Por esse enfoque, o standard aplicável deixaria de ser um de autoavaliação subjetiva do juiz e assumiria conformação de aparência exterior objetiva, isto é, aquela que toma por base a 'confiança do público' ou de um 'observador sensato'. Em outras palavras, a aferição de impedimento e suspeição, a partir do texto da lei, haveria de levar em conta, além do realmente ser, o parecer ser aos olhos e impressões da coletividade de jurisdicionados. Em suma, não se cuidaria de juízo de realidade interna (ótica individual do juiz), mas, sim, de juízo de aparência externa de realidade (ótica da coletividade de jurisdicionados)"[110].

Assim, muito útil, por exemplo, é considerar, com a devida ponderação e no que couber, as listas exemplificativas posta nas Diretrizes da IBA sobre Conflitos de Interesses em Arbitragem Internacional[111], inclusive quanto a fatos que, "de um ponto de vista objetivo", o juiz não tem "qualquer dever de revelar" (Lista Verde)[112].

Nesse ponto, ainda, relacionado ao perfil do magistrado cooperante, há de ser considerada a debilidade endêmica do magistrado configurada com prolação de decisões injustas[113], em atraso, com deficiente de fundamentação[114], pouco preparo técnico, etc.[115], assim como a sua inexperiência em relação ao tema da cognição ou na condução de processos quando de maior complexidade.

Ou seja,

> "aspectos ligados ao próprio magistrado ou aos magistrados que ficarão responsáveis pela condução dos processos também devem ser ponderados. Devem-se privilegiar, por exemplo, profissionais que tenham maior experiência em casos similares, que possuam uma formação acadêmica mais específica para a matéria central do debate ou que se mostrem eficientes na condução do ato a ser realizado. Tais elementos também devem ser aferidos

---

109. INTERNACIONAL BAR ASSOCIATION (IBA). Diretrizes da IBA sobre Conflitos de Interesses em Arbitragem Internacional, p. 5.
110. BRASIL. Superior Tribunal de Justiça. Segunda Turma. Recurso especial n. 1.720.390.
111. INTERNACIONAL BAR ASSOCIATION (IBA). Diretrizes da IBA sobre Conflitos de Interesses em Arbitragem Internacional, p. 18-25.
112. INTERNACIONAL BAR ASSOCIATION (IBA). Diretrizes da IBA sobre Conflitos de Interesses em Arbitragem Internacional, p. 18.
113. CASTRO CABALLERO, Fernando Alberto (Dir.). Código Iberoamericano de Ética Judicial comentado, p. 63-68.
114. CABRAL, Antonio do Passo. Juiz natural e eficiência processual: flexibilização, delegação e coordenação de competências no processo civil, p. 584.
115. Cf., a respeito, ATIENZA, Manuel. VIGO, Rodolfo Luís. Código Ibero-americano de ética judicial, p. 7-26.

> de forma objetiva, por meio, por exemplo, de assentos funcionais e de estatísticas"[116].

Cabe lembrar que um dos valores mencionados na declaração sobre os Princípios de Conduta Judicial de Bangalore é o da "competência e diligência" como requisitos para a "devida execução do ofício judicante" (Valor 6)[117]. E, sobre este valor-princípio, a própria ONU, em comentários, leciona que,

> "A competência na execução dos deveres judiciais requer conhecimento legal, habilidade, minúcia e preparação. A competência profissional do juiz deve ser evidente no cumprimento de seus deveres. A competência judicial pode ser diminuída e comprometida quando um juiz tem a capacidade mental prejudicada por álcool, drogas ou outros meios físicos ou mentais capazes de lhe causar dano. Em um pequeno número de casos, pode ser produto de inadequada experiência, problemas de personalidade e temperamento, bem como produto da nomeação para o cargo de juiz de uma pessoa que é inadequada para exercê-lo, demonstrando essa inadequação na execução dos deveres do cargo. Em alguns casos, isso pode ser o produto da incapacidade ou deficiência mental para a qual a única solução, extrema, pode ser a remoção constitucional do cargo"[118].

Já quanto a diligência comenta que:

> "Considerar sobriamente, decidir imparcialmente e agir eficientemente são todos os aspectos da diligência judicial. A diligência também inclui lutar vigorosamente pela imparcial e equitativa aplicação da lei e pela prevenção de abuso do processo. A habilidade para exibir diligência na execução dos deveres judiciais pode depender da carga de trabalho, da adequação dos recursos, incluindo a provisão de funcionários de suporte e assistência técnica, e o tempo para pesquisa, deliberação, escrita e outros deveres do juiz, além de tomar assento na sala de julgamento"[119].

E, neste ponto, a declaração dispõe que esse princípio de competência e diligência do magistrado impõe que o:

> "juiz deve tomar medidas sensatas para manter e aumentar o seu conhecimento, habilidade e qualidades pessoais necessárias para a execução apropriada dos deveres judiciais, tomando vantagem,

116. ARAGÃO, Nilsiton Rodrigues de Andrade. Potencialidade e limites da cooperação nacional, p. 45.
117. ORGANIZAÇÃO DAS NAÇÕES UNIDAS (ONU). The Bangalore Principles of Judicial Conduct.
118. ORGANIZAÇÃO DAS NAÇÕES UNIDAS (ONU). Escritório Contra Drogas e Crime (Unodc). Comentários aos Princípios de Bangalore de Conduta Judicial, p. 129.
119. ORGANIZAÇÃO DAS NAÇÕES UNIDAS (ONU). Escritório Contra Drogas e Crime (Unodc). Comentários aos Princípios de Bangalore de Conduta Judicial, p. 129.

para esse fim, de treinamentos e outros recursos que possam estar disponíveis, sob controle judicial, para os juízes" (item 6.3)[120].

Ao magistrado, ainda, compete "executar todos os seus deveres, incluindo a entrega de decisões reservadas, eficientemente, de modo justo e com razoável pontualidade" (item 6.5)[121] e "não deve se envolver com condutas incompatíveis com o cumprimento diligente dos deveres judiciais" (item 6.7)[122].

Deve, da mesma forma,

> "manter a ordem e o decoro em todos os procedimentos da corte e ser paciente, digno e cortês com relação aos litigantes, jurados, testemunhas, advogados e outros com os quais deva lidar em sua capacidade oficial. O juiz deve requerer conduta semelhante dos representantes legais, funcionários da corte e outros sujeitos à sua influência, direção ou controle" (item 6.6)[123].

Da mesma forma, cabe ao juiz:

> "tomar medidas sensatas para manter e aumentar o seu conhecimento, habilidade e qualidades pessoais necessárias para a execução apropriada dos deveres judiciais, tomando vantagem, para esse fim, de treinamentos e outros recursos que possam estar disponíveis, sob controle judicial, para os juízes" (item 6.3)[124].

Neste sentido, cabe mencionar que, como demonstra a experiência americana na seleção do juiz competente para as *multidistricts litigation*,

> "o objetivo do Painel é associar um juiz experiente, conhecedor, motivado e disponível em um local conveniente a um grupo específico de casos. O Painel, portanto, tenta aplicar esses fatores em um determinado caso de maneira a mais beneficiará os litigantes e o Judiciário. O único objetivo do Painel é beneficiar o sistema como um todo, em vez de uma parte específica ou um ponto de vista específico no processo. E, claramente, essas decisões envolvem considerável discrição e intuição"[125].

---

120. ORGANIZAÇÃO DAS NAÇÕES UNIDAS (ONU). Escritório Contra Drogas e Crime (Unodc). Comentários aos Princípios de Bangalore de Conduta Judicial, p. 132.
121. ORGANIZAÇÃO DAS NAÇÕES UNIDAS (ONU). Escritório Contra Drogas e Crime (Unodc). Comentários aos Princípios de Bangalore de Conduta Judicial, p. 136.
122. ORGANIZAÇÃO DAS NAÇÕES UNIDAS (ONU). Escritório Contra Drogas e Crime (Unodc). Comentários aos Princípios de Bangalore de Conduta Judicial, p. 140.
123. ORGANIZAÇÃO DAS NAÇÕES UNIDAS (ONU). Escritório Contra Drogas e Crime (Unodc). Comentários aos Princípios de Bangalore de Conduta Judicial, p. 137-138.
124. ORGANIZAÇÃO DAS NAÇÕES UNIDAS (ONU). Escritório Contra Drogas e Crime (Unodc). Comentários aos Princípios de Bangalore de Conduta Judicial, p. 132.
125. HEYBURN II, John G. A View from the Panel: Part of the Solution, p. 2.241. Tradução livre do Autor.

Em relação à capacidade técnica do juiz, pode-se destacar que, a depender do objeto do litígio, a sua formação acadêmica em outras áreas do conhecimento pode ser fator relevante. É o caso do juiz que tem formação em engenharia, em medicina, etc. São conhecimentos que, dado o objeto da causa, auxiliam bastante o julgador, tanto na condução da instrução, como no julgamento final.

Não se pode descartar, ainda, o próprio conhecimento privado do juiz, que, a depender da causa, também serve de facilitador e para mais adequada prestação jurisdicional, desde que ela não prejudique sua imparcialidade[126].

É certo, porém, que o juiz especialista na questão (sucessão, família, societário, recuperação judicial, desapropriação, tributos, consumidor, etc.) tende a prestar um serviço com mais eficiência[127] e, geralmente, com mais disposição para dirigir o processo na qual se debate tema de sua especialização.

Os princípios de Bangalore servem também de subsídios, pois, para verificação da imparcialidade, competência técnica e diligência do magistrado. Deve-se, ainda, neste ponto, como já dito acima, seguir, da mesma forma, as lições que se extraem do Código de Ética da Magistratura Nacional, do Código Ibero-Americano de Ética Judicial[128] e, no que for pertinente, as Diretrizes da IBA sobre Conflitos de Interesses em Arbitragem Internacional[129]. Isto porque, ao lado das regras de impedimento e suspeição dos juízes, contidos nos diversos diplomas legais brasileiros (CPC, CPP, CLT e Código Eleitoral), esses normativos formam um verdadeiro microssistema de aferição da imparcialidade do magistrado.

A expertise do juiz, portanto, também é fator a ser considerado[130].

6. CONSIDERAÇÕES PARCIAIS

A partir do que foi dito acima, percebe-se que são diversos fatores que podem ser levados em consideração quando da concertação para deslocamento de competência por cooperação judiciária, levando-se em conta a perspectiva da parte diante do que seria o foro natural e o juiz respectivo responsável

126. VOGT, Fernanda Costa. Cognição do juiz no processo civil: flexibilidade e dinamismo dos fenômenos cognitivos, p. 209-213; CABRAL, Antonio do Passo. Juiz natural e eficiência processual: flexibilização, delegação e coordenação de competências no processo civil, p. 680.
127. CABRAL, Antonio do Passo. Juiz natural e eficiência processual: flexibilização, delegação e coordenação de competências no processo civil, p. 345.
128. CIMEIRA JUDICIAL IBERO-AMERICANA. Código Ibero-Americano de Ética Judicial.
129. INTERNACIONAL BAR ASSOCIATION (IBA). Diretrizes da IBA sobre Conflitos de Interesses em Arbitragem Internacional.
130. CABRAL, Antonio do Passo. Juiz natural e eficiência processual: flexibilização, delegação e coordenação de competências no processo civil, p. 575.

pela causa. Por exemplo, de nada adianta considerar que uma vara especializada, dada a natureza da causa, seria mais adequada, se o magistrado que a dirige não é diligente, é inexperiente e tem pouco preparo técnico ou está desatualizado.

Daí porque, Antonio do Passo Cabral, resumindo, sugere que,

> "em linhas gerais, pode-se dizer que o juízo adequadamente competente para a centralização é aquele do local onde todos ou muitos dos fatos comuns ocorreram, onde um número considerável de casos já esteja pendente, onde um ou alguns magistrados tenham expertise necessária e já sejam familiarizados com o conflito, em que não haja um grande contingenciamento ou assoberbamento do acervo, e onde as serventias possuam condições estruturais para gerir todos os processos centralizados"[131].

Pode-se citar, ainda, recente decisão do JPML, quando decidiu centralizar os processos repetitivos no Distrito no qual o único demandado tem sua sede e "lá, portanto, documentos e testemunhas relevantes provavelmente estarão localizados", tendo havido concordância dos autores, considerando, ainda, que o juiz "está familiarizado com os problemas deste litígio"[132].

Para finalizar, Nilsiton Rodrigues de Andrade Aragão lembra que "é possível que em alguns casos não haja um consenso entre os juízos cooperantes sobre qual deles deva centralizar as demandas". Daí sugerir que se pode "buscar inspiração no modelo procedimental de consolidação e coordenação gerencial do multidistrict litigation, mostrando-se conveniente que os tribunais constituam um órgão com competência para deliberar sobre a matéria". E que, "embora isso aumente a complexidade do procedimento, tal medida pode ser a única forma de evitar um impasse ou insegurança sobre a competência"[133].

No caso, diante do impasse, se for o caso, ou se provoca o conflito positivo ou negativo de competência, com fundamento no art. 66, inciso III, do CPC ("entre 2 (dois) ou mais juízes surge controvérsia acerca da reunião ou separação de processos"), incluindo neste preceito a hipótese de centralização dos processos, ou se sugere que, por ato de cooperação prévia entre todos os órgãos judiciais, seja estabelecido, que, diante do impasse, cumpre a um órgão do

131. CABRAL, Antonio do Passo. Juiz natural e eficiência processual: flexibilização, delegação e coordenação de competências no processo civil, p. 714-715.
132. ESTADOS UNIDOS DA AMÉRICA. Judicial Panel on Multidistrict Litigation. In re: Lowe's Companies, Inc., Fair Labor Standards Act (FLSA) and Wage and Hour Litigation. MDL n.. 2947. Nos processos se debate sobre as horas de labor devidas aos gerentes, inclusive em decorrência do tempo gasto lendo e respondendo comunicações em smartphone relacionadas ao trabalho "fora do horário de serviço".
133. ARAGÃO, Nilsiton Rodrigues de Andrade. Potencialidade e limites da cooperação nacional, p. 46.

Tribunal (por exemplo, ao Núcleo de Cooperação Judiciária; uma determinada Turma; o Órgão Especial; o Corregedor, etc.), deliberar a respeito do conflito, nos moldes do Judicial Panel on Multidistrict Litigation (JPML) dos EUA.

Óbvio, ainda, que, atento ao princípio da cooperação estampado no art. 6º do CPC, aliado a seus arts. 9º e 10, é imperioso e conveniente que todos os sujeitos interessados sejam consultados, oportunidade na qual eles podem ser instados a indicar o juízo que entendem como mais adequado, com suas razões[134] e se concordam com a alteração[135].

7. CONCLUSÃO

Em conclusão, pode-se afirmar que quando da celebração do ato concertado para reunião, apensamento ou centralização de processos cabe avaliar a legalidade dessas medidas. Os critérios, no entanto, estabelecidos para escolha do juízo que irá conduzir os processos servem para que se busque, por cooperação judiciária, deslocar o feito para o juízo mais adequado, de foro mais conveniente.

Pode-se estabelecer os critérios a serem observados para a reunião, apensamento ou centralização dos processos tendo em vista três fatores: i) a conveniência do ponto de vista do Poder Judiciário (Administração Pública), ii) a posição jurídica das partes envolvidas e iii) a estrutura orgânica e funcional do juízo para processamentos dos feitos.

A conveniência da Administração Judiciária deve observar os princípios da eficiência, economia processual e igualdade.

Em relação à posição jurídica das partes devem ser observados os critérios do domicílio do réu, do local onde ocorreram os fatos a serem apurados, o local da maior possibilidade e facilidade para produzir a prova, a expectativa das partes geradas a partir de sua relação ao juízo natural originariamente competente e, por fim, a lei processual aplicável à causa e as leis de natureza material subjacentes ao objeto litigioso posto a julgamento.

Já quanto a estrutura orgânica e funcional do juízo, cabe observar os critérios da natureza da causa, a estrutura orgânica do juízo, tendo em vista seus recursos materiais e humanos, e, por fim, o perfil do magistrado cooperante que irá dirigir os processos a serem reunidos, apensados ou centralizados.

---

134. CABRAL, Antonio do Passo. Juiz natural e eficiência processual: flexibilização, delegação e coordenação de competências no processo civil, p. 712.

135. CABRAL, Antonio do Passo. Juiz natural e eficiência processual: flexibilização, delegação e coordenação de competências no processo civil, p. 614.

REFERÊNCIAS

AMERICAN BAR ASSOCIATION (ABA). Model Code of Judicial Conduct. he Model Code of Judicial Conduct was adopted by the House of Delegates of the American Bar Association on August 7, 1990 and amended on August 6, 1997, August 10, 1999, August 12, 2003, February 12, 2007, and August 10, 2010. Chicago, Illinois, EUA. 2020. Disponível: https://www.americanbar.org/content/dam/aba/administrative/professional_responsibility/mcjc_migrated/spanish.pdf. Acesso em: 20 jul. 2020.

ARAGÃO, Nilsiton Rodrigues de Andrade. Potencialidade e limites da cooperação nacional. Civil Procedure Review, v. 11, n. 1: jan.-abr. 2020. Disponível em: http://www.civilprocedurereview.com/?option=com_content&view=article&id=866. Acesso em: 17 jul. 2020. ISSN 2191-1339.

ATIENZA, Manuel. VIGO, Rodolfo Luís. Código Ibero-americano de ética judicial. – Brasília: CJF, 2008. Disponível em: http://www.poderjudicial.es/cgpj/pt/CIEJ/Codigo-Ibero-Americano-de-Etica-Judicial/ Acesso em: 18 jul. 2020.

BARRETT JR., Edward L. The Doctrine of "Forum Non Conveniens". California Law Review, Vol. 35, No. 3 (Sep., 1947), pp. 380-422. California Law Review, Inc. Disponível em: https://www.jstor.org/stable/3477253. Acesso em: 18 jun. 2020. ISSN 0008-1221.

BENEDUZI, Renato Rezende. Forum non conveniens. In: MACÊDO, Lucas Baril. PEIXOXO, Ravi. FREIRE, Alexandre (orgs.). Coleção Novo CPC. Doutrina Selecionada. Parte geral. Vol. 1. 2 ed. Salvador: Juspodivm, 2016, p. 799-818. ISBN 978-85-442-0740-6. Disponível em: https://www.academia.edu/24405537/Forum_non_conveniens.

BLAIR, Paxton. The Doctrine of Forum Non Conveniens in Anglo-American Law. Columbia Law Review, Vol. 29, n. 1, Jan., 1929, p. 1-34. Columbia Law Review Association, Inc. Disponível em: http://www.jstor.com/stable/1113459. Acesso em: 23 jun. 2020, ISSN 0010-1958.

BORGES SEGUNDO, Edval. O conteúdo e aplicabilidade do princípio do juiz natural. Belo Horizonte: Dialética, 2020. ISBN 978-658740276-5.

BRADT, Andrew D. The long arm of multidistrict litigation. William and Mary Law Review. Vol. 59, n. 4, p. 1.165-1.238, março 2018. Disponível em: https://scholarship.law.wm.edu/cgi/viewcontent.cgi?article=3741&context=wmlr. Acesso em: 30 jul. 2020. e-ISSN 2374-8524.

BRAGA, Paula Sarno. Competência adequada. Revista de Processo, vol. 219/2013, p. 13-41, Maio 2013. São Paulo: Revista dos Tribunais. ISSN 0100-1981.

BRASIL. Conselho Nacional da Justiça. Código de Ética da Magistratura Nacional. Aprovado na 68ª Sessão Ordinária do Conselho Nacional de Justiça, do dia 06 de agosto de 2008, nos autos do Processo nº 200820000007337. Diário de Justiça, p. 1-2, de 18 de setembro de 2008. Brasília. Disponível em: https://www.cnj.jus.br/codigo-de-etica-da-magistratura/. Acesso em: 18 jul. 2020.

BRASIL. Conselho Nacional de Justiça, Resolução n. 350, 27 de outubro de 2020. Estabelece diretrizes e procedimentos sobre a cooperação judiciária nacional entre os órgãos do Poder Judiciário e outras instituições e entidades, e dá outras providências. Brasília. 2020. Disponível em: https://atos.cnj.jus.br/atos/detalhar/3556. Acesso em: 03 nov. 2020.

BRASIL. Conselho Nacional de Justiça. Anteprojeto de Resolução que institui o Sistema Nacional de Cooperação Judiciária. Anexo único do Anteprojeto de Resolução contendo a proposta de Regulamento do Sistema Nacional de Cooperação Judiciária, de 11 de julho de 2013. Disponível em: https://media.wix.com/ugd/e5d4a8_41c4e9bf6a-63442653296df518410994.pdf. Acesso em: 02 jul. 2020.

BRASIL. Superior Tribunal de Justiça. Primeira Seção. Conflito de competência n. 164.362, Rel. Min. Herman Benjamin. Julgamento 12/06/2019. Diário Oficial Eletrônico 19/12/2019. Brasília. 2019. Disponível em: https://ww2.stj.jus.br/processo/revista/documento/mediado/?componente=ITA&sequencial=1830254&num_registro=201900695568&data=20191219&formato=PDF. Acesso em: 22 jun. 2020.

BRASIL. Superior Tribunal de Justiça. Primeira Seção. Conflito de competência n. 47.950, Rela. Mina. Denise Arruda. Julgamento 11/04/2007. Diário Oficial Eletrônico 07/05/2007. Brasília. 2007. Disponível em: https://ww2.stj.jus.br/processo/revista/documento/mediado/?componente=ITA&sequencial=684053&num_registro=200500125682&data=20070507&formato=PDF. Acesso em: 22 jun. 2020.

BRASIL. Superior Tribunal de Justiça. Primeira Turma. Recurso especial n. 1.158.766. Rel. Min. Luiz Fux. Julgamento 08/09/2010. Diário de Justiça Eletrônico 22/09/2010. Brasília. 2010. Disponível em: https://ww2.stj.jus.br/processo/revista/documento/mediado/?componente=ITA&sequencial=1002081&num_registro=200901946181&data=20100922&formato=PDF. Acesso em 18 jun. 2020.

BRASIL. Superior Tribunal de Justiça. Quinta Turma. Habeas corpus n. 102.193. Rela. Mina. Laurita Vaz. Julgamento 02/02/2010. Diário Oficial Eletrônico 22/03/2010. Brasília. Disponível em: https://ww2.stj.jus.br/processo/revista/documento/mediado/?componente=ITA&sequencial=940074&num_registro=200800578792&data=20100322&formato=PDF. Acesso em: 21 jul. 2020.

BRASIL. Superior Tribunal de Justiça. Segunda Seção. Conflito de competência n. 111.130. Rel. Nancy Andrighi. Julgamento 08/09/2010. Diário de Justiça Eletrônico 01/02/2011. Disponível em: https://scon.stj.jus.br/SCON/GetInteiroTeorDoAcordao?num_registro=201000501648&dt_publicacao=01/02/2011. Acesso em: 10 set. 2020.

BRASIL. Superior Tribunal de Justiça. Segunda Turma. Recurso especial n. 1.720.390. Rel. Min. Herman Benjamin. Julgamento 13/08/2019. Diário Oficial Eletrônico 04/09/2019. Brasília. 2007. Disponível emhttps://ww2.stj.jus.br/processo/revista/documento/mediado/?componente=ITA&sequencial=1697911&num_registro=201800171452&data=20190312&formato=PDF. Acesso em: 18 jul. 2020.

BRASIL. Superior Tribunal de Justiça. Terceira Turma. Recurso especial 1.633.275, Rel. Min. Ricardo Villas Bôas Cueva. Julgamento 08/11/2016. Diário Oficial Eletrônico de 14/11/2016. Brasília. 2016. Disponível em: https://ww2.stj.jus.br/processo/revista/documento/mediado/?componente=ITA&sequencial=1552812&num_registro=201201763125&data=20161114&formato=PDF. Acesso em: 22 jun. 2020.

BRASIL. Supremo Tribunal Federal. Agravo Regimental na Petição n 3.240. Rel. Min. Teori Zavascki. Redator do acórdão. Min. Roberto Barroso. Julgamento 10/05/2018. Diário Oficial Eletrônico 21/08/2018. Brasília. 2018. Disponível em: http://redir.stf.jus.br/paginadorpub/paginador.jsp?docTP=TP&docID=748003291. Acesso em: 18 jun. 2020.

CABRAL, Antonio do Passo. Juiz natural e eficiência processual: flexibilização, delegação e coordenação de competências no processo civil. Tese apresentada no concurso de provas e títulos para provimento do cargo de Professor Titular. Faculdade de Direito da Universidade do Estado do Rio de Janeiro. Rio de Janeiro: edição do autor, 2017.

CABRASER , Elizabeth J. ISSACHAROFF, Samuel. The Participatory Class Action. New York University Law Review. Vol. 92, n. 4, p. 846-877, outubro de 2017. Disponível em: https://www.nyulawreview.org/wp-content/uploads/2018/08/NYULawReview-92-4-CabraserIssacharoff.pdf. Acesso em: 31 jul. 2020.

CAMPOS, Eduardo Luiz Cavalcanti. O princípio da eficiência no processo civil brasileiro. Rio de Janeiro: Forense, 2018. ISBN 978-85-309-7983-6.

CAMPOS, Maria Gabriela. O compartilhamento de competências no processo civil: um estudo do sistema de competências sob o paradigma da Cooperação Nacional. Salvador: Juspodivm, 2020. ISBN: 978-65-5680-096-7.

CANADÁ. British Columbia. Court Jurisdiction and Proceedings Transfer Act [SBC 2003] CHAPTER 28. Disponível em: https://www.bclaws.ca/civix/document/id/complete/statreg/03028_01#section11. Acesso em: 03 ago. 2020.

CANADÁ. Supreme Court Judgments. Amchem Products Incorporated v. British Columbia (Workers' Compensation Board). Data 25/03/1993. Report [1993] 1 SCR 897. Case number 22.256. Disponível em: https://scc-csc.lexum.com/scc-csc/scc-csc/en/item/981/index.do. Acesso em 03 ago. 2020.

CASTRO CABALLERO. Fernando Alberto (Dir.). Código Iberoamericano de Ética Judicial comentado. Bogotá: Imprenta Nacional de Colombia/ Consejo Superior de la Judicatura. ISBN: 978-958-5570-13-9. Disponível em: http://www.poderjudicial.es/cgpj/pt/CIEJ/Codigo-Ibero-Americano-de-Etica-Judicial/. Acesso em: 18 jul. 2020. p. 63-68.

CHAVES JÚNIOR, José Eduardo de Resende. Cooperação judiciária na Justiça do Trabalho. Revista do Tribunal Regional do Trabalho 3ª região. V. 61, n. 92, jul/dez 2015. Belo Horizonte, ISSN 0076-8855, p. 107-130. Disponível em: https://portal.trt3.jus.br/escola/institucional/revista/revista-92/@@cached-display-file/pdf_version_file/revista-92.pdf?m=2020_02_19_13_15_06. Acesso em: 02 jul. 2020.

CIMEIRA JUDICIAL IBERO-AMERICANA. Código Ibero-Americano de Ética Judicial. Adotado em 22 de junho de 2006 no XIII Cumbre Judicial Iberoamericana, Santo Domingo, República Dominicana, e modificato em 2 de abril de 2014 na XVII Reunión Plenaria de la Cumbre Judicial Iberoamericana en Santiago de Chile. Disponível em: http://www.poderjudicial.es/cgpj/pt/CIEJ/Codigo-Ibero-Americano-de-Etica-Judicial/. Acesso em: 18 jul. 2020.

COONEY, John F. The Experience of Transferee Courts under the Multidistrict Litigation Act. The University of Chicago Law Review, Vol. 39, n. 3 (Spring, 1972), p. 588-611. The University of Chicago Law Review. Disponível em: https://www.jstor.org/stable/1598862. Acesso em: 17 jul. 2020.

COSTA, Eduardo José da Fonseca. Levando a imparcialidade a sério. Proposta de um modelo interseccional entre direito processual, economia e psicologia. Salvador: Juspodivm, 2018. ISBN 978-85-442-2224-9.

CUNHA, Leonardo Carneiro da. A previsão do princípio da eficiência no projeto do novo código de processo civil brasileiro. Revista de Processo, v. 233, p. 65-84, jul. 2014. ISSN 0100-1981.

CUNHA, Leonardo Carneiro da. Jurisdição e competência. 2 ed. São Paulo: Revista dos Tribunais, 2013. ISBN 978-85-203-4958-8.

DIDIER JR, Fredie. Cooperação judiciária nacional. Esboço de uma teoria para o direito brasileiro (arts. 67-69, CPC). Salvador: Juspodivm, 2020. ISBN 978-85-442-3285-9.

DIDIER JR, Fredie. ZANETI JR., Hermes. Princípio da competência adequada, Conflitos coletivos multipolares e competências materiais distintas. Revista de Direito do Consumidor, vol. 128, p. 403-414, mar-abr de 2020. São Paulo: Revista dos Tribunais. ISSN 1415-7705.

DIDIER JR., Fredie. Curso de direito processual civil. Vol. 1. 22. ed. Salvador: Juspodivm, 2020. ISBN 978-85-442-3290-3.

DIDIER JR., Fredie. LIPIANI, Júlia. Incidente de resolução de demandas repetitivas. Eficácia interpretativa do princípio federativo sobre o direito processual. Federalismo processual. Contraditório no processamento do incidente de resolução de demandas repetitivas. (Parecer). Revista de Processo, vol. 300, p. 153-195, fev. 2020. ISSN 0100-1981.

ESTADOS UNIDOS DA AMÉRICA. Courts. Code of Conduct for United States Judges. Effective before March 12, 2019. Disponível em: https://www.uscourts.gov/sites/default/files/code_of_conduct_for_united_states_judges_effective_march_12_2019.pdf. Acesso em: 20 jul. 2020.

ESTADOS UNIDOS DA AMÉRICA. Federal Judicial Center. The Manual for Complex Litigation, Fourth. Third printing 2020 Washington, DC: Federal Judicial Center, 2004. Disponível em PDF: https://www.fjc.gov/sites/default/files/materials/30/Manual%20for%20Complex%20Litigation_Fourth%20Edition_Third%20Printing_2020.pdf.

ESTADOS UNIDOS DA AMÉRICA. Judicial Panel on Multidistrict Litigation. In re: "East of the Rockies" CONCRETE PIPE Antitrust Cases. Docket n. 12. May 23, 1969. In Re Concrete Pipe, 302 F. Supp. 244 (J.P.M.L. 1969). Disponível em: https://www.courtlistener.com/opinion/2006906/in-re-concrete-pipe/. Acesso em: 17 jul. 2020.

ESTADOS UNIDOS DA AMÉRICA. Judicial Panel on Multidistrict Litigation. In re: Silicone Gel Breast Implants Products Liability Litigation. n. 926. June 25, 1992. In Re Silicone Gel Breast Implants Prod. L. Lit., 793 F. Supp. 1098 (J.P.M.L. 1992). Disponível em: https://www.courtlistener.com/opinion/1368866/in-re-silicone-gel-breast-implants-prod-l-lit/. Acesso em: 17 jul. 2020.

ESTADOS UNIDOS DA AMÉRICA. Judicial Panel on Multidistrict Litigation. In re: Smitty's/Cam2 303 Tractor Hydraulic Fluid Marketing, Sales Practices and Products Liability Litigation, MDL n. 2.936. June 02.2020. Disponível em: https://www.jpml.uscourts.gov/sites/jpml/files/MDL-2936-Transfer%20Order-5-20.pdf. Acesso em: 23 jul. 2020.

ESTADOS UNIDOS DA AMÉRICA. Judicial Panel on Multidistrict Litigation. In re: Evenflo Company, Inc., Marketing, Sales Practices And Products Liability Litigation. MDL n. 2. 938. June 02.2020. Disponível em: https://www.jpml.uscourts.gov/sites/jpml/files/MDL-2938-Transfer%20Order-5-20.pdf. Acesso em: 23 jul. 2020.

ESTADOS UNIDOS DA AMÉRICA. Judicial Panel on Multidistrict Litigation. In Re: Chinese-Manufactured Drywall Products Liab., 626 F. Supp. 2d 1346 (J.P.M.L. 2009). MDL n. 2.047. 15 jun. 2009. Disponível em: https://www.courtlistener.com/opinion/2421348/in-re-chinese-manufactured-drywall-products-liab/?. Acesso em: 30 jul. 2020.

ESTADOS UNIDOS DA AMÉRICA. Judicial Panel on Multidistrict Litigation. In re: Simply Orange Orange Juice Mktg. & Sales Practices Litig., 867 F. Supp. 2d 1344, 1345 (J.P.M.L. 2012). MDL n. 2.631. Junho 2012. Disponível em: https://www.classaction.org/media/nf-simply-orange.pdf. Acesso em: 30 jul. 2020.

ESTADOS UNIDOS DA AMÉRICA. Judicial Panel on Multidistrict Litigation. In re: Lowe's Companies, Inc., Fair Labor Standards Act (FLSA) and Wage and Hour Litigation. MDL n.. 2947 (J.P.M.L. 2020). Disponível em: https://www.jpml.uscourts.gov/sites/jpml/files/MDL-2947-Transfer%20Order-7-20.pdf. Acesso em: 04 ago. 2020.

ESTADOS UNIDOS DA AMÉRICA. United States Code (USCODE). Disponível em: https://uscode.house.gov/browse/prelim@title28/part4&edition=prelim. Acesso em: 22 jun. 2020.

HARTMANN, Guilherme Kronemberg. Controle da competência adequada no processo civil. Trabalho apresentado como requisito parcial para obtenção do título de Doutor, ao Programa de Pós-Graduação em Direito, da Universidade do Estado do Rio de Janeiro. Área de concentração: Estado, Processo e Sociedade Internacional.. Faculdade de Direito da Universidade do Estado do Rio de Janeiro. Rio de Janeiro: edição do autor, 2018.

HEYBURN II, John G. A View from the Panel: Part of the Solution. Tulane Law Review. Vol. 82, p. 2.225-2.244. 2007-2008. Tulane University Law School. Disponível em: file:///D:/Downloads/A%20View%20from%20the%20Panel-Part%20of%20the%20Solution_Heyburn-2008.pdf. Acesso em: 17 jul. 2020. ISSN 0041-3992.

INTERNACIONAL BAR ASSOCIATION (IBA). Diretrizes da IBA sobre Conflitos de Interesses em Arbitragem Internacional. Adotada por resolução de 23 de outubro de 2014 do Conselho da IBA. Tóquio. Tradução Ethics/Deontology Committee of the Portuguese Arbitration Association. Coords. Sofia Martins e Pedro Metello de Nápoles. Londres: International Bar Association, 2014. ISBN: 978-0-948711-36-7. Disponível em: https://www.ibanet.org/Search/Search.aspx?query=Conflicts%20of%20Interest%20in%20International%20Arbitration%20portuguese. Acesso em 18 jul. 2020.

JOBIM, Marco Félix. As funções da eficiência no processo civil brasileiro. São Paulo: Thomson Reuters Brasil, 2018. ISBN 978-85-549-4741-5.

KENNETT , Wendy. Forum Non Conveniens in Europe. The Cambridge Law Journal, Vol. 54, No. 3 (Nov., 1995), pp. 552-577. Cambridge University Press on behalf of Editorial Committee of theCambridge Law Journal. Disponível em: https://www.jstor.org/stable/4508128. Acesso em: 19 jun. 2020. ISSN 0008-1973 (Print), 1469-2139 (Online).

LUNARDI, Thaís Amoroso Paschoal. Atos concertados entre juízes cooperantes como ferramenta adequada de gestão processual: uma possibilidade para a aplicação do multidistrict litigation no sistema brasileiro. In: ARENHART, Sérgio Cruz. MITIDIERO, Daniel (Coords.). O processo civil entre a técnica processual e a tutela de direitos. Estudos em homenagem a Luiz Guilherme Marinoni. São Paulo: Revista dos Tribunais, 2017. ISBN 978-85-203-7175-6. p. 367-389.

LUNARDI, Thaís Amoroso Paschoal. Coletivização da Prova. Técnicas de produção coletiva da prova e seus reflexos na esfera individual. Tese apresentada como requisito parcial à conclusão do curso de Doutorado em Direito das Relações Sociais no Programa de Pós-Graduação da Faculdade de Direito da Universidade Federal do Paraná. Curitiba: Edição da Autora, 2018. Disponível em: https://acervodigital.ufpr.br/bitstream/handle/1884/58147/R%20-%20T%20-%20THAIS%20AMOROSO%20PASCHOAL%20LUNARDI.pdf?sequence=1&isAllowed=y. Acesso em: 01 ago. 2020.

LUPOI, Michele Angelo. Confliti transnazionali di giurisdiziono. Tomo I. Policies, metodi, critério di collegamento. Milão: Giuffrè, 2002. ISBN 88-14-09666-X.

MANOLIS, F. Mikis. VERMETTE, Nathaly J. HUNGERFORD, Robert F. The Doctrine of Forum Non Conveniens: Canada and the United States Compared. FDCC Quarterly (The Federation of Defense & Corporate Counsel Quarterly). Vol. 60, n. 1, p. 3-34, outono 2009. Tampa/Flórida-EUA. ISSN 1544-9947. Disponível em: https://cdn.ymaws.com/thefederation.site-ym.com/resource/resmgr/docs/Quarterly/Archive/QuarterlyFall09V601.pdf. Acesso em: 01 ago. 2020.

MEIRELES, Edilton. Dever de gestão processual adequada. Revista Brasileira de Direito Processual. v. 76, p. 21-36, 2011. ISSN 0100-2589.

NERY JÚNIOR, Nelson. Competência no processo civil norte-americano: o instituto do fórum (non) conveniens. Revista dos Tribunais, vol. 781/2000, p. 28-32, Nov 2000, São Paulo: Revista dos Tribunais, p. 782. ISSN 0034-9275.

ORGANIZAÇÃO DAS NAÇÕES UNIDAS (ONU). Escritório Contra Drogas e Crime (Unodc). Comentários aos Princípios de Bangalore de Conduta Judicial / Escritório Contra Drogas e Crime. Tradução de Marlon da Silva Malha, Ariane Emílio Kloth. – Brasília: Conselho da Justiça Federal, 2008. s/ISBN. Disponível em: https://www.unodc.org/res/ji/import/international_standards/commentary_on_the_bangalore_principles_of_judicial_conduct/bangalore_principles_portuguese.pdf. Acesso em: 22 jun. 2020.

ORGANIZAÇÃO DAS NAÇÕES UNIDAS (ONU). Oficina de las Naciones Unidas contra ça Droga y el Delito. Convención de las Naciones Unidas contra la Corrupción. Guía de aplicación y marco de evaluación para el artículo 11. Nova York: Nações Unidas, 2015. s/ISBN. Disponível em: file:///D:/Downloads/Implementation_Guide_and_Evaluative_Framework_for_Article_11_-_Spanish.pdf. Acesso em: 20 jul. 2020.

ORGANIZAÇÃO DAS NAÇÕES UNIDAS (ONU). The Bangalore Principles of Judicial Conduct. The Bangalore Draft Code of Judicial Conduct 2001 adopted by the Judicial Group on Strengthening Judicial Integrity, as revised at the Round Table Meeting of Chief Justices held at the Peace Palace, The Hague, November 25-26, 2002. Aprovado pelo Consejo Económico y Social pela Resolução 2006/23, de 27 de julho de 2006. Disponível em:

https://www.unodc.org/pdf/crime/corruption/judicial_group/Bangalore_principles.pdf. Acesso em: 22 jun. 2020.

ORGANIZAÇÃO DOS ESTADOS AMERICANOS (OEA). Convenção Americana sobre Direitos Humanos. Assinada na Conferência Especializada Interamericana sobre Direitos Humanos. San José, Costa Rica, em 22 de novembro de 1969. Disponível em: https://www.cidh.oas.org/basicos/portugues/c.convencao_americana.htm. Acesso em: 21 jul. 2020.

PEIXOTO, Ravi. O forum non conveniens e o processo civil brasileiro: limites e possibilidade. Revista de Processo, vol. 279, p. 381-415, maio de 2018. São Paulo: Revista dos Tribunais. ISSN 0100-1981.

REDISH, Martin H. KARABA, Julie. One Size Doesn't Fit All: Multidistrict Litigation, Due Process, and the Dangers of Procedural Collectivism. Boston University Law Review, vol. 95, n. 1, janeiro de 2015, p. 109-154. Disponível em: https://www.bu.edu/bulawreview/files/2015/02/REDISH.pdf. Acesso em: 23 jul. 2020.

REINO UNIDO. England and Wales Court of Appeal (Civil Division) Decisions. Herceg Novi, Owners Of The Ship v Ming Galaxy, Owners Of The Ship [1998] EWCA Civ 1223 (16 July 1998). Disponível em: http://www.bailii.org/ew/cases/EWCA/Civ/1998/1223.html. Acesso em: 11 jun. 2020.

REINO UNIDO. Queen's Bench Division (Admiralty Court). The "Vishva Abha" [1990] 2 Lloyd's Rep. 312. Disponível em: https://www.i-law.com/ilaw/doc/view.htm?id=149787. Acesso em: 12 jun. 2020.

REINO UNIDO. United Kingdom House of Lords Decisions. Spiliada Maritime Corp v Cansulex Ltd [1986] UKHL 10 (19 November 1986). Disponível em: http://www.bailii.org/uk/cases/UKHL/1986/10.html. Acesso em: 11 jun. 2020.

RICHARDS, Daniel A. An Analysis of the Judicial Panel on Multidistrict Litigation's Selection of Transferee District and Judge. Fordham Law Review. Vol. 78, n. 1, p. 311-348. Disponível em: https://ir.lawnet.fordham.edu/cgi/viewcontent.cgi?article=4496&context=flr. Acesso em 17 jul. 2020. ISSN 0015-704X.

RODRIGUES, Marco Antonio dos Santos. PORTO, José Roberto Sotero de Mello. Princípio da eficiência processual e o direito à boa jurisdição. In: SICA, Heitor. CABRAL, Antonio. SEDLACEK, Federico; ZANETI JR., Hermes (Org.). Temas de direito processual contemporâneo. Vol. 1, p. 445-475. Serra (ES): Milfontes, 2019. ISBN: 978-85-94353-85-6.

SOUZA, Artur César de. A parcialidade positiva do juiz. São Paulo: Almedina, 2018. ISBN 978-85-849-3181-8.

STEINMAN, Joan. Law of the Case: A Judicial Puzzle in Consolidated and Transferred Cases and in Multidistrict Litigation. University of Pennsylvania Law Review, Mar., 1987, Vol. 135, n. 3 (Mar., 1987), p. 595-706. The University of Pennsylvania Law Review. Disponível em: http://www.jstor.com/stable/3312078. Acesso em: 17 jul. 2020.

VASCONCELOS, Antônio Gomes de. SENA, Gabriela de Campos. A cooperação judiciária como estratégia de administração da justiça: a plurivocidade do conceito e sua dimensão processual. In: GUSTIN, Miracy Barbosa de Sousa. LOPES, Mônica Sette. NICÁCIO, Camila

Silva Nicácio (orgs). Eficiência, eficácia e efetividade: velhos desafios ao novo Código de Processo Civil. Belo Horizonte: Initia Via, 2016. ISBN: 978-85-64912-95-3, p. 35-79.

VIANA, Isadora Passos Amaral. Centralização de processos e cooperação judiciária: terceiro mecanismo de resolução de casos repetitivos. Trabalho de conclusão de curso apresentado como requisito parcial para obtenção do grau de bacharel em Direito pela Faculdade de Direito da Universidade Federal da Bahia. Salvador: edição da autora, 2019.

VOGT, Fernanda Costa. Cognição do juiz no processo civil: flexibilidade e dinamismo dos fenômenos cognitivos. Salvador: Juspodivm, 2020. ISBN 978-65-5680-072-1.

WEILER, Joseph H. H. Forum Non Conveniens. An English Doctrine? The Modern Law Review, Vol. 41, No. 6 (Nov., 1978), pp. 739-744. Wiley on behalf of the Modern Law Review. Disponível em: https://www.jstor.org/stable/1095688. Acesso em: 18 jun. 2020. ISSN 0026-7961 (print) 1468-2230 (web).

WILLIAMS, Margaret S. GEORGE, Tracey E. Between Cases and Classes: The Decision to Consolidate Multidistrict Litigation. (August 3, 2009). Disponível em: https://ssrn.com/abstract=1443377 or http://dx.doi.org/10.2139/ssrn.1443377. Acesso em: 23 jul. 2020.

ZANETI, Graziela Argenta. Jurisdição adequada para os processos coletivos transnacionais. São Paulo: Revista dos Tribunais, 2020. ISBN 978-65-5065-172-5.

ZARONI, Bruno Marzullo. Multidistrict Litigation: a experiência norte-americana na tutela dos interesses de massa. Disponível em: http://www.lex.com.br/doutrina_25632222_MULTIDISTRICT_LITIGATION_A_EXPERIENCIANORTE_AMERICANA_NA_TUTELA_DOS_INTERESSES_DE_MASSA.aspx. Acesso em: 20 jul. 2020.

CAPÍTULO 17

Tutela coletiva, cooperação e transfederalismo: compartilhando problemas e soluções[1]

José Arthur Castillo de Macedo[2]

Thaís Amoroso Paschoal[3]

Sumário: Introdução – 1. O caso Rio Doce – 2. Transfederalismo – 3. Cooperação judiciária nacional: superando as dificuldades da divisão estática de competências em ações coletivas e incentivando a cooperação federativa – Conclusão – Referências bibliográficas.

INTRODUÇÃO

O Judiciário é comumente chamado a resolver problemas decorrentes de relações que se estabelecem entre indivíduos e instituições, e daquelas em que se disputam reconhecimentos recíprocos de outros cidadãos, ou nas quais se pretende afirmar identidades sociais cada vez mais pluralistas.

Há algum tempo, e diante da evidente insuficiência do processo civil tradicional para tanto, a doutrina se preocupa com técnicas que possam ajudar a resolver essas questões. Se, por um lado, o Judiciário não tem, *a priori*, legitimidade e capacidade de agir sobre determinadas questões que afetam a estrutura e o funcionamento de outras instituições, por outro deve oferecer uma resposta aos problemas que lhe são colocados.

As ferramentas e estruturas dos séculos XVIII ou XIX não explicam esses novos problemas complexos. Problemas de massa, conflitos multipolares, danos

---

1. Trabalho apresentado no ICON-S 2019 - Public Law in Times of Change? no painel "Sovereignty, constitution and democracy: tensions, contradictions and convergences in the 21st Century (Part B)", em 2019, em Santiago, Chile.
2. Doutor em Direito do Estado (UFPR), é professor de Direito do IFPR (Colombo -PR), pesquisador do Centro de Estudos da Constituição (CCONS) da UFPR. Advogado. Membro da Comissão de Estudos Constitucionais da OAB/PR,
3. Doutora e mestre em Direito pela Universidade Federal do Paraná. Professora de Direito Processual Civil na Universidade Positivo, em Curitiba/PR e Supervisora do Núcleo de Práticas Jurídicas dessa Instituição. Pesquisadora dos Núcleos de Pesquisa Meios adequados de solução heterônoma de conflitos, dentro e fora do Estado, e Direito Processual Civil Comparado, do PPGD-UFPR, ambos integrantes da ProcNet - Rede Internacional de Pesquisa - Justiça Civil e Processo Contemporâneo. Pesquisadora do CCONS - Centro de Estudos da Constituição, do PPGD-UFPR. É membro integrante do Instituto Brasileiro de Direito Processual e da Processualistas. Membro a Comissão de Acesso à Justiça, da OAB/PR. Advogada.

de escopo e magnitude nunca pensados, bem como problemas originários de um mundo rápido e hiperconectado, no qual longas distâncias são superadas em segundos graças à internet e conexões sem fio. Um mundo, inclusive, de colapsos ambientais com danos que extrapolam as fronteiras dos Estados e países, com dimensões antes impensadas.

Nesse contexto, visões e ferramentas tradicionais, baseadas na divisão estática de competências federativas e jurisdicionais, mostram a fragilidade das técnicas voltadas à proteção dos direitos, e é necessário pensar em um Processo do século XXI, voltado para a construção interna de técnicas adequadas, mas também com uma preocupação *além dos muros*, com a promoção da democracia, o diálogo interinstitucional e o uso de mecanismos cooperativos para o enfrentamento dos problemas. Além disso, é necessário repensar a distribuição das competências, pois os interesses são diversos, há disputas de poder e as relações federativas são muito mais dinâmicas e conflitantes do que se pensa normalmente.

Neste trabalho pretendemos apresentar uma primeira reflexão sobre formas de se compreender a Federação, menos essencialista e mais dinâmica, combinada com técnicas processuais adequadas para enfrentar os complexos problemas jurídicos do século XXI.

A partir do caso Rio Doce - originado com o rompimento da barragem em Mariana/MG com inúmeros danos individuais e coletivos com abrangência em diversas cidades de diferentes Estados - pretende-se mostrar que problemas com essa complexidade exigem ações cooperativas em dois níveis. Há, de fato, relações transversais de poder, que exigem uma visão cooperativa e ações coordenadas dos poderes, muitas vezes proporcionada pelo Poder Judiciário. Além disso, a atuação jurisdicional cooperativa permite a prática compartilhada de atos comuns, proporcionando uma prestação jurisdicional eficiente e efetiva, com incentivo ao diálogo e às práticas cooperativas entre diferentes órgãos do Poder Judiciário, e entre estes e outros entes constitucionalmente competentes para a solução dos problemas.

1. O CASO RIO DOCE

Em 05 de novembro de 2015, um desastre marcou fortemente o Brasil. O rompimento da barragem de Mariana/MG resultou em danos ao Rio Doce, que possui uma área de drenagem de 86.715 quilômetros (86 mil, setecentos e quinze quilômetros). O rio abastece 230 municípios, em Minas Gerais e Espírito Santo.

A tragédia atingiu 41 cidades, com uma degradação ambiental de 240,88 hectares de mata atlântica e o alcance de 3 reservas indígenas. Mais de 50 milhões de metros cúbicos de lama foram despejados em terra e rios, 29.300

peixes foram encontrados mortos[4]. Houve danos ao ecossistema marinho, há espécies ameaçadas de extinção, pessoas morreram, muitas ficaram feridas, além dos danos materiais (individuais e coletivos). Foi, até hoje, o maior acidente ambiental do Brasil e um dos maiores do mundo.

Além das ações individuais e da ação penal propostas, há mais de trinta ações coletivas que tramitam na Justiça Federal de Minas Gerais[5]. Houve uma ação coletiva de R$ 20 trilhões proposta pela União e pelos Estados de Minas Gerais e Espírito Santo, municípios afetados pela tragédia e autarquias ambientais responsáveis pela fiscalização. Nesta ação foi assinado um TAC (Termo de Ajustamento de Conduta), ou seja, um acordo coletivo transacional, para a criação de uma *claim resolution facility* com a Fundação Renova. Esse TAC não foi validado porque não houve envolvimento do Ministério Público (MP). O MP iniciou, então, uma nova ação de R$ 155 bilhões, e as duas ações foram reunidas na 12ª Vara Federal de Belo Horizonte/MG[6].

Outras ações foram propostas pelo Ministério Público Federal: (a) Ação civil pública proposta em 27 de novembro de 2015 (1ª Vara Federal de Colatina/ES), com o objetivo de obrigar o Serviço Colatinense de Saneamento Ambiental e Ambiental (SANEAR), autarquia do Município de Colatina, a interromper a captação e distribuição de água do Rio Doce ou de outro espaço hídrico contaminado pela onda de lama, rejeitos e outras peculiaridades, decorrentes do rompimento da barragem de *Fundão* e garantir temporariamente o abastecimento seguro de água oriunda do Rio Doce para a sociedade; b) A referida ação civil pública proposta em 3 de maio de 2016 (12ª Vara Federal da Seção Judiciária de Minas Gerais) contra as empresas Samarco Minera-o S.A, Vale S/A e BHP Billiton Brasil Ltda, e contra a União Federal e os Estados de Minas Gerais e Espírito Santo, para que sejam obrigados a reparar integralmente os danos sociais, econômicos e ambientais causados pelo rompimento da barragem de *Fundão*, em Mariana/MG; c) Ação civil pública proposta em 3 de fevereiro de 2016 (1ª Vara Federal de Linhares/ES), para ser imediatamente proibida a pesca

4. Dados extraídos do endereço eletrônico do Ministério Público Federal: http://www.mpf.mp.br/grandes-casos/caso-samarco/o-desastre Acesso em 31 julho 2019.
5. "Um primeiro problema enfrentado foi a necessidade de conexão para evitar decisões conflitantes. As ações foram montadas por decisão em conflito de jurisdição, julgada pelo Superior Tribunal de Justiça que determinou a competência da Justiça Federal de Belo Horizonte, capital do Estado de Minas Gerais. A decisão diz respeito à ideia de concorrência adequada por duas razões, desloca a concorrência para um dos Estados em causa, evitando o Distrito Federal, e preserva ações que abordam impactos locais, ainda que coletivos, sobre as cidades afetadas. Assim, preserva a principal regra do processo coletivo ambiental brasileiro que é a concorrência do dano local (art. 2º, LACP)" (ZANETI JR., Hermes. *Processo coletivo no Brasil...*, p. 246-278).
6. ZANETI JR., Hermes. Processo coletivo no Brasil: sucesso ou decepção? In REICHELT, Luís Alberto; JOBIM, Marco Félix. *Coletivização e Unidade do Direito*. Londrina: Editora Thoth, p. 246-278.

de qualquer natureza, exceto aquela destinada à pesquisa científica, na região da Desembocadura do Rio Doce nas áreas afetadas[7].

Alguns acordos foram celebrados nessas ações. O primeiro (18 de janeiro de 2017) foi um acordo preliminar com as empresas Samarco, Vale e BHP Billinton estipulando algumas medidas. O objetivo foi definir medidas que poderiam contribuir para a celebração de um acordo nas ações da 12ª Vara Federal de Belo Horizonte.

Em 5 de junho de 2017, o Ministério Público firmou convênio com as empresas Samarco, Vale e BHP Billinton Brasil, para a contratação de empresa para assessoria técnica às vítimas na cidade de Barra Longa (MG). Um acordo aditivo foi assinado com as empresas Samarco, Vale e BHP Billinton Brasil em 16 de novembro de 2017, para a oferta de assessoria técnica às vítimas de toda a bacia do Rio Doce e uma análise de danos socioeconômicos.

Em 25 de junho de 2018, o "TAC Governança" – assinado por representantes do Ministério Público Federal, Ministério Público dos Estados de Minas Gerais e Espírito Santo, Defensoria Pública dos Estados e União Federal, nove órgãos públicos, e das empresas Samarco Mineração, Vale e BHP Billiton Brasil criou novas estruturas para garantir a participação efetiva dos atingidos nas decisões sobre os danos[8].

O caso Rio Doce é emblemático, pois envolve algumas questões relevantes e complementares. Primeiro, revela o que chamamos de transfederalismo. O conceito de transfederalismo consiste em uma visão não essencialista do federalismo e das instituições estatais. No próximo item explicaremos três pontos principais que nos levam a descrever o caso Rio Doce como um bom exemplo para explicar as relações transfederais.

Uma compreensão mais complexa do federalismo é necessária para expor como o Judiciário pode agir em situações como essa, após a ocorrência de danos irreversíveis e que requerem a atuação concertada de atores (estatais) em diferentes níveis da Federação com entidades privadas e com a população.

Ao mesmo tempo, o caso demonstra a necessidade de se compreender o Judiciário como um espaço de diálogo e cooperação[9], permitindo a prática concertada, eficiente e eficaz de atos processuais comuns, até mesmo para

7. Dados extraídos do endereço eletrônico do Ministério Público Federal: http://www.mpf.mp.br/grandes-casos/caso-samarco/atuacao-do-mpf/atuacao-na-1a-instancia/acoes Acesso em 30 de julho de 2019.
8. Dados extraídos do endereço eletrônico do Ministério Público Federal: http://www.mpf.mp.br/grandes-casos/caso-samarco/atuacao-do-mpf/atuacao-na-1a-instancia/acoes Acesso em 30 de julho de 2019.
9. Já na introdução de recente e relevantíssima obra sobre o tema da cooperação judiciária nacional, Fredie Didier Jr. indica o caso Rio Doce como um dos casos emblemáticos para pensar a cooperação judicial, ressaltando que jamais poderá ser resolvido "de maneira eficiente, justa e com duração razoável sem

superar algumas dificuldades decorrentes da divisão estática de competências em ações coletivas para tutela de direitos difusos.

2. TRANSFEDERALISMO

A visão mais tradicional do federalismo e da separação de poderes está, em grande parte, parada no século XX. Sabemos que as Constituições latino-americanas do final do século XX (como a Constituição brasileira de 1988) deram continuidade a desenhos institucionais que não estimulam a participação cidadã nos assuntos públicos[10]. Em geral, é verdade que houve algumas mudanças, como a criação de direitos sociais e o fortalecimento do Judiciário. Mas, em grande parte, as estruturas constitucionais permaneceram as mesmas, pois não houve enfraquecimento do presidente da república e não foram criados mecanismos de participação e *responsabilização* das instituições políticas.[11]

No caso do Brasil, com o fim do federalismo dual da Constituição de 1891 *("ultra estadualista")* e da política dos governadores, a partir da Constituição de 1934 foram instituídos mecanismos típicos do federalismo cooperativo[12]. Em todas as Constituições subsequentes, incluindo as Constituições ditatoriais de 1937, 1967 e 1969, havia mecanismos típicos do federalismo cooperativo, como técnicas de legislação compartilhada (inspiradas na Constituição Alemã de Weimar - 1919),[13] ou competências comuns entre os entes da federação[14].

No entanto, o federalismo cooperativo foi concebido para resolver problemas típicos dos estados nacionais industrializados ou com indústrias nascentes. O Estado nacional produziria políticas sociais que incluíssem a maioria da população, ou que gerassem maior legitimidade para a dominação estatal[15].

Nos últimos anos, houve mudanças sociais e econômicas. Após a crise de 2008, houve uma redução da qualidade de vida da população com um aumento

cooperação judiciária" [DIDIER JR., Fredie. *Cooperação judiciária nacional* - esboço de uma teoria para o Direito brasileiro (arts. 67-69, CPC). Salvador: Juspodivm, 2020, p. 9].

10. GARGARELLA, Roberto. *La sala de máquinas de la Constitución:* Dos siglos de constitucionalismo en América Latina (1810-2010). Buenos Aires: Katz, 2014.
11. GARGARELLA, Roberto. *La sala de máquinas de la Constitución.* Dos siglos de constitucionalismo en América Latina (1810-2010). Buenos Aires: Katz, 2014.
12. HORTA, Raul Machado. *A Autonomia do Estado-Membro no Direito Constitucional Brasileiro.* Belo Horizonte: 1964 (Tese de Concurso para a Cátedra de Direito Constitucional da Faculdade de Direito de Minas Gerais).
13. HORTA, Raul Machado. *Direito Constitucional.* 5ª ed. Belo Horizonte: Del Rey, 2010.
14. KRELL, Adreas J. Leis de *Normas Gerais, Regulamentação do Poder Executivo e Cooperação Intergovernamental em tempos de reforma federativa.* Belo Horizonte: Fórum, 2008; ORTOLAN, Marcelo Augusto Biehl. *Relações Intergovernamentais e Instrumentos de Cooperação Administrativa na Federação Brasileira.* 184 p. Dissertação de Mestrado. Programa de Pós-Graduação em Direito, Universidade Federal do Paraná, Curitiba, 2013.
15. Neste sentido, mas sem mencionar o federalismo, ver: OFFE, Claus. *Problemas Estruturais do Estado Capitalista.* Trad.: Bárbara Freitag. Rio de Janeiro: Tempo Brasileiro, 1984.

concomitante das desigualdades econômicas em muitos países. Para manter os mesmos níveis alcançados antes da crise, as multinacionais variaram o uso de estratégias que foram, por um lado, desde a precarização do trabalho até o uso intensivo de mão de obra e, de outro, a exploração descontrolada de recursos naturais e do meio ambiente.

Para enfrentar a concorrência internacional do século XXI, as decisões de investimento das multinacionais trilharam caminhos diversos dos utilizados no século XX, já que os Estados nacionais não conseguem mais impor regras ou condicionar a entrada e saída de fluxos de capital para as economias nacionais (movendo-se apenas por regras de curto prazo e taxas de juros do mercado internacional), ao passo que nas economias regionais ou locais os instrumentos eram apenas condicionados por aumentos e/ou reduções de impostos e taxas, ou ainda para isenções fiscais e privilégios territoriais, como exemplo do que aconteceu na guerra fiscal brasileira. Assim, o que se constatou é que as empresas usaram, como estratégia para competir no mercado, a possibilidade de mudarem as suas sedes de cidades, Estado ou país, conforme a maior facilidade para obter mais lucro, deixando os entes da federação que arrecadam tributos à mercê de tais mudanças.

Nesse contexto, o poder que muitas empresas tinham de pressionar as diversas esferas da organização estatal amplia-se muito. É o caso da Samarco, *joint venture* da brasileira Vale S.A. e da anglo-australiana BHP Billiton, cujo valor dos ICMs (imposto de circulação de mercadorias) recolhidos no Estado do Espírito Santo chegou a ser de 25% da arrecadação total do Estado. O fato de ser um quarto da arrecadação do Estado coloca em xeque o entendimento tradicional sobre o federalismo cooperativo, a repartição de competências e a autonomia que é garantida ao Estado do Espírito Santo, mas que não consegue ser exercida na prática.

Nesse contexto, o caso Rio Doce é um excelente exemplo para explicar o que chamamos de transfederalismo. O transfederalismo é uma visão não essencialista do federalismo e das instituições estaduais.

Designamos como "essencialistas" as concepções que descrevem, e muitas vezes também prescrevem, as instituições políticas como se elas tivessem uma essência. Assim, segundo essas concepções, o federalismo que promove a maior descentralização é o que promove mais liberdade, autonomia e eficiência. Por outro lado, o desenho institucional da federação mais centralizado no nível federal (ou nacional) reforçaria estruturas burocráticas que estão longe de problemas e poderes locais. Um exemplo de defesa da descentralização como modelo que leva ao aumento da liberdade, autonomia e eficiência é a defesa feita na Espanha, no Brasil (nos anos 1980 e 1990) e em outros países, em defesa do poder local e da descentralização em geral[16].

16. ARRETCHE, Marta. *Democracia, federalismo e centralização no Brasil*. Rio de Janeiro: FGV, Fio Cruz, 2012.

De acordo com essa concepção não essencialista, não é apenas o desenho institucional que gera mais liberdade e eficiência: O resultado depende de uma complexa interação entre atores (públicos e privados), diante de problemas que podem exigir a ação conjunta dos membros da Federação. Essa interação envolve um processo dinâmico de adjudicação de poderes, de interpretação das regras de competência e de disputas para interpretá-las (ou por ver a interpretação de um grupo como dominante a respeito de quem deve fazer o quê).

Considerando a concepção tradicional, a resposta a problemas como o do caso Rio Doce deve ser dada pela distribuição constitucional de competências. Mas as regras constitucionais não dão respostas a problemas complexos que precisam da interação e cooperação de diversos entes da federação e de diferentes poderes de cada ente (não apenas o Poder Executivo, como é clássico e típico do federalismo cooperativo de inspiração alemã).

O transfederalismo descreve essa situação em que o federalismo é reconfigurado por relações de poder transversais, sejam de natureza econômica – como no caso de disputas financeiras –, sejam lutas por reconhecimento, quando se disputam questões relativas à igualdade de gênero, ou à violência doméstica[17]. A luta pelo poder e a disputa estratégica nos direitos humanos ocorre não apenas vertical e horizontalmente, mas também transversalmente.

Em outras palavras, as relações são "trans" porque os problemas podem transcender as áreas locais, regionais e nacionais (até mesmo internacionais), como muitas questões ambientais[18] ou de discriminação de gênero. O transfederalismo também serve para descrever como atuam atores sociais (progressistas ou conservadores) que buscam promover sua visão de Estado (a favor ou contra mais descentralização), a favor ou contra um tema, por duas formas principais: (a) ação política pela internet como forma de disseminar suas ideias e dialogar com atores nacionais ou internacionais; (b) o litígio estratégico e a defesa em Cortes Constitucionais e Internacionais, ou atuando como um grupo de interesse em favor de alguma ideia, por exemplo, mais desregulamentação ambiental.

Segundo esse entendimento, não são apenas as instituições da capital federal, como o Congresso, a Presidência ou o Supremo Tribunal Federal que reconfiguram as relações federais com base em suas ações e decisões.

As primeiras e segundas instâncias do Poder Judiciário também desempenham um papel central nesse processo. É por isso que as ações coletivas

17. Para mais detalhes, cf.: MACEDO, José Arthur Castillo de. *Encruzilhadas do Federalismo*: transfederalismo, cooperação, constitucionalismo e democracia. Tese (Doutorado em Direito). Programa de Pós-graduação em Direito. Curitiba: Universidade Federal do Paraná, 2018).
18. NEVES, Marcelo. Transconstitucionalismo. São Paulo: Martins Fontes, 2009.

reconfiguram o federalismo brasileiro ajudando a determinar em concreto, e não em abstrato, o que é, para o caso, o interesse "nacional", regional ou local que está em disputa.

Nesse sentido, Judith Resnik afirma que a Suprema Corte não é a única Corte da Federação (nos Estados Unidos)[19]. A autora argumenta que outros tribunais também têm um papel de liderança na construção do federalismo americano, com ênfase especial no papel dos juízes federais e no julgamento de ações que digam respeito aos danos coletivos (em massa) e ao dano ambiental[20]. Embora não possa ser desenvolvida neste capítulo, pode ser feita uma aproximação entre as reflexões da autora sobre o direito estado-unidense e o uso de ações civis públicas (ACPs) como uma das formas utilizadas pelo Judiciário brasileiro para moldar a construção do Federalismo.

Resnik também chama a atenção para o fato de que no início do século XXI, em tempos de globalização, há uma nova infraestrutura federal que vai além dos entes federados clássicos - no caso americano, o governo central (União) e regional (Estados). Ela cria uma sigla - "TOGAS" - Organizações e Atores Translocais - que visa descrever instituições que transcendem o esquema tradicional do federalismo, até mesmo do federalismo cooperativo. São exemplos de "TOGAS" associações de prefeitos nos Estados Unidos e, na nossa opinião, os consórcios públicos do direito brasileiro (regulados pela Lei nº 11.107/2005).

No caso Rio Doce, foi celebrado um termo de ajustamento de conduta (TAC Governança) que pode ser considerado uma TOGA, pois promove a atuação de entidades de diferentes níveis da federação, juntamente com diferentes poderes (Ministério Público Federal e Estadual, Poderes Executivo Federal e Estadual) em busca de uma solução mais adequada para o caso[21]. Uma releitura

19. RESNIK, Judith. What's Federalism For? In: BALKIN, Jack M.; SIEGEL, Reva B. *The Constitution in 2020*. New York: Oxford, 2009, p. 269-284; RESNIK, Judith. Changing the Climate: The Role of Translocal Organizations of Government Actors (TOGAS) in American Federalism(s). In: Navigating Climate Change Policy: The Opportunities of Federalism at 120-143 (eds. Edella C. Schlager, Kirsten H. Engel, and Sally Rider, The University of Arizona Press Tucson, 2011); RESNIK, Judith. Federalism(s)'s Forms and Norms: Contesting Rights, DeEssentializing Jurisdictional Divides, and Temporizing Accommodations. In: Nomos LV: Federalism and Subsidiarity at 363-435 (James E. Fleming and Jacob T. Levy, eds., New York University Press, 2014).
20. RESNIK, Judith. What's Federalism For? In: BALKIN, Jack M.; SIEGEL, Reva B. *The Constitution in 2020*. New York: Oxford, 2009, p. 271.
21. Algumas das cláusulas do TAC respaldam esta afirmação, por exemplo: "6) criação do Comitê Interfederativo ('CIF') como instância de interlocução permanente da FUNDAÇÃO, acompanhando, monitorando e fiscalizando os seus resultados, sem prejuízo das competências legais dos entes federativos; 7) a criação das Câmaras Técnicas ('CÂMARAS TÉCNICAS'), por meio da Deliberação CIF nº 07, de 11 de julho de 2016, com a função de assessoramento e consulta ao CIF no desempenho de sua finalidade de orientar, acompanhar, monitorar e fiscalizar a execução das medidas impostas no TTAC;", são princípios gerais do TAC: " CLÁUSULA SEGUNDA. O presente ACORDO rege-se pelos seguintes princípios: I - a efetiva participação das pessoas atingidas na criação, discussão, fiscalização dos PROGRAMAS, PROJETOS e AÇÕES; II- o fortalecimento da atuação conjunta e articulada das esferas de

do sistema de divisão de competências possibilita conceber essas instituições como instrumentos novos e que podem ser interessantes, se bem utilizados, para promover mais cooperação entre os entes e maior participação da população diretamente afetada, conforme previsto no TAC Governança. Ainda assim, é necessário retomar o caso para que possamos oferecer, a partir do transfederalismo, um olhar mais complexo e adequado.

3. COOPERAÇÃO JUDICIÁRIA NACIONAL: SUPERANDO AS DIFICULDADES DA DIVISÃO ESTÁTICA DE COMPETÊNCIAS EM AÇÕES COLETIVAS E INCENTIVANDO A COOPERAÇÃO FEDERATIVA

O regime constitucional de repartição de competências brasileiro distribui as competências legislativas e administrativas de cada membro da Federação (União, Estados ou municípios) sobre seus próprios serviços, atividades e sobre seus bens.

Assim, de acordo com os poderes previstos na Constituição Federal, as águas dos rios são bens dos Estados-membros da Federação (art. 26, inc. I). Mas, entre outras situações, o rio que ocupa o território de dois estados ou mais será um bem da União (art. 20, inc. III). O argumento para justificar essa regra, que excepciona a primeira, é o fato de que questões interfederais ou que incluem dois ou mais órgãos da federação (sejam Estados, sejam municípios) são assuntos de interesse nacional e, por isso, competem à União.

No entanto, a Constituição também prescreve que cabe aos municípios o exercício das competências legislativas em matéria de interesse local (art. 30, inc. I), ou seja, os problemas que afetam a localidade, em tese, devem ser tratados pelo município que está mais próximo dos danos.

Com este breve resumo, fica claro que as regras constitucionais não são suficientes para que sejam apresentadas respostas jurídicas constitucionalmente adequadas a desastres ambientais como o do Rio Doce. Isso requer a interpretação sistemática das regras constitucionais, combinadas com as regras infra constitucionais que disciplinam o processo coletivo.

---

governo na proteção dos direitos das pessoas atingidas pelo ROMPIMENTO DA BARRAGEM DE FUNDÃO; III- a transparência na difusão de informações acerca das ações de reparação integral no contexto de reparação dos efeitos do ROMPIMENTO DA BARRAGEM DE FUNDÃO; (...) VIII – o estabelecimento de canais de diálogo e de interlocução entre as pessoas atingidas, o PODER PÚBLICO, as EMPRESAS, a FUNDAÇÃO e a sociedade; X – o reconhecimento na implementação dos PROGRAMAS, PROJETOS e AÇÕES de reparação integral, da especificidade das situações de mulheres, crianças , adolescentes, idosos, pessoas com deficiência e doentes crônicos, entre outros; XI – o reconhecimento das especificidades e singularidades de cada povo indígena, quilombola e tradicional, quando da reparação integral dos danos; XIII – a proteção dos direitos dos povos indígenas, comunidades tradicionais e quilombolas, sobretudo no que tange à implementação e observância de consulta prévia, livre e informada, nos termos da Convenção nº 169 da Organização Internacional do Trabalho – OIT;"

Ocorre que nossa legislação vincula a competência para as ações coletivas ao local do dano e nem sempre é possível estabelecer exatamente essa premissa, o que resulta em dificuldades na definição do juízo mais adequado para a prestação jurisdicional coletiva. Nesse sentido, o caso Rio Doce é paradigmático.

No Brasil, existe um microssistema processual coletivo composto por algumas leis que regulam as ações coletivas e seus efeitos. Trata-se da Lei de Ação Popular (Lei 4.717/65), que regulamentou sistematicamente o que já estava na Constituição Federal de 1934 e 1946[22], e também a Lei da Ação Civil Pública (Lei 7.347/85)[23], que criou a "ação civil pública de responsabilidade por danos ao meio ambiente, ao consumidor, aos bens e aos direitos de valor artístico, estético, histórico, turístico". Com a Constituição Federal de 1988, amplia-se a proteção a esses direitos[24]. Em 1990, o Código de Defesa do Consumidor passou a fazer parte desse microssistema, com a previsão da tutela dos direitos individuais homogêneos.

Essas leis fazem parte do microssistema processual coletivo, que tem como núcleo a proteção dos direitos coletivos (difusos e coletivos *stricto sensu*) e individuais homogêneos (ou seja, aqueles que, embora individuais, podem ser protegidos coletivamente). Em outras palavras, a interpretação e a aplicação das regras do microssistema deve estar atenta ao seu objetivo nuclear. No caso do microssistema de tutela coletiva, esse núcleo é a garantia de proteção adequada aos direitos coletivos e individuais homogêneos. Qualquer interpretação a ser extraída das regras que compõem o microssistema processual coletivo terá, portanto, de alcançar essa proteção[25].

No que diz respeito à competência, há basicamente duas disposições nestas leis. De acordo com o artigo 93 do Código de Defesa do Consumidor (Lei

22. BARBOSA MOREIRA, José Carlos. A ação popular no direito brasileiro como instrumento de tutela jurisdicional dos chamados "interesses difusos". In Temas de Direito Processual - primeira série. São Paulo: Saraiva, 1988, p. 114.
23. Para Rodolfo de Camargo Mancuso, "a ação civil pública regrada na Lei 7.347/85 é o parâmetro processual básico para a tutela dos interesses metaindividuais, não somente daqueles nominados expressamente no seu art. 10 e incisos, mas também de outros, mesmo ainda não juspositivados, desde que socialmente relevantes [...]" (MANCUSO, Rodolfo de Camargo. Jurisdição coletiva e coisa julgada - teoria geral das ações coletivas, 2a ed. São Paulo: Revista dos Tribunais, 2007, p. 55).
24. "Veio a Constituição de 1988 e selou a matéria, incluindo expressamente essa cláusula genérica [a previsão de tutela de 'outros direitos difusos e coletivos', via ação civil pública, pelo Ministério Público] que, a rigor, até dispensaria tudo mais, porque, na verdade, os interesses relacionados com o meio-ambiente, os interesses relacionados com o patrimônio público e social e os próprios interesses relacionados com a proteção ao consumidor, desde que não digam respeito a lesões patrimoniais individualmente consideradas, mas sim aos fenômenos que abranjam ou que envolvam um número grande de pessoas, consideradas no seu conjunto, tudo isso entra no conceito de interesses difusos e coletivos" (BARBOSA MOREIRA, José Carlos. Ações coletivas na Constituição Federal de 1988. In Revista de Processo, v. 61, ano 16, janeiro-março/1991, p. 193-194).
25. PASCHOAL, Thaís Amoroso. Coletivização da Prova. Técnicas de produção coletiva da prova e seus reflexos na esfera individual. São Paulo: Revista dos Tribunais, 2020, p. 71.

8.078/90), as ações coletivas devem ser propostas no local do dano, no caso de dano local, e na capital do Estado ou do Distrito Federal, para danos nacionais ou regionais. Ao mesmo tempo, a Lei da Ação Civil Pública (Lei 7.347/85) prevê que a ação será proposta no local do dano, que terá competência funcional para a causa, com prevenção para todas as ações com o mesmo objeto.

Em ações coletivas de danos ambientais – como a do caso Rio Doce – essa questão gera significativa preocupação. De fato, os danos são difusos e podem atingir muitos Estados e Municípios, mas também são individuais e atingem centenas de pessoas que estão em diferentes localidades do Brasil. Com isso, há ações coletivas, mas também ações individuais, muitas vezes com objetos diferentes, mas todas relacionadas à extensão do dano. A concomitância das ações em pelo menos dois Estados (Minas Gerais e Espírito Santo) confirma isso. A questão é ainda mais complexa porque há em todas as ações muitas questões fáticas e jurídicas que se repetem.

Houve, inclusive, um recurso no Superior Tribunal de Justiça que versou sobre essa questão. As ações tramitavam em vários municípios onde ocorreram os danos, e instaurou-se uma discussão para levar a ação para a capital, Belo Horizonte, pois são muitos os danos envolvendo diferentes Estados. Isso faria com que as discussões ficassem distantes do local do problema. Foi, então, decidido que a ação tramitaria em Belo Horizonte, mas o voto de um juiz do tribunal de Justiça de Minas Gerais levantou uma questão muito interessante.

A decisão confirmou decisão de primeiro grau que declinou a competência da Justiça Federal, após a União manifestar interesse na ação, pela existência de outra ação civil pública da 12ª Vara Federal da Seção Judiciária de Minas Gerais. No Tribunal de Justiça de Minas Gerais, o juiz vencido expressou entendimento pela manutenção do processo na Justiça Estadual: "O endereçamento de todos os feitos relativos ao evento ocorrido em Mariana para a seara federal não se justifica somente pela presença da União na lide, devendo ser reconhecida a necessidade de instituição da cooperação nacional, prevista nos artigos 67 e seguintes do CPC, os quais impõem ao Poder Judiciário o dever de recíproca cooperação em todos seus termos com a finalidade de também salvaguardar os interesses estaduais e locais. Os atos processuais realizados de maneira coordenada, entre juízes de diferentes esferas de jurisdição, visam o alcance ao bem comum, sendo certo que os efeitos nefastos da tragédia serão dissipados por meio da união de esforços entre as esferas estadual e federal, em vez de separação de atitudes dentre cada uma das esferas do Poder Judiciário Nacional, razão pela qual desnecessária a remessa do feito à Justiça Federal, a qual, em verdade, deve atuar em perfeita cooperação com este Tribunal de Justiça do Estado de Minas Gerais".[26]

26. MINAS GERAIS. Tribunal de Justiça. TJMG; Agravo de Instrumento n. 0034613-53.2016.8.13.0000; 2ª Câmara Cível; Rel. Des. Afrânio Vilela; j. 30.08.2016; DJ 21.09.2016.

E isso nos leva ao segundo ponto relevante deste trabalho. Como existem muitas ações e muitos problemas que são propagados por vários entes, é preciso pensar em formas de cooperação entre os juízos, como aquelas previstas nos arts. 67 a 69 do Código de Proceso Civil, e na Resolução 350/2020 do Conselho Nacional de Justiça. São ferramentas de cooperação entre juízos para a prática de atos processuais, que permitem até mesmo a superação de alguns problemas gerados pela divisão estática das competências[27]. Não pretendemos neste trabalho analisar o dinamismo das regras de divisão da competência, mas demonstrar que a cooperação judiciária (e mais especificamente a concertação dos atos, que serão discutidos abaixo) fornece ferramentas que podem não só contornar algumas das dificuldades geradas por essa divisão, mas também contribuir para uma melhor prestação jurisdicional e consequente proteção adequada dos direitos, por viabilizar uma atuação cooperativa, não só no âmbito do Poder Judiciário, como também do Judiciário com outras instituições. Fomenta-se, assim, a cooperação interinstitucional.

De fato, é possível pensar na prática compartilhada de atos processuais[28] por juízes que precisam estabelecer uma estratégia comum de ação

---

BRASIL, Superior Tribunal de Justiça (STJ). AgInt no Recurso Especial n. 1.701.262-MG; 2ª T. Rel. Min. Francisco Falcão; j. 05.06.2018; DJe 08.06.2018. A competência da 12ª Vara Federal de Minas Gerais para a ação foi definida também no Conflito de Competência n. 144.922-MG, da 1ª Seção, do Superior Tribunal de Justiça (Rel. Min. Diva Malerbi; j. 22.06.2016; DJe 09.08.2016).

27. Já se defende, ademais, que o princípio do juiz natural deve ser ressignificado em atenção ao princípio da eficiência, assumindo como núcleo essencial a objetividade, impessoalidade e invariância das normas de competência, em lugar dos referenciais de pré-constituição, previsão em regra legislada, ausência de discricionariedade e inflexibilidade. A tese é defendida por Antonio do Passo Cabral, que realizou aprofundado estudo acerca do juiz natural e sua ressignificação. A partir disso, afirma que "o juiz natural exige uma alocação ótima de funções jurisdicionais, viabilizando uma atividade de efetiva gestão de competências", sendo possível ao Judiciário "reestruturar suas unidades administrativas e flexibilizar ou adaptar a competência jurisdicional para a obtenção de resultados mais eficientes". Do balanceamento entre a eficiência e demais garantias do processo emerge a necessidade de flexibilidade e adaptabilidade, de modo a atenuar o rigor formal do sistema de competências e possibilitar modificações de "competência no curso do processo, maleabilidade na designação de juízes e na composição de colegiados e na derrogação das regras legais pela conformação pretendida pelas partes" (CABRAL, Antonio do Passo. Juiz natural e eficiência processual: flexibilização, delegação e coordenação de competências no processo civil. Tese a3presentada no concurso de provas e títulos para provimento do cargo de Professor Titular. Faculdade de Direito da Universidade do Estado do Rio de Janeiro. Rio de Janeiro: edição do autor, 2017, p. 188). Ainda sobre a questão, Fredie Didier Jr. E Hermes Zaneti Jr. afirmam que "a análise das regras existentes no Direito brasileiro tem de passar pelo filtro do princípio da competência adequada (corolário dos princípios do devido processo legal e da adequação). Não é possível aplicar a regras legais de competência sem fazer o juízo de ponderação a partir do exame das peculiaridades do caso concreto. A natureza da tutela jurisdicional coletiva exige uma interpretação mais flexível das regras de competência (DIDIER JR., Fredie; ZANETI JR., Hermes. Curso de Direito Processual Civil - Processo Coletivo, 13ª ed. Salvador: Juspodivm, 2019, p. 147).

28. "[...] as interações cooperativas e dialogais entre juízes estruturam arranjos para o alcance de objetivos comuns pela constatação de que todos enfrentam problemas parecidos. A aproximação possibilitada pela colaboração insere os juízos em projetos compartilhados em torno da proteção eficiente dos direitos. Por meio dessas interações, cria-se uma "rede judiciária" para identificar caminhos para

relativamente a questões fáticas ou jurídicas comuns, produção de provas etc. No caso rio Doce, muitas das questões repetitivas discutidas nas diversas ações coletivas poderiam ser resolvidas de forma compartilhada, contribuindo também para a eficiência do processo e do Judiciário.

O direito processual civil brasileiro prevê o princípio da cooperação no artigo 6º, que é, inclusive, uma das regras fundamentais do processo civil brasileiro. Isso evidencia a necessidade de comportamentos cooperativos, uma vez que o processo deve ser visto como uma verdadeira comunidade de trabalho[29] (*Arbeitsgemeinschaft*)[30].

O mesmo se diz dos juízos que devem atuar[31] cooperativamente na prática de atos processuais, uma vez que a ideia de atuação cooperativa não deve ser pensada apenas internamente no processo, mas também orientar a prática de atos pelos diversos órgãos do Poder Judiciário[32]. Os artigos 67 a 69 do Código de Processo Civil regulamentam a "cooperação nacional", com instrumentos de

---

soluções combinadas e compromissórias" (CABRAL, Antonio do Passo. Juiz natural e eficiência processual: flexibilização, delegação e coordenação de competências no processo civil. Tese apresentada no concurso de provas e títulos para provimento do cargo de Professor Titular. Faculdade de Direito da Universidade do Estado do Rio de Janeiro. Rio de Janeiro: edição do autor, 2017, p. 516).

29. FREITAS, José Lebre de. Introdução ao processo civil – conceito e princípios gerais, 2ª ed. Coimbra: Coimbra Editora, 2006, p. 168.

30. A expressão é atribuída por José Lebre de Freitas a Leo Rosenberg (FREITAS, José Lebre de. Introdução ao processo civil... op. cit., p. 153). Em texto no qual analisa a origem história do princípio da cooperação, Ronaldo Kochem explica que o termo (kooperationsmaxime) foi utilizado na Alemanha pela primeira vez por Karl August Bettermann, em 1972, em artigo sobre a concepção social do processo (kooperationsmaxime in zivilprozess). Já o conceito de "comunidade de trabalho" (Arbeitsgemeinschaft) teria sido introduzido por Rudolf Wassermann, em 1978, na obra Der soziale Zivilprozess: Zur Theorie und Praxis des Zivil prozesses im sozialen Rechtsstaat (KOCHEM, Ronaldo. Introdução às raízes históricas do princípio da cooperação (Kooperationsmaxime). In Revista de Processo v. 251, jan/2016, p. 92 e 102).

31. Antonio do Passo Cabral chama isto de "cooperação transjudicial". Para ele, "atitudes cooperativas são práticas não hierárquicas, espontâneas e não formalizadas de troca comunicativa entre juízos e tribunais, que podem levar ao exercício combinado de competências" (CABRAL, Antonio do Passo. Juiz natural e eficiência processual: flexibilização, delegação e coordenação de competências no processo civil. Tese apresentada no concurso de provas e títulos para provimento do cargo de Professor Titular. Faculdade de Direito da Universidade do Estado do Rio de Janeiro. Rio de Janeiro: edição do autor, 2017, p. 511).

32. Estas herramientas tienen origen en el derecho internacional y la necesidad de práctica facilitada de actos entre estados nacionales. Así que "[...] la asistencia jurisdiccional es una institución antigua, cuyos protagonistas han sido históricamente los Estados. En virtud de la misma, un Estado – llamado requerido o asistente – presta un servicio jurídico a otro – denominado requirente o asistido – en relación con una actuación procesal concreta que ha de desarrollarse en el territorio del primero para integrarse después en un procedimiento actual o futuro seguido ante los tribunales del segundo, contribuyendo así a su adecuada resolución final" (PETRUS, Christian Herrera. La obtención internacional de pruebas. Asistencia jurisdiccional en Europa. Bolonia: Publicaciones del Real Colegio de España, 2005, p. 28). O autor opta pela utilização do termo asistencia em lugar de cooperación, que abrange todos os possíveis atos praticados nesse ambiente, inclusive aqueles "en que no existe convenio entre los Estados involucrados que exprese una voluntad de compromiso regular y vinculante, siendo en tales casos el interés, o a lo sumo la comitas gentium, lo que mueve a los Estados a colaborar" (PETRUS, Christian Herrera. La obtención internacional de pruebas. Asistencia jurisdiccional en Europa. Bolonia: Publicaciones del Real Colegio de España, 2005, p. 28).

colaboração entre juízos de competências diversas, para a implementação de medidas para a adequada prática dos atos processuais[33]. De acordo com essas disposições, "os juízos podem fazer um pedido de cooperação para a prática de qualquer ato processual".

As previsões do CPC tiveram inspiração na Recomendação 38/2011, do Conselho Nacional de Justiça, que buscou institucionalizar os mecanismos cooperativos, "para dar maior fluidez e agilidade à comunicação entre os órgãos judiciários e outros operadores sujeitos do processo", criando uma Rede de Cooperação Nacional[34]. Emerge dessas disposições uma clara opção por viabilizar a comunicação e a colaboração entre os diversos juízos que integram, dentro de suas competências, a Jurisdição, possibilitando a gestão adequada dos casos.

Esse incentivo à cooperação ganhou reforço com a edição da Resolução 350 do CNJ, publicada em 29 de outubro de 2020, que "estabelece diretrizes e procedimentos sobre a cooperação judiciária nacional entre os órgãos do Poder Judiciário e outras instituições e entidades".

Uma das ferramentas mais importantes de cooperação é a concertação de atos processuais, que permite o trânsito da prática de atos processuais entre juízos de diferentes competências[35-36]. A concertação permite, então, a superação dos problemas decorrentes da divisão estática de competência[37], pois

---

33. Para Teresa Arruda Alvim, Maria Lúcia Lins Conceição de Medeiros, Leonardo Ferres da Silva Ribeiro e Rogerio Licastro Torres de Mello, "a despeito do grau do órgão jurisdicional (primeiro grau, segundo grau ou instância excepcional) e de sua competência territorial, material ou em razão do valor, deverá existir entre todos os órgãos do Poder Judiciário a cooperação recíproca: atos, informações, elementos constantes dos autos e afins que sejam úteis para determinado órgão jurisdicional e que possam ser praticados ou fornecidos por outro órgão do Poder Judiciário, em prestígio a esse dever de recíproca cooperação, deverão ser objeto de fluxo franco, célere, independente de forma pré-fixada (o que não quer dizer destituído de forma, como adiante consignamos). Consiste, este dever de cooperação, em algo que se impõe ao Poder Judiciário como um todo, aplicando-se tanto a magistrados quanto a todos os servidores da Justiça: note-se a ênfase dada pelo art. 67 do CPC [2015] à incidência do dever de cooperação a 'magistrados e servidores'" (WAMBIER, Teresa Arruda Alvim; CONCEIÇÃO, Maria Lúcia Lins; MELLO, Rogério Licastro Torres de; RIBEIRO, Leonardo Ferres da. Primeiros comentários ao novo código de processo civil: artigo por artigo, São Paulo: Revista dos Tribunais, 2015, p. 133).
34. https://www.cnj.jus.br/programas-e-acoes/cooperacao-judiciaria/ Acesso em 08nov2020.
35. Para um aprofundamento acerca da concertação de atos, e especificamente a possibilidade de, a partir dela, instaurar-se um incidente de coletivização para a produção de prova de fatos comuns a diversos processos, PASCHOAL, Thaís Amoroso. Coletivização da Prova. Técnicas de produção coletiva da prova e seus reflexos na esfera individual. São Paulo: Revista dos Tribunais, 2020.
36. Para Fredie Didier Jr., trata-se de um negócio jurídico de direito público celebrado pelos juízes envolvidos, "indicado para disciplinar uma cooperação permanente ou duradoura entre os juízos cooperantes", podendo ser celebrado por mais de dois juízes (DIDIER JR., Fredie. *Cooperação judiciária nacional*.., p. 84-85).
37. Fredie Didier Jr. destaca que os atos concertados pode ser instrumento de modificação de competência, ilustrando o ponto com a previsão do inciso VI do §2º do art. 69 do CPC, que autoriza a concertação para a centralização de processos repetitivos (DIDIER JR., Fredie. *Cooperação judiciária nacional*..., p. 98).

é possível manter a competência em vários juízos, que estão mais próximos dos danos, e também permitir que eles cooperem ou compartilhem a prática de atos processuais. Existem várias ferramentas para isso, que possibilitam a prática coletiva de atos[38]. Assim, "as trocas transjudiciais" podem incluir "formas de interação mais diretas e ativas, como na prática de atos conjuntos e a celebração de protocolos institucionais", possibilitando o "exercício simultâneo ou combinado de competências", ou seja, "vários órgãos do Judiciário atuando concomitantemente para atingir objetivos comuns"[39].

A Resolução 350 do CNJ impõe o dever de recíproca cooperação para a prática de qualquer ato processual entre os órgãos do Poder Judiciário, em todas as instâncias e graus de Jurisdição, por meio de seus magistrados e servidores (art. 2º). A cooperação poderá ser ativa, passiva e simultânea entre os órgãos do Poder Judiciário, e interinstitucional, entre os órgãos do Poder Judiciário e outras instituições e entidades, integrantes ou não do sistema de justiça (art. 1º).

E isso também implica outra questão fundamental, que é frequentemente colocada nas discussões sobre o processo estrutural: a necessidade de se pensar o processo não somente "hacia dentro"[40] – ou seja, com a potencialização

38. O Código de Processo Civil – em um rol que não é taxativo, mas exemplificativo – prevê atos que podem ser praticados nesse ambiente de cooperação nacional. São eles: auxílio direto; reunião ou apensamento de processos; prestação de informações e prática de atos concertados entre juízes cooperantes. É permitida a prática de atos de cooperação de natureza judicial ou administrativa. A concertação de atos pode ter por objeto a prática de citação, intimação ou notificação de ato; a obtenção e apresentação de provas e a coleta de depoimentos; a efetivação de tutela provisória; a efetivação de medidas e providências para recuperação e preservação de empresas; a facilitação de habilitação de créditos na falência e na recuperação judicial; a centralização de processos repetitivos; a execução de decisão jurisdicional.

39. CABRAL, Antonio do Passo. Juiz natural e eficiência processual: flexibilização, delegação e coordenação de competências no processo civil. Tese apresentada no concurso de provas e títulos para provimento do cargo de Professor Titular. Faculdade de Direito da Universidade do Estado do Rio de Janeiro. Rio de Janeiro: edição do autor, 2017, p. 513-514.

40. Para Francisco Verbic, "la denominación 'estructural' de las sentencias dictadas en estos procesos viene dada por el hecho que, por su intermedio, los tribunales de justicia se involucran en la gestión de estructuras burocráticas y asumen cierto nivel de supervisión sobre políticas y prácticas institucionales de diversa índole. Es importante destacar que, como regla general, en este tipo de sentencias los jueces no fijan analíticamente y por anticipado todas y cada una de las actividades que deben llevarse a cabo por el demandado para satisfacer la pretensión actora reconocida en la decisión. En cambio, lo que suelen hacer es indicar los resultados que la ejecución debe producir y, a todo evento, establecer los criterios generales que deben respetarse al efecto. Los modos para conseguir la finalidad especificada en la decisión se dejan librados a la discreción del obligado, o bien del órgano que opera por cuenta del tribunal actuante y en lugar del obligado" (VERBIC, Francisco. Ejecución de sentencias en litigios de reforma estructural en la república argentina – dificultades políticas y procedimentales que inciden sobre la eficacia de estas decisiones. In ARENHART, Sérgio Cruz; JOBIM, Marco Félix (coord.). Processos estruturais. Salvador: Juspodivm, 2017, p. 65-66). Ainda sobre o tema: DIDIER JR., Fredie; ZANETI JR., Hermes. Curso de Direito Processual Civil – Processo Coletivo, 12ª ed. Salvador: Juspodivm, 2018, p. 39-41; JOBIM, Marco Felix. Medidas estruturantes. Da Suprema Corte Estadunidense ao Supremo Tribunal Federal.

dos instrumentos necessários para a prática adequada e efetiva de atos – mas também "hacia afuera"[41], pois para a proteção adequada dos direitos é necessário pensar na relação do Judiciário com as instituições envolvidas no problema e também com outros poderes do Estado.

Veja-se, portanto, que Resolução 350 do CNJ contribui ainda mais para a institucionalização da cooperação, nos dois níveis analisados neste trabalho, na medida em que incentiva a prática cooperativa de atos entre órgãos do Poder Judiciário e o incremento da cooperação federativa, possibilitando a atuação cooperada de diferentes entes em prol de uma solução efetiva para problemas complexos e estruturais, como no caso Rio Doce.

CONCLUSÃO

A partir de um caso específico, neste texto apresentamos uma proposta para pensar o federalismo e a proteção coletiva dos direitos, propondo novos olhares e algumas releituras de instrumentos que já existem, à luz do caso Rio Doce.

Em um contexto de disputas transversais de poder, é preciso repensar o federalismo com um instrumento mais rico e atento à complexidade e natureza dinâmica dos problemas federativos. É por isso que propusemos vislumbrar o federalismo de várias maneiras, apresentando uma forma de ler as regras constitucionais de repartição de competências. O caso apresenta elementos interessantes para repensar a teoria e as práticas federativas, inclusive com novos organismos como os "TOGAs". Além disso, o caso requer melhores ferramentas para alcançar a cooperação, que possam resolver problemas complexos, como desastres ambientais. Em relação a esse problema, o Judiciário brasileiro tem um papel muito importante a desempenhar.

O caso Rio Doce impacta significativamente a forma de pensar a tutela coletiva de direitos no Brasil e, principalmente, a necessidade de interação do Judiciário com as instituições envolvidas na resolução de problemas ambientais. Não se pode pensar a tutela dos direitos sem a preocupação com a efetiva implementação das decisões e a participação de todos aqueles que são alcançados por elas[42].

Porto Alegre: Livraria do Advogado, 2013. Para uma análise do processo estrutural no direito brasileiro, ARENHART, Sérgio Cruz. Processos estruturais no direito brasileiro: reflexões a partir do caso da ACP do Carvão. In GRINOVER, Ada Pellegrini, WATANABE, Kazuo, COSTA, Susana Henriques da (coord.). O processo para solução de conflitos de interesse público. Salvador: Juspodivm, 2017; FERRARO, Marcella Pereira. Do processo bipolar a um processo coletivo-estrutural. Dissertação (Mestrado em Direito). Programa de Pós-graduação em Direito. Curitiba: Universidade Federal do Paraná, 2015).

41. VERBIC, Francisco. Procesos Estructurales en Argentina: una lectura crítica de los principales precedentes de la Corte Suprema de Justicia de la Nación. In REICHELT, Luís Alberto; JOBIM, Marco Félix. Coletivização e Unidade do Direito. Londrina/PR, pp. 27-39.

42. Neste sentido ver: GARGARELLA, Roberto. Constitucionalismo *versus* Democracia. In: GARGARELLA, Roberto (coord.). Teoría y Crítica del Derecho Constitucional. Tomo I. Democracia. Buenos Aires: Abeledo Perrot, 2009, p. 22-40. GARGARELLA, Roberto. El nuevo constitucionalismo dialógico frente al sistema de los frenos

Essa concepção exige uma tomada de posição sobre novas concepções e sobre o papel do Poder Judiciário no século XXI, impondo condutas dialógicas e cooperativas, a fim de possibilitar a prática compartilhada de atos processuais e também a tomada de decisões compartilhadas e deliberativas, não só entre os diversos órgãos do Poder Judiciário, mas também entre os diferentes entes da Federação.

É essencial pensar no uso de ferramentas que permitam a adequada comunicação entre juízos que atuam na solução de problemas comuns, com a aplicação da cooperação judiciária e, mais especificamente, a concertação de atos processuais para a prática de atos compartilhados e a resolução conjunta de questões comuns. Assim, pode-se inclusive superar os problemas gerados por uma divisão estática das competências jurisdicionais, especialmente em ações coletivas que protegem direitos difusos, incentivando, ainda, a cooperação federativa voltada à solução de problemas complexos e transversais.

REFERÊNCIAS BIBLIOGRÁFICAS

ANDERSON, George. **Federalismo: uma introdução.** Trad.: Ewandro Magalhães Jr.; Fátima Guerreiro. Rio de Janeiro: FGV, 2009.

ARENHART, Sérgio Cruz. **Processos estruturais no direito brasileiro: reflexões a partir do caso da ACP do Carvão.** In GRINOVER, Ada Pellegrini, WATANABE, Kazuo, COSTA, Susana Henriques da (coord.). *O processo para solução de conflitos de interesse público.* Salvador: Juspodivm, 2017.

ARRETCHE, Marta. **Democracia, federalismo e centralização no Brasil.** Rio de Janeiro: FGV, Fio Cruz, 2012.

BARBOSA MOREIRA, José Carlos. **A ação popular no direito brasileiro como instrumento de tutela jurisdicional dos chamados "interesses difusos".** En Temas de Direito Processual – primeira série. São Paulo: Saraiva, 1988, p. 114.

BARBOSA MOREIRA, José Carlos. **Ações coletivas na Constituição Federal de 1988.** In Revista de Processo, v. 61, ano 16, janeiro-março/1991, p. 193-194.

CABRAL, Antonio do Passo. **Juiz natural e eficiência processual: flexibilização, delegação e coordenação de competências no processo civil.** Tese apresentada no concurso de provas e títulos para provimento do cargo de Professor Titular. Faculdade de Direito da Universidade do Estado do Rio de Janeiro. Rio de Janeiro: edição do autor, 2017.

DIDIER JR., Fredie. **Cooperação judiciária nacional** – esboço de uma teoria para o Direito brasileiro (arts. 67-69, CPC). Salvador: Juspodivm, 2020.

y contrapesos. In: GARGARELLA, Roberto (Org.). Por una justicia dialógica: El Poder Judicial como promotor de la deliberación democrática. Buenos Aires: Siglo XXI, 2014. NINO, Carlos Santiago. La Constitución de la Democracia Deliberativa. Trad.: Roberto P. Saba. Barcelona: Gedisa, 2003; NINO, Carlos Santiago, 3ª. Reimp. Buenos Aires: Astrea, 2005.

DIDIER JR., Fredie; ZANETI JR., Hermes. **Curso de Direito Processual Civil: Processo Coletivo**, 12ª ed. Salvador: Juspodivm, 2018.

DIDIER JR., Fredie; ZANETI JR., Hermes. **Curso de Direito Processual Civil – Processo Coletivo**, 13ª ed. Salvador: Juspodivm, 2019.

FARIA, José Eduardo. **Sociologia Jurídica: Direito e Conjuntura**. 2ª ed. São Paulo: Saraiva, FGV, 2010.

FARIA, José Eduardo. **O Estado e o Direito depois da crise**. São Paulo: Saraiva, FGV, 2011.

FERRARO, Marcella Pereira. **Do processo bipolar a um processo coletivo-estrutural.** Dissertação (Mestrado em Direito). Programa de Pós-graduação em Direito. Curitiba: Universidade Federal do Paraná, 2015).

FREITAS, José Lebre de. **Introdução ao processo civil – conceito e princípios gerais**, 2ª ed. Coimbra: Coimbra Editora, 2006.

GARGARELLA, Roberto. **La sala de máquinas de la Constitución: Dos siglos de constitucionalismo en América Latina** (1810-2010). Buenos Aires: Katz, 2014.

GARGARELLA, Roberto. **Constitucionalismo *versus* Democracia**. In: GARGARELLA, Roberto (coord.). Teoria y Crítica del Derecho Constitucional. Tomo I. Democracia. Buenos Aires: Abeledo Perrot, 2009, p. 22-40.

GARGARELLA, Roberto. **El nuevo constitucionalismo dialógico frente al sistema de los frenos y contrapesos.** In: GARGARELLA, Roberto (Org.). *Por una justicia dialógica*: El Poder Judicial como promotor de la deliberación democrática. Buenos Aires: Siglo XXI, 2014.

HORTA, Raul Machado. **A Autonomia do Estado-Membro no Direito Constitucional Brasileiro**. Belo Horizonte: 1964 (Tese de Concurso para a Cátedra de Direito Constitucional da Faculdade de Direito de Minas Gerais).

HORTA, Raul Machado. **Direito Constitucional.** 5ª ed. Belo Horizonte: Del Rey, 2010.

JOBIM, Marco Felix. **Medidas estruturantes.** Da Suprema Corte Estadunidense ao Supremo Tribunal Federal. Porto Alegre: Livraria do Advogado, 2013.

KOCHEM, Ronaldo. **Introdução às raízes históricas do princípio da cooperação** (Kooperationsmaxime). In Revista de Processo v. 251, jan/2016.

KRELL, Adreas J. **Leis de Normas Gerais, Regulamentação do Poder Executivo e Cooperação Intergovernamental em tempos de reforma federativa.** Belo Horizonte: Fórum, 2008.

MACEDO, José Arthur Castillo de. **Encruzilhadas do Federalismo: transfederalismo, cooperação, constitucionalismo e democracia.** Tese (Doutorado em Direito). Programa de Pós-graduação em Direito. Curitiba: Universidade Federal do Paraná, 2018).

MANCUSO, Rodolfo de Camargo. **Jurisdição coletiva e coisa julgada – teoria geral das ações coletivas**, 2a ed. São Paulo: Revista dos Tribunais, 2007, p. 55.

NINO, Carlos Santiago. **La Constitución de la Democracia Deliberativa.** Trad.: Roberto P. Saba. Barcelona: Gedisa, 2003.

NINO, Carlos Santiago, **Fundamentos de derecho constitucional**. 3ª. Reimp. Buenos Aires: Astrea, 2005.

OFFE, Claus. **Problemas Estruturais do Estado Capitalista.** Trad.: Bárbara Freitag. Rio de Janeiro: Tempo Brasileiro, 1984.

ORTOLAN, Marcelo Augusto Biehl. **Relações Intergovernamentais e Instrumentos de Cooperação Administrativa na Federação Brasileira.** 184 p. Dissertação de Mestrado. Programa de Pós-Graduação em Direito, Universidade Federal do Paraná, Curitiba, 2013.

PASCHOAL, Thaís Amoroso. **Coletivização da Prova. Técnicas de produção coletiva da prova e seus reflexos na esfera individual**. São Paulo: Revista dos Tribunais, 2020.

PETRUS, Christian Herrera. **La obtención internacional de pruebas.** Asistencia jurisdiccional en Europa. Bolonia: Publicaciones del Real Colegio de España, 2005.

PIKETTY, Thomas. **O Capital no século XXI.** Trad.: Monica Baumgarten de Bolle. Rio de Janeiro: Intrínseca, 2014.

RESNIK, Judith. **What's Federalism For?** In: BALKIN, Jack M.; SIEGEL, Reva B. The Constitution in 2020. New York: Oxford, 2009, p. 269-284.

RESNIK, Judith. **Changing the Climate: The Role of Translocal Organizations of Government Actors (TOGAS) in American Federalism(s).** In: *Navigating Climate Change Policy:* The Opportunities of Federalism at 120-143 (eds. Edella C. Schlager, Kirsten H. Engel, and Sally Rider, The University of Arizona Press Tucson, 2011).

RESNIK, Judith. **Federalism(s)'s Forms and Norms: Contesting Rights, DeEssentializing Jurisdictional Divides, and Temporizing Accommodations.** In: *Nomos LV*: Federalism and Subsidiarity at 363-435 (James E. Fleming and Jacob T. Levy, eds., New York University Press, 2014).

VERBIC, Francisco. **Procesos Estructurales en Argentina: una lectura crítica de los principales precedentes de la Corte Suprema de Justicia de la Nación**. In Luís Alberto REICHELT; Marco Félix JOBIM. *Coletivização e Unidade do Direito.* Londrina/PR, pp. 27-39.

VERBIC, Francisco. **Ejecución de sentencias en litigios de reforma estructural en la república argentina – dificultades políticas y procedimentales que inciden sobre la eficacia de estas decisiones.** In ARENHART, Sérgio Cruz; JOBIM, Marco Félix (coord.). Processos estruturais. Salvador: Juspodivm, 2017.

WAMBIER, Teresa Arruda Alvim; CONCEIÇÃO, Maria Lúcia Lins; MELLO, Rogério Licastro Torres de; RIBEIRO, Leonardo Ferres da. **Primeiros comentários ao novo código de processo civil: artigo por artigo,** São Paulo: Revista dos Tribunais, 2015.

ZANETI JR., Hermes. **Processo coletivo no Brasil: sucesso ou decepção?** In Luís Alberto REICHELT; Marco Félix JOBIM. Coletivização e Unidade do Direito. Londrina/PR, pp. 246-278.

CAPÍTULO 18

A cooperação nacional como mecanismo de coletivização: algumas questões preliminares

Sérgio Cruz Arenhart[1]

Gustavo Osna[2]

1. NOTAS INTRODUTÓRIAS

Conforme se tem amplamente destacado, o Código de Processo Civil de 2015, em diferentes momentos, procurou estabelecer pilares que em certa medida discrepam daqueles mais tradicionais em nosso discurso processual. Nesse sentido, entre outros aspectos, buscou ampliar o espaço para a *customização procedimental*; o caminho para que, diante de determinada disputa, seja *alterado* o percurso generalista originalmente fixado em lei.

O presente ensaio pretende analisar um dos elementos que, em nossa visão, inserem-se nessa quadra: a *cooperação nacional*. Em termos breves, a técnica permite uma *concertação de atos*, viabilizando uma articulação otimizada do serviço justiça. E, como temos defendido[3], é factível que esse percurso se converta em (mais) uma via de *coletivização de interesses*.

Para demonstrar esse ponto, é apresentada, primeiramente, a ideia geral da técnica em questão – assim como alguns de seus paralelos mais óbvios,

1. Professor Associado dos cursos de Graduação, Mestrado e Doutorado da UFPR. Mestre e Doutor em Direito pela UFPR. Pós-doutor pela Università degli Studi di Firenze. Professor Visitante na Universidade de Zagreb (Croácia). Procurador Regional da República e ex-juiz Federal.
2. Professor Adjunto dos Programas de Graduação e de Pós-Graduação *Stricto Sensu* da Escola de Direito da Pontifícia Universidade Católica do Rio Grande do Sul, PUCRS. Doutor em Direito das Relações Sociais pela UFPR. Mestre em Direito das Relações Sociais e Bacharel em Direito pela UFPR. Advogado.
3. Ver, assim, ARENHART, Sérgio Cruz. OSNA, Gustavo. *Curso de Processo Civil Coletivo*. 2 ed. rev. atual. e ampl. São Paulo: Ed. RT, 2020.

próprios à coletivização, vistos no direito estrangeiro. Suscita-se, aqui, a potencial insuficiência desses caminhos, dado o seu flerte com a dispersão processual.

Almejando contrariar essa lógica, procura-se expor, na sequência, alguns campos e reconstruções nos quais a aglutinação gerada pela cooperação nacional pode se mostrar mais frutífera. Por meio dela, torna-se crível a formação de um caminho propenso à pacificação conjunta de questões, assim como à centralização de atos executivos. Trata-se de campo ainda recente em nossa realidade, mas cujas potencialidades merecem destaque e justificam atenção.

2. DA COOPERAÇÃO À COLETIVIZAÇÃO: UM CAMINHO DE FLEXIBILIDADE

2.1. A Cooperação Nacional como Meio de Coletivização

Como premissa para o presente estudo, deve-se, então, estabelecer o seguinte ponto: o Código de Processo Civil de 2015, ao procurar alterar a dinâmica tradicional da disciplina, adotou um caminho mais tendente à *flexibilidade procedimental*. Em poucas palavras, buscou estabelecer rotas que não se confundem com o léxico ortodoxo da matéria, abrindo espaço para que sua atividade possua maior aderência com necessidades concretas.

Foi precisamente nesse sentido que, além de outras hipóteses, construiu-se o mecanismo da *concertação de atos processuais*, a ser adotada por meio do exercício de *cooperação nacional*. É certo que, no atual momento, o uso da técnica ainda é bastante incipiente, ensejando interrogações a respeito de seu campo de incidência e das suas potencialidades. De qualquer modo, o próprio Código oportuniza que resida aí um caminho voltado à *coletivização* do processo, criando cenário que merece atenção. Mais que isso, a recente regulamentação do tema pelo Conselho Nacional de Justiça, por meio de sua Resolução nº 350/2020, procura fomentar e esclarecer as potencialidades desse encaminhamento.

Procurando enquadrar esse aspecto, o ponto de partida reside na previsão pelo Código de Processo Civil, em seu art. 68, de que "*aos órgãos do Poder Judiciário, estadual ou federal, especializado ou comum, em todas as instâncias e graus de jurisdição, inclusive aos tribunais superiores, incumbe o dever de recíproca cooperação, por meio de seus magistrados e servidores*". Na sequência, fixa-se também que "*o pedido de cooperação jurisdicional deve ser prontamente atendido*" e que "*prescinde de forma específica*" (art. 69), podendo ser operacionalizado sob diferentes formas: "*I - auxílio direto; II - reunião ou apensamento de processos; III - prestação de informações; IV - atos concertados entre os juízes cooperantes*" (art. 69).

Já de maneira preliminar, vê-se então, inequivocamente, que a disposição procura superar alguns pilares bastante solidificados na tradição do nosso processo, desafiando qualquer versão rígida de ideias como *"juízo natural"*.[4] Por outro turno, abre-se uma janela bastante compatível com a noção de *case management*, permitindo uma gestão mais *proporcional* das disputas e reconhecendo sua necessária ductibilidade. Chega-se, assim, a um caminho repleto de dilemas.

De um modo geral, para quais finalidades a *cooperação nacional* poderia ser manejada? De que maneira, ou em qual dimensão, o deslocamento de atos ligados à condução do feito deveria se dar? Como conferir enquadramento razoável à afirmação normativa de que o pedido de cooperação deve ser *"prontamente atendido"*? Diante dela, não seria facultado ao juízo a que a cooperação fosse solicitada apreciar sua efetividade ou sua pertinência – sendo-lhe defeso, por qualquer motivo, rejeitá-la?

Por mais que apenas o tempo e o uso do mecanismo possam consolidar essas respostas, alguns dos indicativos relacionados aos caminhos e aos objetivos da técnica parecem ser em certa medida trazidos pelo próprio Código de Processo Civil – tendo, posteriormente, sido ainda minudenciados pela referida Resolução do Conselho Nacional de Justiça, que procura solucionar alguns desses dilemas [5]. Sinaliza-se assim, ao menos de maneira preliminar, parcela das possíveis rotas a que a *concertação* poderia conduzir. E a formação de *arranjos coletivos*, no curso do processo, explicitamente se insere nessa quadra.

De fato, veja-se primeiramente que o legislador estabeleceu no próprio art.69 do diploma processual civil, responsável por permitir a adoção de *"atos concertados entre os juízes cooperantes"*, que referida *concertação* poderia consistir, exemplificativamente, *"no estabelecimento de procedimento para: I – a prática de citação, intimação ou notificação de ato; II – a obtenção e apresentação de provas e a coleta de depoimentos; III – a efetivação de tutela provisória; IV – a efetivação de medidas e providências para recuperação e preservação de empresas; V – a facilitação de habilitação de créditos na falência e na recuperação judicial; VI – a centralização de processos repetitivos; VII – a execução de decisão jurisdicional"*. O rol, além de não possuir natureza taxativa e de ter sido posteriormente ampliado e esmiuçado pela regulamentação dada ao tema pelo

4. Demonstrando a inexistência de vício à garantia do juiz natural com o emprego da técnica dos atos concertados, v., CABRAL, Antonio do Passo. *Juiz natural e eficiência processual: flexibilização, delegação e coordenação de competências no processo civil.* Tese apresentada no concurso de provas e títulos para provimento do cargo de professor titular de Direito Processual Civil da Faculdade de Direito da Universidade do Estado do Rio de Janeiro. Rio de Janeiro, 2017.

5. Cabe mencionar, exemplificativamente, as disposições trazidas pela referida Resolução a respeito da atuação e da atividade do Comitê Executivo da Rede Nacional de Cooperação Judiciária, dos Núcleos de Cooperação Judiciária e do Juiz de Cooperação – incumbindo-o de atribuições como *"identificar soluções para os problemas que possam surgir no processamento de pedido de cooperação judiciária"* (art. 14, inc. I) e *"intermediar o concerto de atos entre juízes cooperantes e ajudar na solução para problemas dele decorrentes"* (art. 14, inc. IV). Pode, com isso, formar-se um importante pilar para o uso da técnica.

Conselho Nacional de Justiça[6], pontuaria alguns dos espaços em que a ferramenta poderia ser empregada na condução do processo. Em nossa visão, essa abertura deve estar em franco e constante diálogo com os próprios propósitos descritos na parte geral do diploma[7].

Enfim, sendo esse o cenário, a plasticidade outorgada ao mecanismo poderia efetivamente torná-lo um caminho compatível com a *coletivização*. Mais que isso, soma-se a essa maleabilidade o fato de a própria disposição acima transcrita estabelecer que a *concertação* poderia se prestar à "*centralização de processos repetitivos*", corroborando esse acoplamento funcional. Nesse ponto, o caminho poderia aparentemente assumir feição análoga àquela desempenhada por técnicas como o *multidistrict litigation* estadunidense, servindo como uma pretensa alternativa às ações de classe.

Dando um passo adiante, esse raciocínio é reforçado e corroborado pela Resolução nº 350/2020 do Conselho Nacional de Justiça. É que ali se estabelece de maneira textual que "*a cooperação interinstitucional poderá abranger, entre outras providências: I - a harmonização de procedimentos e rotinas administrativas; II - gestão judiciária; III - a elaboração e adoção de estratégias para o tratamento adequado de processos coletivos e ou repetitivos, inclusive para a sua prevenção; e, IV - mutirões para análise do enquadramento de processos ou de recursos nas hipóteses em que há precedentes obrigatórios*" (art. 15). Fazendo menção direta

6. Art. 6º Além de outros definidos consensualmente, os atos de cooperação poderão consistir: I - na prática de quaisquer atos de comunicação processual, podendo versar sobre a comunicação conjunta a pessoa cuja participação seja necessária em diversos processos; II - na prestação e troca de informações relevantes para a solução dos processos; III - na redação de manuais de atuação, rotinas administrativas, diretrizes gerais para a conduta dos sujeitos do processo e dos servidores públicos responsáveis por atuar em mecanismos de gestão coordenada; IV - na reunião ou apensamento de processos, inclusive a reunião de execuções contra um mesmo devedor em um único juízo; V - na definição do juízo competente para a decisão sobre questão comum ou questões semelhantes ou de algum modo relacionadas, respeitadas as regras constantes nos artigos 62 e 63 do Código de Processo Civil; VI - na obtenção e apresentação de provas, na coleta de depoimentos e meios para o compartilhamento de seu teor; VII - na produção de prova única relativa a fato comum; VIII - na efetivação de medidas e providências para recuperação e preservação de empresas; IX - na facilitação de habilitação de créditos na falência e na recuperação judicial; X - na disciplina da gestão dos processos repetitivos, inclusive da respectiva centralização (art. 69, § 2º, VI, do Código de Processo Civil), e da realização de mutirões para sua adequada tramitação; XI - na efetivação de tutela provisória ou na execução de decisão jurisdicional; XII - na investigação patrimonial, busca por bens e realização prática de penhora, arrecadação, indisponibilidade ou qualquer outro tipo de constrição judicial; XIII - na regulação de procedimento expropriatório de bem penhorado ou dado em garantia em diversos processos;
XIV - no traslado de pessoas; XV - na transferência de presos; XVI - na transferência de bens e de valores; XVII - no acautelamento e gestão de bens e valores apreendidos; XVIII - no compartilhamento temporário de equipe de auxiliares da justiça, inclusive de servidores públicos; e XIX - na efetivação de medidas e providências referentes a práticas consensuais de resolução de conflitos.
7. "Art. 8º. Ao aplicar o ordenamento jurídico, o juiz atenderá aos fins sociais e às exigências do bem comum, resguardando e promovendo a dignidade da pessoa humana e observando a proporcionalidade, a razoabilidade, a legalidade, a publicidade e a eficiência".

tanto ao *"tratamento adequado de processos coletivos ou repetitivos'* quanto à *"gestão judiciária"*, assim, o ato parece reforçar de modo decisivo o uso da concertação na seara aqui proposta. Mais que isso, é interessante notar que esses dois requisitos sequer são paralelos, mas harmônicos e complementares.

Com efeito, a constatação decorre do fato de, hoje, a coletivização de interesses por meio de ações coletivas constituir apenas *uma* das possíveis portas procedimentais inseridas no corredor do processo coletivo. Ao lado dela, há também outras vias que, embora parcialmente, viabilizam alguma escala de aglutinação de questões. No ordenamento brasileiro, é o que ocorre explicitamente com a ferramenta do *incidente de resolução de demandas repetitivas*, previsto com esse óbvio objetivo. E, do mesmo modo, trata-se de função a que o mecanismo de *concertação* pode se prestar.

Em sede comparada, é interessante notar que essa *pluralidade* de desenhos inseridos dentro de um mesmo pano de fundo pode ser facilmente notada. É assim que, embora as *class actions* norte-americanas sejam o paradigma mais usualmente ligado [8], um exame detido revela a existência de outros mecanismos voltados à *coletivização*, mas de modo parcial.

Ainda que haja diferenças sensíveis entre ambas, as principais ferramentas inseridas nesse grupo são fornecidas pelo modelo alemão de *Musterverfahren* e pelo sistema inglês de *Group Litigation Order*. É que, de um modo geral, os dois possuem a seguinte essência procedimental: diante da existência de inúmeros processos debatendo a mesma questão, forma-se um *incidente-piloto* para que esse aspecto seja decidido; nesse ínterim, as ações individuais tem seu trâmite suspenso, aguardando o resultado da decisão coletiva para se vincular aos seus termos [9].

Indo além, mesmo no território estadunidense (em que as *class actions* atingiram um acentuado "sucesso" material e acadêmico [10]) as diferentes

8. Sobre o avanço do mecanismo, ver HENSLER, Deborah. *Class Action Dilemmas – Pursuing public goals for private gain*. Santa Monica: Rand, 2000. p. 10-11. Ver sobre o tema, na doutrina brasileira, GIDI, Antonio. *A Class Action como instrumento de tutela coletiva de direitos*. São Paulo: Ed. RT, 2007. ROQUE, André Vasconcelos. *Class Action – Ações Coletivas nos Estados Unidos: o que podemos aprender com eles?*. Salvador: Editora Juspodivm, 2013. CRUZ E TUCCI, José Rogério. *Class action e mandado de segurança coletivo, diversificações conceptuais*. São Paulo: Ed. RT, 1990.

9. Nesse particular, ver CABRAL, Antonio do Passo. O novo procedimento-modelo (Musterverfahren) alemão: uma alternativa às ações coletivas. In. *Revista de Processo*. v.147. São Paulo: Ed.RT, 2007. ANDREWS, Neil. *O Moderno Processo Civil*. Trad. Teresa Arruda Alvim Wambier. São Paulo: Ed. RT, 2009. OSNA, Gustavo. Coletivização total e coletivização parcial: aportes comparados e o processo civil brasileiro. In. *Revista de Processo Comparado*. v. 1. São Paulo: Ed. RT, 2015. ARENHART, Sérgio Cruz. *A tutela coletiva de interesses individuais: para além da proteção dos interesses individuais homogêneos*. São Paulo: Ed. RT, 2013.Ob. cit. ARENHART, Sérgio Cruz. OSNA, Gustavo. Ob. cit.

10. Deve-se a Oscar G. Chase o alerta quanto à necessidade de que, ao falar-se no "sucesso" do mecanismo, utilize-se tonalidade suave e ponderada. Isso porque, sem óbice de seu uso recorrente, não são poucas as ressalvas trazidas pela doutrina e pelos tribunais à sua utilização.

críticas conduzidas à sua direção também levaram à sua gradual convivência com vias alternativas de coletivização. Em termos gerais, o principal elemento trazido nesse contexto foi a possível incompatibilidade entre a *ação coletiva* e a noção de *devido processo*. O problema contraporia diferentes formas de conceber o mecanismo[11] - passando por discursos, como aquele posto por Martin Redish, que vislumbram a necessidade de uma maior proteção do individualismo[12].

Essas críticas ligadas à *Federal Rule 23* foram, em grande medida, responsáveis pelo fato de o *multidistrict litigation* (outra via de coletivização, provida de viés *parcial*) ter passado a desempenhar um importante papel. Por meio dele, mesmo que em menor escala, seria possível conferir tratamento parcialmente *coletivo* a questões *individuais*[13]. Numericamente, estima-se que cerca de 40% (quarenta por cento) das disputas atualmente em tramite na esfera federal tenham em algum momento sido afetadas pela instauração do mecanismo - o que, logicamente, demonstra a sua importância concreta[14].

Em resumo, a técnica, regulamentada em 1968 (28 USC, §1407), prevê que "*quando demandas civis envolvendo uma ou mais questões comuns de fato ou de direito estejam pendentes de julgamento em distintos distritos, elas sejam transferidas para qualquer um deles para consolidação ou coordenação dos procedimentos*

---

11. "*There are two dominant views of the class action's structure and two dominant views of the class action lawyer. Some see the class action as an aggregation of individuals, a complex joinder device and nothing more. Others view the class action as transforming the class members into an entity. Similarly, there are two dominant views of the class action lawyer. Many see the class action lawyer as an entrepreneur, seeking out litigation and personally benefitting from gains accruing to class members. Others view the class action lawyer as a public servant or a "private attorney general," privately vindicating rights through lawsuits that public officials do not have the resources to pursue*". Cita-se, LAHAV, Alexandra D. Two Views of Class Action. In. *Fordham Law Review*. n. 79. New York: Fordham University, 2011. p. 1939.
12. Delineando sua perspectiva da *class action* como mecanismo de agregação de direitos, o autor enfatiza que as teorias divergentes "*ignore or reject core notions of liberal individualism which, I believe, underlie American liberal democracy in general and our adversary system of litigation" (p. 88)*, constatando que "*there are, to be sure, potential tensions between the class action procedure and the political theory of process-based individualism. In situations where this tension is inescapable, the dominant normative force of process-based individualism requires that the class action procedure be justified by a showing of a truly compelling justification*". (p. 125). REDISH, Martin. *Wholesale Justice - Constitutional Democracy and the Problem of the Class Action Lawsuit*. Stanford: Stanford University Press, 2009.
13. Ver, sobre o tema e a aproximação aqui proposta, OSNA, Gustavo. Multidistrict Litigation e Coletivização Parcial: Uma Real Opção ao Modelo de Ações de Classe?. In. Revista Eletrônica de Direito Processual, v. 20. Rio de Janeiro: UERJ, 2019. p. 245.
14. "*If there is one thing every first-year law student knows a lot about, it is personal jurisdiction-a staple of every introductory Civil Procedure course. But any 1Ls who have survived the journey from Pennoyer to International Shoe to the Supreme Court's recent flurry of jurisdiction cases might be surprised to learn that in nearly 40 percent of the cases on the federal civil docket, much of what they learned is practically irrelevant. That is because those cases-as of August 2017, some 125,000 of them-are consolidated as part of a multidistrict litigation, or MDL*". BRADT, Andrew. The Long Arm of Multidistrict Litigation. In. *William & Mary Law Review*. v.59. Williamsburg: William & Mary Law School, 2018.. p. 1168.

de pre-trial"[15]. Sua incidência estaria adstrita à esfera federal, podendo, nesse campo, ser impulsionada tanto por alguma das partes quanto pelo *Judicial Panel on Multidistrict Litigation* – órgão elementar para o seu funcionamento.

Diante disso, Tidmarsh argumenta que, em sua leitura original, a técnica possuía como vocação a tentativa de *agregar medidas individuais* para finalidades *especificamente afetas à produção probatória*[16]. Seria essa a sua atribuição essencial. Veja-se, ainda, que a ideia se mostrava bastante inovadora no contexto de aprovação do texto legislativo – anunciando-se como uma peça inédita no quebra-cabeça processual[17]. Seria para contribuir nessa especial seara que o mecanismo encontraria justificativa, tratando-se, também, da razão pela qual lhe foi conferida acentuada flexibilidade procedimental.

2.2. A Concertação como Substituto da Ação Coletiva: Breves Ponderações

Na linha das considerações formuladas acima, percebe-se que a *concertação de atos* autorizada pela regra da *cooperação nacional* poderia se prestar a funções análogas àquelas desempenhadas pelas ideias de *coletivização parcial*. Como exemplo, seria possível vislumbrar, por meio dela, um mecanismo idôneo para propiciar a *produção coletiva* de determinada prova, em sentido próximo ao do mencionado *multidistrict litigation*.

Essa dinâmica poderia ser aparentemente útil, por exemplo, em circunstâncias nas quais se efetivam danos ambientais de larga escala, como aquelas recentemente vivenciadas por nossa sociedade na região do Vale do Rio Doce. Nesse caso, além do evidente dano metaindividual, há diferentes prejuízos estritamente individuais merecedores de reparação. E, potencialmente, permitir a *produção coletiva* da prova de um elemento comum a esses aspectos (como o nexo de causalidade entre a atuação de determinada empresa e o abalo) poderia representar um caminho benéfico à prestação jurisdicional[18].

15. "*(a)When civil actions involving one or more common questions of fact are pending in different districts, such actions may be transferred to any district for coordinated or consolidated pretrial proceedings. Such transfers shall be made by the judicial panel on multidistrict litigation authorized by this section upon its determination that transfers for such proceedings will be for the convenience of parties and witnesses and will promote the just and efficient conduct of such actions. Each action so transferred shall be remanded by the panel at or before the conclusion of such pretrial proceedings to the district from which it was transferred unless it shall have been previously terminated: Provided, however, That the panel may separate any claim, cross-claim, counter-claim, or third-party claim and remand any of such claims before the remainder of the action is remanded*".
16. "*The original concept underpinning the MDL statute was to provide a mechanism to coordinate discovery– through such means as common discovery orders, national depositions conducted for use in individual cases on remand, and centralized document depositories*". TIDMARSH, Jay. *The MDL as De Facto Opt In Class Action*. Disponível em ‹https://www.law.gwu.edu/sites/g/files/zaxdzs2351/f/downloads/Tidmarsh-MDL-Paper.pdf›. Acesso em 20 de março de 2020.
17. Ver, BRADT, Andrew. Ob. cit. p. 1199 e ss.
18. Assim, LUNARDI, Thais Amoroso Paschoal. *Coletivização da Prova: Técnicas de produção coletiva da prova e seus reflexos na esfera individual*. Tese de Doutorado. Universidade Federal do Paraná – UFPR, 2018.

Além disso, seria possível também pensar, como realizado por Thaís Paschoal, em circunstâncias nas quais a *coletivização da prova* poderia ser pertinente a partir do curso paralelo de medidas tipicamente individuais. O exemplo dado pela autora é o do notório caso das *pílulas de farinha*, havido no Brasil pouco mais de duas décadas atrás. Nesse contexto, a produção coletivizada da prova também teria aptidão para facilitar a posterior apreciação das pretensões iniciais[19].

Ocorre que, analisando o tema em perspectiva, constata-se que o avanço do *multidistrict litigation*, na verdade, parece coincidir exatamente com uma *expansão* do seu próprio uso – fazendo com que sua coletivização *não seja tão parcial* quanto se poderia supor.

De fato, foi visto acima que foi em meio às críticas às *class actions* que o modelo de *multidistrict litigation* se fortaleceu[20]. E isso porque, devido à sua feição *parcial*, a restrição ao direito individual de ação que é típica das ações coletivas ali não se repetiria[21]. Embora as duas técnicas pudessem atuar no mesmo campo, fá-lo-iam de modo sensivelmente diverso.

Compreendendo a questão, pensemos em uma situação hipotética que, em princípio, poderia impulsionar o uso tanto de uma técnica como a *class action* quanto de um mecanismo análogo ao *multidistrict litigation*: após verificação de grave abalo ambiental em uma baía, próximo a polo industrial petrolífero ali situado, constata-se a existência de diferentes prejuízos individuais a comunidades localizadas na região. Mais que isso, cogita-se haver responsabilidade direta da sociedade empresária pelo ocorrido, tornando-a ré em potencial das diferentes pretensões relacionadas ao evento.

Nesse caso, por meio de uma técnica de ação de classe, seria possível que *todos os sujeitos individualmente lesados pelo ato fossem protegidos dentro de um mesmo processo*. Adicionalmente, essa tutela poderia bater em sua porta sem que jamais tivessem adotado qualquer impulso individual para tanto. Analisando o cenário em termos de benefício, então: (i) o ganho de isonomia seria flagrante, já que a resposta atribuída a todos os integrantes da classe seria a *mesma*, proferida na lide coletiva; (ii) o incremento do *acesso à justiça* também seria nítido, tendo em conta que, ao proteger os sujeitos sem a necessidade de impulso individual, conferir-se-ia amparo àqueles que não disporiam de

19. Idem.
20. "*MDL, once thought to be an obscure, technical device, has now become the centerpiece of nationwide mass tort litigation in the wake of the decline of the tort class action. Under the MDL statute,28 U.S.C. § 1407, thousands of cases pending around the country that share a common question of fact can be transferred to a single district judge in any district for pretrial proceedings*". BRADT, Andrew Ob. cit.. p. 1168-1169.
21. Colocando as duas figuras lado a lado, ERICHSON, Howard M. What MDL and Class Actions Have in Common. In. *Vanderbilt Law Review*. v.70. Nashville: Vanderbilt Law School, 2017.

estímulo ou de condição de ingressar isoladamente em juízo; e (iii) em relação à gestão da justiça, o benefício também seria óbvio – já que, ao invés de diferentes ações individuais ligadas ao mesmo tema, os esforços seriam concentrados e consolidados em um único feito.

Por outro lado, também é certo que o exemplo mencionado poderia servir como campo para o emprego de um mecanismo de *concertação*, como o *multidistrict litigation*. Tomando como base especificamente essa técnica, seria razoável que, diante dos diversos litígios decorrentes do dano ambiental, realizasse-se a *produção coletiva* de prova pericial ligada à participação da empresa petrolífera no abalo. Procedimentalmente, o cenário assumiria os seguintes contornos: (i) verificados diferentes debates em juízo ligados à questão, seria suscitado o incidente, com o propósito de produzir conjuntamente determinada prova relacionada ao evento; (ii) a produção probatória, então, ocorreria perante o *Panel*, a quem também incumbiria a atribuição de nomear, entre advogados qualificados para tanto, o representante da classe[22]; e (iii) enfim, após produzida a prova, as medidas individuais retomariam sua tramitação original, podendo se valer de tal acervo probatório.

Diante desse trajeto, percebe-se que há uma maior *timidez* no que toca aos benefícios que o mecanismo poderia alcançar. Aqui: (i) o ganho à isonomia seria relativo, já que, após a produção de prova, ocorreria uma nova *dispersão dos processos*. Assim, considerando que o *Panel* não julgaria o caso, mas apenas facilitaria sua instrução, seria possível que diferentes juízes atingissem conclusões diversas a respeito do material probatório; (ii) em relação ao acesso à justiça, o benefício alcançado pela *class action* sequer seria perseguido – já que a prova beneficiaria apenas os sujeitos que efetivamente viessem a ingressar em juízo; e, (iii) por último no que toca ao ganho ocasionado para a administração da justiça, também haveria uma vantagem (apenas) relativa. Embora não se chegasse à redução de processos alcançada pela ação coletiva, ao menos os esforços ligados à produção probatória seriam centralizados – evitando-se a reiteração desse ponto.

Ocorre que, no caso específico do *multidistrict*, tem sido comum constatar-se que essa função originária tem sido objeto de uma sensível (embora silenciosa) dilatação[23]. Valendo-se de seu regime normativo propositadamente aberto, o mecanismo viria assim servindo cada vez menos como um meio efetivamente voltado à produção coletiva da prova – convertendo-se, em verdade, em uma ferramenta para a *resolução coletiva* de questões individuais; em uma *quasi-class action*[24].

22. Problematizando essa questão, ver BURCH, Elizabeth Chamblee. Repeat Players in Multidistrict Litigation: The Social Network. In. *Cornell Law Review*. v. 102. Ithaca: Cornell Law School, 2017.
23. Assim, TIDMARSH, Jay. Ob. cit.
24. Ver, expondo a aproximação, ISSACHAROFF, Samuel. Private Claims, Aggregate Rights. In. *The Supreme Court Review*. Chicago: The University of Chicago Press, 2008. Perceba-se que a questão não é vista sem olhares

Procurando elucidar o problema, lembremos novamente a eventual aplicação do *multidistrict* ao possível abalo ambiental ligado à atividade de uma indústria petrolífera. Nesse caso, vimos que o mecanismo em questão poderia gerar uma espécie de *incidente de coletivização da prova*. Perante o *Panel*, então, realizar-se-ia conjuntamente a produção probatória ligada a um ou mais aspectos em comum, como o nexo de causalidade entre o dano e as atividades da empresa. Na sequência, porém, as medidas retomariam seu curso de forma pulverizada.

Ocorre que, como visto, esse cenário traria diferentes áleas para o processo, revelando uma efetividade reduzida. Além de inexistir um ganho sensível à administração da justiça, sequer a isonomia seria verdadeiramente preservada. Isso porque, diante de uma mesma prova, *nada garantiria* que diferentes magistrados atingiriam uma mesma conclusão. A cisão entre *produção* e *valoração* da prova, como consequência, assumiria papel central.

Não obstante, o *multidistrict litigation* vem materialmente possuindo uma aplicabilidade que *não coincide* com a do seu desenho teórico. Embora a ideia original do mecanismo pressupusesse esse *retorno* ao juízo originário após a produção da prova coletiva, a realidade demonstra que essa *retomada não costuma ocorrer*. Na verdade, menos de três por cento dos processos submetidos ao *multidistrict* realizam esse trajeto[25]. Nas demais hipóteses, acaba-se chegando a alguma forma de acordo coletivo – de tal modo que a fase de *pre-trial* passa a responder por toda a tramitação do processo[26]. Conforme Tidmarsh, o mecanismo então se aproxima, e muito, de uma verdadeira *class action* marcada pelo exercício de *opt in*[27] – razão pela qual não surpreende que sua legitimidade passe a ser questionada, a partir de balizas similares àquelas dirigidas às ações de classe[28].

---

críticos. Assim, MUELLENIX, Linda S. Aggregate Litigation And The Death Of Democratic Dispute Resolution. In. *Northwestern University Law Review*. v.105. Chicago: Nortwestern School of Law, 2013. p. 52 e ss.

25. "After such pretrial proceedings, the cases are to be remanded to the courts from which they came for trial, but this rarely happens-less than 3 percent of the cases ever exit the MDL court Instead, most of the cases are either settled or resolved in the MDL proceeding, meaning that, as in most federal litigation, pretrial proceedings are the whole ballgame". BRADT, Andrew. Ob. cit. p. 1169.

26. Ver, NAGAREDA, Richard. 1938 All Over Again? Pre-Trial as Trial in Complex Litigation. In. *DePaul Law Review*. v.60. Chicago: DePaul University College of Law, 2011.

27. "*In short, the realities and practicalities of the modern MDL diminish the effective differences between an MDL process and an opt-in class action. Of course,opt-in class actions have one remaining, and highly critical, difference from the MDL process. Opt-in class actions traditionally rely on the consent of the members of the class to join together. With the MDL, the consent is more attenuated: the plaintiffs at best consent to bring their cases in federal court, aware (assuming knowledge of the law) of the powers of the Panel to consolidate their cases with other like cases. They need not, however, consent to the consolidation in the MDL process itself. The responsibility for construction of the class is instead undertaken by the Judicial Panel-an undertaking that can occur either at the request of any party or on its own initiative*". TIDMARSH, Jay. Ob. cit.

28. Assim, *passim*, REDISH, Martin H. KARABA, Julie M. One size doesn't fit all: multidistrict litigation, due process, and the dangers of procedural collectivism. In. *Boston University Law Review*. v.95. Boston: Boston University School of Law, 2015.

Por outro lado, também direcionando os olhares às demais formas de *coletivização parcial* mencionadas no presente capítulo, percebe-se que há um constante risco de que esses percursos não alcancem o rol de benefícios mais compatíveis com a atual realidade brasileira. De que, dessa forma, não se mostrem os mais *amplamente proporcionais*[29]. Ato contínuo, torna-se necessário que esse crivo atue constantemente em sua análise e em sua aferição.

De fato, é certo que as ações de classe tendem a possuir um peso mais efetivo em aspectos como a gestão da estrutura judiciária - resolvendo em um único processo situações que poderiam ensejar milhares de medidas[30]. Da mesma forma, também é nítido que esse ponto tenderia a contribuir de forma mais firme para a efetivação do *acesso à justiça* - por proteger *toda a classe*, superando barreiras ou desestímulos precedentes ao ingresso em juízo[31]. Ainda, a técnica exerceria maior autoridade no que toca à isonomia processual. Afinal, ao vincular todo o grupo a *uma única* decisão, é obvio que os interessados também receberiam *uma mesma* decisão.

Diversamente, pelo fato de qualquer via de *coletivização parcial* tender a gerar algum grau de *dispersão* ou de *fracionamento* das pretensões individuais, cada um desses benefícios poderia ser minorado. Afinal, os perigos, os riscos e as desvantagens decorrentes dessa *pulverização* voltariam a existir - inibindo-se ou reduzindo-se a sua verificação, apenas, em determinado aspecto pontual. É assim que, embora a *cooperação nacional* possa servir como técnica de *coletivização*, esse uso exige elevado grau de atenção.

---

29. Ver, sobre o tema, ARENHART, Sérgio Cruz. OSNA, Gustavo. Complexity, proportionality and the 'pan-procedural' approach: some bases of contemporary civil litigation. In. *International Journal of Procedural Law*. n. 4. Cambridge: Intersentia, 2014.
30. No mesmo sentido, BONE, Robert G. *Civil Procedure - The Economics of Civil Procedure*. New York: Foundation Press, 2003. p. 202. Também Gidi, afirmando que "o objetivo mais imediato das ações coletivas é o de proporcionar eficiência e economia processual, ao permitir que uma multiplicidade de ações individuais repetitivas em tutela de uma mesma controvérsia seja substituída por uma única ação coletiva (...) a possibilidade de julgar em um único processo uma controvérsia complexa envolvendo inúmeras pessoas, por outro lado, representa uma notável economia para o Judiciário." GIDI, Antonio. Ob. cit. p. 26.
31. Afinal, seriam superados os óbices ligados àquilo que Cappelletti e Garth denominaram de "*capacidade jurídica pessoal*", consistente nas "inúmeras barreiras que precisam ser *pessoalmente* superadas, antes que um direito possa ser efetivamente reivindicado através de nosso aparelho judiciário". Esclarecendo, afirmam que "num primeiro nível está a questão de reconhecer a existência de um direito juridicamente exigível. Essa barreira fundamental é especialmente séria para os despossuídos, mas não afeta apenas os pobres. Ela diz respeito a toda a população em muitos tipos de conflitos que envolvem direitos (...) mesmo consumidores bem informados, por exemplo, só raramente se dão conta de que sua assinatura num contrato não significa que precisem, obrigatoriamente, sujeitar-se a seus termos, em quaisquer circunstâncias. Falta-lhes o conhecimento jurídico básico não apenas para fazer objeção a esses contratos, mas até mesmo para perceber que sejam passíveis de objeção". CAPPELLETTI, Mauro. GARTH, Bryant. *Acesso à justiça*. Trad. Ellen Gracie Northfleet. Porto Alegre: Editora Sérgio Fabris, 1988. p. 22-23.

2.3. A Concertação de Atos Probatórios e a Tutela Coletiva na Realidade Brasileira

Diante das ressalvas feitas até aqui, consideramos que a eventual utilização da concertação de atos como mecanismo de tutela coletiva poderia incorrer nos mesmos pontos cegos da *coletivização parcial*, típica do regime instituído para o Incidente de Resolução de Demandas Repetitivas, no CPC.[32] Isso porque tanto o incidente mencionado, como a concertação, aqui examinada, partem de uma premissa fincada em demandas individuais. É a partir de demandas individuais que esses instrumentos se estruturam, para atuar de forma coletiva – com maior ou menor intensidade – na solução de problemas comuns.

Com isso, porém, não se pretende desconsiderar a possível utilidade do mecanismo. De fato, a concertação pode não ser *sempre a melhor alternativa para a proteção coletiva de interesses*. Todavia, não se pode negar que ela pode sim servir como importante ferramenta nesse segmento, sobretudo para situações concretas em que, embora preferível a resposta individualizada às pretensões levadas a juízo, haja parcelas do procedimento que possam – com maior eficiência para as partes e para o Judiciário – ser resolvidas de maneira comum.

Assim, calha lembrar que um dos campos nos quais mais usualmente se costuma mencionar a capacidade da *concertação* para atuar em sentido favorável ao da tutela coletiva é o da instrução probatória. É que, como já posto, por meio da abertura inerente a esse mecanismo seria possível que determinada *prova* pertinente a diversas pretensões tivesse sua produção realizada de maneira *coletiva*. A questão poderia assumir relevância em diferentes hipóteses, sendo capaz, inclusive, de revelar com maior clareza a dimensão do problema.

Nos tópicos anteriores foram mencionadas algumas situações que se amoldariam a esse cenário, corroborando essa potencial funcionalidade. Como exemplo, indicou-se que o instrumento poderia ser empregado nas circunstâncias (frequentemente ligadas a abalos ambientais) em que um mesmo evento enseja danos de diferentes escalas – experimentados tanto de maneira metaindividual quanto de modo individual. Nesses casos, é certo que determinados pontos, como a demonstração da relação de causalidade entre a conduta e o dano, poderiam exigir um elemento de prova comum aos inúmeros processos. Como consequência, sua produção coletiva tenderia a beneficiar a atividade jurisdicional, conferindo-lhe eficácia e coerência.

No entanto, para que a ferramenta possa ter alguma concreta utilidade, é fundamental compreender a mecânica pela qual a instrução probatória funciona. Recorde-se que uma coisa é *produzir* uma prova; outra, bem diferente, é

32. V., sobre isso, ARENHART, Sérgio Cruz. OSNA, Gustavo. *Curso de processo civil coletivo*. p. 387 e ss.

ter por certificada a ocorrência do fato a que se refere aquela prova. Por outras palavras, produzir determinada prova que possa ser utilizada em diversos processos não significa ter por certo que todos os juízes que examinarão o seu conteúdo concluirão da mesma forma a respeito da ocorrência do fato probando. É que, verdadeiramente, *não há coincidência* entre a *produção da prova* e a sua posterior *avaliação*; entre elementos como a *elaboração de um laudo pericial*, ou a *oitiva de uma testemunha*, e a *valoração* a ser a partir deles posteriormente formada. Sendo assim, caso a ferramenta se limite a uma produção de prova que possa ser empregada em vários processos, a concertação poderá se distanciar dos seus propósitos, passando a ser apenas um instrumento de economia dos custos com a realização da prova.

Qual seria a garantia de que, a partir de um mesmo laudo pericial, juízes diversos chegariam a uma conclusão análoga a respeito do eventual dever de indenizar? Haveria como tolher a possibilidade de que, na hipótese de não estar convencido do resultado de uma primeira perícia, o julgador responsável por sentenciar o feito determinasse a realização de novo laudo por profissional diverso? Nessa circunstância, esse novo meio de prova também deveria ser produzido coletivamente? Em caso contrário, ele poderia ser de algum modo considerado nas demais medidas judiciais relacionadas ao mesmo evento?

O exemplo da prova pericial é bastante revelador desse dado. E isso porque, por mais que se trate de verdadeira regra geral do nosso sistema, nesse especial ponto o próprio Código de Processo Civil faz questão de afirmar que o órgão julgador *não é vinculado* por quaisquer constatações expressas no laudo – estipulando que *"o juiz apreciará a prova pericial de acordo com o disposto no art. 371 , indicando na sentença os motivos que o levaram a considerar ou a deixar de considerar as conclusões do laudo, levando em conta o método utilizado pelo perito"* (art.479). Da mesma forma, o diploma também estabelece que *"o juiz determinará, de ofício ou a requerimento da parte, a realização de nova perícia quando a matéria não estiver suficientemente esclarecida"* (art. 480). Por qualquer das pontas, então, essa forma de concertação de atos poderia até criar uma comunhão entre diferentes medidas quanto ao seu *ponto de partida*, mas não quanto ao seu *ponto de chegada*; embora a mesma prova pudesse ser levada a diferentes processos, nada garantiria que dela seriam obtidas iguais conclusões. O propósito de coletivização, então, teria sido frustrado.

É precisamente por força disso que, como visto anteriormente, a recorrência do instituto do *multidistrict litigation* se deve, precisamente, ao fato de sua tramitação *raramente* ser encerrada com um retorno às medidas individuais. E é somente assim que igual funcionalidade poderia ser pensada em nosso sistema para a prática da concertação limitada à produção de provas. Sua potencialidade, então, não estaria no eventual proveito a ser processualmente obtido pelo ato praticado coletivamente - mas sim na sua capacidade de desvelar a dimensão global do litígio e, por essa frente, gerar alguma forma de estímulo à autocomposição.[33]

Nesse cenário, é ainda certo que inúmeras outras indagações obrigatoriamente deveriam ser postas na mesa. Afinal, temas como a representatividade adequada e a fixação do responsável pela condução do incidente coletivo, advindo da concertação, teriam que entrar em cena. Diferentes respostas poderiam aqui surgir - ora procurando estabelecer maior proximidade com a dinâmica da Ação Civil Pública, ora buscando inspiração no modelo de coletivização parcial já trazido pelo Incidente de Resolução de Demandas Repetitivas.

De qualquer modo, consideramos que as próprias indagações mais pertinentes afetas a esse tema são prévias. É que, como dito, por mais que a eventual concertação para produção probatória possa trazer benefícios pontuais em determinadas hipóteses - particularmente de ordem econômica, no custeio de eventuais provas mais caras -, eles não parecem aqueles mais consentâneos com os reais dilemas da nossa sociedade e do nosso Judiciário. É preciso indagar preliminarmente, então, o que efetivamente se quer com a técnica. Somente assim é possível avaliar criteriosamente se ela é ou não capaz de produzir esse impacto, adotando-se eventuais linhas procedimentais voltadas a esse fim.

3. POSSIBILIDADES E CAMINHOS PARA A COLETIVIZAÇÃO MEDIANTE CONCERTAÇÃO

3.1. Além da Produção Probatória: a Concertação de Atos para o Acertamento de Questões

Dessa forma, investigando o problema a partir da perspectiva indicada acima, a principal conclusão obtida é que a concertação voltada tão somente à *produção* de determinado meio de prova pode ser insuficiente. Em poucas palavras, a segmentação entre *produção* e *valoração* da prova, inevitavelmente, potencializa os riscos inerentes à dispersão - fazendo com que quaisquer benefícios ligados ao incidente coletivo sejam mitigados.

Diante disso, porém, seria possível indagar: há viabilidade de que essa aresta seja superada? Dado o permissivo de concertação de atos previsto pelo Código de Processo Civil, podem haver saídas para maximizar seu conteúdo? Como potencializar o mecanismo, aprimorando seu uso no processo coletivo?

Procurando enfrentar esses problemas, consideramos que um primeiro ponto a ser enfatizado é que, efetivamente, mostra-se equivocado identificar

33. ARENHART, Sérgio Cruz. *A tutela coletiva de interesses individuais*, ob. cit., p. 164.

nesse instrumento um elemento capaz de substituir plenamente as ações coletivas. Esse aspecto é especialmente reforçado na realidade brasileira, em que se verificam déficits de acesso à justiça e problemas ligados à administração judiciária que parecem tornar a coletivização total o caminho mais proporcional.

De qualquer forma, acreditamos que, dada a abertura inerente à previsão normativa, é sim possível que a *concertação de atos* seja vista como *mais* uma ferramenta que pode agregar para a consolidação do nosso processo coletivo. Para tanto, contudo, parece necessário conferir ao mecanismo um conteúdo mais amplo do que a mera produção probatória, fazendo-o ingressar também em sua *valoração*. Torna-se imprescindível dar um passo adiante, identificando a *concertação* como um real caminho para a *coletivização de questões*; como um instrumento por meio do qual *aspectos fáticos*, comuns a inúmeros processos, possam ser *resolvidos* (e não apenas *instruídos*) de maneira coletiva.

Ilustrando esse aspecto, lembremos o exemplo mencionado nos tópicos anteriores, ligado a um dano ambiental de larga escala cuja ocorrência, possivelmente, poderia se relacionar com a atividade de determinada sociedade empresária. Como visto, nesse tipo de hipótese a concertação de atos voltada à *produção* da prova poderia resultar em um laudo *pericial* válido para todas as disputas. Isso, porém, não garantiria que a própria *questão*, a ser pericialmente instruída, receberia a mesma resposta. Pelo contrário, seria crível que diferentes juízes, apreciando o mesmo material probatório, chegassem a conclusões diversas quanto à sua suficiência ou ao seu resultado. Por consequência, as vantagens trazidas pela prova conjunta seriam, no menor dos casos, bastante limitadas.

Sendo assim, a funcionalidade do mecanismo pode estar diretamente ligada à própria superação desse hiato. Se o principal risco inerente à produção de um ato concertado consiste na sua superveniente *avaliação* por um juízo diverso, parece bastante razoável que a solução consista exatamente em *coletivizar*, também, essa *avaliação*. Sob esse viés, o mecanismo passaria a ser utilizado como uma verdadeira técnica de *coletivização de questões*.

Sob essa moldura, mais do que *produzir* coletivamente determinado meio de prova, a técnica se prestaria a acertar a *questão* que lhe é subjacente. Tomando por base o exemplo anterior, a *concertação* não se limitaria à elaboração de perícia ligada ao dano ambiental, coletivizando-se a própria deliberação a respeito da responsabilidade da empresa pelo abalo. Mais do que se delegar ao juízo concertado a mera execução do ato, seria a ele transferida a tomada de decisão a respeito da questão que o motivou. Somente assim seria garantida uma verdadeira *vinculação* de certo posicionamento para os diferentes processos, alcançando maior isonomia e coerência.

Mas seria isso viável? É possível que um magistrado certifique, com vinculatividade própria da coisa julgada, a ocorrência ou não *de um fato*?

De um lado, a fim de responder a essa indagação, parece fundamental compreender a ideia de sentenças complexas. De outro, impõe-se cogitar sobre a possibilidade de a tutela jurisdicional incidir sobre a declaração de um fato.

Quanto ao primeiro ponto, não parece haver maiores dificuldades. Há muito a doutrina trabalha com a possibilidade de que um ato jurisdicional seja formado pela atuação da vontade de mais de um magistrado. Como aponta Calamandrei, a cooperação de vários órgãos jurisdicionais - a fim de caracterizar uma sentença complexa única - pode ocorrer quando se tem a *cooperação de vários órgãos distintos de um único juízo (ou tribunal)* ou quando ocorre a *cooperação de vários juízos (ou tribunais) distintos.*[34] Nessas sentenças complexas, o que se tem é a presença de mais de um órgão, cada um exercendo *porção da atividade jurisdicional*, contribuindo para a formação do resultado final. Pense-se nos casos da repartição de atribuições existentes no campo do Tribunal de Júri, no Brasil, ou no regime de competência próprio de países que adotam o controle exclusivamente concentrado de constitucionalidade.

Esses exemplos revelam a existência de situações em que a atividade de decidir não é exercitada por um único órgão (seja ele formado por um ou por mais magistrados). A decisão é produto da intervenção de vários sujeitos, cada um deles exercendo parcela da atividade. No caso do Tribunal do Júri, por exemplo, cabe ao corpo de sentença a determinação dos fatos e ao juiz-presidente da causa a aplicação do direito e a determinação final da sentença. Logicamente, essa repartição de atribuições pressupõe que um órgão *não interfira* na atribuição dada ao outro. Assim, não cabe, ainda usando o exemplo do Tribunal do Júri, ao juiz negar que os fatos tenham ocorrido da forma estabelecida pelos jurados; nem aos jurados indicar qual é a pena a ser aplicada ou qual é a regra que deve incidir no caso concreto.

Por outras palavras: nos atos judiciais complexos, cada órgão reserva com exclusividade certa parcela de atribuição que contribuirá para o resultado final. Isso pressupõe que um órgão não possa avançar na atribuição do outro, devendo respeitar a parcela de atividade jurisdicional praticada por ele.

Ao que parece, essa pode ser exatamente a situação ocorrida na cooperação jurisdicional - e, em particular, na técnica dos atos concertados, de que trata o art. 69, do CPC. A lei, ao estabelecer um rol exemplificativo de atos que podem permitir a cooperação, viabiliza, ao que parece, também o fracionamento da decisão entre vários órgãos cooperantes. Assim, nada impediria que, se a lei permite a obtenção de provas e a coleta de depoimentos (art. 69, § 2º,

34. CALAMANDREI, Piero. "La sentencia subjetivamente compleja". *Estudios sobre el proceso civil.* Trad. Santiago Sentis Melendo. Buenos Aires: Editorial Bibliográfica Argentina, 1945, p. 477-478.

inc. II), permitisse também o fracionamento da decisão de causas repetitivas, de modo que um juiz (aquele que colheu a prova) ficasse responsável pela certificação dos fatos (ou de alguns dos fatos) ocorridos, deixando a outro(s) magistrado(s) o restante da atividade jurisdicional.

De fato, note-se que todas as hipóteses elencadas no art. 69, § 2º envolvem algum tipo de cisão de competência. Ainda que todos os exemplos ali dados sejam de cisão de competência para *a prática de atos diversos*, nada impede que essa cisão ocorra para a *prática de um único ato*, que então se tornará um ato complexo. Assim, parece que o preceito não impede que se possa distribuir entre vários magistrados a determinação dos fatos da causa e do direito aplicável (ou da solução final das pretensões deduzidas). E, se é assim, então seria evidente que somente o juiz responsável pela determinação dos fatos teria competência para essa especificação, cabendo ao(s) outro(s) magistrado(s) tomar aquela certificação como premissa de sua atividade.

Aceita a viabilidade dessa figura, sequer seria necessário ir além na investigação do problema.

Porém, caso se acredite que essa solução seria pouco ortodoxa, convém esmiuçar um pouco mais a possibilidade (ou não) de que a tutela jurisdicional (autônoma) possa incidir apenas sobre a declaração a respeito da existência ou não de fatos.

3.2. Declarações de Fato e Vinculatividade Coletiva

Sabe-se que é da tradição brasileira negar a possibilidade de que alguém possa postular a declaração de fatos em juízo, exceto na hipótese da falsidade ou da autenticidade de documento[35] (art. 19, do CPC). Wach, a propósito, examinando a lei alemã da época, pontuava que o fim do processo é a *proteção do direito* e não a obtenção de prova ou a declaração de fatos.[36]

A doutrina mais moderna sobre o tema defende que essa restrição ocorre, sobretudo, em homenagem à garantia de defesa do réu, que precisa ter a exata

35. Para Pontes de Miranda, sequer essa situação traduz verdadeira hipótese de "declaração sobre fato". Segundo o autor, também quando se pretende a declaração de falsidade documental, o que verdadeiramente se almeja é a declaração de inexistência da relação jurídica representada pelo instrumento (PONTES DE MIRANDA, Francisco Cavalcanti. *Tratado das ações*. Campinas: Bookseller, 1998, tomo II, p. 41). Não parece que a observação esteja correta. E isso, sobretudo, porque a lei não condiciona a arguição de falsidade apenas a instrumentos (que constituam elemento de validade do ato jurídico). Qualquer documento – seja ele substancial ou não – pode ser objeto da arguição de falso, de sorte que nem sempre a falsidade do documento implicará a invalidade do ato jurídico ou do fato por ele representado.

36. WACH, Adolf. *La pretensión de declaración*. Trad. Juan M. Semon. Buenos Aires: EJEA, p. 94-95.

dimensão das consequências que podem decorrer de sua atividade ou inércia no processo. Como lembra Proto Pisani,[37] não há razão dogmática ou lógica entre a atividade declaratória e a certificação de fatos. No entanto, a necessidade de preservar o direito de defesa do réu - de dimensão constitucional - exige que a parte possa compreender contra o que exatamente se defende e qual é o prejuízo que lhe pode advir em razão do acolhimento da pretensão do autor. Ainda, como sustenta o autor, se fosse admissível a declaração apenas sobre fatos (ou mesmo sobre o teor de normas jurídicas) seria impossível que o réu pudesse antever as consequências do acolhimento da pretensão do autor ou os prejuízos que poderiam ser por ele sofridos em razão de eventual inabilidade no exercício de sua defesa.

Por isso não seria aceitável que a tutela jurisdicional fosse exercitável apenas sobre fatos.[38]

No entanto, parece que o óbice levantado pela doutrina pode ser facilmente superado, sobretudo diante das ferramentas hoje disponíveis.

Tome-se os argumentos empregados para a restrição quanto à declaração a respeito de fatos. De início, ter-se-ia a expressa dicção do art. 19, do CPC, a referir que "*o interesse do autor pode limitar-se à declaração*" da existência, inexistência ou do modo de ser de relação jurídica ou da autenticidade ou falsidade de documento. Frequentemente, a doutrina atribui a impossibilidade da declaração sobre fato aos termos desse preceito legal.

No entanto, parece absolutamente insuficiente pretender apenas com base nesse dispositivo rechaçar qualquer viabilidade na busca por uma atividade jurisdicional que reconheça a ocorrência ou não de fatos.

De um lado, porque a lei não *veda* a possibilidade de declaração sobre fato. Limita-se a dizer que o interesse da parte pode expressar-se apenas na declaração dos elementos que arrola, sem excluir expressamente qualquer outra situação. De outro, porque é sabido que a função desse comando sempre foi o de esclarecer a figura do *interesse processual*, espancando qualquer dúvida sobre a possibilidade de que esse interesse exista ainda que não tenha o autor condições de buscar a *satisfação* da pretensão que afirma ostentar. Ou

37. PROTO PISANI, Andrea. "La tutela di mero accertamento". *Appunti sulla giustizia civile*. Bari: Cacucci, 1982, p. 92. Identicamente, v. CAPONI, Remo. PROTO PISANI, Andrea. *Lineamenti di diritto processuale civile*. Napoli: Jovene, 2001, p. 120-121. No direito brasileiro, sustentando a mesma conclusão, v. MARINONI, Luiz Guilherme. MITIDIERO, Daniel. *Comentários ao código de processo civil*. São Paulo: RT, 2016, vol. I, p. 397.

38. Em sentido diverso, entendendo pela possibilidade da existência de ação declaratória sobre fato, e mencionando como exemplo dessa possibilidade o art. 152, § 2º, do CPP de 1930 italiano (que se refere à declaração de inexistência do fato ilícito que havia sido imputado ao réu), v. MICHELI, Gian Antonio. *Corso de diritto processuale civile*. Milano: Giuffrè, 1959, vol. I, p. 45-46.

seja, porque era discutível a presença do interesse processual em situações nas quais a parte não pudesse *exigir a satisfação* de seu "direito", optou-se por positivar a existência da utilidade jurídica na busca da simples *certeza jurídica*.[39]

Por outras palavras, preceitos como o art. 2º, parágrafo único, do CPC/39, o art. 4º, do CPC/73 ou o art. 19, do CPC atual, jamais foram pensados para *proibir a ação declaratória em casos que não os expressamente arrolados no texto legal*. Seu objetivo era apenas deixar clara a opção do legislador por seguir a orientação doutrinária[40] que aceitava a existência de um interesse processual mesmo em casos nos quais não se alegasse a violação ou a ameaça de certa pretensão.[41]

Logo, a ausência de previsão expressa no art. 19, do CPC (ou nos seus correspondentes anteriores) não pode ser tomada como indicativo de que o legislador objetivava vedar a possibilidade de que ações declaratórias fossem empregadas para a declaração da existência ou não de fatos que eventualmente pudessem ser relevantes para a parte.

A doutrina também invoca como obstáculo legal à admissão de pretensões declaratórias sobre fato preceitos como o art. 504, inc. II, do CPC (equivalente ao art. 469, II, do CPC/73).[42] A regra afirma que não fazem coisa julgada *"a verdade dos fatos, estabelecida como fundamento da sentença"*. Novamente, porém, parece que o preceito não impede o exercício de pretensões declaratórias sobre fato. A uma, porque a previsão afirma que não incide a coisa julgada sobre

39. A propósito, considera Pedro Batista Martins, ainda a respeito do CPC/39, que "tendo o Código condicionado o direito de ação à legitimidade de um interesse, era de incontestável vantagem que definisse logo, como definiu, a natureza e a extensão desse interesse. Constituía uma *vexata quaestio* o problema do fundamento jurídico da ação, que a corrente dominante na doutrina sustentava ser o próprio direito ameaçado ou violado. Com a ação declaratória firmou-se a independência e autonomia do direito de ação, cujo exercício nem sempre supõe a violação de um direito preexistente" (MARTINS, Pedro Batista. *Comentários ao código de processo civil*. Rio de Janeiro: Forense, 1940, vol. I, p. 30).

40. Wach, nesse sentido, esclarecia que a pretensão à declaração é uma forma autônoma de "pretensão de proteção do direito pelo Estado" (ob. cit., p. 37) em que o interesse não se dirige a eliminar a violação a um direito, mas a remover a situação de insegurança jurídica presente, de onde surgem prejuízos para a parte postulante (ob. cit., p. 103). Também Chiovenda sempre defendera que "a *declaração* da vontade da lei é por si mesma um bem, pois que da certeza decorrem imediatamente vantagens", concluindo que "tal produção da certeza jurídica *como fim em si mesma* é, de um lado, a mais *autônoma* função do processo, porque acarreta um bem de outra forma inconseguível; de outro, é na verdade a sua mais *elevada* função" (CHIOVENDA, Giuseppe. *Instituições de direito processual civil*. Trad. J. Guimarães Menegale. São Paulo: Saraiva, 1942, vol 1, p. 303). E, no direito brasileiro, precisa é a constatação de Botelho de Mesquita, que afirma que "através da ação declaratória é feito valer um direito à segurança de uma concreta situação jurídica favorável ao autor, ao qual corresponde o dever estatal de produzir um efeito jurídico de natureza puramente processual, consistente na vinculação do Estado, através de seus órgãos judiciários, em qualquer processo futuro, à declaração favorável contida na sentença" (BOTELHO DE MESQUITA, José Ignácio. "Da ação civil". *Teses, estudos e pareceres de processo civil*. São Paulo: RT, 2005, vol. I, p. 111).

41. Nesse exato sentido é a crítica de Pontes de Miranda (v., PONTES DE MIRANDA, Francisco Cavalcanti. *Comentários ao código de processo civil*. 4ª ed., Rio de Janeiro: Forense, 1995, tomo I, p. 133 e ss).

42. Assim, SILVA, Ovídio Baptista da. *Comentários ao código de processo civil*. 2ª ed., São Paulo: RT, 2005, vol. 1, p. 70.

a verdade dos fatos *que seja estabelecida como fundamento da sentença*, nada afirmando a respeito de eventuais pretensões (que sejam objeto da prestação jurisdicional) que envolvam a estabilização da verdade de fatos.[43] A duas, porque, ainda que se tratasse de discutir apenas a *fundamentação* da sentença, o contido no art. 504 deveria ser interpretado em harmonia com o art. 503, que permite - dentro de certas condições - que incida a coisa julgada sobre *questão prejudicial*. Embora tradicionalmente a interpretação do que seja "questão prejudicial" exclua as questões de fato, vale lembrar que isso se dá apenas em razão do pensamento de que *não caberia a declaração sobre fato*. Há, portanto, um raciocínio circular aí que não encontra fundamentação alguma na legislação em vigor: para fins do art. 503, a questão de fato não pode ser qualificada como questão prejudicial porque o art. 504, II, vedaria a declaração de veracidade de fatos incidentalmente reconhecidas em sentença; e, para interpretar o art. 504, não se pode nunca admitir a estabilização da declaração sobre questão de fato, porque ela não entra na definição de questão prejudicial do art. 503. Essa premissa, se tinha substrato na legislação anterior, não se sustenta na legislação atual, não se prestando para justificar que a lei brasileira impeça expressamente a declaração sobre fato.

Se não há óbice legal expresso, então a única razão que poderia levar à inadmissão de provimento declaratório a respeito de fato é aquela acima apontada, ou seja, a necessidade de preservação do direito de defesa do réu, que precisa ter ciência perfeita a respeito das consequências de sua inércia ou de seu insucesso.

O argumento é, de fato, forte. Mas não parece que se deva tomá-lo com a dimensão tradicionalmente considerada. Aliás, se o argumento tivesse, de fato, o peso que em regra se lhe dá, dificilmente seria explicável a *exceção tradicionalmente admitida à declaração sobre fato*. Ora, se o direito de defesa - que é uma garantia constitucional inquestionável - fosse insuperavelmente infringido com as declarações sobre fato (porque colocariam o réu em condição de não poder antever as consequências do acolhimento da pretensão do autor), então a ação declaratória de falsidade documental seria, também e de forma indiscutível, inconstitucional. Afinal, dificilmente se justificaria que se autorizasse, ainda que fosse nesse específico caso, colocar o réu em condição de imprevisibilidade, violando o seu direito de defesa, em especial sem base constitucional.

43. Eduardo Talamini, comentando o art. 504, do CPC, observa que o inc. II do dispositivo já está incluído pela previsão contida no inc. I, apenas confirmando o teor desta previsão (TALAMINI, Eduardo. Comentários ao art. 504. *Código de processo civil anotado*. Coord. José Rogério Cruz e Tucci *et alli*. Rio de Janeiro: GZ, 2016, p. 719). O dispositivo, de todo modo, trata apenas da *motivação* da sentença, não se prestando, portanto, para refutar a possibilidade de que a declaração de fatos venha a ser o objeto do processo e, portanto, que figure no dispositivo da sentença.

Não se diga que a situação é excepcional. Afinal, nem mesmo de forma excepcional é legítimo atropelar garantia constitucional, sobretudo sem que isso seja imprescindível para a proteção de outro valor de mesma hierarquia.

Mais do que isso, é importante recordar que autores de relevo apontam para a eficácia *erga omnes* da declaração de falsidade *ou autenticidade* de documento.[44] Do mesmo modo, ilustres processualistas e vários julgados admitem que a arguição de falso possa ter por objeto a falsidade ideológica[45] e, portanto, a *demonstração da existência ou não de fatos retratados pelo documento*. Independentemente do acerto ou não dessas conclusões, fato é que essas orientações não parecem ver nenhum obstáculo no direito de defesa para admitir tamanha extensão à declaração de falso.

Na realidade, ao que parece, não surge a preocupação com o direito de defesa nesses casos porque se considera que, tanto em um caso, como no outro, as partes podem perfeitamente antever as consequências do sucesso ou do insucesso da demanda. Porque a questão girará em torno apenas do documento (ou do fato ali retratado), é possível que as partes tenham a exata dimensão daquilo que pode suceder, seja com o acolhimento, seja com a rejeição da arguição de falsidade.

Dessa forma, o óbice da proteção ao direito de defesa pode e deve ser superado não com a peremptória negativa de que a declaração sobre fato possa ser aceita. Deve, sim, ser superado com a adequada preservação do direito de defesa e, eventualmente, com a limitação às situações em que as partes possam gizar com suficiência as consequências do pronunciamento judicial.

Algo semelhante ocorre com o chamado transporte *in utilibus* da coisa julgada coletiva, de que trata o art. 103, §§ 3º e 4º, do CDC. Ali, o que prevê a lei é que a coisa julgada formada em relação a direitos coletivos e difusos (ou aquela formada em demanda penal) pode beneficiar *as demandas individuais das vítimas e seus sucessores*. Obviamente, essa vantagem não se dá porque *as pretensões individuais tenham sido julgadas pela sentença coletiva*; ao contrário, as relações jurídicas individuais não foram sequer examinadas,

44. Com esse entendimento, v. BARBI, Celso Agrícola. *Ação declaratória*. 3ª ed., São Paulo: Sugestões Literárias, 1968, p. 157-158; *Id. Comentários ao código de processo civil*. 10ª ed., Rio de Janeiro: Forense, 1998, vol. I, p. 94. No direito italiano, essa também é a conclusão, entre outros, de Giuseppe Chiovenda (*Instituições de direito processual civil*. Trad. J. Guimarães Menegale. São Paulo: Saraiva 1945, vol. 3, p. 196), Vittorio Denti ("Querela di falso". *Novissimo digesto italiano*. Torino: UTET, 1967, tomo XIV, p. 662-663) e Virgílio Andrioli (*Commento ao codice di procedura civile*. Napoli: Jovene, 1964, v. 2, p. 166-169). Por uma análise do tema, v. MARINONI, Luiz Guilherme. ARENHART, Sérgio Cruz. *Prova e convicção*. 5ª ed., São Paulo: RT, 2019, p. 800 e ss.

45. V., sobre a questão, por todos, MARINONI, Luiz Guilherme. ARENHART, Sérgio Cruz. *Prova e convicção*, ob. cit., p. 778 e ss. Nos Tribunais, v., entre outros, STJ, 3ª Turma. REsp 9.197/SC. Rel. Min. Waldemar Zveiter, DJU 11.11.91, p. 16.145; STJ, 4ª Turma. REsp 19.920/PR. Rel. Min. Sálvio de Figueiredo Teixeira. DJU 25.10.92, p. 22.498; STJ, 3ª Turma. AgRg no Ag 354.529/MT. Rel. Min. Castro Filho. DJU 03.06.02, p. 202.

na medida em que o objeto do processo era apenas a pretensão difusa ou coletiva posta como causa de pedir. No entanto, reconhece a lei que *os fatos* que ensejaram a violação ao direito coletivo ou difuso podem também ter ocasionado a lesão a direitos individuais. Por isso, a regra autoriza que se aproveite a certificação dada àqueles fatos, que se tornam indiscutíveis nas demandas individuais subsequentes.[46]

Não é, portanto, novidade que, em certos casos, autorize-se que o reconhecimento de certos fatos transcenda os limites do processo, tornando-se indiscutível também em outros feitos.

Aliás, sequer é estranho que, também em casos excepcionais, seja autorizada ação *puramente para o reconhecimento da existência ou inexistência de certo fato jurídico relevante*. Pense-se, para além do caso da autenticidade ou falsidade documental, na hipótese de ação para o reconhecimento de tempo de serviço, muito comum em causas previdenciárias.[47] Também constituem uma inequívoca hipótese de declaração sobre fato as "*ações declaratórias de produtividade de imóvel*", frequentemente utilizadas para afastar eventual pretensão de desapropriação do Poder Público.[48]

Os exemplos pontuais poderiam multiplicar-se. A própria doutrina, que classicamente limita a pretensão declaratória apenas para a determinação da existência ou da inexistência de relação jurídica, flexibiliza essa ideia para permitir o exercício dessa pretensão também para outros quadrantes. É o caso, por exemplo, de Ovídio Baptista da Silva. Embora o autor defenda que "nunca um simples fato, ou um *fato simples*"[49] pode ser objeto da ação declaratória (com exceção da hipótese da falsidade ou da autenticidade documental), logo a seguir afirma que nem sempre é possível a separação entre fato e direito. Por isso, ao examinar a ação em que se postulava o reconhecimento do concubinato ou a existência de posse, acentua ele que "*na verdade, o que está em causa, tanto no caso do concubinato quanto no da relação possessória, é que ambos não configuram apenas um fato simples, considerado em sua pura historicidade, mas, ao contrário, caracterizam-se fatos complexos, capazes de gerar importantes consequências no campo do direito*".[50] A partir daí, o autor expande a possibilidade

46. Sobre o tema, v. ARENHART, Sérgio Cruz. OSNA, Gustavo. *Curso de processo civil coletivo*. p. 244 e ss.
47. A admissão dessa ação é objeto até da Súmula 242, do c. Superior Tribunal de Justiça ("cabe ação declaratória para reconhecimento de tempo de serviço para fins previdenciários"). A jurisprudência admite a medida tanto no âmbito público (v.g., STJ, 5ª Turma. AgRg no Ag 1.013.217/MT. Rel. Min. Arnaldo Esteves Lima. DJe 25.08.08) ou privado (v.g,. STJ, 6ª Turma. REsp 232.021/PR. Rel. Min. Maria Thereza de Assis Moura. DJU 06.08.07, p. 702).
48. V.g., STJ, 2ª Turma. AgRg no AREsp 85.621/BA. Rel. Min. Humberto Martins. DJe 19.03.12; STJ, 2ª Turma. REsp 725.470/MG. Rel. Min. Eliana Calmon. DJe 11.11.09.
49. SILVA, Ovídio Baptista da. *Comentários ao código de processo civil*. Ob. cit., p. 52.
50. Ob. cit., p. 55-56.

de ações declaratórias também para *estados jurídicos* e para *direitos absolutos* - que obviamente não se confundem com a noção de relação jurídica.[51]

Outros tantos exemplos podem ser colhidos da doutrina, que dificilmente se amoldariam à ideia de declaração de "existência, *inexistência ou modo de ser*" de uma relação jurídica, tal como em regra se admite para o campo da ação declaratória. Celso Barbi admite essa ação em caso julgado pelo Tribunal de Justiça de Minas Gerais, confirmado pelo Supremo Tribunal Federal, no qual "*o pedido de declaração era de que determinada pessoa era a mesma pessoa referida em uma escritura de reconhecimento e filiação, na qual a caracterização do perfilhado foi pouco explícita*".[52] O autor arrola também outros casos questionáveis, como o pleito "*de que a cessão e transferência de direitos ficaram perfeitos e acabados porque se verificou a condição necessária para isso*"[53], ou a de "*quais os bens transferidos por uma escritura*".[54]

O que se tem nesses exemplos é, sem dúvida, a tentativa de ampliar o espaço das ações declaratórias para bem além das fronteiras tradicionalmente anunciadas. Nota-se, em suma, que muitas situações da vida *podem reclamar a necessidade de certeza e de estabilidade*, ainda que elas não envolvam exatamente relações jurídicas. Muitas vezes, o estado de dúvida se põe apenas sobre *parcela da relação jurídica* ou, mais exatamente, sobre *fatos jurídicos* que possam ser relevantes para a conformação daquela.[55] E se a incerteza se dá quanto a esses fatos jurídicos - que, em conjunto com outros, levam à existência ou não de efeitos jurídicos, seja dentro de uma relação jurídica, seja em outras espécies de estruturas jurídicas admitidas - então deve ser admissível a declaração incidente sobre eles.

De certa forma em harmonia com essa ideia, afirmava Hélio Tornaghi, ainda na vigência do CPC/73, que "*conquanto na maioria dos casos o que se discute é a existência de direito subjetivo, a lei não exclui que a controvérsia possa versar apenas sobre parte ou aspecto do direito*".[56]

---

51. Ob. cit., p. 56. E, nessa toada, arrola o autor a possibilidade, admitida pela jurisprudência, de ações declaratórias para que "o juiz *qualificasse* uma dada relação litigiosa, para dizer qual seria sua natureza", tal como nas situações em que se pede o reconhecimento do estado de concubinato, da condição de comerciante, do estado de solteiro, da situação de possuidor, a ocorrência de prescrição ou a caracterização de simulação *inocente* (p. 63-64).
52. Ob. cit., p. 90. Para o processualista, "na verdade, tratava-se de declaração de fato, mas este era de tal forma ligado à existência de uma série de consequências jurídicas de natureza familiar, hereditária e patrimonial, que negar a ação seria deixar os autores ao desamparo de proteção jurídica de que tinham suma necessidade".
53. Ob. cit., p. 96.
54. Ob. cit., p. 98.
55. Tratando da questão sob o prisma do art. 503, e admitindo claramente a possibilidade de que fatos jurídicos constituam questão prejudicial no direito atual, v., amplamente, MARINONI, Luiz Guilherme. *Coisa julgada sobre questão*. São Paulo: RT, 2018, p. 236 e ss.
56. TORNAGHI, Hélio. *Comentários ao código de processo civil*. 2ª ed., São Paulo: RT, 1976, vol. I, p. 94. No mesmo sentido, Goldschmidt afirma que "se considera como *hecho susceptible de protección jurídica* cualquier relación jurídica, es decir, todo derecho subjetivo, y aun una parte de este derecho, o un

Sem dúvida, essa *"parte ou aspecto do direito"* pode bem ser o suporte fático - ou parte dele - de onde se extrairá a pretensão futuramente exercitável. Se não há proibição expressa à possibilidade de que essa parcela da relação jurídica seja objeto do pedido declaratório então nada justifica que se exclua, sem maiores considerações, essa possibilidade. Afinal, recordando novamente a conclusão apresentada por Botelho de Mesquita, o interesse na declaração não está na verificação da veracidade de algo. Está, sim, na vinculação do Estado-jurisdição, em relação a qualquer processo futuro, à declaração favorável produzida pela sentença.[57] E, se há interesse em que o Estado se vincule à certificação de que *certos fatos jurídicos* realmente ocorreram - porque eles importam para a determinação futura de pretensões outras -, então se deve admitir que a declaração - com força de certeza - incida sobre esses fatos.

Quanto à preservação do direito de defesa, parece que é possível suplantar o óbice com as observações já feitas. Se a parte *tem condições de antecipar as consequências da vitória do autor ou da insuficiência de sua atuação defensiva*, então não se põe problema para a tutela do direito ao contraditório. Os exemplos acima vistos, aliás, são a maior prova dessa circunstância: em todos eles, o que se tem é que, embora a proteção declaratória incida sobre fatos (ou até sobre a interpretação do direito), havia para o réu a perfeita determinação das consequências da procedência da demanda e da eventual rejeição de suas defesas. Logo, o problema da defesa se equaciona *caso a caso*, a partir da aferição sobre a possibilidade de o réu enxergar o horizonte das consequências do reconhecimento sobre os fatos. Isso pode dar-se, até mesmo, com a prévia indicação pela parte autora da utilidade buscada com a certificação sobre os fatos.

Não há, porém, algo que justifique a exclusão da possibilidade da certificação estável de fatos, sobretudo quando respeitados os limites já expostos.

Por derradeiro, convém recordar que o CPC português não vê entrave - sobretudo ligado ao direito de defesa do réu - na admissão da ação declaratória sobre fato. Ao contrário, prevê expressamente essa possibilidade, ao dispor no art. 10º, n. 3, *a*, que a finalidade das ações admissíveis naquele ordenamento pode ser *"obter unicamente a declaração da existência ou inexistência de um direito ou de um facto"*.[58]

crédito ya prescrito (...) y aun un derecho a oponer excepciones, o un derecho de carácter constitutivo" (GOLDSCHMIDT, James. *Derecho procesal civil.* Trad. Leonardo Prieto Castro. Barcelona: Labor, 1936, p. 105).

57. Ob. cit., p. 111.

58. O preceito está assim redigido: "Art. 10º. Espécies de ações, consoante o seu fim. 1 - As ações são declarativas ou executivas. 2 - As ações declarativas podem ser de simples apreciação, de condenação ou constitutivas. 3 - As ações referidas no número anterior têm por fim: a) As de simples apreciação, obter unicamente a declaração da existência ou inexistência de um direito ou de um facto; (...)".

Naquele ordenamento, diga-se, jamais se cogitou supor essa possibilidade como inconstitucional, ou como abusiva, ou ainda como infringente ao direito de defesa. Havendo um *fato jurídico* – do qual possa advir consequências jurídicas – pode sem dúvida haver interesse e utilidade na obtenção da certificação judicial, de modo a vincular o Estado, em demandas futuras, ao reconhecimento da existência ou não desse fato.[59] Respeitado o direito de defesa do réu – que se faz com a adequada proteção de sua consciência a respeito das consequências decorrentes do acolhimento ou da rejeição da ação – não há o que impeça a admissão da medida.

Enfim, calha apontar que, ao menos com relação à *"questão de direito"*, a lei processual brasileira parece claramente ter-se afastado da vedação ao emprego da tutela declaratória para sua certificação.

A visão tradicional do processo civil sempre negou a possibilidade de que houvesse tutela jurisdicional declaratória também sobre questão de direito.[60] Todavia, basta uma rápida leitura do código atual para notar que essa vedação ficou no passado. Técnicas como o incidente de resolução de demandas repetitivas, os recursos especial e extraordinário repetitivos ou o incidente de assunção de competência abertamente se prestam para emprestar *estabilidade* e *transcendência* a declarações judiciais formuladas sobre *questões de direito*.[61] Se isso foi possível – superando dogmas formados há muito tempo – não há razão que justifique solução diversa para *questões de fato*.

E, se é admissível que uma questão de direito possa ser resolvida de forma coletiva – por meio dos incidentes acima indicados – também se deve admitir igual sucesso para a solução *coletiva* de questões de fato.

---

59. Logicamente, para a admissão dessa ação, então, deverá a parte autora demonstrar a existência do *interesse jurídico* na declaração do fato, que consistirá na certificação desse fato jurídico para o exercício futuro de outras pretensões. A propósito, já decidiu o Tribunal da Relação de Coimbra que "ao invés do que tipicamente acontece com a acção de condenação, a acção de simples apreciação não pressupõe qualquer lesão ou violação de um direito, são meios de tutela de direitos e quem não é posta em causa a sua violação, quer efectiva, quer receada. Porém, o autor na acção tem de demonstrar que tem um interesse na obtenção da declaração judicial da existência ou inexistência que pede, pois esta, como qualquer outra acção, supõe a existência de interesse em agir" (JTRC 32/18.2T8MGR.C1, rel. Antonio Carvalho Martins, j. 08.05.19).

60. V.g., ARRUDA ALVIM, José Manoel. *Manual de direito processual civil*. 18ª ed., São Paulo: RT, 2019, p. 175; LOPES, João Batista. *Ação declaratória*. São Paulo: RT, 1995, p. 57. Apontando que constitui exceção a essa vedação a possibilidade de almejar a interpretação do direito em processos objetivos, v. NEVES, Daniel Amorim Assumpção. *Manual de direito processual civil*. 9ª ed., Salvador: Juspodivm, 2017, p. 822.

61. A respeito, afirma Fredie Didier Jr. que "É importante afirmar que não pode haver tutela declaratória sobre tese jurídica. O objeto da declaração judicial deve ser um caso concreto, e não apenas a relação jurídica em abstrato. Apesar de não haver tutela declaratória sobre tese jurídica, o ordenamento prevê o julgamento de tese em alguns casos, como no incidente de resolução de demandas repetitivas, na assunção de competência e nos julgamento de recursos repetitivos" (Comentários ao art. 19. *Comentários ao novo código de processo civil*. Rio de Janeiro: GEN, 2015, p. 71).

Por fim, reitera-se que essa inovação procedimental exigiria diferentes debates. Questões como a legitimidade para a concertação, o controle de representatividade existente em seu âmbito ou a sua potencial submissão às regras de coisa julgada previstas para a Ação Civil Pública entrariam em cena. Ainda assim, o ponto nuclear a ser aqui firmado é prévio: se o mecanismo previsto no art. 67 do Código de Processo Civil pretende se relacionar com o processo coletivo, essa parece ser a principal linha de aproximação.

3.3. O caso específico da execução coletiva

Arrematando, menciona-se ainda outro caso de concertação em particular que merece atenção, porque pode descortinar novos espaços para a atuação jurisdicional coletiva. Trata-se da previsão contida no art. 69, § 2º, inc. VII, do CPC, que autoriza os atos concertados para a "*execução de decisão jurisdicional*". A questão é ainda reforçada pela Resolução nº 350/2020, fixando que a concertação poderia consistir "*na reunião ou apensamento de processos, inclusive a reunião de execuções contra um mesmo devedor em um único juízo*" (art. 6º, inc. IV).

A partir das previsões, parece evidente que o que pretende a regra é autorizar a centralização dos procedimentos executivos com relação a situações em que a execução pulverizada não é recomendável. Isso, inclusive, pelo fato de, como já mencionado, haver ainda a previsão de que a técnica poderia se prestar à própria gestão jurisdicional.

A hipótese assemelha-se à chamada *limited fund class action* regulada, nos Estados Unidos, pela regra 23, (b), (1), (B). A figura envolve situações em que a resposta jurisdicional em relação a um caso individual acabaria por dispor de interesses de outros sujeitos, ou implicaria a concreta inviabilidade de tutela do interesse desses terceiros.[62] Imagine-se um caso em que o réu comum a vários credores possui patrimônio limitado. Supondo a procedência de várias demandas individuais de cunho indenizatório de alto valor, ter-se-ia situação em que, iniciadas as execuções individuais, ocorreria a satisfação apenas dos primeiros credores. Depois disso, com o esgotamento do patrimônio do réu,

62. Como explica Gidi, "a situação típica em que esse tipo de ação coletiva é cabível se dá nos casos em que o dinheiro disponível para o pagamento das indenizações devidas a um grupo é insuficiente para satisfazer as pretensões de todos os lesados pela conduta ilícita do réu. Isso acontece, por exemplo, no caso em que o réu está falido ou irá à falência se as ações individuais de todos os membros do grupo lesado forem julgadas procedentes. As primeiras ações individuais executadas contra tal fundo insuficiente podem esgotar prematuramente o dinheiro disponível, deixando os demais membros do grupo sem a possibilidade de receber qualquer indenização. Nesses casos, não se está tecnicamente violando os direitos dos membros retardatários, uma vez que eles não são atingidos pela coisa julgada produzida *inter alia*. Todavia, na prática, os membros estão sendo prejudicados em seus interesses econômicos" (GIDI, Antonio. A class action *como instrumento de tutela coletiva dos direitos*. São Paulo: RT, 2007, p. 151).

todos os outros credores – embora reconhecidos como tal por decisões judiciais transitadas em julgado – ou teriam de se sujeitar a um regime concorrencial, como a falência, ou simplesmente veriam seus direitos "insatisfeitos". Tais casos revelam a necessidade, no modelo norte-americano, de empregar aqui o regime de *class action*, de modo que se possa distribuir equitativamente o valor das indenizações, permitindo que todos os credores possam ser satisfeitos.[63]

Algo semelhante pode ser pensado através do emprego da técnica de coletivização aqui examinada. Embora fosse mais adequado tratar a situação como uma ação coletiva desde seu início, também não se deve descartar a possibilidade de que, iniciadas diversas ações individuais (com pretensão indenizatória), sejam todas reunidas na fase de execução, para aferição de eventuais limites necessários à preservação de todos os interesses. Assim eventualmente, seria possível que o juiz das execuções pudesse aferir uma forma específica de atuação das sentenças (v.g., a penhora de faturamento) ou que pudesse estabelecer um plano de pagamentos, que fosse compatível com as necessidades de todos.

Sob outro ângulo, também se poderia cogitar do emprego dessa técnica de concertação para a eleição de técnicas de execução que fossem mais adequadas para casos complexos. Imagine-se o concurso de várias sentenças que imponham ao Poder Público o fornecimento de certa medicação a um grupo de pessoas. Tradicionalmente, deixa-se a cargo de cada magistrado a efetivação de sua própria decisão, o que implica a convivências de diversos meios de coerção ou iniciativas para a realização da ordem judicial. Haverá juízes, por exemplo, que determinarão o bloqueio de verbas públicas, ou que imporão certas garantias para o fornecimento da medicação, ou ainda que tentarão o emprego de multas coercitivas em variados patamares.

Essa disparidade de soluções individuais, por óbvio, é prejudicial não apenas para as partes – que terão, algumas, soluções eventualmente mais eficiente do que outras – mas também para o Judiciário. Essas soluções várias estimularão recursos e discussões longas sobre técnicas viáveis ou não, promovendo desigualdade, seleção de juízos mais favoráveis e uma multiplicidade de outros debates. Logo, parece muito mais razoável que se concentre nas mãos de um só magistrado a efetivação dessas várias ordens, até para que se possa criar mecanismos uniformes de atuação da decisão, com eventual gestão do fornecimento global do fármaco.

Em síntese, pode-se notar que essa forma de atos concertados, que implica a *coletivização de parcela do processo* (ao invés de um processo coletivo como um todo) pode ter seu espaço útil como técnica de solução de casos de massa.

63. E que, dependendo das circunstâncias, se possa ainda preservar a atividade da ré, que pode mostrar-se relevante do ponto de vista social ou econômico.

Trata-se, por isso, de outra dimensão de pesquisa, aberta aos mecanismos de tutela coletiva na ordem jurídica brasileira.

4. CONSIDERAÇÕES FINAIS – TODO FIM DE UMA JORNADA É O COMEÇO DE UMA NOVA

Ao final dessa breve análise, parece estar claro o potencial dos atos de cooperação judicial, principalmente no campo coletivo.

Não se pode imaginar mais que a cooperação se preste apenas para a economia processual em relação a *um único processo* ou a *uma única demanda*. A figura apresenta aplicação muito mais ampla e flexível, não se esgotando na incidência tradicional do instituto.

Recorde-se que o ordenamento anglo-americano iniciou a cogitação a respeito das ações coletivas derivando-as de instrumentos clássicos de agregação de causas e de sujeitos. Dali se apresentou ao mundo o arsenal hoje mundialmente conhecido e aplicado de ações de grupo e de tutela de interesses metaindividuais. Em sua origem, via-se a utilidade no tratamento uniforme de questões, racionalizando o trabalho e os recursos do Poder Judiciário.

Os atos de cooperação também têm, em sua essência, o propósito de racionalizar esses recursos e de trazer eficiência ao sistema judiciário.[64] Se, então, essas figuras todas encerram o mesmo propósito e a mesma essência, não deve haver dúvida de que seu parentesco exige sua aproximação, de modo que também os atos de cooperação se prestem ao exercício da tutela coletiva. Tampouco deve haver dúvida da utilidade dos atos de cooperação para o aperfeiçoamento da tutela jurisdicional.

Cumpre, agora, aos tribunais determinar a extensão a ser dada a esse singular instrumento, sobretudo tendo em vista eventuais dificuldades na aplicação dos mecanismos ordinariamente reservados à proteção coletiva, em particular das ações coletivas.

64. V., sobre isso, JOBIM, Marco Felix. *As funções da eficiência no processo civil brasileiro*. São Paulo: RT, 2017, *passim*.

CAPÍTULO 19

Notas sobre a centralização de processos repetitivos no contexto da cooperação judiciária nacional

Alexandre Freitas Câmara[1]

Ricardo Menezes da Silva[2]

Sumário: 1. Introdução – 2. Do microssistema de causas repetitivas – 3. Da exigência de centralização de causas repetitivas – 4. Da centralização de causas repetitivas como hipótese de conexão – 5. Do momento da centralização de processos – 6. Do regime não representativo – 7. A centralização de processos e os demais institutos de tratamento de feitos repetitivos – 8. Conclusão.

1. INTRODUÇÃO

O Código de Processo Civil constituiu um microssistema de tratamento de casos repetitivos, destinado a evitar que o Poder Judiciário se manifeste inúmeras vezes sobre questões de fato ou de direito já enfrentadas em outros momentos.[3]

Busca-se, com isso, assegurar a distribuição racional dos recursos judiciários disponíveis para a prestação jurisdicional como um todo, além de promover os princípios da isonomia, da segurança jurídica e da duração razoável dos processos.

A técnica processual utilizada para atingir esse objetivo é a agregação, através da qual se permite resolver de forma concentrada questões que envolvem uma pluralidade de interessados.

A centralização de processos é um dos institutos que compõe esse microssistema de tratamento de casos repetitivos,[4] e a fixação do procedimento

1. Doutor em Direito Processual pela PUC/MG. Professor Adjunto de Direito Processual Civil da FGV/Rio. Professor emérito e coordenador de Direito Processual Civil da Escola da Magistratura do Estado do Rio de Janeiro (EMERJ). Presidente do Instituto Carioca de Processo Civil. Membro do Instituo Brasileiro de Direito Processual, do Instituto Ibero-Americano de Direito Processual e da Associação Internacional de Direito Processual. Desembargador no TJRJ.
2. Defensor Público do Paraná e Mestre em Direito Processual Civil pela UFPR.
3. SILVA, Ricardo Menezes da. Tratamento Adequado de Demandas Repetitivas no Primeiro Grau: uma análise a partir do novo Código de Processo Civil. Dissertação de Mestrado. Curitiba: UFPR, 2019.
4. DIDIER JR, Fredie. Cooperação Judiciária Nacional. Salvador: Juspodivm, 2020, p. 93.

através do qual deve ser realizado está prevista no art. 69, §2º, VI, do Código de Processo Civil como um dos atos concertados praticáveis entre juízos cooperantes.

Apesar da importância, a legislação processual disse muito pouco sobre o tema, sendo necessário identificar os contornos desse instrumento, de modo a potencializar os resultados sistematicamente desejáveis.

O objetivo do presente artigo é, portanto, contribuir com algumas questões que terão de ser dirimidas na prática judiciária.

2. DO MICROSSISTEMA DE CAUSAS REPETITIVAS

As pessoas, ao se relacionarem, estabelecem uma série de relações jurídicas. Parte dessas relações possuem idêntico perfil e se formam mediante vínculos individuais de diversos sujeitos com uma parte comum. Basta pensar nos diversos contratos de financiamento de veículo firmados por várias pessoas com a mesma instituição financeira, nos benefícios previdenciários concedidos pelo INSS ou, ainda, nas relações extracontratuais surgidas em decorrência de fato danoso causado por companhia aérea.

Em todos esses casos, podem surgir questões peculiares a cada relação jurídica. Por exemplo, é possível que num determinado contrato de financiamento de veículo o ponto controvertido seja saber se a prestação foi ou não paga no prazo. Cuida-se aqui de aspecto que diz respeito somente ao vínculo específico, inexistindo qualquer interesse que transcenda as partes desse negócio jurídico.

Mas é possível também que a controvérsia diga respeito a aspecto comum a todas as relações jurídicas de idêntico perfil. Aproveitando a hipótese anterior, seria o caso de a discussão com a instituição financeira versar sobre a previsão contratual de juros remuneratórios excessivos. Nessa situação, torna-se provável a propositura de várias demandas destinadas a invalidar a referida cláusula, estabelecida de forma idêntica nos vários contratos.

Não havendo peculiaridade fática ou jurídica que justifique o tratamento diferenciado, os resultados obtidos judicialmente devem ser uniformes. Ou seja, cabe ao Poder Judiciário assegurar o tratamento igualitário dessas relações jurídicas.

O problema é que essas demandas são, como regra, distribuídas a juízos distintos, aumentando o risco de decisões divergentes. Projetando esse risco no exemplo acima, em alguns casos o percentual de juros remuneratórios previsto no contrato seria aplicado e em outros, não.

Esse cenário viola, a um só tempo, os princípios da isonomia e da segurança jurídica. E se isso ocorre várias vezes, em relação a diversas relações repetitivas, o problema deixa de ser pontual para se tornar sistêmico.[5]

Seria, porém, insuficiente analisar a necessidade de tratamento adequado às demandas repetitivas apenas sob o viés da desejada uniformidade das decisões. A rigor, o prejuízo à gestão da atividade jurisdicional como um todo é ainda mais evidente, sobretudo porque independe de haver ou não decisões divergentes nos processos individuais. O simples fato de o Poder Judiciário ter de se manifestar diversas vezes sobre a mesma questão – ou sobre idêntica questão[6] – faz com que recursos materiais, temporais e humanos deixem de ser empregados em outras controvérsias, sobre as quais a sociedade ainda exige uma resposta do Poder Público.[7]

A leitura do Código de Processo Civil deixa evidente a diretriz sistemática de evitar ao máximo a reanálise de temas já apreciados anteriormente e em relação aos quais não haja qualquer elemento de fato ou de direito que justifique solução diferenciada. Esse objetivo é perseguido através de instrumentos que permitam, a um só tempo, a ampla solução do litígio e a otimização dos recursos judiciários.

Vários artigos do Código de Processo Civil demonstram o acerto do que ora se afirma. Lembre-se, nesse sentido, do art. 503, §1º, do CPC, que prevê a

5. SILVA, Ricardo Menezes da. Breves considerações sobre os requisitos de admissibilidade do incidente de resolução de demandas repetitivas. In: ARENHART, Sérgio Cruz; MITIDIERO, Daniel. (Coord.) O processo civil entre a técnica processual e a tutela dos direitos. São Paulo: RT, 2017, p. 716-720.

6. Existe na doutrina um amplo debate a respeito da natureza das questões de direito enfrentadas em casos repetitivos. Esse debate envolve o problema de se reconhecer se há uma única questão comum a todos os casos ou se há questões idênticas em todos os casos. As consequências atribuídas a cada um dos posicionamentos também diferem de acordo com a abordagem. Para fins do presente trabalho, será feita alusão genérica a *mesma questão de direito*, remetendo-se o leitor à bibliografia destes autores e de outros doutrinadores para aprofundamento: CÂMARA, Alexandre Freitas. Levando os padrões decisórios a sério: formação e aplicação de precedentes e enunciados e súmula. São Paulo: Atlas, 2017, p. 229; SILVA, Ricardo Menezes da. Tratamento Adequado de Demandas Repetitivas no Primeiro Grau: uma análise a partir do novo Código de Processo Civil. Dissertação de Mestrado. Curitiba: UFPR, 2019, p. 70-72; CASTELLO, Juliana Justo Botelho. A litigância de massa: ações coletivas e técnicas de agregação. Tese de doutorado. São Paulo: USP, 2014, p. 333-337; MARINONI, Luiz Guilherme. Incidente de resolução de demandas repetitivas. São Paulo: RT, 2017, p. 32-35; DIDIER JR, Fredie; ZANETI JR., Hermes. Curso de Direito Processual Civil. Vol. 4. 12ª ed. Salvador: Juspodivm, 2018, p. 78-82.

7. Parcela da doutrina tem feito alusão à ideia de proporcionalidade pamprocessual. Nesse sentido: "Nesta outra dimensão da proporcionalidade, não se examina o processo considerado em si mesmo. Avalia-se, antes, a atividade jurisdicional na sua relação entre o esforço estatal oferecido a um caso concreto e o todo de processos judiciais (existente ou potencial) que também tem direito ao mesmo esforço. Nessa linha, considerada a escassez dos recursos estatais, o grau de efetividade outorgado a um único processo deve ser pensado a partir da necessidade de assegurar a eficiência do sistema judiciário como um todo". ARENHART, Sérgio Cruz. A tutela coletiva de interesses individuais: para além da proteção dos interesses individuais homogêneos. 2ª ed. São Paulo: RT, 2014, p. 44-45. Na mesma linha: OSNA, Gustavo. Processo Civil, Cultura e Proporcionalidade: análise crítica da teoria processual. São Paulo: RT, 2017.

formação de coisa julgada em relação à questão prejudicial, independentemente da manifestação de vontade das partes. De fato, observados os requisitos do mencionado dispositivo legal, não há nenhuma razão para que o ponto já enfrentado pelo Poder Judiciário volte a ser discutido em outro processo apenas porque não foi objeto de pedido por qualquer dos sujeitos envolvidos na causa originária.

Muitos outros exemplos poderiam ser trazidos à colação. Entretanto, para os fins do presente trabalho, é suficiente indicar que também o regime de tratamento das causas repetitivas obedece a essa lógica. Basicamente, busca-se evitar a repetição da atuação judicial através da técnica de resolução agregada dos litígios ou de parte deles. Isso pode ocorrer através de vários instrumentos: processos coletivos, incidente de resolução de demandas repetitivas, recursos especial e extraordinário repetitivos, edição de enunciados de súmula vinculante, centralização de processos repetitivos.

Todos esses institutos formam um microssistema de tratamento de demandas repetitivas e possuem funções complementares. Perceber a diferença entre eles e identificar o âmbito mais adequado de aplicação de cada um permitirá alcançar resultados mais exitosos no que se refere à intenção de resolver os litígios mais amplamente, mediante emprego otimizado dos recursos disponíveis para prestação da atividade jurisdicional como um todo.[8]

Existem muitos trabalhos publicados em relação às demandas coletivas e ao incidente de resolução de demandas repetitivas.[9] A centralização de processos repetitivos em um único juízo é, porém, tema que ainda recebe pouca atenção doutrinária.

A ideia, portanto, é apresentar neste trabalho os aspectos mais gerais do instituto, de modo a estimular o debate sobre a melhor maneira de aplicá-lo no sistema processual brasileiro.

---

8. Esse problema foi amplamente abordado em: SILVA, Ricardo Menezes da. Tratamento Adequado de Demandas Repetitivas no Primeiro Grau: uma análise a partir do novo Código de Processo Civil. Dissertação de Mestrado. Curitiba: UFPR, 2019.
9. Podem ser lembrados, em enumeração meramente exemplificativa: TEMER, Sofia. Incidente de Resolução de Demandas Repetitivas. Salvador: Juspodivm, 2016. MARINONI, Luiz Guilherme. Incidente de resolução de demandas repetitivas. São Paulo: RT, 2017. RODRIGUES, Roberto de Aragão Ribeiro. Ações Repetitivas. Curitiba: Juruá, 2013. DANTAS, Bruno. Teoria dos recursos repetitivos. São Paulo: RT, 2014. GOUVEIA, Bruno Paiva. Ações coletivas e mecanismos de julgamento de demandas repetitivas. Rio de Janeiro: Lumen Juris, 2018. SOUZA, Artur César de. Resolução de Demandas Repetitivas. São Paulo: Almedina, 2015. ALVES, Gustavo Silva. Ações coletivas e casos repetitivos. Salvador: Juspodivm, 2018. RODRIGUES, Ruy Zoch. Ações Repetitivas. São Paulo: RT, 2010. MENDES, Aluisio Gonçalves de Castro. Incidente de Resolução de Demandas Repetitivas. Rio de Janeiro: Forense, 2017.

3. DA EXIGÊNCIA DE CENTRALIZAÇÃO DE CAUSAS REPETITIVAS

Causas repetitivas decorrem das mesmas circunstâncias fáticas ou de circunstâncias fáticas e contextuais idênticas[10]. Em ambos os casos, o ordenamento jurídico permite que os autores exerçam conjuntamente suas pretensões no bojo do mesmo processo. Haverá aqui a formação de um litisconsórcio facultativo.

É, porém, menos comum que isso ocorra nas hipóteses de causas repetitivas, em que o litisconsórcio se formaria em razão da afinidade de questões.

Embora se possa atribuir essa circunstância à mera discricionariedade das partes na formação inicial do litisconsórcio, é preciso reconhecer pelo menos uma grande dificuldade que independe da vontade dos envolvidos: via de regra, os sujeitos afetados não se conhecem, inviabilizando a agregação originária.[11] O resultado é a propositura de uma série de demandas individuais, as quais, não raro, são difusamente distribuídas a diversos órgãos jurisdicionais.

A distribuição dessas demandas a juízos distintos potencializa decisões conflitantes ao mesmo tempo em que estimula o uso desproporcional dos recursos judiciários. Por isso, mesmo nos casos em que as partes deixam de optar pelo litisconsórcio inicial, é possível reuni-los em momento posterior.

Com efeito, nas hipóteses de processos repetitivos fundados na mesma *causa petendi* haverá conexão, ensejando a reunião dos feitos e a formação ulterior, ainda que indireta, do fenômeno litisconsorcial.[12] Basta pensar no já mencionado exemplo de ações reparatórias fundadas em acidente aéreo ou na hipótese em que acionistas propõem demandas de ressarcimento por danos decorrentes de atos ilícitos praticados na gestão da sociedade empresária.

Esse, porém, é um problema para o qual a legislação já oferecia solução adequada, mesmo antes do Código de Processo Civil de 2015. Isso porque, corretamente, já prevalecia o entendimento de que a reunião de processos para tramitação e julgamento conjuntos se justificava em forte interesse público.

10. Lembre-se que, às vezes, embora os fatos sejam os mesmos, a alteração de contexto circunstancial ou normativo poderá conduzir a resultados diferentes. Lembre-se ainda que a existência de mesmo contexto não importa em qualquer consideração temporal. É possível que fatos ocorridos em momentos completamente distintos estejam no mesmo contexto e fatos concomitantes não. Para uma ampla discussão sobre o tema: FERRAZ JR., Tercio Sampaio. Argumentação Jurídica. 2ª ed. Barueri: Manole, 2016, p. 60 e ss.

11. Analisando as dificuldades de agregação voluntária no sistema norte-americano, e que se aplicam ao direito brasileiro, Tidmarsh e Trangsrud apontam não apenas dificuldades fáticas – como dispersão geográfica, momento de ocorrência do dano ou de seu conhecimento (como no caso de danos à saúde), ocasionando diferenças no momento de propositura da demanda – como também jurídicas, especialmente ligadas à autonomia das partes em formar ou não o litisconsórcio. TIDMARSH, Jay; TRANGSRUD, Roger H.; Modern Complex Litigation. Second Edition. Nova York: Foundation Press, 2010, p. 121-122.

12. Nessa linha: "Um modo indireto, pelo qual os juízes também dão origem ao fenômeno litisconsorcial, é a *reunião de processos* em razão da conexidade (CPC, art. 105)". DINAMARCO, Cândido Rangel. Instituições de Direito Processual Civil. Vol. II. 5ªed. São Paulo: Malheiros, 2005, p. 344. No mesmo sentido: DIDIER JR., Fredie. Curso de Direito Processual Civil. Vol 1. 17ª ed. Salvador: Juspodivm, 2015, p. 450.

Ocorre que a maioria das demandas repetitivas não se funda na *mesma* causa de pedir, mas sim em *causas de pedir idênticas*. E aqui, embora o Código de Processo Civil anterior permitisse a formação do litisconsórcio inicial por afinidade, não admitia a reunião posterior por ato judicial.

A posição adotada pela legislação processual explicitava dois entendimentos dominantes à época. Em primeiro lugar, demonstrava que a economia processual era importante, mas não primordial.[13] Nesse sentido, a opção por litigar conjuntamente poderia ser deixada exclusivamente à análise das partes. Em segundo lugar, tornava nítido que as contradições na fundamentação da decisão judicial não eram consideradas como potencialmente comprometedoras da funcionalidade do sistema.[14] Em outras palavras, a desvalorização das razões do julgado sempre levou à conclusão de que o conflito prático entre as decisões era mais grave do que a contradição lógica.

De qualquer modo, deve-se registrar que, ainda na vigência do CPC/73, já se reconhecia que a existência de situações nas quais, mesmo ausente qualquer das hipóteses de conexão, o julgamento conjunto era mais adequado à economia processual e à prevenção de decisões divergentes.[15]

Atualmente, nenhum daqueles dois fundamentos que nortearam o CPC/73 reflete o entendimento da doutrina majoritária. Por um lado, reconhece-se na economia processual, agora com o rótulo de *princípio da eficiência*, uma norma fundamental do Direito Processual Civil, cabendo, portanto, ao Poder Judiciário

13. Comentando o art. 46, IV, do CPC de 1973, Celso Agrícola Barbi observa que: "O litisconsórcio fundado no item IV é tipicamente reunião de várias ações em um só processo. Podiam elas ser propostas separadamente, em processos distintos. Mas a reunião em um só atende às exigências da economia processual". BARBI, Celso Agrícola. Comentários ao Código de Processo Civil. Vol. I. 13ª ed. Rio de Janeiro: Forense, 2008, p. 205.

14. Cândido Dinamarco, por exemplo, falava na vigência do CPC/1973 de um *litisconsórcio extremamente facultativo*: "Diz-se, diante disso, que há dois tipos extremos de litisconsórcio (Chiovenda). Em uma ponta está o necessário, que, como tal, é absolutamente indispensável e portanto o juiz não deverá julgar o mérito se ele não estiver formado. Noutra, o chamado litisconsórcio impróprio (extremamente facultativo), que se dá quando fundado em mera afinidade entre questões de fato ou de direito (art. 46, inc. IV): esta é a mais tênue entre todas as possíveis relações entre duas causas (supra, n. 564) e, por isso, eventual divergência entre julgados, nessa situação, não é tão comprometedora para o sistema". DINAMARCO, Cândido Rangel. Instituições de Direito Processual Civil. Vol. II. 5ªed. São Paulo: Malheiros, 2005, p. 361.

15. Como observa Fredie Didier Jr.: "A percepção de que o conceito legal de conexão era mínimo, ao tempo do CPC-1973, era pacífica na doutrina e na jurisprudência. Basta referir a alguns casos de conexão que foram reconhecidos pelos tribunais, a despeito de não se encaixarem nos estritos termos do art. 103 do CPC-1973: a) ação de execução fiscal e ação anulatória de auto de infração (STJ, 1ª T., REsp n. 774.030/RS, Rel. Min. Luiz Fux, j. em 15.03.2007, publicado no DJ de 09.04.2007, p. 229); b) ação de alimentos aforada pelo filho menor contra o seu pai e a ação de guarda e busca e apreensão promovida por este contra a mãe daquele que objetive a sua guarda (STJ, 2ª S., rel. Min. Cesar Asfor Rocha, j. em 09.09.1998, publicado no DJ de 23.11.1998); c) ação de despejo e de execução do respectivo contrato (STJ, 6ª T., AgRg no REsp 656.277/RJ, rel. Min. Celso Limongi, j. em 18.05.2010 no J de 07.06.2010)". DIDIER JR., Fredie. Curso de Direito Processual Civil. Vol 1. 17ª ed. Salvador: Juspodivm, 2015, p. 233.

zelar pela sua observância. Por outro lado, também se reconhece que as decisões judiciais devem ser coerentes entre si (CPC, art. 926), especialmente no que diz respeito à fundamentação, pois a existência de manifestações contraditórias compromete a confiança no sistema jurisdicional.

Essa alteração paulatina de percepção dos objetivos e funções da atividade jurisdicional encontra apoio no novo panorama legislativo. Nesse sentido, o art. 55, §3º, do CPC determina a reunião para julgamento conjunto dos processos sempre que houver "risco de prolação de decisões conflitantes ou contraditórias caso decididos separadamente, *mesmo sem conexão entre eles*".[16]

O dispositivo merece interpretação ampla e abrange as duas espécies de assimetria entre decisões judiciais: aquelas cujo resultado é praticamente incompatível e aquelas cujo resultado é logicamente incompatível. Com efeito, ao verificar que o legislador fez alusão tanto a conflito, quanto a contradição, não há razão para supor que o artigo se refira a uma única ideia. Pelo contrário, refere-se a duas espécies de dispersão decisória cujo reconhecimento é absolutamente consagrado no direito brasileiro, quais sejam, a incompatibilidades logica e a prática.

As expressões foram bem escolhidas. Aquilo que conflita, colide, choca-se com outra coisa.[17] Há, portanto, uma intensidade maior do que a ideia de contradição, pois "contradizer" é simplesmente dizer o contrário do que se disse antes.[18] Por isso, propõe-se considerar a primeira como incompatibilidade prática e a segunda como incompatibilidade lógica.

A interpretação literal não é, entretanto, o único argumento favorável ao sentido que se pretende atribuir ao texto em comento. Razões sistemáticas também conspiram no mesmo sentido. Isso porque, ainda que houvesse dúvidas a respeito da possibilidade de reunião de processos repetitivos nos casos de afinidade de questões, elas restariam integralmente dissipadas pela leitura do art. 69, §2º, VI, do CPC, no qual se determina a centralização desses feitos.[19-20]

---

16. Apesar da redação do dispositivo, parece acertada a observação de Ronaldo Cramer: "Repare-se que o dispositivo diz que a hipótese não configura conexão (*vide* parte final do §3º). Contudo, o que se quis afirmar é que o caso não constitui conexão por comunhão de pedido ou de causa de pedir, de acordo com o *caput* do art. 55, mas outro tipo, o qual se pode chamar de conexão por risco de decisões contraditórias". CRAMER, Ronaldo. Comentários ao art. 55. *In:* STRECK, Lenio Luiz; NUNES, Dierle; CUNHA, Leonardo Carneiro da. Comentários ao Código de Processo Civil. São Paulo: Saraiva, 2016, p. 116-117.
17. FERREIRA, Aurélio Buarque de Holanda. Novo Aurélio Século XXI. 3ª ed. Rio de Janeiro: Nova Fronteira, 1999, p. 526.
18. *Idem*, p. 542.
19. Apesar de o texto utilizar o verbo "poder", trata-se, na verdade, de "dever". Nesse sentido: "Não se trata de simples faculdade outorgada aos magistrados. Porque os juízes estão investidos de verdadeiros poderes-deveres, presentes situações de preservação da isonomia ou da eficiência da prestação jurisdicional, a concentração de atos deve ocorrer". MARINONI, Luiz Guilherme; ARENHART, Sérgio Cruz; MITIDIERO, Daniel. Curso de Processo Civil. Vol 2. 2ª ed. São Paulo: RT, 2016, p. 71.
20. Exatamente nessa linha: "O §3º do art. 55, por sua vez, descartando a necessidade de conexão, determina a reunião para julgamento de processos que possam gerar risco de prolação de decisões conflitantes

Cuida-se aqui de dispositivo que especializa o conteúdo do art. 55, §3º, do CPC. Ou seja, se em regra o magistrado deve avaliar no caso concreto a existência de risco de decisões conflitantes ou contraditórias mesmo sem identidade de pedido ou de causa de pedir, quando se tratar de demandas repetitivas o legislador já antecipou a necessidade de reunião.[21]

Portanto, a existência de afinidade de questões era a única hipótese de litisconsórcio que não admitia reunião posterior por interesse público na atribuição de tratamento uniforme às causas. Agora, porém, o legislador supre essa lacuna, admitindo a viabilidade da reunião ulterior dos processos não apenas em relação a algumas hipóteses de litisconsórcio, mas, sim, em todas elas, desde que existente interesse público forte o suficiente para exigir a reunião dos processos não obstante a facultatividade do litisconsórcio.

Por fim, é possível concluir, sem grande esforço, que a reunião dos processos poderá ocorrer independentemente da natureza das questões - de fato ou de direito - a serem resolvidas. Não há no CPC qualquer restrição e, para além disso, tal regime jurídico é absolutamente coerente com aquele aplicável à agregação de causas por afinidade.

4. DA CENTRALIZAÇÃO DE CAUSAS REPETITIVAS COMO HIPÓTESE DE CONEXÃO

Por tudo o dito, já se pode concluir que a previsão do art. 69, §2º, VI, do CPC é espécie de conexão,[22] e, portanto, tem-se aqui uma causa de modificação de competência.[23] A diferença é que, neste caso, a conexão tem por

---

ou contraditórias caso decididos separadamente. O dispositivo certamente terá, dentre outras tantas, intensa aplicação aos casos que têm como ponto de partida uma mesma lesão ou ameaça a direito envolvendo diversos interessados e que, não obstante, precisam ser homogeneamente resolvidos. É o que, no âmbito do processo coletivo, é chamado de direito individual homogêneo e que acaba por atrair, até mesmo, o novel *dever-poder* do magistrado constante do art. 139, X, do CPC". BUENO, Cassio Scarpinella. Manual de Direito Processual Civil. 3ªed. São Paulo: Saraiva, 2017, p. 137.

21. SILVA, Ricardo Menezes da. Tratamento Adequado de Demandas Repetitivas no Primeiro Grau: uma análise a partir do novo Código de Processo Civil. Dissertação de Mestrado. Curitiba: UFPR, 2019, p. 154.

22. Se o art. 55, §3º, do CPC/2015 veicula uma espécie de conexão e se, conforme defendido neste trabalho, o 69, §2º, VI, do CPC/2015 o especializa, natural que se reconheça também aqui a mesma natureza jurídica. Adota-se aqui o entendimento de Cândido Dinamarco e Bruno Lopes, que, ao comentarem sobre as hipóteses de formação de litisconsórcio, observam o seguinte: "(...) a lei descreve nesses incisos uma escala decrescente de ligações entre as causas, caminhando da hipótese de maior intensidade (comunhão) à ligação mais tênue (mera afinidade). A rigor, no entanto, todas elas revelam algum grau de conexidade entre as causas. DINAMARCO, Cândido Rangel; LOPES, Bruno Vasconcelos Carrilho. Teoria Geral do Novo Processo Civil. São Paulo: Malheiros, 2016, p. 157.

23. A propósito: "Permite, ainda, a lei que os juízos ajustem entre si a 'centralização de processos repetitivos'. Tem-se, aí, uma regra especial de modificação da competência, destinada a permitir a reunião de processos repetitivos, centralizando-os em um só juízo, o que se justifica pelo risco de decisões diferentes em casos iguais. Esta possibilidade encontra amparo no disposto no art. 55, §3º, já

fundamento um núcleo de homogeneidade resultante de relações jurídicas de idêntico perfil. Trata-se, pois, de caso especial de afinidade.[24]

Significa, em primeiro lugar, que apenas a competência relativa poderá ser modificada para fins de reunião de processos. Contudo, tratando-se de demandas repetitivas, surge a questão de saber qual o limite para a centralização. Afinal, é possível que existam casos dispersos em vários municípios e até em Estados diferentes, cuidando-se, porém, de competência estabelecida a partir do critério territorial.

Embora haja evidente interesse público no tratamento uniforme das causas repetitivas, a centralização dos processos dependerá da verificação de que não existirá prejuízo ao exercício dos direitos de ação e de defesa. Como se verá mais à frente, um dos requisitos para centralização dos processos repetitivos é a possibilidade efetiva de que as partes atuem em regime de litisconsórcio em relação à questão comum. Se houver óbices fáticos a esse exercício, evidentemente não será possível a reunião. E o mesmo raciocínio deve ser feito em relação ao exercício do direito de defesa, conforme expressamente dispõe o art. 113, §1º, do CPC.[25]

Em segundo lugar, tratar a centralização de processos como hipótese de conexão implica defender que a finalidade do dispositivo sob exame é viabilizar o *julgamento* das causas repetitivas. Assim, não se trata de mera reunião dos feitos para simples instrução conjunta, até porque essa hipótese já está expressamente prevista no art. 69, §2º, II, do CPC.[26]

Evidentemente, o dispositivo poderia ter sido mais claro quanto ao ponto. Mas a finalidade desse instrumento não difere daquela prevista no art. 23 do Projeto de Lei nº 8.058/2014, relativo ao controle e intervenção em políticas públicas pelo Poder Judiciário. Naquele caso, porém, o legislador prevê expressamente que o objetivo da reunião dos processos é viabilizar o julgamento conjunto das causas repetitivas.[27]

que o risco de decisões divergentes em casos idênticos é verdadeiro risco de decisões contraditórias". CÂMARA, Alexandre Freitas. O Novo Processo Civil Brasileiro. São Paulo: Atlas, 6ª ed., 2020, p. 57.

24. No mesmo sentido, Marinoni, Arenhart e Mitidiero reconhecem no dispositivo a previsão de "conexão imprópria por homogeneidade". MARINONI, Luiz Guilherme; ARENHART, Sérgio Cruz; MITIDIERO, Daniel. Curso de Processo Civil. Vol 2. 2ª ed. São Paulo: RT, 2016, p. 71.
25. Embora se trate de regra limitadora do litisconsórcio facultativo, a legislação traz no dispositivo importante limitador também aos casos de reunião por interesse público. Nesse caso, o sistema oferece outros instrumentos para tratamento adequado da causa repetitiva.
26. Nesse caso, após a instrução conjunta, os autos devem ser restituídos ao juízo competente para julgamento da causa.
27. "Art. 23. Quando vários processos versando sobre pedidos, diretos ou indiretos, de implementação ou correção de políticas públicas relativas ao mesmo ente político tramitarem em diversos juízos, as causas serão reunidas, independentemente de conexão, para julgamento conjunto, a fim de o juiz dispor de

Em acréscimo, deve-se insistir na ideia de que o art. 69, §2º, VI, do CPC especializa o conteúdo do art. 55, §3º, do CPC, no qual também está consignado que os processos "*serão reunidos para julgamento conjunto*".[28]

Em terceiro lugar, significa afirmar que as respostas para eventuais dúvidas a respeito do regime jurídico da centralização deverão ser buscadas no próprio regime regulamentador da conexão, aplicável no que for compatível com os propósitos específicos do tratamento adequado das causas repetitivas.

Exemplo disso é a questão relativa ao juízo no qual as causas devem ser reunidas. Com efeito, nos termos do art. 58 do CPC, "a reunião das ações propostas em separado far-se-á no juízo prevento, onde serão decididas simultaneamente".[29] Além disso, também o art. 286, III, do CPC prevê o emprego das regras sobre prevenção para reunião de processos entre os quais haja risco de decisões conflitantes ou contraditórias. Lembre-se, ainda, ter sido essa a solução adotada no já mencionado Projeto de Lei nº 8058/2014, relativo ao controle e intervenção em políticas públicas pelo Poder Judiciário.[30]

O critério da prevenção tem recebido críticas de parcela da doutrina, que aponta para a conveniência de que sejam estabelecidos outros critérios da definição do juízo no qual serão reunidas as causas repetitivas.[31] Com efeito, é possível verificar a multiplicação de casos nos quais se admite certa relativização em matéria de competência, sem que isso importe inconstitucionalidade em razão de suposta violação ao princípio do juízo natural.[32]

---

todos os elementos necessários para uma decisão equitativa e exequível". Disponível em: ‹https://www.camara.gov.br/proposicoesWeb/prop_mostrarintegra;jsessionid=409453B5D3CDE6105153BD966CE482B7.proposicoesWebExterno2?codteor=1283918&filename=PL+8058/2014›. Acesso em: 09 jan. 2018.

28. Na mesma linha é o §1º do art. 55 do CPC/2015, segundo o qual "os processos de ações conexas serão reunidos para decisão conjunta, salvo se um deles já houver sido sentenciado".

29. CÂMARA, Alexandre Freitas. O Novo Processo Civil Brasileiro. São Paulo: Atlas, 6ª ed., 2020, p. 57.

30. "Art. 23. (...) Parágrafo único. Aplica-se à reunião de processos a regra de prevenção do Código de Processo Civil". Disponível em: ‹https://www.camara.gov.br/proposicoesWeb/prop_mostrarintegra;jsessionid=409453B5D3CDE6105153BD966CE482B7.proposicoesWebExterno2?codteor=1283918&filename=PL+8058/2014›. Acesso em: 09 jan. 2018.

31. Nessa linha: "À efetividade dessas medidas, porém, seria fundamental a previsão de uma maior flexibilidade nas regras de competência. Afinal, havendo a necessidade de reunião de demandas, será mesmo que a prevenção é o melhor critério para a definição do juízo competente? Em caso de reunião de causas para produção de provas, não será mais interessante verificar, caso a caso, o juízo que melhor poderá garantir a adequada produção da prova? É por isso que se defende, com acerto, que essas e outras previsões inovadoras do Código de Processo Civil de 2015 deveriam vir acompanhadas de regras diferenciadas também para a definição de competências, em especial possibilitando sua definição à luz do caso concreto". LUNARDI, Thaís Amoroso Paschoal. Coletivização da prova: técnicas de produção coletiva da prova e seus reflexos da esfera individual. Tese de Doutorado. Curitiba: UFPR, 2018, p. 169-170.

32. Como observa Antonio do Passo Cabral, "vários institutos processuais, disciplinados em leis ou na Constituição, e diversas práticas judiciárias (jurisdicionais ou administrativas) criam regras de competência ou as aplicam / modificam fora daquela moldura normativa que se compreende tradicionalmente como derivada do juiz natural". CABRAL, Antonio do Passo. Juiz Natural e eficiência processual: flexibilização, delegação e coordenação de competências no processo civil. Tese de Concurso de Titularidade. Rio de

Desse modo, o juízo no qual está concentrada a maioria das demandas, o foro no qual reside a maioria das partes ou no qual será produzida a prova e até mesmo aspectos relacionados à experiência e formação acadêmica do juiz podem ser critérios que determinem uma vantagem prática e concreta em relação ao órgão jurisdicional ao qual foi distribuída a primeira demanda.[33] Em outros termos, seria o caso de buscar-se determinar o juízo que tem *competência adequada* para julgar todos esses processos conjuntamente, entendida aqui a competência adequada como a que estabelece "uma relação de adequação legítima entre o órgão jurisdicional (competência) e a atividade por ela desenvolvida (processo), em expediente voltado a definição do órgão que melhor decidirá a causa".[34]

A tendência, porém, é que os feitos sejam mesmo reunidos no juízo prevento, aplicando-se o art. 58 ou o art. 286, III, do CPC.

Sob o aspecto procedimental, a definição deve ocorrer mediante prévia manifestação das partes a respeito da hipótese de reunião e do juízo no qual ela deve ocorrer. Em seguida, a questão deve ser submetida a cada um dos juízos para exame e, não havendo divergências, haverá a modificação da competência. Havendo, porém, mais de um juízo apontado como adequado para a causa, aplica-se a regra do conflito de competência. Aliás, o art. 66, III, do CPC assim o determina quando "*entre 2 (dois) ou mais juízes surge controvérsia acerca da reunião ou separação de processos*".

Note-se que, neste ponto, há uma primeira interseção entre o regime de modificação de competência e a prática de atos cooperativos. É que, para definição do juízo no qual serão centralizadas as causas, poderá ser fundamental a troca de informações entre os juízos envolvidos, aplicando-se aqui o disposto no art. 69, III, do CPC. Será possível, por exemplo, buscar dados a respeito de quantos feitos repetitivos foram distribuídos a determinado juízo e qual a fase de tramitação de cada um deles, de modo a subsidiar posterior decisão.

Como já mencionado anteriormente, a reunião de processos repetitivos é prevista pelo CPC sob a perspectiva da concertação de atos. Essa modalidade

---

Janeiro: UERJ, 2017, p. 186. Registre-se que, no Capítulo 3 da obra citada, o autor discute uma série de exemplos, tais como: o desaforamento, o incidente de deslocamento de competência, o incidente de assunção de competência e a decisão sobre o juízo que decidirá as medidas de urgência na pendência de um conflito de competência.

33. Nos Estados Unidos, por exemplo, há grande flexibilidade na definição do juízo no qual serão consolidados os processos: "In selecting the transfere court, the MDL Panel considers a wide variety of factors. These include the location of the various cases; location of the parties, witnesses and pertinente evidence; and experience of the various judges being considered. The Panel is not bound by the recommendations of the parties and need not limit its choise to a judge who currently has one or more of the cases at issue". KLONOFF, Robert H. Class actions and other multi-party litigation in a nutshell. Second edition. St. Paul: Thomson West, 1999, p. 373-374.

34. HARTMANN, Guilherme Kronemberg. *Controle da Competência Adequada no Processo Civil.* Rio de Janeiro: UERJ, Tese de doutorado, 2018, p. 109.

de cooperação consiste na reunião de esforços entre diferentes órgãos jurisdicionais para a prática de um ou mais atos processuais,[35] aos quais o CPC faz alusão meramente exemplificativa.

Nos termos do que consta no CPC, os juízos poderão estabelecer procedimentos destinados à centralização dos processos repetitivos. Isso não significa, como parece evidente, que os juízos poderão dispor a respeito da reunião de processos. O que está autorizado pelo diploma processual é a definição da forma a ser observada e do momento em que deve ocorrer a remessa dos autos para que o resultado pretendido seja atingido de forma célere, flexível e desburocratizada.[36]

5. DO MOMENTO DA CENTRALIZAÇÃO DE PROCESSOS

Uma das especificidades da centralização de processos repetitivos diz respeito ao momento em que deve acontecer a centralização. Como se sabe, nos casos de conexão por identidade de pedido ou de causa de pedir, a reunião deve ocorrer tão logo seja verificada a existência do fato gerador. Para a conexão fundada no art. 69, §2º, VI, do CPC, entretanto, não existe um padrão apriorístico.

Importa lembrar que o tratamento das causas repetitivas deve viabilizar a gestão adequada dos recursos disponíveis para o exercício da jurisdição como um todo. Nesse sentido, muitas vezes será necessário modular temporalmente a reunião, de modo a torná-la o mais eficiente possível.

Nos casos, por exemplo, em que o vínculo com a parte contrária decorrer de fato único, devem ser reunidos os processos desde a fase instrutória, evitando a possível reprodução dos mesmos atos em vários processos, como perícias, oitivas de testemunhas, inspeções judiciais.

Mas é possível que, em todos os casos reunidos, seja necessária a produção de provas a respeito de fatos vinculados exclusivamente a cada uma das relações jurídicas. Nessa situação, pode ser contraproducente reuni-los antes que esses elementos de convencimento já tenham sido produzidos, realizando-se a centralização em momento posterior, a fim de otimizar os benefícios do instituto.[37]

---

35. LUNARDI, Thaís Amoroso Paschoal. Coletivização da prova: técnicas de produção coletiva da prova e seus reflexos da esfera individual. Tese de Doutorado. Curitiba: UFPR, 2018, p. 169.

36. WAMBIER, Luiz Rodrigues; TALAMINI, Eduardo. Curso Avançado de Processo Civil. Vol 1. 17ª ed. São Paulo: RT, 2018, p. 185-186.

37. É o que se defende, por exemplo, no direito norte-americano em relação ao instituto da *consolidação*, semelhante à reunião de processos repetitivos. Confira-se: "Os processos não devem ser consolidados se isso resultar no atraso e no aumento de outros encargos desnecessários para as partes, como o de ter de participar de produção de provas irrelevantes para os seus casos. Uma vez que essas questões dependem de fatos, pode ser desejável retardar a decisão de consolidação até que alguns casos, de

Pense-se, ainda, na possibilidade de que seja determinada a reunião após a realização de audiência de conciliação, caso não haja acordo. Isso é particularmente útil à luz da regra segundo a qual a tentativa de autocomposição deve ocorrer antes mesmo da oferta da contestação, como dispõe o art. 334 do CPC.

De qualquer modo, o inverso também pode ocorrer. Afinal, em certas hipóteses é bem possível que haja utilidade em reunir os processos justamente para que seja realizada conjuntamente a tentativa de acordo.

Mais uma vez, nota-se aqui a importância da prática de atos concertados entre juízes cooperantes no estabelecimento do *procedimento* de centralização dos processos repetitivos, levando em consideração as peculiaridades de cada caso e a aceitação de certa flexibilidade para o alcance de resultados mais proveitosos.

O momento para reunião dos processos, então, deve ser estabelecido a partir da norma fundamental da eficiência (CPC, art. 8º). Em outras palavras, os processos serão reunidos no momento em que se permita obter, por força dessa agregação, o máximo de proveito com o mínimo de dispêndio.

Uma última observação quanto ao ponto. O Enunciado nº 235 da Súmula do Superior Tribunal de Justiça afirma que *"a conexão não determina a reunião de processos, se um deles já foi julgado"*. O entendimento jurisprudencial foi chancelado pelo art. 55, §1º, do CPC, segundo o qual *"os processos de ações conexas serão reunidos para decisão conjunta, salvo se um deles já houver sido sentenciado"*.

De fato, a mesma lógica deve ser aplicada aos casos de reunião de processos repetitivos. Se a finalidade é evitar a manifestação reiterada do Poder Judiciário sobre a mesma questão, não faz sentido admitir a reunião entre processos já julgados e processos em relação aos quais ainda não houve julgamento.

Nesse aspecto, um esclarecimento é necessário. O Código de Processo Civil não é avesso à reunião de processos de execução. Em muitos casos a medida poderá aumentar a efetividade da atividade jurisdicional, inclusive evitando a prática reiterada de atos como buscas patrimoniais, penhoras e indicações de bens. O andamento conjunto desses processos também viabiliza melhor avaliação sobre a totalidade dos débitos e permite até a elaboração de planos de pagamento.

Ocorre que, nos termos do Código de Processo Civil, não se trata de centralização de "processos repetitivos", a menos que os créditos decorram do mesmo fato ou de fato idêntico. Ou seja, da mesma forma que vários processos de conhecimento em face do mesmo sujeito só podem ser considerados

alguma forma, se desenvolvam separadamente, permitindo que possíveis benefícios do processamento coordenado sejam aferidos". ISSACHAROFF, Samuel; *et ali*. Princípios do Direito: Processo agregado. São Paulo: RT, 2017, p. 50-51.

"repetitivos" à luz da relação de direito material, também nos processos executivos é preciso, pelo menos, que se trate de vínculos de idêntico perfil.

Perceba-se que, na hipótese de reunião de processos executivos de origens totalmente diferentes, a propositura de vários embargos à execução sujeitará o órgão jurisdicional a analisar diversas relações jurídicas diferentes, colocando em xeque os benefícios à eficiência da atividade jurisdicional normalmente produzidos em relação às causas repetitivas, nas quais as matérias são, em regra, comuns.

Aliás, é exatamente por isso que a reunião de execuções fiscais só é possível quando há identidade de partes (Lei n. 6.830/1980, art. 28). E essa reunião deve necessariamente ser determinada quando ficar demonstrado que isso aumentará a eficiência da atividade executiva.[38]

Lembre-se, porém, que o rol de atos concertados entre juízos cooperantes é exemplificativo e nada impede a reunião de feitos para a prática de atos executivos, os quais, como dito, podem oferecer vantagens ao exercício da função jurisdicional.[39]

6. DO REGIME NÃO REPRESENTATIVO

É possível que a diferença mais importante entre a centralização de processos repetitivos e os demais instrumentos previstos pelo Código de Processo Civil seja o caráter não representativo do instituto.

Como se sabe, nos processos coletivos existe um sujeito que realiza a defesa dos interesses do grupo, que não participa do processo por meio de todos

38. CÂMARA, Alexandre Freitas; RODRIGUES, Marco Antonio. *A reunião de execuções fiscais e o NCPC: por uma filtragem à luz das normas fundamentais*. RePro 263, jan. 2017, p. 107 e seguintes.

39. O Tribunal Regional do Trabalho da 10ª Região já realizou a centralização de execuções de devedores repetitivos. No sítio eletrônico do TST, as vantagens da centralização desses processos foi descrita da seguinte forma: De acordo com o Juiz Rubens Curado, Diretor do Foro de Brasília e gestor do projeto, nesta primeira etapa serão reunidas cerca de 3 mil execuções em 19 processos piloto, a cargo de cada uma das varas aderentes: "A centralização das execuções permite a racionalização absoluta do trabalho das unidades cooperantes, evitando a multiplicação de atos executórios repetitivos. No modelo tradicional – de "pulverização" das execuções nas diversas Varas do Trabalho – todas as Varas fariam a mesma pesquisa patrimonial e poderiam ocorrer, por exemplo, 3 mil incidentes de desconsideração de personalidade jurídica, 3 mil mandados de penhora e interposição de 3 mil agravos de petição. Agora, todos os atos de execução serão concentrados em apenas 19 processos piloto. Além disso, a centralização confere uma visão completa da dívida do devedor, facilitando a celebração de planos de pagamento ou a adoção de medidas de execução forçada para quitação de todos os processos. Disponível em http://www.tst.jus.br/web/execucao-trabalhista/execucao/-/asset_publisher/N4xW/content/trt-da-10-regiao-lanca-cooperacao-jurisdicional-que-vai-reunir-3-mil-execucoes-em-19-varas-do-trabalho?inheritRedirect=false&redirect=http%3A%2F%2Fwww.tst.jus.br%2Fweb%2Fexecucao-trabalhista%2Fexecucao%3Fp_p_id%3D101_INSTANCE_N4xW%26p_p_lifecycle%3D0%26p_p_state%3Dnormal%26p_p_mode%3Dview%26p_p_col_id%3Dcolumn-3%26p_p_col_count%3D2%26_101_INSTANCE_N4xW_advancedSearch%3Dfalse%26_101_INSTANCE_N4xW_keywords%3D%26_101_INSTANCE_N4xW_delta%3D5%26_101_INSTANCE_N4xW_cur%3D29%26_101_INSTANCE_N4xW_andOperator%3Dtrue, consultado em 02 de abril de 2019.

os titulares do direito envolvido. Do mesmo modo, no IRDR e nos recursos repetitivos um dos sujeitos das causas repetitivas será responsável por atuar no incidente como representante do grupo, sem prejuízo da intervenção de outros agentes, que poderão somar esforços para obtenção de resultado favorável a um dos interesses envolvidos. Em ambos os casos, o grupo de interessados é dividido entre aqueles que participam diretamente e aqueles que participam apenas indiretamente da atividade jurisdicional.

Na centralização de processos repetitivos a técnica é outra. Aqui os processos são reunidos em um único juízo para julgamento conjunto, sem que, porém, nenhuma das partes perca a oportunidade de se manifestar *diretamente* sobre todos os aspectos da discussão - incluindo, evidentemente, a questão comum ou idêntica. Essa conclusão é absolutamente coerente com a afirmativa anteriormente realizada, no sentido de que a conexão é causa de formação de um *litisconsórcio ulterior*.

Assim, a chamada "centralização" é operada através de uma modalidade de conexão - que pode ser por identidade de causa de pedir ou de pedido ou por afinidade - e não dá azo à formação de uma demanda coletiva.

Significa dizer que cada demandante é responsável pela condução do próprio processo, com registro dos atos praticados nos respectivos autos. Por isso, não há aferição de legitimidade adequada e nem direito de autoexclusão. Ademais, apenas são atingidos pela decisão os sujeitos que tenham processos pendentes e cujos feitos tenham sido objeto de agregação,[40] sem prejuízo de que todas as causas sejam resolvidas em uma única sentença.[41]

Note-se, então, a profunda diferença existente entre o processo coletivo e a reunião de processos no primeiro grau. Se naquele primeiro caso o pressuposto é a inviabilidade de formação do litisconsórcio,[42] neste a possibilidade

---

40. Em sentido bastante semelhante, Charles Silver faz os mesmos apontamentos em relação à *consolidation* norte-americana: "The nonrepresentational nature of consolidations accounts for a host of important procedural differences between these suits and class actions. Mass-tort class actions require numerosity and typicality, group definitions, notice to absent parties of the pendency of litigation and the possibility of settlement, and judicial approval of settlements. None of these requirements applies to consolidations because none would serve any purpose in a lawsuit in which each party initiates its own case and continues to protect itself throughout the litigation. For the same reason, there is no need to permit parties to opt out of consolidated proceedings even though absent plaintiffs can exclude themselves from class actions certified under Rule 23(b)(3). Parties opt out of class actions either because they wish not to sue or because they think they will do better by suing on their own. Neither concern warrants an opt-out right in consolidations. Persons who wish not to sue are protected because consolidations affect only parties who file claims. Parties who believe their claims are better than average or who fear inadequate representation are protected because they are free to supplement lead counsel's presentation on common issues and to develop unique issues their cases raise". SILVER, Charles. Comparing class actions and consolidations. The Review of Litigation. Vol. 10. 1991, p. 499.

41. NEVES, Daniel Amorim Assumpção. Competência no processo civil. São Paulo: Método, 2005, p. 193.

42. ARENHART, Sérgio Cruz. A tutela coletiva de interesses individuais: para além da proteção dos interesses individuais homogêneos. 2ª ed. São Paulo: RT, 2014, p. 155.

de formação é exatamente o que justifica a adoção do instrumento de centralização.

Duas observações são, porém, indispensáveis.

A primeira delas é que a inviabilidade do litisconsórcio deve ser concretamente analisada.[43] Dito de outro modo: o elevado número de processos repetitivos pendentes é apenas um indicativo de que a participação individualizada é, na prática, inviável. Mas não se trata de regra insuperável.[44]

Pense-se, por exemplo, em processos nos quais vários acionistas litigam contra uma determinada sociedade empresária. Dada a complexidade da questão, apenas 4 ou 5 escritórios de advocacia foram procurados pelos envolvidos. Nesse caso, talvez seja viável a reunião dos processos, sendo possível ao órgão judicial definir, em conjunto com as partes, manifestações conjuntas pelos advogados e a abertura de autos próprios para a resolução das questões comuns, fixando-se momentos processuais específicos para manifestações a respeito das questões individuais, cujos documentos pertinentes deverão ocorrer em cada um dos feitos atomizados.[45-46]

Essas providências não se confundem com a possibilidade de o órgão jurisdicional determinar que as partes indiquem um representante - ou um grupo de representantes - para que se manifeste sobre as questões comuns e seja responsável pela intermediação do contato entre a Corte e os demais

---

43. Mais uma vez recorrendo a considerações relativas ao direito norte-americano, "The impracticability requirement is usually held to require that plaintiffs be unidentified, geographically dispersed, in possession of claims too small to support conventional suits, or in need of quick action that can only be taken if all are joined by involuntary means. SILVER, Charles. Comparing class actions and consolidations. The Review of Litigation. Vol. 10. 1991, p. 501.

44. Por isso discordamos da posição de Fredie Didier Jr. que, embora reconheça a existência de conexão por afinidade, identifica como hipóteses os arts. 976 e ss. e 1.036 a 1.041 também do CPC. Segundo o autor: "De fato, não seria razoável que a conexão, no caso de demandas repetitivas, tivesse por efeito a reunião dos processos em um mesmo juízo, o que certamente causaria grande confusão e problemas para a solução dos litígios em tempo adequado". DIDIER JR., Fredie. Curso de Direito Processual Civil. Vol 1. 17ª ed. Salvador: Juspodivm, 2015, p. 237.

45. "Nas consolidações, os juízes muitas vezes também exigem a formulação de pedidos que abranjam todos os interessados (*master complaints*) bem como produção preliminar de provas (*discovery*) de modo unificado. Em ambos os tipos de processos, os advogados também trabalham em equipe, e as tarefas importantes são divididas". ISSACHAROFF, Samuel; *et ali*. Princípios do Direito: Processo agregado. São Paulo: RT, 2017, p. 50-51.

46. Essa técnica, aliás, é muito aplicada na "consolidação" - instrumento norte-americano de agregação litisconsorcial de processos individuais para julgamento conjunto. No caso, além da apresentação de uma petição comum sobre a controvérsia, criam-se "autos mestre" para registro dos atos de interesse compartilhado, determinando-se a apresentação individualizada apenas das questões individuais. ISSACHAROFF, Samuel; *et ali*. Princípios do Direito: Processo agregado. São Paulo: RT, 2017, p. 55-57. Foi o que aconteceu, por exemplo, no caso Katz v. Realty Equities Corp. of New York, quando a apresentação de petição única a respeito das questões comuns foi determinada para a fase instrutória. MARCUS, Richard L.; SHERMAN, Edward F.; ERICHSON, Howard M. Complex Litigation: cases and materials on advanced civil procedure. Sixth Edition. St Paul: West Academic Publishing, 2015, p. 102.

envolvidos. Como se percebe, essa estrutura muito se assemelha ao processo coletivo e rompe o regime de atuação litisconsorcial. Mas tudo isso é possível a partir do princípio da cooperação (CPC, art. 6º), já que em um processo comparticipativo seus atores devem compor uma comunidade de trabalho, em que todos atuam juntos na construção dos resultados da atividade processual.

Do mesmo modo, a escolha de um caso padrão, em torno do qual ocorreriam os debates sobre as questões comuns para reprodução nos demais casos pendentes, deve ser vista com ressaltavas. Cuida-se, como se percebe técnica muito semelhante à do IRDR e pode, mais uma vez, evidenciar a inviabilidade do regime litisconsorcial.

Desse modo, ambas as medidas – escolha de representantes ou escolha de caso representativo – podem, efetivamente, representar grande economia processual, mas devem ser vistas como procedimentos de coletivização incidental e não como técnicas aplicáveis ao regime não representativo típico da simples reunião de processos para julgamento conjunto.[47]

Quando, portanto, não houver possibilidade de que os feitos tramitem mediante participação direta dos interessados, deve incidir o regime jurídico dos processos coletivos.

De fato, é possível que processos repetitivos sejam agregados e, apenas depois, se perceba a inviabilidade de tratamento da questão mediante participação direta de todos os sujeitos envolvidos. Nesses casos, vale insistir, a medida mais adequada não é o desmembramento, mas, sim, a coletivização.

Observe-se que a determinação de escolha de um sujeito que se manifeste sobre as questões comuns ou mesmo a ordem de formação de um grupo de advogados com a mesma finalidade é, a rigor, a aplicação de uma técnica de representação para resolução do litígio naquilo que há de comum entre vários sujeitos.

Em tais circunstâncias, o controle da representatividade e a aplicação de mecanismos de ampliação do contraditório parecem absolutamente indispensáveis à tutela dos direitos fundamentais daqueles que, em razão da estrutura

47. Nos Estados Unidos, também prevalece o entendimento de que a consolidação deve preservar o controle das partes sobre todos os aspectos do litígio, em interpretação restritiva da Rule 42(a). Nessa linha: "'Consolidation' é a word of flexible meaning. It is 'generally used in three different contexts: (1) when several actions are stayed while one is tried, and judgment in the case tried will be conclusive as to the others; (2) when several actions are combined and lose their separate identities, becoming a single action with a single judgment entered; and (3) when several actions are tried together, but each suit retains its separate character, with judgments entered'. (...) Although Rule 42(a) can be read as authorizing either of the second or third types of consolidation, the usual view is that Rule 42(a) authorizes only the third". TIDMARSH, Jay; TRANSGRID, Roger H.; Modern Complex Litigation. Second Edition. Nova York: Foundation Press, 2010, p. 133.

do litígio, não poderão discutir pessoalmente questões relativas aos seus processos individuais.[48]

Em resumo: não há previsão legal para que, nos processos em trâmite na primeira instância, um indivíduo atue no interesse de todos em relação à defesa das questões comuns. Por isso, parece mais adequada a utilização dos instrumentos de coletivização contidos no sistema processual brasileiro, tais como a propositura de demanda coletiva ou a instauração de IRDR.

A segunda observação é que não se pode perder de vista o dever de buscar a resolução mais ampla possível do conflito. Por isso, se apenas parte do litígio está judicializado, ainda que a reunião dos processos em relação aos casos pendentes seja viável, será necessário verificar se grande parcela do problema permanecerá sem solução. Positiva a resposta, deve-se concluir pela maior adequação da intimação dos legitimados para propositura da demanda coletiva.

Significa dizer que o magistrado deve projetar razoavelmente qual a possibilidade de que novas demandas sejam propostas sobre aquele tema,[49] analisando aspectos fáticos - como o número de potenciais lesados - e também jurídicos - como seria o esgotamento do prazo prescricional ou decadencial.[50] Para avaliar melhor avaliar essas circunstâncias, poderá o órgão jurisdicional solicitar informações das partes, com as quais, aliás, deverá sempre debater a respeito de qual mecanismo atribuirá tratamento mais adequado à causa.

Perceba-se o ponto colocado: se parcela importante do conflito ainda não foi judicializada e, fática e juridicamente isso for possível de ocorrer em momento futuro, pode ser que a reunião de processos tenha de ser realizada sucessivas vezes, pois, como já visto, eventual decisão apenas aproveita os feitos agregados e a reunião somente é viável até a data do julgamento.

Nessa hipótese, o Poder Judiciário teria de se manifestar várias vezes sobre as mesmas questões, suscitando todos os problemas já repetidamente indicados no presente trabalho e que se referem especialmente à possibilidade de decisões divergentes e ao desperdício dos recursos destinados ao exercício da jurisdição.

Note-se, portanto, que a mera possibilidade de que várias demandas individuais sejam ajuizadas em relação ao mesmo litígio, já justifica a utilização do processo

48. Por isso a observação de Charles Silver: "Although the lack of procedural protections in consolidated proceedings is ordinarily of no concern, it becomes alarming when judges run consolidations like class suits". SILVER, Charles. Comparing class actions and consolidations. The Review of Litigation. Vol. 10. 1991, p. 499.
49. SHERMAN, Edward. Class action and duplicative litigation. Indiana Law Journal. Vol 62, p. 511.
50. Caso o prazo prescricional ou decadencial já tenha escoado, o Poder Judiciário terá de lidar apenas com as demandas já propostas e, portanto, isso tem de ser levado em consideração pelo órgão jurisdicional.

coletivo, o qual, nesses casos, terá caráter preventivo da litigância de massa. Só assim se assegurará a plena observância do princípio da eficiência processual.

Se, porém, apenas parcela ínfima do conflito não estiver ajuizada e, mesmo considerando-a, seja possível a manutenção do regime de agregação não representativa, a concentração dos processos em um único juízo deve ser realizada, remetendo-se ao mesmo órgão jurisdicional as demandas que posteriormente venham a ser propostas. Aplica-se aqui o disposto no art. 286, III, do CPC.

Também aqui é possível reconhecer espaço para atos concertados entre juízos cooperantes. Isso porque, muito embora seja possível determinar que as partes informem a propositura de novas demandas repetitivas – normalmente o sujeito repetitivo terá melhores condições de fazê-lo –, a informação também poderá ser prestada pelo próprio juízo ao qual a causa foi distribuída, desde que tenha conhecimento do procedimento de centralização.

7. A CENTRALIZAÇÃO DE PROCESSOS E OS DEMAIS INSTITUTOS DE TRATAMENTO DE FEITOS REPETITIVOS

Cabe, por fim, um brevíssimo comentário sobre a articulação entre a centralização de processos e os demais institutos de tratamento adequado de causas repetitivas. A articulação entre eles ocorre basicamente a partir de dois vetores. A dimensão do litígio e o estágio da litigância.

A partir da dimensão do litígio, é possível verificar se será possível permitir a participação processual direta de todos os interessados. Não se trata, como já demonstrado, de uma simples questão de número de interessados. Elementos como a dispersão territorial dos envolvidos e o número de advogados que representam as partes poderão influenciar diretamente na análise.

Conflitos de grandes dimensões, porém com poucas demandas ajuizadas poderão encontrar nas demandas coletivas o instrumento mais adequado de tratamento. Nesse caso, o instituto assumirá importante caráter preventivo, evitando a multiplicação de demandas individuais. Por outro lado, se o mesmo conflito já for objeto de quantidade numerosa de processos individuais em trâmite, provavelmente a dispersão jurisprudencial ensejará a instauração de IRDR ou, em estágio ainda mais avançado da litigância, de recursos extraordinário ou especial repetitivos.[51]

Mas isso não impede a ocorrência de situações intermediárias. Pense-se, por exemplo, na hipótese em que tenha sido realizada a centralização de

51. SILVA, Ricardo Menezes da. Tratamento Adequado de Demandas Repetitivas no Primeiro Grau: uma análise a partir do novo Código de Processo Civil. Dissertação de Mestrado. Curitiba: UFPR, 2019.

processos e, apenas depois, se tenha verificado que a real dimensão do conflito impedia a adoção do regime litisconsorcial.

Nesse caso, pode ser interessante intimar o legitimado coletivo para que analise se, no caso concreto, é possível aproveitar os atos praticados no procedimento de reunião já existente, utilizando-se do material probatório ali produzido.[52] De fato, não parece haver qualquer impedimento na formulação de peça incidental, destinada tão somente a formalizar a coletivização da causa, operando-se a suspensão dos feitos individuais.

Registre-se, desde logo, que a possibilidade ora aventada não se confunde com a "conversão da ação individual em ação coletiva", vetada no processo de elaboração do Código de Processo Civil de 2015.

Em primeiro lugar porque não se estará utilizando a própria demanda individual como instrumento de coletivização. Defende-se aqui a apresentação de petição pelo próprio legitimado coletivo, aproveitando os atos praticados no procedimento centralizado por medida de economia processual. Em segundo lugar porque não se pretende atribuir legitimidade extraordinária ao indivíduo, mas sim advogar a possibilidade de atuação de um dos sujeitos legalmente autorizados à tutela do interesse coletivo.

Em comum com a "coletivização da ação individual" há apenas o escopo da economia processual e adequada gestão dos recursos judiciários, viabilizando o aproveitamento dos atos já praticados e, como isso, evitando o aumento dos custos globais do litígio.

Ora, se poderia o legitimado coletivo reiniciar todo o procedimento, inclusive utilizando peças e provas já produzidas em processos individuais, com muito mais razão se pode argumentar pela possibilidade de intervenção, especialmente quando as demandas propostas já estiverem reunidas para processamento e julgamento conjuntos.

Note-se, aliás, que o sistema brasileiro não é avesso a procedimentos de coletivização incidentais, quando verificada a dimensão coletiva dos processos

52. Na mesma linha: "Na hipótese em que é necessário que o problema seja enfrentado como caso estrutural, o dever do juiz não seria apenas de remeter documentação para o Ministério Público, mas provocá-lo, assim como outros legitimados que potencialmente também teriam interesse em propor a respectiva ação coletiva, para que falem no próprio processo. A norma da remessa pode ter aplicação em situações em que é necessária maior investigação para vislumbrar a repercussão ou dimensão coletiva, suspeitando o juiz quanto a isso. Porém, considerando as notas dos problemas estruturais, complexos e com um grau de policentria que torna inadequado o tratamento individualizado, por ser inefetivo ou até produzir graves impactos negativos, o juiz tem de iniciar, ainda que provocado, a verificação da viabilidade de coletivizar o litígio no próprio processo". FERRARO, Marcella. Do processo bipolar a um processo coletivo-estrutural. Dissertação de mestrado. Curitiba: Programa de Pós-Graduação em Direito/UFPR, 2015, apud MOREIRA, Egon Bockmann; et ali. Art. 7º. In: Comentários à Lei de Ação Civil Pública. São Paulo: RT, 2017, versão digital.

individuais repetitivos. Além do próprio IRDR, há outro exemplo, bem mais antigo e absolutamente consagrado na prática brasileira, qual seja, a suspensão de segurança.[53]

Note-se, portanto, que é plenamente possível coletivizar incidentalmente questões afetas a demandas individuais. O problema normalmente está na circunstância de não se reconhecer a existência da coletivização em determinados institutos e, por conta disso, deixar de aplicar ao procedimento as garantias necessárias à observância do devido processo constitucional em relação aos que, mesmo ausentes, são vinculados ao resultado do incidente.[54]

O promissor diálogo entre a reunião de processos repetitivos e o processo coletivo não se repete em relação ao IRDR e aos recursos extraordinário e especial repetitivos. Como cediço, as interseções entre eles e os processos individuais ocorrem fundamentalmente em dois momentos: antes da resolução da questão repetitiva, quando permanecem suspensos os processos individuais, e depois do julgamento, com os mecanismos de aproveitamento da decisão.

No primeiro momento, a reunião de processos repetitivos poderia servir, por exemplo, para evitar decisões conflitantes a respeito de medidas de urgência que eventualmente fossem postuladas durante a suspensão dos processos. Contudo, nessas hipóteses de processos repetitivos, o volume de processos é normalmente bastante considerável e a reunião em um único juízo poderá prejudicar a viabilidade de análise célere das tutelas de urgência. Além disso, é provável que a urgência se funde em circunstâncias pessoais, não servindo a reunião sequer para evitar o desperdício de recursos judiciários – já que cada pedido terá de ser analisado individualmente, estando ou não distribuídas a um mesmo juízo.

No segundo momento, a reunião para simples aplicação da tese também não parece oferecer grandes vantagens. Isso porque, a rigor, a questão comum já terá sido resolvida, restando eventuais questões pessoais e distinções fáticas, cuja análise terá de ocorrer caso a caso.

Desse modo, a pendência de IRDR ou, ainda, o reconhecimento de que ele é o instrumento mais adequado ao tratamento da questão repetitiva, torna desnecessária a reunião dos processos em um mesmo juízo.

---

53. Não é aqui o local adequado para se discutir mais profundamente a questão da natureza coletiva que o incidente de suspensão de segurança pode adquirir (mas, sobre o ponto, CÂMARA, Alexandre Freitas. *Manual do Mandado de Segurança*. São Paulo: Atlas, 2013, p. 315-316). Pretende-se apenas demonstrar que não é absolutamente estranho ao direito processual brasileiro utilizar incidentes para atribuir dimensão coletiva a conflitos que se iniciam de forma individual. O fato disso normalmente ocorrer perante Tribunais não impede que possa ocorrer também perante órgãos de primeira instância.

54. Nesse sentido: VENTURI, Elton. Suspensão de liminares e sentenças contrárias ao Poder Público. 3ªed. São Paulo: Malheiros, 2017. Sobre a legitimidade constitucional da eficácia vinculante a partir da observância do modelo constitucional de processo, exigida aí a ampliação subjetiva da participação em contraditório, CÂMARA, Alexandre Freitas. *Levando os Padrões Decisórios a Sério*. São Paulo: Gen-Atlas, 2018, p. 173 e seguintes.

8. CONCLUSÃO

A centralização de processos repetitivos é instrumento novo no sistema brasileiro, cujos contornos ainda serão bem definidos pela jurisprudência.

Cabe, porém, à doutrina oferecer elementos de reflexão acerca da aplicação do instituto, não apenas mediante exploração de limites e potencialidades, mas também por investigação do enquadramento no microssistema de tratamento adequado das causas repetitivas.

Nessa linha, a proposta do presente trabalho foi apresentar a centralização de processos repetitivos como espécie de conexão e, a partir do conhecimento desse instituto de modificação de competência, definir os alicerces de aplicação do art. 69, §2º, VI, do Código de Processo Civil, inserindo o fenômeno no campo da cooperação judiciária nacional.

Sem dúvida alguma, há um longo caminho a construir, mas após quatro anos de vigência do CPC, já é hora de acelerar o passo.

CAPÍTULO 20

Centralização de processos e cooperação judiciária: terceiro mecanismo de resolução de casos repetitivos

Isadora Passos Amaral Viana[1]

1. INTRODUÇÃO

O Código de Processo Civil de 2015, dentre suas muitas inovações, introduziu no ordenamento jurídico brasileiro em sentido estrito a cooperação judiciária nacional - um instituto revolucionário que, ao tempo em que desconstrói o formalismo até então reinante na comunicação/relação entre os órgãos jurisdicionais, promove a eficiência da gestão administrativa do Poder Judiciário e concretiza o princípio constitucional da duração razoável do processo.

A cooperação judiciária está consubstanciada nos arts. 67 a 69, do CPC, que compõem o capítulo "Da Cooperação Nacional".

Das normas acerca da cooperação judiciária destaca-se, em especial, a contida no texto do art. 69, § 2º, VI, que dispõe acerca da prática de atos concertados entre juízos cooperantes para a "*centralização de processos repetitivos*".

O mencionado dispositivo, quando adequadamente interpretado de forma sistemática com as demais disposições do Código, se revela parte do microssistema

1. Advogada, bacharela em Direito pela Universidade Federal da Bahia.

de resolução de casos repetitivos, e, considerando a lacuna que há no ordenamento jurídico nacional no que se refere a um mecanismo voltado para a resolução de questões de fato repetitivas, o art. 69, § 2º, VI, do CPC se apresenta como candidato perfeito para o preenchimento desse espaço. É o que será apresentado.

2. A COOPERAÇÃO JUDICIÁRIA NACIONAL

2.1. A cooperação judiciária nacional na legislação processual

Ainda na vigência do Código de Processo Civil de 1973 nasceram os embriões do que viria a ser, no futuro, a cooperação judiciária nacional do Código de Processo Civil de 2015 - as cartas rogatória, precatória e de ordem, o art. 13, § 2º, da Lei n. 9.099/1995 e a Resolução n. 38/2011 do Conselho Nacional de Justiça (CNJ) - posteriormente revogada pela recente Resolução n. 350/2020 do CNJ.

Em 1995, com o advento da Lei n. 9.099, que dispõe acerca dos Juizados Especiais Cíveis e Criminais, sobreveio disposição legislativa na linha do que viria a ser o sistema de cooperação judiciária nacional futuramente[2]: no art. 13, § 2º, da mencionada lei consta que *"a prática de atos processuais em outras comarcas poderá ser solicitada por qualquer meio idôneo de comunicação"*. O referido dispositivo evidencia uma valorização do princípio da eficiência e da regra da instrumentalidade das formas que se coaduna com a própria finalidade dos Juizados Especiais: proporcionar ao jurisdicionado um amplo caminho de acesso ao Poder Judiciário, de modo a que possa ele obter provimento jurisdicional por meio de um procedimento marcado pela simplificação, pela economia processual e pela "celeridade"[3].

Até 2011, entretanto, o ordenamento jurídico pátrio contava com apenas três instrumentos que consubstanciam atos de cooperação: as cartas de ordem, rogatória e precatória.

Em 2011, então, foi editada a Resolução n. 38/2011 pelo CNJ, que teve como objetivos (*i*) promover a eficiência da gestão administrativa do Poder Judiciário e (*ii*) concretizar o princípio constitucional da duração razoável do processo, por meio da instituição de um sistema de cooperação judiciária nacional.

---

2. Reflexão trazida por Leonardo Carneiro da Cunha em grupo de discussão sobre a Cooperação Judiciária, em 17 de maio de 2019.

3. Registre-se que no presente trabalho é adotada a linha de Fredie Didier Jr., que defende a inexistência de um princípio da celeridade no sistema jurídico brasileiro (DIDIER JR., Fredie. **Curso de Direito Processual Civil: Introdução ao Direito Processual Civil, Parte Geral e Processo de Conhecimento**, 22 ed. Salvador: Juspodivm, 2020, p. 130.). Em sentido contrário defende José Augusto Garcia de Sousa (SOUSA, José Augusto Garcia de. **A tríade constitucional da tempestividade do processo (em sentido amplo): celeridade, duração razoável e tempestividade estrutural.** Disponível em: ‹https://www.academia.edu/37573922/A_TRÍADE_CONSTITUCIONAL_DA_TEMPESTIVIDADE_DO_PROCESSO_EM_SENTIDO_AMPLO_CELERIDADE_DURAÇÃO_RAZOÁVEL_E_TEMPESTIVIDADE_ESTRUTURAL› Acesso em: 20 de novembro de 2020).

A referida resolução apresentou um modelo de cooperação judiciária que prescindiria de forma específica (art. 4º do seu Anexo), que poderia ter mais de um ato como objeto, e que, de sua vez, poderia ser integralmente definido pelos juízos cooperantes (parágrafo único do art. 4º do aludido Anexo) – desconstruindo, assim, o formalismo até então reinante nesse âmbito, em razão da valorização, à época, das cartas.

A edição, pelo CNJ, de um mecanismo de concretização do princípio da eficiência tal qual a Resolução n. 38/2011 foi evidente reação ao crescente assoberbamento do Poder Judiciário – e foi justamente essa resolução que, cerca de quatro anos depois, serviu como inspiração para as disposições constantes no Código de Processo Civil de 2015 acerca do novo sistema de cooperação judiciária, consubstanciado nos arts. 67 a 69, que compõem o capítulo "Da Cooperação Nacional".

Recentemente, então, o Conselho Nacional de Justiça, colocando em evidência, mais uma vez, a importância que deve ser dada à cooperação judiciária, editou mais uma Resolução, n. 350/2020. A nova resolução destina à cooperação judiciária tratamento mais detalhado e aprofundado, e, revogando a pioneira Resolução n. 38/2011, fixou bases ainda mais sólidas para a utilização prática do instituto.

2.2. Conceito, classificação e natureza dos atos de cooperação judiciária

Nos textos dos arts. 67 a 69 do CPC, o vocábulo "cooperação" é utilizado em dois sentidos.

Da leitura do texto do art. 67 extrai-se a norma que atribui ao Poder Judiciário como um todo, em todas as suas esferas e sem distinção, "*o dever de recíproca cooperação, por meio de seus magistrados e servidores*". Cria-se, assim, um parâmetro de conduta[4] a ser adotado pelos diversos órgãos jurisdicionais na administração do sistema judicial.

Já no que toca aos enunciados dos arts. 68 e 69, o uso da expressão "*pedido de cooperação*", se refere, evidentemente, a uma espécie de ato consistente no requerimento, por um juízo em relação a outro(s), de assistência para a prática de ato(s) do procedimento.

Numa abordagem conceitual bastante ampla, abarcando ambos os significados do vocábulo "cooperação" acima apontados, Fredie Didier Jr., em sua

4. LUNARDI, Thaís Amoroso Paschoal. **Coletivização da prova – técnicas de produção coletiva da prova e seus reflexos na esfera individual.** Tese apresentada como requisito para a conclusão de Doutorado em Direito das Relações Sociais no Programa de Pós-Graduação da Faculdade de Direito da Universidade Federal do Paraná, Curitiba: edição da autora, 2018, p. 166.

obra *"Cooperação Judiciária Nacional – esboço de uma teoria para o Direito brasileiro (arts. 67-69, CPC)"*[5], define a cooperação judiciária:

> A cooperação judiciária nacional é o complexo de instrumentos e atos jurídicos pelos quais os órgãos judiciários brasileiros podem interagir entre si, com tribunais arbitrais ou órgãos administrativos, com o propósito de colaboração para o processamento e/ou julgamento de casos e, de modo mais genérico, para a própria administração da Justiça, por meio de compartilhamento ou delegação de competências, prática de atos processuais, centralização de processos, produção de prova comum, gestão de processo e de outras técnicas destinadas ao aprimoramento da prestação jurisdicional no Brasil.

A partir do recente reconhecimento da importância do instituto, a doutrina tem buscado, com base no texto do art. 69 do CPC, estabelecer uma classificação para o modo como os atos de cooperação podem ser executados.

Note-se que a busca pela classificação dos atos de cooperação não é incompatível com a atipicidade que marca tais atos, uma vez que o ato de cooperação atípico pode ser inserido eventualmente numa classe já existente.

Dentre as diversas classificações dos atos de cooperação judiciária encontradas na doutrina, se revela mais adequada a proposta por Fredie Didier Jr., segundo a qual as formas de cooperação judiciária se dividem entre atos praticados por solicitação, atos praticados por delegação e atos praticados por concertação[6].

Segundo esse critério classificatório, a cooperação judiciária por solicitação serve para a prática de um ou mais atos determinados, devendo ser prontamente atendida[7]. A essa categoria pertencem, por exemplo, as cartas precatória e rogatória – elementos de cooperação judiciária presentes no ordenamento desde antes do Código de Processo Civil de 2015. Seu objeto é mais simples e ela se desenvolve a partir de uma relação de cooperação quase que imediata[8].

De sua vez, os atos praticados por delegação ocorrem quando *"um órgão jurisdicional transfere a outro, a ele vinculado (...) competência para prática de um ou de alguns atos"*[9].

5. DIDIER JR., Fredie. **Cooperação judiciária nacional – esboço de uma teoria para o Direito brasileiro (arts. 67-69, CPC)**. Salvador: Juspodivm, 2020, p. 62.
6. DIDIER JR., Fredie. **Cooperação judiciária nacional – esboço de uma teoria para o Direito brasileiro (arts. 67-69, CPC)**. Salvador: Juspodivm, 2020, p. 66.
7. DIDIER JR., Fredie. **Cooperação judiciária nacional – esboço de uma teoria para o Direito brasileiro (arts. 67-69, CPC)**. Salvador: Juspodivm, 2020, p. 76.
8. DIDIER JR., Fredie. **Cooperação judiciária nacional – esboço de uma teoria para o Direito brasileiro (arts. 67-69, CPC)**. Salvador: Juspodivm, 2020, p. 80.
9. DIDIER JR., Fredie. **Cooperação judiciária nacional – esboço de uma teoria para o Direito brasileiro (arts. 67-69, CPC)**. Salvador: Juspodivm, 2020, p. 76.

Por fim, os atos praticados por concertação – que consistem na maior inovação acerca do tema e, por isso mesmo, estão no centro deste trabalho – se prestam a estabelecer uma verdadeira relação de cooperação entre diferentes juízos, com caráter eminentemente duradouro[10], atuando a concertação como um instrumento regulamentador da relação de cooperação judiciária que se estabelece entre os juízos envolvidos. Essa relação nasce em momento anterior à prática dos atos de cooperação em si[11], e pode ter como objeto diversos atos (não necessariamente determinados[12]).

Essa proposta de classificação se volta para a natureza, complexidade e duração da relação estabelecida entre os juízos cooperantes – se ela será simples e instantânea, com objeto determinado, se ela será fruto de uma determinação ou se ela será duradoura e estabelecida por meio de um acordo, comportando a prática de um complexo de atos.

Por meio desse critério classificatório percebe-se que a prática da cooperação não está limitada a um pedido formulado entre juízos. A cooperação pode consistir também numa espécie de negócio jurídico celebrado entre dois órgãos jurisdicionais, que faz nascer entre eles uma relação com o fim de que sejam colaborativamente praticados atos. É o caso da cooperação por concertação[13].

É bem verdade que não é comum à atividade jurisdicional negociar. É, inclusive, entendimento de parcela da doutrina que o Estado-juiz não possui a capacidade para celebrar negócios. Nesse sentido, Antonio do Passo Cabral[14] defende que falta ao órgão jurisdicional interesse para modificar as regras do procedimento, que seria próprio das partes em defesa dos seus interesses.

10. DIDIER JR., Fredie. **Cooperação judiciária nacional – esboço de uma teoria para o Direito brasileiro (arts. 67-69, CPC)**. Salvador: Juspodivm, 2020, p. 84-85.

11. DIDIER JR., Fredie. **Cooperação judiciária nacional – esboço de uma teoria para o Direito brasileiro (arts. 67-69, CPC)**. Salvador: Juspodivm, 2020, p. 77.

12. Em que pese no Anexo III da Resolução n. 350/2020 exista um "Modelo Exemplificativo de Ato Concertado", no qual consta recomendação no sentido de que sejam descritos "*com precisão o ato a ser praticado e seus objetivos*", vislumbra-se que tal recomendação pode encontrar obstáculo na própria natureza do ato concertado. A própria Resolução n. 350/2020, nas suas considerações iniciais, reconhece que os atos concertados entre juízos cooperantes "*são instrumento de gestão processual, permitindo a coordenação de funções e o compartilhamento de competências*". Essa finalidade complexa e abrangente dos atos concertados, juntamente com a possibilidade expressa que o art. 11, § 3º da Resolução n. 350/2020 abre ao permitir que os atos de cooperação sejam revistos e adaptados a qualquer tempo pelos juízos cooperantes, evidencia que pode ser contraproducente para os juízos cooperantes determinar precisamente cada ato a ser praticado por meio da concertação, revelando-se mais eficiente traçar linhas gerais e parâmetros básicos para a relação de cooperação estabelecida a partir do concerto.

13. DIDIER JR., Fredie. **Cooperação judiciária nacional – esboço de uma teoria para o Direito brasileiro (arts. 67-69, CPC)**. Salvador: Juspodivm, 2020, p. 84; FERREIRA, Maria Gabriela Silva Campos. **O compartilhamento de competências e os atos processuais concertados entre juízes.** Dissertação apresentada como requisito para conclusão de Mestrado do Programa de Pós-Graduação em Direito do Centro de Ciências Jurídicas/Faculdade de Direito do Recife da Universidade Federal de Pernambuco, Recife: edição da autora, 2019, p. 146-148.

14. CABRAL, Antonio do Passo. **Convenções Processuais**. Salvador: Juspodivm, 2016, p. 223-225.

Todavia, não se vislumbra qualquer óbice à celebração de negócio jurídico processual que envolva órgão jurisdicional.

De fato, como leciona Fredie Didier Jr.[15], não há prejuízo para qualquer das partes na participação do juiz na celebração do negócio. Em verdade, se o ordenamento jurídico permite que as partes celebrem negócios sem a participação do juiz, mas submete tais negócios ao controle de juridicidade pelo órgão julgador, logicamente também podem ser celebrados negócios que envolvam o juízo diretamente.

É válido registrar que o próprio Código de Processo Civil prevê, expressamente, a possibilidade de envolvimento do juiz em convenção processual, a exemplo das normas decorrentes dos textos do art. 191 (acerca do estabelecimento calendário para prática dos atos processuais) e do § 3º do art. 357 (que disciplina o chamado saneamento cooperativo).

Essa tese encontra respaldo nas ideias de Fredie Didier Jr.[16], bem como nas palavras de Maria Gabriela Silva Campos Ferreira, que afirma que os atos concertados têm natureza de negócio jurídico processual para "*disposição da competência do órgão jurisdicional*", por meio do qual "*a competência é concertada no caso concreto para o atingimento de uma finalidade comum aos juízos cooperantes*"[17].

Delineadas as bases do sistema de cooperação judiciária nacional, passa-se, então, às digressões acerca dos processos repetitivos, que consistem numa das razões de ser do próprio sistema de cooperação judiciária nacional, uma vez que ele visa promover a eficiência da gestão administrativa do Poder Judiciário e concretizar o princípio constitucional da duração razoável do processo.

3. A MASSIFICAÇÃO DOS CONFLITOS E A REPETIÇÃO DA DISCUSSÃO DE UMA MESMA QUESTÃO NO JUDICIÁRIO BRASILEIRO

Em decorrência da massificação das relações sociais e econômicas na atualidade, inúmeras pretensões veiculadas em demandas postas sob apreciação do Judiciário tratam de matérias similares. Mais do que tratarem da mesma

15. DIDIER JR., Fredie. **Curso de Direito Processual Civil: Introdução ao Direito Processual Civil, Parte Geral e Processo de Conhecimento,** 22 ed. Salvador: Juspodivm, 2020, p. 487.
16. DIDIER JR., Fredie. **Cooperação judiciária nacional – esboço de uma teoria para o Direito brasileiro (arts. 67-69, CPC)**. Salvador: Juspodivm, 2020, p. 84; DIDIER JR., Fredie; ZANETI JR., Hermes. **Curso de Direito Processual Civil: Processo Coletivo, vol. 4,** 14 ed. Salvador: Juspodivm, 2020, p. 52.
17. FERREIRA, Maria Gabriela Silva Campos. **O compartilhamento de competências e os atos processuais concertados entre juízes.** Dissertação apresentada como requisito para conclusão de Mestrado do Programa de Pós-Graduação em Direito do Centro de Ciências Jurídicas/Faculdade de Direito do Recife da Universidade Federal de Pernambuco, Recife: edição da autora, 2019, p. 146.

matéria, muitas dessas demandas veiculam pretensões que se originam de relações jurídicas que, examinadas abstratamente, somente se distinguem em razão dos sujeitos nelas envolvidos[18].

A massificação da litigância no sistema jurídico brasileiro se relaciona, portanto, de forma profunda, com os chamados direitos individuais homogêneos, referidos no texto do art. 81, III, do Código de Defesa do Consumidor. Comumente, essas relações massificadas produzem efeitos, positivos ou negativos, também homogêneos[19].

Essa propagação excessiva de questões semelhantes postas sob a apreciação do Poder Judiciário de forma pulverizada tem gerado um grande problema para o sistema jurídico: casos semelhantes muitas vezes recebem do Estado-juiz respostas distintas, não só gerando uma enorme insegurança jurídica como também violando o princípio da isonomia[20].

Em resposta a essa necessidade, foi criado o que se denomina "microssistema de resolução de casos repetitivos", composto, no âmbito do Direito Processual Civil e no entender da majoritária doutrina, pelos recursos especial e extraordinário repetitivos e pelo incidente de resolução de demandas repetitivas, e que, pelo menos inicialmente, voltava as atenções para a repetitividade de questões de direito.

A verdade, porém, é que não são somente os recursos especial e extraordinário repetitivos e o IRDR compõem o microssistema brasileiro de resolução de casos repetitivos no âmbito do Processo Civil. Não se pode fechar os olhos para a necessidade de a repetitividade de questões fáticas também receber atenção do ordenamento jurídico, mormente porque é um fenômeno potencialmente causador de problemas análogos e igualmente inquietantes.

---

18. SILVA, Ricardo Menezes da. **Tratamento adequado de demandas repetitivas no primeiro grau: uma análise a partir do novo Código de Processo Civil.** Dissertação apresentada como requisito parcial para conclusão do Curso de Mestrado do Programa de Pós-Graduação em Direito da Universidade Federal do Paraná, na Linha de Pesquisa em Direito das Relações Sociais, sob a Área de Concentração em Direito Processual Civil. Curitiba: edição do autor, 2019, p. 51.
19. DIDIER JR., Fredie; ZANETI JR., Hermes. **Curso de Direito Processual Civil: Processo Coletivo, vol. 4**, 14 ed. Salvador: Juspodivm, 2020, p. 98-106.
20. MARINONI, Luiz Guilherme. **O precedente na dimensão da igualdade**. Disponível em: <http://www.marinoni.adv.br/wp-content/uploads/2016/08/O-Precedente-na-Dimensão-da-Igualdade.docx>. Acesso em: 29 de junho de 2019, p. 9-13; DIDIER JR. Fredie; BRAGA, Paula Sarno; OLIVEIRA, Rafael Alexandria. **Curso de Direito Processual Civil: teoria da prova, direito probatório, decisão, precedente, coisa julgada e tutela provisória, vol. 2**, 15 ed. Salvador: Juspodivm, 2020, p. 586-588; SILVA, Ricardo Menezes da. **Tratamento adequado de demandas repetitivas no primeiro grau: uma análise a partir do novo Código de Processo Civil**. Dissertação apresentada como requisito parcial para conclusão do Curso de Mestrado do Programa de Pós-Graduação em Direito da Universidade Federal do Paraná, na Linha de Pesquisa em Direito das Relações Sociais, sob a Área de Concentração em Direito Processual Civil. Curitiba: edição do autor, 2019, p. 52; TEMER, Sofia. **Incidente de Resolução de Demandas Repetitivas**. 2 ed. Salvador: Juspodivm, 2017, p. 40.

Nesse cenário surge o art. 69, § 2º, VI, do CPC, que se encontra no capítulo que trata da cooperação judiciária nacional e prevê a centralização de processos repetitivos por meio da prática de concerto entre juízos cooperantes, e que também integra esse microssistema[21].

Tal como será demonstrado, o mencionado instituto se presta ao mesmo fim dos recursos extraordinário e especial repetitivos e do IRDR: proporcionar meios ao Poder Judiciário para adequadamente gerir os processos repetitivos e fornecer prestação jurisdicional adequada aos jurisdicionados neles envolvidos. Ainda, assim como os demais instrumentos do microssistema de resolução de casos repetitivos, a centralização de processos repetitivos também consiste num instrumento de tutela de situações jurídicas coletivas[22].

4. INSTRUMENTOS DE TUTELA DE SITUAÇÕES JURÍDICAS COLETIVAS

A essência do processo coletivo está no seu objeto litigioso[23]. Por isso, o processo coletivo é definido como *"aquele em que se postula um direito coletivo lato sensu (situação jurídica coletiva ativa) ou se afirme a existência de uma situação jurídica coletiva passiva (deveres individuais homogêneos, por exemplo)"*[24].

Há dois instrumentos, no direito brasileiro, que se prestam a tutelar as situações jurídicas coletivas: as ações coletivas e (todos) os mecanismos que integram o microssistema de resolução de casos repetitivos[25].

4.1. As ações coletivas

A ação coletiva é a demanda que dá origem ao processo coletivo, cuja questão principal versa sobre situação jurídica coletiva[26].

---

21. DIDIER JR., Fredie; ZANETI JR., Hermes. **Curso de Direito Processual Civil: Processo Coletivo, vol. 4**, 14 ed. Salvador: Juspodivm, 2020, p. 50.
22. DIDIER JR., Fredie; ZANETI JR., Hermes. **Curso de Direito Processual Civil: Processo Coletivo, vol. 4**, 14 ed. Salvador: Juspodivm, 2020, p. 50.
23. DIDIER JR., Fredie; ZANETI JR., Hermes. Ações coletivas e o incidente de julgamento de casos repetitivos - espécies de processo coletivo no Direito brasileiro: aproximações e distinções. In: DIDIER JR., Fredie (coord. geral); CUNHA, Leonardo Carneiro da. (coord.) **Coleção Grandes Temas do Novo CPC: Julgamento de Casos Repetitivos**, vol. 10. Salvador: Juspodivm, 2017, p. 183.
24. DIDIER JR., Fredie; ZANETI JR., Hermes. Ações coletivas e o incidente de julgamento de casos repetitivos - espécies de processo coletivo no Direito brasileiro: aproximações e distinções. In: DIDIER JR., Fredie (coord. geral); CUNHA, Leonardo Carneiro da. (coord.) **Coleção Grandes Temas do Novo CPC: Julgamento de Casos Repetitivos**, vol. 10. Salvador: Juspodivm, 2017, p. 182-183.
25. DIDIER JR., Fredie; ZANETI JR., Hermes. Ações coletivas e o incidente de julgamento de casos repetitivos - espécies de processo coletivo no Direito brasileiro: aproximações e distinções. In: DIDIER JR., Fredie (coord. geral); CUNHA, Leonardo Carneiro da. (coord.) **Coleção Grandes Temas do Novo CPC: Julgamento de Casos Repetitivos**, vol. 10. Salvador: Juspodivm, 2017, p. 185; DIDIER JR., Fredie; ZANETI JR., Hermes. **Curso de Direito Processual Civil: Processo Coletivo, vol. 4**, 14 ed. Salvador: Juspodivm, 2020, p. 50.
26. DIDIER JR., Fredie; ZANETI JR., Hermes. Ações coletivas e o incidente de julgamento de casos repetitivos - espécies de processo coletivo no Direito brasileiro: aproximações e distinções. In: DIDIER JR., Fredie

As tradicionais ações coletivas são a ação popular (Lei n. 4.717/1965), a ação civil pública (Lei n. 7.345/1985) e o mandado de segurança coletivo (Lei n. 8.038/1990)[27]. Essas ações tramitam de acordo com as regras do microssistema de processo coletivo, que é formado, principalmente, pelos diplomas acima mencionados, acrescidos do Código de Defesa do Consumidor, do Estatuto do Idoso, Estatuto da Criança e do Adolescente, dentre outros.

4.2. As técnicas de solução de casos repetitivos

As técnicas de resolução de casos repetitivos[28], como dito, também são instrumentos de tutela de situações jurídicas coletivas[29]. Entretanto, ao contrário das ações coletivas, o que ocorre é uma "coletivização às avessas" – o que será coletivo é o julgamento, e não a propositura da demanda[30].

As técnicas de resolução de casos repetitivos possibilitam tutelar os já mencionados direitos individuais homogêneos[31], que, aludidos no art. 81, III, do Código de Defesa do Consumidor, são *"decorrentes de origem comum"*.

Eles compõem categoria particularmente interessante para o presente trabalho, uma vez que, assim como o microssistema de julgamento de casos repetitivos, são uma resposta do ordenamento jurídico ao assoberbamento do Poder Judiciário às demandas repetitivas que decorrem da massificação das relações sociais e econômicas. A categoria dos direitos individuais homogêneos busca tutelar coletivamente os direitos que surgem a partir dessas relações massificadas – que, por serem essencialmente homogêneas, via de regra produzem efeitos e lesões também homogêneos[32].

(coord. geral); CUNHA, Leonardo Carneiro da. (coord.) **Coleção Grandes Temas do Novo CPC: Julgamento de Casos Repetitivos**, vol. 10. Salvador: Juspodivm, 2017, p. 185.

27. DIDIER JR., Fredie; ZANETI JR., Hermes. **Curso de Direito Processual Civil: Processo Coletivo, vol. 4**, 14 ed. Salvador: Juspodivm, 2020, p. 39.
28. Os recursos repetitivos, o incidente de resolução de demandas repetitivas, e, conforme será delineado linhas à frente, o art. 69, § 2º, VI, do CPC, que também integra o microssistema e também serve à tutela de situações jurídicas coletivas.
29. Em sentido diverso: TEMER, Sofia. **Incidente de Resolução de Demandas Repetitivas**. 2 ed. Salvador: Juspodivm, 2017, p. 91-93.
30. DURÇO, Karol Araújo. As soluções para demandas repetitivas no novo Código de Processo Civil e suas implicações para o processo coletivo. In: ZANETI JR., Hermes (cood.); DIDIER JR., Fredie (coord. geral). **Coleção Repercussões do Novo CPC: Processo Coletivo**, vol. 8. Salvador: Juspodivm, 2016, p. 532.
31. TALAMINI, Eduardo. A dimensão coletiva dos direitos individuais homogêneos. In: DIDIER JR., Fredie (coord. geral); CUNHA, Leonardo Carneiro da. (coord.) **Coleção Grandes Temas do Novo CPC: Julgamento de Casos Repetitivos**, vol. 10. Salvador: Juspodivm, 2017, p. 157; ROQUE, André Vasconcelos. Ações Coletivas e Procedimentos para a Resolucão de Casos Repetitivos. In: DIDIER JR., Fredie (coord. geral); CUNHA, Leonardo Carneiro da. (coord.) **Coleção Grandes Temas do Novo CPC: Julgamento de Casos Repetitivos**, vol. 10. Salvador: Juspodivm, 2017, p. 16; ALMEIDA, Gustavo Milaré. O Incidente de Resolução de Demandas Repetitivas e o trato da litigiosidade coletiva. In: ZANETI JR., Hermes (cood.); DIDIER JR., Fredie (coord. geral). **Coleção Repercussões do Novo CPC: Processo Coletivo**, vol. 8. Salvador: Juspodivm, 2016, p. 576.
32. DIDIER JR., Fredie; ZANETI JR., Hermes. **Curso de Direito Processual Civil: Processo Coletivo, vol. 4**, 14 ed. Salvador: Juspodivm, 2020, p. 98.

Os direitos individuais homogêneos, em verdade, podem perfeitamente ser objeto de demandas individuais propostas por cada um dos membros do grupo[33].

Essa categoria de direitos coletivos, portanto, é uma ficção jurídica, assim como o grupo titular do direito. O grupo somente surgirá por ficção legal após ocorrida uma lesão decorrente dessas relações massificadas e homogeneizadas[34]. A lesão, assim, é o que, em verdade, cria o grupo de titulares do direito.

É fácil concluir, então, que os direitos individuais homogêneos e as técnicas de resolução de casos repetitivos se relacionam de forma íntima.

Os direitos individuais homogêneos decorrem das relações sociais e econômicas massificadas, e, quando discutidos individualmente em demandas ajuizadas pelos próprios membros do grupo fictício, resultam exatamente nos processos repetitivos - e nas questões repetitivas - que são o próprio objeto das técnicas de resolução de casos repetitivos.

Saliente-se que, ainda que a questão repetitiva seja, por exemplo, de matéria processual, o direito tutelado pelo mecanismo de resolução de casos repetitivos ainda se revela um direito coletivo da categoria dos direitos individuais homogêneos. A partir do momento que as técnicas de resolução de casos repetitivos se prestam a resolver questões que se repetem em diversos processos em trâmite, faz surgir um grupo: o grupo dos litigantes cujos processos envolvem questão repetitiva. A situação jurídica coletiva, então, consiste no direito à resolução da questão repetitiva[35].

Fixadas as bases acerca dos diversos mecanismos de resolução de casos repetitivos já encampados pela doutrina tradicionalmente, será demonstrado, por fim, como o inciso VI do § 2º do art. 69 do CPC se insere, como instrumento de tutela de situação jurídica coletiva[36], dentre os mecanismos de resolução de casos repetitivos.

---

33. DIDIER JR., Fredie; ZANETI JR., Hermes. **Curso de Direito Processual Civil: Processo Coletivo, vol. 4**, 14 ed. Salvador: Juspodivm, 2020, p. 102.
34. DIDIER JR., Fredie; ZANETI JR., Hermes. **Curso de Direito Processual Civil: Processo Coletivo, vol. 4**, 14 ed. Salvador: Juspodivm, 2020, p. 101.
35. DIDIER JR., Fredie; ZANETI JR., Hermes. Ações coletivas e o incidente de julgamento de casos repetitivos - espécies de processo coletivo no Direito brasileiro: aproximações e distinções. In: DIDIER JR., Fredie (coord. geral); CUNHA, Leonardo Carneiro da. (coord.) **Coleção Grandes Temas do Novo CPC: Julgamento de Casos Repetitivos**, vol. 10. Salvador: Juspodivm, 2017, p. 186.
36. DIDIER JR., Fredie; ZANETI JR., Hermes. **Curso de Direito Processual Civil: Processo Coletivo, vol. 4**, 14 ed. Salvador: Juspodivm, 2020, p. 50.

5. A CENTRALIZAÇÃO DE PROCESSOS REPETITIVOS

5.1. Noção

A centralização de processos repetitivos se encontra prevista no texto do inciso VI, § 2º, do art. 69 do Código de Processo Civil.

Na linha do que propõem Ricardo Menezes da Silva[37], Maria Gabriela Silva Campos Ferreira[38], a centralização de processos integra o microssistema de casos repetitivos podendo ser utilizada quando houver repetição de questão de fato.

Nessa seara, a centralização de processos por meio de concerto entre juízos, inserta no art. 69, § 2º, VI, do CPC, integra o microssistema de resolução de casos repetitivos[39] como mecanismo para resolução de questão de fato repetitiva, aproximando-se do *multidistrict litigation* americano[40].

Assim, da mesma forma que já existem institutos aptos a reduzir a insegurança jurídica e a ausência de isonomia causadas por desfechos jurídicos distintos dados a questões de direito idênticas, a mesma proteção seria dada às questões fáticas, potencializando-se, com isso, a possibilidade de uma prestação jurisdicional adequada e eficiente.

É o que será aprofundado nas linhas a seguir.

5.2. A centralização de processos como terceiro mecanismo integrante do microssistema de julgamento de casos repetitivos

A inclusão da centralização de processos a que se refere o art. 69, § 2º, VI, do CPC, no microssistema de resolução de casos repetitivos é evidente[41]. A

37. SILVA, Ricardo Menezes da. **Tratamento adequado de demandas repetitivas no primeiro grau: uma análise a partir do novo Código de Processo Civil.** Dissertação apresentada como requisito parcial para conclusão do Curso de Mestrado do Programa de Pós-Graduação em Direito da Universidade Federal do Paraná, na Linha de Pesquisa em Direito das Relações Sociais, sob a Área de Concentração em Direito Processual Civil. Curitiba: edição do autor, 2019, p. 86.
38. FERREIRA, Maria Gabriela Silva Campos. **O compartilhamento de competências e os atos processuais concertados entre juízes.** Dissertação apresentada como requisito para conclusão de Mestrado do Programa de Pós-Graduação em Direito do Centro de Ciências Jurídicas/Faculdade de Direito do Recife da Universidade Federal de Pernambuco, Recife: edição da autora, 2019, p. 161.
39. DIDIER JR., Fredie; ZANETI JR., Hermes. **Curso de Direito Processual Civil: Processo Coletivo, vol. 4**, 14 ed. Salvador: Juspodivm, 2020, p. 50.
40. FERREIRA, Maria Gabriela Silva Campos. **O compartilhamento de competências e os atos processuais concertados entre juízes.** Dissertação apresentada como requisito para conclusão de Mestrado do Programa de Pós-Graduação em Direito do Centro de Ciências Jurídicas/Faculdade de Direito do Recife da Universidade Federal de Pernambuco, Recife: edição da autora, 2019, p. 161.
41. DIDIER JR., Fredie; ZANETI JR., Hermes. **Curso de Direito Processual Civil: Processo Coletivo, vol. 4**, 14 ed. Salvador: Juspodivm, 2020, p. 50.

interpretação sistemática do Código de Processo Civil não pode levar o operador do Direito a outra conclusão.

Isso porque, já havendo previsão expressa de prática de atos concertados entre juízos cooperantes para *"obtenção e apresentação de provas e a coleta de depoimentos"*[42], a conclusão a que se chega é que a centralização de processos[43] do art. 69, § 2º, VI deve ter como finalidade algo além da mera reunião para eventual instrução conjunta. A mera existência de previsão legal de instrução probatória concertada mostra, em verdade, que o concerto com o fim de centralizar processos repetitivos deve ter como finalidade a sua resolução em alguma medida[44].

Assim, estabelecido que a finalidade da centralização de processos é, por certo, possibilitar a resolução centralizada de questão comum repetitiva (e, consequentemente, evitar que sejam dados desfechos distintos a situações semelhantes e fornecer meios ao Poder Público para mais bem gerir os processos repetitivos), conclui-se que seu escopo é exatamente o mesmo do microssistema de resolução de casos repetitivos[45].

É de se ressaltar, inclusive, que a Resolução n. 350/2020 do CNJ não deixa espaço para dúvidas quanto à relação íntima entre a gestão de processos repetitivos e a centralização de processos do art. 69, § 2º, VI, prevendo que os atos de cooperação poderão consistir na *"disciplina da gestão dos processos repetitivos, inclusive da respectiva centralização"*[46].

Não há dúvidas, portanto, que se trata de um terceiro mecanismo, que, juntamente com os recursos repetitivos e o IRDR, compõe o microssistema de resolução de casos repetitivos no âmbito do Processo Civil[47].

---

42. Art. 69, § 2º, II, do CPC.
43. Cabe, neste ponto, ressaltar que a nomenclatura "centralização de processos" é utilizada no presente trabalho para facilitar a melhor compreensão pelo leitor, uma vez que se trata da nomenclatura dada pelo legislador no art. 69, § 2º, VI do CPC. Em verdade, o que há é a centralização da resolução de questão de fato - e, portanto, a resolução das questões de fato, o que não implica o julgamento por inteiro do processo no bojo do qual ela está contida.
44. DIDIER JR., Fredie; ZANETI JR., Hermes. **Curso de Direito Processual Civil: Processo Coletivo, vol. 4**, 14 ed. Salvador: Juspodivm, 2020, p. 55.
45. Nas palavras de Luiz Henrique Volpe Camargo, o IRDR é *"incidente processual que tem o escopo de proporcionar ampla e democrática discussão sobre uma ou mais questões controvertidas de direito que se repitam em processos em andamento e se presta à definição desta(s)"* (CAMARGO, Luiz Henrique Volpe. **A centralização de processos como etapa necessária do Incidente de Resolução de Demandas Repetitivas.** Tese apresentada como requisito para conclusão de Doutorado em Direito na Pontifícia Universidade Católica de São Paulo, São Paulo: edição do autor, 2017, p. 34).
46. Art. 6º, X da Resolução n. 350/2020.
47. SILVA, Ricardo Menezes da. **Tratamento adequado de demandas repetitivas no primeiro grau: uma análise a partir do novo Código de Processo Civil.** Dissertação apresentada como requisito parcial para conclusão do Curso de Mestrado do Programa de Pós-Graduação em Direito da Universidade Federal do Paraná, na Linha de Pesquisa em Direito das Relações Sociais, sob a Área de Concentração em Direito

5.2.1. A centralização de processos repetitivos e o problema da repetição das questões de fato

O problema do assoberbamento do Poder Judiciário está intrinsecamente conectado com a pulverização de demandas que tratam de relações jurídicas semelhantes, havendo uma clara identidade de questões veiculadas em muitos processos.

No que diz respeito à repetitividade de questão de fato, isso ocorre de maneira facilmente visualizável quando se trata de relações de consumo.

Pode haver, por exemplo, questão de fato repetitiva concernente à existência ou não de vício em determinado produto, como um carro, um eletrodoméstico ou um medicamento. Outro bom exemplo é a ocorrência de interrupção no fornecimento de serviços básicos em determinada localidade em razão, hipoteticamente, da realização de obras de infraestrutura.

Também pode ocorrer repetição de questão de fato em hipótese de desastres ambientais de grandes proporções, como é o caso de rompimento de barragens que resultem na morte e em danos ao patrimônio de diversos indivíduos.

Entretanto, como bem salientado por Maria Gabriela da Silva Campos Ferreira, *"no Brasil, não há a previsão de um procedimento específico, tal como o multidistrict litigation, para consolidação de demandas que tratem de uma questão comum de fato"*[48] – e o texto do art. 69, § 2º, VI, do CPC é o terreno fértil para tanto[49].

Isso porque se parece irrazoável que seja dado diferente desfecho jurídico para questões de direito idênticas, também é despropositado que situações de fato comum a várias demandas recebam interpretações distintas por parte de um Poder Judiciário que é uno[50].

Processual Civil. Curitiba: edição do autor, 2019, p. 86; DIDIER JR., Fredie; ZANETI JR., Hermes. **Curso de Direito Processual Civil: Processo Coletivo, vol. 4**, 14 ed. Salvador: Juspodivm, 2020, p. 50.

48. FERREIRA, Maria Gabriela Silva Campos. **O compartilhamento de competências e os atos processuais concertados entre juízes.** Dissertação apresentada como requisito para conclusão de Mestrado do Programa de Pós-Graduação em Direito do Centro de Ciências Jurídicas/Faculdade de Direito do Recife da Universidade Federal de Pernambuco, Recife: edição da autora, 2019, p. 161.

49. Nesse exato sentido, sustenta Maria Gabriela Silva Campos Ferreira: *"A previsão do art. 69, § 20, VI, do CPC acomoda a possibilidade de centralização de processos repetitivos que versem sobre questões comuns de fato. O dispositivo não limita as hipóteses de centralização, que dependerão do juízo de conveniência dos órgãos cooperantes ao concertarem atos para esse fim."* (FERREIRA, Maria Gabriela Silva Campos. **O compartilhamento de competências e os atos processuais concertados entre juízes.** Dissertação apresentada como requisito para conclusão de Mestrado do Programa de Pós-Graduação em Direito do Centro de Ciências Jurídicas/Faculdade de Direito do Recife da Universidade Federal de Pernambuco, Recife: edição da autora, 2019, p. 161).

50. CABRAL, Antonio do Passo. **Juiz natural e eficiência processual: flexibilização, delegação e coordenação de competências no processo civil.** Tese apresentada no concurso de provas e títulos para provimento do cargo de Professor Titular. Faculdade de Direito da Universidade do Estado do Rio de Janeiro. Rio de Janeiro: edição do autor, 2017, p. 536.

Ademais, não só a isonomia é prestigiada com a criação de mecanismo no microssistema de resolução de casos repetitivos que se proponha a resolver questões repetitivas de fato: a segurança jurídica também o é. Evidentemente, pois, quando fixadas as premissas fáticas, e, assim, fixada a interpretação dada pelo Poder Judiciário quanto a fato que se repita em diversas demandas, o jurisdicionado terá a confiança de que a prestação jurisdicional que receberá será coerente com a que todos os envolvidos em situação semelhante receberam.

Por fim, é evidente que por meio da centralização de processos também se potencializa a eficiência processual, tanto na gestão dos processos repetitivos quanto na prestação jurisdicional individualizada.

5.2.2. Harmonia entre a centralização de processos prevista no art. 69, § 2º, VI, do CPC e as normas gerais do microssistema de resolução de casos repetitivos

O microssistema de resolução de casos repetitivos criado pelo Código de Processo Civil tem como finalidade assegurar tratamento isonômico para os jurisdicionados em situações semelhantes, preservar a segurança jurídica e possibilitar ao Poder Judiciário mais eficiente gestão dos processos que envolvam questões repetitivas. Para possibilitar que cada um dos mecanismos possa mais bem atingir sua finalidade, há regras gerais que são aplicáveis ao microssistema como um todo.

Como parte do microssistema, essas regras gerais também se aplicam à centralização de processos prevista no art. 69, § 2º, VI, do CPC. Entretanto, evidentemente adaptadas ao uso da técnica para resolução de questão repetitiva de fato.

Assim é que é fácil perceber o perfeito ajuste, para a resolução das questões de fato repetitivas, da aplicação da norma relativa à suspensão, pelo período de um ano (CPC, arts. 980 e 1.037, § 4º), da prática dos atos do procedimento nos processos em que a mesma questão estiver sob discussão (CPC, arts. 982, I, e 1.037, II)[51].

Essa regra é consequência lógica da própria finalidade do microssistema: concretizar tratamento isonômico para os jurisdicionados e potencializar a segurança jurídica. Se o microssistema se presta a evitar que situações semelhantes tenham desfechos distintos, nada mais lógico que, identificada a pulverização de determinada questão em diversas demandas tramitando nos órgãos do Poder Judiciário, seja suspensa a prática dos atos dos procedimentos respectivos no que se refere a aspectos do processo que estejam subordinados à solução que vier a ser dada à questão fática, até que ela seja resolvida.

51. DIDIER JR., Fredie. CUNHA, Leonardo Carneiro da. **Curso de Direito Processual Civil: meios de impugnação às decisões judiciais e processo nos tribunais, vol. 3.** 17 ed. Salvador: Juspodivm, 2020, p. 740-741.

No que se refere à regra do estímulo à desistência[52] (§§ 1º, 2º e 3º do art. 1.040 do CPC[53]), evidentemente também não há óbice à sua aplicação à centralização de processos prevista no texto do art. 69, § 2º, VI, do CPC.

O mesmo se dá com a regra do dever de informação aos órgãos, entes ou agências reguladoras competentes[54], quando se tratar de repetição de questão relacionada a serviço prestado por meio de concessão, permissão ou autorização do Poder Público (arts. 985, § 2º, e 1.040, IV, do CPC). Não há qualquer obstáculo à sua aplicação ao procedimento de centralização de processos para resolução de questão de fato, mostrando-se tão útil quanto quando aplicada à repetição de questões de direito.

Quanto à possibilidade de desistência ou abandono de processo afetado como representativo de controvérsia, a regra geral do microssistema impõe que, instaurado o incidente de um dos mecanismos de resolução de casos repetitivos, o seu prosseguimento se dará de forma independente, e a questão será resolvida[55], mesmo que a parte revogue a demanda ou abandone o processo (art. 976, § 1º, do CPC). O mesmo, facilmente, pode ser aplicado à centralização de processos. Havendo repetição de questão fática, a desistência em um dos processos não impede o exame da questão, não tendo o condão de frustrar os demais integrantes do grupo dos que buscam ver aquela questão resolvida[56].

A regra que impõe que a apreciação de pedido de tutela de urgência no bojo dos processos sobrestados seja de competência do juízo perante o qual tramita o processo suspenso (arts. 982, § 2º, e 1.029, § 5º, III, do CPC)[57] também tem aplicação evidente, não havendo qualquer razão para ser eventual pedido urgente apreciado por outro juízo, ou mesmo haver óbice à sua apreciação.

---

52. DIDIER JR., Fredie. CUNHA, Leonardo Carneiro da. **Curso de Direito Processual Civil: meios de impugnação às decisões judiciais e processo nos tribunais, vol. 3.** 17 ed. Salvador: Juspodivm, 2020, p. 743-744.
53. Art. 1.040. (...)

    § 1º A parte poderá desistir da ação em curso no primeiro grau de jurisdição, antes de proferida a sentença, se a questão nela discutida for idêntica à resolvida pelo recurso representativo da controvérsia.

    § 2º Se a desistência ocorrer antes de oferecida contestação, a parte ficará isenta do pagamento de custas e de honorários de sucumbência.

    § 3º A desistência apresentada nos termos do § 1º independe de consentimento do réu, ainda que apresentada contestação.
54. DIDIER JR., Fredie. CUNHA, Leonardo Carneiro da. **Curso de Direito Processual Civil: meios de impugnação às decisões judiciais e processo nos tribunais, vol. 3.** 17 ed. Salvador: Juspodivm, 2020, p. 744-745.
55. DIDIER JR., Fredie. CUNHA, Leonardo Carneiro da. **Curso de Direito Processual Civil: meios de impugnação às decisões judiciais e processo nos tribunais, vol. 3.** 17 ed. Salvador: Juspodivm, 2020, p. 745.
56. Obviamente, caso haja eventual revogação da demanda em todos os processos que veiculem a *questão fática* repetitiva, torna-se inviável a resolução da questão, impondo-se, por conseguinte, a extinção do incidente de centralização de processos. Isso porque a desistência em todos eles faz cessar a existência da repetitividade de *questão de fato*, extinguindo, com isso, o risco de ofensa à isonomia e à segurança jurídica.
57. DIDIER JR., Fredie. CUNHA, Leonardo Carneiro da. **Curso de Direito Processual Civil: meios de impugnação às decisões judiciais e processo nos tribunais, vol. 3.** 17 ed. Salvador: Juspodivm, 2020, p. 745-747.

Por fim, dentre as regras gerais do microssistema de casos repetitivos aqui abordadas, a última diz respeito à aplicação, aos demais processos, da resolução dada à questão repetitiva.

Nesse caso, a norma que se extrai dos arts. 985, I, e 1.040, I e III, do CPC impõe que a tese jurídica se incorporará à decisão a ser prolatada pelos juízos junto aos quais tramitam todos os processos que veicularem aquela questão, tendo sido eles suspensos ou não.

No caso da centralização de processos para resolução de questão de fato repetitiva obviamente não se pode falar em tese jurídica quando o que se propõe a resolver são questões de fato.

Assim, em vez de fixar uma tese jurídica, a decisão que resolve a centralização de processos repetitivos, em verdade, fixa uma premissa fática. Essa premissa fática, à semelhança da tese jurídica fixada quando do julgamento de recursos repetitivos e do IRDR, será aplicada a todos os casos que veiculem aquela questão de fato que tramitam junto aos juízos envolvidos no concerto, incorporando-se às decisões a serem prolatadas - com algumas ressalvas.

Conforme dispõe o texto do parágrafo único do art. 1º da Resolução n. 350/2020 do CNJ, a concertação somente vincula os órgãos do Poder Judiciário que dela participaram. É o que Fredie Didier Jr. e Hermes Zaneti Jr. denominam como "*autovinculação*": decorre do negócio jurídico (ato concertado) celebrado pelo próprio juízo. Daí surge a necessidade de dar a maior e mais ampla publicidade aos concertos operados entre juízos: para permitir que diferentes juízos dele participem.

Por outro lado, a centralização de processos para resolução de questão de fato repetitiva é passível de instauração tanto nos tribunais (superiores e de segundo grau, quando se tratar de causa para as quais eles tenham competência originária, e, assim, poderes instrutórios) quanto nos juízos de primeiro grau, e pode envolver processos que tramitam em diversos graus de jurisdição. Assim, o juízo centralizador que resolverá a questão fática pode, em tese, ser de primeiro grau ou não.

Todavia, considerando que a Resolução n. 350/2020 do CNJ, no texto do inciso V do art. 6º, deixa claro que na definição do juízo competente para a decisão sobre questão comum ou questões semelhantes devem ser observadas as regras de competência dos arts. 62 e 63 do CPC, impõe-se que sejam tomadas precauções no sentido de garantir a aplicabilidade das premissas fáticas aos processos que tramitam junto aos juízos envolvidos no concerto.

Assim, o mais lógico é, quando, por exemplo, a concertação envolver juizos de primeiro grau e de tribunal de segundo grau, fixar como juízo centralizador um dos juízos pertencentes ao tribunal, no sentido de preservar a competência funcional vertical.

Conclui-se, assim, que todas as regras gerais do microssistema de resolução de casos repetitivos podem perfeitamente ser aplicadas à centralização de processos para resolução de questão fática prevista no art. 69, § 2º, VI, do CPC, com as adaptações pertinentes.

5.2.3. Possibilidade de ajustes, mediante concerto, de acordo com as peculiaridades dos processos

Há, ainda, quanto à aplicação das normas gerais do microssistema de resolução de casos repetitivos, alguns aspectos que merecem destaque, uma vez que a centralização de processos está intimamente ligada ao conteúdo do negócio jurídico celebrado entre os juízos concertantes.

Não há impedimento para que, a depender das características peculiares das questões que serão objeto da centralização, os juízos concertantes estabeleçam normas específicas que melhor se adequem à realidade concreta, de modo a que a gestão dos processos se dê da maneira mais eficiente.

É bastante esse breve exame para se concluir pelo amplo potencial de adaptabilidade, à centralização de processos para resolução de questões fáticas repetitivas, da disciplina do já conhecido microssistema de resolução de questões de direito repetitivas.

5.3. Proposta de procedimento de centralização de processos repetitivos como mecanismo de resolução centralizada de questão de fato

Evidentemente não é o escopo do presente trabalho traçar uma proposta exaustiva acerca de como seria o procedimento de centralização de processos repetitivos como mecanismo de resolução centralizada de questão de fato.

Entretanto, é possível visualizar que não há óbice, por exemplo, à utilização de procedimento similar ao do incidente de resolução de demandas repetitivas[58], cuja disciplina específica está concentrada nos arts. 976 a 987 do CPC e que adota o regime de causa-modelo[59-60].

---

58. VIANA, Isadora Passos Amaral. **Centralização de processos e cooperação judiciária: terceiro mecanismo de resolução de casos repetitivos.** Monografia apresentada como requisito parcial para conclusão do curso de graduação em Direito da Universidade Federal da Bahia. Salvador: 2019. Disponível em: ‹https://www.academia.edu/39790846/CENTRALIZAÇÃO_DE_PROCESSOS_E_COOPERAÇÃO_JUDICIÁRIA_TERCEIRO_MECANISMO_DE_RESOLUÇÃO_DE_CASOS_REPETITIVOS›. Acesso em: 10 de junho de 2020, p. 100-106.

59. Nesse sentido, esclarece Sofia Temer: "*O incidente de resolução de demandas repetitivas não julga 'causa', mas apenas fixa tese, porque seu objeto está restrito às questões de direito - material ou processual - que se repetem em diversos processos. Não se analisam questões de fato e questões de direito heterogêneas,*

5.3.1. Instauração

A centralização de processos repetitivos está prevista no Código de Processo Civil no art. 69, § 2º, VI. Assim, encontra-se dentre os exemplos elencados pelo CPC de atos que podem ser objeto de concerto entre juízos.

Os atos de cooperação por concertação, conforme ficou estabelecido anteriormente[61], têm natureza negocial[62]. Trata-se, portanto, de alteração negocial da competência[63] por parte dos próprios juízos, com o fim de mais bem gerir processos que contenham questão de fato repetitivas.

Mas é importante notar que a instauração da centralização de processos repetitivos também pode se dar por requerimento - por meio da qual uma parte interessada provoca o órgão jurisdicional a celebrar um negócio jurídico processual -, tal como ocorre com o incidente de resolução de demandas repetitivas.

Isso porque não é só do interesse dos órgãos jurisdicionais que a questão de fato repetitiva seja adequadamente resolvida e os processos sejam geridos de forma eficiente. Também é interesse das partes obter solução adequada

---

o que impede que se possa falar em julgamento da demanda, que depende necessariamente da análise da causa de pedir e do pedido." (TEMER, Sofia. **Incidente de Resolução de Demandas Repetitivas**. 2 ed. Salvador: Juspodivm, 2017, p. 68-69). No mesmo sentido: ROQUE, André Vasconcelos. Ações Coletivas e Procedimentos para a Resolucão de Casos Repetitivos. In: DIDIER JR., Fredie (coord. geral); CUNHA, Leonardo Carneiro da. (coord.) **Coleção Grandes Temas do Novo CPC: Julgamento de Casos Repetitivos**, vol. 10. Salvador: Juspodivm, 2017, p. 28; MENDES, Aluisio Gonçalves de Castro; TEMER, Sofia. O Incidente de Resolução de Demandas Repetitivas do novo Código de Processo Civil. In: ZANETI JR., Hermes (cood.); DIDIER JR., Fredie (coord. geral). **Coleção Repercussões do Novo CPC: Processo Coletivo**, vol. 8. Salvador: Juspodivm, 2016, p. 587.

60. Em sentido diverso, entendem Fredie Didier Jr. e Leonardo Carneiro da Cunha que o IRDR se utiliza do sistema de causa-piloto, uma vez que para sua instauração é necessário que haja um caso veiculando a questão repetitiva em trâmite em tribunal (DIDIER JR., Fredie. CUNHA, Leonardo Carneiro da. **Curso de Direito Processual Civil: meios de impugnação às decisões judiciais e processo nos tribunais, vol. 3**. 17 ed. Salvador: Juspodivm, 2020, p. 734-735).

61. Neste ponto, remete-se o leitor para o ponto 2 do presente trabalho, intitulado "Cooperação Judiciária Nacional", especificamente ao ponto 2.5, o qual aborda o tema com mais detalhamento.

62. DIDIER JR., Fredie. **Cooperação judiciária nacional - esboço de uma teoria para o Direito brasileiro (arts. 67-69, CPC)**. Salvador: Juspodivm, 2020, p. 84; FERREIRA, Maria Gabriela Silva Campos. **O compartilhamento de competências e os atos processuais concertados entre juízes.** Dissertação apresentada como requisito para conclusão de Mestrado do Programa de Pós-Graduação em Direito do Centro de Ciências Jurídicas/ Faculdade de Direito do Recife da Universidade Federal de Pernambuco, Recife: edição da autora, 2019, p. 146-148.

63. FERREIRA, Maria Gabriela Silva Campos. **O compartilhamento de competências e os atos processuais concertados entre juízes.** Dissertação apresentada como requisito para conclusão de Mestrado do Programa de Pós-Graduação em Direito do Centro de Ciências Jurídicas/Faculdade de Direito do Recife da Universidade Federal de Pernambuco, Recife: edição da autora, 2019, p. 148-149; DIDIER JR., Fredie; ZANETI JR., Hermes. **Curso de Direito Processual Civil: Processo Coletivo, vol. 4**, 14 ed. Salvador: Juspodivm, 2020, p. 52. Mais recentemente, nas considerações da Resolução n. 350/2020, o CNJ consignou que *"os atos conjuntos e concertados entre os juízos cooperantes são instrumento de gestão processual, permitindo a coordenação de funções e o compartilhamento de competências"*.

para a questão de fato repetitiva que é debatida no seu processo, assim como é interesse do Ministério Público e da Defensoria Pública[64].

O possível interesse das partes na prática de ato de cooperação – e aí se incluem os atos concertados entre juízos cooperantes – foi reconhecido pelo Conselho Nacional de Justiça, ao editar a Resolução n. 350/2020, que, no texto do § 4º do art. 8º, defere *"às partes e às pessoas naturais ou jurídicas, órgãos ou entidades especializadas, com representatividade adequada"* a possibilidade de querer ao juízo prática de ato de cooperação nas hipóteses previstas na Resolução n. 350/2020.

Passando ao exame das condições para que se verifique a necessidade de instauração da centralização de processos, cumpre registrar que não se trata de condições necessárias sem as quais não seria permitida a instauração do incidente – mesmo porque, tratando-se de negócio jurídico celebrado entre órgãos jurisdicionais, não há vinculação para instauração do incidente – mas sim de condições sem as quais a instauração da centralização de processos se revela esvaziada, sem razão.

No caso, então, nas condições ideais para instauração da centralização de processos estão presentes (*i*) a efetiva repetição de processos que contenham controvérsia sobre a mesma questão de fato e (*ii*) o risco de ofensa à isonomia e à segurança jurídica.

5.3.2. Providências após a instauração

Caso a centralização de processos seja provocada pelas partes, pela Defensoria Pública ou pelo Ministério Público, deve ser, além de peticionado junto ao juízo perante o qual a causa tramita, protocolada petição direcionada ao Núcleo de Cooperação Judiciária ou à presidência do tribunal ao qual os juízos junto aos quais tramitam os processos que veiculam aquela questão de fato repetitiva são vinculados. Essa petição deve apontar a questão de fato repetitiva e estar acompanhada da comprovação da ocorrência das circunstâncias ideais para a instauração do incidente de centralização de processos. Assim, ela será submetida à apreciação dos juízos provocados a realizar o concerto e do Núcleo de Cooperação Judiciária do(s) tribunal(is) que eles integram, para que eles concluam se é caso de celebração do negócio para centralização dos processos ou não.

Por outro lado, se instaurado de ofício por meio de concerto pelos próprios órgãos julgadores cooperantes (singulares ou não), sem que haja provocação

64. TEMER, Sofia. **Incidente de Resolução de Demandas Repetitivas: tentativa de sistematização**. Rio de Janeiro, Universidade do Estado do Rio de Janeiro, dissertação de mestrado, 2015, p. 105.

de partes interessadas, deve ser encaminhado ofício à presidência do tribunal ao qual são eles vinculados, pleiteando a que seja dada publicidade[65] à informação quanto à realização do concerto entre os juízos, tal qual ocorre no incidente de resolução de demandas repetitivas[66].

É importante que essa informação esteja acessível a todos os órgãos julgadores (mormente aqueles junto aos quais tramitam causas que envolvem a questão fática repetitiva sob exame no incidente de centralização), e também à comunidade em geral. Isso possibilita que os litigantes cujos processos tratem daquela questão tenham conhecimento da razão para a suspensão dos atos do seu processo e acompanhem - ou mesmo participem[67], em determinadas situações - da definição da resolução da questão de fato.

No que se refere à escolha do juízo centralizador da questão repetitiva que irá fixar a premissa fática a ser aplicada nos demais processos que veiculem aquela questão, uma saída bastante simples seria o critério da prevenção. Entretanto, essa solução não prestigiaria a condução mais eficiente do processo[68], além de ser extremamente vinculada às noções tradicionais acerca do princípio do juiz natural, que se revelam ultrapassadas para comportar as particularidades da litigância moderna de massa.

Nessa seara, se revela imprescindível o trabalho desenvolvido por por Antonio do Passo Cabral[69], na sua tese apresentada no concurso de provas e títulos para provimento do cargo de Professor Titular da Faculdade de Direito da Universidade do Estado do Rio de Janeiro (*"Juiz natural e eficiência processual: flexibilização, delegação e coordenação de competências no processo civil"*).

O autor, no mencionado trabalho, propõe novos pilares para compor o núcleo do princípio do juiz natural, com destaque para a objetividade, a impessoalidade, a participação e controlabilidade pelas partes interessadas e o rompimento com a noção de competência como matéria reservada à lei em sentido estrito, com a consequente valorização da interpretação principiológica

65. Art. 979, CPC.
66. TEMER, Sofia. **Incidente de Resolução de Demandas Repetitivas: tentativa de sistematização.** Rio de Janeiro, Universidade do Estado do Rio de Janeiro, dissertação de mestrado, 2015, p. 134.
67. DIDIER JR., Fredie; ZANETI JR., Hermes. **Curso de Direito Processual Civil: Processo Coletivo, vol. 4,** 14 ed. Salvador: Juspodivm, 2020, p. 55.
68. SILVA, Ricardo Menezes da. **Tratamento adequado de demandas repetitivas no primeiro grau: uma análise a partir do novo Código de Processo Civil.** Dissertação apresentada como requisito parcial para conclusão do Curso de Mestrado do Programa de Pós-Graduação em Direito da Universidade Federal do Paraná, na Linha de Pesquisa em Direito das Relações Sociais, sob a Área de Concentração em Direito Processual Civil. Curitiba: edição do autor, 2019, p. 155-156.
69. CABRAL, Antonio do Passo. **Juiz natural e eficiência processual: flexibilização, delegação e coordenação de competências no processo civil.** Tese apresentada no concurso de provas e títulos para provimento do cargo de Professor Titular. Faculdade de Direito da Universidade do Estado do Rio de Janeiro. Rio de Janeiro: edição do autor, 2017.

das normas de competência e de normas administrativas e convencionais que versem sobre o tema.

Esse entendimento também é corroborado por Ricardo Menezes da Silva[70], que, na mesma linha, defende a inadequação da prevenção como critério automático para definição do juízo centralizador da resolução da questão, e, também se valendo dos novos pilares do princípio do juiz natural propostos por Antonio do Passo Cabral, apresenta critérios similares para a adequada definição do juízo competente.

Por outro lado, também se revela útil importar, do instituto norte-americano *multidistrict litigation*, critérios utilizados para definição do "juízo centralizador", como, por exemplo (*i*) a proximidade do domicílio das partes; (*ii*) o local mais próximo dos elementos necessários à instrução; (*iii*) o local onde tramita a maior parte dos processos que versam sobre a questão de fato objeto do incidente; (*iv*) a natureza da questão e a familiaridade/*expertise* do juízo centralizador, dentre outros critérios.[71]

É importante lembrar, nesse ponto, que, considerando que a premissa fática estabelecida por ocasião do julgamento da questão repetitiva será aplicada aos processos em trâmite junto a todos os juízos envolvidos no concerto, devem ser tomadas precauções no momento da definição do juízo centralizador no que se refere à observância das regras de competência dos arts. 62 e 63.

Assim, como já ressaltado, de forma a preservar a competência funcional vertical, quando, por exemplo, a concertação envolver juízos de primeiro grau e de tribunal de segundo grau, o mais prudente é fixar como juízo centralizador um dos juízos pertencentes ao tribunal.

Ademais, em observância à participação e controlabilidade concreta do juiz natural, é razoável que seja estabelecido diálogo com as partes envolvidas nos processos que veiculam a questão de fato objeto do incidente, de modo a que possam elas exercitar, na plenitude, o direito fundamental ao contraditório, quanto à escolha do juízo centralizador. Isso porque, evidentemente, são elas as maiores interessadas no deslinde adequado da questão.

70. SILVA, Ricardo Menezes da. **Tratamento adequado de demandas repetitivas no primeiro grau: uma análise a partir do novo Código de Processo Civil.** Dissertação apresentada como requisito parcial para conclusão do Curso de Mestrado do Programa de Pós-Graduação em Direito da Universidade Federal do Paraná, na Linha de Pesquisa em Direito das Relações Sociais, sob a Área de Concentração em Direito Processual Civil. Curitiba: edição do autor, 2019, p. 155-156.

71. ZARONI, Bruno Marzullo. **Multidistrict Litigation: a Experiência Norte-Americana na Tutela dos Interesses de Massa.** Disponível em: ‹http://www.lex.com.br/doutrina_25632222_MULTIDISTRICT_LITIGATION_A_EXPERIENCIA_NORTE_AMERICANA_NA_TUTELA_DOS_INTERESSES_DE_MASSA.aspx›. Acesso em: 20 de novembro de 2020.

5.3.3. Vinculação da premissa fática estabelecida

Como assentado linhas acima, o que se fixa, no caso do mecanismo de centralização de processos repetitivos para resolução de questão de fato, são premissas fáticas.

O efeito, entretanto, é o mesmo da fixação da tese jurídica no bojo do incidente de resolução de demandas repetitivas: as premissas fáticas estabelecidas pelo juízo centralizador se incorporarão às decisões a serem prolatadas pelos juízos competentes em todos os processos que veicularem aquela questão de fato e que, nos termos do art. 4º, parágrafo único, da Resolução n. 350/2020 do CNJ, estiverem envolvidos no concerto celebrado.

Como esclarecem Fredie Didier Jr. e Hermes Zaneti Jr. essa vinculação da premissa fática aos juízos cooperantes é uma autovinculação, uma vez que decorre da celebração, pelos próprios juízos, de negócio jurídico – o ato concertado[72].

5.4. Relações entre a centralização de processos repetitivos e os demais instrumentos de tutela coletiva

Conforme abordado, os instrumentos de tutela de situações jurídicas coletivas são as ações coletivas e os mecanismos do microssistema de resolução de casos repetitivos.

Considerando então que ficou estabelecido que o microssistema de resolução de casos repetitivos é também instrumento de tutela das situações jurídicas coletivas[73], e que a centralização de processos mencionada no art. 69, § 2º, VI, do CPC faz parte desse microssistema[74], mostra-se evidente que a centralização de processos repetitivos para resolução de questão de fato também é instrumento que serve à tutela de situações jurídicas coletivas[75].

---

72. DIDIER JR., Fredie; ZANETI JR., Hermes. **Curso de Direito Processual Civil: Processo Coletivo, vol. 4**, 14 ed. Salvador: Juspodivm, 2020, p. 55.
73. DIDIER JR., Fredie; ZANETI JR., Hermes. Ações coletivas e o incidente de julgamento de casos repetitivos – espécies de processo coletivo no Direito brasileiro: aproximações e distinções. In: DIDIER JR., Fredie (coord. geral); CUNHA, Leonardo Carneiro da. (coord.) **Coleção Grandes Temas do Novo CPC: Julgamento de Casos Repetitivos**, vol. 10. Salvador: Juspodivm, 2017, p. 185.
74. SILVA, Ricardo Menezes da. **Tratamento adequado de demandas repetitivas no primeiro grau: uma análise a partir do novo Código de Processo Civil.** Dissertação apresentada como requisito parcial para conclusão do Curso de Mestrado do Programa de Pós-Graduação em Direito da Universidade Federal do Paraná, na Linha de Pesquisa em Direito das Relações Sociais, sob a Área de Concentração em Direito Processual Civil. Curitiba: edição do autor, 2019, p. 86; FERREIRA, Maria Gabriela Silva Campos. **O compartilhamento de competências e os atos processuais concertados entre juízes.** Dissertação apresentada como requisito para conclusão de Mestrado do Programa de Pós-Graduação em Direito do Centro de Ciências Jurídicas/Faculdade de Direito do Recife da Universidade Federal de Pernambuco, Recife: edição da autora, 2019, p. 161.
75. DIDIER JR., Fredie; ZANETI JR., Hermes. **Curso de Direito Processual Civil: Processo Coletivo, vol. 4**, 14 ed. Salvador: Juspodivm, 2020, p. 50.

À semelhança dos demais mecanismos de resolução de casos repetitivos que integram o microssistema, a partir do momento em que a centralização de processos repetitivos se propõe a resolver questões de fato que são comuns a diversos processos em trâmite, surge um grupo: o grupo dos indivíduos cujos processos envolvem questão de fato que se repete. A situação jurídica coletiva titularizada por esses indivíduos, então, consiste no interesse em obter a resolução da questão repetitiva fática[76].

Entretanto, a centralização de processos repetitivos não só se limita a ser um instrumento que serve à tutela de situações jurídicas coletivas. Ela, além disso, é um instrumento com forte potencial para conferir eficiência ao trâmite de ações coletivas que venham a ser propostas, bem como para contribuir com o seu trâmite mais eficiente.

E o motivo é simples: a premissa fática anteriormente estabelecida, com os devidos cuidados relativamente à preservação do direito fundamental ao contraditório, deverá ser levada em consideração em processos que venham a surgir depois e em cujo bojo existir a questão fática que foi objeto de resolução[77].

6. CONSIDERAÇÕES FINAIS

A partir do exposto, é perceptível que o revolucionário modelo de cooperação judiciária nacional, consubstanciado nos arts. 67 a 69 do CPC, quando adequadamente interpretado de forma sistemática com o restante do Código de Processo Civil, pode preencher lacunas existentes no ordenamento jurídico processual. É exatamente esse o caso do art. 69, § 2º, VI, do CPC e da inclusão da centralização de processos repetitivos nele mencionada como parte integrante do microssistema de resolução de casos repetitivos voltada à resolução de questão fática repetitiva.

A inserção do art. 69, § 2º, VI, do CPC como parte integrante do microssistema de resolução de casos repetitivos voltada à resolução de questão fática repetitiva, além de permitir a concretização da eficiência no âmbito do Poder Judiciário, assegura a isonomia entre jurisdicionados e preserva a segurança

76. DIDIER JR., Fredie; ZANETI JR., Hermes. Ações coletivas e o incidente de julgamento de casos repetitivos – espécies de processo coletivo no Direito brasileiro: aproximações e distinções. In: DIDIER JR., Fredie (coord. geral); CUNHA, Leonardo Carneiro da. (coord.) **Coleção Grandes Temas do Novo CPC: Julgamento de Casos Repetitivos**, vol. 10. Salvador: Juspodivm, 2017, p. 186.

77. VIANA, Isadora Passos Amaral. **Centralização de processos e cooperação judiciária: terceiro mecanismo de resolução de casos repetitivos.** Monografia apresentada como requisito parcial para conclusão do curso de graduação em Direito da Universidade Federal da Bahia. Salvador: 2019. Disponível em: ‹https://www.academia.edu/39790846/CENTRALIZAÇÃO_DE_PROCESSOS_E_COOPERAÇÃO_JUDICIÁRIA_TERCEIRO_MECANISMO_DE_RESOLUÇÃO_DE_CASOS_REPETITIVOS›. Acesso em: 10 de junho de 2020, p. 107-108.

jurídica. Além disso, protege os direitos individuais homogêneos, vez que tutela situação jurídica coletiva titularizada pelo grupo composto pelos interessados em que seja resolvida a questão repetitiva fática objeto do incidente.

Ainda, em que pese o Código não discipline procedimento específico para a centralização de processos repetitivos do art. 69, § 2º, VI, do CPC - mesmo porque, tratando-se de ato de cooperação por concertação, o sistema jurídico deixa os juízos cooperantes livres para decidir como melhor se construirá essa relação de intercâmbio - a aplicação do mencionado dispositivo, por óbvio, não encontra qualquer óbice na falta de regulamentação em lei em sentido estrito.

Isso porque, além de se tratar de negócio jurídico processual celebrado entre órgãos jurisdicionais - a quem cabe definir, portanto, qual o melhor procedimento a ser adotado no caso, levando em consideração as peculiaridades da(s) questão(ões) fática(s) a ser(em) decidida(s) -, nada impede que, na prática, seja adotado procedimento extremamente semelhante a outros já existentes na legislação positivada, tal qual o estabelecido para o IRDR.

A interpretação do art. 69, § 2º, VI, do CPC delineada ao longo das linhas acima, assim, não só se revela útil ao sistema jurídico brasileiro, mas sim uma verdadeira necessidade da litigância moderna, além de consistir na própria finalidade do sistema de cooperação judiciária, que visa a melhor gestão das unidades do Poder Judiciário e permitir que seja oferecida prestação jurisdicional eficaz, no tempo devido, àqueles que provocam o Estado-juiz.

REFERÊNCIAS

ALMEIDA, Gustavo Milaré. O Incidente de Resolução de Demandas Repetitivas e o trato da litigiosidade coletiva. In: ZANETI JR., Hermes (cood.); DIDIER JR., Fredie (coord. geral). **Coleção Repercussões do Novo CPC: Processo Coletivo**, vol. 8. Salvador: Juspodivm, 2016.

ARAGÃO, Nilsiton Rodrigues de Andrade. **Comentários aos enunciados 686, 687, 688 e 695 do FPPC**. Material inédito não publicado, gentilmente cedido pelo autor, 2019.

ARENHART, Sergio Cruz. **Acesso À Justiça: Relatório Brasileiro**. Disponível em: ‹https://www.google.com/url?sa=t&rct=j&q=&esrc=s&source=web&cd=1&ved=2ahUKEwj-vbTG1vbiAhW0IbkGHdyTCVQQFjAAegQIAhAC&url=http%3A%2F%2Frevistadeprocesso-comparado.com.br%2Fwp-content%2Fuploads%2F2017%2F10%2FSergio-Arenhart-Acesso-%25C3%25A0-Justi%25C3%25A7a.docx&usg=AOvVaw1SHNMYPsxO1d9JPOAZwvaO›. Acesso em: 28 de outubro de 2020.

CABRAL, Antonio do Passo. **Convenções Processuais**. Salvador: Juspodivm, 2016.

________. **Juiz natural e eficiência processual: flexibilização, delegação e coordenação de competências no processo civil**. Tese apresentada no concurso de provas e títulos para provimento do cargo de Professor Titular. Faculdade de Direito da Universidade do Estado do Rio de Janeiro. Rio de Janeiro: edição do autor, 2017.

CAMARGO, Luiz Henrique Volpe. **A centralização de processos como etapa necessária do Incidente de Resolução de Demandas Repetitivas.** Tese apresentada como requisito para conclusão de Doutorado em Direito na Pontifícia Universidade Católica de São Paulo, São Paulo: edição do autor, 2017.

CAPPELLETTI, Mauro; GARTH, Bryant. **Acesso à Justiça**. Porto Alegre: Sergio Antonio Fabris Editor, 1988.

CERQUEIRA, Társis Silva de. Uma breve reflexão sobre as técnicas de resolução de casos repetitivos. In: DIDIER JR., Fredie (coord. geral); CUNHA, Leonardo Carneiro da. (coord.) **Coleção Grandes Temas do Novo CPC: Julgamento de Casos Repetitivos**, vol. 10. Salvador: Juspodivm, 2017.

DIDIER JR., Fredie. **Cooperação judiciária nacional – esboço de uma teoria para o Direito brasileiro (arts. 67-69, CPC)**. Salvador: Juspodivm, 2020.

__________. **Curso de Direito Processual Civil: Introdução ao Direito Processual Civil, Parte Geral e Processo de Conhecimento**, 22 ed. Salvador: Juspodivm, 2020.

__________; BRAGA, Paula Sarno; OLIVEIRA, Rafael Alexandria. **Curso de Direito Processual Civil: teoria da prova, direito probatório, decisão, precedente, coisa julgada e tutela provisória, vol. 2**, 15 ed. Salvador: Juspodivm, 2020.

__________; CUNHA, Leonardo Carneiro da. **Curso de Direito Processual Civil: meios de impugnação às decisões judiciais e processo nos tribunais, vol. 3**. 17 ed. Salvador: Juspodivm, 2020.

__________; ZANETI JR., Hermes. **Curso de Direito Processual Civil: Processo Coletivo, vol. 4**, 14 ed. Salvador: Juspodivm, 2020.

__________; ZANETI JR., Hermes. Ações coletivas e o incidente de julgamento de casos repetitivos – espécies de processo coletivo no Direito brasileiro: aproximações e distinções. In: DIDIER JR., Fredie (coord. geral); CUNHA, Leonardo Carneiro da. (coord.) **Coleção Grandes Temas do Novo CPC: Julgamento de Casos Repetitivos**, vol. 10. Salvador: Juspodivm, 2017.

DURÇO, Karol Araújo. As soluções para demandas repetitivas no novo Código de Processo Civil e suas implicações para o processo coletivo. In: ZANETI JR., Hermes (cood.); DIDIER JR., Fredie (coord. geral). **Coleção Repercussões do Novo CPC: Processo Coletivo**, vol. 8. Salvador: Juspodivm, 2016.

FERREIRA, Maria Gabriela Silva Campos. **O compartilhamento de competências e os atos processuais concertados entre juízes.** Dissertação apresentada como requisito para conclusão de Mestrado do Programa de Pós-Graduação em Direito do Centro de Ciências Jurídicas/Faculdade de Direito do Recife da Universidade Federal de Pernambuco, Recife: edição da autora, 2019.

LUNARDI, Thaís Amoroso Paschoal. **Coletivização da prova – técnicas de produção coletiva da prova e seus reflexos na esfera individual.** Tese apresentada como requisito para a conclusão de Doutorado em Direito das Relações Sociais no Programa de Pós-Graduação da Faculdade de Direito da Universidade Federal do Paraná, Curitiba: edição da autora, 2018.

MARINONI, Luiz Guilherme. **O precedente na dimensão da igualdade**. Disponível em: ‹http://www.marinoni.adv.br/wp-content/uploads/2016/08/O-Precedente-na-Dimensão-da-Igualdade.docx›. Acesso em: 29 de junho de 2019.

MEIRELES, Edilton. Cooperação Judicial e poderes do juiz na execução conforme o CPC de 2015. **Revista Jurídica Luso-Brasileira**, n. 1, ano 4, 2018.

MENDES, Aluisio Gonçalves de Castro; TEMER, Sofia. O Incidente de Resolução de Demandas Repetitivas do novo Código de Processo Civil. In: ZANETI JR., Hermes (cood.); DIDIER JR., Fredie (coord. geral). **Coleção Repercussões do Novo CPC: Processo Coletivo**, vol. 8. Salvador: Juspodivm, 2016.

ROQUE, André Vasconcelos. Ações Coletivas e Procedimentos para a Resolucão de Casos Repetitivos. In: DIDIER JR., Fredie (coord. geral); CUNHA, Leonardo Carneiro da. (coord.) **Coleção Grandes Temas do Novo CPC: Julgamento de Casos Repetitivos**, vol. 10. Salvador: Juspodivm, 2017.

SILVA, Ricardo Menezes da. **Tratamento adequado de demandas repetitivas no primeiro grau: uma análise a partir do novo Código de Processo Civil**. Dissertação apresentada como requisito parcial para conclusão do Curso de Mestrado do Programa de Pós-Graduação em Direito da Universidade Federal do Paraná, na Linha de Pesquisa em Direito das Relações Sociais, sob a Área de Concentração em Direito Processual Civil. Curitiba: edição do autor, 2019.

SOUSA, José Augusto Garcia de. **A tríade constitucional da tempestividade do processo (em sentido amplo): celeridade, duração razoável e tempestividade estrutural.** Disponível em: ‹https://www.academia.edu/37573922/A_TRÍADE_CONSTITUCIONAL_DA_TEMPESTIVIDADE_DO_PROCESSO_EM_SENTIDO_AMPLO_CELERIDADE_DURAÇÃO_RAZOÁVEL_E_TEMPESTIVIDADE_ESTRUTURAL›. Acesso em: 20 de novembro de 2020.

TALAMINI, Eduardo. A dimensão coletiva dos direitos individuais homogêneos. In: DIDIER JR., Fredie (coord. geral); CUNHA, Leonardo Carneiro da. (coord.) **Coleção Grandes Temas do Novo CPC: Julgamento de Casos Repetitivos**, vol. 10. Salvador: Juspodivm, 2017.

TEMER, Sofia. **Incidente de Resolução de Demandas Repetitivas**. 2 ed. Salvador: Juspodivm, 2017.

WAMBIER, Tereza Arruda Alvim; CONCEIÇÃO, Maria Lúcia Lins; RIBEIRO, Leonardo Ferres da Silva; MELLO, Rogério Licastro Torres de. **Primeiros comentários ao Novo Código de Processo Civil: artigo por artigo**, 1 ed. São Paulo: Revista dos Tribunais, 2015.

ZARONI, Bruno Marzullo. **Multidistrict Litigation: a Experiência Norte-Americana na Tutela dos Interesses de Massa**. Disponível em: ‹http://www.lex.com.br/doutrina_25632222_MULTIDISTRICT_LITIGATION_A_EXPERIENCIA_NORTE_AMERICANA_NA_TUTELA_DOS_INTERESSES_DE_MASSA.aspx›. Acesso em: 20 de novembro de 2020.

CAPÍTULO 21

Centralização de questão de fato para produção conjunta da prova e graus de vinculatividade fática entre demandas

Daniela Bermudes Lino[1]

Sumário: . Notas introdutórias. O problema: quando demandas são suficientemente semelhantes para que se possa dar às questões comuns entre elas um tratamento conjunto? – 2. Formas pelas quais é possível evitar decisões contraditórias sobre questões comuns: reunião de demandas e centralização de questões – a produção conjunta da prova como técnica de centralização de questão de fato – 3. O "fato comum" que autoriza a produção unificada da prova e os graus de vinculatividade fática entre demandas: 3.1. Alegações fáticas e temas de prova – quais "fatos comuns" podem ser provados?; 3.2. Graus de vinculatividade fática entre demandas e as relações de conexão e afinidade: fato como elemento concreto, tipos de fato e o "fato comum"; 3.3. Quando não é recomendável a centralização de questão de fato para a produção conjunta da prova de fato comum? – 4. Síntese – Bibliografia.

1. NOTAS INTRODUTÓRIAS. O PROBLEMA: QUANDO DEMANDAS SÃO SUFICIENTEMENTE SEMELHANTES PARA QUE SE POSSA DAR ÀS QUESTÕES COMUNS ENTRE ELAS UM TRATAMENTO CONJUNTO?

Um dos temas mais importantes do processo civil é a investigação dos vínculos entre demandas. Muitas discussões se desenvolveram[2] para contrapor fenômenos processuais que exigiam alguma das formas de semelhança que, na doutrina brasileira, são conhecidas como *conexão* e *afinidade*.

As teorias e estudos sobre as relações entre demandas vão muito além de conhecer seus conceitos e passam, antes de tudo, por estabelecer: (a) que formas de semelhanças são capazes de gerar um ou outro efeito processual que confira solução uniforme a demandas (na verdade, às questões comuns entre elas); (b) se é possível falar em graus de semelhança ou vinculatividade entre demandas que torne mais ou menos recomendável algum efeito processual; e, (c) o que há de peculiar ou de comum na conexão e na afinidade que autoriza separá-las como vínculos diversos, especialmente no que nos interessa, o que

1. Mestre em Direito Processual pela Universidade Federal do Espírito Santo (UFES). danielabermudes1@gmail.com.
2. Não dedicaremos espaço para nos aprofundar no desenvolvimento das discussões a respeito das relações de semelhança entre demandas. (Cf: BARBOSA MOREIRA, José Carlos. *A conexão de causas como pressuposto da reconvenção*. São Paulo: Saraiva, 1979, *passim*; OLIVEIRA, Bruno Silveira de. *Conexidade e efetividade processual*. São Paulo: Revista dos Tribunais, 2007, p. 23-158).

caracteriza o "fato comum" da conexidade que permite distingui-lo do "ponto de fato" da afinidade.

Todos esses debates renovam-se em razão de previsões que são uma novidade em relação ao sistema processual anterior[3], e, *por não se referirem a um pressuposto de semelhança* para aplicação, provocam dúvidas sobre seus limites e extensão, especificamente: (a) o art. 69, §2º, II do CPC (atos concertados entre juízes cooperantes para obtenção e apresentação de provas e coletas de depoimento); e (b) o art. 69, §2º, VI do CPC (atos concertados entre juízes cooperantes para a centralização de processos repetitivos). Há, ainda, a Resolução 350/2020 do Conselho Nacional de Justiça que, ao estabelecer diretrizes sobre a cooperação judiciária nacional, definiu que, entre outros, os atos de cooperação podem consistir: (a) na reunião de processos (art. 6º, IV); (b) na definição de juízo competente para resolução de questão comum ou semelhante (art. 6º, V); (c) na apresentação de provas e produção de prova única relativa a *fato comum* (art. 6º, VI e VII).

Antes de saber *como* serão aplicadas essas técnicas de "reunião de demandas ou centralização de questões"[4] é preciso entender *quando* elas serão aplicadas, isto é, definir quando as causas serão suficientemente semelhantes[5] para que se possa dar a elas um tratamento conjunto: o que significa dizer que as demandas devem apresentar *fato comum*? Quando é possível aproveitar uma mesma prova para mais de uma demanda? De que maneira a técnica de produção coletiva da prova se comunica com os elementos conceituais do direito probatório? Podemos partir das conhecidas relações de semelhança descritas como conexão e afinidade? Devemos partir da distinção entre "fatos únicos" e "fatos iguais"? É necessária alguma análise a respeito da existência de questões comuns e incomuns para que possa se garantir a eficiência dessas técnicas?

Muito se discutiu, no direito brasileiro, para estabelecer, a partir de critérios mais ou menos abrangentes, quando a semelhança entre demandas justifica alguma forma de "reunião", inclusive em razão da possibilidade de aproveitamento

3. Esse debate também se renova em razão do art. 55, §3º do CPC (reunião de processos "mesmo sem conexão"). Há, na doutrina brasileira, justificada discussão a respeito do vínculo exigido para reunião de processos prevista no art. 55, §3º (estar-se-ia falando de afinidade? Ou alguma forma de conexão que não a tradicional identidade total entre elementos objetivos da demanda?) Não dedicaremos, no entanto, espaço para essa discussão. O tema foi tratado com detalhes no meu: LINO, Daniela Bermudes. *Conexão e afinidade: critérios para compreensão dos artigos 55, §3º e 69, §2º, II e VI do Código de Processo Civil.* Dissertação (Mestrado em Direito Processual) - Universidade Federal do Espírito Santo, 2020.

4. Diante da existência de questões comuns, o sistema processual civil, ora recomenda, propriamente, a reunião das demandas em um mesmo processo, ora em um mesmo juízo, ora a "reunião" tão somente da questão que se repete (centralização da questão). (LINO, Daniela Bermudes. *Conexão e afinidade...*, n. 4.2, p. 165).

5. Para esse questionamento, nos inspiramos no texto de Robin J. Effron sobre as regras de consolidação do direito norte-americano, em que o autor pergunta: How common is common enough to gain the efficiencies of litigating large numbers of claims together before a case becomes too unwieldy? (EFFRON, Robin, The Shadow Rules of Joinder. *Georgetown Law Journal*, Vol. 100. Brooklyn Law School Legal Studies Paper, n..244, 2012, p. 759-820, p. 761).

da atividade instrutória[6]. Justamente por isso torna-se difícil compreender como a aplicação dos arts. 69, II e IV do CPC e do art. 6º, IV, V, VI e VII, poderia desconsiderar a investigação sobre o vínculo das demandas a serem centralizadas.

Ainda que se pretenda investigar esses dispositivos a partir da influência do *multidistrict litigation norte-americano*[7], seria importante esclarecer como se refletiriam, no nosso sistema, as discussões que lá se colocaram a respeito de situações em que a semelhança entre causas não é suficiente para aplicar as regras de consolidação, especialmente diante da existência de questões incomuns ou da ausência de centralidade da questão comum. A isso se soma o fato de que as hipóteses que justificam a consolidação em MDL não se afastam das formas de semelhança que, no processo civil brasileiro, são conhecidas como afinidade e conexão (acidentes aéreos; incêndios em hotéis; problemas com produtos similares; discriminação em empregos).[8]

Tudo isso nos leva ao tema deste texto: esclarecer como pode ser compreendido o *"fato comum"* que autoriza a produção conjunta de provas para uma pluralidade de casos e como os graus de vinculatividade fática entre demandas podem influenciar a utilidade dessa técnica. Ainda que a discussão sobre a semelhança se coloque também em relação à reunião para julgamento conjunto do mérito e ao "acertamento de questões", delimitaremos nossa análise sobre a técnica de produção conjunta da prova, sobre a qual não há dúvidas quanto à possibilidade de aplicação no direito brasileiro[9].

---

6. Por todos: BARBOSA MOREIRA, José Carlos. *A conexão de causas como pressuposto da reconvenção*, p. 164.
7. Embora alguns pontos do direito norte-americano possam ser trazidos em nota, não trataremos dos atos concertados a partir da influência do MDL. Destacamos, ainda assim, que a relação entre os atos concertados entre juízes e o MDL se vê em: CABRAL, Antonio do Passo. *Juiz natural e eficiência processual: flexibilização, delegação e coordenação de competências no processo civil*. Rio de Janeiro: 2017. Tese apresentada no concurso de Professor Titular de Direito Processual Civil da Faculdade de Direito da Universidade do Estado do Rio de Janeiro (UERJ), p. 693-715; PASCHOAL, Thaís Amoroso. *Coletivização da prova: técnicas de produção coletiva da prova e seus reflexos na esfera individual*. Tese (Doutorado) – Universidade Federal do Paraná, Setor de Ciências Jurídicas, Programa de Pós-graduação em Direito. Curitiba, 2018, p. 87; Ainda que tecendo algumas críticas à cisão entre a produção da prova e acertamento da questão: ARENHART, Sérgio Cruz; OSNA, Gustavo. *Curso de processo civil coletivo*. 2ª ed. São Paulo: RT, 2020, p. 414-419; CAMPOS, Maria Gabriela. *O compartilhamento de competências no processo civil: um estudo do sistema de competências sob o paradigma da cooperação nacional*. Salvador: Juspodivm, 2020, p. 176 e ss.
8. Sobre a análise da semelhança suficiente para aplicação de alguma das regras de consolidação (inclusive o MDL), no direito norte-americano: MARCUS, Richard L. Confronting the Consolidation Conundrum. *BYU Law Review*, n. 879, p. 879- 924, 1995. MARCUS, Richard L. Still Confronting the Consolidation Conundrum. *Notre Dame Law Review*, Vol. 88, 557-592, 2012; EFFRON, Robin, The Shadow Rules of Joinder, *passim*. Os autores demonstram que o principal desafio de todas as formas de consolidação é entender se as características comuns dos litígios justificam a reunião (junção) das demandas. Há casos em que a existência de questões incomuns entre as demandas impediram a consolidação. Dando exemplos ao longo do texto: MARCUS, Richard L. Confronting the Consolidation Conundrum, *passim*.
9. Entendendo que o ato concertado pode, entre outros, unificar a produção de prova, alterar a competência para definição de questões principais e para definição de questões incidentais: DIDIER JR., Fredie.

2. FORMAS PELAS QUAIS É POSSÍVEL EVITAR DECISÕES CONTRADITÓRIAS SOBRE QUESTÕES COMUNS: REUNIÃO DE DEMANDAS E CENTRALIZAÇÃO DE QUESTÕES – A PRODUÇÃO CONJUNTA DA PROVA COMO TÉCNICA DE CENTRALIZAÇÃO DE QUESTÃO DE FATO

O aproveitamento de provas sobre alegações fáticas comuns a mais de uma demanda é um dos aspectos que formam os interesses e as vantagens que justificam a cumulação de demandas em um mesmo processo. Sob o sistema processual anterior, era comum a correlação entre a *harmonia entre decisões* (evitar contradições entre decisões), o *compartilhamento da atividade instrutória* e a *reunião de demandas para julgamento conjunto do mérito*[10]. Quando pensávamos na obtenção de harmonia entre decisões de demandas pendentes operava-se automática associação aos efeitos da conexão, especialmente a cumulação de demandas em um mesmo processo[11].

Ocorre que, quando tratamos dos fenômenos processuais ligados à harmonia entre julgados, devemos partir do pressuposto de que o denominador comum que une todas as formas de relação entre demandas é o *vínculo entre questões*[12]. Assim, embora seja frequente a referência à existência de técnicas de "tratamento conjunto de demandas" ou "agregação de demandas" para evitar decisões contraditórias, o que identifica a relação entre duas ou mais causas é a existência de questões comuns e é sobre elas que se quer garantir

---

Cooperação Judiciária Nacional - Esboço de uma Teoria para o Direito Brasileiro. Salvador: Juspodivm, 2020, p. 101. Antonio do Passo Cabral entende que a centralização não leva necessariamente ao julgamento conjunto de todas as causas no juízo da centralização, podendo haver apenas a prática de alguns atos, inclusive os instrutórios. Neste caso, segundo o autor, é possível que os processos sejam centralizados na fase probatória e, posteriormente, devolvidos ao juízo de origem para julgamento. (CABRAL, Antonio do Passo. *Juiz natural e eficiência processual...*, p. 709-710). Utilizando a ideia de "acertamento de questões" para se referir à valoração da prova produzida como forma de resolver os aspectos fáticos, e não apenas instruí-los de forma coletiva: ARENHART, Sérgio Cruz; OSNA, Gustavo. *Curso de processo civil coletivo*, p. 421-422. Defendendo a produção coletivizada da prova e a impossibilidade de transportar decisão sobre a questão de fato, bem como sustentando a ausência de imposição da reunião de demandas diante do vínculo de afinidade: PASCHOAL, Thaís Amoroso. *Coletivização da prova...*, p. 262 e 164-165.

10. Nesse sentido, entre as hipóteses relevantes de conexão (e admissibilidade da reconvenção), Barbosa Moreira menciona aquelas que se caracterizem pelo entrelaçamento de questões relevantes com aproveitamento da atividade instrutória. (BARBOSA MOREIRA, José Carlos. *A conexão de causas como pressuposto da reconvenção*, p. 164).
11. Sobre a harmonia entre julgados, a conexão e seus efeitos, cf: OLIVEIRA, Bruno Silveira de. *Conexidade e efetividade processual*, p. 161-170.
12. A teoria de conexão por identidade de questões é de: CARNELUTTI, Francesco. *Lezioni di Diritto Processuale Civile*. Pádova:Cedam, 1933, v. 4, p. 30. Adotando um conceito amplo de questão (qualquer ponto sobre o qual o juiz tenha que emitir um juízo, ou tudo aquilo que seja objeto do conhecimento do juiz), a teoria foi desenvolvida para afirmar que todas as hipóteses de relação de semelhança entre demandas pressupõe identidade entre questões: (a) identidade entre questões principais; (b) identidade entre questões prejudiciais incidentais (fato, direito ou situação jurídica autônoma); (c) identidade entre questão a respeito de uma mesma situação jurídica, que se apresente como principal em uma demanda e incidental em outra(s). (Cf. meu: LINO, Daniela Bermudes. *Conexão e afinidade...*, n. 3.2, p. 97).

uma única convicção[13]. Isso é relevante porque permite: (a) constatar que é possível que demandas, relacionadas, apresentem *questões comuns* e *incomuns*; e (b) compreender que, diante da existência de questões repetitivas, o sistema processual atual ora autoriza a reunião de demandas, ora a "reunião" somente da questão que se repete.

Se, sob o CPC/1973, o alcance de harmonia entre decisões ficava praticamente reservado à cumulação de demandas[14], no CPC/2015, outras possibilidades apresentam-se. Para impedir juízos contraditórios sobre uma questão comum a mais de uma demanda[15], o direito processual, por vezes, impõe que a "questão comum" e as "questões diversas" sejam todas decididas conjuntamente, incluindo-se a possibilidade de aproveitamento da atividade instrutória (reunião das demandas); e, outras vezes, admite que se "recorte" apenas a questão, para garantir uma convicção única sobre ela, diretamente, com a vinculação ao juízo que se faça sobre uma questão em outro processo, ou, indiretamente, com a produção conjunta de prova sobre a questão (centralização da questão).

Nesse sentido, as relações se semelhança entre demandas podem gerar dois gêneros de efeitos processuais[16]: (a) *reunião de demandas*, nas hipóteses em que elas são, de fato, reunidas em um mesmo juízo, ou fundidas em um único processo para julgamento do mérito (cumulação de demandas)[17]; e (b) *centralização de questões*, nas hipóteses em que não há reunião para julgamento do mérito, mas a centralização da *questão* (I) para atos instrutórios ou (II) para decisão sobre ela[18]. Olhando apenas para o art. 69, §2º do CPC e para Resolução 350 do CNJ, incluem-se na centralização de questões a definição de

---

13. A expressão "convicção única" se inspira na obra de: (REDENTI, Enrico. *Diritto processuale civile*. Milano: Giuffrè, 1953, v. II, p. 83).
14. Praticamente, porque, para garantir a uniformidade sobre fatos ou situações jurídicas, além da cumulação, era possível a suspensão de demandas ou a reunião apenas em um mesmo juízo. Ainda assim afirmava-se que o ideal era inserir as demandas em um mesmo processo (cumulação objetiva), efeito que só poderia ser afastado por justificadas razões, como a competência absoluta, a excessivo número de demandas e os estágios incompatíveis das causas (OLIVEIRA, Bruno Silveira de. *Conexidade e efetividade processual*, p. 169 e 258 e seguintes).
15. Observe-se que o juízo contraditório incide sobre questões, não sobre demandas. É possível que demandas possuam elementos (ou melhor, questões) comuns e diversos. Quando assim ocorrer e as demandas forem reunidas, evita-se juízos contraditórios sobre as questões comuns, ainda que para isso seja necessário apreciar também as questões incomuns.
16. LINO, Daniela Bermudes. *Conexão e afinidade...*, n. 4.2, p. 166-168.
17. Esse primeiro gênero abrange, por exemplo, o cúmulo subjetivo e objetivo (art. 113, CPC), algumas formas de intervenção de terceiros (nas quais há demanda ulterior) e as hipóteses de modificação de competência para julgamento conjunto do mérito (questões principais).
18. Essa segunda hipótese (II) é aquela em o juízo que se faça sobre uma questão em uma decisão possa vincular o juízo sobre a mesma questão, quando ela estiver presente ou for trazida em outros casos. É o que acontece, por exemplo: com o modelo de casos repetitivos e de formação de precedentes; e com a prejudicialidade, de forma geral, quando se suspende um ou mais processos para aguardar a decisão de uma questão principal ou incidental.

"juízo competente"[19] para resolução de questão comum e a produção conjunta da prova ou produção de prova única relativa a fato comum.

Especificamente sobre a produção de prova única[20], devemos notar que, no sistema processual anterior, o aproveitamento de atividades instrutórias[21] para mais de um processo esteve associado à cumulação de demandas: a fim de evitar juízos contraditórios sobre questões fáticas, as demandas eram reunidas, circunstância que possibilitava a instrução conjunta e a única convicção sobre a questão comum. Para isso, entretanto, era necessário conhecer e decidir as questões comuns e incomuns entre as demandas cumuladas.

Com o art. 69, §2º, II do CPC e o art. 6º, VI e VII da Resolução 350 de 2020 do CNJ, é possível que o aproveitamento de atividades instrutórias se faça sem cumulação de demandas: *a questão fática será centralizada* apenas para produção da prova (reunião da prova, não das demandas), sem que haja, a princípio, decisão sobre a questão e sem que as causas sejam reunidas em um único processo para julgamento conjunto do mérito[22]. Assim, a centralização da questão esgota-se com a produção probatória, de forma que a técnica - ainda que permita um juízo tendencialmente conclusivo sobre os fatos[23-24] - não abrange a

19. Colocamos "juízo competente" entre aspas porque, no processo civil brasileiro, todos os juízes são competentes para conhecer de qualquer questão incidental necessária ao exame do mérito. Conhecer é decidir e, portanto, juízes decidirão diversas questões até o julgamento da demanda. O que se altera são os efeitos da solução dessa questão em outras causas: a conclusão de que a solução de uma questão (qualquer que seja) será seguida em outro processo não significa nada diferente da atribuição de efeitos externos à decisão, circunstância que não se confunde com modificação de competência. Por isso, preferimos tratar como modificação de competência apenas as hipóteses em que se altera competência para julgar o mérito da demanda, como esclareci no meu: LINO, Daniela Bermudes. *Conexão e afinidade...*, n. 5.2, p. 218.
20. Estamos interpretando "prova única" aqui, não no sentido numérico de uma só prova, mas de produção conjunta da(s) prova(s). Utilizaremos, como sinônimo, "prova única", "produção unificada da prova", "produção conjunta da prova" e "produção coletiva da prova".
21. Falamos aqui do aproveitamento da atividade instrutória, ou seja, a produção de prova de uma só vez para mais de uma demanda. Não estamos aqui tratando de outras técnicas de transporte de provas, a exemplo da prova emprestada. Veja-se, nesse sentido, que um dos problemas que limitam a utilização da prova emprestada para tentar garantir o juízo conclusivo sobre fatos é o transporte da prova para demandas que tenham partes diversas. Isso não deve ocorrer no procedimento de produção conjunta da prova: a prova será produzida para várias demandas que compartilhem uma ou mais alegações fáticas, conjuntamente e de uma só vez, ainda que as partes sejam diversas, o que, respeitado o contraditório , impede que a prova tenha de ser reproduzida em outros processos que contenham a mesma alegação fática.
22. A instrução e decisão das questões incomuns ficam a cargo dos diferentes juízos dos processos: é possível "recortar" a questão fática cuja uniformidade interessa a uma pluralidade de demandas.
23. A ideia de estabilidade do juízo construído acerca de questões fáticas se vê em: MACÊDO, Lucas Buril de. "Coisa julgada sobre fato? Análise comparativa com o collateral estoppel de sua possibilidade de lege lata ou de lege ferenda". In: DIDIER JR., Fredie; CABRAL, Antonio do Passo (coord). *Coisa julgada e outras estabilidades processuais*. Salvador: Juspodivm, 2018, p. 423. Após negar a possibilidade de coisa julgada sobre questão de fato, no Brasil, o autor defende que a prova emprestada e a eficácia probatória da sentença podem ser adequados para solucionar a repetição de questões fáticas em vários processos.
24. É possível defender alguma "estabilidade" sobre a prova produzida, o que permitiria identificar como resultado dessa produção da prova algo além de um elemento probatório. A título de comparação,

decisão sobre a suficiência de elementos para afirmar veracidade ou falsidade da alegação fática[25].

Convivem, no nosso sistema processual, técnicas que podem ser usadas para buscar, de forma mais ou menos direta, a uniformidade na decisão de questões fáticas de demandas pendentes[26]. Concentrando-se na *produção de prova de uma só vez* para mais de uma demanda, ressaltamos que ao conhecido efeito da cumulação objetiva[27] soma-se, atualmente, a produção de prova única sobre fato comum.

Quando as demandas forem cumuladas em um único processo (*reunião de demandas*), será possível garantir o aproveitamento de atividades instrutórias para mais de uma causa e evitar, *diretamente*, incompatibilidades entre decisões sobre as questões fáticas comuns (uma só decisão, com compartilhamento da atividade instrutória). Aplicado esse efeito, além das questões comuns – sobre as quais haverá instrução e decisão únicas – deverá ser garantida, também, instrução e decisão das *questões incomuns*.

---

analisando a antecipação de prova sem o requisito de urgência, Flávio Luiz Yarshell reconhece que o pedido dessa demanda envolve "a certeza e a segurança jurídica acerca de determinados fatos". Nesse sentido, embora admita a nova produção de provas, reconhece que essa possibilidade deve ser vista com restrições, entre outras razões, porque a repetição da prova pode representar, para parte, a alteração de um resultado que, até então, atendia aos seus interesses. (YARSHELL, Flávio Luiz. *Antecipação da prova sem o requisito de urgência e direito autônomo à prova*. São Paulo: Malheiros, 2009, p. 211).

25. Especificamente sobre o art. 69, §2º, II e VI, Thais Paschoal afirma que "o problema relativo à solução de questão fática que não se caracterize como prejudicial, para o que, muito embora inexista coisa julgada, não parece aceitável cogitar-se a inexistência de alguma forma de estabilidade, ao menos que incida sobre a prova produzida, evitando situações contraditórias", acrescentando que "alguma estabilidade sobre a prova que inviabilize ou ao menos dificulte conclusão em sentido diverso àquele manifestado anteriormente.". (PASCHOAL, Thaís Amoroso. *Coletivização da prova....*, p. 287-289).

26. Entre essas técnicas, incluem-se as que permitem o transporte e a circulação de provas, como a prova emprestada e a sentença como prova (Cf: MACÊDO, Lucas Buril de. "Coisa julgada sobre fato?..., *passim*; PEREIRA, Carlos Frederico Bastos. Sobre a eficácia probatória da sentença. In: Revista de processo, vol. 299, jan/2020, p. 95-123). Não vamos nos aprofundar nesse tema, mas um dos desafios para compreender a utilidade da produção conjunta da prova (art. 69, §2º, II) é compará-las com outras técnicas probatórias. Por exemplo, para quem, analisando a prova emprestada, defende "um amplo uso da prova produzida em outros processos", garantindo apenas o contraditório posterior no processo em que ela será aproveitada , a utilidade da produção conjunta da prova é menor, mas ainda poderá ser relevante, porque afasta controvérsias que existem no uso da prova emprestada, em específico as relativas à valoração da prova em face de parte que não participou de sua formação e à repetição da atividade probatória em outros processos nos quais se discutem as mesmas alegações fáticas. Alguns desses pontos foram levantados no meu: LINO, Daniela Bermudes. *Conexão e afinidade...*, n. 5.2.1.1, p. 227).

27. Não adentraremos na possibilidade de produção conjunta da prova de demandas reunidas em um mesmo juízo (sem cumulação objetiva). Ainda assim, já entendemos que "o que se possibilita a juízos diferentes em relação a demandas em que se discuta uma mesma questão fática deve poder, também, estender-se para autorizar a produção conjunta em relação a demandas que tramitem no mesmo juízo, ainda que não se possa falar em cooperação entre juízes (art. 69, §2º, CPC), mas entre partes e juiz (art. 6, CPC)" (LINO, Daniela Bermudes. *Conexão e afinidade...*, n. 5.2.1.1, p. 228). Como o tema do artigo envolve a compreensão da cooperação entre juízos, não adentraremos na cooperação entre partes e juiz.

Quando as demandas forem submetidas ao procedimento de produção de prova única (art. 69, §2º, II do CPC e o art. 6º, IV da Resolução 350 de 2020 do CNJ), a *questão fática comum será centralizada* apenas para produção da prova, sem que haja uma única decisão sobre a suficiência de elementos para afirmar veracidade ou falsidade da alegação fática. A vinculação ocorrerá em relação à utilização da prova nos processos afetados, o que será garantido por meio da suspensão dos processos em que o elemento de prova será aproveitado (art. 313, V, "b" do CPC[28]); da produção dessa prova, contudo, não decorre automática vinculação ao que foi decidido sobre as alegações fáticas em outros processos[29].

É bem verdade que os efeitos que podem evitar decisões contraditórias envolvem uma análise de *vantagens* e *inconvenientes*[30].

A *reunião de demandas* em um único processo garante a convicção única sobre a questão comum, mas impõe que as questões incomuns sejam conhecidas e decididas conjuntamente, o que pode gerar excessiva dispersão da atividade cognitiva do juiz pela ampliação do objeto do seu conhecimento. É, por isso, que o espaço ótimo desse efeito se refere às hipóteses em que as semelhanças sejam maiores[31], ou em que puder haver incompatibilidades mais graves entre as decisões[32]. A reunião pode não ocorrer, por alguma imposição

28. A aplicação desse efeito para produção conjunta da prova, para além da cooperação por carta ou auxílio direto, já foi reconhecida por: PASCHOAL, Thaís Amoroso. *Coletivização da prova...*, p. 175; DIDIER JR., Fredie. *Curso de direito processual civil: introdução ao direito processual civil, parte geral e processo de conhecimento.* 22ª ed. Salvador: Juspodivm, 2020, v.1. p. 897.
29. Uma das críticas destacadas em relação à produção conjunta da prova é a cisão entre a produção e a valoração da prova. Sérgio Cruz Arenhart e Gustavo Osna entendem que a obtenção da prova pode ser insuficiente, sugerindo que os aspectos fáticos sejam também resolvidos de maneira coletiva. (ARENHART, Sérgio Cruz; OSNA, Gustavo. *Curso de processo civil coletivo*, p. 422-423). Essa possibilidade realmente parece ter sido acolhida pela Resolução 350/2020 do CNJ (definição de juízo competente para resolução de questão comum ou semelhante (art. 6º, V)). Ainda assim, a concertação para obtenção da prova existe de forma independente da concertação para "acertamento de questão": é possível que a prova seja produzida conjuntamente sem que se estabeleça a definição da questão. Por isso, é preciso compreender que impacto tem a produção conjunta da prova quando desacompanhada do "acertamento".
30. Sobre a cumulação de demandas e os *interesses em jogo* e, especificamente sobre a dispersão da atividade cognitiva em razão da existência de questões incomuns: BARBOSA MOREIRA, José Carlos. *A conexão de causas como pressuposto da reconvenção*, p. 139 e ss e 146.
31. Por exemplo, nas hipóteses de comunhão de direitos e obrigações, quando os elementos das demandas forem idênticos; nas hipóteses em que um dos elementos da demanda (pedido e causa de pedir) seja idêntico ou, ainda, nas situações em que, embora não sejam idênticos, os elementos sejam praticamente homogêneos.
32. Tratei das incompatibilidades mais graves entre decisões no meu: LINO, Daniela Bermudes. *Conexão e afinidade...*, n., 4.2.3, p. 193 e ss. A incompatibilidade prática ocorre quando o direito impõe às proposições contrárias efeitos que ultrapassam a decisão em que proferidas (em regra, aquelas que decorrem do juízo sobre questão principal [pedido] da demanda), oferecendo disciplina contraditória a uma mesma situação jurídica.

do sistema (p.ex, competência absoluta[33]) ou por não ser recomendável (em razão do número excessivo de demandas ou da inconveniência de cumular questões fáticas comuns e incomuns)[34].

A produção conjunta da prova permite que se "recorte" a questão fática comum para atividades instrutórias[35], evitando os inconvenientes que envolvem a dispersão da atividade cognitiva pela existência de questões incomuns. Não é possível garantir a uniformidade, porque a decisão fica a cargo dos juízos originários[36], mas o risco de decisões incompatíveis pode ser *mitigado*.

Assim, a técnica pode, *indiretamente*, evitar incompatibilidades entre decisões sobre questões fáticas (decisões em diferentes processos a partir dos mesmos elementos de prova): diante dos mesmos elementos de prova, é provável que as decisões sobre a veracidade ou falsidade de alegações fáticas comuns a mais de uma demanda sejam as mesmas[37].

---

33. A relação entre demandas criminais e cíveis é um dos exemplos em que pode ser relevante a utilização da técnica de produção conjunta da prova. Embora as demandas não possam ser reunidas para julgamento conjunto do mérito, seria possível, ao menos, garantir que o juízo sobre a veracidade ou falsidade de alegações fáticas se desse a partir dos mesmos elementos de prova. Isso é especialmente relevante nas causas em que as partes da ação criminal sejam, ao menos em parte, diferentes da ação cível, como comumente ocorre nas relações entre ações criminais e ações de improbidade administrativa.
34. A obrigatoriedade da reunião de demandas, especificamente na hipótese de conexão, é um dever prima facie que pode ser afastado em algumas hipóteses (Cf: OLIVEIRA, Bruno Silveira de. *Conexidade e efetividade processual*, p. 258 e seguintes). Também Clarisse Leite destaca que a existência de variadas formas de conexão, desde as mais intensas até as mais tênues, impede que se defende a obrigatoriedade incondicional da reunião: a regra de reunião de demandas pela conexidade deve levar em conta o tipo de relação e os interesses em jogo. (LEITE, Clarisse Frechiani Lara. *Prejudicialidade no processo civil*. São Paulo: Saraiva: 2008, p. 252-253).
35. Sobre a possibilidade de cisão cognitiva, cf: VOGT, Fernanda Costa. Cognição do Juiz no Processo Civil: Flexibilidade e Dinamismo dos Fenômenos Cognitivos. Salvador: Juspodivm, 2021, p. 222) Sobre o art. 69, §2º, destaca a possibilidade de centralizar a atividade cognitiva sobre questões, possibilitando que os juízos de origem sigam para questões que não sejam comuns aos processos paralelos.
36. Pela Resolução 350/2020, é possível centralizar o acertamento da questão de fato (art. 6º, V). Ainda assim, algumas questões devem ser esclarecidas para compreender a abrangência dessa técnica para evitar decisões incompatíveis, especialmente como deve ser entendida a relação entre o dever de cooperação e uma técnica que decorre de ato negocial entre juízes. O que fazer quando alguns juízos em que a questão fática se repete não concordarem com a concertação? Isso poderá resultar na situação em que determinadas demandas do juízo 1 e 2 sejam submetidas à produção conjunta da prova e ao acertamento da questão; contudo, as demandas do juízo 3 e 4, contendo as mesmas alegações fáticas, não sejam submetidas ao mesmo procedimento, simplesmente porque alguns juízos não integraram o "negócio processual". A possibilidade de que a solução da questão fática seja uniforme entre o juízo 1 e 2 não se estenderá ao juízo 3 e 4.
37. Não vamos nos aprofundar em questões do direito probatório, mas essa conclusão passa pela compreensão do que significa afirmar que "*está provado que p*". Uma proposição é considerada provada se há *elementos de juízo* ao seu favor e, então a proposição será verdadeira. Significa que "está provado que p" é sinônimo de que "há elementos em favor de p". Por outro lado, um enunciado será falso quando não se dispuser de elementos de juízo a seu favor ou quando esses forem insuficientes. (BELTRÁN, Jordi Ferrer. *Prova e verdade no direito*. Trad. Vitor de Paula Ramos. São Paulo: Revista dos Tribunais, 2017, p. 37-38). É por isso que, se os elementos de juízo forem os mesmos, é provável que a conclusão sobre a suficiência de elementos para a veracidade ou falsidade de "p" seja a mesma.

3. O "FATO COMUM" QUE AUTORIZA A PRODUÇÃO UNIFICADA DA PROVA E OS GRAUS DE VINCULATIVIDADE FÁTICA ENTRE DEMANDAS

3.1. Alegações fáticas e temas de prova – quais "fatos comuns" podem ser provados?

A prova dirige-se às *alegações, proposições ou aos enunciados fáticos*, constituindo um meio de controle da veracidade ou falsidade de uma proposição trazida pelas narrativas fáticas das partes[38]. Para fins probatórios[39], os fatos alegados podem ser divididos em *principais (diretos, ou essenciais)* e *secundários (simples, ou indiciários)*: (a) os fatos principais são os fatos jurídicos, dos quais decorre diretamente a procedência ou a improcedência do pedido, como ocorre em relação à causa de pedir remota[40] e às defesas indiretas de mérito; (b) os fatos secundários, por outro lado, são os que geram uma *presunção* de que os fatos principais ocorreram como foram narrados pela parte.

Somente os fatos principais podem ser entendidos como *tema de prova*, embora qualquer narrativa fática (relativa a fatos principais ou indiciários) possa ser *objeto da prova*[41]. Falamos, diante disso, em *prova da proposição sobre o fato principal* e *prova da proposição do indício*: a primeira destinada a provar aqueles fatos que, diretamente, podem levar a procedência ou improcedência de uma demanda; a segunda destinada a demonstrar, de forma indireta, a proposição do enunciado fático essencial (o tema da prova). O tema de prova sempre será, portanto, formado pelos fatos principais da demanda, ainda que o objeto de prova seja um fato indiciário.

---

38. A expressão "fatos brutos" é de Michele Taruffo. Quando se fala na verdade de um fato, na realidade, fala-se da verdade de um enunciado acerca desse fato. O que se prova ou se demonstra no processo judicial é a veracidade ou falsidade dos enunciados acerca dos fatos. (TARUFFO, Michele. *A prova*. 1ª ed. São Paulo: Marcial Pons, 2014 [trad. João Gabriel Couto], p. 17-19).

39. Sabemos que há fatos secundários que não envolvem fatos indiciários. Mas, neste trabalho, o interesse recai apenas sobre os fatos objeto de prova. Sobre os fatos essenciais e os fatos simples, especificamente no direito probatório: MARINONI, Luiz Guilherme; ARENHART, Sérgio Cruz. *Prova e convicção*. 3ª ed. São Paulo: Revista dos Tribunais, 2019, tópico 10.2 (Presunções judiciais), [livro eletrônico]; SCHMITZ, Leonard Ziesemer. *Raciocínio probatório por inferências - critérios para o uso e controle das presunções judiciais*. Tese (Doutorado). São Paulo: PUC, 2018, p. 251 e ss.

40. Os fatos que integrem o núcleo central da causa petendi serão considerados principais, isto é, fatos que sejam enquadráveis à moldura abstrata de uma norma jurídica colocada como fundamento da demanda. Para concepções sobre causa de pedir, com amplas referências: TUCCI, José Rogério Cruz e. *A causa petendi no processo civil*. 2ª ed. São Paulo: Revista dos Tribunais, 2001, p. 153.

41. O fato indiciário, ainda que não alegado, pode ser objeto de prova. Leonard Schmitz esclarece que o *tema de prova* se refere aos fatos tidos como essenciais. Mesmo que a alegação de fato secundário possa ser objeto de prova, o que interessa ser demonstrado é sempre o fato presumido (essencial). Portanto, o fato secundário - mesmo quando objeto de prova - serve para demonstrar o fato essencial que é, verdadeiramente, o tema da prova produzida. (SCHMITZ, Leonard Ziesemer. *Raciocínio probatório por inferências...*, p. 255).

Essa distinção entre os fatos que podem ser objeto de prova é importante, entre outras razões, para estabelecer a *relevância*[42] da prova a ser produzida. Em determinadas circunstâncias, especificamente quando o objeto de prova não se refira aos fatos constitutivos (portanto, proposição indiciária), é possível que a ausência de vinculação entre a proposição que se pretenda colocar como objeto da prova e o fato principal leve à inadmissibilidade da prova.

No que nos interessa, é importante compreender que, frequentemente, a *mesma alegação sobre um fato* é colocada em mais de duas demandas, gerando relações entre elas. Quando menos, a dúvida sobre a ocorrência ou forma de ocorrência de determinados fatos (entrelaçamento entre enunciados fáticos) faz surgir uma *questão de fato*[43] comum entre as causas, envolvendo a determinação de que fatos ocorreram (o que houve), com quem ocorreram (com quem houve), como ocorreram e quando ocorreram.

Ocorre que os enunciados fáticos, da forma como conhecemos no direito brasileiro, apresentam-se de duas maneiras nas demandas: ou trata-se de fato principal, portanto, causa de pedir remota ou defesa indireta de mérito, ou trata-se de fato secundário (indiciário), que, embora não demonstre diretamente a procedência ou improcedência da demanda, faz crer que os fatos principais são verdadeiros. Significa que, quando afirmamos que duas ou mais demandas apresentam "*fatos comuns*" ou "questões fáticas comuns", só é possível que se refira a umas dessas duas classificações. É precisamente nesse ponto que se encontram o estudo da relação entre demandas e o estudo da prova.

Embora nem sempre a doutrina coloque essa afirmação em termos claros, toda relação entre *fatos essenciais* de duas ou mais demandas gera o que conhecemos como *conexão*. Nesse sentido, entre duas demandas que apresentem causas de pedir comuns, mesmo parcialmente, há relação entre fatos essenciais[44]; também a relação entre defesas indiretas de mérito, porque

42. A ideia de relevância da prova está em: TARUFFO, Michele. *A prova*, p. 36-39: o conceito de relevância baseia-se numa conexão lógica entre o enunciado que expressa o resultado positivo esperado do elemento de prova (P) e o enunciado acerca da existência de um fato em litígio (F). Se "F" e "P" versam sobre o mesmo fato, o elemento de prova será relevante para que se estabeleça o fato em litígio. Às vezes, "F" e "P" *não versam sobre o mesmo fato*, mas estão relacionados indiretamente, porque "P" refere-se a um fato "F1" a partir do qual pode-se estabelecer uma inferência sobre a verdade de "F"; se a inferência demonstrar que considerando "F1", então obter-se-á uma conclusão sobre "F", então a relevância está identificada.

43. Não entraremos na discussão que envolve a inscindibilidade entre questões de fato ou de direito. Para todos os fins deste artigo, adotamos a ideia de que as questões de fato são aquelas que envolvem um acontecimento ou circunstância concreta, determinadas no tempo e espaço; em síntese, referem-se à ocorrência e à forma de ocorrência de determinados fatos, o que inclui a determinação de que fatos ocorreram (o que houve), com quem ocorreram (com quem houve), como ocorreram e quando ocorreram. (MACÊDO, Lucas Buril de. "Coisa julgada sobre fato? Análise comparativa com o collateral estoppel de sua possibilidade de lege lata ou de lege ferenda", p. 390).

44. Já que toda causa de pedir é um fato essencial.

contrapostas às causas de pedir, formam uma questão que, repetida em outra(s) demanda(s), gera conexão entre elas[45]. Quando isso ocorre, podemos dizer que o entrelaçamento entre alegações sobre fatos principais faz surgir o mesmo *tema de prova*, ainda que a partir de diferentes objetos de prova[46]. Não por acaso, a *conexão* é vista como a relação em que se deve se garantir o aproveitamento da atividade instrutória[47].

Por outro lado, sobre a *afinidade*, sempre se destacou a inexistência de relação entre fundamentos fáticos, havendo somente "analogia entre situações jurídicas"[48], de forma que se questionava a utilidade da reunião dessas demandas, já que "a atividade probatória necessária ao deslinde de uma não serviria, absolutamente, para o deslinde de outra" [49]. O que se vê agora, contudo, é a defesa da técnica de produção conjunta da prova (art. 69, §2º, II do CPC) para causas afins, a partir do argumento de que a afinidade englobaria a relação entre *fatos que, embora não sejam comuns, são idênticos*[50].

Diante disso, a primeira consideração que nos interessa está na aproximação entre a técnica de produção conjunta da prova (prova única) e os elementos do direito probatório: a prova dirige-se a proposições fáticas que dizem respeito a *fatos principais* ou *indiciários* e, portanto, o "fato comum" que justifica a prova produzida coletivamente só pode dizer respeito a situações em que a *mesma proposição fática*, seja ela principal ou indiciária, esteja presente em duas ou mais demandas, ainda que isso se revele pelo entrelaçamento de alegações que fazem surgir o que chamamos de *questões de fato*. Estas referem-se, sempre, a acontecimentos ou *circunstâncias concretas* (saber se um rio x foi contaminado; saber se A recebeu dinheiro antes da licitação x, saber se o produto z de B tinha defeito etc.).

O problema, a partir disso, é estabelecer quando é possível ou, ainda, quando é recomendável ou útil, produzir prova única para demandas com "fatos comuns". Na medida em que os pedidos e atos de cooperação devem ser realizados de forma fundamentada (art. 8º, §2º da Resolução 350/2020 do CNJ), no que se refere à produção de prova única, essa fundamentação vai passar pela *(a)* indicação de quais são os fatos comuns às demandas que justificam o aproveitamento da atividade instrutória e; *(b)* pela relação que se estabelece

---

45. Essa conclusão toma por referência a ideia de conexão por oposição. Para aprofundar-se no tema, cf: OLIVEIRA, Bruno Silveira de. *Conexidade e efetividade processual*, p. 88-108.
46. Pode ser que, em uma demanda, o objeto da prova seja o fato essencial que seja o mesmo em outras causas, ao passo que, em uma segunda demanda busque-se provar esse mesmo fato essencial a partir de um fato secundário, hipótese em que o objeto da prova será uma proposição indiciária, ainda que o tema de prova (o fato essencial) seja o mesmo.
47. Ver referências e item 2.
48. BARBOSA MOREIRA, José Carlos. *Estudos sobre o novo Código de Processo Civil*. Rio de Janeiro: Liber Juris, 1974, p. 73.
49. Afirmação de: OLIVEIRA, Bruno Silveira de. *Conexidade e efetividade processual*, p. 79.
50. PASCHOAL, Thaís Amoroso. *Coletivização da prova...*, p. 150-166).

entre a prova produzida e esses "fatos comuns". A utilização dessa técnica envolve, portanto, alguma comparação e investigação de que fatos (ou alegações fáticas) repetem-se entre as demandas.

3.2. Graus de vinculatividade fática entre demandas e as relações de conexão e afinidade: fato como elemento concreto, tipos de fato e o "fato comum"

Os debates teóricos que se desenvolveram em torno do conceito de conexão e de afinidade parecem trazer algum receio doutrinário quanto à utilização dessas categorias de relação para tratar de temas atuais do processo civil[51]. Embora possa se buscar renovar essa discussão a partir de outros nomes, a controvérsia sempre vai envolver a definição de quais vínculos podem gerar um ou outro efeito previsto no direito processual e, por isso, não deixaremos de nos referir à conexão e à afinidade. Buscaremos, assim, desvendar que tipo de vínculos fáticos autorizam a produção de "prova única".

Diante do que já se desenvolveu sobre o tema[52], é coerente afirmar que a *conexão* é a relação lógica entre causas remotas e pedidos mediatos (fatos essenciais e situações jurídicas) que se revela pela identidade de uma ou mais *questões*. A nota característica do conceito está: (a) na identidade entre questões, que permite abarcar quaisquer relações lógicas entre os elementos objetivos, não só a completa identidade entre eles; (b) na necessidade de que as questões surjam do entrelaçamento entre fatos essenciais ou situações jurídicas; e (c) na possibilidade de que demandas conexas cumuladas tenham questões comuns e outras diversas.

Uma das espécies de conexão é a que surge quando for possível formar uma única convicção sobre *"dados de fato"* ou *questões de fato*[53-54] que integram

51. Já se destacou, sobre a centralização, que "nos processos repetitivos, os elementos das demandas (partes, causa de pedir e pedido) não são idênticos", devendo-se buscar "alguma proximidade entre esses processos que justifiquem sua tramitação concertada". Tratando-se de questões fáticas, deve-se verificar se os fatos são similares. (CABRAL, Antonio do Passo. Juiz natural e eficiência processual..., p. 699 e 708).

52. A descrição de todas as teorias e discussões que permitiram chegar a esse conceito está no meu: LINO, Daniela Bermudes. *Conexão e afinidade...*, n. 2.2 e 3.1, p. 50 e p. 112 e seguintes.

53. Às vezes as relações jurídicas não nascem de um fato isolado, mas de uma combinação de fatos: a conexão será mais intensa quando todos os fatos forem comuns do que quando há, apenas, um ou alguns fatos em comum. (CARNELUTTI, Francesco. *Lezioni di Diritto Processuale Civile*, p. 34; PARÁ FILHO, Tomás. *Estudo sobre a conexão de causas no processo civil*. São Paulo: Revista dos Tribunais, 1964, p. 62). O ponto foi acolhido de forma muito clara na doutrina italiana. Redenti afirma que há conexão quando a decisão de uma causa depende da decisão de outra ou quando a decisão das causas dependam de uma única convicção sobre um certo fato, ou sobre dados de fato que possam ser considerados de um ponto de vista "histórico-empírico". (REDENTI, Enrico. *Diritto processuale civile*, p. 83). A ideia também é destacada por Giuseppe Franchi, defendendo que *a identidade de questões implica a oportunidade de que seja dada a ela [a questão] uma solução única, para evitar a incerteza da solução divergente de questões de fato*. (FRANCHI, Giuseppe. *La litispendência*. Padova: CEDAM, 1963, p. 115-117).

54. Também a doutrina brasileira identifica a relação entre questões fáticas como forma de conexão. Destacando a possibilidade de que demandas apresentem "fatos comuns" e "fatos derivados": SIQUEIRA, Cleanto Guimarães. *A defesa no processo civil*. 3ª ed, São Paulo: Saraiva, 2008, p. 92- 93.

os fatos essenciais (principais) de mais de uma demanda. Comumente, as circunstâncias fáticas que geram o nascimento de direitos e obrigações são, pelo menos em parte, diferentes, embora compartilhem alguns acontecimentos (concretos) que devam ser tomados, na demanda, como fatos essenciais. Quando assim ocorrer, é possível identificar *questões fáticas comuns* e *questões incomuns*: mesmo que as causas variem quanto à existência de fatos derivados, há algo que as une e que pode ser entendido como o "fato comum".

É o que acontece, por exemplo, quando diversas demandas alegam danos à saúde em decorrência de contaminação do curso d'água de uma mesma região (pelo elevado índice de substância nociva, por exemplo). Cada atingido pleiteia uma condenação que lhe será individualmente paga, a partir da alegação de diferentes danos à saúde. Mas há um fato comum que forma o *ilícito*, "a contaminação de um mesmo curso d'água", fato essencial sem o qual as demandas não podem ser julgadas procedentes[55]. A dúvida sobre a alegação fática que envolve "a existência de elevado índice de substância nociva no curso d'água da região x" é *tema de prova comum* a todas as demandas (trata-se de alegação de um mesmo *fato "F"*). Produzindo-se laudo pericial no sentido de que não há substâncias nocivas no curso d'água, é provável que todas as demandas sejam julgadas improcedentes.

A pergunta que surge, a partir dessas considerações, é: se as hipóteses em que as mesmas alegações fáticas são colocadas como tema de prova (fatos principais) de mais de uma demanda são conhecidas como conexidade, o que resta para o "fato comum" que caracteriza as demandas afins? Para essa resposta, há quem sugira a distinção entre "fato único" e "fatos idênticos"[56]: os primeiros referem-se às situações em que um ou muitos fatos da causa de pedir sejam comuns (o que acima já descrevemos); os segundos tratariam de fatos que não são comuns (únicos), mas apenas semelhantes (p.ex, consumidores que celebram contratos "idênticos", mulheres que tomaram anticoncepcional falho, etc.).

Não é demais lembrar que fatos são sempre *elementos concretos*, razão pela qual torna-se difícil imaginar como é possível que fatos sejam idênticos,

---

55. Os fatos essenciais são o ato ilícito, o dano e o nexo de causalidade (art. 186 a 927 do Código Civil).
56. Sérgio Cruz Arenhart afirma, sobre a afinidade, que "sequer é necessário que as causas envolvam um único fato a ser resolvido; bastará que se esteja diante de fatos iguais ou apenas semelhantes." (ARENHART, Sérgio Cruz. *A tutela coletiva de interesses individuais: para além da proteção dos interesses individuais homogêneos*. 2ª ed. São Paulo: Revista dos Tribunais, 2014, p. 158). Thaís Paschoal identifica que os "fatos que podem dar ensejo ao tratamento conjunto de questões" são de dois tipos: (a) fato comum de ocorrência idêntica e simultânea para todos os titulares do direito individual, como um acidente que resultou em várias vítimas; (b) fatos semelhantes de ocorrência não concomitante no tempo e no espaço, como demandas decorrentes de uma cláusula contratual em um contrato de adesão. A primeira hipótese gera conexão entre as demandas, ao passo que a segunda (semelhança entre fatos idênticos, mas vivenciados por diversas pessoas) dá origem à relação de afinidade. (PASCHOAL, Thaís Amoroso. *Coletivização da prova*...., p. 72).

mas não "comuns". O fato de que "A consumiu anticoncepcional falho da marca x" não é o mesmo fato de "B consumiu anticoncepcional falho x": é possível que a demanda fundada no fato de A seja procedente e a demanda fundada no fato de B seja improcedente, sem que daí decorra contradição[57].

Isso acontece porque a *relação entre demandas afins* não se estabelece, em um primeiro momento, no plano das circunstâncias concretas ("fato concreto", apesar da redundância), mas no plano dos *tipos de fato*[58] que são subsumíveis a uma mesma qualificação jurídica. A dúvida que une causas afins, portanto, está em estabelecer as consequências jurídicas que determinados tipos de fato provocam e, por isso, as alegações fáticas que fundamentam a demanda, embora sejam semelhantes do ponto de vista da narrativa (tipo), não são comuns. É assim que é possível distinguir conexidade e afinidade: apenas a primeira abrange demandas que compartilham acontecimentos concretos dos quais decorre, diretamente, o resultado da demanda (fatos essenciais comuns).

Quando retornamos ao direito probatório (*supra* 3.1) e compreendemos que (a) as alegações fáticas só podem dizer respeito a duas categorias de fatos (essenciais e secundários); e (b) que a relação entre os fatos essenciais geram sempre conexão, conseguimos perceber que, entre demandas que compartilham "fatos idênticos", ou o que chamamos de "tipos-fáticos", só é possível que a prova dirija-se à proposições indiciárias[59] comuns que surjam entre as causas. A explicação é simples: esses enunciados secundários (indiciários) não são essenciais do ponto de vista da incidência normativa (causa de pedir), mas podem ser essenciais para finalidade probatória de mais de um caso[60],

57. Por exemplo: é possível que se demonstre, na primeira demanda, que A nunca foi consumidora do anticoncepcional, ao passo que, na demanda de B, demonstre-se o consumido do anticoncepcional falho que leve a procedência da demanda.

58. A explicação se vê em Carnelutti: "Êsses tipos são modelos, e, portanto, não factos ou actos reais, mas sim, ouso dizer, *factos empalhados*, expostos como que numa vitrina para servirem de confronto, confronto que a que afinal a avaliação se reduz.". A comparação se faz em relação ao diagnóstico médico que se guia pelos mesmos sintomas típicos de uma doença, sem, contudo, que seja considerado cada doente (porque diversos) (CARNELUTTI, Francesco. *Teoria geral do direito*. São Paulo: Saraiva, 1942, p. 485). O mesmo acontece em relação aos fatos das causas afins: embora sejam subsumíveis a mesmo tipo "ser consumidora de anticoncepcional"; "ser servidor público do estado x", não são os mesmos fatos, nem mesmo se comunicam no plano concreto. A ideia dos tipos fáticos na afinidade foi desenvolvida no meu: LINO, Daniela Bermudes. *Conexão e afinidade...*, n. 3.4.2.2, p. 149.

59. Reforçamos que a relação entre causas de pedir (fatos essenciais) gera conexão. Se afinidade não pressupõe vínculos entre causas de pedir, então só resta, do ponto de vista da relação entre elementos concretos, o liame entre fatos que sejam secundários (indiciários). É sobre essa proposição indiciária, que de alguma forma se relaciona entre demandas afins, que se quer evitar alguma contradição. Veja-se, nesse sentido, que o fato secundário – que, naturalmente, pode se repetir entre duas ou mais demandas – é um elemento concreto; o mesmo não pode se dizer da relação que, entre fatos constitutivos – se estabelece no plano abstrato dos "tipos de fato".

60. Essa percepção se inspira no que afirma: SCHMITZ, Leonard Ziesemer. *Raciocínio probatório por inferências...*, p. 254. Vale reproduzir: "Ocorre, então, que embora os fatos instrumentais [secundários] que sirvam como base de uma presunção não sejam essenciais do ponto de vista normativo (isto é, não

demonstrando, *indiretamente*, que fatos (ainda que diferentes) aconteceram como descritos[61].

O exemplo envolvendo falha de princípio ativo de anticoncepcional fica, agora, mais claro: a prova do fato f1 "z produziu e distribuiu o lote x de pílulas anticoncepcionais sem princípio ativo" traz um grau de certeza, por um raciocínio lógico, sobre as *diferentes* alegações fáticas f2 "A consumiu pílula falha do lote x" e f3 "B consumiu pílula falha do lote x". Ou seja, se houve a distribuição de pílulas falhas nesse período, então deve-se inferir que as alegações de diferentes pessoas sobre o consumo dessas pílulas de farinha sejam verdadeiras. É um juízo de que, verificada a ocorrência de "f1", então também ocorreu "f2", "f3", etc.[62]

Esses aportes teóricos permitem encaminhar algumas considerações sobre a técnica de prova única para fato comum, especialmente sob o ponto de vista das "vinculatividades fáticas" entre as demandas.

(a) O vínculo entre alegações fáticas colocadas como fundamento fático de um grupo de demandas é o *campo ótimo* para a produção de *prova única*. Na medida em que se comunicam proposições que se referem a fatos dos quais decorre a procedência ou improcedência de demandas (principais), é, nessa circunstância, que o aproveitamento da atividade instrutória terá *maior utilidade* para servir a um juízo tendencialmente conclusivo sobre os enunciados ou "fatos comuns". Chame-se isso de conexidade pela identidade de questões fáticas, "fato único", ou outro nome, trata-se de situações em que o tema da prova se vincula *diretamente* à causa de pedir de todas as demandas, sendo capaz de influenciar a conclusão sobre as mesmas alegações fáticas. Nesse caso, apenas será necessário demonstrar a correlação entre a prova única a ser produzida e a proposição fática comum às demandas.

(b) Nos vínculos que não decorrem da relação entre fatos essenciais (principais), mas entre o que tem se entendido como "fatos idênticos" e, aqui,

---

constituem causa de pedir ou matéria de defesa), são "essenciais" sob o prisma epistêmico, uma vez que conhecer dessas alegações é crucial para a finalidade probatória do caso".

61. Sobre as presunções: "Há, assim, um fato "secundário" (externo à causa de pedir, não pertencente ao material fático da demanda) provado, e, diante da sua ocorrência, extrai-se a consequente existência (ou inexistência) do fato "primário" (pertencente à causa de pedir), em que se tinha, efetivamente, interesse. Esse juízo é possível diante de um critério racional indutivo de normalidade ou de probabilidade lógica da coexistência de ambos os fatos. Ou seja, tem-se, no cerne da figura, uma ideia de silogismo: ocorrendo o fato A, sempre deve ocorrer o fato B; verificada a ocorrência do fato A, então também ocorreu o fato B" (MARINONI, Luiz Guilherme; ARENHART, Sérgio Cruz. *Prova e convicção*, tópico 10.2 (Presunções judiciais), [livro eletrônico]).

62. Veja-se, nesse sentido que o risco de contradição se refere a elementos concretos, ainda que estes envolvem fatos secundários. No exemplo, deve-se evitar que o juiz entenda que "z produziu e distribuiu o lote x de pílulas anticoncepcionais sem princípio ativo" e outro que z não produziu, nem distribuiu esse mesmo lote. A prova conjunta é capaz de evitar essa contradição. O que não devemos é achar que o fato "distribuir anticoncepcional falho", o fato "A consumiu anticoncepcional falho" e o fato "B consumiu anticoncepcional falho" são os mesmos. Podemos, no entanto, perceber que eles se relacionam por inferências lógicas.

preferimos tratar como "tipos fáticos" (afinidade), a produção de prova única passa por uma justificativa de que a proposição fática que será objeto da prova liga-se, por um juízo de probabilidade, aos fatos constitutivos das causas afins, ainda que estes fatos sejam, concretamente, diferentes. Deve-se demonstrar que, provada a proposição "p1", então será possível ter algum grau de certeza sobre os diferentes fatos "f2", "f3", "f4" etc.

(c) Se a admissibilidade da prova em litígio passa por alguma correlação lógica entre o objeto da prova e os fatos do caso, quando se trata de produzir uma única prova para um grupo de demandas, a justificativa do ato de cooperação vai demonstrar, primeiro, a relação entre os fatos do grupo de demandas abrangidas pela técnica e, depois, a relação entre esses fatos e a prova a ser produzida. Isso pode ser feito de duas formas: (I) indicando que a prova produzida fornecerá aos juízes alguma conclusão relativa à veracidade ou falsidade de um *mesmo* fato comum a um grupo de demandas; (II) indicando que a prova produzida mantem uma mesma relação de inferência para sustentar a conclusão de diferentes fatos (f1, f2, f3), em uma análise de que, provado "p", então é possível extrair a mesma conclusão sobre os fatos 1, 2 e 3.

3.3. Quando não é recomendável a centralização de questão de fato para a produção conjunta da prova de fato comum?

Um último ponto sobre as semelhanças que justificam a produção de prova única envolve definir se a análise da existência de questões incomuns entre as demandas pode não recomendar a aplicação dos arts. 69, §2º, II do CPC e art. 6º, VI e VII da Resolução 350/2020 do CNJ: para produzir uma prova para alegações fáticas comuns devemos exigir que as questões fáticas superem ou predominem em relação às questões incomuns? Ou, enquanto houver uma única questão fática comum, as questões individuais não influenciam a admissibilidade da prova única?

O problema, embora decorra muito da influência do direito norte-americano[63], também se encontra no direito brasileiro[64]. Esse ponto é relevante,

63. O autor Robin Efron afirma que os tribunais norte-americanos têm adotado, para concolidação, a regra - que ele denomina como obscura (*shadow rule*) - da "predominância implícita" (*implied predominance*). Sobre a extensão para outras técnicas de consolidação, afirma: "Although a formal predominance requirement appears only in Rule 23(b)(3) and as a discretionary factor in the supplemental jurisdiction context, some judges have transplanted it into other FRCP rules of joinder by "graft[ing] a predominance requirement" on to the commonality language in those rules." (EFFRON, Robin, The Shadow Rules of Joinder. *Georgetown Law Journal*, Vol. 100. Brooklyn Law School Legal Studies Paper, n..244, 2012, p. 789-790).

64. Sobre o litisconsórcio simples e os *pontos incomuns* a respeito dos quais o convencimento do órgão julgador pode se formar heterogeneamente, ver: BARBOSA MOREIRA, José Carlos. *Litisconsórcio unitário*. Rio de Janeiro: Forense, 1972. n. 77.

porque toda forma de reunião de demandas e de centralização de questões envolve definir se as características comuns recomendam as técnicas de "tratamento conjunto"[65]. Não é o objetivo deste texto, contudo, fazer uma análise de direito comparado, ou esgotar os exemplos nos quais a existência de questões incomuns impediu, nos Estados Unidos, a aplicação de alguma das formas de consolidação[66].

Para as conclusões que nos interessam, devemos partir do pressuposto de que a existência de questões incomuns entre as demandas é frequente e, apenas excepcionalmente, podemos dizer que, sob o ponto de vista das demandas, as questões serão completamente homogêneas (p.ex, no litisconsórcio unitário) ou quase inteiramente homogêneas. Aliás, fossem as questões totalmente (ou quase) homogêneas, a utilidade da produção conjunta da prova poderia ser questionada, já que seriam muitas as vantagens na cumulação objetiva com aproveitamento da atividade instrutória.

É, por isso, que deve ser rejeitada qualquer investigação matemática que busque estabelecer se há questões incomuns[67] que superam as questões fáticas comuns que sejam objeto de prova. A análise a respeito da utilização da técnica de produção conjunta da prova deve partir da relação entre a questão fática comum que será objeto da prova e as alegações fáticas das demandas abrangidas pela concertação, em um juízo de *relevância-utilidade* da prova produzida.

Dessa forma, especialmente diante do que já se esclareceu anteriormente (*supra* 3.2) a centralização de questão de fato para produção conjunta da prova pode *não ser recomendável* quando: (a) não se demonstrar que a prova produzida é relevante para estabelecer a veracidade ou falsidade das alegações fáticas comuns entre as demandas; (b) por um critério lógico, não for possível

65. A afirmação é inspirada no texto de Richard L. Marcus: "In each of them, the key question is whether the common features justify combined litigation. In each of them, combining claims presents risks as well as advantages." (MARCUS, Richard L. Still Confronting the Consolidation Conundrum, p. 562).

66. O Painel de MDL negou a consolidação das demandas individuais e coletivas do caso Electrolux, que buscavam indenização por danos decorrentes de incêndios causados por um defeito comum em secadores. Interpretou o Painel que os fatos individualizadores de cada demanda, como as circunstâncias do incêndio, a instalação, o reparo e manutenção predominariam sobre as questões comuns alegadas em todas essas demandas. (SMITH, Douglas Geoffrey. Resolution of Common Questions in MDL Proceedings. Kansas Law Review, Vol. 66, May/2017). Em 1993, também foi anulada a consolidação em MDL de quarenta e quatro casos individuais por lesão por esforço repetitivo (LER), supostamente causados por tipos de equipamentos de teclado para escritórios. O Tribunal enfatizou que os casos abrangiam uma variedade de problemas que poderiam resultar de condições individuais específicas, como obesidade, altos níveis de colesterol, além da constatação de que os casos envolviam diferentes equipamentos de escritório. (MARCUS, Richard L. Confronting the Consolidation Conundrum. *BYU Law Review*, n. 879, p. 879- 924, 1995, p. 889).

67. Assim: "mesmo que haja questões de fato individuais comuns a pequenos grupos ou mesmo a um único sujeito, não se afastará a possibilidade de produção coletiva da prova do fato comum" (PASCHOAL, Thaís Amoroso. *Coletivização da prova: técnicas de produção coletiva da prova e seus reflexos na esfera individual*, p. 158).

identificar grau de vinculação relevante entre a *questão fática* objeto da prova e os fatos constitutivos (principais) das demandas abrangidas pela concertação; ou (c) quando for possível questionar a utilidade em se produzir coletivamente a prova, porque a prova poderia ser realizada em cada uma das demandas, separadamente, com gastos suportáveis, mesmo quando comparados à economia processual que poderia advir do aproveitamento da atividade instrutória para um grupo de demandas[68].

4. SÍNTESE

1. Com o art. 69, §2º, II do CPC e o art. 6º, VI e VII da Resolução 350 de 2020 do CNJ, é possível que o aproveitamento de atividades instrutórias se faça sem cumulação de demandas: a questão fática será centralizada apenas para produção unificada da prova (reunião da prova, não das demandas), sem que as causas sejam reunidas em um único processo para julgamento conjunto do mérito. A técnica pode mitigar decisões contraditórias sobre alegações fáticas comuns às demandas, ao permitir que os mesmos elementos de prova sejam considerados para conclusões a respeito de fatos.

2. A fundamentação dos atos de cooperação que envolvem essa técnica vai passar pela indicação de quais são os fatos comuns às demandas que justificam o aproveitamento da atividade instrutória e; pela relação que se estabelece entre a prova a ser produzida e esses "fatos comuns". Isso pode ser feito de duas formas: (a) demonstrando que a prova produzida fornecerá aos juízes alguma conclusão relativa à veracidade ou falsidade de um mesmo fato comum a um grupo de demandas; (b) demonstrando que a prova produzida mantem uma mesma relação de inferência para sustentar a conclusão de diferentes fatos, que se comunicam por um mesmo "tipo".

3. Em um juízo de relevância-utilidade pode não ser recomendável a produção conjunta quando: (a) não se demonstrar que a prova produzida é relevante para estabelecer a veracidade ou falsidade das alegações fáticas comuns entre as demandas; (b) por um critério lógico, não for possível identificar grau de vinculação relevante entre a proposição fática objeto da prova e os fatos constitutivos das demandas abrangidas pela cooperação; ou (c) quando for possível questionar a utilidade em se produzir coletivamente a prova.

---

68. Esse critério era mencionado, desde o sistema processual, para justificar situações em que a cumulação de demandas conexas não deveria ocorrer. Nesse sentido, tratando da não obrigatoriedade da reunião, Clarisse Leite destaca, a partir da existência de graus de conexidade, que "Quando, p.ex, o nexo entre diversas demandas basear-se na existência de uma única premissa de fato de somenos importância, cuja prova possa ser realizada em cada uma delas com gastos suportáveis, (...) obviamente não deverá se promover a reunião". ((LEITE, Clarisse Frechiani Lara. *Prejudicialidade no processo civil*, p. 249).

BIBLIOGRAFIA

ARENHART, Sérgio Cruz. *A tutela coletiva de interesses individuais: para além da proteção dos interesses individuais homogêneos.* 2ª ed. São Paulo: Revista dos Tribunais, 2014.

ARENHART, Sérgio Cruz; OSNA, Gustavo. *Curso de processo civil coletivo.* 2ª ed. São Paulo: RT, 2020.

BARBOSA MOREIRA, José Carlos. Litisconsórcio unitário. Rio de Janeiro: Forense, 1972.

BARBOSA MOREIRA, José Carlos. *Estudos sobre o novo Código de Processo Civil.* Rio de Janeiro: Liber Juris, 1974.

BARBOSA MOREIRA, José Carlos. *A conexão de causas como pressuposto da reconvenção.* São Paulo: Saraiva, 1979.

BELTRÁN, Jordi Ferrer. *Prova e verdade no direito.* Trad. Vitor de Paula Ramos. São Paulo: Revista dos Tribunais, 2017.

CABRAL, Antonio do Passo. *Juiz natural e eficiência processual: flexibilização, delegação e coordenação de competências no processo civil.* Rio de Janeiro: 2017. Tese apresentada no concurso de Professor Titular de Direito Processual Civil da Faculdade de Direito da Universidade do Estado do Rio de Janeiro (UERJ).

CAMPOS, Maria Gabriela. *O compartilhamento de competências no processo civil: um estudo do sistema de competências sob o paradigma da cooperação nacional.* Salvador: Juspodivm, 2020.

CARNELUTTI, Francesco. *Lezioni di Diritto Processuale Civile.* Pádova:Cedam, 1933, v. 4.

CARNELUTTI, Francesco. *Teoria geral do direito.* São Paulo: Saraiva, 1942.

DIDIER JR., Fredie. Cooperação Judiciária Nacional – *Esboço de uma Teoria para o Direito Brasileiro.* Salvador: Juspodivm, 2020.

DIDIER JR., Fredie. *Curso de direito processual civil: introdução ao direito processual civil, parte geral e processo de conhecimento.* 22ª ed. Salvador: Juspodivm, 2020, v.1.

EFFRON, Robin, The Shadow Rules of Joinder. Georgetown Law Journal, Vol. 100. *Brooklyn Law School Legal Studies Paper*, n..244, 2012, p. 759-820.

FRANCHI, Giuseppe. *La litispendência.* Padova: CEDAM, 1963.

LEITE, Clarisse Frechiani Lara. *Prejudicialidade no processo civil.* São Paulo: Saraiva: 2008.

LINO, Daniela Bermudes. *Conexão e afinidade: critérios para compreensão dos artigos 55, §3º e 69, §2º, II e VI do Código de Processo Civil.* Dissertação (Mestrado em Direito Processual) – Universidade Federal do Espírito Santo, 2020.

MACÊDO, Lucas Buril de. "Coisa julgada sobre fato? Análise comparativa com o collateral estoppel de sua possibilidade de lege lata ou de lege ferenda". In: DIDIER JR., Fredie; CABRAL, Antonio do Passo (coord). *Coisa julgada e outras estabilidades processuais.* Salvador: Juspodivm, 2018.

MARCUS, Richard L. Confronting the Consolidation Conundrum. *BYU Law Review*, n. 879, p. 879- 924, 1995.

MARCUS, Richard L. Still Confronting the Consolidation Conundrum. *Notre Dame Law Review*, Vol. 88, p. 557-592, 2012.

MARINONI, Luiz Guilherme; ARENHART, Sérgio Cruz. *Prova e convicção*. 3ª ed [livro eletrônico]. São Paulo: Revista dos Tribunais, 2019.

OLIVEIRA, Bruno Silveira de. *Conexidade e efetividade processual*. São Paulo: Revista dos Tribunais, 2007.

PASCHOAL, Thaís Amoroso. *Coletivização da prova: técnicas de produção coletiva da prova e seus reflexos na esfera individual*. Tese (Doutorado) - Universidade Federal do Paraná, Setor de Ciências Jurídicas, Programa de Pós-graduação em Direito. Curitiba, 2018.

PARÁ FILHO, Tomás. *Estudo sobre a conexão de causas no processo civil*. São Paulo: Revista dos Tribunais, 1964.

PEREIRA, Carlos Frederico Bastos. Sobre a eficácia probatória da sentença. In: *Revista de processo*, vol. 299, jan/2020, p. 95-123.

REDENTI, Enrico. *Diritto processuale civile*. Milano: Giuffrè, 1953, v. II.

SCHMITZ, Leonard Ziesemer. *Raciocínio probatório por inferências - critérios para o uso e controle das presunções judiciais*. Tese (Doutorado). São Paulo: PUC, 2018.

SIQUEIRA, Cleanto Guimarães. A defesa no processo civil. 3ª ed, São Paulo: Saraiva, 2008.

TUCCI, José Rogério Cruz e. *A causa petendi no processo civil*. 2ª ed. São Paulo: Revista dos Tribunais, 2001.

TARUFFO, Michele. *A prova*. 1ª ed. São Paulo: Marcial Pons, 2014 [trad. João Gabriel Couto].

VOGT, Fernanda Costa. *Cognição do Juiz no Processo Civil: Flexibilidade e Dinamismo dos Fenômenos Cognitivos*. Salvador: Juspodivm, 2021.

YARSHELL, Flávio Luiz. Antecipação da prova sem o requisito de urgência e direito autônomo à prova. São Paulo: Malheiros, 2009.

CAPÍTULO 22

O conflito de competência no âmbito da cooperação judiciária nacional[1]

Leonardo Carneiro da Cunha[2]

Sumário: 1. Apresentação da hipótese a ser examinada – 2. Cooperação judiciária nacional – 3. O compartilhamento de competência como medida que concretiza o princípio da eficiência – 4. O conflito de competência e sua natureza jurídica – 5. Hipóteses de conflito de competência: 5.1. Noções gerais; 5.2. Conflito positivo; 5.3. Conflito negativo; 5.4. Controvérsia acerca da reunião ou da separação de processos; 5.5. Legitimidade para suscitar o conflito – 6. Conflito de competência em compartilhamento por atos concertados – 7. O compartilhamento de competência como meio para prevenir ou evitar o conflito de competência – 8. O compartilhamento de competência como meio para solucionar o conflito de competência – 9. Conclusões – 10. Referências.

1. APRESENTAÇÃO DA HIPÓTESE A SER EXAMINADA

Os juízes podem, nos termos do § 2º do art. 69 do CPC, compartilhar competências, por meio de atos concertados[3]. Tal compartilhamento, considerado como ato negocial entre órgãos jurisdicionais[4], conduz a uma mudança no regime jurídico das competências.

---

1. Este artigo é resultado do grupo de pesquisa "Teoria Contemporânea do Direito Processual", vinculado à Universidade Federal de Pernambuco, cadastrado no Diretório Nacional de Grupos de Pesquisa do CNPq no endereço dgp.cnpq.br/dgp/espelhogrupo/4344783989787184. O grupo é membro fundador da "ProcNet - Rede Internacional de Pesquisa sobre Justiça Civil e Processo contemporâneo" (http://laprocon.ufes.br/rede-de-pesquisa).
2. Mestre em Direito pela UFPE. Doutor em Direito pela PUC/SP. Pós-doutorado pela Universidade de Lisboa. Professor associado da Faculdade de Direito do Recife (UFPE), nos cursos de graduação, mestrado e doutorado. Membro do Instituto Iberoamericano de Direito Processual, do Instituto Brasileiro de Direito Processual, da Associação Norte e Nordeste de Professores de Processo e do Comitê Brasileiro de Arbitragem. E-mail: leonardo@ccunhaadv.com.br.
3. A Resolução 350/2020 do CNJ, que estabelece diretrizes e procedimentos sobre a cooperação judiciária nacional entre os órgãos do Poder Judiciário e outras instituições e entidades, prevê, em seu art. 4º, que *"a cooperação judiciária pode realizar-se por concertação entre os juízos"*, sendo certo, nos termos de seu parágrafo único, que *"a concertação vincula apenas os órgãos judiciários que dela participaram"*.
4. *De acordo com* a natureza negocial: CAMPOS, Maria Gabriela. *O compartilhamento de competências no processo civil:* um estudo do sistema de competências sob o paradigma da cooperação nacional. Salvador: Juspodivm, 2020, n. 5.2, p. 154-176; FERREIRA, Gabriela Macedo. Ato concertado entre juízes cooperantes: esboço de uma teoria para o direito brasileiro. *Civil procedure review.* v. 10, nº 3, set.-dez., 2019; DIDIER JR., Fredie. *Cooperação judiciária nacional:* esboço de uma teoria para o Direito brasileiro (arts. 67-69, CPC). Salvador: Juspodivm, 2020, n. 11.1, p. 84-85. *Contra* a natureza negocial: CABRAL, Antonio do Passo. *Juiz natural e eficiência processual:* flexibilização, delegação e coordenação de competências no processo civil. Tese apresentada no concurso de provas e títulos para o provimento do cargo de Professor Titular na Universidade Estadual do Rio de Janeiro. Rio de Janeiro: edição do autor, 2017, p. 531.

Tradicionalmente, entende-se que a competência de um juízo para determinada causa exclui a competência do outro. Assim, uma demanda que deva ser proposta na Justiça brasileira terá sempre, e apenas, um juízo competente[5]. Havendo competência concorrente, a distribuição da demanda gera prevenção, tornando o juízo prevento o único competente para processar e julgar a causa.

A previsão de compartilhamento de competência exige que se reveja essa premissa, pois é possível que mais de um juízo passe a atuar, a um só tempo, no mesmo processo, mediante a prática de atos concertados.

A ideia tradicional da competência exclusiva de apenas um juízo serviu de ponto de partida para a configuração do conflito de competência. O conflito de competência foi concebido, então, a partir dessa ideia de que só um juízo é o competente. Por isso, quando dois ou mais juízes se pretendam competentes para a mesma causa, ou quando dois ou mais juízes se afirmem incompetentes para a mesma causa, há um conflito de competência. É instrumento que decorre da necessidade de se garantir a observância das regras sobre competência, a fim de que não ocorra sua violação ou para que, havendo violação, esta seja corrigida[6].

O que se questiona e se pretende examinar no presente texto é se cabe conflito de competência nas hipóteses de atos concertados previstas no § 2º do art. 69 do CPC ou se ele pode ser dispensado diante de um compartilhamento de competências ou, até mesmo, se sua solução pode ser, em vez de estabelecer um juízo competente, convocar os juízos em conflito para acertarem, concertarem ou compartilharem suas competências.

2. COOPERAÇÃO JUDICIÁRIA NACIONAL

A cooperação jurídica pode operar-se no plano internacional ou no âmbito nacional. A cooperação jurídica internacional tem por objeto a citação, intimação, notificação judicial e extrajudicial, colheita de provas e obtenção de informações, homologação e cumprimento de decisão, concessão de medida judicial de urgência, assistência jurídica internacional e qualquer outra medida judicial ou extrajudicial não proibida pela lei brasileira (CPC, art. 27).

A cooperação internacional pode ser feita por auxílio direto (CPC, arts. 28 e 34) ou por carta rogatória (CPC, art. 36).

No âmbito nacional, aos órgãos do Poder Judiciário, estadual ou federal, especializado ou comum, em todas as instâncias e graus de jurisdição, inclusive

5. BARBI, Celso Agrícola. *Comentários ao Código de Processo Civil*. 8ª ed. Rio de Janeiro: Forense, 1993, v. I, n. 647, p. 300.
6. MIRANDA, Francisco Cavalcanti Pontes de. *Comentários ao Código de Processo Civil*. Rio de Janeiro: Forense, 1973, t. II, p. 300.

aos tribunais superiores, incumbe o dever de recíproca cooperação, por meio de seus magistrados e servidores (CPC, art. 67).

A cooperação entre os órgãos internos do Poder Judiciário nacional pode realizar-se entre órgãos jurisdicionais de seus diferentes ramos (CPC, art. 69, § 3º)[7].

Os atos concertados entre os juízes cooperantes podem consistir, além de outros, no estabelecimento de procedimento para a prática de citação, intimação ou notificação do ato, a efetivação de tutela provisória, a centralização de processos repetitivos, a execução de decisão jurisdicional[8]. Os juízes podem atuar conjunta ou sucessivamente, ou seja, podem praticar atos conjuntos ou atos sucessivos, compartilhando a competência para processar e julgar a causa[9].

Assim, os juízes podem agir conjuntamente ou repartir suas funções, cabendo a um deles ordenar, controlar e comandar os atos de comunicação processual,

7. Resolução 350/2020 do CNJ, art. 5º. *"Art. 5º. A cooperação judiciária nacional: I - pode ser realizada entre órgãos jurisdicionais de diferentes ramos do Poder Judiciário; II - pode ser instrumentalizada por auxílio direto, atos concertados, atos conjuntos e outros instrumentos adequados; III - deve ser documentada nos autos, observadas as garantias fundamentais do processo; IV - deve ser realizada de forma fundamentada, objetiva e imparcial; e V - deve ser comunicada às partes do processo. Parágrafo único. As cartas de ordem e precatória seguirão o regime previsto no Código de Processo Civil."*

8. Resolução 350/2020 do CNJ, art. 6º. *"Art. 6º. Além de outros definidos consensualmente, os atos de cooperação poderão consistir: I - na prática de quaisquer atos de comunicação processual, podendo versar sobre a comunicação conjunta a pessoa cuja participação seja necessária em diversos processos; II - na prestação e troca de informações relevantes para a solução dos processos; III - na redação de manuais de atuação, rotinas administrativas, diretrizes gerais para a conduta dos sujeitos do processo e dos servidores públicos responsáveis por atuar em mecanismos de gestão coordenada; IV - na reunião ou apensamento de processos, inclusive a reunião de execuções contra um mesmo devedor em um único juízo; V - na definição do juízo competente para a decisão sobre questão comum ou questões semelhantes ou de algum modo relacionadas, respeitadas as regras constantes nos artigos 62 e 63 do Código de Processo Civil; VI - na obtenção e apresentação de provas, na coleta de depoimentos e meios para o compartilhamento de seu teor; VII - na produção de prova única relativa a fato comum; VIII - na efetivação de medidas e providências para recuperação e preservação de empresas; IX - na facilitação de habilitação de créditos na falência e na recuperação judicial; X - na disciplina da gestão dos processos repetitivos, inclusive da respectiva centralização (art. 69, § 2º, VI, do Código de Processo Civil), e da realização de mutirões para sua adequada tramitação; XI - na efetivação de tutela provisória ou na execução de decisão jurisdicional; XII - na investigação patrimonial, busca por bens e realização prática de penhora, arrecadação, indisponibilidade ou qualquer outro tipo de constrição judicial; XIII - na regulação de procedimento expropriatório de bem penhorado ou dado em garantia em diversos processos; XIV - no traslado de pessoas; XV - na transferência de presos; XVI - na transferência de bens e de valores; XVII - no acautelamento e gestão de bens e valores apreendidos; XVIII - no compartilhamento temporário de equipe de auxiliares da justiça, inclusive de servidores públicos; e XIX - na efetivação de medidas e providências referentes a práticas consensuais de resolução de conflitos. Parágrafo único. Caberá ao Conselho Nacional de Justiça, com o apoio técnico do Departamento de Monitoramento e Fiscalização do Sistema Carcerário e Socioeducativo, propor ato normativo regulamentando a transferência de presos, no prazo de 180 dias."*

9. Na Comarca de Araxá, em Minas Gerais, os juízes de três varas cíveis concertaram entre si suas competências para a instrução e o julgamento de 517 casos que envolviam questões comuns de fato. Na Justiça Federal do Rio Grande do Norte, foi criada a figura do "juiz de ligação" para estabelecer interlocução com a União, gestões de saúde, agências reguladoras e demais sujeitos que atuam em casos relativos ao fornecimento de medicamentos, com a finalidade de facilitar a comunicação com todos e padronizar o cumprimento das ordens judiciais. Esses exemplos, e seus detalhes, estão em: CAMPOS, Maria Gabriela. *O compartilhamento de competências no processo civil*, cit., n. 5.3.2.1, p. 193-194.

enquanto o outro pode cuidar da instrução probatória. A um terceiro pode ser atribuída a função de decidir a pretensão formulada pela parte autora.

O compartilhamento de tais funções pode ser controlado pelo conflito de competência? É a essa pergunta que se pretende, em primeiro lugar, responder.

3. O COMPARTILHAMENTO DE COMPETÊNCIA COMO MEDIDA QUE CONCRETIZA O PRINCÍPIO DA EFICIÊNCIA

Em matéria de cooperação judiciária nacional, é possível, como visto, haver delegação e compartilhamento de competências. Em outras palavras, é possível delegar ou compartilhar competências para que outro juízo possa praticar atos processuais destinados a processar, instruir, comunicar, julgar, contribuindo para um processo mais eficiente.

A eficiência administrativa, prevista no art. 37 da Constituição Federal, inspirou a eficiência processual. Esta última, prevista art. 8º do CPC e concretizada em diversos outros dispositivos, promoveu uma releitura do princípio do juiz natural[10]. Com efeito, há diversos exemplos de situações amplamente admitidas pelos tribunais brasileiros que não se ajustam mais à configuração tradicional da garantia do juiz natural, mas que não são consideradas inválidas, a exemplo das forças-tarefas e equipes conjuntas de investigação (mais comuns no âmbito do processo penal), a designação de juízes auxiliares, a convocação de juízes para atuar em regime de mutirão para casos específicos, entre outras[11].

O que se percebe, enfim, é que o compartilhamento de competência por atos concertados dos juízes concretiza o princípio da eficiência[12]. Para gerir melhor o processo, torná-lo mais ágil, mais efetivo e ter, ao final, uma decisão mais justa e melhor tecnicamente, o concerto de atos, mediante compartilhamento de competências, é uma medida recomendada, estando permitida no art. 69 do CPC, em cujo § 2º há várias hipóteses exemplificativas[13].

O ato concertado pode servir, inclusive, para modificação de competência, a fim de se ter ganho de eficiência. É possível, por exemplo, haver a "centralização de processos repetitivos" como objeto do ato concertado[14]. Assim, para garantir eficiência e evitar violações à segurança jurídica e à isonomia,

10. CABRAL, Antonio do Passo. *Juiz natural e eficiência processual*, cit., p. 211-231.
11. Ibidem, p. 211-231.
12. CAMPOS, Eduardo Luiz Cavalcanti. *O princípio da eficiência no processo civil brasileiro*. Rio de Janeiro: Forense, 2018, n. 4.2.2.2, p. 146-151.
13. O art. 6º da Resolução 350/2020 do CNJ apresenta outros exemplos de compartilhamentos de competência.
14. CAMPOS, Eduardo Luiz Cavalcanti. *O princípio da eficiência no processo civil brasileiro*, cit., n. 4.2.2.2, p. 150-151;

os processos repetitivos podem ser centralizados num único juízo, sobretudo quando o litigante habitual for a mesma pessoa. Nesse caso, em vez de diversas contestações, audiências e atos idênticos sucessivamente reproduzidos, tudo pode ser feito de forma unificada, com a reunião ou centralização de processos. Há, enfim, uma hipótese de modificação de competência prevista para que se garanta maior eficiência[15].

Os juízes podem compartilhar competências nos casos mencionados no § 2º do art. 69 do CPC e em outras hipóteses. A disposição contém, na realidade, um rol exemplificativo. Para tornar o processo mais eficiente, é possível compartilhar competências. É que o compartilhamento de competências por atos concertados consiste numa das hipóteses de cooperação judiciária nacional. E os atos de cooperação judiciária concretizam a eficiência processual (CPC, art. 8º), não somente em sua dimensão administrativa como também na processual[16].

Além da eficiência, o compartilhamento de competências por atos concertados serve também para a concretização do princípio da duração razoável do processo[17].

4. O CONFLITO DE COMPETÊNCIA E SUA NATUREZA JURÍDICA

O conflito de competência é o instrumento destinado a resolver a divergência entre dois ou mais juízes a respeito de sua competência. Assim, quando dois ou mais juízos se declaram competentes ou incompetentes, é preciso resolver e definir qual é efetivamente o competente.

Antes mesmo do CPC-1939, alguns tribunais entendiam que somente seria possível o conflito de competência entre juízes de igual categoria e de igual competência. Com o tempo, tal entendimento alterou-se: não é a diversidade de competências e de categorias que exclui a possibilidade do conflito, mas o laço de subordinação hierárquica porventura existente entre os juízes em disputa[18].

O CPC-1939 tratava do conflito de jurisdição em seus artigos 802 a 807. Tais dispositivos estavam inseridos no seu Livro IV, que regulava *os processos da competência originária dos tribunais*. Assim, em seu Título I, estava disciplinado *o processo no Supremo Tribunal Federal* (arts. 782 a 784), enquanto seu Título II

15. MEIRELES, Edilton. Cooperação judiciária nacional. *Revista de Processo*. São Paulo: RT, v. 249, nov. 2015, p. 69-70.
16. DIDIER JR., Fredie. *Cooperação judiciária nacional*, cit., p. 63.
17. MEIRELES, Edilton. Cooperação judiciária nacional. *Revista de Processo*. São Paulo: RT, v. 249, nov. 2015, p. 60-62.
18. BONUMÁ, João. *Direito processual civil*. São Paulo: Saraiva, 1946, v. 1, n. 76, p. 363-364; MIRANDA, Francisco Cavalcanti Pontes de. *Comentários ao Código de Processo Civil*. 2ª ed. Rio de Janeiro: Revista Forense, 1960, t. X, p. 342.

tratava da *homologação de sentença estrangeira* (arts. 785 a 797). Por sua vez, seu Título III versava sobre a *ação rescisória de sentença* (arts. 798 a 801). O Livro IV do CPC-1939 encerrava-se com seu Título IV, que regulava exatamente o *conflito de jurisdição* (arts. 802 a 807).

Usava-se a expressão *conflito de jurisdição*, considerada imprópria por muitos. A disposições abrangiam conflito de competência e conflito de atribuição. Daí o Código da época usar a expressão *conflito de jurisdição*. Mas o conflito de jurisdição instala-se no âmbito internacional, entre Estados soberanos diversos[19]. O conflito pode surgir entre autoridades no exercício da atividade jurisdicional, como no da administrativa e, ainda, entre autoridades administrativas e jurisdicionais. Na primeira hipótese, a expressão *conflito de competência* é mais adequada: define-se qual o órgão jurisdicional é competente para o caso. Já o *conflito de atribuições* designa melhor as outras hipóteses[20].

Por estar inserido no livro que tratava de ações autônomas em tribunais, parte da doutrina considerava que o conflito de competência seria uma ação[21].

A doutrina do CPC-1973 também divergia sobre o tema. Havia quem defendesse que o conflito de competência seria um incidente, instaurado no curso de um processo, não tendo característica de recurso[22]. Havia, por sua vez, quem entendesse que o conflito de competência era uma ação, e não um incidente da ação proposta ou da ação a ser proposta; era ação autônoma, sendo, na verdade, uma *causa preliminar*, por ter objeto que iria definir qual o juízo competente da ação a que se referia[23]; tratava-se de uma *ação incidental* que tinha como partes os juízes em conflito[24].

A doutrina em torno do atual CPC não tem se dedicado a tratar da natureza jurídica do conflito de competência, não havendo manifestações a esse respeito, com a ressalva de Camilo Zufelato, que, enfrentando a antiga divergência doutrinária, afirma ter o conflito de competência natureza de incidente processual.[25]

19. TORNAGHI, Hélio. *Comentários ao Código de Processo Civil*. São Paulo: RT, 1974, v. I, p. 365-366; JATAHY, Vera Maria Barrera. *Do conflito de jurisdições*: a competência internacional da justiça brasileira. Rio de Janeiro: Forense, 2003, n. 1.1, p. 9-12.
20. BONUMÁ, João. *Direito processual civil*. São Paulo: Saraiva, 1946, v. 1, n. 76, p. 363.
21. MIRANDA, Francisco Cavalcanti Pontes de. *Comentários ao Código de Processo Civil*. 2ª ed. Rio de Janeiro: Revista Forense, 1960, t. X, p. 342.
22. BARBI, Celso Agrícola. *Comentários ao Código de Processo Civil*. 8ª ed. Rio de Janeiro: Forense, 1993, v. I, n. 652, p. 301.
23. MIRANDA, Francisco Cavalcanti Pontes de. *Comentários ao Código de Processo Civil*. Rio de Janeiro: Forense, 1973, t. II, p. 303.
24. MIRANDA, Francisco Cavalcanti Pontes de. *Comentários ao Código de Processo Civil*. Rio de Janeiro: Forense, 1973, t. II, p. 304.
25. ZUFELATO, Camilo. Comentários ao art. 951. *Comentários ao Código de Processo Civil*. Cassio Scarpinella Bueno (coord). São Paulo: Saraiva, 2017, v. 4, p. 128.

Seja como for, independentemente de o conflito de competência ser uma ação ou um incidente, é induvidoso não ser possível haver conflito de competência preventivo ou antes de existir o processo em curso[26].

Em outras palavras, só é possível haver conflito de competência depois de instaurado o processo. Antes disso, o conflito é possível, virtual, potencial, não existindo ainda. Também não é possível conflito de competência depois de julgada a causa, tendo o juízo já exaurido sua função[27]. O conflito não é meio hábil para reforma da sentença[28]. De igual modo, não cabe o conflito se já transitada em julgado a sentença. Nesse sentido, o enunciado 59 da Súmula do STJ: "Não há conflito de competência se já existe sentença com trânsito em julgado, proferida por um dos juízos conflitantes". Se já houve trânsito em julgado, e há incompetência absoluta, é possível que caiba ação rescisória (CPC, art. 966, II), mas não conflito de competência.

5. HIPÓTESES DE CONFLITO DE COMPETÊNCIA

5.1. Noções gerais

O conflito de competência pode ser positivo ou negativo. Será positivo quando dois ou mais juízes se declaram competentes. Será negativo quando dois ou mais juízes se consideram incompetentes, atribuindo um ao outro a competência.

As hipóteses de conflito de competência, positivo e negativo, estão previstas no mencionado art. 66 do CPC. Também há conflito de competência, nos termos do inciso III do art. 66 do CPC, quando entre dois ou mais juízes surge controvérsia acerca da reunião ou separação de processos. Se um juiz entende que outro é prevento ou que as causas devem ser reunidas por conexão ou por continência, mas o outro discorda, há, então, conflito de competência.

Convém examinar melhor cada uma das hipóteses previstas no art. 66 do CPC.

5.2. Conflito positivo

"Há", nos termos do art. 66, I, do CPC, "conflito de competência quando: I – 2 (dois) ou mais juízes se declaram competentes". Essa "declaração" não precisa

26. MIRANDA, Francisco Cavalcanti Pontes de. *Comentários ao Código de Processo Civil*. Rio de Janeiro: Forense, 1973, t. II, p. 306.
27. BARBI, Celso Agrícola. *Comentários ao Código de Processo Civil*, cit., n. 653, p. 302; DALL'AGNOL, Antonio. *Comentários ao Código de Processo Civil*. 2ª ed. São Paulo: RT, 2007, p. 80.
28. BARBI, Celso Agrícola. *Comentários ao Código de Processo Civil*, cit., n. 653, p. 302.

ser explícita. Ao praticar qualquer ato de um processo, o juiz está assumindo competência para presidi-lo ou para nele atuar[29]. O ato de despachar a petição inicial ou de determinar a citação do réu já contém a afirmação implícita de competência; para afirmar-se competente, o juiz não precisa fazê-lo explicitamente[30].

O conflito positivo, considerado menos frequente que o negativo[31], ocorre, na maioria das vezes, em casos de competência funcional, quando dois ou mais juízes podem ser competentes para o mesmo processo, para o mesmo caso, sucessivamente[32].

A competência funcional consiste exatamente em se distribuírem tarefas diversas a diferentes juízes, no mesmo processo. É possível, com efeito, que a lei atribua a instrução a um juiz, a decisão a outro e o cumprimento da sentença a um terceiro[33]. Se o juiz que deveria só decidir, resolve instruir, atuando paralelamente ao que tem a atribuição de conduzir a instrução, haverá conflito positivo de competência.

De igual modo, quando um juiz depreca algum ato a outro, que se recusa a praticá-lo, porque se entende o único competente, ou quando o inventário é requerido por pessoas diversas em foros diferentes, haverá mais de um juízo processando o mesmo inventário. Nessas hipóteses, há conflito positivo de competência[34].

No plano vertical, não há conflito de competência funcional: o juízo de primeira instância e o tribunal ao qual ele estiver vinculado podem atuar, no mesmo processo, sucessivamente, sem que haja conflito.

O conflito de competência positivo ocorre, enfim, quando dois ou mais juízes se consideram competentes para o mesmo ato, ou para a mesma fase de um processo.

5.3. Conflito negativo

O inciso II do art. 66 do CPC dispõe que há conflito de competência quando "2 (dois) ou mais juízes se consideram incompetentes, atribuindo um ao outro a competência".

29. TORNAGHI, Hélio. *Comentários ao Código de Processo Civil*. São Paulo: RT, 1974, v. I, p. 367; BARBI, Celso Agrícola. *Comentários ao Código de Processo Civil*, cit., n. 648, p. 300. Cabe ressalvar os casos em que a demanda foi proposta duplamente, estando um processo num juízo e o outro em juízo diverso. Nesse caso, há litispendência, devendo o segundo processo ser extinto, e não ser suscitado conflito de competência. Só haverá conflito de competência, se houver efetiva discussão sobre a competência (MOREIRA, José Carlos Babosa. "Conflito positivo e litispendência". *Temas de direito processual*: segunda série. São Paulo: Saraiva, 1980, p. 45-48).
30. MIRANDA, Francisco Cavalcanti Pontes de. *Comentários ao Código de Processo Civil*. Rio de Janeiro: Forense, 1973, t. II, p. 302.
31. ASSIS, Araken. *Processo civil brasileiro*. São Paulo: RT, 2015, v. I, n. 471, p. 1.198.
32. TORNAGHI, Hélio. *Comentários ao Código de Processo Civil*, cit., p. 367.
33. TORNAGHI, Hélio. *Comentários ao Código de Processo Civil*, cit., p. 367.
34. Exemplos dados por: BARBI, Celso Agrícola. *Comentários ao Código de Processo Civil*, cit., n. 648, p. 300.

Contrariamente ao que sucede no conflito positivo, no negativo é preciso que haja expressa manifestação de ambos os juízes. O juiz a quem o autor endereçou a demanda declara sua própria incompetência e remete os autos ao que considera competente. Este, por sua vez, pode também se reconhecer incompetente, afirmando a competência do anterior.

Se o juízo A encaminha ao juízo B, só haverá conflito se o B, discordando do A, entender que é deste, e não sua, a competência. Caso, porém, o juízo B determine a remessa dos autos ao juízo C, não haverá conflito de competência, pois não terá discordado do juízo anterior, que lhe houvera encaminhado antes os autos. Se C discordar de A ou de B e entender que um deles é o competente, aí surgirá o conflito. Caso, entretanto, C determine a remessa dos autos a D, não haverá conflito, pois não houve discordância sua em relação a um dos juízos anteriores.

É exatamente isso que está estabelecido no parágrafo único do art. 66 do CPC, ao dispor que o juiz que não acolher a competência declinada deverá suscitar o conflito, *salvo se a atribuir a outro juízo*.

O conflito negativo é o mais comum deles[35].

5.4. Controvérsia acerca da reunião ou da separação de processos

Também há conflito de competência, segundo o inciso III do art. 66 do CPC, quando "entre 2 (dois) ou mais juízes surge controvérsia acerca da reunião ou separação de processos".

A hipótese se subsome numa das outras duas[36]: se um juiz entende que o processo que tramita em outro juízo deve ser reunido ao que ele preside, mas há discordância deste último, surge conflito positivo acerca da competência para o segundo processo. Se, por outro lado, um juiz sustenta que deve separar em dois o processo que está sob sua condução, remetendo um deles a outro juízo, mas este último discorda, surge um conflito negativo[37]. Nesta última hipótese, sendo o conflito negativo, é preciso, como se viu, que o segundo juiz afirme a competência do primeiro; se ele afirma a de um terceiro, não haverá conflito[38].

Para que haja o conflito de competência, nessa hipótese do inciso III do art. 66 do CPC, o Superior Tribunal de Justiça considera necessário que haja,

35. ASSIS, Araken. *Processo civil brasileiro*, cit., n. 471, p. 1.198.
36. MIRANDA, Francisco Cavalcanti Pontes de. *Comentários ao Código de Processo Civil*. Rio de Janeiro: Forense, 1973, t. II, p. 303; DALL'AGNOL, Antonio. *Comentários ao Código de Processo Civil*. 2ª ed. São Paulo: RT, 2007, p. 80.
37. TORNAGHI, Hélio. *Comentários ao Código de Processo Civil*, cit., p. 368.
38. BARBI, Celso Agrícola. *Comentários ao Código de Processo Civil*, cit., n. 649, p. 301.

antes, a divergência entre os juízos. Se não houver decisões de dois ou mais juízes controvertendo acerca da reunião de processos, não é possível ser suscitado o conflito de competência[39].

5.5. Legitimidade para suscitar o conflito

O conflito de competência pode ser suscitado por qualquer das partes, pelo Ministério Público ou pelo juiz (CPC, art. 951). O Ministério Público somente atuará nos conflitos relativos aos processos em que se faça necessária sua intervenção (CPC, art. 178), mas será considerado parte nos que suscitar (CPC, art. 951, parágrafo único).

Por terem interesse que o processo tramite no juízo competente, *qualquer* das partes pode suscitá-lo[40]. É irrelevante que haja, anteriormente, alegado incompetência absoluta (CPC, art. 337, II) e conexão (CPC, 337, VIII). Pela contestação ou por qualquer outro meio – já que essas matérias não são alcançadas pela preclusão (CPC, arts. 337, § 5º, e 342, II) –, a parte suscita a incompetência do juízo ou pede a reunião ou separação de causas. O juiz pode acolher a alegação, mas o outro juiz, para quem for encaminhados os autos, pode discordar, surgindo aí um conflito de competência.

A parte pode, enfim, alegar incompetência absoluta e conexão. Sua atividade é supletiva da atuação oficial. O órgão jurisdicional pode conhecer de ofício, mas a parte pode alegar, destacar, lembrar, suscitar a questão. A parte pode, a um só tempo, alegar a incompetência absoluta, a conexão entre processos e suscitar o conflito de competência. As medidas são concorrentes. A restrição legal diz respeito à alegação de incompetência relativa. Esta não pode ser simultânea da suscitação do conflito de competência. O conflito pode ser *sucessivo* à exceção de incompetência, mas não *simultâneo*.

Alegada a incompetência relativa, o art. 952 do CPC pré-exclui a possibilidade de a parte suscitar o conflito de competência. O dispositivo assim enuncia: *"Não pode suscitar conflito a parte que, no processo, arguiu incompetência relativa"*. A disposição não encerra uma novidade no sistema brasileiro,

39. STJ, 2ª Seção, AgInt no CC 162.816/GO, rel. Min. Raul Araújo, j. 14.8.2019, *DJe* 27.8.2019. No mesmo sentido: STJ, 2ª Seção, AgInt no CC 150.449/RJ, rel. Min. Antonio Carlos Ferreira, j. 14.3.2018, *DJe* 23.3.2018.

40. Embora a disposição normativa utilize-se da expressão *qualquer das partes*, o Superior Tribunal de Justiça já entendeu que o autor da demanda não pode suscitar o conflito de competência, por ter já feito a opção, faltando-lhe interesse processual em sua suscitação (STJ, 2ª Seção, AgInt no CC 156.222/PR, rel. Min. Nancy Andrighi, j. 14.5.2019, *DJe* 16.5.2019). Tratando-se de competência absoluta, é evidente que há o interesse de *qualquer* das partes para suscitar o conflito, pois todas elas têm interesse de ver o caso ser julgado pelo juízo *absolutamente* competente, até mesmo para evitar o risco de futura ação rescisória (CPC, art. 966, II).

reproduzindo o que já constava do art. 117 do CPC-1973 (*"Não pode suscitar conflito a parte que, no processo, ofereceu exceção de incompetência"*) e, igualmente, do art. 805 do CPC-1939 (*"Não poderá suscitar conflito a parte que, na causa, houver oposto exceção de incompetência de juízo"*).

Na época do CPC-1939, a doutrina questionava o dispositivo, considerando-o uma "disposição injustificável"[41]. É que não havia, àquela altura, distinção nos regimes jurídicos das incompetências absoluta e relativa. Ambas se submetiam às mesmas regras. No CPC-1973, passou a haver diferença de regimes jurídicos: uma era submetida à preclusão; a outra, não. Uma poderia ser conhecida de ofício; a outra dependia de alegação do réu. Uma seria alegada em preliminar de contestação ou por meio de simples petição, oferecida a qualquer tempo; a outra, por meio de exceção de incompetência. Daí se passou a entender que a regra poderia ser justificável, incidindo apenas em relação à alegação de incompetência relativa[42].

No sistema do atual CPC, tanto a incompetência absoluta como a relativa são alegadas em preliminar de contestação, mas todas as outras diferenças que existiam no sistema do CPC-1973 persistem. É por isso que o art. 952 do atual CPC proíbe o conflito apenas enquanto não julgada a alegação de incompetência *relativa*.

A exceção de incompetência relativa integra a contestação, sendo uma de suas preliminares (CPC, art. 337, II). O art. 952 do CPC incide apenas no caso de ter sido alegada incompetência relativa, não alcançando as alegações de incompetência absoluta e de conexão.

Se a parte suscita a incompetência relativa do foro, é porque entende que o processo há de tramitar em outro foro, que entende ser o competente. A parte que apresentou exceção de incompetência entende que o foro por onde tramita o processo é incompetente, sendo competente o que indicou em sua exceção. Não há, ainda, conflito de competência. Enquanto não houver resolução acerca da exceção, o réu não pode suscitar o conflito[43].

Excepcionado o foro e rejeitada a exceção, não há conflito, não podendo o réu suscitá-lo[44]. Se, porém, for acolhida a exceção e o juízo declinado aceita a

41. AMERICANO, Jorge. *Comentários ao Código de Processo Civil do Brasil*. São Paulo: Livraria Acadêmica, 1942, v. 3º, p. 403.
42. DALL'AGNOL, Antonio. *Comentários ao Código de Processo Civil*. 2ª ed. São Paulo: RT, 2007, p. 84-85.
43. ASSIS, Araken. *Processo civil brasileiro*, cit., v. I, n. 472.3, p. 1.201.
44. Se ambas as partes alegam a incompetência relativa, podem suscitar o conflito de competência. Em outras palavras, a arguição de incompetência relativa por ambas as partes afasta o óbice previsto no art. 952 do CPC. *Nesse sentido*. STJ, 2ª Seção, AgInt nos EDcl no CC 156.994/SP, rel. Min. Raul Araújo, rel. p/ acórdão Min. Luis Felipe Salomão, j. 10.10.2018, *DJe* 20.11.2018. *No mesmo sentido*: STJ, 2ª Seção, EDcl no CC 139.782/GO, rel. Min. João Otávio de Noronha, j. 25.11.2015, *DJe* 27.11.2015; STJ, 2ª Seção, CC 94.897/DF, rel.

causa, não há também conflito, pois as decisões judiciais convergem no mesmo sentido. Não havendo aceitação pelo juízo declinado, este irá, então, suscitar o conflito. Nesse caso, poderá a parte também suscitar o conflito.

Na verdade, o que se observa é que o art. 952 do CPC impede a *convivência* da exceção e do conflito, suscitados pela mesma parte, e não o uso *sucessivo* da exceção e do conflito[45]. Se, por exemplo, o réu excepciona o foro e vê acolhida sua exceção, com a remessa dos autos ao juízo competente, mas veio, posteriormente, a surgir um conflito entre este e *qualquer outro* juízo. Nessa hipótese, é evidente que a parte que excepcionou a competência pode suscitar o conflito[46]. Quer isso dizer que o oferecimento da exceção de incompetência não impede a suscitação do conflito de competência quando o objeto deste for distinto do daquela.

6. CONFLITO DE COMPETÊNCIA EM COMPARTILHAMENTO POR ATOS CONCERTADOS

A competência pode ser compartilhada por meio de atos concertados. O § 2º do art. 69 do CPC contém um rol exemplificativo de atos concertados. Assim, os juízes podem estabelecer procedimento para obtenção e apresentação de provas, para efetivação de tutela provisória, para execução de decisões judiciais, para centralização de processos repetitivos.

O procedimento estabelecido pelos juízes pode consistir na divisão de tarefas num mesmo processo. O acerto feito entre eles deve ser divulgado junto às partes.[47] Pode, por exemplo, um ficar responsável pelas comunicações processuais, outro pela instrução processual e um terceiro pela decisão final. Haverá, nesse exemplo, uma repartição de competências entre os juízos.

Tal repartição pode ser *desrespeitada*. O campo de atuação de um juízo pode ser invadido pelo outro ou vice-versa. Nesse caso, haverá um conflito positivo de competência, pois ambos estarão exercendo a mesma competência no mesmo processo. O conflito pode ser instaurado para que seja controlada a atividade compartilhada entre os juízes e se restaure o que fora estabelecido.

Min. Aldir Passarinho Junior, j. 10.12.2008, *DJe* 2.2.2009; STJ, 2ª Seção, AgRg no CC 96.553/SP, rel. Min. Luis Felipe Salomão, j. 24.6.2009, *DJe* 1º.7.2009.

45. ASSIS, Araken. *Processo civil brasileiro*, cit., v. I, n. 472.3, p. 1.202; BUENO, Cassio Scarpinella. *Curso sistematizado de direito processual civil*. 8ª ed. São Paulo: Saraiva, 2019, v. 2, p. 440; ZUFELATO, Camilo. Comentários ao art. 951. *Comentários ao Código de Processo Civil*. Cassio Scarpinella Bueno (coord). São Paulo: Saraiva, 2017, v. 4, p. 136.
46. TORNAGHI, Hélio. *Comentários ao Código de Processo Civil*, cit., p. 370.
47. O art. 5º da Resolução CNJ nº 350, de 27 de outubro de 2020, prevê, em seu inciso III, que a cooperação judiciária nacional *"deve ser documentada nos autos, observadas as garantias fundamentais do processo"*, estabelecendo, ainda, no inciso V, o dever de comunicação às partes do processo.

Também é possível que se verifique um conflito negativo de competência: um juiz pode deixar de praticar o ato, por considerar que deveria ser realizado pelo outro juízo e vice-versa. Ambos entendem ser incompetentes ou consideram, mutuamente, que o competente é o outro. Haverá, então, um conflito negativo de competência.

A doutrina anterior ao atual Código de Processo Civil já aventava exemplos que podem ser utilizados como parâmetro ou diretriz que confirma o cabimento do conflito de competência na cooperação judiciária por atos concertados. Colha-se, a propósito, o exemplo apresentado por José Carlos Barbosa Moreira:

> "Pode imaginar-se a hipótese de dois magistrados (titular e auxiliar, por exemplo) que exerçam suas funções no mesmo juízo, segundo critério predeterminado de divisão do trabalho, e, divergindo eventualmente, em relação a certo feito, no entendimento do critério, venham nele a realizar, ambos, atos que só por um dos dois deveriam ser realizados"[48].

No exemplo aventado por Barbosa Moreira, há uma divisão de tarefas entre dois juízes. Em tal exemplo, é possível, como ele mesmo demonstra, o conflito de competência para resolver o problema.

Tal situação pode igualmente ocorrer num compartilhamento de competências. Se os juízes dividem atribuições num mesmo processo, mas isso vem, posteriormente, a ser descumprido ou desrespeitado, será possível o uso do conflito de competência para controlar e corrigir a distorção, o descumprimento ou o desrespeito à divisão estabelecida previamente. E o conflito aqui será positivo, podendo, como em qualquer outra hipótese, ser suscitado por um dos juízes, pelo Ministério Público ou por uma das partes do processo.

Há, realmente, conflito positivo de competência para se verificar "..., *se é ele próprio o juiz competente, porque no juízo há mais de um juiz, dividindo-se por matéria entre eles os processos, ou porque temporariamente respondeu pela vara substituto, surgindo desentendimento sobre a ocorrência ou não de vinculação (art. 132)*"[49].

Araken de Assis, ao discorrer sobre as hipóteses de conflito positivo de competência, invoca o seguinte exemplo:

> "..., no mesmo juízo atuam pretor e juiz de direito, distribuindo-se entre eles os feitos em razão do valor e, nesse âmbito, em razão da matéria. Bem pode acontecer de tanto o juiz de direito, quanto

48. MOREIRA, José Carlos Babosa. "Conflito positivo e litispendência". *Temas de direito processual:* segunda série. São Paulo: Saraiva, 1980, p. 45.
49. DALL'AGNOL, Antonio. *Comentários ao Código de Processo Civil.* 2ª ed. São Paulo: RT, 2007, p. 78.

> o pretor oficiar em determinado processo, havendo divergência quanto à natureza da causa, se incluída, ou não, no âmbito das que incumbem ao pretor processar e decidir segundo a lei local. A essa hipótese calha, perfeitamente, a lição que inexiste necessidade de decisão explícita, afirmando a própria competência pois a prática de qualquer ato significa a assunção da própria competência"[50].

Embora o exemplo se refira à divisão de atribuições entre um juiz de direito e um juiz leigo, a configuração da situação serve como parâmetro para os casos de compartilhamento de competências. A divisão de tarefas, estabelecida previamente, entre juízes diversos pode vir a ser descumprida e isso pode ser controlado ou corrigido por um conflito de competência.

Como já se disse, esse conflito é positivo. Não é, portanto, necessário que haja prévia declaração dos juízes de que há ou não competência. Não é igualmente necessário haver discussão entre eles sobre a competência ou a invasão de um nas atribuições do outro. No conflito positivo de competência, não se exige prévia manifestação dos juízes.

Enfim, cabe o conflito positivo de competência em casos de divisão de tarefas, no mesmo processo, entre juízes diversos.

É possível, de igual modo, que haja um conflito negativo, quando ambos deixem de atuar, por entenderem, mutuamente, que a competência específica é do outro juízo. Assim, cabe, nesse caso, conflito negativo de competência para que se estabeleça de quem é a atribuição de praticar aquele ato que não é realizado por nenhum deles.

O conflito de competência é, portanto, um instrumento adequado a corrigir o desrespeito ao compartilhamento por atos concertados estabelecido previamente pelos juízes.

Antes mesmo de suscitar o conflito, qualquer das partes pode requerer aos juízes que corrijam sua atuação[51]. Tal requerimento não consiste em etapa prévia à suscitação do conflito, não sendo requisito para sua instauração. De igual modo, tal requerimento não impede que se instaure o conflito de competência perante o tribunal competente para apreciá-lo.

Não se aplica, na hipótese ora aventada, a proibição contida no art. 952 do CPC. Primeiro, porque o requerimento feito por uma das partes aos juízes

50. ASSIS, Araken. *Processo civil brasileiro*, cit., v. I, n. 471, p. 1.198.
51. Nesse sentido, o art. 8º da Resolução nº 350/2020, do CNJ, prevê, no seu § 3º: *"Na forma do artigo 357, 1º, do Código de Processo Civil, as partes poderão também requerer esclarecimentos e solicitar ajustes nos atos de cooperação praticados."*

que compartilham suas competências não é nem pode ser equiparado a uma exceção de incompetência relativa. Além disso, a regra decorrente do disposto no art. 952 do CPC é especial, aplicando-se apenas na hipótese específica a que se refere. O atributo da especialidade deriva de um juízo de comparação entre duas disposições normativas[52]. Comparando o art. 952 do CPC com as demais disposições relativas ao conflito de competência, conclui-se que a sua suscitação somente sofre limitação ou impedimento em caso de prévia arguição de incompetência *relativa*. Em qualquer outro caso, e em qualquer outro tipo de competência questionada, não há tal limitação ou tal impedimento.

Significa que há instrumentos concomitantes para o controle da atuação concertada em casos de compartilhamento de competências. A parte interessada pode pedir aos juízes que corrijam o descumprimento do compartilhamento previamente estabelecido ou suscitar o conflito de competência ao tribunal. As duas iniciativas podem ser concomitantes, não incidindo o óbice previsto no art. 952 do CPC.

Não é demais repetir que o conflito de competência é um instrumento adequado a corrigir o desrespeito ao compartilhamento por atos concertados estabelecido previamente pelos juízes. Além do conflito, um simples requerimento, dirigido aos juízes que compartilham suas competências, também se revela como um outro instrumento adequado a tanto.

7. O COMPARTILHAMENTO DE COMPETÊNCIA COMO MEIO PARA PREVENIR OU EVITAR O CONFLITO DE COMPETÊNCIA

Os juízes podem compartilhar competências, evitando a instauração de um conflito. Num trocadilho, é possível *concertar* atos para *consertar* eventual conflito de competência. Em vez de disputarem a mesma competência, os órgãos jurisdicionais podem compartilhá-la.

O conflito de competência destina-se, como se viu, a decidir uma disputa entre órgãos jurisdicionais: um ou mais juízos afirmam ser ou não competentes para processar e julgar o processo ou, simplesmente, para praticar determinado ato. Se, em vez de disputarem a competência, resolverem compartilhá-la, não haverá conflito.

Ao examinar o Recurso Especial 1.803.250-SP, a 3ª Turma do Superior Tribunal de Justiça entendeu que é possível a penhora de cotas sociais de sociedade que se encontra em recuperação judicial. O julgado funda-se nos arts, 69, 789 e 861 do CPC.

52. IRTI, Natalino. *L'età della decodificazione*. 4ª ed. Milano: Giuffrè, 1999, p. 53-54.

O que ressalta a atenção, para o presente ensaio, é o trecho do voto-vista vencedor, do Ministro Ricardo Villas Bôas Cueva, que afirma: *"Assim, eventual interferência da penhora de quotas sociais na recuperação judicial da empresa deve ser analisada com o decorrer da execução, não podendo ser vedada desde logo, podendo os juízes (da execução e da recuperação judicial) se valerem do instituto da cooperação de que trata do artigo 69 do Código de Processo Civil de 2015".*

Esse ponto do voto do Ministro que conduziu o julgamento merece destaque e denota a importância do tema da cooperação judiciária nacional. A penhora determinada por um juízo pode interferir na recuperação judicial da empresa, conduzida por outro juízo. Em vez de um deles suscitar o conflito de competência, ambos podem cooperar entre si, mediante ato concertado, estabelecendo limites recíprocos: pode haver a penhora, a alienação do bem, mas o produto ser destinado ao cumprimento do plano de recuperação, ou haver ressalvas ou ajustes concertados entre eles.

Já se viu que a cooperação judiciária destina-se a concretizar a eficiência processual. Os juízes devem compartilhar competências, a fim de se ter mais eficiência no processo em que praticam atos concertados.

Os atos conjuntos ou concertados servem para compartilhar competências, evitando, assim, que haja conflito de competência.

8. O COMPARTILHAMENTO DE COMPETÊNCIA COMO MEIO PARA SOLUCIONAR O CONFLITO DE COMPETÊNCIA

Como se viu no item anterior, os atos concertados podem evitar a suscitação de um conflito de competência. É possível, porém, que não se compartilhem competências e seja, então, suscitado o conflito entre os juízos.

O conflito de competência destina-se, como se viu, a solucionar uma disputa sobre a competência de órgãos jurisdicionais. Um tribunal decidirá esse conflito. Há aí uma medida heterocompositiva sobre um poder jurisdicional: tribunal decidirá, estabelecerá, definirá a quem toca, a quem compete processar e julgar a causa ou atuar na prática de determinado ato processual.

No curso do conflito de competência, o relator ou o próprio colegiado pode convocar os juízos em conflito para que ajustem, concertem ou compartilhem suas competências. Nesse caso, em vez de uma solução heterocompositiva, haveria uma solução consensual ou autocompositiva (CPC, art. 3º, § 3º).

Convém lembrar o julgamento mencionado no item anterior: o STJ, ao julgar o Recurso Especial 1.803.250-SP, entendeu ser possível a penhora de cotas sociais de sociedade que se encontra em recuperação judicial e sinalizou que eventual interferência da penhora na recuperação judicial da empresa poderia ser solucionada por cooperação entre os juízos. Feita a cooperação, seria evitada, como já dito no item anterior, o conflito de competência. Não realizada a cooperação, o conflito pode ser suscitado. No curso do conflito, os juízos poderiam cooperar entre si e *concertar* para *consertar*, eliminando o conflito.

Quer isso dizer que o conflito de competência também pode servir de palco adequado para que os juízos compartilhem suas competências, eliminando-o.

A possibilidade de competência compartilhada por atos concertados impacta na solução do conflito de competência. Se é possível que mais de um juiz passe, por atos concertados, a atuar no mesmo processo e se tal compartilhamento tem por finalidade a eficiência processual, é possível que, nessa atuação conjunta, elimine-se o conflito de competência instaurado entre os juízos.

O tribunal competente para apreciar e julgar o conflito de competência pode, então, durante o processamento do conflito, convocar os juízos para que realizem o compartilhamento e passem a atuar de forma concertada.

O conflito poderá ser suscitado por qualquer um dos juízes, pelo Ministério Público ou por uma das partes do processo (CPC, art. 951). Os juízes precisam ser ouvidos, a fim de esclarecerem a possibilidade de realizarem atos concertados no processo (CPC, art. 954). É fundamental que as partes também sejam ouvidas em prol do contraditório (CPC, arts. 9º e 10). A decisão do tribunal ou o compartilhamento feito pelos juízos, no conflito de competência, há de ser precedido de contraditório.

9. CONCLUSÕES

O conflito de competência é instrumento adequado a controlar o compartilhamento de competências por atos concertados, para corrigir o desrespeito ao próprio compartilhamento estabelecido previamente pelos juízes.

O compartilhamento de competências pode evitar o conflito de competência ou este pode ser solucionado pela convocação dos juízos em conflito para acertarem, concertarem ou compartilharem suas competências.

10. REFERÊNCIAS

AMERICANO, Jorge. *Comentários ao Código de Processo Civil do Brasil*. São Paulo: Livraria Acadêmica, 1942, v. 3º.

ASSIS, Araken. *Processo civil brasileiro*. São Paulo: RT, 2015, v. I.

BARBI, Celso Agrícola. *Comentários ao Código de Processo Civil*. 8ª ed. Rio de Janeiro: Forense, 1993, v. I.

BONUMÁ, João. *Direito processual civil*. São Paulo: Saraiva, 1946, v. 1.

BUENO, Cassio Scarpinella. *Curso sistematizado de direito processual civil*. 8ª ed. São Paulo: Saraiva, 2019, v. 2.

CABRAL, Antonio do Passo. *Juiz natural e eficiência processual*: flexibilização, delegação e coordenação de competências no processo civil. Tese apresentada no concurso de provas e títulos para o provimento do cargo de Professor Titular na Universidade Estadual do Rio de Janeiro. Rio de Janeiro: edição do autor, 2017.

CAMPOS, Eduardo Luiz Cavalcanti. *O princípio da eficiência no processo civil brasileiro*. Rio de Janeiro: Forense, 2018.

CAMPOS, Maria Gabriela. *O compartilhamento de competências no processo civil*: um estudo do sistema de competências sob o paradigma da cooperação nacional. Salvador: Juspodivm, 2020.

DALL'AGNOL, Antonio. *Comentários ao Código de Processo Civil*. 2ª ed. São Paulo: RT, 2007.

DIDIER JR., Fredie. *Cooperação judiciária nacional*: esboço de uma teoria para o Direito brasileiro (arts. 67-69, CPC). Salvador: Juspodivm, 2020.

FERREIRA, Gabriela Macedo. Ato concertado entre juízes cooperantes: esboço de uma teoria para o direito brasileiro. *Civil procedure review*. v. 10, nº 3, set.-dez., 2019.

IRTI, Natalino. *L'età della decodificazione*. 4ª ed. Milano: Giuffrè, 1999, p. 53-54.

JATAHY, Vera Maria Barrera. *Do conflito de jurisdições*: a competência internacional da justiça brasileira. Rio de Janeiro: Forense, 2003.

MEIRELES, Edilton. Cooperação judiciária nacional. *Revista de Processo*. São Paulo: RT, v. 249, nov. 2015.

MIRANDA, Francisco Cavalcanti Pontes de. *Comentários ao Código de Processo Civil*. 2ª ed. Rio de Janeiro: Revista Forense, 1960, t. X.

______. *Comentários ao Código de Processo Civil*. Rio de Janeiro: Forense, 1973, t. II.

MOREIRA, José Carlos Babosa. "Conflito positivo e litispendência". *Temas de direito processual*: segunda série. São Paulo: Saraiva, 1980.

TORNAGHI, Hélio. *Comentários ao Código de Processo Civil*. São Paulo: RT, 1974, v. I.

ZUFELATO, Camilo. Comentários ao art. 951. *Comentários ao Código de Processo Civil*. Cassio Scarpinella Bueno (coord). São Paulo: Saraiva, 2017, v. 4.

CAPÍTULO 23

Cooperação judiciária nacional e conflito de competência[1]

Edilton Meireles[2]

Sumário: 1. Introdução – 2. Da reunião para evitar decisões conflitantes ou contraditórias – 3. Da reunião, apensamento ou centralização de processos por cooperação – 4. Do conflito de competência – 5. Conclusão – Referências.

1. INTRODUÇÃO

O Código de Processo Civil de 2015 inovou de forma significativa quando tratou das hipóteses de deslocamento de competência.

Além das tradicionais regras de alteração da competência em face da conexão e continência, e, ao lado dos deslocamentos provocados por incidentes processuais (IRDR, IAC, etc.), o CPC de 2015 estabeleceu duas novas hipóteses de mudança de competência.

A primeira delas está prevista no § 3º do art. 55 do CPC ao estabelecer que "Serão reunidos para julgamento conjunto os processos que possam gerar risco de prolação de decisões conflitantes ou contraditórias caso decididos separadamente, mesmo sem conexão entre eles".

Já a segunda está prevista no art. 69, inciso II, c/c seu § 2º, inciso VI, que estabelecem que "O pedido de cooperação jurisdicional deve ser prontamente atendido, prescinde de forma específica e pode ser executado como... II – reunião ou apensamento de processos" ou para "§ 2º... VI – a centralização de processos repetitivos".

Ao lado dessas duas novas hipóteses de deslocamento, como não poderia deixar de ser, o novo CPC estabeleceu a possibilidade de se suscitar o conflito de competência quando "III – entre 2 (dois) ou mais juízes surge controvérsia acerca da reunião ou separação de processos" (art. 66).

---

1. Artigo atualizado, revisto e ampliado. Publicado originariamente com o título "Reunião de processos, cooperação e conflito de competência" na Revista de Processo, v. 294, p. 77-94, agosto, 2019.
2. Pós-doutor em Direito pela Faculdade de Direito da Universidade de Lisboa. Doutor em Direito pela Pontifícia Universidade Católica de São Paulo (PUC/SP). Professor de Direito Processual Civil na Universidade Federal da Bahia (UFBa). Professor de Direito na Universidade Católica do Salvador (UCSal). Desembargador do Trabalho na Bahia (TRT 5ª Região).

Ainda pouco estudado e destacado pela doutrina processual mais recente, neste trabalho procura-se debater sobre a incidências dessas novas regras a partir de pesquisa que utiliza o método dedutivo, com revisão da literatura, análise da jurisprudência e interpretação dos textos normativos.

2. DA REUNIÃO PARA EVITAR DECISÕES CONFLITANTES OU CONTRADITÓRIAS

Ao lado da conexão e da continência, o CPC, trazendo relevante inovação, estabeleceu, no § 3º do art. 55, que também "Serão reunidos para julgamento conjunto os processos que possam gerar risco de prolação de decisões conflitantes ou contraditórias caso decididos separadamente, mesmo sem conexão entre eles".

O primeiro destaque a merecer a atenção a este dispositivo é o fato de ele utilizar da mesma expressão verbal mencionada pelo legislador quando se refere à conexão e à continência. Ou seja, nas três hipóteses o legislador dispõe que os processos "serão" reunidos, seja por conexão (§ 1º, art. 55), por continência (art. 57, in fine)[3], ou quando "possam gerar risco de prolação de decisões conflitantes ou contraditórias caso decididos separadamente". Logo, nas três hipóteses não se trata de uma faculdade, mas de uma disposição impositiva.

A questão, porém, é delimitar quando se está diante de demandas que "possam gerar risco de prolação de decisões conflitantes ou contraditórias caso decididos separadamente".

Fredie Didier sustenta que este dispositivo trata de outra hipótese de "conexão, mais aberta e, por isso, mais flexível"[4]. Defende que, neste caso, a "conexão" [a reunião] caberá "se a mesma relação jurídica estiver sendo examinada em ambos os processos, ou se diversas relações jurídicas, mas entre elas houver um vínculo de prejudicialidade ou preliminariedade - sobre as prejudiciais e as preliminares"[5].

Cita como exemplo, para a primeira hipótese, as demandas nas quais se pede o despejo por falta de pagamento e a ação de consignação dos alugueres quando diante da mesma relação de locação. Já em relação à segunda hipótese, Fredie Didier exemplifica com as demandas de investigação de paternidade e de alimentos, nas quais se está diante de duas relações jurídicas distintas (de filiação e de alimentos, respectivamente), com vínculo de prejudicialidade.

Parece, no entanto, que se pode resumir essa hipótese de reunião às situações nas quais se debata sobre a existência ou inexistência de uma mesma

---

3. A reunião por continência somente caberá se a ação contida tiver sido proposta anteriormente. Do contrário, a ação contida deverá ser extinta sem resolução de mérito.
4. Fredie Didier Jr., Curso de direito processual civil, V. 1, 22 ed., p. 289.
5. Fredie Didier Jr., Curso de direito processual civil, V. 1, 22 ed., p. 289.

relação jurídica, ainda que de forma incidental suscitada como matéria de defesa. Isto porque, mesmo quando diante de um vínculo de prejudicialidade ou preliminariedade, na realidade, o que liga uma demanda a outra é o debate sobre a mesma relação jurídica base, ainda que como causa de pedir remota ativa ou como matéria de defesa (causa de pedir remota de contestação)[6].

Parta-se dos exemplos dado por Fredie Didier. Na hipótese das ações de despejo por falta de pagamento e de consignação dos alugueres, o risco de decisão conflitante ou contraditória haverá se se debate sobre a existência ou inexistência da mesma relação jurídica obrigacional (os mesmos alugueres afirmados como não pagos e que se deseja consignar por recusa injusta do credor em recebê-los). A decisão será contraditória entre si se numa demanda se decidir pelo não pagamento e na outra se decidir que a recusa do credor (locador) em receber os alugueres foi injustificada. Neste caso, então, uma decisão afirma a existência da relação jurídica de débito a justificar o despejo, enquanto a outra reconhece a inexistência da relação jurídica obrigacional, declarando sua quitação com a consignação.

Já no segundo exemplo dado por Fredie Didier são mencionas as demandas de investigação de paternidade e de alimentos, nas quais se estaria diante de duas relações jurídicas distintas (de filiação e de alimentos, respectivamente). Contudo, neste caso, o vínculo entre as demandas estaria no fato de que em ambas se debate sobre a existência ou inexistência da relação jurídica base, isto é, de filiação. Assim, ainda que uma ação seja prejudicial (paternidade) a outra (de alimentos), o que gera o risco de decisões contraditórias é a possibilidade de numa se reconhecer a paternidade e na outra, de forma incidental, decidir de forma contrária.

Vejam que essas duas espécies de ações não são conexas entre si, ainda que possam ser cumuladas. Isto porque uma tem como causa de pedir (remota passiva) a alegação de não reconhecimento da filiação (ausência da declaração de filiação por parte do investigado), já a segunda tem como causa de pedir (remota passiva) o não pagamento dos alimentos. Ambas, no entanto, têm a mesma causa de pedir remota ativa, isto é, a relação jurídica de filiação (parentesco). Contudo, somente haveria conexão se fossem comuns a mesma causa de pedir remota passiva, isto é, o fato contrário ao direito, o que não ocorre neste exemplo, já que distintos os fundamentos fáticos dos pedidos (não declaração de paternidade; não pagamento dos alimentos).

Nesse exemplo, o elo entre as demandas de paternidade e de alimentos decorre do fato de se debater sobre a mesma causa de pedir remota ativa, qual seja, a relação jurídica de filiação.

---

6. Sobre este tema, cf. LINO, Daniela Bermudes. Conexão e afinidade: Critérios para compreensão dos artigos 55, §3º e 69, §2º, II e VI do Código de Processo Civil, passim.

Assim, a princípio, a reunião prevista no § 3º do art. 55 do CPC apenas tem lugar quando diante de ações nas quais se discuta sobre a existência ou inexistência de uma mesma relação jurídica, ainda que de forma incidental em matéria de defesa.

Essa reunião de ações deve ser reconhecida, por sua vez, somente em face da matéria de defesa incidental, já que a possibilidade de decisões conflitantes ou contraditórias pode vir a existir apenas a partir das alegações de contestação. Basta citar com os exemplos das ações de cobrança de aluguéres com a de despejo para uso próprio. Nesta hipótese, as ações não são conexas, pois fundadas em causas distintas (falta de pagamento; necessidade para uso próprio), com pedidos distintos (pagamento e despejo). Mas o demandado pode, em ambas, alegar a inexistência da relação de locação. Pode afirmar, v.g., que existia uma relação de comodato.

Assim, nesse exemplo, nas duas demandas, de forma incidental, em face da contestação, o juiz há de decidir sobre a existência ou inexistência da relação jurídica de locação (podendo gerar, inclusive, a coisa julgada). Logo, pode-se afirmar que o que o § 3º do art. 55 do CPC dispõe é sobre a reunião de demandas que tem em comum o debate sobre a existência ou inexistência de uma relação jurídica base, de modo a se evitar decisões contraditórias entre elas.

Aqui, nesse caso, a reunião não ocorre por um dos elementos da lide (causa de pedir ou pedido comum). Isso porque, quando diante da presença de um desses elementos em ambas demandas, elas devem ser reunidas por conexão. Também não se deve considerar as mesmas partes, causa e pedido, pois se estará diante da litispendência ou da coisa julgada.

A lei fala em decisões contraditórias ou conflitantes entre si. Decisão em sentido amplo, não precisando ser, necessariamente, com natureza de sentença. Pode ser simples decisão interlocutória.

Contradição existirá quando uma decisão nega o que a outra afirma. Uma declara a existência da relação jurídica e a outra nega, daí porque a necessidade de reunião. Já conflitante será a decisão que não é compatível com a outra (que vai de encontro a), ainda que não lhe contradiga.

Em ambas situações, no entanto, é exigível que se debata sobre a mesma relação jurídica, sob pena de se ampliar as hipóteses de reunião de processos com fundamento do § 3º do art. 55 do CPC de modo não razoável. Não se pode querer, assim, reunir as demandas, com base neste

Essa interpretação, por sua vez, apresenta-se mais coerente com o desejo legislativo, já que não se pode dar uma interpretação ao texto legal de modo a alargá-lo ao ponto de ter de se reunir todos os processos nos quais se discuta temas idênticos ou semelhantes (inclusive factuais) e que, em sentido amplo, podem gerar "decisões conflitantes ou contraditórias caso decididos separadamente".

E aqui cabe ressaltar que não se pode confundir decisões conflitantes ou contraditórias entre si, com decisões divergentes. Uma coisa é decidir de forma conflitante ou contraditória em face de outro provimento que se funda na mesma relação jurídica. Outra coisa é decidir de forma diversa em processos com objeto litigioso repetitivo, como, por exemplo, na hipótese de diversas ações de indenização fundada com base no mesmo fato (acidente aéreo, ambiental, etc.).

A reunião de processos repetitivos, no entanto, pode vir a ocorrer, mas não com fundamento no § 3º do art. 55 do CPC, conforme se verá adiante.

Assim, numa interpretação mais razoável, cabe restringir a hipótese do § 3º do art. 55 do CPC às demandas nas quais se debata sobre a existência da mesma relação jurídica, ainda que de forma incidental debatida como matéria de defesa.

E para decidir se as demandas devem ser reunidas cabe fazer o seguinte teste, considerando a questão/relação jurídica debatida: uma delas pode reconhecer a existência da relação jurídica debatida e a outra não reconhecer a existência da mesma relação jurídica debatida?

Se a resposta for negativa, cabe reunir os processos para que não haja o risco de decisões conflitantes ou contraditórias entre si.

Partindo do segundo exemplo dado por Fredie Didier, diante da ação de investigação de paternidade e de alimentos, nas quais se está diante de duas relações jurídicas distintas (de filiação e de alimentos, respectivamente), a questão a ser decidida, subjacente a ambas, é quanto à existência ou não da relação de filiação. Logo, ela não pode ser reconhecida em uma ação e negada na outra, sob pena de se incorrer contradição.

Nesse caso, ambas podem reconhecer a relação de filiação ou ambas podem não reconhecer, mas uma não pode reconhecer (a filiação) e a outra a negar. Logo, havendo este risco, devem as ações ser reunidas. E o mesmo se diga em face de quaisquer outras demandas na quais se debata a existência ou não da mesma relação jurídica base, ainda que ela não seja a causa de pedir passiva (o fato contrário ao direito).

A reunião, por sua vez, será obrigatória, conforme já delineado acima.

Mas o CPC de 2015 ainda estabeleceu outras hipóteses de deslocamento de competência para reunião, apensamento ou centralização de processos repetitivos. Cuida-se da hipótese previamente prevista em lei quando diante de ato de cooperação judiciária.

3. DA REUNIÃO, APENSAMENTO OU CENTRALIZAÇÃO DE PROCESSOS POR COOPERAÇÃO

O inciso II do *caput* do art. 69 e o inciso VI do § 2.º deste mesmo dispositivo legal do CPC/2015 apontam a possibilidade de reunião, apensamento ou centralização de processos por ato de cooperação concertados entre os órgãos judiciais. Vejam que não se trata de hipóteses nas quais a reunião, apensamento ou centralização decorram diretamente de imposição da lei, mas, sim, por mera faculdade dos órgãos judiciais, no exercício de poderes delegados pelo legislador.

As três medidas se assemelham, mas não se confundem. Todas estas hipóteses têm como fundamentos os princípios da economia processual, eficiência jurisdicional (art. 37, *caput*, da CF) e da igualdade. Como finalidades, essas três medidas buscam evitar, em sentido amplo, decisões conflitantes, contraditórias[7] ou que incorram em tratamento desigual por parte do Estado-juiz.

No caso, deve ser destacado que "o instituto da cooperação judiciária foi criado para permitir que a atuação dos órgãos judiciais não fique refém das formas preestabelecidas, cuja importância não se pode denegar, embora requeiram, ao seu lado, possibilidades de maior flexibilidade procedimental com vistas à garantia de maior efetividade"[8].

Esse instituto, por sua vez, revela-se, até certo ponto, revolucionário quanto a potencialidade de gestão judiciária em relação à competência jurisdicional. Isto porque a estrutura legal de organização judiciária, em relação à divisão de competência, nem sempre é eficaz para lidar com a pulverização de demandas repetitivas, afins e conexas ou que pressupõe a participação de juízes de competência distintas, o que tende a potencializar os conflitos, inclusive em decorrência do "fogo cruzado de liminares ou até conflitos de competência", o que faz com que o litígio acabe migrando, "de forma paradoxal, das partes em demanda para aqueles que têm por missão constitucional apaziguá-lo"[9].

Daí porque "o paradigma da cooperação pretende substituir o conflito pela colaboração interna entre os órgãos do Poder Judiciário"[10], inclusive como medida de gestão processual.

Pode-se, outrossim, distinguir essas três hipóteses a partir das regras impositivas de reunião, apensamento ou de centralização de processos. Dois critérios, então, destacam-se para distinguir essas situações. A primeira é a

7. Desde que todos os juízes concordem com a centralização, como lembra LINO, Daniela Bermudes. Conexão e afinidade: Critérios para compreensão dos artigos 55, §3º e 69, §2º, II e VI do Código de Processo Civil, p. 258.
8. FONSECA, João Gustavo Henriques de Morais. Cooperação judiciária processual: flexibilidade procedimental para a efetividade da jurisdição, p. 147.
9. CHAVES JÚNIOR, José Eduardo de Resende. Do conflito à cooperação judiciária, p. 96.
10. CHAVES JÚNIOR, José Eduardo de Resende. Do conflito à cooperação judiciária, p. 96.

imposição do julgamento conjunto ou não e a segunda é a existência de processos em curso contemporaneamente na mesma instância jurisdicional.

Hipóteses de reunião de processos são aquelas nas quais estes devem ser julgados conjuntamente (art. 58 do CPC). São os casos de processos conexos (art. 55, 1º, CPC), vinculados por continência (art. 57, CPC) ou para evitar decisões conflitantes ou contraditórias (§ 3º, do art. 55 do CPC). Nesta categoria se inclui, ainda, a ação de denunciação da lide, na qual os processos são reunidos desde sua origem (quando proposta pelo autor) ou por iniciativa do réu (arts. 127 e 18 do CPC).

No caso, o pressuposto da reunião é o curso dos processos contemporaneamente e sem que um tenha sido julgado. Por lógica: se não estão em curso não podem ser reunidos; da mesma forma, se um já foi julgado descabe a reunião, já que o objetivo desta medida é o julgamento em conjunto.

A hipótese de apensamento ocorre quando há processos em curso e que devem ser agrupados, sem a necessidade de serem julgados conjuntamente. Aqui se tem as hipóteses das ações acessórias (art. 61, CPC), inclusive as regressivas, os embargos à execução, os embargos de terceiros, etc.

Nessa hipótese, dada a proximidade do objeto litigioso, um dos processos deve ser apenas apensado ao outro (não reunidos), no juízo prevento, para que possam ser apreciados pelo mesmo órgão julgador, sem a necessidade de serem julgados conjuntamente. Com isso se busca evitar decisões, em sentido amplo, conflitantes ou contraditórias, além de atingir a econômica processual e a eficiência jurisdicional.

Óbvio, ainda, que, para apensamento, é necessário que as ações estejam em curso.

Distingue-se, assim, essa segunda hipótese (de apensamento) da primeira (de reunião) pelo fato de que nesta o julgamento, conforme lei, há de ser em conjunto (sem prejuízo das sentenças parciais). Naquela outra (apensamento), o juiz não precisa necessariamente julgar em conjunto as diversas demandas.

Por fim, tem-se a hipótese de centralização de processos repetitivos. Aqui se cuida de impor a prevenção do juízo para demandas repetitivas, ainda que a precedente não esteja mais em curso. Logo, não precisam ser reunidas ou julgadas conjuntamente. Um exemplo é aquele tratado no art. 28 da Lei n. 6.830/1980, que prevê a centralização das execuções fiscais no mesmo Juízo. No caso, ainda que a lei use da expressão reunir os processos contra o mesmo devedor, o que se quer é a centralização ou mesmo apensamento, já que as questões a serem decididas, eventualmente, em embargos à execução, não necessariamente guarda conexão. O vínculo a conectar os processos decorreriam, neste caso, dos atos de constrição e expropriação.

Assim, a medida de centralização de processos repetitivos se distingue da reunião ou apensamento de processos, já que naquela hipótese não há necessidade de os vários processos estarem em curso ao mesmo tempo (contemporaneamente).

Daí se tem que a reunião ou apensamento pressupõe um processo em curso a atrair outros para serem julgados conjuntamente (os reunidos) ou não (os apensados). Já na centralização basta que um processo tenha sido julgado ou esteja em curso e não seja conveniente ou possível a reunião ou apensamento. Neste caso, os processos serão centralizados no mesmo juízo, mas não necessariamente julgados conjuntamente. Pode ocorrer, inclusive, que o processo anterior já tenha sido julgado. Seria como estabelecer um juízo privativo para as demandas repetitivas que tenham o mesmo objeto.

Antonio do Passo Cabral, por exemplo, defende que a centralização de processos seria útil nas hipóteses em que outros instrumentos do microssistema de resolução de casos repetitivos não forem passíveis de utilização ou quando eles forem inconvenientes[11]. Seria o caso, por exemplo, de demandas repetitivas tratando do mesmo fato gerador do conflito[12].

Essas são situações, pois, nas quais o legislador impôs a reunião, apensamento ou centralização de processos e que servem de parâmetros para distinção das três medidas. O CPC de 2015, porém, foi adiante, e estabeleceu a possibilidade dessas três medidas decorrer de ato concertados pelos juízes e tribunais.

Por certo que os dispositivos legais que cuidam da cooperação não estão tratando dos casos tipificados em lei de reunião, apensamento ou centralização de processos. Isto porque, para tanto, nestas hipóteses de deslocamento de competência, não é preciso qualquer pedido de cooperação (art. 69, CPC/15) ou ato concertado entre os juízes (art. 68 c/c § 2º do art. 69 do CPC/15). No caso, por exemplo, de conexão, continência e outros que resultam em deslocamento de competência, com reunião, apensamento ou centralização de processos, este ato deve ser executado independentemente de qualquer pedido de cooperação a que se refere os arts. 67 a 69 do CPC.

É certo que nessas hipóteses expressamente mencionadas no Código de Processo Civil se pode falar em "cooperação" do juiz em remeter a demanda para outro juízo em caso de conexão, etc. Mas, neste caso, a remessa se faz por imperativo da lei. Não depende da vontade do juiz. Já os arts. 67 a 69 do CPC se referem a pedidos de cooperação que dependem da vontade do juiz em

11. CABRAL, Antonio do Passo. Juiz natural e eficiência processual: flexibilização, delegação e coordenação de competências no processo civil, p. 682-684.
12. VIANA, Isadora Passos Amaral. Centralização de processos e cooperação judiciária: terceiro mecanismo de resolução de casos repetitivos, p. 97-106.

sua atribuição de gestor processual. Dota-se, em verdade, aqui, o magistrado de largas atribuições para que ele possa, de modo eficiente e diante de cada caso concreto, gerir a demanda para obter a efetividade da decisão judicial de forma mais célere, evitando, em diversas hipóteses, a perda de tempo ou a prática de atos que podem se revelar inúteis ou repetitivos. Seria uma faculdade, em juízo de conveniência.

Vejam o exemplo de demandas executivas contra o mesmo devedor. Concorrendo diversas ações, seja no mesmo juízo, seja em diversos órgãos executantes, em cada um deles o oficial de justiça pode efetuar a penhora sobre o mesmo bem do devedor. Ou seja, de modo ineficiente e burocrático, os oficiais de justiça executam a mesma tarefa (realizam idêntico ato processual) em distintos processos, quando bastaria um ato de penhora, vinculando-o a diversos processos.

É, pois, pensando em hipótese como essa e tantas outras que o legislador dotou os órgãos do Judiciário com poderes de, por ato de cooperação, deliberarem sobre a reunião ou apensamento de processos ou a centralização de demandas repetitivas.

Nesse caso, a lei prevê a possibilidade de mudança de competência por ato formalizado pelos juízes ou juízos. Ou seja, a competência pode ser modificada por deliberação volitiva dos juízes cooperantes.

Poder-se-ia pensar em ferimento ao princípio do juiz natural. Isto não ocorre, porém, já que a alteração por cooperação está previamente prevista em lei. E para assim concluir é preciso ter em mente que se respeita o princípio do juiz natural quando se observa a lei definidora da competência previamente estabelecida in abstrato.

Aqui, no caso, a regra de alteração da competência por cooperação judiciária se assemelha aquela do art. 43 do CPC, que prevê que se determina "a competência no momento do registro ou da distribuição da petição inicial, ..., salvo quando suprimirem órgão judiciário ou alterarem a competência absoluta". Esse dispositivo, pois, enquanto regra de definição do juiz natural, já estabelece previamente que a competência pode ser mudada em caso de lei nova que suprime o órgão judiciário ou que altere a competência.

A regra de mudança da competência por cooperação atua da mesma forma. No caso, previamente já se definiu que a competência pode ser alterada por cooperação judiciária. Logo, respeitam-se as regras do juiz natural.

Essa alteração por cooperação, por sua vez, deve ocorrer num juízo de ponderação. Privilegia-se a eficiência e a busca da efetividade da decisão judicial, sem perder de vista que se pode ter em jogo a prevalência da econômica processual e do respeito ao tratamento isonômico (evitando decisões do Estado-juiz que dispensam tratamento desiguais a pessoas que estejam na mesma situação jurídica.).

E é o que ocorre, por exemplo, com a reunião das execuções fiscais, tal como prevista no art. 28 da Lei n. 6.830/1980. Por esse dispositivo, "o juiz, a requerimento das partes, poderá, por conveniência da unidade da garantia da execução, ordenar a reunião de processos contra o mesmo devedor". Neste caso, então, deferido o pedido, "os processos serão redistribuídos ao juízo da primeira distribuição" (parágrafo único do art. 28 da Lei 6.830/1980). Por ato de cooperação, no entanto, a reunião dar-se-á perante o Juízo que for definido pelos cooperantes.

O STJ, por sua vez, traçando os parâmetros de interpretação este dispositivo, em julgamento de recurso especial pela técnica repetitiva, pacificou o entendimento de que "a reunião de processos contra o mesmo devedor, por conveniência da unidade da garantia da execução, nos termos do art. 28 da Lei 6.830/1980, é uma faculdade outorgada ao juiz, e não um dever" (REsp 1.158.766). Deliberou, ainda, o STJ, nesta mesma decisão, que "ao revés, a reunião de diversos processos executivos, pela dicção do art. 28 da LEF, ressoa como uma faculdade do órgão jurisdicional, não se tratando de regra cogente, máxime em face do necessário juízo de conveniência ou não da medida, o que é aferível casuisticamente".

Vê-se, assim, que se entendeu que se trata muito mais de um ato de gestão processual do que direito da parte. E, ao certo, para decidir sobre a reunião, o juiz há de levar em conta os princípios da competência adequada e da eficiência[13].

Decidiu, ainda, o STJ, na mesma oportunidade, que "a cumulação de demandas executivas é medida de economia processual, objetivando a prática de atos únicos que aproveitem a mais de um processo executivo, desde que preenchidos os requisitos previstos no art. 573 do CPC c/c art. 28 da Lei 6.830/1980, quais sejam: (i) identidade das partes nos feitos a serem reunidos; (ii) requerimento de pelo menos uma das partes (...); (iii) estarem os feitos em fases processuais análogas; (iv) competência do juízo".

Essas lições nos servem para tratar do disposto no inc. II do art. 69 do CPC/2015.

A lei do executivo fiscal fala em reunião "a requerimento das partes". O STJ entendeu que basta o pedido de uma das partes, sendo "uma faculdade outorgada ao juiz, e não um dever" o seu deferimento. "Faculdade" do juiz deferir, – diga-se –, desde que em decisão fundamentada.

---

13. DIDIER JR, Fredie. Cooperação judiciária nacional. Esboço de uma teoria para o direito brasileiro (arts. 67-69, CPC), p. 42-59.

O art. 69 do CPC, porém, dispõe que se trata de uma faculdade do juiz, em ato de cooperação com outro. Neste caso, então, os juízes, tendo em vista a "economia processual, objetivando a prática de atos únicos que aproveitem a mais de um processo (...)", podem firmar cooperação para que os processos sejam reunidos ou apensados. Mas, mesmo aqui, há de se tem um mínimo de fundamentação para a reunião, de modo a justificar esse ato de deslocamento de competência.

Ou seja, além da possibilidade de alteração da competência poder decorrer da vontade de uma das partes, como no executivo fiscal, a lei abriu caminho para essa possibilidade de deslocamento de competência ocorrer mediante ato de cooperação dos juízes. É dispensável, assim, neste caso de cooperação regulado no Código de Processo Civil de 2015, o pedido de qualquer das partes. A reunião, apensamento ou centralização, assim, teria razão nos princípios constitucionais da eficiência, celeridade e efetividade da decisão judicial, em ponderação com o princípio do juízo natural. Tudo a ser apreciado diante do caso concreto.

Outrossim, na hipótese prevista na lei do executivo fiscal, o STJ restringe a reunião aos processos nos quais haja "identidade das partes nos feitos a serem reunidos". Não se admite, assim, por exemplo, a reunião de uma execução fiscal promovida pelo Estado de São Paulo contra determinada empresa com a execução fiscal promovida pelo Município de São Paulo contra a mesma empresa.

Essa restrição, porém, não se extrai do art. 69, II, do CPC/2015. Aqui, mesmo diante de partes diversas, pode haver a reunião ou apensamento de processos. Contudo, dado o critério de conveniência e eficiência, é muito mais provável que pelo menos haja identidade de uma das partes do processo. Isto é, muito provavelmente, por conveniência e eficiência, exige-se que o autor (ou credor) seja o mesmo ou seja o mesmo demandado (ou executado). Dificilmente, na hipótese do inc. II do art. 69 do CPC/2015, estar-se-á diante de um caso em que seja conveniente a reunião de processos nos quais não haja coincidência de qualquer das partes litigantes. Poder-se-ia exemplificar com as demandas repetitivas contra diversas entidades bancárias com pedido de aplicação do mesmo índice de correção monetária incidente sobre os créditos depositados em cadernetas de poupança. Neste caso, em tese, pode-se reunir os processos repetitivos, já que se debate, em todos eles, a mesma questão jurídica, ainda que diversos os demandantes e demandados (fenômeno que pode ocorrer no incidente de resolução de demandas repetitivas). Neste caso, porém, seria mais razoável ocorrer a centralização dos processos repetitivos, já que aqui não se exige a reunião ou apensamento.

Assim, como não há essa restrição, desde que seja conveniente, diante do caso concreto, poder-se-á reunir ou apensar processos mesmo que não haja absoluta identidade de qualquer das partes litigantes. Preferível, porém, apenas centralizar.

O STJ fala em reunião dos executivos fiscais que estiverem "em fases processuais análogas".

Aqui se trata de uma questão de conveniência. Isso porque muito provavelmente não se estará diante de uma situação na qual seja conveniente reunir ou apensar processos que estejam em fases processuais distintas. A princípio, por exemplo, poder-se-ia pensar em ser descabido a reunião ou apensamento de processos nos quais um deles está na fase de conhecimento e outro na fase de cumprimento da sentença; um esteja em fase recursal e outro em andamento no primeiro grau. Eles, porém, podem ser centralizados.

Esta, porém, não é uma regra absoluta. Isso porque, mesmo em demandas que estejam em fases distintas, pode caber a reunião de processos, inclusive por conexão. É o que ocorre por conexão expressamente referida no inc. I do § 2.º do art. 55 do CPC/2015 entre a execução de título extrajudicial e a "ação de conhecimento relativa ao mesmo ato jurídico".

Sendo assim, a reunião ou apensamento de processos por ato de cooperação poderá ocorrer mesmo entre processos que estejam em fases distintas. Tudo dependerá da conveniência e eficiência da medida, analisada no caso concreto.

Óbvio, porém, que, para a reunião ou apensamento, é preciso que os feitos estejam em tramitação na mesma instância. Descabido, assim, a reunião de feitos que tramitam ou ainda tramitam em graus diversos de jurisdição, sob pena de violação da regra de competência funcional. Descabe, assim, por exemplo, reunir perante o primeiro grau a demanda que esteja em fase recursal, deslocando-se para o juízo de primeira instância a apreciação do recurso. Ou, ainda, transferir para o Tribunal o feito de competência de primeiro grau, reunindo neste órgão colegiado as execuções processadas contra o mesmo devedor. E, lembre-se, existem hipóteses em que o cumprimento da decisão ocorre perante os tribunais (inciso I do art. 516, do CPC/15).

Essa restrição chama a atenção para outra questão, que é a relativa à competência. A princípio, parece óbvio que, para reunião, apensamento ou centralização dos feitos, é necessário que o órgão que irá processar as demandas seja competente para todas elas. Não se admitiria, assim, a modificação da competência absoluta (material, em razão da pessoa ou funcional) para órgão que não detém idêntica competência. Somente seria cabível, assim, essa reunião de processos por ato de cooperação entre juízes ou órgãos que detém a mesma competência.

Essa assertiva, porém, pode ser válida partindo do pressuposto de que, em muitos casos, ela (competência) está definida em texto constitucional. Assim, a princípio, descabe, por lei infraconstitucional, estabelecer regra de mudança desta competência prevista na Constituição. Algumas ressalvas, porém, podem ser postas.

A primeira delas é que se pode ter como constitucional a reunião de processos mesmo perante o juízo não constitucionalmente competente como medida excepcional em face da busca da efetividade da prestação jurisdicional e da melhor eficiência do serviço público judiciário. Ou seja, neste caso, como não é absoluta qualquer regra constitucional, na ponderação de normas em conflito, aquela que busca a melhor eficiência do serviço público e a efetividade da decisão judicial, prevaleceria sobre a regra que estabelece a competência. Isso sem se falar que haveria um confronto entre dois princípios constitucionais (da duração razoável e efetividade – inciso LXXVIII do art. 5º – e da eficiência – art. 37) com as regras de competência dos órgãos do Poder Judiciário. Neste caso, pode-se pensar em fazer prevalecer os princípios sobre as regras.

Contudo, dificilmente essa tese encontrará respaldo nos tribunais[14]. De qualquer modo, cabe lembrar que esse entendimento não deve ser de todo afastado. Isto porque é entendimento pacificado no STJ que o mandado de segurança tem sua competência definida em face da autoridade apontada como coatora "e não em razão da pessoa do impetrante ou da matéria apreciada no mandamus" (CC 47.219), inclusive quando se trata de questão de natureza trabalhista (STJ, CC 20.883). Assim, por exemplo, mesmo em se tratando de matéria relacionada à competência constitucional da Justiça do Trabalho, o mandado de segurança em face de ato do governador do Estado deve ser impetrado junto ao Tribunal de Justiça (STJ, RMS 1.902). Logo, neste caso citado, por lei infraconstitucional (geralmente as constituições estaduais ou as leis de organização judiciária estadual) retira-se da Justiça do Trabalho a competência para apreciar demanda na qual se debate "matéria sujeita à sua jurisdição" (inciso IV do art. 114 da CF/88). Hipóteses semelhantes ocorre quando se trata de matéria afeta à Justiça Federal, mas o ato é praticado por autoridade estadual (STJ, CC 20.140 e CC 10.162).

Isso sem se falar nas hipóteses das execuções trabalhistas em face da empresa em recuperação judicial ou diante da massa falida que se deslocam da Justiça do Trabalho para a Justiça Estadual (STF, RE 583.955, repercussão geral tema n. 90).

Esses precedentes jurisprudenciais, portanto, revelam que, por regra infraconstitucional, é possível, em casos especiais, deslocar a competência em razão da matéria (absoluta) prevista na Constituição, ainda que seja para prevalecer a competência em razão da pessoa por força de regra infraconstitucional.

14. Na doutrina, contra a modificação da competência absoluta, cf. DONIZETTI, Elpídio. Curso didático de direito processual civil. 21ed, p. 212.

A segunda questão a ser ressaltada é que, em diversas hipóteses, a competência em razão da matéria, da pessoa ou da função, é definida em lei infraconstitucional. Logo, neste caso, estar-se-á diante de duas regras infraconstitucionais tratando da competência: aquela que define a competência em razão da matéria (direito de família, v.g.), da pessoa (Fazenda Pública, v.g.) ou da função (dos tribunais, v.g.) e a que permite, por ato de cooperação, a reunião ou centralização de processos (art. 69, inciso II, do CPC/15).

Sendo assim, neste segundo caso, pode-se ter que a reunião, apensamento ou centralização por ato de cooperação cuida de exceção às regras infraconstitucionais que estabelecem a competência absoluta em razão da pessoa, da matéria ou da função. Logo, pode-se pensar no deslocamento da competência mesmo nestas hipóteses de demandas de competência absoluta definida por lei infraconstitucional (v.g., em face da Fazenda Pública, causas de família, etc.).

Tem-se, ainda, a reunião de processos sujeitos à competência territorial. Aqui, não há qualquer óbice à reunião, já que se cuida de competência relativa.

Aliás, o próprio Código de Processo Civil prevê a possibilidade de o credor poder pedir o deslocamento de competência territorial (e funcional, diga-se) em caso de cumprimento da sentença (parágrafo único do art. 516). É a hipótese na qual o "exequente poderá optar pelo juízo do atual domicílio do executado, pelo juízo do local onde se encontrem os bens sujeitos à execução ou pelo juízo do local onde deva ser executada a obrigação de fazer ou de não fazer" ao invés de ser no "juízo que decidiu a causa no primeiro grau de jurisdição" (inc. II do art. 516 do CPC/2015).

Idêntico deslocamento pode ocorrer nas hipóteses legais de mudança de competência territorial, já que os processos conexos ou em continência podem ser ajuizados em distintas comarcas ou seções judiciárias.

A partir desses exemplos, portanto, pode-se concluir que, em não havendo qualquer restrição legal, será possível o deslocamento da competência territorial na reunião, apensamento ou centralização de processos por ato de cooperação judiciária. Caberá ao juiz, porém, em caso concreto, verificar se a reunião possa causar alguma restrição ao direito de acesso à Justiça. Isso porque, a depender da condição econômica da parte, esse deslocamento pode resultar em verdadeiro obstáculo ao direito de demandar. Dificilmente uma pessoa carente de recursos financeiros poderá acompanhar seu processo em localidade distante daquela onde reside, por exemplo.

Mas aqui vale um destaque. É que o CPC/2015, no inc. VI do § 2.º do art. 69, menciona a possibilidade de os juízes cooperantes concertarem para estabelecer procedimentos para "a centralização de processos repetitivos".

Como já dito, na centralização se dispensa que os processos a serem centralizados estejam, ao mesmo tempo, em curso. Basta, na realidade, a repetição em relação à causa de pedir e pedido. Seria o caso de os juízes cooperantes pactuarem que os processos repetitivos serão direcionados para uma determinada vara, centralizando nela os feitos que tratam da mesma questão. O pressuposto será a existência de um processo em curso ou mesmo já julgado, mas que trate da mesma matéria. A repetição justificaria a centralização perante o mesmo juízo.

A centralização se justifica, ainda, quando, mesmo tendo um processo repetitivo em curso na mesma instância, não seja conveniente a sua reunião ou apensamento a outra demanda, seja por estarem em estágios distintos (um concluso, outro para citar o réu), por opção de gestão processual, nenhuma das partes seja comuns aos processos ou mesmo para garantia do direito de defesa.

Aqui o legislador foi mais explícito, pois o legislador deixa claro que os juízes podem firmar cooperação para até deliberarem pela reunião ou, antes mesmo, para distribuição/centralização dos feitos repetitivos perante o mesmo juízo.

E é certo que com essa medida, tanto o Judiciário ganhará em eficiência, como se evitará a prolação de decisões conflitantes (sem sentido amplo), geradoras de insegurança jurídica e violadoras do princípio da igualdade.

Essa centralização, por sua vez, será bem mais conveniente quando se demanda uma mesma pessoa, em hipótese na qual pode haver a reunião das demandas. Neste caso, basta exemplificar que, ao invés de realizar diversas audiências, serem produzidas diversas contestações, eventualmente produzir provas em dezenas de processos etc., tudo poderá ser realizado em única oportunidade, com a reunião dos feitos repetitivos.

Em suma, lembrando que este caso especial de reunião de processos repetitivos se aplicam todas as lições anteriores, o que o Código de Processo Civil de 2015 criou, em seu art. 69, II e § 2.º, VI, foi mais uma hipótese de deslocamento de competência, só que neste caso por mero ato de cooperação dos juízes ou órgãos judiciais, mas em decisão fundamentada e após ouvir as partes (art. 9.º do CPC).

Acrescente-se, ainda, que essa reunião dos processos, já em andamento, não se confunde com a cumulação de demandas contra o mesmo devedor (art. 780 do CPC). Nesta hipótese, a reunião de demanda decorre de iniciativa do credor. Já na reunião dos processos referido no art. 69 do CPC, a "cumulação" decorre de ato de cooperação entre os juízes, o que, a princípio, pode dispensar a identidade de competência (relativa) e do procedimento.

Cabe ressaltar, ainda, que a reunião, apensamento ou centralização de processos por ato de cooperação não exige que se debata sobre a mesma relação jurídica, fato ou ocorra a possibilidade de decisões contraditórias ou conflitantes entre si (em sentido restrito). Basta que haja a conveniência judiciária do ponto de vista da sua gestão. É o exemplo da reunião das execuções contra o mesmo devedor, ainda que os títulos executivos tenham natureza (judicial ou extrajudicial) ou fundamentos diversos.

É certo, porém, que, na maioria das hipóteses, estar-se diante de demandas as quais estejam fundadas sobre o mesmo fato ou relação jurídica base, ainda que diversos sejam os réus. Certo, ainda, que a reunião pode ocorrer quando diante da possibilidade de litisconsórcio facultativo, quando ocorre "afinidade de questões por um ponto comum de fato ou de direito" (inciso III do art. 113 do CPC/15).

Acrescente-se, ainda, que a reunião, apensamento ou centralização de processos pode decorrer de ato unilateral de pedido de cooperação, não necessitando de comunhão de vontade dos órgãos judiciários. O que se deve ter de relevo é a conveniência da reunião, apensamento ou centralização. Tanto assim que o art. 69, caput, do CPC de 2015 afirma que "o pedido de cooperação jurisdicional deve ser prontamente atendido" e "prescinde de forma específica". Logo, o juiz solicitado não pode se recusar à cooperação por decisão injustificada.

Cabe destacar, ainda, que pode ocorrer a cooperação por provocação de órgãos da Administração judiciária, a exemplo da Corregedoria, Presidência, etc[15].

Por fim, é de se ressaltar que, na hipótese especifica de reunião de processos, apensamento ou centralização de processos por cooperação não se está diante de uma situação na qual, diante da demanda *in concreto*, um dos juízos seja incompetente. E este é outro ponto importante para diferenciar essa situação de cooperação das demais que, por norma imperativa, deve ocorrer o deslocamento de competência.

Vejam que nas hipóteses de incompetência originária e de deslocamento de competência em face da prevenção, conexão (art. 55, CPC/15), continência (art. 57, in fine, CPC/15), para evitar decisões contraditórias ou conflitantes (§ 3º do art. 55, CPC/15), intervenção de determinadas pessoas (art. 45, CPC/15), lei nova que suprima órgão judiciário ou altere a competência absoluta (art. 43, in fine, CPC/15), etc., estar-se diante de uma situação na qual o juízo não tem competência in concreto para a demanda em apreciação. Falta-lhe competência desde a distribuição ou por fato superveniente para apreciar o processo que lhe foi afetado (distribuído). Em tese pode até ter a competência (relativa e absoluta), mas no caso concreto não a detém.

15. ARAGÃO, Nilsiton Rodrigues de Andrade. Potencialidade e limites da cooperação nacional, p. 36-37.

Já na hipótese de reunião de processos, apensamento ou centralização de processos por cooperação, o juízo que declina da competência a tem em tese e diante da demanda in concreto. Ou seja, o específico processo é de sua competência desde a distribuição ou por fato superveniente. Mas, ainda assim, mesmo sendo o competente diante do caso concreto, por ato de cooperação ele pode declinar da competência em favor de outro juízo que não a detém no caso concreto, passando a tê-la.

E, na linha do acima sustentado, pode ocorrer de o juízo que passa a processar a demanda não ter a competência em tese, mas, por ato de cooperação, passa a ser o competente para a demanda no caso concreto.

Esta questão, por sua vez, remete a outro ponto do CPC, que cuida do conflito de competência, ainda que em regra não inovadora.

4. DO CONFLITO DE COMPETÊNCIA

O art. 66, inciso III, do CPC de 2015, repetindo regra existente no CPC de 1973 (inciso III do art. 115), estabelece que há conflito de competência quando "entre 2 (dois) ou mais juízes surge controvérsia acerca da reunião ou separação de processos". Aqui, porém, há de se fazer intepretação ampliativa para açambarcar as hipóteses de reunião, apensamento e centralização.

Estabelece, ainda, o parágrafo único deste dispositivo que o "juiz que não acolher a competência declinada deverá suscitar o conflito, salvo se a atribuir a outro juízo".

Ao lado dessa hipótese, tem-se, ainda, que o conflito pode ocorrer quando 2 (dois) ou mais juízes se declaram competentes ou "se consideram incompetentes, atribuindo um ao outro a competência" (incisos I e II do art. 66, CPC/15).

Veja-se, então, que os conflitos mencionados nos incisos I e II do art. 66 referem-se às hipóteses nos quais se debate, *in concreto*, a competência do juízo. Neste caso, estar-se-á diante de uma situação na qual um dos juízos em conflito não detém a competência e entre eles surge um conflito. Aqui, necessariamente, há conflito entre os juízes. Se inexistir, descaberá a possibilidade de ser suscitado o incidente de conflito de competência por quem quer que seja. Neste caso, então, inexistindo o conflito entre os juízes, caberá à parte, em relação a um dos processos, alegar a preliminar de incompetência.

Um exemplo serve para exemplificar: imagine-se a hipóteses de duas ações propostas em juízos distintos, alegando uma das partes a conexão. Neste caso, cabe ao interessado suscitar perante o juízo que alega ser incompetente a preliminar de incompetência, podendo, perante o juízo que alega ser o competente requerer que o outro feito (dito conexo) lhe seja remetido. Ambos, porém, podem rejeitar a pretensão da parte, ou seja, um rejeita a preliminar de incompetência e o outro não se declara competente para a outra demanda que se alega ser conexa. Logo, neste caso, entre os juízes inexiste qualquer conflito de competência. A questão, então, será eventualmente submetida ao tribunal pela via do recurso contra a decisão que rejeitou a preliminar de incompetência.

E vejam que nessa hipótese não se atrai a incidência do inciso III do art. 66 do CPC. Isto porque nesta terceira hipótese de conflito é necessário que haja entre 2 (dois) ou mais juízes controvérsia acerca da reunião ou separação de processos. No caso, entre os juízes deve haver controvérsia. No exemplo dado acima, no entanto, pode até existir a controvérsia (conexão ou não, v.g.) debatida pelas partes, mas entre os juízes (entre aquele que rejeita a preliminar de incompetência e aquele que é competente, mas não reconhece a conexão) inexiste a controvérsia (o conflito entre os juízes).

Cabe, ainda, destacar que, nas hipóteses tratadas nos incisos I e II do art. 66 do CPC, em tese, estar-se-á diante de uma possibilidade de um dos juízes ser incompetente. Daí porque a necessidade de se definir o conflito. No caso, discute-se de quem é a competência.

Já a hipótese do inciso III busca açambarcar a situação na qual surge controvérsia acerca da reunião ou separação de processos nos quais os juízes são os competentes para os seus respectivos processos distribuídos, mas se debate sobre a sua reunião (em sentido amplo) ou separação.

Aqui, in concreto, o pressuposto é que entre os juízes surja a controvérsia quanto a reunião ou separação de processos nos quais a competência para cada um deles seja distinta. No caso, não há conflito de competência em si, mas, sim, controvérsia quanto a reunião de processos.

Essa hipótese busca, justamente, açambarcar a hipótese de reunião (ou separação), apensamento (ou não) ou a centralização (ou descentralização) de processos por ato de cooperação[16]. No caso, pode surgir o conflito entre os juízes, frustrando "a cooperação acenada no art. 69, II"[17], daí porque precisa ser resolvido.

Na hipótese, então, a parte ou o Ministério Público (art. 951, CPC) ou, ainda, o próprio juiz (parágrafo único do art. 66) pode suscitar o conflito. É certo que a parte que requereu a reunião dos processos e teve seu pedido deferido por ato de cooperação do juiz não poderá suscitar o conflito por falta de interesse.

---

16. Neste sentido, ASSIS, Araken de. Processo civil brasileiro. Parte geral: fundamentos e distribuição de conflitos. v. I, p. 1.199.
17. ASSIS, Araken de. Processo civil brasileiro. Parte geral: fundamentos e distribuição de conflitos. v. I, p. 1.199.

Já o juiz pode suscitar o conflito em qualquer hipótese, ou seja, quando ambos declaram que cabe a reunião dos diversos feitos, havendo resistência em encaminhá-lo para o outro (hipótese na qual qualquer um deles pode provocar o incidente) ou quando um declina da competência e o outro não aceita, sendo que, neste caso, aquele que não acolhe a competência declinada é quem deve suscitar o incidente (parágrafo único do art. 66, CPC).

O conflito, assim, pode ocorrer quando um juiz solicita a cooperação, devendo "ser prontamente atendido" (art. 69), declinando da competência de modo que os processos possam ser reunidos, apensados ou centralizados ("reunidos") em outro juízo, ou, ainda, solicitar que lhe seja remetido o processo de modo que ele seja reunido, apensados ou centralizado em seu juízo.

Em ambas situações, no entanto, pode ocorrer do juízo solicitado não aceitar a reunião, apensamento ou a centralização, instalando-se o conflito. Logo, neste caso, ao juízo que não aceita o processo para ser reunido, apensado ou centralizado (conflito negativo) cabe suscitar o conflito (parágrafo único do art. 66 do CPC) diante da declinação de competência pelo juízo solicitador da cooperação. Óbvio, ainda, que as partes ou o Ministério Público podem suscitar esse incidente.

Já na hipótese de o juiz solicitar que lhe seja remetido o processo para ser reunido a outro sob sua competência e havendo recusa na remessa pelo juízo solicitado, surgirá o conflito positivo, podendo qualquer um deles suscitar o incidente respectivo (de conflito de competência), bem como as partes ou o Ministério Público. Veja-se, ainda, que pode ocorrer da reunião decorrer de pedido formulado pela parte demandada, que tem interesse na centralização como ato de economia processual e diminuição de custos processuais.

Pode ocorrer, todavia, de entre os juízes não surgir qualquer conflito, mas a parte não se conformar com a reunião ou centralização. Inexiste, neste caso, o conflito, mas surge a controvérsia acerca da reunião ou separação de processos. Nesta hipótese, então, não havendo conflito entre os juízes, nem controvérsia entre os juízes acerca da reunião ou centralização de processos, descaberá suscitar o conflito de competência. À parte inconformada, portanto, apenas restará impugnar por outras vias a decisão que declina da competência.

Na hipótese de ser suscitado o conflito caberá ao Tribunal, então, avaliar a legalidade e conveniência da reunião (ou separação) ou apensamento (ou não) dos processos ou de sua centralização (ou descentralização), solvendo o conflito.

Cabe, ainda, ressaltar que antes de suscitar o incidente respectivo é recomendável que os juízes em conflito, em ato de cooperação, mantenham entre si tratativas para eventualmente sanar as divergências, ao invés de se limitarem a se dirigir um ao outro apenas mediante ofícios ou decisões nos autos.

5. CONCLUSÃO

O CPC de 2015, ao lado das tradicionais hipóteses de deslocamento de competência em face da prevenção, continência, conexão, etc., estabeleceu duas novas hipóteses de alteração da competência.

A primeira delas está regulada no § 3º do art. 55 do CPC, que determina a reunião de processos que "possam gerar risco de prolação de decisões conflitantes ou contraditórias caso decididos separadamente, mesmo sem conexão entre eles".

Já o inciso II do caput do art. 69 e o inciso VI do § 2.º deste mesmo dispositivo legal do CPC/2015 disciplina a segunda hipótese, prevendo, aquele primeiro dispositivo, a possibilidade de os órgãos do Poder Judiciário estabelecerem ato de cooperação para a "reunião ou apensamento de processos", e, no segundo, a possibilidade dos juízes cooperantes firmar ato para a "centralização de processos repetitivos".

O deslocamento de competência por ato de cooperação, no entanto, independe de prévio acerto entre os órgãos jurisdicionais. No caso, basta um órgão solicitar a cooperação para que ele seja de pronto atendido, independentemente de requerimento da parte.

Na hipótese de solicitação de ato cooperação que envolva o deslocamento de competência, surgindo o conflito entre os juízes (um deles não aceita declinar da competência ou não aceita o que foi declinado), caberá a parte interessada, ao Ministério Público ou ao próprio juiz suscita o incidente de conflito de competência.

Assim, pela via do conflito de competência, o Tribunal poderá exercer o controle quanto a legalidade ou conveniência da reunião dos processos ou da centralização dos processos repetitivos.

Contudo, inexistindo qualquer conflito entre os órgãos cooperantes, descaberá suscitar o incidente, cabendo a parte interessada se valer de outros meios de impugnação para se insurgir contra a decisão que declina da competência.

REFERÊNCIAS

ARAGÃO, Nilsiton Rodrigues de Andrade. Potencialidade e limites da cooperação nacional. Civil Procedure Review, v. 11, n. 1: jan.-abr. 2020. Disponível em: http://www.civilprocedurereview.com/?option=com_content&view=article&id=866. Acesso em: 17 jul. 2020. ISSN 2191-1339.

ASSIS, Araken de. Processo civil brasileiro. Parte geral: fundamentos e distribuição de conflitos. v. I. São Paulo: Revista dos Tribunais, 2015. ISBN 978-85-203-6585-4.

CABRAL, Antonio do Passo. Juiz natural e eficiência processual: flexibilização, delegação e coordenação de competências no processo civil. Tese apresentada no concurso de provas e títulos para provimento do cargo de Professor Titular. Faculdade de Direito da Universidade do Estado do Rio de Janeiro. Rio de Janeiro: edição do autor, 2017.

CHAVES JÚNIOR, José Eduardo de Resende. Do conflito à cooperação judiciária. In: ORSINI, Adriana Goulart de Sena. COSTA, Mila Batista Leite Corrêa da. ANDRADE, Oyama Karyna Barbosa Andrade. Justiça do Século XXI. São Paulo: LTr, 2014, p. 95-102. ISBN: 978-85-361-2931-0.

DIDIER JR, Fredie. Cooperação judiciária nacional. Esboço de uma teoria para o direito brasileiro (arts. 67-69, CPC). Salvador, Juspodivm, 2020. ISBN 978-85-442-3285-9.

DIDIER JR, Fredie. Curso de direito processual civil. Introdução ao direito processual civil, parte geral e processo de conhecimento. V. 1, 22 ed. Salvador: Juspodivm, 2020. ISBN 978-85-442-3290-3.

DONIZETTI, Elpídio. Curso didático de direito processual civil. 21. ed. São Paulo: Atlas, 2018. ISBN 978-85-970-2355-8.

FONSECA, João Gustavo Henriques de Morais. Cooperação judiciária processual: flexibilidade procedimental para a efetividade da jurisdição. Dissertação de Mestrado apresentada ao Programa de Pós-graduação em Direito da Faculdade de Direito e Ciências do Estado, da Universidade Federal de Minas Gerais (UFMG), como requisito parcial para obtenção do título de Mestre em Direito. Belo Horizonte: Edição do Autor, 2018. Disponível em: https://repositorio.ufmg.br/bitstream/1843/BUOS-B9KH5V/1/coopera__o_judici_ria_processual___disserta__o___jo_o_gustavo_h._m._fonseca____vers_o_final.pdf. Acesso em: 29 jul. 2020.

LINO, Daniela Bermudes. Conexão e afinidade: Critérios para compreensão dos artigos 55, §3º e 69, §2º, II e VI do Código de Processo Civil. Dissertação apresentada ao Programa de Pós-Graduação Stricto Sensu em Direito Processual do Centro de Ciências Jurídicas e Econômicas da Universidade Federal do Espírito Santo, como requisito parcial para obtenção do Grau de Mestre em Direito Processual, na área de concentração Justiça, Processo e Constituição. Vitória: Edição da Autora, 2020.

VIANA, Isadora Passos Amaral. Centralização de processos e cooperação judiciária: terceiro mecanismo de resolução de casos repetitivos. Trabalho de conclusão de curso apresentado como requisito parcial para obtenção do grau de bacharel em Direito pela Faculdade de Direito da Universidade Federal da Bahia, Salvador: Edição da Autora, 2019.

CAPÍTULO 24

Do conflito entre atos concertados de cooperação judiciária e negócios processuais celebrados pelas partes

Leandro Fernandez[1]

1. INTRODUÇÃO

Por vocação, códigos e estatutos consolidam construções teóricas desenvolvidas ao longo do tempo pela doutrina e soluções criativas extraídas da experiência da jurisprudência. Todavia, os diplomas que verdadeiramente inauguram uma era vão além dessa vocação ordinária: estabelecem as bases para a renovada compreensão de um sistema jurídico.

Elaboradas a partir de ideias ou práticas incipientes, essas novas fundações do sistema ocasionalmente são ignoradas, em maior ou menor extensão, durante os primeiros anos de vigência do diploma recém-criado, seja por compreensível apego dos estudiosos aos paradigmas da legislação revogada, seja pelo maior interesse em novidades mais evidentes contidas no novo corpo normativo.

Foi necessário, por exemplo, o decurso de anos para que a doutrina alemã percebesse as potencialidades do § 242 do Código Civil de 1900, o BGB[2],

1. Juiz do Trabalho no Tribunal Regional do Trabalho da Sexta Região. Doutorando e Mestre em Direito pela Universidade Federal da Bahia. Segundo Vice-Presidente da Associação dos Magistrados da Justiça do Trabalho da Sexta Região – AMATRA VI (gestão 2020/2022). Membro da Comissão Nacional de Prerrogativas da Associação Nacional dos Magistrados da Justiça do Trabalho – ANAMATRA. Coordenador Adjunto da Escola Judicial do TRT-6 (biênio 2019/2021). Coordenador Adjunto da Revista de Direito Civil e Processual. Membro da Academia Pernambucana de Direito do Trabalho e do Instituto Baiano de Direito do Trabalho.
2. CORDEIRO, António Manuel da Rocha e Menezes. **Da boa-fé no Direito Civil**. Coimbra: Almedina, 2011, p. 331-334. Por vezes, a *descoberta* do fundamento para a construção de um novo paradigma sequer

dispositivo que viria a influenciar decisivamente a compreensão ocidental a respeito da boa-fé.

No Brasil, nos cinco primeiros anos após a publicação do Código de Processo Civil de 2015, ressalvadas raríssimas exceções, a doutrina não voltou sua atenção aos seus arts. 67 a 69, que disciplinam a cooperação judiciária nacional.

Esses dispositivos fundamentam uma nova compreensão acerca da atuação do Poder Judiciário, naquilo que pode ser uma das mais relevantes contribuições do Direito Processual brasileiro para o mundo. Não obstante, suas fronteiras normativas permanecem insuficientemente exploradas.

O propósito deste artigo é analisar alguns dos principais temas envolvendo a cooperação judiciária, com destaque para a complexa questão do conflito entre atos concertados de cooperação e negócios processuais celebrados pelas partes. A premissa adotada é a da existência de zonas passíveis de regulação por ambas as categorias jurídicas, situando o problema nas temáticas da concorrência de fontes processuais e das perturbações no cumprimento dos negócios processuais.

Para alcance desse objetivo, será necessário, em um primeiro momento, apresentar o atual modelo brasileiro de cooperação judiciária. É o que se realizará a seguir.

2. DA COOPERAÇÃO JUDICIÁRIA NACIONAL

2.1. Das cartas ao modelo cooperativo flexível

Durante a quase totalidade da história jurídica do Brasil, as cartas eram os instrumentos por excelência de cooperação judiciária nacional.

A carta precatória figurava no ordenamento pátrio nas Ordenações Filipinas[3] (Livro III, Título I, § 5º), no Regulamento n.º 737/1850 (art. 44) e, juntamente

---

chega a ocorrer. Conforme recorda Moreira Alves, a doutrina comercialista brasileira do século XIX não foi capaz de visualizar a consagração da boa-fé objetiva no Código Comercial de 1850: "Por isso, já naquele projeto de 1975, encontramos princípios que não são evidentemente obsoletos. Aqui mesmo foi salientada uma figura que havia no Direito Comercial brasileiro – a boa-fé. No entanto, os comercialistas não sabiam de sua existência, pelo menos nunca encontrei nenhum comercialista antigo que tivesse dito que o art. 161, que trata da interpretação, constava do Código Comercial de 1850, o qual estabelecia um preceito relativo à observância da boa-fé na interpretação dos contratos. Evidentemente, tratava-se de boa-fé objetiva, porque ninguém interpretará contrato pela boa-fé subjetiva de uma das partes. O dispositivo passou inteiramente sem o exame, sem a análise, sem o entendimento por parte da doutrina comercial" (ALVES, José Carlos Moreira. Aspectos gerais do novo Código Civil brasileiro *in* AGUIAR JR., Ruy Rosado de (Org.). **Jornada de Direito Civil**. Brasília: CJF, 2005, p. 17).

3. As Ordenações Filipinas foram de grande importância para o direito brasileiro, tendo sido aplicadas mesmo após a Proclamação da Independência durante expressivo período: "*Promulgadas em 1603, as Ordenações Filipinas compuseram-se da união das Ordenações Manuelinas com as leis extravagantes em vigência, no sentido de, também, facilitar a aplicabilidade da legislação. Foram essas Ordenações as mais importantes para o Brasil,*

com a carta de ordem, nos Códigos de Processo Civil de 1939 (arts. 7º a 12) e de 1973 (arts. 202 a 209).

A Recomendação n.º 38/11 do Conselho Nacional de Justiça, primeiro diploma a dispor sobre uma abrangente reformulação do sistema de cooperação no Brasil, incentivava a utilização de instrumentos mais simples para a interação entre órgãos judiciais, prevendo que o juiz poderia "recorrer ao pedido de cooperação antes de determinar a expedição de carta precatória ou de suscitar conflito de competência" (art. 3º, parágrafo único).

O dispositivo simbolizava o início da construção de um novo paradigma. Ao exortar cada juiz a analisar se, em determinado caso concreto, seria possível evitar a burocrática via das cartas ou afastar a lógica de competências excludentes, passando a adotar uma postura cooperativa (inclusive, de acordo com a hipótese, para o compartilhamento de competências), o art. 3º, parágrafo único, representava a percepção, pelo Conselho Nacional de Justiça, da necessidade de inauguração de uma nova compreensão da atuação do Poder Judiciário.

O Código de Processo Civil de 2015 conserva as cartas (arts. 69, § 1º, e 237), inserindo-as, todavia, no contexto do inovador sistema de cooperação judiciária nacional (arts. 67 a 69), inspirado na citada Recomendação. Desde sua vigência, as cartas deixaram de ser, no direito positivo, *o* instrumento de cooperação, tornando-se apenas *um deles*[4].

A Resolução n.º 350/20 do Conselho Nacional de Justiça, aprovada em 16 de outubro de 2020, consolidou as ideias contidas na Recomendação n.º 38/11, diversas propostas doutrinárias a respeito da matéria e lições extraídas a partir de experiências práticas bem-sucedidas, promovendo a sistematização, o aprofundamento e o detalhamento da disciplina da cooperação judiciária. Dividida em seis capítulos, a Resolução regula as disposições gerais sobre a cooperação, os pedidos de cooperação e os atos concertados e conjuntos, a figura do Juiz de Cooperação Judiciária, a cooperação interinstitucional, os Núcleos de Cooperação Judiciária e o Comitê Executivo da Rede Nacional de Cooperação Judiciária. Trata-se, sem exagero, de um marco na reformulação da atuação do Poder Judiciário.

Nada impede que os tribunais estabeleçam, em seus regimentos internos[5], regulamentações complementares àquelas contidas no CPC e na Resolução n.º

---

pois tiveram aplicabilidade durante um grande período de tempo. Basta lembrar que as normas relativas ao Direito civil, por exemplo, vigoraram até 1916, quando foi publicado o nosso Código Civil Nacional" (CRISTIANI, Cláudio Valentim. O Direito no Brasil Colonial *in* WOLKMER, Antonio Carlos (Org.). **Fundamentos de História do Direito**. 8 ed. rev. e atual. Belo Horizonte: Editora Del Rey, 2014, p. 465-466).

4. DIDIER JR., Fredie. **Cooperação Judiciária Nacional: esboço de uma teoria para o Direito brasileiro (arts. 67-69, CPC)**. Salvador: Editora Juspodivm, 2020, p. 79. FERREIRA, Gabriela Macedo. O ato concertado entre juízes cooperantes: esboço de uma teoria para o Direito brasileiro *in* **Civil Procedure Review**. v.10, n. 3: set.-dez. 2019, p. 20. Disponível em: ‹www.civilprocedurereview.com›. Acesso em 02/11/20).

5. Vale recordar que os regimentos internos dos tribunais, assim como as resoluções que complementam suas disposições, são fontes do Direito Processual, por força do disposto no art. 96, inciso I, alínea "a",

350/20[6], com adequações às especificidades locais, desde que preservada a flexibilidade inerente ao instituto[7], prestigiando-se uma *criatividade responsável* dos agentes envolvidos para a construção de soluções que aperfeiçoem a prestação jurisdicional[8].

Uma última questão merece registro.

Para além do potencial de contribuição para a prestação jurisdicional, frequentemente destacado em trabalhos sobre o tema, a cooperação judiciária impõe uma tarefa à doutrina do Direito Processual.

A cooperação judiciária pode ser compreendida como o núcleo de um bloco normativo que reconfigura o papel do juiz no processo brasileiro.

Em um sistema que consagra variadas hipóteses de autorização para a adequação do procedimento pelo juiz[9] e diversas cláusulas gerais[27], a cooperação

---

da Constituição Federal. Sobre o tema, vide: OLIVEIRA, Paulo Mendes. **Regimentos Internos como fonte de normas processuais.** Salvador: Editora Juspodivm, 2020; DIDIER JR., Fredie. **Curso de Direito Processual Civil.** v. 1. Salvador: Editora Juspodivm, 2020, p. 79.

6. Enunciado n.º 669 do Fórum Permanente de Processualistas Civis: O regimento interno pode regulamentar a cooperação entre órgãos do tribunal.

7. Com visão crítica em relação ao estabelecimento de regras específicas pelos tribunais, em razão do risco à efetividade e à flexibilidade no desenvolvimento da cooperação judiciária: "Quando se sugere que os tribunais estabeleçam os critérios ou parâmetros para a prática da concertação entre juízes, partindo-se do pressuposto de que os juízes da base do Judiciário não devem ter discricionariedade para decidir em quais casos atuarão de forma concertada, a ideia pode soar admissível porque alude à defesa de inquestionáveis princípios, que o processo também deve tutelar, como é o caso da isonomia e da segurança jurídica. Alega-se que os parâmetros devem ser estabelecidos, de antemão, sob pena de se dar tratamento desigual aos jurisdicionados e, além disso, restar ameaçada a segurança, que dependeria da previsibilidade do procedimento. Nesta dissertação pugna-se, contudo, pela tomada de outra vereda. Não se argumenta, por óbvio, em defesa da arbitrariedade, da aleatoriedade da atuação judicial; tampouco se defende que se tenha chegado a momento em que não é mais necessário prezar pela isonomia ou pela segurança jurídica. O que ora se propõe é tão somente um percurso diverso para garantir tais princípios sem prejudicar a utilidade e o potencial do instituto. Defende-se que deve haver critérios para o uso do instituto, como acontece com cada criação jurídica, mas tais parâmetros não devem ser estabelecidos pelos tribunais, sob pena de mitigar a efetividade que a concertação pode imprimir à atividade jurisdicional" (FONSECA, João Gustavo Henriques de Morais. **Cooperação Judiciária Processual: Flexibilidade Procedimental para a Efetividade da Jurisdição.** Dissertação (Mestrado em Direito). Faculdade de Direito, Universidade Federal de Minas Gerais, Belo Horizonte, 2018, p. 135).

8. "Dota-se, em verdade, aqui, o magistrado de largas atribuições para que ele possa, de modo eficiente e diante de cada caso concreto, gerir a demanda para obter a efetividade da decisão judicial de forma mais célere, evitando, em diversas hipóteses, a perda de tempo ou a prática de atos que podem se revelar inúteis ou repetitivos. Seria uma faculdade, em juízo de conveniência" (MEIRELES, Edilton. Reunião de processos, cooperação e conflito de competência *in* **Revista de Processo.** v. 294, ago/2019. Versão eletrônica disponível na Revista dos Tribunais Online).

9. OLIVEIRA, Carlos Alberto Álvaro. **Do formalismo no processo civil.** São Paulo: Saraiva, 1997. DIDIER JR., Fredie. Sobre dois importantes, e esquecidos, princípios do processo: adequação e adaptabilidade do procedimento *in* **Revista dos Mestrandos em Direito da UFBA**, 2001, n.º 09, jan./dez. 2001, p. 226-238. MARINONI, Luiz Guilherme. Da ação abstrata e uniforme à ação adequada à tutela dos direitos *in* **Revista da Ajuris**, Porto Alegre, 2005, v. 100, p. 263-304. GAJARDONI, Fernando da Fonseca. **Flexibilização procedimental: um novo enfoque para o estudo do procedimento em matéria processual, de acordo com as recentes reformas do CPC.** São Paulo: Atlas, 2008. DIDIER JR., Fredie; CABRAL, Antonio do Passo; CUNHA, Leonardo Carneiro da. **Por uma nova teoria dos procedimentos especiais: dos procedimentos**

judiciária ocupa um espaço privilegiado, erigindo-se como fundamento para a construção de um modelo de flexibilização por ato judicial com caráter transprocessual, abstrato e aberto.

A flexibilização por cooperação judiciária será *transprocessual* quando disser respeito à prática de atos em dois ou mais processos. Em muitos cenários, como na centralização de processos repetitivos e na produção de prova única relativa a fato comum, os atos de cooperação podem importar na adaptação do procedimento em dezenas, centenas ou milhares de casos, inclusive em diferentes ramos do Judiciário.

Ultrapassando as fronteiras da compreensão tradicional da flexibilização, que é voltada à adequação do procedimento em determinado caso concreto, a cooperação judiciária permite a adequação procedimental de um *perfil de casos* em distintos juízos[11]. Ao autorizar o estabelecimento da disciplina para a prática de atos processuais em um número indeterminado de casos atuais e futuros, a cooperação judiciária, notadamente a realizada por intermédio de atos concertados, concebe um modelo de flexibilização por ato judicial que pode possuir *caráter abstrato*.

Trata-se ainda de modelo *aberto*, que abrange a prática de qualquer ato processual (CPC, art. 68; Resolução n.º 350/20, art. 3º).

Uma das mais interessantes aplicações dessa percepção pode ser encontrada na conjugação dos arts. 67 a 69 com o art. 327, § 2º, todos do CPC, viabilizando o recurso ao livre trânsito de técnicas[12] para o oferecimento de uma solução adequada a um grupo mais ou menos extenso de casos atuais e futuros em qualquer grau de jurisdição.

Em perspectiva mais ampla, quando combinados os arts. 67 a 69 do CPC com, ilustrativamente, os arts. 7º, 139, inciso VI, 297, 301, 536, § 1º, além do já citado art. 327, § 2º, tem-se que as normas extraídas dessas operações hermenêuticas conduzem ao reconhecimento da existência no Brasil da autorização para uma gestão judiciária coordenada e flexível ou, em outros termos, de um

---

às técnicas. 2. ed. Salvador: Juspodivm, 2021. CERQUEIRA, Társis Silva de. **O procedimento comum e sua relação com os procedimentos especiais: a análise do conteúdo normativo do art. 327, § 2º, do Código de Processo Civil**. Salvador: Juspodivm, 2020.

10. Por todos, vide: DIDIER Jr., Fredie. Cláusulas gerais processuais *in* **Revista Opinião Jurídica**, Fortaleza, v. 8, n. 12, jan./dez. 2010, p. 118-130.

11. Evidentemente, nem toda cooperação judiciária produzirá efeitos sobre uma multiplicidade de processos nem consistirá em flexibilização do procedimento. Uma carta precatória para oitiva de uma testemunha é exemplo de um ato de cooperação que, *a priori*, beneficiará um único processo e que não consiste em medida de adequação do procedimento.

12. DIDIER JR., Fredie; CABRAL, Antonio do Passo; CUNHA, Leonardo Carneiro da. **Por uma nova teoria dos procedimentos especiais: dos procedimentos às técnicas**. Cit., p. 68-87.

modelo de flexibilização por ato judicial com caráter transprocessual, aberto e, de acordo com a hipótese, com natureza abstrata.

O potencial é revolucionário. É possível antever o desenvolvimento de políticas judiciárias locais, de maneira coordenada e democrática, inclusive com a participação de juízos de ramos distintos do Judiciário e de diferentes graus de jurisdição – com o aproveitamento das respectivas capacidades institucionais[13] –, adequadas às peculiaridades de determinada região ou de certo perfil de casos, em complemento às políticas institucionais gerais adotadas pelo Conselho Nacional de Justiça e pelos tribunais superiores.

Em um ordenamento que assume esses contornos, torna-se inevitável a rediscussão a respeito da discricionariedade judicial e do dogma da irrelevância da vontade do juiz no processo[14].

2.2. Compreensão analítica e fundamentos da cooperação judiciária

Cooperação judiciária é locução plurívoca.

Em um *primeiro sentido*, cooperação judiciária refere-se a uma situação jurídica complexa[15]. Ao aludir apenas a um "dever de recíproca cooperação", o art. 67 do Código de Processo Civil destacou apenas uma das categorias eficaciais componentes da situação jurídica complexa. Entretanto, a cooperação judiciária abrange situações jurídicas ativas (direitos, faculdades, poderes) e passivas (deveres, ônus, sujeições).

---

13. "O argumento das capacidades institucionais se refere às habilidades e limitações de cada instituição para o exercício de suas funções em um cenário específico. Ele é considerado um pressuposto, à luz dos limites e capacidades do Poder Judiciário em si e em comparação com outras instituições, para a seleção de métodos de decisão mais apropriados nos quais juízes podem se orientar para interpretar textos e tomar decisões confiáveis. Funciona como critério para apreciar possíveis metodologias de tomada de decisão, e não como argumento de primeira-ordem voltado para criticar ou justificar decisões institucionais específicas. Pensar em capacidades institucionais significa, dessa forma, levar a sério as limitações e qualificações de uma determinada instituição no desenvolvimento de análises estáticas e dinâmicas relacionadas ao exercício de suas funções" (ARGUELHES, Diego Werneck; LEAL, Fernando. O argumento das "capacidades institucionais" entre a banalidade, a redundância e o absurdo *in* **Revista do Programa de Pós-Graduação em Direito da Universidade Federal da Bahia**, n.º 3, 2011.2, p. 333).

14. Quanto aos atos postulativos das partes, o problema já encontrou sua solução cabal em SILVA, Paula Costa e. **Acto e Processo: regressando ao dogma da irrelevância da vontade na interpretação e nos vícios do acto postulativo**. São Paulo: Thomson Reuters, 2019. Interessante abordagem sobre o enquadramento jurídico das manifestações de vontade do juiz no processo pode ser encontrada em NOGUEIRA, Pedro Henrique. **Negócios Jurídicos Processuais**. 4. ed. Salvador: Editora Juspodivm, 2020, p. 215-244.

15. Em sentido próximo: "Em linhas gerais, a cooperação judiciária nacional consiste em um poder/dever de ampla interação entre juízos pelos meios mais eficazes para possibilitar a gestão adequada e eficiente de atos processuais" (ARAGÃO, Nilsiton Rodrigues de Andrade. Fundamentos da Cooperação Judiciária Nacional *in* **Revista Eletrônica de Direito Processual – REDP**. Rio de Janeiro. Ano 14. Volume 21. Número 3. set./dez. 2020, p. 452. Disponível em: ‹www.redp.uerj.br›. Acesso em 02/11/20).

Basta observar, exemplificativamente, que há o direito de solicitar cooperação (CPC, art. 68); o dever de responder à solicitação, ainda que negativamente (apenas por motivo justificado); o poder de certo órgão judicial para a determinação, por delegação, de prática de ato por órgão a ele vinculado; a sujeição à cooperação por delegação oriunda de instância superior; o dever de fundamentação em relação a todos os atos de cooperação (Resolução n.º 350/20 do CNJ, art. 8º, § 2º); a faculdade de consulta prévia às partes do processo (Resolução do CNJ n.º 350/20, art. 9º); hipóteses de ônus, como no caso de fixação, no bojo de ato concertado, de prazo em cada mês para o requerimento de determinadas providências (como o envio de intimações a um ou mais litigantes pelo outro sujeito cooperante), sob pena de reputar-se o desinteresse ou a desnecessidade em relação à prática do ato naquele período; o dever de não interferência na cooperação firmada por outros órgãos judiciais (ressalvada, naturalmente, a atuação dos órgãos competentes para controle do ato); a faculdade de utilização de determinado meio para a concretização da cooperação; os deveres de documentação e de comunicação às partes a respeito da cooperação (Resolução n.º 350/20 do CNJ, art. 3º e 5º, incisos III e V).

Em um *segundo sentido*, a cooperação judiciária diz respeito a um conjunto de atos jurídicos, abrangendo atos jurídicos em sentido estrito e negócios jurídicos[16].

Ilustrativamente, a solicitação de cooperação para intimação de determinada pessoa por intermédio de carta precatória consistirá em ato jurídico *stricto sensu*, uma vez que os efeitos do ato já estão prévia e completamente especificados na legislação. A cooperação por concertação, por sua vez, é um excelente exemplo de negócio jurídico processual[17].

16. "Quando são analisadas as cooperações judiciárias realizadas por pedido ou por provocação de órgão da administração judiciária, sobressai o dever de cooperação. Como a cooperação é uma categoria processual previamente regulada pela legislação, não há uma escolha dos efeitos que serão produzidos. Nessas hipóteses, por exclusão, a melhor opção é considerá-los como atos jurídicos em sentido estrito, uma vez que não se enquadram como atos-fatos, atos ilícitos ou negócios jurídicos. Todavia, o estudo da natureza jurídica não se encerra aí, pois nem todas essas questões podem ser integralmente aplicadas na hipótese de cooperação judiciária realizada mediante ato concertado. Nesse caso, está presente a estrutura de uma convenção processual entre juízes, exaltando-se o elemento consensual em detrimento do impositivo" (ARAGÃO, Nilsiton Rodrigues de Andrade. Fundamentos da Cooperação Judiciária Nacional *in* **Revista Eletrônica de Direito Processual – REDP**. Cit., p. 458). Também examinando o enquadramento da cooperação judiciária em atos jurídicos em sentido estrito e negócios jurídicos, a fim de definir sua natureza jurídica: VIANA, Isadora Passos Amaral. **Centralização de processos e cooperação judiciária: terceiro mecanismo de resolução de casos repetitivos**. Monografia (Graduação em Direito). Faculdade de Direito, Universidade Federal da Bahia, Salvador, 2019, p. 63.

17. "A cooperação judiciária pode efetivar-se por meio de um negócio jurídico de direito público celebrado pelos juízes envolvidos – que, por isso, têm capacidade negocial –, denominado de *ato concertado entre juízes cooperantes*" (grifos no original) (DIDIER JR., Fredie. **Cooperação Judiciária Nacional: esboço de uma teoria para o Direito brasileiro (arts. 67-69, CPC)**. Cit., p. 84). No mesmo sentido: CAMPOS, Maria Gabriela. **O compartilhamento de competências no Processo Civil: um estudo do sistema de competências sob o**

Em um *terceiro sentido*, por metonímia, cooperação judiciária corresponde aos instrumentos e atos materiais que concretizam a interação entre os órgãos cooperantes[18].

A cooperação judiciária encontra fundamento nos princípios da cooperação, da duração razoável do processo, da eficiência, do juiz natural (em sua interpretação contemporânea) e da competência adequada[19].

Como importante medida de administração da justiça e gestão processual, a cooperação judiciária pode concretizar-se por meio da prática de atos administrativos ou jurisdicionais[20].

As partes e, de maneira geral, a sociedade não são meros espectadores da cooperação judiciária, perspectiva que estaria em absoluto descompasso com o espírito que orienta o Código de 2015.

---

paradigma da cooperação nacional. Salvador: Editora Juspodivm, 2020, p. 154. ARAGÃO, Nilsiton Rodrigues de Andrade. Fundamentos da Cooperação Judiciária Nacional *in* **Revista Eletrônica de Direito Processual – REDP**. Rio de Janeiro. Ano 14. Volume 21. Número 3. set./dez. 2020, p. 459. Disponível em: ‹www.redp.uerj.br›. Acesso em 02/11/20. FERREIRA, Gabriela Macedo. O ato concertado entre juízes cooperantes: esboço de uma teoria para o Direito brasileiro *in* **Civil Procedure Review**. v.10, n. 3: set.-dez. 2019, p. 27. Disponível em: ‹www.civilprocedurereview.com›. Acesso em 02/11/20). Em sentido diverso, entendendo pela impossibilidade de o juiz figurar como parte em qualquer negócio jurídico processual: "mesmo quando há discricionariedade, não significa que exista autonomia ou liberdade negocial. Por esse motivo, como não há liberdade para o juiz nos termos em que se observa para as partes, pensamos que o magistrado não pode ser considerado parte nas convenções processuais" (CABRAL, Antonio do Passo. **Convenções processuais: Teoria geral dos negócios jurídicos processuais**. 3. ed. Salvador: Editora Juspodivm, 2020, p. 277).

18. "A cooperação judiciária nacional é o complexo de instrumentos e atos jurídicos pelos os órgãos judiciários brasileiros podem interagir entre si, com tribunais arbitrais ou com órgãos administrativos, com o propósito de colaboração para o processamento e/ou julgamento de casos e, de modo mais genérico, para a própria administração da justiça, por meio de compartilhamento ou delegação de competências, prática de atos processuais, centralização de processos, produção de proa comum, gestão de processos e de outras técnicas destinadas ao aprimoramento da prestação jurisdicional no Brasil" (DIDIER JR., Fredie. **Cooperação Judiciária Nacional: esboço de uma teoria para o Direito brasileiro (arts. 67-69, CPC)**. Cit., p. 62).

19. DIDIER JR., Fredie. **Cooperação Judiciária Nacional: esboço de uma teoria para o Direito brasileiro (arts. 67-69, CPC)**. Cit., p. 62-64. Acrescentando o princípio da unidade da jurisdição: CAMPOS, Maria Gabriela. **O compartilhamento de competências no Processo Civil: um estudo do sistema de competências sob o paradigma da cooperação nacional**. Salvador: Editora Juspodivm, 2020, p. 124-125. Em sentido diverso, entendendo que a cooperação judiciária não está fundada no princípio da cooperação: "Embora haja opinião em contrário, entendemos que tal *cooperação* não se infere diretamente do *princípio da cooperação processual* inserido no art. 6º, ainda que, indiretamente, certos elementos conformem o seu conteúdo. É que este princípio trata da cooperação entre os sujeitos do processo, regulando as relações que se desenvolvem *endoprocessualmente* entre juiz, partes e demais atores. Em verdade, nos parece que o dever de recíproca cooperação possui relação muito mais direta e mais serve à concretização dos *princípios da eficiência* – consagrado no *caput* do art. 37 da Constituição da República e no art. 8º do NCPC – e da *razoável duração do processo*, também com sede constitucional – art. 5º, LXXVIII da Constituição da República e no art. 4º do NCPC" (grifos no original) (AVELINO, Murilo Teixeira. Breves comentários à cooperação nacional no Código de Processo Civil *in* **Revista Jurídica da Seção Judiciária de Pernambuco**, Recife, v. 8, 2015, p. 188).

20. Enunciado n.º 670 do Fórum Permanente de Processualistas Civis: A cooperação judiciária pode efetivar-se pela prática de atos de natureza administrativa ou jurisdicional.

Essas constatações permitem duas reflexões.

O Poder Judiciário *deve* estimular as partes à autocomposição, inclusive quanto ao processo (CPC, art. 3º, §§ 2º e 3º). As partes, por sua vez, *podem* provocar os juízos para a realização de atos de cooperação.

Nos negócios processuais, os juízes *controlam a posteriori a atividade das partes*, analisando validade da convenção, a ocorrência de inserção abusiva em contrato de adesão e a manifesta situação de vulnerabilidade de algum dos convenentes. Na cooperação judiciária, as partes *fiscalizam a posteriori a atividade dos juízos*, a partir especialmente de parâmetros de eficiência na prestação jurisdicional, podendo impugnar os atos de cooperação na forma da legislação processual.

2.3. Tipos, instrumentos e atos de cooperação

Os *tipos* de cooperação correspondem às modalidades de interação entre órgãos cooperantes. Fredie Didier Jr. visualiza três tipos de cooperação (por solicitação, por delegação e por concertação), admitindo, contudo, a possibilidade de identificação de outras modalidades[21]. Parece-nos possível afirmar a existência de ao menos mais uma modalidade: a cooperação por adesão.

A *cooperação por solicitação* concretiza-se por meio de pedido dirigido a outro órgão jurisdicional – pouco importa a instância e o ramo do Judiciário. Trata-se de interação episódica, pontual entre órgãos, destinada apenas à realização de um ou alguns atos específicos[22].

Conquanto o § 2º do art. 69 do CPC apresente o rol de atos nele contido como exemplos de cooperação por concertação, não deve haver dúvidas quanto à possibilidade de sua prática também na cooperação por solicitação ou por delegação. O equívoco foi corrigido no art. 6º da Resolução n.º 350/20 do CNJ, que amplia e detalha o elenco exemplificativo, mas desta vez sem atrelá-lo apenas à cooperação por concertação.

Na *cooperação por delegação*, um órgão judiciário determina a outro, a ele hierarquicamente vinculado, a prática de determinado(s) ato(s). O delegatário atuará na condição de *longa manus*, de modo que não poderá declinar do cumprimento da ordem a ele dirigida, exceto em situação de evidente incompatibilidade com o ordenamento jurídico[23].

21. DIDIER JR., Fredie. **Cooperação Judiciária Nacional: esboço de uma teoria para o Direito brasileiro (arts. 67-69, CPC)**. Salvador: Editora Juspodivm, p. 72.
22. DIDIER JR., Fredie. **Cooperação Judiciária Nacional: esboço de uma teoria para o Direito brasileiro (arts. 67-69, CPC)**. Salvador: Editora Juspodivm, p. 74.
23. DIDIER JR., Fredie. **Cooperação Judiciária Nacional: esboço de uma teoria para o Direito brasileiro (arts. 67-69, CPC)**. Salvador: Editora Juspodivm, p. 76-77.

A *cooperação por concertação* concretiza-se por intermédio de negócio jurídico processual, por meio do qual os órgãos envolvidos estabelecem procedimentos e disciplinam situações jurídicas com o propósito de cooperação para a prestação jurisdicional e a gestão processual[24].

A *cooperação por adesão* não se confunde com qualquer das anteriores modalidades.

Na cooperação por adesão, um órgão jurisdicional manifesta sua aceitação em relação às condições previamente fixadas por outro para a realização de uma ou várias modalidades de atos padronizados, normalmente de baixa complexidade, relativos à administração da justiça. Ao aderente cabe apenas a decisão acerca da aceitação ou não daqueles parâmetros que são oferecidos de maneira idêntica a qualquer órgão judiciário interessado.

Um exemplo de cooperação por adesão pode ser verificado na disponibilização de sistema por tribunais superiores para comunicação eletrônica e recebimento e baixa de processos, com funcionalidades gerenciais e simplificação dos trâmites técnicos[25]. Os tribunais interessados na utilização do sistema devem observar os requisitos técnicos estabelecidos unilateralmente pela corte superior e cumprir uma série de exigências quanto ao seu uso.

Essa modalidade de cooperação não consiste em uma ordem dirigida a órgão hierarquicamente vinculado àquele que profere a determinação, não sendo possível sua identificação com a cooperação por delegação.

Diferentemente da cooperação por solicitação, a cooperação por adesão é vocacionada para uma interação duradoura entre os órgãos.

---

24. "A cooperação judiciária pode efetivar-se por meio de um negócio jurídico de direito público celebrado pelos juízes envolvidos – que, por isso, têm capacidade negocial –, denominado de *ato concertado entre juízes cooperantes*" (grifos no original) (DIDIER JR., Fredie. **Cooperação Judiciária Nacional: esboço de uma teoria para o Direito brasileiro (arts. 67-69, CPC)**. Salvador: Editora Juspodivm, p. 84). No mesmo sentido: CAMPOS, Maria Gabriela. **O compartilhamento de competências no Processo Civil: um estudo do sistema de competências sob o paradigma da cooperação nacional**. Salvador: Editora Juspodivm, 2020, p. 154. ARAGÃO, Nilsiton Rodrigues de Andrade. Fundamentos da Cooperação Judiciária Nacional *in* **Revista Eletrônica de Direito Processual – REDP**. Rio de Janeiro. Ano 14. Volume 21. Número 3. set./dez. 2020, p. 459. Disponível em: <www.redp.uerj.br>. Acesso em 02/11/20. FERREIRA, Gabriela Macedo. O ato concertado entre juízes cooperantes: esboço de uma teoria para o Direito brasileiro *in* **Civil Procedure Review**. v.10, n. 3: set.-dez. 2019, p. 27. Disponível em: <www.civilprocedurereview.com>. Acesso em 02/11/20). Em sentido diverso, entendendo pela impossibilidade de o juiz figurar como parte em qualquer negócio jurídico processual: "mesmo quando há discricionariedade, não significa que exista autonomia ou liberdade negocial. Por esse motivo, como não há liberdade para o juiz nos termos em que se observa para as partes, pensamos que o magistrado não pode ser considerado parte nas convenções processuais" (CABRAL, Antonio do Passo. **Convenções processuais: Teoria geral dos negócios jurídicos processuais**. 3. ed. Salvador: Editora Juspodivm, 2020, p. 277).

25. Vide, ilustrativamente, o "STF Tribunais", sistema destinado a facilitar o recebimento e baixa de processos. O termo de adesão é disponibilizado na página do Supremo Tribunal Federal (http://www.stf.jus.br/portal/cms/verTexto.asp?servico=processoIntegracaoInformacaoGeral), em que está previsto um conjunto de oito grupos de obrigações que devem ser observadas pelos aderentes. A formalização da adesão ocorre mediante e-mail com a indicação de dados previamente indicados pelo STF.

Diversamente da cooperação por concertação, a modalidade cooperativa por adesão não é apropriada a atos de teor mais complexo e possui grau de consensualidade extremamente reduzido, limitado somente à decisão quanto à adesão ou não a parâmetros unilateralmente estabelecidos, sem possibilidade de tratativas quanto às condições da convenção.

A classificação adotada é orientada especialmente pela *finalidade* da cooperação.

A cooperação por solicitação destina-se à prática de um ato pontual ou conjunto bastante limitado de atos, em uma interação esporádica e de reduzida duração.

A cooperação por delegação tem por objetivo a execução de uma ordem de prática de determinado(s) ato(s), oriunda de um juízo ao qual se está hierarquicamente vinculado.

A cooperação por concertação tem por fim o estabelecimento, de maneira dialógica, segundo as especificidades, as condições estruturais e as necessidades de cada juízo cooperante, das diretrizes que regerão, em uma relação duradoura, a prática de atos em um conjunto de processos ou em processo de elevada complexidade. Em muitos casos, cooperação por concertação revela-se indispensável para o oferecimento de uma tutela jurisdicional adequada e racional (principalmente no sentido de evitar decisões contraditórias de diferentes juízos) para os casos por ela alcançados.

A cooperação por adesão destina-se à prática de atos de baixa complexidade em uma multiplicidade de processos, em condições estabelecidas unilateralmente por apenas um dos sujeitos e disponibilizadas indistintamente a qualquer órgão judiciário interessado, com grau ínfimo de consensualidade, consistente apenas na faculdade de aderir ou não ao modelo disponibilizado, inexistindo possibilidade de discussão da proposta para adaptação a necessidades ou circunstâncias específicas de certo interessado. Ela não é apropriada para a prática de atos específicos em processo de alta complexidade. Sua vocação está atrelada normalmente ao cumprimento de rotinas cartorárias padronizadas. A adoção da cooperação por adesão representa ganhos de eficiência na prática de tais atos, mas não guarda qualquer relação com o objetivo de evitar a ocorrência de decisões contraditórias ou, de maneira geral, de viabilizar a prestação da tutela jurisdicional adequada em um sentido material.

Não obstante o principal fundamento da classificação aqui utilizada seja a finalidade da cooperação, é possível, acompanhando o critério utilizado por Fredie Didier, visualizar uma gradação da *intensidade da vinculação dos juízos* (ou o nível de compulsoriedade da cooperação) em cada modalidade de cooperação[26].

---

26. DIDIER JR., Fredie. **Cooperação Judiciária Nacional: esboço de uma teoria para o Direito brasileiro (arts. 67-69, CPC)**. Cit., p. 105-107.

No mais baixo degrau, encontra-se a cooperação por solicitação, tendo em vista a possibilidade de recusa fundamentada, de acordo com a possibilidade fática de seu atendimento.

Em patamar intermediário, situa-se a cooperação por delegação, para a qual sequer há previsão legal expressa de recusa da ordem emanada do juízo delegante.

Em um último nível, está localizada a cooperação por concertação. Nela, o elevado grau de compulsoriedade decorre da assunção de compromissos em razão de um negócio jurídico concreto, que especifica e individualiza o dever de cooperação.

A cooperação por adesão situa-se em patamar acima da cooperação por delegação, mas abaixo da cooperação por concertação. Conquanto a vinculação decorra de negócio jurídico que concretiza o dever geral de cooperação judiciária, a intensidade da vinculação é distinta entre as partes. Sobre o juízo que apresenta a proposta pública de adesão recaem deveres acentuados de informação (v.g.: esclarecimentos quanto a requisitos para adequada utilização do sistema, evitando despesas desnecessárias do juízo que eventualmente não possua estrutura tecnológica capaz de atender as exigências, a possíveis incompatibilidades entre o sistema disponibilizado e aquele atualmente adotado no juízo aderente, bem como quanto a características que tornem o sistema vulnerável a ataques cibernéticos) e colaboração (ilustrativamente, para solução de possíveis fragilidades ou incompatibilidades do sistema decorrentes de falhas no juízo que o disponibilizou, de modo a assegurar o alcance das finalidades da cooperação). A interpretação de cláusulas ambíguas ou contraditórias do negócio deve ser a mais favorável ao aderente, que não participou da sua elaboração[27]. Por outro lado, o dever de renegociar os termos da avença, em decorrência de alterações de situações de fato ou de direito envolvendo um dos juízos, é mais intenso na cooperação por concertação do que na cooperação por adesão, em que a consensualidade é mínima e as condições específicas do juízo aderente são praticamente indiferentes para sua celebração.

Parece-nos, por essas razões, possível a admissão da existência de ao menos quatro tipos de cooperação judiciária.

O art. 69 do CPC prevê, em seus incisos, hipóteses referentes a instrumentos e atos de cooperação[28], em rol exemplificativo. A falta de rigor foi corrigida

27. Aplica-se aqui a diretriz interpretativa consagrada no art. 423 do Código Civil: Art. 423. Quando houver no contrato de adesão cláusulas ambíguas ou contraditórias, dever-se-á adotar a interpretação mais favorável ao aderente.

28. DIDIER JR., Fredie. **Cooperação Judiciária Nacional: esboço de uma teoria para o Direito brasileiro (arts. 67-69, CPC)**. Cit., p. 73.

na Resolução n.º 350/20, que alude aos instrumentos em seu art. 5º, inciso II, e arrola um elenco de atos em seu art. 6º.

Os *instrumentos* de cooperação são as vias de concretização da cooperação judiciária. São eles o auxílio direto (CPC, art. 69, inciso I; Resolução n.º 350/20, art. 5º, inciso II), atos concertados ou atos conjuntos (CPC, art. 69, inciso IV; Resolução n.º 350/20, art. 5º, inciso II), as cartas (CPC, art. 69, § 1º; Resolução n.º 350/20, art. 5º, parágrafo único), além de outros que venham a ser concebidos[29].

Os *atos de cooperação* são a materialização da interação entre os órgãos jurisdicionais. Eles estão previstos, em listas exemplificativas, no art. 69, incisos II e III, e § 2º, do CPC, e no art. 6º da Resolução n.º 350/20[30]. Qualquer ato processual pode ser objeto de cooperação, conforme estabelecem o art. 68 do CPC e o art. 3º da Resolução n.º 350/20.

A simplificação que preside a lógica da cooperação judiciária torna dispensável a exigência de forma específica (CPC, art. 69, *caput*, e Resolução n.º 350/10, art. 8º, *caput*), o que não exonera os órgãos cooperantes dos deveres de fundamentação quanto à justificativa para sua celebração e de sua documentação no processo (Resolução n.º 350/20, arts. 5º, incisos III e IV, e 8º, § 2º; Enunciado n.º 687[31] do Fórum Permanente de Processualistas Civis).

2.4. A atipicidade na cooperação judiciária

Concebido em um país com conflitos sociais complexos e diversificados e com elevado grau de litigiosidade, o CPC/15 consagrou a atipicidade como via para a construção de soluções adequadas às lides em juízo[32]. Não seria diferente com a cooperação judiciária, cuja utilização concretiza o princípio da adequação[33].

29. DIDIER JR., Fredie. **Cooperação Judiciária Nacional: esboço de uma teoria para o Direito brasileiro (arts. 67-69, CPC)**. Cit., p. 72.
30. DIDIER JR., Fredie. **Cooperação Judiciária Nacional: esboço de uma teoria para o Direito brasileiro (arts. 67-69, CPC)**. Cit., p. 72-73.
31. Enunciado n.º 687 do Fórum Permanente de Processualistas Civis: A dispensa legal de forma específica para os atos de cooperação judiciária não afasta o dever de sua documentação nos autos do processo.
32. "A atipicidade da cooperação judiciária segue uma linha-mestra do CPC, que apostou muito fortemente na flexibilização das técnicas processuais. Ela faz parte de uma constelação de cláusulas gerais processuais geradoras das mais diversas atipicidades das técnicas: atipicidade dos meios de solução de conflitos (art. 3º, §§ 2º e 3º), atipicidade dos meios executivos (arts. 139, IV, 297, 536, § 1º, 538, § 3º, CPC), atipicidade da negociação sobre o processo (art. 190, CPC) e a atipicidade dos meios de prova (art. 369, CPC)" (DIDIER JR., Fredie. **Cooperação Judiciária Nacional: esboço de uma teoria para o Direito brasileiro (arts. 67-69, CPC)**. Salvador: Editora Juspodivm, 2020, p. 74). "A tônica da cooperação judiciária é, justamente, a informalidade e a atipicidade das interações entre os juízos" (CAMPOS, Maria Gabriela. **O compartilhamento de competências no Processo Civil: um estudo do sistema de competências sob o paradigma da cooperação nacional.** Salvador: Editora Juspodivm, 2020, p. 138).
33. "Nada impede, entretanto, antes aconselha, que se possa previamente conferir ao magistrado, como diretor do processo, poderes para conformar o procedimento às peculiaridades do caso concreto,

A atipicidade que caracteriza a cooperação judiciária permite o desenvolvimento pelos juízes de respostas inovadoras e criativas, aptas ao oferecimento de tutela adequada a um processo individualmente considerado ou a um grupo mais ou menos numeroso de processos[34], revelando-se como importante instrumento de gestão processual[35].

Não à toa, o art. 68 do CPC é inequívoco ao prever que a cooperação pode referir-se à "prática de qualquer ato processual", ao passo que o art. 69, § 2º, vale-se de técnica exemplificativa ao enunciar alguns dos possíveis objetos dos atos concertados. No mesmo sentido são os arts. 3º e 6º da Resolução n.º 350/20 do Conselho Nacional de Justiça.

A atipicidade diz respeito aos tipos, aos instrumentos e aos atos de cooperação[36].

Assim, além das cartas, do auxílio direto e do ato concertado, é possível o manejo de outros instrumentos cooperativos, desde que adequados à solução do(s) caso(s).

Da mesma maneira, os elencos de hipóteses de atos de cooperação previstos no art. 69, § 2º, do CPC e no art. 6º da Resolução n.º 350/20 do CNJ não são taxativos, sendo possível a concepção de outras modalidades de atos pelos juízes envolvidos.

---

tudo como meio de melhor tutelar o direito material. O excessivo rigor formal talvez tenha sido um dos grandes responsáveis pelo descrédito do sistema de tutela jurisdicional dos direitos. Eis que aparece o princípio da adaptabilidade" (DIDIER JR., Fredie. Sobre dois importantes, e esquecidos, princípios do processo: adequação e adaptabilidade do procedimento *in* **Revista dos Mestrandos em Direito da UFBA**, 2001, n.º 09, jan./dez. 2001, p. 226-238).

34. "a cooperação judiciária processual prevista no CPC dá margem à prática de dois tipos de cooperação processual, que são a cooperação processual endoprocessual e a cooperação processual transprocessual" (FONSECA, João Gustavo Henriques de Morais. **Cooperação Judiciária Processual: Flexibilidade Procedimental para a Efetividade da Jurisdição.** Dissertação (Mestrado em Direito). Faculdade de Direito, Universidade Federal de Minas Gerais, Belo Horizonte, 2018, p. 94).

35. "Esse dispositivo não impõe qualquer restrição à espécie ou natureza do ato processual. Pode ser qualquer um. (...) Tais casos, no entanto, são atos de cooperação tipificados na legislação. O que cuida, porém, os arts. 68 e 69 do CPC/2015, são dos atos de cooperação atípicos, ou seja, aqueles não disciplinados expressamente na lei, mas, sim, estabelecidos por iniciativa dos órgãos do Poder Judiciário. Aqui prevalece a criatividade do juiz na busca da maior eficiência e efetividade da prestação jurisdicional" (MEIRELES, Edilton. **Cooperação Judiciária Nacional.** Disponível em: <https://www.academia.edu/34088104/COOPERA%C3%87%C3%83O_JUDICI%C3%81RIA_NACIONAL>. Acesso em 02/11/20). "A cooperação judiciária nacional integra-se a essas hipóteses, apresentando-se de forma atípica em seus diversos níveis de manifestação. Com isso, a cooperação judiciária garante uma elevada capacidade de adequação processual para melhor atender às especificidades do caso concreto. Isso não importa na utilização indiscriminada, como uma panaceia para todos os entraves processuais. A ideia que a orienta é a de adequação, de modo que somente deve ser utilizada quando o caso concreto assim o exigir" (ARAGÃO, Nilsiton Rodrigues de Andrade. Fundamentos da Cooperação Judiciária Nacional *in* **Revista Eletrônica de Direito Processual – REDP**. Rio de Janeiro. Ano 14. Volume 21. Número 3. set./dez. 2020, p. 457. Disponível em: <www.redp.uerj.br>. Acesso em 02/11/20).

36. DIDIER JR., Fredie. **Cooperação Judiciária Nacional: esboço de uma teoria para o Direito brasileiro (arts. 67-69, CPC)**. Salvador: Editora Juspodivm, 2020, p. 72-74.

Como consequência lógica do modelo adotado pelo Código, a atipicidade recai também sobre a forma, de modo que não há exigência de requisitos formais específicos para a validade das medidas de cooperação judiciária, como elucidam o art. 69, *caput*, do CPC e o art. 8º, *caput*, da Resolução n.º 350/20 do CNJ.

2.5. *Amicus curiae* e cooperação judiciária. a reconfiguração do papel do *amicus curiae* pela Resolução n.º 350/20 do CNJ

Nos termos do art. 8º, § 4º, da Resolução n.º 350/20 do Conselho Nacional de Justiça, além das partes, outras pessoas naturais ou jurídicas, órgãos ou entidades especializadas, com representatividade adequada, podem dirigir ao juízo requerimentos para a realização de ato de cooperação, provocando a adoção de providências.

O dispositivo possui grande importância para o regime jurídico atribuído ao *amicus curiae* no Direito brasileiro.

Em primeiro lugar, por explicitar que o requerimento da prática de ato de cooperação não depende da prévia concessão de poderes para tanto pelo juiz ou pelo relator (CPC, art. 138, § 2º). Admitida a intervenção do amigo da corte, não será possível negar-lhe o poder de pugnar pela realização de atos cooperativos (e de ter seu requerimento apreciado em decisão fundamentada[37]), sob pena de violação de garantia consagrada no ordenamento[38]. Ao lado do direito de manifestação (CPC, art. 138, *caput*), da possibilidade de oposição de embargos de declaração (CPC, art. 138, § 1º), do requerimento de juntada de documentos e da realização das diligências necessárias para a elucidação da questão de direito controvertida no incidente de resolução de demandas repetitivas (CPC, art. 983), da interposição de recurso da decisão que julgar o IRDR[39] (CPC, art. 138, § 3º), o requerimento de prática de atos de cooperação (e, conforme será adiante sustentado, de revisão de atos já ajustados, tenham ou não sido avençados a partir de sua iniciativa) insere-se no *núcleo essencial ineliminável*[40] de poderes do *amicus*.

37. Enunciado n.º 128 do Fórum Permanente de Processualistas Civis: No processo em que há intervenção do *amicus curiae*, a decisão deve enfrentar as alegações por ele apresentadas, nos termos do inciso IV do § 1º do art. 489.

38. As Resoluções do Conselho Nacional de Justiça, vale lembrar, são também fontes de normas processuais. Sobre o tema: DIDIER JR., Fredie. **Curso de Direito Processual Civil**. v. 1. 22. ed. Salvador: Editora Juspodivm, 2020, p. 80-81.

39. Em um microssistema de julgamento de casos repetitivos, não deve haver dúvida quanto à possibilidade de interposição de recurso também da decisão proferida em recurso especial ou extraordinário repetitivo, como sustentado em DIDIER JR., Fredie. **Curso de Direito Processual Civil**. v. 1. Salvador: Editora Juspodivm, 2020, p. 650. No mesmo sentido e o Enunciado n.º 391 do Fórum Permanente de Processualistas Civis: O *amicus curiae* pode recorrer da decisão que julgar recursos repetitivos.

40. TALAMINI, Eduardo. Capítulo V – Do *amicus curiae in* WAMBIER, Teresa et al. (Coord.). **Breves Comentários ao Novo Código de Processo Civil**. São Paulo: Revista dos Tribunais, 2015, p. 445.

Além disso, o art. 8º, § 4º, da Resolução reconfigura o papel do *amicus curiae*.

Com o advento da Resolução n.º 350/20, é inegável que a intervenção do *amicus curiae* destina-se não apenas a aprimorar o conteúdo da decisão judicial, lição amplamente repetida, mas, em perspectiva mais ampla, a *aperfeiçoar a prestação jurisdicional em sentido mais amplo*, provocando a realização de atos de cooperação que concorrerão para a eficiência do Poder Judiciário e para a tutela adequada dos direitos. A importância da sua atuação não está limitada a oferecer subsídios para qualificar a decisão a ser proferida na fase de cognição, uma vez que sua intervenção poderá ocorrer, ilustrativamente, para apresentar soluções para a execução da decisão (art. 6º, inciso XI), sugerir metodologia para a disciplina de procedimento expropriatório (art. 6º, inciso XIII) ou para a reunião de execuções (art. 6º, inciso IV).

Na defesa dos interesses que representa[41], o *amicus curiae* poderá, ainda, colaborar para a identificação do juízo que possua melhor capacidade institucional para a produção de certa prova (art. 6º, incisos VI e VII) ou para a apreciação de determinada questão de fato ou de direito (art. 6º, inciso V), sugerindo a celebração de um ato concertado para a concretização dessa finalidade. Embora não possa suscitar IRDR, o amigo da corte poderá requerer a pactuação de ato concertado para a centralização de processos repetitivos (art. 6º, inciso X).

A Resolução n.º 350/20 do CNJ investe o *amicus curiae* na condição de colaborador da administração da justiça. Trata-se, então, de sujeito processual que é amigo da corte também no sentido de ser *amigo da gestão processual da corte*.

2.6. Cooperação interjudiciária e interinstitucional

Instituto que reflete o caráter uno da jurisdição, a cooperação interjudiciária é aquela desenvolvida entre ramos distintos do Poder Judiciário. Ela está prevista no art. 69, § 3º[42], do CPC e nos arts. 5º, inciso I[43], e 11, § 5º[44], da Resolução n.º 350/20 do Conselho Nacional de Justiça.

41. "O *amicus* não possui o mesmo *interesse* e *legitimidade* dos sujeitos 'tradicionais', o que, por si só, é suficiente para provocar a revisitação de tais categorias como indispensáveis pressupostos da atuação em juízo e das hipóteses de ingresso de sujeitos no ambiente processual. Em realidade, o tipo de interesse que ostenta o *amicus* sequer é uniforme, sendo difícil identificar, nas mais variadas intervenções a tal título, uma finalidade comum. Tampouco é possível afirmar, hoje, que o *amicus* seria um sujeito imparcial. Já há muito, aliás, reconhece a doutrina estrangeira que a função antes isenta do amigo da corte é hoje cada vez mais rara, ostentando os *amici* interesses dos mais variados" (grifos no original) (TEMER, Sofia. **Participação no processo civil: revisitando litisconsórcio, intervenção de terceiros e outras formas de atuação**. Salvador: Editora Juspodivm, 2020, p. 240).
42. Art. 69, § 3º O pedido de cooperação judiciária pode ser realizado entre órgãos jurisdicionais de diferentes ramos do Poder Judiciário.
43. Art. 5º A cooperação judiciária nacional: I – pode ser realizada entre órgãos jurisdicionais de diferentes ramos do Poder Judiciário.
44. Art. 11, § 5º Os atos de cooperação celebrados por juízos de ramos distintos do Poder Judiciário devem ser informados aos respectivos tribunais, para conhecimento.

É possível recorrer à cooperação interjudiciária para a solução de questões envolvendo um número reduzido de pessoas. Exemplificativamente, pode-se imaginar a discussão, em processos perante a Justiça do Trabalho, a Justiça Federal (em matéria previdenciária) e a Justiça Estadual (no âmbito sucessório), acerca de união estável de indivíduo que veio a falecer. Em tais situações, a mesma questão de direito é debatida em processos perante órgãos de diferentes ramos do Poder Judiciário, com evidente risco de ocorrência de decisões conflitantes, em prejuízo à credibilidade e à eficiência da prestação jurisdicional.

Todavia, não há dúvidas de que a cooperação interjudiciária revela-se especialmente útil em litígios de alta complexidade[45], envolvendo diversos grupos com variados interesses, com processos individuais ou coletivos em trâmite perante justiças diferentes.

O tema da proteção de dados pessoais oferece um interessante exemplo. As violações às normas de proteção de dados tendem a provocar lesões de massa, com afetação especialmente de consumidores e trabalhadores. Dificilmente os efeitos de uma prática irregular de determinada instituição ou de um incidente de segurança atingirão somente um indivíduo. Diante de eventos dessa natureza, a hipótese mais provável é de uma multiplicidade de processos individuais e coletivos com discussão a respeito do mesmo fato comum (v.g.: inobservância de norma jurídica ou técnica de proteção de dados ou ocorrência de incidente de segurança) em ramos diversos do Poder Judiciário.

Ilustram também as situações de litígios de alta complexidade as questões decorrentes de desastres ambientais.

Em cenários assim, o compartilhamento de competências para a prática de atos de comunicação, instrução, decisão e execução é decisivo para o sucesso da resposta oferecida pelo Judiciário. Não à toa, o Projeto de Lei n.º 4.441/20, que pretende instituir nova disciplina para a ação civil pública, alude expressamente à cooperação judiciária[46].

Para o alcance dessa finalidade, o art. 68 do CPC e o art. 3º da Resolução n.º 350/20 do CNJ consagram a possibilidade de cooperação para a prática de qualquer ato processual.

45. "A concepção tradicional atribuída à jurisdição para lidar com a pulverização de demandas repetitivas, conexas ou que pressuponham a intersecção de competência de mais de um juiz, tende, muitas vezes, a potencializar o conflito, impactando no tempo despendido para solucioná-lo. A cultura da litigiosidade ainda é presente na sociedade contemporânea, a despeito do incentivo à adoção de métodos consensuais de resolução de disputas. O paradigma da cooperação judicial, portanto, pressupõe o exercício da jurisdição em uma sociedade hipercomplexa" (CAMPOS, Maria Gabriela. **O compartilhamento de competências no Processo Civil: um estudo do sistema de competências sob o paradigma da cooperação nacional**. Salvador: Editora Juspodivm, 2020, p. 123).

46. Art. 7º, § 6º O juízo poderá cooperar com outros juízos, na forma dos artigos 67 a 69 do Código de Processo Civil, quando tais providências permitirem uma condução mais eficiente do processo.

Detalhando a previsão contida no art. 69, § 2º, do CPC, o art. 6º da citada Resolução apresenta, em rol exemplificativo, espécies de atos que podem ser praticados em cooperação: comunicação processual, inclusive de maneira conjunta para vários processos, prestação e troca de informações; estabelecimento de diretrizes de atuação referentes à gestão coordenada; reunião ou apensamento de processos; definição do juízo competente para a decisão sobre questão comum ou questões semelhantes ou de algum modo relacionadas; obtenção de provas, inclusive depoimentos; produção de prova única referente a fato comum[47]; efetivação de medidas para recuperação e preservação de empresas; mecanismos simplificados de habilitação de créditos na falência e na recuperação judicial; gestão de processos repetitivos, inclusive com a realização de centralização e de mutirões para sua adequada tramitação; efetivação de tutela provisória ou execução; investigação patrimonial e atos de constrição; traslado de pessoas; transferência de presos; transferência de bens e de valores e acautelamento e gestão de bens e valores apreendidos; compartilhamento temporário de equipe de auxiliares da justiça; providências relativas a práticas consensuais de resolução de conflitos.

A cooperação interjudiciária possui enorme potencial. É possível, a título ilustrativo, imaginar a organização de mutirões de audiências de processos referentes ao mesmo fato, com o compartilhamento de estruturas físicas e de pessoal, a realização de audiências públicas em conjunto, a produção de prova pericial ou testemunhal relativa a fato comum, a definição de um juízo específico para a decisão acerca de determinada questão, prestigiando a racionalidade e a eficiência na prestação jurisdicional.

Em todas essas hipóteses deverá haver a comunicação pelos juízos de ramos distintos do Judiciário aos respectivos tribunais, nos termos do art. 11, § 5º, da Resolução n.º 350/20 do CNJ.

Quanto à cooperação interjudiciária em matéria de competência decisória, faz-se necessário um registro específico. Ela não poderá importar em modificação da competência absoluta para julgamento de pedido, embora possa ensejar a alteração de competência para a análise de questões incidentais, de fato ou de direito[48].

47. Enunciado n.º 671 do Fórum Permanente de Processualistas Civis: O inciso II do §2º do art. 69 autoriza a produção única de prova comum a diversos processos, assegurada a participação dos interessados.
48. "O ato concertado não poderá implicar alteração de competência absoluta para julgar determinados pedidos. (...) O ato concertado poderá implicar mudança de competência para a definição de questões incidentais (questão de fato comum ou questão de direito)" (DIDIER JR., Fredie. **Cooperação Judiciária Nacional: esboço de uma teoria para o Direito brasileiro (arts. 67-69, CPC)**. Cit., p. 100-101). Admitindo excepcionalmente a modificação de competência absoluta por ato de cooperação: "Afirmamos, supra, que, a princípio, descaberia o deslocamento de demandas, em reunião de processos por ato de cooperação, para juízo que não detém a mesma competência em razão da matéria, da pessoa ou da função, partindo

Também a cooperação interinstitucional consiste em importante medida para a racionalização e a eficiência da prestação jurisdicional.

Ela está prevista nos arts. 15 e 16 da Resolução n.º 350/20 do CNJ. Antes mesmo do advento do ato do Conselho, entretanto, já era possível sustentar, com lastro nos arts. 15 e 69 do CPC, a viabilidade da sua celebração[49].

O art. 15 da Resolução evidencia a vocação da cooperação interinstitucional para a solução de complexas questões concernentes à administração da justiça. De acordo com o dispositivo, sua utilização será cabível, entre outras hipóteses, para a harmonização de procedimentos e rotinas administrativas, para a fixação de procedimentos e parâmetros de gestão judiciária, para a elaboração e adoção de estratégias para o tratamento adequado de processos coletivos ou repetitivos, inclusive para a sua prevenção, e para a organização e realização de mutirões para análise do enquadramento de processos ou de recursos nas hipóteses em que há precedentes obrigatórios[50].

O art. 16 da Resolução n.º 350 do CNJ esclarece a possibilidade de celebração de cooperação interinstitucional com entidades integrantes ou não do sistema de justiça, desde que capazes de contribuir para a "execução da estratégia nacional do Poder Judiciário, promover o aprimoramento da administração da justiça, a celeridade e a efetividade da prestação jurisdicional", citando como

---

do pressuposto de que, em muitos casos, ela (competência) está definida em texto constitucional. Logo, a princípio, descabe, por lei infraconstitucional, estabelecer regra de mudança desta competência prevista na Constituição. Algumas ressalvas, porém, podem ser postas. A primeira delas é que se pode ter como constitucional a reunião de processos mesmo perante o juízo não constitucionalmente competente como medida excepcional em face da busca da efetividade da prestação jurisdicional e da melhor eficiência do serviço público judiciário, ou seja, neste caso, como não é absoluta qualquer regra constitucional, na ponderação de normas em conflito, aquela que busca a melhor eficiência do serviço público e a efetividade da decisão judicial prevaleceria sobre a regra que estabelece a competência. Isso sem se falar que haveria um confronto entre dois princípios constitucionais (da duração razoável e efetividade – inciso LXXVIII do art. 5º – e da eficiência – art. 37) com as regras de competência dos órgãos do Poder Judiciário. Neste caso, pode-se pensar em fazer prevalecer os princípios sobre as regras" (MEIRELES, Edilton. Reunião de processos, cooperação e conflito de competência. Cit.). No mesmo sentido: "Há, em verdade, uma substancial concretização do juiz natural quando ele é o mais competente no caso concreto, para assegurar o julgamento mais adequado da causa e a melhor administração da justiça" (FERREIRA, Gabriela Macedo. O ato concertado entre juízes cooperantes: esboço de uma teoria para o Direito brasileiro, p. 41).

49. "A partir da aplicação do art. 15 do CPC, admite-se a cooperação entre órgão julgador e órgão administrativo" DIDIER JR., Fredie. **Cooperação Judiciária Nacional: esboço de uma teoria para o Direito brasileiro (arts. 67-69, CPC)**. Cit., p. 80).
50. A Lei n.º 10.522/02, com modificações introduzidas pela Lei n.º 13.874/19, prevê a possibilidade de celebração de protocolos institucionais entre a Procuradoria-Geral da Fazenda Nacional e o Poder Judiciário para a realização de mutirões para análise do enquadramento de processos ou de recursos nas hipóteses previstas no art. 19 do diploma (que abrangem as situações de existência de precedentes judiciais ou administrativos), com o propósito de dispensar, em tais casos, o oferecimento pela PGFN de contestação, de contrarrazões, a interposição de recurso, bem como autorizar a desistência de recurso já interposto.

exemplos o Ministério Público, a OAB, a Defensoria Pública, Procuradorias Públicas e a Administração Pública.

A cooperação interinstitucional será formalizada por meio de protocolo institucional.

Protocolos institucionais são uma modalidade de negócio processual coletivo[51], firmado com o propósito de fixar uma disciplina normativa aplicável aos integrantes dos órgãos ou instituições convenentes, para fins de gestão coletiva de processos, regulando procedimentos, ou de concretização de uma política pública de justiça, no âmbito da administração judicial[52].

Os protocolos institucionais são relevante instrumento de consecução do interesse público e estão em consonância com os princípios constitucionais da eficiência, da economia, da duração razoável do processo, da isonomia e da segurança jurídica.

A Lei n.º 10.522/02, com modificações introduzidas pela Lei n.º 13.874/19, prevê, em seu art. 19, § 2º, a possibilidade de celebração de protocolos institucionais entre a Procuradoria-Geral da Fazenda Nacional e o Poder Judiciário para a realização de mutirões para análise do enquadramento de processos ou de recursos nas hipóteses previstas no art. 19 do diploma (que abrangem, por exemplo, as situações de existência de precedentes judiciais ou administrativos sobre determinada matéria), com o propósito de dispensar, em tais casos, o oferecimento pela PGFN de contestação, de contrarrazões, a interposição de recurso, bem como autorizar a desistência de recurso já interposto.

A possibilidade de atuação, em tais espécies de convenção, do Poder Judiciário como ente administrativo (não em sua função jurisdicional típica) não afasta a natureza processual dessas avenças, uma vez que para a caracterização de um negócio jurídico como processual é suficiente a possibilidade de produção de efeitos, direta ou indiretamente, sobre um ou mais processos[53].

---

51. Enunciado n.º 255 do Fórum Permanente de Processualistas Civis: É admissível a celebração de convenção processual coletiva.
52. "No âmbito dos acordos coletivos, existem aqueles destinados a disciplinar o procedimento civil e os voltados à administração judicial, no primeiro caso funcionando tais acordos como um instrumento de gestão coletiva dos processos e, no segundo, como um instrumento de política pública da justiça" (BARREIROS, Lorena Miranda. **Convenções Processuais e Poder Público**. Tese de doutorado. Salvador: Faculdade de Direito da Universidade Federal da Bahia, 2016, p. 146). "Estes protocolos podem ser caracterizados como acordos plurilaterais institucionais, celebrados por pessoas jurídicas ou órgãos em nome de uma categoria ou grupo, vinculando todos seus membros" (CABRAL, Antonio do Passo. **Convenções processuais: Teoria geral dos negócios jurídicos processuais**. Cit., p. 105).
53. CABRAL, Antonio do Passo. **Convenções processuais: Teoria geral dos negócios jurídicos processuais**. Cit., p. 79-80 e 106. É este o posicionamento adotado neste trabalho. O tema, entretanto, não é consensual, uma vez que, como observado por Paula Costa e Silva, "não existe estabilidade na doutrina quanto ao critério demarcador desta espécie de negócios jurídicos (aqueles que repercutem efeitos no processo se,

Lorena Barreiros apresenta três critérios que devem ser observados na celebração de protocolos institucionais: 1) impossibilidade de prejuízo ou de imposição de ônus ou de dever não amparados na lei a terceiros; 2) necessidade de concretização do interesse público, com a garantia de regular realização do serviço jurisdicional, o que deve levar em consideração uma análise de custos e benefícios envolvidos; 3) impossibilidade de violação da independência funcional dos juízes[54].

Estabelecidas essas premissas, podem ser celebrados os seguintes protocolos institucionais, exemplificativamente: a) convênios firmados entre o Judiciário e seccionais da OAB com o objetivo de adaptação de procedimentos às especificidades de determinadas regiões[55] ou para a fixação de um calendário para "implantação de processo eletrônico ou outros instrumentos de gestão da administração da Justiça"[56]; b) protocolo com ente da Administração Pública para disciplinar a forma de realização de comunicações processuais ou para a identificação de casos em relação aos quais seja possível a dispensa de contestação ou de interposição de recurso pelo ente público; c) acordo para compartilhamento de estruturas (física e de pessoal) para a realização de audiências de conciliação em processos nos quais figure determinado ente público[57].

2.7. O ato concertado de cooperação judiciária

O ato concertado é a manifestação no mundo dos fatos jurídicos da cooperação por concertação. Trata-se de negócio jurídico processual judicial[58], por meio do qual os órgãos envolvidos estabelecem procedimentos e disciplinam situações jurídicas com o propósito de cooperação para a prestação jurisdicional e a gestão processual[59].

---

porventura, se puder aceitar que o facto repercute efeitos em outro facto, e não necessariamente numa situação jurídica, hipótese que supomos traduzir a colocação mais correcta? Aqueles que são celebrados na pendência de um processo? Aqueles que, ainda que repercutam efeitos em situações jurídicas materiais, também repercutem efeitos sobre situações jurídicas processuais? Aqueles que são regulados por regras de direito processual?)" (SILVA, Paula Costa e. **Perturbações no cumprimento dos negócios processuais: convenções de arbitragem, pactos de jurisdição, cláusulas escalonadas e outras tantas novelas talvez exemplares, mas que se desejam de muito entretenimento.** Salvador; Editora Juspodivm, 2020, p. 30).

54. BARREIROS, Lorena Miranda. **Convenções Processuais e Poder Público.** Cit., p. 386.
55. CABRAL, Antonio do Passo. **Convenções processuais: Teoria geral dos negócios jurídicos processuais.** Cit., p. 266.
56. DIDIER JR., Fredie. Negócios jurídicos processuais atípicos no CPC-2015 *in* **Ensaios sobre os negócios jurídicos processuais.** Cit., p. 44.
57. Os exemplos apresentados nas alíneas "b" e "c" foram extraídos de BARREIROS, Lorena Miranda. **Convenções Processuais e Poder Público.** Cit., p. 385-386.
58. A respeito dos negócios jurídicos processuais judiciais, é imprescindível a leitura de NOGUEIRA, Pedro Henrique. **Negócios Jurídicos Processuais.** 4. ed. Salvador: Editora Juspodivm, 2020, p. 215-257.
59. "A cooperação judiciária pode efetivar-se por meio de um negócio jurídico de direito público celebrado pelos juízes envolvidos – que, por isso, têm capacidade negocial –, denominado de *ato concertado entre juízes cooperantes*" (grifos no original) (DIDIER JR., Fredie. **Cooperação Judiciária Nacional: esboço de**

Acompanhando orientação doutrinária, o art. 11 da Resolução n.º 350/20 do CNJ prevê que os atos concertados são adequados à regulamentação da cooperação "em torno de um ou alguns processos, ou a prática de atos mais complexos relacionados a esses mesmos processos". Trata-se de instituto vocacionado a disciplinar relações duradouras entre juízos cooperantes, seja para fixar procedimento(s) aplicável(eis) a uma multiplicidade de processos, seja para dispor a respeito da tramitação de caso dotado de maior complexidade[60].

O respectivo termo, que deverá ser assinado pelos envolvidos, será redigido de maneira clara e concisa, com indicação das competências de cada juízo cooperante, bem como a previsão da fonte de custeio para a realização dos atos, quando cabível. O termo deverá ser acostado aos autos dos processos aos quais se refere a cooperação antes da realização dos atos dela decorrentes (Resolução n.º 350/10, art. 11, §§ 1º e 2º).

Com o propósito de assegurar a publicidade do ato, os juízos cooperantes devem informar sua celebração às partes do processo e ao Juiz de Cooperação, que comunicará ao respectivo Núcleo de Cooperação Judiciária. Tratando-se de cooperação celebrada por juízos de ramos distintos do Poder Judiciário, deverão eles informar também os correspondentes tribunais (Resolução n.º 350/10, arts. 5º, inciso V, e 11, §§ 4º e 5º).

De acordo com o art. 4º, parágrafo único, da Resolução n.º 350/10 do CNJ, o ato de concertação "vincula apenas os órgãos judiciários que dela participaram", o que é uma decorrência do princípio da relatividade dos negócios jurídicos. É necessário observar, contudo, que há uma *eficácia mínima* em relação a terceiros, nomeadamente os demais órgãos judiciários, que não poderão interferir na avença (ressalvada, obviamente, a atuação dos órgãos competentes para controle do ato, no âmbito das suas atribuições).

O art. 69, § 2º, do CPC prevê um elenco exemplificativo de hipóteses de atos passíveis de realização com fundamento na cooperação por concertação.

uma teoria para o Direito brasileiro (arts. 67-69, CPC). Salvador: Editora Juspodivm, p. 84). No mesmo sentido: CAMPOS, Maria Gabriela. **O compartilhamento de competências no Processo Civil: um estudo do sistema de competências sob o paradigma da cooperação nacional**. Salvador: Editora Juspodivm, 2020, p. 154. ARAGÃO, Nilsiton Rodrigues de Andrade. Fundamentos da Cooperação Judiciária Nacional *in* **Revista Eletrônica de Direito Processual – REDP**. Rio de Janeiro. Ano 14. Volume 21. Número 3. set./dez. 2020, p. 459. Disponível em: ‹www.redp.uerj.br›. Acesso em 02/11/20. FERREIRA, Gabriela Macedo. O ato concertado entre juízes cooperantes: esboço de uma teoria para o Direito brasileiro *in* **Civil Procedure Review**. v.10, n. 3: set.-dez. 2019, p. 27. Disponível em: ‹www.civilprocedurereview.com›. Acesso em 02/11/20). Em sentido diverso, entendendo pela impossibilidade de o juiz figurar como parte em qualquer negócio jurídico processual: "mesmo quando há discricionariedade, não significa que exista autonomia ou liberdade negocial. Por esse motivo, como não há liberdade para o juiz nos termos em que se observa para as partes, pensamos que o magistrado não pode ser considerado parte nas convenções processuais".

60. DIDIER JR., Fredie. **Cooperação Judiciária Nacional: esboço de uma teoria para o Direito brasileiro (arts. 67-69, CPC)**. Cit., p. 85-86.

O rol foi detalhado e aprofundado no art. 6º da mencionada Resolução – dispositivo aplicável a todos os tipos de cooperação.

2.8. Da revisão de atos concertados de cooperação

O art. 11, § 3º, da Resolução n.º 350/20 do CNJ prevê a possibilidade de revisão do ato de cooperação pelos juízos cooperantes, com a preservação da higidez dos atos praticados com base nos termos anteriores do ajuste – como não poderia ser diferente, tendo em vista a proteção dispensada pelo ordenamento ao ato jurídico perfeito (CF/88, art. 5º, inciso XXXVI; LINDB, art. 6º), assim como à confiança legítima das partes na higidez das medidas decorrentes do ato cooperativo entre juízos.

A previsão é salutar. Alterações no estado de fato ou de direito, comuns em relações de longa duração, podem ensejar a necessidade de modificação do arranjo normativo inicialmente estabelecido. Em tais circunstâncias, diante da provocação de um dos sujeitos cooperantes, é possível admitir a existência de um dever de renegociar por parte do(s) outro(s). Esse dever abrange a séria consideração das propostas apresentadas e, em caso de não aceitação, o oferecimento de contrapropostas plausíveis e razoáveis, mas não assegura a celebração de nova avença nas condições pretendidas pelo proponente[61].

Não somente em razão do princípio da conservação dos negócios jurídicos, mas especialmente por razões de interesse público na preservação de atos concertados de cooperação eficientes à administração da justiça, a manutenção do negócio (agora em novas bases) é preferível à sua extinção.

Coopera-se na celebração do ato concertado e, sendo o caso, em sua revisão.

As partes também podem requerer a revisão do ato concertado, nos termos do art. art. 8º, § 3º, da Resolução n.º 350/20 do CNJ.

Diga-se o mesmo em relação ao *amicus curiae*. Se a ele é assegurada a possibilidade de solicitar a realização de atos de cooperação (Resolução n.º 350, art. 8º, § 4º), igualmente há de ser reconhecida a faculdade de pugnar pela

61. "O dever de renegociação constitui, como visto, um dever anexo, imposto pela boa-fé objetiva a ambos os contratantes. Não tem como objeto a obtenção de um resultado consubstanciado no efetivo acordo para a revisão do contrato, mas sim a conduta a ser adotada pelas partes diante do desequilíbrio contratual. Desdobra-se em duas etapas: (a) o dever de comunicar prontamente a contraparte acerca da existência do desequilíbrio contratual identificado; e (b) o dever de suscitar uma renegociação que possibilite o reequilíbrio do contrato ou de responder a proposta nesse sentido, analisando-a seriamente" (SCHREIBER, Anderson. **Equilíbrio contratual e dever de renegociar**. São Paulo: Saraiva, 2018, p. 297).

revisão de atos já ajustados – tenham ou não sido avençados a partir de sua iniciativa.

Em todos os casos, a decisão dos juízos cooperantes quanto à revisão ou à manutenção dos termos atuais da cooperação deve ser fundamentada (CF/88, art. 93, inciso IX; CPC, art. 11; Resolução n.º 350, arts. 5º, inciso IV, e 8º, § 2º).

Além de alterações do estado de fato ou de direito, é compreensível que, em relações duradouras que envolvam um conjunto complexo de atos e providências, surjam dúvidas a respeito da adequada interpretação do acordo de cooperação.

A modificação da figura do responsável pelo juízo não é, por si só, fundamento para a revisão ou a extinção do ato concertado de cooperação. Todavia, é possível que, diante de negócio do qual não participou em sua elaboração, o novo responsável manifeste incerteza quanto à extensão das obrigações das partes.

Em situações assim – e, de maneira geral, diante de dúvidas envolvendo o ato de cooperação –, poderão os juízos cooperantes celebrar negócio jurídico de certificação (LINDB, art. 26[62]; Código Civil, art. 113, § 2º[63]), definindo a interpretação que deve ser conferida à convenção, com o propósito de eliminar o estado de incerteza.

3. DOS NEGÓCIOS JURÍDICOS PROCESSUAIS

3.1. Contornos conceituais

Os negócios jurídicos processuais não são um tema novo.

Sob perspectiva legislativa, o Regulamento n.º 737/1850, por exemplo, continha previsões de negócios processuais, como o foro de eleição[64].

Doutrinariamente, dois dos maiores processualistas a ele dedicaram sua atenção[65]. No final da década de 1950, em sua tese de livre docência, Calmon de

62. Art. 26. Para eliminar irregularidade, incerteza jurídica ou situação contenciosa na aplicação do direito público, inclusive no caso de expedição de licença, a autoridade administrativa poderá, após oitiva do órgão jurídico e, quando for o caso, após realização de consulta pública, e presentes razões de relevante interesse geral, celebrar compromisso com os interessados, observada a legislação aplicável, o qual só produzirá efeitos a partir de sua publicação oficial.

63. Art. 113, § 2º As partes poderão livremente pactuar regras de interpretação, de preenchimento de lacunas e de integração dos negócios jurídicos diversas daquelas previstas em lei.

64. Art. 62. Todavia obrigando-se a parte expressamente no contrato a responder em logar certo, ahi será demandada, salvo si o autor preferir o fôro do domicilio.

65. Paula Costa e Silva esclarece, com argúcia, que os motivos para a categoria dos negócios processuais haver sido desprezada por ampla parcela da doutrina são *extrajurídicos*: "Por que é que o negocio processual se apresenta como o nó górdio em toda essa problemática? Por que razão se trava uma luta desesperada pela exclusão do negócio processual da categoria dos acto de processo, chegando mesmo a afirmar-se que aquele conceito é absolutamente irrelevante? Porque a admissão do negócio processual

Passos abordou a matéria. Anos depois, em meados de 1980, Barbosa Moreira publicou o conhecido trabalho *Convenções das partes sobre matéria processual*[66].

É necessário reconhecer, todavia, que o Código de Processo Civil de 2015 conferiu especial relevância à temática, admitindo em expressiva extensão a celebração de negócios processuais atípicos, a ponto de ser possível reconhecer a existência de uma cláusula geral de negociação processual[67], além de consagrar novas hipóteses de negócios processuais típicos. A ampla possibilidade de pactuação de negócios atípicos encontra fundamento nos arts. 190[68] e 200[69] do CPC/15.

O negócio jurídico processual é uma modalidade de negócio jurídico[70], fato jurídico cujo suporte fático é composto pela manifestação ou declaração[71] de vontade de um ou mais sujeitos que, no exercício do autorregramento da vontade[72],

---

entre os actos de processo entreabre uma porta ao direito material, que a maioria da doutrina alemã quer fechar. A eventual aplicação de disposições de inseridas em diplomas de direito substantivo aos actos de processo criaria uma aparente subserviência da dogmática do processo civil aos quadros do direito material. O sistema processual deixava de poder proclamar-se auto-suficiente para absorver e regular todas as questões suscitadas por comportamentos que tivessem relevância processual" (SILVA, Paula Costa e. **Acto e Processo: regressando ao dogma da irrelevância da vontade na interpretação e nos vícios do acto postulativo**. Cit., p. 173).

66. MOREIRA, José Carlos Barbosa. Convenções das partes sobre matéria processual *in* **Temas de Direito Processual**. Terceira série. São Paulo: Saraiva, 1984.
67. DIDIER JR., Fredie. Negócios jurídicos processuais atípicos no CPC-2015 *in* **Ensaios sobre os negócios jurídicos processuais**. Salvador: Editora Juspodivm, 2018, p. 29.
68. Art. 190. Versando o processo sobre direitos que admitam autocomposição, é lícito às partes plenamente capazes estipular mudanças no procedimento para ajustá-lo às especificidades da causa e convencionar sobre os seus ônus, poderes, faculdades e deveres processuais, antes ou durante o processo.
Parágrafo único. De ofício ou a requerimento, o juiz controlará a validade das convenções previstas neste artigo, recusando-lhes aplicação somente nos casos de nulidade ou de inserção abusiva em contrato de adesão ou em que alguma parte se encontre em manifesta situação de vulnerabilidade.
69. Art. 200. Os atos das partes consistentes em declarações unilaterais ou bilaterais de vontade produzem imediatamente a constituição, modificação ou extinção de direitos processuais.
Parágrafo único. A desistência da ação só produzirá efeitos após homologação judicial.
70. Marcos Bernardes de Mello conceitua negócio jurídico como o "fato jurídico cujo elemento nuclear do suporte fáctico consiste em manifestação ou declaração consciente de vontade, em relação à qual o sistema jurídico faculta às pessoas, dentro de limites predeterminados e de amplitude vária, o poder de escolha de categoria jurídica e de estruturação do conteúdo eficacial das relações jurídicas respectivas, quanto ao seu surgimento, permanência e intensidade no mundo jurídico" (MELLO, Marcos Bernardes de. **Teoria do Fato Jurídico: plano da existência**. 21. ed. São Paulo: Saraiva, 2017, p. 254).
71. Existe distinção entre declaração e manifestação de vontade, como esclarece Pontes de Miranda. Rigorosamente, as simples manifestações são atos de vontade adeclarativos. Atos que não *declaram* a vontade, mas inequivocamente *manifestam* vontade também podem compor o suporte fático de um negócio jurídico (MIRANDA, Francisco Cavalcanti Pontes de. **Tratado de Direito Privado**. Tomo III. Campinas: Bookseller, 2000, § 249, 2).
72. "Já aqui se pode caracterizar o que se passa, em verdade, com os atos humanos interiores ao campo da atividade, a que se chama auto-regramento da vontade, 'autonomia privada' ou 'autonomia da vontade': é o espaço deixado às vontades, sem se repelirem no mundo jurídico tais vontades. Enquanto, a respeito de outras matérias, o espaço deixado à vontade fica *por fora* do direito, sem relevância para o direito; aqui, o espaço que se deixa à vontade é relevante para o direito" (sem grifos no original) (MIRANDA, Francisco Cavalcanti Pontes de. **Tratado de Direito Privado**. Tomo III. Cit., § 254, 1).

escolhe(m) categorias jurídicas[73] e define(m) os contornos de situações jurídicas[74] dele decorrentes.

Assim, ilustrativamente, se as partes desejam celebrar uma compra e venda (categoria jurídica), necessariamente deverão estar presentes os acordos sobre a coisa e o preço (*essentialia negotii*)[75]. Sem tais elementos, estar-se-á diante de outra modalidade de negócio jurídico ou de nenhum negócio jurídico (inexistência, hipótese de não ingresso no mundo jurídico). Caberá às partes, todavia, a definição do conteúdo eficacial da relação jurídica, deliberando quanto ao estabelecimento e à fixação dos contornos de uma retrovenda ou de uma preempção, por exemplo.

Aquilo que qualifica um negócio jurídico como processual é a circunstância de referir-se a processo atual ou futuro. Por meio dele, o sujeito pode escolher categorias processuais, inclusive realizando modificações do procedimento, e definir os contornos de situações jurídicas processuais[76].

---

73. "A fixação dos tipos de negócios jurídicos abre à vontade o caminho da escolha; supõe, além do mínimo de eficácia (vinculação jurídica), algum ou alguns efeitos fixos, imutáveis, que dêem à categoria jurídica a sua especificidade. Quando os interessados escolhem o negócio jurídico, escolheram-no por conhecerem esses efeitos legais e por saberem, de antemão, quais os 'queridos' que podem determinar" (MIRANDA, Francisco Cavalcanti Pontes de. **Tratado de Direito Privado**. Tomo III. Cit., § 253, 4).

74. Na lição de Marcos Bernardes de Mello, situações jurídicas, consideradas em seu sentido amplo, correspondem a quaisquer categorias eficaciais decorrentes de fatos jurídicos. Em sentido estrito, são uma modalidade de eficácia jurídica caracterizada pela ausência de vinculação de dois sujeitos de direito em torno de um objeto com correspectividade de direitos, obrigações, ações e exceções: trata-se, pois, de espécie de eficácia jurídica não relacional (MELLO, Marcos Bernardes de. **Teoria do Fato Jurídico: plano da eficácia**. 10. ed. São Paulo: Saraiva, 2015, p. 99-100).

75. "Os elementos volitivos, sem os quais seria insuficiente o suporte fático, são os *essentialia negotii*. Na venda e compra, por exemplo, os dois acordos sobre a coisa e o preço" (MIRANDA, Francisco Cavalcanti Pontes de. **Tratado de Direito Privado**. Tomo III. Cit., § 258, 1).

76. "*Negócio processual* é o fato jurídico voluntário, em cujo suporte fático se confere ao sujeito o poder de regular, dentro dos limites fixados no próprio ordenamento jurídico, certas situações jurídicas processuais ou alterar o procedimento" (grifos no original) (DIDIER JR., Fredie. Negócios jurídicos processuais atípicos no CPC-2015 *in* **Ensaios sobre os negócios jurídicos processuais**. Cit., p. 25). "Define-se o negócio processual, a partir das premissas até aqui estabelecidas, como o fato jurídico voluntário em cujo suporte fático, descrito em norma processual, esteja conferido ao respectivo sujeito o poder de escolher a categoria jurídica ou estabelecer, dentro dos limites fixados no próprio ordenamento jurídico, certas situações jurídicas processuais" (NOGUEIRA, Pedro Henrique. **Negócios jurídicos processuais**. 4. ed. Salvador: Editora Juspodivm, 2020, p. 175). "Negócio jurídico processual é o ato que produz ou pode produzir efeitos no processo escolhidos em função da vontade do sujeito que o pratica. São, em geral, declarações de vontade unilaterais ou plurilaterais admitidas pelo ordenamento jurídico como capazes de constituir, modificar e extinguir situações processuais, ou alterar o procedimento" (CABRAL, Antonio do Passo. **Convenções processuais: Teoria geral dos negócios jurídicos processuais**. 3. ed. Salvador: Editora Juspodivm, 2020, p. 63). "Há, ainda, os negócios jurídicos, cuja conceituação relaciona-se com a autonomia da vontade e com a escolha conferida ao interessado da categoria jurídica e da estruturação do conteúdo eficacial das respectivas relações jurídicas" (CUNHA, Leonardo Carneiro. Negócios jurídicos processuais no Processo Civil Brasileiro *in* CABRAL, Antonio do Passo; NOGUEIRA, Pedro Henrique (Coord.). **Negócios processuais.** v. 1. Salvador: Editora Juspodivm, 2015, p. 28).

3.2. Os negócios jurídicos processuais na estrutura do direito fundamental de ação. Negócios processuais como competências

De maneira geral, busca-se o fundamento do direito à prática de negócios processuais no princípio do autorregramento da vontade[77], em sua vertente processual, ou no princípio do devido processo legal[78]. A dogmática dos negócios processuais normalmente é desenvolvida a partir da teoria dos fatos jurídicos.

Essas explicações são corretas, mas incompletas. A despeito do seu inegável valor, as teorias até agora formuladas a respeito dos negócios jurídicos processuais revelaram-se insuficientes em relação ao seu fundamento. A justificativa mais próxima, imediata para a possibilidade de prática de negócios processuais reside no próprio direito de ação[79].

O *direito de ação* é um direito fundamental. Ele investe os sujeitos que participam do processo em uma grande variedade de situações jurídicas (*lato sensu*)[80]. Possui, portanto, conteúdo complexo. Sinteticamente, o direito de ação garante ao titular o acesso à prestação jurisdicional adequada. Analiticamente, abrange uma enorme pluralidade de situações jurídicas, a exemplo do direito de provocar o Judiciário, de receber deste uma resposta, de escolher o procedimento, de produzir provas, de recorrer.

Como direito fundamental, seu conteúdo pode ser decomposto em direitos de defesa, direitos a proteção, direitos a organização e procedimento e direitos a prestações em sentido estrito[81].

---

77. DIDIER JR., Fredie. Princípio do respeito ao autorregramento da vontade no processo civil *in* **Ensaios sobre os negócios jurídicos processuais**. Salvador: Editora Juspodivm, 2018, p. 18. CABRAL, Antonio do Passo. **Convenções processuais: Teoria geral dos negócios jurídicos processuais**. Cit., p. 177. NOGUEIRA, Pedro Henrique. **Negócios jurídicos processuais**. Cit., p. 155-157. CUNHA, Leonardo Carneiro. Negócios jurídicos processuais no Processo Civil Brasileiro *in* CABRAL, Antonio do Passo; NOGUEIRA, Pedro Henrique (Coord.). **Negócios processuais**. Cit., p. 42.
78. DIDIER JR., Fredie. Princípio do respeito ao autorregramento da vontade no processo civil *in* **Ensaios sobre os negócios jurídicos processuais**. Cit., p. 19.
79. No Direito, a plurivocidade do vocábulo *ação* é um eloquente exemplo do prejuízo à abordagem científica decorrente da imprecisão conceitual. Em *sentido material*, a ação é categoria eficacial integrante da relação jurídica, que "confere a alguém, autor, titular da ação, o reclamar, através ou por meio de ato, a verificação, a atuação da lei" (MIRANDA, Francisco Cavalcanti Pontes de. **Tratado das Ações**. Tomo I. Campinas: Bookseller, 1998, § 46, 2, "d") . É, pois, o "*grau de impositividade do direito*" (grifos no original) (MELLO, Marcos Bernardes de. **Teoria do Fato Jurídico: plano da eficácia**. 10. ed. São Paulo: Saraiva, 2015, p. 208). O remédio jurídico processual, ou seja, a *ação em sentido processual* é um ato jurídico processual (DIDIER JR., Fredie. O direito de ação como complexo de situações jurídicas *in* **Revista de Processo**, ano 37, vol. 210, ago/2012, São Paulo: Editora Revista dos Tribunais, p. 51). Espécie de fato jurídico que é, seu estudo situa-se no plano da existência da Teoria do Fato Jurídico, não no plano da eficácia, como ocorre com a ação em sentido material. O *direito de ação* é um direito fundamental. Uma das concretizações do direito de ação é a ação em sentido processual.
80. DIDIER JR., Fredie. O direito de ação como complexo de situações jurídicas *in* **Revista de Processo**, Cit., p. 52.
81. ALEXY, Robert. **Teoria dos direitos fundamentais.** Trad. Virgílio Afonso da Silva. 2. ed. São Paulo: Malheiros, 2017, p. 193-201, 450-511.

A categoria dos direitos a organização e procedimento abrange modalidades bastante variadas de direitos, das quais merece destaque, para os fins deste trabalho, o direito a competências[82].

As competências são posições jurídicas fundamentais[83] através das quais ao seu titular é possibilitado alterar uma situação jurídica, existindo no Direito Privado e no Direito Público e sendo exercitáveis através da criação de normas individuais ou gerais. As "normas de competência criam a possibilidade de atos jurídicos e, por meio deles, a capacidade de alterar posições jurídicas"[84].

Duas delimitações conceituais são necessárias.

A primeira é a constatação de que o exercício de uma competência não corresponde à simples realização de um ato permitido pelo ordenamento: a alteração da posição jurídica do sujeito é inerente às competências. O sujeito pode manter relações sexuais com quem lhe aprouver - desde que, obviamente, com o consenso da(s) outra(s) pessoa(s) envolvida(s) -, mas, no ordenamento brasileiro, a conjunção carnal não alterará sua situação jurídica. Trata-se de permissão, de ato que concretiza a posição jurídica fundamental da liberdade, não a da competência. Diversamente ocorre com o casamento, que altera a situação jurídica do indivíduo[85].

A segunda é que nem toda alteração de situação jurídica corresponderá a uma competência. O sujeito que pratica um delito não exerce uma competência, mas modifica seu *status* jurídico. Os atos que "constituem o exercício de uma competência são *ações institucionais*"[86] (grifos no original).

A partir dos arts. 190 e 200 do CPC, bem como dos dispositivos que preveem negócios jurídicos processuais típicos, extraem-se normas de competência. A prática de um negócio processual é o exercício de uma competência, categoria inserida nos direitos a organização e procedimento que, ao lado de outros direitos, integram a estrutura do direito fundamental de ação.

---

82. O sentido do termo *competência* aqui utilizado é distinto daquele que se vale Leonardo Carneiro da Cunha em conhecido trabalho, em que afirma que a "competência relaciona-se com o poder ou funções exercidas pelo órgão de determinada pessoa jurídica, seja ela pública ou privada" (CUNHA, Leonardo Carneiro da. Competência na Teoria Geral do Direito *in* DIDIER JR., Fredie; JORDÃO, Eduardo Ferreira (Coord.). **Teoria do Processo: panorama doutrinário mundial.** v. 1. Salvador: Editora Juspodivm, 2007, p. 448).
83. Robert Alexy visualiza os direitos subjetivos como um plexo de posições e relações jurídicas (ALEXY, Robert. **Teoria dos direitos fundamentais.** Cit., p. 185) Vale-se, em sua obra, da teoria dos *status*, formulada por Jellinek, e se propõe a aperfeiçoá-la. Assevera o autor que a "base da teoria analítica dos direitos é uma tríplice divisão das posições que devem ser designadas como 'direitos' em (1) direitos a algo, (2) liberdades e (3) competências" (ALEXY, Robert. **Teoria dos direitos fundamentais.** Cit., p. 193).
84. ALEXY, Robert. **Teoria dos direitos fundamentais.** Cit., p. 240.
85. ALEXY, Robert. **Teoria dos direitos fundamentais.** Cit., p. 238.
86. "Ações institucionais são ações que podem ser realizadas não somente em razão de capacidades naturais; elas pressupõem a existência de regras que lhes são constitutivas" (ALEXY, Robert. **Teoria dos direitos fundamentais.** Cit., p. 239).

Assim sendo, o direito à negociação processual pode ser modulado pelo legislador, mas não suprimido, sob pena de violar a norma do direito fundamental de ação. Há, como se nota, uma garantia institucional em seu favor[87].

3.3. Do controle pelo juiz. Da invalidade dos negócios processuais

De acordo com o art. 190 do CPC, as partes plenamente capazes podem, antes ou durante processo que verse sobre direitos que admitam autocomposição, estabelecer alterações procedimentais, visando a assegurar maior adequação às especificidades da causa, e convencionar sobre seus ônus, poderes, faculdades e deveres processuais.

Em regra, conforme o art. 200 do Código, os atos das partes consistentes em declarações unilaterais ou bilaterais de vontade produzirão imediatamente efeitos, constituindo, modificando ou extinguindo direitos (e outras situações jurídicas, acresça-se) processuais. A necessidade de homologação judicial é excepcional, presente somente nas situações previstas em lei[88], a exemplo do caso da desistência da ação, nos termos do parágrafo único do aludido artigo, ou na hipótese de as próprias partes pactuarem tal exigência[89].

O parágrafo único do art. 190 impõe ao magistrado o poder-dever de controle da validade dos negócios processuais, mas, conforme anteriormente sublinhado, não como um sujeito a quem competirá a homologação da generalidade das avenças (exigência excepcional no sistema do CPC/15). Ao juiz caberá recusar a aplicação de negócios processuais apenas nos casos de nulidade ou de inserção abusiva em contrato de adesão ou em que alguma parte encontre-se em manifesta situação de vulnerabilidade – nas duas últimas hipóteses, desde que o acordo revele-se prejudicial ao sujeito em posição de desvantagem na relação jurídica[90]. Naturalmente, em consonância com os arts. 9º e 10 do CPC/15, tal decisão demandará prévia garantia do contraditório[108].

---

87. "Não há dúvidas de que existem competências do cidadão que gozam de proteção no âmbito dos direitos fundamentais. O legislador violaria uma norma de direito fundamental se revogasse as competências para contrair matrimônio, criar associações, adquirir propriedade ou manifestar disposições testamentárias. (...) Institutos jurídicos de direito privado são complexos de normas formados essencialmente por normas de competência. Portanto, a garantia de institutos e, sobretudo, uma proibição, endereçada ao legislador, contra a eliminação de determinadas competências do cidadão" (ALEXY, Robert. **Teoria dos direitos fundamentais.** Cit., p. 245). Cf. ainda: SCHMITT, Carl. **Teoría de la Constitución.** Madri: Alianza Editorial, 2011, p. 231-233.
88. Enunciado n.º 133 do Fórum Permanente de Processualistas Civis: Salvo nos casos expressamente previstos em lei, os negócios processuais do art. 190 não dependem de homologação judicial.
89. Sendo este o caso, estaremos diante da estipulação pelas partes de condição que subordinará a eficácia do negócio processual (CABRAL, Antonio do Passo. **Convenções processuais: Teoria geral dos negócios jurídicos processuais.** Cit., p. 290).
90. "Um bom parâmetro para verificarmos a validade das convenções processuais, mesmo diante de vícios em termos de igualdade, capacidade ou de informação adequada, é analisar se o procedimento flexibilizado pelas disposições do acordo tornou-se concretamente mais benéfico ao sujeito de direito

O tema merece exame específico.

De início, é necessário destacar que não se pode confundir inexistência com invalidade.

Inexistência é questão que sequer está situada no mesmo plano que o dos atos inválidos, sejam nulos ou anuláveis[92].

A invalidade, conceito que abrange a nulidade e a anulabilidade, refere-se ao preenchimento deficiente do suporte fático[93]. É este o seu objeto, mas não o seu *ser*: em si, a invalidade é uma *sanção*, a consequência lógico-normativa incidente sobre o ato cujo suporte fático não foi perfeitamente preenchido[94].

O ato ou negócio[95] nulo ingressa no mundo jurídico (existe, pois, juridicamente), mas com vício de tal gravidade que o ordenamento jurídico sequer lhe atribui validade[96]. Daí afirmar Pontes de Miranda que o "nulo não alude a não-ser, mas apenas a não valer"[97], de modo que se observa "no ato jurídico nulo, a falta, o défice, a cavidade, o suporte fático sobre que a lei incidiu e entrou no mundo jurídico sem que enchesse o molde legal"[98].

---

que abdicou de situações jurídicas de vantagem" (CABRAL, Antonio do Passo. **Convenções processuais: Teoria geral dos negócios jurídicos processuais**. Cit., p. 402).

91. Enunciado n.º 259 do Fórum Permanente de Processualistas Civis: A decisão referida no parágrafo único do art. 190 depende de contraditório prévio.

92. Conforme ensina Junqueira de Azevedo, "não é lógico que se continue a colocar, ao lado do nulo e do anulável, o negócio dito inexistente, como se tratasse de um *tertium genus* da invalidade. Não há uma gradação de invalidade entre o ato inexistente, o nulo e o anulável. Ao negócio inexistente opõe-se o negócio existente (este é que pode ser nulo, anulável, ou válido). A dicotomia 'negócio existente - negócio inexistente', de um lado, e a tricotomia 'negócio válido - negócio nulo - negócio anulável', de outro, estão em *planos diferentes*" (grifo no original) (AZEVEDO, Antônio Junqueira de. **Negócio jurídico: existência, validade e eficácia**. 4 ed. atual. São Paulo: Saraiva, 2002, p. 63). A fim de evitar eventual confusão quanto às premissas adotadas neste trabalho, registre-se que, afastando-se da compreensão de Pontes de Miranda, Junqueira de Azevedo sustenta que o plano da validade é peculiar aos negócios jurídicos (Cit., p. 24). Neste trabalho, adota-se a visão ponteana acerca do plano da validade.

93. "Se a falta de satisfação do pressuposto acarreta deficiência que se faz sentir, no mundo jurídico, desde a entrada e para sempre, do suporte fático (nulidade), ou desde a entrada dele mas por algum tempo (anulabilidade), é questão de técnica legislativa que o sistema juridico resolve, conforme os seus intuitos de política jurídica" (MIRANDA, Francisco Cavalcanti Pontes de. **Tratado de Direito Privado**. Tomo IV. Campinas: Bookseller, 2000, § 356, 2).

94. MELLO, Marcos Bernardes de. **Teoria do Fato Jurídico: plano da validade**. 14. ed. São Paulo: Saraiva, 2015, p. 41-42, 92-93.

95. "Dentre os fatos jurídicos, há os que provêm de atos humanos; dentre eles, uns entraram como negócios jurídicos, outros como atos jurídicos stricto sensu e outros apenas como atos-fatos jurídicos. A invalidade, a nulidade e a anulabilidade somente concernem aos negócios jurídicos e aos atos jurídicos stricto sensu" (MIRANDA, Francisco Cavalcanti Pontes de. **Tratado de Direito Privado**. Tomo IV. Cit., § 364, 5).

96. "A validade é, pois, a qualidade que o negócio deve ter ao entrar no mundo jurídico, consistente em estar de acordo com as regras jurídicas ('ser regular'). Validade é, como o sufixo da palavra indica, *qualidade* de um negócio existente. 'Válido' é adjetivo com que se qualifica o negócio jurídico formado de acordo com as regras jurídicas" (grifo no original) (AZEVEDO, Antônio Junqueira de. **Negócio jurídico: existência, validade e eficácia**. Cit., p. 42).

97. MIRANDA, Francisco Cavalcanti Pontes de. **Tratado de Direito Privado**. Tomo IV. Cit., §360, 3.

98. MIRANDA, Francisco Cavalcanti Pontes de. **Tratado de Direito Privado**. Tomo IV. Cit., §360, 2.

Assim como inexistência não é sinônimo de nulidade, também esta não é sinônimo de anulabilidade, a qual é atrelada a vício reputado pelo ordenamento como de menor gravidade: "O nulo é ato que entrou, embora nulamente, no mundo jurídico: também entra, e menos débil, no mundo jurídico o suporte fático do negócio jurídico anulável. Nulo e anulável existem"[99].

A distinção entre nulo e anulável evidencia, como alertado por Barbosa Moreira, que "a validade não comporta gradações; a invalidade, sim"[100].

A definição dessa gradação compete ao legislador, que estabelecerá as hipóteses de nulidade e anulabilidade. Ainda seguindo a trilha do processualista carioca, é necessário reconhecer que "é questão de política legislativa atrelar ao defeito consequências mais graves ou menos graves. Se a lei tem por muito relevante o defeito, faz *nulo* o negócio; se o tem por menos relevante, apenas o faz *anulável*"[101] (grifos no original).

De acordo com Pontes de Miranda, é "à técnica legislativa que toca discriminar as causas de nulidade e as de anulabilidade para que se observem os dois regimes, internos ao plano da validade, atendidas modificações que se entendam, na lei, indispensáveis"[102].

Ao legislador compete, portanto, a eleição dos casos de nulidade e de anulabilidade, assim como o estabelecimento dos respectivos regimes jurídicos, inclusive com a possibilidade de fixação de regras específicas destoantes da disciplina geral.

O melhor exemplo diz respeito à decretação da nulidade. Em regra, ela poderá ser realizada de ofício pelo juiz, diferentemente da anulabilidade. Entretanto, o sistema jurídico concebe casos nos quais a decretação de nulidade depende de alegação do interessado[103].

---

99. MIRANDA, Francisco Cavalcanti Pontes de. **Tratado de Direito Privado.** Tomo IV. Cit., §362, 2.

100. MOREIRA, José Carlos Barbosa. Invalidade e ineficácia do negócio jurídico *in* MENDES, Gilmar Ferreira; STOCO, Rui (Org.). **Coleção doutrinas essenciais: Direito Civil,** Parte Geral. v. 6. São Paulo: Editora Revista dos Tribunais, 2011, p. 378.

101. MOREIRA, José Carlos Barbosa. Invalidade e ineficácia do negócio jurídico *in* MENDES, Gilmar Ferreira; STOCO, Rui (Org.). **Coleção doutrinas essenciais: Direito Civil.** Cit., p. 378.

102. MIRANDA, Francisco Cavalcanti Pontes de. **Tratado de Direito Privado.** Tomo IV. Cit., §362, 2.

103. "Por isso, é – de regra – insanável a nulidade, irratificável e decretável de ofício. Ocorre, todavia, que, a) se a lei faz dependente de "ação" a decretação da nulidade, ou de algum procedimento adequado (comum, especial), fica ao juiz cortado o seu poder e dever de a decretar" (MIRANDA, Francisco Cavalcanti Pontes de. **Tratado de Direito Privado.** Tomo IV. Cit., § 360, 4). "Há, portanto, quanto à necessidade de ser alegada, duas espécies de nulidades: (i) Nulidade de pleno iure, aquela que se caracteriza pela relevância, em seus fundamentos, de interesse de ordem pública. Opera ipso iure, pode ser alegada por qualquer interessado e pelo Ministério público e é decretável pelo juiz, quando conhecer do ato ou de seus efeitos e a encontrar provada. (ii) Nulidade dependente de alegação, aquela que, em face da predominância dos interesses patrimoniais particulares, somente o interessado tem legitimação para alegá-la, não sendo possível a sua decretação pelo juiz sem provocação do figurante" (MELLO, Marcos Bernardes de. **Teoria do Fato Jurídico: plano da validade.** Cit., p. 117).

Essa constatação é relevante também para o Processo Civil.

Há hipóteses de nulidade de negócios jurídicos processuais que não podem ser decretadas de ofício pelo juiz, mas dependem de alegação do interessado, a exemplo de negócio processual praticado a partir de decisão de pessoa jurídica com administração coletiva em violação à lei, em simulação ou em fraude (CC/02, art. 48).

Os negócios jurídicos processuais submetem-se a duplo regime de validade: material e processual[104]. Causas de nulidade e de anulabilidade previstas no Código Civil são aplicáveis aos negócios processuais[105], observando-se, todavia, a disciplina processual das invalidades, sendo aplicáveis a "instrumentalidade das formas, a regra do prejuízo, a fungibilidade de meios"[106].

Além da observância do *filtro* do regime processual, em relação aos casos de nulidade, o poder-dever de sua decretação de ofício pelo juiz (ressalvadas as situações de nulidades dependentes de alegação) não dispensa a garantia do contraditório[107].

A exata compreensão dessas premissas é essencial para a análise dos efeitos jurídicos decorrentes da decisão do conflito entre negócios processuais celebrados pelas partes e atos concertados de cooperação judiciária, temática abordada a seguir.

4. DO CONFLITO ENTRE ATOS CONCERTADOS DE COOPERAÇÃO E NEGÓCIOS PROCESSUAIS CELEBRADOS PELAS PARTES

A partir dos arts. 190 e 200 e dos demais dispositivos do CPC que preveem negócios jurídicos processuais típicos, extraem-se normas de competência,

---

104. "O caráter híbrido da situação – que envolve direito material e processual – fica consideravelmente evidente. De um lado, há vício em negócio jurídico sob a ótica dos requisitos exigidos pelo direito material. Contudo, invalidar o negócio significa invalidar atos processuais e, para tanto, é preciso considerar o regime do CPC: a) a invalidade de um ato não prejudica outros que eventualmente sejam independentes; b) não se reconhece invalidade quando se puder decidir o mérito a favor da parte a quem aproveitaria a decretação daquela; c) aproveitam-se os atos, ainda que desconformes ao modelo legal, desde que não haja prejuízo à defesa de qualquer das partes (CPC, artigos 279 e 280)" (YARSHELL, Flávio Luiz. Convenção das partes em matéria processual: rumo a uma nova era? *in* CABRAL, Antonio do Passo; NOGUEIRA, Pedro Henrique (Coord.). **Negócios processuais.** v. 1. Salvador: Editora Juspodivm, 2015, p. 78). No mesmo sentido: DIDIER JR., Fredie. Negócios jurídicos processuais atípicos no CPC-2015 *in* **Ensaios sobre os negócios jurídicos processuais.** Cit., p. 34; NOGUEIRA, Pedro Henrique. **Negócios jurídicos processuais.** Cit., p. 196.

105. Enunciado n.º 403 do Fórum Permanente de Processualistas Civis: A validade do negócio jurídico processual requer agente capaz, objeto lícito, possível, determinado ou determinável e forma prescrita ou não defesa em lei.

106. CABRAL, Antonio do Passo. **Convenções processuais: Teoria geral dos negócios jurídicos processuais.** Cit., p. 453. Vide, também, o Enunciado n.º 16 do Fórum Permanente de Processualistas Civis: O controle dos requisitos objetivos e subjetivos de validade da convenção de procedimento deve ser conjugado com a regra segundo a qual não há invalidade do ato sem prejuízo.

107. Enunciado n.º 259 do Fórum Permanente de Processualistas Civis: A decisão referida no parágrafo único do art. 190 depende de contraditório prévio.

inseridas na estrutura do direito fundamental de ação. O sistema processual brasileiro confere especial prestígio à adaptação convencional do procedimento e à regulação de situações jurídicas pelas próprias partes, prevendo que, em regra, os atos por elas praticados produzirão imediatamente seus efeitos (art. 200), podendo o juiz recusar aplicação aos negócios processuais "somente nos casos de nulidade ou de inserção abusiva em contrato de adesão ou em que alguma parte se encontre em manifesta situação de vulnerabilidade" (art. 190, parágrafo único).

Não há dúvidas quanto à opção do legislador pela valorização da autonomia em âmbito processual.

Resta saber, todavia, se poderá o juiz *recusar a aplicação* a negócios processuais em situações distintas daquelas previstas no parágrafo único do art. 190, nomeadamente no caso de conflito com atos de cooperação judiciária. Sendo possível, cumpre precisar o significado jurídico da expressão "recusar a aplicação".

A reflexão aqui desenvolvida terá, como é de fácil percepção, maior incidência em relação a hipóteses de atos concertados de cooperação judiciária, mas não é possível descartar, *a priori*, sua pertinência em relação às demais modalidades de cooperação, ainda que de maneira meramente residual.

Conflitos entre atos de cooperação judiciária e negócios processuais celebrados pelas partes podem ocorrer em diversos contextos, tais como:

a) estabelecimento de cláusula de eleição de foro pelas partes e fixação, por ato de concertação, de juízo distinto daquele previsto pelos litigantes (mas com idêntica competência absoluta) como o responsável por centralizar processos que versem sobre o tema discutido pelas partes e por decidir a matéria controvertida;

b) nas situações em que atos de cooperação judiciária importam na reunião de execuções para, ilustrativamente, o desenvolvimento de ações de investigação patrimonial, práticas de atos de constrição ou medidas expropriatórias, é possível que, no grupo dos processos, haja aqueles nos quais foi celebrado negócio processual para tornar impenhorável certo bem, para impedir a utilização de determinada medida executiva atípica, para fixar que a execução recairá necessariamente sobre um específico bem, para renunciar a uma impenhorabilidade[108];

c) atos de cooperação judiciária destinados à produção de prova única relativa a fato comum ou à obtenção e apresentação de provas e à coleta de

108. Desde que se trate de uma hipótese de renúncia válida, obviamente.

depoimentos são um campo fértil para divergências em relação a negócios probatórios. É possível imaginar, v.g., acordos para limitar o número de testemunhas, para não convocar a juízo determinada pessoa como testemunha, convenções em que se preveja a não aceitação das partes quanto à realização de instrução compartilhada, além do caso da escolha consensual do perito (CPC, art. 471), que, por qualquer motivo, naquele caso específico, pode ser pessoa distinta do auxiliar designado para atuar nos demais processos, embora idêntica ou muito semelhante a matéria;

d) em um específico negócio celebrado com um litigante habitual de determinada localidade, pode haver a previsão de que a citação de eventual futuro processo será realizada por e-mail. Pode-se imaginar que os juízos daquela região venham a estabelecer, por exemplo, um procedimento para realização em conjunto dos atos necessários à citação por correios nos processos envolvendo tal sujeito de todos os juízos em determinado dia da semana ou do mês, com automatização dessas providências, objetivando racionalizar a utilização de recursos;

e) há, ainda, a possibilidade (teórica, ao menos) de cogitar-se de negócio processual que preveja, em termos amplos, que as partes simplesmente não admitem qualquer adaptação procedimental por ato de cooperação judiciária.

Não é difícil perceber a existência de zonas coincidentes passíveis de regulação atos de cooperação judiciária e por negócios processuais celebrados pelas partes. A questão está situada nos temas da concorrência de fontes processuais e da perturbação no cumprimento dos negócios processuais[109].

A casuística é vasta. Não poderia ser diferente. Observados os limites legais, o conteúdo dos negócios processuais e dos atos de cooperação judiciária dependerá apenas da criatividade dos envolvidos - o que, com a progressiva difusão da utilização de ambos os institutos, tenderá a acentuar as situações de conflito.

Por isso, assim como pela necessidade de exame das circunstâncias objetivas e subjetivas de cada caso concreto, não é possível estabelecer regras apriorísticas e absolutas para a solução dos (inevitáveis) conflitos. Na teoria das fontes, não há uma hierarquia formal entre essas categorias jurídicas.

O art. 190, parágrafo único, do CPC não pode ser interpretado como uma norma de exclusão automática da incidência do regramento estabelecido em atos de cooperação judiciária conflitantes com o negócio processual. O

109. Sobre o tema: SILVA, Paula Costa e. **Perturbações no cumprimento dos negócios processuais: convenções de arbitragem, pactos de jurisdição, cláusulas escalonadas e outras tantas novelas talvez exemplares, mas que se desejam de muito entretenimento.** Salvador; Editora Juspodivm, 2020.

ordenamento brasileiro valoriza – como deve ser – a autonomia privada, mas não confere à parte o direito subjetivo a um processo nos exatos termos desejados. O funcionamento do Poder Judiciário não pode ser visualizado sob a ótica exclusiva de um litígio específico, mas concebido em termos amplos, com a preocupação também com índices globais de eficiência (que, de resto, quando satisfatórios, beneficiam as partes dos processos em geral). A autonomia privada processual e a eficiência do Judiciário devem ser compatibilizadas.

Conquanto não seja possível explicitar uma metodologia definitiva para a solução dos conflitos, é viável propor algumas diretrizes gerais para desenvolvimento dessa análise, que deverão ser ajustadas, em trabalho de artífice, diante da realidade do caso. São elas:

a) a rejeição imediata da aplicação do negócio jurídico celebrado pelas partes é incompatível com o devido processo (CF, art. 5º, LV; CPC, art. 10). *a.1)* As partes têm o direito de manifestação a respeito da divergência entre o ato de cooperação e o negócio, inclusive solicitando esclarecimentos e influindo na decisão a ser proferida, podendo demonstrar a inadequação do ato cooperativo ou sugerir a adoção de outros modelos que se revelem mais eficientes (Resolução n.º 350/20, art. 8º, § 3º) – a partir, por exemplo, da demonstração da existência de experiências bem-sucedidas em outras localidades. *a.2)* É possível, ainda, que as partes demonstrem que seu caso não deve ser alcançado pelos efeitos do ato cooperativo, caso em que não se terá propriamente um conflito, mas uma simples distinção. *a.3)* Em processos que possuam elevada complexidade e em casos repetitivos de grande repercussão social, pode ser recomendável a divulgação de um plano de cooperação, contendo a minuta do ato, com a adoção do procedimento de consulta pública previsto no art. 29 da LINDB. A providência permite a incorporação de sugestões e minimiza a possibilidade de conflitos com eventuais negócios processuais que venham a ser celebrados;

b) não se deve trabalhar unicamente com a lógica de "postulação-decisão". Sempre que possível, deve-se buscar contemporizar e construir uma solução com a colaboração de todos os sujeitos envolvidos, ajustando os parâmetros originalmente fixados no ato de cooperação judiciária e no negócio processual. Pode-se falar aqui de saneamento e organização compartilhada e em cooperação judiciária, com a participação dos juízos cooperantes na audiência prevista no art. 357, § 3º, do CPC;

c) atos de cooperação judiciária não podem importar em prejuízo ao acesso à justiça[110], ao contraditório e à ampla defesa;

110. "A partir desses exemplos, portanto, pode-se concluir que, em não havendo qualquer restrição legal, será possível o deslocamento da competência territorial na reunião ou apensamento de processos por ato de cooperação judiciária. Caberá ao juiz, porém, em caso concreto, verificar se a reunião pode

d) os negócios jurídicos em geral são regidos pelo princípio da relatividade[111]. Particularmente em relação aos casos que envolvem litigantes habituais, deve-se destacar que pactuações específicas avençadas com certos indivíduos não prejudicarão nem beneficiarão os demais. Assim, por exemplo, a impenhorabilidade negociada com determinado credor não prejudicará os demais. Todavia, deverá ser observada pelo juízo responsável pela execução, ainda que isso signifique a impossibilidade de utilização, em sua integralidade, do mesmo procedimento adotado para as demais execuções reunidas. Obviamente, a diretriz aqui enunciada não impede a análise, no caso concreto, de eventual configuração de agressão à boa-fé objetiva.

e) é possível a prevalência do ato de cooperação sobre a negociação acerca do procedimento, desde que não importe em vulneração às garantias constitucionais e legais do processo e que a modificação não redunde em prejuízo ao litigante. Este último aspecto exige especial cautela. Por vezes, a convenção sobre o processo está inserida em um contexto muito mais amplo de negociações que dizem respeito também ao direito material. O afastamento (ainda que parcial) do ajustado pelas partes em um negócio processual pode gerar severo desequilíbrio em relação ao negociado, com a agregação de fatores que, à época das tratativas, sequer poderiam ser cogitados pelas partes. A pretexto de solucionar um problema, o ato de cooperação acabaria por criar outro. Novamente, destaca-se a essencialidade da garantia do contraditório, por meio do qual as partes podem demonstrar a existência desse conjunto de circunstâncias;

f) observados os itens anteriores, o afastamento do negócio processual celebrado pelas partes somente será possível quando, em comparação com o ato de cooperação, este importar em ganhos de eficiência na administração judiciária[112], o que *tende* a ser visualizado com maior facilidade em situações

---

causar alguma restrição ao direito de acesso à Justiça. Isso porque, a depender da condição econômica da parte, esse deslocamento pode resultar em verdadeiro obstáculo ao direito de demandar. Dificilmente uma pessoa carente de recursos financeiros poderá acompanhar seu processo em localidade distante daquela onde reside, por exemplo" (MEIRELES, Edilton. Reunião de processos, cooperação e conflito de competência. Cit.).

111. "Os compromissos contratuais vinculam, com força de lei, as partes que os assumem, mas apenas as partes que os assumem, não podendo criar obrigações a cargo de terceiros estranhos ao contrato. Compromissos ou mesmo efeitos negativos sobre o patrimônio das pessoas podem derivar da vontade das próprias, ou eventualmente da lei, mas já não da vontade de outros sujeitos. Este princípio – dito da *relatividade dos efeitos contratuais* – exclui que a posição jurídica de um sujeito possa ser *juridicialmente* atingida e lesada por um contrato celebrado entre outros sujeitos" (grifos no original) (ROPPO, Enzo. **O contrato**. Tradução de Ana Coimbra e M. Januário Gomes. Coimbra: Almedina, 2009, p. 129-130).

112. "Para tanto, é preciso considerar que o processo continua a ser instrumento a serviço do Estado, isto é, para atingir objetivos que, embora também sejam das partes, são públicos: atuação do direito objetivo, pacificação social (pela eliminação da controvérsia) e afirmação do poder estatal. Isso quer dizer que o juiz estatal possa ser singelamente colocado em idêntico patamar do árbitro. Uma arbitragem é instituída

que envolvam litígios repetitivos. *f.1)* O negócio processual que veicula recusa meramente caprichosa quanto à incidência de efeitos de ato de cooperação sobre o respectivo processo, em prejuízo da administração da justiça, com maior razão poderá ter recusada sua aplicação. *f.2)* Vale repisar: o parâmetro de cotejo do negócio processual quanto aos custos envolvidos e aos ganhos de eficiência deve ser o ato cooperativo, não o procedimento padrão decorrente da legislação;

g) em linha de princípio, as partes possuem melhor condição para avaliação dos meios mais adequados para conservação dos bens que são objeto da lide. Não havendo dispêndio desarrazoado de recursos pelo Judiciário, deve-se prestigiar a solução concebida pelos litigantes para essa finalidade;

h) em regra, negócios probatórios devem ter precedência sobre alterações de procedimento acerca do mesmo objeto concebidas em atos de cooperação judiciária, em razão das seguintes premissas: *h.1)* provar os fatos é um ônus da parte, não um dever. Pelas mais variadas razões, o litigante pode considerar não lhe ser vantajoso produzir determinada prova. Pode, ainda, igualmente por uma ampla gama de motivos, negociar com a outra parte a não produção de certa prova ou o estabelecimento de determinadas restrições ou de procedimentos específicos. É dizer: as partes possuem poder amplo de disposição sobre a atividade probatória, exercido inclusive por meio de negócios probatórios[113]; *h.2)* ressalvados os casos de expedição de carta precatória inquiritória ou de solicitação de auxílio direto com a mesma finalidade, a cooperação judiciária relativa a atos instrutórios frequentemente elevará o

---

para um caso específico e os árbitros são juízes dessa particular situação; já o órgão estatal tem a seu cargo uma plêiade de processos e a instituição de diferentes regras processuais – embora não possa justificar a pura e simples recusa da convenção das partes pelo juiz – deve levar em conta as características e peculiaridades do órgão estatal e da atividade por ele desenvolvida. Pode soar óbvio, mas convém lembrar que a possibilidade de criação de regras pelas partes deve se prestar a racionalizar o processo; e não a torná-lo menos eficiente" (YARSHELL, Flávio Luiz. Convenção das partes em matéria processual: rumo a uma nova era? In CABRAL, Antonio do Passo; NOGUEIRA, Pedro Henrique (Coord.). **Negócios processuais**. v. 1. Salvador: Editora Juspodivm, 2015, p. 64).

Manifestando-se contrariamente ao recurso à eficiência na apreciação das convenções processuais (embora não em um contexto de análise de possíveis conflitos com atos de cooperação judiciária), Antonio do Passo Cabral afirma que "outra vertente em que se verifica um limite à atividade convencional das partes diz respeito aos obstáculos que a convenção possa encontrar na necessidade de manutenção do funcionamento do aparato judiciário. Não se trata, evidentemente, de permitir ao juiz negar aplicação às convenções apenas por razões de eficiência ou conveniência do próprio Estado. (...) Se as partes deliberaram e estipularam a regra convencional aplicável ao processo para resolver seus conflitos, ao magistrado não é autorizado derespeitar a convenção porque não a reputa a solução mais eficaz, ou porque pensa que a incidência da regra legal produziria um resultado melhor" (CABRAL, Antonio do Passo. **Convenções processuais: Teoria geral dos negócios jurídicos processuais**. Cit., p. 334-335).

113. GODINHO, Robson Renault. A possibilidade de negócios jurídicos processuais atípicos em matéria probatória *in* CABRAL, Antonio do Passo; NOGUEIRA, Pedro Henrique (Coord.). **Negócios processuais**. v. 1. Salvador: Editora Juspodivm, 2015, p. 407-416.

grau de complexidade em torno da produção da prova, ao menos em razão da ampliação do número de sujeitos envolvidos com o ato[114]. Em situações de colheita compartilhada de depoimentos para utilização em vários processos, o maior número de participantes torna estatisticamente mais elevada a chance de surgimento de questionamentos, informações e formas de abordagem não considerados por alguns dos litigantes. É possível que sejam revelados ou detalhados fatos conexos[115], cuja abordagem não era do interesse de algumas das partes, pela possibilidade de ocorrência de efeitos em outras esferas, por exemplo. O "contraditório subjetivamente ampliado" na cooperação judiciária pode, como se observa, vir a provocar consequências negativas (e não cogitadas) à parte; *h.3)* a mais evidente possibilidade de mitigação à regra geral inicialmente enunciada reside na iniciativa probatória do(s) juiz(ízes), cuja amplitude será modulada de acordo com determinadas características de uma das partes (vulnerabilidade[116], por exemplo)[117] ou com o objeto da lide (processos envolvendo direitos difusos, ilustrativamente);

i) a execução é disponível, total ou parcialmente, pelo exequente (CPC, art. 775). Assim, ilustrativamente, a renúncia, pactuada em negócio processual, a determinada providência na execução impedirá sua adoção naquele específico processo, ainda que tenha havido a reunião de execuções por cooperação judiciária. De acordo com a abrangência da pactuação, é possível que venha haver a necessidade de exclusão do processo em que foi firmado o negócio do rol daqueles abrangidos pelos efeitos do ato de cooperação[118].

---

114. Sobre o tema, vale destacar o Enunciado n.º 671 do Fórum Permanente de Processualistas Civis: O inciso II do §2º do art. 69 autoriza a produção única de prova comum a diversos processos, assegurada a participação dos interessados.

115. Como observado por Thaís Paschoal Lunardi, não se exige a plena identidade da questão fática para justificar a cooperação para a produção coletiva de prova: "O critério autorizador dessa forma de concertação de atos é a comunhão da questão de fato. O grau de identidade da questão comum deverá ser suficiente a possibilitar que as dúvidas acerca do modo como as coisas ocorreram sejam solucionadas de uma única vez, por meio da prova produzida de forma concertada. Retoma-se aqui o que se afirmou no item 2.2.2, em que se analisou especificamente os critérios de definição da questão comum para fins de coletivização da prova. Não é necessário, como lá se afirmou, que haja integralidade de identidade das questões fáticas discutidas na demanda. A comunhão entre uma das questões fáticas já justifica a adoção da medida, sem prejuízo de haver posterior produção de prova relativa às questões individuais não comuns em cada uma das demandas" (LUNARDI, Thaís Amoroso Paschoal. **Coletivização da prova: Técnicas de produção coletiva da prova e seus reflexos na esfera individual.** Tese (Doutorado em Direito). Faculdade de Direito, Universidade Federal do Paraná, Curitiba, 2018, p. 175).

116. Vale recordar que a vulnerabilidade, se em estado manifesto, será analisada pelo juiz inclusive para efeitos de controle de negócios processuais em geral, conforme previsto no art. 190, parágrafo único, do CPC. Isso não significa, entretanto, a absoluta proscrição de negócios processuais celebrados com partes manifestamente vulneráveis, como esclarecido em CABRAL, Antonio do Passo. **Convenções processuais: Teoria geral dos negócios jurídicos processuais.** Cit., p. 392-404..

117. Nesse sentido: DIDIER JR., Fredie; BRAGA, Paula Sarno, OLIVEIRA, Rafael Alexandria de. **Curso de Direito Processual Civil.** v.2. 15. ed. Salvador: Editora Juspodivm, 2020, p. 112-113.

118. Caso em que o intuito de reunir *todas* as execuções em face de um mesmo devedor (Resolução n.º 350/20, art. 6º, inciso IV, não se concretizaria.

Como se vê, a existência de conflito com ato de cooperação pode ser uma hipótese de *recusa da aplicação* de um negócio processual celebrado pelas partes além dos casos previstos no parágrafo único do art. 190 do CPC.

É necessário esclarecer, contudo, que, no contexto aqui abordado, essa recusa não decorre de invalidade do negócio processual, e menos ainda de inexistência, temática anteriormente analisada.

A questão é solucionada no plano da eficácia.

Aquilo que se visualiza como afastamento do negócio processual consiste simplesmente em óbice à produção dos seus efeitos – e somente em relação aos pontos de divergência em face do ato cooperativo –, resultando em um estado de *ineficacidade*[119] do negócio.

Uma última questão merece atenção. O negócio processual que prevê, em termos amplos, a impossibilidade de prática de atos de cooperação judiciária em processo atual ou futuro pretende dispor sobre situação jurídica complexa que não é titularizada pelas partes. Diante da ausência de legitimação para tanto, convenções processuais com esse conteúdo são ineficazes em relação ao fim pretendido[120].

É necessário, agora, enfrentar o tema do controle do ato concertado de cooperação, o que será realizado a seguir.

5. DO CONTROLE DOS ATOS CONCERTADOS DE COOPERAÇÃO JUDICIÁRIA

O controle dos atos concertados de cooperação judiciária é um dos temas mais desafiadores do Processo Civil na atualidade.

Seu estudo assume relevo, evidentemente, não somente nas situações de conflito entre atos concertados de cooperação e negócios celebrados pelas partes, mas nas hipóteses em geral de necessidade de impugnação de quaisquer atos cooperativos concertados.

---

119. "A ineficacidade, em sentido geral, abrangeria a) o ato jurídico, especialmente o negócio jurídico, válido ou não, que fôsse sem efeitos ou sem algum efeito, b) o ato jurídico inexistente, especialmente o negócio jurídico inexistente e c) o ato jurídico, especialmente o negócio jurídico, ainda sem efeitos. Porque o que não é não tem efeitos. Mas o sentido em que mais tecnicamente se emprega a expressão é apenas o de a). (...) A ineficacidade supõe que, a despeito da vontade que se manifestou e do conteúdo da manifestação, certo efeito ou efeitos não se dêem" (MIRANDA, Francisco Cavalcanti Pontes de. **Tratado de Direito Privado**. Tomo III. Cit., § 529, 4).

120. MIRANDA, Francisco Cavalcanti Pontes de. **Tratado de Direito Privado**. Tomo IV. Cit., § 387, 1. MELLO, Marcos Bernardes de. **Teoria do Fato Jurídico: plano da eficácia**. Cit., p. 73-75. "Em todos esses casos de ilegitimidade *ad actum*, a convenção será *ineficaz* em relação aos terceiros cujas situações jurídicas foram indevidamente tratadas na convenção das partes" (grifo no original) (CABRAL, Antonio do Passo. **Convenções processuais: Teoria geral dos negócios jurídicos processuais**. Cit., p. 333).

O enfrentamento da questão exige a explicitação de algumas premissas.

A primeira delas refere-se à constatação de que não houve, durante a elaboração do Código de Processo Civil de 2015, a sistematização das formas de impugnação dos atos de cooperação judiciária[121].

O segundo aspecto a ser observado é que o controle dos atos concertados de cooperação deve ser realizado perante um *juízo adequadamente competente*[122], o que somente será possível se a solução a ser adotada não importar, ainda que por via transversa, na subversão da lógica que orienta a organização do Poder Judiciário. Sem filtros de racionalidade e eficiência, as tentativas de controle dos atos serão disfuncionais, como será demonstrado adiante.

A terceira premissa diz respeito à necessidade de reconhecimento de que a precisa identificação da natureza jurídica (processual ou administrativa) dos atos de cooperação (em geral) muitas vezes não será uma tarefa singela. Em alguns casos, como no compartilhamento de equipes de servidores (Resolução n.º 350/20, art. 6º, inciso XVIII), será evidente a natureza administrativa do ato, embora seja possível visualizar reflexos processuais ao menos indiretos. Em outros casos, a exemplo da cooperação mediante carta precatória, não haverá dúvidas quanto à natureza processual do ato, conquanto seja inegável a relevância das cartas numa perspectiva ampla da administração da justiça. Entre os extremos, contudo, há uma multiplicidade de hipóteses nas quais será possível visualizar refinados matizes processuais e administrativos sobrepostos[123], em tonalidades mais ou menos intensas de acordo com as necessidades do caso e com a criatividade responsável dos juízos cooperantes.

Essa natureza híbrida é a razão de o art. 9º, parágrafo único, da Resolução n.º 350/20 do Conselho Nacional de Justiça dispor que os "atos de

121. No mesmo sentido: "A solução para os conflitos de competência que poderão surgir da aplicação dessas hipóteses não está posta no Código. Talvez porque, de fato, não se pensou em práticas pré-determinadas, oferecendo o legislador um espaço de liberdade para uma atuação adequada dos sujeitos processuais sob o ponto de vista da efetividade do processo e da eficiência da Jurisdição" (LUNARDI, Thaís Amoroso Paschoal. **Coletivização da prova: Técnicas de produção coletiva da prova e seus reflexos na esfera individual**. Tese (Doutorado em Direito). Faculdade de Direito, Universidade Federal do Paraná, Curitiba, 2018, p. 169).

122. "O órgão jurisdicional competente deve ser aquele que, no exame das capacidades institucionais (que envolvem variáveis estruturais e funcionais dos diferentes órgãos, aferíveis por indicadores objetivos), seja o mais adequado para julgar o caso, a fim de que seja alcançado o melhor resultado jurisdicional - o que resume a perspectiva qualitativa da eficiência" (DIDIER JR., Fredie. **Cooperação Judiciária Nacional: esboço de uma teoria para o Direito brasileiro (arts. 67-69, CPC)**. Cit., p. 45).

123. Discorrendo sobre os princípios que fundamentam a cooperação judiciária, Fredie Didier Jr. destaca que ela é "também, e sobretudo, *concretização do princípio da eficiência* (art. 8º, CPC). Por isso, a cooperação judiciária possui uma dimensão *administrativa* (no sentido de servir à própria administração judiciária) e processual (no sentido de servir à solução de casos). É uma forma de obter resultados melhores com menor custo e mais rapidez" (grifos no original) (DIDIER JR., Fredie. **Cooperação Judiciária Nacional: esboço de uma teoria para o Direito brasileiro (arts. 67-69, CPC)**. Cit., p. 63).

cooperação poderão ser objeto de impugnação pelos meios previstos na legislação processual".

Numa leitura apressada, o preceito poderia aparentar significar nada além do óbvio: que atos praticados por juízos poderiam ser objeto de impugnação e que essa manifestação de irresignação deveria observar o regramento previsto na legislação. Todavia, as boas lições de hermenêutica aconselham o afastamento de interpretações que redundem na irrelevância do enunciado.

Por isso, a melhor interpretação a ser extraída do dispositivo é no sentido da impossibilidade de manejo de meios administrativos para a impugnação de atos de cooperação judiciária, que poderá ocorrer exclusivamente pela via processual. A natureza jurisdicional (em maior ou menor intensidade) desses atos obstaculiza sua revisão pela via administrativa, sob pena de violação à independência judicial, garantia elementar do Estado Democrático de Direito. Não será cabível, por exemplo, a utilização de Procedimento de Controle Administrativo (PCA) perante o CNJ para controle dos atos cooperativos entre juízos[124].

Estabelecidos esses pressupostos, é necessário avançar à análise dos possíveis meios de controle dos atos de cooperação.

Cabe destacar que esse controle poderá ser realizado de maneira incidental ou autônoma.

Em relação ao controle incidental, é compreensível que a primeira tendência do intérprete seja identificar o recurso como a via de impugnação imediata dos atos de cooperação judiciária, nomeadamente o agravo de instrumento, tendo em conta a adoção pelo Superior Tribunal de Justiça da tese da "taxatividade mitigada" do rol previsto no art. 1.015 do CPC.

Todavia, a detida reflexão a respeito das várias possibilidades de ajustes de atos cooperativos evidencia que essa não é a solução apropriada[125].

124. Regimento Interno do Conselho Nacional de Justiça, art. 91. O controle dos atos administrativos praticados por membros ou órgãos do Poder Judiciário será exercido pelo Plenário do CNJ, de ofício ou mediante provocação, sempre que restarem contrariados os princípios estabelecidos no art. 37 da Constituição, especialmente os de legalidade, impessoalidade, moralidade, publicidade e eficiência, sem prejuízo da competência do Tribunal de Contas da União e dos Tribunais de Contas dos Estados.

125. Gabriela Macedo Ferreira manifesta-se favoravelmente à utilização do agravo de instrumento, com consistentes fundamentos, desde que a concertação não envolva atividade administrativa: "O CPC de 2015 restringiu a possibilidade de controle da competência. Estabeleceu rol taxativo de decisões interlocutórias agraváveis no art. 1.015, não incluindo nele as decisões acerca da competência judicial. A despeito disso, defendemos ser possível a interposição de agravo de instrumento contra a decisão que alterar a competência para a prática de atos decisórios e instrutórios com base na cooperação entre juízes. Basta uma interpretação extensiva do art. 1.015, III do CPC que permite a impugnação das decisões que rejeitam convenção de arbitragem, já que ambas as decisões tratam sobre competência. Há ainda outro fundamento a autorizar a interposição de agravo de instrumento contra a decisão que altera competência por ato de cooperação entre juízes. A Corte Especial do Superior Tribunal de Justiça decidiu,

Quatro exemplos podem ser úteis para ilustrar a objeção.

Primeiro exemplo. Imagine-se uma cooperação por concertação celebrada por um juízo da Justiça comum estadual, um de Juizado estadual e um trabalhista para concentração em um deles da decisão acerca de determinada questão de fato ou de direito decorrente de um desastre ambiental e presente em uma multiplicidade de processos. No Juizado estadual e na Justiça do Trabalho, as decisões interlocutórias são irrecorríveis de imediato. O mandado de segurança poderia ser um caminho alternativo para a impugnação, mas submeteria o impetrante a requisitos e limites inexistentes em comparação com o agravo de instrumento, cabível na Justiça comum.

Seja como for, deveria o interessado valer-se da impugnação perante cada uma das Justiças? Ainda que, por cautela, adote essa providência, poderá a Turma Recursal[126] dos Juizados analisar o ato praticado por um juízo trabalhista? Poderá a Turma do Tribunal Regional do Trabalho apreciar a regularidade da atuação do juízo estadual?

Sendo positiva a resposta para todas essas indagações, o risco de decisões contraditórias é mais do que evidente.

Segundo exemplo. Esse risco é ainda maior quando se imagina a hipótese de um ato concertado ser celebrado entre juízos de distintos ramos do Judiciário para a solução não de uma multiplicidade de casos, mas de um único caso em tramitação em cada justiça. Imagine-se a discussão, em processos perante a Justiça do Trabalho, a Justiça Federal (em matéria previdenciária) e a Justiça estadual (no âmbito sucessório), acerca de união estável de indivíduo que veio a falecer.

---

no dia 5 de dezembro de 2018, em sede de julgamento de recursos repetitivos, que o rol do artigo 1.015 do Código de Processo Civil de 2015 tem taxatividade mitigada e admite a interposição de agravo de instrumento quando verificada urgência decorrente da inutilidade do julgamento da questão no recurso de apelação. Se a decisão decorrente de ato de cooperação alterar a competência, com risco de prejuízos a parte, inclusive em relação ao exercício da ampla defesa, haverá urgência. Não seria razoável aguardar toda a tramitação do processo para se definir sobre a competência com a possibilidade de anulação de todos os atos praticados. Assim, seja por interpretação extensiva do art. 1.015, III, CPC, seja em razão da urgência, entendemos cabível o agravo de instrumento contra decisão que, por ato de cooperação, versa sobre competência. A regra apenas não se aplicaria quando o ato tivesse por objeto atividade administrativa de gestão judiciária" (FERREIRA, Gabriela Macedo. O ato concertado entre juízes cooperantes: esboço de uma teoria para o Direito brasileiro, p. 33-34).

126. Em posicionamento minoritário, Fredie Didier Jr. afirma que a competência para o julgamento do mandado de segurança em face de ato de juiz de Juizado Especial Cível deve ser de órgão fracionário ou do Pleno do respectivo Tribunal de Justiça: "De fato, nadando contra a maré, posicionamo-nos em sentido absolutamente contrário à corrente dominante, pois julgamos que a competência para processar e julgar tais medidas será, salvo norma expressa em sentido contrário, de conjunto de órgãos fracionários ou do Pleno do Tribunal de Justiça do Estado-membro a que pertencer o magistrado tido por autoridade coatora" (DIDIER JR., Fredie. Notas sobre a incompetência da turma recursal para processar e julgar mandado de segurança contra ato de juiz dos Juizados Especiais Cíveis *in* **Revista de Processo**. vol. 105/2002, jan.-mar./02. Versão eletrônica da Revista dos Tribunais Online.

As impugnações a esse único ato de concertação que venham a redundar na prolação de decisões contraditórias significarão mais do que uma contingência inconveniente do sistema processual: para além do controle de ato praticado por juízo de outra justiça (algo que, em si, já seria de difícil admissão), elas representarão um desafio à lógica, já que o mesmo ato não pode ser, ao mesmo tempo, válido para um juízo e inválido para outro.

Mas não é só.

Terceiro exemplo. Os atos de cooperação podem ser celebrados entre juízos de distintos graus de jurisdição. No caso de cooperação por concertação para, por exemplo, troca de determinadas informações entre um juízo de primeiro grau da Justiça estadual com órgão fracionário do Tribunal de Justiça de outro estado ou de um Tribunal Regional Federal, como proceder em relação ao recurso?

Ou se admitiria uma subversão da lógica da competência recursal ou se permitiria, em termos práticos, um recurso *per saltum*.

Há mais.

Quarto exemplo. É possível imaginar a concertação entre órgãos fracionários de um Tribunal de Justiça e de um Tribunal Regional Eleitoral para decisão de questão de fato comum relativa a casos que envolvam a comercialização indevida de bancos de dados pessoais para fins de utilização em propaganda eleitoral irregular. Nessa hipótese, na Justiça Eleitoral simplesmente não será possível a interposição de qualquer recurso, tendo em vista o disposto no art. 121, § 4º[127], da Constituição Federal.

A mesma ordem de razões evidencia ser inapropriada a correição parcial (ou reclamação correicional) para controle dos atos de cooperação, impertinência que seria agravada pela possibilidade de revisão pelas corregedorias de atos dotados de natureza (também) jurisdicional[128].

127. Art. 121, § 4º Das decisões dos Tribunais Regionais Eleitorais somente caberá recurso quando: I - forem proferidas contra disposição expressa desta Constituição ou de lei; II - ocorrer divergência na interpretação de lei entre dois ou mais tribunais eleitorais; III - versarem sobre inelegibilidade ou expedição de diplomas nas eleições federais ou estaduais; IV - anularem diplomas ou decretarem a perda de mandatos eletivos federais ou estaduais; V - denegarem habeas corpus, mandado de segurança, habeas data ou mandado de injunção.

128. Em sentido diverso, entendendo pela possibilidade de manejo da reclamação correicional: "O ato concertado entre juízes cooperantes regulamenta, como regra, uma relação permanente entre dois juízos, razão por que deverá ser formalizado por portaria ou outra forma geral e abstrata. Nesse caso, o recurso adequado para impugnar a sua realização será a reclamação correicional, cabível para corrigir erros, abusos e atos contrários à boa ordem processual e que importem em atentado a fórmulas legais de processo, quando para o caso não haja recurso ou outro meio processual específico" (FERREIRA, Gabriela Macedo. O ato concertado entre juízes cooperantes: esboço de uma teoria para o Direito brasileiro, p. 33).

O *juízo adequadamente competente* para controle dos atos de cooperação é aquele que seria o responsável pela decisão de conflitos de competência entre os juízos cooperantes, identificado a partir das diretrizes constitucionais e legais.

Essa é a única solução que, diante de qualquer conformação dos atos de cooperação, preserva a lógica de organização do Poder Judiciário (em perspectiva horizontal e vertical), impede a ocorrência de decisões contraditórias e racionaliza a prestação jurisdicional.

O problema somente pode ser adequadamente abordado considerando os múltiplos arranjos cooperativos permitidos pelos arts. 67 a 69 do CPC, que admitem, para variadas finalidades, interações entre juízos de ramos distintos do Poder Judiciário e de diferentes graus de jurisdição, seja em um único processo, seja em um número indeterminado de processos. A premissa da complexidade das relações sociais, dos litígios e dos arranjos institucionais é indispensável para a compreensão da cooperação judiciária.

É necessário, como se observa, reinterpretar[129] a finalidade do conflito de competência, que não pode ser visualizado como um instrumento exclusivamente orientado pela noção de competências excludentes[130].

Tudo quanto até aqui exposto deve ser considerado diante da indagação acerca da impugnação dos atos de cooperação por meio autônomo.

Para assegurar a observância da competência adequada, deve-se admitir o ajuizamento de ação originária perante os tribunais, dirigida ao mesmo órgão que seria o responsável pelo julgamento do conflito de competência.

Solução distinta significaria a possibilidade de a parte escolher o juízo que apreciará o caso. De acordo com seu interesse e em prejuízo da racionalidade da prestação jurisdicional, poderia o litigante optar pelo órgão julgador por meio do manejo de conflito de competência ou do meio autônomo de

129. Conforme salientado por Paula Sarno Braga, a "busca pelo órgão jurisdicional competente para a causa implica interpretação, integração e aplicação das normas legais e constitucionais pertinentes, extraindo-se delas competências explícitas e implícitas, e adequando-as, quando for o caso, às necessidades da situação concreta" (BRAGA, Paula Sarno. Competência adequada *in* **Revista de Processo**. vol. 219, maio/2013. Versão eletrônica disponível na Revista dos Tribunais Online).

130. Edilton Meireles manifesta-se contrariamente à utilização ampliada do conflito de competência: "Pode ocorrer, todavia, de entre os juízes não surgir qualquer conflito, porém, a parte não se conformar com a reunião ou centralização. Inexiste, neste caso, o conflito, contudo, surge a controvérsia acerca da reunião ou separação de processos. Nesta hipótese, então, não havendo conflito entre os juízes, nem controvérsia entre os juízes acerca da reunião ou centralização de processos, descaberá suscitar o conflito de competência. À parte inconformada, portanto, apenas restará impugnar por outras vias a decisão que declina da competência" (MEIRELES, Edilton. Reunião de processos, cooperação e conflito de competência. Cit.).

impugnação. Haveria, ainda, evidente incompatibilidade com a lógica (horizontal e vertical) de organização do Poder Judiciário, como já demonstrado.

6. CONCLUSÕES

A cooperação judiciária oferece meios para a realização de profundas transformações na atuação do Pode Judiciário.

Trata-se de categoria jurídica cuja utilidade vai desde a simplificação de atos processuais cotidianos ao desenvolvimento de políticas judiciárias locais, de maneira coordenada e democrática, inclusive com a participação de juízos de ramos distintos do Judiciário e de diferentes graus de jurisdição – com o aproveitamento das respectivas capacidades institucionais –, adequadas às peculiaridades de determinada região ou de certo perfil de casos, em complemento às políticas institucionais gerais adotadas pelo Conselho Nacional de Justiça e pelos tribunais superiores.

Em um momento histórico caracterizado por relações sociais e litígios complexos, a exploração das fronteiras normativas dos arts. 67 a 69 do Código de Processo Civil de 2015 e da Resolução n.º 350/20 do Conselho Nacional de Justiça é tarefa prioritária da doutrina e de todos os atores envolvidos com o sistema de justiça.

REFERÊNCIAS BIBLIOGRÁFICAS

ALEXY, Robert. **Teoria dos direitos fundamentais.** Trad. Virgílio Afonso da Silva. 2. ed. São Paulo: Malheiros, 2017.

ALVES, José Carlos Moreira. Aspectos gerais do novo Código Civil brasileiro *in* AGUIAR JR., Ruy Rosado de (Org.). **Jornada de Direito Civil.** Brasília: CJF, 2005.

ARAGÃO, Nilsiton Rodrigues de Andrade. Fundamentos da Cooperação Judiciária Nacional *in* **Revista Eletrônica de Direito Processual – REDP.** Rio de Janeiro. Ano 14. Volume 21. Número 3. set./dez. 2020. Disponível em: ‹www.redp.uerj.br›. Acesso em 02/11/20.

ARGUELHES, Diego Werneck; LEAL, Fernando. O argumento das "capacidades institucionais" entre a banalidade, a redundância e o absurdo *in* **Revista do Programa de Pós-Graduação em Direito da Universidade Federal da Bahia,** n.º 3, 2011.2.

AVELINO, Murilo Teixeira. Breves comentários à cooperação nacional no Código de Processo Civil *in* **Revista Jurídica da Seção Judiciária de Pernambuco,** Recife, v. 8, 2015.

AZEVEDO, Antônio Junqueira de. **Negócio jurídico: existência, validade e eficácia.** 4 ed. atual. São Paulo: Saraiva, 2002.

BARREIROS, Lorena Miranda. **Convenções Processuais e Poder Público**. Tese de doutorado. Salvador: Faculdade de Direito da Universidade Federal da Bahia, 2016.

BRAGA, Paula Sarno. Competência adequada *in* **Revista de Processo**. vol. 219, maio/2013. Versão eletrônica disponível na Revista dos Tribunais Online.

CABRAL, Antonio do Passo. **Convenções processuais: Teoria geral dos negócios jurídicos processuais**. 3. ed. Salvador: Editora Juspodivm, 2020.

CAMPOS, Maria Gabriela. **O compartilhamento de competências no Processo Civil: um estudo do sistema de competências sob o paradigma da cooperação nacional**. Salvador: Editora Juspodivm, 2020.

CERQUEIRA, Társis Silva de. **O procedimento comum e sua relação com os procedimentos especiais: a análise do conteúdo normativo do art. 327, § 2º, do Código de Processo Civil**. Salvador: Juspodivm, 2020.

CORDEIRO, António Manuel da Rocha e Menezes. **Da boa-fé no Direito Civil**. Coimbra: Almedina, 2011.

CRISTIANI, Cláudio Valentim. O Direito no Brasil Colonial *in* WOLKMER, Antonio Carlos (Org.). **Fundamentos de História do Direito**. 8 ed. rev. e atual. Belo Horizonte: Editora Del Rey, 2014.

CUNHA, Leonardo Carneiro. Negócios jurídicos processuais no Processo Civil Brasileiro *in* CABRAL, Antonio do Passo; NOGUEIRA, Pedro Henrique (Coord.). **Negócios processuais**. v. 1. Salvador: Editora Juspodivm, 2015.

DIDIER Jr., Fredie. Cláusulas gerais processuais *in* **Revista Opinião Jurídica**, Fortaleza, v. 8, n. 12, jan./dez. 2010, p. 118-130.

________. **Cooperação Judiciária Nacional: esboço de uma teoria para o Direito brasileiro (arts. 67-69, CPC)**. Salvador: Editora Juspodivm, 2020.

________. **Curso de Direito Processual Civil**. v. 1. Salvador: Editora Juspodivm, 2020.

________. Negócios jurídicos processuais atípicos no CPC-2015 *in* **Ensaios sobre os negócios jurídicos processuais**. Salvador: Editora Juspodivm, 2018.

________. Notas sobre a incompetência da turma recursal para processar e julgar mandado de segurança contra ato de juiz dos Juizados Especiais Cíveis *in* **Revista de Processo**. vol. 105/2002, jan.-mar./02. Versão eletrônica da Revista dos Tribunais Online.

________. O direito de ação como complexo de situações jurídicas *in* **Revista de Processo**, ano 37, vol. 210, ago/2012, São Paulo: Editora Revista dos Tribunais.

________. Sobre dois importantes, e esquecidos, princípios do processo: adequação e adaptabilidade do procedimento *in* **Revista dos Mestrandos em Direito da UFBA**, 2001, n.º 09, jan./dez. 2001, p. 226-238.

________; BRAGA, Paula Sarno, OLIVEIRA, Rafael Alexandria de. **Curso de Direito Processual Civil**. v.2. 15. ed. Salvador: Editora Juspodivm, 2020.

________; CABRAL, Antonio do Passo; CUNHA, Leonardo Carneiro da. **Por uma nova teoria dos procedimentos especiais: dos procedimentos às técnicas**. 2. ed. Salvador: Juspodivm, 2021.

FERREIRA, Gabriela Macedo. O ato concertado entre juízes cooperantes: esboço de uma teoria para o Direito brasileiro *in* **Civil Procedure Review**. v.10, n. 3: set.-dez. 2019. Disponível em: ‹www.civilprocedurereview.com›. Acesso em 02/11/20.

FONSECA, João Gustavo Henriques de Morais. **Cooperação Judiciária Processual: Flexibilidade Procedimental para a Efetividade da Jurisdição.** Dissertação (Mestrado em Direito). Faculdade de Direito, Universidade Federal de Minas Gerais, Belo Horizonte, 2018.

GAJARDONI, Fernando da Fonseca. **Flexibilização procedimental: um novo enfoque para o estudo do procedimento em matéria processual, de acordo com as recentes reformas do CPC**. São Paulo: Atlas, 2008.

GODINHO, Robson Renault. A possibilidade de negócios jurídicos processuais atípicos em matéria probatória *in* CABRAL, Antonio do Passo; NOGUEIRA, Pedro Henrique (Coord.). **Negócios processuais**. v. 1. Salvador: Editora Juspodivm, 2015.

LUNARDI, Thaís Amoroso Paschoal. **Coletivização da prova: Técnicas de produção coletiva da prova e seus reflexos na esfera individual**. Tese (Doutorado em Direito). Faculdade de Direito, Universidade Federal do Paraná, Curitiba, 2018.

MARINONI, Luiz Guilherme. Da ação abstrata e uniforme à ação adequada à tutela dos direitos *in* **Revista da Ajuris**, Porto Alegre, 2005, v. 100, p. 263-304.

MELLO, Marcos Bernardes de. **Teoria do Fato Jurídico: plano da eficácia**. 10. ed. São Paulo: Saraiva, 2015.

________. **Teoria do Fato Jurídico: plano da existência**. 21. ed. São Paulo: Saraiva, 2017.

________. **Teoria do Fato Jurídico: plano da validade**. 14. ed. São Paulo: Saraiva, 2015.

MEIRELES, Edilton. **Cooperação Judiciária Nacional**. Disponível em: ‹https://www.academia.edu/34088104/COOPERA%C3%87%C3%83O_JUDICI%C3%81RIA_NACIONAL›. Acesso em 02/11/20.

________. Reunião de processos, cooperação e conflito de competência *in* **Revista de Processo**. v. 294, ago/2019. Versão eletrônica disponível na Revista dos Tribunais Online.

MIRANDA, Francisco Cavalcanti Pontes de. **Tratado das Ações**. Tomo I. Campinas: Bookseller, 1998.

________. **Tratado de Direito Privado**. Tomo III. Campinas: Bookseller, 2000.

________. **Tratado de Direito Privado**. Tomo IV. Campinas: Bookseller, 2000.

MOREIRA, José Carlos Barbosa. Convenções das partes sobre matéria processual *in* **Temas de Direito Processual**. Terceira série. São Paulo: Saraiva, 1984.

________. Invalidade e ineficácia do negócio jurídico *in* MENDES, Gilmar Ferreira; STOCO, Rui (Org.). **Coleção doutrinas essenciais: Direito Civil**, Parte Geral. v. 6. São Paulo: Editora Revista dos Tribunais, 2011.

NOGUEIRA, Pedro Henrique. **Negócios Jurídicos Processuais**. 4. ed. Salvador: Editora Juspodivm, 2020.

OLIVEIRA, Carlos Alberto Álvaro. **Do formalismo no processo civil**. São Paulo: Saraiva, 1997.

OLIVEIRA, Paulo Mendes. **Regimentos Internos como fonte de normas processuais**. Salvador: Editora Juspodivm, 2020.

ROPPO, Enzo. **O contrato**. Tradução de Ana Coimbra e M. Januário Gomes. Coimbra: Almedina, 2009.

SCHMITT, Carl. **Teoría de la Constitución**. Madri: Alianza Editorial, 2011.

SCHREIBER, Anderson. **Equilíbrio contratual e dever de renegociar**. São Paulo: Saraiva, 2018.

SILVA, Paula Costa e. **Acto e Processo: regressando ao dogma da irrelevância da vontade na interpretação e nos vícios do acto postulativo**. São Paulo: Thomson Reuters, 2019.

_______. **Perturbações no cumprimento dos negócios processuais: convenções de arbitragem, pactos de jurisdição, cláusulas escalonadas e outras tantas novelas talvez exemplares, mas que se desejam de muito entretenimento**. Salvador; Editora Juspodivm, 2020.

TALAMINI, Eduardo. Capítulo V - Do *amicus curiae in* WAMBIER, Teresa et al. (Coord.). **Breves Comentários ao Novo Código de Processo Civil**. São Paulo: Revista dos Tribunais, 2015.

TEMER, Sofia. **Participação no processo civil: revisitando litisconsórcio, intervenção de terceiros e outras formas de atuação**. Salvador: Editora Juspodivm, 2020.

VIANA, Isadora Passos Amaral. **Centralização de processos e cooperação judiciária: terceiro mecanismo de resolução de casos repetitivos**. Monografia (Graduação em Direito). Faculdade de Direito, Universidade Federal da Bahia, Salvador, 2019.

YARSHELL, Flávio Luiz. Convenção das partes em matéria processual: rumo a uma nova era? *in* CABRAL, Antonio do Passo; NOGUEIRA, Pedro Henrique (Coord.). **Negócios processuais**. v. 1. Salvador: Editora Juspodivm, 2015.

CAPÍTULO 25

Em busca da cognição adequada: as transferências e delegações cognitivas[1]

Fernanda Vogt[2]

Sumário: 1. Introdução – 2. Por uma cognição adequada: quem pode conhecer melhor? – 3. Premissas para a cognição adequada: a dupla faceta da eficiência – 4. Atos concertados entre juízos cooperantes: transferência cognitiva para outros juízes que possuem conhecimento sobre temas específicos – 5. Conhecimento privado e características pessoais do juiz como elementos para a cognição adequada. A escolha do juiz por convenção das partes – 6. A cognição voltada à influência de outros centros subjetivos – 7. Delegações cognitivas: o exemplo dos processos estruturais – 8. Conclusão – 9. Referências bibliográficas.

1. INTRODUÇÃO

O Código de Processo Civil de 2015 introduziu instituto antes inexistente no ordenamento processual brasileiro, que passa a permitir que a atuação cooperativa (art.6º do CPC) seja uma diretriz não apenas para a divisão de trabalho entre os sujeitos do processo (partes e juiz), mas também entre juízos, conforme artigos 67 a 69 do CPC, e, até mesmo, entre o juiz e centros extrajudiciais.

Esse compartilhamento de funções não se resume à execução de tarefas materiais, estendendo-se também para o exercício da cognição no processo.

Concretiza-se, dessa forma, uma "comunidade linguística de trabalho", em um verdadeiro *estado cognitivo comunitário.*[3]

É possível, assim, vislumbrar cenários de compartilhamento cognitivo, principalmente em um processo em que as questões jurídicas são apenas uma faceta da matéria a ser examinada na formação do convencimento do juiz. Significa dizer que o conhecimento do juiz especialista em ciências jurídicas nem sempre será suficiente para resolver todas as questões que são submetidas ao seu conhecimento.

---

1. Este artigo é também resultado das atividades desenvolvidas pela autora do Grupo de Pesquisa "Transformações nas Estruturas Fundamentais do Processo", vinculado à Universidade do Estado do Rio de Janeiro (UERJ) e membro fundador da ProcNet - Rede Internacional de Pesquisa sobre Justiça Civil e Processo contemporâneo".
2. Mestre em Direito pela Universidade do Estado do Rio de Janeiro.
3. Essa e outras ideias sobre cisão e compartilhamento da cognição foram exploradas em: VOGT, Fernanda Costa. *Cognição do juiz no processo civil: flexibilidade e dinamismo dos fenômenos cognitivos.* Salvador: Juspodivm, 2020, p. 68-74, p. 161-235.

Basta pensar em conflitos versando patentes ou complexas digressões sobre propriedade industrial, nos quais o juiz nem sempre terá a necessária *expertise* para conhecer toda a gama de questões envolvidas.

Para além do compartilhamento da cognição entre juízos distintos ("transferências cognitivas"), dedicados a tarefas distintas, há ainda a possibilidade de que a cognição seja *delegada* para entidade externa ao Judiciário.

Não há obstáculo a que a cognição primária sobre determinadas questões seja delegada para outros atores que jamais teriam competência para julgar. Basta notar que o ordenamento jurídico autoriza a transferência de atos instrutórios e executivos, que pressupõem o conhecimento e a interpretação sobre as questões.

Assim, a cognição pode ser compartilhada e delegada para outros sujeitos, por razões, antes de tudo, de *expertise* e afinidade com a matéria discutida em juízo. Esses são cenários de *transferências* e *delegações cognitivas* do juiz para outros centros.

2. POR UMA COGNIÇÃO ADEQUADA: QUEM PODE CONHECER MELHOR?

Cognição adequada é a cognição tecnicamente melhor, portanto mais rica em conhecimento de assuntos específicos, jurídicos ou não. Depende diretamente, portanto, de atributos do sujeito que conhecerá aquelas questões - especialização, experiência prévia, etc. A cognição adequada é, assim, o principal fator a justificar a cisão subjetiva da cognição, que nada mais é que a divisão entre aquilo que cada um pode conhecer melhor.

Em sentido subjetivo, a cisão da cognição atua por dois grandes grupos de mecanismos: as *transferências cognitivas* e as *delegações cognitivas*.

As transferências cognitivas podem ocorrer dentro do próprio Judiciário (perspectiva intrainstitucional), quando o juiz competente para julgar determinada demanda delega a prática de atos específicos a outro juiz especializado, o que pressupõe um exame de qualidade cognitiva, que parte da análise da *expertise* e do conhecimento - até mesmo privado - do juiz cooperante, que se traduz na expressão "cognição adequada".[4]

Mas a busca pela cognição adequada também pode se dar através da delegação da cognição para entes externos ao Judiciário, sujeitos públicos ou privados especializados em determinado assunto, que, assim, contribuem para o conhecimento global no processo.

Isso significa que, em algumas hipóteses, se revelará mais adequado que a admissão e valoração de perícia médica de elevada complexidade seja feita não pelo juiz, mas por um departamento de saúde do próprio Estado, habituado a lidar com casos semelhantes em processos versando o adoecimento

4. VOGT, Fernanda Costa. *Cognição do juiz no processo civil: flexibilidade e dinamismo dos fenômenos cognitivos. Op.cit.*, p. 174.

de servidores públicos. No exemplo, este ente terá aptidão para direcionar as técnicas a serem utilizadas pelo perito e, ainda, dirigir-lhe quesitos específicos, que não necessariamente seriam cogitados pelo juiz.

As hipóteses, por óbvio, são intermináveis, a depender da amplitude e da complexidade das questões discutidas em cada processo. Dessa forma, convém mencionar que o Direito é apenas uma das facetas dessas questões e que o juiz, especialista em Direito, embora deva ser aquele que pratica os atos decisórios (atos de império e de vontade do Estado, que encerram fases do procedimento, na forma do art.203 do CPC), não precisa ser necessariamente aquele a exercer toda a atividade de conhecimento.

Embora o compartilhamento da cognição seja extremamente útil, deve ser feito de maneira criteriosa. Sempre pensando na cognição mais adequada possível para, assim, chegar ao juízo adequadamente competente. A cognição adequada é, portanto, um critério para o exame da competência adequada.[5-6] Nessa linha de raciocínio, Fredie Didier Jr. explica que a competência adequada se guiaria pelo exame de qual o juízo adequado para conhecer as questões de fato e de direito discutidas no processo.[7]

Nessa linha de raciocínio, é factível que a cognição adequada motive o juiz, no exame da própria competência (*Kompetenz-Kompetenz*),[8] a remeter o processo ou ato processual específico a outro centro cognitivo mais qualificado. Isso porque, na verdade, a ideia de adequação da competência passa, entre outros fatores, pela melhor qualidade da cognição a ser desenvolvida por aquele centro subjetivo.

Isso se verifica mesmo quando a motivação para o deslocamento da competência é puramente relacional. Por exemplo, no direito internacional, com base do precedente do caso *Spiliada Maritime Corporation v. Cansulex Ltd.*, adotou-se critério bifásico para a aplicação do *forum non conveniens*,[9] sendo o primeiro parâmetro *the most closely connected forum*.[10]

---

5. BRAGA, Paula Sarno. Competência adequada. Revista de Processo, v. 219, maio/2013, p. 20.
6. CABRAL, Antonio do Passo. Juiz natural e eficiência processual: flexibilização, delegação e coordenação de competências no processo civil. Tese apresentada para o concurso provimento do cargo de Professor Titular de Direito Processual Civil da Faculdade de Direito da Universidade do Estado do Rio de Janeiro, 2017, p. 393.
7. DIDIER JR., Fredie. *Cooperação judiciária nacional: esboço para uma teoria para o direito brasileiro*. Salvador: Juspodivm, 2020, p. 47.
8. DIDIER JR., Fredie. *Cooperação judiciária nacional: esboço para uma teoria para o direito brasileiro*. *Op.cit.*, p. 47.
9. À semelhança do *forum non conveniens* do direito internacional, define-se um ou outro juízo competente para determinada demanda – ou para a prática de determinado ato em particular. O *Spiliada test*, quando, em 1987, proposto por Lord Goff of Chieveley, contou com entusiastas, como M. Pryles (PRYLES, M. Judicial Darkness on the Oceanic Sun. *Australian Law Journal*, n. 62, 1988.), que chegou a falar que o exame seria um contraponto à escuridão dos critérios para a fixação da competência, e críticos, que acreditavam que potencializaria a discricionariedade judicial, tais como D. W. Robertson (ROBERTSON, D. W. *Forum Non Conveniens* in America and England: "A Rather Fantastic Fiction". *Law Quaterly Review, n.* 398, 1987), assemelhando o emprego da técnica a uma fantasia.
10. ARZANDEH, Ardavan. Should the *Spiliada* test be revised? *Journal of Private International Law*, v.10, 2014, disponível em https://doi.org/10.5235/17441048.10.1.89, p. 4. Semelhante diretriz é levada em consideração quando da descentralização de atividades do Judiciários para outros órgãos especializados, a considerar

Por que seria determinante a maior relação das partes com um país em específico e seu respectivo sistema jurídico? Porque, com base nesses fatores, aquela corte terá, claramente, melhor aptidão para conhecer as questões que lhe forem submetidas, a ela já familiares. É, por exemplo, o que Fredie Didier Jr. menciona ao tratar de "extensão e proximidade com o ilícito".[11] A competência adequada, na verdade, é a exteriorização da comparação da densidade cognitiva entre um e outro juízo.[12]

Na sequência, as partes poderão, na segunda fase desse trâmite, manifestar-se acerca dos pontos positivos e negativos a informar a cognição da corte proclamada como *the most closely connected forum*. Podem, até mesmo, alegar que essa proximidade vai na contramão da eficiência.[13] Mais uma vez, subjacente a essas alegações está a ideia de que a cognição desse juízo seria *melhor* ou *pior* do que a de um ou mais juízos competentes.

Nesse sentido, os critérios para aferir a qualidade da cognição podem variar bastante. Podem depender, por exemplo, do meio de prova eleito. É verdade também que a experiência do julgador é um fator a ser levado em conta.[14] Quanto maior o número de demandas semelhantes (p.ex., recuperações judiciais) já submetidas a ele, maior a *expertise*.[15] Nesses casos de falência e recuperação judicial, a eleição de um juízo universal pode representar a melhor

---

que os entes mais próximos da prestação *in natura* são mais capazes de determinadas as necessidades inerentes à sua efetivação. HOFFMAN, Richard B. The Bureaucratic Spectre: Newest Challenge to the Courts. *Judicature*, v. 66, n. 2, 1982, p. 66.

11. DIDIER JR., Fredie. *Cooperação judiciária nacional: esboço para uma teoria para o direito brasileiro. Op.cit.*, p. 47.

12. Ao definir-se a adequação de determinado juízo em detrimento dos demais – concorrentemente competentes –, valora-se também a qualidade da cognição a ser por ele exercida. Sobre o tema da adequação da competência e do exame endógeno (dentro da mesma instituição) ou exógeno (entre instituições distintos), utilizando-se do discurso das capacidades institucionais, cf., amplamente, CABRAL, Antonio do Passo. Juiz natural e eficiência processual: flexibilização, delegação e coordenação de competências no processo civil. *Op.cit.*, cap. 5. ARGUELHES, Diego Werneck; LEAL, Fernando. O argumento das "capacidades institucionais" entre a banalidade, a redundância e o absurdo. Direito, Estado e Sociedade, n. 38, jan./jun. 2011, p. 6-50. Também nesse sentido, DIDIER JR., Fredie. *Cooperação judiciária nacional: esboço para uma teoria para o direito brasileiro. Op.cit.*, p. 46.

13. ARZANDEH, Ardavan. Should the *Spiliada* test be revised? *Op.cit.*, p. 5.

14. Pensado o juiz singularmente, a mente estabelece um *princípio organizador* com base em experiências do passado. DIAS, Jean Carlos. Reflexões acerca da teoria da cognição no processo. Argumento – Revista do Programa de Mestrado em Ciência Jurídica da Fundinopi, n. 6, 2006, p. 206. Em outra perspectiva, pensada a experiência prévia da corte, esse também foi um critério ventilado por Ardavan Arzhaneh em sua análise do *Spiliada test*. ARZANDEH, Ardavan. Should the *Spiliada* test be revised? *Op.cit.*, p. 5. Inclusive, seria uma razão para que se ganhasse confiança no juiz: ECKHOFF, Torstein. Impartiality, separation of powers and judicial independence. *Scandinavian Studies in Law*, v. 9, 1965, p. 13. Watanabe também observa que a critérios de experiência podem interferir de maneira nem sempre consciente na cognição do juiz. WATANABE, Kazuo. *Da cognição no processo civil*. São Paulo: Revista dos Tribunais, 1987, p. 43.

15. MAK, Elaine. The European Judicial Organisation in a New Paradigm: The Influence of Principles of 'New Public Management' on the Organisation of the European Courts. *European Law Journal*, v. 14, n. 6, nov./2009, p. 718-734.

medida para a adequação da cognição. A *expertise*, que, na hipótese, não seria em razão da pessoa, mas do juízo, seria potencializada pela reunião de diversos credores e sujeitos interessado, partes ou terceiros de inúmeros processo que a princípio estariam dispersos e conhecidos em juízos diferentes.[16] Nesse caso, pode haver a centralização tanto da cognição como da decisão.

Mas é possível, ainda, que apenas o conhecimento de questões pontuais, comuns a esses sujeitos, seja centralizado no mesmo juízo (cognição *ad actum*).

E, com lastro no art.69, § 2º, VI, essa centralização pode decorrer da comunhão de questões de fato entre os diversos processos, e não apenas de questões de direito repetitivas.[17] Essa, aliás, é uma hipótese de centralização de processos repetitivos aplicável quando não forem cabíveis os mecanismos do microssistema de resolução de casos repetitivos, cuja aplicabilidade é restrita às questões de direito comuns.[18]

Dentro do Judiciário, critérios para aferir a qualidade da cognição são ainda mais relevantes, nem sempre estando o ato de cooperação fundado propriamente em conhecimento técnico do juiz. Antonio Cabral enumera alguns atributos que devem ser levados em conta, algumas aptidões do juiz, entre as quais aquelas de analisar informações, avaliar provas, ouvir testemunhas, conduzir audiências e adotar pronunciamentos compreensíveis.[19]

Além de tudo, o sujeito conhecedor é propenso a *padrões cognitivos*[20]: ainda que conheça questões distintas, é quase intuitivo que os padrões empregados em análises anteriores sejam replicados.[21] Dito de outro modo, decisões passadas

---

16. Como exemplifica Didier Jr., "consumidores, fornecedores, empregados, Fisco, os "stakeholders" da empresa, enfim". DIDIER JR., Fredie. *Cooperação judiciária nacional: esboço para uma teoria para o direito brasileiro. Op.cit.*, p. 91.
17. Essa hipótese está contemplada no artigo 6º, inciso X da Resolução n. 350/2020 do CNJ, que elenca alguns dos possíveis atos de cooperação: "Art. 6o Além de outros definidos consensualmente, os atos de cooperação poderão consistir: X – na disciplina da gestão dos processos repetitivos, inclusive da respectiva centralização (art. 69, § 2o, VI, do Código de Processo Civil), e da realização de mutirões para sua adequada tramitação".
18. CABRAL, Antonio do Passo. Juiz natural e eficiência processual. *Op.cit.*, p. 680-682. No mesmo sentido, DIDIER JR., Fredie. *Cooperação judiciária nacional: esboço para uma teoria para o direito brasileiro. Op.cit.*, p. 93-94.
19. CABRAL, Antonio do Passo. Juiz natural e eficiência processual. *Op.cit.*, p. 345, nota 334.
20. Os padrões são menos fechados que os esquemas, cujos contornos são mais fáceis de precisar, como ocorre nas ciências exatas. Padrões configuram-se de forma que guardam uma coerência interna, mas nem sempre se definem claramente. STRAUCH, Hans-Joachim. *Methodenlehre des gerichtlichen Erkenntnisverfahrens: Prozesse richterlicher Kognition*. Freiburg/München: Karl Alber, 2017, p. 551.
21. PINO, Angel. O biológico e o cultural nos processos cognitivos *in* MORTIMER, Eduardo Fleury; SMOLKA, Ana Luiza B. (Coord). *Linguagem, cultura e cognição*. Belo Horizonte: Autêntica, 2001, p. 23. Kazuo Watanabe admitiu que a cognição do juiz teria componentes de caráter não-intelectual. É a famosa máxima de que o juiz sentiria "primeiro a justiça do caso, pelo exame das alegações e valoração da prova, e depois procurar expedientes dialéticos, que o caso comporta e de que ele é capaz para justificar a decisão". WATANABE, Kazuo. *Da cognição no processo civil. Op.cit.*, p. 43.

influenciam o modo de conhecer questões no futuro, ao que se dá o nome de "*mental depletions*", fenômeno que está diretamente relacionado à repetição.[22]

Num sistema que reconhece, com bastante destaque, a repetição de questões de direito, torna-se ainda mais funcional admitir que a cognição de um juiz que julga múltiplos processos sobre direito do consumidor funcionalize-se para julgar conflitos futuros, o que seria uma forma de simplificar a atividade cognitiva, acabando por ser pertinente, nesses casos, o raciocínio por intuição.[23]

Novos esquemas de gestão da cognição passam a ser possíveis, seja por transferência para outros juízos, seja por delegação para outros centros extrajudiciais, desde que essa prática leve à cognição adequada, ou seja, a uma cognição mais técnica, na compreensão de que o conhecimento jurídico alcança apenas uma dimensão das questões discutidas no processo

Verifica-se, portanto, que a cognição adequada é critério extremamente relevante para a definição do juízo competente e, assim, para a aferição da competência adequada.

3. PREMISSAS PARA A COGNIÇÃO ADEQUADA: A DUPLA FACETA DA EFICIÊNCIA

Importante diretriz para o reconhecimento de um novo perfil para a cognição judicial é extraída do princípio da eficiência.

O princípio da eficiência sempre foi confundido com termos a ele aproximados, como eficácia ou efetividade, havendo uma dificuldade geral em doutrina de precisar o seu núcleo semântico.[24]

Parecia intuitivo que a eficiência processual assumisse, assim, um papel exclusivamente *quantitativo*, atrelado ao *quantum* de recursos necessários para a atividade jurisdicional e, nessa lógica, como um postulado em favor de técnicas que fossem econômicas, mas nem sempre tivessem o mesmo valor em termos de qualidade.

---

22. DANZIGER, Shai; LEVAV, Jonathan; AVNAIM-PESSO, Liora. Extraneous factors in judicial decisions. *Proceedings of the National Academy of Sciences of the United States of America*, v.108, n. 17, apr./2011, p. 6889.
23. DANZIGER, Shai; LEVAV, Jonathan; AVNAIM-PESSO, Liora. Extraneous factors in judicial decisions. *Proceedings of the National Academy of Sciences of the United States of America*. *Op.cit.*, p. 6889.
24. Fábio Bechara, por exemplo, propôs a seguinte definição para o princípio: "Nessa perspectiva, a eficiência se associa à concepção do justo processo, que constitui um princípio-valor de conteúdo não abstratamente tipificável, no qual se somam todas as garantias referentes ao processo. Expressa um intrínseco valor sistêmico ou relacional que impõe a coordenação entre as diversas garantias no sentido de que a concretização destas pressuponha as recíprocas interações e o resultado complexo." BECHARA, Fábio Ramazzini. Prova emprestada e a preclusão do contraditório *in Doutrinas Essenciais Processo Penal, vol.3*. São Paulo: Revista dos Tribunais, jun./2012, v. eletrônica, p. 5.

Principalmente, o exame de adequação entre a técnica e o direito tutelado *in concreto* era, muitas vezes, deixado de lado pela utilização de modelos formais, sem a experimentação de outros que pudessem chegar a resultados melhores.[25] Não é incomum a alusão à maximização dos resultados como escopo de um processo eficiente.[26] Eficiência processual sempre foi, nesse contexto, pensada como economia de tempo e recursos materiais e humanos.

No entanto, a eficiência é um princípio que possui dois lados distintos, mas diretamente imbricados. Em uma das faces, há esse primeiro perfil, de celeridade e economia de recursos – tempo e dinheiro seriam bens jurídicos a serem, tanto quanto possível, economizados. Mas há também o perfil qualitativo, segundo o qual processo efetivo é aquele que entrega a melhor prestação jurisdicional possível. Nesse prisma, a preocupação com a qualidade do resultado é igualmente essencial à configuração da eficiência. Dessa forma, a eficiência pode, por um lado, simbolizar a otimização da alocação de recursos no processo, mas, por outro, identificar-se com o alcance de resultados mais apurados e tecnicamente melhores.

O CPC de 2015, ao trazê-lo em seu art. 8º como norma fundamental, consagra um verdadeiro princípio da eficiência no processo, e, assim, lança novas luzes para a compreensão de uma série de fenômenos processuais.[27] Além de se sobrepor ao rigor das formas processuais, possibilita também que a tutela jurisdicional seja mais aproximada da realidade. O que importa é que juízos de qualidade atuem como um norte para a atividade jurisdicional.

---

25. No ponto, Cabral esclarece a importância do princípio, em sentido que será essencial diretriz a nortear os tópicos que virão a seguir: "Há, de fato, uma percepção de que, sempre que se fala em eficiência processual, os resultados ótimos almejados seriam pensados invariavelmente na óptica do Estado; seriam os resultados melhores e mais adequados para o sistema judiciário, sempre em detrimento das garantias das partes. Nessa visão distorcida e reducionista, mais eficiência significaria menos garantias; e um melhor desempenho judiciário representaria necessariamente um prejuízo ao exercício dos direitos fundamentais dos litigantes. Não concordamos com essa contraposição. A eficiência processual pode viabilizar mais garantias. Como veremos, o aumento da eficiência em cada processo, além de beneficiar as partes daquele litígio, reflete-se em escala em um ganho para o sistema, desafogando as varas, reduzindo gastos, permitindo que juízes, auxiliares, servidores se concentrem em atividades essenciais, e que todo o aparato funcione melhor e de maneira mais efetiva. Com melhor alocação de recursos, tramitação mais eficiente e emprego racionalizado de formas, ritos e meios, é possível ao sistema processual incrementar a adequação do uso de seus instrumentos, reduzir o desperdício de atividades com tarefas desnecessárias ou praticadas em duplicidade e, com isso, dedicar-se com mais atenção e intensidade aos pontos em que sua atuação seja imprescindível." CABRAL, Antonio do Passo. Juiz natural e eficiência processual. *Op.cit.*, p. 30.
26. OSNA, Gustavo. *Processo civil, cultura e proporcionalidade: análise crítica da teoria processual*. São Paulo: Revista dos Tribunais, 2017, p. 40.
27. Para Fredie Didier Jr., a eficiência não seria um postulado (visão de Humberto Ávila), mas um princípio, seguindo o que expressamente estabeleceram os legisladores constitucional (art.37, *caput* da CRFB) e processual (art.8º do CPC), tendo, assim, a natureza de *norma*, que visa ao atingimento de um estado de coisas, qual seja, a "gestão processual eficiente". DIDIER JR., Fredie. *Cooperação judiciária nacional: esboço para uma teoria para o direito brasileiro. Op.cit.*, p. 51.

Nisso se insere também a qualidade do conhecimento do juiz, que não se garante pela tão só busca desenfreada pela aceleração do procedimento a qualquer preço. Como salienta Gustavo Osna, um "aumento do processo", por exemplo, poderia até torná-lo mais efetivo quando abertas maiores possibilidades de influência das partes e, assim, ampliado o seu tempo global de duração.[28]

Nesse sentido, pensada a eficiência qualitativa como aquela que visa à melhor tutela jurisdicional possível - ou seja, tecnicamente mais profunda, e mais rica na análise dos fatos e do direito -, é necessário também que, nesse movimento, a cognição judicial seja a melhor possível,[29] na ideia de *cognição adequada*.

4. ATOS CONCERTADOS ENTRE JUÍZOS COOPERANTES: TRANSFERÊNCIA COGNITIVA PARA OUTROS JUÍZES QUE POSSUEM CONHECIMENTO SOBRE TEMAS ESPECÍFICOS

Os atos concertados entre juízos cooperantes são uma técnica de arranjo e compartilhamento de competências empreendida pelo legislador processual de 2015, precisamente no art.69, § 2º, incisos II e VII do CPC. Ao disporem sobre a prática de atos concertados entre juízos cooperantes,[30] preveem, em síntese, a possibilidade de que diferentes juízos compartilhem a atividade cognitiva na instrução (inciso II) e na execução (inciso VII).

---

28. Para Osna, o ponto nodal consistira em identificar "o que se quer do processo", contrapondo duas vertentes, que, acreditamos, sejam plasmadas, respectivamente, em qualidade e quantidade: "Nesse ponto, a defesa de uma *ampliação* do processo poderia ser adequada para aqueles que conferem maior peso aos seus *meios*, dando densidade a aspectos relacionados à *participação*. Contrariamente, a tentativa de *sumarizá-la* tenderia a ser uma boa alternativa para quem prima por valores como a *celeridade* e a *eficiência*. O passo decisivo nos parece partir sempre de uma mesma pergunta: o que se quer do processo?". OSNA, Gustavo. *Processo civil, cultura e proporcionalidade: análise crítica da teoria processual. Op.cit.*, p. 40-41.

29. "Then a system of litigation is efficient when it is reasonably quick and inexpensive, but also when it is structurally oriented to reach fully informed, accurate and reliable decisions on the whole merits of the case. These two ideas of efficiency are both reasonable and may be considered as the two faces of the same coin: however, they may be in conflict between each other, since a quick and cheap proceeding may lead to incomplete or incorrect solutions, while a just decision may require time, money and judicial activities of the parties and of the court itself. (...) On the other hand, it should be considered that between such ideas there is a relationship of inverse and complementary proportionality: if a system maximizes its efficiency in terms of speed and low costs, it probably will minimize its efficiency in terms of accurate and just resolution of the dispute; on the contrary, if efficiency as accurate and just resolution is maximized, probably efficiency in terms of reduction of time and money will be minimized." TARUFFO, Michele. Orality and writing as factors of efficiency in civil litigation. Universitat de València, disponível em https://www.uv.es/coloquio/coloquio/ponencias/8oratar.pdf, p. 3.

30. Didier Jr. explica que "o CPC inovou ao prever que a cooperação judiciária nacional pode ocorrer de três maneiras: *i)* por *solicitação* ou *ii)* por delegação, como já estava previsto no CPC-1973, e *iii)* por concertação. A cooperação, portanto, é gênero que se realiza por um desses três modos. Os instrumentos e atos de cooperação são, para todos eles, atípicos; o rol trazido pelo CPC é meramente exemplificativo". Salienta, contudo, que a cooperação transjudicial não depende apenas da previsão normativa, mas também da mudança cultura "na burocracia judiciária e na postura do juiz, que, acostumado a atuar solitariamente, deverá aprender a exercitar a cooperação com outros órgãos". DIDIER JR., Fredie. *Cooperação judiciária nacional: esboço para uma teoria para o direito brasileiro. Op.cit.*, p. 66, 69.

Observa-se, portanto, que a cognição é também divisível e compartilhável. Nesses casos, a divisão pretende atender à escolha da cognição adequada, que pressupõe o fracionamento cognitivo para a prática de um ou mais atos processuais.

Em 27 de outubro de 2020, foi editada a Resolução n. 350 pelo Conselho Nacional de Justiça, que prevê diretrizes e procedimentos sobre a cooperação judiciária nacional, reforçando a orientação já encampada pelo CPC em suas normas fundamentais (especialmente artigos 6º e 8º) e nos artigos 67 a 69.[31]

O artigo 4º da Resolução n. 350 também prevê de forma expressa a concertação, vinculativa para os órgãos judiciários que dela participem. Por sua vez, o artigo 5º, inciso II da Resolução n. 350 dispõe que a cooperação judiciária *"pode ser instrumentalizada por auxílio direto, atos concertados, atos conjuntos e outros instrumentos adequados"*, ao passo que o artigo 8º da Resolução estabelece que o pedido de cooperação prescinde de forma específica e deve ser norteado pelos princípios da celeridade e da instrumentalidade das formas, revelando uma amplitude de possibilidades e verdadeira informalidade na prática do ato de cooperação, o que, em última análise, consubstancia um incentivo para que a cooperação ocorra cada vez mais e por razões diversas, que transcendem a celeridade/eficiência quantitativa, entre elas a cognição adequada.

Nesse contexto, é possível admitir que o mesmo juiz nem sempre deterá a *expertise* necessária para o conhecimento de *todas* as questões discutidas no processo. Mais que tudo, a cognição do juiz deve ser gerenciada através da escolha do sujeito que detém melhor *expertise* para a análise daquela questão individualizada. A pergunta que se faz é: quem pode conhecer melhor? Quem tem a cognição adequada para cada ato?

Vale lembrar que o artigo 68 do CPC autoriza a cooperação para a prática de *"qualquer ato processual"*. Nesse ponto, é preciso considerar a amplitude de atos processuais e de específicas atividades cognitivas que podem ser transferidas, mesmo aqueles que, tradicionalmente, comportariam "cognição rarefeita",[32] expressão que reputo inadequada.

31. "Art. 1º Esta Resolução dispõe sobre a cooperação judiciária nacional, abrangendo as seguintes dimensões:
I – a cooperação ativa, passiva e simultânea entre os órgãos do Poder Judiciário, no âmbito das respectivas competências, observados o princípio do juiz natural e as atribuições administrativas (arts. 67 a 69, CPC); e
II – a cooperação interinstitucional entre os órgãos do Poder Judiciário e outras instituições e entidades, integrantes ou não do sistema de justiça, que possam, direta ou indiretamente, contribuir para a administração da justiça."

32. Kazuo Watanabe entendia, nos mesmos termos que Pontes de Miranda, que a cognição poderia ser "rarefeita" – um processo de "não-cognição" – ou mesmo "tênue" e "eventual", sendo, de todo modo, extremamente superficial e desinteressada na "verdade" do provimento final. Era, em sua visão, o preciso caso da cognição na execução, compreendida como atividade onde concretizados eminentemente

Isso porque, nos dias de hoje, encontra-se consolidada a percepção de que há sim cognição na execução.[33] A existência de atividade cognitiva é decorrência não apenas da apresentação de alegações de mérito (na impugnação ao cumprimento de sentença e, com amplitude ainda maior, nos embargos à execução), mas porque o conhecer é essencial à própria admissibilidade do procedimento pelo juiz, quando valora a existência dos pressupostos de admissibilidade da demanda executiva,[34] ou mesmo a exceção de pré-executividade e, afinal, de todo e qualquer ato praticado no processo executivo.[35] Há cognição, por exemplo, na escolha ou admissão de medidas coercitivas e sub-rogatórias. No ponto, Heitor Sica afirma que, em um ordenamento como o brasileiro, a cognição – a seu ver, de monopólio judicial – estaria presente em *todos* os atos executivos.[36]

Dessa forma, também a execução – toda ela ou alguns atos – pode ocorrer em juízo adequado, cuja cognição seja qualitativamente melhor por razões de *expertise* para a prática de determinado ato específico. Bons exemplos de cooperação entre juízos na execução estão arrolados no artigo 6º da Resolução n. 350/2020 do CNJ, entre eles: *"reunião ou apensamento de processos, inclusive a reunião de execuções contra um mesmo devedor em um único juízo"* (inciso IV), *"na investigação patrimonial, busca por bens e realização prática de penhora, arrecadação, indisponibilidade ou qualquer outro tipo de constrição judicial"* (inciso XII) e *"regulação de procedimento expropriatório de bem penhorado ou dado em garantia em diversos processos"* (inciso XIII).

Ao longo da fase de conhecimento, também a cognição de uma prova pode ser avocada ou declinada para entidade extrajudicial ou para juízo diverso, com melhores condições de estudá-la. Essa hipótese também encontra amparo no artigo 6º da Resolução n. 350/2020 do CNJ, especificamente em seu inciso VI (*"obtenção e apresentação de provas, na coleta de depoimentos e meios para o compartilhamento de seu teor"*).

---

atos materiais, restando à atividade cognitiva, quando houvesse, um *quantum* quase irrisório. Cf. PONTES DE MIRANDA, Francisco Cavalcanti. *Comentários ao Código de Processo Civil, tomo I.* Rio de Janeiro: Forense, 1974, p. 94. *Idem, Comentários ao Código de Processo Civil, tomo X.* Rio de Janeiro: Forense, 1976, p. 533. WATANABE, Kazuo. *Da cognição no processo civil. Op. cit.*, p. 128.

33. Essa visão tem sido adotada inclusive em cursos de direito processual, NEVES, Daniel Amorim Assumpção. *Manual de direito processual civil.* Salvador: Juspodivm, 10ª ed., 2018, p. 1073-1074. Em tese sobre o tema, amplamente, SICA, Heitor Vitor de Mendonça. *Cognição do juiz na execução civil.* São Paulo: Revista dos Tribunais, 2017.

34. Alexandre Câmara dá o exemplo da extinção do processo de execução por ausência de interesse de agir do exequente por falta de título executivo. CÂMARA, Alexandre Freitas. O objeto da cognição no processo civil *in Livro de Estudos Jurídicos, nº 11.* Rio de Janeiro: Instituto de Estudos Jurídicos, 1995, p. 206.

35. Na visão de Leonardo Greco (GRECO, Leonardo. Exceção de pré-executividade na execução fiscal *in* ROCHA, Valdir de Oliveira, (Coord.). *Problemas de processo judicial tributário, vol.4.* São Paulo: Dialética, 2000, p. 200), nesse incidente, a cognição seria incompleta, razão pela qual não haveria preclusão da matéria ali examinada. Em sentido contrário, cf. JÚNIOR, Adilson Fonseca. Exceção de pré-executividade na execução fiscal: uma análise da cognição. Revista Eletrônica de Direito Processual, v.10, n. 10, 2012, p. 25.

36. SICA, Heitor Vitor de Mendonça. *Cognicão do juiz na execução civil.* Op.cit., p. 219.

Afinal, será que um juiz graduado em medicina não aplicaria melhor os resultados de uma complexa perícia médica – ou de conclusões divergentes entre peritos – em comparação a um juiz cuja formação se restringisse ao direito?[37] Haveria objeção, num contexto de compartilhamento de competências,[38] à transferência da valoração de uma perícia médica para um juiz que possui também formação na área? É verdade que juiz responsável por julgar a causa poderia avaliar perícias conflitantes calcado em critérios formais de validade, mas essa mesma valoração realizada por alguém que estudou o assunto durante pelo menos seis anos não seria mais adequada?

Nesses casos, o princípio da identidade física do juiz, ou da permanência subjetiva do juiz, não se aplica. Ressalte-se que vinculado, na origem, à produção de provas orais,[39] o princípio da identidade física do juiz foi, mesmo nessas hipóteses, suprimido do ordenamento pelo CPC de 2015.

O princípio determinava que o juiz que presidisse e concluísse a audiência de instrução e julgamento ficaria pessoalmente vinculado para julgar a demanda. Concebido como subprincípio da oralidade,[40] era inferido do art. 132 do CPC de 1973, ressalvadas as hipóteses de afastamento do juiz por qualquer razão que fosse. O que se observava, afinal, era o objetivo de prorrogar a cognição nos atos instrutórios para também os atos decisórios, numa lógica avessa ao fracionamento subjetivo da cognição.[41]

---

37. Criticando a adesão automática e irrefletida às conclusões do perito, GRECO, Leonardo. O conceito de prova. Revista da Faculdade de Direito de Campos, n. 4 e 5, 2003/2004, p. 214. Sobre o ponto, vozes majoritárias consideram que, por óbice legal absoluto, o juiz não poderia, em qualquer hipótese, ser perito, especialmente do processo que ele próprio julga. Costuma-se emprestar valor acentuado à imparcialidade, que seria teoricamente maculada pelo duplo desempenho de funções no processo. *Idem*, Limitações probatórias no processo civil. Revista Eletrônica de Direito Processual, v.4, n. 4, 2009, p. 4. Preocupados com a imparcialidade, no Brasil e no estrangeiro, COSTA, Eduardo José da Fonseca. *Levando a imparcialidade a sério: proposta de um modelo interseccional entre direito processual, economia e psicologia.* Tese de Doutorado em Direito Processual. Pontifícia Universidade Católica de São Paulo, 2016, (há também versão comercial: COSTA, Eduardo José da Fonseca. *Levando a imparcialidade a sério: proposta de um modelo interseccional entre direito processual, economia e psicologia.* Salvador: Juspodivm, 2018.)

38. CAMPOS, Maria Gabriela. *O compartilhamento de competências no processo civil: um estudo do sistema de competências sob o paradigma da cooperação nacional.* Salvador: Juspodivm, 2020, p. 121-132.

39. "Claro está que la oralidad no es posible si los actos procesales tienen lugar ante personas físicas diferentes, puesto que la impresión recibida por el juez que asiste a uno o más actos no puede infundirse en el otro que debe juzgar, y únicamente pudiera serle representada mediante la escritura, en cuyo caso el proceso si fué oral respecto al juez instructor, deviene escrito en cuanto al que sentencia. Por lo mismo, si el juez es colegiado, todas las actividades procesales, las declaraciones, las pruebas, deben desarrollarse ante el Colegio y no ante el juez delegado." CHIOVENDA, Giuseppe. *Principios de Derecho Procesal Civil, tomo II.* (Trad.: José Casáis y Santaló). Madrid: Editorial Reus, 1925, p. 134. *Idem*, Las reformas procesales y las corrientes del pensamiento moderno (Trad.: Sentís Melendo) *in Ensayos de Derecho Procesal Civil.* Buenos Aires: Ediciones Jurídicas Europa-América, 1949, p. 155.

40. NETTO, José Manoel de Arruda Alvim; MICHELE, Gian Antonio; JÚNIOR, Clito Fornaciari; PELUSO, Antônio Cézar; ARRUDA, Antonio Carlos Matteis. Promoção do juiz depois de ter terminada a instrução e antes da prolação da sentença *in Doutrinas Essenciais de Processo Civil.* São Paulo: Revista dos Tribunais, 2011, p. 1030.

41. Ovídio Baptista compreendia esse fracionamento como uma subversão da oralidade, porque esta se substanciaria na capacidade do juiz para uma avaliação pessoal e direta do caso e das provas. SILVA, Ovídio A. Baptista da. *Curso de processo civil, vol.1* São Paulo: Revista dos Tribunais, 5ª ed., 2000, p. 68-69.

Nessa linha de raciocínio, a psicologia cognitiva ensina que a mente humana é um processador de informações limitado, sendo inevitável que alguns dados, eventos, fatos sejam prestigiados em relação a outros.[42] Se, por um lado, essa constatação possa ser usada para revelar as limitações cognitivas, também traz uma perspectiva diferenciada para a discussão sobre a divisão institucional do trabalho no processo.

No entanto, a divisão da cognição é criticada por alguns, sob o argumento de que comprometeria a garantia de imparcialidade. Passou a prevalecer uma visão pessimista em relação ao contato dos juízes com as provas, um medo de contaminação do convencimento judicial, dando ensejo, em alguns ordenamentos, ao surgimento das figuras distintas de juízes preparadores, atuantes ainda na fase pré-processual, e de "juízes de instrução", responsáveis pela produção de prova, que, por sua vez, não seriam os mesmos a julgar a demanda.[43-44]

Nos países de *common law*, onde é comum o júri civil, a cognição seria também realizada por jurados, os quais se compreende que, porque leigos, seriam ainda mais influenciados pela introdução de uma prova reputada indevida. Por essa razão, o diálogo seria ainda mais estimulado, para que a cognição dos jurados não fosse, tanto quanto possível, solitária.[45]

A explicação para essa contaminação, tida como consequência da adoção de poderes instrutórios pelo juiz, costuma ser feita por um fenômeno chamado *confirmation bias*,[46] pelo qual o juiz, ao presidir a instrução, formaria hipóteses, puramente emocionais[47] ou intelectuais, próprias do "contexto de descoberta", que influenciariam desde já de maneira decisiva o provimento final, em prejuízo de uma das partes.[48]

---

42. RACHLINSKI, Jeffrey J.; FARINA, Cynthia R. Cognitive psychology and optimal government design. *Cornell Law Review*, v. 87, n. 1, 2012, p. 555.
43. CABRAL, Antonio do Passo. Juiz natural e eficiência processual. *Op.cit.*, p. 418-419.
44. No processo penal, é o recente exemplo da Lei n. Lei 13.964/2019, sancionada em 24/12/2019, que estabelece a figura do "juiz de garantias", cuja função é exclusivamente de supervisionar ou presidir investigações na fase pré-processual, com o objetivo de preservar as garantias processuais dos investigados mesmo que não exista ainda a ação penal propriamente dita.
45. BECHARA, Fábio Ramazzini. Prova emprestada e a preclusão do contraditório. *Op.cit.*, p. 4.
46. "For the present it is sufficient to note that a person who conducts an investigation will necessarily form a hypothesis at some stage in the investigation, commonly early on. Once a hypothesis has been formed, the investigator would tend to focus attention on that hypothesis and be less able to give adequate attention to other possibilities. This phenomenon is the natural product of the intellectual or emotional commitment just described." ZUCKERMAN, Adrian. No Justice Without Lawyers - The Myth of an Inquisitorial Solution. *Civil Justice Quarterly*, v.33, sep./2014, p. 360.
47. O que não necessariamente seria "negativo": "This hypothesi is, briefly, that men's acts are directed by untidy mixture of deliberative and emotional processes and of habitual and expediential drives, all of which need to be taken into account when determining the "rationality" of a man`s behavior and exposing the complexity of any human situation." COLMAN, Rebecca V. Reason and unreason in Early Medieval Law. *Journal of Interdisciplinary History*. Spring, vol.4, 1974, p. 572. A emoção, aliás, é responsável por dintinguir o julgador humano da máquina.
48. Para Eduardo José da Fonseca Costa, o *insight* econômico-comportamental seria irresistível, essencial para delimitar as tarefas que poderiam ou não ser desempenhadas pelo juiz COSTA, Eduardo José da

Em minha opinião, esta não parece ser a melhor justificativa para o problema. A virtude da conjugação de atos processuais – e, mesmo, fases processuais – entre juízes distintos não se explica na possível interferência da cognição da prova sobre o julgamento final e na consequente "contaminação psicológica do juiz".

O mesmo raciocínio crítico capitaneado pela corrente da *confirmation bias* poderia ser empregado para pensar que o juiz do julgamento seria influenciado pelas conclusões do juiz com *expertise* para analisar a prova e, assim, subordinando a atividade de decisão ao juiz da instrução porque sugestionado pelas conclusões já expostas por ele. Tampouco essa conclusão parece correta.

Acredito que, num modelo de maximização da atividade cognitivo-interpretativa, seria adequada a divisão de funções entre juízes, debruçando-se cada um para o ato que é mais compatível com a sua experiência. Por evidente, influências internas e externas existirão, mas, num contexto de compartilhamento cognitivo, cada juiz teria mais tempo para se dedicar ao melhor conhecimento sobre cada ato específico e, assim, às questões a ele inerentes.

Dessa forma, Leonardo Greco retratou a necessidade de que o processo acompanhasse as "mutações constantes do estado da técnica".[49] Parece evidente, porém, que essa orientação seria muito mais exitosa quando profissionais com *expertise* adequada presidissem atos instrutórios e analisassem a prova.

A melhor abordagem do tema é aquela que entende que a solução para a contenção do subjetivismo está nas próprias instituições, quando fortalecidas, e nos constrangimentos epistemológicos ao procedimento. Esse fortalecimento é promovido pela transferência e delegação cognitiva, que visam à eficiência global do processo, na lógica da repartição de funções entre diversos sujeitos para que se dediquem àquilo que cada um pode fazer melhor.

5. CONHECIMENTO PRIVADO E CARACTERÍSTICAS PESSOAIS DO JUIZ COMO ELEMENTOS PARA A COGNIÇÃO ADEQUADA. A ESCOLHA DO JUIZ POR CONVENÇÃO DAS PARTES

Em princípio, características pessoais do juiz não poderiam ser determinantes para a escolha do juízo adequado, tão somente a convenção para a distribuição do processo – ou, como defendo, para a análise de determinada questão ou ato processual (cognição *ad actum*).[50]

Fonseca. *Levando a imparcialidade a sério: proposta de um modelo interseccional entre direito processual, economia e psicologia. Op.cit.*, p. 27, 102-105.

49. GRECO, Leonardo. A prova no processo civil: do código de 1973 ao novo código civil. *Scientia Iuris*, v.5/6, 2001/2002, p. 99.

50. Cabral adverte que os critérios para a formação da lista também devem ser *objetivos, impessoais* e *invariantes*. CABRAL, Antonio do Passo. Juiz natural e eficiência processual. *Op.cit.*, p. 357-359.

No Brasil, a expressão *conhecimento priado do juiz* sempre foi evitada, confundida com eventual mácula à imparcialidade judicial. No estrangeiro, todavia, há extensos estudos sobre o tema,[51] razão por que optei por utilizar a mesma expressão e provar que há mais virtudes do que prejuízos quando o conhecimento privado é manipulado de maneira eficiente.

Por vezes, é possível que a distinção entre características objetivas do magistrado (técnica, *expertise*) e subjetivas (conhecimento privado do juiz) não fique tão clara à luz dos interesses discutidos em juízo.

Esses dois papeis remeteriam, na verdade, à atribuição de excessivo valor, de um lado, ao juiz como tecnocrata, a quem caberia, unicamente, o conhecimento da lei; e, de outro, ao juiz que decide livremente, nem sempre respaldado em fundamentos jurídicos. No *common law* chegou-se a compreender o juiz como verdadeiro "engenheiro social", posição marcada pela célebre frase de Holmes (*the life of law has been not logic, it has been experience*),[52] mas visões restritivas preferiam vê-lo como um conhecedor técnico do direito.[53]

Questiona-se a possibilidade de encontrar um ponto médio entre esses dois papeis. Nesse sentido, o conhecimento do juiz deve ter embasamento técnico-jurídico, sem impedir, contudo, que o conhecimento privado de cada juiz seja individualmente explorado de maneira eficiente[54] e objetiva no processo.[55]

---

51. Sendo o principal deles: STEIN, Friedrich. *Das private Wissen des Richters: Untersuchungen zum Beweisrecht beider Prozess*. Leipzig: C. L. Hirschfeld, 1893.
52. Ressaltando o equívoco na compreensão do pensamento de autores como Holmes e Ihering, como se não emprestassem valor algum à lógica: COHEN, Morris R. The place of the logic in the law. *Harvard Law Review*, v. 29, n. 6, apr./1916, p. 622-623.
53. COUTURE, Eduardo J. *Introducción al estúdio del proceso civil*. Buenos Aires: Editoral Depalma, 1949, p. 74.
54. Sobre a dimensão qualitativa da eficiência, CABRAL, Antonio do Passo. Juiz natural e eficiência processual. *Op.cit.*, p. 251-252: "O norte deve ser não apenas rapidez a qualquer custo, mas otimização dos resultados da prestação jurisdicional, uma diretriz teleológica das formalidades do devido processo legal, para que se desenvolva uma atividade jurisdicional *integral* e *finalisticamente* orientada para o tratamento das questões debatidas para a solução final, isto é, não só celeridade e redução de despesa, mas também *completude* e *adequação* dos instrumentos de tutela." Fredie Didier Jr. explica o princípio da eficiência como uma metanorma, expondo, ainda, que o princípio é norteado por critérios "quantitativos, qualitativos e probabilísticos". DIDIER JR., Fredie. *Cooperação judiciária nacional: esboço para uma teoria para o direito brasileiro*. *Op.cit.*, p. 55.
55. Mesmo porque o conhecimento privado interfere no conhecimento de qualquer cientista. Susan Haack enfatiza essa interferência de impressões e componentes tácitos do julgador. Precisamente: "The scientist is constantly obliged to exercise his personal judgment, e.g. as to the importance of a problem, the weight to be given to evidence, the likelihood that an observed correlation is not significant but coincidental, and so on. And such judgments are unavoidably a matter of discretion: no formal rule can tell a scientist, for example when to take an ostensibly falsifying result seriously and when to disregard it as probably the effect of some as yet undiagnosed experimental error. Scientific judgment is a matter of the appraisal of the worth of problems, of theories, of evidence; it is evaluative, not purely factual, and as much a matter of knowing how as of knowing that. It is, in short, a skill; and, like other skills - among which Polanyi would also include perception and the understanding of language - It cannot be made fully explicit; it involves an unavoidably tacit component." HAACK, Susan. Personal or Impersonal Knowledge? *Journal of Philosophical Investigations*, v.13, n. 28, fall 2019, p. 21.

Dessa forma, não existe qualquer regra ou princípio que obste que características pessoais do juiz sejam levadas em consideração no aprimoramento de sua cognição, desde que não contaminem a imparcialidade do julgador. Essas características poderiam ser exploradas quando tivessem o potencial de tornar a cognição do juiz mais compatível com a vontade das partes.[56] Tem-se, assim, que o conhecimento privado do juiz, anterior ao processo, pode tornar a cognição no processo ainda melhor, portanto ainda mais adequada. Nada obstaria a utilização da convenção processual para escolha de juiz de confiança de *ambas* as partes, o que afastaria a aplicação das regras de suspeição e impedimento p.ex., cujo objetivo precípuo é evitar a inclinação especial do juiz para uma das partes. Dessa forma, a dupla e hígida manifestação de vontade das partes poderia atuar como mecanismo para a gestão da cognição, chegando-se assim a uma cognição adequada.

Constata-se a possibilidade de que, no processo judicial, através da celebração de negócio jurídico processual, seja escolhido o juiz mais adequado, ainda que para a prática de apenas alguns atos, com base em conhecimento privado – no geral, técnico, mas não necessariamente.

Os critérios para a determinação do juízo ou do juiz com a melhor cognição possível dependem, em larga medida, da análise das particularidades do caso concreto. Nesse novo contexto, caraterísticas pessoais e, portanto, o conhecimento privado, poderiam ser elementos de enorme valia para se chegar a uma cognição mais adequada.

Nesse cenário, acredito que o conhecimento privado do juiz pode, sim, ter utilidade para o processo, desde que seja analisado de maneira objetiva. Não é apenas o conhecimento técnico que pode conduzir à escolha do melhor juízo possível. De uma forma ou de outra, não seria saudável afastar toda e qualquer subjetividade dos processos de cognição e decisão – talvez, apenas, os excessos, o "subjetivismo", que lhe maculasse o requisito anímico de equidistância –, do contrário, estar-se-ia a negar papel criativo às atividades de interpretação e cognição judicial. Concluímos, assim, que a cognição e a decisão não estão "fora da cabeça do juiz" tal como se fosse ele um ente abstrato,[57] desprovido

56. Antonio do Passo Cabral dá o exemplo da escolha, por convenção, do juiz que é padrinho de casamento das partes (menos propenso a inclinar-se para os interesses de uma ou de outra, portanto) para julgar conflito matrimonial entre as duas. Nessa hipótese, Cabral sustenta que não apenas a condução imparcial e mais eficiente do processo seria possibilitada (inclusive, com melhor prognóstico de autocomposição), mas também o melhor conhecimento dos fatos. CABRAL, Antonio do Passo. Juiz natural e eficiência processual. *Op.cit.*, p. 674.

57. "Felizmente, a aplicação do Direito não é tão objetiva como gostaria de ser; a cognição e a decisão jurisdicional não envolvem apenas a competência linguística (terceira pessoa), mas também opções valorativas feitas pela pessoa do juiz (primeira pessoa); o julgador é necessariamente humano e composto, funcionando da mesma forma que as partes em relação às quais é terceiro; o julgador possui

de um *background knowledge*, que, por vezes, pode ser extremamente útil para a resolução da controvérsia.

6. A COGNIÇÃO VOLTADA À INFLUÊNCIA DE OUTROS CENTROS SUBJETIVOS

Em alguns casos, o juiz, como gestor da causa, não só transfere determinada atividade cognitiva específica para outro centro decisório, como retém as questões que permanecerão em sua esfera de conhecimento.[58] Fica clara, assim, a maleabilidade que existe sobre o conhecer, que não mais adota o pretenso formato linear.[59]

Essa maleabilidade nos permite, além de tudo, notar arranjos jurisdicionais nos quais, na verdade, a atividade cognitiva estaria voltada à emissão de opiniões sem julgamento,[60-61] o que parte do fracionamento da atividade cognitiva e da cognição *ad actum*.

---

um papel importante ao fazer essas opções, sento que a única forma de controla-lo é obrigando-o a explicitar os fundamentos jurídicos de sua decisão e as razões pelas quais fez as opções valorativas relevantes que apareceram na decisão, permitindo assim o controle dentro do próprio devido processo, pelos seus próprios instrumentos de dialética e contraditório". LEAL JÚNIOR, Cândido Alfredo Silva. A influência da identidade do juiz (primeira pessoa) nos processos de cognição judicial de decisão judicial (terceira pessoa). Revista CEJ, Brasília, n. 23, out./dez. 2003, p. 85.

58. As hipóteses são mais facilmente visualizáveis quando pensada a despersonalização da atividade jurisdicional. Nota-se, noutros termos, que a ênfase no juízo e não no juiz rompe com o dogma da identidade física do juiz, que ignorava a eficiência da repartição de funções dentro do próprio Judiciário e atinentes a um mesmo processo. Esse afastamento entre pessoa e sujeito conhecedor foi observada no estudo de outros institutos processuais: CAPONI, Remo. Rigità e flessibilità del processo civile. *Rivista di Diritto Processuale*, anno LXXI (Seconda Serie), n. 6, nov/dec. 2016, p. 1446; MARINONI, Luiz Guilherme. *A ética dos precedentes*. São Paulo: Revista dos Tribunais, 2014, p. 86-87. Sobre a repartição subjetiva de funções no Judiciário, CABRAL, Antonio do Passo. Imparcialidade e impartialidade. Por uma teoria sobre repartição e incompatibilidade de funções nos processos civil e penal. Revista de Processo, v. 149, jul./2007, v. eletrônica.
59. Sobre a descentralização do conhecimento, GALLAS, Geoff. The conventional wisdom of State court administration: a critical assessment and an alternative approach. *The Justice System Journal*, v.2, n. 1, 1976, p. 35-55.
60. KATYAL, Neal K. Judges as advicegivers. *Stanford Law Review*, v. 50, july/1998, p. 1710-1711. SCOTT, Joanne; STURM, Susan. Courts as catalysts: re-thinking the judicial role in new governance. *Columbia Law School*, n. 07-146, 2007, p. 4; FRANKFURTER, Felix. A note on advisory opinions. *Harvard Law Review*, n. 37, 1923-1924, p. 1005. No Brasil, Antonio Cabral introduziu o estudo do tema: CABRAL, Antonio do Passo. Juiz natural e eficiência processual. *Op.cit.*, p. 512-513.
61. Marcelo Barbi Gonçalves apresenta alguns exemplos no sistema de justiça brasileiro, como a consulta realizada pela CVM por provocação de agentes de mercado de valores ou de qualquer investidor, nos termos do art.13 da Lei n. 6.385/1976; consultas sobre dúvidas quanto à aplicação de dispositivos legais e regulamentares referentes a matéria de competência do CNJ, conforme art.89 do Regimento Interno do CNJ; ainda, nos termos do art.1º, XVII da Lei n. 8.443/1992, consultas dirigidas ao TCU por autoridade competente quando houver dúvida na aplicação de norma atinente à esfera de atuação do TCU, gerando pronunciamento desvinculado de fato ou caso concreto; o exercício de função consultiva pelos Tribunais Regionais e pelo Tribunal Superior Eleitoral quando veiculada consulta *em tese* por partido político ou autoridade pública, como estabelece o art.23, XII do Código Eleitoral; ou, finalmente, a consulta fiscal presente nos art. 46 e 58 do Decreto 70.235/1972, procedimento pelo qual é, também em tese, o cidadão pode requerer ao Fisco a interpretação da legislação tributária. GONÇALVES, Marcelo Barbi.

Trata-se de papel mais dinâmico desempenhado pelo Judiciário, trazendo como premissa elementar a função criativa reservada à própria jurisdição, para além da simples descrição do texto legal.[62] Ainda, subverte a noção de que o Judiciário só atuaria com o objetivo de resolver a lide. Nesse sentido merece atenção o texto do artigo 26 da Lei de Introdução às Normas do Direito Brasileiro, que prevê que, quando confrontada com incerteza jurídica, a autoridade administrativa pode consultar o órgão jurídico e, até mesmo, a depender da hipótese, realizar consulta pública.[63] Veja-se que a própria LINDB estimula o compartilhamento do conhecimento de diversos atores, ainda que essas opiniões não sejam vinculantes.

Subjacente reside a concepção de que o Judiciário não atua em um vácuo e que o processo de produção normativa conta com a participação de diversos centros reciprocamente influenciados. Nesse processo criativo, o Judiciário recebe inevitáveis influências de agentes externos, mesmo econômicos ou sociais, que possuem interesses que transcendem o modelo clássico de aplicação da norma pelo método subsuntivo.[64]

É possível, no entanto, que, dada a dinamicidade das novas relações jurídicas que se estabelecem, esses agentes passem a ver no Judiciário um *locus* para a consulta, por vezes apenas revisando a adequação dos provimentos emitidos por outros centros decisórios e, assim, sinalizando e opinando sobre a atividade normativa naqueles centros. Essas atividades convergem em padrões de exercício de influência pelo Judiciário.

O reconhecimento dessas novas funções jurisdicionais não equivale a dizer que a cognição estaria alheia a qualquer fim, ainda que não fosse o exercício de poder em sua manifestação mais imperativa (o ato decisório). O *conhecer*, nesse prisma, estaria voltado a influenciar.[65]

Novos paradigmas da Jurisdição: Conceito. Princípios. Funções. Tese de Doutorado em Direito Processual, Universidade do Estado do Rio de Janeiro, 2019, p. 580-582. (Há também versão comercial: GONÇALVES, Marcelo Barbi. *Teoria Geral da Jurisdição*. Salvador: Juspodivm, 2020.)

62. SCOTT, Joanne; STURM, Susan. Courts as catalysts: re-thinking the judicial role in new governance. *Columbia Law School*, n. 07-146, 2007, p. 4. FRANKFURTER, Felix. A note on advisory opinions. *Harvard Law Review*, n. 37, 1923-1924, p. 1005.
63. "Art. 26. Para eliminar irregularidade, incerteza jurídica ou situação contenciosa na aplicação do direito público, inclusive no caso de expedição de licença, a autoridade administrativa poderá, após oitiva do órgão jurídico e, quando for o caso, após realização de consulta pública, e presentes razões de relevante interesse geral, celebrar compromisso com os interessados, observada a legislação aplicável, o qual só produzirá efeitos a partir de sua publicação oficial."
64. SCOTT, Joanne; STURM, Susan. Courts as catalysts: re-thinking the judicial role in new governance. *Op.cit.*, p. 5.
65. Isso porque influência é "qualquer condicionamento significativo à conduta dos demais sujeitos do processo, realizado a partir de posições críticas ou omissões conclusivas, transmitidas comunicativamente e que, caso não existissem, poderiam, mantidas as demais condições, motivar o sujeito condicionado a agir de modo diverso". CABRAL, Antonio do Passo. *Nulidades no processo moderno: contraditório, proteção da confiança e validade* prima facie *dos atos processuais*. Rio de Janeiro: Forense, 2ª ed., 2010., p. 114.

A possibilidade de atuação concertada entre juízos, trazida pelo art.69 do CPC, que, como visto, também fratura a cognição no prisma subjetivo, coaduna-se com estes arranjos porque, afinal, a complexidade desses novos concertos exige a implementação cooperativa de técnicas processuais, o que potencializa o deslocamento de competência *ad actum* e, principalmente, o exame qualitativo da cognição de cada juízo.[66]

Na verdade, a influência, em si, pode ser exercida sobre qualquer sujeito,[67] por isso, interessante observar que o contraditório, dentro do atual contorno assumido pelo princípio, admite também a possibilidade de o juiz influenciar a atuação dos demais sujeitos interessados,[68] o que se faz ainda mais pertinente em cenários de assunção de função consultiva pelo Judiciário.

A amplitude da noção de influência descamba para o ponto de até mesmo um juiz ter potencial para influenciar outro juiz,[69] o que demonstra que, em arranjos como estes, a tônica deve estar na *influência*, e não no poder decisório imperativo, a fim de que o sistema de parcelamento cognitivo interconecte-se sem que, por outro lado, venha a se tornar uma colcha de retalhos.

Isso se observa nos casos de *self-alienation*, técnica consultiva cabível quando o tribunal afirma não ter competência para julgar a causa mas, ainda assim, emite sua opinião sobre o tema.[70] Antonio do Passo Cabral observa que o juízo incompetente estaria exercendo *influência*, mesmo não havendo formalmente poder decisório.

Nesse ritmo, o tribunal incompetente presta deferência a outras competências adequadas sem se omitir e deixar de pronunciar-se a respeito,[71] ao passo que a atividade cognitiva neste pronunciamento seria uma clara evidência da repaginação da teoria da cognição. Como o aconselhamento não é vinculativo, o tribunal se sentiria livre para desconsiderá-lo, nada obstante viesse, em momento futuro, a reconsiderar a diretriz primariamente exprimida.[72]

Não haveria uma usurpação da competência dos juízos que logo em seguida recebem o processo para julgamento diante do declínio de competência. Como se vê, não existe qualquer vinculatividade quando da emissão daquela opinião, mas há, por certo, *influência* sobre juízos futuros quanto às questões de fato e de direito ali implicadas.

---

66. CABRAL, Antonio do Passo. Juiz natural e eficiência processual. *Op.cit.*, p. 393-399; SCOTT, Joanne; STURM, Susan. Courts as catalysts: re-thinking the judicial role in new governance. *Op.cit.*, p. 5-6.
67. CABRAL, Antonio do Passo. *Nulidades no processo moderno. Op.cit.*, p. 127.
68. DONDI, Angelo; ANSANELLI, Vincenzo; COMOGLIO, Paolo. *Processo civil comparado: uma perspectiva evolutiva* (Coord. e rev. da tradução Luiz Guilherme Marinoni, Sérgio Cruz Arenhart, Daniel Mitidiero). São Paulo: Revista dos Tribunais, 2017, p. 61.
69. CABRAL, Antonio do Passo. *Nulidades no processo moderno. Op.cit.*, p. 114.
70. CABRAL, Antonio do Passo. Juiz natural e eficiência processual. *Op.cit.*, p. 485.
71. BRAGA, Paula Sarno. Competência adequada. *Op.cit.*, p. 13-41.
72. KATYAL, Neal K. Judges as advicegivers. *Op.cit.*, p. 1717.

O caráter opinativo dos provimentos é especialmente relevante em um sistema no qual as decisões estabilizam-se e os precedentes dos tribunais ostentam força vinculativa. A emissão de opiniões atua como um ponto de flexibilidade, que não viola a segurança jurídica porque, em certa medida, conserva uma diretriz pró-futuro e a preocupação com a previsibilidade dos provimentos, ainda que não tenha em si a força vinculativa de uma decisão.[73]

Essa manifestação consultiva tem por objetivo excluir dúvidas quanto à interpretação da lei, traçar diretrizes para a sua aplicação por órgãos administrativos e, até mesmo, atuar em sentido preventivo, evitando que conflitos causados pela divergência interpretativa venham a sequer ocorrer. Ainda que não seja uma determinação da corte em caráter imperativo, a declaração judicial, por si só, tem peso significativo sobre as condutas futuras de potenciais litigantes e de agentes públicos.[74]

Observa-se, assim, a possibilidade de o ordenamento abrir-se para novas orientações, em princípio formuladas como *dicta*. Estas, já conhecidas, podem vir a serem implementadas em caráter vinculativo em momento posterior, à luz da mudança de determinadas circunstâncias no mundo da vida, o que revela uma possibilidade de superação ou "abertura-gradual" do sistema.[75]

Tudo isso significa que, nos cenários que despontam, a cognição judicial assume perfil inteiramente novo, à medida que a jurisdição se abre a um caráter consultivo prospectivo, em oposição à tradicional natureza declaratória, de viés retrospectivo porque correlato a uma lide pretérita.[76]

7. DELEGAÇÕES COGNITIVAS: O EXEMPLO DOS PROCESSOS ESTRUTURAIS

A delegação cognitiva é espécie de transferência cognitiva na qual a cognição é repartida entre o Judiciário e entidade extrajudicial, portanto entre o Judiciário e sujeito de hierarquia inferior, o juiz e uma entidade privada de proteção ao meio ambiente, por exemplo.[77]

73. KATYAL, Neal K. Judges as advicegivers. *Op.cit.*, p. 1714.
74. Em tese, seriam provimentos "mais fracos" que outras manifestações do Judiciário, mas são, por outro lado, aquelas que têm maior potencial de *influenciar* o comportamento de diferentes agentes. SATHANAPALLY, Aruna. *Beyond disagreement: open remedies in human rights adjudication.* Oxford: Oxford University Press, 2012, p. 16-17.
75. Neal Katyal afirma ainda: "And the court can later reassess its earlier conclusions in light of changed circumstances, stating that those conclusions were 'only dicta' ", o que revela um cenário passível de resgates cognitivos, já que, quando do primeiro contato com a questão não houve decisão propriamente, muito embora tenha havido cognição. KATYAL, Neal K. Judges as advicegivers. *Op.cit.*, p. 1714. PEIXOTO, Ravi. *Superação do precedente e segurança jurídica.* Salvador: Juspodivm, 2ª ed., 2016, p. 42.
76. CHIOVENDA, Giuseppe. *Principii di Diritto Processuale Civile.* Napoli: Jovene, 3ª ed., 1923, p. 62-71.
77. "Ao contrário da delegação, que pode se resolver num formato hierárquico e impositivo de transferência de competências, na cooperação transjudicial há verdadeira *assunção consensual da competência* pois o juízo que transfere o exercício da prerrogativa jurisdicional (juízo derrogado) depende da *aceitação*

Essas estratégias são comuns em conflitos de dimensão estrutural, em que a existência de interesse público acentuado e de uma multiplicidade de órgãos e centros de interesse envolvidos justifica a adoção de técnicas procedimentais heterodoxas.[78] O desenho do procedimento deve refletir as interações sociais e, portanto, as mudanças por elas sofridas, dando-se atenção maior, dentro do processo, a essas questões do mundo real.[79] E o mesmo acontece com a cognição.

Normalmente se diz que as decisões chamadas estruturantes são peculiares, o que se afirma, contudo, sem maiores reflexões sobre a cognição do juiz e eventuais especificidades que, nesses casos, também modificariam o seu perfil.

Por vezes, no lugar de uma estratégia de gestão que permita ao juiz a visão global do conflito – e dos inúmeros pequenos conflitos ali presentes –, o processo coletivo continua, de maneira ineficiente, adepto de uma mesma metodologia própria do processo "bipolar",13 pulverizado em execuções individuais desconexas.

Evidente ruptura está na técnica das "decisões-núcleo" ou "decisões de primeira impressão", que contemplam determinadas questões-núcleo do litígio complexo, mas retardam o pronunciamento sobre outras. Possuem acentuado viés *pro futuro*, na medida em que fixam um plano de ação para a implementação progressiva quando não tenha sido possível ou adequado estabelecer, de prontidão, as medidas dirigidas ao caso concreto. Segue-se, assim, uma lógica de provimentos em cascata,[80] antecipada e postergada a cognição das diversas questões quando umas forem mais simples e outras, à sua vez, exijam testagens e estudos extensos.

Nesse cenário, a cognição também pode ser fracionada entre sujeitos distintos, a depender da qualificação técnica.[81] Dessa forma, a descentralização da

---

do juízo para o qual a competência será transferida (juízo prorrogado)." CABRAL, Antonio do Passo. Juiz natural e eficiência processual. *Op.cit.*, p. 528.

78. "A decisão estrutural (*structural injunction*) é, pois, aquela que busca implantar uma reforma estrutural (*structural reform*) em um ente, organização ou instituição, com o objetivo de concretizar um direito fundamental, realizar uma determinada política pública ou resolver litígios complexos. Por isso, o processo em que ela se constrói é chamado de processo estrutural. Parte-se da premissa de que a ameaça ou a lesão que as organizações burocráticas representam para a efetividade das normas constitucionais não pode ser eliminada sem que tais organizações sejam reconstruídas." DIDIER JR., Fredie; ZANETI JR., Hermes; OLVEIRA, Rafael Alexandria de. Notas sobre as decisões estruturantes. *Civil Procedure Review*, v. 8, n. 1, jan./apr. 2007, p. 48-49. Sobre novas técnicas decisórias nos processos estruturais: VOGT, Fernanda Costa; PEREIRA, Lara Dourado Mapurunga. Novas técnicas decisórias nos processos estruturais *in* JOBIM, Marco Félix; ARENHART, Sérgio Cruz. (Coord.) *Processos estruturais*. Salvador: Juspodivm, 3ª ed., 2021, p. 385 ss.
79. VAN RHEE, C.H. The development of civil procedural law in tweentieth century Europe: from party autonomy to judicial case managent and efficiency *in Judicial case management and efficiency in civil litigation*. Antwerp: Intersentia, 2008, p. 13.
80. ARENHART, Sérgio Cruz. Decisões estruturais no direito processual civil brasileiro. Revista de Processo, n. 225, ano 38, jul./2013, v. eletrônica, p. 12.
81. CABRAL, Antonio do Passo; ZANETI JR., Hermes. Entidades de infraestrutura específica para a resolução de conflitos coletivos: as *claims resolution facilities* e sua aplicabilidade no Brasil. *Op.cit.*, p. 448.

atividade de cognição do Judiciário seria responsável pela prolação de uma decisão tecnicamente melhor, mesmo porque, como já vimos, o Direito representa apenas uma dimensão das questões discutidas no processo, sendo necessária, por vezes, a *interface* com outras áreas do conhecimento.

Observam Fredie Didier Jr., Hermes Zaneti Jr. e Rafael Alexandria Oliveira que "a flexibilidade da congruência objetiva supõe, por isso, que a interpretação do pedido (art. 322, § 2º, CPC) leve em consideração a complexidade do litígio estrutural", e apostam como paradigma na ação civil pública acerca do rompimento da barragem da Samarco, no estado de Minas Gerais. Mas outros importantes casos já levaram a doutrina a conclusões semelhantes, como a ACP do Carvão em Criciúma/SC e o caso Mendoza (Beatriz y ots. c. Estando Nacional y ots. s/Daños y Perjuicios) na Argentina.

Nesse cenário, é possível que existam decisões repartidas no tempo, suscetíveis a variações à medida que o cronograma de efetivação seja cumprido, com o eventual surgimento de "problemas e questões pontuais" na execução da decisão. Não há como compreender a decisão final como unívoca, já que pode, de maneira por vezes imprevisível, desdobrar-se em muitas outras.

De fato, nos processos estruturais, pode-se chegar ao ponto de a atividade cognitiva em determinadas fases do procedimento, ou em específicos atos, seja desempenhada exclusivamente por centros extrajudiciais. Afinal, deveria o juiz dar, necessariamente, a palavra final ou mesmo se imiscuir em complexos estudos de potabilidade da água ou, ainda, em políticas de planejamento urbano pós-desastre ambiental?

Observamos que a cognição do juiz também aqui não se identifica com o conteúdo da sentença, já que, à semelhança do que acontece na execução – mesmo dos processos "bipolares" tradicionais –, os atos materiais, antes considerados "meramente" executivos, estão impregnados de atividade cognitiva.[82]

É exatamente o que ocorre, por exemplo, nas *claims resolution facilities*, entidades de infraestrutura específica externas ao Judiciário, em que há efetivamente a delegação da cognição para centro mais adequado para a gestão de questões envolvendo políticas públicas. Antonio do Passo Cabral e Hermes Zaneti Jr. expõem o exemplo da Fundação Renova, criada, entre outras razões, para gerir a destinação de recursos no cumprimento das obrigações envolvendo o caso da tragédia do Rio Doce; e, no caso da recuperação judicial da Oi, a mencionam a contratação de uma fundação especificamente voltada à criação de uma plataforma digital com a finalidade de viabilizar a mediação com milhares de credores do país inteiro.[83]

82. SICA, Heitor Vitor de Mendonça. *Cognicão do juiz na execução civil*. São Paulo: Revista dos Tribunais, 2017, p. 219.

83. CABRAL, Antonio do Passo; ZANETI JR., Hermes. Entidades de infraestrutura específica para a resolução de conflitos coletivos: as *claims resolution facilities* e sua aplicabilidade no Brasil. *Op.cit.*, p. 448.

Essas atividades que, em regra, seriam praticadas pelo juiz, passam a ser delegadas para estes novos agentes extrajudiciais,[84] que conhecerão e interpretarão questões específicas discutidas no processo.

É verdade que se mantém o controle do juiz "em sentido formal", por ser o ato de delegação por definição precário. Mas, além de a delegação permitir a descentralização e otimização de tarefas, também se guia pela especialidade do delegatário, o que, por consequência levará a uma cognição melhor.[85]

Nesse sentido, a descentralização da cognição do Judiciário ao longo do processo estruturante e no âmbito de suas diversas fases é responsável pela prolação de uma decisão tecnicamente melhor. Muitas vezes, para a interpretação das questões fáticas e mesmo de questões jurídicas a elas diretamente relacionadas ou de difícil dissociação, há necessidade de se recorrer a outras ciências e áreas do conhecimento, que a análise meramente descritiva do juiz, especialista em questões jurídicas, não alcançaria. Dessa forma, os litígios estruturais são um exemplo da preocupação com a eficiência e com a cognição adequada, contando, por isso, com técnicas que promovem a cisão da cognição.

8. CONCLUSÃO

Neste ensaio buscou-se demonstrar que a cognição judicial pode ser flexibilizada em sentido subjetivo, por meio de transferências cognitivas entre juízos e, ainda, para centros extrajudiciais.

Essas técnicas são especialmente úteis quando existe uma ampla gama de assuntos sobre os quais o juiz do caso não possui *expertise*, de modo que a transferência da cognição revela-se estratégia relevante para que o conhecimento global do processo seja o melhor e mais adequado possível.

Nesse contexto, a cognição, antes pensada como atividade intelectiva cuja existência estaria associada exclusivamente à decisão, essa sim ato de império do Estado, pode ser compartilhada com outros centros, a depender da matéria discutida em juízo e da *expertise* dos sujeitos.

84. Outros exemplos são a delegação para o administrador-depositário do bem penhorado (art.867 e 868 do CPC), e ainda, para a figura do orientador, prevista no art.119 do ECA, que tem melhores condições para conhecer questões referentes à aplicação de medidas socioeducativas. CABRAL, Antonio do Passo. Juiz natural e eficiência processual. *Op.cit.*, p. 491; DIDIER JR., Fredie. *Cooperação judiciária nacional: esboço para uma teoria para o direito brasileiro. Op.cit.*, p. 84.

85. "It should be remarked that the court activity is in fact delegated to the court's assistants who have different and varied training and limited discretionary powers in relation to the enforcement. The role of the judge is concentrated in the formal direction and control of the execution. He acts only when a conflict arises or to order coercive or compulsory measures." PEREZ, Alvaro Ragone. The Conflicts between the Fundamental Rights of the Creditor and the Debtor. *International Association of Procedural Law Seoul Conference*, 2014, p. 691.

Entre juízos, semelhante dinâmica pode ocorrer, o que se explica, sobretudo, em fatores como o conhecimento privado do juiz e a experiência como magistrado, em casos envolvendo, entre outros tantos exemplos, meio ambiente, estudos técnicos, propriedade industrial ou, até mesmo, processos policêntricos como a recuperação judicial, em que o juiz, já experiente, pode empregar técnicas de gestão e conhecimento adquirido em processos parecidos em que atuou.

Todos esses elementos concorrem para um sistema mais flexível de distribuição de competência e, por consequência, para uma cognição *melhor* e mais flexível no processo judicial.

9. REFERÊNCIAS BIBLIOGRÁFICAS

ARENHART, Sérgio Cruz. Decisões estruturais no direito processual civil brasileiro. Revista de Processo, n. 225, ano 38, jul./2013, v. eletrônica.

ARGUELHES, Diego Werneck; LEAL, Fernando. O argumento das "capacidades institucionais" entre a banalidade, a redundância e o absurdo. Direito, Estado e Sociedade, n. 38, jan./jun. 2011.

ARZANDEH, Ardavan. Should the *Spiliada* test be revised? *Journal of Private International Law*, v.10, 2014, disponível em https://doi.org/10.5235/17441048.10.1.89.

BECHARA, Fábio Ramazzini. Prova emprestada e a preclusão do contraditório *in Doutrinas Essenciais Processo Penal, vol.3*. São Paulo: Revista dos Tribunais, jun./2012, v. eletrônica.

BRAGA, Paula Sarno. Competência adequada. Revista de Processo, v. 219, maio/2013.

CABRAL, Antonio do Passo. Imparcialidade e impartialidade. Por uma teoria sobre repartição e incompatibilidade de funções nos processos civil e penal. Revista de Processo, v. 149, jul./2007, v. eletrônica.

CABRAL, Antonio do Passo. Juiz natural e eficiência processual: flexibilização, delegação e coordenação de competências no processo civil. Tese apresentada para o concurso provimento do cargo de Professor Titular de Direito Processual Civil da Faculdade de Direito da Universidade do Estado do Rio de Janeiro, 2017.

CABRAL, Antonio do Passo. *Nulidades no processo moderno: contraditório, proteção da confiança e validade* prima facie *dos atos processuais.* Rio de Janeiro: Forense, 2ª ed., 2010.

CÂMARA, Alexandre Freitas. O objeto da cognição no processo civil *in Livro de Estudos Jurídicos, nº 11.* Rio de Janeiro: Instituto de Estudos Jurídicos, 1995.

CAMPOS, Maria Gabriela. *O compartilhamento de competências no processo civil: um estudo do sistema de competências sob o paradigma da cooperação nacional.* Salvador: Juspodivm, 2020.

CAPONI, Remo. Rigità e flessibilità del processo civile. *Rivista di Diritto Processuale*, anno LXXI (Seconda Serie), n. 6, nov/dec. 2016.

CHIOVENDA, Giuseppe. Las reformas procesales y las corrientes del pensamiento moderno (Trad.: Sentís Melendo) *in Ensayos de Derecho Procesal Civil*. Buenos Aires: Ediciones Jurídicas Europa-América, 1949.

CHIOVENDA, Giuseppe. *Principii di Diritto Processuale Civile*. Napoli: Jovene, 3ª ed., 1923.

CHIOVENDA, Giuseppe. *Principios de Derecho Procesal Civil, tomo II*. (Trad.: José Casáis y Santaló). Madrid: Editorial Reus, 1925.

COHEN, Morris R. The place of the logic in the law. *Harvard Law Review*, v. 29, n. 6, apr./1916.

COLMAN, Rebecca V. Reason and unreason in Early Medieval Law. *Journal of Interdisciplinary History*. Spring, vol.4, 1974.

COSTA, Eduardo José da Fonseca. *Levando a imparcialidade a sério: proposta de um modelo interseccional entre direito processual, economia e psicologia*. Tese de Doutorado em Direito Processual. Pontifícia Universidade Católica de São Paulo, 2016. (Há também versão comercial: COSTA, Eduardo José da Fonseca. *Levando a imparcialidade a sério: proposta de um modelo interseccional entre direito processual, economia e psicologia*. Salvador: Juspodivm, 2018.)

COUTURE, Eduardo J. Introducción al estúdio del proceso civil. Buenos Aires: Editoral Depalma, 1949.

DANZIGER, Shai; LEVAV, Jonathan; AVNAIM-PESSO, Liora. Extraneous factors in judicial decisions. *Proceedings of the National Academy of Sciences of the United States of America*, v.108, n. 17, apr./2011.

DIAS, Jean Carlos. Reflexões acerca da teoria da cognição no processo. Argumento – Revista do Programa de Mestrado em Ciência Jurídica da Fundinopi, n. 6, 2006.

DIDIER JR., Fredie; ZANETI JR., Hermes; OLVEIRA, Rafael Alexandria de. Notas sobre as decisões estruturantes. *Civil Procedure Review*, v. 8, n. 1, jan./apr. 2007.

DIDIER JR., Fredie. *Cooperação judiciária nacional: esboço para uma teoria para o direito brasileiro*. Salvador: Juspodivm, 2020.

DONDI, Angelo; ANSANELLI, Vincenzo; COMOGLIO, Paolo. *Processo civil comparado: uma perspectiva evolutiva* (Coord. e rev. da tradução Luiz Guilherme Marinoni, Sérgio Cruz Arenhart, Daniel Mitidiero). São Paulo: Revista dos Tribunais, 2017.

ECKHOFF, Torstein. Impartiality, separation of powers and judicial independence. *Scandinavian Studies in Law*, v.9, 1965.

FRANKFURTER, Felix. A note on advisory opinions. *Harvard Law Review*, n. 37, 1923-1924.

GALLAS, Geoff. The conventional wisdom of State court administration: a critical assessment and an alternative approach. *The Justice System Journal*, v.2, n. 1, 1976.

GONÇALVES, Marcelo Barbi. Novos paradigmas da Jurisdição: Conceito. Princípios. Funções. Tese de Doutorado em Direito Processual, Universidade do Estado do Rio de

Janeiro, 2019. (Há também versão comercial: GONÇALVES, Marcelo Barbi. *Teoria Geral da Jurisdição*. Salvador: Juspodivm, 2020.)

GRECO, Leonardo. A prova no processo civil: do código de 1973 ao novo código civil. *Scientia Iuris*, v.5/6, 2001/2002.

GRECO, Leonardo. Exceção de pré-executividade na execução fiscal *in* ROCHA, Valdir de Oliveira, (Coord.). *Problemas de processo judicial tributário, vol.4*. São Paulo: Dialética, 2000.

GRECO, Leonardo. Limitações probatórias no processo civil. Revista Eletrônica de Direito Processual, v.4, n. 4, 2009.

GRECO, Leonardo. O conceito de prova. Revista da Faculdade de Direito de Campos, n. 4 e 5, 2003/2004.

HAACK, Susan. Personal or Impersonal Knowledge? *Journal of Philosophical Investigations*, v.13, n. 28, fall 2019.

HOFFMAN, Richard B. The Bureaucratic Spectre: Newest Challenge to the Courts. *Judicature*, v. 66, n. 2, 1982.

JÚNIOR, Adilson Fonseca. Exceção de pré-executividade na execução fiscal: uma análise da cognição. Revista Eletrônica de Direito Processual, v.10, n. 10, 2012.

KATYAL, Neal K. Judges as advicegivers. *Stanford Law Review*, v. 50, july/1998.

LEAL JÚNIOR, Cândido Alfredo Silva. A influência da identidade do juiz (primeira pessoa) nos processos de cognição judicial de decisão judicial (terceira pessoa). Revista CEJ, Brasília, n. 23, out./dez. 2003.

MAK, Elaine. The European Judicial Organisation in a New Paradigm: The Influence of Principles of 'New Public Management' on the Organisation of the European Courts. *European Law Journal*, v. 14, n. 6, nov./2009.

MARINONI, Luiz Guilherme. *A ética dos precedentes*. São Paulo: Revista dos Tribunais, 2014.

NETTO, José Manoel de Arruda Alvim; MICHELE, Gian Antonio; JÚNIOR, Clito Fornaciari; PELUSO, Antônio Cézar; ARRUDA, Antonio Carlos Matteis. Promoção do juiz depois de ter terminada a instrução e antes da prolação da sentença *in Doutrinas Essenciais de Processo Civil*. São Paulo: Revista dos Tribunais, 2011.

NEVES, Daniel Amorim Assumpção. *Manual de direito processual civil*. Salvador: Juspodivm, 10ª ed., 2018.

OSNA, Gustavo. *Processo civil, cultura e proporcionalidade: análise crítica da teoria processual*. São Paulo: Revista dos Tribunais, 2017.

PEIXOTO, Ravi. *Superação do precedente e segurança jurídica*. Salvador: Juspodivm, 2ª ed., 2016.

PEREZ, Alvaro Ragone. The Conflicts between the Fundamental Rights of the Creditor and the Debtor. *International Association of Procedural Law Seoul Conference*, 2014.

PINO, Angel. O biológico e o cultural nos processos cognitivos *in* MORTIMER, Eduardo Fleury; SMOLKA, Ana Luiza B. (Coord). *Linguagem, cultura e cognição*. Belo Horizonte: Autêntica, 2001.

PONTES DE MIRANDA, Francisco Cavalcanti. *Comentários ao Código de Processo Civil, tomo I*. Rio de Janeiro: Forense, 1974.

PONTES DE MIRANDA, Francisco Cavalcanti. *Comentários ao Código de Processo Civil, tomo* X. Rio de Janeiro: Forense, 1976.

PRYLES, M. Judicial Darkness on the Oceanic Sun. *Australian Law Journal*, n. 62, 1988.

RACHLINSKI, Jeffrey J.; FARINA, Cynthia R. Cognitive psychology and optimal government design. *Cornell Law Review*, v. 87, n. 1, 2012.

ROBERTSON, D. W. *Forum Non Conveniens* in America and England: "A Rather Fantastic Fiction". *Law Quaterly Review, n*. 398, 1987.

SATHANAPALLY, Aruna. *Beyond disagreement: open remedies in human rights adjudication*. Oxford: Oxford University Press, 2012.

SCOTT, Joanne; STURM, Susan. Courts as catalysts: re-thinking the judicial role in new governance. *Columbia Law School*, n. 07-146, 2007.

SICA, Heitor Vitor de Mendonça. *Cognicão do juiz na execução civil*. São Paulo: Revista dos Tribunais, 2017.

SILVA, Ovídio A. Baptista da. *Curso de processo civil, vol.1* São Paulo: Revista dos Tribunais, 5ª ed., 2000.

STEIN, Friedrich. *Das private Wissen des Richters: Untersuchungen zum Beweisrecht beider Prozess*. Leipzig: C. L. Hirschfeld, 1893.

STRAUCH, Hans-Joachim. *Methodenlehre des gerichtlichen Erkenntnisverfahrens: Prozesse richterlicher Kognition*. Freiburg/München: Karl Alber, 2017.

TARUFFO, Michele. Orality and writing as factors of efficiency in civil litigation. Universitat de València, disponível em https://www.uv.es/coloquio/coloquio/ponencias/8oratar.pdf.

VAN RHEE, C.H. The development of civil procedural law in tweentieth century Europe: from party autonomy to judicial case managent and efficiency *in Judicial case management and efficiency in civil litigation*. Antwerp: Intersentia, 2008.

VOGT, Fernanda Costa. *Cognição do juiz no processo civil: flexibilidade e dinamismo dos fenômenos cognitivos*. Salvador: Juspodivm, 2020.

VOGT, Fernanda Costa; PEREIRA, Lara Dourado Mapurunga. Novas técnicas decisórias nos processos estruturais *in* JOBIM, Marco Félix; ARENHART, Sérgio Cruz. (Coord.) *Processos estruturais*. Salvador: Juspodivm, 3ª ed., 2021.

WATANABE, Kazuo. *Da cognição no processo civil*. São Paulo: Revista dos Tribunais, 1987.

ZUCKERMAN, Adrian. No Justice Without Lawyers – The Myth of an Inquisitorial Solution. *Civil Justice Quarterly*, v.33, sep./2014.

CAPÍTULO 26

Ainda sobre o gerenciamento processual adequado de demandas estruturantes formalmente individuais a partir da cooperação judiciária nacional: como evitar o "efeito da vítima identificada" ou o "efeito do processo com rosto" e outros vieses – contribuições da análise institucional, da neurociência e da economia comportamental

Felipe Barreto Marçal[1]

Sumário: Introdução – 1. Necessidade de entender alguns processos formalmente individuais como materialmente estruturantes (policêntricos ou multifocais) – 2. Contribuições da análise institucional para o gerenciamento adequado: um diálogo com o Direito Público – 3. Contribuições da psicologia cognitiva, da neurociência e da economia comportamental: os vieses do "processo com rosto" sobre os agentes ("efeito da vítima identificada" e outros vieses) – 4. Sugestões concretas para minimização dos vieses cognitivos e otimização do gerenciamento processual estruturante – Conclusão – Referências Bibliográficas.

INTRODUÇÃO

Diante da crescente judicialização de litígios policêntricos (com múltiplos interesses envolvidos), a doutrina percebeu que esses problemas (estruturantes) podem aparecer sob as mais variadas formas: processos coletivos, formalmente individuais ou, até mesmo, objetivos.

Contudo, não é possível que essas demandas – materialmente estruturantes – sejam processadas sob o formato tradicional (mediante processos formalmente

1. Doutorando em Direito Processual pela Universidade Federal do Paraná. Mestre em Direito Processual pela Universidade do Estado do Rio de Janeiro. Professor Substituto de Direito Processual da Universidade Federal do Rio de Janeiro. Oficial de Justiça do TJRJ, na função de assessoria de desembargador. Membro do IBDP e do ICPC. Advogado do Schreiber Advogados. felipe_marcal@hotmail.com.

individuais ou processos formalmente coletivos desenvolvidos sob o rito "bipolar" da Lei 7.347/85), que não se mostra procedimental e legitimamente adequado, impondo-se a utilização do chamado "processo estruturante".

Nesse sentido, já se demonstrou, em mais de uma ocasião, a importância do correto gerenciamento das demandas formalmente individuais (que aparecem sob a fórmula "bipolar") que possuem como objeto litígios estruturantes (policêntricos, multifocais, multipolares). Para isso, não é cabível a perspectiva isolada de cada um desses processos, com respostas atomizadas, impondo-se um tratamento estruturante (e global, portanto) do problema, sob pena de agravá-lo.[2]

No entanto, as construções padecem de uma omissão grave: o *fator humano* na construção do modelo processual de gerenciamento, com suas limitações e vícios no processo cognitivo-decisório (heurísticas e vieses).[3-4]

A partir disso, o presente artigo visa a apresentar essa questão de forma interdisciplinar, com base na recente Resolução nº 350/2020 do CNJ e na análise institucional proporcionada pelo Direito Público e no estudo dos vieses cognitivos, já que estes parecem ser um grande entrave ao processamento adequado de demandas que reclamam tutelas individuais, mas que possuem litígios policêntricos como seu pano de fundo; permitindo-se, assim, o afastamento de decisões "a conta-gotas".

1. NECESSIDADE DE ENTENDER ALGUNS PROCESSOS FORMALMENTE INDIVIDUAIS COMO MATERIALMENTE ESTRUTURANTES (POLICÊNTRICOS OU MULTIFOCAIS)

Há algum tempo, constatou-se que existe um "novo" tipo de litígio (inicialmente percebido nas questões que envolviam controle judicial de políticas

2. TOSTA, André Ribeiro; MARÇAL, Felipe Barreto. Gerenciamento processual adequado de demandas formalmente individuais a partir de uma visão estruturante: o reforço proporcionado pelo art. 21 da LINDB, *in*: *Processos Estruturais*. Org: Sérgio Cruz Arenhart e Marco Félix Jobim. 2ª ed., rev., atual. e ampl., Salvador: Juspodivm, 2019, p. 179-208. MARÇAL, Felipe Barreto. *Processos Estruturantes*. Salvador: Juspodivm, 2021, p. 175-206.
3. Blaise Pascal disse que "o coração tem razões que a própria razão desconhece" (no original: "Le cœur a ses raisons que la raison ne connaît point."). A ideia, apesar de corretíssima, é incompleta: na verdade, a razão também tem razões que a própria razão desconhece. Este é precisamente o objeto da psicologia cognitiva, que busca a descobrir como ocorre nosso processo cognitivo e nossa tomada de decisões. A partir dessas premissas, a economia comportamental repensa os modelos econômicos clássicos, com base no ser humano "de verdade", e não num ser humano "idealizado", absolutamente racional.
4. Quem pioneiramente percebeu esses problemas foi Edilson Vitorelli (Litígios Estruturais: decisão e implementação de mudanças socialmente relevantes pela via processual, *in*: *Processos Estruturais*. Org: Sérgio Cruz Arenhart e Marco Félix Jobim. 2ª ed., rev., atual. e ampl., Salvador: Juspodivm, 2019, p. 279-281.). O presente trabalho tem como objetivo, portanto, aprofundar as premissas teóricas e propor algumas soluções para combater essas questões. Também desenvolveu tópico dedicado ao assunto: LÂMEGO, Gustavo Cavalcanti. *Técnicas de Cooperação Judiciárias Aplicadas a Processos Estruturais*. Monografia (Graduação). Universidade Federal da Bahia. Salvador, 2019, p. 70-72.

públicas[5]) que não se encaixa de forma satisfatória nos modelos criados para os processos individuais e coletivos vistos como "bipolares" (que dizem respeito apenas a autor e réu):[6-7] o dos "litígios estruturantes",[8] também chamados "policêntricos"[9], "multipolares",[10] ou "multifocais", conceito que será desenvolvido adiante.

Essa espécie de litígio reclama providências que podem ser muito peculiares e de implementação mais complexa, de modo que o processo civil tradicional – até mesmo o coletivo – acaba se tornando insuficiente ou inútil, tendo em vista que seus institutos foram planejados para resolver problemas que envolvam interesses de apenas dois "polos". Aliás, mesmo no processo coletivo tradicional, essa ideia está presente, uma vez que toda a coletividade substituída é tratada, por uma ficção, como se fosse uma só pessoa, para enquadrar esses problemas no mesmo desenho "bipolar" do processo civil individual tradicional.[11]

Marcela Ferraro, percebendo que não se deve limitar à conceituação de "litígios coletivos", vai além e diz que o foco é verificar se o problema discutido é "policêntrico"– em contraposição ao contorno clássico "bipolar" que se atribui

5. CHAYES, Abram. The role of the judge in public law litigation. *Harvard Law Review*, v. 89, n. 7, 1976 (também disponível em espanhol em: CHAYES, Abram. El rol del juez en el litigio de interes público. Revista de Processo, n. 42, n. 268, 2017, p. 143-188.). FISS, Owen. *The civil rights injunction*. Indiana University Press, 1978. VIOLIN, Jordão. *Processo coletivo e protagonismo judiciário: O controle de decisões políticas mediante ações coletivas*. Universidade Federal do Paraná, 2011, Dissertação de Mestrado em Direito das Relações Sociais, p. 18-20 e 176.
6. CHAYES, Abram. The role of the judge in public law litigation. *Harvard Law Review*, v. 89, n. 7, 1976. FISS, Owen. *The civil rights injunction*. Indiana University Press, 1978.
7. Importante destacar que as estruturas pensadas para o processo coletivo tradicional ("bipolar") não são sempre suficientes nem mesmo para esse tipo de litígio: FERRARO, Marcela Pereira. *Do processo bipolar ao processo coletivo-estrutural*. Universidade Federal do Paraná, 2015, Dissertação de Mestrado em Direito das Relações Sociais, p. 2.
8. Marcela Ferraro divide os tipos de litígios em "individual-bipolar, coletivo-bipolar e coletivo-estrutural". (FERRARO, Marcela Pereira. *Do processo bipolar ao processo coletivo-estrutural*. Universidade Federal do Paraná, 2015, Dissertação de Mestrado em Direito das Relações Sociais, p. 2.)
9. FERRARO, Marcela Pereira. *Do processo bipolar ao processo coletivo-estrutural*. Universidade Federal do Paraná, 2015, Dissertação de Mestrado em Direito das Relações Sociais, p. 10-13. ARENHART, Sérgio Cruz. Processos estruturais no direito brasileiro: reflexões a partir do caso da ACP do Carvão. Revista de Processo Comparado, v. 2, 2015, p. 211. KING, Jeff. Polycentricity and Resource Allocation: A Critique and Refinement. 2006. Disponível em: *http://www.trinitinture.com/documents/king1.pdf*. Acesso em: 30.08.19. *Idem. The pervasiveness of polycentricity*. Disponível em: *http://ssrn.com/abstract=1027625*. Acesso em: 30.08.19.
10. FERRARO, Marcela Pereira. *Do processo bipolar ao processo coletivo-estrutural*. Universidade Federal do Paraná, 2015, Dissertação de Mestrado em Direito das Relações Sociais, p. 8, 93 e 157-158. ARENHART, Sérgio Cruz. Processo multipolar, participação e representação de interesses concorrentes, *in: Processos Estruturais*. Org: Sérgio Cruz Arenhart, Marco Félix Jobim. Salvador: Juspodivm, 2017, p. 423-448. LIMA, Edilson Vitorelli Diniz. *O devido processo legal coletivo: representação, participação e efetividade da tutela jurisdicional*. Universidade Federal do Paraná, 2015, Tese de Doutorado em Direito das Relações Sociais, p. 88, nota de rodapé nº 167.
11. É a ideia de "coletivo-bipolar" apontada nas notas 4 e 5, *supra*.

ao processo –, independentemente de se tratar de litígio classicamente visto como individual ou como coletivo,[12] o que parece mais apurado.

Nessa mesma linha, Marco Antonio Rodrigues também notou o problema ao tratar dos litígios individuais que versam sobre políticas públicas – que nada mais são do que uma espécie do gênero de litígios policêntricos –, destacando que eles podem ter reflexos sobre toda a coletividade.[13] Aliás, há processos de caráter "objetivo" (como ADPFs, ADIs/ADCs),[14] que também ostentam cunho estruturante. Ou seja, há demandas *formalmente individuais*, que possuem natureza estruturante e devem ser tratadas desta forma.

Muitas demandas estruturantes são formalmente individuais ("bipolares"), não obstante seu objeto não possa ser adequadamente resolvido mediante mecanismos e procedimentos tradicionais de resolução de conflitos. É necessário, portanto, tratar essas demandas formalmente individuais como aquilo que elas verdadeiramente são: demandas estruturantes.

Afinal, a condução isolada de cada um desses processos formalmente individuais, com respostas atomizadas, acaba agravando o problema, pois impacta negativamente os demais interesses em jogo (que reagirão também sob demandas pontuais, criando um círculo vicioso), impondo-se um tratamento estruturante (e global, portanto) do litígio, com a consideração de todos os focos envolvidos.

Ainda que possam ter origem em relações privadas, as demandas judiciais que versem sobre elementos multifocais têm vínculos normativos e concretos diretos com os demais particulares e órgãos públicos afetados por suas decisões.

Tomando-se, por exemplo discussões sobre políticas públicas, há, no pano de fundo, uma tensão entre o Judiciário, as instituições do Poder Público competentes por planejar, executar e fiscalizar políticas públicas, e os particulares afetados pelos comandos judiciais. Assim, decisões materialmente estruturantes demandam a equalização dessa tensão por meio de instrumentos judiciais sistêmicos, abrangentes e participativos.

Como parte da doutrina aponta, as demandas individuais se mostram mais eficazes para a solução pontual de questões; entretanto, numa perspectiva macro, não corrigem o sistema, podem piorá-lo (já que o Judiciário passa a determinar alocação de recursos) e produzir um círculo vicioso.[15] A partir disso, quando se

12. FERRARO, Marcela Pereira. *Do processo bipolar ao processo coletivo-estrutural*. Universidade Federal do Paraná, 2015, Dissertação de Mestrado em Direito das Relações Sociais, p. 145 e 147.
13. RODRIGUES, Marco Antonio dos Santos. Aspectos processuais do controle jurisdicional de políticas públicas, *in: Estudos de direito administrativo em homenagem ao professor Jessé Torres Pereira Junior*. Alexandre Freitas Câmara, Adilson Rodrigues Pires, Thaís Boia Marçal (Coords.). Belo Horizonte: Fórum, 2016, p. 261-262.
14. ADPF 347 (Estado de Coisas Inconstitucional do sistema penitenciário brasileiro).
15. "Individualized enforcement may have a low legitimacy cost and does not strain the capacity of the court, but it primarily benefits upper income groups. Further, the evidence indicates that it does little to improve the performance of the bureaucracy in providing social services, and thus it may be relatively ineffective

pensa em litígios multifocais, a instauração de uma demanda estruturante - desde que bem formulada e instruída - pode produzir efeitos coletivos muito mais satisfatórios do que uma demanda individual, justamente porque analisa o problema numa perspectiva global e prospectiva, em vez de individual e imediatista.[16-17]

A tarefa de conciliar ambas as formas de judicialização do litígio multifocal não é fácil, pois envolve, de um lado, o direito individual que foi trazido ao Judiciário e que se pretende tutelar e; de outro, uma série de interesses que precisam ser observados, já que serão direta e/ou indiretamente afetados pelas decisões que serão proferidas e que também possuem proteção jurídica.

2. CONTRIBUIÇÕES DA ANÁLISE INSTITUCIONAL PARA O GERENCIAMENTO ADEQUADO: UM DIÁLOGO COM O DIREITO PÚBLICO

Como já pontuado pelos estudiosos do tema, a crítica aos modelos institucionais existentes não deve se pautar apenas no "jogo de narrativas sobre o certo e o verdadeiro", mas na análise concreta de características essenciais de cada uma das instituições, dentro daquilo que é efetivamente possível.[18]

Explica-se: o Direito é um fenômeno social[19] e pautado pela linguagem; convencional, portanto (seja porque há convenção mínima sobre objetivos ou

as well." (LANDAU, David. The Reality of Social Rights Enforcement. *Harvard International Law Journal*, v. 53, n. 1, 2012, p. 201.)

16. FERRARO, Marcela Pereira. *Do processo bipolar ao processo coletivo-estrutural*. Universidade Federal do Paraná, 2015, Dissertação de Mestrado em Direito das Relações Sociais, p. 71.
17. Importante destacar que essa realidade de beneficiar principalmente indivíduos de classes econômicas superiores não se aplica com tanta intensidade ao Brasil, uma vez que o acesso à justiça é barato para quem não dispõe de recursos financeiros, em razão da Defensoria Pública e da gratuidade de justiça. Entretanto, a afirmação não pode ser inteiramente desconsiderada diante do déficit informacional das classes mais pobres, que desconhecem seus direitos, e da ausência de instalação da Defensoria em todos os locais do país. No mesmo sentido: FERRARO, Marcela Pereira. *Do processo bipolar ao processo coletivo-estrutural*. Universidade Federal do Paraná, 2015, Dissertação de Mestrado em Direito das Relações Sociais, p. 79. Recentemente, Caroline Tauk retornou ao problema com base em estudos da Consultoria Jurídica do Ministério da Saúde: "Um estudo da Consultoria Jurídica do Ministério da Saúde indicou que, do total gasto pela União com aquisições diretas de medicamentos, insumos e produtos no ano de 2016 para atendimento de demandas judiciais individuais (R$1.325.707.898,00), 91% (noventa e um por cento) da cifra bilionária destinou-se à aquisição de apenas dez medicamentos, todos de alto custo e não incorporados pelo SUS ou com incorporação negada: foram gastos R$ 1.138.519.335,90 para o fornecimento direto dos fármacos para 995 pacientes, o que demonstra que a maior parte das demandas não têm objetivado prover a saúde básica à população mais necessitada, bem como que foram desconsiderados o custo-efetividade de sua dispensação" (TAUK, Caroline Somesom. Não existe saúde grátis: É possível reduzir os incentivos e otimizar os impactos da intervenção judicial? Jota. Publicado em: 02.08.19. Disponível em: *https://www.jota.info/opiniao-e-analise/colunas/coluna-da-abde/nao-existe-saude-gratis-02082019*. Acesso em: 23.12.19.).
18. TOSTA, André Ribeiro. Epílogo - Pontes para o realismo e a inovação: propostas para a incorporação do "jogo de linguagem institucional" no Direito Público para o curto, médio e longo prazo, *in*: *Instituições e o Direito Público: empirismo, inovação e um roteiro de análise*. Rio de Janeiro: Lumen Juris, 2019, p. 211-228.
19. O Direito serve para regular a vida em sociedade. Quem vive sozinho pode fazer exatamente o que quer, quando quer, e as regras autoimpostas são meros condicionantes mentais. Justamente por isso diz-se,

porque a linguagem pressupõe acordo sobre significados pré-estabelecidos dos termos). A partir disso, tentamos convencer os demais mediante uso de narrativas sobre a verdade e a correção de nossas proposições.

Contudo, esse "jogo" costuma trabalhar com um certo grau de abstração e pouco contribui para a solução de problemas práticos e reais. Nesse sentido, o novo roteiro, que constitui um "jogo institucional", apresenta elementos empíricos e análises concretas para a melhoria das instituições estudadas.

A contribuição, portanto, para a melhoria do instituto de gerenciamento parte de um modelo de diretrizes criado para análise institucional (que se transporta para essa microprojeção da instituição, *mutatis mutandis*), que consiste em três etapas: *i)* a fase prescritiva, na qual se leva em conta o propósito específico do instituto e o parâmetro de (in)sucesso; *ii)* a fase descritiva, que aponta os dados concretos do funcionamento e do desempenho do instituto; e *iii)* a fase crítica, que se desdobra em duas atividades - diagnóstico das falhas estruturais, analisando-se as finalidades pretendidas e os dados de sua atuação concreta, e o prognóstico dos mecanismos alternativos sugeridos para melhoria dos resultados.[20]

Quando se analisa o gerenciamento adequado de demandas formalmente individuais, mas materialmente estruturantes, o objetivo específico é coordenar a atuação dos magistrados, a fim de que as decisões proferidas levem em conta o melhor resultado global para o problema policêntrico (multifocal). Afinal, como já dito, decidir individualmente as demandas pode parecer a solução ideal do ponto de vista micro, mas, via de regra, agrava o problema sob uma óptica macro. Ademais, nos processos individuais, normalmente não se vislumbra a necessidade de ampliação do contraditório, para que outras pessoas participem e contribuam para a melhor decisão.

Assim, na fase prescritiva, extrai-se que o parâmetro de sucesso é a criação de um mecanismo que impeça a prolação de decisões "a conta-gotas" e permita uma coordenação das demandas individuais, a fim de que o problema de fundo seja resolvido de acordo com as premissas do processo estruturante.

Acerca da fase descritiva, não há ainda qualquer notícia de implementação de algum mecanismo de gerenciamento em primeiro grau, quando se mostra mais eficiente, já que se trata de uma medida ainda "preventiva", seja

alegoricamente, que "não haveria, pois, lugar para o direito, na ilha do solitário Robinson Crusoé, antes da chegada do índio Sexta-Feira". (CINTRA, Antonio Carlos Araújo; GRINOVER, Ada Pellegrini; DINAMARCO, Cândido Rangel. Teoria Geral do Processo. 16ª ed, São Paulo: Malheiros, 1999, p. 19.)

20. TOSTA, André Ribeiro. *Instituições e o Direito Público: empirismo, inovação e um roteiro de análise*. Rio de Janeiro: Lumen Juris, 2019, p. 159-160.

do ponto de vista material ou processual. Na verdade, como se verá adiante, tem havido pontuais tentativas de gerenciar essas demandas no segundo grau, mediante uso do Incidente de Resolução de Demandas Repetitivas ou do Incidente de Assunção de Competência, o que não se mostra como solução mais adequada, tendo em vista que diversas tutelas provisórias já foram concedidas e cumpridas, além de sentenças proferidas (cujos recursos, caso tenha havido concessão da tutela provisória, não são dotados de efeito suspensivo, permitindo-se o cumprimento provisório).

Dessa forma, passa-se a analisar o que pode ser feito para melhorar o instituto, de acordo com a fase crítica. Em relação ao diagnóstico das falhas do gerenciamento processual adequado de processos formalmente individuais, mas materialmente estruturantes, o presente artigo foca em apenas uma: a visão de túnel dos agentes processuais (dentre os quais destina-se a atenção aos juízes, membros do Ministério Público e da Defensoria[21]) acerca dos efeitos colaterais existentes nas soluções "a conta-gotas", que negligenciam e agravam o problema global. Entra em cena, também, a cooperação interinstitucional, envolvendo os diversos órgãos que atuam nas fases pré e processual (arts. 1º, II, 15 e 16 da Resolução nº 350/2020 do CNJ).

Outros problemas também existem, como a falta de capacidade técnica e de conhecimento multidisciplinar; a escassez de material humano qualificado para lidar com os tipos de problemas (complexos) que são típicos dos litígios multifocais, mas não constituem o foco do trabalho.

Importante destacar que, diante da escassez dos mecanismos de gerenciamento, não há dados empíricos que permitam um desenvolvimento mais apurado e confiável das soluções aqui apontadas. Não obstante, será possível, a partir de agora, exercer um controle efetivo da coleta e do processamento de informações necessárias para a progressão no tema.

Nesse sentido, os próximos tópicos cuidarão das atividades da fase crítica, mediante o apontamento desse problema e o prognóstico dos mecanismos sugeridos para uma melhoria dos resultados. Para isso, utilizar-se-á de uma abordagem interdisciplinar, com base em estudos ligados à psicologia cognitiva, à neurociência e à economia comportamental.[22]

---

21. Estes últimos são aí incluídos por força da sugestão de conversão das demandas formalmente individuais em coletivas, quando se estiver diante de litígios policêntricos. V. nota de rodapé nº 1, *supra*.
22. Parte-se de uma premissa compartilhada por outros autores, no sentido de que devemos buscar desenvolver institutos que permitam julgamentos previsíveis e desenviesados: *"Taking a normative perspective, one may suggest that, for potential institutional innovations, courts should seek secure (predictable) and unbiased decisions, since this is the situation in which social losses are minimized and judicial trust is maximized in society."* (YEUNG, Luciana Luk-Tai. Bias, insecurity and the level of trust in the judiciary: the case of Brazil. *Journal of Institutional Economics*, v. 15, n. 1, 2019, p. 163-188.)

3. CONTRIBUIÇÕES DA PSICOLOGIA COGNITIVA, DA NEUROCIÊNCIA E DA ECONOMIA COMPORTAMENTAL: OS VIESES DO "PROCESSO COM ROSTO" SOBRE OS AGENTES ("EFEITO DA VÍTIMA IDENTIFICADA" E OUTROS VIESES)

Não se desconhece que o Direito alcançou grau considerável de autonomia científica e que, mais recentemente, o Direito Processual seguiu a mesma linha. Entretanto, não se pode, no estudo dessas disciplinas, desprezar dados e conclusões obtidos por outros ramos da ciência, sob pena de se tornarem estéreis, já que o Direito (e o processo) não é um universo hermético, sujeito a mecanismos de pura técnica.[23]

Ademais, a interdisciplinaridade envolvida não retira a autonomia do Direito (Processual);[24] pelo contrário, amplia o espectro daquilo que deve ser estudado por ele, a fim de propiciar sua evolução. Conforme afirmou Avelãs Nunes, justamente em discurso que tratava da importância do estudo da Economia pelos operadores do Direito, "não pode ser um bom jurista quem apenas sabe Direito".[25-26]

Nesse sentido, sendo o ordenamento jurídico criado/desenvolvido para alcançar objetivos pretendidos pelo Estado, impõe-se analisar ou prever os efeitos concretos das normas, o que muitas vezes será objeto de estudo de outras áreas do conhecimento.[27]

E não é só: é necessário analisar os fenômenos processuais a partir de variáveis e anomalias decorrentes das ações e omissões humanas, já que as normas do processo são seguidas e aplicadas por sujeitos processuais *humanos*, e não por "sujeitos-deuses", livres de falhas.[28]

---

23. MOREIRA, José Carlos Barbosa. *Saneamento do processo e audiência preliminar*, in: *Temas de direito processual - quarta série*. São Paulo: Saraiva, 1989, p. 144.
24. Por exemplo, ninguém ousaria dizer que a Física não possui autonomia porque se vale da Matemática para desenvolver suas teorias.
25. O discurso foi dado em conferência no STF sobre "O Direito na Economia Política: a propósito de um livro sobre a Revolução Francesa", cujo inteiro teor está disponível em: *http://s.conjur.com.br/dl/texto-avelas-nunes.pdf*.
26. Note-se que algumas das mentes mais brilhantes da humanidade, que revolucionaram paradigmas (para melhor), notaram a importância de conhecer mais de uma área do conhecimento para evoluir ou o fizeram de forma inconsciente (SIMMONS, Michael. *How Elon Musk Learns Faster And Better Than Everyone Else*. Disponível em: *https://medium.com/@michaeldsimmons/how-elon-musk-learns-faster-and-better-than-everyone-else-a010a4f586ef*. Acesso em: 19.12.19. Por uma versão resumida em português: *http://exame.abril.com.br/carreira/como-elon-musk-aprende-mais-rapido-e-melhor-do-que-os-outros/*.)
    SIMONTON, Dean Keit. *Creative Development as Acquired Expertise: Theoretical Issues and an Empirical Test*, in: *Developmental Review*. V. 20, 2000, p. 283-318. Disponível em: *http://www.chrest.info/Fribourg_Cours_Expertise/Articles-www/IV%20Expertise%20et%20societe/Creative%20development%20as%20acquired%20expertise%20-%20Simonton.pdf*. Acesso em: 19.12.19.)
27. BINENBOJM, Gustavo. *Poder de polícia, ordenação, regulação: transformações político-jurídicas, econômicas e institucionais do direito administrativo ordenador*. Belo Horizonte: Fórum. 2018, destaque para o cap. 2.
28. Nesse sentido, diferenciando o ser perfeito (*"Homo Economicus"*) dos seres reais (*"Real People"*): JOLLS, Christine; SUNSTEIN, Cass R; THALES, Richard. A Behavioral Approach to Law and Economics. *Stanford Law*

Dessa forma, o Direito Processual não pode mais se valer cegamente de institutos pensados *em tese*, sem auxílio das demais ciências que justamente estudam o comportamento e a mente humana (especialmente a psicologia, a neurociência e a economia comportamental).[29]

Caso contrário, por mais adequados que possam parecer no papel – o que é altamente discutível, já que sequer a teoria se mostra ultrapassada quando desconsidera fatores da realidade –, na prática, correm o risco de serem desastrosos e, até mesmo, contrários e prejudiciais ao fim pretendido. Como explica Richard Thaler,[30] precisamos parar de achar que nossos modelos abstratos, baseados em seres perfeitos, são precisos em termos de descrições ou prescrições de comportamento e parar de tomar decisões fundadas neles.[31]

Desse modo, não há mais como nos esquivarmos de estudar o comportamento humano no Direito[32] – não por acaso, inserido no campo das ciências *humanas* –, suas potenciais contribuições para o Direito Processual.[33-34] É necessário, portanto, que integremos, no Direito, a ideia de que não há "juiz-deus-Hermes", "juiz-Hércules"[35]

Review, v. 50, 1997-1998, p. 1476-1480 Disponível em: *https://digitalcommons.law.yale.edu/cgi/viewcontent.cgi?article=2797&context=fss_papers*. Acesso em: 10.06.18.

29. MARÇAL, Felipe Barreto. Direito Processual Comportamental: repensando institutos processuais a partir da economia comportamental, da psicologia cognitiva e da neurociência, RePro, v. 305, 2020.
30. Ganhador do Prêmio Nobel de Economia por suas pesquisas em economia comportamental. A explicação dada se refere aos modelos teóricos da economia clássica, mas se aplica ao Direito e à análise econômica do Direito. Para uma análise anedótica e bastante agradável do surgimento e desenvolvimento das críticas da teoria clássica, a partir do ponto de vista de um dos precursores do tema e vencedor do Prêmio Nobel de Economia por seus estudos em economia comportamental: THALER, Richard H. *Misbehaving : the making of behavioral economics*. Nova Iorque: W.W. Norton & Company Inc., 2015. Indicando a existência do problema: "A análise econômica comportamental do direito (Behavioral Law and Economics, ou apenas BL&E) é o reconhecimento e a apropriação das descobertas psicológicas e neurocientíficas que atualizam a AED." (WOLKART, Erik Navarro. *Análise econômica do Processo Civil: como a Economia, o Direito e a Psicologia podem vencer a tragédia da Justiça*. São Paulo: RT, 2019, p. 112.)
31. THALER, Richard H. *Misbehaving : the making of behavioral economics*. Nova Iorque: W.W. Norton & Company Inc., 2015, p. 9.
32. JOLLS, Christine; SUNSTEIN, Cass R; THALES, Richard. A Behavioral Approach to Law and Economics. *Stanford Law Review*, v. 50, 1997-1998, p. 1471-1550. Disponível em: *https://digitalcommons.law.yale.edu/cgi/viewcontent.cgi?article=2797&context=fss_papers*. Acesso em: 10.06.18.
33. Acerca, por exemplo, das testemunhas, há incontáveis pesquisas que demonstram a falibilidade da memória e do processo de sua reconstrução: STEIN, Lílian Milnitsky et al. *Falsas Memórias: fundamentos científicos e suas aplicações clínicas e jurídicas*. Porto Alegre: Artmed, 2010. ÁVILA, Gustavo Noronha. *Falsas Memórias e Sistema Penal*. Rio de Janeiro: Lumen Juris, 2013. GESU, Cristina di. *Prova Penal e Falsas Memórias*. 2ª ed. Livraria Do Advogado (Edição Digital), 2014.
34. Sobre o tema, há interessante artigo em que se compilam estudos que demonstram o enviesamento judicial no exterior, aplicando a metodologia de análise ao Judiciário brasileiro: YEUNG, Luciana Luk-Tai. Bias, insecurity and the level of trust in the judiciary: the case of Brazil. *Journal of Institutional Economics*, v. 15, n. 1, 2019, p. 163-188.
35. Não se desconhece a ideia de que o "juiz-Hércules" é uma metáfora para representar alguém que seria dotado de ampla disposição para empreender o seu melhor, ciente de suas limitações de quem não é um "deus" (tal como na mitologia). Contudo, mesmo essa premissa é dotada de simbologia inadequada à realidade, já que o ser humano é inteiramente falho e age de forma irracional o tempo todo (mesmo quando acredita agir racionalmente), além de não estar sequer próximo de qualidades que se aproximem de uma divindade ("semi-deus").

ou qualquer sujeito processual que aja de forma ideal e sobre-humana ao longo de toda a cadeia procedimental.[36]

A partir disso, a economia comportamental - se valendo da psicologia cognitiva e da neurociência - traz para a mesa o estudo das heurísticas (processos mentais "encurtados", que demonstram as formas de raciocínio e de tomada de decisão) e dos vieses cognitivos (erros sistemáticos decorrentes das referidas heurísticas, que funcionam como "atalhos mentais"),[37] tornando-os mais práticos, mais concretos e, consequentemente, mais eficazes e eficientes.[38-39]

De forma simplificada, assim como nosso cérebro provoca as chamadas ilusões de óptica,[40-41] também provoca "ilusões de raciocínio", nos induzindo a

---

Para esclarecimentos sobre as obras de Dworkin, recomendam-se os seguintes textos: LAGES, Cíntia Garabini. A proposta de Ronald Dworkin em "O Império do Direito". Revista da Faculdade Mineira de Direito. Belo Horizonte: PUC Minas. v. 4. n. 7 e 8, jan./jun. 2001. PEDRON, Flávio Quinaud. Esclarecimentos sobre a Tese da Única "Resposta Correta", De Ronald Dworkin. Revista CEJ, Brasília, Ano XIII, n. 45, p. 102-109, abr./jun. 2009.

36. JOLLS, Christine; SUNSTEIN, Cass R; THALES, Richard. A Behavioral Approach to Law and Economics. *Stanford Law Review*, v. 50, 1997-1998, p. 1476-1480 Disponível em: *https://digitalcommons.law.yale.edu/cgi/viewcontent.cgi?article=2797&context=fss_papers*. Acesso em: 12.09.19.

37. Para uma breve ideia sobre os principais tópicos estudados, sugere-se a leitura de: SAMSON, Alain. (Org). *The Behavioral Economics Guide 2019 (with an Introduction by Uri Gneezy)*. Disponível em: *https://www.behavioraleconomics.com*. Acesso em: 17.12.19.

38. Para mencionar alguns textos que criticam as teorias tradicionais e sustentam a maior importância da variável humana nos estudos: JOLLS, Christine; SUNSTEIN, Cass R; THALES, Richard. A Behavioral Approach to Law and Economics. *Stanford Law Review*, v. 50, 1997-1998. Disponível em: *https://digitalcommons.law.yale.edu/cgi/viewcontent.cgi?article=2797&context=fss_papers*. Acesso em: 10.06.18. KANG, Jerry et al. Implicit Bias in the Courtroom. *UCLA Law Review*. v. 59, 2012. Disponível em: *http://www.uclalawreview.org/pdf/59-5-1.pdf*. Acesso em: 10.07.18. ENGEL, Christoph. Behavioral Law and Economics: Empirical Methods, *in: The Oxford Handbook of Behavioral Economics and the Law*. ZAMIR, Eyal; TEICHMAN, Doron (Ed.). Oxford: Oxford University Press, 2014. JOLLS, Christine. Behavioral Economics Analysis of Redistributive Legal Rules. Symposium: The Legal Implications of Psychology: Human Behavior, Behavioral Economics, and the Law. *Vanderbilt Law Review*, v. 51, n. 6, nov. 1998. JOLLS, Christine. On Law Enforcement with Boundedly Rational Actors. *Harvard Law School John M. Olin Center for Law, Economics and Business Discussion Paper Series*, n. 494, set. 2004.

39. Felizmente, já há sólidos trabalhos de Direito Processual que levam em conta o fator comportamental, sendo fortemente recomendada a leitura de todos: COSTA, Eduardo José da Fonseca. *Levando a imparcialidade a sério: Proposta de um modelo interseccional entre direito processual, economia e psicologia*. Salvador: Juspodivm, 2018. LIMA, Edilson Vitorelli Diniz. Litígios estruturais: decisão e implementação de mudanças socialmente relevantes pela via processual, *in: Processos Estruturais*. Org: Sérgio Cruz Arenhart, Marco Félix Jobim. Salvador: Juspodivm, 2017. WOLKART, Erik Navarro. *Análise econômica do Processo Civil: como a Economia, o Direito e a Psicologia podem vencer a tragédia da Justiça*. São Paulo: RT, 2019. NUNES, Dierle; SILVA, Natanael Lud Santos; PEDRON, Flávio Quinaud. *Desconfiando da (im)parcialidade dos sujeitos processuais: um estudo sobre os vieses cognitivos, a mitigação de seus efeitos e o debiasing*. Salvador: Juspodivm, 2018. GOULART, Bianca Bez. *Análise econômica do litígio*. Salvador: Juspodivm, 2019.
No Processo Penal, também há interessantes trabalhos: GESU, Cristina di. *Prova Penal e Falsas Memórias*. 2ª ed. Livraria do Advogado (Edição Digital), 2014. WOJCIECHOWSKI, Paola Bianchi; ROSA, Alexandre Morais da. Vieses da Justiça: como as heurísticas e vieses operam nas decisões penais e a atuação contraintuitiva. Florianópolis: EModara - EMais, 2018.

40. Para ilustrar as dificuldades do cérebro para interpretar imagens, basta lembrar dos recentes casos que "viralizaram" na internet: cor do vestido (branco e dourado ou azul e preto); cor do tênis (rosa e verde ou rosa e branco); porta ou praia? Muitas pessoas, por exemplo, conseguiam dar respostas diferentes às mesmas perguntas, quando analisavam as imagens em momentos diversos.

41. Há, ainda, ilusões sonoras, nas quais o cérebro interpreta equivocadamente sons. Apesar de não se tratar propriamente de uma ilusão sonora, não se pode esquecer da discussão "Laurel ou Yanny?" (a

interpretar informações de forma equivocada e a tirar conclusões com sérios defeitos lógicos. Afinal, nossa percepção da realidade nada mais é do que um produto de como nosso cérebro processa o que é captado pelos sentidos.[42]

Nesse sentido, algumas vezes, acertamos as conclusões; outras, passamos longe da resposta correta, o que normalmente acontece com questões mais complexas, que exigem análise de mais dados e multiplicidade de opções de escolha/decisão.[43-44]

Retornando ao problema enfrentado no presente artigo, especificamente sobre a dificuldade dos agentes processuais no que tange à necessidade de indeferimento de medidas para a tutela de direitos individuais ("a conta-gotas"), para que haja uma solução global e eficaz do problema, é possível perceber um forte fator comportamental (de heurísticas e de vieses, que prejudicam a tomada correta de decisão).

Afirma-se isso com base em estudos de economia comportamental, de psicologia e de *marketing* que demonstram, por exemplo, uma forte tendência das pessoas a fazerem doações maiores quando as campanhas de arrecadação apresentam fotos de indivíduos que sofrem com o problema que se pretende combater.[45] Da mesma forma, quando confrontados para sugerir tratamentos a indivíduos ou a grupos de pessoas com o mesmo quadro clínico, as respostas dos médicos foram diferentes em pesquisas.[46]

---

rigor, algumas pessoas não tem a capacidade de escutar algumas frequências do áudio original, que dizia "Laurel", fazendo com que escutassem "Yanny"; ou seja, não é bem um problema de "interpretação" do áudio, mas de sua "captação"; de todo modo, serve para demonstrar que temos capacidade limitada de perceber a realidade ao nosso redor, conforme apontado na nota de rodapé infra.)

42. Interessantes estudos de neurociência dizem que nosso cérebro nada mais faz do que ter palpites/previsões sobre a "realidade" (assim entendida como aqueles palpites compartilhados pela coletividade): SETH, Anil. Your brain hallucinates your concious reality. TED. Publicado em: 04.17. Disponível em: *https://www.ted.com/talks/anil_seth_your_brain_hallucinates_your_conscious_reality?language=en.* Acesso em: 23.12.19. É possível conferir as referências bibliográficas utilizadas para a elaboração da apresentação.

    Confira-se, ainda, em relação ao Direito Processual: SOARES, Marcos José Porto. A neurociência e as provas judiciais. RePro, v. 300, 2020, versão digital.

43. Essas são justamente as premissas por trás de: THALER, Richard H.; SUNSTEIN, Cass R.. *Nudge : improving decisions about health, wealth and happiness.* Yale University Press, 2008.

44. A fim de explicar a ideia de que muitas opções nos impedem de alcançar nossos objetivos (mediante a tomada correta de decisões), Dan Ariely conta a seguinte história, que outras fontes citam como verdadeira: Em 210 a.C., um comandante chinês chamado Xiang Yu ficou responsável por quebrar um cerco contra a dinastia Qin, mas perdeu a primeira investida. Quando seus soldados acordaram no dia seguinte, viram seus barcos pegando fogo e suas panelas de comida quebradas. Xiang Yu, então, explicou que ele mesmo tomou as providências, pois, sem barcos e sem comida, o exército não tinha outra opção de sobreviver, senão vencendo a batalha, o que aconteceu. (ARIELY, Dan. *Predictably irrational: the hidden forces tha shape our decisions.* Harper Perennial: Nova Iorque, 2010, p. 183-184.)

45. SMALL, Deborah; VERROCHI, NICOLE. The Face of Need: Facial Emotion Expression on Charity Advertisements. *Journal of Marketing Research*, Dez-2009, v. XLVI, p. 777-787.

46. REDELMEIER, Donald; TVERSKY, Amos. Discrepancy between Medical Decisions for Individual Patients and for Groups, *in*: TVERSKY, Amos. The Weighing of Evidence and the Determinants of Confidence, in: TVERSKY,

Assim, quando vemos a foto de uma criança desnutrida, nos compadecemos mais do que com uma mensagem explicando as consequências nefastas da subnutrição sobre a população infantil mundial. Da mesma forma, campanhas de arrecadação para pessoas específicas tendem a obter resultados melhores do que para coletividades.[47]

Ou seja, a existência de um rosto nos torna muito mais suscetíveis a colaborar com o problema, mesmo quando se compara uma questão individual (personificada) com uma coletiva (que, logicamente, deveria obter melhores resultados).[48] Chamou-se esse fenômeno de "efeito da vítima identificável",[49-50] de modo que "vítimas identificadas" geram melhores respostas do que "vítimas estatísticas" (vistas como um número) e as três principais explicações são:

i) a avaliação da vítima identificada é feita *ex post* (ela já sofreu o dano e vemos as consequências), tornando a culpa e a responsabilidade muito mais salientes, bem como a percepção do risco; enquanto a avaliação da vítima estatística é feita *ex ante*, o que deixa muito mais difícil mensurar todas as consequências que *podem vir a ocorrer*;[51]

Amos. *The essential Tversky*. Cambridge: MIT Press, 2018, p. 155-160. Confira-se, na página 159, as diversas possíveis explicações dadas ao fenômeno. Adiante, no presente texto, algumas serão abordadas.

47. SMALL, Deborah; LOEWENSTEIN, George. Helping a Victim or Helping *the* Victim: Altruism and Identifiability. *Journal of Risk and Uncertainty*, Jan-2003, v. 26, n. 1, p. 5-16.

48. Também notou o problema: LIMA, Edilson Vitorelli Diniz. Litígios estruturais: decisão e implementação de mudanças socialmente relevantes pela via processual, *in*: *Processos Estruturais*. Org: Sérgio Cruz Arenhart, Marco Félix Jobim. Salvador: Juspodivm, 2017, p. 279-281.

49. Em inglês, "identifiable victim effect". SCHELLING, Thomas. The Life you Save may be your own, *in*: *Problems in Public Expenditure Analysis*. Samuel B. Chase (ed.). Washington DC: The Brookings Institute, 1968, p. 127-162.

50. Dan Ariely, ao responder um leitor em sua coluna na Folha de São Paulo, mostra como esse efeito é mais comum do que imaginamos: "Querido Dan, [e]stou escrevendo para você sentado no chão de um trem na Alemanha. O trem está lotado e todos os assentos estão ocupados. No entanto, existe uma classe especial de 'clientes conforto' que tem preferência pelos assentos podendo requerer que o passageiro sem esse status ceda o seu lugar. 'Cliente conforto' é aquele que, assim como eu, viaja muito de trem. Seria bom conseguir poder sentar em um assento e, de acordo com as regras, eu tenho direito a um. Mas eu não consigo pedir a um dos passageiros que não é 'cliente conforto' que ceda seu lugar para mim. Por que isso é tão difícil? –Frederick.
[Resposta:] Sua pergunta tem a ver com o que chamamos de 'efeito da vítima identificável'. A ideia básica é que, quando vemos uma pessoa necessitada, nosso coração se apega a ela –nós nos importamos e ajudamos. Mas quando o problema é muito grande, distante ou não vemos a pessoa que está sofrendo, não nos importamos nem ajudamos com a mesma intensidade. No seu caso, suspeito que, se o condutor do trem escolhesse um passageiro aleatório para ceder o assento para você, e especialmente se o condutor fizesse isso antes de você embarcar no trem, você conseguiria desfrutar do assento. Nessa mesma situação, se o condutor pedisse que algum conhecido seu liberasse o assento para você, a sensação seria um pouco pior. Entretanto, escolher você mesmo a pessoa que deverá ceder o lugar é provavelmente o cenário mais difícil, porque você terá que enfrentar o efeito da sua ação (a pessoa se levantar e ter de se sentar no chão), além da reação dela ao seu pedido." (ARIELY, Dan. Solução para aposentadoria, confiança no teletrabalho e roubo de assentos. Folha de São Paulo. Publicado em: 02.05.19. Disponível em: *https://www1.folha.uol.com.br/colunas/danariely/2019/05/solucao-para-aposentadoria-confianca-no-teletrabalho-e-roubo-de-assentos.shtml*. Acesso em: 13.01.19.)

51. DOUGLAS, Mary. *Risk and Blame: Essays in Cultural Theory*. New York: Routledge, 1994. SMALL, Deborah; LOEWENSTEIN, George. Helping a Victim or Helping *the* Victim: Altruism and Identifiability. *Journal of Risk and Uncertainty*, Jan-2003, v. 26, n. 1, p. 5-16.

ii) o "efeito da referência de grupo", segundo o qual as pessoas sentem maior preocupação na medida em que o grupo de referência é reduzido (a morte de 100 pessoas num país inteiro é menos impactante do que a morte de 100 num grupo de 100), de modo que, em hipóteses de vítimas identificadas, o grupo de referência é a própria vítima; enquanto, no caso da vítima estatística, é difícil precisar qual o grupo de referência e o risco acaba sendo diluído pela população;[52]

iii) os casos de vítimas identificáveis são específicos e possuem maior probabilidade de receberem atenção cognitiva e consideração mais profunda, enquanto as vítimas estatísticas provocam menos envolvimento emocional e atraem julgamentos mais erráticos, com base em dados periféricos.[53]

A prática demonstra que o mesmo acontece em relação aos processos individuais que tratam de problemas estruturantes: os magistrados e membros responsáveis pela tutela coletiva preferem a tutela atomizada ("a conta-gotas") precisamente porque, enquanto a tutela coletiva traz maior abstração sobre a vítima ("vítima estatística"), a tutela individual há uma personificação do direito violado ("identificação da vítima"), sendo um "processo com rosto".

Não é só isso. O efeito imediato da resposta judicial na tutela individual corrobora o sentimento de "fazer a diferença" e de "dever cumprido" por parte dos agentes envolvidos; ao passo que é de difícil e retardada constatação o efeito prático do processo estruturante.

Por exemplo, o juiz se comove[54] com um idoso internado no hospital à espera de uma autorização do plano de saúde (ainda que por um tratamento não previsto contratualmente) ou com uma criança adoecida que pede medicamentos contra o Estado (mesmo que não incluídos na lista do SUS), mesmo que isso impacte de forma imprevisível as operadoras de planos de saúde e as finanças públicas, causando, consequentemente, um efeito colateral perverso sobre os demais contratantes (que passam a pagar mais caro com reajustes e

52. SLOVIC, Paul; FISCHHOFF, Baruch; LICHTENSTEIN, Sarah. Facts and Fears: Understanding Perceived Risk, *in: Societal Risk Assessment: How Safe is Safe Enough?* Richard C. Schwing e Walther A. Alberts, Jr. (eds.). NewYork: Plenum Press, 1979, p. 181-214. JENNI, Karen; LOEWENSTEIN, George. Explaining the "Identifiable Victim Effect". *Journal of Risk and Uncertainty*, Mai-1997, v. 14, n. 3, 235-257. FEATHERSTONHAUGH, David; SLOVIC, Paul; JOHNSON, Stephen; FRIEDRICH, James. Insensitivity to the Value of Human Life: A Study of Psychophysical Numbing. *Journal of Risk and Uncertainty*, Mai-1997, v. 14, n. 3, 283-300.

53. SMALL, Deborah; LOEWENSTEIN, George. Helping a Victim or Helping *the* Victim: Altruism and Identifiability. *Journal of Risk and Uncertainty*, Jan-2003, v. 26, n. 1, p. 5-16.

54. Não se faz aqui uma crítica da influência das emoções na tomada de decisões, sob uma perspectiva individual. Aliás, há muito já se demonstrou que as pessoas privadas de suas emoções têm deficiências cognitivas graves (ou seja, a capacidade de sentir emoções nos deixa mais inteligentes): DAMÁSIO, Antonio. *O erro de Descartes: emoção, razão e o cérebro humano*. Trad: Dora Vicente e Georgina Segurado. Companhia das Letras: São Paulo, 2012. Contudo, o julgador que toma decisões apoiado em emoções, ainda que possa estar diante da melhor decisão *para ele (e, até mesmo, para o autor)*, normalmente piora a situação dos demais afetados pelo problema multifocal (policêntrico) e é esse o problema objeto do trabalho.

talvez não tenham condições de continuar a arcar com o plano) e sobre os outros cidadãos que contam com a política pública de saúde regulada.

Em síntese, o que existe – e esse é o problema diagnosticado no presente artigo – é a existência de vieses cognitivos, que geram nos agentes uma incapacidade de enxergar o agravamento do problema pelas decisões individuais, de modo que saem com uma imagem de "heróis" (do idoso ou da criança), quando, na verdade, contribuem para o agravamento do problema global.

Além do viés da vítima identificável, há outros, como, por exemplo, o viés da disponibilidade (também ligado ao chamado viés de "visão de túnel") atua diante da escassez de informações necessárias para a tomada de decisões, de modo que achamos que um evento futuro irá acontecer apenas com base em lembranças que temos de situações pretéritas semelhanças. Ou seja, quanto mais forte uma memória de um evento passado, maior a probabilidade que atribuímos à repetição de eventos semelhantes.[55] Dessa forma, substitui-se o julgamento pretensamente racional por aquele baseado em "intuição", o que é uma tendência verificada em indivíduos poderosos.[56]

O viés de sobrevivência (que não deixa de ser uma espécie de visão de túnel) surgiu da análise de aviões que retornavam com marcas de tiros nas asas e na cauda, durante a guerra. O engenheiro responsável, contrariando todas as análises anteriormente feitas, mandou que se reforçassem as áreas com menos marcas de balas (motor e *cockpit*), pois, segundo ele, os aviões que receberam disparos nesses locais foram justamente os abatidos. Assim, esse viés faz com que nos concentremos nas informações aparentes e ignoremos aquelas ocultas, que podem ser, justamente, as responsáveis pela apresentação do real problema e impactam as respostas adequadas.[57]

A partir desses vieses, portanto, os agentes são incapazes de perceber ex *ante* o dano potencial em relação a uma coletividade maior.[58]

---

55. SAMSON, Alain. (Org). *The Behavioral Economics Guide 2019 (with an Introduction by Uri Gneezy)*, p. 166. Disponível em: *https://www.behavioraleconomics.com*. Acesso em: 17.12.19. Sobre a incidência desse viés nos casos individuais que tratam de questões coletivas: LIMA, Edilson Vitorelli Diniz. Litígios Estruturais: decisão e implementação de mudanças socialmente relevantes pela via processual, *in*: *Processos Estruturais*. Org: Sérgio Cruz Arenhart e Marco Félix Jobim. 2ª ed., rev., atual. e ampl., Salvador: Juspodivm, 2019, p. 281-282 e 285-288.
56. KAHNEMAN, Daniel. *Thinking, fast and slow*. Nova Iorque: FSG, 2011, p. 135.
57. Sobre esse e inúmeros outros vieses de análise estatística, confira-se: SMITH, Gary. *Standard Deviations: Flawed Assumptions, Tortured Data, and Other Ways to Lie with Statistics*. Duckworth Overlook: Londres, 2015.
58. Não integra o objeto do presente trabalho, mas é importante destacar que nem sempre os problemas levados ao Judiciário são causados por atos ilícitos (comissivos ou omissivos; dolosos ou culposos) e o sentimento de "pena" do indivíduo é o único motivador de uma decisão concessiva da tutela individual pretendida. Afinal, se não conseguimos enxergar os efeitos deletérios dessas decisões atomizadas, pensamos que "o lado mais forte" pode arcar com esse custo, quase numa simplificação de que "o dinheiro não deve prevalecer sobre a vida". Dito de outro modo, o viés criado, que impede a visualização do problema maior, faz até mesmo com que decisões *ilegais* sejam proferidas, para salvar o indivíduo apresentado.

Note-se, entretanto, que, numa realidade de bens escassos (limitados), essas decisões em processos individuais *sempre* ricochetearão nos demais interessados, que podem, até mesmo, estar em situação de maior vulnerabilidade do que o autor do processo colocado à frente do juiz.[59] Essa é a lógica dos litígios policêntricos e é justamente por isso que se impõe o gerenciamento adequado, não se podendo admitir esse tipo de vício no processo decisório.

Com base nessas premissas, a solução, com base na economia comportamental, deve passar pela neutralização desses vieses comportamentais, que acabam por piorar a qualidade das decisões (substancialmente menos jurídicas e mais "pessoais"), por estimular a quebra de isonomia (já que são priorizados os cidadãos que podem acessar o Judiciário)[60] e por agravar o problema de fundo (que acaba por agravar a situação justamente dos que têm menos condições de acessar o Judiciário).[61]

Em suma: ser um juiz "bonzinho" com o autor-"vítima" significa ser um péssimo juiz para a sociedade e os juízes (humanos e, portanto, falhos) sequer percebem esse problema.

4. SUGESTÕES CONCRETAS PARA MINIMIZAÇÃO DOS VIESES COGNITIVOS E OTIMIZAÇÃO DO GERENCIAMENTO PROCESSUAL ESTRUTURANTE

Deve-se, então, apontar algumas sugestões para combater a questão do gerenciamento de litígios formalmente individuais,[62] partindo-se da premissa de que, além de os juízes serem repletos dos vieses apontados no tópico anterior, a pluralidade de opções colocadas ao seu alcance, sem o conhecimento devido

59. "É preciso repensar o papel do Judiciário nas demandas de saúde. O conflito chega de forma individualizada e comove o juiz, que se sensibiliza – com razão – com o sofrimento alheio, especialmente em casos em que o paciente corre risco de morte, a ausência do medicamento reduz drasticamente sua qualidade de vida ou os tratamentos são caríssimos com inviável aquisição por particular. Embora as decisões judicias sejam imbuídas de aspiração humanitária, seus efeitos causam um cenário de incerteza econômica e jurídica para os administradores do SUS e atingirão também aqueles que não estão identificados nos processos". O texto ainda traz diversos dados econômicos sobre a judicialização da saúde: TAUK, Caroline Somesom. Não existe saúde grátis: É possível reduzir os incentivos e otimizar os impactos da intervenção judicial? Jota. Publicado em: 02.08.19. Disponível em: *https://www.jota.info/opiniao-e-analise/colunas/coluna-da-abde/nao-existe-saude-gratis-02082019*. Acesso em: 23.12.19.

60. Merece recordação a ideia de que somente uma decisão que se pretenda universalizável (replicada em todos os casos semelhantes, de forma viável) pode ser tida como isonômica e constitucionalmente adequada: ABBOUD, Georges. *Discricionariedade administrativa e judicial: o ato administrativo e a decisão judicial*. São Paulo: Revista dos Tribunais, 2014, p. 171. TJRJ – AI nº 0033615-54.2015.8.19.0000 – Des(a). ALEXANDRE ANTÔNIO FRANCO FREITAS CÂMARA – Julgamento: 09/12/2015 – SEGUNDA CÂMARA CÍVEL.

61. Trata-se da abordagem consequencialista que se pretende com o art. 21 da LINDB. Sobre o tema, com amplas referências bibliográficas: TOSTA, André Ribeiro; MARÇAL, Felipe Barreto. Gerenciamento processual adequado de demandas formalmente individuais a partir de uma visão estruturante: o reforço proporcionado pelo art. 21 da LINDB, *in*: *Processos Estruturais*. Org: Sérgio Cruz Arenhart e Marco Félix Jobim. 2ª ed., rev., atual. e ampl., Salvador: Juspodivm, 2019, p. 190-192.

62. Outras já foram sugeridas: *Idem*.

da matéria enfrentada, gera enormes chances de decisões equivocadas, que agravam o problema policêntrico, de fundo.

Do ponto de vista do julgador, exige-se humildade para reconhecer suas imperfeições, suas premissas equivocadas e sua capacidade limitada de acesso à informação, bem como de seu processamento;[63] mas não podemos contar, como já dito, com a confiança excessiva nas virtudes do "juiz-deus" ou do "juiz-semi-deus", sendo necessárias mudanças *(inter)institucionais*.

Com efeito, o primeiro passo para minimizar esses efeitos deletérios das decisões em processos individuais é a disponibilização de mais profissionais de apoio. Explica-se: o material humano do Judiciário é composto, em sua atividade-fim, por juristas que têm conhecimento muito limitado sobre outras áreas da ciência (aliás, é bastante comum vermos juízes e servidores que sequer dominam o Direito), indispensáveis à tomada de decisões, especialmente sobre questões complexas (que são vistas nos processos estruturantes). Logo, é preciso que o Judiciário forme órgãos decisores compostos por pessoas com mais de uma área do saber, a fim de permitir que as informações acessadas e usadas como premissas sejam menos sujeitas a equívocos, blindando-se vieses, como o da disponibilidade.

Ademais, é necessário que os juízes atuem de forma mais cooperativa e mais integrada com esses profissionais[64] (o art. 6º, XVIII, da Resolução nº 350/2020 do CNJ expressamente elenca como ato de cooperação o "compartilhamento temporário de equipe de auxiliares da justiça, inclusive de servidores públicos", reforçando essa ideia), além de respeitar o contraditório prévio, entendido como direito de influência, a fim de que seja realizado um procedimento de desenviesamento ("*debiasing*").[65-66]

Note-se, contudo, que os problemas da pluralidade de opções (que maximizam as chances de erro num contexto real, de racionalidade e de informação

---

63. Como diz o ditado, "ninguém é tão grande que não possa aprender e ninguém é tão pequeno que não possa ensinar" e "o Juiz tanto mais honra a toga quanto maior jurisconsulto mostra ser, e nenhum jurisconsulto jamais se sentiu amesquinhado com discutir... Não se humilha o Juiz que emenda o próprio erro... E que se humilhe... a humildade não avilta. Já o disse F. Fulvio: '*L'umiltà è una virtù che fa grandi i piccoli e grandissimi i grandi...*'" (FILHO, Fernando Tourinho. *Os embargos infringentes no processo penal e sua entrada no Supremo Tribunal Federal*. Migalhas. Disponível em: *http://www.migalhas.com.br/dePeso/16,MI176813,101048-Os+embargos+infringentes+no+processo+penal+e+sua+entrada+no+Supremo*. Acesso em: 17.12.19. Trata-se de um trecho em que se faz referência a: MONTEIRO, João. *Programa do Curso de Processo Civil*. Rio de Janeiro: Off. Graph do Jornal do Brasil, 1925, p. 707.)
64. MARÇAL, Felipe Barreto. *Processos Estruturantes*. Salvador: Juspodivm, 2021, p. 110-119. MARÇAL, Felipe Barreto. Deveres Cooperativos do Magistrado no Processo Estruturante: da cooperação com as partes à cooperação com outros órgãos (judiciários ou extrajudiciários), por meio de atribuição de competências e delegações. *Civil Procedure Review*, v. 10, p. 77-99, 2019.
65. NUNES, Dierle; SILVA, Natanael Lud Santos; PEDRON, Flávio Quinaud. *Desconfiando da (im)parcialidade dos sujeitos processuais: um estudo sobre os vieses cognitivos, a mitigação de seus efeitos e o debiasing*. Salvador: Juspodivm, 2018, cap. 7.
66. Para se entender a importância do diálogo na função de desenviesamento, indispensável o clássico filme "12 Homens e 1 Sentença" ("12 Angry Men", no original).

limitadas) e dos efeitos da vítima identificável não desaparecem com as referidas sugestões.

Para esse fim, até o momento, somente duas soluções vem à cabeça: a reunião de demandas (art. 69, II, do CPC) ou a centralização de processos repetitivos (art. 69, § 2º, VI, do CPC), como formas de cooperação jurisdicional, para processamento e julgamento conjunto das demandas individuais que, globalmente, impliquem modificações estruturais (arts. 6º, X, e 15, II e III, da Resolução nº 350/2020 do CNJ).[67]

Contudo, como dito anteriormente, essa sugestão já foi aventada, sem que o problema dos vieses cognitivos tenha sido levado em consideração, o que gera seu esvaziamento. Isso porque os juízes (enviesados) não determinarão a reunião de processos individuais para julgamento conjunto, se acreditam que as melhores decisões são aquelas proferidas "a conta-gotas".[68-69]

Na verdade, somente se obterá êxito com a medida e maximização de qualidade decisória (à luz da eficácia para combate do problema policêntrico da melhor forma possível), se essa reunião dos processos for feita *automática* e *aprioristicamente*, preferencialmente no momento da distribuição. Com isso, retira-se do magistrado a possibilidade de que decida nos casos individuais, *sem a análise de outras demandas que tratam do mesmo problema de fundo (multifiocal).*[70-71]

---

67. Sobre as possibilidades de cooperação: DIDIER JR., Fredie. *Cooperação Judiciária Nacional – Esboço de uma teoria para o Direito brasileiro*. Salvador: Juspodivm, 2019, p. 95-96. MARÇAL, Felipe Barreto. *Processos Estruturantes*. Salvador: Juspodivm, 2021, p. 110-119. CABRAL, Antonio do Passo. *Juiz natural e eficiência processual: flexibilização, delegação e coordenação de competências no processo civil*. Tese apresentada no concurso de provas e títulos para provimento do cargo de Professor Titular de Direito Processual da Faculdade de Direito da Universidade do Estado do Rio de Janeiro. Rio de Janeiro, 2017. LÂMEGO, Gustavo Cavalcanti. *Técnicas de Cooperação Judiciárias Aplicadas a Processos Estruturais*. Monografia (Graduação). Universidade Federal da Bahia. Salvador, 2019.
68. É possível, aqui, destacar a incidência do viés de "superconfiança" ("overconfidence"), que guia nossas ações: GRIFFIN, Dale; TVERSKY, Amos. The Weighing of Evidence and the Determinants of Confidence, *in*: TVERSKY, Amos. *The essential Tversky*. Cambridge: MIT Press, 2018, p. 269-270.
69. Confira-se, ainda, o "efeito Dunning-Kruger" ("ilusão de competência"), um viés cognitivo que gera uma "superioridade ilusória", decorrente da nossa própria ignorância, nos tornando "idiotas confiantes": SAMSON, Alain. (Org). *The Behavioral Economics Guide 2019 (with an Introduction by Uri Gneezy)*, p. 169. Disponível em: *https://www.behavioraleconomics.com*. Acesso em: 17.12.19. DUNNING, David. *We are all confidente idiots*. Pacific Standard. Publicado em: 14.06.17. Disponível em: *https://psmag.com/social-justice/confident-idiots-92793*. Acesso em: 23.12.19. *Idem*. *Why incompetente people think they are amazing*. TED-Ed. Publicado em: 11.17. Disponível em: *https://www.ted.com/talks/david_dunning_why_incompetent_people_think_they_re_amazing?language=en#t-11112*. Acesso em: 23.12.19. Para um resumo em português: HANCOCK, Jaime Rubio. O efeito Dunning-Kruger: por que as pessoas falam sem ter nenhum conhecimento. El País. Publicado em: 30.11.17. Disponível em: *https://brasil.elpais.com/brasil/2017/11/29/economia/1511971499_225840.html*. Acesso em: 23.12.19.
70. Há quem defenda que a reunião de processos é um *dever jurídico*, quando se está diante também do interesse público em gerir adequadamente os recursos judiciários e de evitar a dispersão de decisões judiciais: SILVA, Ricardo Menezes da. *Tratamento adequado de demandas repetitivas no primeiro grau: uma análise a partir do novo Código de Processo Civil*. Dissertação apresentada como requisito parcial para conclusão do Curso de Mestrado do Programa de Pós-Graduação em Direito da Universidade Federal do Paraná, 2019, p. 153-154. Disponível em: *https://www.prppg.ufpr.br/siga/visitante/trabalhoConclusaoWS?idpessoal=57605&idprograma=40001016017P3&anobase=2019&idtc=123*. Acesso em: 17.12.19. DINAMARCO, Cândido Rangel. *Comentários ao Código de Processo Civil, vol. I*. São Paulo: Saraiva, 2018, p. 313.

Nesse sentido, o instituto da cooperação judicial por reunião de processos deixaria de ser aplicado pelos juízes depois do ajuizamento e seria feito no ato da distribuição, evitando-se a prolação de decisões individuais, de forma irresponsável. A medida pode ser tomada com o uso de tecnologia de filtragem e agregação de demandas, especialmente nos tribunais nos quais os processos são eletrônicos.

Paralelamente e naquelas hipóteses em que não for possível a filtragem no momento da distribuição, os tribunais podem determinar regimentalmente a reunião e enviar informes aos juízos acerca de quais demandas estão sendo reunidas,[72] a fim de que eventuais falhas no sistema de distribuição possam ser corrigidas manualmente, com a remessa dos processos ao juízo no qual ocorre a centralização.[73]

Do mesmo modo, Judiciário, Ministério Público e Defensoria Pública devem atuar conjuntamente para que essa aglutinação seja feita o quanto antes e da forma mais abrangente possível. Trata-se de relevante aplicação da cooperação interinstitucional (arts. 1º, II, 15 e 16 da Resolução nº 350/2020 do CNJ), pois não basta o mero ajuizamento de ação coletiva (que, segundo o STJ, suspende automaticamente as demandas individuais sobre o tema), tendo em vista a possibilidade de serem concedidas tutelas provisórias nas demandas individuais. Dito de outro modo, permitir que os juízos espalhados e que não atuam de forma cooperativa profiram decisões sobre o tema, mesmo que em tutela provisória, prejudica a solução global, o que reforça a necessidade de uma atuação conjunta dos órgãos envolvidos.

Evidentemente, a criação dessas medidas não deve ser feita sem a consideração sobre alterações na própria estrutura do Judiciário, de modo que,

---

71. Em sentido contrário, afirmando que, na existência de "afinidade" (sem conexão, no sentido do art. 55 do CPC), não existe obrigatoriedade para a reunião, apesar de admiti-la *"de lege lata"* quando houver uma questão de fundo comum: LUNARDI, Thaís Amoroso Paschoal. *Coletivização da prova: técnicas de produção coletiva da prova e seus reflexos da esfera individual.* Tese apresentada como requisito parcial para a conclusão do Doutorado do Programa de Pós-Graduação em Direito da Universidade Federal do Paraná, 2018, p. 160-166. Disponível em: *https://acervodigital.ufpr.br/bitstream/handle/1884/58147/R%20-%20T%20-%20THAIS%20AMOROSO%20PASCHOAL%20LUNARDI.pdf?sequence=1&isAllowed=y*. Acesso em: 17.12.19.

72. Sobre a cooperação como mecanismo de publicidade e divulgação de informações nos processos estruturantes, inclusive para minimização de vieses: LÂMEGO, Gustavo Cavalcanti. *Técnicas de Cooperação Judiciárias Aplicadas a Processos Estruturais.* Monografia (Graduação). Universidade Federal da Bahia. Salvador, 2019, p. 70-72.

73. Importante destacar que não haveria qualquer violação ao juiz natural, que precisa urgentemente ser reinterpretado: CABRAL, Antonio do Passo. *Juiz natural e eficiência processual: flexibilização, delegação e coordenação de competências no processo civil.* Tese apresentada no concurso de provas e títulos para provimento do cargo de Professor Titular de Direito Processual da Faculdade de Direito da Universidade do Estado do Rio de Janeiro. Rio de Janeiro, 2017.
Aliás, há autores que já viam o princípio do juiz natural como a atribuição constitucional de competência (jurisdição), visão que permite igualmente chegar à conclusão de que a atribuição dentro do mesmo ramo do Judiciário não configuraria violação a esse princípio: CÂMARA, Alexandre Freitas. Lições de Direito processual civil: volume 1. 23ª ed, São Paulo: Atlas, 2012, p. 52-55.

além de serem criados órgãos específicos para o julgamento desses processos, impõe-se seu aparelhamento, com mudança integral da lógica de metas de celeridade existentes, com integração a outros órgãos (por protocolos institucionais) e com a atuação de auxiliares do juízo especializados nas questões extrajurídicas que integrem o problema.[74]

Diante dessa sugestão, emerge a importância dos Núcleos de Cooperação Judiciária e do Comitê Executivo da Rede Nacional de Cooperação Judiciária Comitê Executivo da Rede Nacional de Cooperação Judiciária para atuarem como gestores dessas práticas (arts. 19, 21 e 22 da Resolução nº 350/2020 do CNJ), especialmente porque os litígios estruturantes podem dizer respeito à competência de mais de um tribunal, sendo indispensável uma atuação conjunta e organizada.

Em suma, impedindo-se que o juiz profira decisões na demanda individual, reduzem-se as chances de que, em diversos casos análogos, os erros individuais (provocados por uma visão de túnel que impede a visualização da dimensão do problema) provoquem uma "piora em cascata" do problema estruturante, de modo que o Judiciário possa efetivamente exercer a função de tutela de direitos, e não de extermínio em massa de direitos.

Caso já se esteja diante de demandas julgadas de forma individual e atomizada, é possível realizar uma reunião "forçada" na fase recursal ou na fase de cumprimento de sentença (art. 69, § 2º, VII, do CPC),[75] diante da existência do referido dever de centralização, já mencionado, para se garantir isonomia e economia de recursos.[76] Indispensável, portanto, que os juízes de cooperação não voltem suas preocupações apenas ao primeiro grau, tampouco que limitem os problemas à fase de conhecimento, devendo exercer suas atribuições também de modo a coordenar a atuação na segunda instância (arts. 13 e 14 da Resolução nº 350/2020 do CNJ).

Sobre essa questão, o TJRJ recentemente tentou solucionar o problema aqui tratado mediante a reunião obrigatória de processos formalmente individuais, que discutiam um problema estruturante (de saneamento na comunidade do "Canal do Anil"), se valendo do Incidente de Resolução de Demandas Repetitivas e do Incidente de Assunção de Competência.[77] A rigor, sequer há

74. TOSTA, André Ribeiro; MARÇAL, Felipe Barreto. Gerenciamento processual adequado de demandas formalmente individuais a partir de uma visão estruturante: o reforço proporcionado pelo art. 21 da LINDB, *in: Processos Estruturais*. Org: Sérgio Cruz Arenhart e Marco Félix Jobim. 2ª ed., rev., atual. e ampl., Salvador: Juspodivm, 2019, p. 197-200.

75. DIDIER JR., Fredie. *Cooperação Judiciária Nacional – Esboço de uma teoria para o Direito brasileiro*. Salvador: Juspodivm, 2019, p. 96-97.

76. LÂMEGO, Gustavo Cavalcanti. *Técnicas de Cooperação Judiciárias Aplicadas a Processos Estruturais*. Monografia (Graduação). Universidade Federal da Bahia. Salvador, 2019, p. 76-79.

77. Como o IRDR havia sido suscitado antes do IAC, optou-se por admitir o primeiro, sob a suposta fungibilidade entre ambos: TJRJ – IRDR nº 0061204-79.2019.8.19.0000 – Des(a). NATACHA NASCIMENTO GOMES

menção na fundamentação de que se trata de um litígio multifocal, o que pode ter, inclusive, passado despercebido, permitindo o agravamento do problema, caso não ocorra o processamento adequado pela via estruturante.

No mesmo sentido, o TJES instaurou IRDR para processar as incontáveis demandas indenizatórias individuais decorrentes do rompimento da barragem do Fundão, em Mariana/MG (caso do Rio Doce - Samarco, Vale e BHP Billiton).[78] Contudo, a partir do momento em que a obrigação das mineradoras transborda a mera esfera pecuniária de reparação, exigindo outras medidas *in natura* de reparação, especialmente do ponto de vista de reconstrução do que foi destruído, parece que o problema assume forte carga estruturante.[79-80] Essa conclusão é possível também de ser alcançada *in hindsight* (analisando de forma retrospectiva), quando se verifica que "os resultados alcançados não espelham o esperado do quanto determinam os princípios da reparação integral em relação ao dano ambiental, nem em relação ao acesso à Justiça".[81]

Não se trata, evidentemente, da melhor solução, especialmente porque o IRDR não tem função de análise probatória e fática[82] e porque o IAC pressupõe

TOSTES GONÇALVES DE OLIVEIRA - Julgamento: 21/11/2019 - SEÇÃO CÍVEL. Aguarda-se o julgamento do mérito e a tentativa de corrigir o problema, que passa por perceber sua natureza policêntrica.

78. TJMG - IRDR nº 1126962-87.2018.8.13.0000 - Des(a). AMAURI PINTO FERREIRA - Julgamento: 04/12/2019 - SEGUNDA SEÇÃO CÍVEL.

79. "O Desastre provocou danos ambientais, sociais e econômicos incalculáveis e contínuos. Além do inquestionável impacto ao equilíbrio ecológico, coletividades e indivíduos foram diretamente atingidos pelo ocorrido, desde uma perspectiva social, econômica e humana. Abordar juridicamente a temática do desastre ambiental do Rio Doce, ocorrido a partir do rompimento da barragem de Fundão e de responsabilidade das empresas Samarco S.A., Vale S.A. e BHP Billiton do Brasil S.A., tem sido um desafio. É necessário um grande esforço para compreender as especificidades do caso e as estratégias judiciais e extrajudiciais em curso, seja por parte das Defensorias Públicas, Ministérios Públicos, Poder Público, empresas, advogados e tantos outros atores envolvidos. Para além dos debates centrais sobre as medidas de reparação e compensação, sobre a ausência de participação social nas instâncias de governança criadas e a sua revisão, sobre o direito de assessoria técnica aos atingidos, dentre tantos outros aspectos, um ponto específico surgiu com especial importância e impacto para as comunidades atingidas no ano de 2018: a possível prescrição das ações de reparação civil." (ZANETI JR., Hermes; LINO, Daniela Bermudes; SOBRAL, Mariana Andrade; CAMPOS, Rafael Mello Portella; TRAZZI, Paulo Henrique Camargo. Ações individuais no caso Rio Doce: interrupção da prescrição, suspensão da prescrição e comportamento contraditório dos litigantes no processo de autocomposição. RePro, v. 298, 2019, p. 193-217, versão digital.)

80. A rigor, se considerarmos que os processos concursais possuem carga estruturante (ARENHART, Sérgio Cruz. Decisões estruturais no Direito Processual Civil brasileiro. Revista de Processo, n. 38, n. 225, 2013, p. 389-410. DIDIER JR., Fredie; ZANETI JR., Hermes; OLIVEIRA, Rafael Alexandria. Notas sobre as decisões estruturantes, *in: Processos Estruturais*. Org: Sérgio Cruz Arenhart, Marco Félix Jobim. Salvador: Juspodivm, 2017, p. 359.), então mesmo que se esteja diante de meras demandas pecuniárias, ainda assim se recomendaria uma abordagem estruturante para solucionar o caso. Ademais, a solução preconizada no presente trabalho, de reunião de processos, pode ser usada também com a única finalidade de otimizar a execução de decisões e a satisfação de créditos (art. 69, § 2º, do CPC).

81. RICHTER, Bianca Mendes Pereira. Dos Incidentes de Resolução de Demandas Repetitivas no caso do Rio Doce: uma análise a partir da atuação do litigante habitual nesta forma de resolução de questões repetitivas. RePro, v. 301, 2020, versão digital.

82. Essa impossibilidade já parece suficiente para afastar a fungibilidade entre IRDR e IAC, já que, no último, há ampla cognição sobre fatos e provas. Somente *de lege ferenda* parece possível permitir o uso do IAC

que os casos não sejam repetidos, além de ambos terem a finalidade precípua de formar padrões decisórios, e não de reunir processos estruturantes.[83-84]

Contudo, foi o meio viável de tentar corrigir, em segundo grau, um problema agravado por julgados individuais e, de todo modo, esses incidentes permitem a ampliação do debate e uma participação ampliada, uma das tônicas do processo estruturante.[85] Assim, caso dê bons resultados, estar-se-á diante de outro mecanismo adequado de gerenciamento processual de demandas estruturantes formalmente individuais.

Além disso, devem ser pensados mecanismos de controle dos juízes que se recusarem a cumprir as determinações de reunião obrigatória, em caso de falha na distribuição ou até que haja a correta implementação de um sistema automático, além da utilização do conflito de competência, mediante provocação das partes e do Ministério Público (art. 66, III, do CPC).

CONCLUSÃO

De forma sintética, pretendeu-se apresentar a ideia de que os litígios estruturantes podem aparecer sob as mais variadas formas: processos coletivos, formalmente individuais ou, até mesmo, objetivos.

Em seguida, realizou-se uma análise institucional do gerenciamento processual, identificando, dentre um de seus "pontos fracos", a existência de diversos vieses dos magistrados no tratamento de demandas formalmente individuais que tratam de litígios substancialmente multifocais (policêntricos). Dentre esses vieses, destacaram-se os de "efeito da vítima identificável", de disponibilidade e sobrevivência.

Nesse sentido, partindo-se de premissas da psicologia cognitiva, da neurociência e da economia comportamental, demonstrou-se que não adianta, portanto, tratarmos o processo estruturante como uma panaceia, tampouco como

com ampla repetição de processos (típica do IRDR) e a cognição sobre fatos e provas (típica do IAC). Aliás, uma reforma legislativa para unificar os institutos, justamente a fim de atribuir a um só ambas as potencialidades, seria louvável, como vem sustentando o prof. Alexandre Freitas Câmara.

83. Demonstrando as limitações do IRDR para a solução integral de problemas repetitivos (não necessariamente multipolares): SILVA, Ricardo Menezes da. *Tratamento adequado de demandas repetitivas no primeiro grau: uma análise a partir do novo Código de Processo Civil*. Dissertação apresentada como requisito parcial para conclusão do Curso de Mestrado do Programa de Pós-Graduação em Direito da Universidade Federal do Paraná, 2019, p. 140-150.

84. Sobre a utilização da reunião de casos por cooperação justamente quando o IRDR não se mostrar o meio adequado diante da limitação da cognição: CABRAL, Antonio do Passo. *Juiz natural e eficiência processual: flexibilização, delegação e coordenação de competências no processo civil*. Tese apresentada no concurso de provas e títulos para provimento do cargo de Professor Titular de Direito Processual da Faculdade de Direito da Universidade do Estado do Rio de Janeiro. Rio de Janeiro, 2017, p. 682-685. DIDIER JR., Fredie. *Cooperação Judiciária Nacional – Esboço de uma teoria para o Direito brasileiro*. Salvador: Juspodivm, 2019, p. 93-95.

85. MARÇAL, Felipe Barreto. *Processos Estruturantes*. Salvador: Juspodivm, 2021, p. 71-105, com amplas referências bibliográficas.

um local adequado para a solução de litígios multifocais, se ignorarmos os problemas concretos por trás da tomada de decisão, como os equívocos cognitivos (heurísticas e vieses comportamentais).

Assim, visando a solucionar esses problemas específicos, o trabalho apresenta algumas sugestões para o gerenciamento de demandas formalmente individuais e modificações na estrutura judiciária para processar de forma mais eficiente os diversos tipos de demandas estruturantes, evitando-se o agravamento do problema transindividual.

De forma mais pontual, buscou-se dar enfoque especial aos mecanismos de cooperação jurisdicional: a reunião de demandas (art. 69, II, do CPC) ou a centralização de processos repetitivos (art. 69, § 2º, VI, do CPC), para processamento e julgamento conjunto das demandas individuais que, globalmente, impliquem modificações estruturais.

Por fim, o diferencial da abordagem do presente trabalho consiste no fato de que essa reunião dos processos deve ser feita *automática e aprioristicamente*, para que se possa combater o problema apontado, das heurísticas e dos vieses. Com isso, *retira-se do magistrado a possibilidade de decidir nos casos individuais*, sem a análise de outras demandas que tratam do mesmo problema de fundo (multifiocal). Isso porque os juízes (enviesados) não determinarão espontaneamente a reunião de processos individuais para julgamento conjunto, se acreditam que as melhores decisões são aquelas proferidas "a conta-gotas", esvaziando o potencial e a utilidade da previsão do art. 69, II e § 2º, VI, do CPC.

Espera-se, com essa abordagem multidisciplinar, dar maior contribuição ao gerenciamento processual e às formas de cooperação judicial referentes ao processamento de demandas formalmente individuais, mas que tratem de litígios estruturantes, visando à solução adequada do problema (macro) e evitando-se seu agravamento por meio de decisões proferidas "a conta-gotas".

REFERÊNCIAS BIBLIOGRÁFICAS

ABBOUD, Georges. *Discricionariedade administrativa e judicial: o ato administrativo e a decisão judicial.* São Paulo: Revista dos Tribunais, 2014.

ARENHART, Sérgio Cruz. Decisões estruturais no Direito Processual Civil brasileiro. Revista de Processo, n. 38, n. 225, 2013, p. 389-410.

ARENHART, Sérgio Cruz. Processo multipolar, participação e representação de interesses concorrentes, *in: Processos Estruturais.* Org: Sérgio Cruz Arenhart, Marco Félix Jobim. Salvador: Juspodivm, 2017.

ARENHART, Sérgio Cruz. Processos estruturais no direito brasileiro: reflexões a partir do caso da ACP do Carvão. Revista de Processo Comparado, v. 2, 2015.

ARIELY, Dan. *Predictably irrational: the hidden forces tha shape our decisions*. Harper Perennial: Nova Iorque, 2010.

ARIELY, Dan. Solução para aposentadoria, confiança no teletrabalho e roubo de assentos. Folha de São Paulo. Publicado em: 02.05.19. Disponível em: *https://www1.folha.uol.com.br/colunas/danariely/2019/05/solucao-para-aposentadoria-confianca-no-teletrabalho-e-roubo-de-assentos.shtml*. Acesso em: 13.01.19.

ÁVILA, Gustavo Noronha. *Falsas Memórias e Sistema Penal*. Rio de Janeiro: Lumen Juris, 2013.

BINENBOJM, Gustavo. *Poder de polícia, ordenação, regulação: transformações político-jurídicas, econômicas e institucionais do direito administrativo ordenador*. Belo Horizonte: Fórum. 2018.

CABRAL, Antonio do Passo. *Juiz natural e eficiência processual: flexibilização, delegação e coordenação de competências no processo civil*. Tese apresentada no concurso de provas e títulos para provimento do cargo de Professor Titular de Direito Processual da Faculdade de Direito da Universidade do Estado do Rio de Janeiro. Rio de Janeiro, 2017.

CÂMARA, Alexandre Freitas. Lições de Direito processual civil: volume 1. 23ª ed, São Paulo: Atlas, 2012.

CHAYES, Abram. The role of the judge in public law litigation. *Harvard Law Review*, v. 89, n. 7, 1976 (também disponível em espanhol em: CHAYES, Abram. El rol del juez en el litigio de interes público. Revista de Processo, n. 42, n. 268, 2017, p. 143-188.).

CINTRA, Antonio Carlos Araújo; GRINOVER, Ada Pellegrini; DINAMARCO, Cândido Rangel. Teoria Geral do Processo. 16ª ed, São Paulo: Malheiros, 1999.

COSTA, Eduardo José da Fonseca. *Levando a imparcialidade a sério: Proposta de um modelo intersecccional entre direito processual, economia e psicologia*. Salvador: Juspodivm, 2018.

DAMÁSIO, Antonio. *O erro de Descartes: emoção, razão e o cérebro humano*. Trad: Dora Vicente e Georgina Segurado. Companhia das Letras: São Paulo, 2012.

DIDIER JR., Fredie. *Cooperação Judiciária Nacional – Esboço de uma teoria para o Direito brasileiro*. Salvador: Juspodivm, 2019.

DIDIER JR., Fredie; ZANETI JR., Hermes; OLIVEIRA, Rafael Alexandria. Notas sobre as decisões estruturantes, *in: Processos Estruturais*. Org: Sérgio Cruz Arenhart, Marco Félix Jobim. 2ª ed., rev., atual. e ampl., Salvador: Juspodivm, 2019.

DINAMARCO, Cândido Rangel. *Comentários ao Código de Processo Civil, vol. I*. São Paulo: Saraiva, 2018.

DOUGLAS, Mary. *Risk and Blame: Essays in Cultural Theory*. New York: Routledge, 1994.

DUNNING, David. *We are all confidente idiots*. Pacific Standard. Publicado em: 14.06.17. Disponível em: *https://psmag.com/social-justice/confident-idiots-92793*. Acesso em: 23.12.19.

DUNNING, David. *Why incompetente people think they are amazing*. TED-Ed. Publicado em: 11.17. Disponível em: *https://www.ted.com/talks/david_dunning_why_incompetent_people_think_they_re_amazing?language=en#t-11112*. Acesso em: 23.12.19.

ENGEL, Christoph. Behavioral Law and Economics: Empirical Methods, *in: The Oxford Handbook of Behavioral Economics and the Law*. ZAMIR, Eyal; TEICHMAN, Doron (Ed.). Oxford: Oxford University Press, 2014.

FEATHERSTONHAUGH, David; SLOVIC, Paul; JOHNSON, Stephen; FRIEDRICH, James. Insensitivity to the Value of Human Life: A Study of Psychophysical Numbing. *Journal of Risk and Uncertainty*, Mai-1997, v. 14, n. 3.

FERRARO, Marcela Pereira. *Do processo bipolar ao processo coletivo-estrutural*. Universidade Federal do Paraná, 2015, Dissertação de Mestrado em Direito das Relações Sociais.

FILHO, Fernando Tourinho. *Os embargos infringentes no processo penal e sua entrada no Supremo Tribunal Federal*. Migalhas. Disponível em: *http://www.migalhas.com.br/dePeso/16,MI176813,101048-Os+embargos+infringentes+no+processo+penal+e+sua+entrada+-no+Supremo*. Acesso em: 17.12.19.

FISS, Owen. *The civil rights injunction*. Indiana University Press, 1978.

GESU, Cristina di. *Prova Penal e Falsas Memórias*. 2ª ed. Livraria Do Advogado (Edição Digital), 2014.

GOULART, Bianca Bez. *Análise econômica do litígio*. Salvador: Juspodivm, 2019.

GRIFFIN, Dale; TVERSKY, Amos. The Weighing of Evidence and the Determinants of Confidence, *in*: TVERSKY, Amos. *The essential Tversky*. Cambridge: MIT Press, 2018.

HANCOCK, Jaime Rubio. O efeito Dunning-Kruger: por que as pessoas falam sem ter nenhum conhecimento. El País. Publicado em: 30.11.17. Disponível em: *https://brasil.elpais.com/brasil/2017/11/29/economia/1511971499_225840.html*. Acesso em: 23.12.19.

JENNI, Karen; LOEWENSTEIN, George. Explaining the "Identifiable Victim Effect". *Journal of Risk and Uncertainty*, Mai-1997, v. 14, n. 3.

JOLLS, Christine. Behavioral Economics Analysis of Redistributive Legal Rules. Symposium: The Legal Implications of Psychology: Human Behavior, Behavioral Economics, and the Law. *Vanderbilt Law Review*, v. 51, n. 6, nov. 1998.

JOLLS, Christine. On Law Enforcement with Boundedly Rational Actors. *Harvard Law School John M. Olin Center for Law, Economics and Business Discussion Paper Series*, n. 494, set. 2004.

JOLLS, Christine; SUNSTEIN, Cass R; THALES, Richard. A Behavioral Approach to Law and Economics. *Stanford Law Review*, v. 50, 1997-1998, p. 1471-1550. Disponível em: *https://digitalcommons.law.yale.edu/cgi/viewcontent.cgi?article=2797&context=fss_papers*. Acesso em: 10.06.18.

KAHNEMAN, Daniel. *Thinking, fast and slow*. Nova Iorque: FSG, 2011.

KANG, Jerry et *al*. Implicit Bias in the Courtroom. *UCLA Law Review*. v. 59, 2012. Disponível em: *http://www.uclalawreview.org/pdf/59-5-1.pdf*. Acesso em: 10.07.18.

KING, Jeff. Polycentricity and Resource Allocation: A Critique and Refinement. 2006. Disponível em: *http://www.trinitinture.com/documents/king1.pdf*. Acesso em: 30.08.19.

KING, Jeff. *The pervasiveness of polycentricity*. Disponível em: *http://ssrn.com/abstract=1027625*. Acesso em: 30.08.19.

LAGES, Cíntia Garabini. A proposta de Ronald Dworkin em "O Império do Direito". Revista da Faculdade Mineira de Direito. Belo Horizonte: PUC Minas. v. 4. n. 7 e 8, jan./jun. 2001.

LÂMEGO, Gustavo Cavalcanti. *Técnicas de Cooperação Judiciárias Aplicadas a Processos Estruturais*. Monografia (Graduação). Universidade Federal da Bahia. Salvador, 2019.

LANDAU, David. The Reality of Social Rights Enforcement. *Harvard International Law Journal*, v. 53, n. 1, 2012.

LIMA, Edilson Vitorelli Diniz. Litígios estruturais: decisão e implementação de mudanças socialmente relevantes pela via processual, *in: Processos Estruturais*. Org: Sérgio Cruz Arenhart, Marco Félix Jobim. Salvador: Juspodivm, 2017.

LIMA, Edilson Vitorelli Diniz. *O devido processo legal coletivo: representação, participação e efetividade da tutela jurisdicional*. Universidade Federal do Paraná, 2015, Tese de Doutorado em Direito das Relações Sociais.

LUNARDI, Thaís Amoroso Paschoal. *Coletivização da prova: técnicas de produção coletiva da prova e seus reflexos da esfera individual*. Tese apresentada como requisito parcial para a conclusão do Doutorado do Programa de Pós-Graduação em Direito da Universidade Federal do Paraná, 2018, p. 160-166. Disponível em: *https://acervodigital.ufpr.br/bitstream/handle/1884/58147/R%20-%20T%20-%20THAIS%20AMOROSO%20PASCHOAL%20LUNARDI.pdf?sequence=1&isAllowed=y*. Acesso em: 17.12.19.

MARÇAL, Felipe Barreto. Deveres Cooperativos do Magistrado no Processo Estruturante: da cooperação com as partes à cooperação com outros órgãos (judiciários ou extrajudiciários), por meio de atribuição de competências e delegações. *Civil Procedure Review*, v. 10, p. 77-99, 2019.

MARÇAL, Felipe Barreto. Direito Processual Comportamental: repensando institutos processuais a partir da economia comportamental, da psicologia cognitiva e da neurociência. No prelo.

MARÇAL, Felipe Barreto. *Processos Estruturantes*. Salvador: Juspodivm, 2021.

MARÇAL, Felipe Barreto. Processos estruturantes (multipolares, policêntricos ou multifocais): gerenciamento processual e modificação da estrutura judiciário. RePro, v. 289, 2019.

MOREIRA, José Carlos Barbosa. *Saneamento do processo e audiência preliminar*, in: *Temas de direito processual – quarta série*. São Paulo: Saraiva, 1989.

NUNES, Dierle; SILVA, Natanael Lud Santos; PEDRON, Flávio Quinaud. *Desconfiando da (im) parcialidade dos sujeitos processuais: um estudo sobre os vieses cognitivos, a mitigação de seus efeitos e o debiasing*. Salvador: Juspodivm, 2018.

PEDRON, Flávio Quinaud. Esclarecimentos sobre a Tese da Única "Resposta Correta", De Ronald Dworkin. Revista CEJ, Brasília, Ano XIII, n. 45, p. 102-109, abr./jun. 2009.

REDELMEIER, Donald; TVERSKY, Amos. Discrepancy between Medical Decisions for Individual Patients and for Groups, *in*: TVERSKY, Amos. The Weighing of Evidence and the

Determinants of Confidence, in: TVERSKY, Amos. *The essential Tversky*. Cambridge: MIT Press, 2018.

RICHTER, Bianca Mendes Pereira. Dos Incidentes de Resolução de Demandas Repetitivas no caso do Rio Doce: uma análise a partir da atuação do litigante habitual nesta forma de resolução de questões repetitivas. RePro, v. 301, 2020, versão digital.

RODRIGUES, Marco Antonio dos Santos. Aspectos processuais do controle jurisdicional de políticas públicas, *in: Estudos de direito administrativo em homenagem ao professor Jessé Torres Pereira Junior*. Alexandre Freitas Câmara, Adilson Rodrigues Pires, Thaís Boia Marçal (Coords.). Belo Horizonte: Fórum, 2016.

SAMSON, Alain. (Org). *The Behavioral Economics Guide 2019 (with an Introduction by Uri Gneezy)*. Disponível em: *https://www.behavioraleconomics.com*. Acesso em: 17.12.19.

SCHELLING, Thomas. The Life you Save may be your own, *in: Problems in Public Expenditure Analysis*. Samuel B. Chase (ed.). Washington DC: The Brookings Institute, 1968.

SETH, Anil. Your brain hallucinates your concious reality. TED. Publicado em: 04.17. Disponível em: *https://www.ted.com/talks/anil_seth_your_brain_hallucinates_your_conscious_reality?language=en*. Acesso em: 10.12.19.

SILVA, Ricardo Menezes da. *Tratamento adequado de demandas repetitivas no primeiro grau: uma análise a partir do novo Código de Processo Civil*. Dissertação apresentada como requisito parcial para conclusão do Curso de Mestrado do Programa de Pós-Graduação em Direito da Universidade Federal do Paraná, 2019. Disponível em: *https://www.prppg.ufpr.br/siga/visitante/trabalhoConclusaoWS?idpessoal=57605&idprograma=40001016017P3&anobase=2019&idtc=123*. Acesso em: 17.12.19.

SIMMONS, Michael. *How Elon Musk Learns Faster And Better Than Everyone Else*. Disponível em: *https://medium.com/@michaeldsimmons/how-elon-musk-learns-faster-and-better-than-everyone-else-a010a4f586ef*. Acesso em: 19.12.19.

SIMONTON, Dean Keit. *Creative Development as Acquired Expertise: Theoretical Issues and an Empirical Test, in: Developmental Review*. V. 20, 2000, p. 283-318. Disponível em: *http://www.chrest.info/Fribourg_Cours_Expertise/Articles-www/IV%20Expertise%20et%20societe/Creative%20development%20as%20acquired%20expertise%20-%20Simonton.pdf*. Acesso em: 19.12.19.

SLOVIC, Paul; FISCHHOFF, Baruch; LICHTENSTEIN, Sarah. Facts and Fears: Understanding Perceived Risk, *in: Societal Risk Assessment: How Safe is Safe Enough?* Richard C. Schwing e Walther A. Alberts, Jr. (eds.). NewYork: Plenum Press, 1979.

SMALL, Deborah; LOEWENSTEIN, George. Helping a Victim or Helping *the* Victim: Altruism and Identifiability. *Journal of Risk and Uncertainty*, Jan-2003, v. 26, n. 1.

SMALL, Deborah; VERROCHI, NICOLE. The Face of Need: Facial Emotion Expression on Charity Advertisements. *Journal of Marketing Research*, Dez-2009, v. XLVI.

SMITH, Gary. *Standard Deviations: Flawed Assumptions, Tortured Data, and Other Ways to Lie with Statistics*. Duckworth Overlook: Londres, 2015.

SOARES, Marcos José Porto. A neurociência e as provas judiciais. RePro, v. 300, 2020, versão digital.

STEIN, Lílian Milnitsky et al. *Falsas Memórias: fundamentos científicos e suas aplicações clínicas e jurídicas*. Porto Alegre: Artmed, 2010.

TAUK, Caroline Somesom. Não existe saúde grátis: É possível reduzir os incentivos e otimizar os impactos da intervenção judicial? Jota. Publicado em: 02.08.19. Disponível em: *https://www.jota.info/opiniao-e-analise/colunas/coluna-da-abde/nao-existe-saude-gratis-02082019*. Acesso em: 23.12.19.

THALER, Richard H. *Misbehaving : the making of behavioral economics*. Nova Iorque: W.W. Norton & Company Inc., 2015.

THALER, Richard H.; SUNSTEIN, Cass R.. *Nudge : improving decisions about health, wealth and happiness*. Yale University Press, 2008.

TJMG – IRDR nº 1126962-87.2018.8.13.0000 – Des(a). AMAURI PINTO FERREIRA – Julgamento: 04/12/2019 – SEGUNDA SEÇÃO CÍVEL.

TJRJ – AI nº 0033615-54.2015.8.19.0000 – Des(a). ALEXANDRE ANTÔNIO FRANCO FREITAS CÂMARA – Julgamento: 09/12/2015 – SEGUNDA CÂMARA CÍVEL.

TJRJ – IRDR nº 0061204-79.2019.8.19.0000 – Des(a). NATACHA NASCIMENTO GOMES TOSTES GONÇALVES DE OLIVEIRA – Julgamento: 21/11/2019 – SEÇÃO CÍVEL.

TOSTA, André Ribeiro; MARÇAL, Felipe Barreto. Gerenciamento processual adequado de demandas formalmente individuais a partir de uma visão estruturante: o reforço proporcionado pelo art. 21 da LINDB, *in: Processos Estruturais*. Org: Sérgio Cruz Arenhart e Marco Félix Jobim. 2ª ed., rev., atual. e ampl., Salvador: Juspodivm, 2019, p. 179-208.

TOSTA, André Ribeiro. Epílogo – Pontes para o realismo e a inovação: propostas para a incorporação do "jogo de linguagem institucional" no Direito Público para o curto, médio e longo prazo, *in: Instituições e o Direito Público: empirismo, inovação e um roteiro de análise*. Rio de Janeiro: Lumen Juris, 2019.

TOSTA, André Ribeiro. *Instituições e o Direito Público: empirismo, inovação e um roteiro de análise*. Rio de Janeiro: Lumen Juris, 2019.

VIOLIN, Jordão. *Processo coletivo e protagonismo judiciário: O controle de decisões políticas mediante ações coletivas*. Universidade Federal do Paraná, 2011, Dissertação de Mestrado em Direito das Relações Sociais.

WOJCIECHOWSKI, Paola Bianchi; ROSA, Alexandre Morais da. Vieses da Justiça: como as heurísticas e vieses operam nas decisões penais e a atuação contraintuitiva. Florianópolis: EModara – EMais, 2018.

WOLKART, Erik Navarro. *Análise econômica do Processo Civil: como a Economia, o Direito e a Psicologia podem vencer a tragédia da Justiça*. São Paulo: RT, 2019.

YEUNG, Luciana Luk-Tai. Bias, insecurity and the level of trust in the judiciary: the case of Brazil. *Journal of Institutional Economics*, v. 15, n. 1, 2019.

ZANETI JR., Hermes; LINO, Daniela Bermudes; SOBRAL, Mariana Andrade; CAMPOS, Rafael Mello Portella; TRAZZI, Paulo Henrique Camargo. Ações individuais no caso Rio Doce: interrupção da prescrição, suspensão da prescrição e comportamento contraditório dos litigantes no processo de autocomposição. RePro, v. 298, 2019, p. 193-217, versão digital.

CAPÍTULO 27

Técnicas de cooperação judiciária nacional aplicadas a processos estruturais[1]

Gustavo Cavalcanti Lamêgo[2]

1. INTRODUÇÃO

A prestação jurisdicional tem passado por transformações na contemporaneidade. Parte disso se dá por meio do estudo dos processos estruturais, que rompem a lógica tradicional do processo com o objetivo de promover uma transformação social; busca-se efetividade na prestação jurisdicional com a construção de um novo modelo processual.

O tema é novo e possui muitos desafios a serem enfrentados, sobretudo em razão da complexidade inerente à tentativa de se promover uma mudança social significativa pela via judicial.

Por outro lado, tem-se a cooperação judiciária nacional que inova ao trazer novas técnicas processuais que possam dar eficiência à prestação jurisdicional. O instituto concretiza o princípio da eficiência, devendo ser utilizado tanto numa perspectiva endoprocessual, para gestão de processos, quanto numa perspectiva macro processual, para a administração judiciária. O tema ganhou nova roupagem com a edição do Código de Processo Civil de 2015 e ainda é pouco explorado pela doutrina - o que revela a importância de seu estudo.

O objetivo do presente trabalho é a análise acerca da aplicação de técnicas de cooperação judiciária aos processos estruturais. Pretende-se verificar como que os

---

1. Este artigo é também resultado do grupo de pesquisa "Transformações nas teorias sobre o processo e o Direito processual", vinculado à Universidade Federal da Bahia e cadastrado no Diretório Nacional de Grupos de Pesquisa do CNPQ (dgp.cnpq.br/dgp/espelhogrupo/7958378616800053). O grupo é membro fundador da "ProcNet - Rede Internacional de Pesquisa sobre Justiça Civil e Processo contemporâneo" (http://laprocon.ufes.br/rede-depesquisa).
2. Bacharel em Direito pela Universidade Federal da Bahia (UFBA). Advogado. Gustavo.clamego@gmail.com.

atos de cooperação podem auxiliar o processo na implementação de decisões que visam o alcance de um novo estado de coisas. É este o foco do trabalho.

Para que se cumpra com o objetivo do trabalho, cabe, inicialmente, traçar um panorama acerca dos temas que se pretende relacionar. Não convém, aqui, um aprofundamento acerca das principais discussões acerca da cooperação judiciária e dos processos estruturais, mas sim uma breve apresentação dos temas a fim de que se defina as premissas teóricas adotadas. Feito isso, será possível identificar possíveis usos de técnicas de cooperação judiciária em processos estruturais.

2. A TEORIA DOS PROCESSOS ESTRUTURAIS

A contemporaneidade tem apresentado problemas que extrapolam os usos que o processo civil foi tradicionalmente pensado para solucionar. É nesse contexto que surge o modelo dos processos estruturais, que tem como objetivo alterar um estado de coisas[3] contrário ao direito[4]. Intervém-se na estrutura de onde se originam situações ilícitas, a fim de resolvê-las de modo reflexo ou mediato[5].

De seu objetivo decorre o caráter prospectivo dos processos estruturais. Afinal, eles se destinam a alterar uma realidade, reestruturando um estado de coisas inconstitucional. Isso é, os juízes não mais apuram fatos passados, a fim de interpretá-los para dizer a consequência jurídica devida[6]. O foco do magistrado é deslocado para o futuro[7], deve estar "no que vai acontecer depois que ele interferir na realidade"[8].

Uma outra característica desse modelo processual reside nas variadas formas consideradas justificáveis para a solução do problema. A adoção do critério X, ao invés do Y, para a efetivação de uma decisão estrutural impacta o cotidiano e a esfera de direitos de diversos grupos e pessoas, alterando suas

3. VIOLIN, Jordão. **Processos estruturais em perspectiva comparada:** A experiência norte-americana na resolução de litígios policêntricos. Tese (Doutorado). Apresentada ao programa de Pós-Graduação em Direito da Universidade Federal do Paraná. Orientador: prof. dr. Sérgio Cruz Arenhart. Curitiba: Universidade Federal do Paraná, 2019, p. 59.
4. GALDINO, Matheus Souza. **Elementos para uma compreensão tipológica dos processos estruturais**. Dissertação (Mestrado - Direito). Orientador: Prof. Dr. Fredie Didier Jr. Salvador: Universidade Federal da Bahia, 2019, p. 132.
5. Ibidem, p. 23-24.
6. VITORELLI, Edilson. Litígios estruturais: decisão e implementação de mudanças socialmente relevantes pela via processual. In: ARENHART, Sérgio Cruz; e JOBIM, Marco Félix. (org.). **Processos Estruturais.** 2. ed. rev., atual. e ampl. Salvador: Juspodivm, 2019, p. 285.
7. ARENHART, Sérgio Cruz. Decisões estruturais no direito processual civil brasileiro. In: **Revista de processo**. São Paulo: Editora Revista dos Tribunais, 2013, ano 38, v. 225, p. 394.
8. VITORELLI, Edilson. **O devido processo legal coletivo:** dos direitos aos litígios coletivos. São Paulo: Editora Revista dos Tribunais, 2016, p. 532-533.

realidades; de outro lado, a escolha dos métodos Z ou W teria o mesmo efeito, pois há interdependência entre os diferentes contextos atingidos. Isso tudo se soma à percepção de que os critérios podem ser igualmente válidos, do ponto de vista jurídico, mas se distinguem por questões práticas extrajurídicas. A essa característica se dá o nome de "policentrismo"[9], que evidencia o indicador de complexidade dos processos estruturantes.

Isso faz com que a decisões, em um processo estrutural, tenham conteúdo complexo[10], sobretudo na fase de implementação da decisão estruturante[11]. Como explicam Fredie Didier Jr., Hermes Zaneti Jr. e Rafael Alexandria de Oliveira, as decisões estruturais prescrevem "normas-princípio" e "normas-regra"[12]. Enquanto aquelas indicam um resultado a ser alcançado – uma meta, ainda que a longo prazo –, estas delimitam "condutas que precisam ser observadas ou evitadas para que o preceito seja atendido e o resultado alcançado"[13]. Ou seja, a decisão estrutural fixa o estado de coisas desejado, com a prescrição da "norma-princípio", e delimita a forma como o estado de coisas atual irá se transformar naquele, com a prescrição das "normas-regra".

Por isso, se diz que a decisão estrutural é efetivada por meio de "provimentos em cascata"[14] ou "ciclos de decisões"[15]. As diretrizes gerais do estado de coisas que se quer alcançar são fixadas numa decisão inicial, de modo que decisões posteriores devem ser proferidas para determinar plano de ação para efetivação da primeira, ou revisá-los, verificando possíveis problemas que podem surgir no decorrer da implementação[16]. É necessária uma intervenção continuada do poder

9. Jordão Violin chama atenção para o fato de que o policentrismo, nos processos estruturais, não é um policentrismo jurídico. Ou seja, não há uma multiplicidade de respostas válidas que o Direito possa dar para o problema; ela é, no mais das vezes, evidente. A violação dos direitos fundamentais de detentos, por exemplo, é de fácil identificação; a necessidade de se reformar um sistema carcerário não gera grandes discussões senão por parcela conservadora da população que defende a crueldade como política pública. O problema real reside no "como fazer", na forma como tal resposta será transformada em realidade; o processo estrutural é policêntrico em sua implementação, no que o autor chama de "policentrismo extrajurídico". VIOLIN, Jordão. **Processos estruturais em perspectiva comparada**, op. cit., p. 72-77 e 102.

10. DIDIER JR., Fredie; ZANETI JR., Hermes; OLIVEIRA, Rafael Alexandria de. Elementos para uma teoria do processo estrutural aplicada ao processo civil brasileiro. **Revista de processo**. São Paulo: Editora Revista dos Tribunais, 2020, ano 44, v. 303, versão eletrônica, p. 9.

11. O maior desafio dos processos estruturais é a implementação das decisões, tendo em vista que, em geral, um estado de coisas antijurídico é de fácil cognição, mas de difícil alteração. Nesse sentido: VITORELLI, Edilson. **O devido processo legal coletivo**, op. cit., p. 530; VIOLIN, Jordão. **Processos estruturais em perspectiva comparada**, op. cit., p. 102.

12. DIDIER JR., Fredie; ZANETI JR., Hermes; OLIVEIRA, Rafael Alexandria de. Elementos para uma teoria do processo estrutural aplicada ao processo civil brasileiro, op. cit., p. 5.

13. Ibidem, p. 5.

14. ARENHART, Sérgio Cruz. Decisões estruturais no direito processual civil brasileiro, op. cit., p. 400.

15. NETO, Francisco de Barros e Silva. Breves considerações sobre os processos estruturais. In: ARENHART, Sérgio Cruz; e JOBIM, Marco Félix. (org.). **Processos Estruturais**, op. cit., p. 327.

16. ARENHART, Sérgio Cruz. Decisões estruturais no direito processual civil brasileiro, op. cit., p. 401.

judiciário nas instituições e grupos envolvidos, de modo que ele age mais como um administrador e legislador do que como juiz[17].

Tudo isso faz com que os litígios estruturais exijam do processo civil uma elasticidade de seus próprios conceitos[18]. Aqui reside uma outra característica dos processos estruturais: a flexibilidade. Os conceitos tradicionais do processo civil, se aplicados de forma rígida, obstaculizam a correta solução de um litígio estrutural[19]. Assim, ideias como separação de poderes, regra da congruência objetiva, estabilização do julgamento, dentre outras, devem se adequar ao que exige a situação concreta.

Expostas as suas características, define-se o processo estrutural como o processo por meio do qual se busca uma transição entre estados de coisas[20], em que há distintas formas juridicamente válidas de alcançar o resultado. O alcance da nova realidade é atividade complexa, determinada por uma decisão inicial, que prescreve uma "norma-princípio", e regulada por decisões posteriores, que prescrevem "normas-regra", numa atuação constante e voltada para o futuro.

3. A COOPERAÇÃO JUDICIÁRIA NACIONAL

A cooperação judiciária nacional é o conjunto de instrumentos e atos disponíveis para que os órgãos jurisdicionais brasileiros interajam entre si, com entidades arbitrais ou órgãos administrativos[21] para a prática de atos processuais de forma racional e eficiente[22].

Trata-se de instrumento de gestão adequada de processos judiciais com o objetivo de prestar a atividade jurisdicional em consonância com o que se espera de um modelo cooperativo de processo[23]. Não é por outro motivo que o Código de Processo Civil instituiu um "dever de recíproca cooperação" entre todos os âmbitos do judiciário[24].

---

17. VITORELLI, Edilson. **O devido processo legal coletivo, op. cit.**, p. 533.
18. DIDIER JR., Fredie; ZANETI JR., Hermes; OLIVEIRA, Rafael Alexandria de. Elementos para uma teoria do processo estrutural aplicada ao processo civil brasileiro, op. cit., p. 9.
19. ARENHART, Sérgio Cruz. Decisões estruturais no direito processual civil brasileiro, op. cit., p. 393.
20. GALDINO, Matheus Souza. **Elementos para uma compreensão tipológica dos processos estruturais**, op. cit., p. 132.
21. DIDIER JR., Fredie. **Cooperação Judiciária Nacional**: Esboço de uma Teoria para o Direito Brasileiro. Salvador: Editora Juspodivm, 2020, p. 61-62.
22. CAMARGO, Luiz Henrique Volpe. **A centralização de processos como etapa necessária do Incidente de Resolução de Demandas Repetitivas**. Tese (Doutorado em direito). Orientadora: prof. dra. Teresa Arruda Alvim – Pontifícia Universidade Católica de São Paulo. São Paulo: 2017, p. 303.
23. AVELINO, Murilo Teixeira. Breves comentários à cooperação nacional no código de processo civil. **Revista Jurídica da Seção Judiciária de Pernambuco**, nº 8, Recife, 2015, p. 188; FERREIRA, Gabriela Macedo. O ato concertado entre juízes cooperantes: esboço de uma teoria para o direito brasileiro. **Civil Procedure Review**. v.10, nº 3: set.-dez. 2019, p. 21.
24. AVELINO, Murilo Teixeira. Breves comentários à cooperação nacional no código de processo civil, op. cit., p. 188; CAMARGO, Luiz Henrique Volpe. **A centralização de processos como etapa necessária do Incidente de Resolução de Demandas Repetitivas**, op. cit., p. 304.

Nesse sentido, a cooperação judiciária serve, de um lado, como mecanismo de gestão processual – numa perspectiva endoprocessual – e, de outro, como instrumento de administração judiciária[25].

O instituto tem como marcantes características a atipicidade[26] e a flexibilidade[27]. A cooperação judiciária é atípica tanto em relação ao instrumento, como em relação ao ato que será produzido[28]. Há, também, plena possibilidade de adequar o procedimento às necessidades casuísticas por meio de atos cooperativos[29]. Assim, há liberdade criativa para uso de técnicas de cooperação para além das previstas em lei. Ambas as características têm como objetivo conferir eficiência à prestação jurisdicional[30].

Por ser tema que ganhou nova roupagem com o CPC de 2015 – reforçada pela resolução nº 350/2020 do CNJ –, há distintas propostas de interpretação de seus dispositivos com o objetivo de sistematizá-los. Não cabe, aqui, a análise de todas as sugestões doutrinárias para sistematização do instituto, sob pena de fuga dos objetivos do trabalho. Entretanto, destaca-se a proposta aqui adotada, que serve como premissa para os tópicos seguintes[31].

Assim, adota-se a sistematização idealizada por Fredie Didier Jr., que propõe a classificação dos atos de cooperação judiciária como: cooperação por solicitação, concertação ou delegação[32].

---

25. Enunciado nº 670 do FPPC: "A cooperação judiciária pode efetivar-se pela prática de atos de natureza administrativa ou jurisdicional".
26. AVELINO, Murilo Teixeira. Breves comentários à cooperação nacional no código de processo civil, op. cit., p. 194; MEIRELES, Edilton. Cooperação judiciária nacional. **Revista de processo**. São Paulo: Editora Revista dos Tribunais, 2015, ano 40, v. 249, versão eletrônica, p. 4; LUNARDI, Thaís Amoroso Paschoal. **Coletivização da prova**: técnicas de produção coletiva da prova e seus reflexos na esfera individual. Tese (Doutorado). Orientador: prof. dr. Eduardo Talamini – Universidade Federal do Paraná, Setor de Ciências Jurídicas, Programa de Pós-graduação em Direito. Curitiba, 2018, p. 168; FERREIRA, Maria Gabriela Silva Campos. **O compartilhamento de competências e os atos concertados entre juízes**. 2019. Dissertação (Mestrado em Direito) – Faculdade de Direito do Recife, Universidade Federal de Pernambuco, Recife, 2019, p. 70; FERREIRA, Gabriela Macedo. O ato concertado entre juízes cooperantes, op. cit., p. 22; DIDIER JR., Fredie. **Cooperação Judiciária Nacional**, op. cit., p. 73.
27. FERREIRA, Maria Gabriela Silva Campos. **O compartilhamento de competências e os atos concertados entre juízes**, op. cit., p. 70; FERREIRA, Gabriela Macedo. O ato concertado entre juízes cooperantes, op. cit., p. 22; DIDIER JR., Fredie. **Cooperação Judiciária Nacional**, op. cit., p. 74.
28. DIDIER JR., Fredie. **Cooperação Judiciária Nacional**, op. cit., p. 73-74.
29. FERREIRA, Gabriela Macedo. O ato concertado entre juízes cooperantes, op. cit., p. 22.
30. FERREIRA, Maria Gabriela Silva Campos. **O compartilhamento de competências e os atos concertados entre juízes**, op. cit., p. 102; FERREIRA, Gabriela Macedo. O ato concertado entre juízes cooperantes, op. cit., p. 22.
31. Propostas distintas de sistematização da cooperação judiciária, a partir da interpretação dos dispositivos do CPC, podem ser conferidas nas seguintes obras: MEIRELES, Edilton. Cooperação judiciária nacional, op. cit.; CAMARGO, Luiz Henrique Volpe. **A centralização de processos como etapa necessária do Incidente de Resolução de Demandas Repetitivas**, op. cit.; LUNARDI, Thaís Amoroso Paschoal. **Coletivização da prova**, op. cit.
32. DIDIER JR., Fredie. **Cooperação Judiciária Nacional**, op. cit., p. 75. Adotando a mesma classificação proposta por Fredie Didier Jr., ver: FERREIRA, Gabriela Macedo. O ato concertado entre juízes cooperantes, op. cit., p. 20.

A cooperação solicitada é aquela em que a relação entre os juízos cooperantes é pontual. Serve para a prática de um ou alguns atos determinados. Deve ser prontamente atendida, quando solicitada. Trata-se de gênero do qual o auxílio direto, a reunião ou apensamento de processos, a prestação de informações e as cartas (precatória e arbitral) são espécies[33].

A cooperação por concertação, por sua vez, é negócio jurídico processual de direito público[34], indicado para situações que exigem uma relação permanente e duradoura entre os órgãos cooperantes[35]. O ato concertado serve para reger diversos atos indeterminados e futuros[36], motivo pelo qual o §2º do art. 69 do CPC fala em "estabelecimento de um procedimento" para a prática de outros atos.

Já a cooperação por delegação é aquela por meio da qual há a transferência, entre órgãos jurisdicionais vinculados entre si, a competência para a prática de um ou mais atos. Não se confunde com a cooperação por solicitação, pois aqui o órgão delegatário não pede a prática do ato, mas sim determina seu cumprimento[37].

Por fim, destaque-se o objeto da cooperação judiciária, extraído do art. 68 do CPC, cláusula geral de cooperação judiciária, que dispõe que o instituto pode ser utilizado para a "prática de qualquer ato processual". Trata-se de redação de abrangência significativa, que é reforçada pelo uso do termo "além de outros" na apresentação do rol de atos concertados do §2º do art. 69 do CPC. Como se vê, o Código não impõe limitações ao uso do instituto[38]; muito pelo contrário, de sua redação se extrai um incentivo ao uso dessas técnicas colaborativas, sobretudo pela presença de um dever de cooperação (art. 67, CPC). Assim, entende-se que a cooperação judiciária pode ter como objeto, inclusive, atos com conteúdo decisório[39].

33. FERREIRA, Gabriela Macedo. O ato concertado entre juízes cooperantes, op. cit., p. 25-26.
34. FERREIRA, Maria Gabriela Silva Campos. **O compartilhamento de competências e os atos concertados entre juízes**, op. cit., p. 145-146; FERREIRA, Gabriela Macedo. O ato concertado entre juízes cooperantes, op. cit., p. 26; DIDIER JR., Fredie. **Cooperação Judiciária Nacional**, op. cit., p. 84.
35. DIDIER JR., Fredie. **Cooperação Judiciária Nacional**, op. cit., p. 85.
36. Ibidem, p. 77.
37. Ibidem, p. 76-77.
38. FERREIRA, Maria Gabriela Silva Campos. **O compartilhamento de competências e os atos concertados entre juízes**, op. cit., p. 107.
39. Tal afirmação não é pacífica na doutrina. Para os objetivos do presente trabalho, não há utilidade em expor os diferentes posicionamentos acerca da possibilidade de atos de cooperação terem como objeto decisões judiciais. De todo modo, fica o registro, com indicação dos autores que possuem as diferentes posições. Defendendo que atos decisões não podem ser objeto de cooperação judiciária: AVELINO, Murilo Teixeira. Breves comentários à cooperação nacional no código de processo civil, op. cit., p. 190; MARINONI, Luiz Guilherme; MITIDIERO, Daniel. **Comentários ao Código de Processo Civil:** artigos 1º ao 69. São Paulo: Editora Revista dos Tribunais, 2016, p. 451. Em sentido contrário: FERREIRA, Gabriela Macedo. O

Aí residem as principais características do instituto da cooperação judiciária, que servem como premissas para as relações a serem expostas nos próximos itens.

4. O USO DE TÉCNICAS DE COOPERAÇÃO JUDICIÁRIA EM PROCESSOS ESTRUTURAIS

Nos tópicos anteriores, foi visto que os processos estruturais têm o objetivo de alterar uma realidade (estado de coisas) da qual decorrem violações a direitos. Pontuou-se que essa alteração do estado de coisas não é uma atividade realizável de forma imediata; insere-se em contextos extremamente complexos, em que há uma variedade de possibilidades, em tese, aptas para resolver o problema e cujas repercussões são bem difíceis de se prever.

Ainda, foi apresentado um panorama geral sobre a cooperação judiciária nacional, com análise do conceito do instituto, suas características, base normativa e o papel que a cooperação judiciária deve assumir no atual modelo de processo civil brasileiro.

Resta, então, o estudo sobre a aplicação de algumas das técnicas de cooperação judiciária no âmbito dos processos estruturais.

4.1. Noções gerais

As técnicas processuais oferecidas pelo sistema de cooperação judiciária nacional têm grande utilidade para os processos estruturais. De início, essa utilidade se revela no fato de que as necessidades dos processos estruturais se ajustam às características da cooperação judiciária nacional.

A afinidade entre os institutos reside no fato que a cooperação possui, como característica marcante, a flexibilidade no procedimento para a consecução de uma prestação jurisdicional efetiva e eficiente, o que é fundamental para a condução de um processo estrutural.

Como já indicado nas premissas teóricas do presente trabalho, um processo estrutural se propõe a alterar um estado de coisas, a fim de fazer cessar as causas de violações a direitos. Essa atividade exige uma atuação continuada do judiciário que, em certas situações, passa a atuar numa atividade de administrador[40].

ato concertado entre juízes cooperantes, op. cit., p. 38; DIDIER JR., Fredie. **Cooperação Judiciária Nacional**, op. cit., p. 101.

40. VITORELLI, Edilson. **O devido processo legal coletivo**, op. cit., p. 533.

Some-se isso ao fato de que os litígios estruturais têm o potencial de se fragmentar em inúmeros processos individuais que, por sua vez, além de não serem aptos a dar soluções aos problemas estruturais, tendem a perpetuá-los. Essa grande quantidade de processos se torna um problema não só para o litígio estrutural em si, mas impacta o judiciário em todas as demais situações com o alto congestionamento processual.

Isso revela uma verdadeira afinidade entre o instituto da cooperação judiciária e a teoria dos processos estruturais.

Afinal, se a cooperação judiciária tem, dentre os seus objetos, atos de gestão macroprocessual, é certo que suas técnicas, se bem utilizadas, podem minimizar as consequências da fragmentação de litígios estruturais. E mais: a amplitude da cooperação judiciária, a qual permite, inclusive, a colaboração entre órgãos do Poder Judiciário e entidades administrativas[41], faz do instituto um ambiente fértil para uso de técnicas de condução dialógica dos processos estruturais.

Passa-se, pois, à análise de possíveis usos de técnicas de cooperação em processos estruturais.

4.2. A cooperação judiciária nacional como instrumento de condução dialógica dos processos estruturais

Os processos estruturais exigem uma condução dialógica por parte de seus sujeitos[42].

A ideia de condução processual dialógica se funda nas bases do modelo cooperativo de processo[43]. É método, pois, que visa dar o maior grau de efetividade possível aos institutos do contraditório, ampla defesa e cooperação, amplificando a participação dos sujeitos no processo[44].

O fortalecimento da participação das partes, nos processos estruturais, tem utilidade prática, para além da óbvia necessidade de se respeitar os princípios

41. Resolução nº 350/2020 do CNJ, art. 1º Esta Resolução dispõe sobre a cooperação judiciária nacional, abrangendo as seguintes dimensões: [...] II - a cooperação interinstitucional entre os órgãos do Poder Judiciário e outras instituições e entidades, integrantes ou não do sistema de justiça, que possam, direta ou indiretamente, contribuir para a administração da justiça.
42. VITORELLI, Edilson. Litígios estruturais: decisão e implementação de mudanças socialmente relevantes pela via processual. In: ARENHART, Sérgio Cruz; e JOBIM, Marco Félix. (org.). **Processos Estruturais**, op. cit., p. 295.
43. SARAIVA, Carolina Barros. Condução dialógica dos processos estruturais no Supremo Tribunal Federal. In: ARENHART, Sérgio Cruz; e JOBIM, Marco Félix. (org.). **Processos Estruturais**, op. cit., p. 215-218.
44. SARAIVA, Carolina Barros. Condução dialógica dos processos estruturais no Supremo Tribunal Federal. In: ARENHART, Sérgio Cruz; e JOBIM, Marco Félix. (org.). **Processos Estruturais**, op. cit., p. 215-217.

ligados ao devido processo legal. É que, não raro, há dificuldade de se visualizar a exata dimensão do problema a ser enfrentado nos litígios estruturais[45]. É essa dificuldade, inclusive, que faz com que as violações a direitos sejam atacadas por medidas judiciais sem que o estado de coisas que as sustentam seja combatido. Por isso, a amplificação da participação social no processo pode ajudar os envolvidos a compreender o problema numa perspectiva geral.

Uma ampla participação propicia, ainda, um ambiente mais favorável e criativo para a obtenção de soluções adequadas para o caso. Considerando a complexidade existente em muitos litígios estruturais, a criatividade na condução do processo e na formulação de soluções é fundamental, sendo que um ambiente dialógico é o mais propício para tanto.

Assim, fala-se no conceito de *town meeting*. É como se denomina método dialógico de condução processual por meio do qual o juiz, dotado de postura ativa[46], fomenta "ocasiões de diálogo ampliado com a sociedade impactada, nos moldes da atuação de órgãos administrativos ou legislativos"[47]. O método reflete a necessidade de participação da sociedade na alteração do estado de coisas que o processo estrutural visa.

Há, aí, aparente contradição. É possível se perguntar: como um método que exige uma postura mais ativa do órgão judiciário implica maior participação da sociedade no processo de mudança? Se o juiz é protagonista, suas vontades iriam prevalecer em detrimento de interesses sociais. Como dito, a contradição é apenas aparente.

Isso porque o protagonismo que se exige do juiz é, tão somente, "na condução do debate, na definição dos *standards* de cumprimento e no acompanhamento da implementação"[48]. O juiz não define o conteúdo da decisão a partir de suas concepções subjetivas; o faz por meio de apoio institucional, político e social para a reforma - que é essencial para sua implementação[49].

4.2.1. O diálogo institucional na condução de processos estruturais

Um dos grandes trunfos da cooperação judiciária é a possibilidade de se aperfeiçoar o diálogo e a colaboração entre as instituições, judiciais ou não,

45. ARENHART, Sérgio Cruz. Decisões estruturais no direito processual civil brasileiro, op. cit., p. 7.
46. VITORELLI, Edilson. Litígios estruturais: decisão e implementação de mudanças socialmente relevantes pela via processual. In: ARENHART, Sérgio Cruz; e JOBIM, Marco Félix. (org.). **Processos Estruturais**, op. cit., p. 295.
47. Ibidem, p. 296.
48. VIOLIN, Jordão. **Processos estruturais em perspectiva comparada**, op. cit., p. 88.
49. Assim leciona Jordão Violin: "Mas não exige ativismo, no sentido de definir o conteúdo de direitos a partir de concepções subjetivas. Quanto menor a subjetividade na definição do mérito, maior o apoio institucional, político e social à reforma.". Ibidem, p. 88.

por meio do processo. Afinal, já se demonstrou que é possível se estabelecer atos de cooperação judiciária tanto entre órgãos jurisdicionais como entre estes e entes administrativos (art. 1º, II, da Res. 350/2020 do CNJ). As técnicas têm grande serventia aos processos estruturais.

A primeira dessas técnicas é o diálogo entre juízos. A atuação conjunta de órgãos jurisdicionais serve à implementação de decisões estruturantes[50].

Um primeiro exemplo é dado por Felipe Barreto Marçal[51], ao citar processo que tramita na comarca do Rio de Janeiro e visa à reforma no serviço intermunicipal de ônibus[52]. No caso, foi realizada audiência pública a fim de ouvir as partes e membros da sociedade civil para a obtenção de informações. A inovação, no caso, é que a audiência foi presidida pelo relator prevento para julgar os recursos relativos ao processo em conjunto com a juíza de primeiro grau responsável pelo caso. Trata-se de bom uso da cooperação judiciária na prática conjunta de atos[53].

Um outro exemplo, mais complexo, pode ser enxergado na ADPF nº 347, por meio da qual se busca a declaração de um estado de coisas inconstitucional no sistema penitenciário brasileiro, com sua consequente reforma estrutural. Muito embora a competência originária para processamento e julgamento seja do STF, há de se pensar em vias criativas para a implementação de uma futura decisão[54].

Carolina Barros Saraiva, analisando o caso, vê três caminhos que podem ser adotados pelo Supremo Tribunal Federal[55] em eventual implementação da decisão: *(i)* a fiscalização, pelo próprio STF, do cumprimento da reforma no estado de coisas; *(ii)* a indicação de interventores para a implementação da decisão ou *(iii)* a transferência da implementação da decisão para juízos de piso[56].

A primeira alternativa parece ser a menos indicada, sobretudo em virtude do alto volume de trabalho existente na Corte[57]. Além disso, o STF está distante

---

50. SARAIVA, Carolina Barros. Condução dialógica dos processos estruturais no Supremo Tribunal Federal. In: ARENHART, Sérgio Cruz; e JOBIM, Marco Félix. (org.). **Processos Estruturais**, op. cit., p. 226.
51. MARÇAL, Felipe Barreto. Deveres cooperativos do magistrado no processo estruturante: da cooperação com as partes à cooperação com outros órgãos (judiciários ou extrajudiciários), por meio de atribuição de competências e delegações. **Civil Procedure Review**. v.10, nº 2: mai.-ago. 2019, p. 90.
52. Trata-se da ação civil pública nº 0052698-24.2013.8.19.0001, em trâmite na 8ª Vara de Fazenda Pública do Rio de Janeiro, TJRJ.
53. Os atos conjuntos foram expressamente previstos na resolução nº 350/2020 do CNJ, em seu art. 5º, II.
54. No mesmo sentido, reconhecendo a importância dos instrumentos de cooperação para a implementação de medidas estruturais, ver: VITORELLI, Edilson. **Processo civil estrutural**: teoria e prática. Salvador: Editora Juspodivm, 2020, p. 344-345.
55. SARAIVA, Carolina Barros. Condução dialógica dos processos estruturais no Supremo Tribunal Federal. In: ARENHART, Sérgio Cruz; e JOBIM, Marco Félix. (org.). **Processos Estruturais**, op. cit. p. 239-240.
56. Essa estratégia, inclusive, se assemelha ao que foi feito com a emblemática decisão de *Brown vs. Board of Education of Topeka II*. **Brown v. Board of Education of Topeka, 349 U.S. 294 (1955)**. Disponível em: ‹https://supreme.justia.com/cases/federal/us/349/294/›. Acesso em 24 nov. 2019.
57. SARAIVA, Carolina Barros. Condução dialógica dos processos estruturais no Supremo Tribunal Federal. In: ARENHART, Sérgio Cruz; e JOBIM, Marco Félix. (org.). **Processos Estruturais**, op. cit., p. 236-237.

das variadas realidades existentes nas prisões do Brasil. Afinal, ainda que o estado de coisas inconstitucional seja de fácil percepção[58], não é possível supor que, num país continental, as necessidades para sua alteração sejam uniformes.

A segunda opção, muito embora juridicamente viável[59], também encontra obstáculos. Como bem observa Carolina Barros Saraiva, a amplitude da ADPF nº 347 inviabiliza que seja nomeado um interventor para cada presídio irregular do país – tornar-se-ia tarefa extremamente custosa[60].

A terceira alternativa, por sua vez, parece adequada. É opção que envolve delegação de competência[61-62].

Torna-se recomendada a delegação da implementação da reforma estrutural para os juízos de primeiro grau[63], sendo que a cooperação judiciária pode ser usada para esse fim[64]. O STF fixaria as diretrizes de atuação, em decisões

---

58. Jordão Violin demonstra que o conhecimento do estado de coisas inconstitucional é de fácil percepção, mas sua alteração é que expressa complexidade. No ponto, ele utiliza, inclusive, exemplo da superlotação de cadeias (em semelhança ao exemplo aqui tratado) que, para o autor, é de fácil identificação. Veja-se: "Uma vez comprovada, por exemplo, a superlotação em estabelecimentos prisionais, o juiz resolve a questão principal de maneira absolutamente tranquila: declarando inconstitucionais as condições de confinamento. Não há qualquer dificuldade em comprovar a superlotação ou em subsumir esse fato a uma norma jurídica. Ainda assim, são essas as questões enfatizadas pelo processo, seja ele individual ou coletivo." VIOLIN, Jordão. **Processos estruturais em perspectiva comparada**, op. cit., p. 102.
59. JOBIM, Marco Félix. **Medidas estruturantes:** da Suprema Corte Estadunidense ao Supremo Tribunal Federal. Porto Alegre: Livraria do Advogado Editora, 2013, nota de rodapé 825, p. 201.
60. SARAIVA, Carolina Barros. Condução dialógica dos processos estruturais no Supremo Tribunal Federal. In: ARENHART, Sérgio Cruz; e JOBIM, Marco Félix. (org.). **Processos Estruturais**, op. cit., p. 239.
61. Para um aprofundamento sobre delegação de atos, ver: CABRAL, Antonio do Passo. **Juiz natural e eficiência processual**: flexibilização, delegação e coordenação de competências no processo civil. Tese apresentada no concurso de provas e títulos para provimento do cargo de Professor Titular. Faculdade de Direito da Universidade do Estado do Rio de Janeiro. Rio de Janeiro, 2017, p. 446-506. Frise-se, entretanto, que ao contrário das premissa teóricas adotadas no presente trabalho, Antônio do Passo Cabral não compreende a delegação de atos como uma hipótese de cooperação judiciária, pois a relação de hierarquia própria da delegação corromperia a ideia de cooperação/colaboração entre os juízos.
62. Edilson Vitorelli também vê na delegação uma importante ferramenta para a implementação de medidas estruturantes: "A principal vantagem da delegação de competência a juízes cooperantes é a possibilidade de se deixar para eles a adaptação da ordem de reestruturação para a realidade local. Isso reduz a sobrecarga do juiz do processo principal, que pode editar uma medida mais genérica, aprovar um plano geral de atividades e permitir que os juízes cooperantes tomem decisões específicas, naquilo que se refere ao caráter eminentemente local da atividade sobre a qual o processo incide. Assim as providências de reestruturação podem ser mais sensíveis às peculiaridades dos casos, sem que se tenha que delegar poder decisório a um agente não estatal, como seria o caso de um perito, administrador judicial ou *special master*". VITORELLI, Edilson. **Processo civil estrutural** cit., p. 345.
63. SARAIVA, Carolina Barros. Condução dialógica dos processos estruturais no Supremo Tribunal Federal. In: ARENHART, Sérgio Cruz; e JOBIM, Marco Félix. (org.). **Processos Estruturais**, op. cit., p. 239-240.
64. Sabe-se que o art. 102, I, m), da Constituição Federal permite a delegação de ato processuais pelo Supremo Tribunal Federal para implementação de suas decisões de competência originária. A cooperação judiciária prevista no CPC dá concretude à norma constitucional, ao permitir que essa delegação se dê de forma atípica e com alto grau de flexibilidade. É nesse sentido, inclusive, que se pode pensar na delegação de atos para diversos juízos de todo o país para a implementação de uma decisão e não somente na delegação de um ato específico.

com conteúdo de norma-princípio, delegando aos juízos de piso das distintas localidades a função de implementar e supervisionar a reforma. Isso permitiria que as decisões com conteúdo de normas-regra fossem proferidas de acordo com as necessidades de cada localidade[65].

O STF, por sua vez, não perderia o controle sobre os atos dos delegatários[66] – haveria uma fiscalização e acompanhamento por parte do Supremo (inclusive com controle judicial)[67], cujas técnicas de cooperação seriam também essenciais no compartilhamento de informações. Poderia se pensar, por exemplo, na criação de *websites* para expor os avanços da implementação nas diferentes localidades, na elaboração de relatórios periódicos a serem enviados para análise dos ministros do STF, na concertação de atos entre o STF e órgãos dos tribunais inferiores, para que se realizasse inspeções periódicas nos presídios a fim de verificar, *in loco*, os avanços na implementação da decisão. Enfim, são múltiplas as possibilidades dadas pela cooperação judiciária para que se compartilhe informações.

Há, como se vê, forte utilidade no estabelecimento de diálogo e colaboração entre juízos como meio de lidar com a complexidade de processos estruturais.

4.2.2. *A cooperação judiciária como instrumento de concretização do princípio da publicidade nos litígios estruturais*

O princípio da publicidade abrange todas as esferas dos Poderes estatais. No Direito Processual, desse princípio se extrai o direito fundamental à publicidade dos atos processuais[68], extraída dos arts. 5º, LX, e 93, IX, da Constituição Federal, e reforçada pelos arts. 8º e 11 do CPC.

No âmbito processual, a publicidade assume duas funções: servir de proteção em face da arbitrariedade e viabilizar o controle da opinião pública sobre a atividade jurisdicional[69]. No âmbito dos processos coletivos, fala-se em um princípio da publicidade adequada, tendo em vista que a comunicação deve ser eficaz ao ponto de permitir que os membros do grupo fiscalizem a condução do processo[70].

---

65. Em semelhança ao que foi realizado no caso *Brown vs. Board of Education of Topeka II*. **Brown v. Board of Education of Topeka, 349 U.S. 294 (1955)**. Disponível em: ‹https://supreme.justia.com/cases/federal/us/349/294/›. Acesso em 24 nov. 2019.
66. CABRAL, Antonio do Passo. **Juiz natural e eficiência processual**, op. cit., p. 488-491.
67. Ibidem, p. 491.
68. DIDIER JR., Fredie. **Curso de direito processual civil:** introdução ao direito processual civil, parte geral e processo de conhecimento. 21. ed. Salvador: Ed. Juspodivm, 2019, p. 116.
69. Ibidem, p. 116.
70. DIDIER JR., Fredie; ZANETI JR., Hermes. **Curso de direito processual civil:** processo coletivo. 13. ed, Salvador: Ed. Juspodivm, 2019, p. 122.

Isso revela que a publicidade deve ter, como um dos objetivos, a promoção de participação social dos cidadãos atingidos pelo litígio[71]; nas palavras de Edilson Vitorelli, "o processo deve dar aos integrantes da sociedade a oportunidade de colaborar entre si"[72]. Afinal, se reconhece que, ainda que o juiz e os legitimados atuem por meio do processo para promover mudanças estruturais, é indispensável que a sociedade civil, juntamente com as autoridades, comprem a ideia[73].

Há importância em aplicar essa perspectiva de comunicabilidade aos litígios estruturais. Isso porque, como já dito, é comum que litígios estruturais sejam de difícil visualização. As violações decorrentes do estado de coisas inconstitucional costumam receber mais atenção que o próprio contexto que as mantém. Os impactos daquela conjuntura social nos direitos subjetivos individuais, em regra, são mais combatidos justamente porque têm mais fácil visualização.

Edilson Vitorelli[74] demonstra como que os julgadores estão mais propensos a acolher pretensões baseadas em histórias individuais, com carga de dramaticidade[75]. Por isso, técnicas de comunicação devem ser ainda mais incentivadas pelo judiciário, a fim de apresentar para os juízes e para a sociedade o todo de um contexto.

Além disso, a participação social em determinada reforma estrutural é meio de se minimizar a falta de conhecimento específico do Poder Judiciário em determinadas matérias. A solução de um litígio estrutural, não raro, exige conhecimentos técnicos específicos e aprofundados sobre o objeto do debate[76]. A publicidade nos processos estruturais, ao ser meio de convocar a

---

71. FERRARO, Marcella Pereira. Litígios estruturais: algumas implicações da publicidade do processo. In: ARENHART, Sérgio Cruz; e JOBIM, Marco Félix. (org.). **Processos Estruturais**, op. cit. p. 589; COTA, Samuel Paiva. **Do Pedido e da Participação**: proposições para o desenvolvimento de uma teoria acerca dos Processos Estruturais. Dissertação (Mestrado) – Universidade Federal de Ouro Preto. Escola de Direito, Turismo e Museologia. Departamento de Direito. Programa de Pós-Graduação Novos Direitos, Novos Sujeitos. Orientador: prof. dr. Leonardo Silva Nunes. Ouro preto, 2019, p. 114-115.
72. VITORELLI, Edilson. **O devido processo legal coletivo**, op. cit., p. 580.
73. Jordão Violin relata como que o emblemático caso *Brown vs. Board of Education of Topeka* só foi surtir grandes efeitos depois do *"Civil Rights Act"*, o qual simboliza o reconhecimento, pela sociedade civil, da necessidade de se promover igualdade material na questão racial norte-americana. O *Civil Rights Act* só veio a surgir uma década após o julgamento do precedente que superou a doutrina do *separate but equal*. Há, aí, uma demonstração de como o apoio social e político é relevante para a alteração de uma realidade social, ainda que por meio do processo civil. VIOLIN, Jordão. **Processos estruturais em perspectiva comparada**, op. cit., p. 88-89.
74. É o que o autor apresentar como heurística na decisão judicial, que serve como um atalho mental para reduzir a complexidade da realidade no momento de tomada de decisões. Esse processo mental gera vieses cognitivos que tendem a generalizar situações que não correspondem ao contexto por inteiro. Para um maior aprofundamento no tema, ver: VITORELLI, Edilson. Litígios estruturais: decisão e implementação de mudanças socialmente relevantes pela via processual. In: ARENHART, Sérgio Cruz; e JOBIM, Marco Félix. (org.). **Processos Estruturais**, op. cit., p. 279-301.
75. Ibidem, p. 285.
76. Como expõe Edilson Vitorelli: "ninguém pode bem reformar prisões sem entender de prisões, nem definir como será o sistema de saúde sem entender de saúde pública". Ibidem, p. 300.

sociedade e demais Poderes[77] para participação do debate, minimiza a falta de conhecimento técnico dos juízes por meio das contribuições dos diferentes atores sociais.

A cooperação judiciária nacional é instrumento apto a promover tal publicidade.

O art. 69, III, do CPC, em rol exemplificativo, cita a prestação de informações como hipótese de cooperação judicial; em redação mais abrangente, o art. 6º, II, da Resolução nº 350/2020 do CNJ prevê a "prestação e troca de informações relevantes para a solução dos processos". É preciso dar efetividade à hipótese tipicamente prevista, inclusive por meios atípicos de sua utilização.

Nada leva a crer que a prestação de informações contida no Código se limita à comunicação pontual de atos processuais ou estágios do processo (que é bem-vinda), como àquela havida quando a relatoria do agravo de instrumento solicita informações ao juízo de primeiro grau[78]. É possível que se formem redes de comunicações, focadas em matérias estratégicas, que possam ser utilizadas tanto pelo judiciário como pela sociedade civil e respectivas autoridades – a redação trazida pelo inciso II do art. 6º da Resolução nº 350/2020 do CNJ reforça essa possibilidade.

Vejam-se exemplos aplicados aos litígios estruturais.

Os órgãos judiciais podem firmar, por meio de concertação, acordos de compartilhamento de informações sobre matéria específica. A litigância em torno do direito à saúde será aqui tomada como exemplo.

A judicialização do direito à saúde não é tema novo, nem exclusivo do Brasil[79]. As demandas são crescentes, com alto impacto orçamentário, sem que

---

77. Fernando Alcântara Castelo defende que as Cortes devem se abrir ao diálogo com os demais poderes. Tal medida, além de dar maior legitimidade democrática ao processo, é uma forma de minimizar o déficit de experiência do Poder Judiciário em determinadas áreas. CASTELO, Fernando Alcântara. Direito à saúde e decisões estruturais: por uma judicialização mais racional e eficiente. **Revista de processo**. São Paulo: Editora Revista dos Tribunais, 2017, ano 42, v. 274, versão eletrônica, p. 9.

78. Alexandre Freitas Câmara faz interessante crítica à forma como a prestação de informações é feita na prática forense brasileira. É que, no mais das vezes, as relatorias dos agravos de instrumento se limitam a solicitar informações, de forma genérica, sem especificar qual informação é necessária para o julgamento do recurso. Isso acaba por tornar o ato inútil. Há, então, necessidade de aprimorar os usos das técnicas já comumente utilizadas para prestação de informações no judiciário brasileiro, além de se incorporar técnicas mais sofisticadas como as apresentadas no presente tópico. Sobre a crítica referida, ver: CÂMARA, Alexandre Freitas. **O novo processo civil brasileiro**. São Paulo: Atlas, 2015, p. 58.

79. Edilson Vitorelli cita estudo de Daniel Brinks e Varun Gaurí que relacionou dados relativos à judicialização da saúde em cinco países: Índia, Brasil, África do Sul, Indonésia e Nigéria. VITORELLI, Edilson. Litígios estruturais: decisão e implementação de mudanças socialmente relevantes pela via processual. In: ARENHART, Sérgio Cruz; e JOBIM, Marco Félix. (org.). **Processos Estruturais**, op. cit., p. 301.

se identifique uma melhoria na prestação do serviço de saúde pública do país em razão desse fenômeno[80].

Um compartilhamento de informações entre os diferentes órgãos do Poder Judiciário, entretanto, pode minimizar os seus impactos. Pode-se pensar, por exemplo, na elaboração periódica de relatórios sobre a litigância em torno do direito à saúde no Brasil. Os documentos poderiam conter informações como: quanto se gasta com os processos e os impactos que as decisões têm no orçamento público de cada localidade – a fim de auxiliar os gestores públicos na elaboração dos planos orçamentários seguintes; ou a natureza dos pedidos contidos em tais demandas, a fim de se auxiliar a identificação das necessidades que a saúde pública possui em cada região, permitindo que a Administração Pública direcione investimentos com melhor estratégia (por exemplo, região em que há um grande número de demandas com pedidos que revelem a incidência de doenças decorrentes da ausência de saneamento básico).

Trata-se de trabalho que pode ser realizado, por exemplo, por meio da criação de grupos de trabalho, como os já existentes Centros de Inteligência da Justiça Federal. Os Centros foram criados pelos próprios Tribunais e institucionalizados pela Portaria nº 369/2017 da Corregedoria Nacional de Justiça e pela Resolução nº 499/2018 do Conselho da Justiça Federal. Os Centros têm atuação na prevenção de litígios, sobretudo identificando causas repetitivas e propondo soluções para possíveis litígios – por meio de, por exemplo, gerenciamento de precedentes, identificação de causa repetitivas, emissão de notas técnicas etc.

Edilson Vitorelli[81] destaca as previsões normativas específicas (Resolução nº 369/2017) de que os Centros podem propor soluções, inclusive de natureza não jurisdicional, para conflitos repetitivos ou de massa; fomentar a medidas preventivas e projetos de solução adequada de conflitos; organizar eventos com membros do Poder Judiciário, Ministério Público, Defensorias Públicas, OAB e Poderes Executivo e Legislativo e sociedade civil para o debate dos problemas identificados. Identifica o autor que tais medidas podem servir como um estímulo comportamental, seja à sociedade civil, seja à Administração Pública ou seja aos entes legitimados para ações coletivas, para que ofereçam soluções estruturais (leia-se, eficazes) à determinados problemas sociais.

Há, aí, exemplos de como a utilização da cooperação judiciária serve aos litígios estruturais para, inclusive, evitar que as situações se convertam em processos estruturais. A partir do momento em que o judiciário dá publicidade sobre

80. CASTELO, Fernando Alcântara. Direito à saúde e decisões estruturais: por uma judicialização mais racional e eficiente, op. cit., p. 9.
81. VITORELLI, Edilson. **Processo civil estrutural**, op. cit., p. 346-348.

sua atuação de forma estratégica – expondo problemas estruturais em perspectiva macro –, a sociedade civil, em conjunto com as autoridades, podem vir a tomar providências estruturais sem que se inicie um processo judicial para tanto.

Há, ainda, exemplos aplicados em processos estruturais.

No Brasil e Argentina, criaram-se *websites* para o acompanhamento e publicização da implementação de decisões estruturantes. No âmbito nacional, a chamada "ACP do Carvão", além de possuir um sítio eletrônico para expor os avanços na recuperação ambiental da área[82], tem um fórum de discussões para que a população possa interagir, tirando dúvidas ou formulando sugestões[83]. A Argentina, por sua vez, criou um "Centro de Información Judicial"[84], que expõe notícias sobre as atividades de todos os tribunais do país, com página específica para a divulgação da implementação da decisão do chamado "caso Mendonza"[85].

A cooperação judiciária, pois, é relevante instrumento de concretização do princípio da publicidade no âmbito dos litígios estruturais.

4.3. A conexão probatória nos processos estruturais

Do princípio da eficiência extrai-se possibilidade de se estabelecer uma conexão probatória[86]. Isso é, diante de questões de fato comum relativas a mais de um processo, visualiza-se a possibilidade de se unificar a produção da prova. O art. 69, IV, e §2º, II e VI, surge como mais um fundamento dessa espécie de conexão[87], havendo previsão específica no art. 6º, VII, da Resolução nº 350/2020 do CNJ para "a produção de prova única relativa a fato comum".

Imaginem-se situações em que um mesmo fato é afirmado, mas que as peculiaridades de cada demanda inviabilizem a reunião para julgamento conjunto[88]. São situações em que não se fala em conexão por identidade de algum dos elementos da demanda, mas sim afinidade em questões de fato comuns[89]. Permite-se, nesses casos, que a prova seja produzida de forma conjunta, sendo aproveitada para todos os processos para os quais ela importe.

82. Informação disponível em: ‹http://acpcarvao.com.br/login/index.php›. Acesso em 11, ago., 2020.
83. Informação disponível em: ‹http://acpcarvao.com.br/forum/index.php›. Acesso em 11, ago., 2020.
84. Informação disponível em: ‹https://www.cij.gov.ar/inicio.html›. Acesso em 11, ago., 2020.
85. O caso Mendonza é processo estrutural existente na argentina que visa a descontaminação do rio Riachuelo. Informação disponível em: https://www.cij.gov.ar/riachuelo.html›. Acesso em 11, ago., 2020.
86. DIDIER JR., Fredie. **Curso de direito processual civil**, op. cit., p. 133-134.
87. LUNARDI, Thaís Amoroso Paschoal. **Coletivização da prova**, op. cit., p. 173-174; DIDIER JR., Fredie. **Curso de direito processual civil**, op. cit., p. 134.
88. DIDIER JR., Fredie. **Curso de direito processual civil, op. cit.**, p. 133.
89. LUNARDI, Thaís Amoroso Paschoal. **Coletivização da prova**, op. cit., p. 163.

A ideia se funda em economia processual e eficiência. Previne-se a repetição de inúmeros atos que teriam como fim a produção probatória de um mesmo fato. Exemplo que se vê na doutrina[90] é a exposição de lote de determinado produto contaminado no mercado, que venha a prejudicar centenas de consumidores. Não haveria necessidade de realização de perícia em cada uma das demandas individuais ajuizadas para a reparação dos danos. Uma só prova pericial por amostragem seria capaz de comprovar a situação ilícita. Essa prova poderia ser utilizada em todas as demandas individuais relativas ao caso.

Alexandre Freitas Câmara fala em "apensamento temporário de processos distribuídos a juízos distintos", com o fim específico de produção da prova[91]. Thaís Paschoal, por sua vez, destaca que sequer seria necessária a reunião física dos processos, contanto que se respeitasse a ampla participação das partes dos processos na produção da prova[92].

A técnica é plenamente aplicável, por exemplo, a processos estruturais que envolvam danos ambientais.

É comum que danos ambientais atinjam muitas pessoas, sobretudo quando ocorridos em áreas ocupadas pela vida humana. Nesses casos, deve haver a reparação à coletividade (dano moral coletivo), a recuperação ambiental da área, além da reparação aos danos individuais sofridos pela população atingida. Em todas as situações, há provas sobre fatos comuns a serem produzidas.

Um primeiro exemplo pode ser extraído do rompimento da barragem do fundão, ocorrida em 05 de novembro de 2015, em Mariana/MG. Dentre os problemas gerados, houve o desabastecimento de água potável em diversas cidades dos estados de Minas Gerais e Espírito Santo. No município de Governador Valadares/MG, duas ações civis públicas foram ajuizadas com o objetivo de determinar a distribuição de água à população e promover o monitoramento da água do Rio Doce na área relativa ao município, uma na justiça estadual e outra justiça federal.

O Superior Tribunal de Justiça, reconhecendo conexão entre as demandas, julgou o conflito de competência nº 144922/MG, determinando a reunião dos processos na 12ª Vara Federal de Belo Horizonte. Houve uma peculiaridade no julgamento: de forma inovadora[93], o STJ manteve a competência dos foros de

90. 83 DIDIER JR., Fredie. **Curso de direito processual civil, op. cit.**, p. 133; LUNARDI, Thaís Amoroso Paschoal. **Coletivização da prova**, op. cit., p. 175.
91. CÂMARA, Alexandre Freitas. **O novo processo civil brasileiro**, op. cit., p. 57.
92. LUNARDI, Thaís Amoroso Paschoal. **Coletivização da prova**, op. cit., p. 174.
93. Reconhecendo a inovação no julgamento, muito embora tenha criticado a escolha da capital do estado como foro competente para julgar: VITORELLI, Edilson. O processo coletivo no contexto de Grandes Desastres. In: TESSLER, Marga Inge Barth; FERRAZ, Taís Schilling (coord). **Currículo permanente direito processual civil.** Curso ofertado pela Escola da Magistratura do TRF da 4ª Região – EMAGIS. Porto Alegre: EMAGIS, 2019. Disponível em: ‹https://www.trf4.jus.br/trf4/controlador.php?acao=pagina_visualizar&id_pagina=1926›. Acesso em 23 nov. 2019.

residência dos autores ou do local do dano para julgamento de questões que exigissem soluções singulares e específicas.

Há, aí, ambiente fértil para a produção de provas conjuntas, tanto para as questões locais quanto para as que tramitam na capital do estado. O monitoramento da recuperação do Rio Doce e de seus afluentes está sendo feito de forma centralizada, por meio do Programa de Monitoramento Quali-Quantitativo Sistemático (PMQQS)[94], realizado pela Fundação Renova[95] com fiscalização e acompanhamento de Câmara Técnica ligada ao Ibama[96].

Tudo isso tem sido feito com participação da população atingida. Até o momento, mais 113 mil pessoas já participaram de reuniões da Fundação Renova, tendo ocorrido mais de 4 mil reuniões de diálogo coletivizados, com 17 centros de atendimento presencial na região afetada[97]. Isso resultou, até o momento, no pagamento de R$ 282,1 milhões em indenizações só em relação à interrupção no fornecimento de água por mais de 24 horas[98].

Essa atuação conjunta da Fundação Renova com órgãos públicos, com ampla participação social, torna possível o compartilhamento das provas produzidas entre as ações coletivas "principais", que tramitam na 12ª Vara Federal de Belo Horizonte/MG, e as ações coletivas e individuais que revelam peculiaridades locais. O monitoramento sobre a recuperação do Rio Doce e de seus afluentes poderia, por exemplo, ser utilizado em demandas ajuizadas por pescadores de determinada localidade que alegassem prejuízos com a contaminação do Rio.

Trata-se de hipótese de coletivização da prova que transportada para os diferentes processos como espécie de prova emprestada[99], com respeito à ampla participação[100].

Um outro exemplo pode ser visualizado no caso das diversas rachaduras encontradas em ruas e imóveis nos bairros de Pinheiros, Bebedouro e Mutange, em Maceió/AL. Após fortes chuvas no início do ano de 2018, houve um tremor

---

94. Informação disponível em: ‹https://www.fundacaorenova.org/dadosdareparacao/terra-e-agua/#gestahidrica›. Acesso em 11, ago., 2020.
95. "A Fundação Renova é a entidade responsável pela mobilização para a reparação dos danos causados pelo rompimento da barragem de Fundão, em Mariana (MG)". Informação disponível em: ‹https://www.fundacaorenova.org/a-fundacao/›. Acesso em 11, ago., 2020.
96. Informação disponível em: ‹https://www.ana.gov.br/noticias/170-reuniao-da-camara-tecnica-de-seguranca-hidrica-e-qualidade-da-agua-do-rio-doce-1›. Acesso em 11, ago., 2020.
97. Informação disponível em: ‹https://www.fundacaorenova.org/dadosdareparacao/pessoas-e-comunidades/›. Acesso em 17, nov., 2020.
98. Informação disponível em: ‹https://www.fundacaorenova.org/dadosdareparacao/pessoas-e-comunidades/›. Acesso em 17, nov., 2020.
99. LUNARDI, Thaís Amoroso Paschoal. **Coletivização da prova**, op. cit., p. 253-257.
100. Ibidem, p. 257-262.

de magnitude 2,5 na escala Richter[101-102], o que fez com que parte das referidas localidades cedesse, causando danos à estruturas físicas e expondo a população local a risco[103].

Em relatório produzido pelo Serviço Geológico do Brasil – CPRM, concluiu-se que a desestabilização do solo na região é oriunda da atividade de mineração que extrai sal-gema[104], realizada desde 1975[105]. A Braskem S/A, companhia responsável pela extração, muito embora tenha encerrado suas atividades no local, com o fechamento dos poços em Maceió[106], questiona o laudo produzido pela CPRM[107], apontando inconsistências com base em relatório produzido pela Universidade de Houston[108-109].

Em razão dos acontecimentos, ao menos três ações coletivas foram ajuizadas em face da mineradora, uma na justiça estadual, uma na justiça federal e outra na justiça do trabalho. Os pedidos de tutela antecipada já importam o bloqueio de valores que alcançam a casa dos bilhões de reais. As demandas visam à reparação dos danos causados, o realojamento de famílias, a garantia de boas condições de trabalho para a população do local e a reestruturação física dos bairros. Trata-se de atividade não realizável de forma imediata que tem como objetivo a alteração de um estado de coisas (estabilização dos bairros) que geral violações a direitos (risco às famílias, danos patrimoniais nos imóveis, depredação do patrimônio público nas ruas etc.). Trata-se de litígio estrutural.

Ocorre que questão fundamental para as três ações é a comprovação do nexo de causalidade entre a atividade minerária, os abalos sísmicos e os danos causados. A questão, como se vê, ainda é controversa, havendo relatórios científicos divergentes sobre o caso. Há, entre as demandas, clara hipótese de conexão probatória, de modo que a prova deve ser produzida conjuntamente entre os diferentes

101. Informação disponível em: ‹https://g1.globo.com/al/alagoas/noticia/tremor-de-terra-e-registrado-em-varios-bairros-de-maceio.ghtml›. Acesso em 11, ago., 2020.
102. Informação disponível em: ‹https://exame.com/brasil/tremor-de-terra-de-25-graus-atinge-maceio-diz-ufrn/›. Acesso em 11, ago., 2020.
103. Informação disponível em: ‹https://g1.globo.com/al/alagoas/noticia/2019/01/17/o-que-se-sabe-sobre-as-rachaduras-no-bairro-do-pinheiro-em-maceio.ghtml›. Acesso em 11, ago., 2020.
104. SERVIÇO GEOLÓGICO DO BRASIL (CPRM). **Estudos sobre a instabilidade do terreno nos bairros Pinheiro, Mutange e Bebedouro, Maceió (AL)**: ação emergencial no Bairro Pinheiro. Brasília, 2019, p. 39. Disponível em: ‹http://www.cprm.gov.br/imprensa/pdf/relatoriosintese.pdf›. Acesso em 11, ago., 2020.
105. Informação disponível em: ‹https://www.braskem.com.br/linha-do-tempo-alagoas›. Acesso em 11, ago., 2020.
106. Informação disponível em: ‹https://www.braskem.com.br/encerramento-da-extracao-de-sal›. Acesso em 11, ago., 2020.
107. Informação disponível em: ‹https://www.braskem.com.br/estudos-geologicos-alagoas›. Acesso em 11, ago., 2020.
108. Informação disponível em: ‹https://g1.globo.com/al/alagoas/noticia/2019/07/04/mp-al-e-defensoria-publica-querem-r-15-milhoes-bloqueados-da-braskem-para-aluguel-social.ghtml›. Acesso em 11, ago., 2020.
109. Informação disponível em: ‹https://www.tnh1.com.br/noticia/nid/braskem-divulga-estudo-de-universidade-americana-que-contesta-relatorio-da-cprm-sobre-o-pinheiro/›. Acesso em 11, ago., 2020.

juízos com base na técnica de cooperação judiciária prevista no art. 69, §2º, do CPC, a fim de se verificar se há, efetivamente, responsabilização da mineradora no caso.

As provas produzidas, ainda, serviriam para eventuais demandas individuais propostas.

Como se vê, a técnica de realização de prova conjunta, decorrente da verificação de conexão probatória, é de grande uso processos estruturais, em que um mesmo fato gera múltiplas incidências em direitos individuais e coletivos.

4.4. A centralização de processos

Como já exposto, a cooperação judiciária nacional criou hipóteses de alteração de competência para além das hipóteses de conexão, continência e risco de decisões conflitantes[110]. Trata-se da possibilidade de se alterar a competência, inclusive para julgamento, por meio de cooperação judiciária[111]; são os casos de reunião ou centralização de processos repetitivos (art. 69, II, e §2º, VI, do CPC; art. 6º, IV, V e X da Resolução nº 350/2020 do CNJ).

Gabriela Macedo Ferreira admite a possibilidade de alteração, por meio de cooperação, de competência fixada por critérios relativos ao valor da causa ou territorialidade[112]. Edilton Meireles, por sua vez, entende que, além das hipóteses de competência relativa, pode-se alterar competência absoluta infraconstitucional[113]; em relação à competência absoluta estabelecida pela constituição, o autor ainda reconhece a possibilidade de alteração em juízo de ponderação que privilegie os princípios da eficiência e efetividade da prestação jurisdicional[114].

Como limites à técnica, fala-se em inaplicabilidade nos casos em que (a) a alteração de competência implique restrição ao acesso à justiça[115]; (b) estejam em tramitação em instâncias distintas[116] e (c) seja feita entre juízos de competências diferentes[117] (um Tribunal Regional do Trabalho, por exemplo, não poderia acordar com o Tribunal de Justiça do mesmo Estado a centralização de processos para julgamento).

---

110. MEIRELES, Edilton. Cooperação judiciária nacional, op. cit., p. 5; FERREIRA, Gabriela Macedo. O ato concertado entre juízes cooperantes, op. cit., p. 38-39.
111. FERREIRA, Gabriela Macedo. O ato concertado entre juízes cooperantes, op. cit., p. 39.
112. Ibidem, p. 44.
113. MEIRELES, Edilton. Reunião de processos, cooperação e conflito de competência. **Revista de processo**. São Paulo: Editora Revista dos Tribunais, 2019, ano 44, v. 294, versão eletrônica, p. 8.
114. Destaque-se a ressalva feita pelo autor, em relação à alteração de competência constitucional: "Entendemos, porém, que dificilmente essa tese encontrará respaldo nos tribunais". Ibidem, p. 8.
115. Ibidem, p. 8.
116. Ibidem, p. 7.
117. Ibidem, p. 7.

A alteração pode se dar por meio da centralização de processos repetitivos[118] em um só juízo, técnica bem-vinda para a minimização das consequências da fragmentação de litígios estruturais. Para Matheus Galdino[119], o uso da técnica nos processos estruturais se fundamenta no princípio da isonomia – pois evita que se dê tratamento distinto a quem busque o judiciário em detrimento de quem tente a satisfação de seu direito por outras vias.

Veja-se o exemplo da falta de vagas em creche no Município de Campinas/SP.

De 2011 a 2014, foram mais de 8 mil sentenças, em processos idênticos, determinando a matrícula de crianças em creche. Os processos não consideraram as estruturas das instituições de ensino, a qualidade do serviço, as condições de trabalho dos professores, entre outros fatores fundamentais para uma prestação de serviço educacional realmente eficaz[120].

O resultado foi que, em 2015, identificou-se superlotação de salas e má qualidade no ensino[121]. Já em 2019, o próprio Ministério Público do Estado de São Paulo, que tem dado pareceres favoráveis à procedência das sentenças nos processos individuais[122], reconheceu a falta de estrutura das creches do Município, tendo convocado a Administração para debate[123].

Como se vê, o judiciário vem sendo utilizado para atacar as consequências do problema (falta de vagas), sem que o estado de coisas que as gera seja modificado (falta de estrutura no ensino básico do Município de Campinas)[124]. Por outro lado,

118. Felipe Barreto Marçal sugere a aplicação da técnica de centralização de processos repetitivos no âmbito dos processos coletivo-estruturais como alternativa ao veto do art. 333 do Código de Processo Civil. (MARÇAL, Felipe Barreto. Processos estruturantes (multipolares, policêntricos ou multifocais): gerenciamento processual e modificação da estrutura judiciária. **Revista de Processo**. São Paulo, RT, 2019, ano 44, v. 289, versão eletrônica, p. 4). Francisco de Barros e Silva Neto, por sua vez, traz como alternativa ao veto a possibilidade de se converter processo individual em coletivo por meio de negócio jurídico processual que contasse com a anuência de todas as partes envolvidas. (NETO, Francisco de Barros e Silva. Breves considerações sobre os processos estruturais. In: ARENHART, Sérgio Cruz; e JOBIM, Marco Félix. (org.). **Processos Estruturais**, op. cit., nota de rodapé 18, p. 331). No presente trabalho, admite-se a possibilidade de a centralização de processos servir como uma hipótese de coletivização, por meio de negócios jurídicos processuais. Os negócios, entretanto, não teriam de contar com a anuência das partes, pois trata-se dos atos concertados entre juízos cooperantes.

119. GALDINO, Matheus, Souza. **Elementos para uma compreensão tipológica dos processos estruturais**, op. cit., p. 122.

120. VITORELLI, Edilson. **O devido processo legal coletivo**, op. cit., p. 559.

121. Informação disponível em: ‹https://correio.rac.com.br/_conteudo/2015/02/ig_paulista/242246-lotacao-em-creches-de-campinas-une-educadores.html›. Acesso em 11, ago., 2020.

122. É o que relata o promotor de justiça Rodrigo Oliveira em notícia veiculada no site G1. Disponível em: ‹http://g1.globo.com/sp/campinas-regiao/noticia/2015/09/mp-apura-superlotacao-em-creches-e-convoca-poder-publico-para-debate.html›. Acesso em 11, ago., 2020.

123. Informação disponível em: ‹http://g1.globo.com/sp/campinas-regiao/noticia/2015/09/mp-apura-superlotacao-em-creches-e-convoca-poder-publico-para-debate.html›. Acesso em 11, ago., 2020.

124. Felipe Marçal, identificando o problema, denomina tais situações de "processos formalmente individuais", mas materialmente estruturantes. Para o autor, nesses casos, deve-se aplicar o tratamento dado aos

a alteração desse estado de coisas não é atividade realizável de forma imediata; requer a elaboração de um plano que leve em consideração o número de vagas, a qualidade do ensino, a distribuição das creches nos bairros da cidade, as condições de trabalho dos professores etc. Trata-se de litígio estrutural.

Para aplicação do exemplo que interessa ao presente trabalho, será utilizada a hipótese de o Ministério Público ajuizar demanda para reestruturar o sistema de ensino de Campinas. Nesse caso, a centralização de demandas será técnica bem-vinda.

A centralização de processos em um só juízo da comarca de Campinas evitaria que as sentenças que determinam a matrícula das crianças nas creches andassem em descompasso com o processo estrutural que visa alterar a realidade do município. Do contrário duas consequências poderiam ser pensadas: ou as sentenças proferidas nos processos individuais não seriam cumpridas em razão do plano previsto no processo estrutural ou esse plano não conseguiria ser implementado.

A centralização permitiria que as vagas nas creches fossem liberadas conforme os avanços da reestruturação.

Destaque-se que, por outro lado, isso não pode significar uma negativa ou postergação ao direito à educação das crianças. O processo estrutural, assim, poderia atuar por meio de tutelas antecipadas para que, por exemplo, se alugasse prédios para a alocação das crianças e contratação temporária de professores, enquanto não fosse possível a construção de nova creches ou a realização de concursos públicos.

Há, aí, forte contribuição da cooperação judiciária nacional para os processos estruturantes: a minimização das consequências da fragmentação de litígios

processos estruturais, com as características a estes inerentes, tendo em vista possuírem "natureza estruturante". Equivoca-se o autor, nesse ponto. Um exemplo ajuda a demonstrar: uma demanda individual cujo objeto é a obtenção de medicamento de alto custo não possui natureza estruturante. A pessoa X formula o pedido em face do Estado Y, cujo conteúdo é consubstanciado numa obrigação de dar – fornecer o medicamento. O juízo, aplicando o direito ao caso, irá optar pela procedência ou não do pedido. Julgada procedente a ação, o Estado Y pode cumprir espontaneamente com a determinação judicial ou, não sendo assim, o juízo pode se valer de medidas executivas após a instauração regular da fase de cumprimento de sentença. Nesse exemplo, nem o pedido, nem o comando sentencial, muito menos a atividade executiva, se propõem a reestruturar o sistema público de saúde do Estado Y nem alterar o estado de coisas existente; o interesse do autor se limita à satisfação de seu direito subjetivo à saúde, que, sendo alcançada, não propicia um benefício à coletividade. O processo é individual, tanto na forma quanto em seu aspecto material. Assim, caso não haja processo verdadeiramente estruturante para a questão – isso é, com objetivo de promover uma transição entre estados de coisas – a centralização de processos pode até servir para fins de organização judiciária, mas dificilmente servirá à efetiva solução do litígio estrutural. MARÇAL, Felipe Barreto. Processos estruturantes (multipolares, policêntricos ou multifocais), op. cit., p. 430-433.

estruturais. Assim, vê-se que a teoria da cooperação judiciária nacional oferece técnicas úteis aos litígios e processos estruturais.

5. CONCLUSÃO

Assim, aplicando-se técnicas de cooperação judiciária à exemplos de processos estruturais, sem a intenção de esgotar o tema, verificou-se a utilidade na relação entre os institutos para:

(i) a condução dialógica dos processos estruturais, que visa privilegiar a participação da sociedade no debate. Isso pode se dar por meio do diálogo entre instituições, judiciais ou não, que venham a auxiliar a implementação das decisões estruturantes de forma mais próxima à realidade dos interessados. Além disso, o compartilhamento de informações entre os órgãos judiciais pode servir como meio de dar publicidade à atividade jurisdicional, meio apto a permitir que a sociedade participe da condução da reforma estrutural;

(ii) a produção conjunta de provas, em casos que compartilharem questões comum de fato ou tiverem "conexão probatória". A técnica se fundamenta no princípio da eficiência e nos próprios dispositivos que regulam a cooperação judiciária no CPC. Por meio dela, evita-se a repetição de um mesmo ato em vários processos que tenham por objetivo produzir determinada prova comum; é técnica visa economia processual;

(iii) por fim, a centralização de processos como meio de minimizar os impactos da fragmentação de litígios estruturais. A técnica permite que os direitos individuais subjetivos sejam efetivados de acordo com um plano, em coordenação com o processo estrutural, em atenção à isonomia. Por outro lado, a centralização de processos possibilita a resolução do problema como um todo, sem se atacar somente as consequências dos litígios.

6. REFERÊNCIAS

ARENHART, Sérgio Cruz. Decisões estruturais no direito processual civil brasileiro. In: **Revista de processo**. São Paulo: Editora Revista dos Tribunais, 2013, ano 38, v. 225.

AVELINO, Murilo Teixeira. Breves comentários à cooperação nacional no código de processo civil. **Revista Jurídica da Seção Judiciária de Pernambuco**, nº 8, Recife, 2015.

Brown v. Board of Education of Topeka, 349 U.S. 294 (1955). Disponível em: ‹https://supreme.justia.com/cases/federal/us/349/294/›. Acesso em 24 nov. 2019.

CABRAL, Antonio do Passo. **Juiz natural e eficiência processual**: flexibilização, delegação e coordenação de competências no processo civil. Tese apresentada no concurso de provas e títulos para provimento do cargo de Professor Titular. Faculdade de Direito da Universidade do Estado do Rio de Janeiro. Rio de Janeiro, 2017.

CÂMARA, Alexandre Freitas. **O novo processo civil brasileiro**. São Paulo: Atlas, 2015.

CAMARGO, Luiz Henrique Volpe. **A centralização de processos como etapa necessária do Incidente de Resolução de Demandas Repetitivas.** Tese (Doutorado em direito). Orientadora: prof. dra. Teresa Arruda Alvim - Pontifícia Universidade Católica de São Paulo. São Paulo: 2017.

CASTELO, Fernando Alcântara. Direito à saúde e decisões estruturais: por uma judicialização mais racional e eficiente. **Revista de processo**. São Paulo: Editora Revista dos Tribunais, 2017, ano 42, v. 274.

COTA, Samuel Paiva. **Do Pedido e da Participação**: proposições para o desenvolvimento de uma teoria acerca dos Processos Estruturais. Dissertação (Mestrado) - Universidade Federal de Ouro Preto. Escola de Direito, Turismo e Museologia. Departamento de Direito. Programa de Pós-Graduação Novos Direitos, Novos Sujeitos. Orientador: prof. dr. Leonardo Silva Nunes. Ouro preto, 2019.

DIDIER JR., Fredie. **Curso de direito processual civil:** introdução ao direito processual civil, parte geral e processo de conhecimento. 21. ed. Salvador: Ed. Juspodivm, 2019.

__________. **Cooperação Judiciária Nacional**: Esboço de uma Teoria para o Direito Brasileiro. Salvador: Editora Juspodivm, 2020.

DIDIER JR., Fredie; ZANETI JR., Hermes. **Curso de direito processual civil:** processo coletivo. 13. ed, Salvador: Ed. Juspodivm, 2019.

DIDIER JR., Fredie; ZANETI JR., Hermes; OLIVEIRA, Rafael Alexandria de. Elementos para uma teoria do processo estrutural aplicada ao processo civil brasileiro. **Revista de processo**. São Paulo: Editora Revista dos Tribunais, 2020, ano 44, v. 303.

FERRARO, Marcella Pereira. Litígios estruturais: algumas implicações da publicidade do processo. In: ARENHART, Sérgio Cruz; e JOBIM, Marco Félix. (org.). **Processos Estruturais**. 2. ed. rev., atual. e ampl. Salvador: Juspodivm, 2019.

FERREIRA, Gabriela Macedo. O ato concertado entre juízes cooperantes: esboço de uma teoria para o direito brasileiro. **Civil Procedure Review**. v.10, nº 3: set.-dez. 2019.

FERREIRA, Maria Gabriela Silva Campos. **O compartilhamento de competências e os atos concertados entre juízes**. 2019. Dissertação (Mestrado em Direito) - Faculdade de Direito do Recife, Universidade Federal de Pernambuco, Recife, 2019.

GALDINO, Matheus Souza. **Elementos para uma compreensão tipológica dos processos estruturais**. Dissertação (Mestrado - Direito). Orientador: Prof. Dr. Fredie Didier Jr. Salvador: Universidade Federal da Bahia, 2019.

JOBIM, Marco Félix. **Medidas estruturantes:** da Suprema Corte Estadunidense ao Supremo Tribunal Federal. Porto Alegre: Livraria do Advogado Editora, 2013.

LUNARDI, Thaís Amoroso Paschoal. **Coletivização da prova**: técnicas de produção coletiva da prova e seus reflexos na esfera individual. Tese (Doutorado). Orientador: prof. dr. Eduardo Talamini - Universidade Federal do Paraná, Setor de Ciências Jurídicas, Programa de Pós-graduação em Direito. Curitiba, 2018.

MARÇAL, Felipe Barreto. Deveres cooperativos do magistrado no processo estruturante: da cooperação com as partes à cooperação com outros órgãos (judiciários ou extrajudiciários), por meio de atribuição de competências e delegações. **Civil Procedure Review**. v.10, nº 2: mai.-ago. 2019.

_________. Processos estruturantes (multipolares, policêntricos ou multifocais): gerenciamento processual e modificação da estrutura judiciária. **Revista de Processo**. São Paulo, RT, 2019, ano 44, v. 289.

MARINONI, Luiz Guilherme; MITIDIERO, Daniel. **Comentários ao Código de Processo Civil:** artigos 1º ao 69. São Paulo: Editora Revista dos Tribunais, 2016.

MEIRELES, Edilton. Cooperação judiciária nacional. **Revista de processo**. São Paulo: Editora Revista dos Tribunais, 2015, ano 40, v. 249.

_________. Reunião de processos, cooperação e conflito de competência. **Revista de processo**. São Paulo: Editora Revista dos Tribunais, 2019, ano 44, v. 294.

NETO, Francisco de Barros e Silva. Breves considerações sobre os processos estruturais. In: ARENHART, Sérgio Cruz; e JOBIM, Marco Félix. (org.). **Processos Estruturais.** 2. ed. rev., atual. e ampl. Salvador: Juspodivm, 2019.

SARAIVA, Carolina Barros. Condução dialógica dos processos estruturais no Supremo Tribunal Federal. In: ARENHART, Sérgio Cruz; e JOBIM, Marco Félix. (org.). **Processos Estruturais.** 2. ed. rev., atual. e ampl. Salvador: Juspodivm, 2019.

SERVIÇO GEOLÓGICO DO BRASIL (CPRM). **Estudos sobre a instabilidade do terreno nos bairros Pinheiro, Mutange e Bebedouro, Maceió (AL)**: ação emergencial no Bairro Pinheiro. Brasília, 2019, p. 39. Disponível em: ‹http://www.cprm.gov.br/imprensa/pdf/relatoriosintese.pdf›. Acesso em 23 nov. 2019.

VIOLIN, Jordão. **Processos estruturais em perspectiva comparada**: A experiência norte-americana na resolução de litígios policêntricos. Tese (Doutorado). Apresentada ao programa de Pós-Graduação em Direito da Universidade Federal do Paraná. Orientador: prof. dr. Sérgio Cruz Arenhart. Curitiba: Universidade Federal do Paraná, 2019.

VITORELLI, Edilson. **O devido processo legal coletivo:** dos direitos aos litígios coletivos. São Paulo: Editora Revista dos Tribunais, 2016.

_________. Litígios estruturais: decisão e implementação de mudanças socialmente relevantes pela via processual. In: ARENHART, Sérgio Cruz; e JOBIM, Marco Félix. (org.). **Processos Estruturais.** 2. ed. rev., atual. e ampl. Salvador: Juspodivm, 2019.

_________. O processo coletivo no contexto de Grandes Desastres. In: TESSLER, Marga Inge Barth; FERRAZ, Taís Schilling (coord). **Currículo permanente direito processual civil.** Curso ofertado pela Escola da Magistratura do TRF da 4ª Região - EMAGIS. Porto

Alegre: EMAGIS, 2019. Disponível em: ‹https://www.trf4.jus.br/trf4/controlador.php?acao=pagina_visualizar&id_pagina=1926›. Acesso em 23 nov. 2019.

__________. **Processo civil estrutural**: teoria e prática. Salvador: Editora Juspodivm, 2020.

CAPÍTULO 28

A cooperação judiciária nacional como instrumento de descentralização da execução[1]

Juliana Melazzi Andrade[2]

Sumário: 1. Introdução – 2. Cooperação interinstitucional por delegação – 3. Alguns exemplos da colaboração de agentes privados ao exercício da função jurisdicional – 4. Cooperação por delegação a agentes privados no processo de execução: 4.1. A natureza privada é incompatível com a cognição executiva? Alguns parâmetros e limites para a cooperação de agentes privados ao processo de execução – 5. Conclusão – 6. Referências.

1. INTRODUÇÃO

A previsão no CPC de um capítulo específico sobre cooperação nacional, como ferramenta de compartilhamento de atos processuais, possibilitou aos magistrados que a prestação jurisdicional se dê de forma mais racional e eficiente, por meio de importante diálogo entre juízos.

No entanto, questiona-se: a cooperação judiciária nacional se limita à cooperação entre juízos? Uma simples leitura dos arts. 67, 68 e 69, do CPC evidencia que o foco do legislador foi, de fato, a cooperação entre juízos, mas não é essa a única interpretação que pode ser extraída do ordenamento jurídico brasileiro.

O presente trabalho, portanto, pretende apresentar reflexões sobre a cooperação com outros agentes para a condução do processo de execução como forma de descentralizar a execução, tendo como influência modelos já existentes em diversos outros países. Defende-se que a cooperação por delegação não necessariamente precisará ocorrer entre órgãos do Poder Judiciário, mas também entre o Judiciário e agentes privados.

2. COOPERAÇÃO INTERINSTITUCIONAL POR DELEGAÇÃO

A Recomendação nº 38/2011 do CNJ foi o primeiro documento no plano nacional a dispor sobre a cooperação entre magistrados, tendo previsto "a

1. Este artigo é também resultado das atividades desenvolvidas pela autora do Grupo de Pesquisa "Transformações nas Estruturas Fundamentais do Processo", vinculado à Universidade do Estado do Rio de Janeiro (UERJ) e membro fundador da ProcNet - Rede Internacional de Pesquisa sobre Justiça Civil e Processo contemporâneo".
2. Mestranda em Direito Processual pela Universidade do Estado do Rio de Janeiro (UERJ). Advogada.

finalidade de institucionalizar meios para dar maior fluidez e agilidade à comunicação entre os órgãos judiciários e outros operadores sujeitos do processo". A cooperação judiciária nacional, contudo, somente foi positivada de forma expressa no ordenamento jurídico com o CPC/15 em seus artigos 67 a 69, incorporando o que constava na Recomendação, mas ainda sem uma regulamentação específica. Foi, então, com a Resolução nº 350/2020, do CNJ que foram estabelecidas diretrizes e procedimentos sobre a cooperação judiciária nacional, "entre os órgãos do Poder Judiciário e outras instituições e entidades", tendo força obrigatória, deixando de ser uma mera recomendação do CNJ.

Quanto aos tipos de cooperação, Fredie Didier Jr. apresenta interessante classificação, afirmando que poderá se dar: por *solicitação*, quando um magistrado solicita a outro a prática de determinado(s) ato(s), devendo ser atendida prontamente e preferencialmente por meio eletrônico, como a carta precatória (art. 237, III, do CPC)[3] e a carta arbitral (art. 237, IV, do CPC); por *concertação* em que se busca a disciplina de uma série de atos indeterminados, regulando uma relação permanente entre os juízos cooperantes, de forma consensual; e por *delegação*, quando um órgão jurisdicional transfere a outro a ele vinculado a competência para a prática de um ou alguns atos, havendo não um pedido, mas sim determinação para a prática do ato em razão da vinculação hierárquica, como corre com a carta de ordem (art. 237, I, do CPC).[4]

Essa última hipótese é a que interessa a este trabalho. A cooperação por delegação evidentemente poderá ocorrer não apenas pela carta de ordem, até porque o art. 68, do CPC e o art. 3º, da Resolução nº 350/2020, do CNJ preveem que o pedido de cooperação pode se dar "para prática de qualquer ato processual". O rol das técnicas de cooperação, como se vê, é marcado pela atipicidade, como destaca Fredie Didier Jr.[5] Sob este prisma, a cooperação por delegação pode ser extremamente útil ao processo de execução, para que seja delegada a competência para a condução do processo de execução para outros sujeitos, que não o juiz.

A delegação do exercício da competência – ao contrário do que ocorre com a jurisdição –[6] já é admitida no ordenamento jurídico brasileiro em relação ao

3. Para Antonio Cabral as cartas precatórias, junto às cartas de ordem e às cartas rogatórias, são exemplos de delegação: CABRAL, Antonio do Passo. *Juiz natural e eficiência processual: flexibilização, delegação e coordenação de competências no processo civil.* Tese apresentada no concurso de provas e títulos para provimento do cargo de Professor Titular de Direito Processual Civil da Faculdade de Direito da Universidade do Estado do Rio de Janeiro, Rio de Janeiro, 2017, p. 455.
4. DIDIER JR., Fredie. *Cooperação judiciária nacional* – Esboço de uma Teoria para o Direito Brasileiro. Salvador: Juspodivm, 2020, p. 76 e 81-84.
5. DIDIER JR., Fredie. *Cooperação judiciária nacional.* Salvador: Juspodivm, 2020, p. 74-75.
6. Sobre a indelegabilidade da jurisdição: ASSIS, Araken de. *Processo civil brasileiro.* 2. ed. rev. e atual., São Paulo: RT, vol. I, 2016, p. 580; CARNEIRO, Athos Gusmão. *Jurisdição e competência*: exposição didática: área do direito processual civil. 15. ed. atual., inclusive em face das Reformas do CPC de 2006/2007, São Paulo: Saraiva, 2007, p. 15; GRECO, Leonardo. *Instituições de processo civil.* 5. ed., Rio de Janeiro: Forense, vol. I,

poder instrutório, ao poder diretivo do processo e ao poder de execução das decisões.[7] É o caso da delegação aos servidores para a prática de atos de administração e atos de mero expediente sem caráter decisório (art. 93, XIV, CRFB), que podem ser revistos pelo magistrado (art. 203, §4º, CPC) ou com a delegação de atribuições pelo STF para a prática de atos processuais relacionados à execução de seus julgados por juízos de primeira instância (art. 102, I, "m", CRFB).

Nesse contexto, a delegação de competências é mecanismo de descentralização que se presta a distribuir competências judiciais com base no princípio da funcionalidade e na especialização.[8] Isso permite a maior flexibilidade e adaptabilidade na aplicação do sistema de competências com a delegação de tarefas anexas ou menos nucleares da função jurisdicional,[9] sem que haja a transferência definitiva da competência, mas uma transferência do exercício da competência *ad actum*,[10] ou seja, somente para determinados atos.

Dessa forma, mostra-se possível a cooperação por delegação do exercício da competência para a condução do processo de execução por sujeitos com maior capacidade institucional,[11] pela sua qualificação profissional e *expertise* técnica própria para o desempenho da tutela executiva, como ocorre nos

2015, p. 115; ARRUDA ALVIM NETTO, José Manoel de. Anotações sobre o tema da competência. *Revista de Processo*, vol. 24, out.-dez./1981, p. 9-51; GRECO FILHO, Vicente. *Direito processual civil brasileiro*. 22. ed., São Paulo: Saraiva, vol. I, 2010, p. 202.

7. DIDIER JR., Fredie. *Curso de direito processual civil*. 19. ed., Salvador: Juspodivm, vol. I, 2017, p. 198.

8. MAK, Elaine. The European Judicial Organisation in a New Paradigm: The Influence of Principles of 'New Public Management' on the Organisation of the European Courts. *European Law Journal*, vol. 14, issue 6, p. 718-734, nov., 2008, disponível em https://ssrn.com/abstract=1284006, acesso em 22.6.2018. Apontando argumentos favoráveis e contrários à especialização: ZIMMER, Markus B.. Overview of Specialized Courts. *International Journal for Court Administration*, vol. 2, n. 1, 2009, disponível em: https://ssrn.com/abstract=2896064, acesso em 22.6.2018.

9. CABRAL, Antonio do Passo. *Juiz natural e eficiência processual: flexibilização, delegação e coordenação de competências no processo civil*. Tese apresentada no concurso de provas e títulos para provimento do cargo de Professor Titular de Direito Processual Civil da Faculdade de Direito da Universidade do Estado do Rio de Janeiro, Rio de Janeiro, 2017, p. 265-272. Também sobre o tema: MAK, Elaine. Balancing Territoriality and Functionality; Specialization as a Tool for Reforming Jurisdiction in the Netherlands, France and Germany. *International Journal For Court Administration*, out., 2008, p. 3, disponível em: http://www.iaca.ws/files/LWB-Elaine_Mak.pdf, acesso em 22.6.2018.

10. CABRAL, Antonio do Passo. *Juiz natural e eficiência processual*: flexibilização, delegação e coordenação de competências no processo civil. Tese apresentada no concurso de provas e títulos para provimento do cargo de Professor Titular de Direito Processual Civil da Faculdade de Direito da Universidade do Estado do Rio de Janeiro, Rio de Janeiro, 2017, p. 393-399. Também sobre o tema: CABRAL, Antonio do Passo. Despolarização do processo e "zonas de interesse": sobre a migração entre polos da demanda. *Revista Forense*, vol. 404, ano 105, jul-ago/2009, p. 28; CABRAL, Antonio do Passo. Imparcialidade e impartialidade. Por uma teoria sobre repartição e incompatibilidade de funções nos processos civil e penal. *Revista de Processo*, vol. 149, jul/2007, p. 339-364.

11. CABRAL, Antonio do Passo. *Juiz natural e eficiência processual: flexibilização, delegação e coordenação de competências no processo civil*. Tese apresentada no concurso de provas e títulos para provimento do cargo de Professor Titular de Direito Processual Civil da Faculdade de Direito da Universidade do Estado do Rio de Janeiro, Rio de Janeiro, 2017, p. 374-375 e 393-399. O tema ganhou corpo com o artigo de Cass R. Sunstein e Adrian Vermeule: *Interpretation and Institutions*. Michigan Law Review, vol. 101, n. 4, 2003.

países que adotam essa figura,[12] com a manutenção do controle e supervisão hierárquicos do Poder Judiciário.[13] Ressalte-se que o CPC já admite de forma expressa a delegação da competência no art. 972, ao prever que o relator de uma ação rescisória poderá "delegar a competência" ao órgão que proferiu a decisão para a produção de provas ou, conforme Enunciado 340 do FPPC, a juízo distinto do que proferiu a decisão rescindenda.[14]

A delegação faria com que a condução do processo de execução ficasse a cargo de terceiros,[15] o que vem sendo objeto de anteprojeto de lei por nós proposto, que sugere alterações ao Código de Processo Civil e à Lei de Execução Fiscal,[16] e vem sendo estudado no Brasil como desjudicialização da execução.[17] Para nós, contudo, o que há, na verdade, é uma descentralização, visto que não se retira por completo o processo de execução do juiz, a quem caberá decidir impugnações e fiscalizar a atuação do agente.

Além da necessária regulamentação em lei federal, em observância à competência privativa da União para legislar sobre direito processual (art. 22, I, da CRFB), a organização judiciária poderá detalhar, em conformidade com a lei, como se dará

---

12. Na Hungria, é necessário completar quatro anos de Direito e um curso de formação de dois anos para o cargo de oficial de justiça, após o que deve ser feito um exame profissional, seguido de um ano de prática sob a supervisão de um outro oficial. Além disso, deve o oficial realizar cursos de especialização ao menos uma vez ao ano. (PÉREZ-RAGONE, Álvaro. El modelo orgánico de la ejecución civil desjudicializada desde el punto de vista del Derecho comparado. Mitos y realidades de la desjudicialización. *Revista de Derecho de la Pontificia Universidad Católica de Valparaíso XXXVIII*, 1º semestre, 2012, p. 414). Na Suécia, para ser oficial de execução é necessário ter mestrado ou título equivalente na Dinamarca, Finlândia, Islândia ou Noruega, trabalhar por dois anos como juiz assistente, completar um treinamento, geralmente prático, de um ano e realizar um curso de formação teórica de cinco semanas (PÉREZ-RAGONE, Álvaro. El modelo orgánico de la ejecución civil desjudicializada desde el punto de vista del Derecho comparado. Mitos y realidades de la desjudicialización. *Revista de Derecho de la Pontificia Universidad Católica de Valparaíso XXXVIII*, 1º semestre, 2012, p. 423). Para cada autoridade executiva há diversos departamentos e unidades com oficiais, que são juristas com experiência nos tribunais, além de equipes para auxiliar nos trabalhos (JACOBSSON, Ulla. *Enforcement Proceedings in Sweden, Revue Hellenique de Droit International*, vol. 50, n. 2, Atenas: Editions Ant. N. Sakkoulas, 1997, p. 484-488).
13. No direito administrativo a delegação de competência é a transferência de um agente para outro, normalmente de plano hierárquico inferior, de funções que originalmente lhe são atribuídas, por norma expressa autorizadora, que não retira a competência da autoridade delegante (CARVALHO FILHO, José dos Santos. *Manual de direito administrativo*. 28. ed. rev., ampl. e atual. até 31-12-2014, São Paulo: Atlas, 2015, p. 109).
14. Enunciado 340 do Fórum Permanente de Processualistas Civis: "Observadas as regras de distribuição, o relator pode delegar a colheita de provas para juízo distinto do que proferiu a decisão rescindenda".
15. Defendendo uma reforma processual nesse sentido: GRECO, Leonardo. *O processo de execução*. Rio de Janeiro: Renovar, 1999, p. 174.
16. Disponível em: https://www.academia.edu/44477847/ANTEPROJETO_DE_LEI_ATRIBUI%C3%87%C3%83O_DA_PR%C3%81TICA_DE_ATOS_EXECUTIVOS_PARA_AGENTES_DE_EXECU%C3%87%C3%83O_NO_CUMPRIMENTO_DE_SENTEN%C3%87A_OU_NO_PROCESSO_DE_EXECU%C3%87%C3%83O_PROPOSTA_DE_ALTERA%C3%87%C3%95ES_AO_C%C3%93DIGO_DE_PROCESSO_CIVIL_E_%C3%80_LEI_DE_EXECU%C3%87%C3%95ES_FISCAIS.
17. RIBEIRO, Flávia Pereira. *Desjudicialização da Execução Civil*. 2. ed., Curitiba: Juruá, 2019; MEDEIROS NETO, Elias Marques de; RIBEIRO, Flávia Pereira. *Reflexões sobre a desjudicialização da execução civil*. Curitiba: Juruá, 2020.

o exercício de competências dos juízes e tribunais[18] e a delegação para terceiros, mormente porque a definição das competências em um tribunal é atividade de administração judiciária e se submete à discricionariedade dos tribunais.[19-20]

Haveria, com isso, uma cooperação na esteira do que dispõe o art. 6º, XI e XII, da Resolução nº 350/2020 do CNJ,[21] mas também para a prática de outros atos, pois, como deixa claro o *caput* do art. 6º, o rol de atos de cooperação não é taxativo.

Aliás, a repartição de funções ora pretendida pode se dar em cooperação com outros órgãos e entidades externos ao Judiciário,[22] seja pela aplicação do art.

---

18. MARQUES, José Frederico. Organização judiciária e processo. *Revista de Direito Processual Civil*, ano 1, n. 1, jan-jun/1960, p. 19-21; DINAMARCO, Cândido Rangel. *Instituições de Direito Processual Civil*. 9. ed., rev. e atual. segundo o Novo Código de Processo civil, São Paulo: Malheiros, 2017, vol. I, p. 150. De acordo com Heike Gramckow e Barry Walsh, a divisão dos tribunais pela especialização pode ser estabelecida com menos formalidade do que pela legislação, por meio do ajuste das regras internas do tribunal para melhor refletir e endereçar necessidades especiais dos casos que os tribunais têm que lidar (GRAMCKOW, Heike; WALSH, Barry. Developing Specialized Court Services: International Experiences and Lessons Learned. *Justice and Development Working Paper Series*, n. 24, 2013, p. 10-11). Reforçam esse entendimento previsões existentes no próprio CPC: Art. 44. Obedecidos os limites estabelecidos pela Constituição Federal, a competência é determinada pelas normas previstas neste Código ou em legislação especial, *pelas normas de organização judiciária* e, ainda, no que couber, pelas constituições dos Estados; Art. 149. São auxiliares da Justiça, além de outros cujas atribuições sejam determinadas pelas normas de organização judiciária, o escrivão, o chefe de secretaria, o oficial de justiça, o perito, o depositário, o administrador, o intérprete, o tradutor, o mediador, o conciliador judicial, o partidor, o distribuidor, o contabilista e o regulador de avarias.
19. CABRAL, Antonio do Passo. *Juiz natural e eficiência processual*: flexibilização, delegação e coordenação de competências no processo civil. Tese apresentada no concurso de provas e títulos para provimento do cargo de Professor Titular de Direito Processual Civil da Faculdade de Direito da Universidade do Estado do Rio de Janeiro, Rio de Janeiro, 2017, p. 284. De acordo com o art. 96, I, "a" da CRFB, compete privativamente aos tribunais "eleger seus órgãos diretivos e elaborar seus regimentos internos, com observância das normas de processo e das garantias processuais das partes, *dispondo sobre a competência e o funcionamento dos respectivos órgãos jurisdicionais e administrativos*" (grifou-se).
20. Dentro dessa lógica, destacamos a previsão, pela Lei nº 13.964/2019, da figura do juiz de garantias, que representa uma segmentação de funções no Judiciário – ainda que não periféricas –, e, portanto, uma divisão de competência funcional entre os juízes na seara criminal. A introdução no sistema de um novo ator no processo ainda vem sendo debatida entre os juristas, mas as decisões cautelares proferidas no Supremo Tribunal Federal nas ADIs 6.298, 6.299 e 6.300 acenderam o debate sobre o aspecto formal para o tratamento da matéria. Enquanto o Ministro Dias Toffoli concluiu, em 15/01/2020, pela constitucionalidade formal da maioria dos dispositivos ao fundamento de que se trata de matéria de direito processual penal, de competência privativa da União, o Ministro Luiz Fux, em 22/01/2020, entendeu pela inconstitucionalidade formal, sustentando que a previsão tem "natureza materialmente híbrida, sendo simultaneamente norma geral processual e norma de organização judiciária" e que "os artigos 3º-A a 3º-F consistem preponderantemente em normas de organização judiciária". Desse modo, entendemos, na esteira do Ministro Luiz Fux, que a divisão do exercício da competência no processo que enseje modificações substanciais na estrutura do Judiciário exige que a regulamentação se dê não apenas por norma processual, como também por normas de organização judiciária, haja vista os impactos na organização e na disposição interna de cada tribunal.
21. "Art. 6º Além de outros definidos consensualmente, os atos de cooperação poderão consistir: (...) XI – na efetivação de tutela provisória ou na execução de decisão jurisdicional; XII – na investigação patrimonial, busca por bens e realização prática de penhora, arrecadação, indisponibilidade ou qualquer outro tipo de constrição judicial".
22. CABRAL, Antonio do Passo. *Juiz natural e eficiência processual: flexibilização, delegação e coordenação de competências no processo civil*. Tese apresentada no concurso de provas e títulos para provimento do

15, do CPC,[23] seja por uma interpretação extraída do art. 6º, do CPC, ou até mesmo pelo fato de o art. 69, I, do CPC prever o auxílio direto, que é hipótese de cooperação com órgão administrativo. Para além disso, atualmente, como já destacado, a Resolução nº 350/2020 do CNJ preceitua que a cooperação judiciária nacional pode ocorrer entre o Poder Judiciário e "outras instituições e entidades", sendo hipótese de cooperação interinstitucional "entre os órgãos do Poder Judiciário e outras instituições e entidades, integrantes ou não do sistema de justiça, que possam, direta ou indiretamente, contribuir para a administração da justiça" (artigo 1º, II).

Apesar de a Resolução elencar no art. 15 hipóteses de cooperação interinstitucional voltada para a gestão judiciária, institucional e administrativa do Poder Judiciário, a própria previsão no referido dispositivo da expressão "entre outras providências"[24] nos permite pensar na utilização do instituto para outras finalidades. Acrescente-se que o art. 16, da Resolução nº 350/2020 do CNJ elenca algumas instituições com as quais se mostra possível esse diálogo, mas admite a ampliação do rol ao prever que a cooperação interinstitucional "poderá ser realizada entre quaisquer instituições".

3. ALGUNS EXEMPLOS DA COLABORAÇÃO DE AGENTES PRIVADOS AO EXERCÍCIO DA FUNÇÃO JURISDICIONAL

Um dos objetivos sugeridos pelo *new public management*, como teoria que visa à desburocratização do aparelhamento estatal, é a privatização, com a alocação de bens e serviços do governo em empresas privadas.[25] Nessa mesma linha, o *court management*, na perspectiva aqui defendida de gestão eficiente da estrutura judicial a partir de mecanismos de descentralização, não necessariamente depende da atuação de servidores públicos, podendo haver a atuação de um profissional de *fora* do Judiciário, como defende Emmanuel Jeuland.[26]

Como já esclarecemos no tópico anterior, entendemos que cooperação judiciária nacional não se limita à cooperação entre juízos, o que, repise-se, constou na Resolução nº 350/2020, do CNJ ao tratar da cooperação interinstitucional.

---

cargo de Professor Titular de Direito Processual Civil da Faculdade de Direito da Universidade do Estado do Rio de Janeiro, Rio de Janeiro, 2017, p. 449-451.

23. DIDIER JR., Fredie. *Cooperação judiciária nacional* – Esboço de uma Teoria para o Direito Brasileiro. Salvador: Juspodivm, 2020, p. 80.

24. "Art. 15. A cooperação interinstitucional poderá abranger, entre outras providências: I – a harmonização de procedimentos e rotinas administrativas; II – gestão judiciária; III – a elaboração e adoção de estratégias para o tratamento adequado de processos coletivos e ou repetitivos, inclusive para a sua prevenção; e IV – mutirões para análise do enquadramento de processos ou de recursos nas hipóteses em que há precedentes obrigatórios".

25. KALIMULLAH, Nazmul Ahsan; ALAM, Kabir M. Ashraf; NOUR, M. M. Ashaduzzaman. New Public Management: Emergence and Principles. *BUP JOURNAL*, vol. 1, issue 1, set., 2012, p. 16.

26. JEULAND, Emmanuel. Towards a New Court Management? General Report. *Université Paris 1 – Panthéon Sorbonne*, 2018, p. 7.

Inclusive, a cooperação entre Judiciário e agentes privados foi expressamente prevista com relação aos árbitros e juízes, conforme art. 69, §1º, do CPC, que prevê como mecanismo de cooperação a carta arbitral. Dentre as hipóteses em que isso ocorre estão a efetivação, pelo Judiciário, de medidas de urgência concedidas pelo árbitro e que ultrapassam os limites legais de suas atribuições; [27] a busca do juízo estatal quando há resistência ao cumprimento de cláusula arbitral (art. 7º, da Lei nº 9.307/1996); a condução de testemunha renitente pela autoridade judiciária (art. 22, §2º, da Lei nº 9.307/1996); e a execução da sentença arbitral (art. 515, VII, do CPC).[28] E essa cooperação pode ser dar em uma via de mão dupla, como já reconheceu o STJ ao admitir que o juiz oficie o árbitro com vistas à penhora no rosto dos autos de processo arbitral.[29]

O que se vê é que, embora a jurisdição arbitral afaste a competência da jurisdição estatal com relação a determinadas matérias, pode haver uma recíproca relação entre essas instituições público e privada nos casos autorizados pelo ordenamento. E essa complementaridade ocorre em razão da confluência entre interesses privados de autorregulamentação de relações entre partes capazes e o interesse público de ter um procedimento de resolução de conflitos mais dinâmico, célere e especializado.[30]

Além dos árbitros, no sistema brasileiro admite-se, ainda, a atuação de entidades de infraestrutura específica, baseadas nas *claim resolution facilities* existentes nos Estados Unidos, que poderão ser entidades privadas – criadas por lei, ato administrativo, decisão judicial, convenções processuais ou atos conjuntos – para a indenização das vítimas de uma lesão, reparações pecuniárias difusas, implementação de projetos de melhorias de políticas públicas, sugestão de projetos de lei para a regulação dos setores envolvidos e produção de provas a serem utilizadas em processos repetitivos. É o caso, como exemplificam Antonio do Passo Cabral e Hermes Zaneti Jr., da Fundação Renova, constituída a partir de um TAC para gerir a reparação dos danos causados pelo rompimento da barragem de Fundão, em Mariana, Minas Gerais.[31]

---

27. MEDINA, José Miguel García. *Direito processual civil moderno*. 2. ed. rev. atual. e ampl., São Paulo: RT, 2016, p. 170.
28. José Carlos Fernández Rozas aponta como instrumentos de cooperação do juízo estatal ao juízo arbitral dar início a procedimentos arbitrais ditos irregulares, a nomeação de árbitros na ausência de acordo entre as partes, a assistência na fase probatória quando os elementos probatórios estiverem no exterior e for necessária a cooperação internacional e a concessão de medidas provisórias pelo Judiciário (ROZAS, JOSÉ CARLOS FERNÁNDEZ. Le rôle des jurisdictions étatiques devant l'arbitrage commercial international. *Recueil des Cours*, Académie de La Haye de Droit International (Kluwer), Haia, Holanda, 2002, p. 65).
29. STJ, REsp 1.678.224/SP, 3ª T., Rel. Min. Nancy Andrighi, j. em 07/05/2019.
30. ROCHA, Caio Cesar Vieira. *Limites do controle judicial sobre a jurisdição arbitral do Brasil*. Tese de Doutorado em Direito Processual, Faculdade de Direito da Universidade de São Paulo, São Paulo, 2012, p. 65-66.
31. CABRAL, Antonio do Passo; ZANETI JR., Hermes. Entidades de infraestrutura específica para a resolução de conflitos coletivos: as *claim resolution facilities* e a sua aplicabilidade no Brasil. *Revista de Processo*, vol. 287, jan./2019, p. 448-449 e p. 452-456.

É possível, nesses casos, que entidades *privadas* atuem em auxílio ao Poder Judiciário em causas complexas e normalmente mais demoradas, o que reforça que essa cooperação pode ser uma excelente resposta para que se obtenha uma gestão processual mais organizada e, com isso, melhor atender os interesses dos jurisdicionados. E, ao desempenharem o papel de implementação de uma decisão judicial, as entidades de infraestrutura específica em muito se assemelham à delegação por nós sugerida para a execução: em ambos os casos há a descentralização de uma função no processo para um sujeito privado, em constante colaboração com os juízes.

É seguindo esta lógica que nos Estados Unidos surgiu a figura do *special master*, designado para propósitos previamente delimitados em processos judiciais mais complexos como em ações coletivas. Nesse cenário, o *master* poderá ser designado em razão da sua *expertise* para auxiliar um acordo;[32] para tomar medidas necessárias à aprovação do acordo, como a custódia do valor a ser pago, o pagamento em favor do credor e a fiscalização do cumprimento de uma liminar;[33] para a assistência em questões técnicas relacionadas à tecnologia que não sejam de conhecimento do juiz;[34] para supervisionar depoimentos quando evidenciada alguma conduta abusiva das partes;[35] e para a administração de grandes fundos para o pagamento de indenizações em ações coletivas ou em processos criminais envolvendo esquemas fraudulentos de larga escala.[36]

Embora não seja a regra nos processos judiciais norte-americanos, principalmente por ensejar um custo maior para as partes, a designação de um *special master* se mostra interessante pelo seu conhecimento em contabilidade, finanças, ciência e tecnologia - mas, diferentemente dos peritos (*court-appointed experts*), não são responsáveis pela *discovery*, que é a fase pré-processual para a investigação dos fatos e produção de provas, apesar de os *special masters* poderem ser designados para coordenar esta fase.[37] Para tanto, da mesma forma como sugerimos para o agente de execução, o ato que nomeia o *special master* deverá prever os poderes que lhe serão *delegados*. Assim, serão especificados os escopos da nomeação, as questões que deverão ser investigadas, as circunstâncias em que a comunicação de uma parte com o tribunal ou com outra parte será apropriada, o tempo e formato para a entrega do relatório de atividades do *special master* e a remuneração.[38]

---

32. *Manual for Complex Litigation*, Fourth, § 10.14. Federal Judicial Center, 2004.
33. Ibidem, § 21.661.
34. Ibidem, § 11.447.
35. Ibidem, § 10.461.
36. BRAZIL, Wayne D.. Special Masters in Complex Cases: Extending the Judiciary or Reshaping Adjudication?. *University of Chicago Law Review*, vol. 53, 1986, p. 396.
37. *Manual for Complex Litigation*, Fourth, § 22.8. Federal Judicial Center, 2004.
38. Ibidem, § 11.52.

Essas três figuras – árbitros, entidades de propósito específico e *special masters* – demonstram que o modelo proposto de cooperação entre o Poder Judiciário e atores privados na gestão do processo de execução poderia contribuir, em muito, para que a jurisdição executiva seja prestada de forma mais eficiente. Os exemplos acima apenas corroboram que a proposta é muito mais palpável do que à primeira vista pode parecer, sobretudo por já ser admita a cooperação por delegação.

4. COOPERAÇÃO POR DELEGAÇÃO A AGENTES PRIVADOS NO PROCESSO DE EXECUÇÃO

A condução do processo de execução acontece de diversas formas em outros países, sendo relevantes para este trabalho os modelos em que há uma cooperação entre os tribunais e agentes externos a ele.

Nesse sentido, há países que buscam a cooperação de órgãos administrativos públicos, que operam de forma totalmente independente dos tribunais, como na Finlândia[39] e na Suécia.[40] Na França o agente exerce uma profissão liberal regulamentada, mas é reconhecido como um funcionário público e ministerial, ou seja, embora sejam profissionais autônomos, atuam como representantes do Estado, mas não fazem parte do sistema judicial.[41] Do mesmo modo, na Estônia,[42] na Bélgica[43] e na Holanda[44] os agentes são profissionais autônomos que recebem o status de autoridades públicas. Em Portugal, os agentes também são profissionais liberais que exercem poderes de autoridade pública através de uma delegação do Estado.[45] Na Suíça os agentes são servidores do Poder Executivo.[46] Há países

39. Enquanto o oficial (*bailiff*) é o chefe da autoridade executiva local e tem competência para a maior parte das decisões concernentes ao processo executivo, seus oficiais assistentes desempenham os aspectos práticos da execução. Há, entretanto, empresas privadas que atuam no ramo de cobrança de dívidas, mas que não podem tomar medidas coercitivas contra o devedor (PÉREZ-RAGONE, Álvaro. The Conflicts between the Fundamental Rights of the Creditor and the Debtor. *International Association of Procedural Law Seoul Conference*, 2014, p. 631-632).
40. HESS, B.. Different enforcement structures. In: VAN RHEE, C.H.; UZELAC, A. (editors). *Enforcement and Enforceability – Tradition and Reform*. Portland: Intersentia Antwerp, 2010, p. 48.
41. Conforme informação disponibilizada em: https://www.huissier-justice.fr/
42. ALEKAND, Anneli. The Estonian Universal Enforcement Procedure and the Bailiff as the Taker of Procedural Decisions. *Juridica International* XV, 2008, p. 119.
43. Conforme informações disponíveis em: https://www.huissiersdejustice.be/nkgb-cnhb/lhuissier-de-justice/lhuissier-de-justice-de-qui-sagit-il. Acesso em 23/11/2020.
44. JONGBLOED, A.W. The Dutch Court Bailiffs Act Eight Years after its Introduction, In: VAN RHEE, C.H.; UZELAC, A. (editors). *Enforcement and Enforceability – Tradition and Reform*. Portland: Intersentia Antwerp, 2010, p. 182.
45. SOUSA, Miguel Teixeira de. Processo executivo: a experiência de descentralização no Processo civil português. *Revista de Processo Comparado*. vol. 9, jan.-jun./2019, p. 83-97; SILVA, Carlos Manuel Ferreira da. Um novo operador judiciário: o solicitador de execução – estatuto e funções. In: YARSHEL, Flávio Luiz; MORAES, Maurício Zanoide de. *Estudos em homenagem à professora Ada Pellegrini Grinover*. São Paulo: DPJ, 2005, p. 514.
46. ALEKAND, Anneli. The Estonian Universal Enforcement Procedure and the Bailiff as the Taker of Procedural Decisions. *Juridica International* XV, 2008, p. 119.

que adotam sistemas mistos, como a Ucrânia,[47] Albânia[48] e Cazaquistão,[49] em que há agentes estatais e agentes privados.

Em todos esses sistemas há agentes externos aos tribunais que, por meio de diferentes formas de investidura, cooperam com os juízes para a condução dos processos de execução.

Como já adiantamos, entendemos que a colaboração de atores privados ao Poder Judiciário pode ser uma interessante solução para uma maior eficiência no processo. Mas aqui há uma diferença em relação às figuras mencionadas no item 3: o caráter privado dessa atuação acaba sendo de certo modo mitigado pela exigência de atuação em prol de interesses públicos. A atuação delegada no campo da execução seria a de uma *autoridade pública*, que deve servir aos interesses da comunidade e propósitos sociais, visto que lhe é delegada atividade típica da competência de um magistrado.[50-51] O modelo que defendemos se assemelha aos existentes na Estônia, na França, em Portugal[52] e na Bélgica, em que o agente é profissional autônomo, mas assume o status de autoridade pública a partir da delegação de funções públicas.[53]

Sob este prisma, entendemos ser possível a delegação do exercício da competência para a condução do processo de execução a um agente de execução

47. As mudanças foram introduzidas pela *Law of Ukraine On the Enforcement Proceedings.*
48. Conforme informações disponíveis em: http://www.nchb.al/eng/us/. Acesso em 23/11/2020.
49. Conforme informações disponíveis em: http://adilet.zan.kz/eng/docs/Z100000261_. Acesso em 23/11/2020.
50. Na classificação de Alf Ross, há regras de competência que criam o poder chamado "autoridade privada", que se desenvolvem entre sujeitos privados que estão livres para decidir se e como fazer uso de sua autonomia, sem a submissão a um dever ou a imposição de exercício apenas de uma forma; e há regras de competência que criam uma "autoridade pública", poder exercido por determinadas pessoas qualificadas para tanto, de acordo com regras legalmente estabelecidas, que envolve um dever e impõe que seja imparcial, atuando sempre em prol de propósitos sociais (ROSS, Alf. *Directives and norms.* New York: Humanities Press, 1968, p. 133-134).
51. Na Alemanha, os agentes estão submetidos às disposições reguladoras da responsabilidade por infração de deveres como os funcionários públicos. Respondem, destarte, tanto perante os que participam diretamente do litígio, quanto perante terceiros, cujos interesses tenham sido afetados por sua atuação (GOLDSCHMIDT, James. *Derecho procesal civil.* Barcelona: Labor, 1936, p. 146-147) e na Holanda, os agentes atuam em prol do interesse público para o adequado funcionamento do sistema legal (JONGBLOED, A.W. The Dutch Court Bailiffs Act eight years after its introduction. In: VAN RHEE, C.H.; UZELAC, A. (editors). *Enforcement and Enforceability - Tradition and Reform.* Portland: Intersentia Antwerp, 2010, p. 182).
52. Conforme define Miguel Teixeira de Sousa: "O agente de execução é o auxiliar da justiça que, na prossecução do interesse público, exerce poderes de autoridade pública no cumprimento das diligências que realiza (...). O agente de execução é um profissional liberal (cf. art. 136.º, n. 1, in fine, EOSAE), pelo que só é possível conceber que ele possa exercer poderes de soberania através de uma delegação do Estado. O Estado continua a ser o titular desses poderes soberanos, mas delega o seu exercício ao agente de execução; por isso mesmo, a competência do agente de execução não é própria, mas alheia" (SOUSA, Miguel Teixeira de. Processo executivo: a experiência de descentralização no Processo civil português. *Revista de Processo Comparado.* vol. 9, jan.-jun./2019, p. 83-97).
53. ALEKAND, Anneli. The Estonian Universal Enforcement Procedure and the Bailiff as the Taker of Procedural Decisions. *Juridica International XV*, 2008, p. 119; PÉREZ-RAGONE, Álvaro. El modelo orgánico de la ejecución civil desjudicializada desde el punto de vista del Derecho comparado. Mitos y realidades de la desjudicialización. *Revista de Derecho de la Pontificia Universidad Católica de Valparaíso XXXVIII*, 1º semestre, 2012, p. 420-421.

privado com status de autoridade pública, a quem caberia a escolha dos meios executivos adequados ao caso concreto, porém sempre sob a supervisão do magistrado, órgão delegante.

Como autoridade pública, deve o agente atuar pautado pelos princípios da impessoalidade e da imparcialidade, o que atrai a incidência das regras de impedimento e suspeição, por serem também auxiliares da justiça (art. 148, II, CPC),[54] e pode ser garantido com a atribuição de competência por meio da livre distribuição,[55] ressalvada a escolha do pelas partes por meio de uma convenção processual, nos termos do art. 190, do CPC.

4.1. A natureza privada é incompatível com a cognição executiva? Alguns parâmetros e limites para a cooperação de agentes privados ao processo de execução

De acordo com o entendimento majoritário da doutrina tradicional, execução e cognição representariam atividades distintas da função jurisdicional: primeiro haveria cognição quando do exame e solução da controvérsia levada ao Judiciário e, em um segundo momento, na execução, seriam implementadas operações práticas necessárias à efetivação da decisão.[56]

Atualmente, contudo, não é este o entendimento que deve prevalecer. Ainda que na fase de cumprimento de sentença ou no processo de execução haja uma atividade preponderantemente prática,[57] não se pode negar que haja cognição, entendida como ato de inteligência que envolve a análise e valoração das alegações das partes.[58] Pontes de Miranda anos atrás já refletia a respeito, afirmando que "[o] valor da dicotomia 'procedimento de cognição, procedimento de execução', no plano teórico e no plano prático, é quase nenhum".[59]

Para Eduardo Talamini, esta cognição na execução abrangeria "a verificação (a) dos pressupostos da atuação jurisdicional ('condições da ação' e 'pressupostos processuais'); (b) da validade dos atos processuais;[60] e (c) da obser-

54. Na França os *huissiers de justice* estão impedidos de atuar quando a parte for seu parente, bem como estão impedidos de assistir e representar os litigantes em juízo. São estas restrições que visam evitar o comprometimento de sua independência e imparcialidade (PERROT, Roger. *Institutions judiciaires*. 11. ed., Paris: Montchrestien, 2004, p. 365).

55. Por exemplo, o art. 167 do CPC estabelece que a distribuição dos processos aos mediadores e conciliadores deve ser feita de forma alternada e aleatória, ajudando a preservar a referida imparcialidade.

56. LIEBMAN, Enrico Tullio. *Processo de execução*. São Paulo: Saraiva, 1946, p. 79-81.

57. GRECO, Leonardo. *O processo de execução*. Rio de Janeiro: Renovar, 1999, p. 174.

58. WATANABE, Kazuo. *Da cognição no processo civil*. São Paulo: RT, 1987, p. 41.

59. PONTES DE MIRANDA, Francisco Cavalcanti. *Comentários ao Código de Processo Civil*. Rio de Janeiro: Forense, 1979, tomo I, p. 96. Assim também já reconheceu Kazuo Watanabe, embora afirme que na execução "a cognição é bem escassa" (WATANABE, Kazuo. *Da cognição no processo civil*. São Paulo: RT, 1987, p. 83, rodapé e 91).

60. No mesmo sentido: MEDINA, José Miguel García. *Direito processual civil moderno*. 2. ed. rev. atual. e ampl., São Paulo: RT, 2016, p. 987-988.

vância da garantia do menor sacrifício do executado"[61]. Para o autor, portanto, as questões de mérito só são objeto de conhecimento na execução nos "casos extremamente restritos" de extinção da execução em razão da satisfação da obrigação, de transação com remissão e de renúncia, hipóteses em que seria "examinadas estritamente para o mero fim processual de extinção do processo" e sem a possibilidade de que "qualquer disputa mais profunda que se ponha acerca de sua ocorrência" possa ser dirimida dentro do processo.

Não obstante, Heitor Sica vai além e afirma que em sede executiva o juiz continua a examinar a obrigação exequenda sob uma perspectiva dinâmica, "uma vez que a coisa julgada material imuniza a declaração ou comando contido no título judicial, mas a relação de direito material continua a se desenvolver no plano concreto".[62]

Assim, como exemplifica Heitor Sica, há cognição quando, após a prolação da sentença, o juiz procede com a liquidação da sentença para apurar o valor a ser pago pelo executado com base nos fatos relativos à relação jurídica de direito material (hipótese de cognição exauriente, sem inversão do contraditório); e quando o juiz avalia a memória de cálculo apresentada pelo exequente, cujos parâmetros já estão delimitados no título executivo, e determina a intimação ou citação do executado para pagamento (hipótese de cognição sumária inicial em que há inversão do contraditório).[63] Da mesma forma, após instaurada a execução, poderá haver o exercício de cognição sumária inicial quando o juiz constatar e reconhecer, *ex officio*, a prescrição ou a decadência (arts. 332, §1º, 487, II e 921, §5º, do CPC).

As hipóteses acima, contudo, são exercidas pelo magistrado, que determina a citação ou a intimação do executado para o pagamento da dívida e, à luz do que ora se propõe, em seguida, o processo prosseguiria normalmente com o agente de execução.

A questão que parece mais controvertida está no momento seguinte, qual seja, a escolha, com base no título executivo, de qual medida deve ser adotada para o cumprimento de uma obrigação de fazer ou de não fazer ou para o cumprimento de uma obrigação de pagar, o que, na esteira do que entende Heitor Sica, exigiria novo exercício de cognição judicial.

Com base no que já foi dito neste trabalho, não há dúvidas de que questões relativas à relação jurídica de direito material devam ser solucionadas pelo juiz, pois, conforme já ressaltado, não se pode afastar a garantia das partes de solucionar impugnações e outras controvérsias perante o magistrado.

61. TALAMINI, Eduardo. A objeção na execução (exceção de pré-executividade) e a reforma do Código de Processo Civil. *Revista de Processo*, vol. 153, nov./2007, p. 11-32.
62. SICA, Heitor Vitor Mendonça. *Cognição do juiz na execução civil*. São Paulo: RT, 2017, p. 190.
63. Ibidem, p. 191-192.

Isto é, os atos jurisdicionais decisórios não são delegados. O questionamento surge, portanto, quanto ao fato de uma única pretensão poder ser satisfeita por diversos meios pelo agente de execução.

A determinação de penhora de um bem, por exemplo, exigiria uma atividade intelectiva do agente de execução? Heitor Sica traz outros interessantes exemplos: quando há um depósito judicial, cabe ao juiz, depois de ouvido o autor, reconhecer satisfeita a obrigação; em razão de calamidade pública reputada como notória (art. 374, I, do CPC), o juiz pode reconhecer fato impeditivo ao cumprimento de obrigação de dar, fazer ou não fazer e, ouvido o autor, o prazo originalmente fixado pode ser dilatado ou devolvido (arts. 222, §2º, 536 e 538, do CPC); o juiz pode constatar modificações na correção monetária e juros incidentes periodicamente até a satisfação da obrigação; o índice inflacionário fixado na sentença para efeito de correção pode ser extinto e a taxa legal de juros se alterar; caso se constate que a obrigação se tornou impossível de ser cumprida na forma específica, o juiz pode, no nosso sistema, determinar ao executado, após o pedido ou concordância do exequente, a realização de um resultado prático equivalente, de modo que há cognição sumária sobre fato modificativo do direito do exequente (art. 536, do CPC).[64] Estes e outros exemplos mostram que, de fato, haveria exercício de cognição, ainda que reduzido, pelo agente de execução, sobretudo diante da dificuldade de segmentar o que configura ato que exige a análise da relação jurídica de direito material e o que pode ser considerado ato que não exige qualquer atividade intelectiva.

Há, assim, cognição quando da escolha dos meios coercitivos e sub-rogatórios, porquanto é necessário avaliar o cabimento, a conveniência e a adequação da medida diante de uma situação concreta, a fim de manter o equilíbrio entre os interesses em conflito.[65] Nesse aspecto, para além do trinômio de questões objeto da cognição (pressupostos processuais, condições da ação e mérito), haveria, na verdade, um quadrinômio, sendo o quarto elemento as questões relativas aos atos executivos.[66] Ou, tendo em vista que o CPC/15 não mais previu a categoria das condições da ação, defende-se que a classificação seria "questões referentes à regularidade formal do procedimento" e "questões atinentes ao direito material",[67] ao que acrescentamos as relativas aos atos executivos como terceiro elemento.

64. Ibidem, p. 202-203.
65. BEDAQUE, José Roberto dos Santos. Cognição e decisões do juiz no processo executivo. In: FUX, Luiz; NERY JR., Nelson; WAMBIER, Teresa Arruda Alvim (Coord.). *Processo e Constituição*: estudos em homenagem ao professor José Carlos Barbosa Moreira. São Paulo: RT, 2006, p. 363-364; VOGT, Fernanda Costa. *Cognição do juiz no processo civil*: flexibilidade e dinamismo dos fenômenos cognitivos. Salvador: Juspodivm, 2020, p. 100.
66. SICA, Heitor Vitor Mendonça. *Cognição do juiz na execução civil*. São Paulo: RT, 2017, p. 218, nota de rodapé 302.
67. VOGT, Fernanda Costa. *Cognição do juiz no processo civil*: flexibilidade e dinamismo dos fenômenos cognitivos. Salvador: Juspodivm, 2020, p. 32-33.

O que se vê nessa cooperação entre agente de execução e juiz pode ser caracterizado como o que Fernanda Vogt chama de um *compartilhamento cognitivo* entre diferentes centros no processo:[68] enquanto a cognição do juiz diz respeito às controvérsias relativas à relação jurídica e às impugnações/embargos apresentados no processo de execução, a cognição do agente refere-se aos atos de constrição patrimonial.

De fato, embora concordemos com Leonardo Greco no que tange ao fato de que na execução a atividade jurisdicional é preponderantemente prática, não se pode negar que, sobretudo à luz do art. 139, IV, do CPC, haja cognição na escolha dos meios sub-rogatórios e coercitivos.[69] Isso, entretanto, não pode servir para impedir a condução da execução por um sujeito privado, ponto em que manifestamos discordância em relação a Heitor Sica.[70] Inclusive, quanto às medidas atípicas, é possível pensar em um modelo em que seja necessária a autorização do juiz.

Com efeito, a atuação do agente de execução não é absolutamente livre. Caberá ao ato de delegação delimitar quais condutas podem ser tomadas pelo agente de execução, haja vista que o exercício da competência implica a responsabilidade de atuação dentro de seus limites, o que não retira do juiz o papel de decidir as matérias arguidas por meio de impugnação ao cumprimento de sentença (arts. 525, §1º e 535, do CPC), de embargos à execução (art. 917, do CPC) e de impugnações às penhoras efetivadas.[71]

Do mesmo modo, caso se trate de sentença arbitral, questões de mérito que dizem respeito ao direito controvertido entre as partes arguidas na impugnação ao cumprimento de sentença serão decididas pelo árbitro, em razão da possível interferência na matéria reservada aos árbitros.[72] Diferente é o caso em que a impugnação versa sobre a validade do procedimento executivo ou

68. Ibidem, p. 104, 200-201 e 219.
69. "A amplitude da participação do juiz na criação da solução jurídica mais adequada é ainda maior, nos casos em que incide o denominado princípio da atipicidade das medidas executivas" (MEDINA, José Miguel Garcia. *Direito processual civil moderno*. 2. ed. rev. atual. e ampl., São Paulo: RT, 2016, p. 1008).
70. Para Sica, o fato de haver cognição quanto à escolha dos meios executivos é fator que "torna mais difícil a desjudicialização da execução e de atos executivos, pois aumenta a amplitude dos 'juízos de valor' (...) que o ente ou órgão condutor da execução seria chamado a realizar" (SICA, Heitor Vitor Mendonça. *Cognição do juiz na execução civil*. São Paulo: RT, 2017, p. 219, nota de rodapé 309).
71. Vale destacar antigas lições do ex-Ministro Sálvio de Figueiredo Teixeira, para quem as deficiências que hoje dificultam a boa prestação jurisdicional poderão ser afastadas ou minoradas com "a figura do servidor qualificado, a liberar o juiz dos estafantes e burocráticos despachos de mera movimentação dos feitos, reservando-o para as decisões, a teor do que já ocorre em vários outros países" (TEIXEIRA, Sálvio de Figueiredo. O processo civil na nova Constituição. *Revista de Processo*, vol. 53, jan-mar./1989, p. 78-84).
72. Assim entendeu a Segunda Seção do STJ no CC 150.830-PA, ao afirmar que "o Juízo estatal, no qual se processa a execução do contrato (com cláusula compromissória arbitral), não possui competência para dirimir temas próprios de embargos à execução e de terceiros, atinentes ao título ou às obrigações ali consignadas (existência, constituição ou extinção do crédito) e das matérias que foram eleitas pelas partes para serem solucionadas pela instância arbitral (*kompetenz kompetenz*)" (STJ, CC 150.830/PA, 2ª Seção, Rel. Min. Marco Aurélio Bellizze, j. em 10/10/2018, DJe 16/10/2018). No mesmo sentido: REsp

da penhora ou quando fundada em alguma das causas de nulidade da decisão, contempladas no art. 32 da Lei nº 9.307/1996, hipóteses que são de competência da jurisdição estatal.[73] E a mesma lógica pode ser aplicada no que se refere à exceção de pré-executividade.

Também pode ser feita pelo agente a análise de que os mecanismos sub-rogatórios e coercitivos ensejaram a satisfação da pretensão executiva – sobretudo quando se tratar de simples atualização da memória de cálculo no caso de obrigação de pagar –, estando reservado ao magistrado declarar por sentença a extinção da obrigação e determinar o arquivamento dos autos, após a prévia manifestação das partes, já determinada pelo agente de execução.

Ademais, caberá ao agente, no exercício de uma competência delegada, observar os dispositivos legais referentes ao processo de execução previstos no ordenamento e, caso se verifique a escolha de meios abusivos, podem as partes provocar o juiz para decidir, até mesmo como garantia aos jurisdicionados de que a Justiça estatal estará sempre de portas abertas para garantir sua observância e para coibir abusos ou erros manifestos que podem se verificar na atuação.[74]

Para além disso, esse controle obriga o agente de execução a ter um dever de engajamento no debate, prestando informações e *feedbacks* acerca dos atos pelos quais ficaram responsáveis, reduzindo o protagonismo do magistrado, que passará a atuar de forma mais supervisora e cooperativa.[75] Nessa esteira, as revisões pelo magistrado devem ocorrer apenas se os atos forem abusivos e, considerando as amplas possibilidades de atuação dadas pelo art. 139, IV do CPC, entendemos que devem ser tido como parâmetros para que as partes possam suscitar comportamento abusivo do agente de execução a violação à lei, excesso de poderes – isto é, extrapolação do que foi delimitado pelo ato interno do tribunal que delega a atividade –, escolha de meios demasiadamente gravosos ao devedor, que atingem seu patrimônio mais do que o imprescindível para o adimplemento de sua obrigação, e violação a entendimento firmado pelo Tribunal ou pelos Tribunais Superiores.[76]

1.465.535/SP, 4ª T., Rel. Min. Luis Felipe Salomão, j. em 21/06/2016, DJe 22/08/2016; MC 13.274/SP, Rel. Min. Nancy Andrighi, DJe 20/9/2007.

73. DINAMARCO, Cândido Rangel. *A arbitragem na teoria geral do processo*. São Paulo: Malheiros, 2013, p. 270.

74. GRECO, Leonardo. *Instituições de processo civil*. 5. ed., Rio de Janeiro: Forense, vol. I, 2015, p. 24; GRECO, Leonardo. *Estudos de direito processual*. Campos dos Goytacazes: Faculdade de Direito de Campos, 2005, p. 12. Na Alemanha, por exemplo, o tribunal executivo analisará objeções formuladas contra a capacidade e a competência do agente, reclamações contra o tipo ou a forma da execução ou contra o procedimento executivo e, ainda, questionamentos sobre as custas da execução (GOLDSCHMIDT, James. *Derecho procesal civil*. Barcelona: Labor, 1936, p. 621).

75. Abordando a delegação nos processos estruturantes como mecanismo de cooperação: MARÇAL, Felipe Barreto. *Processos estruturantes*. Salvador: Juspodivm, 2021, p. 112-119.

76. A inobservância desses limites pode, inclusive, acarretar a invalidade do ato ou de outra consequência prevista em norma jurídica, além de sanções jurídicas (penais, disciplinares e civis, como a previsão

O magistrado pode não apenas assumir o controle *a posteriori* dos atos praticados pelo agente, como também exercer uma supervisão concomitante destes atos: pode-se pensar em um modelo em que seja imposto ao agente a apresentação ao juiz de relatório mensal de suas atividades, como previsto para a atuação do interventor na execução das decisões do CADE (art. 108, III e 110 da Lei 12.529/2011). Ou, ainda, a submissão da administração de determinados bens à aprovação judicial, como ocorre com relação à forma de liquidação de quotas ou ações de sociedades simples e empresárias (art. 861, §3º, CPC), à forma pela qual será feita a penhora de percentual de faturamento de empresa (art. 866, §2º, CPC) e à forma pela qual ocorrerá a administração de bem móvel ou imóvel e a fruição de seus frutos e rendimentos que foram penhorados (art. 869, §1º, CPC).

O que se verifica, portanto, é a convergência de um modelo de condução dos atos executórios por um sujeito qualificado e capacitado com a manutenção do papel do juiz como órgão decisor. Da mesma forma, nas entidades de infraestrutura específica mencionadas no item 3, Antonio do Passo Cabral e Hermes Zaneti Jr. defendem que o Judiciário assume um papel de controle e de garantia, mas pode haver também a supervisão pelo Ministério Público, em razão do seu dever de proteção dos direitos fundamentais e da coletividade como um todo, e pela Defensoria Pública quanto aos danos relativos às pessoas hipossuficientes.[77]

No caso dos agentes de execução sem dúvidas o Ministério Público e a Defensoria Pública supervisionariam os agentes nos processos em que atuarem e as associações ou colégios desses oficiais podem também assumir o papel de controle,[78] como a Comissão para o Acompanhamento dos Auxiliares da Justiça (CAAJ), em Portugal; o *National Council of Bailiffs* na Polônia; o Departamento Administrativo responsável pela supervisão da execução na Finlândia (art. 12 do Código de Execução); o *Disciplinary Committee (DC)* na Bulgária;[79] o *Chambre Nationale des Huissiers de Justice* na Bélgica e na França.[80]

---

do art. 161, parágrafo único, do CPC) ou político-jurídicas (censura, destituição, exoneração) (CUNHA, Leonardo José Carneiro da. *Jurisdição e competência*. 2. ed., São Paulo: RT, 2013, p. 45-47). Não obstante, para evitar as contínuas provocações do magistrado pelas partes pode-se estipular que será reputado como litigância de má-fé (art. 80, IV a VI, do CPC) ou como ato atentatório à dignidade da justiça (art. 774, II, do CPC), com aplicação de multa, porquanto violador ao princípio da boa-fé processual (art. 5º do CPC).

77. CABRAL, Antonio do Passo; ZANETI JR., Hermes. Entidades de infraestrutura específica para a resolução de conflitos coletivos: as *claim resolution facilities* e a sua aplicabilidade no Brasil. *Revista de Processo*, vol. 287, jan./2019, p. 475-477.
78. PÉREZ-RAGONE, Álvaro. El modelo orgánico de la ejecución civil desjudicializada desde el punto de vista del Derecho comparado. Mitos y realidades de la desjudicialización. *Revista de Derecho de la Pontificia Universidad Católica de Valparaíso XXXVIII*, 1º semestre, 2012, p. 400.
79. Interessante notar que na Bulgária foi editado um *Code of Ethics for Private Enforcement Agents (PEAs)*, o que parece estar em consonância com o tema em voga na doutrina brasileira do *compliance*, hoje abordado não apenas no âmbito de instituições privadas, como também da Administração Pública.
80. Na França, na verdade, a lei conhecida como lei Macron (Ordonnance nº 2016-728, 2 juin 2016) promoveu a criação do cargo de *commissaire de justice* juntando os cargos de *huissier de justice* e de *commissaire-priseur*

Além disso, estabelecida a premissa de que o agente também exerce cognição, deve o agente de execução observar os impactos das escolhas para a satisfação da dívida. A Lei de Introdução às Normas do Direito Brasileiro, alterada pela Lei nº 13.655/2018, prevê em seu art. 20 que as decisões "com base em valores jurídicos abstratos" devem considerar as suas consequências práticas. A despeito de os dispositivos introduzidos na LINDB terem pretendido "levar os níveis de segurança jurídica e de eficiência na criação e aplicação do direito público", conforme constou na justificativa do Projeto de Lei (PL 349/2015), sugerimos, com base na interpretação teleológica desta modificação, que a *ratio* pretendida de evitar efeitos negativos indiretos na condução dos atos executivos.

Assim, não apenas quando se está diante de valores jurídicos abstratos, mas quando as circunstâncias fáticas admitirem que diversas medidas possam ser tomadas, a escolha deverá ser sopesada a partir das consequências que elas possam ensejar, com base no princípio da proporcionalidade,[81] o que, no caso dos meios executivos, diz respeito à escolha da medida mais efetiva.[82] Esse é o entendimento que já vem sendo há algum tempo abordado pela análise econômica do direito, que busca escolher como decidir a partir de certos critérios que expressam uma determinada preferência dentre um conjunto de ações alternativas.[83] A partir de um raciocínio consequencialista e pragmático, deve o agente de execução fazer uma análise hipotética das consequências possíveis de uma medida.[84-85]

Nesse sentido, caberá ao agente de execução *antecipar os efeitos da decisão* antes de tomá-la diante da identificação de mais de uma solução dogmaticamente justificada para a situação concreta,[86] isto é, qual o meio para

---

judiciaire, modificação que está sendo implementada desde 2019 e terminará em 2026, de modo que a instituição responsável por regular a profissão passará a ser a *Chambre Nationale des Commissaire de Justice*.

81. JUSTEN FILHO, Marçal. Art. 20 da LINDB: Dever de transparência, concretude e proporcionalidade nas decisões públicas. *Revista de. Direito Administrativo*, Rio de Janeiro, Edição Especial: Direito Público na Lei de Introdução às Normas de Direito Brasileiro – LINDB (Lei nº 13.655/2018), nov. 2018, p. 30-31.
82. Sobre a aplicação do princípio da proporcionalidade na execução: MEDINA, José Miguel García. *Direito processual civil moderno*. 2. ed. rev. atual. e ampl., São Paulo: RT, 2016, p. 1009.
83. ARGUELHES, Diego Werneck; LEAL, Fernando. Pragmatismo como [Meta] Teoria Normativa da Decisão Judicial: Caracterização, estratégias e implicações. In: SARMENTO, Daniel (coord.). *Filosofia e Teoria Constitucional Contemporânea*. Rio de Janeiro: Lumen Juris, 2009, p. 192.
84. BELLOLIO, Flavia Carbonell. La argumentación consecuencialista en la aplicación judicial del derecho. In: VERÁSTEGUI, Alejandra Martínez (coord.). *La Constitución como objeto de interpretación coordinadora*. Centro de Estudios Constitucionales de la Suprema Corte de Justicia de la Nación de México, 2016, p. 8.
85. Não se pretende aqui adentrar em distinções entre o pragmatismo e o consequencialismo, mas sim a intenção comum de ambas as teorias de aplicar as normas considerando suas consequências à luz dos fins pretendidos pela própria norma (FETERIS, E. T.. The role of pragmatic argumentation referring to consequences, goals, and values in the justification of judicial decisions. In: GARSSEN, B. J.; GODDEN, D.; MITCHELL; G.; e SNOECK HENKEMANS, A. F. Snoeck Henkemans (eds.). *International Society for the Study of Argumentation*: 8th International Conference on Argumentation: July 1-July 4, 2014, University of Amsterdam, The Netherlands, p. 415).
86. DIDIER, Fredie Souza; OLIVEIRA, Rafael Alexandria. Dever judicial de considerar as consequências práticas da decisão: interpretando o art. 20 da Lei de Introdução às Normas do Direito Brasileiro. *A&C – Revista de Direito Administrativo & Constitucional*, Belo Horizonte, ano 19, n. 75, jan./mar. 2019, p. 153-154.

a satisfação da obrigação prevista no título executivo.[87] Mais do que simplesmente aplicar a normas jurídicas ao caso concreto, a análise pragmática exige que se dê bastante peso aos fatos[88] e que se avalie os impactos da medida no comportamento de partes em situações semelhantes no futuro.[89]

Nesse sentido, quando se tratar de pessoa jurídica, deve-se evitar que uma medida executiva inviabilize da atividade empresarial quando fixado percentual de penhora sobre o faturamento da empresa (art. 866, §1º, do CPC). Da mesma forma, quando determinada a penhora de quotas e ações, a penhora de elemento do fundo de comércio ou a instituição de usufruto sobre imóvel da pessoa jurídica. Deve o agente, portanto, atentar à continuidade das atividades empresariais, sobretudo em observância à função social da empresa.[90]

No caso de pessoas físicas, são vedadas medidas que maculem o mínimo existencial, o que envolve não apenas a garantia da existência humana (mínimo vital), mas, mais do que isso, a garantia de uma vida com dignidade.[91]

Não apenas o impacto econômico deve ser considerado, como também o impacto social. Imagine-se que haja uma entidade privada de assistência social que atua em parceria com o município para o atendimento às necessidades básicas da população. É evidente que a penhora de todos os seus recursos ou de bens essenciais ao desempenho das atividades poderá repercutir negativamente na sociedade. Do mesmo modo, a alienação de um terreno em que se encontre um hospital privado ou a penhora de equipamentos hospitalares deve ser ponderada com o direito fundamental à saúde (art. 6º, *caput*, CRFB). Outra hipótese é a penhora dos bens das concessionárias de serviços públicos que, mesmo que admitida, não pode ocorrer quando

---

87. O foco deste trabalho é, dentro dos estudos do consequencialismo, a perspectiva das *consequências extrajurídicas* de uma decisão, isto é, "as repercussões que uma decisão jurídica produz na realidade social extrajurídica ou fora do sistema jurídico", no âmbito da qual podem se distinguir em consequências econômicas, sociais e políticas, sendo comum que este raciocínio seja empregado para rechaçar "consequências indesejáveis ou desfavoráveis" (BELLOLIO, Flavia Carbonell. La argumentación consecuencialista en la aplicación judicial del derecho. In: VERÁSTEGUI, Alejandra Martínez (coord.). *La Constitución como objeto de interpretación coordinadora.* Centro de Estudios Constitucionales de la Suprema Corte de Justicia de la Nación de México, 2016, p. 14-15, tradução livre).
88. POSNER, Richard. Pragmatic Adjudication. *18 Cardozo Law Review 1*, 1996, p. 8.
89. COOTER, Robert; ULEN, Thomas. *Law and Economics*. 6. ed., Boston: Pearson, 2011, p. 5-6; GALDINO, Flavio. *Introdução à teoria dos custos dos direitos*: Direitos não nascem em árvores. Rio de Janeiro: Lumen Juris, 2005, p. 344-345.
90. FRAZÃO, Ana. *Função social da empresa*: repercussões sobre a responsabilidade civil de controladores e administradores de S/As. Rio de Janeiro: Renovar, 2011, p. 205. Conforme definição de Fábio Ulhoa Coelho, o princípio da preservação da empresa tem em vista a proteção da atividade econômica, "cuja existência e desenvolvimento interessam não somente ao empresário, ou aos sócios da sociedade empresária, mas a um conjunto bem maior de sujeitos" (ULHOA COELHO, Fábio. *Princípios de Direito Comercial*: com anotações do projeto do código comercial. São Paulo: Saraiva, 2012, p. 40).
91. SARLET, Ingo Wolfgang. *Dignidade (da pessoa) humana e direitos fundamentais na Constituição Federal de 1988*. 10. ed. rev. atual. e ampl., Porto Alegre: Livraria do Advogado, 2015, p. 135-143.

comprometer a execução do serviço público, o que evidentemente acarreta prejuízos à coletividade.[92]

Ainda que na sua atuação o agente de execução deva observar as normas jurídicas previstas no ordenamento jurídico,[93] há, decerto, situações em que elas podem ser interpretadas de diferentes formas, de maneira que os argumentos consequencialistas auxiliam a aplicação mais adequada da norma a determinado fato, principalmente no que se refere às medidas atípicas. Como a cooperação de agentes privados ao Poder Judiciário provoca um compartilhamento cognitivo, caso seja exigida a autorização do juiz para a prática de uma medida atípica, o exame consequencialista deverá ser feito não apenas pelo agente de execução, como também pelo juiz. Em realidade, essa análise pelo juiz ocorrerá sempre que for provocado para controlar um ato praticado pelo agente.

5. CONCLUSÃO

Uma visão estanque do processo parece já há muito superada, e é nesse sentido que a doutrina processual busca, constantemente, pensar em mecanismos que viabilizem a prestação adequada e eficiente da tutela jurisdicional. A introdução no CPC/15 de um capítulo sobre cooperação nacional evidencia que a atividade dos juízes não está limitada aos seus gabinetes, o que nos permite pensar também na colaboração não apenas entre juízos, como também com agentes privados.

Partindo de institutos já existentes no Brasil e em outros países, a descentralização das competências no processo de execução é aqui sugerida não como uma distante realidade, mas como um debate necessário diante do acúmulo de execuções.

Reconhece-se, portanto, que sujeitos privados podem auxiliar o Poder Judiciário na condução dos atos executivos, sobretudo quando se estabelece que atuam como autoridades públicas. A cognição existente no processo de execução não representa um obstáculo à delegação, desde que sempre seja resguardada a fiscalização e controle desses agentes.

6. REFERÊNCIAS

ALEKAND, Anneli. The Estonian Universal Enforcement Procedure and the Bailiff as the Taker of Procedural Decisions. *Juridica International XV*, 2008.

92. STJ, AgInt no REsp 1448987/SC, 1ª T., Rel. Ministro Napoleão Nunes Maia Filho, j. em 25/03/2019.
93. MACCORMICK, Neil. *Argumentação jurídica e teoria do direito*. São Paulo: Martins Fontes, 2006, p. 136-137.

ARGUELHES, Diego Werneck; LEAL, Fernando. Pragmatismo como [Meta] Teoria Normativa da Decisão Judicial: Caracterização, estratégias e implicações. In: SARMENTO, Daniel (coord.). *Filosofia e Teoria Constitucional Contemporânea*. Rio de Janeiro: Lumen Juris, 2009.

ARRUDA ALVIM NETTO, José Manoel de. Anotações sobre o tema da competência. *Revista de Processo*, vol. 24, out.-dez./1981, p. 9-51.

ASSIS, Araken de. *Processo civil brasileiro*. 2. ed. rev. e atual., São Paulo: RT, vol. I, 2016.

BEDAQUE, José Roberto dos Santos. Cognição e decisões do juiz no processo executivo. In: FUX, Luiz; NERY JR., Nelson; WAMBIER, Teresa Arruda Alvim (Coord.). *Processo e Constituição*: estudos em homenagem ao professor José Carlos Barbosa Moreira. São Paulo: RT, 2006.

BELLOLIO, Flavia Carbonell. La argumentación consecuencialista en la aplicación judicial del derecho. In: VERÁSTEGUI, Alejandra Martínez (coord.). *La Constitución como objeto de interpretación coordinadora*. Centro de Estudios Constitucionales de la Suprema Corte de Justicia de la Nación de México, 2016.

BRAZIL, Wayne D.. Special Masters in Complex Cases: Extending the Judiciary or Reshaping Adjudication?. *University of Chicago Law Review*, vol. 53, 1986.

CABRAL, Antonio do Passo. Despolarização do processo e "zonas de interesse": sobre a migração entre polos da demanda. *Revista Forense*, vol. 404, ano 105, jul-ago/2009, p. 3-42.

________. Imparcialidade e impartialidade. Por uma teoria sobre repartição e incompatibilidade de funções nos processos civil e penal. *Revista de Processo*, vol. 149, jul./2007, p. 339-364.

________. *Juiz natural e eficiência processual: flexibilização, delegação e coordenação de competências no processo civil*. Tese apresentada no concurso de provas e títulos para provimento do cargo de Professor Titular de Direito Processual Civil da Faculdade de Direito da Universidade do Estado do Rio de Janeiro, Rio de Janeiro, 2017.

________; ZANETI JR., Hermes. Entidades de infraestrutura específica para a resolução de conflitos coletivos: as *claim resolution facilities* e a sua aplicabilidade no Brasil. *Revista de Processo*, vol. 287, jan./2019, p. 448-449 e p. 452-456.

CARNEIRO, Athos Gusmão. *Jurisdição e competência*: exposição didática: área do direito processual civil. 15. ed. atual., inclusive em face das Reformas do CPC de 2006/2007, São Paulo: Saraiva, 2007.

CARVALHO FILHO, José dos Santos. *Manual de direito administrativo*. 28. ed. rev., ampl. e atual. até 31-12-2014, São Paulo: Atlas, 2015.

COELHO, Gláucia Mara. Notas sobre a execução de decisão judicial que determina o pagamento de quantia nos EUA e na Inglaterra. *Revista Magister de Direito Civil e Processual Civil*, vol. 43, jul.-ago./2011.

COOTER, Robert; ULEN, Thomas. *Law and Economics*. 6. ed., Boston: Pearson, 2011.

CUNHA, Leonardo José Carneiro da. *Jurisdição e competência*. 2. ed., São Paulo: RT, 2013.

DIDIER JR., Fredie. *Cooperação judiciária nacional* – Esboço de uma Teoria para o Direito Brasileiro. Salvador: Juspodivm, 2020.

________. *Curso de direito processual civil*. 19. ed., Salvador: Juspodivm, vol. I, 2017.

________; OLIVEIRA, Rafael Alexandria. Dever judicial de considerar as consequências práticas da decisão: interpretando o art. 20 da Lei de Introdução às Normas do Direito Brasileiro. *A&C – Revista de Direito Administrativo & Constitucional*, Belo Horizonte, ano 19, n. 75, jan./mar. 2019, p. 153-154.

DINAMARCO, Cândido Rangel. *A arbitragem na teoria geral do processo*. São Paulo: Malheiros, 2013.

________. *Instituições de direito processual civil*. 9. ed., rev. e atual. segundo o Novo Código de Processo Civil, São Paulo: Malheiros, vol. I, 2017.

FETERIS, E. T.. The role of pragmatic argumentation referring to consequences, goals, and values in the justification of judicial decisions. In: GARSSEN, B. J.; GODDEN, D.; MITCHELL; G.; e SNOECK HENKEMANS, A. F. Snoeck Henkemans (eds.). *International Society for the Study of Argumentation*: 8th International Conference on Argumentation: July 1-July 4, 2014, University of Amsterdam, The Netherlands.

FRAZÃO, Ana. *Função social da empresa*: repercussões sobre a responsabilidade civil de controladores e administradores de S/As. Rio de Janeiro: Renovar, 2011.

GALDINO, Flavio. *Introdução à teoria dos custos dos direitos*: Direitos não nascem em árvores. Rio de Janeiro: Lumen Juris, 2005.

GOLDSCHMIDT, James. *Derecho procesal civil*. Barcelona: Labor, 1936.

GRAMCKOW, Heike; WALSH, Barry. Developing Specialized Court Services: International Experiences and Lessons Learned. *Justice and Development Working Paper Series*, n. 24, 2013.

GRECO FILHO, Vicente. *Direito processual civil brasileiro*. 22. ed., São Paulo: Saraiva, vol. I, 2010.

GRECO, Leonardo. *Estudos de direito processual*. Campos dos Goytacazes: Faculdade de Direito de Campos, 2005.

________. *Instituições de processo civil*. 5. ed., Rio de Janeiro: Forense, vol. I, 2015.

________. *O processo de execução*. Rio de Janeiro: Renovar, 1999.

HESS, B.. Different enforcement structures. In: VAN RHEE, C.H.; UZELAC, A. (editors). *Enforcement and Enforceability – Tradition and Reform*. Portland: Intersentia Antwerp, 2010.

JACOBSSON, Ulla. *Enforcement Proceedings in Sweden, Revue Hellenique de Droit International*, vol. 50, n. 2, Atenas: Editions Ant. N. Sakkoulas, 1997.

JEULAND, Emmanuel. Towards a New Court Management? General Report. *Université Paris 1 – Panthéon Sorbonne*, 2018.

JONGBLOED, A.W. The Dutch Court Bailiffs Act eight years after its introduction. In: VAN RHEE, C.H.; UZELAC, A. (editors). *Enforcement and Enforceability - Tradition and Reform.* Portland: Intersentia Antwerp, 2010.

JUSTEN FILHO, Marçal. Art. 20 da LINDB: Dever de transparência, concretude e proporcionalidade nas decisões públicas. *Revista de. Direito Administrativo*, Rio de Janeiro, Edição Especial: Direito Público na Lei de Introdução às Normas de Direito Brasileiro - LINDB (Lei nº 13.655/2018), nov. 2018.

KALIMULLAH, Nazmul Ahsan; ALAM, Kabir M. Ashraf; NOUR, M. M. Ashaduzzaman. New Public Management: Emergence and Principles. *BUP JOURNAL*, vol. 1, issue 1, set., 2012.

LIEBMAN, Enrico Tullio. *Processo de execução*. São Paulo: Saraiva, 1946.

MACCORMICK, Neil. *Argumentação jurídica e teoria do direito*. São Paulo: Martins Fontes, 2006.

MAK, Elaine. Balancing Territoriality and Functionality; Specialization as a Tool for Reforming Jurisdiction in the Netherlands, France and Germany. *International Journal For Court Administration*, out., 2008, disponível em: http://www.iaca.ws/files/LWB-Elaine_Mak.pdf, acesso em 22.6.2018.

__________. The European Judicial Organisation in a New Paradigm: The Influence of Principles of 'New Public Management' on the Organisation of the European Courts. *European Law Journal*, vol. 14, issue 6, p. 718-734, nov., 2008, disponível em https://ssrn.com/abstract=1284006, acesso em 22.6.2018.

Manual for Complex Litigation, Fourth, § 10.14. Federal Judicial Center, 2004.

MARÇAL, Felipe Barreto. *Processos estruturantes*. Salvador: Juspodivm, 2021.

MARQUES, José Frederico. Organização judiciária e processo. *Revista de Direito Processual Civil*, ano 1, n. 1, jan-jun/1960, p. 18-29.

MEDEIROS NETO, Elias Marques de; RIBEIRO, Flávia Pereira. *Reflexões sobre a desjudicialização da execução civil*. Curitiba: Juruá, 2020.

MEDINA, José Miguel García. *Direito processual civil moderno*. 2. ed. rev. atual. e ampl., São Paulo: RT, 2016.

PAJIC, N.. Avenues for enforcement and execution of judgments in the United States. In: VAN RHEE, C.H.; UZELAC, A. (editors). *Enforcement and Enforceability - Tradition and Reform*. Portland: Intersentia Antwerp, 2010.

PÉREZ-RAGONE, Álvaro. El modelo orgánico de la ejecución civil desjudicializada desde el punto de vista del Derecho comparado. Mitos y realidades de la desjudicialización. *Revista de Derecho de la Pontificia Universidad Católica de Valparaíso XXXVIII*, 1º semestre, 2012.

__________. The Conflicts between the Fundamental Rights of the Creditor and the Debtor. *International Association of Procedural Law Seoul Conference*, 2014.

PERROT, Roger. *Institutions judiciaires*. 11. ed., Paris: Montchrestien, 2004.

PONTES DE MIRANDA, Francisco Cavalcanti. *Comentários ao Código de Processo Civil*. Rio de Janeiro: Forense, 1979, tomo I.

POSNER, Richard. Pragmatic Adjudication. *18 Cardozo Law Review 1*, 1996.

RIBEIRO, Flávia Pereira. *Desjudicialização da Execução Civil*. 2. ed., Curitiba: Juruá, 2019.

ROCHA, Caio Cesar Vieira. *Limites do controle judicial sobre a jurisdição arbitral do Brasil*. Tese de Doutorado em Direito Processual, Faculdade de Direito da Universidade de São Paulo, São Paulo, 2012.

ROSS, Alf. *Directives and norms*. New York: Humanities Press, 1968.

ROZAS, JOSÉ CARLOS FERNÁNDEZ. Le rôle des jurisdictions étatiques devant l'arbitrage commercial international. *Recueil des Cours*, Académie de La Haye de Droit International (Kluwer), Haia, Holanda, 2002.

SARLET, Ingo Wolfgang. *Dignidade (da pessoa) humana e direitos fundamentais na Constituição Federal de 1988*. 10. ed. rev. atual. e ampl., Porto Alegre: Livraria do Advogado, 2015.

SICA, Heitor Vitor Mendonça. *Cognição do juiz na execução civil*. São Paulo: RT, 2017.

SILVA, Carlos Manuel Ferreira da. Um novo operador judiciário: o solicitador de execução - estatuto e funções. In: YARSHEL, Flávio Luiz; MORAES, Maurício Zanoide de. *Estudos em homenagem à professora Ada Pellegrini Grinover*. São Paulo: DPJ, 2005.

SOUSA, Miguel Teixeira de. Processo executivo: a experiência de descentralização no Processo civil português. *Revista de Processo Comparado*. vol. 9, jan.-jun./2019, p. 83-97.

SUNSTEIN, Cass R.; VERMEULE, Adrian. *Interpretation and Institutions*. Michigan Law Review, vol. 101, n. 4, 2003.

TALAMINI, Eduardo. A objeção na execução (exceção de pré-executividade) e a reforma do Código de Processo Civil. *Revista de Processo*, vol. 153, nov./2007, p. 11-32.

TEIXEIRA, Sálvio de Figueiredo. O processo civil na nova Constituição. *Revista de Processo*, vol. 53, jan-mar./1989, p. 78-84.

ULHOA COELHO, Fábio. *Princípios de Direito Comercial*: com anotações do projeto do código comercial. São Paulo: Saraiva, 2012.

UZELAC, A. *The role played by the profession of bailiffs in the proper and efficient functioning of the judicial system*: An overview with special consideration of the issues faced by countries in transition. Palestra dada no Conselho da Europa no seminário "The Role, Organisation, Status and Training of Bailiffs - Strengthening the Enforcement of Court Decisions in Civil and Commercial Cases". Bulgaria, 2002.

VOGT, Fernanda Costa. *Cognição do juiz no processo civil*: flexibilidade e dinamismo dos fenômenos cognitivos. Salvador: Juspodivm, 2020.

WATANABE, Kazuo. *Da cognição no processo civil*. São Paulo: RT, 1987, p. 41.

ZIMMER, Markus B.. Overview of Specialized Courts. *International Journal for Court Administration*, vol. 2, n. 1, 2009, disponível em: https://ssrn.com/abstract=2896064, acesso em 22.6.2018.

CAPÍTULO 29

O novo sentido da jurisdição na Estratégia do Poder Judiciário Nacional: a institucionalização da cooperação judiciária como estratégia de administração de justiça: o caso Singespa (TRT-MG)[1]

Antônio Gomes de Vasconcelos[2]

Sumário: 1. Introdução – 2. A Estratégia do Poder Judiciário nacional e seus fundamentos – 3. Adequando a estrutura à estratégia: o Sistema Integrado de Participação da Primeira Instância na Gestão Judiciária e na Administração da Justiça do Tribunal Regional do Trabalho da Terceira Região (SINGESPA/TRT3): 3.1 SINGESPA: princípios, estrutura, objetivos, funcionamento – 4. Conclusão – 5. Bibliografia.

1. INTRODUÇÃO[3]

As instituições são histórica e ideologicamente condicionadas. O presente ensaio, ao perscrutar sobre a "Justiça do século XXI" tem como ponto de partida o atual posicionamento da Justiça (auto referencial) e da sociedade brasileira frente às seguintes questões, respectivamente: o modelo de racionalidade e os códigos de conduta do Poder Judiciário nacional, a gestão judiciária, a administração da justiça e a jurisdição são condizentes com as premissas político-constitucionais do Estado democrático de direito concebido na Constituição brasileira (1988)? A prestação jurisdicional tal como tradicionalmente prestada atende às exigências e às demandas da sociedade brasileira contemporânea?

---

1. Sistema Integrado de Participação da Primeira Instância na Gestão Judiciária e na Administração da Justiça do Tribunal Regional do Trabalho de Minas Gerais (Singespa TRT-MG).
2. Professor da Faculdade de Direito da UFMG. Mestre e doutor em Direito Constitucional. Desembargador do Tribunal Regional do Trabalho de Minas Gerais. Coordenador do Núcleo de Cooperação Judiciária do Tribunal Regional do Trabalho de Minas Gerais. Membro do Comitê Estadual da Rede Nacional de Cooperação Judiciária em Minas Gerais. Coordenador do Programa Universitário de Apoio às Relações de Trabalho e à Administração da Justiça da UFMG (PRUNART-UFMG).
3. Este artigo foi escrito na vigência da Resolução 70/10, do Conselho Nacional de Justiça. Os fundamentos e referências que dela se extraem seguiram como "pano de fundo" da Estratégia Nacional do Poder Judiciário atualizada na Resolução 198/14 e na Resolução 325/20, em vigor. Além disso, o artigo, publicado anteriormente, permanece com absoluta pertinência e atualidade em relação a Resolução 350/20, também do CNJ, que "Estabelece diretrizes e procedimentos sobre a cooperação judiciária nacional entre os órgãos do Poder Judiciário e outras instituições e entidades, e dá outras providências", em especial no que tange à cooperação interinstitucional.

Em ambos os casos denota-se que a resposta é negativa. O exame do *gap*[4] estabelecido na Estratégia do Poder Judiciário nacional assim o revela. Do mesmo modo, estudos mais aprofundados no campo da Sociologia Jurídica e a análise de dados da opinião pública militam no mesmo sentido. Nesse sentido, identifica-se, no âmbito da Justiça, o desdobramento do que se vem designando como crise[5] do estado moderno e de suas instituições. As profundas e multifacetárias transformações verificadas na sociedade contemporânea são determinantes de um processo paulatino de hipercomplexização dos contextos de atuação das instituições e sua capacidade de adaptação a estas novas realidades.

A Justiça deste século encontra-se diante do fenômeno da reestruturação capitalista marcada pela internacionalização e desregulamentação da economia, internacionalização dos processos de decisão (enfraquecimento da soberania dos estados nacionais), "crescente perda da legitimidade da legitimidade da democracia representativa", desregulação e/ou precarização dos direitos sociais e pela sujeição da política à lógica dos mercados. Ela se situa entre o paradoxo de fazer cumprir a lei e assegurar a efetividade dos direitos dos cidadãos ampliados significativamente sob a égide do estado democrático de direito (CF/88), num contexto político-sócio-econômico em que a esfera econômica está "subordinada mais à racionalidade do mercado do que à racionalidade do direito". [6]

Por isso, Faria adverte que o futuro da Justiça no Brasil frente às consequências sociais dos mercados, da universalização da concorrência e da concentração do poder do poder econômico, do desequilíbrio dos poderes, frente ao conflito entre os princípios de mercado e os princípios fundamentais inscritos na constituição em especial o da dignidade humana, valores sociais do trabalho e da livre iniciativa que emerge no bojo das políticas econômicas e outros desafios, dependerá de o como os tribunais vão se comportar diante de tais problemas.[7]

Contudo, a crise da jurisdição, multifatorial, agrega elementos que parecem não se vincular, exclusivamente, às determinantes de um mundo globalizado. Fatores de ordem epistemológica e teórico-ideológicos oriundos da matriz positivista do estado liberal em contradição com as premissas do Estado constitucional democrático de direito e seus reflexos nas práticas jurisdicionais e de ordem estrutural e seus reflexos na burocracia judiciária e

---

4. Emprega-se o termo para expressar os níveis de melhora pretendidos mediante o confronto entre a visão de futuro (aquilo que se pretende alcançar) e o estado atual em que se encontra o Poder Judiciário; *gap*, nestes termos é diferença entre o futuro (devir) e o agora; a "distância", o "caminho" a ser percorrido para se alcançar o futuro planejado.
5. FARIA, 2001, *passim*. Para os fins desta reflexão designa-se por crise funcional a por que passa a Justiça brasileira considerando-se o modelo de racionalidade que preside a aplicação do direito (nas suas múltiplas esferas de atuação) e estrutura funcional necessária à sua realização e seus reflexos na prestação jurisdicional.
6. MORAIS, 2005, p. 190.
7. FARIA, 2003, *passim*.

nos modelos tradicionais de gestão judiciária e de administração de justiça, acrescidos de *déficits* instrumentais e de recursos humanos se somam aos desafios a serem enfrentados.[8]

O exaurimento das condições epistemológicas da atividade jurisdicional[9] – aspecto qualitativo, compromete a realização dos princípios e valores do projeto de sociedade do estado democrático de direito inscrito na Constituição Federal. A "explosão da litigiosidade"[10] compromete as condições estruturais e funcionais da atividade jurisdicional e a garantia da efetividade dos direitos com observância da exigência da duração razoável do processo – aspecto qualitativo.

Ao lado da crise de identidade funcional, emerge, portanto, uma crise epistemológica de dimensões mais profundas. Trata-se da crise dos fundamentos dogmáticos da modernidade que responde por uma jurisdição orientada para o passado na perspectiva do direito visto como um modelo de regulação e reprodução social, enquanto o direito do Estado democrático contemporâneo aponta para o futuro, no sentido da realização de um projeto de sociedade constitucionalizado, na perspectiva do "novo constitucionalismo".

Nestes termos, a Justiça do século XXI parece estar diante da exigência de uma refundação com base em novos paradigmas[11] de modo a torna-la apta a assegurar no plano da realidade concreta a efetividade dos direitos (fundamentais e sociais) com base em um princípio de justiça substantiva. Trata-se, portanto, de uma Justiça que não se restrinja à mera "pacificação" dos conflitos sociais mas de uma Justiça, juntamente com o conjunto das demais esferas do poder público, engajada na realização do projeto constitucional da sociedade brasileira.

Ante o grau de complexidade das medidas destinadas ao enfrentamento de tais destacam-se menos quatro aspectos fundamentais que orientam a presente reflexão.

O primeiro se refere à questão paradigmática. Tem-se por decisiva a crítica do que Leonel Rocha designa por matrizes teórico-políticas da teoria jurídica contemporânea[12] frente ao novo arcabouço político-jurídico e ao princípio de democracia instituído pela Constituição de 1988 e seus reflexos na renovação da identidade funcional do Poder Judiciário. Esta formulação esta diretamente vinculada com a reformulação do sentido da jurisdição e das práticas jurisdicionais e põe em relevo a questão do conteúdo dos programas de formação da magistratura. Nesta dimensão, admite-se que o redesenho da nova Justiça

8. MORAIS, 2005, p. 190.
9. STRECK, 2001, *passim*.
10. Expressão colhida da Sociologia do Direito.
11. KUHN, 2003, *passim*; MORIN, 2001, *passim*.
12. ROCHA, 2005, *passim*.

do século XXI não pode desprezar a questão paradigmática. Isto é, a "cultura" jurídica subjacente ao modelo de racionalidade que preside as práticas-jurídico institucionais e seu cotejo com os fundamentos constitucionais do projeto de sociedade inscrito na Constituição Federal. Nela, põe-se em relevo: a) a busca de uma matriz teórico-política do direito na qual se possa sustentar uma reestruturação da administração da justiça em consonância com o paradigma do estado democrático de direitos instituído na Constituição de 1988; 2) elaboração crítico-construtiva de uma articulação interativa entre a referida matriz e as premissas constantes da Estratégia do Poder Judiciário Nacional.

Em segundo lugar, considera-se que a abertura do sistema judiciário à participação da sociedade na administração da justiça definida na Estratégia do Poder Judiciário nacional é medida de extraordinária relevância estratégica para o alcance da missão institucional. Ao lado da conciliação judicial o fomento e a implementação dos meios não judiciais de prevenção e resolução dos conflitos é medida igualmente indispensável para se contornar a ameaça do colapso da Justiça e para o cumprimento do direito constitucional dos cidadãos à duração razoável do processo. Se, por um lado, a conciliação, vista com fundamento nos princípios de justiça substantiva do Estado democrático de direito somente se pode legitimar mediante o compromisso com a efetividade e integridade dos direitos. A conciliação judicial há de ser *desmassificada* para dar conta deste compromisso. Nestes termos, procura-se reascender o debate acadêmico-institucional acerca da participação da sociedade na administração da justiça, agora sob o enfoque dos meios não judiciais de resolução dos conflitos e no universo mais reduzido da Justiça do Trabalho. No campo específico dos direitos laborais, a vocação conciliatória da Justiça do Trabalho, que elevou ao *paroxismo* sua capacidade de resolução não adversarial dos conflitos, já se consolidara desde antes da atual crise da Justiça, razão pela qual o exclusivismo judicial e o fomento à conciliação judicial não poderá apresentar resultados tão significativos se o sentido da jurisdição for reconstruído a partir de um princípio de justiça substantivo e não meramente formal. À estratégia da participação da sociedade na administração da justiça se apresentam desafios culturais ideológico-paradigmáticos relevantes. Porém, não são desprezíveis os riscos da aposta na exclusividade e no monopólio judiciário na resolução dos conflitos laborais: a) a exacerbação da resolução dos conflitos por critérios formais e não substantivos de justiça e sua incoerência com as premissas do Estado democrático de direito contribui para o agravamento da deslegitimação social do Poder Judiciário; b) a delonga na resolução de demandas de maior complexidade e/ou repercussão social pela absorção de demandas suscetíveis de serem solucionadas pela via extrajudicial e em razão do aumento exponencial da demanda advinda da ampliação das competências da Justiça Laboral e do agravamento da inadimplência dos direitos trabalhistas decorrente da competitividade do mercado internacionalizado e da crescente conscientização social acerca dos direitos individuais do trabalho põe em xeque a efetividade do princípio da duração razoável do processo; c) a perda da especificidade histórica da Justiça do Trabalho, em especial a celeridade e a sua condição de "mediador social" do conflito capital & trabalho. Nesse passo, apresenta-se uma profunda crise identitária que, mais cedo ou mais tarde a Justiça laboral se verá obrigada a enfrentar: uma vez sufocada em meio aos conflitos de massa cuja solução autocompositiva passa a ter menor significação sócio-político-ideológica dada a opção pela função proeminente de se converter preferencialmente em mero agente catalisador da autocomposição lhe retira a condição de decisor heterônomo e qualificado das grandes questões político-ideológico-constitucionais, relacionadas ao conflito capital & trabalho e de fornecer critérios de justiça a partir de suas decisões, reforçando com isto a sua importância como mediador social deste conflito. Nesse caso, persistirá a tendência a departamentalização e a burocratização da magistratura trabalhista cada vez mais despreparada para lidar com aquelas grandes questões. Por outro lado, a absorção de demandas de massa de menor grau de complexidade e litigiosidade por atores sociais comprometidos eticamente e juridicamente com a correção das soluções autocompositivas proporcionará o espaço e tempo suficientes para que a magistratura trabalhista possa se preparar para atuar com mais ênfase aos aspectos técnico-qualitativos da função jurisdicional. Nesse sentido, ao fracasso da experiência das comissões de conciliação prévia contrapõe-se o êxito da experiência quase vintenária do sistema Núcleo Intersindical de Conciliação Trabalhista.

Tais aspectos não serão objeto deste ensaio e foram referenciados tão somete para o enquadramento da temática aqui tratada numa visão sistêmica e mais abrangente do problema da Justiça. Quanto ao primeiro aspecto reporta-se a trabalho a ser oportunamente divulgado; quanto ao segundo remete-se a trabalhos anteriores publicados por este autor[13].

Neste artigo, volve-se a atenção para questão da administração da justiça. Por essa razão, tão somente o terceiro e o quarto aspectos serão objeto do presente ensaio. O terceiro, refere-se à questão da administração da justiça na perspectiva das medidas adotadas pelo Conselho Nacional de Justiça no sentido da busca da profissionalização da gestão judiciária e de um sentido mais amplo para administração da justiça no Brasil. Serão objeto de consideração as premissas adotadas na implementação da gestão profissional e sistêmica da Justiça e a racionalidade jurídica que lhe parece subjacente. Nesse sentido, focalizam-se os atos normativos constitutivos do planejamento estratégico do

13. VASCONCELOS, 2007, *passim*; VASCONCELOS;GALDINO, 2000, *passim*.

Poder Judiciário e seus desdobramentos para se considerá-lo como instrumento para abertura da administração da justiça e do exercício da jurisdição a novas racionalidades e novas práticas jurisdicionais decorrentes do modelo de gestão profissional que se vem introduzindo no âmbito do Poder Judiciário.

O quarto aspecto refere-se à apresentação, ainda que sucinta, da experiência concreta de implementação do Sistema Integrado de Participação da Juízes de Primeira Instância na Gestão Judiciária e na Administração da Justiça do Tribunal Regional da Terceira. A sua descrição crítica visa conferir aos aspectos teórico-especulativos desta investigação uma base empírica constituída a partir da aceitação da reconstrução dos fundamentos e do sentido a atividade jurisdicional tendo como premissas as novas políticas de administração da Justiça que orientam a Estratégia do Poder Judiciário nacional editado pelo Conselho Nacional de Justiça. Considera-se que tais premissas buscam promover o engajamento do Poder Judiciário na construção do projeto de sociedade inscrito na Constituição do Estado democrático de direito brasileiro. Trata-se, enfim, de experiência que exemplifica a adequação da estrutura à estratégia e a concepção de um modelo de gestão judiciária e de administração de justiça tendentes ao alcance daquele desiderato.

2. A ESTRATÉGIA DO PODER JUDICIÁRIO NACIONAL E SEUS FUNDAMENTOS

O Conselho Nacional de Justiça, com a edição da Resolução Nº 70, de 18.03.2009, passou a coordenar o planejamento e a gestão estratégica do Poder Judiciário Nacional. Estabeleceu diretrizes nacionais para a atuação institucional de todos os órgãos da Justiça e, nesta condição, deu cumprimento às deliberações do I e do II Encontro Nacional do Poder Judiciário que culminaram com elaboração e a aprovação do Planejamento Estratégico do Poder Judiciário pelos Presidentes dos Tribunais brasileiros, com o propósito de aperfeiçoar e modernizar os serviços judiciais[14].

A Resolução teve como diretrizes norteadoras: a) a busca da continuidade administrativa nos Tribunais na alternância de seus gestores, cujo planejamento, nos termos da Resolução CNJ 49, de18.12.2007, passou a ser de responsabilidade do Núcleo de Estatística e Gestão Estratégica, órgão interno então introduzido nas respectivas estruturas administrativas; b) a exigência de alinhamento estratégico de todos os órgãos do poder judiciário,[15] caracterizado pelo compartilhamento de uma mesma visão e uma direção comum.[16]

Considerando que a escolha do método de gestão é opção política de extraordinária relevância é importante atentar, desde já, para este aspecto. Em

14. CNJ, Res. 70/09.
15. CNJ, Res. 49/07.
16. KAPLAN; NORTON, 1997, p. 40.

29.06.2009, o Conselho Nacional de Justiça fez publicar o edital de concorrência pública (Processo nº 335.577) destinado à contratação de consultoria para construção e implementação de um modelo de gestão estratégica para o poder judiciário nacional baseado na metodologia "Balanced Scorecard" (BSC)[17]. O resultado foi a construção e o desencadeamento da implementação do *Modelo de Gestão Estratégica com base na Metodologia Scorecard* integrado para o Poder Judiciário Nacional, "alinhando as estratégias dos Tribunais Superiores e Conselhos (STF, STJ, TST, TSE, STM, CNJ, CJF, CSJT), 24 Tribunais Regionais do Trabalho, 27 Tribunais de Justiça estaduais, 27 Tribunais Regionais Eleitorais, 5 Tribunais Regionais Federais e 3 Tribunais de Justiça Militar à estratégia do Poder Judiciário Nacional de acordo com a resolução N. 70 de 18.03.09, do Conselho Nacional de Justiça".[18]

O BSC, concebido na *Harvard Business School*, foi originariamente concebido para grandes conglomerados empresariais privados[19]. Ao adotar o BSC o segmento privado buscou superar as limitações dos métodos tradicionais que limitavam a gestão a mensuração de desempenho a indicadores de resultado (indicadores financeiros). Visou atender à necessidade de um método de mensuração que indicasse vetores de desempenho futuro incorporando indicadores destinados a mostrar como criar valores futuros, "mediante investimentos em clientes, fornecedores, empregados, tecnologia e inovação". O recrudescimento da concorrência e a luta pela sobrevivência destas empresas as obrigaram a "olhar" para o futuro como condição de sobrevivência. O método concentra-se em quatro dimensões consideradas essenciais à atividade empresarial: financeira (estratégia de crescimento, rentabilidade e risco na perspectiva do acionista); cliente (oferta de valor e diferenciação); processos de negócios internos (estratégia de vários processos de negócio para satisfazer clientes e acionistas); aprendizado e crescimento (priorização do desenvolvimento de um clima propício à mudança organização, à inovação e ao crescimento).[20]

A partir das primeiras experiências com o setor privado o *balanced scorecard* foi adaptado para ser aplicado no setor público (órgãos governamentais) e organizações sem fins lucrativos. Mas, o que distingue a aplicação da nova metodologia nestes setores? Nas transações do setor privado o cliente, ao mesmo tempo em que paga pelo serviço o recebe; ao contrário do ocorre no serviço público onde o Estado paga e o cidadão recebe o serviço. Assim, no serviço público, a perspectiva financeira não pode estar no topo da pirâmide de seus

17. Indicadores balanceados de desempenho (trad. livre).
18. CNJ, Edital de Concorrência Pública 1/2009.
19. Encontram-se entre as empresas que inauguraram o método a partir de 1992 para cá: Mobil North America Marketing and Refining, CIGNA Property & Casualty Insurance, Brown & Root energy Services,Chemical Retail Banck, AT&T Canada, INc., Zenca Ag Porduts North America, Southern Gardens Citrus, Duke Children's Hospital, etc. (KAPLAN; NORTON, 2001, *passim*).
20. KAPLAN; NORTON, 2001, p. 34.

objetivos estratégico (*scorecards*), uma vez que não se tem em mira o sucesso financeiro, mas a perspectiva dos cidadãos (*clientes*) que é seu fim último.

A instituição pública, ao definir sua *missão* está também definindo a ideologia que caracteriza a sua razão de existir.[21] Do mesmo modo, qualifica-a construindo uma *visão de futuro*[22], modelo mental abstrato a ser compartilhado por todos os seus integrantes. Definidos estes elementos é que os desafios a serem enfrentados para a sua concretização, trançando objetivos quantos aos resultados a serem alcançados (perspectiva de resultado condizente com a missão institucional) e quanto aos meios através dos quais irá alcança-los (perspectiva de meio). Ocupa o topo dos seus *scorecards* um objetivo abrangente que indica o propósito da instituição, em longo prazo (missão). Dessarte, os objetivos-meio vão se orientar para a consecução daquele objetivo (de alto nível), criando valores (benefícios) para os cidadãos. São os objetivos estratégicos, cuja operacionalização implica: a) a elaboração de um *mapa estratégico* no qual se traduzem os objetivos estratégicos da instituição classificados de acordo com as abordagens consideradas estratégicas para o cumprimento da missão; b) a eleição das ações (projetos) prioritárias; c) o estabelecimento de indicadores de desempenho por meio dos quais se procederá ao acompanhamento dos resultados das ações; d) e, a definição de metas a serem alcançadas.

Nestes termos, o método se tornaria adequado ao setor público porque as organizações desse setor precisam criar valor (atender satisfatoriamente às demandas dos cidadãos usuários), a custo mínimo e obter o apoio e o comprometimento de sua fonte de financiamento (poder legislativo - cidadãos e contribuintes), além de capacitá-las a identificar e a *medir* os produtos de suas atividades, já que a mensuração de resultados é problemática e difícil[23]. Como quantificar financeiramente os benefícios advindos da melhora da prestação jurisdicional, por exemplo?

A profissionalização da gestão pública, nesse caso, corrigiria, além das perspectivas acima, o *déficit* de legitimidade das organizações públicas, já que o grau de legitimidade das instituições está diretamente relacionado ao quanto ela agrega de valor para a sociedade. O ciclo da gestão estratégica no setor público importaria do setor privado um planejamento estratégico (longo prazo), o

21. COLLINS; PORRAS, 1998, p. 32-42. O Planejamento Estratégico do Poder Judiciário define como sua missão "realizar a justiça" cuja descrição expressa o desiderato de "fortalecer o Estado Democrático e fomentar a construção de uma sociedade livre, justa e solidário por meio de um efetiva prestação jurisdicional"(Cf. CNJ, Res. 70, Anexo I).

22. Visão: "Ser reconhecido pela sociedade como instrumento efetivo de justiça, equidade e paz social"; Descrição da visão: "Ter credibilidade e ser reconhecido como um Poder célere, acessível, responsável, imparcial, efetivo e justo, que busca o ideal democrático e promove a paz social, garantindo o exercício pleno dos direitos de cidadania" (Cf. CNJ, Res. 70, Anexo I).

23. Idem, p. 149.

alinhamento organizacional, um planejamento operacional e o acompanhamento e a gestão das atividades públicas. O foco de suas ações residiria no cumprimento da sua missão pública, no alinhamento e na transparência, elevados à condição de pilares da gestão pública estratégica.[24]

Por outro lado, merece atenção a assertiva dos teóricos do BSC:

> "... As entidades governamentais e sem fins lucrativos são capazes de adotar estratégias e desenvolver vantagem competitiva que não se limitem à pura excelência operacional. Mas necessita-se de visão e liderança para superar a simples melhoria dos processos existentes e construir uma estratégia que saliente que processos e atividades são efetivamente mais importantes"[25].

Contudo os autores reconhecem que as organizações governamentais destacam temas de excelência operacional e em atenção à missão vigente "tentam executar funções com maior eficiência – reduzir custos, incorrer em menos defeitos e atuar com mais rapidez", enfatizando a melhoria dos processos internos[26].

Mas, é preciso atentar para o fato de que o Planejamento Estratégico do Poder Judiciário Nacional não se restringe à busca da excelência operacional, uma vez que ele altera o modelo de racionalidade com que se compreende a gestão judiciária e a administração da justiça e, ao fazê-lo, abrange não somente as práticas administrativas e as atividades-meio, mas o exercício da próprio jurisdição.

Nesta perspectiva, a Resolução 70 instituiu o *Planejamento Estratégico do Poder Judiciário*, definindo como sua missão a de *realizar justiça*.

A visão referencial que se prospecta para o Poder Judiciário é a de "ser reconhecido como instrumento *efetivo* (grifo póstumo) de justiça, equidade e paz social". Considerando que se trata da prestação de serviço público (prestação jurisdicional), a estratégia tem como alvo toda a sociedade brasileira, à qual oferece como *atributos de valor*: credibilidade, acessibilidade, celeridade, ética, imparcialidade, modernidade, probidade, responsabilidade social e ambiental e transparência. Considera que sem estes valores não pode cumprir sua missão institucional de bem atender aos cidadãos na sua demanda por justiça.

A metodologia escolhida não pode, portanto, privilegiar valores de mercado, de viés privatístico-concorrencial. Neste a perspectiva de valores é a satisfação e a fidelização de *clientes* com o objetivo de captação, retenção e participação de

24. CHAER, 2011, *passim*.
25. KAPLAN; NORTON, 2001, p. 146.
26. Idem.

mercado, concebida em função da priorização da estratégia financeira. [27] A estratégia das empresas contemporâneas foi reconstruída em razão das transformações advindas da "competição da era da informação"[28] fator determinante para superação dos modelos gerenciais "da competição da era industrial"[29]. Contudo sua tábua de valores é vetor de desempenho de *objetivos financeiros*, dado que "o *balanced scorecard* continua enfatizando a busca de objetivos financeiros, mas também inclui vetores de desempenho desses objetivos"; isto porque o método *mede o desempenho organizacional* sob as perspectivas financeira, do cliente, dos processos internos, e do aprendizado crescimento. Na gestão vigente na competição da era industrial as empresas[30] enfatizavam o controle financeiro para monitorar a alocação *eficiente* do capital financeiro e físico a fim de criar valores para os acionistas. O obsoletismo das premissas da concorrência industrial comprometeu as vantagens competitivas (rápida assimilação de novas tecnologias e gestão eficaz dos ativos e passivos financeiros). A era da informação passou exigir das empresas, como aspecto mais relevante do que a gestão de ativos fixos, a capacidade de mobilização e exploração dos ativos intangíveis ou invisíveis. A premissa é a combinação da "eficiência e agressividade competitiva do mercado global com a sensibilidade às expectativas dos clientes locais", à custa da redução do *ciclo de vida* dos produtos. Contudo, não se dispensa a importância estratégica da tecnologia porque "a vantagem competitiva numa geração da vida de um produto não garante a liderança na próxima plataforma tecnológica". Por isso, as empresas da era da informação devem preocupar com a geração de valor futuro investindo em clientes, fornecedores, funcionários, processos, tecnologia e inovação. O *Balanced Scorecard* buscou atender a este desiderato enfocando o desempenho organizacional sob quatro *perspectivas* que configuram a estrutura desse método: a financeira, a do cliente, a dos processos internos e a do aprendizado e crescimento, em relação às quais busca o "equilíbrio" entre um conjunto de medidas, visando ao curto e longo prazo.[31]

A indagação de maior relevância acerca da aplicação desta metodologia à atividade jurisdicional consiste em se perquirir se ela pode apresentar resultados condizentes com a visão de futuro a que ela serve e, mais precisamente: de que modo ela pode contribuir para que o Poder Judiciário seja reconhecido (legitimado) como instrumento efetivo de justiça, equidade e paz social?

A antecipação de uma resposta crítica depende, conforme as premissas adotadas neste ensaio, do posicionamento que se vier a adotar quanto ao

27. Ibidem.
28. KAPLAN; NORTON, 1997, p. 2-3.
29. Idem.
30. General Motors, Du Pont, Matsushita e General Eletric (KAPLAN; NORTON, 1997, p. 3).
31. KAPLAN; NORTON, 1997, p. 3, 5 e 8.

primeiro e segundo aspectos mencionados na introdução. A enfática concentração dos objetivos estratégicos na celeridade e produtividade, portanto, nos aspectos quantitativos e a ausência de atributos de valor para a sociedade relacionados aos aspectos qualitativos da jurisdição (princípio de justiça) parecem estabelecer profunda contradição entre os objetivos estratégicos e a missão e visão de futuro reservadas ao Poder Judiciário. A massificação e a apropriação das mentes da magistratura segundo princípios de mercado e sua instrumentalização mediante o uso de técnicas de gestão postas a serviço de tais princípios (produtivismo "concorrencial") representam sério risco ao desiderato último do Poder Judiciário – legitimação por sua capacidade de realizar a justiça segundo as premissas e os princípios do Estado democrático de direito.

No que diz respeito exclusivamente à profissionalização da gestão sem considerar seus inexoráveis reflexos no exercício da jurisdição propriamente dita, a resposta à questão transparece positiva. A histórica deficiência gerencial que marca o Poder Judiciário abre espaço a uma profunda transfiguração de sua desempenho em consequência da implantação da profissionalização, da unidade e da continuidade administrativas. Os riscos se desenham à medida que se extrapola este campo de observação.

O percurso da estratégia

A apreensão das transformações paradigmáticas que se verificam na gestão judiciária e na administração da justiça e na abordagem empírica da experiência concreta estudada adiante requer um lampejo sobre os elementos estruturantes dos objetivos estratégicos do Poder Judiciário nacional.

Desde que implantada a gestão profissional a administração da justiça direciona-se para o alcance de 15 objetivos correlatos aos seguintes temas-chaves: eficiência operacional, acesso à Justiça, responsabilidade social, atuação institucional, gestão de pessoas, infraestrutura e tecnologia e orçamento.

(1) **Eficiência operacional** corresponde ao objetivo de assegurar a agilidade nos trâmites administrativos e administrativos a fim de assegurar a *razoável duração do processo*, mediante o uso da tecnologia, melhor alocação de pessoas e a otimização de rotinas, além da excelência nos custos operacionais (economicidade e gestão ambiental). Para tanto, vislumbram-se ações tais como: priorização da atividade fim na utilização de recursos orçamentários, adoção do processo eletrônico, reestruturação dos juizados especiais, incentivo à conciliação, organização e racionalização do fluxo de trabalho das secretarias e gabinetes, peticionamento eletrônico e automatização dos trâmites processuais, adoção da gestão por competência e *reengenharia* da estrutura de pessoal, aprimoramento estatístico, identificação de ações repetitivas, projeção

de demandas e percepção de fatores externos para planejamento de ações, solução coletiva de demandas de massa, otimização dos procedimentos de execução de mandados, carta precatória eletrônica, uso criativo e racional dos materiais, bens e serviços, implementação de política de gestão documental (preservação da memória do Judiciário), implantação de unidade responsável pelo controle interno dos Tribunais, Diário de Justiça Eletrônico, compartilhamento de estrutura física entre segmentos da Justiça, conscientização sobre responsabilidade ambiental

(2) O tema **acesso à justiça** inclui os objetivos de facilitar o acesso ao Sistema de Justiça mediante a democratização da relação da população com os órgãos judiciais e de promover a efetividade no cumprimento das decisões, garantindo que os direitos reconhecidos alcancem resultados concretos. Do primeiro decorrem medidas de ampliação da capilaridade, de democratização do acesso ao sistema e de tornar efetiva a execução das decisões. São linhas de atuação a redução da distância física entre os órgãos jurisdicionais e a promoção de meios que garantam a acessibilidade real à Justiça. As ações cotejadas são: implantação do protocolo integrado, descentralização dos serviços judiciais (postos avançados, atermação, utilização de voluntariado), incremento da Justiça itinerante e compartilhamento de unidades judiciárias entre os segmentos da justiça.

Insere-se na temática o objetivo de promover a efetividade no cumprimento das decisões com a indicação das seguintes medidas: uso de sistemas eletrônicos de acesso a informações sobre devedores (Bacenjud, Infojud, Renajud, penhora eletrônica de imóveis e outros), conciliação em precatórios, controle eletrônico e padronização de rotinas na execução penal, melhora da estrutura de execução penal, realização de mutirões carcerários periódicos, criação do banco nacional de condenados, padronização do cadastramento das partes, aperfeiçoamento de mecanismos de alienação judicial de bens, compartilhamento de informações sobre devedores e bens entre oficiais de justiça, instituição de unidade judiciária especializada em investigação patrimonial e múltiplas execuções contra o mesmo devedor.

(3) No âmbito da **responsabilidade social** o Poder Judiciário incumbe-se de promover a cidadania, isto é, promover o desenvolvimento e a inclusão social por meio de ações contributivas para o fortalecimento da educação e consciência dos direitos, deveres e valores do cidadão. Assim, delineiam-se ações direcionadas para a inclusão social e desenvolvimento, a conscientização de direitos, deveres e valores, a infância e juventude e a reinserção social de egressos que incluem: mobilização do governo e da sociedade para a construção de uma política de segurança pública com cidadania; fomento de política de humanização dos sistema penitenciário (alfabetização, profissionalização e inserção de egressos no mercado de trabalho); parcerias com o poder público

e com a sociedade para educação e inserção social de menores em condições de perigo (infratores, carentes e vítimas da prostituição); utilização do Cadastro Nacional de Adoção; instituição de centros de promoção de cidadania e outros meios de difusão de direitos fundamentais e de temas de interessa da comunidade (dependência química, alcoolismo, economia doméstica, direitos da mulher, direitos do trabalhador, previdência social e outros).

(4) O **alinhamento e a integração** de todos os órgãos do Poder Judiciário traduz-se no desdobramento da estratégia em cada um deles e na continuidade de suas ações, na troca de conhecimentos, práticas jurídicas e administrativas entre Tribunais, nos planos nacional e internacional. As ações em perspectivas são: implantação do planejamento estratégico em todas as unidades do judiciário e alinhamento de sua gestão com a estratégia do Poder Judiciário Nacional, respeitando-se as particularidades locais, assegurando-se a continuidade administrativa com previsão de resultados de curto, médio e longo prazos. Neta vertente incluem-se frentes de ação orientadas para o desdobramento estratégico, à continuidade administrativa e à gestão democrática e participativa que a se concretizarem: no desenvolvimento e aprovação de planejamento estratégico plurianual pelas cortes dos Tribunais, alinhado à estratégia do Poder Judiciário nacional; estabelecimento de metas e indicadores de resultados de curto, médio e longo prazo; garantia de participação dos magistrados e servidores na concepção e execução do planejamento; estruturação do Núcleo de Estatística e Gestão Judiciária, unidade administrativa responsável pela gestão judiciária (Resolução 49/07, CNJ[32]); implantação do escritório de projetos vinculado à unidade de gestão estratégica.

Ainda no plano do alinhamento e integração inclui-se um segundo objetivo estratégico no sentido de fomentar a interação e a troca de experiência entre os tribunais (nacionais e internacionais). Busca-se, com isso a unicidade e a integração da Justiça por meio da troca de experiências, compartilhamento de conhecimento, práticas, unidades, estruturas e soluções jurídicas e administrativas. A atuação se dará no plano do compartilhamento do conhecimento em todos os níveis e está direcionada para a promoção de encontros regionais e nacionais entre dirigentes, magistrados e servidores de tribunais do mesmo ou de diversos segmentos da Justiça; compartilhamento de estruturas físicas e administrativas entre unidades judiciárias; parcerias para desenvolvimento e utilização de sistemas de tecnologia da informação; ampliação do banco de boas práticas de gestão do Poder Judiciário.

32. Institucionaliza, no âmbito dos Tribunais, o Núcleo de Estatística e Gestão Estratégica, sob supervisão do Presidente ou Corregedor e a Comissão de Estatística e Gestão Estratégica do Poder Judiciário, para o levantamento de dados destinados, dentre outros fins, a subsidiar a formulação de políticas judiciárias nacionais e as respectivas ações.

(5) Os objetivos relacionados à **atuação institucional** dizem respeito ao fortalecimento e a harmonia das relações entre os Poderes, setores e instituições. Busca a integração do Judiciário com os Poderes Executivo e Legislativo e o desenvolvimento de parcerias com os órgãos do sistema da justiça (OAB, Ministério Público, Defensorias) e entidades públicas e privadas para viabilizar o alcance dos seus objetivos (eficiência, acessibilidade e responsabilidade social). A linha de atuação se pulveriza nos seguintes âmbitos: prevenção dos litígios judiciais, celebração de parcerias/convênios, solução coletiva de demandas e comunicação eletrônica[33]. A concretização de ações em torno deste objetivo corresponde: interação com órgãos e entidades públicas e privadas para prevenir demandas repetitivas e impedir o uso abusivo e desnecessário da Justiça, especialmente quanto a matérias já pacificadas; celebração de convênios com entes públicos e privados para viabilizar projetos de responsabilidade social e para a implementação de projetos comuns (incluindo a busca de meios de comunicação eletrônica entre o Poder Judiciário e outros Poderes, setores e instituições); intermediação de medidas com a Administração Pública para solução coletiva de demandas repetitivas, inclusive precatórios; celebração de parcerias com Universidades, OAB, Ministério Público e Defensorias para atendimento à população carente.

Segue-se, no campo da atuação institucional do Poder Judiciário, o objetivo estratégico de promover a disseminação dos valores éticos, tanto interna e externamente, mediante a valorização e a difusão de práticas que fomentem e conservem valores éticos e morais (imparcialidade, probidade, transparência) no âmbito do próprio Poder Judiciário e no conjunto das demais instituições do Sistema de Justiça ou, de qualquer modo, ligadas à atividade judiciária, bem como nas instituições de ensino. A atuação se dará no âmbito das unidades judiciárias, das universidade (estudantes de direito) e das organizações ligadas à atividade judiciária e envolve: a promoção de cursos, seminários, palestras e fóruns de discussão em parceria com as entidades ligadas à atividade judiciária (OAB, Ministério Público, defensorias e outros) visando à prevenção de condutas antiéticas no âmbito do Poder Judiciário; buscar junta às universidades a inclusão, nos cursos de Direito, de temas relacionados à ética e a moral no exercício das profissões jurídicas.

Inclui-se ainda no âmbito da atuação institucional o objetivo estratégico de aprimoramento da comunicação com o público externo, por meio de linguagem clara e acessível e da disponibilização de informações sobre o papel, as ações e as iniciativas do Poder Judiciário, bem como acerca do andamento processual, dos atos judiciais e administrativos, dados orçamentários e desempenho operacional. Elegem-se como frentes de atuação as que dizem respeito aos objetivos relacionados ao papel e iniciativas do Judiciário, informações processuais e

33. BRASIL, Lei nº 11.419/2006, art. Art. 7º .

administrativas, aproximação com os meios de comunicação e à transparência e clareza de linguagem. No plano das ações vislumbram-se: a elaboração de um plano de comunicação, divulgação do papel e das iniciativas do Judiciário à sociedade, padronização e aprimoramento dos serviços de informações pela *internet*, mediante facilitação do acesso a informações e o seu direcionamento ao jurisdicionado, acesso virtual e integral aos processos judiciais, uso dos portais como instrumentos de comunicação e de se dar transparência dos atos de administração do Poder Judiciário, incluindo informações sobre receitas, despesas, orçamento e execução orçamentária, adoção de linguagem clara e acessível nas publicações, implantação de ouvidoria estruturada e autônoma (aberta a críticas e sugestões) e realização de audiências públicas.

(6) Os objetivos relacionados à **gestão de pessoas** conferem importância estratégica ao aprimoramento da comunicação interna, à assimilação de uma cultura voltada para resultados, à qualidade de vida e ao clima organizacional.

No campo da gestão de pessoas busca-se a capacitação de magistrados e servidores em gestão, nas suas diversas dimensões (gestão e execução da estratégia, gestão administrativa e de projetos), juntamente com a motivação e o comprometimento de todos com a execução da estratégia. O objetivo consiste na garantia de que os magistrados e servidores possam ter conhecimento, habilidades e atitudes essenciais para o alcance dos objetivos estratégicos. A atuação direciona-se para os campos da gestão e execução da estratégia, gestão administrativa, gestão de projetos, conhecimentos jurídicos, sistemas de TI e estatística a concretizar-se por meio das seguintes ações: aperfeiçoamento e capacitação contínua dos magistrados e servidores em conhecimentos jurídicos e interdisciplinares, para a utilização do processo eletrônico e outros sistemas de tecnologia da informação, em gestão e execução da estratégia, gestão administrativa, de pessoas e projetos, em produção e análise estatística; capacitação de servidores em alimentação dos sistemas processuais para garantir a segurança e a exatidão dos dados, em atendimento ao público; acompanhamento e avaliação dos resultados dos treinamentos mediante pesquisas e índice de alcance dos objetivos estratégicos; capacitação em gestão por competências; fomento e priorização do ensino à distância; promoção de mudança cultura indispensável ao manejo virtual dos processos virtual e administrativo (desmaterialização do processo).

No tocante à elevação da motivação, comprometimento e identidade institucional dos magistrados e servidores como fator indispensável à realização da estratégia a linha de atuação volta-se para a comunicação interna, cultura orientada para resultados, qualidade de vida, clima organizacional e reconhecimento da criatividade e proatividade. Inclui as seguintes ações: desenvolvimento de plano de comunicação interna sobre a estratégica com a explicação do papel de cada servidor no alcance dos objetivo e os benefícios de sua implementação;

realização de pesquisa sobre clima organizacional para medir o grau de aprovação dos magistrados e servidores; fomento e difusão de práticas inovadoras, criativas e proativas; aprimoramento de programas de valorização de recursos humanos; implantação de plano de carreira; desenvolvimento de programa de gestão de pessoas com assistência preventiva médica, social e odontológica; criação de estímulo à permanência de magistrados e servidores em unidades judiciárias de difícil provimento; valorização de magistrados e servidores de primeira instância; adequação das condições de trabalho às necessidades com equilíbrio entre o primeiro e o segundo graus.

(7) Considerou-se ainda como estratégica a implementação de **infraestrutura** apropriada às atividades administrativas e judiciais, bem como a disponibilização de sistemas de **tecnologia** da informação indispensáveis à gestão e a jurisdição.

Para o provimento dos recursos materiais e tecnológicos (instalações, mobiliários, equipamentos de informática) indispensáveis ao bom desempenho das unidades administrativas e judiciais do Judiciário, bem como garantir aos magistrados e servidores ambientes de trabalho seguros e sadios e a proteção dos bens matérias e do sistema, constituem-se linhas de ações voltadas para a infraestrutura, a segurança física e institucional e a segurança das pessoas. Para a concretização do objetivo em questão apontam-se as seguintes ações: provimento ar as unidades judiciárias de estrutura física e tecnológica adequada e proporcional à demanda; capacitação de servidores nas áreas de segurança e outras medidas para a garantia da segurança das pessoas, do patrimônio e da informação; padronização dos projetos de novas unidades, instalações e mobiliário para atender requisitos de funcionalidade, economicidade, desenvolvimento sustentável e ergonomia.

No campo da **tecnologia** tem-se por objetivo a disponibilização de sistemas de tecnologia da informação essenciais ao alcance da estratégia. Para a estruturação e gerenciamento da tecnologia da informação de modo a garantir o desenvolvimento, o aperfeiçoamento e a disponibilidade dos sistemas essenciais à execução da estratégia elegeram-se como linhas de atuação no sentido de dar suporte aos setor de tecnologia e de promover a segurança da informação. Nestes, definem-se as seguintes ações concretas: investimento na estruturação das áreas de tecnologia da informação; definição de critérios para aquisição e desenvolvimento de programas de informática (universalidade, simplicidade, atualidade, economicidade, independência, eficiência, disponibilidade, modularidade, convergência continuidade e acessibilidade); priorização do uso de programas de código aberto; desenvolvimento de políticas de segurança da informação; informatização e conexão de todas as unidades judiciárias à internet, bem como a interligação de bancos de dados; implementação e aperfeiçoamento do processo eletrônico, judicial e administrativo; informatização dos cartórios extrajudiciais e acesso as respectivos bancos de dados pelas autoridades judiciais, inclusive para controle e fiscalização; implantação de meios de comunicação eletrônica entre unidades internas e entre tribunais; celebração de parcerias com órgãos externos para uso da comunicação eletrônica na comunicação oficial; adoção do sistema de peticionamento e a intimação eletrônicos nos processos judiciais; implementação da distribuição eletrônica e aleatória de ações e recursos; automatização e incrementação da geração de dados estatísticos.

(8) Na temática **orçamento** apresenta-se como objetivo a garantia dos 'recursos orçamentários necessários à execução da estratégia. A linha de atuação se resolve na definição do orçamento para a execução da estratégia, com ações voltadas para a garantia dos recursos orçamentários, em conformidade com cronograma estabelecido para cada atividade.

Reformulação estratégica e neoparadigmática do sentido da jurisdição

A adoção do "planejamento racional" na gestão judiciária é medida de enorme significação quando se tem em consideração o fato de que se trata de alterar a estrutura e o funcionamento de um dos poderes da República com sua complexa estrutura e seus diversos ramos.

É importante anotar que no momento em que a Justiça altera seu paradigma de atuação para se tornar uma organização orientada para a estratégia, o próprio pensamento estratégico organizacional passa por transformações paradigmáticas. A ideia do planejamento racional vem sendo questionada pela chamada *escola emergente*.[34]

A complexidade e a velocidade das mudanças operadas na sociedade contemporânea tornam obsoleta e arriscada a elaboração de estratégias com base em concepções estáticas (da estratégia). Estas são adequadas para contextos relativamente estáveis e de baixa complexidade, o que não mais se verifica no mundo contemporâneo.[35] O processo de "complexização" da realidade fez instalar na própria ciência física o princípio da incerteza e, com maior razão, nos demais campos do conhecimento. A escola emergente preconiza, portanto, uma

34. CARTER; CLEGG ; KORNBERGER, 2010, p. 115. A nova escola, segundo os autores, tem como principias teóricos os trabalhos de Herbert A. Simon, nobel de economia; Cohen, March e Olsen (1972); Lindblom (1959); e Weick (1979). A referida escola põe em questão o modelo tradicional de racionalidade tomando como premissa básica o fato de que a tomada de decisões não se dá nunca em condições de perfeita racionalidade, mas de maior ou menor incerteza e conhecimento.

35. MINTZBERG, H. *The design school: reconsidering the basic premises of strategic management*. Strategic Management Journal, 11: 171-195, *apud* CARTER; CLEGG; KORNBERGER, 2010, p. 116.

racionalidade que vê a estratégia como um *processo* e não como um *estado* e, por isto mesmo como um exercício difuso e experimental *orientado de baixo para cima*. Trata-se do reconhecimento do fato de que os "executivos operam com 'racionalidade limitada', não podem "ir além dos limites das informações que recebem e de sua própria capacidade cognitiva e temporal de elaborar alguma coisa a partir delas"[36]. Assim, se concebe uma gestão a "passos pequenos"[37] e participativa; não mais uma gestão desenhada sob o formato de uma pirâmide executiva em que pensadores estratégicos que se situam no topo de uma organização definem a estratégia e a comandam com pulso forte, cabendo aos níveis inferiores da hierarquia absorver e implementar o que lhe foi "ensinado".

Por outro lado, o planejamento estratégico é "um meio de abordar o futuro - falar sobre missões e visões, esperanças e temores, oportunidades e riscos. A estratégia motiva e energiza uma organização". Mas, trata-se de uma "construção social da realidade, elaborando um terreno que ela ostensivamente reflete".[38]

É assim que a própria escolha do método BSC para reger a estratégia do Poder Judiciário Nacional representa um posicionamento em direção à democratização da gestão judiciária e da administração da justiça. Trata-se de método eminentemente participativo que convoca a todos os magistrados, servidores e gestores da Justiça brasileira a participar e a erigir o Poder Judiciário brasileiro ao *status* idealizado em sua missão e visão estratégicas de futuro. Esta sinalização aponta para a efetiva democratização das relações entre magistrados e servidores, magistrados, servidores e os Tribunais e entre todos os demais níveis institucionais da organização judiciária, bem entre a Justiça e a sociedade, abrindo ainda caminho para uma efetiva participação da sociedade na administração da Justiça.

A estratégia, assim vista como um processo dinâmico a serviço da transformação do Poder Judiciário Nacional de modo a torná-lo apto a concretizar, em suas práticas, as premissas do projeto de sociedade do estado democrático brasileiro inscrito na Constituição Federal, torna-se um instrumento de convergência e de ação a ser permanentemente reconstruído.

Considera-se, como nota mais relevante da Estratégia do Poder Judiciário Nacional a transformação epistemológico-paradigmática que lhe é implícita e que se manifesta em, pelo menos, duas dimensões. A primeira, traduzida na escolha do método BSC da qual se pode inferir a substituição da razão instrumental da

36. CARTER; CLEGG; KORNBERGER, 2010, p. 43.
37. MILLER,S. J.; WILSON, D.C. *Perspectives on organizational decision-making*. In: CLEGG, S. R. *et. al. The sage handbook of Organization Studies*. London: Sage, 2006, pp. 469-484, *apud* CARTER; CLEGG; KORNBERGER, 2010, p. 44.
38. WEIK, K. E. *The social psychology of organizing*. MA: Addison-Wesley, 1979, *apud* CARTER; CLEGG; KORNBERGER, 2010, p. 117.

filosofia da consciência pela razão dialógica própria à filosofia da linguagem. Daí resulta a enlevação dos próprios destinatários da *estratégia de gestão* à condição de sujeitos ativos nos processos de elaboração dos diagnósticos, definição da missão, visão de futuro, objetivos e projetos de ação. Por isso, tornar-se relevante destacar que não se trata de gestão meramente motivacional no sentido que lhes emprestam as teorias tradicionais de gestão, mas da produção compartida do conhecimento em que se baseia a estratégia, da participação de todos os envolvidos (na estratégica) nos processos decisórios que lhe dizem respeito, bem como do compartilhamento de responsabilidades. Em suma, a gestão não é mais uma seara exclusiva dos gestores e de técnicos especializados.

Por outro lado, a abertura da Justiça para o diálogo interno entre os tribunais nacionais e entre estes e Tribunais de outros países, bem como para o diálogo com a sociedade, em busca da melhoria dos serviços judiciários e da realização da justiça é uma renúncia definitiva ao solipsismo judiciário e dos magistrados, passando a prevalecer na gestão profissional o estímulo ao intercâmbio, à troca de experiências e conhecimento. Nesta perspectiva a estratégia adotada inclui ainda a *garantia* da participação de magistrados de primeiro grau e servidores na *elaboração* e *execução* do planejamento estratégico dos Tribunais. Disto resulta uma ampla abertura sistêmica do Poder Judiciário para o ingresso de racionalidades emergentes como as que emanam do princípio da razão dialógica e do princípio da complexidade.

No plano político, a estratégia – em coerência com as premissas do constitucionalismo[39] contemporâneo, atribui ao Poder Judiciário a função de promover o fortalecimento do Estado Democrático (de direito) e de "*fomentar* (grifo posterior) a construção de uma sociedade livre, justa e solidário, por meio de uma efetiva prestação jurisdicional". Ao pretender ser reconhecido como instituição apta a "garantir o exercício dos direitos de cidadania" o Poder Judiciário emana uma de suas declarações estratégicas de maior relevância, por que ela exige a superação das práticas jurisdicionais restritas às funções judiciais conformadas sob os paradigmas dos Estados liberal e social que ainda são hegemônicas em nosso país.

A estratégia pressupõe, assim, uma ampla reconstrução do sentido da jurisdição e das práticas jurisdicionais, uma vez que o sentido clássico desta atividade, impregnado nas práticas jurisdicionais tradicionais, não se coaduna com a *missão* institucional que o Poder Judiciário se propõe a cumprir. Do mesmo modo e com ênfase ainda maior, a *visão de futuro* que norteia a estratégia implica uma conversão paradigmática no interior das práticas jurisdicionais tradicionais.

39. CARBONNEL, 2005, *passim*; ZAGREBELSKY, 2005, *passim*.

Sem embargo, o Planejamento Estratégico e sua metodologia ao explicitarem a missão e a visão de futuro, os objetivos-meio, as iniciativas e projetos, os instrumentos de acompanhamento e mensuração de resultados utilizados e seu custo orçamentário, que orientam a atuação do Poder Judiciário faz transparecer para a sociedade de forma inusitada toda a atividade interna deste Poder. Sobretudo, transparece a autocompreensão que a instituição tem de si mesma e de sua função social, os critérios de escolha pelos quais define os atributos de valor que ela se dispõe a ofertar à sociedade, o modo como que pretende fazê-lo e como irá aplicar o dinheiro público. , tornando-os visíveis e suscetíveis ao controle democrático da sociedade. A tradução da estratégia em objetivos, ações e desempenhos de modo claro e transparente torna-se poderoso veículo de comunicação entre a Justiça e a sociedade, possibilitando o diálogo, a interação e parcerias internas e externas com vista ao alcance de sua missão institucional. Esta é uma dimensão de importância decisiva para a compreensão do Poder Judiciário como um sistema aberto e não como um sistema fechado, por vezes exposto à pecha de *caixa preta*[40]. Nestes termos, o método BSC tem no princípio da transparência um dos seus aspectos basilares.

A fim de evitar que a nova ordem jurídica do Estado democrático de direito advinda da nova Constituição o Poder Judiciário se torne enfraquecida a estratégia adotada impõe uma reformulação paradigmática do sentido da jurisdição. Com efeito:

> Por causa das pressões centrífugas resultantes das inovações tecnológicas, dos novos paradigmas industriais, da desterritorialização da produção e da nova divisão mundial do trabalho, o Judiciário, com sua estrutura organizacional hierarquizada, operativamente fechada, orientada por uma lógica de caráter formal e submetida a uma rígida e linear submissão à lei, tornou-se uma instituição que tem de enfrentar o desafio de alargar os limites de sua jurisdição, modernizar estruturas administrativas e rever seus padrões funcionais, para sobreviver como poder independente[41].

A estratégia do Poder Judiciário nacional explicita sua missão institucional no sentido de fortalecer o Estado Democrático e fomentar a construção de uma sociedade livre, justa e solidária, por meio de uma efetiva prestação jurisdicional. Para tanto, o desdobramento da estratégica no âmbito dos Tribunais e dos órgãos judiciais locais destaca:

No plano operacional:

a) O intercâmbio , a troca de conhecimento e experiência, e a comunhão de esforços para a solução de problemas comuns entre os órgãos judiciais;

40. CASTANHÊDE, Eliane, Folha de São Paulo, 31 de janeiro de 2012; CASTANHÊDE, Eliane. A marretadas. Folha de São Paulo, 13 de janeiro de 2012.

41. FARIA, 1998, *passsim*.

b) A comunicação, o diálogo e o intercâmbio entre os órgãos judiciais e a sociedade;

c) A formulação de políticas jurisdicionais coletivas e coerentes com a missão institucional definida no Planejamento em consequência de alinhamento e do seu desdobramento diretivo das ações dos órgãos inferiores;

d) Aparelhamento e participação efetiva da primeira instância na administração da justiça, por que é nesta instância onde se dá, de modo mais enfático, a interface entre o Poder Judiciário e a sociedade e onde se resolve a maioria esmagadora dos conflitos levados ao Poder Judiciário.

No plano jurisdicional (estrito senso):

a) A ampliação da jurisdição para além do processo, nela incluindo quaisquer ações institucionais direcionadas para a busca da efetividade da ordem jurídica, para a prevenção dos conflitos, para a gestão e a racionalização da resolução dos conflitos de massa e para a racionalização das rotinas e procedimentos processuais.

No plano das relações externas:

a) A formulação de políticas interinstitucionais voltadas para promoção dos meios não judiciais de resolução de conflitos aptos a assegurar a integridade dos direitos e a justa resolução de pendências que, para tanto, dispensam a estrutura e o aparato judiciário, com vistas ao seu descongestionamento e à consequente melhora da prestação jurisdicional, também em termos qualitativos.

b) Formulação de políticas interinstitucionais voltadas para a busca da efetividade dos direitos, para a prevenção dos conflitos sociais.

Na perspectiva deste ensaio considera-se que o equilíbrio e a conjugação de medidas integradoras orientadas pelo princípio da transversalidade nestas três vertentes é que podem proporcionar ao Poder Judiciário Nacional o cumprimento de sua *missão* institucional.

3. ADEQUANDO A ESTRUTURA À ESTRATÉGIA: O SISTEMA INTEGRADO DE PARTICIPAÇÃO DA PRIMEIRA INSTÂNCIA NA GESTÃO JUDICIÁRIA E NA ADMINISTRAÇÃO DA JUSTIÇA DO TRIBUNAL REGIONAL DO TRABALHO DA TERCEIRA REGIÃO (SINGESPA/TRT3)[42]

A descrição e análise do Sistema Integrado de Participação da Primeira Instância na Gestão Judiciária e na Administração da Justiça do Tribunal Regional do

42. A proposta de institucionalização do SINGESPA foi apresentada, por este autor, à Administração do TRT3 e aos coordenadores regionais representantes dos juízes de primeira instância. A minuta de Regulamento

Trabalho da 3ª. Região (SINGESPA/TRT3) constitui a base empírica dos construtos erigidos neste ensaio.

Trata-se da abordagem de sistema de gestão e administração da Justiça adotado pelo TRT3, selecionado e premiado pelo *The Justice Studies Center of the Americas* (JSCA-CEJA), órgão da Organização dos Estados Americanos (OEA) e pelo Conselho Nacional de Justiça, apresentado por este autor, no VIII Seminário Internacional de Gestão Judicial – Painel de Experiências Inovadoras em Gestão Judicial, que teve como tema *Planejamento Estratégico e Tecnológico Frente ao Novo Perfil das Demandas Contemporâneas* (Brasília,30.11.2010) autor.[43]

Dados os limites deste ensaio, a abordagem se restringirá à estrutura, aos objetivos e às atividades institucionais do Sistema de modo bastante para possibilitar ao leitor a sua compreensão e o seu enquadramento na estratégia do Poder Judiciário nacional. Por sua relevância remete-se a investigação a ser oportunamente trazida a público a abordagem relativa aos fundamentos epistemológicos e político-constitucionais do referido órgão.

O Planejamento Estratégico do Poder Judiciário Nacional atribuiu à *efetiva participação dos órgãos de primeira instância na gestão judiciária e na administração da justiça* do mesmo modo que assim o fez em relação aos temas *alinhamento e a integração, eficiência operacional, acesso ao Sistema de Justiça, reponsabilidade social, atuação institucional, gestão de pessoas, infraestrutura e tecnologia e orçamento.* O enlevo estratégico do tema ganha sentido na medida em que os órgãos jurisdicionais de primeira e às unidades de gestão da instância é o espaço onde se realiza a interface da Justiça com a sociedade e, ainda, onde se resolvem a imensa maior parte das demandas ajuizadas. A estratégia, reconhece ainda o fato de que tais instâncias são depositárias de conhecimento e experiências de realidade inacessíveis aos planejadores; são elas o *locus* e a fonte proeminente da produção do conhecimento empírico e das experiências que alimentam inciativas, projetos e ações que dão concreção aos objetivos estratégicos correspondentes às perspectivas do processos internos e de recursos que conformam a Estratégia do Poder Judiciário. Trata-se de questão epistemológica relevante a ser oportunamente discutida. Relevância que se denota na função estratégica que se confere à formação dos bancos de boas práticas destinadas à socialização do conhecimento.

Por essa razão, a troca de conhecimentos, experiências e práticas jurídicas e a administrativas entre Tribunais (nacional e internacional) a que se refere a

---

Geral do Sistema então posta em discussão, em reunião do Conselho de Representantes realizada em 25/02/11 , foi aprimorada, aprovada e publicada no Diário Eletrônico da Justiça em 30/08/09.

43. O SINGESPA figurou entre as seis melhores experiências de Gestão Judiciária, dentre aproximadamente cem outros projetos e/ou experiências inovadoras oriundas de 16 países participantes.

estratégia, haverão de ser compreendidas de forma ampliativa. Coerentemente com as premissas do método adotado (BSC) a participação das unidades de primeira instância na gestão judiciária e na administração da justiça ganha um sentido estratégico e epistemológico ainda mais denso. É o que resulta inequivocamente das linhas de atuação e das ações estabelecidas quanto ao alinhamento e integração dos órgãos judiciais na Estratégia do Poder Judiciário conducentes à democratização e à abertura da gestão judiciária e da administração da justiça à participação (vista como uma garantia antes que mera possibilidade) dos órgãos de primeira instância, assim como os de segunda instância. Com efeito, esta estratégia reside no âmago da transformação paradigmática subjacente ao método BSC.

O TRT3 encampou, desde o ano de 1991, a técnica do planejamento estratégico que vem sendo impulsionada e aprimorada ao longo das duas últimas décadas e, por isso, vem conferindo à gestão do Tribunal posição de destaque. Nesta trajetória, insere-se o Programa de Modernização Administrativa, o Plano de Ação do Tribunal para o biênio 1991/1993, o "Plano de Metas" relativo as ações institucionais do biênio 1999/2001, o projeto Desenvolvimento de Lideranças (biênio 2006/2007) e a criação da Comissão de Planejamento Estratégico do TRT e a efetivação do princípio da continuidade administrativa (Ato Regimental nº 02/2007) ao adotar os Planos Bienal e Plurianuais de gestão no âmbito deste Regional. O Planejamento Estratégico do Tribunal relativo ao biênio 2008/2009 e o Plano Plurianual 2008/2011, atenderam, por antecipação, à Resolução nº 70/2009, do Conselho Nacional de Justiça. O Planejamento 2010/2014 ajustou os referidos instrumentos aos objetivos estratégicos do Poder Judiciário (RA nº 156/09).

Em continuidade, a Administração do biênio 2010/2011 enfatizou a participação efetiva dos magistrados da primeira instância e dos servidores na gestão judiciária e de administração da justiça, procedendo ao desdobramento da estratégia nacional no âmbito do Tribunal.

Em atenção aos objetivos traçados na perspectiva dos processos internos, especialmente quanto ao objetivo *alinhamento* e *integração*, é que se institucionalizou o SIGNESPA acoplando-o à estrutura orgânica do Tribunal como instrumento de democratização e de *participação* dos órgãos de primeira instância na gestão e na administração de justiça. Por seu intermédio configurou-se ainda na estrutura do Tribunal um espaço destinado a interação e de integração das ações coletivas dos órgãos de primeira instância e de comunicação entre estes e a Administração do Tribunal. O referido *espaço* orienta-se pelos princípios da integração e transversalidade entre as unidades judiciárias e administrativas do TRT3, no que atende ao modelo de racionalidade (metodologia BSC) que instrui o Planejamento Estratégico do Poder Judiciário.

Contudo, atendendo profundamente ao espírito do Planejamento Nacional, o SINGESPA não se restringe à implementação das ações pertinentes ao objetivo *integração* e *alinhamento* mas institucionaliza espaço de entrelaçamento do conjunto de estratégias correspondentes aos objetivos concernentes às perspectivas *processos internos* e *recursos*, os quais se integram numa relação de intercomplementaridade e interatividade. Tais objetivos-meio (*eficiência operacional, acesso ao Sistema de Justiça, responsabilidade social* e *atuação institucional*) compreendidos nas suas relações de causa e efeitos conducentes aos objetivos soberanos e norteadores da estratégia nacional (missão e visão de futuro).

A incorporar a estratégia em sua plenitude o TRT3 conferiu ao SINGESPA a estrutura necessária e indispensável para que o órgão possa contribuir efetivamente para o alcance de seu alvo estratégico. Se a visão dinâmica que impregna a metodologia adotada (BSC) atenta para uma adaptação a contextos de atuação em permanente e cada vez mais célere processo de mudanças em contextos de elevada complexidade, faltava à estratégia a previsão de um estrutura capaz de viabilizá-la e de promover a inversão paradigmática por ela protagonizada.

Nesse sentido, reporta-se aos contributos teóricos erigidos por Chandler[44] para quem o planejamento estratégico orienta e determina a estrutura organizacional. "A estrutura segue a estratégia"[45]. Em uma estrutura profundamente fragmentada, complexa e multidivisional como a de um Tribunal do porte do TRT3 tornou-se, à luz da nova estratégia, indispensável a institucionalização de uma estrutura correspondente a tais inovações.

O SINGESPA significa um espaço de unidade e alinhamento de ações antes desenvolvidas conforme o modelo de burocracia instalado no formato organizacional de "multiunidades".

3.1 SINGESPA: princípios, estrutura, objetivos, funcionamento

O Sistema Integrado de Gestão Judiciária e de Participação da Primeira Instância na Administração da Justiça do Tribunal Regional do Trabalho da Terceira Região-SINGESPA é unidade administrativa que integra a estrutura da administração do TRT3, vinculada à Presidência. Institucionaliza um amplo espaço de participação, de aproximadamente 300 magistrados do trabalho que atuam em primeira instância, na gestão judiciária e na administração da justiça no âmbito do TRT3, cuja jurisdição se estende por todo o território do estado de Minas Gerais, abrangendo 853 municípios, 135 Varas do Trabalho, quatro postos avançados e dois polos descentralizados de atendimento ao jurisdicionado.

---

44. CHANDLER, A.D. *Strategy and estruture: Chapters in the history of the American Industrial Interprise*. Cambridge: MIT Press, 1962, p. 15 *apud* CARTER; CLEGG ; KORNBERGER, 2010, p. 35.
45. CARTER; CLEGG ; KORNBERGER, 2010, p. 36.

A criação do SINGESPA culmina um processo evolutivo de reestruturação interna decorrente do desdobramento da estratégia nacional na administração regional, que envolveu a criação do Juízo Auxiliar de Conciliação e Execução (Ato Conjunto n. 1/09) e do Núcleo de Cooperação Judiciária da Primeira Instância (Ato Conjunto 1/09 – Presidência/Corregedoria). O primeiro destinado a fomentar a conciliação, a racionalizar e harmonizar procedimentos em processos de execução contra devedores crônicos e multidemandados em mais de uma Vara; o segundo, destinada à operacionalização da meta concernente à redução da taxa de congestionamento de processos em fase de execução. Contudo, a busca de uma compreensão sistêmica dos desafios concernentes à gestão judiciária e à administração da justiça apontou, dentre outros fatores o seguinte diagnóstico: o isolamento e a fragmentação das ações das unidades jurisdicionais; a inexistência de canais reconhecidos e institucionalizados de comunicação efetiva entre os órgãos de primeira instância e as instâncias deliberativas do Tribunal; a inexistência de canais reconhecidos e institucionalizados de comunicação entre os órgãos de primeira instância e as demais instituições do Sistema de Justiça e a sociedade; a falta de espaço institucional destinado ao intercâmbio e a troca de experiências entre órgãos de primeira instância; a inexistência de instrumentos eficazes de socialização de experiências bem sucedidas; a extensão territorial e o desconhecimento das realidades específicas de cada região; a disparidade de rotinas e procedimentos adotados nas diversas unidades jurisdicionais; insuficiência de dados e informações para a formulação de diagnósticos aptos a embasar ações planejadas (a fixação de metas e indicadores eficazes).

Tais entraves, dentre outros de enumeração inviável neste espaço, constituíram alguns dos principais obstáculos à implantação da estratégia do Poder Judiciário (metodologia BSC), com sua nova racionalidade, em especial, as estratégias relativas à melhoria da comunicação interna e externa, ao alinhamento integração entre os órgãos internos, à socialização do conhecimento-aprendizagem e troca de experiências, a implantação harmônica, coerente e equilibrada do sistema de metas e indicadores.

Nesse passo, a base ideológica do SINGESPA assenta-se na missão e visão de futuro definidas no Planejamento Estratégico do Poder Judiciário Nacional determinantes das seguintes premissas: a) reorganização sistêmica da gestão judiciária e da administração da justiça; b) reorientação das práticas jurisdicionais; c) reconstrução do sentido da jurisdição; d) assimilação, reelaboração teórico-conceitual e a aplicação do instituto da *cooperação judiciária*[46] nas práticas jurisdicionais; d) formulação coletiva de políticas jurisdicionais com plena participação dos órgãos de primeira instância; e) interação com as demais instituições do Sistema de Justiça; f) participação da sociedade na administração

46. CHAVES JUNIOR, 2012.

da justiça; f) prevenção e gestão dos conflitos de massa. Além disto, a institucionalização do SINGESPA integra o conjunto de medidas destinadas à correção de disfuncionalidades nos processos de trabalho, ao rompimento do distanciamento entre os órgãos de primeira instância e entre estes e a Administração do TRT3, a conferir coerência sistêmica às práticas administrativas e jurisdicionais das unidades judiciárias no que diz respeito aos atos e procedimentos interdependentes. Visa, sobretudo, à viabilização da estratégia do Poder Judiciário no âmbito do Tribunal, para o que a efetiva participação dos órgãos de primeira instância foi considerada prioritária.

Disto resulta que o ponto central da institucionalização do Sistema reside na abertura de espaço institucional para a construção coletiva de políticas judiciárias e jurisdicionais, orientadas por princípios de justiça, de celeridade e efetividade da jurisdição. Trata-se do compartilhamento de diagnósticos, da troca de experiências, da formulação coletiva de políticas administrativas e jurisdicionais pelos atores diretamente envolvidos com a realidade (órgãos de primeira instância), compreendidos como elementos de sensibilização e comprometimento com a melhora dos serviços judiciais e da jurisdição.

Do ponto de vista estrutural, o SINGESPA é unidade administrativa que integra a estrutura da administração do TRT3, vinculada a Presidência, instituída pela Portaria 1813/2010 e regida por normas complementares oriundas das Portarias 1.056/10, 1205/10, 1.814/10 e 199/11. Suas atividades institucionais são regias por regulamento próprio (Regulamento Geral do Singespa[47]), aprovado pelo Conselho dos Representantes das Unidades Regionais (URGEs) e homologado pelo Presidente do Tribunal. O órgão representa a adequação estrutural da organização do TRT3 aos objetivos estratégicos afetos, especialmente, ao tema-chave *processos internos* e aos respectivos objetivos - *alinhamento* e *integração, eficiência operacional, ampliação do acesso à justiça* e *atuação institucional*. De sua atuação institucional vislumbram mudanças culturais, aquisição de novas competências, sensibilização para a formulação coletiva de novas políticas, conhecimento da realidade e diagnóstico dos problemas da justiça, desenvolvimento de novas práticas e produção de novos conhecimentos, em consequência do diálogo entre os órgãos de primeira instância entre si, com a administração do Tribunal e o conjunto dos demais atores do Sistema de Justiça. Assim é que o espaço de intercâmbio e de participação assegurado aos órgãos de primeira instância no SINGESPA/TRT3 se verifica tanto no âmbito das relações internas quanto no âmbito das relações externas.

47. O Regulamento Geral (disponível em: http://www.trt3.jus.br/singespa/bases/regulamento.htm), oriundo de proposição formulada por este autor sob a forma de minuta, discutida e aprimorada, é o instrumento jurídico que estabelece os princípios, objetivos, a função institucional e normatiza o conjunto das atividades afetas à competência do SINGESPA.

Em suma, o SINGESPA constitui-se como instrumento de administração da justiça cujo fim último é o aprimoramento dos serviços judiciários e da prestação jurisdicional em seus aspectos quantitativo (duração razoável do processo) e qualitativo (princípio de justiça), orientados pelo princípio de justiça substantiva (missão e visão estratégicas) materializado na garantia da efetividade dos direitos sociais e das decisões judiciais, da razoável duração do processo e da justa resolução dos conflitos.

Princípios

À luz o exposto até aqui emergem como princípios constitutivos do SINGESPA:

- A democratização da administração da justiça;
- O reconhecimento da posição estratégica dos órgãos de primeira instância para o cumprimento da missão do Poder Judiciário nacional;
- A busca da plena implementação da Estratégia do Poder Judiciário Nacional;
- O alinhamento e a integração das estratégias de gestão judiciária e administração da justiça entre os órgãos de primeira instância do TRT3;
- A busca da eficácia e eficiência das atividades-meio e dos atos de gestão e de administração das unidades jurisdicionais, das rotinas e procedimentos processuais ínsitos à prestação jurisdicional;
- A busca da efetividade dos direitos laborais e das decisões judiciais;
- A valorização dos órgãos jurisdicionais de primeira instância;
- A continuidade administrativa;
- A cooperação judiciária.

Estrutura e organização:

Integram a estrutura dinâmica do SINGESPA:

- As Reuniões Plenárias Presenciais de Trabalho (RPT) – instâncias deliberativas colegiais composta do conjunto de todos os magistrados que atuam em cada uma das unidades regionais de gestão judiciária e de participação da primeira instância na administração da justiça (URGEs) em que se divide, administrativamente, o Sistema;
- As Reuniões Plenárias Virtuais de Trabalho (RVT) dos juízes das URGEs instauradas pelos respectivos coordenadores regionais;

- As Coordenadorias das URGEs (CR-URGEs) - exercidas por um juiz coordenador de cada URGE eleito por seus pares;
- O Conselho de Representantes das URGEs (CRP-URGEs) - órgão deliberativo dos juízes da primeira instância do TRT3;
- Comissão Regional para Organização de Eventos (CROE-URGEs) - integrada por magistrados e servidores encarregados de organizar os encontros anuais da respectiva URGE;
- O Conselho Executivo do SINGESPA (CES) - órgão executivo integrado pelo coordenador geral do SINGESPA e representantes de todas as demais instâncias administrativas da alta administração do TRT3 e da Escola Judicial;
- A Coordenadoria Geral do SINGESPA (CGS) - exercida pelo juiz coordenador do SINGESPA indicado pelo Presidente do TRT3.

Integram a estrutura estática do SINGESPA:

- As Unidades Regionais de Gestão Judiciária e de Participação da Primeira Instância na Administração da Justiça do Tribunal Regional do Trabalho da Terceira Região - URGE/TRT3.

  São elas:

  - URGE Belo Horizonte - UBH/TRT3;
  - URGE Região Metropolitana de BH - UME/TRT3;
  - URGE Norte - UNO/TRT3, URGE Sul - USL/TRT3;
  - URGE Triângulo/Alto Paranaíba - UTA/TRT3;
  - URGE Nordeste - UNE/TRT3;
  - URGE Zona da Mata - UMA/TRT3.

Unidades Regionais de Gestão Judiciária e de Participação da Primeira Instância na Administração da Justiça (URGEs) do TRT 3ª Região.

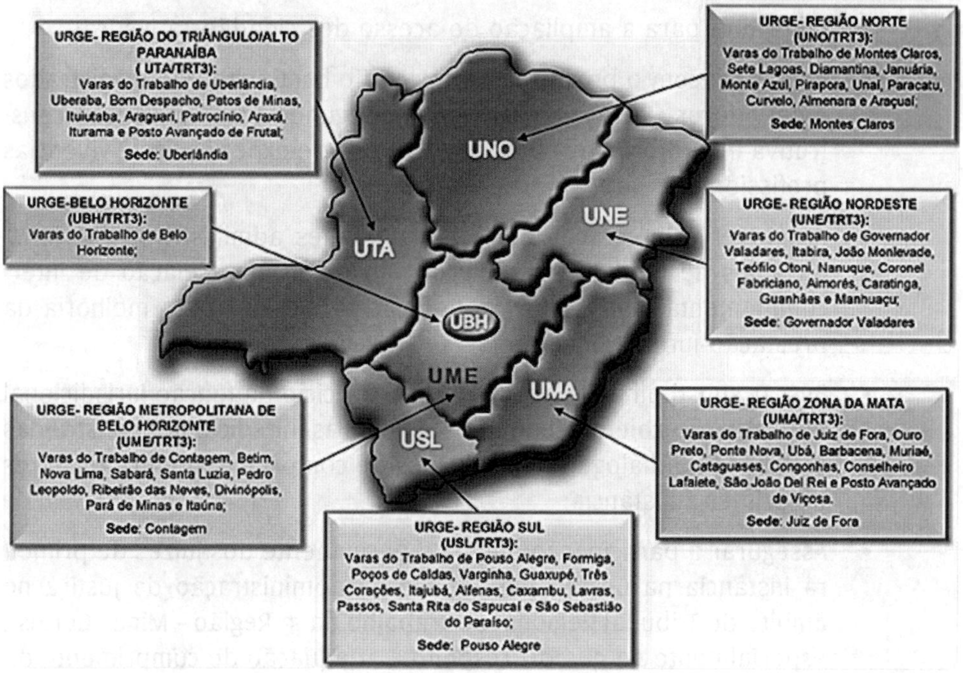

Objetivos[48]

- Promover o intercâmbio pessoal e profissional, o diálogo, a troca de experiências entre os juízes de primeira instância, inclusive para o compartilhamento de conhecimentos em práticas e soluções jurídicas e administrativas, qualificado como programa permanente de formação continuada nos termos da Resolução Administrativa n. 1140 do Tribunal Pleno, de 1º de junho de 2006, e art. 93 da CF/88;
- Promover a cooperação judicial entre os juízes de primeira instância e entre estes e o Tribunal;
- Buscar, permanentemente, o aprimoramento da atividade jurisdicional, com ênfase nos princípios da duração razoável do processo, justiça das decisões e da efetividade dos direitos;

48. Cf. TRIBUNAL REGIONAL DO TRABALHO DA 3ª. REGIÃO, Regulamento Geral do Singespa, art. 4º.

- Buscar a simplificação, uniformização e a racionalização de procedimentos judiciais e gerenciais, orientadas pelos princípios de eficiência, eficácia e efetividade;
- Contribuir para a ampliação do acesso dos cidadãos à justiça;
- Colaborar com o programa de formação continuada de magistrados e servidores (Resolução 126/11-CNJ), segundo uma concepção construtiva e autoformativa baseada na troca de experiências e vivências profissionais;
- Promover a integração entre as atividades administrativas e jurisdicionais de modo a estabelecer entre elas uma relação de intercomplementaridade e de cooperação orientadas para melhoria da prestação jurisdicional;
- Buscar substituir o isolacionismo no exercício da função jurisdicional pela atuação coletiva fundada em políticas jurisdicionais construídas com base no diálogo e em soluções de compromisso entre os juízes de primeira instância;
- Assegurar a participação efetiva e permanente dos juízes de primeira instância na Gestão Judiciária e na administração da justiça no âmbito do Tribunal Regional do Trabalho da 3ª Região – Minas Gerais-, especialmente no que diz respeito à adequação do cumprimento do Planejamento Estratégico do Poder Judiciário e do Tribunal (Resolução 70/09-CNJ), de seus indicadores, metas e projetos aos contextos regionais e locais;
- Assegurar a participação dos juízes de primeira instância na formulação dos diagnósticos, das premissas adotadas no planejamento estratégico do Tribunal e dos respectivos órgãos;
- Assegurar a participação dos juízes de primeira instância nas Reuniões de Análise da Estratégia;
- Promover a integração dos órgãos de primeira instância com os órgãos do sistema da justiça e afins (OAB, Ministério Público do Trabalho, Ministério do Trabalho e Emprego, INSS, Advocacia-Geral da União, Procuradoria da Fazenda Nacional) para o alcance dos objetivos de eficiência, acessibilidade e responsabilidade social, por meio do diálogo, da troca de experiências e do desenvolvimento de parcerias, por intermédio das instâncias de representação regional ou geral do SINGESPA, visando à união de esforços para a busca da efetividade dos direitos fundamentais do trabalhador, da agilidade, da justiça e da efetividade da prestação jurisdicional;

- Promover encontros anuais das Unidades Regionais de Gestão Judiciária e de Participação da Primeira Instância na Administração da Justiça (URGEs), bem como o Encontro Bienal de Representantes das URGES para o estabelecimento de diretrizes de ação, em âmbito regional e geral.

A participação dos magistrados no SINGESPA

- Instâncias de participação: Grupos de Trabalho dos Encontros Anuais das URGEs, Reunião Plenária dos Encontros Anuais das URGEs, Reunião Plenária Virtual de Trabalho (RVT) das URGEs, Fóruns Discursivos e/ou Deliberativos instaurados pela Coordenação das URGEs ou pela Coordenação Geral do SINGESPA , Reunião dos Representantes das URGEs convocadas pela coordenação geral.
- Oportunidades de participação
  - Apresentação de proposições de diretrizes de ação à discussão e aprovação pelos Grupos de Trabalho e pela Reunião Plenária das respectivas URGEs;
  - Participação nas discussões e deliberações da Reunião Plenária das URGEs para conversão das proposições em: Diretrizes de Ação das respectivas Unidades Regionais ou Proposição da Unidade Regional à Reunião Plenária do Encontro Bienal de Representantes das Unidades Regionais.

Formas de participação dos magistrados nas Unidades Regionais, e destas na administração da Justiça no âmbito do TRT3

Individual:

- Apresentação de proposições de natureza prática e concernentes a procedimentos, rotinas ou à gestão judiciária à discussão e aprovação dos Grupos de Trabalho das Unidades Regionais, as quais, uma vez aprovadas pela Reunião Plenária da respectiva URGE, tornam-se diretrizes de ação coletiva regional.
- Apresentação de proposições aos Grupos de Trabalho das Unidades Regionais relativas à Gestão Judiciária e à Administração da Justiça, à discussão e aprovação dos Grupos de Trabalho das Unidades Regionais, para encaminhamento a Reunião do Conselho de Representantes das URGEs, no qual, uma vez aprovadas tornam-se diretrizes de ação coletiva dos órgãos de primeira instância do TRT3, salvo

aquelas de natureza administrativa afetas à competência da Administração do TRT e dos respectivos órgãos de direção, caso em que são encaminhadas à Presidência para deliberação ou encaminhamento ao órgão competente para apreciação e deliberação quanto à sua conveniência e oportunidade.

Coletiva:

Nas Unidades Regionais (URGEs)

- Aprovação de Diretrizes de Ação dos magistrados que exercem jurisdição nas Varas do Trabalho da respectiva unidade regional.
- Aprovação de proposições relativas à Gestão Judiciária e à Administração da Justiça, no âmbito do TRT3, a serem submetidas à deliberação da Reunião dos Representantes das Unidades Regionais sobre seu encaminhamento, ou não, ao presidente do Tribunal.

Na Reunião Plenária de representantes das URGEs

- Aprovação de diretrizes de ação, de âmbito geral e relacionadas à gestão judiciária e à administração da justiça, a partir de proposições originárias das URGEs para posterior encaminhamento ao Presidente do Tribunal (ou por intermédio deste ao órgão decisor competente) para deliberação conforme os respectivos juízos de conveniência e oportunidade.

Nos Encontros Anuais das URGEs e Encontro Bienal dos Representantes das URGEs

- Aprovação de diretrizes de ação destinadas: 1) à simplificação e uniformização de rotinas e procedimentos, e para a Gestão Judiciária, no âmbito das Unidades Regionais; 2) a serem encaminhadas à Reunião Plenária do Encontro Bienal de Representantes das URGES para discussão e aprovação, caso em que são encaminhadas à Presidência do TRT3 como proposição dos órgãos de primeira instância.

Instrumentos de participação: Diretrizes de Ação

São Diretrizes de Ação:

- Proposições, de âmbito regional, formuladas pelos magistrados relativas a práticas, procedimentos e à Gestão Judiciária. Estas, uma vez aprovadas nas Reuniões Plenárias das Unidades Regionais, passam a orientar a atuação dos respectivos juízos.
- Proposições, de âmbito geral, formuladas pelas URGEs relativas à gestão judiciária e à administração de justiça a serem encaminhadas ao presidente do TRT3, para apreciação e deliberação ou encaminhamento ao órgão decisor competente.

O Programa de Relações Interinstitucionais do SINGESPA

O Programa de Relações Interinstitucionais do SINGESPA institucionaliza a possibilidade de intercâmbio e interação coletiva entre os órgãos de primeira instância e as demais instituições do Sistema de Justiça visando *a)* à integração de ações voltadas para o cumprimento dos objetivos do SINGESPA e, *ipso facto*, para a execução da estratégia do Poder Judiciário Nacional no âmbito do TRT3, em conformidade com seus desdobramentos no Planejamento Estratégico deste Regional e, ainda, visando *b)* à troca de experiências e ao desenvolvimento de parcerias voltadas para a união de esforços em busca da efetividade na garantia dos direitos sociais, da agilidade da justiça e da efetividade da prestação jurisdicional, nos termos do Regulamento Geral do Sistema. Dentre as instituições mencionadas situam-se a OAB, o Ministério Público do Trabalho, o Ministério do Trabalho e Emprego, o INSS, a Advocacia-Geral da União e a Procuradoria da Fazenda Nacional.

Organograma do SINGESPA:

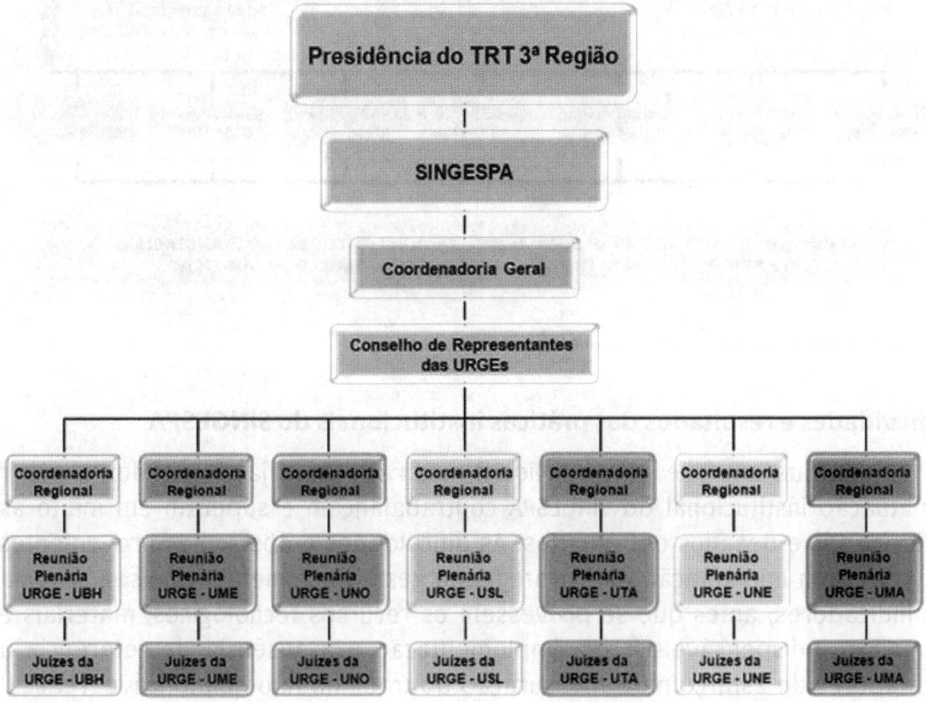

Fonte: http://www.trt3.jus.br/singespa/conheca/estrutura.htm [49]

49. Organograma concebido por este autor e elaborado pelo servidor Geraldo Luis Campos – DRH/TRT3.

Fluxograma do SINGESPA

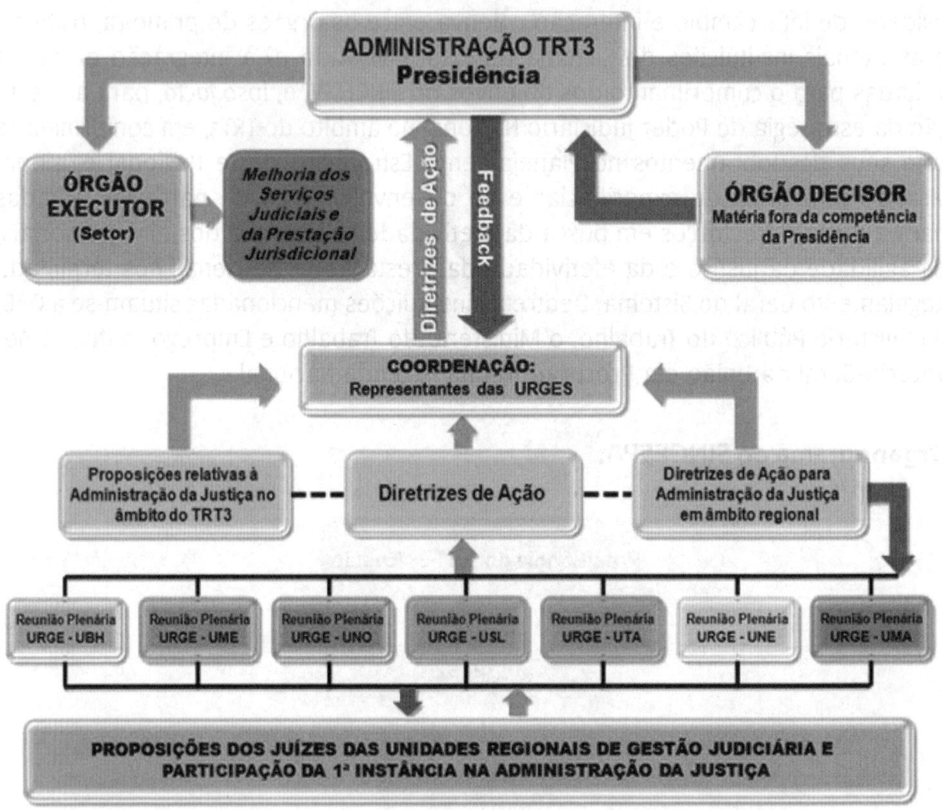

Fonte: http://www.trt3.jus.br/singespa/conheca/fluxograma.htm.[50]

Dificuldades e resultados das práticas institucionais do SINGESPA

Ainda que em fase de consolidação os resultados já alcançados a partir da atuação institucional do SINGESPA contrabalançam e superam em muito as dificuldades e desafios enfrentados. As dificuldades e obstáculos provenientes da acelerada implantação da estratégia de gestão por metas, com seu sistema de indicadores, antes que se provessem os recursos tecnológicos, materiais e humanos, indispensáveis à sua implementação e a ausência de referência a indicadores de esforço para mensuração do trabalho não quantificável realizado, ensejaram forte apreensão nos órgãos de primeira instância, de um modo geral já sobrecarregados pelo volume de demandas sem tempo e espaço para

50. Organograma concebido por este autor, elaborado pela servidora Jaqueline - ACS/TRT3 e aprimorado pelo servidor Geraldo Luis Campos - DRH/TRT3.

a "quebra" da consequente rotina inercial de trabalho, especialmente na foro da Capital e outros grandes centros do interior do Estado. Ao lado disto, fatores culturais provenientes de práticas jurisdicionais fundadas no modelo de racionalidade tradicional, concepções restritivas das funções dos magistrados à função jurisdicional e a consequente recalcitrância à execução de funções administrativas, o ceticismo quanto à abertura efetiva democratização da gestão e da administração da justiça, o receio da transgressão aos princípios da livre convicção e da autonomia dos órgãos jurisdicionais, a falta de tempo para a dedicação a atividades o coletivas e sucessivas reuniões, constituíram dificuldades e obstáculos ao avanço da experiência.

Foram fatores decisivos para institucionalização e a credibilidade do SINGESPA junto ao primeiro grau: a firme disposição da Administração do Tribunal de promover a efetiva participação dos órgãos de primeira instância na gestão judiciária e na administração da justiça, demonstrada na adoção de inúmeras medidas concretas nesse sentido; a oficialização da suspensão das atividades forenses a fim de permitir dedicação efetiva e exclusiva dos magistrados nas atividades dos encontros anuais das unidades regionais (grupos de trabalho e reuniões plenárias) inaugurada com a realização de sete encontros regionais simultâneos nos anos de 2010 e 2011; o acolhimento e a implementação, pela Administração do Tribunal, de inúmeras diretrizes de ação aprovadas nos referidos encontros.

É preciso considerar ainda que a concepção e os atos constitutivos do SINGESPA, embora dependentes da re-ratificação e homologação do Presidente do Tribunal é originária dos órgãos de primeira instância do TRT3. Esse fato significou uma das mais fortes razões do sucesso de sua institucionalização e da continuidade na implementação do seu projeto institucional.

Para além das dificuldades registradas encontram-se os resultados já alcançados em aproximadamente dois anos de atividades do Sistema. Dentre outros incomensuráveis se podem mencionar os seguintes[51]:

- Construção de diagnósticos minudentes e realistas das atividades dos órgãos de primeira instância relativos à estrutura, condições de trabalho, recursos materiais e humanos disponíveis e aos processos de trabalho e procedimentos adotados;
- Forte comprometimento da Administração do TRT3 ao aceitar a e se comprometer institucionalmente com o SINGESPA;

51. TRIBUNAL REGIONAL DO TRABALHO DA TERCEIRA REGIÃO. Relatório *Sistema Integrado de Gestão Judiciária e de Participação da Primeira Instância na Administração da Justiça do Tribunal Regional do Trabalho da Terceira Região -SINGESPA/TRT3* apresentado ao VIII Seminário Internacional de Gestão Judicial – Painel de Experiências Inovadoras em Gestão Judicial, promovido pelo *Justice Studies Center of the Americas* (OEA) e pelo Conselho Nacional de Justiça, Brasília, 2010.

- A interiorização das Unidades Regionais de Gestão Judiciária e de Participação da Primeira Instância na Administração do Tribunal Regional do Trabalho da Terceira Região;
- Adoção de medidas de incentivo à participação dos magistrados no SINGESPA como as definidas na Portaria TRT/SGP/1814/10;
- Instituição do sistema de gestão participativa no Foro de Belo Horizonte e a realização do 1º Encontro de Magistrados de Belo Horizonte;
- Formulação de cerca de 150 *Diretrizes de Ação* orientadoras da gestão judiciária e da administração da justiça nas unidades jurisdicionais de primeiro grau oriundos dos dois encontros anuais já realizados;
- Adoção de práticas coletivas oriundas de inúmeras diretrizes de ação aprovadas nos encontros regionais concernentes à racionalização e/ou uniformização de rotinas e procedimentos administrativos e processuais com vistas à celeridade e à efetividade dos processos de execução, à gestão de processos judiciais, à necessidade de ampliação do número das Varas do Trabalho e dos cargos de magistrados, à reestruturação da Diretoria do Foro Trabalhista de Belo Horizonte, à unificação dos procedimentos de leilão judicial;
- Institucionalização dos Encontros Anuais dos magistrados das Unidades Regionais do SINGESPA como atividade de formação continuada realizada com suspensão das atividades forenses;
- Repercussão, na prática jurisdicional, das diretrizes relativas à simplificação e uniformização de procedimentos e à maior efetividade da execução trabalhista como se denota das Diretrizes de Ação DA63/RP10, DA22/RP10, DA73/RP10, DA20/RP10, DA19/RP10, DA21/RP10, DA34/RP10, DA1/RP10, DA41/RP10. DA67/RP10, DA18/RP10, DA01/RP10;
- Elevação nos níveis de entusiasmo, motivação, engajamento e participação de boa parte dos magistrados, conforme se denota nos registros das manifestações disponíveis em http://www.trt3.jus.br/seminariogestaojudicial/anexos_inscricao.htm;
- Medida de grande significado real e simbólico foi a designação, pela Administração do TRT3, de um juiz auxiliar permanente para atuar com os juízes titulares, atendendo a antigo pleito dos magistrados do Foro de Belo Horizonte.

O Singespa e a Rede Nacional de Cooperação Judiciária

Ao instituir o Núcleo de Cooperação Judiciária (Ato Conjunto nº 01, de 09 de julho de 2009), o TRT3 introduziu o conceito de cooperação judiciária[52] na jurisdição regional. Além disto, a experiência do SINGESPA inspirou a ampliação do conceito de cooperação judiciária para muito além do seu sentido estritamente técnico-processual conforme consta da justificativa do Anteprojeto da Rede Nacional de Cooperação Judiciária (RNCJ):

> Vale ressaltar que o TRT-MG já caminha a passos largos nesse sentido, tendo inclusive instituído o Sistema Integrado de Gestão Judiciária e Participação da Primeira Instância na Administração da Justiça do TRT-MG – SINGESPA/TRT-MG... Essa iniciativa pioneira em gestão judiciária... simplifica, racionaliza e padroniza procedimentos e práticas judiciais, com base nas experiências de juízes de primeira instância, que definem conjuntamente políticas jurisdicionais que sigam as diretrizes e metas do CNJ. O sistema significa uma mudança paradigmática na atuação do juiz, pois troca o conflito (de competência) pela cooperação, permitindo aos magistrados da primeira instância aprimorar e harmonizar rotinas processuais, sem prejuízo da individualidade e independência de cada um deles, além de ensejar a participação dos juízes de 1º grau na governança judiciária[53]...

A Recomendação 38/11 (CNJ), à sua vez, recomenda aos Tribunais a adoção de mecanismos de cooperação com fito de agilizar a comunicação entre os órgãos de justiça para o cumprimento dos atos judiciais, as rotinas e procedimentos forenses, além de fomentar a participação dos magistrados de todas as instâncias na gestão judiciária. O Anexo da Recomendação prevê a *cooperação nacional, ativa, passiva e simultânea, entre os órgãos do Poder Judiciário da União e dos Estados*. Institui a ainda os Núcleos de Cooperação Judiciária e a figura do Juiz de Cooperação no âmbito de cada Tribunal, aos quais cabe atender prontamente aos pedidos de cooperação judiciaria quanto aos atos processuais que especifica. Ao juiz de cooperação, que em razão desta condição integra a RNCJ com as atribuições definidas no Anexo (art. 7º), incumbe intermediar e facilitar a prática de atos de cooperação judiciária, sem prejuízo da comunicação direta entre os órgãos judiciais envolvidos.

O SINGESPA, como consta do Regulamento Geral aprovado em agosto/11, já contempla em sua estrutura os elementos necessários à prática da cooperação judiciária integrada à RNCJ, nos termos da referida Recomendação. Instituiu,

52. Cf. projeto do novo Código de Processo Civil em trâmite no Congresso Nacional.
53. Cópia impressa em poder deste autor.

desde então, a figura do juiz de cooperação, função atribuída a cada um dos coordenadores das sete URGEs integrantes do Sistema, incumbindo ao coordenador geral o exercício da função quanto aos ato de cooperação que transcendam o âmbito de competência daquelas unidades regionais. Assim, cada URGE, ainda que tenha função mais abrangente, assume, para os fins da Resolução 38 (CNJ), a condição de Núcleo de Cooperação, podendo o respectivo coordenador regional instituir Núcleo de Cooperação regional com número limitado de integrantes e indicados dentre os participantes da unidade.

O Anexo à Recomendação acrescenta às atribuições pertinentes à cooperação judiciária em sentido estrito, atribuições concernentes à cooperação judiciária compreendida em sentido amplo, incumbindo ainda ao Núcleo de Cooperação Judiciária a função de "sugerir diretrizes de ação coletiva, harmonizar rotinas e procedimentos, bem como atuar na gestão coletiva de conflitos e na elaboração de diagnósticos de política judiciária, propondo mecanismos suplementares de gestão administrativa e processual, fundados nos princípios da descentralização, colaboração eficácia" (art. 9º), no que absorveu parte das funções institucionais do SINGESPA.

Considerando-se a relevância estratégica da ampla participação da primeira instância (juízes e servidores) na gestão judiciária e na administração da justiça, em conformidade com as premissas da metodologia adotada (BSC) e com as ações previstas no Planejamento Estratégico do Poder Judiciário[54], a restrição desta participação a um número restrito de magistrados indicados pelo Presidentes dos Tribunais para integrar os Núcleos de Cooperação exclui desta participação a ampla maioria dos órgãos de primeira instância nos destinos da instituição. A restrição daquelas incumbências ao espaço do Núcleo de Cooperação em seu atual formato desatenderia à estratégia do Poder Judiciário Nacional em seu sentido mais amplo, por regredir ao modelo clássico de gestão superado pela metodologia BSC. Ao deferir tais atribuições ao SINGESPA que contempla o conjunto de todos os órgãos de primeira instância o TRT3 avança na estratégia nacional, devendo ser esclarecido que o Sistema permite às URGEs a formulação de políticas jurisdicionais concernentes a todo o conjunto dos objetivos estratégicos do Planejamento Estratégico do Poder Judiciário Nacional. Nestes termos, o Núcleo de Cooperação é estrutura capaz de dar conta da cooperação judiciária no seu sentido estrito sendo insuficiente para conceder aos órgãos de primeira instância espaço para uma efetiva participação na gestão judiciária e na administração da justiça, se a cooperação judiciária for compreendida em seu sentido amplo e coincidente, ainda que em parte, com os

54. "Assegurar a participação dos magistrados e servidores na concepção e execução do planejamento" (CNJ, 2009).

objetivos institucionais do SINGESPA. Nestes termos, o SINGESPA oferece contributo indispensável ao avanço da cooperação judiciária no sentido da estratégia do Poder Judiciário Nacional.

4. CONCLUSÃO

A profissionalização da administração da Justiça brasileira implicou transformações profundas no modelo de racionalidade e dos códigos de conduta que até então presidiram a atuação dos órgãos jurisdicionais e sua gestão.

Mais que uma reforma periférica crê-se que as transformações operadas são de ordem paradigmática, com a alteração das premissas político-jurídico-epistemológicas com as quais vinha lindando a organização judiciária.

A primeira transformação paradigmática está implicada na enunciação da *missão* autoproclamada da Justiça brasileira de *realizar a justiça*, no sentido de fortalecer o estado democrático (de direito) e *fomentar* a construção de uma sociedade livre, justa e solidária, por meio de uma *efetiva* prestação jurisdicional, para ser reconhecida pela sociedade como *instrumento efetivo de justiça*, equidade e paz social.

Os conceitos nucleares que compõem a tradução do objetivo institucional da Poder Judiciário nacional só podem ser compreendidos no sentido denso que lhes conferem a filosofia e a teoria jurídicas contemporânea, no sentido da insistente substantivação da ideia de justiça, da reformulação da função social do Direito e da Justiça, da ampliação do sentido da jurisdição e do seu acoplamento a uma ética de responsabilidade social. A razão de ser da Justiça passa a ser a de *realizar* a justiça, e sua legitimação social se dá pelo seu reconhecimento como instrumento *efetivo* de justiça e de seus consequentes: equidade e paz social. Nestes termos é que o Poder Judiciário nacional se dispõe a enfrentar o acentuado déficit de efetividade da ordem jurídica denunciado pela Sociologia Jurídica.

Dessarte, esta enunciação encerra uma dupla conversão paradigmática. No campo da gestão judiciária e da administração da justiça altera a forma de gestão clássica da justiça de base predominantemente empírica e segmentada. Para além da profissionalização da administração, a adoção de uma estratégia fundada em metodologia que já no campo da ciência da administração significa profunda alteração no modelo de racionalidade (paradigma) da tradicional Ciência da Administração, revela a plena disposição do Poder Judiciário nacional para o engajamento na construção do projeto constitucional da sociedade brasileira.

O desiderato (missão e visão de futuro) é compatível com a metodologia. De fato, o fator profundamente inovador da estratégia *balenced scorecard*, reside no enfoque e na relevância atribuída, no âmbito das organizações públicas, a valores e atributos para a sociedade (ativos intangíveis) e, principalmente, na sua tradução em termos operacionais e na sua orientação para os resultados almejados em relação a cada um dos seus objetivos-meio, fazendo-os convergir para o alcance da missão, a partir de um alinhamento integrativo de todos os órgãos do Sistema de Justiça.

Enfatizam-se, a título conclusivo e como corolário deste ensaio, três das múltiplas consequências emergentes da estratégia nacional do Poder Judiciário: a profunda alteração no sentido da jurisdição, a densificação e acompreensão substantiva do sentido da justiça que orienta a missão do Poder Judiciário e a prevalência da perspectiva de uma ética de responsabilidade social sobre a da ética de meras intenções. Acrescem-se a estas conclusões, em consequência da análise da Estratégia do Poder Judiciário e dos constructos desenvolvidos neste ensaio, que:

- O Planejamento Estratégico do Poder Judiciário nacional inaugura a declaração e a explicitação da opção política deste Poder (chancelada pelo conjunto de todos os Tribunais de todos os ramos de Justiça) pela *realização da justiça* compreendida à luz dos princípios e valores do Estado democrático de direito;
- Em consequência, emerge da estratégia a imprescindível alteração das premissas clássicas da jurisdição enraizadas nos paradigmas jurídicos dos estados liberal e autoritário, ante a introdução do princípio de responsabilidade social como atributo de valor para a sociedade coerentemente com de *realizar* a justiça e garantir a efetividade dos direitos;
- Ao explicitar a celeridade (aspecto quantitativo) na prestação jurisdicional como atributo de valor para sociedade, concentrando a maior parte dos objetivos operacionais ao alcance deste escopo, e enunciar apenas implicitamente a *justiça das decisões* (aspecto qualitativo) como atributo de valor correlato, a estratégia focaliza o problema crônico da morosidade sem, no entanto, que tal perspectiva imponha a sobreposição do princípio da celeridade sobre o princípio de justiça. Isto porque "fomentar a construção de uma sociedade livre, justa e solidária a partir de uma efetiva prestação jurisdicional" (descrição da missão do Poder Judiciário) e "ser reconhecido como instrumento efetivo de justiça, equidade e paz social" (visão) são desideratos que só se podem alcançar pela prevalência do princípio de justiça sobre o da celeridade. Este porém, é *conditio sine qua non* do primeiro;

- Ao conferir relevância à perspectiva conhecimento-aprendizagem alimentada pela garantia de participação *efetiva* de serventuários e magistrados de primeiro e segundo graus na administração da justiça e à troca de experiências e conhecimento; ao eleger experiências práticas bem sucedidas como base de orientação das ações estratégicas (banco de boas praticas), a estratégia reconhece as limitações dos fundamentos tradicionais do conhecimento (que se situa na base dos processos decisórios), a aguda complexização dos contextos de atuação da Justiça (internos e externos), a absorção de novos paradigmas epistemológicos fundados na intersubjetividade e eleva ao *paroxismo* o princípio da participação como fator indispensável ao cumprimento da missão a que o Poder Judiciário se propõe;
- A jurisdição, na estratégia do Poder Judiciário nacional, deixa de ter um sentido exclusivamente endoprocessual para incluir toda ação do Poder Judiciário tendente à realização da justiça, dentro ou fora do processo, não sendo mais possível também distinguir, para fins de divisão do trabalho, atos de jurisdição e atos de administração; sendo estes meio para o alcance da efetividade dos primeiros, razão pela qual o exercício da jurisdição é também exercício de atos de administração;
- Nesta perspectiva, amplia-se o conceito de jurisdição para incluir a interação dos órgãos judiciais com as demais instituições do trabalho e com a sociedade tendo em vista a prevenção dos litígios judiciais, da solução coletiva das demandas e da *interação com órgãos* e *entidades públicas e privadas para prevenir demandas repetitivas* e *impedir o uso abusivo* e *desnecessário da Justiça*, conforme emana da estratégia estabelecida;
- A conjugação da missão institucional de realizar a justiça (efetividade da ordem jurídica, integridade e efetividade dos direitos e das decisões judiciais) com a duração razoável do processo, este como atributo de valor agregado à missão institucional, são perspectivas por demais desafiadoras para a persistência do monopólio do Poder Judiciário na resolução dos conflitos sociais e clama pela participação da sociedade na administração da justiça com base num princípio de subsidiariedade e cidadania ativas;
- Os conflitos de menor complexidade e de menor grau de litigiosidade podem ser prevenidos e bem resolvidos através de meios não judiciais de resolução de conflitos por entes ou instituições de representação social –como é caso dos sindicatos no âmbito da Justiça laboral onde, a exemplo de outras Justiças, grande parte dos conflitos são

suscetíveis de serem resolvidos por tais meios, desde que concebidos e implantados com base nos princípios da legalidade, boa-fé e integridade dos direitos; a estratégia tornaria possível enfatizar aspectos qualitativos da prestação jurisdicional condizentes com o princípio de justiça imanente à missão institucional do Poder Judiciário;

- A desoneração da magistratura dos conflitos de massa, cuja solução prescinde do aparato judiciário e de maior *expertise* técnica permitiria maior investimento em atividades formativas preparatórias para o exercício da jurisdição compreendida no sentido abrangente que lhe foi atribuído na estratégia do Poder Judiciário nacional, a partir de novas bases teorético-conceituais (paradigmáticas) e da compreensão abrangente e sistêmica dos contextos socioeconômicos hipercomplexos em que está inserida a atividade jurisdicional. A legitimação da Justiça por sua aptidão para *realizar a justiça* (aspecto qualitativa da prestação jurisdicional) requer maior dispêndio de tempo para maior qualificação e atenção para aspectos processuais e administrativos implicados na melhora qualitativa da prestação jurisdicional;
- A estratégia, atenta à importância da formação dos juízes e servidores, inclusive continuada, reserva conjunto significativo de ações nesse sentido e deixa em aberto questão de igual importância e que se refere aos critérios para formulação do conteúdo dos programas de formação, cujas opções político-ideológicas são determinantes para alcance, ou não, da *missão* atribuída ao Poder Judiciário; o conhecimento e a troca de experiências tão prestigiadas na estratégia dizem respeito ao próprio manejo da *estratégia* remetendo à formação continuada o aprofundamento e a abordagem das novas teorias do direito e da justiça e nas técnicas e instrumentos de sua efetivação;
- Nesse sentido, a completa desvinculação da metodologia adotada (BSC) de seu viés privatístico, de seu viés concorrencial-produtivista, para de se apropriar o que somente o que for adequado ao interesse público e a uma jurisdição comprometida com a concretização do projeto constitucional da sociedade brasileira, deposita na perspectiva do conhecimento-aprendizagem e da formação para além dos limites puramente estratégico-gerenciais, parece apresentar à Justiça brasileira o maior de seus desafios, porquanto a conversão paradigmático-cultural demanda maior tempo e cuidado;
- Se toda estratégia precisa de uma estrutura correspondente aos seus objetivos o SINGESPA insere-se neste espaço que ainda está por ser preenchido. É experiência embrionária (inspirada no paradigma de jurisdição configurado na estratégia do Poder Judiciário Nacional

compreendida nos termos desenvolvidos neste ensaio), cuja utopia depende de uma necessária reconstrução teorético-paradigmática e pragmática do sentido da jurisdição.

5. BIBLIOGRAFIA

BRASIL. Lei 11.419, de 19 de dezembro de 2006. Dispõe sobre a informatização do processo judicial; altera a Lei nº 5.869, de 11 de janeiro de 1973 – Código de Processo Civil; e dá outras providências. Diário Oficial, Brasília 20 de dezembro de 2006.

CARBONNEL, Miguel. *Neoconstitucionalismo(s)*. Madrid: Trotta, 2005.

CARTER, Chris; CLEGG, Stewart R.; KORNBERGER, Martin. *Um livro bom, pequeno e acessível sobre estratégia*. Trad. Raul Rubenic. Porto Alegre: Bookman, 2010.

CASTANHÊDE, Eliane. A marretadas. Folha de São Paulo, São Paulo, 13 de janeiro de 2012, disponível em http://www1.folha.uol.com.br/fsp/opiniao/19717-a-marretadas.shtml. Consulta: 29.03.2012.

CASTANHÊDE, Eliane. Interesse público. Folha de São Paulo, São Paulo, 31 de janeiro de 2012, disponível em http://www1.folha.uol.com.br/fs...o/23102-interesse-publico.shtml. Consulta: 29.03.2012.

CHAER, Ana Carolina. Curso de Capacitação em Gestão Pública: Mapeamento da estratégia com o Balanced Scorecard em organizações públicas, TRT3, Belo Horizonte, 22-23 de ago/2011.

CHANDLER, A.D. *Strategy and estruture: Chapters in the history of the American Industrial Interprise*. Cambridge: MIT Press, 1962.

CHAVES JUNIOR, José Eduardo de Resende. O novo paradigma de cooperação judiciária. Jus Navigandi, Teresina, ano 17, n. 3116, 12 jan.2012. Disponível em: http://jus.com.br/revista/texto/20841. Acesso: 30 abr. 2012.

COLLINS, James C.; PORRAS, Jerry I. *Construindo a visão da empresa*. HSM Management, São Paulo, n. 7, a. 2, p. 32-42, mar. /abr. 1998.

CONSELHO NACIONAL DE JUSTIÇA. Edital de Concorrência Pública nº 1/2009. Brasília, 29.06.2009. Disponível em: http://www.cnj.jus.br/images/gestao-planejamento-poder-judiciario/edital_consultoria_gestao_estrategica.pdf. Consulta: 22/03/2012.

CONSELHO NACIONAL DE JUSTIÇA. Resolução Nº 49. Brasília, 18.03.2009. Disponível em: http://www.cnj.jus.br/atos-administrativos/atos-da-presidencia/323-resolucoes/12164-resolu-no-49-de-18-de-dezembro-de-2007.

CONSELHO NACIONAL DE JUSTIÇA. Resolução Nº 70. Brasília, 18.03.2009. Disponível em: http://www.cnj.jus.br/gestao-e-planejamento/gestao-e-planejamento-do-judiciario/resolucao-n-70.

FARIA, José Eduardo (Org.). *Direitos Humanos, Direitos Sociais e justiça*. 3. ed. São Paulo: Malheiros, 1998.

FARIA, José Eduardo. *Direito e justiça no século XXI:* a crise da justiça no Brasil. Seminário "Direito e Justiça no Século XXI", Coimbra, Centro de Estudos Sociais, 29/05 a 01/06, 2003. Disponível em http://www.4shared.com/office/HUM7z-sM/Direito_e_Justica_do_Seculo_XXI_.html. Consulta: em 21/03/12.

KAPLAN, Robert S.; NORTON, David P. *A estratégia em ação - balenced scorecard*. Rio de Janeiro: Elsevier, 1997.

KAPLAN, Robert S.; NORTON, David P. *Organização orientada para a estratégia*. Rio de Janeiro: Elsevier, 2001.

KUHN, Thomas S. *A estrutura das revoluções científicas*. São Paulo: Editora Perspectiva, 2003.

MORAIS, José Luis Bolsan. *O estado e suas crises*. Porto Alegre: Livraria do Advogado, 2005.

MORIN, Edgar. *O método 4* - as ideias - habitat, vida, costumes, organização. Trad. Juremir Machado da Silva. 2. ed. 1ª. reimp. Porto Alegre: Editora Sulina, 2001.

ROCHA, Leonel Severo. *Epistemologia jurídica e democracia*. 2. ed. São Leopoldo: Unisinos, 2005.

STRECK, Lenio Luiz. *Hermenêutica jurídica e(m) crise* - uma exploração hermenêutica da construção do direito. 3. ed. rev. Porto Alegre: Livraria do Advogado, 2001.

TRIBUNAL REGIONAL DO TRABALHO DA 3ª. REGIÃO. Sistema Integrado de Gestão Judiciária e de Participação da Primeira Instância na Administração da Justiça do Tribunal Regional do Trabalho da Terceira Região -**SINGESPA/TRT3,** Relatório encaminhado ao VIII Seminário Internacional de Gestão Judicial - Painel de Experiências Inovadoras em Gestão Judicial, promovido pelo *Justice Studies Center of the Americas* (OEA) e pelo Conselho Nacional de Justiça, Brasília, 2010.

TRIBUNAL REGIONAL DO TRABALHO DA 3ª. REGIÃO. Regulamento Geral do Singespa. Diário Eletrônico da Justiça do Trabalho, Brasília, 30.08.2012. Disponível em: http://www.trt3.jus.br/singespa/bases/regulamento.htm.

VASCONCELOS, Antônio Gomes de. *Pressupostos Filosóficos e Político-Constitucionais para a aplicação do Princípio da Democracia Integral e da Ética de Responsabilidade na Organização do Trabalho e na Administração da Justiça: o Sistema Núcleos Intersindicais de Conciliação Trabalhista. Estudo de caso - a questão trabalhista regional e os resultados da instituição matricial de Patrocínio-MG* (1994-2006). 907 f. Tese (Doutorado) - Universidade Federal de Minas Gerais, Faculdade de Direito, defendida em dezembro/ 2007.

_________; GALDINO, Dirceu. *Núcleos Intersindicais de Conciliação Trabalhista - Princípios, Fundamentos, Criação, Estrutura e Funcionamento*, LTr, 1999.

ZAGREBELSKY, Gustavo. El Derecho dúctil. Trad. Marina Gascón. 6. ed. Madrid: Editorial Trotta, 2005.

CAPÍTULO 30

A concretização do princípio da eficiência no âmbito do Tribunal Regional do Trabalho da 5ª Região: experiências de cooperação judiciária[1]

Andréa Presas Rocha[2]

Sumário: 1. Introdução – 2. O princípio da eficiência, o princípio da cooperação e o dever de cooperação – 3. Elementos da cooperação judiciária nacional: 3.1. Atos concertados e objeto da concertação – 4. O princípio da eficiência e sua manifestação prática: 4.1. O sistema PJe; 4.2. O Sistema de Designação de Oitivas por Videoconferência (Sisdov); 4.3. Comunicações judiciais por Whatsapp; 4.4. O Sistema de Execução Integrada (SEI) e a pesquisa patrimonial por Oficiais de Justiça Avaliadores Federais (OJAFs) – 5. Experiências de cooperação judiciária: 5.1. Protocolos institucionais; 5.2. A Coordenadoria de Execuções e Expropriação (CEE) e os Procedimentos de Reunião de Execuções (PREs); 5.3. Os leilões unificados; 5.4. Os Centros Judiciários de Métodos Consensuais de Solução de Disputas (CEJUSCs) de 1º e 2º graus; 5.5. O mutirão para julgamento; 5.6. O projeto para tratamento do arquivo provisório – 6. As múltiplas facetas dos atos de cooperação: exemplos práticos possíveis – 7. Conclusão – Referências.

1. INTRODUÇÃO

Ao participar de um evento na Escola Judicial do TRT20, ao lado do querido e admirado Fredie Didier, fui por ele instada a escrever um breve texto sobre a experiência do TRT5 em termos de cooperação judiciária.

Com o desafio aceito, propõe-se neste artigo apontar algumas experiências ocorridas no âmbito do tribunal Regional do Trabalho da 5ª Região (TRT5), tanto na concretização do princípio a eficiência, ainda que sem envolver cooperação judiciária propriamente dita, quanto de cooperação judiciária, nas suas dimensões administrativa e de gestão processual.

Antes, porém, serão feitas breves considerações sobre os princípios da eficiência e da cooperação, bem como do dever de cooperação que deles decorre.

1. Elaborado em julho/2020 e revisado em novembro/2020.
2. Juíza do Trabalho no TRT5. Doutora e Mestre em Direito pela PUC-SP. Professora da UFBA. Atualmente, é Juíza Auxiliar da Presidência do TRT5, Juíza Coordenadora da Coordenadoria de Execução e Expropriação do TRT5, Juíza Supervisora do CEJUSC1 do TRT5, Juíza de Cooperação do TRT5, Juíza Auxiliar do NUGEP do TRT5, Coordenadora Pedagógica da Escola Judicial do TRT5 e Vice-Chefe do Departamento de Direito Privado da Faculdade de Direito da UFBA.

Na sequência, serão apresentados os elementos da cooperação judiciária nacional, e, ao fim, serão apontadas, ilustrativamente, algumas experiências de sucesso na esfera do TRT5, com a proposição de modelos de cooperação.

2. O PRINCÍPIO DA EFICIÊNCIA, O PRINCÍPIO DA COOPERAÇÃO E O DEVER DE COOPERAÇÃO

O *princípio da eficiência* aplicado ao processo é um dos corolários da cláusula geral do devido processo legal.

Conforme Fredie Didier[3], o princípio da eficiência resulta da incidência do art. 37, caput, da Constituição Federal, e, neste caso, é norma de direito administrativo dirigida a todos os entes da Administração, dentre os quais se inclui o Poder Judiciário. Acrescenta que o princípio da eficiência resulta, ainda, do art. 8º do CPC, que impõe ao órgão jurisdicional a sua observância, e, neste sentido, é norma de direito processual. Sintetiza que o princípio repercute na atuação do Poder Judiciário em duas dimensões: na administração judiciária; e na gestão do processo.

A *eficiência* que aqui interessa é aquela *aplicada ao processo jurisdicional*.

Nesse sentido, para que se alcance uma *gestão eficiente do processo*, o juiz "deve alocar o tempo adequado e dimensionar adequadamente os custos da solução de cada litígio"[4].

Eficiência, meta a ser alcançada por esse princípio, pode ser sintetizada como o "resultado de uma atuação que observou dois deveres: a) o de obter o máximo de um fim com o mínimo de recursos (*efficiency*); b) o de, com um meio, atingir o fim ao máximo (*effectivness*)"[5].

Como se percebe, *eficiência* (*efficiency*) e *efetividade* (effectivness) são conceitos distintos. Processo *efetivo*[6] é o que "realiza o direito afirmado e reconhecido judicialmente", ao passo que processo *eficiente* é o que "atingiu esse resultado de modo satisfatório", isto é, com poucos resultados negativos e sem demora. Um processo pode ser *efetivo* sem ter sido *eficiente*: atingiu o fim (realização do direito), de modo insatisfatório (com muitas falhas e demora). Mas jamais poderá

3. DIDIER JR., Fredie. Curso de direito processual civil: introdução ao direito processual civil, parte geral e processo de conhecimento. 17ª ed. Salvador: Editora Juspodivm, 2015, p. 98-100.
4. MARINONI, Luiz Guilherme; ARENHART, Sérgio Cruz; MITIDIERO, Daniel. Novo código de processo civil comentado. São Paulo: Editora Revista dos Tribunais, 2015, p. 107.
5. DIDIER JR., Fredie. Curso..., p. 102.
6. O princípio da efetividade, que também decorre da cláusula geral do devido processo legal e está estampado nos artigos 4º e 6º do CPC, garante o direito fundamental à tutela executiva, à atividade satisfativa (Idem, p. 113-114).

ser *eficiente* ser ter sido *efetivo*: o não atingimento do fim (realização do direito) é bastante para demonstrar a sua ineficiência[7].

Na mesma toada, Guilherme Ludwig, ao tratar da *eficiência na atividade jurisdicional*, assenta que a sua aplicação possuirá vinculação direita com o princípio do acesso à Justiça, "na medida em que apenas pode ser considerado Poder Judiciário eficiente aquele que fomente a plena concretização desse direito constitucional e do princípio, que lhe é correlacionado, da efetividade processual"[8].

O *princípio da cooperação* impõe a organização de um processo cooperativo entre todos os seus participantes. A finalidade está em "servir de elemento para organização de um processo justo, idôneo a alcançar uma decisão de mérito justa e efetiva (art. 6º, CPC), além de viabilizar a formação de precedentes devidamente dialogados no âmbito da Justiça Civil"[9].

O *dever geral de cooperação* entre os órgãos do Judiciário (art. 67 do CPC[10]) é um desdobramento do *princípio da cooperação* (CPC, art. 6º) e concretização do *princípio da eficiência* (CPC, art. 8º), servindo como "fundamento normativo para a construção de técnicas adequadas à concretização de um processo efetivo, com duração razoável e que produza resultados justos". Decorre, também, do princípio do juiz natural, já que este deve ser visto como um juiz competente, imparcial e *eficiente*, assim como do princípio da *competência adequada*[11].

Mais recentemente, a novel Resolução n. 350 de 27/10/2020 do CNJ reproduz, em seu art. 2º, o *dever de recíproca cooperação* já determinado no art. 67 do CPC, *visando à concretização do princípio da eficiência*, ao estatuir que:

> Art. 2º Aos órgãos do Poder Judiciário, estadual ou federal, especializado ou comum, em todas as instâncias e graus de jurisdição, inclusive aos tribunais superiores, incumbe o dever de recíproca cooperação, por meio de seus magistrados e servidores, a fim de incrementar mutuamente a eficiência de suas atividades.

Fredie Didier[12] aponta que, sob a égide do regime codificado anterior (CPC/73), a cooperação judiciária restringia-se ao uso do mecanismo solene e formal das cartas (precatória, de ordem e rogatória), que eram os instrumentos típicos de cooperação, com conteúdo atípico.

---

7. Idem, p. 102-103.
8. LUDWIG, Guilherme Guimarães. Processo trabalhista eficiente. São Paulo: LTr, 2012, p. 121.
9. MARINONI, Luiz Guilherme, et al. Op. cit., p. 101.
10. Art. 67. Aos órgãos do Poder Judiciário, estadual ou federal, especializado ou comum, em todas as instâncias e graus de jurisdição, inclusive aos tribunais superiores, incumbe o dever de recíproca cooperação, por meio de seus magistrados e servidores.
11. DIDIER JR., Fredie. Cooperação judiciária nacional: esboço de uma teoria para o Direito brasileiro (arts. 67-69, CPC). Salvador: Editora Juspodivm, 2020, p. 63-64.
12. Idem, p. 64-66.

Salienta que a Lei 9.099/95, ao permitir a prática de atos processuais em outras comarcas por qualquer meio idôneo de comunicação (art. 13, §2º), rompe com a formalidade do sistema do CPC/73, permitindo a prática de atos de cooperação de modo informal, flexível e instrumental.

Destaca a importância da Recomendação 38/2011 do CNJ, que recomendou a todos os tribunais a adoção de mecanismos de cooperação, considerando, dentre outros fundamentos, que a "a cooperação judiciária constitui mecanismo contemporâneo, desburocratizado e ágil para o cumprimento de atos judiciais fora da esfera de competência do juízo requerente ou em intersecção com ele" e que os mecanismos de cooperação judiciária vêm sendo utilizados com sucesso em outros países.

Observa Didier que o CPC/15 reproduz parte da Recomendação 38/2011 do CNJ e inova ao prever que a cooperação judiciária pode ocorrer de três maneiras: por *solicitação*; por *delegação*; e por *concertação*. Acrescenta que o CPC/15 ampliou significativamente a aplicação da cooperação, na medida em que esta passou a poder realizar-se por variados meios e formas, sendo digna de nota a *atipicidade* dos *instrumentos* e *atos*, emanada dos artigos 68 e 69[13].

A recente Resolução n. 350/2020 do CNJ consagra a *atipicidade* dos instrumentos e atos, como se infere dos seus artigos 5º, II, e 6º, I a XIX[14], os quais contemplam a possibilidade de *outros instrumentos* e *outros atos de cooperação*, além daqueles ali elencados.

3. ELEMENTOS DA COOPERAÇÃO JUDICIÁRIA NACIONAL

Fredie Didier[15], ao propor uma teoria geral da cooperação judiciária, aponta a existência de três elementos que lhe dão conformidade, quais sejam: *tipos*,

13. Art. 68. Os juízos poderão formular entre si pedido de cooperação para prática de **qualquer ato processual**.
Art. 69. O pedido de cooperação jurisdicional deve ser prontamente atendido, **prescinde de forma específica** e pode ser executado como: I - auxílio direto; II - reunião ou apensamento de processos; III - prestação de informações; IV - atos concertados entre os juízes cooperantes.
§ 1º As cartas de ordem, precatória e arbitral seguirão o regime previsto neste Código.
§ 2º Os atos concertados entre os juízes cooperantes poderão consistir, **além de outros**, no estabelecimento de procedimento para: I - a prática de citação, intimação ou notificação de ato; II - a obtenção e apresentação de provas e a coleta de depoimentos; III - a efetivação de tutela provisória; IV - a efetivação de medidas e providências para recuperação e preservação de empresas; V - a facilitação de habilitação de créditos na falência e na recuperação judicial; VI - a centralização de processos repetitivos; VII - a execução de decisão jurisdicional.
§ 3º O pedido de cooperação judiciária pode ser realizado entre órgãos jurisdicionais de diferentes ramos do Poder Judiciário.
14. Art. 5º A cooperação judiciária nacional: (...) II - pode ser instrumentalizada por auxílio direto, atos concertados, atos conjuntos **e outros instrumentos adequados;**
Art. 6º **Além de outros definidos consensualmente**, os atos de cooperação poderão consistir: (...)
15. DIDIER JR., Fredie. Cooperação..., p. 72-79.

instrumentos e *atos* de cooperação. Segundo ele, o CPC previu três *tipos* de cooperação: por *solicitação*; por *delegação*; e por *concertação*. Já os *instrumentos* e *atos*, para todos eles, são *atípicos*, sendo que o rol trazido pelo CPC é meramente exemplificativo.

Dentre os *tipos*, a *cooperação por solicitação* entre juízos distintos tem por objeto a prática de ato determinado. Na *cooperação por delegação* um tribunal transfere a um juízo a ele vinculado competência para a prática de um ou alguns atos. A delegação difere da solicitação porque aquela é compulsória, já que o tribunal não pede, o tribunal determina, havendo aqui vínculo de hierarquia. Na *cooperação por concertação* tem por objetivo a disciplina de "uma série de atos indeterminados, regulando uma relação permanente entre os juízos cooperantes; nesse sentido, funciona como um regramento geral, consensual e anterior à prática dos atos de cooperação"[16]. Um mesmo ato pode ser objeto de qualquer uma dessas três modalidades, sendo que a diferença está na forma como se relacionam os órgãos entre si.

Os *instrumentos* são os modos pelos quais a cooperação se realiza. Enquanto no CPC/73, os instrumentos de cooperação se restringiam às cartas, o Código atual é muito mais flexível, pois, além de prever instrumentos típicos (cartas, auxílio direto e atos concertados - art. 69, I e IV, e §1º), chancela os *instrumentos atípicos* de cooperação (prioritariamente eletrônicos - art. 8º, §1º, da Resolução CNJ n. 350), ao estatuir no art. 69 que o pedido de cooperação "prescinde de forma específica", sendo o rol ali inserto meramente exemplificativo.

Tratando da atipicidade, Edilton Meireles ressalta que "aqui prevalece a criatividade do juiz na busca da maior eficiência e efetividade da prestação jurisdicional", podendo a cooperação ser formalizada "mediante ato individualizado, convênios, atos regulamentares, regimento interno, resoluções etc., como podem ser pactuados de modo informal, inclusive verbalmente", sendo que, para maior segurança, "recomenda-se a documentação, ainda que pactuada de forma oral"[17].

Acerca da atipicidade e informalidade, a Resolução CNJ n. 350/2020 corrobora a conclusão de Edilton Meireles, ao dispor que a cooperação judiciária nacional pode ser instrumentalizada por auxílio direto, atos concertados, atos conjuntos e outros instrumentos adequados (art. 5º, II), porém deve ser documentada nos autos (art. 5º, III).

É possível, portanto, a utilização de e-mail, telefone ou Whatsapp, como instrumentos de cooperação, devendo tudo ser devidamente documentado nos autos. Afinal, a atipicidade não dispensa a documentação.

16. Idem, p. 75-77.
17. MEIRELES, Edilton. Cooperação judiciária nacional. Revista de Processo. São Paulo: RT, 2015, vol. 249, p. 59-80.

Conforme Didier[18], as cartas devem ser usadas de modo subsidiário, dando-se preferência à cooperação solicitada simplificada (auxílio direto e atos concertados), tanto que o art. 3º, parágrafo único, do Anexo da Recomendação 38 do CNJ prescreve que "O juiz poderá recorrer ao pedido de cooperação antes de determinar a expedição de carta precatória ou de suscitar conflito de competência".

Os *atos* de cooperação são os objetos da cooperação. Novamente, a *atipicidade* é a regra, consoante se infere dos já citados art. 69, *caput* e §2º, do CPC e art. 6º, *caput*, da Resolução CNJ n. 350/2020.

São atos *típicos* de cooperação a reunião ou apensamento de processos, a prestação de informações, a notificação (citação ou intimação), a produção de provas, a coleta de depoimentos, a investigação patrimonial, a regulação de procedimento expropriatório de bem penhorado, ou mesmo o compartilhamento de competência, já que é possível, por cooperação, alterar competência, tal como previsto no art. 69, II, III e §2º, do CPC e no art. 6º da Resolução CNJ n. 350/2020.

Os objetos de cooperação também podem consistir em atos *atípicos*, definidos consensualmente entre os juízos cooperantes, havendo aqui uma enorme margem à criatividade.

3.1. Atos concertados e objeto da concertação

Os atos concertados podem ocorrer entre dois ou mais juízes e servem para disciplinar uma cooperação permanente (para o futuro), para a prática de uma série de atos indeterminados em mais de um caso ou em um caso mais complexo, assumindo, assim, natureza de fonte de normas processuais geral. Por tal razão, será necessário estabelecer um procedimento a ser seguido, um regulamento consensual, prévio e geral dessa relação entre juízos, para a prática dos atos de cooperação[19].

No particular, o art. 5º da Resolução CNJ n. 350/2020 reza que a cooperação judiciária nacional: "III – deve ser documentada nos autos, observadas as garantias fundamentais do processo; IV – deve ser realizada de forma fundamentada, objetiva e imparcial; e V – deve ser comunicada às partes do processo".

O objeto da concertação pode envolver "a condução, instrução, execução e, até mesmo, decisão"[20].

A concertação tendo como objeto a *decisão* se justifica à medida em que, no caso dos atos concertados, o *princípio da indisponibilidade da competência*

18. DIDIER JR., Fredie. Cooperação, p. 78-79.
19. Idem, p. 85-86.
20. Idem, p. 87.

comporta abrandamento por expressa previsão legal (CPC, art. 69, §2º). Ademais, o devido processo legal impõe um *processo adequado*, de modo que se pode falar em um *princípio da competência adequada*, o que significa que as partes têm direito que o seu processo seja decidido pelo *juízo mais adequado*, sendo que a identificação deste Juízo deve levar em conta a facilitação do acesso à Justiça, o exercício do direito de defesa e a consecução da eficiência jurisdicional[21].

São exemplos: o ato concertado para o processamento de casos repetitivos, para a reunião de execuções, para a produção de prova única, para a distribuição de processos para um determinado juízo, para a prática de notificações, para o compartilhamento de servidores, ou até para a modificação de competência por meio reunião ou apensamento de processos (art. 69, II) ou da centralização de processos repetitivos (art. 69, §2º, VI)[22].

A centralização pode servir para a solução de questões comuns, semelhantes ou de algum modo relacionadas, como, por exemplo, para a reunião de casos semelhantes, com identidade substancial nas teses jurídicas discutidas e nos fatos suscitados, para a definição de uma questão incidental comum discutida em diversos processos ou para execuções repetitivas contra o mesmo devedor[23].

Na reunião de processos ou centralização de processos repetitivos, a competência é modificada por vontade dos juízes cooperantes[24]. Não há aqui violação do princípio do juiz natural, haja vista que o Legislador pode estabelecer a possibilidade de modificação de competência, como o fez no art. 69 do CPC (e anteriormente no art. 28 da Lei 6.830/70), ao permitir, mediante cooperação, a reunião de processos repetitivos por ato de cooperação entre os juízes, independentemente de requerimento das partes, privilegiando-se, assim, a eficiência em detrimento do juiz natural, na busca da efetividade da jurisdição[25].

Uma ressalva deve ser feita: "para a reunião ou apensamento de feitos, é necessário que o órgão que irá processar as demandas seja competente para todas elas". Isso significa que nem por ato de cooperação judicial se poderia "declinar de feito de competência absoluta (material, em razão da pessoa ou funcional) para órgão que não detém idêntica competência"[26].

Em suma: o ato concertado *não pode implicar alteração de competência absoluta* para julgamento[27]; porém, o ato concertado *pode ensejar alteração*

---

21. Idem, p. 41-48.
22. Idem, p. 86-104.
23. Idem, ibidem.
24. A lei autoriza em várias outras situações a modificação da competência, podendo ser mencionadas o foro de eleição, a conexão e continência e a assunção de competência.
25. MEIRELES, Edilton. Cooperação..., p. 59-80.
26. MEIRELES, Edilton. Reunião de processos, cooperação e conflito de competência. Revista de Processo. São Paulo: Thomson Reuters, 2019, vol. 294, p. 77-94.
27. Edilton Meireles entende que, como medida excepcional em face da busca da efetividade da prestação jurisdicional e da melhor eficiência do serviço judiciário, seria possível a relativização da regra

de competência relativa para decisão das questões principais, bem como *pode implicar mudança de competência para decisão de questões incidentais*[28].

Nesta última hipótese, de ato concertado para decisão de questões incidentais, os juízes cooperantes podem, por exemplo, definir: qual será o juízo responsável pela solução da questão comum; que a solução tomada será única; que a solução vinculará a todos.

Ratificando tudo o quanto se disse acima, o inciso V, do art. 6º, da Resolução CNJ n. 350/2020, é expresso em afirmar que, além de outros definidos consensualmente, os atos de cooperação poderão consistir: "V – na definição do juízo competente para a decisão sobre questão comum ou questões semelhantes ou de algum modo relacionadas, respeitadas as regras constantes nos artigos 62 e 63 do Código de Processo Civil".

Uma última observação se faz necessária. Os atos que eventualmente ultrapassem os limites da modificação da competência não devem ser necessariamente invalidados, pois aplica-se a tais situações a *translatio iudici*[29], conservando-se "os efeitos de decisão proferida pelo juízo incompetente até que outra seja proferida, se for o caso, pelo juízo competente" (art. 64, §4º, do CPC).

4. O PRINCÍPIO DA EFICIÊNCIA E SUA MANIFESTAÇÃO PRÁTICA

Como dito antes, o princípio da eficiência repercute sobre a atuação do Poder Judiciário em duas dimensões: sob a ótica da administração judiciária; e na gestão dos processos.

Tomando-se a vertente do princípio que incide na gestão do processo (a que aqui nos interessa), propõe-se a apresentação de algumas das medidas adotadas no âmbito do TRT5, sempre tendo em vista a obtenção de resultados mais eficientes.

4.1. O sistema PJe

Não é novidade que a implementação do PJe repercutiu fortemente na atuação do Poder Judiciário.

No momento inicial os impactos imediatamente sentidos disseram respeito ao desaparecimento dos autos físicos, o que ilustrativamente é bem representado

---

que estabelece a competência e aponta exemplos (Idem, ibidem). Sobre o tema, vide o Conflito de Competência n. 144922, no qual o STJ, analisando o caso do rompimento da Barragem do Fundão, e diante de um conflito positivo entre os juízos federal e estadual, considerou competente o juízo federal, por entender que este possuía melhores condições de dirimir as controvérsias.

28. DIDIER JR., Fredie. Cooperação, p. 100-101.

29. Idem, p. 98-100.

pelo fim da encadernação dos documentos e da numeração manual de suas páginas, e pela extinção da carga processual para vista dos autos, já que disponíveis em autos eletrônicos para todos os interessados, inclusive simultaneamente, com a possibilidade de concessão de prazos comuns e não mais sucessivos, o que propiciou a eliminação de vários tempos mortos do processo.

Outra vantagem que se fez sentir recaiu no ato de notificação (citação e intimação) de empresas públicas e privadas diretamente pelo próprio sistema, sem a necessidade de expedição de correspondência postal ou mandado.

Também as cartas precatórias notificatórias (citação e intimação) e executórias deixaram de ser necessárias no âmbito de um mesmo Tribunal, já que a simples expedição do mandado pelo sistema do PJe passou a contemplar fluxo de encaminhamento automático do instrumento à caixa de tarefas do oficial de justiça responsável pelo seu cumprimento, sendo a distribuição de acordo com o CEP informado.

As cartas precatórias inquiritórias, no entanto, permaneceram sendo necessárias, haja vista que implicavam, ainda, uma solicitação de cooperação entre o Juízo Deprecante e o Juízo Deprecado[30].

Em 22/10/19, o TRT5 inaugurou o Sistema de Designação de Oitivas por Videoconferência (Sisdov), com a finalidade de eliminar a necessidade de cartas precatórias inquiritórias no âmbito do Tribunal.

4.2. O Sistema de Designação de Oitivas por Videoconferência (Sisdov)

A ferramenta (software) permite que o magistrado faça a designação da videoconferência onde a testemunha ou a parte será ouvida remotamente. O sistema disponibiliza uma agenda, na qual o magistrado escolhe o dia e horário de oitiva da pessoa que se encontra em outra localidade dentro da jurisdição do TRT5. No dia e horário agendados, a pessoa que será ouvida se dirige à Vara do Trabalho onde foi agendado o ato e o seu depoimento é colhido remotamente pelo magistrado que preside a instrução, com o auxílio de um servidor[31] que permanece na sala de oitivas.

Para o funcionamento do sistema, todas as salas de audiência das 88 Varas do Trabalho da Bahia foram equipadas para a realização da videoconferência

30. CPC, Art. 237. Será expedida carta: (...) III – precatória, para que órgão jurisdicional brasileiro pratique ou determine o cumprimento, na área de sua competência territorial, de ato relativo a pedido de cooperação judiciária formulado por órgão jurisdicional de competência territorial diversa.
31. Essa delegação ao servidor não se trata de cooperação judiciária, mas de ato de gestão *interna corporis*, haja vista que não há interação com outro órgão jurisdicional. Para que se fale em cooperação judiciária deve existir interação entre órgãos judiciários, ou ao menos ente órgão judiciário e órgão administrativo (DIDIER, Fredie. Cooperação... p. 80, 83-84).

pelo Google Meet. Além disso, foram criadas 6 salas de oitivas no Fórum de Salvador e mais 31 salas de oitivas no interior do Estado.

Ao eliminar a necessidade de carta precatória, a ferramenta viabiliza ao magistrado responsável pela instrução a tomada direta dos depoimentos, ao tempo em que atende aos princípios da economia e celeridade, na medida em que elimina o tempo antes despendido com a tramitação das cartas precatórias.

Aqui aquela velha cooperação solene e formal que se dava por carta precatória inquiritória entre juízo deprecante e juízo deprecado foi substituída por um sistema ágil, simples e que permite a atuação direta do juiz natural, dispensada a atuação de outro juízo.

Um último registro se faz necessário. Em 09/10/2020, o CNJ fez publicar a Resolução 345, que autoriza a adoção, pelos tribunais, do "Juízo 100% Digital". No âmbito do "Juízo 100% Digital", cuja escolha é uma faculdade das partes (art. 3º), todos os atos processuais (comunicações, audiências, atendimento etc.) serão exclusivamente praticados por meio eletrônico e remoto por intermédio da internet (art. 1º), devendo os tribunais fornecer a infraestrutura de informática e telecomunicação necessárias ao funcionamento das unidades jurisdicionais (art. 4º).

O "Juízo 100% Digital" é, decerto, o prenúncio do fim das cartas precatórias, especialmente as inquiritórias.

4.3. Comunicações judiciais por Whatsapp

Em março/2020, o Tribunal publicou a Portaria Conjunta GP/CR 001/2020, formalizando a possibilidade de as comunicações judiciais serem feitas por Whatsapp, desde que a parte assim concorde, o que é feito de modo bastante ágil e sem maiores formalidades. A adesão à modalidade se dá pelo simples envio do Termo de Adesão devidamente preenchido para o celular do oficial de justiça, dispensando a assinatura física (Art. 3º), sendo que um único termo de adesão pode englobar vários processos e é válido para todas as comunicações referentes aos processos identificados no termo.

A medida é extremamente útil nos casos em que a parte possui múltiplos processos tramitando e recebe várias comunicações em todos eles, pois o oficial de justiça não necessitará, a cada nova diligência, obter a concordância da parte, tampouco realizar deslocamentos desnecessários, o que mostra-se ainda mais vantajoso em localidades onde a jurisdição da Vara abrange vários municípios com grandes extensões territoriais.

4.4. O Sistema de Execução Integrada (SEI) e a pesquisa patrimonial por Oficiais de Justiça Avaliadores Federais (OJAFs)

Também em março/2020, o TRT5 publicou o Provimento Conjunto GP/CR 004/2020, estabelecendo normas relativas à pesquisa patrimonial de devedores por Oficiais de Justiça, bem como a obrigatoriedade de utilização do SEI por todos os servidores do Regional.

O SEI é uma ferramenta de apoio à execução e tem como objetivo principal registrar, em um grande banco de dados compartilhado, todas as diligências praticadas em relação aos devedores, maximizando o aproveitamento do trabalho e evitando a repetição de atos infrutíferos. Nele são inseridos os resultados das diligências (positivas e negativas), referentes à localização de endereços e à utilização dos convênios de pesquisa patrimonial, tais como BACENJUD e RENAJUD, dentre outros. A compulsória alimentação desse banco de dados permite que, antes de cada diligência, o servidor consulte o SEI e verifique se tal ato já foi praticado por algum outro servidor do regional e qual foi o resultado, o que evita a repetição de idênticas diligências, tornando mais eficiente o trabalho de todos.

Em 19/10/2020, o Provimento Conjunto GP/CR 004/2020 foi revogado e substituído pelo Provimento Conjunto GP/CR 013/2020. Neste ato, o SEI foi substituído pelo "sistema eletrônico de acompanhamento das execuções", uma vez que, na próxima versão do PJe, qual seja a 2.6, será implantado o EXE-PJe, que contempla cadastramento de bens e diligências, substituindo, desse modo, o SEI, por possuir idêntica funcionalidade.

Por seu turno, a ampliação da investigação patrimonial a cargo dos OJAFs teve como fundamentos a redução do quadro de servidores, a necessidade de auxílio às Varas do Trabalho, e, principalmente, a necessidade de adequação das atividades dos OJAFs à atual realidade. Nesse sentido, o ato promoveu a atualização[32] das tarefas dos OJAFs, para deixar claro que a pesquisa patrimonial, antes feita apenas presencialmente, passasse a ser realizada, também, por meio de ferramentas eletrônicas, otimizando, assim, a capacidade de trabalho. Nesse sentido, o Oficial de Justiça, ao receber, por exemplo, um mandado de penhora, recebe uma ordem ampla e, assim, deve buscar bens do devedor eletronicamente (de forma prioritária), por meio dos convênios disponíveis, ou presencialmente (de forma residual), remetendo o mandado de volta à Vara somente depois de cumprida integralmente a ordem, com a plena garantida da execução, ou de esgotadas todas as vias possíveis, evitando-se, com isto, a devolução prematura do expediente à vara.

5. EXPERIÊNCIAS DE COOPERAÇÃO JUDICIÁRIA

A cooperação judiciária "possui uma dimensão administrativa (no sentido de servir à própria administração judiciária) e processual (no sentido de servir

32. Fala-se em *atualização*, pois, em tempos de processo eletrônico, internet e novas tecnologias, como IoT (internet das coisas), big data (processamento de grandes massas de dados) e inteligência artificial (por meio do machine learning e seus algoritmos de aprendizado), não tem mais sentido que os oficiais de justiça fiquem limitados a buscar patrimônio do devedor apenas de modo presencial, quando tal tarefa, na maioria das vezes, pode ser realizada de modo muito mais eficiente com o uso dos convênios de pesquisa patrimonial disponíveis.

à solução de casos)"[33]. Em um ou outro caso, "é uma forma de obter resultados melhores com menor custo e mais rapidez"[34].

Pode ocorrer entre órgãos do Poder Judiciário ou mesmo entre o Poder Judiciário e órgãos administrativos. Neste último caso, serve à prática de atos que não sejam necessariamente jurisdicionais, se instrumentalizando pelo auxílio direto (CPC, art. 69, I), o qual está regulado nos artigos 28 a 34 do CPC[35], ou mesmo para a realização de atos processuais, por meio da celebração de atos concertados (CPC, art. 69, §2º), para, por exemplo, se disciplinar o modo de comunicação de atos processuais[36].

A seguir serão apontadas algumas das modalidades de cooperação judiciária incorporadas pelo TRT5

5.1. Protocolos institucionais

Existem diversos negócios processuais materializados por meio de convênios e que configuram verdadeiros atos de cooperação, que repercutem na gestão de processos indeterminados, como, por exemplo, o BACENJUD, o SERASAJUD e o RENAJUD, celebrados nacionalmente pelo CNJ, visando à pesquisa patrimonial, ou o CONECTIVIDADE SOCIAL ICP e o SISCONDJ, celebrados pelo TST/CSJT, que visam, respectivamente, a troca de informações com a Caixa Econômica Federal relacionadas ao FGTS e a emissão de alvarás eletrônicos pelo Banco do Brasil.

No do TRT5, destaca-se o Sistema de Interligação Bancária desenvolvido pela Secretaria de Tecnologia da Informação e Comunicações do TRT5 para recepção e emissão de ordens para levantamento de valores através da Caixa Econômica Federal.

Também são dignos de nota os convênios para envio de ofícios ou mandados por e-mail, e recebimento de respostas pela mesma modalidade, ou até mesmo o ajuste para envio de notificações (citação e intimação) por e-mail.

5.2. A Coordenadoria de Execuções e Expropriação (CEE) e os Procedimentos de Reunião de Execuções (PREs)

A reunião de execuções ou execução coletiva de débitos sempre ocorreu com amparo no art. 28 da Lei 6.830/80. Em 2014, o TRT5 editou o Provimento Conjunto 003/2014 atribuindo, de forma expressa, à então denominada Central de Execução e Expropriação competência para reunir execuções.

33. DIDIER JR., Fredie. Cooperação..., p. 63.
34. Idem. Ibidem.
35. Idem, p. 79-80.
36. Idem, p. 87.

Aqui vale a pena trazer um pouco da história da atual Coordenadoria de Execução e Expropriação – CEE.

Em março/2010, por meio do Provimento GP/CR 001/2010, o TRT5 criou a Central de Execução e Expropriação (em substituição ao antigo Projeto Leiloar criado em 2007, e cuja finalidade era exclusivamente a de reunir leilões), constituída por Serviço de Distribuição de Mandados e Avaliação, Departamento de Hastas Públicas e Departamento de Inteligência.

Não havia, ainda, na antiga CEE atribuição de competência explícita como órgão centralizador de execuções. Somente com o Provimento Conjunto GP/CR 0003/2014, restou atribuída à CEE expressa competência para reunir execuções, além de realizar as então chamadas penhoras unificadas.

A referida norma foi aperfeiçoada com o Provimento Conjunto GP/CR n. 0010/2015, quando a antiga Central passou a se denominar Coordenadoria de Execução e Expropriação, e a se constituir de 5 Núcleos: Núcleo de Hastas Públicas; Núcleo de Distribuição de Mandados Oficiais; Núcleo de Apoio à Execução e Pesquisa Patrimonial; Juízo de Conciliação de Execução; e Núcleo de Cooperação Judiciária.

Em 2018, a Corregedoria Geral da Justiça do Trabalho (CGJT) regulamentou a padronização do Procedimento de Reunião de Execuções (PRE) no âmbito da Justiça do Trabalho, por meio do Provimento CGJT n. 1/2018. Nele, restou assentado que o Procedimento de Reunião de Execuções – PRE é constituído pelo Plano Especial de Pagamento Trabalhista – PEPT, cujo objetivo é o pagamento parcelado do débito, e pelo Regime Especial de Execução Forçada – REEF, voltado para a expropriação do patrimônio dos devedores em prol da coletividade dos credores.

O inteiro teor do referido Provimento 1/2018 foi incorporado à Consolidação de Provimentos da CGJT em dezembro/2019.

Em 2020, com a edição do Provimento Conjunto GP/CR n. 001/2020, o TRT5 trouxe para o âmbito do Regional o PRE, com as suas duas modalidades: o PEPT e o REEF. Além disso, agregou à CEE mais um Núcleo, o Núcleo de Reunião de Execuções, passando a CEE, a partir de então, a ser constituída por: Núcleo de Hastas Públicas; Núcleo de Distribuição de Mandados Oficiais; Núcleo de Apoio à Execução e Pesquisa Patrimonial; Núcleo de Reunião das Execuções; Juízo de Conciliação de Execução; e Núcleo de Cooperação Judiciária.

Na condição de órgão centralizador das execuções[37], cabe à CEE, pelo Núcleo de Reunião de Execuções (NRE), identificar os grandes devedores cujas

37. Sem prejuízo da atuação das Varas nos limites da sua competência. Neste particular, o Provimento Conjunto 004/2020 estimula que as Varas procedam à instauração de REEFs contra médios e pequenos devedores.

execuções poderão ser reunidas para processamento conjunto através da instauração do Regime Especial de Execução Forçada – REEF.

O REEF consiste em procedimento unificado de busca, constrição e expropriação de bens ou patrimônio de um mesmo devedor ou grupo de devedores, com número expressivo de execuções contra si, pulverizadas em distintas Varas do Trabalho, como medida de otimização das diligências executórias, que passam a ser realizadas de forma convergente em um processo piloto. As Varas são comunicadas acerca da instauração do REEF, para a devida habilitação dos processos. Ainda, o Juízo da CEE é o competente para resolver todos os incidentes e ações incidentais referentes ao processo piloto, quanto aos atos praticados durante o REEF.

Ao lado do REEF, cabe à CEE apreciar os pedidos dos grandes devedores quanto à instauração de PEPT, cabendo aos interessados o preenchimento de diversos requisitos listados no Provimento.

Atualmente, tramitam na CEE 24 REEFs contra grandes devedores, conforme consta da página do Tribunal: https://www.trt5.jus.br/regime-especial-execucao-forcada.

Ainda a propósito de reunião de execuções, no dia 06/11/2020, o TRT5 editou o Provimento Conjunto GP-CR 015/2020, que institui o Projeto Piloto dos Polos Especializados em Execução e cria o Polo Especializado em Execução do Sul. A ideia do polo especializado é funcionar como órgão centralizador de execuções na base territorial correspondente ao grupo de jurisdições definido no ato. No caso do polo sul, são abrangidas as Varas de Ilhéus, Itabuna, Vitória da Conquista e Itapetinga. O polo especializado em execução é coordenador por um juiz, com atuação em todas as unidades do polo, com competência delegada para a finalidade de instauração de PREs, nas suas duas modalidades (REEFs e PEPTs).

A cooperação por ato de reunião de execuções promove um significativo ganho em termos de celeridade e efetividade processual, evitando-se a perda de tempo ou a prática de atos repetitivos ou inúteis.

5.3. Os leilões unificados

Como visto, a unificação dos leilões iniciou no ano de 2007, com o Projeto Leiloar.

A partir de março/2010, com criação da Central de Execução e Expropriação, os leilões unificados passaram a ser por esta conduzidos, por meio do seu Departamento de Hastas Públicas.

Atualmente, todos os leilões do Regional são conduzidos pelo Núcleo de Hasta Públicas da Coordenadoria de Execução e Expropriação (CEE), ao qual incumbe praticar todos os atos necessários à realização dos leilões, e cujo calendário é amplamente divulgado na página do Tribunal: https://www.trt5.jus.br/leiloes. Todos os leilões ocorrem exclusivamente na modalidade *on-line*, competindo ao Juízo da CEE decidir os incidentes processuais diretamente relacionados à expropriação de bens, desde a publicação do respectivo edital e até a entrega do bem ao arrematante, inclusive os cancelamentos de arrematação.

São inúmeras as vantagens para a eficácia das execuções com a unificação dos leilões, que vão desde a promoção de um ambiente de maior visibilidade para facilitar as alienações, até a concentração do processo decisório em face de um único juízo.

5.4. Os Centros Judiciários de Métodos Consensuais de Solução de Disputas (CEJUSCs) de 1º e 2º graus

Na esteira da Resolução 125/2010 do CNJ, e em razão das determinações contidas na Resolução 174/2016 do CSJT, o TRT5 editou, em 2018, o Ato 174, criando os CEJUSCs de 1º e 2º graus (CEJUSC1 e JC2/CEJUSC2[38], respectivamente), os quais desenvolvem trabalhos correlatos à política de autocomposição, com especial ênfase na solução de conflitos por meio da conciliação e da mediação.

No CEJUSC1, as Varas do Trabalho participam por adesão, podendo remeter processos PJe para tentativa de acordo, seja na fase de conhecimento, de liquidação ou de execução. Também o CEJUSC1 atua nos mutirões de conciliação e auxilia a CEE nas conciliações que antecedem os leilões.

De acordo com a Resolução Administrativa 34/2019, compete ao JC2/CEJUSC2 realizar conciliação ou mediação em: I – processos em trâmite na Segunda Instância e nos processos em fase recursal remetidos pelo Tribunal Superior do Trabalho para conciliação; II – Conciliações Globais com reunião dos processos em face de único reclamado ou grupo econômico, com gestão de aportes periódicos para o pagamento da totalidade dos processos reunidos; III – agrupamentos de precatórios, observada a cronologia dos ofícios requisitórios; IV – agrupamento de processos de um mesmo empregador ou grupo de empregadores, sindicatos ou associações, nas semanas de conciliação e outros mutirões de conciliação; V – situação pré-processual de conflito que envolve interesses coletivos ou individuais plúrimos, excetuada a matéria de dissídio coletivo.

38. A origem do JC2/CEJUSC2 é mais remota. Em 2002, por meio da Resolução Administrativa 032/2002, foi instituído o JC2 para cuidar exclusivamente de conciliação em precatórios (se tratava do Juízo Auxiliar de Conciliação de Precatórios). Com a Resolução Administrativa 11//2006, o Juízo Auxiliar de Conciliação de Precatórios foi substituído pelo Juízo de Conciliação de Segunda Instância, com atribuições conciliatórias mais amplas, podendo envolver demais processos em fase recursal.

Nas "conciliações globais" perante o JC2/CEJUSC2 são reunidos os processos em fase de execução contra uma empresa ou grupo econômico, com a criação de um fundo de pagamento, normalmente constituído por aportes mensais, para a quitação da totalidade da dívida. Atualmente, tramitam 69 conciliações globais no JC2/CEJUSC2 e inúmeras conciliações em precatórios, conforme se extrai da página do Tribunal: https://cejusc.trt5.jus.br/cejusc2-inicio.

5.5. O mutirão para julgamento

Em 12/05/2020, a Corregedoria do TRT5 publicou o Edital n. 9, cientificando os Juízes do Trabalho da instituição de Força Tarefa destinada ao julgamento de processos pendentes de decisão com prazo vencido nas Varas do Trabalho, nos termos do Ato CR n. 22/2020.

Assim, os Juízes interessados puderam se habilitar como voluntários para integrarem a Força de Tarefa destinada ao julgamento dos processos pendentes.

Nos considerandos do Ato, destacam-se os seguintes:

> CONSIDERANDO o princípio da cooperação, em especial, o art. 69, incisos I e IV, do CPC e a Recomendação nº 38, de 3 de novembro de 2011, do CNJ e seu Anexo de Regulamentação, que estabelecem a possibilidade de auxílio direto e a prática de atos concertados entre juízes cooperantes; (...)
>
> CONSIDERANDO que, em que pesem os esforços empreendidos, ainda existem Varas do Trabalho com quantitativo considerável de processos aguardando decisão;
>
> CONSIDERANDO, por outro lado, que diversos magistrados finalizaram ou reduziram os processos que se encontravam conclusos para julgamento;
>
> CONSIDERANDO, por fim, a necessidade de assegurar a razoável duração do processo e os meios que garantam a celeridade de sua tramitação, na forma prevista pelo art. 5º, LXXVIII, da Constituição Federal.

Há aqui um ato plurilateral, no qual os juízes ajustaram voluntariamente a modificação da competência para o julgamento.

A adesão dos voluntários ao mutirão foi um sucesso, tendo sido julgados pelos juízes cooperantes dezenas de processos.

5.6. O projeto para tratamento do arquivo provisório

Em 24/06/2020, a Presidência e a Corregedoria do TRT5 fizeram publicar o Edital n. 18, dando ciência da constituição do projeto de utilização de força de trabalho disponível durante o período da pandemia (COVID-19), para análise do arquivo provisório dos processos eletrônicos, que tramitam nas Varas do Trabalho.

Na ocasião, foram chamados servidores voluntários, para comporem a Força Tarefa voluntária, que atuaria, sob a Coordenação do Juízo da Coordenadoria de Execução e Expropriação, no processamento das ações localizadas nos arquivos provisórios.

No mesmo edital ficou esclarecido que as Varas do Trabalho poderiam aderir ao Projeto de forma voluntária, cabendo ao Juiz responsável pela unidade remeter, ao Posto Avançado de Análise do Arquivo Provisório, os autos dos processos paralisados há mais de dois anos no Arquivo Provisório, a fim de serem analisados pelo Juízo da Coordenadoria de Execução e Expropriação.

No referido Projeto, a atuação do Juízo da Coordenadoria de Execução e Expropriação se dá "na condição de Juízes de Cooperação, conforme previsto no art. 69 do Código de Processo Civil e do art. 111 do Provimento Conjunto GP/CR TRT5 nº. 1, de 13 de janeiro de 2020", cabendo-lhe "além das competências previstas no art. 3º do Provimento Conjunto TRT5 GP/CR nº. 1, de 2020, proferir decisões extintivas da execução, as decorrentes de conciliação e remição da dívida, bem como processar os autos da execução até o seu arquivamento definitivo" (Edital n. 18).

Também aqui os juízes participantes, por ato plurilateral, ajustaram voluntariamente a modificação da competência.

Com 14 dias de funcionamento, os juízes cooperantes já haviam enviado 1816 processos ao Posto Avançado para análise, tendo sido proferidas 1013 decisões e 765 despachos.

6. AS MÚLTIPLAS FACETAS DOS ATOS DE COOPERAÇÃO: EXEMPLOS PRÁTICOS POSSÍVEIS

Como se percebeu ao longo da exposição, os atos de cooperação entre juízes podem abarcar uma série de situações.

Por exemplo, os Juízes das três Varas do Trabalho de Ilhéus podem concertar uma única solução para uma mesma questão de fato comum a diversos processos, atribuindo ao Juiz de uma das três Varas a competência para decidir uma questão incidental ou mesmo uma questão principal comum a vários processos distribuídos. Ilustrativamente, imagine-se a situação em que existam inúmeros processos distribuídos contra uma mesma empresa, espalhados pelas três Varas e nos quais sejam discutidas, ou como questão incidental ou como uma questão principal, a validade ou invalidade de um determinado meio de prova (como, e.g., um controle de ponto eletrônico) ou a validade/

eficácia ou invalidade/ineficácia de uma cláusula de um acordo coletivo ou convenção coletiva. Por ato concertado, os juízes cooperantes podem estabelecer que esta questão, seja ela suscitada como incidental ou principal, seja decidida por um dos juízes daquelas unidades jurisdicionais, optando-se, por exemplo, por aquele que recebeu o primeiro processo contra a dada empresa. Uma vez ajustado o ato concertado e definido qual juiz decidirá a questão incidental, os demais juízes participantes do ato concertado se vincularão ao que venha a ser decidido. Imagine-se a ampliação de tal ato concertado para incluir as quatro Varas de Itabuna e o benefício em termos de celeridade e eficiência que tal medida traria aos processos.

Imagine-se um exemplo recorrente em que tramitam diversos processos contra uma mesma empresa e que os juízes das 39 Varas de Salvador concertam a realização de uma prova testemunhal comum. Aqui, ao invés de tomarem o depoimento da mesma testemunha múltiplas vezes ou mesmo usarem o depoimento tomado em um processo como prova emprestada para os outros, podem os participantes do ato concertar a colheita do depoimento uma única vez por um dos juízes participantes. Aqui, os participantes podem ajustar, inclusive, o rol de perguntas a serem feitas à testemunha pelo juiz que ficará responsável pela oitiva. Ou mesmo podem estabelecer que a tomada do depoimento seja feita por mais de um juiz. Assim, uma vez realizada a prova, esta será exportada para os demais processos e cada juiz irá valorar o depoimento de acordo com o seu livre convencimento.

Um terceiro exemplo poderia ser imaginado diante de um evento ambiental local, do qual decorram ações distribuídas às Justiças Federal, Estadual e do Trabalho. Aqui, poderiam os magistrados, em ato concertado, ajustar, e.g., a competência do Juízo Federal da Vara que recebeu o primeiro processo como o competente para realizar a colheita de certa prova ou até mesmo para proferir decisão de uma questão incidental comum (Precedente STJ: Conflito de Competência n. 144922).

Um quarto exemplo consiste na reunião de execuções. Pode-se pensar num ato concertado em que os juízes das Varas de Camaçari resolvam reunir as execuções contra os maiores devedores da localidade, para fins de instauração de Regime Especial de Execução Forçada (REEF), cabendo a cada juízo o tratamento de um determinado litigante, fixando-se, por exemplo, que, quanto ao devedor A, será competente para a instauração e processamento do REEF o juízo da Vara 1, para o devedor B o juízo da Vara 2, para o devedor C o juízo da Vara 3, e assim sucessivamente.

Um quinto exemplo de ato concertado pode se referir à definição da competência para determinado tipo de ação. Por ato concertado, os juízes participantes podem ajustar a modificação da competência, para definir que compete privativamente à Vara X processar e julgar todos os processos contra entes públicos com regime estatutário que envolvam questões relacionadas à competência da Justiça do Trabalho. Esta Vara X continuaria com a sua competência original, mas passaria a ser a única competente para as ações envolvendo competência da Justiça do Trabalho em ações contra entes públicos estatutários, cabendo a remessa dos processos a tal Vara ainda na triagem, mas operando-se a devida compensação na distribuição.

Um sexto exemplo envolve a centralização de processos repetitivos que digam respeito a um mesmo fato. Não se trata aqui de demandas repetitivas que pressupõem a mesma questão de direito, e cuja competência para processar o incidente de resolução de demandas repetitivas é do Tribunal. Também não se trata aqui de reunião de execuções, mas de processos ainda em fase de cognição, que seriam processados e julgados por uma mesma Vara.

Num sétimo exemplo, também por cooperação pode ser ajustada a efetivação de tutela provisória, bem como a execução de decisão jurisdicional, execução aqui compreendida como efetivação, não se referindo apenas aos processos em fase de execução. Imagine-se que, em razão do fechamento de determinada empresa, sejam distribuídas dezenas de ações para as Varas do Trabalho de Feira de Santana postulando, em tutela provisória, a retenção do pagamento de faturas por parte de determinado fornecedor com domicílio em outro Estado, e que, em todas elas, tenha sido deferida a medida para cumprimento por Oficial de Justiça. Por solicitação direta, poderia ser ajustado com o Juízo Deprecado o cumprimento coletivo das decisões, com grande economia e eficiência.

Um oitavo exemplo seria o ajuste com um juiz estadual, para a realização de atos de comunicação em certo município onde não haja sede de Vara do Trabalho, ou até mesmo a colheita de uma determinada prova testemunhal pelo juiz estadual, quando não for possível a realização de videoconferência.

Um nono exemplo consiste na realização de notificação (citação ou intimação) conjunta, com a reunião de cartas ou mandados para cumprimento de uma só vez, ou até mesmo o ajuste com o réu para viabilização de um canal de recebimento das comunicações.

7. CONCLUSÃO

Como se viu, a cooperação judiciária nacional é uma das grandes novidades do CPC/15, porém ainda muito pouco explorada.

A atipicidade de instrumentos e atos abre um vasto campo à sua aplicação prática, com especial destaque à cooperação na modalidade de atos concertados.

Respeitados os marcos legais e normativos, o limite da cooperação está na criatividade do juiz.

Na busca da efetividade do processo, a solução está na ponderação de princípios, buscando-se equilibrar o acesso à Justiça, o direito de defesa e a eficiência jurisdicional.

REFERÊNCIAS

DIDIER JR., Fredie. Curso de direito processual civil: introdução ao direito processual civil, parte geral e processo de conhecimento. 17ª ed. Salvador: Editora Juspodivm, 2015.

________. Cooperação judiciária nacional: esboço de uma teoria para o Direito brasileiro (arts. 67-69, CPC). Salvador: Editora Juspodivm, 2020.

LUDWIG, Guilherme Guimarães. Processo trabalhista eficiente. São Paulo: LTr, 2012.

MARINONI, Luiz Guilherme; ARENHART, Sérgio Cruz; MITIDIERO, Daniel. Novo código de processo civil comentado. São Paulo: Editora Revista dos Tribunais, 2015.

MEIRELES, Edilton. Cooperação judiciária nacional. Revista de Processo. São Paulo: RT, 2015, vol. 249, p. 59-80.

________. Reunião de processos, cooperação e conflito de competência. Revista de Processo. São Paulo: Thomson Reuters, 2019, vol. 294, p. 77-94.

NERY Junior, Nelson; NERY, Rosa Maria de Andrade. Código de processo civil comentado. 16ª ed. São Paulo: Editora Revista dos Tribunais, 2016.

CAPÍTULO 31

Cooperação judiciária nacional, recuperação judicial e alguns aspectos da proteção do patrimônio da sociedade recuperanda[1]

Pedro Fernandes Rohenkohl[2]

Sumário: 1. Introdução – 2. Cooperação judiciária nacional: 2.1. Breve histórico e conceito; 2.2. Normas fundamentais e cooperação judiciária; 2.3. Características da cooperação judiciária nacional; 2.4. Tipologia, instrumentos e objeto do ato de cooperação; 2.5. O livre trânsito das hipóteses do §2º do art. 69 do CPC – possibilidade de cooperação para preservação de empresas em qualquer tipo, instrumento e ato; 2.6. O rol exemplificativo do art. 69, §2º, do CPC e seus desdobramentos para a cooperação para preservação de empresas – 3. Recuperação judicial: 3.1. Conceito e noções acerca da Recuperação Judicial; 3.2. A Recuperação Judicial como processo coletivo e a cooperação judiciária nacional; 3.3. A universalidade do juízo da recuperação, execuções envolvendo patrimônio da recuperanda e a cooperação judiciária nacional – 4. Aspectos práticos da cooperação judiciária para proteção ao patrimônio da sociedade recuperanda: 4.1. Ilustração da problemática com a análise pontual da recuperação judicial do Grupo Oi-Telemar e do Grupo Odebrecht; 4.2. A discussão acerca da execução fiscal em face das sociedades em recuperação judicial – atos de constrição do patrimônio; 4.3. Lei nº 14.112/2020 e as mudanças na constrição de bens decorrente de execução fiscal – primeiras linhas – 5. Conclusão – Referências bibliográficas.

1. INTRODUÇÃO

O intuito deste artigo é traçar alguns aspectos teóricos da cooperação judiciária nacional e aliá-los à sua utilização prática no âmbito da recuperação judicial, ressaltando o seu grande potencial de contribuição para a eficiência do processo e da proteção ao patrimônio da sociedade recuperanda.

Nesse sentido, é importante destacar que, ao êxito do processo de recuperação é fundamental a interação do juízo universal com outros órgãos jurisdicionais, o que, diga-se, já ocorre, mas sem a utilização do instituto da cooperação judiciária nacional.

No ponto, mais especificamente, um dos aspectos que são relevantes é a suspensão das execuções existentes em face da sociedade em recuperação, de modo a garantir a blindagem do patrimônio e possibilitar o seu soerguimento.

1. Este artigo é também resultado do grupo de pesquisa "Transformações nas teorias sobre o processo e o Direito processual", vinculado à Universidade Federal da Bahia e cadastrado no Diretório Nacional de Grupos de Pesquisa do CNPQ (dgp.cnpq.br/dgp/espelhogrupo/7958378616800053). O grupo é membro fundador da "ProcNet - Rede Internacional de Pesquisa sobre Justiça Civil e Processo Contemporâneo" (http://laprocon.ufes.br/rede-depesquisa).
2. Bacharel em Direito pela Universidade Federal da Bahia (UFBA). Advogado. pedrofrohenkohl@gmail.com.

Entendeu-se como necessário, portanto, explicitar a afinidade do processo de recuperação judicial, em razão de suas peculiaridades, com as características da cooperação judiciária nacional.

Analisando o tema na prática, abordou-se dois exemplos (Recuperações judiciais Grupo Oi/Telemar e Grupo Odebrecht) para analisar o atual panorama da interação entre o juízo universal e os demais juízos para proteção do patrimônio das sociedades devedoras. Além disso, tratou-se da questão referente às execuções fiscais em face das sociedades em recuperação judicial, refletindo acerca das mudanças trazidas pela Lei 14.112/2020 que tratou do tema.

Sem qualquer pretensão de esgotamento dos temas, mas de estímulo ao debate desse aspecto ainda pouco explorado da cooperação judiciária nacional, defende-se a grande viabilidade e utilidade da aplicação do instituto à recuperação judicial.

2. COOPERAÇÃO JUDICIÁRIA NACIONAL

2.1. Breve histórico e conceito

Em 3 de novembro de 2011, o Conselho Nacional de Justiça publicou a Recomendação nº 38, com objetivo de implementar a Rede Nacional de Cooperação. Através do ato, também se recomendou aos tribunais pátrios a instituição de mecanismos de cooperação, tais como o Núcleo de Cooperação e a figura do Juiz de Cooperação.

Para além disso, o documento estabeleceu diretrizes modernas para a prática cooperativa, sendo bem acolhido pelo legislador processual de 2015. Desse modo, o texto contido no Anexo da Recomendação nº 38 fora inserido no Código de Processo Civil de 2015 com pequenas alterações redacionais, dando origem ao seu inovador capítulo referente à Cooperação Judiciária Nacional.

Os respectivos artigos 67 a 69 instituem e disciplinam, nesse contexto, um *dever legal de cooperação* aos juízos, surgindo a Cooperação Judiciária Nacional como um mecanismo de interação transjudicial para gestão adequada e eficiente de processos.

Posterior ao CPC/15 é a publicação da Resolução nº 350/2020 do Conselho Nacional de Justiça, a qual revogou a Recomendação 38/2011 e efetivamente disciplinou a matéria após certo avanço das discussões no tema. O documento, nesse sentido, também pôde dispor mais detalhada acerca dos atos de cooperação e determinar os moldes da organização administrativa judiciária dos tribunais pátrios para este fim - Juiz de Cooperação, Núcleo de Cooperação,

Comitê Executivo da Rede Nacional. Trata-se de norma que bem instrumentaliza a prática da cooperação judiciária, visando encorpar a aderência ao instituto[3].

Mais recentemente, tem-se a Lei 14.112/2020 que reformou a Lei de Recuperação e Falências, trazendo a referência expressa à aplicação do art. 69 do CPC/15 em seu artigo 6º, §§7º-A e B, inserindo definitivamente a cooperação judiciária como mecanismo de gestão da competência para preservação de empresas em recuperação judicial.

A Cooperação Judiciária Nacional, nesse contexto, pode ser conceituada como um "*conjunto de atos de gestão adequada de processos e intercâmbio processual entre juízos diversos para prestação jurisdicional de forma plena, econômica, racional e eficiente*"[4].

Há que se concordar com a advertência de que o conjunto de regras não pertence exclusivamente à esfera processual, pois se trata de instituto Judiciário-processual, por se dirigir também à administração judiciária[5].

Da leitura do capítulo que traz o tema ao CPC, se extrai que a disposição legal da cooperação atribuiu aos magistrados e servidores um poder-dever que revela duas faces de uma mesma moeda. De um lado o legislador ofereceu aos órgãos jurisdicionais poderosa e ampla ferramenta de gestão processual; do outro, os incumbiu de atender prontamente aos pedidos cooperativos, quando recebidos. Além disso, ofereceu-se base normativa poderosa para a negociação de atos de cooperação (atos concertados). São traços característicos da rede cooperativa de trabalho almejada pela ideia contemporânea de processo e administração judiciária.

2.2. Normas fundamentais e cooperação judiciária

A rede cooperativa de trabalho aqui mencionada tem como objetivo a concretização de normas fundamentais do processo.

A principal delas, sem dúvidas, é o princípio[6] da eficiência.

3. Tratando da importância do advento da Resolução 350/2020 do CNJ: LUNARDI, Thaís Amoroso Paschoal. ***Era só o que faltava: a Resolução 350/2020 do CNJ e o derradeiro incentivo à cooperação judiciária nacional.*** Disponível em ‹https://processualistas.jusbrasil.com.br/artigos/1122629950/era-so-o-que-faltava-a-resolucao-350-2020-do-cnj-e-o-derradeiro-incentivo-a-cooperacao-judiciaria-nacional›.
4. CAMARGO, Luiz Henrique Volpe. ***A centralização de processos como etapa necessária do Incidente de Resolução de Demandas Repetitivas.*** Tese de doutorado apresentada à Pontifícia Universidade Católica de São Paulo. São Paulo: 2017, p. 303.
5. MEIRELES, Edilton. ***Cooperação judiciária nacional***, Revista de Processo vol. 249/2015, p. 59-80, Revista dos Tribunais Online, p. 3.
6. Antonio do Passo Cabral, em exemplo de divergência, adota a concepção de Humberto Ávila de eficiência, a classificando como postulado e não princípio, sob o fundamento de que se trata de uma metanorma:

No ponto, a densificação deste princípio inserido no art. 8º do CPC, decorrente do art. 37 da Constituição Federal, deve ser norte para toda a prática cooperativa.

Dentre as consequências jurídicas do princípio da eficiência em seu aspecto processual, a principal é a instituição de *deveres de gestão processual*[7].

Portanto, não se pode, à luz da sistemática atual, considerar que a eficiência é mero *bônus processual* ofertado pelo Magistrado, sendo bem-aceito quando recebido, mas impassível de reivindicações. Pode-se falar, inclusive, em um dever de utilização prioritária do ato cooperado em detrimento do ato não cooperado[8-9], naturalmente, quando este, *a priori*, aparentar ser a opção mais adequada.

Por consequência, também podemos associar a cooperação à razoável duração do processo. O primeiro item da Consideranda da revogada Recomendação nº 38/2011 do CNJ, inclusive, já fazia menção expressa a esta norma fundamental como justificativa de instituição da cooperação nacional, o que foi repetido na Resolução nº 350/2020 do CNJ.

Por fim, não se pode deixar de abordar o princípio da cooperação (art. 6 º, CPC/15). É intuitivo que se associe o princípio à ferramenta. Nesse sentido, parte da doutrina afirma que a cooperação nacional decorre do art. 6 º do CPC.

Cassio Scarpinella Bueno, acerca da temática, aponta que: *"Não há porque negar que a iniciativa [cooperação nacional] é meio de concretizar também o modelo de 'processo cooperativo', derivado do art. 6º, analisado na perspectiva de relação entre os próprios órgãos do Judiciário e seus personagens"*[10]. Antonio do Passo Cabral também coaduna com a ideia de que o princípio da cooperação envolve as interações entre órgãos do Poder Judiciário, como a cooperação transjudicial[11].

---

norma cujo escopo é nortear a aplicação das demais. CABRAL, Antonio do Passo. ***Juiz natural e eficiência processual: flexibilização, delegação e coordenação de competências no processo civil.*** Tese apresentada no concurso de provas e títulos para provimento do cargo de Professor Titular. Faculdade de Direito da Universidade do Estado do Rio de Janeiro. Rio de Janeiro, 2017, p. 243, em referência à ÁVILA, Humberto. Moralidade, razoabilidade e eficiência na atividade administrativa. Revista Eletrônica de Direito do Estado, nº 4, out.-dez., 2005, p. 24.

7. CAMPOS, Eduardo Luiz Cavalcanti. ***O princípio da eficiência no processo civil brasileiro,*** coord. Leonardo Carneiro da Cunha, 1ª ed., Rio de Janeiro: Forense, 2018.
8. CABRAL, Antonio do Passo. ***Juiz natural e eficiência processual: flexibilização, delegação e coordenação de competências no processo civil.*** Tese apresentada no concurso de provas e títulos para provimento do cargo de Professor Titular. Faculdade de Direito da Universidade do Estado do Rio de Janeiro. Rio de Janeiro, 2017, p. 535.
9. Possível identificar inclinação normativa no mesmo sentido: o parágrafo ùnico do art. 3º da Rec. 38/2011 do CNJ dispõe que "*o juiz poderá recorrer ao pedido de cooperação antes de determinar o pedido de expedição de carta precatória ou de suscitar o conflito de competência*".
10. BUENO, Cassio Scarpinella. ***Manual de Direito Processual Civil.*** 2.ed. São Paulo: Saraiva, 2016, p. 134-135.
11. CABRAL, Antonio do Passo. ***Juiz natural e eficiência processual: flexibilização, delegação e coordenação de competências no processo civil.*** Tese apresentada no concurso de provas e títulos para provimento

Em sintonia argumentativa, Thaís Paschoal Lunardi pontua que o art. 6º reforça a ideia de condutas cooperativas, almejando uma *comunidade de trabalho* que não deve se limitar ao âmbito interno do processo, e que, por essa razão, a cooperação nacional é prevista no Código nos arts. 67 a 69[12]. Sob viés similar, também disserta Leonardo Faria Schenk[13].

Em sentido divergente estão os posicionamentos de Murilo Teixeira Avelino[14], Oscar Valente Cardoso[15], Ronaldo Cramer[16] e Luiz Henrique Volpe Camargo[17], entendendo que o art. 6º impõe deveres como os de consulta, prevenção, auxílio, entre outros, mas tão somente às partes atuantes no processo, consistindo em um dever de cooperação *endoprocessual*, e portanto, não relacionada – ao menos, diretamente – à cooperação nacional de gestão administrativa processual e cooperação entre órgãos jurisdicionais. Para Volpe Camargo, inclusive, trata-se de mera homonímia, em razão da verificação de significados distintos para uma palavra com grafia coincidente (*cooperação*).

Nota-se que a doutrina que relaciona o art. 6º com os arts. 67 a 69 não o faz de forma direta, mas sim recorrendo mais amplamente ao intento legislativo de implementação de um modelo cooperativo, ou de incentivo de tais práticas, como algo que repercutiu na Cooperação Judiciária Nacional. É o limite de proximidade que se pode propor, sem incorrer na distorção da norma extraída do art. 6º, vez que a escolha legislativa foi clara pela expressão "partes do processo", enquanto a cooperação nacional é regra que mira o Poder Judiciário nacional[18], além de outros entes.

---

do cargo de Professor Titular. Faculdade de Direito da Universidade do Estado do Rio de Janeiro. Rio de Janeiro, 2017, p. 533.

12. LUNARDI, Thais Amoroso Paschoal. ***Coletivização da prova: técnicas de produção coletiva da prova e seus reflexos na esfera individual.*** Tese de doutorado apresentada à Universidade Federal do Paraná, Curitiba: 2018, p. 166-167.
13. "A opção do legislador por um processo de matriz colaborativa (art. 60 do CPC/2015) evidencia a existência de deveres não apenas das partes para com o órgão jurisdicional, mas também entre as próprias partes e do órgão jurisdicional para com elas, além do dever de mútua cooperação entre os diversos órgãos do Poder Judiciário (art. 67 do CPC/2015), com manifestações ao longo de todo o processo, a exemplo do dever de agir com lealdade e boa-fé, do dever de urbanidade e respeito, do dever de pontualidade, do dever de remoção dos obstáculos ao cumprimento de decisões". SCHENK, Leonardo Faria. *Da Cooperação Nacional. In:* WAMBIER, Teresa Arruda Alvim; DIDIER JR, Fredie; TALAMINI, Eduardo; DANTAS, Bruno. ***Breves comentários ao novo Código de Processo Civil.*** 2.ed. São Paulo: Revista dos Tribunais, 2016, p. 270-271.
14. AVELINO, Murilo Teixeira. ***Breves comentários à cooperação judiciária nacional no Código de Processo Civil,*** Revista Jurídica da Seção Judiciária de Pernambuco, Recife: 2015, p. 188.
15. CARDOSO, Oscar Valente. ***A Cooperação Judiciária Nacional no Novo Código de Processo Civil.*** Revista Dialética de Direito Processual, v. 152, nov. 2015, p. 37.
16. CRAMER, Ronaldo. *Da Cooperação Nacional.* In CABRAL, Antonio do Passo; CRAMER, Ronaldo. ***Comentários ao novo Código de Processo Civil.*** 2. ed. Forense: Rio de Janeiro, 2016, p. 117.
17. CAMARGO, Luiz Henrique Volpe. ***A centralização de processos como etapa necessária do Incidente de Resolução de Demandas Repetitivas.*** Tese de doutorado apresentada à Pontifícia Universidade Católica de São Paulo. São Paulo: 2017, p. 303-304.
18. MEIRELES, Edilton. ***Cooperação judiciária nacional,*** Revista de Processo, vol. 249/2015, p. 59-80, Revista dos Tribunais Online, p. 3.

Aqui, não se concebe a inexistência de relação entre princípio da cooperação e cooperação nacional - por mais que os sujeitos participantes sejam diferentes, definitivamente não se trata de mera coincidência de vocabulário. Há alguma afinidade entre as normas. Por outro lado, não se pode entender um instituto tão abrangente e transjudicial como a cooperação nacional como decorrência do princípio da cooperação que se refere exclusivamente aos sujeitos do processo.

Por isso, se diz que a cooperação judiciária nacional é *desdobramento remoto* do art. 6 º do CPC, por não ser decorrente do princípio da cooperação, mas consequência indireta dele.

2.3. Características da cooperação judiciária nacional

Considerando que a concretização da eficiência é o principal mote da cooperação judiciária, na cooperação entre órgãos, os meios empregados, para serem considerados ótimos, não podem estar defasados em relação às dinâmicas necessidades dos órgãos jurisdicionais no exercício de suas atribuições.

Não há dúvidas de que, para tanto, requer-se flexibilidade, instrumentalidade e informalidade na prática das interações transjudiciais.

Vale lembrar que a liberdade de escolha dos meios a serem utilizados é a mais ampla possível, tendo o caput do art. 69 expressamente disposto que o pedido de cooperação *"prescinde de forma específica"*.

Nesse aspecto, é mais uma vez proveitoso recorrer à Resolução 350/2020 do CNJ, na qual se verificam dispostos alguns "princípios", e da qual se extraem fundamentos normativos para a construção das diretrizes do instituto aqui estudado.

O sétimo item dos "Consideranda" da disposição traz que: *"a cooperação judiciária, em especial por meio de auxílio direto, constitui mecanismo contemporâneo, desburocratizado e ágil para o cumprimento de atos judiciais fora da esfera de competência do juízo requerente ou em interseção com ele; [...]"*.

Assim, vê-se que o Conselho Nacional de Justiça tem o claro intuito de estimular uma prática cooperativa que não seja amarrada pelas formalidades. Trata-se de manifestação de vanguarda, que visa à necessária modernização do modo de prestação jurisdicional. Naturalmente, a consolidação de tal mudança passa pela revitalização de toda uma cultura jurisdicional apegada às solenidades.

Conclui-se, portanto, que a dogmática e a atividade judiciária têm o dever de acompanhar tal movimento, sendo de suma importância que a cooperação judiciária, também no âmbito do processo recuperacional, seja pautada pela flexibilidade, instrumentalidade e informalidade.

2.4. Tipologia, instrumentos e objeto do ato de cooperação

O ato cooperativo é classificado em tipos, se concretiza através de instrumentos e sempre terá um objeto. Cumpre expor brevemente estes elementos.

Com o intuito de traçar um esboço de Teoria da Cooperação Judiciária, o prof. Fredie Didier Jr. divide a cooperação em cooperação por tipo solicitado, delegado e concertado[19].

Para o autor, o ato cooperado por solicitação traduz uma relação ativa-passiva entre os órgãos cooperantes, de modo que um órgão solicita, e o que é destinatário do pedido deve prontamente atendê-lo. Trata-se de relação relativamente simples e pontual, que tem como exemplos a carta precatória e arbitral.

A cooperação por delegação, diferentemente, representa uma transferência da competência a órgão distinto, em prol da melhor prestação jurisdicional-administrativa. Aqui, tem-se uma determinação, em lugar de uma solicitação, e o exemplo dado é a carta de ordem[20].

A cooperação por concertação, por fim, tem o caráter negocial como elemento distintivo. Nesse tipo de cooperação inexiste relação ativa-passiva, mas a concepção de um negócio jurídico processual de direito público que pretende reger uma relação futura e mais duradoura[21]. Essa compreensão ainda pode ser reforçada pela própria redação do §2º do art. 69 do CPC, que dispõe sobre o "estabelecimento de procedimento para" a prática dos atos ali exemplificados. Até mesmo a literalidade do vocábulo concertação (designação de entendimento, acordo) é convergente com essa concepção, consolidando o aspecto negocial do ato concertado.

Quanto aos instrumentos da cooperação, estes podem ser divididos em típicos e atípicos, naturalmente, os previstos em Lei (cartas e auxílio direto) e os que podem ser utilizados em razão da autorização do art. 69 do CPC.

Tratando especificamente dos arts. 68 e 69 do CPC, Edilton Meireles aponta que, em face da atipicidade dos instrumentos de cooperação, há de prevalecer

19. DIDIER JR., Fredie. ***Cooperação judiciária nacional: esboço de uma teoria para o Direito Brasileiro (arts. 67 a 69 do CPC).*** Salvador: Juspodivm, 2020, p. 75.
20. DIDIER JR., Fredie. ***Cooperação judiciária nacional: esboço de uma teoria para o Direito Brasileiro (arts. 67 a 69 do CPC).*** Salvador: Juspodivm, 2020, p. 76.
21. DIDIER JR., Fredie. ***Cooperação judiciária nacional: esboço de uma teoria para o Direito Brasileiro (arts. 67 a 69 do CPC).*** Salvador: Juspodivm, 2020, p. 85.

a criatividade do juiz na busca da eficiência e efetividade da prestação jurisdicional[22].

Nessa linha de ideias, vê-se que a possibilidade de cooperação por instrumentos atípicos possibilita ao mecanismo, em tese, ser mais adaptável e eficiente, o que depende de uma atuação certamente mais ativa e criativa do magistrado.

No que se refere ao objeto da cooperação, uma vez que o texto do CPC dispõe expressamente da plena liberdade de atos de concertação, tem-se discussão interessante, e que não parece ter encerramento próximo, quanto as limitações dogmáticas do objeto da cooperação, sendo o ponto mais sensível a concertação de atos de cunho decisório.

Embora não seja intuito do presente trabalho adentrar nas minúcias do debate, entende-se pela possibilidade, *a priori*, de cooperação envolvendo atos decisórios[23], inclusive como forma de imprimir maior eficiência a recuperação judicial, como se verá na continuidade do trabalho.

2.5. O livre trânsito das hipóteses do §2º do art. 69 do CPC – possibilidade de cooperação para preservação de empresas em qualquer tipo, instrumento e ato

Uma percepção inicial da cooperação judiciária para preservação de empresas, à luz da classificação *tipo solicitado x tipo delegado x tipo concertado* de cooperação, pode induzir ao entendimento de que essa só pode ocorrer pelo ato concertado, em virtude de sua localização no rol exemplificativo de atos concertados do art. 69, §2º do CPC/15.

No entanto, inexistem razões para essa limitação.

É preciso entender, no ponto, que a mencionada classificação se dá quanto ao *tipo* de cooperação entre os órgãos jurisdicionais, inexistindo qualquer vinculação necessária aos *instrumentos* de cooperação.

Nesse raciocínio, os atos de cooperação do rol do §2º do art. 69, do CPC também não se devem restringir ao modo concertado de se cooperar, justamente em razão da total atipicidade da cooperação instituída pelo CPC/2015. Em que pese o dispositivo cite expressamente a concertação de atos, há grande

22. MEIRELES, Edilton. ***Cooperação judiciária nacional***, Revista de Processo, vol. 249/2015, p. 59-80, Revista dos Tribunais Online, p. 3.

23. No ponto, concorda-se com FERREIRA, Gabriela Macedo. ***O ato concertado entre juízes cooperantes: esboço de uma teoria para o direito brasileiro.*** Civil Procedure Review. v.10, nº 3: set.-dez. 2019, p. 38; DIDIER JR., Fredie. ***Cooperação Judiciária Nacional: Esboço de uma Teoria para o Direito Brasileiro***. Salvador: Editora Juspodivm, 2020, p. 101.

utilidade na utilização dos direcionamentos dados pelos diversos exemplos contidos no repertório do art. 69, §2º, do CPC para além dos atos concertados.

Edilton Meireles, abordando a atecnia do dispositivo, caminha no sentido do reconhecimento dessa utilidade, apontando que[24]: "*E pior, ao tratar, no § 2.º do art. 69, dos atos que podem ser concertados entre os juízes cooperantes, acaba por arrolar, exemplificativamente, diversas hipóteses de atos processuais que podem ser executados em auxílio direto.*".

O que o autor indica, de forma acertada, é que o rol do §2º não se pode vincular obrigatoriamente aos atos concertados. No entanto, a conclusão a que se chega é distinta. Edilton Meireles, ao analisar a disposição do art. 69/CPC, conclui que os atos concertados – e, por tabela, o rol do art. 69, §2º – são *objeto* de cooperação, os quais podem ser manejados na forma do *instrumento* do art. 69, I, que dispõe sobre o auxílio direto. Propõe, o autor, nesse rol de ideias, uma espécie de subsunção do art. 69, IV, CPC ao inciso I do mesmo dispositivo.

Aqui, por outro lado, defende-se apenas o livre trânsito destas hipóteses elencadas para os atos concertados no §2º ao modo de cooperação solicitado/delegado e os demais instrumentos também. Isso, a partir não apenas da plena liberdade de objeto e instrumento da cooperação, mas também pela compreensão de que o robusto rol do art. 69, §2º, do CPC representa um útil direcionamento dado pelo legislador para a prática cooperativa de uma maneira geral e mais ampla. Em outras palavras, a partir do rol do art. 69, §2º, do CPC, extrai-se uma sistemática acerca dos atos de cooperação, que se revela proveitosa também para a cooperação solicitada e delegada, para além da prática de atos concertados. Repise-se que o que aqui se defende é plenamente possível, em virtude da característica de atipicidade da cooperação judiciária no nosso sistema cooperativo, não representando qualquer contrariedade à norma legal.

Sepultando qualquer dúvida ou nova discussão quanto ao tema, adveio a Resolução nº 350/2020 do CNJ, em que se apresenta também rol exemplificativo de atos de cooperação, em seu art. 6º, mas sem qualquer indicação do tipo ou instrumento da cooperação, estando disposta a "*efetivação de medidas e providências para recuperação e preservação de empresas*", em seu inciso VIII.

Em síntese, a cooperação de atos para efetivação de medidas e providências para preservação de empresas, além de ocorrer através dos negócios jurídicos de direito público que são os atos concertados, também pode ser praticada por meio de solicitação/delegação de um órgão a outro, que atenderá ao pedido em virtude do dever legal de cooperação.

24. MEIRELES, Edilton. ***Cooperação judiciária nacional***, Revista de Processo, vol. 249/2015, p. 59-80, Revista dos Tribunais Online, p. 4.

No mesmo sentido, além do livre trânsito quanto ao tipo, a cooperação que ocorre em nome da concretização do art. 47 da LRF também pode se concretizar por qualquer instrumento que se revele útil ao caso: auxílio direto, sistema de cartas ou qualquer outro mecanismo atípico que seja vislumbrado através da criatividade dos atores do processo recuperacional.

2.6. O rol exemplificativo do art. 69, §2º, do CPC e seus desdobramentos para a cooperação para preservação de empresas

Dentre os diversos exemplos de objetos de cooperação contidos no rol do art. 69, §2º, do CPC, no inciso IV, está o estabelecimento de atos concertados para preservação e recuperação de empresas, reforçando a necessidade de utilização de mecanismos de eficiência e gestão no processo de recuperação judicial.

Como se depreende da redação do art. 69, *caput*, do Código de Processo, o seu inciso IV integra um rol exemplificativo dos atos concertados. Ou seja, embora exista a ampla abertura para atos concertados atípicos no sistema cooperativo, o legislador processual, se servindo do texto da Recomendação nº 38/2011 do CNJ, elencou uma série de hipóteses como forma de direcionamento de seu uso. Ainda, a Resolução 350/2020 do CNJ também traz como exemplo a cooperação para preservação de empresas em seu art. 6º, inciso VIII.

Vale anotar que um rol de natureza exemplificativa, ainda que possibilite a inserção de uso não previsto no dispositivo, não autoriza automaticamente a sua aplicabilidade irrestrita, sendo imprescindível uma compatibilidade sistemática a fim de que se mantenha a integridade do ordenamento.

Essa necessidade de interpretação sistemática também se aplica ao rol do art. 69, §2º, do CPC[25] e art. 6º da Res. 350/2020, nos quais se vê que todas as hipóteses elencadas são atinentes à operacionalização eficaz de atos processuais, ou, ainda, para o processamento eficiente de toda a demanda (centralização de processos repetitivos). É preponderante, portanto, o caráter *instrumental* dos exemplos oferecidos pelas normas em questão, em prol da concretização do princípio da eficiência.

No caso particular da cooperação para efetivação de medidas para recuperação e preservação de empresas, além disso, se verifica que a concretização do princípio da preservação da empresa é parte da essência da norma. Assim, trata-se de hipótese de otimização processual e administrativa de atos

25. MEIRELES, Edilton. ***Cooperação judiciária nacional***, Revista de Processo, vol. 249/2015, p. 59-80, Revista dos Tribunais Online, p. 8.

judiciais decorrentes de disposições que protegem a atividade empresarial. Não custa frisar, nesse ponto, que o papel do órgão jurisdicional não é, e nem pode ser, puramente proteger a empresa; mas sim assegurar a eficácia das normas inseridas pelo ordenamento jurídico que reconhecem a preservação da empresa como valor a ser salvaguardado.

Dando um exemplo, vale mencionar que o Código de Processo Civil de 2015 apresenta, em verdade, todo um conjunto de normas processuais que visam à proteção da atividade empresarial.

Neste conjunto, também estão algumas regras referentes à penhora.

Jaime Zarife Figueira, após análise sistemática das regras de penhora empresarial, conclui que o CPC/15 concedeu uma abertura para a inserção do princípio da função social da empresa na ponderação de interesses da fase de execução, de modo a possibilitar a concretização do princípio[26]. O autor cita interessantes exemplos como a regulação da penhora do faturamento de empresa (art. 866, §1º e §2º, CPC[27]), o regramento da penhora de ações e quotas sociais (art. 861, §1º, do CPC[28]), entre outros, apontando, inclusive, a possibilidade de cooperação judicial nestes casos, a fim de proporcionar uma prestação jurisdicional adequada[29].

Nesse ponto, com ainda mais importância, o art. 69, §2º, IV, do CPC e o art. 6º, inciso VIII da Resolução 350/2020 são fomento expresso às práticas cooperativas no âmbito do processamento das recuperações judiciais. Certamente,

---

26. FIGUEIRA, Jaime Zarife. ***Uma proposta de interpretação sistemática da penhora empresarial.*** Trabalho de conclusão de curso apresentado à Faculdade de Direito da Universidade Federal da Bahia. Salvador, 2016, p. 70.
27. Art. 866. Se o executado não tiver outros bens penhoráveis ou se, tendo-os, esses forem de difícil alienação ou insuficientes para saldar o crédito executado, o juiz poderá ordenar a penhora de percentual de faturamento de empresa.
§ 1º O juiz fixará percentual que propicie a satisfação do crédito exequendo em tempo razoável, mas que não torne inviável o exercício da atividade empresarial.
§ 2º O juiz nomeará administrador-depositário, o qual submeterá à aprovação judicial a forma de sua atuação e prestará contas mensalmente, entregando em juízo as quantias recebidas, com os respectivos balancetes mensais, a fim de serem imputadas no pagamento da dívida.
28. Art. 861. Penhoradas as quotas ou as ações de sócio em sociedade simples ou empresária, o juiz assinará prazo razoável, não superior a 3 (três) meses, para que a sociedade:
I – apresente balanço especial, na forma da lei;
II – ofereça as quotas ou as ações aos demais sócios, observado o direito de preferência legal ou contratual;
III – não havendo interesse dos sócios na aquisição das ações, proceda à liquidação das quotas ou das ações, depositando em juízo o valor apurado, em dinheiro.
§ 1º Para evitar a liquidação das quotas ou das ações, a sociedade poderá adquiri-las sem redução do capital social e com utilização de reservas, para manutenção em tesouraria.
29. FIGUEIRA, Jaime Zarife. ***Uma proposta de interpretação sistemática da penhora empresarial.*** Trabalho de conclusão de curso apresentado à Faculdade de Direito da Universidade Federal da Bahia. Salvador, 2016, p. 84 e ss.

convergem-se os dois dispositivos e o art. 47 da Lei 11.101/2005[30]: preservar e recuperar as empresas, afinal, são as finalidades principais da recuperação judicial[31]. Trata-se do norte para a aplicação de todo o regramento.

Além disso, aliando a já mencionada necessidade de interpretação sistemática dos atos de cooperação, com a existência de um conjunto de normas protetivas da atividade empresarial no CPC/2015, há que se reconhecer que a inserção de um dispositivo concretizador do princípio da preservação da empresa no rol de atos cooperantes traz direcionamentos para a interpretação do instituto. Desse modo, o art. 69, §2º, IV do CPC e o art. 6º, VIII, da Resolução 350/2020 acrescentaram uma base hermenêutica de consideração da atividade empresarial como bem a ser salvaguardado na prática da cooperação judiciária nacional. Ou seja, dada a necessidade de coerência interpretativa do instituto, a hipótese de cooperação para preservação de empresas presente no rol exemplificativo veda qualquer prática cooperativa de forma inteiramente mitigadora do princípio da preservação da empresa. Este elemento, portanto, precisa ser considerado em eventual ponderação de bens jurídicos na atividade jurisdicional.

Desse modo, viu-se que a cooperação para preservação e recuperação de empresas faz parte de rol exemplificativo, tendo a concretização do princípio da preservação de empresa em seu núcleo essencial. Além disso, em nome da coerência do instituto da cooperação, a previsão do art. 69, §2º, IV, do CPC e do art. 6º, VIII, da Resolução 350/2020, também reforçam o princípio da preservação da empresa na interpretação sistemática da cooperação judiciária.

3. RECUPERAÇÃO JUDICIAL

3.1. Conceito e noções acerca da Recuperação Judicial

A recuperação judicial, concebida pela Lei 11.101/2005, é um regime jurídico especial pelo qual a sociedade economicamente viável, mas assolada por uma crise financeira de graves repercussões, busca seu soerguimento através da tutela do Poder Judiciário, com o intuito de evitar a liquidação forçada dos seus bens a falência.

30. Art. 47. A recuperação judicial tem por objetivo viabilizar a superação da situação de crise econômico-financeira do devedor, a fim de permitir a manutenção da fonte produtora, do emprego dos trabalhadores e dos interesses dos credores, promovendo, assim, a preservação da empresa, sua função social e o estímulo à atividade econômica.

31. Para Paulo Fernando Campos Salles de Toledo, a preservação da empresa praticamente se confunde com a manutenção da fonte produtora mencionada no art. 47 da LRF. Isso pois, para o Autor, o legislador provavelmente se referiu à empresa no sentido funcional, empresa enquanto atividade na redação do dispositivo. TOLEDO, Paulo Fernando Campos Salles de. ***Recuperação judicial, a principal inovação da Lei de Recuperação de Empresa - LRE.*** Revista do advogado 83, ano XXV, 2005, pp. 102-103.

Após a veiculação do pleito recuperacional pela sociedade devedora, estando a inicial em termos, o juízo deferirá o processamento da recuperação, momento processual em que se suspendem as ações e execuções em curso em seu desfavor.

Acerca de tal suspensão, existe recente modificação no regramento normativo, diante do advento da Lei nº 14.112/2020, que modificou o art. 6º da Lei 11.101/2005 para acrescentar os incisos I, II, e III, e dispor mais detalhadamente acerca das suspensões de execuções e atos constritivos em face do patrimônio da recuperanda[32].

Tal disposição, protetiva e essencial ao sucesso da recuperação judicial, encontra exceção nas execuções fiscais, bem como nos processos relativos aos créditos previstos nos §§3º e 4º do art. 49 da Lei. Essa suspensão, chamada também de *stay period*, tem prazo legal de 180 dias (prorrogável por igual período, vide o novo §4º do art. 6º, que incorporou o posicionamento jurisprudencial) e visa dar um fôlego à recuperanda, oportunizando a negociação com seus credores para elaboração do Plano de Recuperação sem sofrer diminuições em seu patrimônio.

Importante destacar, em ponto importante, que, nos termos do art. 66 da LRF, após o deferimento da recuperação judicial, o ativo permanente da empresa em recuperação não pode ser alienado pelo devedor sem a autorização do juízo recuperacional. Ou seja, a blindagem patrimonial que se aplica à recuperanda representa uma via de mão dupla, servindo tanto para preservar a atividade empresarial em face da perseguição creditícia, quanto para evitar que o devedor dilapide indevidamente seu patrimônio, visando finalidade diversa de seu soerguimento.

Esse regramento se justifica, pois, nesse momento, não há que se falar em tutela jurisdicional voltada ao atendimento do interesse individual dos credores, ou mesmo da satisfação das pretensões do devedor, mas do interesse comum pela superação da crise empresarial, situação que, dada a função social da atividade econômica organizada, configura uma *lesão coletiva*, motivo pelo qual deve-se reconhecer a *natureza coletiva do processo de recuperação judicial*.

É preciso ter em mente, portanto, que a sua natureza coletiva do processo recuperacional é elemento relevante para demonstração da sua afinidade com a cooperação judiciária, razão pela qual este aspecto será abordado a seguir.

---

32. Art. 6º A decretação da falência ou o deferimento do processamento da recuperação judicial implica: I – suspensão do curso da prescrição das obrigações do devedor sujeitas ao regime desta Lei; II – suspensão das execuções ajuizadas contra o devedor, inclusive daquelas dos credores particulares do sócio solidário, relativas a créditos ou obrigações sujeitos à recuperação judicial ou à falência; III – proibição de qualquer forma de retenção, arresto, penhora, sequestro, busca e apreensão e constrição judicial ou extrajudicial sobre os bens do devedor, oriunda de demandas judiciais ou extrajudiciais cujos créditos ou obrigações sujeitem-se à recuperação judicial ou à falência.

3.2. A Recuperação Judicial como processo coletivo e a cooperação judiciária nacional

Há tempo se afirma que o fato de a atividade empresarial criar empregos, pagar tributos, ser elemento essencial à vitalidade da economia e instrumento da livre iniciativa, assegurada pela nossa Constituição[33], é razão para que o interesse na sua preservação não se limite ao âmbito privado.

Por esse motivo, aponta-se que, por envolver interesses múltiplos, derivados da função social da empresa, se exige maior celeridade e eficiência na solução dos processos de recuperação judicial[34]. No mesmo sentido, reconheceu-se a importância da doutrina na inserção de mecanismos de eficiência no procedimento recuperacional brasileiro[35].

Felipe Vieira Batista desenvolve, sob o viés processual, a análise dos interesses envolvidos na recuperação da empresa em crise[36]. O autor menciona que a crise empresarial é situação jurídica indesejada pelo ordenamento, provocadora de uma lesão de caráter coletivo[37]. Isso porque tal lesão não atingiria tão somente os interesses particulares do envolvidos, mas também o direito difuso ao ambiente empresarial saudável, estabelecido pelo art. 47 da LRF. Assim, por essa lógica, à recuperação judicial se aplicaria o disposto no art. 81, I, do Código de Defesa do Consumidor, núcleo do microssistema da tutela coletiva. Nesse sentido, o autor conclui que a recuperação judicial é processo coletivo.

Destaque-se que compreender a recuperação judicial como processo coletivo converge com bases estruturantes da Cooperação Judiciária Nacional aqui já mencionadas. Para Fredie Didier Jr. e Hermes Zaneti Jr., por exemplo, o processo coletivo enseja uma interpretação mais flexível das regras de competência[38]. Ou seja, não apenas o interesse público reforça a necessidade de uma busca mais ávida pela eficiência do processo, como também a sua natureza coletiva contribui para que as normas fundamentais sejam interpretadas de forma mais flexível, levando em consideração os aspectos concretos e complexos para verificação dos pressupostos processuais.

---

33. CF/1988 - Art. 170. A ordem econômica, fundada na valorização do trabalho humano e na livre iniciativa, tem por fim assegurar a todos existência digna, conforme os ditames da justiça social, observados os seguintes princípios.
34. NEGRÃO, Ricardo. ***A eficiência do processo judicial na recuperação da empresa***. São Paulo: Saraiva, 2010, pp. 129-130.
35. VASCONCELOS, Ronaldo. ***Princípios processuais da recuperação judicial.*** Tese de doutorado apresentada à Faculdade de Direito da Universidade de São Paulo. São Paulo: 2012, introdução.
36. BATISTA, Felipe Vieira. ***A recuperação judicial como processo coletivo.*** Dissertação de mestrado apresentada à Universidade Federal da Bahia. Salvador, 2017.
37. BATISTA, Felipe Vieira. ***A recuperação judicial como processo coletivo.*** Dissertação de mestrado apresentada à Universidade Federal da Bahia. Salvador, 2017, p. 107.
38. DIDIER JR, Fredie; ZANETI JR, Hermes. ***Curso de direito processual civil: processo coletivo.*** 12a ed. Salvador: Juspodivm, 2018. p. 319.

Portanto, por essas razões, a natureza coletiva do processo de recuperação judicial repercute na aplicação da cooperação a este instituto, não apenas coadunando com as premissas já firmadas neste trabalho, mas também sendo reforço da pertinência da aplicação do dispositivo em estudo.

3.3. A universalidade do juízo da recuperação, execuções envolvendo patrimônio da recuperanda e a cooperação judiciária nacional

Da sistemática recuperacional se extrai que a partir do deferimento do processamento da recuperação judicial o acervo patrimonial da recuperanda passa a deter grande importância para as mais variadas coletividades.

Nesse sentido, se justifica a característica universal do juízo recuperacional, bem como o chamado regime de *comunhão de interesses* disposto pela Lei 11.101/2005[39]. Destaca-se, nesse contexto, a importância da chamada *vis attractiva* do juízo recuperacional para todas as execuções que possam atingir esse patrimônio a ser gerido. Afinal, há interesse coletivo na gestão daquele acervo patrimonial em virtude de seu papel no funcionamento da empresa, e, além disso, pela responsabilidade patrimonial do devedor perante os seus credores. Portanto, a universalidade do juízo se mostra essencial ao estrito cumprimento do plano de recuperação, finalidade última do procedimento recuperacional.

Isso porque, na prática, quando inexiste interação entre os órgãos alheios à recuperação com o juízo universal, se verifica uma quantidade significativa de constrições paralelas ao patrimônio da devedora, o qual deveria ser blindado para possibilitar o soerguimento da sociedade.

Inclusive, é possível supor que essa necessidade pode ter sido o grande escopo da inserção da cooperação para preservação/recuperação de empresas no plexo normativo da cooperação judiciária nacional. Nesse sentido, a interpretação das normas de competência, aliada à flexibilidade e instrumentalidade inerentes ao sistema cooperativo, neste âmbito, deve ter como direcionamento a centralização do poder executório de bens da devedora no juízo da recuperação.

A centralização da competência no juízo universal como umas das maneiras de se preservar a empresa já foi demonstrada, por exemplo, na construção jurisprudencial acerca da competência para execuções trabalhistas em face da recuperanda, mesmo após o transcurso do *stay period*. Está consolidado no âmbito do Superior Tribunal de Justiça que, após a liquidação do crédito trabalhista pelo juízo laboral, cabe ao juízo da recuperação dar prosseguimento à

39. VASCONCELOS, Ronaldo. ***Princípios processuais da recuperação judicial.*** Tese de doutorado apresentada à Faculdade de Direito da Universidade de São Paulo. São Paulo: 2012, p. 118.

execução[40], inclusive quando o crédito for constituído posteriormente ao deferimento da recuperação judicial, sendo classificado como extraconcursal[41].

Considerando, nessa linha, que é vital ao procedimento recuperacional a interação com outros juízos (diante da necessidade de proteção ao patrimônio da devedora), e que, como visto, a cooperação judiciária se relaciona com a análise em concreto das regras de competência, tem-se que o art. 69, §2º, IV, do CPC e o artigo 6º da Resolução nº 350/2020 do CNJ surgiram e devem ser aplicados como instrumentos normativos que fundamentam a atribuição da competência ao juízo universal para prática de atos processuais que envolvam o acervo patrimonial da recuperanda.

Isso, é claro, sem que se recaia no tumulto do procedimento e de modo a se alcançar a busca pela eficiência, o que, de fato, não é tarefa simples.

Portanto, por mais que se trate de ferramenta ainda recente, se entende como necessária a inserção da cooperação judiciária como mecanismo adicional à disposição do juízo para a gestão do processo recuperacional, aplicando-se todo o conjunto normativo que o sistema de cooperação apresenta.

É o que será examinado a seguir.

4. ASPECTOS PRÁTICOS DA COOPERAÇÃO JUDICIÁRIA PARA PROTEÇÃO AO PATRIMÔNIO DA SOCIEDADE RECUPERANDA

4.1. Ilustração da problemática com a análise pontual da recuperação judicial do Grupo Oi-Telemar e do Grupo Odebrecht

Após a construção da teoria da cooperação e indicação da sua afinidade com a recuperação judicial, entende-se útil uma abordagem casuística à luz das premissas aqui firmadas, no intuito de exemplificar atuais medidas dos juízos das recuperações judiciais em matéria de proteção ao patrimônio do devedor e interação em juízos.

Isso porque ainda é incipiente a aplicação expressa e fundamentada da cooperação judiciária para preservação de empresas, o que reforça a importância do enfrentamento do tema, na tentativa de que não se faça letra morta de um mecanismo potencialmente proveitoso.

---

40. Seguem alguns precedentes: STJ, AgInt no CC 145.089/MT, Rel. Ministra NANCY ANDRIGHI, SEGUNDA SEÇÃO, julgado em 08/02/2017, DJe 10/02/2017; STJ, CC 145.027/SC, Rel. Ministro RICARDO VILLAS BÔAS CUEVA, SEGUNDA SEÇÃO, julgado em 24/08/2016, DJe 31/08/2016; CC 129.720/SP, Rel. Ministro LUIS FELIPE SALOMÃO, Rel. p/ Acórdão Ministro MARCO BUZZI, SEGUNDA SEÇÃO, julgado em 14/10/2015, DJe 20/11/2015.

41. STJ, CC 129.720/SP, Rel. Ministro LUIS FELIPE SALOMÃO, Rel. p/ Acórdão Ministro MARCO BUZZI, SEGUNDA SEÇÃO, julgado em 14/10/2015, DJe 20/11/2015.

Nesse ponto, faz-se, como exemplo, menção à decisão de deferimento da recuperação judicial do Grupo Odebrecht.

Não se nega que existe uma série de fatores a serem analisados em um caso de tamanhas proporções, mas aqui a análise se limitará ao ponto firmado como crítico e talvez mais útil ao objetivo do presente trabalho: a relação da universalidade do juízo recuperacional com as ações que envolvem o patrimônio da recuperanda. Vale a transcrição do trecho respectivo da decisão de processamento do Juízo da 1ª Vara de Falências e Recuperações Judiciais da Comarca de São Paulo, grifado pelo autor:

> "Todavia, mesmo com a determinação do stay period e a jurisprudência consolidada do STJ sobre a competência do Juízo da recuperação judicial para deliberar sobre a essencialidade dos bens de propriedade ou posse da recuperanda, **a realidade tem demonstrado a existência de diversos atos de constrição patrimonial contra a devedora emanados de Juízos diversos,** por provocação de credores sujeitos ou não à recuperação judicial.
>
> Essa situação, além de ocasionar um imenso número de **conflitos de competência desnecessários** diante do entendimento já consolidado do STJ, compromete o fluxo de caixa e as atividades operacionais da atividade em recuperação, em razão da paralisia que se impõe sobre o bem no caso concreto, impedindo sua utilização justamente no momento de maior necessidade da recuperanda, além de tumultuar o ambiente de negociação buscado pela Lei 11.101/2005, que se faz presente durante o processamento da recuperação judicial.
>
> A boa-fé objetiva nas relações de ordem privada, consistente na verificação de eticidade da parte através de suas condutas, já presente em nosso ordenamento desde o advento da Constituição Federal de 1988 e mais especificada com o Código Civil de 2002, ganhou reforço para sua incidência no âmbito do processo civil, diante de sua previsão expressa no art. 5º ao lado da obrigação de cooperação processual pelas partes, elencada no **art. 6º, todos do CPC**.
>
> Diante de tais premissas, inegável que a pretensão de qualquer credor, sujeito ou não à recuperação judicial, inerente à excussão de bens componentes da esfera patrimonial da recuperanda ou inseridos em sua cadeia de produção, para fins de exercício de direitos, necessita de **prévio pronunciamento do Juízo da recuperação judicial sobre sua essencialidade**, levando-se em consideração as particularidades da operação empresarial e o contexto fático apresentado nos autos.

> Assim, seja pela previsão contida no art. 49, caput e parágrafo 3º in fine, seja pela obrigação ex vi legis contida no art. 6º, caput, todos da Lei 11.101/2005, qualquer ato de credor, sujeito ou não à recuperação judicial, que busque pagamento fora dos termos da recuperação judicial ou excussão de bens essenciais à atividade, respectivamente, através de medidas adotadas em esfera administrativa ou Juízos diversos que não o recuperacional, sem prévia discussão sobre a essencialidade do bem com vistas ao soerguimento da atividade, **estará violando determinação legal e judicial, em absoluta contrariedade aos postulados da boa-fé e da cooperação processual**, de modo a ser possível tal conduta ser enquadrada como **ato atentatório à dignidade da justiça, conforme previsão do inciso IV do art. 77 do CPC**, analisadas as particularidades de cada caso e o elemento subjetivo do credor diante das circunstância de fato e de direito da espécie.
>
> Diante do exposto, nos termos do parágrafo 1º do art. 77 do CPC, **ficam todos os credores, sujeitos ou não à recuperação judicial, advertidos da necessidade de discussão sobre a essencialidade ou não de bem ou direito inserido na esfera patrimonial ou da cadeia de produção do grupo em recuperação judicial neste Juízo recuperacional, recomendando-se a abstenção da busca de atos de constrição de bens e direitos contra a recuperanda, em Juízos diversos ou em via administrativa,** sem a prévia deliberação sobre a essencialidade, pela possibilidade de aplicação da sanção contida no parágrafo 2º do aludido artigo de lei, consistente em imposição de multa de até 20% do valor da causa, sem prejuízo de outras sanções cabíveis nas esfera processual, civil e criminal."

Da leitura da decisão, prolatada por juízo especializado em falências e recuperações, pode-se extrair alguns pontos importantes: *(i)* a integral proteção do patrimônio essencial do devedor é questão de difícil manejo para os juízos de recuperação judicial, sobretudo as de grande porte; assim, *(ii)* o juízo invoca o princípio da cooperação e a boa-fé objetiva para reforçar a necessidade de respeito à *vis attractiva* da recuperação, e, por fim, *(iii)* atribuiu-se aos credores à responsabilidade, sob pena de multa, acerca do controle do patrimônio do devedor e submissão das constrições patrimoniais ao filtro da análise da essencialidade pelo juízo universal.

Veja-se que, muito embora seja reconhecida pela decisão a necessidade de uma disciplina permanente e eficiente de submissão dos atos de constrição de bens da recuperanda ao crivo do juízo universal, de modo a se estabelecer de modo seguro uma repartição de competências que seja mais adequada ao caso concreto, o Magistrado não faz uso ou menção à cooperação judiciária.

Trata-se de situação que se adequaria perfeitamente às características aqui já estudadas, ao intuito do legislador processual ao inserir os arts. 67 a 69 no CPC e do Conselho Nacional de Justiça com a vigência da Resolução 350/2020.

Ademais, há que se frisar que, atribuir aos credores, mesmo aos não sujeitos à recuperação judicial, a responsabilidade de direcionar ao juízo universal a análise da essencialidade do bem que lhes satisfaz os créditos é medida nitidamente menos efetiva do que a concertação de atos com os órgãos jurisdicionais necessários. Estariam os credores extraconcursais, ao impulsionar execuções diretamente em outro juízo, sujeitos à aplicação de multa por litigância de má-fé pelo Magistrado da 1ª Vara de Falências e Recuperações Judiciais da Comarca de São Paulo? Um caminho mais adequado e eficiente não seria o caminho cooperativo com os demais juízos? Afinal, são aqueles juízos que ditam os rumos das suas respectivas execuções, apenas impulsionados pelo compreensível e inevitável afã dos credores para satisfação patrimonial do direito reconhecido.

Não custa reiterar a complexidade do tema em questão, mas é visível o prejuízo na total ausência de inserção da atual lógica cooperativa na gestão processual desta questão.

De outro lado, cabe o registro de providência tomada nos autos da recuperação judicial do Grupo Oi/Telemar.

Nesse procedimento, expediu-se ofício para todos os Tribunais pertinentes, para que todos os juízos tivessem ciência do trâmite a ser adotado quando do reconhecimento de crédito em face das recuperandas. Em síntese, no que concerne à demanda envolvendo créditos concursais, as Varas foram instruídas pela continuidade da ação até a liquidação do crédito, que deve ser atualizado até a data de deferimento da recuperação. Após o trânsito em julgado, deve-se emitir uma certidão do crédito judicial líquido, o processo é extinto e o credor deve ser habilitar nos autos da Recuperação, com vedação expressa à prática de atos de constrição pelos juízos de origem. Para os processos envolvendo créditos extraconcursais também deve prosseguir a ação até a liquidação do crédito, e após o trânsito em julgado, o juízo de origem deve expedir ofício ao juízo universal indicando a necessidade de pagamento do crédito, o qual será efetuado na forma já estabelecida; no limite de 4 milhões de reais mensais e por ordem cronológica de recebimento dos ofícios.

Comparando as duas medidas, relativas à duas das maiores recuperações judiciais da história brasileira, vê-se que a 7ª Vara Empresarial da Comarca da Capital do Estado do Rio de Janeiro, em virtude do volume de demandas em face do Grupo Oi, dispensou a análise acerca da essencialidade do bem em si, mas balizou os limites da pagamentos mensais, teoricamente, para não comprometimento da atividade empresarial das recuperandas. Note-se que mesmo ocorrendo em fase posterior, após o *stay period*, trata-se de exemplo de providência cooperativa de ampla comunicação aos Tribunais para adoção uniforme e respeito ao entendimento do juízo da Recuperação, que pode ser adotado para a blindagem dos atos de constrição ao devedor. Notadamente, sendo tais créditos extraconcursais, podem ser formuladas críticas quanto à medida, eis que estes créditos não estão dentro do manto da recuperação e, neste caso, terão limitações adicionais ao seu alcance. O que pode valer de lição no caso é a conduta de oficiar os Tribunais Pátrios de modo eficiente e já antevendo a problemática das execuções em face do patrimônio da recuperanda, ainda que sem qualquer menção às normas dos arts. 67 a 69 do CPC. Por outro lado, o entendimento na Recuperação do Grupo Odebrecht se valeu de mecanismo direcionado aos credores para evitar os atos constritivos a bens essenciais para as Recuperandas, o que pode se revelar não tão eficiente, tanto no que se refere à ciência do ato quanto ao seu cumprimento. Logicamente, outras medidas ainda poderão ser tomadas, uma vez que os processamentos das Recuperações Judiciais ainda estão em curso, mas este é ponto que chama a atenção no debate da cooperação para preservação de empresas.

Em síntese, é possível afirmar que, a partir de ambos os casos, se revela não apenas possível, mas salutar, a eventual utilização cooperação judiciária nacional, cujo escopo é justamente oferecer mecanismo de eficiência para que se concretize o princípio da preservação da empresa de modo seguro e com lastro em um sistema cooperativo moderno e flexível. Isso porque é indiscutível a necessidade de interação entre os juízos para viabilização da recuperação judicial.

Possível seria, por exemplo, firmar um ato concertado com os Tribunais para disciplinar a comunicação acerca da suspensão das ações, e dos atos de constrição para as ações que não se suspendem, durante o *stay period*, encerramento do *stay period*, divulgação da listagem de bens de capital essenciais, entre outras comunicações necessárias que garantissem a blindagem do patrimônio da recuperanda na forma legal. A assinatura deste negócio jurídico e o seu cumprimento poderiam, inclusive, contar com o auxílio do CNJ através dos juízes de cooperação e dos Núcleos de Cooperação, com o robusto arcabouço disposto na Resolução 350, além de toda a teoria aqui já exposta.

Aliada a isso está a possibilidade, por exemplo, de realização de leilões conjuntos para atender mais eficientemente execuções múltiplas quando o crédito não está sujeito aos efeitos da recuperação, a fim de satisfazer a pretensão executória por meio dos bens que não são essenciais ao soerguimento da sociedade e de forma mais eficiente.

É sabido que a prática revela que parcela destas comunicações são realizadas pelas recuperandas em todos os seus processos, muitas vezes de forma genérica e indiscriminada em demandas que sequer se relacionam com o patrimônio protegido pela RJ. Contudo, com o advento deste poderoso instrumento para os órgãos jurisdicionais, não se pode eximir o gestor do procedimento de trabalhar em favor da uma prática mais eficiente.

Nesse sentido, reconhece-se que ainda não há a associação da evidente necessidade de utilização de instrumentos distintos nas recuperações judiciais com a cooperação judiciária nacional, o que talvez não ocorra justamente pela ausência de precedentes nesse sentido, que forneçam maior segurança ao órgão jurisdicional. É necessário um rompimento da inércia de aplicação do instituto, para que se inicie uma mudança da cultura.

Essa tal "falta de segurança" pode ser ilustrada pelo Pedido de Providências nº 16301-07.2017.5.00.0000/TST, formulado pelo Juiz do Trabalho da 75º Vara do Trabalho de São Paulo/SP ao Corregedor-Geral da Justiça do Trabalho, no qual consta no item 8:

> "Em que pese a desnecessidade de forma específica, entende ser necessária a explicitação de que tal conduta é cabível entre Juízos do mesmo Tribunal e de graus diferentes, inclusive para esclarecer o modo de cumprimento de determinações contidas em decisões de um Juízo cujo cumprimento estiver obrigado outro Juízo. **Sugere-se a edição de ato em caráter nacional explicitando o cabimento do procedimento, estabelecendo, inclusive, prazo e modo de cumprimento no PJ-e.**"

Em resposta à solicitação, o Corregedor-Geral do Trabalho apontou que a cooperação judiciária já é "realidade inexorável do novo sistema processual do país", bem como que não é atribuição da CGJT a publicação de regulamentação acerca da aplicação dos arts. 67 a 69 do CPC. A resposta também apontou que a disciplina das diretrizes da Rede Nacional de Cooperação Judiciária utilização da cooperação nacional já fora feita em 2011 pelo Conselho Nacional de Justiça (Recomendação nº 38).

Muito provavelmente este quadro deve ter evolução com a publicação da Recomendação nº 350/2020 do CNJ. O documento não apenas impõe a instalação dos Núcleos de Cooperação pelos tribunais (art. 17), mas também apresenta, em três anexos, didáticos modelos exemplificativos de pedido de auxílio direto, despachos conjuntos e atos concertados, colocando a faca e o queijo na mão do órgão jurisdicional para utilização do instituto.

Portanto, nota-se que, efetivamente, há a necessidade de implementação de uma gestão processual mais eficiente no âmbito das recuperações judiciais e proteção ao patrimônio da sociedade recuperanda, estando já postos mecanismos normativos mais do que suficientes para tanto. Resta acompanhar os contornos e a velocidade da adesão do Poder Judiciário à esta ferramenta cooperativa.

4.2. A discussão acerca da execução fiscal em face das sociedades em recuperação judicial – atos de constrição do patrimônio

Como tratado, a concretização do princípio da preservação da empresa na recuperação judicial perpassa pela suspensão das ações que podem afetar o patrimônio da recuperanda, bem como pela *vis attractiva* do juízo universal para processamento das execuções que possam inviabilizar o cumprimento do plano de recuperação.

No entanto, ao longo do tempo se construiu debate relevante mais especificamente no que se refere às execuções fiscais em face de sociedade em recuperação judicial.

Surge a questão porque o art. 187 do CTN imuniza as relações jurídicas tributárias dos efeitos da recuperação[42], e, no mesmo sentido, o art. 6º, §7º, de Lei 11.101/2005, antes da sua revogação pela Lei 14.112/2020, dispunha que as execuções de natureza fiscal não são suspensas pelo deferimento da recuperação judicial[43].

O sistema, portanto, conferiu uma proteção consistente ao crédito tributário em relação ao débito das sociedades em recuperação judicial.

Contudo, por outro lado, tendo em vista que as sociedades recuperandas, em razão de seu momento financeiro delicado, via de regra, são titulares de dívidas fiscais consideráveis, vê-se que, na prática, a persecução do crédito tributário de forma inteiramente alheia à recuperação é, de fato, fator impeditivo da possibilidade de soerguimento da sociedade. Isso porque o acervo patrimonial da recuperanda está sujeito a regime especial de interesse coletivo, viabilizado por um plano de recuperação exequível no contexto daquela universalidade de credores e bens. Ou seja, no momento em que as execuções fiscais passam ao largo de todo esse regramento, do concurso de credores e praticam atos expropriatórios de bens essenciais à atividade empresarial da recuperanda, surge um desequilíbrio prejudicial ao sistema, em razão da mitigação total do disposto no art. 47 da LRF.

---

42. Art. 187. A cobrança judicial do crédito tributário não é sujeita a concurso de credores ou habilitação em falência, recuperação judicial, concordata, inventário ou arrolamento.

43. Art. 6º A decretação da falência ou o deferimento do processamento da recuperação judicial suspende o curso da prescrição e de todas as ações e execuções em face do devedor, inclusive aquelas dos credores particulares do sócio solidário.

    § 7º As execuções de natureza fiscal não são suspensas pelo deferimento da recuperação judicial, ressalvada a concessão de parcelamento nos termos do Código Tributário Nacional e da legislação ordinária específica.

Esse é um dos motivos pelos quais já foi dito que a interação entre o juízo da execução fiscal e do juízo universal é fundamental para o sucesso da recuperação[44].

Isso porque, passa a existir, nesse contexto, uma tensão entre os interesses da fazenda pública e o interesse no êxito da recuperação judicial, que é coletivo.

Por essa razão, após sólida divergência jurisprudencial, o Superior Tribunal de Justiça afetou a temática sob o regime dos recursos repetitivos (Tema 987), a fim de uniformizar o entendimento após um debate qualificado sobre a questão. Vale relembrar a tese jurídica fixada para julgamento: *"Possibilidade da prática de atos constritivos, em face de empresa em recuperação judicial, em sede de execução fiscal de dívida tributária e não tributária."*[45].

O entendimento doutrinário e jurisprudencial, nesse ponto, há tempos é majoritário[46] no sentido que a melhor solução da questão está na análise da es*sencialidade* do bem a ser expropriado para manutenção da atividade empresarial da recuperanda como obstáculo à persecução do crédito tributário[47-48]. Ou seja, sendo o bem essencial à atividade empresarial, há a impossibilidade de constrição, e vice-versa.

Sob essa ótica, talvez o nervo da questão se localize na definição do juízo competente para prática dos atos de constrição possíveis e decorrentes da execução fiscal; *juízo da execução x juízo universal.*

Nesse ponto, muito embora, aprioristicamente, os atos de constrição sejam praticados pelo mesmo juízo que deflagrou a execução, em razão da sua competência funcional, nesse caso, entende-se que a sua prática deve ser realizada pelo juízo universal[49-50].

---

44. FERREIRA, Maria Gabriela Silva Campos. ***O compartilhamento de competências e os atos processuais concertados entre juízes.*** Dissertação de mestrado apresentada à Universidade Federal de Pernambuco, 2019, p. 120.
45. Até o momento da publicação deste trabalho os recursos representativos da controvérsia – Recursos Especiais nº 1.712.484/SP, nº 1.694.316/SP e 1.694.261/SP – ainda não tinham sido objeto de julgamento, estando os autos conclusos para decisão do Ilmo. Min. Rel. Mauro Campbell Marques.
46. Em sentido contrário, entendendo que a recuperação judicial não pode impor qualquer restrição ao prosseguimento da execução fiscal: BOMFIM, Gilson Pacheco. ***Quem paga a conta da Recuperação Judicial?*** Disponível em: ‹https://www.jota.info/opiniao-e-analise/colunas/contraditorio/quem-paga-a-conta-da-recuperacao-judicial-18062018› Acesso em 30/11/2020.
47. STJ, 4ª Turma, Ag.Int. no AREsp. 767.698/SP, rel. Min. Luis Felipe Salomão, j. 19.5.2016, DJe 30.5.2016.
48. TOLEDO, Paulo F. C. Salles. ***Comentários à Lei de Recuperação de Empresas e Falência.*** 6ª ed. São Paulo: Saraiva, 2016, p. 78.
49. Enunciado n. 47 da Jornada de Direito Comercial do Conselho da Justiça Federal – CJF: "Embora a execução fiscal não se suspenda em virtude do deferimento do processamento da recuperação judicial, os atos que importem em constrição do patrimônio do devedor devem ser analisados pelo Juízo recuperacional, a fim de garantir o princípio da preservação da empresa."
50. SCALZILLI, João Pedro; SPINELLI, Luis Felipe; TELLECHEA, Rodrigo. ***Recuperação de empresas e falência: teoria e prática na Lei nº 11.101/2005.*** São Paulo: Almedina, 2016, p. 285.

Isso, uma vez que a análise prévia acerca da essencialidade do bem - a qual requer conhecimento acerca da atividade empresarial desempenhada pela sociedade recuperanda -, presume-se, no entendimento deste trabalho, mais eficiente se realizada pelo juízo da recuperação, o qual já se debruça sobre este objeto ao exercer a tutela sobre pleito recuperacional.

Em trabalho anterior, que serviu de base ao presente, este autor já defendeu que o exercício da competência do juízo universal para prática de atos de contrição decorrentes de execução fiscal deveria perpassar pela aplicação da cooperação judiciária do art. 69, §2º, IV, do CPC[51].

Posteriormente, adveio a Lei 14.112/2020, que reformou a Lei de Recuperação e Falências quinze anos após a sua publicação, provocando mudanças fundamentais no nosso modelo recuperacional, além de incorporar ao texto legal alguns posicionamentos jurisprudenciais consolidados.

No que se refere às execuções fiscais em face das sociedades devedoras, a Lei nº 14.112/2020 representou um avanço muito positivo e já delineou a solução ao debate acerca do juízo competente para constrição dos bens do devedor pendente de análise pelo STJ no Tema 987 e por isso será tratada no tópico subsequente.

4.3. Lei nº 14.112/2020 e as mudanças na constrição de bens decorrente de execução fiscal – primeiras linhas

Dentre as diversas modificações trazidas pela Lei nº 14.112/2020 à Lei de Recuperação e Falências, está a substituição do art. §7º do art. 6º, pelos §§7º-A e 7º-B, os quais apresentam um maior detalhamento acerca das exceções ao *stay period* dispostas nos incisos I, II e III do art. 6º.

Esta substituição representa um direcionamento à pacificação da solução para tensão de interesses da fazenda pública na execução fiscal e do interesse coletivo no sucesso da recuperação judicial quanto aos atos constritivos.

O revogado §7º do art. 6º dispunha sinteticamente que "*As execuções de natureza fiscal não são suspensas pelo deferimento da recuperação judicial, ressalvada a concessão de parcelamento nos termos do Código Tributário Nacional e da legislação ordinária específica*". Agora, o §7º-B estabelece o seguinte:

> § 7º-B. O disposto nos incisos I, II e III do caput deste artigo não se aplica às execuções fiscais, admitida, todavia, a competência do

51. ROHENKOHL, Pedro Fernandes.***Cooperação Judiciária Nacional e preservação de empresas: uma análise do art. 69, §2º, IV, do CPC.*** 2019. Monografia (Graduação). Universidade Federal da Bahia, Salvador: 2019.

> juízo da recuperação judicial para determinar a substituição dos atos de constrição que recaiam sobre bens de capital essenciais à manutenção da atividade empresarial até o encerramento da recuperação judicial, a qual será implementada mediante a cooperação jurisdicional, na forma do art. 69 da Lei nº 13.105, de 16 de março de 2015 (Código de Processo Civil), observado o disposto no art. 805 do referido Código.

Trata-se de importante avanço. Isso pois os §§7º-A e 7º-B do art. 6º inserem expressamente a Lei 11.101 no plexo normativo da cooperação judiciária nacional. E, diante disso, espera-se que seja o derradeiro instrumento legal necessário para que finalmente a cooperação judiciária seja utilizada na prática como ferramenta de eficiência no processo recuperacional – e com todo o arcabouço teórico da cooperação judiciária nacional já apresentado.

Acerca da reforma normativa, verifica-se que mesmo sendo revogado o dispositivo que tratava a execução fiscal como exceção ao *stay period*, o §7º-B do art. 6º mantém essa regra, mas exprime o posicionamento jurisprudencial majoritário, no sentido de conferir abertura para que o juízo universal preserve os bens essenciais ao soerguimento da devedora.

Algumas minúcias do texto reformado merecem atenção.

Primeiro, nota-se que a norma tão somente autoriza o juízo universal a, eventualmente, determinar a substituição do ato constritivo, mas não institui expressamente o seu dever de fiscalização da essencialidade do bem quando objeto de constrição, ou mesmo a sua competência para prática do ato como um todo.

É possível, portanto, extrair do dispositivo que os juízos fazendários seguirão com suas execuções e com a respectiva competência para proceder com as expropriações, sendo a intervenção do juízo universal uma hipótese eventual quando vislumbrada a essencialidade do bem. Isso porque se o texto indica apenas que o juízo universal tem a competência para *substituir* a constrição, se conclui que não será este mesmo órgão que procederá com o ato, senão inexistiria lógica na substituição. Dessa forma, tende-se a entender que a norma diverge da linha jurisprudencial que atribui a competência da efetiva prática do ato ao juízo universal.

Apesar disso, a possibilidade de o juízo da recuperação intervir quando necessário se revela uma solução interessante para assentar as controvérsias sobre a questão e garantindo a preservação da empresa. De uma forma ou de outra, o cerne da proteção ao patrimônio nessa questão reside na análise da essencialidade do bem pelo órgão adequadamente competente – o juízo universal –, o que está assegurado.

Ainda, vê-se que o texto do art. 6º, §7º-B, não confere qualquer indicativo de como deve ser manejada a cooperação judiciária nessa dinâmica de manifestação do juízo da recuperação na execução do juízo da execução fiscal. Muito embora a falta de maior direcionamento na disposição normativa possa ser lida, em princípio, como fator dificultador à sua aplicação, aqui se entende que não é caso, sendo, inclusive, recomendado evitar quaisquer possíveis amarras normativas à prática cooperativa, a qual, como visto, deve ser regida pela flexibilidade, informalidade, instrumentalidade e atipicidade. Até porque a aplicabilidade do art. 69 do CPC nessas situações parece assegurada pela redação do dispositivo que estabelece que "será implementada mediante cooperação jurisdicional", figurando, portanto, como caminho *necessário* para a atuação do juízo universal.

Assim, muito embora neste caso seja imaginável a adequação e eficiência da cooperação solicitada, por meio do auxílio direito, do juízo universal para o juízo fazendário, na forma do Anexo I da Resolução nº 350 do CNJ, explicitando a fundamentação para o reconhecimento da essencialidade do bem e requerendo a substituição da constrição, é certo que cabe aos(as) magistrados(as) se valer da solução que lhes parece mais adequada a cada situação. Veja-se que nesse caso também a cooperação pode ocorrer no modo concertado, delegado ou solicitado, sendo livres os juízos para disciplinar o problema em concreto.

Também vale notar que a determinação de substituição do ato constritivo pode ocorrer por iniciativa do juízo universal, até pelo seu dever de garantia da eficiência processual mencionado no início, mas quando a essencialidade do bem for suscitada pela sociedade recuperanda, esta deve indicar o meio executório menos gravoso, o que reforçado pela incidência do art. 805 do Código de Processo Civil. Conste-se ainda que, independentemente da menção ao art. 805 no §7º-B do art. 6º, a regra da menor onerosidade ao devedor já incidiria de qualquer modo sobre a execução fiscal – como nas demais execuções.

Outro ponto de destaque é que no §7º-B do art. 6º o juízo universal, ao entender pela essencialidade do bem, pode determinar a *substituição* do ato constritivo, diferentemente do §7º-A, referente aos créditos referidos nos §§ 3º e 4º do art. 49 da Lei 11.101, em que há competência deste juízo para *suspender* o ato.

Surge, diante disso, uma questão que fica em aberto no sistema, relacionada à eventual inexistência de bens não essenciais para satisfação do credor fazendário e a competência do juízo universal para garantir a eficiência da recuperação judicial. Em síntese, na falta de bens para concretizar a substituição da constrição, é possível que o juízo da execução fiscal dê prosseguimento ao ato? Da literalidade do texto normativo se extrai que sim, uma vez que foi eloquente a escolha do legislador pela competência da vara da recuperação apenas para determinar a substituição do ato, e não a sua suspensão.

Ademais, ainda que as mudanças na legislação recuperacional no que se refere à cooperação judiciária tenham se voltado apenas à execução fiscal e os créditos do art. 6º, §7º-A, da Lei 11.101, trata-se de avanço na temática que deverá inserir a prática cooperativa no repertório dos juízos especializados, o que possibilitará a sua aplicação analógica, ou apenas similar, em outros entraves existentes na recuperação judicial.

Por fim, é certo que o recente texto legal vai repercutir na decisão do Superior Tribunal de Justiça quanto ao Tema 987, da mesma forma que o Tribunal terá a oportunidade de, pela via reflexa, manifestar interpretação da norma que se extrai do art. 6º, §7º-B, da LRF.

5. CONCLUSÃO

Em conclusão, através das ideias dispostas neste trabalho, pretendeu-se demonstrar que:

(i) a cooperação judiciária nacional, como fora concebida, com a teoria que vem sendo construída acerca do instituto, representa poderoso mecanismo de gestão transjudicial que visa a concretização do princípio da eficiência e tem como características a flexibilidade, a instrumentalidade, a informalidade e a atipicidade;

(ii) a recuperação judicial, por envolver interesses complexos e coletivos, tem necessidade de interação com outros juízos para garantia da sua eficiência, além de ter na proteção ao patrimônio da sociedade recuperanda um dos pilares centrais de seu êxito;

(iii) verifica-se a dificuldade, constatada na prática, para proteção do patrimônio da devedora na prática recuperacional, sendo as atuais medidas para blindagem do acervo recuperacional despadronizadas e inadequadas, o que afeta a eficiência do procedimento;

(iv) para direcionar a resolução do problema, existe um plexo normativo composto pelo art. 69, §2º, IV, do CPC, Art. 6º, VIII, da Resolução do CNJ e art. 6º, §7º-B, da Lei nº 11.101/2005 – inserido pela Lei 14.112/2020-, que dispõe acerca da cooperação judiciária nacional para preservação de empresas e representa fundamento robusto para a sua aplicação na prática recuperacional;

(v) os direcionamentos para utilização da cooperação judiciária na proteção ao patrimônio da sociedade em recuperação podem ocorrer de diversas formas, como a cooperação para centralização de atos executórios no juízo universal, comunicação aos órgãos jurisdicionais acerca de informações relevantes ao processo recuperacional, leilões em conjunto, dentre outros, sendo assegurada, em princípio, a liberdade dos órgãos jurisdicionais para perseguir a eficiência processual.

REFERÊNCIAS BIBLIOGRÁFICAS

AVELINO, Murilo Teixeira. ***Breves comentários à cooperação judiciária nacional no Código de Processo Civil,*** Revista Jurídica da Seção Judiciária de Pernambuco, Recife: 2015.

BATISTA, Felipe Vieira. ***A recuperação judicial como processo coletivo.*** Dissertação de mestrado apresentada à Universidade Federal da Bahia. Salvador, 2017.

BOMFIM, Gilson Pacheco. ***Quem paga a conta da Recuperação Judicial?*** Disponível em: <https://www.jota.info/opiniao-e-analise/colunas/contraditorio/quem-paga-a-conta--da-recuperacao-judicial-18062018> Acesso em 30/11/2020.

BUENO, Cassio Scarpinella. ***Manual de Direito Processual Civil.*** 2.ed. São Paulo: Saraiva, 2016.

CABRAL, Antonio do Passo. ***Juiz natural e eficiência processual: flexibilização, delegação e coordenação de competências no processo civil.*** Tese apresentada no concurso de provas e títulos para provimento do cargo de Professor Titular. Faculdade de Direito da Universidade do Estado do Rio de Janeiro. Rio de Janeiro, 2017.

CAMARGO, Luiz Henrique Volpe. ***A centralização de processos como etapa necessária do Incidente de Resolução de Demandas Repetitivas.*** Tese de doutorado apresentada à Pontifícia Universidade Católica de São Paulo. São Paulo: 2017.

CAMPOS, Eduardo Luiz Cavalcanti. ***O princípio da eficiência no processo civil brasileiro,*** coord. Leonardo Carneiro da Cunha, 1ª ed., Rio de Janeiro: Forense, 2018.

CARDOSO, Oscar Valente. ***A Cooperação Judiciária Nacional no Novo Código de Processo Civil.*** Revista Dialética de Direito Processual, v. 152, nov. 2015.

CRAMER, Ronaldo. ***Da Cooperação Nacional.*** In CABRAL, Antonio do Passo; CRAMER, Ronaldo. Comentários ao novo Código de Processo Civil. 2. ed. Forense: Rio de Janeiro, 2016.

DIDIER JR., Fredie. ***Cooperação judiciária nacional: esboço de uma teoria para o Direito Brasileiro (arts. 67 a 69 do CPC).*** Salvador: Juspodivm, 2020.

DIDIER JR, Fredie; ZANETI JR, Hermes. ***Curso de direito processual civil: processo coletivo.*** 12a ed. Salvador: Juspodivm, 2018.

FERREIRA, Gabriela Macedo. ***O ato concertado entre juízes cooperantes: esboço de uma teoria para o direito brasileiro.*** Civil Procedure Review. v.10, nº 3: set.-dez. 2019.

FERREIRA, Maria Gabriela Silva Campos. ***O compartilhamento de competências e os atos processuais concertados entre juízes.*** Dissertação de mestrado apresentada à Universidade Federal de Pernambuco, 2019.

FIGUEIRA, Jaime Zarife. ***Uma proposta de interpretação sistemática da penhora empresarial.*** Trabalho de conclusão de curso apresentado à Faculdade de Direito da Universidade Federal da Bahia. Salvador, 2016.

LUNARDI, Thaís Amoroso Paschoal. ***Era só o que faltava: a Resolução 350/2020 do CNJ e o derradeiro incentivo à cooperação judiciária nacional.*** Disponível em ‹https://processualistas.jusbrasil.com.br/artigos/1122629950/era-so-o-que-faltava-a-resolucao-350-2020-do-cnj-e-o-derradeiro-incentivo-a-cooperacao-judiciaria-nacional›. Acesso em 29/11/2020.

LUNARDI, Thais Amoroso Paschoal. ***Coletivização da prova: técnicas de produção coletiva da prova e seus reflexos na esfera individual.*** Tese de doutorado apresentada à Universidade Federal do Paraná, Curitiba: 2018.

MEIRELES, Edilton. ***Cooperação judiciária nacional***, Revista de Processo vol. 249/2015, p. 59-80, Revista dos Tribunais Online, p. 3.

NEGRÃO, Ricardo. ***A eficiência do processo judicial na recuperação da empresa***. São Paulo: Saraiva, 2010.

SCALZILLI, João Pedro; SPINELLI, Luis Felipe; TELLECHEA, Rodrigo. ***Recuperação de empresas e falência: teoria e prática na Lei nº 11.101/2005***. São Paulo: Almedina, 2016.

SCHENK, Leonardo Faria. *Da Cooperação Nacional*. *In:* WAMBIER, Teresa Arruda Alvim; DIDIER JR, Fredie; TALAMINI, Eduardo; DANTAS, Bruno. ***Breves comentários ao novo Código de Processo Civil.*** 2.ed. São Paulo: Revista dos Tribunais, 2016.

TOLEDO, Paulo Fernando Campos Salles de. ***Recuperação judicial, a principal inovação da Lei de Recuperação de Empresa – LRE.*** Revista do advogado 83, ano XXV, 2005.

VASCONCELOS, Ronaldo. ***Princípios processuais da recuperação judicial.*** Tese de doutorado apresentada à Faculdade de Direito da Universidade de São Paulo. São Paulo: 2012.

Anexos

Sumário: I. Enunciados do Fórum Permanente de Processualistas Civis sobre cooperação judiciária; II. Resolução n. 350/2020 do Conselho Nacional de Justiça.

I. ENUNCIADOS DO FÓRUM PERMANENTE DE PROCESSUALISTAS CIVIS SOBRE COOPERAÇÃO JUDICIÁRIA

4. (art. 69, § 1º) A carta arbitral tramitará e será processada no Poder Judiciário de acordo com o regime previsto no Código de Processo Civil, respeitada a legislação aplicável. (Grupo: Arbitragem)

5. (art. 69, §3º) O pedido de cooperação poderá ser realizado também entre o árbitro e o Poder Judiciário. (Grupo: Competência e Cooperação Judiciária Nacional)[1]

26. (arts. 260 e 267, I) Os requisitos legais mencionados no inciso I do art. 267 são os previstos no art. 260. *(Grupo: Arbitragem – Enunciado aprovado por aclamação)*

27. (arts. 267 e 26, §3º) Não compete ao juízo estatal revisar o mérito da medida ou decisão arbitral cuja efetivação se requer por meio da carta arbitral, salvo nos casos do §3º do art. 26 do CPC. *(Grupo: Arbitragem – Enunciado aprovado por aclamação; redação revista no IX FPPC-Recife)*[2]

669. (arts. 67, 68 e 69; art. 96 da CF) O regimento interno pode regulamentar a cooperação entre órgãos do tribunal. (Grupo: Ordem dos processos no tribunal e regimentos internos)

670. (arts. 67 a 69) A cooperação judiciária pode efetivar-se pela prática de atos de natureza administrativa ou jurisdicional. (Grupo: Competência e cooperação judiciária nacional)

671. (art. 69, § 2º, II) O inciso II do §2º do art. 69 autoriza a produção única de prova comum a diversos processos, assegurada a participação dos interessados. (Grupo: Competência e cooperação judiciária nacional)

---

1. Redação original: "(art. 69, § 3º) O pedido de cooperação jurisdicional poderá ser realizado também entre o árbitro e o Poder Judiciário. (Grupo: Arbitragem – Enunciado aprovado por aclamação)". Os enunciados sobre arbitragem foram aprovados por aclamação no FPPC de Salvador; por isso estão sendo reavaliados com o passar do tempo para se adequar ao texto normativo.
2. Redação original: "(art. 267) Não compete ao juízo estatal revisar o mérito da medida ou decisão arbitral cuja efetivação se requer por meio da carta arbitral".

686. (arts. 64, § 4º, e 69) Aplica-se o art. 64, § 4º à hipótese de ato de cooperação que invada a competência do juízo requerente. (Grupo: Cooperação Judiciária Nacional)[3]

687. (art. 69, caput) A dispensa legal de forma específica para os atos de cooperação judiciária não afasta o dever de sua documentação nos autos do processo. (Grupo: Cooperação Judiciária Nacional)

688. (art. 69) Por ato de cooperação judiciária, admite-se a determinação de um juízo para a penhora, avaliação ou expropriação de bens de um mesmo devedor que figure como executado em diversos processos. (Grupo: Cooperação Judiciária Nacional)

695. (arts. 377; 313, V, b; e 69) A suspensão do julgamento da causa de que trata o art. 377 é aplicável ao requerimento de produção de prova ou de verificação de determinado fato veiculado por qualquer meio de cooperação judiciária. (Grupo: Cooperação Judiciária Nacional)

II. RESOLUÇÃO N. 350/2020 DO CONSELHO NACIONAL DE JUSTIÇA

RESOLUÇÃO N. 350, DE 27 DE OUTUBRO DE 2020.

Estabelece diretrizes e procedimentos sobre a cooperação judiciária nacional entre os órgãos do Poder Judiciário e outras instituições e entidades, e dá outras providências.

O PRESIDENTE DO CONSELHO NACIONAL DE JUSTIÇA, no uso de suas atribuições legais e regimentais,

CONSIDERANDO que cabe ao Conselho Nacional de Justiça a função de planejamento estratégico do Poder Judiciário, podendo regulamentar a administração judiciária, nos termos do artigo 103-B, § 4º, I, da Constituição da República;

CONSIDERANDO o Pacto Federativo e as competências jurisdicionais referentes à Justiça Federal, à Justiça do Trabalho, à Justiça Eleitoral, à Justiça Militar e à Justiça Estadual previstas, respectivamente, nos arts. 1º, caput; 5º, LXXVIII; 37, caput; 106 e seguintes; 111 e seguintes; 118 e seguintes, todos da Constituição da República;

CONSIDERANDO o princípio constitucional da eficiência na administração pública (art. 37 da Constituição Federal), aplicável à administração judiciária, e a

3. Este enunciado foi aprovado em Recife, 2018, mas, por lapso, não constou da respectiva consolidação. Foi, então, incorporado ao conjunto dos enunciados do FPPC a partir de 2019.

importância do processo de desburocratização instituído pela Lei nº 13.726/2018, ao serviço público nacional;

CONSIDERANDO o princípio da duração razoável do processo, instituído pela Emenda Constitucional nº 45/2004 (art. 5º, LXXVIII);

CONSIDERANDO os arts. 6º e 8º da Lei nº 13.105/2015 – Código de Processo Civil –, que consagram os princípios da cooperação e da eficiência no processo civil, bem como os arts. 67 a 69, que preveem os mecanismos de cooperação entre órgãos do Poder Judiciário para a realização de atividades administrativas e para o exercício das funções jurisdicionais;

CONSIDERANDO a Recomendação CNJ nº 38/2011, e seu respectivo anexo, que previu mecanismos para a cooperação judiciária entre os órgãos do Poder Judiciário, a merecer adensamento normativo, em especial diante das leis federais que entraram em vigor após a publicação da referida Recomendação;

CONSIDERANDO que a cooperação judiciária, em especial por meio de auxílio direto, constitui mecanismo contemporâneo, desburocratizado e ágil para o cumprimento de atos judiciais fora da esfera de competência do juízo requerente ou em interseção com ele;

CONSIDERANDO que os atos conjuntos e concertados entre os juízos cooperantes são instrumento de gestão processual, permitindo a coordenação de funções e o compartilhamento de competências;

CONSIDERANDO a decisão plenária tomada no julgamento do Ato Normativo nº 0006094-90.2020.2.00.0000, na 75ª Sessão Virtual, realizada em 16 de outubro de 2020;

RESOLVE:

CAPITULO I
DAS DISPOSIÇÕES GERAIS SOBRE A COOPERAÇÃO NACIONAL

Art. 1º Esta Resolução dispõe sobre a cooperação judiciária nacional, abrangendo as seguintes dimensões:

I – a cooperação ativa, passiva e simultânea entre os órgãos do Poder Judiciário, no âmbito das respectivas competências, observados o princípio do juiz natural e as atribuições administrativas (arts. 67 a 69, CPC); e

II – a cooperação interinstitucional entre os órgãos do Poder Judiciário e outras instituições e entidades, integrantes ou não do sistema de justiça, que possam, direta ou indiretamente, contribuir para a administração da justiça.

Art. 2º Aos órgãos do Poder Judiciário, estadual ou federal, especializado ou comum, em todas as instâncias e graus de jurisdição, inclusive aos tribunais superiores, incumbe o dever de recíproca cooperação, por meio de seus magistrados e servidores, a fim de incrementar mutuamente a eficiência de suas atividades.

Art. 3º Os juízos poderão formular entre si pedido de cooperação para a prática de qualquer ato processual, intimando-se as partes do processo.

Art. 4º A cooperação judiciária pode realizar-se por concertação entre os juízos.

Parágrafo único. A concertação vincula apenas os órgãos judiciários que dela participaram.

Art. 5º A cooperação judiciária nacional:

I - pode ser realizada entre órgãos jurisdicionais de diferentes ramos do Poder Judiciário;

II - pode ser instrumentalizada por auxílio direto, atos concertados, atos conjuntos e outros instrumentos adequados;

III - deve ser documentada nos autos, observadas as garantias fundamentais do processo;

IV - deve ser realizada de forma fundamentada, objetiva e imparcial; e

V - deve ser comunicada às partes do processo.

Parágrafo único. As cartas de ordem e precatória seguirão o regime previsto no Código de Processo Civil.

Art. 6º Além de outros definidos consensualmente, os atos de cooperação poderão consistir:

I - na prática de quaisquer atos de comunicação processual, podendo versar sobre a comunicação conjunta a pessoa cuja participação seja necessária em diversos processos;

II - na prestação e troca de informações relevantes para a solução dos processos;

III - na redação de manuais de atuação, rotinas administrativas, diretrizes gerais para a conduta dos sujeitos do processo e dos servidores públicos responsáveis por atuar em mecanismos de gestão coordenada;

IV - na reunião ou apensamento de processos, inclusive a reunião de execuções contra um mesmo devedor em um único juízo;

V - na definição do juízo competente para a decisão sobre questão comum ou questões semelhantes ou de algum modo relacionadas, respeitadas as regras constantes nos artigos 62 e 63 do Código de Processo Civil;

VI – na obtenção e apresentação de provas, na coleta de depoimentos e meios para o compartilhamento de seu teor;

VII – na produção de prova única relativa a fato comum;

VIII – na efetivação de medidas e providências para recuperação e preservação de empresas;

IX – na facilitação de habilitação de créditos na falência e na recuperação judicial;

X – na disciplina da gestão dos processos repetitivos, inclusive da respectiva centralização (art. 69, § 2º , VI, do Código de Processo Civil), e da realização de mutirões para sua adequada tramitação;

XI – na efetivação de tutela provisória ou na execução de decisão jurisdicional;

XII – na investigação patrimonial, busca por bens e realização prática de penhora, arrecadação, indisponibilidade ou qualquer outro tipo de constrição judicial;

XIII – na regulação de procedimento expropriatório de bem penhorado ou dado em garantia em diversos processos;

XIV – no traslado de pessoas;

XV – na transferência de presos;

XVI – na transferência de bens e de valores;

XVII – no acautelamento e gestão de bens e valores apreendidos;

XVIII – no compartilhamento temporário de equipe de auxiliares da justiça, inclusive de servidores públicos; e

XIX – na efetivação de medidas e providências referentes a práticas consensuais de resolução de conflitos. Parágrafo único. Caberá ao Conselho Nacional de Justiça, com o apoio técnico do Departamento de Monitoramento e Fiscalização do Sistema Carcerário e Socioeducativo, propor ato normativo regulamentando a transferência de presos, no prazo de 180 dias.

Art. 7º A Rede Nacional de Cooperação Judiciária é composta pelo(s):

I – Juízes de Cooperação Judiciária;

II – Núcleos de Cooperação Judiciária de cada um dos tribunais brasileiros; e

III – Comitê Executivo da Rede Nacional de Cooperação Judiciária, instituído pelo CNJ.

§ 1º O Supremo Tribunal Federal e os Tribunais Superiores poderão aderir à Rede Nacional de Cooperação Judiciária.

§ 2º Os órgãos judiciários de todos os ramos com sede em um mesmo estado da Federação poderão articular-se em Comitês Executivos Estaduais compostos por representantes de cada um dos ramos do Poder Judiciário.

Art. 8º O pedido de cooperação judiciária deve ser prontamente atendido, prescinde de forma específica e pode ser executado por auxílio direto (Anexo I), por atos conjuntos (Anexo II), ou concertados (Anexo III) entre os juízes cooperantes.

§ 1º O processamento dos pedidos de cooperação será informado pelos princípios da celeridade, da concisão, da instrumentalidade das formas e da unidade da jurisdição nacional, dando-se prioridade ao uso dos meios eletrônicos.

§ 2º Os atos e pedidos de cooperação judiciária deverão ser realizados de forma fundamentada, objetiva e imparcial.

§ 3º Na forma do artigo 357, § 1º , do Código de Processo Civil, as partes poderão também requerer esclarecimentos e solicitar ajustes nos atos de cooperação praticados.

§ 4º Fica deferida às partes e às pessoas naturais ou jurídicas, órgãos ou entidades especializadas, com representatividade adequada, requerer ao juízo a realização de ato de cooperação para as hipóteses previstas nesta Resolução.

Art. 9º Os juízos cooperantes, quando a complexidade da matéria recomendar, poderão intimar as partes a se manifestarem acerca do ato de cooperação a ser praticado.

Parágrafo único. Os atos de cooperação poderão ser objeto de impugnação pelos meios previstos na legislação processual.

Art. 10. Os pedidos de cooperação judiciária serão encaminhados diretamente entre os juízes cooperantes ou poderão ser remetidos por meio do Juiz de Cooperação.

Art. 11. Os atos conjuntos e concertados são adequados para disciplinar a cooperação entre órgãos jurisdicionais em torno de um ou alguns processos, ou a prática de atos mais complexos relacionados a esses mesmos processos.

§ 1º Observadas as normas fundamentais do processo, o ajuste celebrado para a prática de atos de cooperação deve ser assinado pelos juízos cooperantes, e o instrumento consensual será juntado aos autos dos processos a ele relacionados previamente à prática dos atos de cooperação.

§ 2º O termo de ajuste deve ser redigido de modo claro e conciso, com identificação precisa das competências dos juízos cooperantes e indicação das fontes de custeio para a prática dos atos descritos, quando necessário.

§ 3º Os atos de cooperação podem ser revistos e adaptados a qualquer tempo pelos juízos cooperantes, preservados os atos praticados com base na concertação anterior.

§ 4º Os atos de cooperação devem ser informados ao Juiz de Cooperação, para adequada publicidade, e este remeterá a informação ao respectivo Núcleo de Cooperação Judiciária.

§ 5º Os atos de cooperação celebrados por juízos de ramos distintos do Poder Judiciário devem ser informados aos respectivos tribunais, para conhecimento.

CAPÍTULO III

DO JUIZ DE COOPERAÇÃO JUDICIÁRIA

Art. 12. Cada tribunal, por seus órgãos competentes, designará um ou mais magistrados para atuarem como Juízes de Cooperação, também denominados de ponto de contato.

§ 1º Os tribunais deverão comunicar ao Conselheiro do CNJ, Coordenador do Comitê Executivo da Rede Nacional de Cooperação Judiciária, no prazo de dez dias, sempre que houver alteração no rol dos magistrados de cooperação, informando o nome, o cargo, a função e os contatos telefônicos e eletrônicos do novo ponto de contato.

§ 2º Os tribunais disciplinarão as suas regras de escolha e o prazo da designação do magistrado para essa função.

§ 3º Os tribunais poderão designar também magistrados de cooperação de segundo grau.

Art. 13. Os Juízes de Cooperação terão a função de facilitar a prática de atos de cooperação judiciária e integrarão a Rede Nacional de Cooperação Judiciária.

§ 1º Os Juízes de Cooperação poderão atuar em seções, subseções, comarcas, foros, polos regionais ou em unidades jurisdicionais especializadas, sendo sua esfera de atuação definida por cada tribunal.

§ 2º Observado o volume de trabalho, o Juiz de Cooperação poderá cumular a função de intermediação da cooperação com a jurisdicional ordinária, ou ser designado em caráter exclusivo para o desempenho de tal função.

Art. 14. O Juiz de Cooperação tem por atribuições específicas:

I – identificar soluções para os problemas que possam surgir no processamento de pedido de cooperação judiciária;

II – facilitar a coordenação do tratamento dos pedidos de cooperação judiciária no âmbito do respectivo tribunal;

III – fornecer todas as informações necessárias a permitir a elaboração eficaz de pedido de cooperação judiciária, bem como estabelecer contatos diretos entre os diversos órgãos e juízes;

IV – intermediar o concerto de atos entre juízes cooperantes e ajudar na solução para problemas dele decorrentes;

V – comunicar ao Núcleo de Cooperação Judiciária a prática de atos de cooperação, quando os juízes cooperantes não o tiverem feito;

VI – participar das comissões de planejamento estratégico dos tribunais;

VII – participar das reuniões convocadas pela Corregedoria de Justiça, pelo Conselho Nacional de Justiça ou pelos juízes cooperantes; e

VIII – promover a integração de outros sujeitos do processo à rede de cooperação.

§ 1º Sempre que um Juiz de Cooperação receber, de outro membro da rede, pedido de informação a que não possa dar o seguimento, deverá comunicá-lo à autoridade competente ou ao membro da rede mais próximo para fazê-lo.

§ 2º O Juiz de Cooperação deve prestar toda a assistência para contatos ulteriores.

§ 3º O Juiz de Cooperação deverá registrar em arquivo eletrônico próprio todos os atos que praticar no exercício dessa atividade, que será gerido pelo Núcleo de Cooperação Judiciária do tribunal a que o magistrado estiver vinculado.

CAPÍTULO IV

DA COOPERAÇÃO INTERINSTITUCIONAL

Art. 15. A cooperação interinstitucional poderá abranger, entre outras providências:

I – a harmonização de procedimentos e rotinas administrativas;

II – gestão judiciária;

III – a elaboração e adoção de estratégias para o tratamento adequado de processos coletivos e ou repetitivos, inclusive para a sua prevenção; e

IV – mutirões para análise do enquadramento de processos ou de recursos nas hipóteses em que há precedentes obrigatórios.

Art. 16. A cooperação interinstitucional poderá ser realizada entre quaisquer instituições, do sistema de justiça ou fora dele, que possam contribuir para a execução da estratégia nacional do Poder Judiciário, promover o aprimoramento da administração da justiça, a celeridade e a efetividade da prestação jurisdicional, dentre as quais:

I – Ministério Público;

II – Ordem dos Advogados do Brasil;

III – Defensoria Pública;

IV – Procuradorias Públicas; e

V – Administração Pública.

CAPÍTULO V
DOS NÚCLEOS DE COOPERAÇÃO JUDICIÁRIA

Art. 17. Os Tribunais Regionais Federais, os Tribunais Regionais do Trabalho, os Tribunais Regionais Eleitorais, os órgãos da Justiça Militar da União, os Tribunais de Justiça e os Tribunais de Justiça Militar deverão constituir e instalar, em sessenta dias, pondo em funcionamento em até noventa dias, Núcleos de Cooperação Judiciária, com a função de sugerir diretrizes gerais, harmonizar rotinas e procedimentos de cooperação, consolidar os dados e as boas práticas junto ao respectivo tribunal.

Art. 18. Os Núcleos de Cooperação Judiciária serão compostos, nos tribunais, por um desembargador supervisor e por um juiz coordenador, ambos pertencentes aos quadros do rol de juízes de cooperação, podendo ser integrados também por servidores do Judiciário.

Art. 19. Os Núcleos de Cooperação Judiciária poderão definir as funções dos seus Juízes de Cooperação, dividindo-as por comarcas, regiões, unidades de especialização ou unidades da Federação.

§ 1º Os Núcleos deverão informar ao Comitê Executivo da Rede Nacional de Cooperação Judiciária a definição das funções de cada um de seus Juízes de Cooperação, a fim de que elas constem no cadastro nacional que será gerenciado por esse Comitê.

§ 2º Os Núcleos deverão organizar reuniões periódicas entre os seus Juízes de Cooperação e incentivar a melhoria dos processos de cooperação judiciária com os demais Núcleos.

§ 3º Caberá aos Núcleos de Cooperação Judiciária de cada tribunal estabelecer critérios e procedimentos para registro de dados relevantes e boas práticas de cooperação judiciária.

CAPÍTULO VI

DO COMITÊ EXECUTIVO DA REDE NACIONAL DE COOPERAÇÃO JUDICIÁRIA E DAS DISPOSIÇÕES GERAIS

Art. 20. O Conselho Nacional de Justiça manterá o adequado funcionamento do Comitê Executivo da Rede Nacional de Cooperação Judiciária, que organizará as ações nacionais dos núcleos de cooperação judiciária e providenciará a reunião, pelo -menos uma vez por ano, mediante convocatória, dos núcleos e dos Juízes de Cooperação de todos os tribunais.

§ 1º O Comitê Executivo será coordenado por um Conselheiro do Conselho Nacional de Justiça e a sua composição será definida por Portaria da Presidência do CNJ.

§ 2º Na referida reunião, sempre que houver deliberação a ser colhida na plenária, será colhido o voto de cada tribunal, que será representado por um único ponto de contato.

§ 3º Essas reuniões anuais terão por objeto a troca de experiências, melhora dos mecanismos de cooperação nacional pelo uso de processos e instrumentos de inovação e identificação das melhores práticas.

§ 4º O Conselho Nacional de Justiça consolidará e divulgará na rede mundial de computadores as boas práticas de cooperação judiciária nacional.

Art. 21. Compete ao Comitê Executivo da Rede Nacional de Cooperação Judiciária dirimir conflitos de natureza administrativa entre os Núcleos de Cooperação e sanar eventuais dúvidas pertinentes à cooperação judiciária, sem prejuízo de eventual atuação:

I - das Corregedorias de Justiça e da Corregedoria Nacional de Justiça, caso a questão envolva a apuração e aplicação de sanções pela prática de infrações disciplinares; e

II - do Departamento de Monitoramento e Fiscalização do Sistema Carcerário e Socioeducativo em todas as questões pertinentes à execução penal e de medidas socioeducativas.

Art. 22. O Comitê Executivo da Rede Nacional de Cooperação Judiciária realizará anualmente um Encontro Nacional de Juízes de Cooperação Judiciária, com o objetivo de difundir a cultura da cooperação, compartilhar e fomentar boas práticas de cooperação judiciária, discutir, conceber e formular proposições voltadas para a consolidação e o aperfeiçoamento da Rede Nacional de Cooperação Judiciária.

Parágrafo único. O encontro deverá ser realizado prioritariamente no mesmo período da reunião prevista no art. 20 desta Resolução.

Art. 23. O Conselho Nacional de Justiça manterá em seu sítio eletrônico relação dos núcleos de cooperação judiciária com meios de comunicação que deverão ser permanentemente atualizados pelos respectivos tribunais, na forma prevista neste Ato Normativo.

Art. 24. Fica revogada a Recomendação CNJ nº 38/ 2011 e seu respectivo anexo. Art.

25. Essa Resolução entra em vigor na data de sua publicação.

Ministro LUIZ FUX

ANEXO I DA RESOLUÇÃO Nº 350, DE 27 DE OUTUBRO DE 2020.

MODELO EXEMPLIFICATIVO DE PEDIDO DE COOPERAÇÃO POR AUXÍLIO DIRETO

Processo nº: Solicitante: Juízo

Solicitado: Juízo

Senhor Magistrado,

Nos termos dos artigos 67 a 69 do Código de Processo Civil e da Resolução no CNJ 350/2020, venho por este e-mail requerer seus préstimos para que... (DESCREVER O ATO A SER PRATICADO, COM INDICAÇÃO PRECISA DOS ELEMENTOS DE SUA DEFINIÇÃO).

Ex. 1. "...encaminhe informações sobre o andamento do processo de execução em face de EMPRESA TAL, indicando se existem bens penhorados e se há previsão para realização de leilão para sua expropriação".

Ex. 2. "proceda à intimação da testemunha (NOME DA TESTEMUNHA), endereço (LOCALIDADE), para comparecer à audiência na data (DATA), para prestar depoimento nos autos do processo no (NÚMERO DO PROCESSO) XXX, em trâmite nesta Comarca/Subseção Judiciária".

Ex. 3. "proceda à penhora no rosto dos autos da quantia de R$ (VALOR EM NUMERAL) (VALOR POR EXTENSO), anotando a reserva do crédito em favor de (NOME DO BENEFICIÁRIO), cujo crédito decorre de sentença condenatória nos autos do processo em epígrafe, em trâmite nesta Vara (ESPECIFICAR O JUÍZO)."

Ex. 4. "encaminhe cópia integral dos autos do processo no (NÚMERO DO PROCESSO) XXX, em trâmite nesta Subseção Judiciária, a fim de instruir o processo em epígrafe".

Solicita-se que a providência seja cumprida como auxílio direto, podendo ser documentada e encaminhada por e-mail, bastando indicação do nome do servidor responsável pela providência solicitada e respectiva matrícula.

Estamos à disposição para esclarecimento de quaisquer dúvidas e nos colocamos às ordens para cooperar com o i. colega em outras oportunidades.

Data Assinatura do juízo solicitante

ANEXO II DA RESOLUÇÃO Nº 350, DE 27 DE OUTUBRO DE 2020.

MODELOS EXEMPLIFICATIVOS DE DESPACHOS CONJUNTOS

Exemplo 1:

Processos nº XXXX, YYYYY e ZZZZZ (NÚMEROS DOS PROCESSOS)

Com fundamento nos artigos 67 a 69 do Código de Processo Civil, atuam os juízos signatários em cooperação, praticando este ato em conjunto.

Trata-se de demandas (RELATAR AS DEMANDAS)

Alega o autor que

Sustenta o Requerido que

Tendo em vista que .... (FUNDAMENTAR O PEDIDO DE COOPERAÇÃO, MENCIONANDO, POR EXEMPLO: EFICIÊNCIA PROCESSUAL (art. 8º do CPC), OBSERVÂNCIA DO PRINCÍPIO DA DURAÇÃO RAZOÁVEL DO PROCESSO (art. 5º , LXXVIII, da CRFB c/c art. 4º do CPC), ETC.

Em razão do exposto, determina-se:

(INDICAR COM PRECISÃO OS ATOS A SEREM PRATICADOS)

Junte-se cópia deste despacho conjunto em todos os processos abrangidos pela cooperação. Intimem-se.

Data Assinatura dos juízos cooperantes

Exemplo 2: Processos no . XXXX, YYYYY e ZZZZZ

Atuam os juízos signatários em cooperação (art. 67 a 69 do CPC), praticando este ato em conjunto.

Trata-se de demandas similares, em que os autores afirmam que sofreram danos provocados pela construtora ré, em razão de defeitos na edificação do prédio do qual são condôminos. Alegam que tais vícios de construção provocaram rachaduras e vazamentos que colocam o edifício em risco de colapso. Em todos os processos, foi requerida perícia de engenharia para comprovar o comprometimento estrutural do prédio e identificar o responsável.

Tendo em vista tratar-se de perícia complexa e custosa, que teria que ser praticamente repetida em vários processos, seria ineficiente e demorado que se admitisse a produção da prova em cada um deles separadamente. Sendo assim, por ser medida de eficiência e economia processual (art. 8º do CPC), que favorece a duração razoável do processo (art. 5º , LXXVIII, da CRFB c/c o art. 4º do CPC), determina-se:

1. Fica deferida a realização de exame pericial único, a ser realizado nos autos do processo XXXXX e posteriormente aproveitada para os demais processos acima relacionados;

2. Suspendam-se os processos YYYYY e ZZZZZ até o término da produção da prova, quando os laudos e todos os atos processuais relacionados poderão ser trasladados para esses autos;

3. Designa-se o perito FULANO...;

4. As partes deverão indicar quesitos no prazo legal, nos autos do processo XXXX;

5. Com a vinda da proposta de honorários, intimem-se os autores de todos os processos para se manifestarem, e depositar a quantia, a ser dividida pro rata; e

6. Junte-se cópia deste despacho conjunto em todos os processos abrangidos pela cooperação.

7. Intimem-se.

Data Assinatura dos juízos cooperantes

ANEXO III DA RESOLUÇÃO Nº 350, DE 27 DE OUTUBRO DE 2020.

MODELO EXEMPLIFICATIVO DE ATO CONCERTADO

Ato concertado nº XX/XXXX (NUMERAÇÃO)

Juízos cooperantes: (INDICAR OS JUÍZOS EM COOPERAÇÃO)

Processos nº XXX (NUMERAÇÃO)

CONSIDERANDO os artigos 67 a 69 do Código de Processo Civil, que preveem mecanismos de cooperação entre órgãos do Poder Judiciário tanto para a prática de atividades administrativas quanto para o desempenho das funções jurisdicionais;

CONSIDERANDO a Resolução nº 350/2020 do Conselho Nacional de Justiça e seu respectivo anexo;

CONSIDERANDO que a Constituição da República prevê a observância do princípio da eficiência na administração pública (art. 37), aplicável à administração judiciária;

CONSIDERANDO que a Emenda Constitucional nº 45/2004 instituiu o princípio da duração razoável do processo (art. 5º , LXXVIII);

CONSIDERANDO que os arts. 6º e 8º do Código de Processo Civil (Lei n o 13.105/2015) consagraram os princípios da cooperação e da eficiência no processo civil;

CONSIDERANDO que a cooperação judiciária constitui mecanismo contemporâneo, desburocratizado e ágil para a prática de atos conjuntos, permitindo a obtenção de resultados mais eficientes;

CONSIDERANDO o que consta dos autos dos processos n. XXX (NUMERAÇÃO), em trâmite perante da Subseção Judiciária de YYYY, e no ZZZ, da Comarca de NNNN

CONSIDERANDO... (OUTROS CONSIDERANDA APLICÁVEIS AO CASO CONCRETO...)

Com fundamento nos artigos 67 a 69 do Código de Processo Civil, atuam os juízos signatários em cooperação, praticando este ato em conjunto.

Abrangência da concertação.

(DESCREVER COM PRECISÃO O ATO A SER PRATICADO E SEUS OBJETIVOS)

Ex. 1: “Este ato concertado objetiva disciplinar a cooperação judiciária envolvendo processos individuais e/ou coletivos envolvendo a pandemia de Covid-19 que estejam tramitando nos limites territoriais dos juízos cooperantes e digam respeito a questões relacionadas ao direito à saúde”.

Ex. 2: "Este ato concertado objetiva disciplinar a cooperação judiciária envolvendo os atos de expropriação envolvendo o bem imóvel Fazenda XXXXX, registrado no 1º Cartório de Registro de Imóveis da cidade de YYYY, atualmente penhorado e arrestado em processos que estão tramitando perante os juízos cooperantes".

Ex. 3: "Este ato concertado objetiva disciplinar a cooperação judiciária envolvendo os atos necessários para a produção de prova pericial única em todos os processos acima relacionados, nos termos seguintes".

Objeto da cooperação.

(INDICAR O OBJETO DA COOPERAÇÃO, ESPECIFICANDO AS DETERMINAÇÕES E ATOS A SEREM PRATICADOS EM COOPERAÇÃO)

Ex. 1: "Determina-se que a prova pericial sobre a eficácia farmacológica do remédio TAL será produzida nos autos do processo YYYY, em trâmite no juízo da 3ª Vara Federal de XXXX, e aproveitada por todos os juízos cooperantes".

Ex. 2: "Define que o juízo da 3ª Vara Cível da Comarca de Salvador será o competente para proceder ao leilão do imóvel penhorado e o juízo da 5ª Vara Empresarial da Comarca de São Paulo será o competente para decidir as questões relacionadas ao concurso individual de credores".

Ex. 3: "Determina-se que a intimação da testemunha FULANO DE TAL, comum aos processos acima relacionados, será realizada pelo juízo da 1ª Vara do Trabalho, e a sua oitiva será realizada em ato único e conjunto, na data TAL, oportunidade em que será inquirida sucessivamente pelos juízos cooperantes".

Duração (INDICAR A VIGÊNCIA DO ATO CONCERTADO)

Ex. 1: "Este ato concertado vigerá até a prolação da decisão final pelo juízo da 3ª Vara Federal de Camaçari na ação coletiva no XXXX".

Ex. 2: "Este ato concertado vigerá até a definição da tese jurídica TAL pelo STF, ao concluir o julgamento do RE no TAL".

Ex. 3: "A concertação exaure-se na prática do ato a que destinada, devendo ser renovada se cabível e recomendável em outros processos".

Disposições finais.

Ex. 1: "Juntem-se cópias assinadas deste ato concertado aos autos de todos os processos por ele abrangidos".

Ex. 2: "Intimem-se".

Ex. 3: "Subscrevem este ato, anuindo com seus termos, o BANCO TAL, a União, o Estado da Bahia, dispensada, portanto, sua intimação".

Data

Assinatura dos juízos cooperantes

EDITORA
*Jus*PODIVM
www.editorajuspodivm.com.br

Impressão e Acabamento
PlenaPrint
Indústria Gráfica